ALUN EVANS'

The Golf Majors Book

2017

For Arnold Daniel Palmer (10 Sep 1929-25 Sep 2016)

'MR MAJORS'

without whom this book, and *The Golf Majors* series,
would not have been possible

Copyright © 2016 Alun Evans
Evanstar Publishing, 30 Jacobs Close, Milton Keynes, MK14 6EJ, UK
All rights reserved.
ISBN-13: 978-1542439589

Cover design and typesetting by Odyssey Books (www.odysseybooks.com.au)

CONTENTS

Introduction	4
Acknowledgements	4
List of Abbreviations	5
Majors Winners, 1860-2016, at a Glance	7
1 The Majors, 1860-2015: Results	13
2 The Majors of 2016	**245**
3 The Majors of 2017	**255**
4 The Players, 1860-2015: Records	265
5 The Top Players of Different Eras	349
6 Majors Hall of Fame, 2016	357
7 The Records, 1860-2016	361

INTRODUCTION

Welcome to the 12th edition (if you include the excerpt from the writer's *Virgin Golf Record File* [1999] and his expanded, totally comprehensive version, *From Old Tom to the Tiger* [2011]) of the now annual book on the four Golf Majors. Including the giant tome, 'Old Tom', the 2017 edition will be the seventh successive yearly update, so thanks to all who continue to support the book, and make it (marginally!) profitable to produce each winter, from the army of golf writers all round the world who honour me by continuing to find it useful, to those who need to have this annual fix, for no other reason perhaps than 'GM' is still the only work in print (and/or digitally by way of a secure PDF download to PCs, laptops and smart phones) that can do this. The format this year is much the same after one or two new features appeared in 2016, but I would be happy to receive suggestions regarding other items for inclusion – or deletion.

On the golf course in 2016, the new imagined supergroup of Rory McIlroy, Jordan Spieth and Jason Day, didn't really kick on from a promising base established over 2014 and 2015, especially, and take the Majors by the scruff of the neck. Contrary to opinions of many experts, this trio in 2016 at best trod water, and we had the rare occurrence of four first-time Champions being crowned in the season's Masters, US Open, The Open and the PGA Championship. It happened in 2011 and 2003, you say: isn't this a fairly frequent occurrence? But what about the old days, surely it must have happened as often then? Well, the answer is a thumping no. The only times all four Major Champions were new boys in the same year (since the birth of the Masters in 1934) are 1956 and 1969. Is this maybe because, in the 21st century, Tiger Woods has had too little competition, so if he didn't win, there has been no close rival or two, or three, who could and would on a regular basis? In the last century competition was fierce, not just among the celebrated coteries of Nelson, Hogan and Snead, or Palmer, Player and Nicklaus, even Nicklaus, Trevino and Watson, or within a bigger group at the back end of the century consisting of Norman, Faldo, Price, Els and Singh. Apart from Phil Mickelson (who didn't win a Major until 2004) there has been no one, over a reasonable period of time, to compete with Woods in a similar sort of group. If some of the 20th century greats mentioned above didn't win there was always a Shute, a Cotton, a Guldahl, or after the war, any one of Demaret, Thomson, Locke, Casper, Boros, Miller, etc, all multiple Major Champions, to take their places. In the last couple of decades, only Padraig Harrington with Woods, Mickelson and relative newcomer, McIlroy, has won more than two Majors if we exclude the overlapping Els. We may be witnessing a new special group, but after stalling in 2016, is it still in embryonic form? Following his eventual breakthrough at Oakmont, Dustin Johnson may yet join that collection of worthies over the next decade. So may others only just emerging, maybe some not yet on the golfing horizon, but until then, the opportunities for first-time Champions in Majors exist where in the past they didn't.

Another observation, which may be significant, or just coincidence rolling its dice again. Concerning the kinds of golf courses which are now set for Majors, is it too glib to say that in general, despite their expansion in length, particularly, the Majors courses (club technology notwithstanding) are set up to be easier now, and are over-compensating for it all? Is it just happenstance that 2016 produced the lowest and third-lowest winning 72 hole totals in Majors history; and the second lowest was only as far back as 2001? Statistics are much maligned in the telling of histories, but, they can generate anchor points of thought for further development. And records are so much fun!

Finally, congratulations to Justin Rose on becoming the first Olympic Gold Medal winner in Golf since 46 year-old Canadian eccentric George Lyon beat the then US Amateur Champion, H Chandler Egan at the St Louis Games of 1904. The following year Lyon missed the cut (still an amateur) in The Open Championship at St Andrews, shooting 89, 90, and after one attempt never bothered with the Majors again. He did turn up to the London Olympiad in 1908 to defend his title only to find that because of a dispute he was the only competitor, and refused a walk-over gold medal. That was the end of Olympic golf for 108 years.

ACKNOWLEDGEMENTS

The Masters: Steve Ethun at Augusta National
US Open: Pete Kowalski at the USGA
Open Championship: Rhodri Price at the R&A
PGA Championship: Bob Denney at the PGA of America...
...I am privileged each year to have the benefit of your, and your organizations', support

Typesetting (doesn't cover it all): Michelle Lovi
Proof-reading/fact-checking (simply the best): Andrew Hunt
Tea & (even more) Sympathy: Caryl Evans ('Pegleg')...
...thanks to you all!

Alun Evans
Milton Keynes, England
December 2016

LIST OF ABBREVIATIONS

The abbreviations for countries used in the *Golf Majors* series of books are the ones adopted by the International Olympic Committee. Non-independent countries are not members of the Olympic movement in their own right. These include the constituent parts of Great Britain (England, Scotland and Wales), the Channel Islands of Jersey and Guernsey, and, in one other case below, New Caledonia. For these, appropriate other abbreviations are used. Northern Ireland is merged with the Republic under 'IRL', to avoid historical complications involving players from the 'North' before 1921; and as golfers from either side of the border play in the same 'Ireland' team in the World Cup of Golf and some other events. Not all abbreviations below appear in this edition.

a	Amateur	NAM	Namibia
ARG	Argentina	NC	No card submitted
AUS	Australia	NCL	New Caledonia
AUT	Austria	NED	(The) Netherlands
BEL	Belgium	NOR	Norway
BER	Bermuda	NGR	Nigeria
BOP	The Open Championship (British)	NZL	New Zealand
BRA	Brazil	PAR	Paraguay
Brig-Gen	Brigadier General	PER	Peru
bt	Beat	pers	Personal
CAN	Canada	PGA	The PGA (of America) Championship; Professional Golfers' Association (British); Professional Golfers' Association of America
CHI	Chile		
CHN	People's Republic of China		
COL	Colombia		
Col	Colonel	PHI	Philippines
Cpt	Captain	p/o	Play-off
CRC	Costa Rica	POR	Portugal
CZE	Czech Republic	prov	provisionally
def	Default	PUR	Puerto Rico
DEN	Denmark	QF	Quarter-Final
Dnq	Did not qualify	R	Round (number)
Dns	Did not start	R&A	(*formerly*) Royal and Ancient Golf Club (of St Andrews)
Dr	Doctor		
Dsq	Disqualified	Rev	(The) Reverend
E	Even par	RSA	South Africa
EGY	Egypt	R/U	Runner-up
ENG	England	SCO	Scotland
ESA	El Salvador	Scr	Scratched
ESP	Spain	s/d	Sudden death
FIJ	Fiji	SF	Semi-Final
FIN	Finland	Sgt	Sergeant
FRA	France	SIN	Singapore
Gen	General	Sqn/Ldr	Squadron Leader
GER	Germany (including former West Germany)	Sr	Senior
		SUI	Switzerland
GUE	Guernsey	SWE	Sweden
Hon	Honorary; (The) Honourable	THA	Thailand
IND	India	TPE	Chinese Taipei/Taiwan (including former Formosa)
inj	Injured		
IRL	Ireland (including the Republic, the former Irish Free State and Northern Ireland)	TRI	Trinidad and Tobago
		URU	Uruguay
ITA	Italy	USA	United States of America
JAM	Jamaica	USGA	United States Golf Association
JER	Jersey	USO	The US Open
JPN	Japan	VEN	Venezuela
Jr	Junior	**W**	Won
KOR	South Korea	WAL	Wales
L	Last	W/Cdr	Wing Commander
Lt	Lieutenant	Wdw	Withdrew
Lt-Col	Lieutenant Colonel	yds	Yards
Maj	Major	ZAM	Zambia (including former Northern Rhodesia)
MAS	The MASters Tournament; Malaysia		
MEX	Mexico	ZIM	Zimbabwe (including former Southern Rhodesia and Rhodesia)
MYA	Myanmar (Burma)		

Majors Winners – at a Glance

1860-2016

A quick-reference section which gives detailed information, in one concise package, of the significant factors of every Majors winner. Here you will find the year; the event; the Champion; the venue; the total score (number of strokes in victory for PGA match play); where applicable, the score against par (indicated by + or -); and winning margins. For instance, take the example below of the Masters Champion, Jimmy Demaret, in 1940, played at Augusta National, who went round in 280, eight under par, to win by four strokes. This abbreviated information is listed thus:

1940
MAS   Jimmy Demaret   Augusta N 280 -8 (4)

Year	Major	Winner	Venue	Score
1860	BOP	Willie Park, Sr	Prestwick	174 (2)
1861	BOP	Tom Morris Sr	Prestwick	163 (4)
1862	BOP	Tom Morris Sr	Prestwick	163 (13)
1863	BOP	Willie Park Sr	Prestwick	168 (2)
1864	BOP	Tom Morris Sr	Prestwick	167 (2)
1865	BOP	Andrew Strath	Prestwick	162 (2)
1866	BOP	Willie Park Sr	Prestwick	169 (2)
1867	BOP	Tom Morris Sr	Prestwick	170 (2)
1868	BOP	Tom Morris Jr	Prestwick	154 (3)
1869	BOP	Tom Morris Jr	Prestwick	157 (11)
1870	BOP	Tom Morris Jr	Prestwick	149 (12)
1871	BOP	*No Championship*		
1872	BOP	Tom Morris Jr	Prestwick	166 (3)
1873	BOP	Tom Kidd	St Andrews	179 (1)
1874	BOP	Mungo Park Sr	Musselb'gh	159 (2)
1875	BOP	Willie Park Sr	Prestwick	166 (2)
1876	BOP	Bob Martin	St Andrews	176 (p/o)
1877	BOP	Jamie Anderson	Musselb'gh	160 (2)
1878	BOP	Jamie Anderson	Prestwick	157 (2)
1879	BOP	Jamie Anderson	St Andrews	169 (3)
1880	BOP	Bob Ferguson	Musselb'gh	162 (5)
1881	BOP	Bob Ferguson	Prestwick	170 (3)
1882	BOP	Bob Ferguson	St Andrews	171 (3)
1883	BOP	Willie Fernie	Musselb'gh	158 (p/o)
1884	BOP	Jack Simpson	Prestwick	160 (4)
1885	BOP	Bob Martin	St Andrews	171 (1)
1886	BOP	David Brown	Musselb'gh	157 (2)
1887	BOP	Willie Park Jr	Prestwick	161 (1)
1888	BOP	Jack Burns	St Andrews	171 (1)
1889	BOP	Willie Park Jr	Musselb'gh	155 (p/o)
1890	BOP	John Ball Jr (a)	Prestwick	164 (3)
1891	BOP	Hugh Kirkaldy	St Andrews	166 (2)
1892	BOP	Harold Hilton (a)	Muirfield	305 (3)
1893	BOP	Willie Auchterlonie	Prestwick	322 (2)
1894	BOP	JH Taylor	St George's	326 (5)
1895	BOP	JH Taylor	St Andrews	322 (4)
1895	USO	Horace Rawlins	Newport	173 (2)
1896	BOP	Harry Vardon	Muirfield	316 (p/o)
1896	USO	Jim Foulis	Shinnecock	152 (3)
1897	BOP	Harold Hilton (a)	R Liverpool	314 (1)
1897	USO	Joe Lloyd	Chicago	162 (1)
1898	BOP	Harry Vardon	Prestwick	313 (2)
1898	USO	Fred Herd	Myopia H't	328 (7)
1899	BOP	Harry Vardon	St George's	310 (5)
1899	USO	Willie Smith	Baltimore	315 (11)
1900	BOP	JH Taylor	St Andrews	309 (8)
1900	USO	Harry Vardon	Chicago	313 (2)
1901	BOP	James Braid	Muirfield	309 (3)
1901	USO	Willie Anderson	Myopia H't	331 (p/o)
1902	BOP	Sandy Herd	R Liverpool	307 (1)
1902	USO	Laurie Auchterlonie	Garden City	307 (6)
1903	BOP	Harry Vardon	Prestwick	300 (6)
1903	USO	Willie Anderson	Baltusrol	307 (p/o)
1904	BOP	Jack White	RS George'	296 (1)
1904	USO	Willie Anderson	Glen View	303 (5)
1905	BOP	James Braid	St Andrews	318 (5)
1905	USO	Willie Anderson	Myopia H't	314 (2)
1906	BOP	James Braid	Muirfield	300 (4)
1906	USO	Alex Smith	Onwentsia	295 -33 (7)
1907	BOP	Arnaud Massy	R Liverpool	312 (2)
1907	USO	Alex Ross	Phil'a (Cr)	302 +10 (2)
1908	BOP	James Braid	Prestwick	291 (8)
1908	USO	Fred McLeod	Myopia H't	322 (p/o)
1909	BOP	JH Taylor	R Cinque P	295 (6)
1909	USO	George Sargent	Englewood	290 +2 (4)
1910	USO	Alex Smith	Phi'a (Cr)	298 +6 (p/o)
1910	BOP	James Braid	St Andrews	299 (4)
1911	USO	John McDermott	Chicago	307 +3 (p/o)
1911	BOP	Harry Vardon	RS George'	303 (p/o)
1912	BOP	Ted Ray	Muirfield	295 (4)
1912	USO	John McDermott	Buffalo CC	294 -2 (+6)
1913	BOP	JH Taylor	R Liverpool	304 (8)
1913	USO	Francis Ouimet (a)	Brookline	304 +8 (p/o)
1914	BOP	Harry Vardon	Prestwick	306 (3)
1914	USO	Walter Hagen	Midlothian	290 +2 (1)
1915	USO	Jerome Travers (a)	Baltusrol	297 +1 (1)
1915	BOP	*No Championship*		
1916	USO	Charles Evans Jr (a)	Minikahda	286 +2 (2)
1916	BOP	*No Championship*		
1916	PGA	Jim Barnes	Siwanoy	1 up
1917		*No Championships*		
1918		*No Championships*		
1919	USO	Walter Hagen	Brae Burn	301 +17 (p/o)
1919	BOP	*No Championship*		
1919	PGA	Jim Barnes	Engineers	6&5
1920	BOP	George Duncan	R Cinque P	303 (2)
1920	USO	Ted Ray	Inverness	295 +7 (1)
1920	PGA	Jock Hutchison	Flossmoor	1 up
1921	BOP	Jock Hutchison	St Andrews	296 (p/o)
1921	USO	Jim Barnes	Columbia	289 +9 (9)

MAJORS WINNERS – AT A GLANCE

PGA	Walter Hagen	Inwood	3&2		**BOP**	Dick Burton	St Andrews	290 (2)
1922					**PGA**	Henry Picard	Pomonock	1 up after 37
BOP	Walter Hagen	RS George'	300 (1)		1940			
USO	Gene Sarazen	Skokie	288 +8 (1)		**MAS**	Jimmy Demaret	Augusta N	280 -8 (4)
PGA	Gene Sarazen	Oakmont	4&3		**USO**	Lawson Little	Canterbury	287 -1 (p/o)
1923					**BOP**	No Championship		
BOP	Arthur Havers	Troon	295 (1)		**PGA**	Byron Nelson	Hershey CC	1 up
USO	Bobby Jones (a)	Inwood	296 +8 (p/o)		1941			
PGA	Gene Sarazen	Pelham	1 up after 38		**MAS**	Craig Wood	Augusta N	280-8 (3)
1924					**USO**	Craig Wood	Colonial	284 +4 (3)
USO	Cyril Walker	Oakland H	297 +9 (3)		**BOP**	No Championship		
BOP	Walter Hagen	R Liverpool	301 (1)		**PGA**	Vic Ghezzi	Cherry Hills	1 up after 38
PGA	Walter Hagen	French Lick	2 up		1942			
1925					**MAS**	Byron Nelson	Augusta N	280 -8 (p/o)
USO	Willie MacFarlane	Worcester	291 +7 (p/o)		**USO**	No Championship		
BOP	Jim Barnes	Prestwick	300 (1)		**BOP**	No Championship		
PGA	Walter Hagen	Olympia F	6&5		**PGA**	Sam Snead	Sea View	2&1
1926					1943			
BOP	Bobby Jones (a)	R Lytham	291 (2)			No Championships		
USO	Bobby Jones (a)	Scioto	293 +5 (1)		1944			
PGA	Walter Hagen	Salisbury	5&3		**MAS**	No Tournament		
1927					**USO**	No Championship		
USO	Tommy Armour	Oakmont	301 +13 (p/o)		**BOP**	No Championship		
BOP	Bobby Jones (a)	St Andrews	285 (6)		**PGA**	Bob Hamilton	Manito	1 up
PGA	Walter Hagen	Cedar Crest	1 up		1945			
1928					**MAS**	No Tournament		
BOP	Walter Hagen	RS George'	292 (2)		**USO**	No Championship		
USO	Johnny Farrell	Olympia F	294 +10 (p/o)		**BOP**	No Championship		
PGA	Leo Diegel	Five Farms	6&5		**PGA**	Byron Nelson	Moraine	4&3
1929					1946			
BOP	Walter Hagen	Muirfield	292 (6)		**MAS**	Herman Keiser	Augusta N	282 -6 (2)
USO	Bobby Jones (a)	Wing'd Foot	294 +10 (p/o)		**USO**	Lloyd Mangrum	Canterbury	284 -4 (p/o)
PGA	Leo Diegel	Hillcrest	6&4		**BOP**	Sam Snead	St Andrews	290 (4)
1930					**PGA**	Ben Hogan	Portland	6&4
BOP	Bobby Jones (a)	R Liverpool	291 (2)		1947			
USO	Bobby Jones (a)	Interlachen	287 -1 (2)		**MAS**	Jimmy Demaret	Augusta N	281 -7 (2)
PGA	Tommy Armour	Fresh M'd'w	1 up		**USO**	Lew Worsham	St Louis	282 -2 (p/o)
1931					**PGA**	Jim Ferrier	Plum Holl'w	5&4
BOP	Tommy Armour	Carnoustie	296 (1)		**BOP**	Fred Daly	R Liverpool	293 (1)
USO	Billy Burke	Inverness	292 +8 (p/o)		1948			
PGA	Tom Creavy	Wanna'sett	2&1		**MAS**	Claude Harmon	Augusta N	279 -9 (5)
1932					**PGA**	Ben Hogan	Norwood H	7&6
BOP	Gene Sarazen	Prince's	283 -1 (5)		**USO**	Ben Hogan	Riviera	276 -8 (2)
USO	Gene Sarazen	Fresh M'd'w	286 +6 (3)		**BOP**	Henry Cotton	Muirfield	284 (5)
PGA	Olin Dutra	Keller	4&3		1949			
1933					**MAS**	Sam Snead	Augusta N	282 -6 (3)
USO	Johnny Goodman (a)	N'th Shore	287 -1 (1)		**PGA**	Sam Snead	Hermitage	3&2
BOP	Denny Shute	St Andrews	293 (p/o)		**USO**	Cary Middlecoff	Medinah	286 +2 (1)
PGA	Gene Sarazen	Blue Mound	5&4		**BOP**	Bobby Locke	RS George'	283 (p/o)
1934					1950			
MAS	Horton Smith	Augusta N	284 -4 (1)		**MAS**	Jimmy Demaret	Augusta N	293 -5 (5)
USO	Olin Dutra	Merion	293 +13 (1)		**USO**	Ben Hogan	Merion	287 +7 (p/o)
BOP	Henry Cotton	RS George'	283 (5)		**PGA**	Chandler Harper	Scioto	4&3
PGA	Paul Runyan	Buffalo PC	1 up after 38		**BOP**	Bobby Locke	Troon	279 (2)
1935					1951			
MAS	Gene Sarazen	Augusta N	282 -6 (p/o)		**MAS**	Ben Hogan	Augusta N	280 -8 (2)
USO	Sam Parks Jr	Oakmont	299 +11 (2)		**USO**	Ben Hogan	Oakland H	287 +7 (2)
BOP	Alf Perry	Muirfield	284 (3)		**PGA**	Sam Snead	Oakmont	7&6
PGA	Johnny Revolta	Twin Hills	5&4		**BOP**	Max Faulkner	R Portrush	285 (2)
1936					1952			
MAS	Horton Smith	Augusta N	285 -3 (1)		**MAS**	Sam Snead	Augusta N	286 -2 (4)
USO	Tony Manero	Baltusrol	282 -6 (2)		**USO**	Julius Boros	Northwood	281 +1 (4)
BOP	Alf Padgham	R Liverpool	287 (1)		**PGA**	Jim Turnesa	Big Spring	1 up
PGA	Denny Shute	Pinehurst	3&2		**BOP**	Bobby Locke	R Lytham	287 (1)
1937					1953			
MAS	Byron Nelson	Augusta N	283 -5 (2)		**MAS**	Ben Hogan	Augusta N	274 -14 (5)
PGA	Denny Shute	Pittsburgh	1 up after 37		**USO**	Ben Hogan	Oakmont	283 -5 (6)
USO	Ralph Guldahl	Oakland H	281 -7 (2)		**PGA**	Walter Burkemo	Birmingh'm	2&1
BOP	Henry Cotton	Carnoustie	290 (2)		**BOP**	Ben Hogan	Carnoustie	282 (4)
1938					1954			
MAS	Henry Picard	Augusta N	285 -3 (2)		**MAS**	Sam Snead	Augusta N	289 +1 (p/o)
USO	Ralph Guldahl	Cherry Hills	284 E (6)		**USO**	Ed Furgol	Baltusrol	284 +4 (1)
BOP	Reg Whitcombe	RS George'	295 (2)		**BOP**	Peter Thomson	R Birkdale	283 (1)
PGA	Paul Runyan	Shawnee	8&7		**PGA**	Chick Harbert	Keller	4&3
1939					1955			
MAS	Ralph Guldahl	Augusta N	279 -9 (1)		**MAS**	Cary Middlecoff	Augusta N	279 -9 (7)
USO	Byron Nelson	Phil'a (CC)	284 +8 (p/o)		**USO**	Jack Fleck	Olympic	287 +7 (p/o)

BOP	Peter Thomson	St Andrews	281 (2)
PGA	Doug Ford	Meadowbr'k	4&3
1956			
MAS	Jack Burke Jr	Augusta N	289 +1 (1)
USO	Cary Middlecoff	Oak Hill	281 +1 (2)
BOP	Peter Thomson	R Liverpool	286 (3)
PGA	Jack Burke Jr	Blue Hill	3&2
1957			
MAS	Doug Ford	Augusta N	283 -5 (3)
USO	Dick Mayer	Inverness	282 +2 (p/o)
BOP	Bobby Locke	St Andrews	279 (3)
PGA	Lionel Hebert	Miami Vall	3&1
1958			
MAS	Arnold Palmer	Augusta N	284 -4 (1)
USO	Tommy Bolt	Southern H	283 +3 (4)
BOP	Peter Thomson	R Lytham	278 (p/o)
PGA	Dow Finsterwald	Llanerch	276 -4 (2)
1959			
MAS	Art Wall	Augusta N	284 -4 (1)
USO	Billy Casper	Wing'd Foot	282 +2 (1)
BOP	Gary Player	Muirfield	284 (2)
PGA	Bob Rosburg	Minneapolis	277 -3 (1)
1960			
MAS	Arnold Palmer	Augusta N	282 -6 (1)
USO	Arnold Palmer	Cherry Hills	280 -4 (2)
BOP	Kel Nagle	St Andrews	278 (1)
PGA	Jay Hebert	Firestone	281 +1 (1)
1961			
MAS	Gary Player	Augusta N	280 -8 (1)
USO	Gene Littler	Oakland H	281 +1 (1)
BOP	Arnold Palmer	R Birkdale	284 (1)
PGA	Jerry Barber	Olympia F	277 -3 (p/o)
1962			
MAS	Arnold Palmer	Augusta N	280 -8 (p/o)
USO	Jack Nicklaus	Oakmont	283 -5 (p/o)
BOP	Arnold Palmer	Troon	276 (6)
PGA	Gary Player	Aronimink	278 -2 (1)
1963			
MAS	Jack Nicklaus	Augusta N	286 -2 (1)
USO	Julius Boros	Brookline	293 +5 (p/o)
BOP	Bob Charles	R Lytham	277 (p/o)
PGA	Jack Nicklaus	Dallas	279 -5 (2)
1964			
MAS	Arnold Palmer	Augusta N	276 -12 (6)
USO	Ken Venturi	Congress'l	278 -2 (4)
BOP	Tony Lema	St Andrews	279 -9 (5)
PGA	Bobby Nichols	Columbus	271 -9 (3)
1965			
MAS	Jack Nicklaus	Augusta N	271 -17 (9)
USO	Gary Player	Bellerive	282 +2 (p/o)
BOP	Peter Thomson	R Birkdale	285 -7 (2)
PGA	Dave Marr	Laurel Vall	280 -4 (2)
1966			
MAS	Jack Nicklaus	Augusta N	288 E (p/o)
USO	Billy Casper	Olympic	278 -2 (p/o)
BOP	Jack Nicklaus	Muirfield	282 (1)
PGA	Al Geiberger	Firestone	280 E (4)
1967			
MAS	Gay Brewer	Augusta N	280 -8 (1)
USO	Jack Nicklaus	Baltusrol	275 -13 (5)
BOP	Roberto de Vicenzo	R Liverpool	278 (2)
PGA	Don January	Columbine	281 -7 (p/o)
1968			
MAS	Bob Goalby	Augusta N	277 -11 (1)
USO	Lee Trevino	Oak Hill	275 -5 (4)
BOP	Gary Player	Carnoustie	289 +1 (2)
PGA	Julius Boros	Pecan Vall	281 +1 (1)
1969			
MAS	George Archer	Augusta N	281 -7 (1)
USO	Orville Moody	Champions	281 +1 (1)
BOP	Tony Jacklin	R Lytham	280 -4 (2)
PGA	Ray Floyd	NCR	276 -12 (1)
1970			
MAS	Billy Casper	Augusta N	279 -9 (p/o)
USO	Tony Jacklin	Hazeltine N	281 -7 (7)
BOP	Jack Nicklaus	St Andrews	283 -5 (p/o)
PGA	Dave Stockton	Southern H	279 -1 (2)
1971			
PGA	Jack Nicklaus	PGA Nat'nal	281 -7 (4)
MAS	Charles Coody	Augusta N	279 -9 (2)
USO	Lee Trevino	Merion	280 E (p/o)
BOP	Lee Trevino	R Birkdale	278 -14 (1)
1972			
MAS	Jack Nicklaus	Augusta N	286 -2 (3)
USO	Jack Nicklaus	Pebble B'ch	290 +2 (3)
BOP	Lee Trevino	Muirfield	278 -6 (1)
PGA	Gary Player	Oakland H	281 +1 (2)
1973			
MAS	Tommy Aaron	Augusta N	283 -5 (1)
USO	Johnny Miller	Oakmont	279 -5 (1)
BOP	Tom Weiskopf	Troon	276 -12 (3)
PGA	Jack Nicklaus	Canterbury	277 -7 (4)
1974			
MAS	Gary Player	Augusta N	278 -10 (2)
USO	Hale Irwin	Wing'd Foot	287 +7 (2)
BOP	Gary Player	R Lytham	282 -2 (4)
PGA	Lee Trevino	Tanglewood	276 -4 (1)
1975			
MAS	Jack Nicklaus	Augusta N	276 -12 (1)
USO	Lou Graham	Medinah	287 +3 (p/o)
BOP	Tom Watson	Carnoustie	279 -9 (p/o)
PGA	Jack Nicklaus	Firestone	276 -4 (2)
1976			
MAS	Ray Floyd	Augusta N	271 -17 (8)
USO	Jerry Pate	Atlanta Ath	272 -3 (2)
BOP	Johnny Miller	R Birkdale	279 -9 (6)
PGA	Dave Stockton	Congress'l	281 +1 (1)
1977			
MAS	Tom Watson	Augusta N	276 -12 (2)
USO	Hubert Green	Southern H	278 -2 (1)
BOP	Tom Watson	Turnberry	279 -9 (p/o)
PGA	Lanny Wadkins	Pebble B'ch	282 -6 (p/o)
1978			
MAS	Gary Player	Augusta N	277 -11 (1)
USO	Andy North	Cherry Hills	285 +1 (1)
BOP	Jack Nicklaus	St Andrews	281 -7 (2)
PGA	John Mahaffey	Oakmont	276 -8 (p/o)
1979			
MAS	Fuzzy Zoeller	Augusta N	280 -8 (p/o)
USO	Hale Irwin	Inverness	284 E (2)
BOP	Seve Ballesteros	R Lytham	283 -1 (3)
PGA	David Graham	Oakland H	272 -8 (p/o)
1980			
MAS	Seve Ballesteros	Augusta N	275 -13 (4)
USO	Jack Nicklaus	Baltusrol	272 -8 (2)
BOP	Tom Watson	Muirfield	271 -13 (4)
PGA	Jack Nicklaus	Oak Hill	274 -6 (7)
1981			
MAS	Tom Watson	Augusta N	280 -8 (2)
USO	David Graham	Merion	273 -7 (3)
BOP	Bill Rogers	RS George'	276 -4 (4)
PGA	Larry Nelson	Atlanta Ath	273 -7 (4)
1982			
MAS	Craig Stadler	Augusta N	284 -4 (p/o)
USO	Tom Watson	Pebble B'ch	282 -6 (2)
BOP	Tom Watson	R Troon	284 -4 (1)
PGA	Ray Floyd	Southern H	272 -8 (3)
1983			
MAS	Seve Ballesteros	Augusta N	280 -8 (4)
USO	Larry Nelson	Oakmont	280 -4 (1)
BOP	Tom Watson	R Birkdale	275 -9 (1)
PGA	Hal Sutton	Riviera	274 -10 (1)
1984			
MAS	Ben Crenshaw	Augusta N	277 -11 (2)
USO	Fuzzy Zoeller	Winge' Foot	276 -4 (p/o)
BOP	Seve Ballesteros	St Andrews	276 -12 (2)
PGA	Lee Trevino	Shoal Cr'k	273 -15 (4)
1985			
MAS	Bernhard Langer	Augusta N	282 -6 (2)
USO	Andy North	Oakland H	279 -1 (1)
BOP	Sandy Lyle	RS George'	282 +2 (1)
PGA	Hubert Green	Cherry Hills	278 -10 (2)
1986			
MAS	Jack Nicklaus	Augusta N	279 -9 (1)

MAJORS WINNERS – AT A GLANCE

	USO	Ray Floyd	Shinnecock	279 -1 (2)	PGA	David Toms	Atlanta Ath	269 -11 (5)
	BOP	Greg Norman	Turnberry	280 E (5)	2002			
	PGA	Bob Tway	Inverness	276 -8 (2)	MAS	Tiger Woods	Augusta N	276 -12 (3)
1987					USO	Tiger Woods	Bethpage	277 -7 (3)
	MAS	Larry Mize	Augusta N	285 -3 (p/o)	BOP	Ernie Els	Muirfield	278 -6 (p/o)
	USO	Scott Simpson	Olympic	277 -3 (1)	PGA	Rich Beem	Hazeltine N	278 -10 (1)
	BOP	Nick Faldo	Muirfield	279 -1 (1)	2003			
	PGA	Larry Nelson	PGA Nat'nal	287 -1 (p/o)	MAS	Mike Weir	Augusta N	281 -7 (p/o)
1988:					USO	Jim Furyk	Olympia F	272 -8 (3)
	MAS	Sandy Lyle	Augusta N	281 -7 (1)	BOP	Ben Curtis	RS George'	283 -1 (1)
	USO	Curtis Strange	Brookline	278 -6 (p/o)	PGA	Shaun Micheel	Oak Hill	276 -4 (1)
	BOP	Seve Ballesteros	R Lytham	273 -11 (2)	2004			
	PGA	Jeff Sluman	Oak Tree	272 -12 (3)	MAS	Phil Mickelson	Augusta N	279 -9 (1)
1989					USO	Retief Goosen	Shinnecock	276 -4 (2)
	MAS	Nick Faldo	Augusta N	283 -5 (p/o)	BOP	Todd Hamilton	R Troon	274 -10 (p/o)
	USO	Curtis Strange	Oak Hill	278 -2 (1)	PGA	Vijay Singh	Whistling S	280 -8 (p/o)
	BOP	Mark Calcavecchia	R Troon	275 -9 (p/o)	2005			
	PGA	Payne Stewart	Kemper L	276 -12 (1)	MAS	Tiger Woods	Augusta N	276 -12 (p/o)
1990					USO	Michael Campbell	Pinehurst	280 E (2)
	MAS	Nick Faldo	Augusta N	278 -10 (p/o)	BOP	Tiger Woods	St Andrews	274 -14 (5)
	USO	Hale Irwin	Medinah	280 -8 (p/o)	PGA	Phil Mickelson	Baltusrol	276 -4 (1)
	BOP	Nick Faldo	St Andrews	270 -18 (5)	2006			
	PGA	Wayne Grady	Shoal Cr'k	282 -6 (3)	MAS	Phil Mickelson	Augusta N	281 -7 (2)
1991					USO	Geoff Ogilvy	Wing'd Foot	285 +5 (1)
	MAS	Ian Woosnam	Augusta N	277 -11 (1)	BOP	Tiger Woods	R Liverpool	270 -18 (2)
	USO	Payne Stewart	Hazeltine N	282 -6 (p/o)	PGA	Tiger Woods	Medinah	276 -4 (1)
	BOP	Ian Baker-Finch	R Birkdale	272 -8 (2)	2007			
	PGA	John Daly	Crooked S	275 -1 (3)	MAS	Zach Johnson	Augusta N	289 +1 (2)
1992					USO	Angel Cabrera	Oakmont	285 +5 (1)
	MAS	Fred Couples	Augusta N	275 -13 (2)	BOP	Padraig Harrington	Carnoustie	277 -7 (p/o)
	USO	Tom Kite	Pebble B'ch	285 -3 (2)	PGA	Tiger Woods	Southern H	272 -8 (2)
	BOP	Nick Faldo	Muirfield	272 -12 (1)	2008			
	PGA	Nick Price	Bellerive	278 -6 (3)	MAS	Trevor Immelman	Augusta N	280 -8 (3)
1993					USO	Tiger Woods	Torrey P's	283 -1 (p/o)
	MAS	Bernhard Langer	Augusta N	277 -11 (4)	BOP	Padraig Harrington	R Birkdale	283 +3 (4)
	USO	Lee Janzen	Baltusrol	272 -8 (2)	PGA	Padraig Harrington	Oakland H	277 -3 (2)
	BOP	Greg Norman	RS George'	267 -13 (2)	2009			
	PGA	Paul Azinger	Inverness	272 -12 (p/o)	MAS	Angel Cabrera	Augusta N	276 -12 (p/o)
1994					USO	Lucas Glover	Bethpage	276 -4 (2)
	MAS	Jose Maria Olazabal	Augusta N	279 -9 (2)	BOP	Stewart Cink	Turnberry	278 -2 (1)
	USO	Ernie Els	Oakmont	279 -5 (p/o)	PGA	Y-E Yang	Hazeltine N	280 -8 (3)
	BOP	Nick Price	Turnberry	268 -12 (1)	2010			
	PGA	Nick Price	Southern H	269 -11 (6)	MAS	Phil Mickelson	Augusta N	272 -16 (3)
1995					USO	Graeme McDowell	Pebble B'ch	284 E (1)
	MAS	Ben Crenshaw	Augusta N	274 -14 (1)	BOP	Louis Oosthuizen	St Andrews	272 -16 (7)
	USO	Corey Pavin	Shinnecock	280 E (2)	PGA	Martin Kaymer	Whistling S	277 -11 (p/o)
	BOP	John Daly	St Andrews	282 -6 (p/o)	2011			
	PGA	Steve Elkington	Riviera	267 -17 (p/o)	MAS	Charl Schwartzel	Augusta N	274 -14 (2)
1996					USO	Rory McIlroy	Congress'l	268 -16 (8)
	MAS	Nick Faldo	Augusta N	276 -12 (5)	BOP	Darren Clarke	RS George'	275 -5 (3)
	USO	Steve Jones	Oakland H	278 -2 (1)	PGA	Keegan Bradley	Atlanta Ath	272 -8 (p/o)
	BOP	Tom Lehman	R Lytham	271 -13 (2)	2012			
	PGA	Mark Brooks	Valhalla	277 -11 (p/o)	MAS	Bubba Watson	Augusta N	278 -10 (p/o)
1997					USO	Webb Simpson	Olympic	281 +1 (1)
	MAS	Tiger Woods	Augusta N	270 -18 (12)	BOP	Ernie Els	R Lytham	273 -7 (1)
	USO	Ernie Els	Congress'l	279 -5 (p/o)	PGA	Rory McIlroy	Kiawah I	275 -13 (8)
	BOP	Justin Leonard	R Troon	272 -12 (3)	2013			
	PGA	Davis Love III	Wing'd Foot	269 -11 (5)	MAS	Adam Scott	Augusta N	279 -9 (p/o)
1998					USO	Justin Rose	Merion	281 +1 (2)
	MAS	Mark O'Meara	Augusta N	279 -9 (1)	BOP	Phil Mickelson	Muirfield	281 -3 (3)
	USO	Lee Janzen	Olympic	280 E (1)	PGA	Jason Dufner	Oak Hill	270 -10 (2)
	BOP	Mark O'Meara	R Birkdale	280 E (p/o)	2014			
	PGA	Vijay Singh	Sahalee	271 -9 (2)	MAS	Bubba Watson	Augusta N	280 -8 (3)
1999					USO	Martin Kaymer	Pinehurst	271 -9 (8)
	MAS	Jose Maria Olazabal	Augusta N	280 -8 (2)	BOP	Rory McIlroy	R Liverpool	271 -17 (2)
	USO	Payne Stewart	Pinehurst	279 -1 (1)	PGA	Rory McIlroy	Valhalla	268 -16 (1)
	BOP	Paul Lawrie	Carnoustie	290 +6 (p/o)	2015			
	PGA	Tiger Woods	Medinah	277 -11 (1)	MAS	Jordan Spieth	Augusta N	270 -18 (4)
2000					USO	Jordan Spieth	Chamb's B	275 -5 (1)
	MAS	Vijay Singh	Augusta N	278 -1 (3)	BOP	Zach Johnson	St Andrews	273 -15 (p/o)
	USO	Tiger Woods	Pebble B'ch	272 -1 (15)	PGA	Jason Day	Whistling S	268 -20 (3)
	BOP	Tiger Woods	St Andrews	269 -19 (8)	2016			
	PGA	Tiger Woods	Valhalla	270 -18 (1)	MAS	Danny Willett	Augusta N	283 -5 (3)
2001					USO	Dustin Johnson	Oakmont	276 -4 (3)
	MAS	Tiger Woods	Augusta N	272 -16 (2)	BOP	Henrik Stenson	Rl Troon	264 -20 (3)
	USO	Retief Goosen	Southern H	276 -4 (p/o)	PGA	Jimmy Walker	Baltusrol	266 -14 (1)
	BOP	David Duval	R Lytham	274 -10 (3)				

The Golf Majors: 1860-2015

Results

To save on space, the narratives to accompany the historical results in this section were dropped after the 2013 edition. The latest editions only carry the *full* Championship accounts of the year under review, eg the 2017 edition only fully covers the events of 2016; the 2016 edition the events of 2015, and so on. Although the editions of 2012 and 2013 provide reports on all 21st century Majors to their dates of publication, in order to obtain a complete picture, stats and narrative, for Majors between 1860 and 2010, look no further than *From Old Tom to the Tiger*. All these past editions are still available on Amazon and elsewhere, usually now well-discounted!

1860

1st OPEN Championship
Prestwick Golf Club, Ayrshire, Scotland (17 October)
No Starting 8: No Completing 8
3799 yards

1	WILLIE PARK, Sr	55 59 60	174	5	George Brown		192
	(£Nil)			6	Charlie Hunter		195
2	Tom Morris, Sr	58 59 59	176	7	Alexander Smith		196
3	Andrew Strath		180	8	William Steel		232
4	Bob Andrew		191				

1861

2nd OPEN Championship
Prestwick Golf Club, Ayrshire, Scotland (26 September)
No Starting 18: No Completing 12
3799 yards

1	TOM MORRIS, Sr	54 56 53	163	7	Willie Dunn, Sr	61 59 60	180
	(£Nil)			8	Col James O Fairlie (a)		184
2	Willie Park, Sr	54 54 59	167	9	George Brown	60 65 60	185
3	William Dow	59 58 54	171	10	Robert Chambers, Jr (a)		187
4	David Park	58 57 57	172	11	Jamie Dunn	63 62 63	188
5	Bob Andrew	58 61 56	175	12	Charlie Hunter	67 64 59	190
6	Peter McEwan	56 60 62	178				

1862

3rd OPEN Championship
Prestwick Golf Club, Ayrshire, Scotland (11 September)
No Starting 8: No Completing 8 (6 recorded)
3799 yards

1	TOM MORRIS, Sr	52 55 56	163	4	Willie Dow	60 58 63	181
	(£Nil)			5	James Knight (a)	62 61 63	186
2	Willie Park, Sr	59 59 58	176	6	J F Johnston (a)	64 69 75	208
3	Charlie Hunter	60 60 58	178				

1863

4th OPEN Championship
Prestwick Golf Club, Ayrshire, Scotland (18 September)
No Starting 14: No Completing 14
3799 yards

1	WILLIE PARK, Sr	56 54 58	168	8	James Knight (a)	66 65 59	190
	(£10 shared)			9	James Miller (a)	63 63 66	192
2	Tom Morris, Sr	56 58 56	170	10=	Peter Chalmers (a)	65 67 65	197
3	David Park	55 63 54	172		J F Johnston (a)	66 66 65	197
4	Andrew Strath	61 55 58	174		James Paxton		197
5	George Brown	58 61 57	176	13	William Mitchell (a)	70 70 66	206
6	Bob Andrew	62 57 59	178	14	William Moffat (a)	75 78 80	233
7	Charlie Hunter	61 61 62	184				

1864

5th OPEN Championship
Prestwick Golf Club, Ayrshire, Scotland (16 September)
No Starting 16: No Completing 6
3799 yards

1	TOM MORRIS, Sr	54 58 55	167	4	Willie Park, Sr	55 67 55	177
	(£6)			5	William Dow	56 58 67	181
2	Andrew Strath	56 57 56	169	6	William Strath	60 62 60	182
3	Bob Andrew	57 58 60	175				

1865

6th OPEN Championship
Prestwick Golf Club, Ayrshire, Scotland (14 September)
No Starting 13: No Completing 11
3799 yards

1	ANDREW STRATH	55 54 53	162	3	William Dow	56 61 54	171
	(£8)			4	Bob Kirk	64 54 54	172
2	Willie Park, Sr	56 52 56	164	5	Tom Morris, Sr	57 61 58	176

6	William Doleman (a)	62 57 60	179	9	James Miller (a)	63 58 66	187
7	Bob Andrew	61 59 59	179	10	John Allan	64 65 59	188
8	Willie Strath	60 60 62	182	11	Tom Hood (a)	66 66 66	198

1866

7th OPEN Championship
Prestwick Golf Club, Ayrshire, Scotland (13 September)
No Starting 16: No Completing 12
3799 yards

1	WILLIE PARK, Sr (£6)	54 56 59	169	7=	John Allan	60 63 60	183
					William Doleman (a)	60 60 63	183
2	David Park	58 57 56	171	9	Tom Morris, Jr	63 60 64	187
3	Bob Andrew	58 59 59	176	10	Willie Dunn, Sr	64 63 62	189
4	Tom Morris, Sr	61 58 59	178	11	Tom Hood (a)	61 69 61	191
5	Bob Kirk	60 62 58	180	12	James Hutchison	62 67 69	198
6	Andrew Strath	61 61 60	182				

1867

8th OPEN Championship
Prestwick Golf Club, Ayrshire, Scotland (26 September)
No Starting 14: No Completing 10
3799 yards

1	TOM MORRIS, Sr (£7)	58 54 58	170	6	William Doleman (a)	55 66 57	178
				7	Bob Andrew	56 58 65	179
2	Willie Park, Sr	58 56 58	172	8=	William Dow	62 57 65	184
3	Andrew Strath	61 57 56	174		Tom Hunter (a)	62 60 62	184
4	Tom Morris, Jr	58 59 58	175	10	Willie Dunn, Sr	64 63 62	189
5	Bob Kirk	57 60 60	177				

1868

9th OPEN Championship
Prestwick Golf Club, Ayrshire, Scotland (23 September)
No Starting 12: No Completing 12
3799 yards

1	TOM MORRIS, Jr (£6)	51 55 49	154	7	Bob Kirk	56 59 56	171
				8=	John Allan	54 55 63	172
2	Tom Morris, Sr	54 50 53	157		Charlie Hunter	60 54 58	172
3	Bob Andrew	53 54 52	159	10	William Dow	61 58 60	179
4	Willie Park, Sr	58 50 54	162	11	William Doleman (a)	57 63 61	181
5	Bob Ferguson	57 54 54	165	12	Willie Dunn, Sr	60 63 60	183
6	Tom Dunn	59 54 54	167				

1869

10th OPEN Championship
Prestwick Golf Club, Ayrshire, Scotland (16 September)
No Starting 14: No Completing 9
3799 yards

1	TOM MORRIS, Jr (£6)	50 55 52	157	5	William Doleman (a)	60 56 59	175
				6	Tom Morris, Sr	56 62 58	176
2	Bob Kirk	53 58 57	168	7	Gilbert Mitchell(-)Innes (a)	64 58 58	180
3	Davie Strath	53 56 60	169	8	Tom Dunn	62 61 59	182
4	Jamie Anderson	60 56 57	173	9	Charlie Hunter	62 61 64	187

1870

11th OPEN Championship
Prestwick Golf Club, Ayrshire, Scotland (15 September)
No Starting 20: No Completing 17
3799 yards

1	TOM MORRIS, Jr (£6)	47 51 51	149	9=	A Doleman (a)	61 59 58	178
					Charlie Hunter	58 56 64	178
2=	Bob Kirk	52 52 57	161	11	Thomas Brown	66 55 59	180
	Davie Strath	54 49 58	161	12	James Miller (a)	66 63 54	182
4	Tom Morris, Sr	56 52 54	162	13	Tom Hunter (a)	62 63 60	185
5	William Doleman (a)	57 54 58	169	14	F Doleman	65 64 60	189
6	Willie Park, Sr	60 55 58	173	15=	W Boyd (a)	65 59 67	191
7	Jamie Anderson	59 57 58	174		J Hunter	62 65 64	191
8	John Allan	61 58 57	176	17	William Dow	68 64 66	198

1871

The OPEN Championship
No Event

1872

12th OPEN Championship
Prestwick Golf Club, Ayrshire, Scotland (13 September)
No Starting 8: No Completing 8
3799 yards

1	TOM MORRIS, Jr	57 56 53	166	5	David Park	61 57 61	179
	(£8)			6	Charlie Hunter	60 60 69	189
2	Davie Strath	56 52 61	169	7	Hugh Brown	65 73 61	199
3	William Doleman (a)	63 60 54	177	8	William Hunter (a)	65 63 74	202
4=	Tom Morris, Sr	62 60 57	179				

1873

13th OPEN Championship
Royal & Ancient Golf Club, St Andrews, Fife, Scotland (4 October)
No Starting 28: No Completing 21
6577 yards

1	TOM KIDD	91 88	179	11=	R Armitage (a)	96 99	195
	(£11)				James Fenton	94 101	195
2	Jamie Anderson	91 89	180		JOF Morris	96 99	195
3=	Bob Kirk	91 92	183	14	S Mure Fergusson (a)	98 101	199
	Tom Morris, Jr	94 89	183	15	Tom Manzie	96 104	200
5	Davie Strath	97 90	187	16	Jack Morris	106 100	206
6	Walter Gourlay	92 96	188	17=	David Ayton	111 96	207
7	Tom Morris, Sr	93 96	189		R Thomson	98 109	207
8	Henry Lamb (a)	96 96	192	19	John Chisholm	103 105	208
9=	Willie Fernie	101 93	194	20	Bob Pringle	109 102	211
	Bob Martin	97 97	194	21	D Brand	110 103	213

1874

14th OPEN Championship
Hon Co of Edinburgh Golfers, Musselburgh, Midlothian, Scotland (10 April)
No Starting 32: No Completing 31
4700 yards

1	MUNGO PARK	75 84	159	16	Tom Hunter (a)	88 86	174
	(£8)			17	Thomas Brown	87 88	175
2	Tom Morris, Jr	83 78	161	18=	Tom Morris, Sr	90 86	176
3	George Paxton	80 82	162		Davie Strath	86 90	176
4	Bob Martin	85 79	164	20=	William Cosgrove	88 89	177
5	Jamie Anderson	82 83	165		William Doleman (a)	89 88	177
6=	David Park	83 83	166	22=	Robert Cosgrove	92 86	178
	Willie Thomson	84 82	166		Willie Dunn, Sr	87 91	178
8=	Bob Ferguson	83 84	167	24=	J Dow	88 94	182
	Tom Kidd	84 83	167		James Fenton	90 92	182
10=	J Ferguson	87 82	169	26	William Brown	91 93	184
	G M'Cachnie	79 90	169	27	W Hutchison	90 95	185
	JOF Morris	88 81	169	28	Charlie Hunter	93 94	187
13	Willie Park, Sr	83 87	170	29	N Patrick	98 98	196
14=	Tom Hood	83 88	171	30	D Clayton	99 101	200
	Bob Pringle	85 86	171	31	AC Brown	96 106	202

1875

15th OPEN Championship
Prestwick Golf Club, Ayrshire, Scotland (10 September)
No Starting 18: No Completing 16
3799 yards

1	WILLIE PARK, Sr	56 59 51	166	9=	William Doleman (a)	65 59 59	183
	(£8)				Hugh Morrison	62 59 62	183
2	Bob Martin	56 58 54	168	11	John Campbell	57 66 63	186
3	Mungo Park	59 57 55	171	12	Neil Boon	67 60 62	189
4	Bob Ferguson	58 56 58	172	13	James Guthrie	63 64 66	193
5	James Rennie	61 59 57	177	14	Matthew Allan	67 65 62	194
6	Davie Strath	59 61 58	178	15	James Boyd	67 65 63	195
7=	Tom Carson		181	16	Nicol Patrick		199
	Bob Pringle	62 58 61	181				

THE GOLF MAJORS: 1860-2015 – RESULTS

1876

16th OPEN Championship
Royal & Ancient Golf Club, St Andrews, Fife, Scotland (30 September)
No Starting 33: No Completing 16
6577 yards

1	BOB MARTIN*	86 90	176		George Paxton	95 92	187	
	(£10)			11	Robert Kinsman	88 100	188	
2	Davie Strath	86 90	176	12=	Jamie Anderson	96 93	189	
3	Willie Park, Sr	94 89	183		David Lamb (a)	95 94	189	
4=	Tom Morris, Sr	90 95	185	14=	David Anderson, Sr	93 97	190	
	Mungo Park	95 90	185		John Thompson	89 101	190	
	William Thomson	90 95	185	16	James Fenton	91 100	191	
7	Henry Lamb (a)	94 92	186					
8=	Walter Gourlay	98 89	187					
	Bob Kirk	95 92	187					

Play-off: Bob Martin walked over 18 holes after Davie Strath refused to contest

1877

17th OPEN Championship
Hon Co of Edinburgh Golfers, Musselburgh, Midlothian, Scotland (6 April)
No Starting 24: No Completing 7
4700 yards

1	JAMIE ANDERSON	40 42 37 41	160		Bob Ferguson	40 40 40 44	164	
	(£8)			5=	William Brown	39 41 45 41	166	
2	Bob Pringle	44 38 40 40	162		Davie Strath	45 40 38 43	166	
3=	William Cosgrove	41 39 44 40	164	7	Mungo Park		167	

1878

18th OPEN Championship
Prestwick Golf Club, Ayrshire, Scotland (4 October)
No Starting 27: No Completing 22
3799 yards

1	JAMIE ANDERSON	53 53 51	157	12	Ben Sayers	56 59 58	173
	(£8)			13	Edwin Paxton	58 59 58	175
2	Bob Kirk	53 55 51	159	14	George Strath	63 61 52	176
3	JOF Morris	50 56 55	161	15	Alex Patrick	62 56 60	178
4=	John Ball, Jr (a)	53 57 55	165	16	Jack Morris	58 57 64	179
	Bob Martin	57 53 55	165	17	Mungo Park, Sr	60 58 62	180
6=	William Cosgrove	55 56 55	166	18	George Lowe	57 61 63	181
	Willie Park, Sr	53 56 57	166	19	Neil Boon	63 54 66	183
8	Jamie Allan	62 53 52	167	20	William Hunter (a)	67 62 58	187
9=	John Allan	55 55 58	168	21	James Moore	62 62 65	189
	Tom Dunn	54 60 54	168	22	Bob Pringle	62 65 65	192
11	Tom Morris, Sr	55 53 63	171				

1879

19th OPEN Championship
Royal & Ancient Golf Club, St Andrews, Fife, Scotland (27 September)
No Starting 47: No Completing 42
6577 yards

1	JAMIE ANDERSON	84 85	169		Tom Dunn	90 99	189
	(£10)				Walter Gourlay	92 97	189
2=	Jamie Allan	88 84	172		David Grant	95 94	189
	Andrew Kirkaldy	86 86	172		Peter Paxton	99 90	189
4	George Paxton	89 85	174		Smith (Cambridge)	94 95	189
5	Tom Kidd	87 88	175	27=	Douglas Robertson (a)	97 93	190
6	Bob Ferguson	89 87	176		AW Smith (a)	91 99	190
7	JOF Morris	92 87	179	29=	Robert Armitage (a)	95 96	191
8=	Willie Fernie	92 89	181		George Strath	97 94	191
	Jack Kirkaldy	92 89	181	31	James Blackwell (a)	96 96	192
	James Rennie	93 88	181	32	Tom Manzie	96 97	193
11=	Thomas Arundel	95 89	184	33=	George Honeyman	97 97	194
	David Ayton	95 89	184		George Lowe	94 100	194
	Henry Lamb (a)	91 93	184	35=	James Fenton	99 97	196
14=	William Doleman (a)	91 94	185		Robert Tait	99 97	196
	Robert Kinsman	88 97	185	37=	Bob Kirk	99 98	197
	Tom Morris, Sr	92 93	185		Rev D Lundie (a)	89 99	197
17	Bob Martin	93 93	186	39	Fitz Boothby (a)	96 102	198
18	Ben Sayers	92 95	187	40	Thomson White	102 99	201
19	David Anderson, Sr	94 94	188	41	James Kirk	105 97	202
20=	David Corstorphine	93 96	189	42	WH Goff (a)	105 99	204
	Bob Dow	95 94	189				

1880

20th OPEN Championship
Hon Co of Edinburgh Golfers, Musselburgh, Midlothian, Scotland (9 April)
No Starting 30: No Completing 24
4700 yards

1	BOB FERGUSON	81 81	162		Willie Campbell	88 91	179
	(£8)				J Foreman	92 87	179
2	Peter Paxton	84 82	167	15	Willie Park, Sr	89 92	181
3	Ned Cosgrove	82 86	168	16	Willie Park, Jr	92 90	182
4=	David Brown	86 83	169	17=	AC Brown	91 92	183
	George Paxton	85 84	169		David Corstorphine	93 90	183
	Bob Pringle	90 79	169		George Strath	87 96	183
7	Andrew Kirkaldy	85 85	170	20	Ben Sayers	91 93	184
8=	William Brown	87 84	171	21	Mungo Park, Sr	95 92	187
	David Grant	87 84	171	22=	R Drummond	96 94	190
10	Tom Morris, Sr	87 88	175		William Thomson	96 94	190
11=	Thomas Arundel	86 93	179	24	James Beveridge	94 97	191
	Thomas Brown	90 89	179				

1881

21st OPEN Championship
Prestwick Golf Club, Ayrshire, Scotland (14 October)
No Starting 22: No Completing 8
3799 yards

1	BOB FERGUSON	53 60 57	170	5=	Willie Campbell	60 56 65	181
	(£8)				Tom Morris, Sr	58 65 58	181
2	Jamie Anderson	57 60 56	173		Willie Park, Jr	66 57 58	181
3	Ned Cosgrove	61 59 57	177	8	Willie Fernie	65 62 56	183
4	Bob Martin	57 62 59	178				

1882

22nd OPEN Championship
Royal & Ancient Golf Club, St Andrews, Fife, Scotland (30 September)
No Starting 40: No Completing 39
6577 yards

1	BOB FERGUSON	83 88	171		Ben Sayers	92 91	183
	(£12)			21=	David Anderson, Sr	91 93	184
2	Willie Fernie	88 86	174		Peter Fernie	94 90	184
3=	Jamie Anderson	87 88	175	23=	Jack Burns	97 92	189
	Fitz Boothby (a)	86 89	175		George Forrester	94 95	189
	Jack Kirkaldy	86 89	175		Bob Pringle	92 97	189
	Bob Martin	89 86	175		David Simpson	98 91	189
7=	David Ayton	90 88	178	27	Thomas Arundel	97 93	190
	James Mansfield (a)	91 87	178	28	James Kirk	101 90	191
	Willie Park, Sr	89 89	178	29=	James Hunter (a)	92 100	192
	James Rennie	90 88	178		Robert Kinsman	99 93	192
11=	Tom Kidd	87 93	180	31	Bob Kirk	103 90	193
	Henry Lamb (a)	88 92	180	32	HSC Everard (a)	99 95	194
13=	Andrew Alexander	93 88	181	33=	Robert Armitage (a)	97 98	195
	George Lowe	95 86	181		James Fenton	98 97	195
	Douglas Rolland (a)	88 93	181	35	Willie Dunn, Jr	98 99	197
16=	William Honeyman	93 89	182	36	W Kirk (a)	103 96	199
	William Thomson	95 87	182	37	J Reed	98 103	201
18=	Tom Dunn	93 90	183	38	John Dunn (a)	103 101	204
	Willie Park, Jr	90 93	183	39	Capt J Logan Whyte (a)	100 115	215

1883

23rd OPEN Championship
Hon Co of Edinburgh Golfers, Musselburgh, Midlothian, Scotland (16 November)
No Starting 34: No Completing 32
4700 yards

1	WILLIE FERNIE*	75 83	158		Peter Paxton	85 82	167
	(£n/k)				Douglas Rolland (a)	82 85	167
2	Bob Ferguson	78 80	158	14	Thomas Gossett	82 86	168
3	William Brown	83 77	160	15	Frank Park	84 85	169
4	Bob Pringle	79 82	161	16	William Cosgrove	79 91	170
5=	Willie Campbell	80 83	163	17=	Tom Dunn	87 84	171
	George Paxton	80 83	163		Jack Simpson (a)	90 81	171
7	Ben Sayers	81 83	164	19	George Miller (a)	80 92	172
8	Willie Park, Jr	77 88	165	20	David Leitch (a)	88 86	174
9	Willie Dunn, Jr	85 81	166	21	Thomas Arundel	87 88	175
10=	Ben Campbell	81 86	167	22	Willie Park, Sr	94 82	176
	Tom Morris, Sr	86 81	167	23	William Thomson	90 87	177

THE GOLF MAJORS: 1860-2015 – RESULTS

24=	David Brown	88 91	179	29 George Strath	91 93	184
	David Grant	89 90	179	30 David Baldie (a)	92 93	185
26	David Corstorphine	88 93	181	31 John Lambert	96 90	186
27	Mungo Park, Sr	93 89	182	32 AC Brown	96 91	187
28	Bob Tait	89 94	183			

*Willie Fernie (158) beat Bob Ferguson (159) in the 36-Hole Play-off

1884

24th OPEN Championship
Prestwick Golf Club, Ayrshire, Scotland (3 October)
No Starting 28: No Completing 20
5805 yards

1	JACK SIMPSON	78 82	160	11=	Matthew Allan		173
	(£n/k)				Willie Dunn, Jr		173
2=	Willie Fernie	80 84	164	13=	JOF Morris		174
	Douglas Rolland	81 83	164		Tom Morris, Sr		174
4=	Willie Campbell	84 85	169	15	Jamie Anderson		175
	Willie Park, Jr	86 83	169	16=	William Cosgrove		178
6	Ben Sayers	83 87	170		William Doleman (a)		178
7=	Tom Dunn		171	18	James Hunter (a)		179
	George Fernie		171	19	David Grant		180
9=	Peter Fernie		172	20	George Strath		183
	John Kirkaldy		172				

1885

25th OPEN Championship
Royal & Ancient Golf Club, St Andrews, Fife, Scotland (3 October)
No Starting 62: No Completing 46
6577 yards

1	BOB MARTIN	84 87	171	24=	Willie Anderson, Sr	90 97	187
	(£10)				S Mure Fergusson (a)	96 91	187
2	Archie Simpson	83 89	172	26	WH Goff (a)	97 91	188
3	David Ayton	89 84	173	27=	TS Hendry (a)	94 95	189
4=	Willie Fernie	89 85	174		Robert Kinsman	96 93	189
	Willie Park, Jr	86 88	174	29=	Jamie Allan	93 97	190
	Bob Simpson	85 89	174		William Cosgrove	88 102	190
7	Jack Burns	88 87	175		Bruce Goff (a)	96 94	190
8	Peter Paxton	85 91	176		Tom Morris, Sr	96 94	190
9=	Willie Campbell	86 91	177	33	T Grinlay	96 95	191
	JOF Morris	91 86	177	34=	David Auchterlonie	93 99	192
11=	Horace Hutchinson (a)	87 91	178		Willie Dunn, Jr	95 97	192
	Jack Kirkaldy	94 84	178	36	Jack Morris	98 95	193
13=	Johnny Laidlay (a)	87 92	179	37	Hugh Kirkaldy	101 93	194
	Jack Simpson	87 92	179	38=	Tom Auchterlonie	103 92	195
15	Ben Sayers	94 86	180		David Corstorphine	97 98	195
16=	Leslie Balfour (a)	90 91	181		David Grant	98 97	195
	William Greig (a)	89 92	181		James Kirk	99 96	195
18=	HSC Everard (a)	90 92	182		George Mason	94 101	195
	George Fernie	87 95	182	43	David Anderson, Jr	100 97	197
	James Rennie	90 92	182	44=	David Baldie (a)	97 101	198
21	David Anderson, Sr	96 87	183		Douglas McEwan	97 101	198
22	Ben Campbell	88 96	184	46	J Kinsman (a)	100 99	199
23	Willie Brown	91 95	186				

1886

26th OPEN Championship
Hon Co of Edinburgh Golfers, Musselburgh, Midlothian, Scotland (5 November)
No Starting 42: No Completing 35
4700 yards

1	DAVID BROWN	79 78	157		Bob Pringle	80 86	166
	(£8)				Ben Sayers	84 82	166
2	Willie Campbell	78 81	159	20=	William Cosgrove	84 83	167
3	Ben Campbell	79 81	160		Bob Tait	84 83	167
4=	Bob Ferguson	82 79	161	22	Peter Fernie	85 83	168
	Thomas Gossett	80 81	161	23	Peter Paxton	87 82	169
	Willie Park, Jr	84 77	161	24=	Jacky Ferguson	83 87	170
	Archie Simpson	82 79	161		George Strath	86 84	170
8=	Willie Fernie	79 83	162	26	David Simpson	84 88	172
	David Grant	86 76	162	27=	Willie Dunn, Jr	85 88	173
	Johnny Laidlay (a)	80 82	162		Tom Morris, Sr	88 85	172
11	JOF Morris	81 82	163	29=	Charlie Crawford	85 89	174
12=	John Lambert	78 86	164		James Keddie	84 90	174
	Thomas McWatt	81 83	164	31=	James Denham (a)	86 89	175
	Jack Simpson	83 81	164		HSC Everard (a)	86 89	175
15	Bob Simpson	84 81	165	33=	Jamie Allan	86 90	176
16=	Tom Dunn	83 83	166		Mungo Park, Sr	86 90	176
	Horace Hutchinson (a)	81 85	166	35	Albert Park (a)	88 91	179

1887

27th OPEN Championship
Prestwick Golf Club, Ayrshire, Scotland (16 September)
No Starting 51: No Completing 27
5805 yards

1	WILLIE PARK, Jr	82 79	161		Jack Kirkaldy	89 87	176
	(£8)				Jack Simpson	85 91	176
2	Bob Martin	81 81	162	16	Bob Simpson	90 89	179
3	Willie Campbell	77 87	164	17=	George Fernie	92 88	180
4	Johnny Laidlay (a)	86 80	166		Andrew Monaghan	90 90	180
5=	Ben Sayers	83 85	168	19	Hugh Kirkaldy	89 92	181
	Archie Simpson	81 87	168	20=	James Boyd	95 87	182
7=	Willie Fernie	86 87	173		Percy Wilson (a)	90 92	182
	David Grant	89 84	173	22=	Allan Macfie (a)	94 90	184
9	David Brown	82 92	174		Alex Stuart (a)	96 88	184
10=	Ben Campbell	88 87	175	24	Peter Fernie	95 90	185
	Horace Hutchinson (a)	87 88	175	25=	JS Carrick (a)	96 90	186
12=	David Ayton	89 87	176		Jack Morris	93 93	186
	James Kay	89 87	176	27	David McEwan	94 93	187

1888

28th OPEN Championship
Royal & Ancient Golf Club, St Andrews, Fife, Scotland (6 October)
No Starting 53: No Completing 36
6577 yards

1	JACK BURNS	86 85	171		Willie Auchterlonie	92 93	185
	(£8)				Jack Kirkaldy	92 93	185
2=	David Anderson, Jr	86 86	172		Allan Macfie (a)	94 91	185
	Ben Sayers	85 87	172		Bob Tait	95 90	185
4	Willie Campbell	84 90	174	23=	William Greig (a)	94 92	186
5	Leslie Balfour (a)	86 89	175		JOF Morris	96 90	186
6=	David Grant	88 88	176	25	N Playfair (a)	94 93	187
	Andrew Kirkaldy	87 89	176	26	David Leitch (a)	93 96	189
8	Sandy Herd	93 84	177	27=	Willie Anderson, Sr	98 92	190
9	David Ayton	87 91	178		Tom Morris, Sr	94 96	190
10	Johnny Laidlay (a)	93 87	180		DG Rose (a)	101 89	190
11=	HSC Everard (a)	93 89	182	30	Bob Simpson	90 101	191
	Hugh Kirkaldy	98 84	182	31	Leslie Smith (a)	95 97	192
	Willie Park, Jr	90 92	182	32=	David Anderson, Sr	97 98	195
14	Willie Fernie	91 92	183		Jamie Anderson, Sr	96 99	195
15=	Laurie Auchterlonie (a)	91 93	184		E Mason	100 95	195
	Bob Martin	86 98	184		David Simpson	99 96	195
	Archie Simpson	91 93	184	36	A Burns	99 97	196
18=	Jamie Allan	95 90	185				

1889

29th OPEN Championship
Hon Co of Edinburgh Golfers, Musselburgh, Midlothian, Scotland (8 November)
No Starting 48: No Completing 14
4700 yards

1	WILLIE PARK, Jr*	39 39 39 38	155		David Grant	41 41 41 42	165
	(£8)			10=	Hugh Kirkaldy	44 39 43 40	166
2	Andrew Kirkaldy	39 38 39 39	155		William Thomson	43 42 40 41	166
3	Ben Sayers	39 40 41 39	159	12	Archie Simpson	44 45 37 41	167
4=	David Brown	43 39 41 39	162	13	AM Ross (a)	42 45 42 40	169
	Johnny Laidlay (a)	42 39 40 41	162	14	Jack Burns	47 39 42 42	170
6	Willie Fernie	45 39 40 40	164				
7=	Willie Brown	44 43 41 37	165	*Willie Park Jr (158) beat Andrew Kirkaldy (163) in the 36-Hole Play-off*			
	Willie Campbell	44 40 42 39	165				

1890

30th OPEN Championship
Prestwick Golf Club, Ayrshire, Scotland (11 September)
No Starting 39: No Completing 31
5805 yards

1	JOHN BALL, Jr (a)	82 82	164		Hugh Kirkaldy	82 91	173
	(£Nil – amateur)			9	William McEwan	87 87	174
2=	Willie Fernie	85 82	167	10	David Brown	85 90	175
	Archie Simpson	85 82	167	11=	James Kay	86 91	177
4=	Andrew Kirkaldy	81 89	170		Johnny Laidlay (a)	89 88	177
	Willie Park, Jr	90 80	170	13	David Leitch (a)	86 93	179
6	Horace Hutchinson (a)	87 85	172	14	David Anderson, Jr	90 90	180
7=	David Grant	86 87	173	15=	John Allan	93 88	181

THE GOLF MAJORS: 1860-2015 – RESULTS

	Ben Campbell	93 88	181		Bob Mearns	96 93	189
17=	David Anderson (a)	91 91	182	25	Robert Adam (a)	91 99	190
	David Ayton	97 85	182	26	James Mair (a)	98 96	194
19	Ben Sayers	90 93	183	27=	James Cunningham	104 95	199
20	A Wright	92 92	184		Charles Whigham (a)	93 106	199
21	George Fernie	92 94	186	29	James McKay	104 96	200
22	Robert Wilson	91 96	187	30	DH Gillan (a)	100 104	204
23=	DD Robertson (a)	94 95	189	31	L Robertson (a)	108 104	212

1891

31st OPEN Championship
Royal & Ancient Golf Club, St Andrews, Fife, Scotland (6 October)
No Starting 83: No Completing 63
6577 yards

1	HUGH KIRKALDY	83 83	166		Herbert Johnston (a)	95 87	182
	(£10)				Freddie Tait (a)	94 88	182
2=	Willie Fernie	84 84	168	34=	Willie Anderson, Sr	96 87	183
	Andrew Kirkaldy	84 84	168		George Douglas	94 89	183
4	S Mure Fergusson (a)	86 84	170		Allan Macfie (a)	94 89	183
5	WD More	84 87	171		Bob Martin	89 94	183
6	Willie Park, Jr	88 85	173	38=	Harry S Colt (a)	93 91	184
7	David Brown	88 86	174		Bob Simpson	89 95	184
8=	Willie Auchterlonie	85 90	175	40	David Herd	91 94	185
	Harold Hilton (a)	89 86	175	41=	David Anderson, Sr	94 92	186
10=	Ben Sayers	91 85	176		T Carmichael (a)	92 94	186
	Tom Vardon	89 87	176		George Fernie	93 93	186
12=	John Ball, Jr (a)	94 83	177		Peter Paxton	94 92	186
	Archie Simpson	86 91	177		Jack Simpson	94 92	186
14	Sandy Herd	87 91	178	46=	Peter Anderson (a)	97 91	188
15=	David Grant	84 95	179		James Hunter (a)	94 94	188
	James Kay	93 86	179		Andrew Lawson (a)	94 94	188
	Jack Kirkaldy	90 89	179		David Leitch (a)	98 90	188
	Bob Mearns	88 91	179	50=	Jamie Kirk (a)	91 98	189
	Robert Sharp (a)	94 85	179		Douglas McEwan	101 88	189
20=	Laurie Auchterlonie (a)	87 93	180		George Pearson	96 93	189
	Charles Hutchings (a)	89 91	180		John Williamson (a)	97 92	189
	Johnny Laidlay (a)	90 90	180	54=	John Cuthbert (a)	95 95	190
	David Simpson	91 89	180		William Young (a)	91 99	190
24=	David Anderson, Jr	90 91	181	56	Lindsay Ross	96 95	191
	David Ayton	94 87	181	57	Albert Tingey, Sr	98 94	192
	Ernley RH Blackwell (a)	90 91	181	58=	Thomas Gilroy (a)	98 95	193
	Willie Campbell	94 87	181		Tom Morris, Sr	99 94	193
	Horace Hutchinson (a)	89 92	181	60	Robert Scott (a)	102 92	194
	George Mason	94 87	181	61	Garden Smith (a)	97 98	195
30=	HSC Everard (a)	89 93	182	62=	David Anderson (a)	100 99	199
	William Greig (a)	95 87	182		D Sheppard (a)	98 101	199

1892

32nd OPEN Championship
Hon Co of Edinburgh Golfers, Muirfield, East Lothian, Scotland (22-23 September)
No Starting 66: No Completing 52
4890 yards

1	HAROLD HILTON (a)	78 81 72 74	305	27	Ernley RH Blackwell (a)	79 81 84 86	330
	(£Nil – amateur)			28=	Leslie Balfour (a)	83 87 80 81	331
2=	John Ball, Jr (a)	75 80 74 79	308		Jack Simpson	84 78 82 87	331
	Sandy Herd	77 78 77 76	308	30	Charlie Crawford	79 85 85 84	333
	Hugh Kirkaldy	77 83 73 75	308	31=	David Grant	85 82 84 83	334
5=	James Kay	82 78 74 78	312		Albert Tingey, Sr	84 83 81 86	334
	Ben Sayers	80 76 81 75	312	33	Willie Campbell	87 84 84 80	335
7	Willie Park, Jr	78 77 80 80	315	34	David Leitch (a)	85 88 79 84	336
8	Willie Fernie	79 83 76 78	316	35=	R Walter Kirk	87 82 84 84	337
9	Archie Simpson	81 81 76 79	317		John Williamson (a)	88 82 82 85	337
10	Horace Hutchinson (a)	74 78 86 80	318	37	Jack Ferguson	86 86 83 83	338
11	Jack White	82 78 78 81	319	38=	LS Anderson (a)	93 85 81 81	340
12	Tom Vardon	83 75 80 82	320		Alex Stuart (a)	87 84 84 85	340
13=	Edward BH Blackwell (a)	81 82 82 76	321	40=	J McCulloch (a)	85 84 90 85	344
	Andrew Kirkaldy	84 82 80 75	321		James Martin	93 80 85 86	344
15	S Mure Fergusson (a)	78 82 80 82	322	42	Joseph Dalgleish	88 88 81 88	345
16=	David Anderson, Jr	76 82 79 87	324	43	JL Low (a)	84 93 83 86	346
	Fitz Boothby (a)	81 81 80 82	324	44	David Anderson (a)	92 88 80 87	347
	Ben Campbell	86 83 79 76	324	45	EM Fitzjohn (a)	88 94 84 84	350
19=	FA Fairlie (a)	83 87 79 76	325	46=	David Clark	91 93 88 87	359
	William McEwan	79 83 84 79	325		George Sayers	89 94 87 89	359
21=	WD More	87 75 80 84	326	48	AH Molesworth (a)	91 89 87 93	360
	Garden Smith (a)	84 82 79 81	326	49	Tom Chisholm	90 93 90 90	363
	Freddie Tait (a)	81 83 84 78	326	50	Tom Morris, Sr	91 90 91 92	364
24	David Brown	77 82 84 85	328	51	Ernest Lehmann (a)	100 86 91 90	367
25=	George Douglas	81 83 86 79	329	52	Fred Fitzjohn	105 95 83 89	372
	Douglas McEwan	84 84 82 79	329				

Round Leader(s)
R1   Hutchinson; 74
R2   Hutchinson; 152
R3   Ball; 229

Lowest Scores
R2   More, T Vardon; 75
R3   Hilton 72
R4   Hilton 74

1893

33rd OPEN Championship
Prestwick Golf Club, Ayrshire, Scotland (31 August-1 September)
No Starting 72: No Completing 52
5732 yards

1	WILLIE AUCHTERLONIE (£30)	78 81 81 82	322
2	Johnny Laidlay (a)	80 83 80 81	324
3	Sandy Herd	82 81 78 84	325
4=	Andrew Kirkaldy	85 82 82 77	326
	Hugh Kirkaldy	83 79 82 82	326
6=	James Kay	81 81 80 85	327
	Bob Simpson	81 81 80 85	327
8=	John Ball, Jr (a)	83 79 84 86	332
	Harold Hilton (a)	88 81 82 81	332
10=	JH Taylor	75 89 86 83	333
	Jack White	81 86 80 86	333
12	Ben Sayers	87 88 84 76	335
13	Charles Hutchings (a)	81 92 80 84	337
14	Archie Simpson	84 86 84 85	339
15=	S Mure Fergusson (a)	83 85 85 87	340
	Jack Hunter	87 85 83 85	340
17=	David Grant	86 86 85 84	341
	Joe Lloyd	85 91 84 81	341
19=	Peter Anderson (a)	93 84 83 82	342
	Stuart Anderson (a)	89 83 86 84	342
	Willie Park, Jr	82 89 86 85	342
22	David Anderson, Jr	86 93 83 81	343
23=	John Allan	81 88 83 92	344
	T Carmichael (a)	90 87 82 85	344
	Willie Fernie	86 92 85 81	344
	Bob Mearns	86 84 86 88	344
	Harry Vardon	84 90 81 89	344
28=	FA Fairlie (a)	82 90 88 85	345
	William McEwan	88 84 90 83	345
	Tom Vardon	85 86 82 92	345
31	Alan Duncan (a)	87 85 90 85	347
32	David McEwan	88 89 88 83	348
33	Robert Wilson	81 92 93 83	349
34=	Fitz Boothby (a)	85 93 84 88	350
	Jack Simpson	86 91 86 87	350
36=	Andrew Lawson (a)	89 89 85 89	352
	Charles Whigham (a)	87 90 94 81	352
38=	Willie Avestan	85 88 89 91	353
	GM Rennie (a)	86 88 90 89	353
40=	David Herd	87 96 84 87	354
	Douglas Prothero (a)	91 90 87 86	354
42	Douglas McEwan	88 91 88 89	356
43	William Young (a)	87 84 93 94	358
44=	Peter McEwan, Jr	93 92 88 86	359
	Garden Smith (a)	88 94 91 86	359
46	Andrew Scott	88 89 88 95	360
47	John Andrew (a)	89 96 86 90	361
48	David Anderson (a)	89 88 92 99	368
49	HJ Whigham (a)	91 97 87 94	369
50	Thomas Chisholm	87 103 89 91	370
51	James Douglas	96 92 95 95	378
52	Tom Morris, Sr	96 94 100 93	383

Round Leader(s)
R1   JH Taylor; 75
R2   Auchterlonie; 159
R3   Auchterlonie; 240

Lowest Scores
R2   Ball, H Kirkaldy; 79
R3   Herd, 78
R4   Sayers; 76

1894

34th OPEN Championship
St George's Golf Club, Sandwich, Kent, England (11-12 June)
No Starting 94: No Completing 53
6143 yards

1	JH TAYLOR (£30)	84 80 81 81	326
2	Douglas Rolland	86 79 84 82	331
3	Andrew Kirkaldy	86 79 83 84	332
4	Alfred Toogood	84 85 82 82	333
5=	Willie Fernie	84 84 86 80	334
	Ben Sayers	85 81 84 84	334
	Harry Vardon	86 86 82 80	334
8	Sandy Herd	83 85 82 88	338
9	Freddie Tait (a)	90 83 83 84	340
10=	AD Blyth (a)	91 84 84 82	341
	James Braid	91 84 82 84	341
12	Willie Park, Jr	88 86 82 87	343
13=	John Ball, Jr (a)	84 89 87 84	344
	David Brown	93 83 81 87	344
	Hugh Kirkaldy	90 85 80 89	344
	Archie Simpson	90 86 86 82	344
17	Joe Lloyd	95 81 86 83	345
18	S Mure Fergusson (a)	87 88 84 87	346
19	Tom Vardon	87 88 82 91	348
20=	Charles Dick (a)	85 89 89 90	353
	David Grant	91 84 87 91	353
	David Herd	92 93 84 84	353
23=	Willie Auchterlonie	96 81 93 85	355
	CE Hambro (a)	96 90 82 87	355
	John Rowe	90 90 84 91	355
26=	Stuart Anderson (a)	90 87 91 88	356
	Charles Hutchings (a)	93 85 88 90	356
28	Charles Gibson	92 94 87 84	357
29	Rowland Jones	89 88 93 88	358
30	Alex Lumsden	90 93 87 89	359
31=	Albert Tingey, Sr	90 91 90 90	361
	David McEwan	86 92 91 92	361
33	Willie Aveston	98 88 89 88	363
34	FS Ireland (a)	99 87 92 86	364
35=	Alfred Schacht (a)	89 96 91 89	365
	Alex Stuart (a)	88 95 96 86	365
37=	George Pearson	94 96 88 88	366
	Willie Tucker	92 94 91 89	366
39=	Joseph Longhurst	91 93 92 91	367
	Jack Simpson	94 89 94 90	367
41=	Tom Butel	91 94 92 91	368
	James Kay	98 89 90 91	368
43	C Ralph Smith	98 89 89 93	369
44	John Low (a)	93 98 89 91	371
45	John Cuthbert	97 96 88 92	373
46	Jack Burns	93 97 90 95	375
47	Lindsay Ross	92 98 90 96	376
48=	Dr Bruce Goff (a)	98 92 88 99	377
	John Milne	98 98 91 90	377
50=	R Walter Kirk	98 97 94 93	382
	Ernest Lehmann (a)	91 98 94 99	382
52	James Boyd	103 96 95 90	384
53	Charles Thom	97 102 99 90	388

Round Leader(s)
R1   Herd; 83
R2   Taylor; 164
R3   Taylor; 245

Lowest Scores
R2   A Kirkaldy, Rolland; 79
R3   H Kirkaldy; 80
R4   Fernie, H Vardon; 80

THE GOLF MAJORS: 1860-2015 – RESULTS

1895

35th (British) OPEN Championship
Royal & Ancient Golf Club, St Andrews, Fife, Scotland (12-13 June)
No Starting 76: No Completing 49
6577 yards

1	JH TAYLOR	86 78 80 78	322	25=	James Kay	88 85 92 86	351	
	(£30)				David McEwan	85 90 90 86	351	
2	Sandy Herd	82 77 82 85	326	27=	Willie Aveston	89 86 89 89	353	
3	Andrew Kirkaldy	81 83 84 84	332		Douglas McEwan	95 85 92 81	353	
4	George Pulford	84 81 83 86	334		Sandy Ross (a)	92 85 88 88	353	
5	Archie Simpson	88 85 78 85	336		Walter Toogood	87 91 88 87	353	
6=	David Anderson, Jr	86 83 84 84	337	31=	Willie Auchterlonie	91 84 90 89	354	
	David Brown	81 89 83 84	337		Harry Turpie	90 84 84 95	354	
	Willie Fernie	86 79 86 86	337	33	Bob Mearns	88 88 85 94	355	
9=	Ben Sayers	84 87 83 82	338	34	Alex Stuart (a)	86 88 88 94	356	
	AH Toogood	85 84 83 86	338	35=	Charles Hutchings (a)	90 89 92 88	359	
	Harry Vardon	80 85 85 88	338		C Ralph Smith	88 87 90 94	359	
	Tom Vardon	82 83 84 89	338	37	John Low (a)	92 86 88 94	360	
13=	Laurie Auchterlonie (a)	84 84 85 87	340	38=	John Forrest	91 85 91 95	362	
	James Robb, Jr (a)	89 88 81 82	340		James Hunter (a)	95 88 87 92	362	
15=	Hugh Kirkaldy	87 87 83 84	341	40	John Williamson (a)	93 83 92 95	363	
	Freddie Tait (a)	87 86 82 86	341	41=	John Cuthbert	90 90 93 91	364	
17	Johnny Laidlay (a)	91 83 82 86	342		S Mure Fergusson (a)	97 89 90 88	364	
18=	John Ball, Jr (a)	85 85 88 86	344		Andrew Scott	94 84 93 93	364	
	Laurie Waters	86 83 85 90	344	44	John Duncan	94 89 92 91	366	
20	David Herd	85 85 84 91	345	45	Willie Anderson, Sr	91 90 95 95	371	
21	Albert Tingey, Sr	83 88 87 88	346	46=	David Ayton	96 89 92 97	374	
	Jack White	88 86 85 87	346		James Tabor	99 93 91 91	374	
23	James Kinnell	84 83 88 92	347	48	Cpt PC Livingston (a)	97 86 95 97	375	
24	Jack Ross	87 84 89 88	348	49	Tom Morris, Sr	107 92 96 97	392	

Round Leader(s)
R1   H Vardon; 80
R2   S Herd; 159
R3   S Herd 241

Lowest Scores
R2   S Herd; 77
R3   Simpson; 78
R4   Taylor; 78

1895

1st US OPEN Championship
Newport Golf Club, Newport, Rhode Island (4 October)
No of Entries 14: No Starting 11: No Completing 10
2755 yards

1	HORACE RAWLINS	45 46 41 41	173	6	Willie Campbell	41 48 42 48	179	
	($150)			7=	John Harland	45 48 43 47	183	
2	Willie Dunn, Jr	43 46 44 42	175		John Patrick	46 48 46 43	183	
3=	James Foulis	46 43 44 43	176	9	Samuel Tucker	49 48 45 43	185	
	AW Smith (a)	47 43 44 42	176	10	John Reid (Sr)	49 51 55 51	206	
5	Willie Davis	45 49 42 42	178					

1896

36th OPEN Championship
Hon Co of Edinburgh Golfers, Muirfield, East Lothian, Scotland (10-11 June)
No Starting 65: No Completing 45
4890 yards

1	HARRY VARDON*	83 78 78 77	316	24=	David Anderson, Jr	86 89 83 81	339	
	(£30)				DM Jackson (a)	85 84 82 88	339	
2	JH Taylor	77 78 81 80	316		R Walter Kirk	85 87 84 83	339	
3=	Willie Fernie	78 79 82 80	319	27	David Herd	85 87 86 82	340	
	Freddie Tait (a)	83 75 84 77	319	28	Albert Tingey, Sr	84 84 88 86	342	
5	Sandy Herd	72 84 79 85	320	29	JW Taylor	87 83 84 90	344	
6	James Braid	83 81 79 80	323	30	Peter Paxton	84 89 86 86	345	
7=	David Brown	80 77 81 86	324	31	John Rowe	89 85 87 86	347	
	Ben Sayers	83 76 79 86	324	32	S Mure Fergusson (a)	85 93 84 86	348	
	Andrew Scott	83 84 77 80	324	33=	Peter Fernie	86 87 92 84	349	
10	Tom Vardon	83 82 77 83	325		Rowland Jones	88 85 89 87	349	
11	Peter McEwan	83 81 80 84	328	35	George Lowe	91 85 88 88	352	
12=	Willie Auchterlonie	80 86 81 82	329	36	Andrew Simpson	86 92 88 88	354	
	Archie Simpson	85 79 78 87	329	37	Harry Turpie	85 90 88 95	358	
14=	James Kay	77 88 83 82	330	38	TT Gray (a)	82 88 97 92	359	
	Andrew Kirkaldy	84 85 79 82	330	39	Christopher Callaway	93 92 87 88	360	
	Willie Park, Jr	79 80 83 88	330	40	Peter Rainford	87 87 93 95	362	
17	AH Toogood	81 85 84 84	334	41	Mungo Park, Jr	90 87 92 94	363	
18=	Jack Hunter	85 79 83 88	335	42	David Anderson (a)	90 93 93 89	365	
	Johnny Laidlay (a)	85 82 82 86	335	43=	Bernard Nicholls	90 102 87 88	367	
	David McEwan	83 89 81 82	335		Oliver Thomson (a)	86 93 94 94	367	
	Jack Ross	83 87 84 81	335	45	Walter Day, Jr	97 94 89 94	374	
22	Walter Toogood	87 84 80 85	336					
23	Harold Hilton (a)	82 85 85 85	337					

*Harry Vardon (157) beat JH Taylor (161) in the 36-hole Play-Off

Round Leader(s)
R1 S Herd; 72
R2 JH Taylor; 155
R3 S Herd; 235

Lowest Scores
R2 Tait; 75
R3 Scott, T Vardon; 77
R4 Tait, H Vardon; 77

1896

2nd US OPEN Championship
Shinnecock Hills Golf Club, Southampton, New York (18 July)
No of Entries 35: No Starting 33: No Completing 28
4423 yards

1	JAMES FOULIS (Jr)	78	74	152	15	WV Hoare	90	81	171
	($150)				16=	James Mackrell	89	83	172
2	Horace Rawlins	79	76	155		Alex Patrick	86	86	172
3	Joe Lloyd	76	81	157		John Reid (Sr)	88	84	172
4=	George Douglas	79	79	158	19=	Tom Gourley	82	91	173
	AW Smith (a)	78	80	158		John Patrick	88	85	173
6=	John Shippen	78	81	159	21	Oscar Bunn	89	85	174
	HJ Whigham (a)	82	77	159	22=	John I'Anson	88	92	180
8	Willie Tucker	78	82	160		George Strath	91	89	180
9	Robert Wilson	82	80	162	24	John Harrison	92	91	183
10	Alfred Ricketts	80	83	163	25	WW Campbell	91	93	184
11	WH Way	83	81	164	26	Willie Norton	87	98	185
12	Willie Dunn, Jr	78	87	165	27	R Anderson	92	95	187
13	Willie Davis	83	84	167	28	Thomas Warrender	97	93	190
14	Willie Campbell	85	85	170					

1897

37th OPEN Championship
Royal Liverpool Golf Club, Hoylake, Cheshire, England (19-20 May)
No Starting 88: No Completing 52
6150 yards

1	HAROLD HILTON (a)	80 75 84 75	314	27	James Sherlock	85 86 84 85	340
	(£Nil – amateur)			28	John Rowe	84 86 86 86	342
2	James Braid	80 74 82 79	315	29	Johnny Laidlay (a)	82 86 86 89	343
3=	George Pulford	80 79 79 79	317	30=	John Cuthbert	89 83 87 85	344
	Freddie Tait (a)	79 79 80 79	317		Charles Gibson	88 90 80 86	344
5	Sandy Herd	78 81 79 80	318		C Ralph Smith	88 82 94 80	344
6	Harry Vardon	84 80 80 76	320		JW Taylor	87 84 85 88	344
7=	David Brown	79 82 80 83	324		Albert Tingey, Sr	86 86 87 85	344
	Archie Simpson	83 81 81 79	324	35=	Bernard Nicholls	85 88 86 87	346
	Tom Vardon	81 81 79 83	324		Bob Simpson	92 80 84 90	346
10=	Andrew Kirkaldy	83 83 82 82	330	37=	R Walter Kirk	85 86 92 86	349
	JH Taylor	82 80 82 86	330		Tom Williamson	87 88 86 88	349
12=	S Mure Fergusson (a)	87 83 79 82	331	39=	CE Hambro (a)	86 93 83 88	350
	Ben Sayers	84 78 85 84	331		William Leaver	89 85 90 86	350
14=	Peter McEwan	86 79 85 82	332	41=	Jack Ross	83 84 93 92	352
	TG Renouf	86 79 83 84	332		Jack Youds	91 85 86 90	352
16	Andrew Scott	83 83 84 83	333	43	Tom Yeoman	91 86 89 87	353
17	John Ball, Jr (a)	78 81 88 87	334	44	Robert Munro	92 88 90 87	357
18=	Willie Auchterlonie	84 85 85 81	335	45	John Hutchings	87 91 88 92	358
	Jack Graham, (a)	85 80 87 83	335	46	Frank Wingate	92 88 92 87	359
20=	James Kinnell	82 83 78 93	336	47	Robert Rutherford	94 90 88 89	361
	Joe Lloyd	86 84 82 84	336	48	HE Way	87 93 95 88	363
22=	Willie Fernie	81 82 93 81	337	49=	James Hepburn	97 93 91 84	365
	Willie Park, Jr	91 81 83 82	337		AW Smith (a)	95 86 92 92	365
	AH Toogood	88 82 84 83	337	51=	HA Farrar (a)	94 93 85 95	367
25	James Kay	86 81 86 85	338		Peter Paxton	89 96 92 90	367
26	Walter Toogood	87 89 80 83	339				

Round Leader(s)
R1 Ball, Herd; 78
R2 Braid; 154
R3 Braid; 236

Lowest Scores
R2 Braid; 74
R3 Kinnell; 78
R4 Hilton; 75

1897

3rd US OPEN Championship
Chicago Golf Club, Wheaton, Illinois (17 September)
No of Entries 36: No Starting 36: No Completing 35
6682 yards

1	JOE LLOYD	83	79	162	8=	David Foulis	86	87	173
	($150)					Horace Rawlins	91	82	173
2	Willie Anderson	79	84	163		HJ Whigham (a)	87	86	173
3=	Willie Dunn, Jr	87	81	168	11=	Charles Macdonald (a)	85	89	174
	James Foulis	80	88	168		William Marshall	87	87	174
5	William Hoare	82	87	169		Robert Wilson	83	91	174
6=	Bernard Nicholls	87	85	172	14	Harry Turpie	85	90	175
	Alfred Ricketts	91	81	172	15=	Willie Davis	88	89	177

	Robert Foulis	88 89	177		WH Way	89 96	185
	Willie Tucker	90 87	177	27	Robert White	89 97	186
	JA Tyng (a)	86 91	177	28	Devereux Emmet (a)	98 90	188
19	Findlay Douglas (a)	89 91	180	29	WB Smith (a)	98 91	189
20	WG Stewart (a)	91 90	181	30	AC Tolifson	91 100	191
21=	Richard Leslie	90 92	182	31=	John Duncan	98 94	192
	Robert McAndrews	90 92	182		Foxhall Keene (a)	93 99	192
	George Pearson	93 89	182	33=	John Reid, Jr (a)	98 96	194
24	John Harrison	97 87	184		HR Sweny (a)	96 98	194
25=	Samuel Tucker	87 98	185	35	SD Bowers (a)	101 98	199

1898

38th OPEN Championship
Prestwick Golf Club, Ayrshire, Scotland (8-9 June)
No Starting 81: No Making Cut 43: No Completing 39
5732 yards

1	HARRY VARDON	79 75 77 76	307	21=	JR Gairdner (a)	84 77 82 85	328
	(£30)				David Herd	79 81 83 85	328
2	Willie Park, Jr	76 75 78 79	308		James Hutchinson	83 79 84 82	328
3	Harold Hilton (a)	76 81 77 75	309		Andrew Kirkaldy	82 84 85 77	328
4	JH Taylor	78 78 77 79	312		Peter Paxton	81 82 86 79	328
5	Freddie Tait (a)	81 77 75 82	315		Tom Williamson	86 84 77 81	328
6	David Kinnell	80 77 79 80	316	27=	C Ralph Smith	84 78 85 82	329
7	Willie Fernie	79 85 77 77	318		JW Taylor	83 84 80 82	329
8	Jack Hunter	82 79 81 77	319	29=	Fred Butel	81 84 86 81	332
9	TG Renouf	77 79 81 83	320		Andrew Scott	83 84 78 87	332
10=	James Braid	80 82 84 75	321		Bob Simpson	84 81 82 85	332
	Philip Wynn	83 79 81 78	321	32=	Tom Hutchinson	85 81 86 82	334
12	James Kay	81 81 77 83	322		Jack Kirkaldy	82 82 85 85	334
13=	George Pulford	83 81 78 81	323		John Rowe	84 77 88 85	334
	Jack White	82 81 77 83	323		Charles Whigham (a)	85 82 84 83	334
15=	James Kinnell	77 81 78 88	324	36=	Ted Blackwell (a)	84 82 84 87	337
	Archie Simpson	83 80 82 79	324		Harry Harris	85 84 85 83	337
17=	Sandy Herd	80 79 84 82	325	38	David McEwan	82 84 88 89	343
	Peter McEwan	83 83 77 82	325	39	Joseph Dalgleish	84 84 92 86	346
19=	Ben Sayers	85 78 79 85	327				
	Walter Toogood	82 84 83 78	327				

Round Leader(s)
R1 Hilton, Park; 76
R2 Park; 151
R3 Park; 229

Lowest Scores
R2 Park, Vardon; 75
R3 Tait; 75
R4 Braid, Hilton; 75

1898

4th US OPEN Championship
Myopia Hunt Club, South Hamilton, Massachusetts (17-18 July)
No of Entries 49: No Starting 49: No Completing 29
6236 yards

1	FRED HERD	84 85 75 84	328		Willie Tucker	90 89 87 89	355
	($150)			16	James Curtis (a)	87 88 88 93	356
2	Alex Smith	78 86 86 85	335	17	John Harland	84 93 93 87	357
3	Willie Anderson	81 82 87 86	336	18	Willie Davis	91 88 95 85	359
4	Joe Lloyd	87 80 86 86	339	19=	Harry Rawlins	91 90 92 88	361
5	Willie Smith	82 91 85 82	340		JA Tyng (a)	92 91 88 90	361
6	William Hoare	84 84 87 87	342	21=	Quincy Shaw (a)	88 85 93 98	364
7	Willie Dunn, Jr	85 87 87 84	343		Jack Youds	92 90 92 90	364
8=	John Jones	83 84 90 90	347	23=	John Mercer	85 95 93 93	366
	HC Leeds (a)	81 84 93 89	347		Gilbert Nicholls	91 92 91 92	366
	RG McAndrews	85 90 86 86	347	25	John Dunn	91 88 91 97	367
	Bernard Nicholls	86 87 88 86	347	26	Willie Campbell	93 91 97 101	382
12	Harry Turpie	85 87 86 91	349	27	HR Sweny (a)	92 97 96 99	384
13	Alex Findlay	89 88 84 89	350	28	Winthrop Rutherford (a)	100 99 98 91	388
14=	James Litster	92 88 90 85	355	29	Walter Stoddard	103 95 97 96	391

Round Leader(s)
R1 A Smith; 78
R2 Anderson; 163
R3 Herd; 244

Lowest Scores
R2 Lloyd; 80
R3 Herd; 75
R4 W Smith; 82

1899

39th OPEN Championship
St George's Golf Club, Sandwich, Kent, England (7-8 June)
No of Entries 101: No Starting 98: No Making Cut 40: No Completing 35
6012 yards

1	HARRY VARDON	76 76 81 77	310	3	Andrew Kirkaldy	81 79 82 77	319
	(£30*)			4	JH Taylor	77 76 83 84	320
2	Jack White	79 79 82 75	315	5=	James Braid	78 78 85 81	322

	Willie Fernie	79 83 82 78	322
7=	James Kinnell	76 84 80 84	324
	Freddie Tait (a)	81 82 79 82	324
9=	Albert Tingey, Sr	81 81 79 85	326
	Tom Williamson	76 84 80 86	326
11	Ben Sayers	81 79 82 86	328
12=	Harold Hilton (a)	86 80 80 83	329
	TG Renouf	79 82 84 84	329
14	Willie Park, Jr	77 79 85 89	330
15	Willie Aveston	77 86 82 86	331
16=	Sandy Herd	82 81 80 89	332
	Peter Rainford	79 83 83 87	332
	Ted Ray	84 80 84 84	332
	Archie Simpson	84 84 81 83	332
20	Walter Toogood	82 86 81 84	333
21	CE Hambro (a)	78 86 88 82	334
22	Tom Hutchinson	82 87 82 85	336
23	AH Toogood	83 85 85 84	337
24	William McEwan	84 86 83 85	338
25=	John Ball, Jr (a)	81 82 90 86	339
	Andrew Scott	86 85 87 81	339
	JW Taylor	82 85 86 86	339
28	David Herd	80 88 83 89	340
29	James Kay	85 81 86 89	341
30	Joseph Dalgleish	87 87 81 87	342
31	John Rowe	87 80 89 87	343
32	Johnny Laidlay (a)	83 88 91 82	344
33	Alfred Vardon (a)	87 88 88 85	348
34=	Harry Harris	86 88 82 94	350
	C Ralph Smith	84 91 85 90	350

Round Leader(s)
R1   H Vardon, Kinnell, Williamson; 76
R2   H Vardon; 152
R3   H Vardon; 233

Lowest Scores
R2   Taylor, H Vardon; 76
R3   Tait, Tingey; 79
R4   White; 75

1899

5th US OPEN Championship
Baltimore Country Club, Baltimore, Maryland (14-15 September)
No of Entries 81: No Starting 74: No Completing 58
5410 yards

1	WILLIE SMITH	77 82 79 77	315
	($150)		
2=	Val Fitzjohn	85 80 79 82	326
	George Low	82 79 89 76	326
	WH Way	80 85 80 81	326
5	Willie Anderson	77 81 85 84	327
6	Jack Park	88 80 75 85	328
7	Alex Smith	82 81 82 85	330
8	Harry Gullane	81 86 80 84	331
9=	Laurie Auchterlonie	86 87 82 78	333
	Peter Walker	84 86 77 86	333
11	Alex Findlay	88 86 79 81	334
12	Alec Campbell	83 80 79 94	336
13=	Herbert Harriman (a)	87 88 85 79	339
	Alex Patrick	82 83 84 90	339
	Horace Rawlins	81 85 86 87	339
	Arthur Smith	83 89 82 85	339
17	Alfred Ricketts	87 85 88 80	340
18	Bernard Nicholls	86 88 85 84	343
19=	David Foulis	83 86 91 85	345
	Harry Turpie	91 88 83 83	345
21=	James Foulis	94 84 88 80	346
	Gilbert Nicholls	90 83 86 87	346
23	Dan Leitch	87 85 85 90	347
24	HE Way	85 87 87 89	348
25	Willie Thompson	82 90 87 90	349
26=	Fred Herd	85 86 93 86	350
	John Shippen	86 88 88 88	350
28=	Robert Braid	85 90 86 90	351
	RS Patrick	85 92 88 86	351
	Willie Tucker	89 91 87 84	351
31=	William Donovan	88 89 91 96	354
	David Hunter	89 86 89 90	354
33	Robert Thompson	90 95 85 85	355
34=	Willie Dunn, Jr	91 91 85 89	356
	FW Menzies (a)	86 90 95 85	356
36=	James Campbell	88 91 87 91	357
	Robert Wilson	87 88 89 93	357
38	John Harrison	92 93 84 89	358
39	Donald Ball	88 85 92 95	360
40	Ed Fitzjohn	92 91 90 90	363
41=	William Kirk	93 92 88 91	364
	William Marshall	87 101 89 87	364
43=	Fred Fitzjohn	94 91 94 86	365
	William Hoare	87 94 90 94	365
	John Reid	90 93 95 87	365
46	Harry Rawlins	89 93 98 86	366
47	HH Cumming (a)	91 92 91 93	367
48	John Forman	98 91 89 90	368
49=	TC Jenkins (a)	88 98 96 87	369
50	William Braid	95 92 88 98	373
51	John Tucker	97 93 93 91	374
52	Charles Cox (a)	90 95 100 98	383
53	Laurie Thompson (a)	97 101 96 91	385
54	James Stillman (a)	101 94 98 95	388
55	WM McCawley (a)	100 102 97 98	397
56	Walter Stoddard	101 106 96 95	398
57	CP Linneaweaver (a)	100 102 103 97	402
58	Ormsby McCammon (a)	94 102 110 116	422

Round Leader(s)
R1   Anderson, W Smith; 77
R2   Anderson; 158
R3   W Smith; 238

Lowest Scores
R2   Low; 79
R3   Park; 75
R4   Low; 76

1900

40th OPEN Championship
Royal & Ancient Golf Club, St Andrews, Fife, Scotland (6-7 June)
No Starting 84: No Making Cut 46: No Completing 37
6323 yards

1	JH TAYLOR	79 77 78 75	309
	(£50)		
2	Harry Vardon	79 81 80 77	317
3	James Braid	82 81 80 79	322
4	Jack White	80 81 82 80	323
5	Willie Auchterlonie	81 85 80 80	326
6	Willie Park, Jr	80 83 81 84	328
7=	Robert Maxwell (a)	81 81 86 81	329
	Archie Simpson	82 85 83 79	329
9	Ben Sayers	81 83 85 81	330
10=	Sandy Herd	81 85 81 84	331
	Andrew Kirkaldy	87 83 82 79	331
	Tom Vardon	81 85 84 81	331
13	Ted Ray	88 80 85 81	334
14=	David Anderson, Jr	81 87 85 84	337
	Tom Simpson	84 86 83 84	337
16=	William Greig (a)	93 84 80 81	338
	Harold Hilton (a)	83 87 87 81	338
18	JW Taylor	91 81 84 83	339
19=	John Kirkaldy	86 85 87 82	340
	Peter Paxton	87 87 79 87	340
21	Peter McEwan	85 80 89 87	341
22=	PJ Gaudin	85 88 81 88	342
	James Kay	84 81 87 90	342
	Fred Mackenzie (a)	88 82 89 83	342
	Andrew Scott	84 84 84 90	342
26=	George Coburn	83 88 83 89	343
	WH Fowler (a)	86 85 88 84	343

	Johnny Laidlay (a)	85 87 85 86	343	33=	James Hepburn	89 86 87 89	351
29	John Williamson	87 82 88 89	346		S Mure Fergusson (a)	88 86 90 87	351
30=	Ted Blackwell (a)	88 86 86 89	349	35	DS Froy (a)	91 84 93 86	354
	C Ralph Smith	83 87 88 91	349	36	Fred Hocking	85 88 90 92	355
32	Fred Butel	88 85 89 88	350	37	Tom Yeoman	86 85 92 95	358

Round Leader(s)
R1   JH Taylor, H Vardon; 79
R2   JH Taylor; 156
R3   JH Taylor; 234

Lowest Scores
R2   JH Taylor; 77
R3   JH Taylor; 78
R4   JH Taylor; 75

1900

6th US OPEN Championship
Chicago Golf Club, Wheaton, Illinois (4-5 October)
No of Entries 62: No Starting 62: No Completing 45
6032 yards

1	HARRY VARDON	79 78 76 80	313	23=	RG McAndrews	87 93 87 84	351
	($200)				Joe Mitchell	88 96 82 85	351
2	JH Taylor	76 82 79 78	315	25=	Harry Gullane	89 89 92 82	352
3	David Bell	78 83 83 78	322		AC Tolifson	93 87 88 84	352
4=	Laurie Auchterlonie	84 82 80 81	327	27=	William Hoare	90 87 91 85	353
	Willie Smith	82 83 79 83	327		John Shippen	94 87 89 83	353
6	George Low	84 80 85 82	331	29	Robert Foulis	85 89 90 90	354
7	Tom Hutchinson	81 87 81 84	333	30	Charles B Macdonald (a)	86 90 90 89	355
8	Harry Turpie	84 87 79 84	334	31=	Johnny Johnstone (a)	85 87 90 94	356
9	Stewart Gardner	85 78 84 89	336		Horace Rawlins	98 85 88 85	356
10	Val Fitzjohn	84 83 89 82	338	33	Jack Campbell	96 85 89 87	357
11=	Willie Anderson	83 88 79 89	339	34	James L Hutchinson	86 89 87 96	358
	Alec Campbell	86 77 93 83	339	35=	David Hunter	89 86 84 91	360
13	Alex Smith	90 84 82 84	340		Alex Taylor	89 87 93 91	360
14=	James Foulis	86 88 87 82	343	37=	William Holabird (a)	93 87 92 89	361
	Bob S Simpson	84 84 88 87	343		George Turpie	89 84 91 97	361
16=	Fred Herd	85 89 84 86	344	39	John Stuart (a)	94 92 84 92	362
	Arthur Smith	89 85 85 85	344	40	George Braid	84 93 90 96	363
	WH Way	88 85 84 87	344	41	David Mentiply	90 89 94 91	364
19=	Willie Norton	87 87 84 87	345	42	Patrick Corcoran	101 90 96 90	377
	Harry Rawlins	86 84 90 85	345	43	Robert White	99 94 93 92	378
21	HE Way	89 92 81 84	346	44	Walter Egan (a)	98 89 90 102	379
22	JB Schlotman	85 94 83 88	350	45	John Harrison	102 90 93 98	383

Round Leader(s)
R1   Taylor; 76
R2   Vardon; 157
R3   Vardon; 233

Lowest Scores
R2   Campbell; 77
R3   Vardon; 76
R4   Bell, Taylor; 78

1901

41st OPEN Championship
Hon Co of Edinburgh Golfers, Muirfield, East Lothian, Scotland (5-6 June)
No of Entries 102: No Starting 102: No Making Cut 38: No Completing 34
5810 yards

1	JAMES BRAID	79 76 74 80	309	18=	Andrew Kirkaldy	82 87 86 81	336
	(£50)				Alf Lewis	85 82 83 86	336
2	Harry Vardon	77 78 79 78	312		Willie Park, Jr	78 87 81 90	336
3	JH Taylor	79 83 74 77	313		Andrew Scott	85 80 81 90	336
4	Harold Hilton (a)	89 80 75 76	320	22=	Charles Neaves	84 87 81 85	337
5	Sandy Herd	87 81 81 76	325		Laurie Waters	86 87 86 78	337
6	Jack White	82 82 80 82	326	24	Charles Dalziel (a)	82 84 89 83	338
7=	James Kinnell	79 85 86 78	328	25=	David Herd	90 80 82 87	339
	Johnny Laidlay (a)	84 82 82 80	328		James Hutchinson	84 83 91 81	339
9=	PJ Gaudin	86 81 86 76	329		Jack Ross	84 85 86 84	339
	Jack Graham (a)	82 83 81 83	329	28	Walter Toogood	87 86 85 82	340
11	Rowland Jones	85 82 81 83	331	29=	Willie Auchterlonie	86 82 88 86	342
12=	Ted Ray	87 84 74 87	332		David McEwan	86 84 86 86	342
	TG Renouf	83 86 81 82	332	31	James Kay	89 84 86 86	345
	Tom Yeoman	85 83 82 82	332	32	George Sargent	81 90 86 89	346
15=	Fred Collins	89 80 81 84	334	33	WC Gaudin	92 83 87 88	350
	S Mure Fergusson (a)	84 86 82 82	334	34	Alex Marr	87 87 93 91	358
	JH Oke	91 83 80 80	334				

Round Leader(s)
R1   H Vardon; 77
R2   Braid, H Vardon; 155
R3   Braid; 229

Lowest Scores
R2   Braid; 76
R3   Braid, Ray, Taylor; 74
R4   S Herd, Hilton, Gaudin; 76

1901

7th US OPEN Championship
Myopia Hunt Club, South Hamilton, Massachusetts (14-16 June)
No of Entries 60: No Starting 54: No Completing 39
6130 yards

Pos	Player	Rounds	Total		Pos	Player	Rounds	Total
1	WILLIE ANDERSON* ($200)	84 83 83 81	331		21	Donald Ross	94 86 91 84	355
2	Alex Smith	82 82 87 80	331		22=	Walter Clark	88 90 92 87	357
3	Willie Smith	84 86 82 81	333			Alex Taylor	94 84 92 87	357
4	Stewart Gardner	86 82 81 85	334			Harry Turpie	92 87 88 90	357
5=	Laurie Auchterlonie	81 85 86 83	335		25=	David Hunter	91 92 89 87	359
	Bernard Nicholls	84 85 83 83	335			RS Patrick	90 91 87 91	359
7	David Brown	86 83 83 84	336		27	Willie Davis	88 91 92 89	360
8	Alex Campbell	84 91 82 82	339		28=	John Dingwall	89 96 89 87	361
9=	George Low	82 89 85 85	341			Ed Fitzjohn	90 86 92 93	361
	Jack Park	87 84 85 85	341			John Harland	92 92 93 84	361
11	James Foulis	88 85 85 89	347			Willie Hunter, Sr	88 96 91 86	361
12=	Val Fitzjohn	86 86 89 87	348			Lancelot Servos	94 83 91 93	361
	John Jones	87 84 87 80	348		33	Joe Mitchell	94 94 92 83	363
14=	Gilbert Nicholls	87 87 88 87	349		34	William Kirk	99 86 93 88	366
	Bob S Simpson	88 87 87 87	349		35=	John Harrison	92 93 93 90	368
16	Isaac Mackie	87 88 85 90	350			Jack Hobens	90 90 98 90	368
17=	AH Fenn	87 90 87 87	351		37	Alex Patrick	90 90 94 95	369
	AG Lockwood (a)	82 89 89 91	351		38	John I'Anson	100 94 95 90	379
	Horace Rawlins	90 84 88 89	351		39	CD Cronin	99 93 92 100	384
20	Joe Lloyd	90 87 86 89	352					

Willie Anderson (85) beat Alex Smith (86) in the 18-Hole Play-off

Round Leader(s)
R1 Auchterlonie; 81
R2 A Smith; 164
R3 Gardner; 249

Lowest Scores
R2 Gardner, A Smith; 82
R3 Gardner; 81
R4 Jones, A Smith; 80

1902

42nd OPEN Championship
Royal Liverpool Golf Club, Hoylake, Cheshire, England (4-5 June)
No of Entries 112: No Starting 112: No Making Cut 45: No Completing 41
6335 yards

Pos	Player	Rounds	Total		Pos	Player	Rounds	Total
1	SANDY HERD (£50)	77 76 73 81	307			Walter Toogood	83 83 80 81	327
					22	George Pulford	81 81 85 81	328
2=	James Braid	78 76 80 74	308		23=	Fred Jackson	80 81 83 85	329
	Harry Vardon	72 77 80 79	308			Willie Park, Jr	79 82 82 86	329
4	Robert Maxwell (a)	79 77 79 74	309		25=	William McEwan	83 84 81 82	330
5	Tom Vardon	80 76 78 79	313			Tom Yeoman	85 83 79 83	330
6=	Harold Hilton (a)	79 76 81 78	314		27	C Ralph Smith	85 79 85 82	331
	James Kinnell	78 80 79 77	314		28=	David Herd	82 81 84 85	332
	JH Taylor	81 76 77 80	314			Peter Rainford	78 79 88 87	332
9	Ted Ray	79 74 85 80	318		30=	Archie Simpson	88 79 85 81	333
10=	Andrew Kirkaldy	77 78 83 82	320			Tom Williamson	78 80 90 85	333
	Arnaud Massy	77 81 78 84	320		32=	George Cassidy	80 82 87 85	334
12=	Willie Fernie	76 82 84 79	321			Fred Collins	83 84 84 83	334
	Rowland Jones	79 78 85 79	321			TM Hunter (a)	84 80 84 86	334
14	Sidney Fry (a)	78 79 80 85	322		35	Andrew Scott	84 84 82 85	335
15=	John Ball, Jr (a)	79 79 84 81	323		36	Peter McEwan	84 84 82 86	336
	John Rowe	79 78 85 81	323		37	HH Holden (a)	82 82 87 87	338
17	James Sherlock	79 84 80 81	324		38=	Willie Auchterlonie	83 84 86 86	339
18	Jack White	82 75 82 86	325			WC Gaudin	81 84 89 85	339
19	Ben Sayers	84 80 80 82	326			William Leaver	85 82 82 90	339
20=	TG Renouf	84 82 77 84	327		41	William Lewis	83 84 89 87	343

Round Leader(s)
R1 H Vardon; 72
R2 H Vardon; 149
R3 S Herd; 226

Lowest Scores
R2 Ray; 74
R3 S Herd; 73
R4 Braid, Maxwell; 74

1902

8th US OPEN Championship
Garden City Golf Club, Garden City, New York (10-11 October)
No of Entries 90: No Starting 81: No Completing 55
6170 yards

Pos	Player	Rounds	Total		Pos	Player	Rounds	Total
1	LAURIE AUCHTERLONIE ($200)	78 78 74 77	307		9	Donald Ross	80 83 78 81	322
					10	Alex Ross	83 77 84 79	323
2=	Stewart Gardner	82 76 77 78	313		11	Willie Norton	83 82 79 81	325
	Walter Travis (a)	82 82 75 74	313		12=	David Brown	80 88 82 76	326
4	Willie Smith	82 79 80 75	316			George Low	83 84 78 81	326
5=	Willie Anderson	79 82 76 81	318		14=	Jack Campbell	77 87 79 85	328
	John Shippen	83 81 75 79	318			Jack Hobens	85 82 80 81	328
7	Charles Thom	80 82 80 77	319		16=	AS Griffiths	79 86 82 83	330
8	Harry Turpie	79 85 78 78	320			Harry Rawlins	89 83 79 79	330

18=	Gilbert Nicholls	88 86 73 84	331	37=	Peter Eagen	85 86 89 82	342
	Alex Smith	79 86 80 86	331		John Young	84 86 80 92	342
20=	Alex Campbell	88 82 83 79	332	39	John Pearson	87 87 85 84	343
	James Foulis	81 88 82 81	332	40=	Dan Leitch	84 86 87 88	345
	John Harland	82 82 83 85	332		RC Watson (a)	88 85 86 86	345
	Willie Hunter	82 82 81 87	332	42	John Jones	89 88 88 82	347
24	Fred Herd	82 79 83 89	333	43=	Louis Livingston, Jr (a)	90 83 87 88	348
25	Jack Park	79 89 85 81	334		Robert Thompson	87 92 83 86	348
26=	George Braid	85 81 84 85	335	45	David Patrick	92 85 86 87	350
	James Campbell	88 84 82 81	335	46=	AH Fenn	92 93 83 84	352
28	Bernard Nicholls	89 84 84 79	336		Jack Jolly	84 87 95 86	352
29	John Mackie	88 82 84 84	338	48=	Robert Dow	89 92 89 83	353
30=	Alex Findlay	85 81 87 86	339		John Harrison	91 89 85 88	353
	David Hunter	83 81 91 84	339		Charles Seeley (a)	82 90 93 88	353
	RS Patrick	85 87 84 83	339	51=	AG Lockwood	96 81 87 92	356
33=	William Donovan	88 84 83 85	340		Joe Mitchell	91 84 92 89	356
	David Ogilvie	86 90 83 81	340	53	Charles B Macdonald (a)	87 91 90 89	357
35=	Walter Fovargue	90 86 81 84	341	54	Frank Croker (a)	90 88 87 95	360
	Paul Murphy (a)	86 90 83 82	341	55	Willie Collins	90 90 92 89	361

Round Leader(s)
R1   Jack Campbell; 77
R2   Auchterlonie; 156
R3   Auchterlonie; 230

Lowest Scores
R2   Gardner; 76
R3   G Nicholls; 73
R4   Travis; 74

1903

43rd OPEN Championship
Prestwick Golf Club, Ayrshire, Scotland (9-10 June)
No of Entries 128: No Starting 128: No Making Cut 59: No Completing 57
5948 yards

1	HARRY VARDON	73 77 72 78	300		John Milne	81 86 79 78	324
	(£50)			30=	George Coburn	81 82 75 87	325
2	Tom Vardon	76 81 75 74	306		JH Oke	80 81 81 83	325
3	Jack White	77 78 74 79	308		Archie Simpson	79 85 80 81	325
4	Sandy Herd	73 83 76 77	309	33	Robert Andrew (a)	78 85 79 84	326
5	James Braid	77 79 79 75	310	34=	Ernest Foord	80 84 81 82	327
6=	Andrew Scott	77 77 83 77	314		James Kay	86 82 80 79	327
	Robert Thomson	83 78 77 76	314		Peter Rainford	82 83 78 84	327
8	William Leaver	79 79 77 80	315	37=	James Donaldson (a)	83 84 81 80	328
9=	George Cawsey	80 78 76 82	316		Johnny Laidlay (a)	81 88 81 78	328
	JH Taylor	80 82 78 76	316		Frank Larke	82 87 78 81	328
11=	Andrew Kirkaldy	82 79 78 78	317		Alf Lewis	80 82 81 85	328
	Tom Williamson	76 80 79 82	317		Arnaud Massy	81 84 77 86	328
13=	Willie Hunter, Sr	81 74 79 84	318		JW Taylor	80 82 82 84	328
	Robert Maxwell (a)	82 84 76 76	318		Tom Yeoman	81 86 83 78	328
15=	Ernest Gray	77 83 79 80	319	44	Harry Cawsey	80 88 80 81	329
	James Kinnell	78 86 76 79	319	45=	Willie Auchterlonie	83 84 79 84	330
	Willie Park, Jr	78 86 80 75	319		Fred Collins	84 82 85 79	330
18=	AE Bellworthy	80 86 77 77	320		Joseph Parr	81 84 80 85	330
	David Kinnell	82 78 80 80	320	48	William McEwan	85 78 88 80	331
	George Pulford	79 86 79 76	320	49=	RW Orr (a)	79 90 82 82	333
	AH Toogood	86 77 80 77	320		James Robb (a)	83 80 85 85	333
22=	Jack Hunter	77 79 84 81	321	51=	Jas Batley	79 87 83 85	334
	Ben Sayers	79 84 80 78	321		Laurence Gourlay	82 85 83 84	334
24	Ted Ray	90 78 80 75	323	53=	Charles Neaves	86 81 79 89	335
25=	Willie Fernie	78 81 76 89	324		Wilfred Reid	81 86 84 84	335
	James Hepburn	78 82 87 77	324	55	Alf Beck	83 85 89 86	343
	Harold Hilton (a)	81 79 83 81	324	56	John Hill	85 84 88 87	344
	Rowland Jones	82 82 81 79	324	57	George Cassidy	85 84 86 90	345

Round Leader(s)
R1   Herd, H Vardon; 73
R2   H Vardon; 150
R3   H Vardon; 222

Lowest Scores
R2   W Hunter; 74
R3   H Vardon; 72
R4   T Vardon; 74

1903

9th US OPEN Championship
Baltusrol Golf Club, Springfield, New Jersey (8-9 July)
No of Entries 89: No Starting 85: No Completing 60
6003 yards

1	WILLIE ANDERSON*	73 76 76 82	307		Willie Smith	80 81 83 79	323
	($200)			12	Horace Rawlins	82 77 78 87	324
2	David Brown	79 77 75 76	307	13=	Isaac Mackie	83 80 78 84	325
3	Stewart Gardner	77 77 82 79	315		FO Reinhart (a)	81 75 89 80	325
4	Alex Smith	77 77 81 81	316	15=	Alec Campbell	79 84 80 83	326
5	Donald Ross	79 79 78 82	318		Gilbert Nicholls	86 82 78 80	326
6	Jack Campbell	76 83 83 77	319		Walter Travis (a)	83 80 81 82	326
7	Laurie Auchterlonie	75 79 84 83	321		WH Way	84 79 82 81	326
8	Findlay Douglas (a)	77 79 82 84	322	19	Bernard Nicholls	85 78 82 83	328
9=	Jack Hobens	76 81 82 84	323	20=	Willie Norton	78 81 83 87	329
	Alec Ross	83 82 78 80	323		David Ogilvie	81 86 81 81	329

22 George Cumming	83 86 77 84	330
23 Harry Turpie	86 82 81 82	331
24=Joe Lloyd	84 85 80 83	332
John Reid	82 82 84 84	332
26=George T Brokaw (a)	78 82 86 87	333
James Campbell	81 84 82 86	333
Fred McLeod	83 80 79 91	333
Arthur Smith	80 87 83 83	333
30 AH Fenn	82 83 83 86	334
31 David Hunter	80 90 86 79	335
32=John Dingwall	83 88 86 79	336
CR Murray	83 84 84 85	336
34 William Braid	86 75 89 87	337
35 Robert Thompson	81 84 88 85	338
36=Alex Findlay	87 86 82 84	339
John Harland	82 82 84 91	339
38 HE Way	85 88 80 87	340
39 Tom McNamara	86 84 85 88	343
40=Joe Mitchell	85 84 91 85	345
David Patrick	86 86 85 88	345
42 Walter Reynolds	91 83 86 86	346
43=Tom Clark	85 91 84 87	347
Jack Jolly	85 91 87 84	347
45 Frank Croker (a)	89 87 91 81	348
46=Alex Patrick	91 89 84 85	349
John Pearson	83 91 89 86	349
48 PP Burns	87 90 81 94	352
49=John Brett	89 91 87 86	353
WC Carnegie (a)	87 83 89 94	353
51=Robert Dow	87 90 89 90	356
LL Kellogg, Jr (a)	91 89 90 86	356
53 JS Gillespie (a)	87 92 87 91	357
54 Charles Tappin (a)	89 88 92 90	359
55 Robert Watson (a)	88 91 89 92	360
56 John Ward (a)	91 93 89 90	363
57 Robert Shiels	93 93 85 94	365
58 JC Davidson	93 92 90 92	367
59 Philip Honeyman	90 95 91 94	370
60 MG McDonald (a)	94 97 89 92	372

*Willie Anderson (82) beat David Brown (84) in the 18-Hole Play-off

Round Leader(s)
R1 Anderson; 73
R2 Anderson; 149
R3 Anderson; 225

Lowest Scores
R2 Reinhart, Braid; 75
R3 Brown; 75
R4 Brown; 76

1904

44th OPEN Championship
Royal St George's Golf Club, Sandwich, Kent, England (8-10 June)
No of Entries 144: No Starting 144: No Making Cut 46: No Completing 44
6223 yards

1 JACK WHITE (£50)	80 75 72 69	296
2= James Braid	77 80 69 71	297
JH Taylor	77 78 74 68	297
4 Tom Vardon	77 77 75 72	301
5 Harry Vardon	76 73 79 74	302
6 James Sherlock	83 71 78 77	309
7= Jack Graham (a)	76 76 78 80	310
Andrew Kirkaldy	78 79 74 79	310
9 Sandy Herd	84 76 76 75	311
10=Robert Maxwell (a)	80 80 76 77	313
Ben Sayers	80 80 76 77	313
12=Willie Park, Jr	84 72 81 78	315
Ted Ray	81 81 77 76	315
Robert Thomson	75 76 80 84	315
AH Toogood	88 76 74 77	315
16=George Coburn	79 82 75 80	316
John Rowe	86 82 75 73	316
18 John Ball, Jr (a)	83 78 79 78	318
19=George Cawsey	82 80 78 79	319
Frederick Collins	88 77 75 79	319
Ernest Gray	84 77 74 84	319
22 JS Worthington (a)	85 79 78 78	320
23 TG Renouf	82 79 79 81	321
24=PJ Gaudin	79 83 80 80	322
Alf Matthews	85 81 78 78	322
26 Alec Thompson	86 81 75 81	323
27=Ted Blackwell (a)	88 77 81 79	325
George Cawkwell	83 83 79 80	325
Rowland Jones	89 77 77 82	325
30=AE Bellworthy	82 84 83 77	326
James Hepburn	87 80 79 80	326
Percy Hills	85 83 80 78	326
33=William Leaver	85 80 82 81	328
George Pannell	82 84 81 81	328
35=Alex Denholm	86 79 84 80	329
Ernest Riseborough	85 81 85 78	329
Percy Wyatt	83 82 81 83	329
38=Charles Neaves	86 80 80 85	331
Charles Roberts	83 82 86 80	331
40 Albert Howlett	88 79 86 79	332
41=Harry Cawsey	80 83 88 82	333
WC Gaudin	84 84 79 86	333
43 William McEwan	86 81 86 85	338
44 Reg Gray	86 82 87 89	344

Round Leader(s)
R1 Thomson; 75
R2 H Vardon; 149
R3 Braid; 226

Lowest Scores
R2 Sherlock; 71
R3 Braid; 69
R4 JH Taylor; 68

1904

10th US OPEN Championship
Glen View Club, Golf, Illinois (8-9 July)
No of Entries 72: No Starting 69: No Making Cut 47: No Completing 46
6266 yards

1 WILLIE ANDERSON ($200)	75 78 78 72	303
2 Gilbert Nicholls	80 76 79 73	308
3 Fred MacKenzie	76 79 74 80	309
4= Laurie Auchterlonie	80 81 75 78	314
Bernard Nicholls	80 77 79 78	314
6= Percy Barrett	78 79 79 80	316
Stewart Gardner	75 76 80 85	316
Bob S Simpson	82 82 76 76	316
9 James Foulis	83 74 78 82	317
10 Donald Ross	80 82 78 78	318
11=Jack Hobens	77 82 80 80	319
Charles Murray	84 81 76 78	319
13 Alex Campbell	81 87 80 82	320
14 Horace Rawlins	79 76 86 81	322
15=George Braid	82 76 85 81	324
Alex Ross	87 78 80 79	324
George Thomson	78 87 81 78	324
18 Alex Smith	78 81 82 85	326
19 David Robertson	82 78 80 88	328
20=Jack Campbell	80 88 79 82	329
H Chandler Egan (a)	84 79 83 83	329
Harry Turpie	81 82 86 80	329
23=Robert Hunter (a)	83 85 79 84	331
George Low	89 81 82 79	331
Alex Taylor	85 83 83 80	331
26=Kenneth Edwards (a)	84 83 80 85	332
WH Way	88 83 79 82	332
28 George Cumming	83 83 82 85	333
29=Tom McDeever	81 82 88 83	334

	Fred McLeod	86 88 81 79	334	39	David McIntosh	89 81 85 88	343
	Peter Robertson	82 87 85 80	334	40=	Fred Bartsch	94 79 90 82	345
	James Watson	83 83 82 86	334		RG McAndrews	83 85 88 89	345
33=	Isaac Mackie	83 87 80 85	335	42	Alex Baxter	90 78 86 92	346
	William Marshall	83 81 86 85	335	43=	Mason Phelps (a)	90 84 86 88	348
35	David Foulis	79 88 83 87	337		AC Tolifson	86 85 94 83	348
36	William Hoare	88 85 83 83	339	45	George Clingman, Jr (a)	85 88 84 92	349
37	William Lorimer	86 84 87 83	340	46	Walter Egan (a)	84 90 100 89	363
38	George Turpie	84 88 84 85	341				

Round Leader(s)
R1 Anderson, Gardner; 75
R2 Gardner; 151
R3 MacKenzie; 229

Lowest Scores
R2 J Foulis; 74
R3 MacKenzie; 74
R4 Anderson; 72

1905

45th OPEN Championship
Royal & Ancient Golf Club, St Andrews, Fife, Scotland (7-9 June)
No of Entries 152: No Starting 148: No Making Cut 46: No Completing 41
6333 yards

1	JAMES BRAID	81 78 78 81	318		Jack White	86 83 83 83	335
	(£50)			22=	Fred Collins	86 86 83 81	336
2=	Rowland Jones	81 77 87 78	323		Percy Hills	87 84 84 81	336
	JH Taylor	80 85 78 80	323	24=	Ernest Foord	85 86 84 83	338
4	James Kinnell	82 79 82 81	324		James Hepburn	84 84 87 83	338
5=	Ernest Gray	82 81 84 78	325		William Hunter	84 85 88 81	338
	Arnaud Massy	81 80 82 82	325		Andrew Kirkaldy	83 83 83 89	338
7	Robert Thomson	81 81 82 83	327	28=	David Stephenson	84 86 83 86	339
8	James Sherlock	81 84 80 83	328		Walter Toogood	82 83 87 87	339
9=	Tom Simpson	82 88 78 81	329	30	James Kay	85 83 85 87	340
	Harry Vardon	80 82 84 83	329	31=	Jas Batley	88 82 80 91	341
11=	Ted Ray	85 82 81 82	330		Willie Fernie	83 86 82 90	341
	John Rowe	87 81 80 82	330	33=	HA Hunt	81 89 84 89	343
13=	Willie Park, Jr	84 81 85 81	331		Joseph Parr	86 82 86 89	343
	Tom Williamson	84 81 79 87	331	35	Ben Sayers	84 88 85 87	344
15	Sandy Herd	80 82 83 87	332	36	Alf Matthews	84 84 87 92	347
16=	TG Renouf	81 85 84 83	333	37=	Charles Gibson	87 85 85 91	348
	Alex Smith	81 88 86 78	333		Wilfred Reid	81 88 85 94	348
18=	John Johnstone	85 86 84 80	335	39	Joshua Taylor	89 83 91 88	351
	Archie Simpson	87 84 81 83	335	40	Bob Simpson	87 85 90 90	352
	Tom Watt	86 85 79 85	335	41	John Johnston	87 81 94 91	353

Round Leader(s)
R1 Herd, Taylor, Vardon; 80
R2 Jones; 158
R3 Braid; 237

Lowest Scores
R2 Jones; 77
R3 Braid, T Simpson, Taylor; 78
R4 Gray, Jones, Smith; 78

1905

11th US OPEN Championship
Myopia Hunt Club, South Hamilton, Massachusetts (21-22 September)
No of Entries 84: No Starting 78: No Making Cut 57: No Completing 53
6300 yards

1	WILLIE ANDERSON	81 80 76 77	314		James Maiden	80 86 83 86	335
	($200)			28	Robert Peebles	81 81 86 88	336
2	Alex Smith	76 80 80 80	316	29=	Isaac Mackie	82 82 83 90	337
3=	Percy Barrett	81 80 77 79	317		Charles Murray	84 85 83 85	337
	Peter Robertson	79 80 81 77	317	31	AH Fenn	82 83 87 86	338
5	Stewart Gardner	78 78 85 77	318	32=	James Foulis	83 89 80 87	339
6	Alex Campbell	82 76 80 81	319		AG Griffiths	82 84 89 84	339
7=	Jack Hobens	82 80 81 78	321		John Jones	89 82 87 81	339
	Gilbert Nicholls	82 76 84 79	321		Charles Rowe	86 79 83 91	339
9	George Cumming	85 82 75 81	323		Harry Turpie	80 86 82 91	339
10	Arthur Smith	81 77 80 86	324	37=	Fred Brand	83 82 86 89	340
11=	AG Lockwood (a)	84 85 76 80	325		Jack Campbell	83 86 83 88	340
	Walter Travis (a)	81 80 80 84	325		John Dingwall	84 88 89 79	340
13=	Alex Ross	79 86 78 83	326		WV Hoare	89 80 86 85	340
	Willie Smith	86 81 76 83	326		David Ogilvie	90 80 85 85	340
15	George Low	83 82 81 81	327		Horace Rawlins	84 90 78 88	340
16=	Joe Lloyd	75 86 83 84	328	43=	David Hunter	85 85 88 85	343
	Fred McKenzie	81 85 80 82	328		John Mackie	81 90 88 84	343
18	Walter Clark	86 81 82 80	329		JH Oke	85 84 86 88	343
19	Fred McLeod	80 84 80 86	330	46=	Herbert Strong	88 85 83 88	344
20=	Tom McNamara	81 79 82 89	331		Orrin Terry	91 82 86 85	344
	Bernard Nicholls	80 82 85 84	331	48=	Percy Gilbert (a)	81 87 91 86	345
	George Turnbull	81 88 81 81	331		Fay Ingalls (a)	90 85 84 86	345
	WH Way	81 89 84 77	331	50=	George Pearson	88 83 89 90	350
24	Laurie Auchterlonie	85 82 79 86	332		David Robertson	88 87 91 84	350
25	Donald Ross	83 83 86 81	333		AL White (a)	85 87 85 93	350
26	Jack Jolly	82 83 85 85	335	53	David Brown	85 85 88 94	352

Round Leader(s)
R1 Lloyd; 75
R2 Gardner, A Smith; 156
R3 A Smith; 236

Lowest Scores
R2 Campbell, G Nicholls; 76
R3 Cummings; 75
R4 Anderson, Gardner, Robertson, Way; 77

1906

46th OPEN Championship
Hon Co of Edinburgh Golfers, Muirfield, East Lothian, Scotland (13-15 June)
No of Entries 187: No Starting 187: No Making Cut 72: No Completing 67
5934 yards

1	JAMES BRAID	77 76 74 73	300
	(£50)		
2	JH Taylor	77 72 75 80	304
3	Harry Vardon	77 73 77 78	305
4	Jack Graham (a)	71 79 78 78	306
5	Rowland Jones	74 78 73 83	308
6	Arnaud Massy	76 80 76 78	310
7	Robert Maxwell (a)	73 78 77 83	311
8=	George Duncan	73 78 83 78	312
	Ted Ray	80 75 79 78	312
	TG Renouf	76 77 76 83	312
11	David Kinnell	78 76 80 79	313
12=	William Hunter	79 76 80 80	315
	William Leaver	80 76 78 81	315
	Tom Vardon	76 81 81 77	315
15=	George Cawsey	79 80 79 78	316
	Thomas Simpson	78 78 81 79	316
	Walter Toogood	83 79 83 71	316
	RW Whitecross (a)	74 83 80 79	316
19=	PJ Gaudin	77 77 80 83	317
	Harry Hamill	83 78 79 77	317
	Sandy Herd	81 79 77 80	317
	David McEwan	79 79 81 78	317
	Tom Williamson	77 77 78 85	317
24=	Tom Ball	78 79 79 82	318
	Ernest Gray	77 77 78 86	318
	Dan Kenny	82 85 83 78	318
	Ernest Riseborough	81 77 80 80	318
28=	James Kinnell	81 75 82 81	319
	Alf Matthews	84 77 80 78	319
30=	Ernest Foord	78 84 78 80	320
	James Hepburn	81 78 84 77	320
	James Kay	80 79 81 80	320
	George Pulford	80 81 81 78	320
	Robert Thomson	76 78 83 83	320
35=	John Ball, Jr (a)	80 82 77 82	321
	George Coburn	81 79 79 82	321
	Archie Simpson	80 80 79 82	321
38=	Percy Hills	73 82 83 84	322
	PG McKenzie (a)	83 79 76 84	322
	JH Oke	81 79 78 84	322
	Bertie Snowball	83 80 78 81	322
	Tom Watt	81 78 86 77	322
43	J Douglas Edgar	76 81 78 88	323
44	Peter McEwan	78 80 80 86	324
45=	AE Bellworthy	80 82 81 82	325
	David Grant, Jr	83 80 80 82	325
	Arthur Mitchell	79 80 84 82	325
48=	Hugh Cunningham	77 83 85 81	326
	John Fulford	82 79 84 81	326
	CK Hutchison (a)	79 83 80 84	326
	Charles Roberts	82 79 80 85	326
	David Stephenson	80 81 83 82	326
53=	William Binnie	79 78 84 86	327
	Thomas Currie	77 86 86 78	327
	Alf Lewis	82 79 84 82	327
56=	Frank Larke	81 82 82 84	329
	Robert Murray	83 78 87 81	329
	Alec Thompson	82 80 85 82	329
59	Hugh Watt (a)	74 87 84 85	330
60=	Johnny Laidlay (a)	82 81 85 83	331
	Ben Sayers, Jr	75 87 86 83	331
62=	Frank Coltart	80 80 88 84	332
	William Hallam	80 82 86 84	332
	William McEwan	82 81 84 85	332
65	John Johnston	83 78 89 84	334
66	Reg Gray	80 83 86 89	338
67	Charles Corlett	83 80 92 90	345

Round Leader(s)
R1 Graham; 71
R2 Taylor; 149
R3 Taylor; 224

Lowest Scores
R2 Taylor; 72
R3 Jones; 73
R4 Toogood; 71

1906

12th US OPEN Championship
Onwentsia Club, Lake Forest, Illinois (28-29 June)
No of Entries 68: No Starting 66: No Making Cut 55: No Completing 49
6107 yards: Par 82 (328)

1	ALEX SMITH	73 74 73 75	295
	($300)		
2	Willie Smith	73 81 74 74	302
3=	Laurie Auchterlonie	76 78 75 76	305
	James Maiden	80 73 77 75	305
5	Willie Anderson	73 76 74 84	307
6	Alex Ross	76 79 75 80	310
7	Stewart Gardner	80 76 77 78	311
8=	H Chandler Egan (a)	79 78 76 80	313
	Gilbert Nicholls	76 81 77 79	313
10	Jack Hobens	75 84 76 79	314
11=	George Low	79 82 76 79	316
	Bernard Nicholls	79 77 79 81	316
13	Harry Turpie	80 80 76 83	319
14=	Walter Fovargue	77 84 78 81	320
	Jack Jolly	78 82 79 81	320
	Peter Robertson	79 78 80 83	320
17	Alex Baxter	83 81 81 86	321
18=	Fred Brand	78 78 85 81	322
	Alex Campbell	76 84 76 86	322
	George Cumming	79 76 84 83	322
	George Smith	79 76 82 85	322
22=	James Foulis	83 86 79 76	324
	Otto Hackbarth	82 82 82 78	324
	WR Lovekin	77 85 78 84	324
	D McIntosh	79 79 81 85	324
	William Marshall	85 77 81 81	324
27=	James Watson	76 80 81 88	325
	Ernest Way	83 81 80 81	325
29=	George O'Neil	84 82 82 78	326
	David Robertson	82 79 81 84	326
31	Warren Wood (a)	78 85 81 83	327
32	Charles Rowe	83 80 84 81	328
33=	Percy Barrett	81 75 82 91	329
	Alex Gourlay	82 81 81 85	329
35=	Fred McLeod	81 79 78 92	330
	Robert Taylor	81 80 83 86	330
37=	Isaac Mackie	82 81 82 81	331
	DK White	81 81 83 86	331
39=	William Hoare	86 81 82 83	332
	Robert Hunter (a)	79 83 83 87	332
41	Tom O'Neil	84 82 83 84	333
42=	AG Herr	86 81 82 85	334
	Robert White	81 87 80 86	334
44=	Chester Horton	81 82 88 84	335
	John Reid	82 86 85 82	335
46=	John Sellers (a)	79 84 81 93	337
	James Simpson	81 77 87 92	337
48	Orrin Potter, Jr (a)	81 84 86 91	342
49	Mike Brady	81 87 83 92	343

Round Leader(s)
R1   Anderson, A Smith, W Smith; 73
R2   A Smith; 147
R3   A Smith; 220

Lowest Scores
R2   Maiden; 73
R3   A Smith; 73
R4   W Smith; 74

1907

47th OPEN Championship
Royal Liverpool Golf Club, Hoylake, Cheshire, England (20-21 June)
No of Entries 192: No Starting 67: No Completing 58
6355 yards

1	ARNAUD MASSY (£50)	76 81 78 77	312
2	JH Taylor	79 79 76 80	314
3=	George Pulford	81 78 80 78	317
	Tom Vardon	81 81 80 75	317
5=	James Braid	82 85 75 76	318
	Ted Ray	83 80 79 76	318
7=	George Duncan	83 78 81 77	319
	Harry Vardon	84 81 74 80	319
	Tom Williamson	82 77 82 78	319
10	Tom Ball	80 78 81 81	320
11	PJ Gaudin	83 84 80 76	323
12	Sandy Herd	83 81 83 77	324
13=	Jack Graham (a)	83 81 80 82	326
	Walter Toogood	76 86 82 82	326
15=	John Ball, Jr (a)	88 83 79 77	327
	Fred Collins	83 83 79 82	327
17=	Alf Matthews	82 80 84 82	328
	Charles Mayo	86 78 82 82	328
	TG Renouf	83 80 82 83	328
20	Reg Gray	83 85 81 80	329
21=	James Bradbeer	83 85 82 80	330
	George Carter	89 80 81 80	330
23	John Rowe	83 83 85 80	331
24	AH Toogood	87 83 85 77	332
25=	Harry Kidd	84 90 82 77	333
	David McEwan	89 83 80 81	333
	Charles Roberts	86 83 84 80	333
	Alex Smith	85 84 84 80	333
29=	James Kinnell	89 79 80 86	334
	JH Oke	86 85 82 81	334
31=	HH Barker (a)	89 81 82 83	335
	Harry Cawsey	85 93 77 80	335
	William McEwan	79 89 85 82	335
34=	Charles Dick (a)	85 83 82 86	336
	James Hepburn	80 88 79 89	336
36	James Edmundson	85 86 82 84	337
37=	EP Gaudin	88 88 82 80	338
	Wilfred Reid	85 87 82 84	338
	Robert Thomson	86 87 85 80	338
	Albert Tingey, Sr	87 84 88 79	338
41=	Ernest Gray	87 84 83 85	339
	William Horne	91 80 81 87	339
	Peter McEwan	85 85 88 81	339
	Arthur Mitchell	94 83 81 81	339
45=	Charles Corlett	90 83 82 85	340
46	Ben Sayers, Jr	89 85 83 84	341
47=	Fred Leach	88 87 86 81	342
	Ben Sayers, Sr	86 83 86 87	342
	Philip Wynne	90 83 85 84	342
50=	J Douglas Edgar	86 88 82 87	343
	Harry Hamill	86 87 84 86	343
	Peter Rainford	85 84 87 87	343
53	JW Taylor	90 92 81 81	344
54	James Kay	87 84 91 84	346
55	Frank Larke	91 86 84 86	347
56=	William Lewis	93 91 80 87	351
	William Macnamara	87 89 88 87	351
	Ernest Riseborough	90 92 87 82	351

Round Leader(s)
R1   Massy, W Toogood; 76
R2   Massy; 157
R3   Taylor; 234

Lowest Scores
R2   Williamson; 77
R3   H Vardon; 74
R4   T Vardon; 75

1907

13th US OPEN Championship
Philadelphia Cricket Club, Chestnut Hill, Pennsylvania (20-21 June)
No of Entries 82: No Starting 73: No Making Cut 51: No Completing 50
5952 yards: Par 73 (292)

1	ALEX ROSS ($300)	76 74 76 76	302
2	Gilbert Nicholls	80 73 72 79	304
3	Alex Campbell	78 74 78 75	305
4	Jack Hobens	76 75 73 85	309
5=	George Low	78 76 79 77	310
	Fred McLeod	79 77 79 75	310
	Peter Robertson	81 77 78 74	310
8=	David Brown	75 80 78 78	311
	Bernard Nicholls	76 76 81 78	311
10	Donald Ross	78 80 76 78	312
11=	Laurie Auchterlonie	77 77 83 76	313
	Fred Brand	78 80 73 82	313
13	David Robertson	80 78 75 81	314
14	Tom McNamara	82 79 78 76	315
15	Willie Anderson	81 77 81 77	316
16=	Mike Brady	76 77 84 80	317
	David Hunter	77 75 85 80	317
	Martin O'Loughlin	81 81 77 78	317
19	Jack Campbell	78 79 82 80	319
20	George Bouse	78 78 86 78	320
21	Stewart Gardner	81 79 78 83	321
22=	James Campbell	76 85 81 80	322
	Walter Clark	78 81 79 84	322
	Isaac Mackie	82 83 79 78	322
25	Jack Jolly	78 86 81 78	323
26=	David Ogilvie	82 81 81 80	324
	Horace Rawlins	82 76 83 83	324
	WD Robinson	82 84 80 78	324
	Jerome Travers (a)	81 84 80 79	324
30=	WC Gaudin	80 96 82 77	325
	William Ogilvie	80 83 82 80	325
32=	George Thomson	83 86 82 76	327
	James Thomson	80 82 84 81	327
34	George Smith (a)	78 82 83 85	328
35	David Honeyman	82 79 85 83	329
36=	Robert Peebles	85 78 82 85	330
	WC Sherwood	82 84 85 79	330
38	Herbert Strong	82 85 84 80	331
39=	Alex Cunningham	82 82 83 85	332
	David Foulis	82 82 83 85	332
	Walter Fovargue	80 84 86 82	332
42=	Dr Simon Carr (a)	82 87 80 85	334
	John S Pearson	79 83 85 87	334
44=	William Byrne	85 84 81 85	335
	William West (a)	87 79 90 79	335
46	William Hoare	86 80 86 85	337
47	HM Forrest (a)	82 82 87 87	338
48	George Pearson	81 86 90 84	341
49	Jack Burke, Sr	80 86 89 89	344
50	Warren Cochran (a)	82 80 93 91	346

Round Leader(s)
R1 Brown; 75
R2 A Ross; 150
R3 Hobens; 224

Lowest Scores
R2 G Nicholls; 73
R3 G Nicholls; 72
R4 Robertson; 74

1908

48th OPEN Championship
Prestwick Golf Club, Ayrshire, Scotland (18-19 June)
No of Entries 178: No Starting 65: No Completing 61
5948 yards

1	JAMES BRAID (£50)	70 72 77 72	291
2	Tom Ball	76 73 76 74	299
3	Ted Ray	79 71 75 76	301
4	Sandy Herd	74 74 79 75	302
5=	David Kinnell	75 73 80 78	306
	Harry Vardon	79 78 74 75	306
7=	Thomas Simpson	75 77 76 79	307
	JH Taylor	79 77 76 75	307
9=	PJ Gaudin	77 76 75 80	308
	Arnaud Massy	76 75 76 81	308
11=	James Edmundson	80 72 76 82	310
	Tom Watt	81 73 78 78	310
13=	John Ball, Jr (a)	74 78 78 81	311
	Fred Collins	78 77 77 79	311
	Ernest Gray	68 79 83 81	311
	William Leaver	79 79 75 78	311
	Tom Vardon	77 79 76 79	311
18=	George Duncan	79 77 80 76	312
	Jack Graham (a)	76 82 76 78	312
	George Pulford	81 77 74 80	312
	Fred Robson	72 79 83 78	312
	AH Toogood	82 76 77 77	312
	Walter Toogood	80 75 78 79	312
24=	George Coburn	77 79 77 81	314
	James Hepburn	80 79 79 76	314
	Rowland Jones	75 77 83 79	314
27	Robert Andrew (a)	83 78 77 77	315
28=	Willie Aveston	77 77 79 83	316
	TG Renouf	78 78 83 77	316
30=	Charles Mayo	83 79 80 75	317
	Ben Sayers, Sr	74 76 84 83	317
	Albert Tingey, Sr	76 82 79 80	317
33	Charles Roberts	81 79 83 75	318
34	Percy Wyatt	83 77 85 74	319
35=	Wilfred Reid	79 81 83 77	320
	Tom Williamson	81 75 82 82	320
37=	James Donaldson	78 78 84 81	321
	James Sherlock	81 79 79 82	321
39	Robert Thomson	78 78 86 80	322
40	Jack Park	78 84 80 81	323
41	George Cawsey	80 80 80 84	324
42=	George Charles	82 83 81 79	325
	William McEwan	76 83 86 80	325
	Charles Pope	85 79 84 77	325
45	George Daniel	81 81 82 82	326
46=	David Grant, Jr	78 83 85 81	327
	Capt CK Hutchison (a)	83 81 82 81	327
	Ben Sayers, Jr	81 82 79 85	327
	Reg Wilson	77 85 82 83	327
50	C Ralph Smith	81 80 85 82	328
51=	David Adams	81 79 84 85	329
	James Bradbeer	78 81 83 87	329
	J Thomson (a)	85 84 79 81	329
54	Bertie Snowball	85 84 80 82	331
55	Alf Lewis	82 83 86 81	332
56	James Kay	89 80 81 83	333
57	Arthur Grant	85 83 79 88	335
58=	CA Hutchison (a)	78 90 83 85	336
	William Mackie	81 80 85 90	336
60	Charles Corlett	85 87 83 83	338
61	Harry Naylor	90 85 92 86	353

Round Leader(s)
R1 Gray; 68
R2 Braid; 142
R3 Braid; 219

Lowest Scores
R2 Ray; 71
R3 Pulford, H Vardon; 74
R4 Braid; 72

1908

14th US OPEN Championship
Myopia Hunt Club, South Hamilton, Massachusetts (27-29 August)
No of Entries 88: No Starting 84: No Making Cut 48; No Completing 45
6335 yards: No par

1	FRED McLEOD* (£300)	82 82 81 77	322
2	Willie Smith	77 82 85 78	322
3	Alex Smith	80 83 83 81	327
4	Willie Anderson	85 86 80 79	330
5	John Jones	81 81 87 82	331
6=	Jack Hobens	86 81 85 81	333
	Peter Robertson	89 84 77 83	333
8=	Percy Barrett	94 80 86 78	338
	Jock Hutchison	82 84 87 85	338
10=	Richard Kimball	84 86 83 86	339
	Tom McNamara	85 82 86 86	339
12=	Donald Ball	90 81 86 83	340
	Alex Campbell	85 83 89 83	340
	George Low	92 80 84 84	340
	Robert Peebles	85 85 85 85	340
16	David Hunter	87 87 84 83	341
17=	HH Barker	84 85 88 86	343
	Mike Brady	86 87 87 83	343
	Orrin Terry	86 87 83 87	343
20	David Robertson	89 83 86 86	344
21=	Laurie Auchterlonie	85 83 83 95	346
	Horace Rawlins	85 89 88 84	346
23=	Isaac Mackie	94 88 84 81	347
	Alex Ross	89 85 91 82	347
	Walter Travis (a)	90 83 87 87	347
26	Jack Campbell	91 89 87 82	349
27=	David Brown	87 86 91 86	350
	David Ogilvie	91 89 87 83	350
29=	Arthur Smith	97 85 85 85	352
	Herbert Strong	91 89 88 84	352
	WH Way	92 88 87 85	352
32	George Cumming	90 85 96 83	354
33	James Maiden	94 85 86 90	355
34=	John Dingwall	98 83 85 90	356
	John B Hylan	93 85 89 89	356
	John S Pearson	93 84 92 87	356
	HE Way	89 90 93 84	356
38=	John G Anderson (a)	95 83 89 90	357
	Walter Fovargue	93 87 85 92	357
40=	Otto Hackbarth	90 92 84 92	358
	Donald Ross	93 86 88 91	358
42=	David Honeyman	91 86 93 89	359
	Stewart Maiden	93 89 85 92	359
	WD Robinson	95 87 86 91	359
45	Jack Croke	91 90 93 86	360

Round Leader(s)
R1 W Smith; 77
R2 W Smith; 159
R3 W Smith; 244

Lowest Scores
R2 Gilbert Nicholls (Dsq); 77
R3 P Robertson; 77
R4 McLeod; 77

1909

49th OPEN Championship
Royal Cinque Ports Golf Club, Deal, Kent, England (10-11 June)
No of Entries 204: No Starting 69: No Completing 62
6495 yards

1	JH TAYLOR	74 73 74 74	295
	(£50)		
2=	Tom Ball	74 75 76 76	301
	James Braid	79 75 73 74	301
4	Charles Johns	72 76 79 75	302
5	TG Renouf	76 78 76 73	303
6	Ted Ray	77 76 76 75	304
7	William Horne	77 78 77 74	306
8=	James Hepburn	78 77 76 76	307
	Sandy Herd	76 75 80 76	307
10=	Bertie Lassen (a)	82 74 74 78	308
	Bernard Nicholls	78 76 77 77	308
	George Pulford	81 76 76 75	308
13	Robert Maxwell (a)	75 80 80 74	309
14=	EP Gaudin	76 77 77 80	310
	Peter Rainford	78 76 76 80	310
16	George Cawsey	79 76 78 78	311
17=	Ben Sayers, Sr	79 77 79 77	312
	Robert Thomson	81 79 75 77	312
19=	Capt CK Hutchison (a)	75 81 78 79	313
	Tom Vardon	80 75 80 78	313
21=	Fred Collins	81 78 75 80	314
	George Duncan	77 82 80 75	314
	Ernest Foord	77 80 81 76	314
	Michael Moran	82 81 74 77	314
	Wilfred Reid	77 83 78 76	314
26=	AE Bellworthy	76 84 78 78	316
	Arthur Butchart	80 79 80 77	316
	J Douglas Edgar	81 81 76 78	316
	Rowland Jones	80 79 79 78	316
	Harry Vardon	82 77 79 78	316
31=	Jas Batley	79 83 79 76	317
	Jean Gassiat	77 78 82 80	317
	Fred Robson	79 78 77 83	317
34	James Sherlock	78 81 78 81	318
35=	Eddie Goodban	78 81 83 77	319
	Arnaud Massy	76 84 80 79	319
	C Ralph Smith	85 79 77 78	319
38=	James Kay	79 78 82 81	320
	Alf Matthews	80 80 85 75	320
	Albert Tingey, Sr	81 79 84 76	320
	James Souter	80 78 86 76	320
42=	Charles Mayo	78 83 83 77	321
	RE Myddleton (a)	76 83 78 84	321
44=	John Cawkwell	80 81 82 79	322
	Charles Roberts	80 81 79 82	322
	Hughie McNeill	75 87 77 83	322
47	Arthur Reid	83 80 79 81	323
48=	PJ Gaudin	79 83 77 85	324
	Percy Hills	79 78 84 83	324
	Ben Sayers, Jr	82 81 81 80	324
51=	Arthur Day	82 81 84 78	325
	Robert Finch	79 85 80 81	325
	Ernest Gray	80 82 82 81	325
	Albert Hallam	77 85 81 82	325
	Willie Hunter, Sr	86 81 74 84	325
	Jack Park	82 82 79 82	325
57	B Skoyles	85 76 85 81	327
58	J Piper	73 85 82 89	329
59	RW Orr (a)	87 83 78 82	330
60	Sidney Ball	85 85 83 78	331
61	H Cheal	84 85 85 82	336
62	John McAndrew	83 88 80 90	341

Round Leader(s)
R1 Johns; 72
R2 Taylor; 147
R3 Taylor; 221

Lowest Scores
R2 Taylor; 73
R3 Braid; 73
R4 Renouf; 73

1909

15th US OPEN Championship
Englewood Golf Club, Englewood, New Jersey (24-25 June)
No of Entries 84: No Starting 81: No Making Cut 66: No Completing 61
6205 yards: Par 72 (288)

1	GEORGE SARGENT	75 72 72 71	290
	($300)		
2	Tom McNamara	73 69 75 77	294
3	Alex Smith	76 73 74 72	295
4=	Willie Anderson	79 74 76 70	299
	Jack Hobens	75 78 72 74	299
	Isaac Mackie	77 75 74 73	299
7=	Tom Anderson, Jr	78 74 75 73	300
	HH Barker	75 79 73 73	300
	Andrew Campbell	71 75 77 77	300
	Robert Peebles	76 73 73 78	300
	Walter Travis (a)	72 78 77 73	300
12	Mike Brady	76 77 74 75	302
13=	Alex Campbell	75 73 81 74	303
	Fred McLeod	78 76 74 75	303
15=	Orrin Terry	78 80 73 73	304
	FR Upton, Jr (a)	72 79 78 75	304
17	Gilbert Nicholls	73 75 79 79	306
18=	Walter Fovargue	80 76 77 74	307
	David Ogilvie	76 78 79 74	307
20=	Peter Robertson	79 72 78 79	308
	Charles Rowe	74 77 76 81	308
22	Jack Campbell	74 79 75 81	309
23=	Laurie Auchterlonie	78 75 77 71	311
	Findlay Douglas (a)	82 76 78 75	311
	Jock Hutchison	79 76 77 79	311
	Tom Vardon	80 75 82 74	311
27=	John Dingwall	79 74 77 72	312
	George Low	78 75 74 85	312
	James Maiden	76 78 80 78	312
30=	Jack Burke, Sr	75 78 81 79	313
	David Hunter	68 84 84 77	313
	Charles Murray	77 75 77 84	313
33=	George Sparling	78 79 76 81	314
	Robert M Thomson	83 78 78 75	314
	James Thomson	78 80 78 78	314
36=	Walter Clark	82 79 72 84	317
	Alex Ross	76 79 78 84	317
	Herbert Strong	75 79 80 83	317
39=	Joe Mitchell	83 78 79 78	318
	AH Murray	80 80 82 76	318
	FW Pye	78 81 78 81	318
	Gilman Tiffany (a)	81 81 79 77	318
43=	Alex Cunningham	82 77 82 79	320
	George Turnbull	80 76 82 82	320
45=	Fred Brand	77 75 83 86	321
	Richard Kimball	77 82 77 85	321
	Bob S Simpson	84 76 77 84	321
48=	Jack Croke	81 84 79 78	322
	Elijah Horton	79 85 76 82	322
	John McDermott	80 81 78 83	322
51	George Gordon	84 79 81 79	323
	John S Pearson	76 83 164*	323
53=	WF Morgan, Jr (a)	78 84 84 78	324
	Harry Vinall	80 80 83 81	324
55	Max Behr (a)	81 83 83 78	325
56	William Robinson	84 81 82 79	326
57=	William Byrne	86 77 82 82	327
	Stanley Jacobs	78 79 85 85	327
59=	Oswald Kirkby (a)	85 78 82 83	328
	Robert Watson (a)	80 82 85 81	328
61	Horace Rawlins	82 83 81 83	329

*only the combined score for Rs 3 & 4 is known

Round Leader(s)
R1   Hunter; 68
R2   McNamara; 142
R3   McNamara; 217

Lowest Scores
R2   McNamara; 69
R3   Hobens, Sargent; 72
R4   W Anderson; 70

1910

16th US OPEN Championship
Philadelphia Cricket Club, Chestnut Hill, Pennsylvania (17-18, 20 June)
No of Entries 75: No Starting 73: No Making Cut 49: No Completing 49
5956 yards: Par 73 (292)

1 ALEX SMITH* ($300)	73 73 79 73	298
2 John McDermott	74 74 75 75	298
3 Macdonald Smith	74 78 75 71	298
4 Fred McLeod	78 70 78 73	299
5= Tom McNamara	73 78 73 76	300
Gilbert Nicholls	73 75 77 75	300
7 Jack Hobens	74 77 74 76	301
8= Tom Anderson, Jr	72 76 81 73	302
HH Barker	75 78 77 72	302
Jock Hutchison	77 76 75 74	302
11 Willie Anderson	74 78 76 75	303
12= George Low	75 77 79 74	305
Charles Thom	80 72 78 75	305
14= Tom Bonnar	78 78 71 80	307
George Cumming	78 73 79 77	307
16= Alex Campbell	79 76 80 74	309
George Sargent	77 81 74 77	309
18= Jack Campbell	77 77 81 75	310
James Thomson	74 80 80 76	310
20 Fred Herreshoff (a)	76 77 79 79	311
21 George Smith	76 78 79 80	313
22 Alex Ross	78 84 73 79	314
23= Otto Hackbarth	79 82 78 76	315
Martin O'Loughlin	77 82 80 76	315
25 AW Tillinghast (a)	80 81 79 76	316
26 WD Robinson	83 81 78 75	317
27 Jack Burke, Sr	81 77 77 84	319
28= James Donaldson	80 78 87 75	320
David Honeyman	83 79 79 79	320
Irving Stringer	83 77 82 78	320
31 Jack Croke	77 78 83 83	321
32= Alfred Campbell	78 84 81 79	322
Walter Fovargue	79 86 75 82	322
Peter Robertson	79 81 80 82	322
Orrin Terry	82 84 79 77	322
36= Isaac Mackie	81 82 80 80	323
Sam White	82 79 82 80	323
38= Willie Maguire	76 83 81 84	324
Frank Peebles	80 85 77 82	324
Robert Peebles	83 81 80 80	324
41 Jack Jolly	83 80 82 80	325
42= George Griffin	81 81 85 79	326
Robert McWatt	83 79 82 82	326
44 Joe Mitchell	78 82 83 84	327
45 Karl Keffer	84 79 87 79	329
46 Jimmy Campbell	86 78 80 86	330
47 Robert Watson (a)	86 76 86 83	331
48 Charles Burgess	81 83 88 81	333
49 William Hackney	78 85 88 84	335

Alex Smith (71) beat John McDermott (75) and Macdonald Smith (77) in the 18-Hole Play-off

Round Leader(s)
R1   T Anderson; 72
R2   A Smith; 146
R3   McDermott; 223

Lowest Scores
R2   McLeod; 70
R3   Bonnar; 71
R4   M Smith; 71

1910

50th OPEN Championship
Royal & Ancient Golf Club, St Andrews, Fife, Scotland (21-23 June, rain-affected)
No of Entries 210: No Starting 210: No Making Cut 63: No Completing 58
6487 yards

1 JAMES BRAID (£50)	76 73 74 76	299
2 Sandy Herd	78 74 75 76	303
3 George Duncan	73 77 71 83	304
4 Laurie Ayton, Sr	78 76 75 77	306
5= Ted Ray	76 77 74 81	308
Fred Robson	75 80 77 76	308
Willie Smith	77 71 80 80	308
8= EP Gaudin	78 74 76 81	309
James Kinnell	79 74 77 79	309
TG Renouf	77 76 75 81	309
Donald Ross	78 79 75 77	309
12= Tom Ball	81 77 75 78	311
PJ Gaudin	80 79 74 78	311
14= Michael Moran	77 75 79 81	312
JH Taylor	76 80 78 78	312
16= Fred MacKenzie	78 80 75 80	313
William Ritchie	78 74 82 79	313
Harry Vardon	77 81 75 80	313
19= John Ball, Jr (a)	79 75 78 82	314
James Hepburn	78 82 76 78	314
Tom Williamson	78 80 78 78	314
22= Arnaud Massy	78 77 81 79	315
John Rowe	81 74 80 80	315
24= William Binnie	80 76 77 83	316
Capt CK Hutchison (a)	82 74 78 82	316
Wilfred Reid	78 83 77 78	316
Charles Roberts	81 73 79 83	316
28= Willie Auchterlonie	79 76 79 83	317
Ernest Foord	80 77 79 81	317
Herbert Riseborough	75 81 80 81	317
James Sherlock	77 81 80 79	317
32= George Daniel	77 81 78 82	318
William Leaver	79 81 77 81	318
William Watt	74 82 78 84	318
Samuel Whiting	80 81 80 77	318
36 Fred Collins	77 82 76 84	319
37 Walter Toogood	80 81 74 85	320
38= J Douglas Edgar	80 81 80 80	321
William Jefferies	79 76 81 85	321
Rowland Jones	81 80 80 80	321
Peter McEwan	80 79 80 82	321
Willie Park, Jr	81 78 78 84	321
Peter Rainford	81 79 78 83	321
44 Charles Mayo	80 79 82 81	322
45= Willie Hunter, Sr	77 84 82 80	323
William Lewis	80 80 82 81	323
Jack Park	79 80 80 84	323
Ben Sayers, Jr	79 78 83 83	323
Percy Wyatt	79 79 81 84	323
50= Jean Gassiat	81 78 85 80	324
HA Gaudin	80 80 81 83	324
WA Henderson (a)	81 77 79 87	324
Philip Taylor	80 79 85 80	324
Albert Tingey, Sr	80 77 81 86	324
55= Arthur Baggs	79 79 83 84	325
Josh Taylor	78 81 85 81	325
57 Alex Cunningham	81 80 84 82	327
58 Edward Smith	81 80 83 87	331

Round Leader(s)
R1   Duncan; 73
R2   Smith; 148
R3   Duncan; 221

Lowest Scores
R2   Smith; 71
R3   Duncan; 71
R4   Braid, Herd, Robson; 76

1911

17th US OPEN Championship
Chicago Golf Club, Wheaton, Illinois (23-24 June)
No of Entries 79: No Starting 72: No Making Cut 60: No Completing 55
6605 yards: Par 76 (304)

1	JOHN McDERMOTT* ($300)	81 72 75 79	307	29=	Simpson Foulis (a)	79 80 82 83	324
					Otto Hackbarth	78 74 83 89	324
2	Mike Brady	76 77 79 75	307		Robert McDonald	80 82 75 87	324
3	George Simpson	76 77 79 75	307		Tom McNamara	77 87 79 81	324
4	Fred McLeod	77 72 76 83	308	33	Lee Nelson	80 84 81 80	325
5=	Jock Hutchison	80 77 73 79	309	34=	Knowlton Ames (a)	84 81 80 81	326
	Gilbert Nicholls	76 78 74 81	309		David Patrick	83 81 77 85	326
7=	HH Barker	75 81 77 78	311	36=	John Gatherum	80 81 82 84	327
	George Sargent	76 77 84 74	311		Willie Hutchison	82 80 81 84	327
9=	Peter Robertson	79 76 78 79	312		David Livie	82 83 77 85	327
	Alex Ross	74 75 81 82	312		Willie Mann	84 79 81 83	327
11	Albert Seckel (a)	78 80 80 75	313		Charles Rowe	83 82 83 79	327
12=	Alex Campbell	81 77 72 84	314	41	Jack Hobens	82 82 81 83	328
	Harry Turpie	77 76 82 79	314	42=	William Hoare	82 82 81 84	329
14	CP Nelson	79 85 74 77	315		David Hunter	79 81 82 87	329
15=	James Donaldson	78 81 83 74	316		Alex Taylor	85 82 79 83	329
	George Low	80 78 82 76	316	45	Charles Bell	80 84 82 84	330
17	Bob S Simpson	81 82 75 79	317	46	WC Sherwood	79 80 87 87	333
18=	Jack Burke, Sr	79 77 78 85	319	47	Jack Foulis, Jr	83 82 85 84	334
	Ned Sawyer (a)	84 79 77 79	319	48=	Jack Croke	83 78 88 86	335
20=	Grange Alves	82 80 73 85	320		John Dingwall	88 80 81 86	335
	George Cumming	82 80 79 79	320		Jack Jolly	80 82 84 89	335
	Mason Phelps (a)	78 78 78 86	320		Robert Peebles	84 82 85 84	335
23=	H Chandler Egan (a)	81 80 77 83	321		John Sellers (a)	80 81 85 89	335
	Robert Gardner (a)	81 78 79 83	321	53	Wallie Nelson	82 82 80 92	336
	Jimmy Simpson	81 82 78 80	321	54	Jack Morton	81 84 84 91	340
	Alex Smith	76 78 82 85	321	55	Carl Devol (a)	82 81 87 91	341
	Robert Watson (a)	82 79 78 82	321				
28	Walter Fovargue	83 81 80 78	322				

John McDermott (80) beat Mike Brady (82) and George Simpson (86) in the 18-Hole Play-off

Round Leader(s)
R1   Ross; 74
R2   McLeod, Ross; 149
R3   McLeod; 225

Lowest Scores
R2   McDermott, McLeod; 72
R3   Campbell; 72
R4   Donaldson, Sargent; 74

1911

51st OPEN Championship
Royal St George's Golf Club, Sandwich, Kent, England (26-29 June)
No of Entries 226: No Starting 226: No Making Cut 73: No Completing 68
6594 yards

1	HARRY VARDON* (£50)	74 74 75 80	303		John C Johnstone	82 79 78 78	317
					AF Kettley	79 77 81 80	317
2	Arnaud Massy	75 78 74 76	303		James Ockenden	75 78 81 83	317
3=	Sandy Herd	77 73 76 78	304		Robert Thomson	77 76 85 79	317
	Harold Hilton (a)	76 74 78 76	304	34=	Sidney Ball	82 76 85 75	318
5=	James Braid	78 75 74 78	305		Ernest R Whitcombe	77 85 80 76	318
	Ted Ray	76 72 79 78	305	36=	Eddie Goodban	81 81 78 79	319
	JH Taylor	72 76 78 79	305		Walter Hambleton	83 78 78 80	319
8	George Duncan	73 71 83 79	306		Len Holland	81 81 77 80	319
9	Laurie Ayton, Sr	75 77 77 78	307		William Horne	74 76 84 85	319
10=	James Hepburn	74 77 83 75	309		John Rowe	74 80 81 84	319
	Fred Robson	78 74 79 78	309	41=	Lionel Munn (a)	78 76 83 83	320
12	Fred Collins	77 76 83 74	310		Hon Michael Scott (a)	78 80 81 81	320
13=	J Piper	78 79 80 74	311	43=	Harry Ball	81 79 84 77	321
	TG Renouf	75 76 79 81	311		Stephen Guard	83 75 81 82	321
15	Tom Ball	76 77 79 80	312		Charlie Johns	79 79 83 80	321
16=	Rowland Jones	80 76 85 72	313	46=	HW Beveridge (a)	75 79 83 85	322
	Charles Mayo	78 78 79 78	313		Horace Fulford	75 83 81 83	322
	Wilfred Reid	78 79 80 76	313		AV Hambro (a)	81 77 84 80	322
	James Sherlock	73 80 76 84	313	49=	J Douglas Edgar	80 82 83 78	323
	Herbert Taylor (a)	83 73 76 81	313		Charles Evans, Jr (a)	78 78 78 89	323
21=	Ted Blackwell (a)	71 81 72 80	314		Frank Larke	82 80 81 80	323
	Michael Moran	72 78 83 81	314	52=	PJ Gaudin	77 84 82 81	324
	William Watt	76 80 79 79	314		SG James (a)	80 82 83 79	324
24=	Ernest Jones	77 82 81 75	315	54=	Jean Gassiat	80 82 79 84	325
	Lester Stevens (a)	79 83 77 76	315		Tom Simpson	80 82 83 80	325
	Josh Taylor	79 81 80 75	315		James Souter	86 76 81 82	325
27=	Robert Harris (a)	77 80 76 83	316	57=	Frank Carr (a)	82 79 81 84	326
	Fred Leach	75 79 87 75	316		Arthur Grant	82 80 83 81	326
29=	Tom Fernie	80 78 76 83	317		Albert Hallam	77 83 81 85	326

	Ernest Riseborough	82 80 86 78	326
	George Tuck	77 78 85 86	326
62	Percy Hills	80 77 89 81	327
63	Cyril Hughes	84 78 83 83	328
64	Bertie Lassen (a)	81 79 85 85	330
65	John Cowan	79 83 85 85	332
66	Noel Layton (a)	78 82 87 86	333
67	William Jeffries	77 84 88 85	334
68	Alf Matthews	79 79 87 90	335

*Harry Vardon (143 after 35 holes) beat Arnaud Massy (148 after 34 holes) when Massy conceded at the 35th hole

Round Leader(s)
R1 Blackwell; 71
R2 Duncan; 144
R3 Vardon; 223

Lowest Scores
R2 Duncan; 71
R3 Braid, Massy; 74
R4 R Jones; 72

1912

52nd OPEN Championship
Hon Co of Edinburgh Golfers, Muirfield, East Lothian, Scotland (24-25 June)
No of Entries 215: No Starting 62: No Completing 59
6425 yards

1	TED RAY	71 73 76 75	295
	(£50)		
2	Harry Vardon	75 72 81 71	299
3	James Braid	77 71 77 78	303
4	George Duncan	72 77 78 78	305
5=	Laurie Ayton, Sr	74 80 75 80	309
	Sandy Herd	76 81 76 76	309
7=	Fred Collins	76 79 81 74	310
	Jean Gassiat	76 80 78 76	310
	Reg Wilson	82 75 75 78	310
10	Arnaud Massy	74 77 82 78	311
11=	Charles Mayo	76 77 78 81	312
	JH Taylor	75 76 77 84	312
13=	George Fotheringham	75 78 79 81	313
	Robert Thomson	73 77 80 83	313
15=	Hughie McNeill	76 78 82 78	314
	Michael Moran	76 79 80 79	314
17=	Fred Leach	75 82 81 77	315
	Tom Williamson	80 77 79 79	315
19	TG Renouf	77 80 80 79	316
20=	Douglas Edgar	77 81 80 79	317
	William Horne	73 85 82 77	317
	Wilfred Reid	80 79 79 79	317
23	PJ Gaudin	80 76 82 80	318
24=	FH Frostick	77 80 81 81	319
	Philip Taylor	76 82 81 80	319
26	Tom Ball	75 81 86 78	320
27=	Jas Batley	79 86 80 76	321
	Rowland Jones	78 82 84 77	321
	Charles Pope	83 80 77 81	321
	Charles Roberts	82 81 83 75	321
31=	Ernest Jones	76 81 86 79	322
	Ben Sayers, Jr	81 82 76 83	322
	James Sherlock	79 79 85 79	322
34	William Watt	79 79 81 84	323
35=	David Grant	83 79 81 81	324
	Jack White	82 81 83 78	324
37=	Charlie Johns	81 81 83 82	327
	John Lonie	83 77 80 87	327
	James Ockenden	81 83 82 81	327
	Hon Michael Scott (a)	82 81 83 81	327
41=	James Adwick	85 80 77 86	328
	Cyril Hughes	81 80 83 84	328
43=	George Cawkwell	83 82 81 83	329
	Peter Robertson	85 79 80 85	329
	C Ralph Smith	80 81 81 87	329
	Josh Taylor	84 79 87 79	329
47	Tom Fernie	82 82 85 81	330
48=	Charles H Corlett	78 84 85 84	331
	Arthur Gray	87 80 77 87	331
	Walter Hambleton	83 83 82 83	331
51	Albert Hallam	86 82 84 81	333
52=	James Bradbeer	83 87 81 84	335
	Edwin Sinclair	84 89 82 80	335
54	Chas Wallis	81 88 80 88	337
55	CB MacFarlane (a)	86 81 87 84	338
56	Tom Beck	85 83 82 90	340
57	George Braid	87 81 88 85	341
58	James Kay	92 81 85 85	343
59	Sidney Shepherd (a)	85 86 91 86	348

Round Leader(s)
R1 Ray; 71
R2 Ray; 144
R3 Ray; 220

Lowest Scores
R2 Braid; 71
R3 Ayton, Wilson; 75
R4 Vardon; 71

1912

18th US OPEN Championship
Country Club of Buffalo, Buffalo, New York (1-2 August)
No of Entries 131: No Starting 128: No Making Cut 53: No Completing 53
6326 yards: Par 74 (296)

1	JOHN McDERMOTT	74 75 74 71	294
	($300)		
2	Tom McNamara	74 80 73 69	296
3=	Mike Brady	72 75 73 79	299
	Alex Smith	77 70 77 75	299
5	Alex Campbell	74 77 80 71	302
6	George Sargent	72 78 76 77	303
7=	Jack Dowling	76 79 76 74	305
	Otto Hackbarth	77 77 75 76	305
9	Charles Murray	75 78 77 76	306
10=	Tom Anderson, Jr	75 76 81 75	307
	Frank Peebles	73 76 83 75	307
	Walter Travis (a)	73 79 78 77	307
13=	Fred McLeod	79 77 75 77	308
	George Simpson	79 73 77 79	308
15	Percy Barrett	74 73 83 79	309
16=	John G Anderson (a)	80 79 78 73	310
	David Ogilvie	74 83 73 80	310
18=	Jim Barnes	77 73 79 82	311
	John Dingwall	77 77 78 79	311
	Willie MacFarlane	77 81 73 80	311
21=	Jack Croke	74 81 78 79	312
	Tom Vardon	74 83 79 76	312
23=	Jack Campbell	74 75 83 81	313
	George Cumming	78 79 77 79	313
	Jock Hutchison	78 77 82 76	313
26	AH Murray	78 79 79 78	314
27	Charles Rowe	77 78 79 81	315
28=	Dave Robertson	80 82 77 77	316
	Peter Robertson	77 82 81 76	316
30=	David Black	78 77 78 84	317
	David Honeyman	80 82 79 76	317
	David Livie	82 80 76 79	317
33	William Gardner, Jr (a)	78 80 79 82	319
34=	Frank Bellwood	76 80 81 83	320
	Jack Hobens	83 79 76 82	320
	James R Thomson	78 78 78 86	320
37	Tom Bonnar	76 79 81 85	321
38	Karl Keffer	76 76 86 85	323
39=	Tom Mulgrew	79 85 76 84	324
	John Harland	76 84 81 83	324
41=	James Dougherty	82 77 83 83	325
	Walter Fovargue	81 83 78 83	325
	Howard Lee (a)	82 80 81 82	325
	Ben Lord	80 76 88 81	325
	GW Singleton	82 76 82 85	325

46=	James Green	83 81 79 83	326	50	Thomas Edwards	78 87 84 80	329
	David Hunter	80 85 77 84	326	51	Jack Hagan	80 83 80 87	330
	Jack Jolly	80 79 78 89	326	52=	Irving Stringer	83 82 83 86	334
	Arthur Woodward	79 86 79 82	326		William Trovinger	77 82 86 89	334

Round Leader(s)
R1 Brady, Sargent; 72
R2 Barrett, Brady, Smith; 147
R3 Brady; 220

Lowest Scores
R2 Smith; 70
R3 Brady, MacFarlane, McNamara, Ogilvie; 73
R4 McNamara; 69

1913

53rd OPEN Championship
Royal Liverpool Golf Club, Hoylake, Cheshire, England (23-24 June)
No of Entries 269: No Starting 65: No Completing 52
6455 yards

1	JH TAYLOR	73 75 77 79	304	27=	Arthur Catlin	77 81 81 86	325
	(£50)				Charles Mayo	83 82 78 82	325
2	Ted Ray	73 74 81 84	312		Thomas Simpson	79 83 85 78	325
3=	Michael Moran	76 74 89 74	313	30=	Laurie Ayton, Sr	78 83 86 80	327
	Harry Vardon	79 75 79 80	313		Tom Ball	82 83 86 76	327
5=	John McDermott	75 80 77 83	315		GR Buckle	81 80 87 79	327
	TG Renouf	75 78 84 78	315		Jack B Ross	75 89 84 79	327
7=	James Bradbeer	78 79 81 79	317	34=	FB Crowther (a)	80 81 86 81	328
	Arnaud Massy	77 80 81 79	317		John Rowe	78 82 86 82	328
	James Sherlock	77 86 79 75	317		Reg Wilson	80 83 88 77	328
	Tom Williamson	77 80 80 80	317	37	A James	78 81 85 86	330
11=	Fred Collins	77 85 79 77	318	38	Albert Howlett	75 84 85 87	331
	Jack Graham (a)	77 79 81 81	318	39=	J Douglas Edgar	81 91 80 80	332
	Sandy Herd	73 81 84 80	318		Harry Simpson	80 83 88 81	332
14=	Bertie Lassen (a)	79 78 80 82	319	41	Ted Blackwell (a)	78 79 87 89	333
	Charles Roberts	78 79 84 78	319	42=	Sidney Ball	81 82 87 85	335
	Josh Taylor	80 75 85 79	319		Fred Leach	80 84 88 83	335
17	Philip Taylor	78 81 83 78	320		Tom Watt	86 82 84 83	335
18=	James Braid	80 79 82 80	321	45	Percy Hills	79 79 90 89	337
	Claude Gray	80 81 79 81	321	46	James Edmundson	83 85 84 88	340
	Ernest Jones	75 85 81 80	321	47=	Alfred Bonner	87 84 90 80	341
	Hughie McNeill	80 81 81 79	321		Charles H Corlett	78 89 87 87	341
22=	Jean Gassiat	80 78 86 78	322		C Ralph Smith	82 82 93 84	341
	Cyril Hughes	76 78 83 85	322	50	George Cawkwell	81 85 92 84	342
	Louis Tellier	77 80 85 80	322	51	Archie Earl	81 85 86 91	343
25	Tom McNamara	80 78 85 80	323	52	Tom Fernie	88 86 86 85	345
26	Wilfred Reid	78 82 85 79	324				

Round Leader(s)
R1 Herd, Ray, JH Taylor; 73
R2 Ray; 147
R3 JH Taylor; 225

Lowest Scores
R2 Moran, Ray; 74
R3 McDermott, JH Taylor; 77
R4 Moran; 74

1913

19th US OPEN Championship
The Country Club, Brookline, Boston, Massachusetts (18-20 September)
No of Entries 162: No Starting 67: No Making Cut 55: No Completing 49
6245 yards: Par 74 (296)

1	FRANCIS OUIMET* (a)	77 74 74 79	304		Charles Thom	76 76 84 85	321
	($NIL – amateur)			28=	Bob MacDonald	80 79 84 79	322
2	Harry Vardon	75 72 78 79	304		Jerome Travers (a)	78 78 81 85	322
3	Ted Ray	79 70 76 79	304	30=	Frank Bellwood	79 83 80 81	323
4=	Jim Barnes	74 76 78 79	307		James Donaldson	79 76 85 83	323
	Walter Hagen	73 78 76 80	307		JH Taylor	81 80 78 84	323
	Macdonald Smith	71 79 80 77	307	33=	Jack Hobens	78 79 84 83	324
	Louis Tellier	76 76 79 76	307		AH Murray	76 82 81 85	324
8	John McDermott	74 79 77 78	308		David Ogilvie	81 77 82 84	324
9	Herbert Strong	75 74 82 79	310	36=	HH Barker	80 79 85 82	326
10	Pat Doyle	78 80 73 80	311		Alex Ross	71 80 93 82	326
11=	WC Fownes, Jr (a)	79 75 78 80	312	38=	Tom Anderson, Jr	82 83 82 80	327
	Elmer Loving	76 80 75 81	312		Fred McLeod	80 85 82 80	327
13	Alex Campbell	77 80 76 80	313		Tom Vardon	85 78 79 85	327
14	Mike Brady	83 74 78 80	315	41=	John Shippen	81 73 87 87	328
15	Matt Campbell	83 80 77 76	316		James Thomson	80 80 84 84	328
16=	Fred Herreshoff (a)	75 78 83 82	318	43	Willie Maguire	85 80 82 82	329
	Jock Hutchison	77 76 80 85	318	44	Walter Fovargue	79 83 81 87	330
	Tom McNamara	73 86 75 84	318	45=	Karl Keffer	79 84 81 88	332
	Wilfred Reid	75 72 85 86	318		Joe Sylvester	81 81 87 83	332
	Alex Smith	82 75 82 79	318	47	George Cumming	81 79 88 86	334
21=	Robert Andrews (a)	83 73 83 80	319	48	Tom Bonnar	86 79 85 88	338
	Jack Croke	72 83 83 81	319	49	Robert M Thomson	84 79 90 97	340
	Charles Murray	80 80 80 79	319				
	Peter Robertson	79 80 78 82	319	*Francis Ouimet (72) beat Harry Vardon (77) and Ted Ray (78) in the 18-Hole Play-off*			
	George Sargent	75 76 79 89	319				
26=	Jack Dowling	77 77 82 85	321				

Round Leader(s)
R1 Ross, M Smith; 71
R2 Reid, Vardon; 147
R3 Ouimet, Ray, Vardon; 225

Lowest Scores
R2 Ray; 70
R3 Doyle; 73
R4 M Campbell, Tellier; 76

1914

54th OPEN Championship
Prestwick Golf Club, Ayrshire, Scotland (18-19 June)
No of Entries 194: No Starting 100: No Completing 82
6122 yards

Pos	Player	Rounds	Total		Player	Rounds	Total
1	HARRY VARDON (£50)	73 77 78 78	306		James Horn	80 80 80 89	329
					Wilfred Reid	83 80 86 80	329
					Ernest Riseborough	86 83 81 79	329
2	JH Taylor	74 78 74 83	309		Fred Robson	78 82 85 84	329
3	Harry Simpson	77 80 78 75	310	46=	James Adwick	80 83 81 86	330
4=	Abe Mitchell	76 78 79 79	312		AF Kettley	83 84 80 83	330
	Tom Williamson	75 79 79 79	312		RW Orr (a)	79 80 87 84	330
6	Reg Wilson	76 77 80 80	313		Alex Simpson	81 87 82 80	330
7	James Ockenden	75 76 83 80	314	50=	Eric Bannister	81 85 80 85	331
8=	PJ Gaudin	78 83 80 74	315		Fred Collins	81 86 88 76	331
	JLC Jenkins (a)	79 80 73 83	315		FH Frostick	84 86 83 78	331
10=	James Braid	74 82 78 82	316		Charles Roberts	79 86 81 85	331
	George Duncan	77 79 80 80	316		Jack B Ross	79 85 84 83	331
	Arnaud Massy	77 82 75 82	316		Ben Sayers, Sr	89 79 79 84	331
	Ted Ray	77 82 76 81	316	56=	Tom Fernie	78 85 87 82	332
14=	James Bradbeer	77 80 80 80	317		James Hepburn	83 80 85 84	332
	J Douglas Edgar	79 75 84 79	317		Charlie Johns	84 79 88 81	332
	Jean Gassiat	76 81 80 80	317		Francis Ouimet (a)	86 79 85 82	332
17=	William Hunter	82 77 77 83	319	60	William Ritchie	81 87 85 80	333
	Bertie Lassen (a)	85 78 79 77	319	61	HA Gaudin	85 85 85 79	334
19=	Ernest Foord	82 81 82 76	321	62=	H Cheal	81 88 83 83	335
	Cyril Hughes	80 81 80 80	321		Lord Charles Hope (a)	84 85 80 86	335
21=	Jas Batley	78 83 81 80	322		Robert McInnes	84 91 78 82	335
	Ernest Jones	87 81 80 74	322	65=	Arthur Butchart	89 88 76 83	336
	Fred Leach	76 86 78 82	322		George Cawkwell	82 85 80 89	336
	C Ralph Smith	81 79 80 82	322		Peter Robertson	82 83 85 86	336
25=	Walter Hambleton	79 75 86 83	323		Jack Sidey	85 82 84 85	336
	Michael Moran	82 83 82 76	323	69=	Arthur Havers	83 80 84 90	337
	Josh Taylor	82 79 84 78	323		James Souter	85 81 85 86	337
	David Watt	84 80 78 81	323	71=	Horace Fulford	87 84 79 88	338
29=	Sandy Herd	79 87 79 79	324		Sidney Shepherd (a)	82 85 83 88	338
	Cpt CK Hutchison (a)	81 75 82 86	324	73=	Harry Cawsey	87 83 84 85	339
	John Lonie	77 84 82 81	324		Archie Compston	84 85 86 84	339
	Ernest Whitcombe	74 83 84 83	324		Alfred Miles	82 84 87 86	339
33	William Watt	77 81 84 83	325		Jack Park	86 84 85 84	339
34=	Len Holland	78 78 87 83	326	77	WG Oke	89 83 80 88	340
	Gordon Lockhart (a)	83 78 85 80	326	78	Rowley Banks	89 89 81 82	341
	James Sherlock	84 78 85 79	326	79	Harry Fernie	80 84 86 92	342
37=	Claude Gray	84 81 81 81	327	80	JH Turner	85 86 89 86	346
	Patrick O'Hare	81 84 84 78	327	81	WE Brown	86 89 84 88	347
39=	Albert Seymour	84 85 81 78	328	82	John McAndew	87 90 86 85	348
	GM Turner	81 77 86 84	328				
41=	James Anderson (a)	81 91 78 79	329				

Round Leader(s)
R1 Vardon; 73
R2 Vardon; 150
R3 JH Taylor; 226

Lowest Scores
R2 Edgar, Hambleton, Hutchison; 75
R3 Jenkins; 73
R4 Gaudin, Jones; 74

1914

20th US OPEN Championship
Midlothian Country Club, Blue Island, Illinois (20-21 August)
No of Entries 129: No Starting 66: No Completing 50
6355 yards: Par 72 (288)

Pos	Player	Rounds	Total		Player	Rounds	Total
1	WALTER HAGEN ($300)	68 74 75 73	290		Robert Peebles	78 75 74 75	302
					George Simpson	73 76 76 77	302
2	Charles Evans, Jr (a)	76 74 71 70	291	20=	Dan Kenny	76 75 76 76	303
3=	Fred McLeod	78 73 75 71	297		Tom Kerrigan	76 73 77 77	303
	George Sargent	74 77 74 72	297	22=	Alex Ross	72 75 82 76	305
5=	Mike Brady	78 72 74 74	298		Warren Wood (a)	77 73 77 78	305
	James Donaldson	72 79 74 73	298	24	Walter Fovargue	81 71 77 77	306
	Francis Ouimet (a)	69 76 75 78	298	25=	Jack Munro	83 74 75 75	307
8	Louis Tellier	72 75 74 78	299		Robert M Thomson	79 75 78 75	307
9=	John McDermott	77 74 74 75	300	27	Otto Hackbarth	82 75 77 75	309
	Arthur Smith	79 73 76 72	300	28=	Fred Brand	78 74 76 82	310
11=	William Rautenbusch (a)	76 75 75 75	301		Jack Burke, Sr	75 77 77 81	310
	James Simpson	76 71 77 77	301		CP Nelson	77 81 77 75	310
13=	Jim Barnes	73 76 80 73	302	31	Tom Vardon	76 76 77 82	311
	Charles Hoffner	77 76 77 72	302	32=	William Bell	79 79 75 79	312
	Tom McNamara	72 71 76 83	302		Kenneth Edwards (a)	77 76 81 78	312
	Joe Mitchell	77 69 77 79	302		Herbert Lagerblade	75 78 75 84	312
	JJ O'Brien	74 72 77 79	302	35=	Willie Kidd	80 77 81 75	313

THE GOLF MAJORS: 1860-2015 – RESULTS

	Name	Scores	Total		Name	Scores	Total
	Alex Taylor	80 77 77 79	313	44	Dick Hackbarth	73 84 82 80	319
37=	Charles Hall	76 77 81 81	315	45=	Jack Croke	77 83 82 78	320
	Jack Jolly	81 77 79 78	315		AG Herr	80 78 79 83	320
39=	George Cumming	77 81 80 78	316		Willie Maguire	77 80 81 82	320
	Jack Neville (a)	78 77 80 81	316	48	James Green	80 81 79 82	322
41=	John Gatherum	78 77 82 80	317	49=	Frank Adams	80 81 84 80	325
	Dave McKay	77 82 79 79	317		James R Thomson	81 77 84 83	325
43	Andrew Campbell	83 80 73 82	318				

Round Leader(s)
R1   Hagen; 68
R2   Hagen; 142
R3   Hagen; 217

Lowest Scores
R2   Mitchell; 69
R3   Evans; 71
R4   Evans; 70

1915-1919

World War I began in Europe in August 1914, and did not effectively conclude until November 1918. Because of the hostilities, all the Major Championships were affected, even the new PGA Championship, which after its inaugural year of 1916 had to take two off when the USA entered the conflict. The respective Majors were not held for the following years:

The Open Championship	1915-1919
The US Open	1917-1918
PGA Championship	1917-1918

1915

21st US OPEN Championship
Baltusrol Golf Club, Springfield, New Jersey (17-18 June)
No of Entries 141: No Starting 65: No Making Cut 56: No Completing 51
6212 yards: Par 74 (296)

	Name	Scores	Total		Name	Scores	Total
1	JEROME TRAVERS (a)	76 72 73 76	297	26=	Joe Mitchell	76 80 74 83	313
	($Nil – amateur)				Herbert Strong	83 76 78 76	313
2	Tom McNamara	78 71 74 75	298	28	George Sayers	76 80 81 77	314
3	Bob MacDonald	72 77 73 78	300	29=	Otto Hackbarth	80 75 79 81	315
4=	Jim Barnes	71 75 76 79	301		David Ogilvie	75 78 83 79	315
	Louis Tellier	75 71 76 79	301		Ben Sayers, Sr	80 79 79 77	315
6	Mike Brady	76 71 75 80	302	32=	Elmer Loving	78 78 75 85	316
7	George Low	78 74 76 75	303		JJ O'Brien	82 75 80 79	316
8=	Jock Hutchison	74 79 76 76	305		David Stevens	76 80 80 80	316
	Fred McLeod	74 76 76 79	305	35=	Willie MacFarlane	81 83 75 78	317
10=	Alex Campbell	76 75 74 81	306		Francis Ouimet (a)	77 79 80 81	317
	Emmet French	77 79 75 75	306	37=	Tom Anderson, Jr	80 78 79 81	318
	Walter Hagen	78 73 76 79	306		Tom Boyd	78 80 79 81	318
	Tom Kerrigan	78 75 76 77	306		Macdonald Smith	80 79 80 79	318
	Gilbert Nicholls	78 81 73 74	306		James R Thomson	81 80 78 79	318
	Jack Park	77 77 75 77	306	41=	Bert Battell	81 79 83 77	320
	Wilfred Reid	77 78 75 76	306		Harry Hampton	79 81 78 82	320
	George Sargent	75 77 79 75	306		Jack Hobens	80 79 83 78	320
18	Charles Evans, Jr (a)	71 81 80 75	307	44	Orrin Terry	82 80 78 82	322
19=	James Donaldson	83 79 76 70	308	45=	Isaac Mackie	79 81 81 82	323
	Max Marston (a)	77 77 80 74	308		George McLean	85 80 80 78	323
21	Archie Sanderson	77 76 77 79	309	47=	Charles Rowe	78 85 82 79	324
22=	Jack Dowling	75 79 80 77	311		George Simpson	83 78 76 87	324
	Alex Smith	78 76 78 79	311	49	Dan Kenny	78 80 81 86	325
24=	HH Barker	77 78 80 77	312	50	Joe Sylvester	81 76 84 88	329
	Charles Hoffner	79 79 79 75	312	51	Eugene McCarthy	82 84 81 84	331

Round Leader(s)
R1   Barnes, Evans; 71
R2   Barnes, Tellier; 146
R3   Travers; 221

Lowest Scores
R2   Brady, McNamara, Tellier; 71
R3   MacDonald, Nicholls, Travers; 73
R4   Donaldson; 70

1916

22nd US OPEN Championship
Minikahda Club, Minneapolis, Minnesota (29-30 June)
No Entries 94: No Starting 62: No Completing 57
6130 yards: Par 71 (284)

	Name	Scores	Total		Name	Scores	Total
1	CHARLES EVANS, Jr (a)	70 69 74 73	286		Tom Vardon	76 72 75 74	297
	($Nil – amateur)			12	Jack Dowling	71 76 75 76	298
2	Jock Hutchison	73 75 72 68	288	13=	Walter Fovargue	76 74 74 75	299
3	Jim Barnes	71 74 71 74	290		Louis Tellier	74 75 72 78	299
4=	Gilbert Nicholls	73 76 71 73	293	15=	Herbert Lagerblade	77 78 72 73	300
	Wilfred Reid	70 72 79 72	293		Tom McNamara	75 79 73 73	300
	George Sargent	75 71 72 75	293		Robert Peebles	73 72 76 79	300
7	Walter Hagen	73 76 75 71	295		Alex Ross	73 76 76 75	300
8	Bob MacDonald	74 72 77 73	296		James B Simpson	75 76 76 73	300
9=	Mike Brady	75 73 75 74	297	20=	Otto Hackbarth	77 80 69 75	301
	JJ O'Brien	76 72 73 76	297		George McLean	77 76 74 74	301

22=	James Donaldson	79 75 75 73	302
	Joe Mitchell	75 75 76 76	302
	George Turnbull	83 73 72 74	302
25=	Bert Battell	76 75 75 77	303
	George Fotheringham	78 78 74 73	303
	Fred McLeod	74 75 77 77	303
	George Simpson	76 76 77 74	303
29	Alex Campbell	75 75 75 79	304
30=	Alex Cunningham	79 75 75 77	306
	James Ferguson	74 75 80 77	306
	Tom Kerrigan	79 72 78 77	306
33=	Jack Burke, Sr	81 76 76 74	307
	Walter Clark	73 76 80 78	307
35=	Norman Clark	76 78 78 76	308
	PJ Gaudin	81 77 78 72	308
37=	WC Sherwood	78 76 76 79	309
	Herbert Strong	78 77 77 77	309
	James Wilson	79 79 74 77	309
40=	Tom Boyd	80 78 79 75	312
	Harry Legg (a)	76 80 76 80	312
42=	John Gatherum	78 75 80 80	313
	JS Worthington (a)	77 77 79 80	313
44=	HC Fletcher	76 84 74 80	314
	Alfred Hackbarth	79 74 80 81	314
	Clarence Hackney	80 77 76 81	314
	Tom Morris	78 78 82 76	314
48=	Arthur Clarkson	77 81 79 78	315
	David Livie	77 77 80 81	315
50	Carl Anderson	81 77 80 79	317
51=	Jack Croke	77 80 84 77	318
	Jack Morton	83 77 80 78	318
53	Arthur Reid	77 76 83 83	319
54	Elwood Queen	76 75 86 83	320
55=	Harrison Johnston (a)	86 75 85 82	328
	Jack Jolly	78 84 82 84	328
	HL Van Every	81 79 85 83	328

Round Leader(s)
R1   Evans, Reid; 70
R2   Evans; 139
R3   Evans; 213

Lowest Scores
R2   Evans; 69
R3   Hackbarth; 69
R4   Hutchison; 68

1916

1st (US) PGA Championship
Siwanoy Country Club, Bronxville, New York (9-14 October)
MATCH PLAY
32 qualifiers after 36 holes stroke play
All Rounds 36 holes
6250 yards

ROUND 1 (Last 32)
Tom Kerrigan bt Charles Adams 6&4; George McLean bt Tom McNamara 6&5; Alex Smith bt James Ferguson 4&2; JIM BARNES bt George Fotheringham 8&7; Willie MacFarlane bt Robert McNulty 10&9; Mike Brady bt James West 7&6; Emmett French bt Eddie Towns 3&1; Jack Dowling (bye: Jack Pirie, Scr); JJ O'Brien bt Wilfred Reid 1up; George Simpson bt Walter Fovargue 6&5; Bob MacDonald bt Jimmie Donaldson 3&2; Walter Hagen bt James R Thomson 7&6; JOCK HUTCHISON bt Joe Mitchell 11&9; William Brown bt Fred Clarkson (def); Cyril Walker bt Louis Tellier 4&2; Jack Hobens bt Mike Sherman (def)

ROUND 2 (Last 16)
Kerrigan bt McLean 2&1
BARNES bt Smith 8&7
MacFarlane bt Brady 3&2
Dowling bt French 1up (after 37)
O'Brien bt Simpson 3&2
Hagen bt MacDonald 3&2
HUTCHISON bt Brown 11&9
Walker bt Hobens 5&4

QUARTER FINAL (QF)
BARNES bt Kerrigan 3&1
MacFarlane bt Dowling 2&1
Hagen bt O'Brien 10&9
HUTCHISON bt Walker 5&4

SEMI FINAL (SF)
BARNES bt MacFarlane 6&5
HUTCHISON bt Hagen 2up

FINAL
JIM BARNES ($500) beat Jock Hutchison, 1up

1919

23rd US OPEN Championship
Brae Burn Country Club, West Newton, Massachusetts (9-12 June)
No Starting 131: No Making Cut 66: No Completing 57
6375 yards: Par 71 (284)

1	WALTER HAGEN* ($500)	78 73 75 75	301
2	Mike Brady	74 74 73 80	301
3=	Jock Hutchison	78 76 76 76	306
	Tom McNamara	80 73 79 74	306
5=	George McLean	81 75 76 76	308
	Louis Tellier	73 78 82 75	308
7	John Cowan	79 74 75 81	309
8	George Bowden	73 78 75 86	312
	Fred McLeod	78 77 79 78	312
10	Charles Evans, Jr (a)	77 76 82 78	313
11=	Jim Barnes	77 78 79 81	315
	Harry Hampton	79 81 77 78	315
13=	Clarence Hackney	83 78 81 74	316
	Charles Hoffner	72 78 77 89	316
	Isaac Mackie	82 75 78 81	316
16=	Gilbert Nicholls	81 78 82 77	318
	Alex Ross	77 78 77 86	318
18=	Pat Doyle	78 82 76 83	319
	Francis Ouimet (a)	76 79 79 85	319
	James West	79 82 80 78	319
21=	Alex Cunningham	79 81 79 81	320
	Douglas Edgar	80 78 82 80	320
	Wilfred Reid	82 78 80 80	320
24=	Jesse Guilford (a)	79 78 84 80	321
	Archie Sanderson	85 79 83 74	321
26=	Otto Hackbarth	77 79 82 84	322
	Tom Kerrigan	80 79 82 81	322
	Herbert Lagerblade	79 80 82 81	322
29=	George Fotheringham	81 82 79 81	323
	Bob MacDonald	81 78 80 84	323
	George Sargent	84 79 82 78	323
32=	John G Anderson (a)	80 77 84 83	324
	WD Robinson	81 78 85 80	324
34=	John Bredemus	83 79 86 77	325
	Emmett French	78 79 81 87	325
	WC Sherwood	80 79 83 83	325
37=	William Hoare	82 83 82 79	326
	James MacGregor	83 78 82 83	326
	Tom Mulgrew	77 83 84 82	326
	Arthur Reid	84 80 81 81	326
41=	George Low	81 81 84 81	327
	Willie Ogg	82 79 81 85	327
	Fred Wright, Jr (a)	82 83 81 81	327
44=	George Gordon	83 83 80 83	329
	Ned Sawyer (a)	82 84 81 82	329
46	Wilbur Oaks	84 85 79 82	330
47	James Crossan	81 88 83 79	331
48	Matt Campbell	81 85 88 78	332
49	Harry Cowie	85 85 80 84	334
50	LB Patton (a)	86 79 87 83	335
51	R de Z Pierce (a)	83 82 89 84	338
52=	Fred Canausa	81 82 90 87	340
	Alex Gerard	83 84 83 90	340
	Scotty Robson (a)	83 81 92 84	340
	John Shea	83 84 84 89	340

56	Eugene McCarthy	82 85 90 93	340	
57	Ralph Wales (a)	84 84 91 90	349	

*Walter Hagen (77) beat Mike Brady (78) in the 18-Hole Play-off

Round Leader(s)
R1 Hoffner; 72
R2 Brady; 148
R3 Brady, 221

Lowest Scores
R2 McNamara; 73
R3 Brady; 73
R4 Hackney, McNamara, Sanderson; 74

1919

2nd PGA Championship
Engineers Country Club, Long Island, New York (15-20 September)
MATCH PLAY
32 qualifiers after 36 holes stroke play
All Rounds 36 holes
6262 yards

ROUND 1 (Last 32)
JIM BARNES bt Carl Anderson 8&6; Otto Hackbarth bt Joe Sylvester 5&4; Tom Kerrigan bt Bill Mehlhorn 3&2; Emmett French bt Clarence Hackney 7&6; Bob MacDonald bt Tom Boyd 1up; George Fotheringham bt Eddie Loos 8&6; Tom MacNamara bt Louis Martucci 7&6; Jock Hutchison bt John Bredemus 6&5; Harry Hampton bt Jack Hobens 7&6; Douglas Edgar bt Joe Rosman (def); FRED McLEOD bt James Rose 9&7; George Gordon bt Dave Wilson 3&2; Wilfred Reid bt Pat Doyle 1up; Jimmy West bt Willie Kidd (def); Mike Brady bt Louis Tellier 7&6; George McLean bt Johnny Farrell 7&6

ROUND 2 (Last 16)
BARNES bt Hackbarth 3&2
French bt Kerrigan 2up
MacDonald bt Fotheringham 2&1
Hutchison bt MacNamara 8&6
Edgar bt Hampton 5&4
McLEOD bt Gordon 2up
West bt Reid 2&1
McLean bt Brady 6&5

QUARTER FINAL (QF)
BARNES bt French 3&2
MacDonald bt Hutchison 3&2
McLeod bt Edgar 8&6
McLean bt West 9&7

SEMI FINAL (SF)
BARNES bt MacDonald 5&4
McLEOD bt McLean 3&2

FINAL
JIM BARNES ($500) beat Fred McLeod, 6&5

1920

55th OPEN Championship
Royal Cinque Ports Golf Club, Deal, Kent, England (30 June-1 July)
No of Entries 190: No Staring 82: Completing 77
6653 yards

1	GEORGE DUNCAN (£75)	80 80 71 72	303
2	Sandy Herd	72 81 77 75	305
3	Ted Ray	72 83 78 73	306
4	Abe Mitchell	74 73 84 76	307
5	Len Holland	80 78 71 79	308
6	Jim Barnes	79 74 77 79	309
7=	Arthur Havers	80 78 81 74	313
	Sydney Wingate	81 74 76 82	313
9=	George Buckle	80 80 77 78	315
	Archie Compston	79 83 75 78	315
	William Horne	80 81 73 81	315
12	JH Taylor	78 79 80 79	316
13	Eugene Lafitte	75 85 84 73	317
14=	Eric Bannister	78 84 80 76	318
	Harry Vardon	78 81 81 78	318
16=	JW Gaudin	81 82 77 79	319
	Charles Johns	82 78 81 78	319
	James Sherlock	82 81 80 76	319
	Philip Taylor	78 84 77 80	319
	Angel de la Torre	84 78 78 79	319
21=	James Braid	79 80 79 82	320
	William B Smith	81 81 77 81	320
	Dick Wheildon	82 78 83 77	320
	Reg Wilson	76 82 78 84	320
25	Cyril Hughes	83 81 80 77	321
26=	William I Hunter (a)	81 80 81 80	322
	Tom Williamson	77 86 79 80	322
28	C Ralph Smith	84 80 79 80	323
29=	Arthur Day	77 83 84 80	324
	Jean Gassiat	79 82 78 85	324
	Douglas Grant (a)	83 76 82 83	324
	Fred Leach	83 82 78 81	324
	Arnaud Massy	81 82 80 81	324
	William Ritchie	79 86 81 78	324
35=	Charles Corlett	77 82 81 85	325
	Robert Harris (a)	84 79 81 81	325
	Fred Jewell	85 79 79 82	325
	Alfred Kirby	87 84 79 75	325
	Josh Taylor	78 81 81 85	325
40=	George Gadd	80 87 82 77	326
	Claude Gray	82 87 79 77	326
	Lord Charles Hope (a)	78 81 85 82	326
	Herbert Jolly	81 84 77 84	326
	Alfred Miles	79 82 81 84	326
	Charles Parsons	79 85 77 85	326
	Cyril Tolley (a)	85 84 79 78	326
47=	Jas Batley	86 79 78 84	327
	Harry Monk	78 84 85 80	327
	Sid Rush	82 84 80 81	327
50=	James Bradbeer	76 89 81 82	328
	RS Fernie	88 83 77 80	328
	John Rowe	80 83 81 84	328
53=	Tommy Armour (a)	84 82 79 84	329
	Walter Hagen	84 82 78 75	329
	Herbert Riseborough	83 84 82 80	329
56=	Harry Ball	84 82 81 83	330
	William Oke	82 84 80 84	330
	Ernest Riseborough	81 88 82 79	330
	William Watt	81 88 80 81	330
60	Hon Michael Scott (a)	89 82 80 80	331
61=	Frank Ball	80 88 81 83	332
	Arthur Butchart	82 88 79 83	332
63=	Dick May	82 87 85 79	333
	CH Reith	87 82 82 82	333
	Percy Wyatt	83 89 81 80	333
66=	Carl Bretherton (a)	86 79 84 86	335
	Cuthbert Butchart	81 86 86 82	335
	James Ockenden	86 86 80 83	335
	JH Turner	80 86 82 87	335
70=	Fred Collins	84 86 83 83	336
	Walter Pursey	81 80 89 86	336
72	Harry Amos	87 88 82 81	338
73	Edwin Sinclair	91 80 87 82	340
74	AF Kettley	86 89 81 87	343
75	WE Brown	85 87 87 86	345
76	Arthur Young	87 89 82 89	347
77	Robert MacKenzie	88 91 89 93	361

Round Leader(s)
R1 Herd, Ray; 72
R2 Mitchell; 147
R3 Holland; 229

Lowest Scores
R2 Mitchell; 73
R3 Duncan, Holland; 71
R4 Duncan; 72

1920

24th US OPEN Championship
Inverness Club, Toledo, Ohio (12-13 August)
No Entries 268: No Starting 70: No Completing 67
6569 yards: Par 72 (288)

1	TED RAY	74 73 73 75	295
	($500)		
2=	Jack Burke, Sr	75 77 72 72	296
	Leo Diegel	72 74 73 77	296
	Jock Hutchison	69 76 74 77	296
	Harry Vardon	74 73 71 78	296
6=	Jim Barnes	76 70 76 76	298
	Charles Evans, Jr (a)	74 76 73 75	298
8=	Bobby Jones (a)	78 74 70 77	299
	Willie MacFarlane	76 75 74 74	299
10	Bob MacDonald	73 78 71 78	300
11	Walter Hagen	74 73 77 77	301
12	Clarence Hackney	78 74 74 76	302
13	Fred McLeod	75 77 73 79	304
14=	Mike Brady	77 76 74 78	305
	Frank McNamara	78 77 76 74	305
	Charles Rowe	76 78 77 74	305
17=	Laurie Ayton, Sr	75 78 76 77	306
	John Golden	77 80 74 75	306
	Eddie Loos	75 74 73 84	306
20=	J Douglas Edgar	73 82 74 78	307
	James West	80 77 75 75	307
22	Harry Hampton	79 76 74 79	308
23=	Tom Kerrigan	77 81 74 77	309
	Gilbert Nicholls	77 82 75 75	309
	JJ O'Brien	82 77 73 77	309
	DK White	78 75 79 77	309
27=	Bill Mehlhorn	78 74 79 79	310
	Peter O'Hara	84 74 74 78	310
	Alex Ross	80 76 77 77	310
30=	George Bowden	74 80 76 81	311
	Charles Hall	77 80 76 78	311
	Willie Kidd	77 81 76 77	311
	George McLean	83 76 73 79	311
	Gene Sarazen	79 79 76 77	311
35=	Fred Bell	80 79 76 77	312
	Bill Fownes (a)	80 78 71 83	312
	Emil Loeffler	76 80 77 79	312
38=	Jack Dowling	81 79 78 75	313
	Jack Gordon	79 77 76 81	313
	Willie Hunter, Sr	75 82 78 78	313
	George Sargent	76 81 78 78	313
	Louis Tellier	78 75 77 83	313
43=	Pat Doyle	85 76 79 74	314
	Otto Hackbarth	83 78 77 76	314
45=	Johnny Farrell	80 77 78 80	315
	Charles Thom	79 83 78 75	315
47	Rudolph Knepper (a)	76 77 83 80	316
48=	Tommy Armour (a)	77 83 76 81	317
	Jimmy Johnston (a)	80 81 76 80	317
50=	Fred Brand	84 77 80 77	318
	Alex Cunningham	79 78 80 81	318
	John Simpson (a)	78 77 85 78	318
53=	Frank Adams	82 84 73 81	320
	Alex Ayton	79 79 76 86	320
	Dave Robertson	82 77 83 78	320
56=	Charles Lorms	82 79 78 82	321
	Charles Mayo	77 81 83 80	321
	Wilfred Reid	80 85 78 78	321
59=	John Cowan	83 78 81 80	322
	Dan Kenny	78 81 79 84	322
	Frank Sprogell	81 82 79 80	322
62	James Carberry	80 81 80 83	324
63	Lloyd Gullickson	80 80 86 79	325
64	Howard Lee (a)	83 82 83 79	327
65	Jock Rogers	90 82 81 76	329
66	Peter Walsh	85 88 80 83	336
67	Eugene McCarthy	76 83 87 91	337

Round Leader(s)
R1 Hutchison; 69
R2 Hutchison; 145
R3 Vardon; 218

Lowest Scores
R2 Barnes; 70
R3 Jones; 70
R4 Burke; 72

1920

3rd PGA Championship
Flossmoor Country Club, Chicago, Illinois (17-21 August)
MATCH PLAY
32 qualifiers after 36 holes stroke play
All Rounds 36 holes
6110 yards

ROUND 1 (Last 32)
Alex Cunningham bt Willie MacFarlane 2&1; Peter O'Hara bt Pat Doyle 1up; George McLean bt George Sayers 6&5; Tom Kennett bt Otto Hackbarth 3&1; J DOUGLAS EDGAR bt Pat O'Hara 1up; Joe Sylvester bt Tom Boyd 4&3; Bob MacDonald bt Leo Diegel 4&3; Bill Mehlhorn bt Wallie Nelson 3&2; Harry Hampton bt Jack Gordon 6&5; George Thompson bt Isaac Mackie 3&2; Clarence Hackney bt Phil Hesler 3&2; Jim Barnes bt George Bowden 4&3; Charles Mayo bt Lloyd Gullickson 2&1; Louis Tellier bt Joe Rosman 10&9; Laurie Ayton, Sr bt Charles Hoffner 1up (after 39); JOCK HUTCHISON bt Eddie Loos 5&3

ROUND 2 (Last 16)
Peter O'Hara bt Cunningham 5&4
Mclean bt Kennett 2&1
EDGAR bt Sylvester 11&9
MacDonald bt Mehlhorn 1up
Hampton bt Thompson 5&4
Hackney bt Barnes 5&4
Tellier bt Mayo 4&2
HUTCHISON bt Ayton 5&3

QUARTER FINAL (QF)
McLean bt O'Hara 1up (after 38)
EDGAR bt MacDonald 5&4
Hampton bt Hackney 4&3
HUTCHISON bt Tellier 6&5

SEMI FINAL (SF)
EDGAR bt McLean 8&7
HUTCHISON bt Hampton 4&3

FINAL
JOCK HUTCHISON ($500) beat J Douglas Edgar, 1up

1921

56th OPEN Championship
Royal & Ancient Golf Club, St Andrews, Fife, Scotland (23-25 June)
No of Entries 152: No Starting 86: No Completing 80
6487 yards

1	JOCK HUTCHISON*	72 75 79 70	296
	(£75)		
2	Roger Wethered (a)	78 75 72 71	296
3	Tom Kerrigan	74 80 72 72	298
4	Arthur Havers	76 74 77 72	299
5	George Duncan	74 75 78 74	301
6=	Jim Barnes	74 74 74 80	302
	Walter Hagen	74 79 72 77	302
	Sandy Herd	75 74 73 80	302
	Joe Kirkwood, Sr	76 74 73 79	302

THE GOLF MAJORS: 1860-2015 – RESULTS

	Fred Leach	78 75 76 73	302	47=Angel de la Torre	83 78 77 78	316
	Arnaud Massy	74 75 74 79	302		Jean Gassiat	80 81 80 75	316
	Tom Williamson	79 71 74 78	302		William Murray (a)	81 79 76 80	316
13=	Abe Mitchell	78 79 76 71	304		Peter Robertson	81 84 79 72	316
	Walter Pursey	74 82 74 74	304	51=	WE Brown	77 80 75 85	317
15	JW Gaudin	78 76 75 76	305		James Ockenden	79 84 79 75	317
16=	James Braid	77 75 78 76	306		Fred Robson	80 78 80 79	317
	Len Holland	78 78 76 74	306	54=	Charles Hoffner	75 86 77 80	318
	Bill Mehlhorn	75 77 76 78	306		Tom King, Jr	80 80 77 81	318
19=	Frank Ball	79 78 74 76	307	56	Fred Jewell	81 81 78 79	319
	Dr Paul Hunter (a)	75 78 76 78	307	57=	Jack Burgess	79 84 81 76	320
	Ted Ray	76 72 81 78	307		Albert Hallam	80 85 80 75	320
	William Watt	81 77 75 74	307		Josh Taylor	81 79 78 82	320
23=	Clarence Hackney	77 75 80 76	308		Jack White	76 82 81 81	320
	Henry Kinch	73 77 81 77	308	61=	Arthur Day	79 81 81 80	321
	Harry Vardon	77 77 80 74	308		Sid Brews	81 82 80 78	321
26=	Aubrey Boomer	78 80 72 79	309	63=	Robert Harris (a)	81 85 78 78	322
	Walter Bourne	78 78 75 78	309		Fred McLeod	78 79 83 82	322
	Arthur Butchart	78 80 77 74	309		James Souter	80 79 83 80	322
	J Douglas Edgar	82 76 78 73	309	66=	James Anderson	79 82 82 80	323
	Emmett French	79 76 75 79	309		Jas Batley	81 82 82 78	323
	DH Kyle (a)	77 77 81 74	309		Dick May	77 79 87 80	323
	George McLean	76 73 82 78	309		George Smith	80 80 83 80	323
	Hugh Roberts	79 82 74 74	309	70=	JB Fulford	81 82 84 77	324
	JH Taylor	80 80 75 74	309		JH Turner	81 84 78 81	324
35	Archie Compston	78 75 77 80	310	72	William Ritchie	82 80 82 81	325
36=	Percy Hills	75 76 83 77	311	73	Claude Gray	81 87 75 83	326
	CH Reith	79 83 75 74	311	74=	Percy Quilter (a)	86 83 78 80	327
38	David Ayton, Jr	77 82 78 75	312		Bert Seymour	82 81 83 81	327
39=	Percy Alliss	75 77 81 80	313	76	Michael Bingham	85 79 84 82	330
	Rowland Jones	77 77 79 80	313	77	JM Hunter	87 81 76 88	332
41=	Charlie Johns	78 82 80 74	314	78=	Robert Mackenzie	84 83 77 89	333
	Alfred Miles	75 78 81 80	314		Harry Wilson	80 82 90 81	333
	Mark Seymour (a)	75 78 76 85	314	80	Tom Mounce	84 81 86 85	336
	Reg Wilson	80 77 78 79	314				
45=	Sandy Armour (a)	77 83 75 80	315				
	George Buckle	79 79 74 83	315				

Jock Hutchison (150) beat Roger Wethered (159) in the 36-hole Play-off

Round Leader(s)
R1   Hutchison; 72
R2   Hutchison; 147
R3   Barnes, Herd; 222

Lowest Scores
R2   Williamson; 71
R3   Boomer, Hagen, Kerrigan, Wethered; 72
R4   Hutchison; 70

1921

25th US OPEN Championship
Columbia Country Club, Chevy Chase, Maryland (21-22 July)
No Entries 262: No Starting 88: No Completing 64
6380 yards: Par 70 (280)

1	JIM BARNES ($500)	69 75 73 72	289	33=	Joe Kirkwood, Sr	75 81 80 82	318
					William Trovinger	79 83 79 77	318
2=	Walter Hagen	79 73 72 74	298	35=	Robert Barnett	81 81 80 77	319
	Fred McLeod	74 74 76 74	298		Tom Kerrigan	73 81 86 79	319
4	Charles Evans, Jr (a)	73 78 76 75	302	37	WM Leach	79 83 77 81	320
5=	Emmett French	75 77 74 77	303	38	Johnny Farrell	79 79 81 82	321
	Bobby Jones (a)	78 71 77 77	303	39	Jack Gordon	78 83 81 81	323
	Alex Smith	75 75 79 74	303	40=	Joe Novak	80 78 85 81	324
8=	George Duncan	72 78 78 77	305		Wilfy Thomson	79 80 82 83	324
	Clarence Hackney	74 76 78 77	305		James West	81 81 77 85	324
10	Emil Loeffler	74 77 74 81	306		Nelson Whitney (a)	79 80 85 80	324
11	Alfred Hackbarth	80 76 82 69	307	44=	Joe Sylvester	81 82 84 78	325
12	Eddie Loos	76 79 75 78	308		Eddie Towns	80 77 82 86	325
13	Cyril Walker	78 76 76 79	309	46=	Charles Betchler	82 81 82 81	326
14=	Mike Brady	77 80 78 75	310		Charles Thom	82 86 78 80	326
	Jess Sweetser (a)	78 78 77 77	310	48=	Charles Clark	86 74 80 87	327
	Louis Tellier	76 74 78 82	310		George McLean	81 79 80 87	327
17	Gene Sarazen	83 74 77 77	311	50	Fred Canausa	77 85 84 82	328
18=	Laurie Ayton, Sr	81 74 74 83	312	51=	TJ Rajoppi	84 89 77 79	329
	Jock Hutchison	75 83 77 77	312		Wallie Nelson	78 82 84 85	329
	Peter O'Hara	81 82 76 73	312	53=	Frank Coltart	84 82 81 83	330
21	Charles Murray	75 73 82 83	313		Robert Finkenstaedt (a)	82 80 85 83	330
22=	John Golden	77 77 82 78	314	55=	Alex Campbell	80 86 84 81	331
	Otto Hackbarth	79 76 80 79	314		WJ Damen	81 84 79 87	331
	Harry Hampton	80 78 79 77	314	57=	J Victor East	81 83 83 86	333
	Charles Mothersole	81 78 79 76	314		Jack Forrester	78 88 89 78	333
26=	Tom Boyd	81 79 79 76	315		Jack Pirie	82 80 87 84	333
	Bobby Cruickshank	75 77 80 83	315	60	Al Natale	88 83 73 90	334
	Leo Diegel	75 82 83 75	315	61	James Ferguson	87 80 86 82	335
	Jesse Guilford (a)	79 75 78 83	315	62	Jack Park	85 82 85 84	336
30=	PO Hart	83 80 76 77	316	63	Isaac Mackie	81 83 84 89	337
	Pat O'Hara	77 78 79 82	316	64	Alex Cunningham	91 81 84 82	338
32	Al Watrous	78 76 83 80	317				

Round Leader(s)
R1   Barnes; 69
R2   Barnes; 144
R3   Barnes; 217

Lowest Scores
R2   Jones; 71
R3   Hagen; 72
R4   A Hackbarth; 69

1921

4th PGA Championship
Inwood Country Club, New Rockaway, New York (26 September-1 October)
MATCH PLAY
Top 31 PGA available finishers in the 1921 US Open & defending champion (Jock Hutchison)
All Rounds 36 holes
6600 yards

ROUND 1 (Last 32)
Fred McLeod bt Fred Canausa 1up (after 37); Jack Gordon bt Bill Leach 8&7; Bobby Cruickshank bt Charlie Thom 4&3; JIM BARNES bt Clarence Hackney 3&2; George McLean bt Tom Kerrigan 2&1; Jimmy West bt Jack Pirie 1up (after 37); Charles Clarke bt Peter O'Hara 1up; Emmett French bt Joe Sylvester 8&7; Cyril Walker bt Emil Loeffler 1up (after 37); Charles Mothersole bt Johnny Farrell 1up (after 40); Gene Sarazen bt Harry Hampton 4&3; Jock Hutchison bt Pat O'Hara 1up (after 39); Tom Boyd bt Eddie Towns (def); WALTER HAGEN bt Jack Forrester 6&4; Laurie Ayton, Sr bt TJ Rajoppi 7&6; John Golden bt Robert Barnett 5&3

ROUND 2 (Last 16)
McLeod bt Gordon 4&2
BARNES bt Cruickshank 8&7
McLean bt West 8&7
French bt Clarke 8&7
Walker bt Mothersole 4&2
Sarazen bt Hutchison 8&7
HAGEN bt Boyd 6&5
Golden bt Ayton 1up

QUARTER FINAL (QF)
BARNES bt McLeod 11&9
French bt McLean 5&3
Walker bt Sarazen 5&4
HAGEN bt Golden 8&7

SEMI FINAL (SF)
BARNES bt French 5&4
HAGEN bt Walker 5&4

FINAL
WALTER HAGEN ($500) beat Jim Barnes, 3&2

1922

57th OPEN Championship
Royal St George's Golf Club, Sandwich, Kent, England (22-23 June)
No of Entries 225: No Starting 80: No Completing 77
6616 yards

1	WALTER HAGEN (£75)	76 73 79 72	300		Angel de la Torre	83 80 81 75	319
					Claude Gray	76 82 80 81	319
2=	Jim Barnes	75 76 77 73	301		Robert Harris (a)	80 83 74 82	319
	George Duncan	76 75 81 69	301		Andrew Kay	82 81 78 78	319
4	Jock Hutchison	79 74 73 76	302	43=	John Fernie	81 80 80 79	320
5	Charles Whitcombe	77 79 72 75	303		Albert Hallam	83 83 77 77	320
6	JH Taylor	73 78 76 77	304		TG Renouf	85 78 77 80	320
7	Jean Gassiat	75 78 74 79	306		Cyril Tolley (a)	87 80 78 75	320
8=	Harry Vardon	79 79 74 75	307	47=	Charles H Corlett	81 82 78 80	321
	Thomas Walton	75 78 77 77	307		Ted Ray	73 83 85 80	321
10	Percy Alliss	75 78 78 77	308		Hugh Williamson	80 82 83 76	321
11	Charles Johns	78 76 80 75	309	50=	Charles McIlvenny	80 82 77 83	322
12=	George Gadd	76 81 76 77	310		WG Oke	91 80 77 74	322
	Arthur Havers	78 80 78 74	310	52=	George Kirby	84 81 80 78	323
	Len Holland	79 81 74 76	310		Peter Rainford	79 86 81 77	323
	Fred Jewell	75 80 78 77	310	54=	Sid Brews	81 83 80 80	324
	Ernest R Whitcombe	77 78 77 78	310		George Buckle	76 85 81 82	324
17=	Aubrey Boomer	75 80 76 80	311		Tom Fernie	81 80 81 82	324
	Dick Wheildon	80 80 76 75	311		William Twine	80 81 83 80	324
19	Abe Mitchell	79 79 78 76	312	58=	James Martin	82 83 81 79	325
20=	Joe Kirkwood, Sr	79 76 80 78	313		Alfred Miles	75 86 81 83	325
	Herbert Osborne	80 81 76 76	313	60	Roy Donald	85 80 80 81	326
	Hon Michael Scott (a)	77 83 79 74	313	61	Rowland Jones	81 90 81 75	327
23=	Willie Hunter, Jr (a)	77 81 75 81	314	62=	Cpt Edward Carter (a)	81 84 79 84	328
	Tom King, Jr	83 78 78 75	314		Cpt AV Hambro (a)	84 82 83 79	328
	Walter Pursey	77 81 80 76	314		Mark Seymour	78 88 82 80	328
	William B Smith	81 78 74 81	314	65	EHW Scott (a)	87 77 83 82	329
27	Archie Compston	81 79 75 80	315	66=	Joseph Cheal	87 80 82 81	330
28=	Gus Faulkner	74 81 80 81	316		Jack B Ross	80 84 82 84	330
	Harry Monk	80 78 78 80	316		Percy Wyatt	81 83 85 81	330
	William Watt	82 78 79 77	316	69	Noel Layton (a)	85 84 84 78	331
	Tom Williamson	83 77 75 81	316	70	William Ritchie	80 85 83 84	332
32=	Harry Ball	78 82 77 80	317	71=	Eddie Goodban	84 82 86 81	333
	Sandy Herd	76 79 83 79	317		Henry Kinch	80 89 86 78	333
	James Mackenzie	78 81 80 78	317	73	Harry Amos	89 85 83 78	335
	Roger Wethered (a)	78 83 76 80	317	74	Fred Jarman	86 84 86 82	338
36=	Fred Leach	82 79 79 78	318	75	CH Reith	84 87 84 84	339
	Reg Wilson	75 84 82 77	318	76	Cyril Thomson	82 90 84 84	340
38=	Arthur Butchart	83 74 85 77	319	77	Walter Bourne	81 89 86 86	342

Round Leader(s)
R1 Ray, Taylor; 73
R2 Hagen; 149
R3 Hutchison; 226

Leading Scores
R2 Hagen; 73
R3 Whitcombe; 72
R4 Duncan; 69

1922

26th US OPEN
Skokie Country Club, Glencoe, Illinois (14-15 July)
No Entries 327: No Starting 78: No Completing 71
6563 yards: Par 70 (280)

1	GENE SARAZEN ($500)	72 73 75 68	288		Pat O'Hara	79 76 76 78	309
				37	Al Watrous	73 79 79 79	310
2=	John Black	71 71 75 72	289	38=	Chick Fraser	79 76 76 80	311
	Bobby Jones (a)	74 72 70 73	289		Thomas Harmon	80 72 80 79	311
4	Bill Mehlhorn	73 71 72 74	290	40=	William Creavy	79 76 81 76	312
5	Walter Hagen	68 77 74 72	291		PO Hart	80 77 79 76	312
6	George Duncan	76 73 75 72	296		Joe Turnesa	75 78 81 78	312
7	Leo Diegel	77 76 73 71	297		Cyril Walker	76 81 77 78	312
8=	Mike Brady	73 75 74 76	298	44=	Jack Blakeslee	80 82 76 75	313
	John Golden	73 77 77 71	298		George Martin	76 80 81 76	313
	Jock Hutchison	78 74 71 75	298		George McLean	78 78 79 78	313
11=	Laurie Ayton, Sr	72 76 78 73	299	47=	John Cowan	74 78 84 79	315
	Johnny Farrell	73 76 75 75	299		Mortie Dutra	76 77 78 84	315
13=	Joe Kirkwood, Sr	77 74 75 74	300		Fred Ford	79 79 75 82	315
	Bob MacDonald	73 76 75 76	300		Otto Hackbarth	76 81 79 79	315
15	Eddie Loos	75 76 73 77	301		Frank Kennett	80 82 80 73	315
16	Charles Evans, Jr (a)	72 76 74 80	302	52	Alex Campbell	78 79 78 81	316
17=	Clarence Hackney	74 78 74 77	303	53	Charles Thom	77 79 80 81	317
	Abe Mitchell	79 75 76 73	303	54	Tom Boyd	80 81 76 78	319
19=	Emmett French	76 74 77 78	305	55=	Harry Bolesta	76 83 82 80	321
	Jesse Guilford (a)	74 77 76 78	305		Frank Godchaux (a)	79 77 80 85	321
	Harry Hampton	76 75 77 77	305		Dave Robertson	76 84 77 84	321
	Charles Hoffner	79 76 77 73	305		Jock Rogers	83 83 79 76	321
	Willie Ogg	79 72 78 76	305		Charles Rowe	83 82 77 79	321
24=	Jim Barnes	74 75 77 80	306		Dewey Weber (a)	77 80 82 82	321
	Cyril Hughes	81 74 77 74	306	61=	Edward Gow	83 85 79 75	322
	Willie Hunter, Jr (a)	75 75 76 80	306		Robert Peebles	84 81 80 77	322
	Fred Wright, Jr (a)	76 77 73 80	306	63=	George Christ	77 80 81 85	323
28=	Jack Burke, Sr	76 77 81 73	307		Jack Croke	82 85 78 78	323
	Bobby Cruickshank	82 74 74 77	307		FR Decker	74 76 86 87	323
	Lloyd Gullickson	77 70 83 77	307		Frank Sprogell	80 79 79 85	323
31=	George Bowden	76 79 76 77	308	67	Frank McNamara	77 79 87 82	325
	Alfred Hackbarth	77 75 77 79	308	68	Ned McKenna	78 85 84 82	329
	George Kerrigan	76 78 78 76	308	69	Ben Lord	80 83 87 86	336
	Tom Kerrigan	80 79 75 74	308	70	Alex Guild	81 85 87 84	337
35=	Harrison Johnston (a)	78 75 80 76	309	71	Ira Couch	86 81 86 86	339

Round Leader(s)
R1   Hagen; 68
R2   Black; 142
R3   Jones, Mehlhorn; 216

Lowest Scores
R2   Gullickson; 70
R3   Jones; 70
R4   Sarazen; 68

1922

5th PGA Championship
Oakmont Country Club, Oakmont, Pennsylvania (12-18 August)
MATCH PLAY
64 qualifiers from stroke play
Rs 1&2 -18 holes; QF, SF, F - 36 holes
6707 yards

ROUND 1 (Last 64)
Fred Brand bt Chas Clarke (def); Francis Gallett bt Wilfred Reid 6&4; Al Watrous bt George Sargent 1 up; Bobby Cruickshank bt George Underwood 7&6; Peter Walsh bt Dave McKay 2&1; Jack Burgess bt Arthur Chapman 4&3; Tom Boyd bt John Edmundson 5&4; Chas Rowe bt William Robinson 1 up; Frank Sprogell bt Willie Hunter Sr 3&1; Dan Kenny bt Earl Rowley 2 up; GENE SARAZEN bt Tom Mahan 3&2; Willie Ogg bt Clarence Hackney 2 up; Dan Goss bt Nelson Zimmerman 6&5; Jock Hutchison bt Lou Goldbeck 6&5; Charles Hoffner bt Larry Nabholtz 3&1; Harry Hampton bt Jack Gordon 3&2; Tom Kerrigan bt Archie Loeffler 5&4; Charles Hilgendorf bt George Dernback 5&4; Johnny Farrell bt Jack Campbell 6&5; Jim Barnes bt George McLean 2&1; John Golden bt Frank Coltart 4&3; PJ Gaudin bt Thomas Manley 3&2; Al Ciuci bt Carl Giehler 2up; George Stark bt John Rogers 1 up (after 20); Emil Loeffler bt Walter Loeffler 4&3; Dave Robertson bt Tom McNamara 3&2; Matt Duffy bt Laurie Ayton Sr (def) ; Eddie Towns bt Tom Harmon Jr (def); Fred Baroni bt Johnny Rowe 4&3; Ralph Miner bt Jim Carberry by def; EMMETT FRENCH bt George Gordon 4&2; Mike Brady bt Gilbert Nicholls 1 up
ROUND 2 (Last 32)
Gallett bt Brand 5&4; Cruickshank bt Watrous 3&2; Burgess bt Walsh 3&2; Rowe bt Boyd 3&1; Sprogell bt Kenny 4&3; SARAZEN bt Ogg 2&1; Hutchison bt Goss 6&4; Hampton bt Hoffner 3&2; Terrigan bt Hilgendorf 5&4; Farrell bt Barnes 1up; Golden bt Gaudin 8&7; Ciuci bt Stark 4&2; E Loeffler bt Robertson 4&3; Towns bt Duffy 1up; Miner bt Baroni 1up (after 19); FRENCH bt Mike Brady 3&1
ROUND 3 (Last 16)
Cruickshank bt Gallett 7&6
Rowe bt Burgess 6&5
SARAZEN bt Sprogell 9&7
Hutchison bt Hampton 4&3
Kerrigan bt Farrell 4&3
Golden bt Ciuci 3&2
E Loeffler bt Towns 3&1
FRENCH by Miner 8&7
QUARTER FINAL (QF)
Cruickshank bt Rowe 3&2
SARAZEN bt Hutchison 3&1
Golden bt Kerrigan 4&3
FRENCH bt E Loeffler 4&2
SEMI FINAL (SF)
SARAZEN bt Cruickshank 3&2
FRENCH bt Golden 8&7
FINAL
GENE SARAZEN ($500) beat Emmett French, 4&3

1923

58th OPEN Championship
Troon Golf Club, Ayrshire, Scotland (14-15 June)
No of Entries 222: No Starting 88: No Completing 86
6415 yards

1	ARTHUR HAVERS	73 73 73 76	295
	(£75)		
2	Walter Hagen	76 71 74 75	296
3	Macdonald Smith	80 73 69 75	297
4	Joe Kirkwood, Sr	72 79 69 78	298
5	Tom Fernie	73 78 74 75	300
6=	George Duncan	79 75 74 74	302
	Charles Whitcombe	70 76 74 82	302
8=	Herbert Jolly	79 75 75 74	303
	James Mackenzie	76 78 74 75	303
	Abe Mitchell	77 77 72 77	303
	William Watt	76 77 72 78	303
12=	Gordon Lockhart	78 71 76 79	304
	Ted Ray	79 75 73 77	304
	Tom Williamson	79 78 73 74	304
	Sydney Wingate	80 75 74 75	304
16=	Frank Ball	76 77 77 75	305
	Tom Barber	78 80 76 71	305
	Fred Collins	76 78 72 79	305
19=	Johnny Farrell	79 73 75 79	306
	Angel de la Torre	78 80 74 74	306
	Thomas Walton	77 74 78 77	306
22=	Sid Brews	77 76 72 82	307
	Sandy Herd	82 75 74 76	307
	Robert Scott, Jr (a)	74 76 79 78	307
25=	Leo Diegel	80 80 73 75	308
	Len Holland	81 75 73 79	308
	Fred Jewell	80 78 70 80	308
	James Ockenden	78 79 75 76	308
29=	George Gadd	78 76 79 76	309
	JW Gaudin	80 79 76 74	309
	Fred Robson	82 78 74 75	309
	Reg Wilson	78 77 75 79	309
33=	Percy Alliss	77 81 77 75	310
	George Kirby	77 82 74 77	310
35=	HA Gaudin	80 76 82 74	312
	Cyril Tolley (a)	81 77 77 79	312
37	William Ritchie	78 83 73 79	313
38=	Alfred Miles	77 78 76 83	314
	Ernest R Whitcombe	83 76 77 78	314
40=	George Buckle	75 79 76 85	315
	Arthur Butchart	78 78 82 77	315
	Harry Fernie	80 79 77 79	315
	DEB Soulby (a)	80 82 75 78	315
44=	James McDowall	75 81 80 80	316
	Hugh Roberts	73 82 75 86	316
	Mark Seymour	84 77 81 74	316
	JH Taylor	80 78 79 79	316
	Geo Tuck	80 81 79 76	316
49=	Harry Ball	78 79 80 80	317
	James Braid	79 85 79 74	317
	Jean Gassiat	81 79 79 78	317
	Peter Robertson	83 73 83 78	317
53=	Arthur Day	80 77 76 85	318
	Charles McIlvenny	79 79 79 81	318
	Robert Turner	82 80 76 80	318
56=	Jack Brews	80 77 78 84	319
	Stewart Burns	77 79 88 75	319
	HJ Osborne	82 82 78 77	319
59=	Archie Compston	77 83 77 83	320
	FH Frostick	84 82 76 78	320
	Chas Gadd	75 85 80 80	320
	James Horn	83 80 74 83	320
	WG Oke	86 78 77 79	320
	Arthur Young	86 79 74 81	320
65	Michael Daragon	84 84 74 79	321
66=	Jock Ballantine	83 78 82 79	322
	William Bee	82 81 76 83	322
	Henry Kinch	81 84 82 75	322
	Duncan McCulloch	84 77 76 85	322
70	Fred Leach	79 82 77 85	323
71=	Albert Coussie	83 81 78 83	325
	John Caven (a)	79 80 87 79	325
	Ernie Hanton	81 82 81 81	325
74=	Harry Crapper	77 84 80 85	326
	Dick May	82 85 79 80	326
	Bert Seymour	81 84 78 83	326
	Dick Wheildon	83 79 82 82	326
78=	RD Vickers	79 81 82 85	327
	Leo Wallace	83 85 82 77	327
80=	EHW Scott (a)	84 83 76 85	328
	Edwin Sinclair	80 84 76 88	328
82=	George Aulbach	85 89 75 80	329
	Jack Seager	87 79 79 84	329
84=	AF Kettley	83 77 82 88	330
	A Watson, Jr (a)	82 79 87 82	330
86	Albert Tingey, Jr	94 76 79 82	331

Round Leader(s)

R1   C Whitcombe; 70
R2   Havers, C Whitcombe; 146
R3   Havers; 219

Lowest Scores

R2   Hagen, Lockhart; 71
R3   Kirkwood, Smith; 69
R4   Barber; 71

1923

27th US OPEN Championship
Inwood Country Club, Inwood, New York, (13-15 July)
No of Entries 360: No Starting 77: No Completing 61
6532 yards: Par 72 (288)

1	BOBBY JONES* (a)	71 73 76 76	296
	($Nil – amateur)		
2	Bobby Cruickshank	73 72 78 73	296
3	Jock Hutchison	70 72 82 78	302
4	Jack Forrester	75 73 77 78	303
5=	Johnny Farrell	76 77 75 76	304
	Francis Gallett	76 72 77 79	304
	Willie Reekie (a)	80 74 75 75	304
8=	Leo Diegel	77 77 76 76	306
	Bill Mehlhorn	73 79 75 79	306
	Al Watrous	74 75 76 81	306
11	Cyril Hughes	74 76 80 77	307
12=	Jim Barnes	78 81 74 75	308
	Joe Kirkwood, Sr	77 77 79 75	308
14=	Charles Evans, Jr (a)	79 80 76 74	309
	Joe Turnesa	76 81 74 78	309
16=	Charles Mothersole	77 80 71 82	310
	Gene Sarazen	79 78 73 80	310
18=	Walter Hagen	77 75 73 86	311
	Willie Ogg	74 76 80 81	311
20=	Mike Brady	74 81 76 81	312
	Macdonald Smith	77 76 81 78	312
22	Emmett French	79 78 77 79	313
23	Cyril Walker	76 78 80 80	314
24=	PO Hart	79 80 78 78	315
	Joe Sylvester	77 80 79 79	315
26=	John Black	82 76 78 80	316
	William Creavy	73 81 77 85	316
	Eddie Held (a)	80 75 79 82	316
29=	Hutt Martin	78 78 76 85	317
	Francis Ouimet (a)	82 75 78 82	317
	George Sargent	77 77 81 82	317
32=	Fred Baroni	80 80 78 80	318
	Arthur Beebe	77 82 78 81	318
	Bob MacDonald	76 80 77 85	318
35	Abe Espinosa	82 84 78 75	319
36=	Dave McKay	79 82 79 80	320
	Harold Sampson	76 81 83 80	320
38	Jack Burke, Sr	74 78 87 82	321
39	Fred Canausa	72 82 89 79	322
40=	Willie Klein	79 78 82 84	323
	Charles Rowe	81 78 79 85	323
	Stuart Sanderson	83 76 81 83	323
	Tom Stevens	77 79 82 85	323
44=	Peter Harmon	89 77 83 75	324
	Tom Harmon, Jr	77 79 84 84	324
46=	George Bowden	77 81 81 87	326
	Tom Kerrigan	85 77 81 83	326
	Eugene McCarthy	79 75 84 88	326
49=	Harry Hampton	78 84 84 82	328
	Arthur Reid	80 80 80 88	328
51=	Frank Dyer (a)	82 85 81 83	331
	Edward Gow	84 82 83 82	331
53	Harold Calloway	84 83 84 83	334
54=	Louis Chiapetta	83 84 80 88	335
	Eddie Williams	80 83 87 85	335
56=	Clarence Booth	86 86 81 83	336
	Ben Parola	86 84 82 84	336
58	Henry Ciuci	85 82 86 85	338
59	Richard Walsh (a)	87 87 83 83	340

60	Dan Williams	91 82 81 87	341
61	Walter Ward	86 89 85 85	345

*Bobby Jones (76) beat Bobby Cruickshank (78) in the 18-Hole Play-off

Round Leader(s)
R1 Hutchison; 70
R2 Hutchison; 142
R3 Jones; 220

Lowest Scores
R2 Cruickshank, Gallett, Hutchison; 72
R3 Mothersole; 71
R4 Cruickshank; 73

1923

6th PGA Championship
Pelham Golf Club, Pelham Manor, New York (23-29 September)
MATCH PLAY
64 qualifiers from stroke play
All Rounds 36 holes
6419 yards

ROUND 1 (Last 64)
Herbert Obendorf bt George Underwood 5&4; Bobby Cruickshank bt Bill Leach 2&1; Frank Coltart bt John Edmundson 1up; Ray Derr bt Charles Hoffner 2&1; Willie MacFarlane bt George Stark 6&5; Wilfred Reid bt Louis Chiapetta 4&2; Jack Stait bt Harry Ellis 7&6; Jack Forrester bt Bert Nicoll 6&4; Jim Barnes bt George Dernback 12&11; John Cowan bt Herbert Meyering 9&8; Harry Cooper bt Alex Ellis, Jr 7&6; Cyril Walker bt Willie Maguire 5&4; Willie Klein bt Charles Rowe 4&3; Alex Campbell bt Nick DeMane 4&3; GENE SARAZEN bt Lloyd Gullickson 8&7; DK White bt Carl Rocco 9&8; Clarence Hackney bt Al Hackbarth 6&5; RS Miner bt Jim Carberry 4&2; James Meehan bt Austere Claeyssens 7&6; Fred McLeod bt Wiffy Cox 5&4; WALTER HAGEN bt George Griffin 4&3; Jack Elphick bt Ralph Thomas 4&2; Robert Barnett bt Pat Doyle 5&4; John Golden bt Wilbur Jack 5&4; Joe Kirkwood, Sr bt William Goebel 6&4; Jimmy West bt Alex Gerard 5&3; Willie Hunter, Jr bt Al Watrous 2&1; Johnny Farrell bt Dave McKay 1ip; George McLean bt Dave Stevens by def; Jimmie Donaldson bt Eddie Loos (def); Carl Anderson bt Stuart Sanderson 1 up (after 37); Willie Ogg bt Fred Baroni 2&1
ROUND 2 (Last 32)
Cruickshank bt Obendorf 7&5; Derr bt Coltart 5&4; MacFarlane bt Reid 3&2; Stait bt Forrester 1up; Barnes bt Cowan 10&8; Walker bt Cooper 2&1; Campbell bt Klein 4&3; SARAZEN bt White 11&10; Hackney bt Miner 7&6; McLeod bt Meehan 4&3; HAGEN bt Elphick 10&9; Golden bt Barnett 1up; Kirkwood bt West 2up; Farrell bt Hunter 4&3; McLean bt Donaldson 6&4; Ogg bt Anderson 12&11
ROUND 3 (Last 16)
Cruickshank bt Derr 1up
MacFarlane bt Stait 5&4
Barnes bt Walker 7&5
SARAZEN bt Campbell 3&2
McLeod bt Hackney 1up
HAGEN bt Golden 4&3
Kirkwood bt Farrell 1up
McLean bt Ogg 1up (after 38)
QUARTER FINAL (QF)
Cruickshank bt MacFarlane 1up (after 39)
SARAZEN bt Barnes 1up
HAGEN bt McLeod 5&4
McLean bt Kirkwood 5&4
SEMI FINAL (SF)
SARAZEN bt Cruickshank 6&5
HAGEN bt McLean 12&11
FINAL
GENE SARAZEN ($ not available: total purse $3600) beat Walter Hagen, 1up (after 38)

1924

28th US OPEN Championship
Oakland Hills Country Club, Birmingham, Michigan (5-6 June)
No of Entries 319: No Starting 84: No Completing 57
6880 yards: Par 72 (288)

1	CYRIL WALKER ($500)	74 74 74 75	297		29=	Wiffy Cox	82 76 81 78	317
						Jesse Guilford (a)	80 78 79 80	317
2	Bobby Jones (a)	74 73 75 78	300		31=	Otto Hackbarth	79 79 76 84	318
3	Bill Mehlhorn	72 75 76 78	301			Jock Hutchison	84 79 74 81	318
4=	Bobby Cruickshank	77 72 76 78	303		33=	Tom Harmon, Jr	85 77 81 77	320
	Walter Hagen	75 75 76 77	303			PO Hart	81 75 80 84	320
	Macdonald Smith	78 72 77 76	303			Charles Lorms	78 85 75 82	320
7=	Abe Espinosa	80 71 77 77	305		36	Jack Forrester	80 82 80 79	321
	Peter O'Hara	76 79 74 76	305		37=	George Aulbach	77 84 80 81	322
9	Mike Brady	75 77 77 77	306			Gunnar Nelson	76 85 76 85	322
10=	Charles Evans, Jr (a)	77 77 76 77	307			Joe Novak	81 80 80 81	322
	Eddie Loos	73 81 75 78	307		40=	Charles Hoffner	78 76 85 84	323
	Dave Robertson	73 76 77 81	307			Cyril Hughes	79 77 83 84	323
13=	Tommy Armour	78 76 75 80	309			Fred McLeod	81 76 80 76	323
	Clarence Hackney	81 72 78 78	309		43	George Sargent	79 84 77 84	324
15=	Willie Ogg	75 80 76 79	310		44=	Andrew Kay	80 81 79 85	325
	Joe Turnesa	76 78 78 78	310			RW Treacy	83 79 85 78	325
17=	Walter Bourne	78 76 79 80	313		46	Jock Hendry	79 80 83 84	326
	Gene Sarazen	74 80 80 79	313		47=	Dick Linares	86 82 78 81	327
19=	Johnny Farrell	79 76 77 82	314			Wilfred Reid	79 83 83 82	327
	Tom Kerrigan	77 74 89 74	314			Dave Trufelli	84 83 78 82	327
	Jock Rogers	82 77 77 78	314		50=	Dave Hackney	82 89 78 79	328
22=	Emmett French	79 79 78 79	315			Eugene McCarthy	81 84 80 83	328
	Joe Kirkwood, Sr	77 80 80 78	315		52	Frank Sprogell	80 83 85 81	329
	James West	81 72 78 84	315		53	Alex Campbell	78 80 89 84	331
25=	Laurie Ayton, Sr	77 79 84 86	316		54	Harold Long	84 81 83 85	333
	Leo Diegel	78 78 82 78	316		55	Ben Lord	83 83 84 87	337
	John Golden	75 83 78 80	316		56	Joe Devaney	87 84 84 85	340
25=	Jack Stait	79 77 81 79	316		57	Arthur Sweet (a)	81 88 87 87	343

Round Leader(s)
R1 Mehlhorn; 72
R2 Jones, Mehlhorn; 147
R3 Jones, Walker; 222

Lowest Scores
R2 Espinosa; 71
R3 Hutchison, O'Hara, Walker; 74
R4 Kerrigan; 74

1924

59th OPEN Championship
Royal Liverpool Golf Club, Hoylake, Cheshire, England (26-27 June)
No of Entries 276: No Qualifying 106: No Starting 94: No Completing 75
6750 yards

1	WALTER HAGEN	77 73 74 77	301		Peter Robertson	79 79 82 81	321
	(£75)				William Twine	80 79 86 76	321
2	Ernest R Whitcombe	77 70 77 78	302	40	Thomas Walton	77 86 82 77	322
3=	Frank Ball	78 75 74 77	304	41=	Raymond Botcazou	80 83 78 82	323
	Macdonald Smith	76 74 77 77	304		Jack Jarman	84 78 78 83	323
5	JH Taylor	75 74 79 79	307		Gene Sarazen	83 75 84 81	323
6=	Aubrey Boomer	75 78 76 79	308		William Sutton (a)	85 76 80 82	323
	George Duncan	74 79 74 81	308	45=	James Adwick	79 82 83 80	324
	Len Holland	74 78 78 78	308		William Button	80 80 83 81	324
9=	Jim Barnes	78 77 79 75	309		David Sutherland	79 80 85 80	324
	George Gadd	79 75 78 77	309	48=	George Charman	81 85 81 78	325
	James Sherlock	76 75 78 80	309		George Kirby	80 77 83 85	325
	Percy Weston	76 77 77 79	309		William McMinn	80 88 79 78	325
13=	Sandy Herd	76 79 76 79	310		John Rowe	78 83 83 81	325
	Gilbert Nicholls	75 78 79 78	310		Alex Simpson	82 78 80 85	325
	Tom Williamson	79 76 80 75	310	53=	Bill Davies	83 83 80 80	326
16=	JW Gaudin	79 78 80 76	313		Edward Douglas	84 78 82 82	326
	Charles Johns	77 77 78 81	313	55=	Jean-Baptiste Alsaguren	82 86 77 82	327
18=	James Braid	80 80 78 76	314		Tom Barber	78 85 84 80	327
	Albert Tingey, Jr	82 81 76 75	314		William Smith	80 82 82 83	327
	Cyril Tolley (a)	73 82 80 79	314		Arthur Young	82 79 87 79	327
21=	Archie Compston	79 81 76 79	315	59=	JA Hassall (a)	78 84 84 82	328
	Bert Weastell	76 82 78 79	315		William Hope (a)	87 78 81 82	328
23=	Arthur Butchart	82 75 77 82	316		Jack Seager	79 84 82 83	328
	Rowland Jones	80 73 82 81	316		Chas Wallis	80 85 81 82	328
	Fred Leach	78 74 86 78	316	63	Samuel Robinson (a)	85 81 82 81	329
	William Robertson	84 75 77 80	316	64	Harry Sutton	81 79 83 87	330
	Fred Robson	83 80 77 76	316	65=	Phillip Rodgers	82 81 86 82	331
	Sydney Wingate	79 79 82 76	316		Bert Seymour	85 78 84 84	331
29=	Arthur Havers	79 77 86 75	317		John Thompson	88 78 78 87	331
	Mark Seymour	74 81 80 82	317	68	MS Walker (a)	81 81 82 88	332
31	Herbert Osborne	80 81 82 75	318	69=	CC Anderson	84 82 85 82	333
32=	Harry Ball	81 78 79 81	319		Gerry Bond	87 84 83 79	333
	Albert Hallam	76 83 80 80	319		Harry Walker	81 87 81 84	333
	Charles Parsons	80 77 83 79	319	72	Percy Wyatt	86 84 83 81	334
	Ted Ray	80 80 79 80	319	73	Sid Ball	84 78 87 86	335
	J Rimmer	79 82 79 79	319	74	John Harrison	86 88 81 85	340
37=	Harry Crapper	86 82 76 77	321	75	WG Gimber	86 85 87 87	345

Round Leader(s)
R1 Tolley; 73
R2 Whitcombe; 147
R3 Hagen, Whitcombe; 224

Lowest Scores
R2 Whitcombe; 70
R3 Ball, Duncan, Hagen; 74
R4 Barber, Havers, Osborne, Tingey, Williamson; 75

1924

7th PGA Championship
French Lick Springs, French Lick, Indiana (15-20 September)
MATCH PLAY
32 qualifiers after 36 holes stroke play (Low - Johnny Farrell, 140)
All Rounds 36 holes
6471 yards

ROUND 1 (Last 32)
Willie MacFarlane bt Dow George 5&4; Johnny Farrell bt Neil Christian 2&1; Al Watrous bt George Aulbach 3&1; WALTER HAGEN bt Tom Harmon, Jr 6&5; Al Espinosa bt Arthur Ham 4&2; Francis Gallett bt Bill Mehlhorn 4&3; Bobby Cruickshank bt Willie Ogg 7&5; Ray Derr bt Harry Hampton 2up; Henry Ciuci bt Charles Hoffner 4&2; Dan Williams bt Fred Baroni 4&2; Gene Sarazen bt Fred McLeod 5&4; Larry Nabholtz bt Jack Forrester 1up; Mortie Dutra bt Leo Diegel 3&1; Emmett French bt Jock Robertson 6&4; Jim Barnes bt Mike Brady 1up (after 39); Eddie Towns bt Jock Hutchison 4&3
ROUND 2 (Last 16)
 Farrell bt MacFarlane 2&1
 HAGEN bt Watrous 4&3
 Espinosa bt Gallett 4&3
 Derr bt Cruickshank 2&1
 Ciuci bt Williams 4&3
 Nabholtz bt Sarazen 2&1
 French bt Dutra 3&1
 BARNES bt Towns 10&9
QUARTER FINAL (QF)
 HAGEN bt Farrell 3&2
 Derr bt Espinosa 2&1
 Nabholtz bt Ciuci 5&4
 BARNES bt French 6&4
SEMI FINAL (SF)
 HAGEN bt Derr 8&7
 BARNES bt Nabholtz 1up
FINAL
 WALTER HAGEN ($ not available: total purse $6830) beat Jim Barnes, 2up

1925

29th US OPEN Championship
Worcester Country Club, Worcester, Massachusetts (3-5 June)
No of Entries 445: No Starting 95 (91 – 4 did not tee off): No Completing 66
6430 yards: Par 71 (284)

THE GOLF MAJORS: 1860-2015 – RESULTS

1 WILLIE MacFARLANE* ($500)	74 67 72 78	291	
2 Bobby Jones (a)	77 70 70 74	291	
3= Johnny Farrell	71 74 69 78	292	
Francis Ouimet (a)	70 73 73 76	292	
5= Walter Hagen	72 76 71 74	293	
Gene Sarazen	72 72 75 74	293	
7 Mike Brady	74 72 74 74	294	
8 Leo Diegel	73 68 77 78	296	
9= Laurie Ayton, Sr	75 71 73 78	297	
Al Espinosa	72 71 74 80	297	
11= Macdonald Smith	73 79 72 75	299	
Joe Turnesa	76 74 71 78	299	
13= Willie Hunter, Jr	75 77 75 73	300	
Al Watrous	78 73 74 75	300	
15= Bob MacDonald	75 77 77 72	301	
Bill Mehlhorn	78 72 75 76	301	
17 Clarence Hackney	78 72 73 79	302	
18= John Golden	76 75 82 70	303	
Tom Kerrigan	75 79 74 75	303	
20= Tom Boyd	73 79 75 77	304	
Jack Forrester	71 76 76 81	304	
Emmett French	77 74 77 76	304	
Francis Gallett	73 70 84 77	304	
Harry Hampton	79 75 76 74	304	
Bob Shave	81 72 77 74	304	
26 Charles Mayo	75 74 78 78	305	
27= Jock Hutchison	78 79 71 78	306	
Wilfred Reid	79 75 73 79	306	
29= Jim Barnes	75 76 71 85	307	
George Heron	75 77 77 78	307	
31 George Kerrigan	75 75 78 80	308	
32= Arthur De Mane	76 73 83 77	309	
Thomas Harmon	80 73 79 77	309	
34= Fairley Clark	75 81 76 78	310	
Pat Doyle	78 77 74 81	310	
Charles Guest	79 77 74 80	310	
37 Herbert Lagerblade	76 79 77 79	311	
38= Tommy Armour	76 84 80 73	313	
Alex Ayton	76 80 83 74	313	
George Dernback	75 79 81 78	313	
Tom Kennett	78 77 78 80	313	
Fred Novak	78 77 79 79	313	
43= George Christ	75 81 76 82	314	
Willie Klein	72 81 79 82	314	
45= Peter Harmon	79 77 79 80	315	
Joe Kirkwood, Sr	81 73 82 79	315	
47= William Creavy	83 80 73 80	316	
Joe Novak	77 85 76 78	316	
Jack O'Connor	75 78 76 87	316	
Cyril Walker	81 73 80 82	316	
51= Martin O'Loughlin	80 82 74 81	317	
Craig Wood	81 78 77 81	317	
53 George Stark	82 78 81 77	318	
54= Robert Barnett	82 81 79 77	319	
Alex Cunningham	77 78 82 82	319	
56= George Aulbach	74 82 77 87	320	
Harold Long	77 83 76 84	320	
Eddie Murphy	82 82 77 79	320	
59 Jimmy Thomson	84 78 81 78	321	
60= Clarence Booth	81 77 83 81	322	
Cpt Ernest Carter (a)	80 77 78 87	322	
62= Eddie Gayer	75 81 81 86	323	
Willie Hunter, Sr	77 78 86 82	323	
64 J Victor East	75 81 83 85	324	
65 Tom Jones	83 79 84 81	327	
66 James Fee	87 88 83 82	340	

*Willie MacFarlane (75,72:147) beat Bobby Jones (75,73:148) after the Second 18-Hole Play-off

Round Leader(s)
R1 Ouimet; 70
R2 MacFarlane; 141
R3 MacFarlane; 213

Lowest Scores
R2 MacFarlane; 67
R3 Farrell; 69
R4 Golden; 70

1925

60th OPEN Championship
Prestwick Golf Club, Ayrshire, Scotland (25-26 June)
No of Entries 202: No Starting 83: No Completing 69
6444 yards

1 JIM BARNES (£75)	70 77 79 74	300	
2= Archie Compston	76 75 75 75	301	
Ted Ray	77 76 75 73	301	
4 Macdonald Smith	76 69 76 82	303	
5 Abe Mitchell	77 76 75 77	305	
6= Percy Alliss	77 80 77 76	310	
Bill Davies	76 76 80 78	310	
JW Gaudin	78 81 77 74	310	
JH Taylor	74 79 80 77	310	
Sydney Wingate	74 78 80 78	310	
11= Robert Harris (a)	75 81 78 77	311	
Fred Robson	80 77 78 76	311	
13 HA Gaudin	76 79 77 80	312	
14= Tom Fernie	78 74 77 85	314	
Sandy Herd	76 79 82 77	314	
Joe Kirkwood, Sr	83 79 76 76	314	
17= John Cruickshank (a)	80 78 82 75	315	
Jack Smith	75 78 82 80	315	
Harry Vardon	79 80 77 79	315	
20= Arthur Havers	77 80 80 79	316	
Duncan McCulloch	76 77 84 79	316	
James Ockenden	80 78 80 78	316	
Reg Whitcombe	81 80 79 76	316	
24= Frank Ball	76 78 81 82	317	
Dick May	82 77 78 80	317	
26= Aubrey Boomer	79 82 76 81	318	
Ernest R Whitcombe	81 83 77 77	318	
28= James Adwick	81 77 82 80	320	
George Duncan	79 77 83 81	320	
Cedric Sayner	83 80 78 79	320	
Cyril Tolley (a)	82 81 78 79	320	
32= Arthur Butchart	84 80 78 79	321	
FH Frostick	80 84 78 79	321	
Thomas Walton	79 83 84 75	321	
35= James Horn	81 76 82 83	322	
Henry Kinch	78 79 84 81	322	
37= HJ Osborne	85 79 82 77	323	
Hugh Roberts	84 82 77 80	323	
39 RD Vickers	80 83 81 80	324	
40 William McMinn	77 80 82 86	325	
41= Albert Tingey, Jr	78 81 83 85	327	
Bert Weastall	81 80 83 83	327	
43= Fred Jewell	75 81 85 87	328	
TB Jolly	86 81 81 80	328	
Jack Milner	77 78 85 88	328	
46 WH Oke	83 82 85 79	329	
47 William Twine	85 82 82 81	330	
48= WE Drown	79 86 88 78	331	
Tom King, Jr	85 81 81 84	331	
Cyril Thomson	84 84 81 82	331	
Reg Wilson	79 86 80 86	331	
52= Moses O'Neill	81 89 78 84	332	
Tom Wilson	77 90 79 86	332	
54= Alf G Beck	83 80 83 87	333	
Arthur Day	84 82 81 86	333	
John Sullivan	81 85 82 85	333	
57 Jas Batley	79 85 82 88	334	
58= George Charman	84 79 87 85	335	
Harry Crapper	82 86 86 81	335	
60 Fred Boobyer	88 82 84 82	336	
61= Sqn/Ldr Cecil Hayward (a)	84 83 84 86	337	
Wally Thomas	83 85 87 82	337	
63 WG Gimber	80 84 87 87	338	
64 Charlie Johns	83 81 87 88	339	
65= JM Stuart	81 89 84 86	340	
Archie Thomson	83 84 84 89	340	
67= Albert Hallam	85 89 83 86	343	
Dick Wheildon	79 85 90 89	343	
69 Charles White	80 85 94 85	344	

Round Leader(s)
R1 Barnes; 70
R2 M Smith; 145
R3 M Smith; 221

Lowest Scores
R2 M Smith; 69
R3 Compston, Mitchell, Ray; 75
R4 Ray; 73

1925

8th PGA Championship
Olympia Fields CC, Matteson, Illinois (21-26 September)
MATCHPLAY
32 qualifiers after 36 holes stroke play (Low - Al Watrous, 140)
All Rounds 36 holes
6490 yards

ROUND 1 (Last 32)
WALTER HAGEN bt Al Watrous 1up (after 39); Mike Brady bt JS Collins 10&9; Leo Diegel bt Laurie Ayton, Sr 2&1; Bobby Cruickshank bt Bill Leach 4&3; Harry Cooper bt Jack Blakeslee 7&6; Jack Burke, Sr bt Gene Sarazen 8&7; Johnny Farrell bt William Creavy 6&4; Ray Derr bt Abe Espinosa 4&3; BILL MEHLHORN bt Emmett French 5&4; Al Espinosa bt George Howard 5&3; Tom Kerrigan bt George Smith 5&3; Dan Williams bt Charles Hoffner 4&3; Mortie Dutra bt Willie Ogg 2&1; Ed Dudley bt Mike Patton 3&2; Tommy Armour bt George Griffin 3&1; John Golden bt Dave Robertson 9&8
ROUND 2 (Last 16)
 HAGEN bt Brady 7&6
 Diegel bt Cruickshank 2&1
 Cooper bt Burke 2&1
 Farrell bt Derr 1up (after 37)
 MEHLHORN bt Al Espinosa 1up
 Kerrigan bt Williams 2up
 Dutra bt Dudley 6&5
 Armour bt Golden 6&5
QUARTER FINAL (QF)
 HAGEN bt Diegel 1up (after 40)
 Cooper bt Farrell 2&1
 MEHLHORN bt Kerrigan 7&6
 Dutra bt Armour 2up
SEMI FINAL (SF)
 HAGEN bt Cooper 3&1
 MEHLHORN bt Dutra 8&6
FINAL
 WALTER HAGEN ($ not available: total purse $6330) beat Bill Mehlhorn, 6&5

1926

61st OPEN Championship
Royal Lytham & St Anne's Golf Club, Lancashire, England (22-24 June)
No of Entries 293: No Starting 117: No Making Cut 53: No Completing 53 (1 disqualified)
6456 yards

1	BOBBY JONES (a)	72 72 73 74	291
	(£Nil – amateur)		
2	Al Watrous	71 75 69 78	293
3=	Walter Hagen	68 77 74 76	295
	George Von Elm (a)	75 72 76 72	295
5=	Tom Barber	77 73 78 71	299
	Abe Mitchell	78 78 72 71	299
7	Fred McLeod	71 75 76 79	301
8=	Emmett French	76 75 74 78	303
	Jose Jurado	77 76 74 76	303
	Bill Mehlhorn	70 74 79 80	303
11=	HA Gaudin	78 78 71 77	304
	JH Taylor	75 78 71 80	304
13	Tommy Armour	74 76 75 80	305
14=	Lister Hartley (a)	74 77 79 76	306
	Harry Walker	74 77 78 77	306
	Reg Whitcombe	73 82 76 75	306
	Tom Williamson	78 76 76 76	306
18=	Jim Barnes	77 80 72 78	307
	Fred Robson	79 76 77 75	307
	Cyril Walker	79 71 80 77	307
21=	George Duncan	75 79 76 78	308
	Sandy Herd	81 76 75 76	308
23	Herbert Jolly	79 76 79 75	309
24=	Edward Douglas	79 78 75 78	310
	George Gadd	80 71 78 81	310
	Joe Kirkwood, Sr	81 76 78 75	310
	Charles Whitcombe	79 78 75 78	310
28=	James Braid	82 75 75 79	311
	Arthur Havers	75 76 82 78	311
30=	Fred Boobyer, Sr	79 79 80 74	312
	Charles Corlett	77 80 76 79	312
	Jean Gassiat	78 78 79 77	312
	James McDowall	75 82 75 80	312
	Ted Ray	78 80 74 80	312
35	Jack Smith	78 80 76 79	313
36=	Bill Davies	76 81 78 79	314
	Antonio Perez	76 75 81 82	314
	James Sherlock	76 76 77 85	314
39=	Bob Bradbeer	83 74 76 82	315
	Charlie Johns	81 75 81 78	315
	James Ockenden	79 76 80 80	315
42	Tom Howard	79 79 76 82	316
43=	Michael Daragon	77 76 83 81	317
	Harry Kidd	78 78 82 79	317
45=	James Bradbeer	75 79 83 81	318
	Arthur Young	79 78 85 76	318
47=	Harry Ball	77 78 78 87	320
	Sidney Ball	75 82 81 82	320
	Cedric Sayner	80 77 82 81	320
50	Dick Wheildon	78 78 81 84	321
51	Bert Weastall	79 79 82 83	323
52	John Sullivan	78 78 83 89	328

Round Leader(s)
R1 Hagen; 68
R2 Jones, Mehlhorn; 144
R3 Watrous; 215

Lowest Scores
R2 Gadd, Walker; 71
R3 Watrous; 69
R4 Barber, Mitchell; 71

1926

30th US OPEN Championship
Scioto Country Club, Columbus, Ohio (8-10 July)
No of Entries 694: No Starting 153: No Making Cut 61: No Completing 58
6675 yards: Par 72 (288)

1	BOBBY JONES (a)	70 79 71 73	293
	($Nil – amateur)		
2	Joe Turnesa	71 74 72 77	294
3=	Leo Diegel	72 76 75 74	297
	Johnny Farrell	76 79 69 73	297
	Bill Mehlhorn	68 75 76 78	297
	Gene Sarazen	78 77 72 70	297
7	Walter Hagen	73 77 74 74	298
8	Willie Hunter, Jr	75 77 69 79	300
9=	Tommy Armour	76 76 74 75	301
	Willie Klein	76 74 75 76	301
	Macdonald Smith	82 76 68 75	301
	Dan Williams	72 74 80 75	301
13=	Al Espinosa	71 79 78 74	302
	Charles Evans, Jr (a)	75 75 73 79	302
	Jack Forrester	76 73 77 76	302
16=	Laurie Ayton, Sr	76 78 76 76	306
	Mike Brady	77 82 76 71	306
	George McLean	74 74 79 79	306
	Jimmy Thomson	77 82 73 74	306

20=	Willie MacFarlane	72 79 75 81	307		Larry Nabholtz	80 78 78 79	315
	Jock Rogers	80 79 75 73	307		Charles Rowe	78 78 78 81	315
22	Clarence Hackney	77 77 74 80	308		George M Smith	75 79 78 83	315
23=	Arthur De Mane	76 80 78 75	309	43=	Lou Goldbeck	80 78 78 80	316
	PO Hart	76 81 76 76	309		Denny Shute (a)	75 78 81 82	316
	Jimmy Johnston (a)	79 76 77 77	309		Frank Sprogell	81 75 80 80	316
	Tom Stevens	79 78 76 76	309		Jack Westland (a)	75 79 79 83	316
27=	Emmett French	74 79 76 81	310	47=	Charles Mayo	75 83 76 83	317
	Harry Hampton	81 75 78 76	310		Frank Walsh	76 83 76 82	317
	Tom Harmon, Jr	73 81 76 80	310	49=	Bobby Cruickshank	76 76 83 83	318
	Bob MacDonald	77 79 77 77	310		John Junor	70 80 84 84	318
	Eddie Murphy	74 77 80 79	310		James Kenney	79 76 83 80	318
32=	John Golden	81 74 76 81	312		Emil Loeffler	76 82 78 82	318
	Bill Leach	79 74 79 80	312	53=	Pat Doyle	72 83 82 83	320
34=	Abe Espinosa	75 81 78 79	313		Harold Long	79 79 84 78	320
	James Gullane	73 85 76 79	313	55=	Joe Brennan	75 79 83 84	321
	Alex Ross	81 75 79 78	313		Cyril Walker	78 81 80 82	321
37=	Charles Hall	79 79 77 79	314	57	Clarence Mainero	77 79 81 85	322
	Eddie Loos	78 81 76 79	314	58	John O'Connor	74 84 87 83	328
39=	Ralph Beach	79 80 78 78	315				

Round Leader(s)
R1   Mehlhorn; 68
R2   Mehlhorn; 143
R3   Turnesa; 217

Lowest Scores
R2   Forrester; 73
R3   Smith; 68
R4   Sarazen; 70

1926

9th PGA Championship
Salisbury Golf Links, Westbury, Long Island, New York (20-25 September)
MATCH PLAY
32 qualifiers after 36 holes stroke play (Low - Walter Hagen, 140)
All Rounds 36 holes
6750 yards

ROUND 1 (Last 32)
Marshall Crichton bt Francis Gallett 1up; Pat Doyle bt Willie Maguire 2&1; Dick Grout bt Jock Hendry 4&3; WALTER HAGEN bt Joe Turnesa 3&2; Dick Linares bt Fred McLeod 5&4; Johnny Farrell bt Al Watrous 6&5; Harry Hampton bt Larry Nabholtz 6&5; Tom Harmon, Jr bt Al Espinosa 6&4; Abe Espinosa bt Gunnar Nelson 7&6; Mike Brady bt George Aulbach 1up (after 37); LEO DIEGEL bt Mike Patton 8&7; Neal McIntyre bt Bobby Cruickshank 4&2; John Golden bt Harry Cooper 5&3; Gene Sarazen bt Jim Barnes 5&4; Bill Leach bt Laurie Ayton, Sr 3&2; George Christ bt Leo Shea 3&2

ROUND 2 (Last 16)
   Doyle by Crichton 3&2
   HAGEN bt Grout 7&6
   Farrell bt Linares 6&5
   Hampton bt Harmon 6&5
   Abe Espinosa bt Brady 1up
   DIEGEL bt McIntyre 6&5
   Golden bt Sarazen 4&3
   Christ bt Leach 1up (after 38)

QUARTER FINAL (QF)
   HAGEN bt Doyle 6&5
   Farrell bt Hampton 3&1
   DIEGEL bt Abe Espinosa 3&2
   Golden bt Christ 7&6

SEMI FINAL (SF)
   HAGEN bt Farrell 6&5
   DIEGEL bt Golden 1up

FINAL
   WALTER HAGEN ($1000) beat Leo Diegel, 5&3

1927

31st US OPEN Championship
Oakmont Country Club, Oakmont, Pennsylvania (14-17 June)
No of Entries 898: No Starting 146 (2 failed to tee off): No Making Cut 62: No Completing 58
6929 yards: Par 72 (288)

1	TOMMY ARMOUR*	78 71 76 76	301		Larry Nabholtz	75 81 78 79	313
	($500)			27=	Ted Ray	76 83 77 78	314
2	Harry Cooper	74 76 74 77	301		Joe Turnesa	81 79 78 76	314
3	Gene Sarazen	74 74 80 74	302	29=	Tom Harmon, Jr	79 77 80 79	315
4	Emmett French	75 79 77 73	304		Bob MacDonald	77 83 78 77	315
5	Bill Mehlhorn	75 77 80 73	305	31=	Aubrey Boomer	83 79 80 74	316
6	Walter Hagen	77 73 76 81	307		Jim Foulis	78 84 81 73	316
7=	Archie Compston	79 74 76 79	308		Charles Guest	78 78 81 79	316
	Johnny Farrell	81 73 78 76	308	34=	Eddie Held (a)	83 79 78 77	317
	John Golden	83 77 75 73	308		Willie Klein	79 78 84 76	317
	Harry Hampton	73 78 80 77	308		David Sutherland	78 81 78 80	317
11=	Bobby Cruickshank	77 78 76 78	309	37	Leonard Schmutte	79 80 78 81	318
	Leo Diegel	78 74 80 77	309	38=	Laurie Ayton	80 83 80 76	319
	Bobby Jones (a)	76 77 79 77	309		Jack Forrester	80 81 76 82	319
	Eddie Loos	78 75 79 77	309		Harold Long	83 78 79 79	319
15=	Fred Baroni	80 72 79 79	310	41	Watts Gunn (a)	78 83 81 78	320
	Perry Del Vecchio	79 79 76 76	310	42=	Neil Christian	81 81 81 78	321
	Arthur Havers	79 77 74 80	310		Herbert Jolly	84 78 75 84	321
18=	Al Espinosa	83 80 79 69	311	44=	Willie Hunter, Jr	80 79 81 82	322
	Jimmy Johnston (a)	73 74 87 77	311		George Sargent	80 79 80 83	322
	Willie MacFarlane	82 76 80 73	311		Horton Smith	83 75 81 83	322
	Macdonald Smith	78 76 81 76	311	47	Charles Hoffner	80 81 82 80	323
	Al Watrous	82 74 78 77	311	48=	Johnny Jones	80 82 81 82	325
23	Jock Hutchison	80 77 77 78	312		Ernest Penfold	79 80 82 84	325
24=	Jim Barnes	78 75 81 79	313		Wilfred Reid	80 79 86 80	325
	PO Hart	77 77 86 73	313		Dave Robertson	74 85 77 89	325

	Denny Shute (a)	81 81 80 83	325		George Stark	80 79 84 89	332
	Clarence Gamber	81 82 79 86	328	58	Waldo Crowder	78 83 89 83	333
53							
54	Louis Chiapetta	84 79 85 81	329				
55=	George Christ	84 78 89 81	332				
	Ted Longworth	79 84 83 86	332				

Tommy Armour (76) beat Harry Cooper (79) in the 18-Hole Play-off

Round Leader(s)
R1 Hampton, Johnston; 73
R2 Johnston; 147
R3 Cooper; 224

Lowest Scores
R2 Armour; 71
R3 Cooper, Havers; 74
R4 Espinosa; 69

1927

62nd OPEN Championship
Royal & Ancient Golf Club, St Andrews, Fife, Scotland (13-15 July)
No of Entries 207: No Starting 108: No Making Cut 54: No Completing 53
6572 yards

1	BOBBY JONES (a)	68 72 73 72	285	27	Duncan McCulloch	74 77 78 75	304
	(£Nil – amateur)			28=	Chas Gadd	74 74 78 79	305
2=	Aubrey Boomer	76 70 73 72	291		Tom King, Jr	73 74 74 84	305
	Fred Robson	76 72 69 74	291	30=	James Braid	75 77 76 78	306
4=	Joe Kirkwood, Sr	72 72 75 74	293		William Kennett	78 75 75 78	306
	Ernest R Whitcombe	74 73 73 73	293		Dan Murray	72 78 77 79	306
6	Charles Whitcombe	74 76 71 75	296		Ted Ray	78 73 77 78	306
7=	Arthur Havers	80 74 73 70	297		Dr William Tweddell (a)	78 74 78 76	306
	Bert Hodson	72 70 81 74	297		William Twine	75 78 78 75	306
9	Henry Cotton	73 72 77 76	298	36=	Robert Ballantine	79 75 73 80	307
10=	Percy Alliss	73 74 73 80	300		Harry Crapper	75 76 75 81	307
	Sandy Herd	76 75 78 71	300		Albert Hallam	79 75 75 78	307
	Phil Perkins (a)	76 78 70 76	300		Robert Harris (a)	74 75 82 76	307
	Phillip H Rodgers	76 73 74 77	300		James Scarth	76 76 79 76	307
	Willie Torrance	72 80 74 74	300		John Sullivan	77 77 77 76	307
	RD Vickers	75 75 77 73	300		Cyril Tolley (a)	77 73 77 80	307
	Tom Williamson	75 76 78 71	300	43=	Alfred Miles	74 76 82 76	308
17=	Jim Barnes	76 76 72 77	301		Cedric Sayner	77 74 80 77	308
	George Buckle	77 69 77 78	301	45	RH de Montmorency (a)	74 75 77 83	309
	Charlie Johns	74 78 73 76	301	46=	Sam Bembridge	77 76 79 78	310
20=	Donald Curtis	73 76 79 74	302		Tom Fernie	77 74 78 81	310
	Jean Gassiat	76 77 73 76	302		Arthur Lacey	76 78 78 78	310
	Tom Stevens	76 73 74 79	302	49	JH Taylor	76 78 77 80	311
23=	Archie Compston	74 78 79 72	303	50	Peter Robertson	75 77 80 81	313
	Len Holland	75 75 71 82	303	51	Thomas Dobson	72 75 85 83	315
	Henry Kinch	80 73 73 77	303	52=	Len Nettlefold (a)	71 81 85 81	318
	Jack Smith	81 73 73 76	303		Mark Seymour	73 81 84 80	318

Round Leader(s)
R1 Jones; 68
R2 Jones; 140
R3 Jones; 213

Lowest Scores
R2 Buckle; 69
R3 Robson; 69
R4 Havers; 70

1927

10th PGA Championship
Cedar Crest Country Club, Dallas, Texas
(31 October-6 November)
MATCH PLAY
32 qualifiers after 36 holes stroke play (Low - Walter Hagen, 141)
All Rounds 36 holes
6371 yards

ROUND 1 (Last 32)
Tommy Armour bt Johnny Farrell 4&3; Tom Harmon, Jr bt Johnny Perelli 4&3; Tony Manero bt Bobby Cruickshank 4&3; WALTER HAGEN bt Jack Farrell 3&2; Mortie Dutra bt Albert Alcroft 12&11; Charles Guest bt Roland Hancock 3&2; Al Espinosa bt Mel Smith 5&4; Harry Cooper bt Eddie Murphy 7&6; Ed Dudley bt James Gullane 8&7; Gene Sarazen bt Jack Curley 1up (after 37); Willie Klein bt Bill Mehlhorn 1up; JOE TURNESA bt Charles McKenna 5&3; John Golden bt Charles Koontz 2&1; Harold Long bt Willie Kidd 4&3; Francis Gallett bt Bob Shave 4&3; Ralph Beach bt Fred Baroni 1up
ROUND 2 (Last 16)
Armour bt Harmon, Jr 7&6
HAGEN bt Manero 11&10
Dutra bt Guest 2up
Espinosa bt Cooper 5&4
Sarazen bt Dudley 4&3
TURNESA bt Klein 1up
Golden bt Long 1up (after 37)
Gallett bt Beach 2up
QUARTER FINAL (QF)
HAGEN bt Armour 4&3
Espinosa bt Dutra 1up
TURNESA bt Sarazen 3&2
Golden bt Gallett 4&2
SEMI FINAL (SF)
HAGEN bt Espinosa 1up (after 37)
TURNESA bt Golden 7&6
FINAL
WALTER HAGEN ($ not available: total purse $15441) beat Joe Turnesa, 1up

1928

63rd OPEN Championship
Royal St George's Golf Club, Sandwich, Kent, England (9-11 June)
No of Entries 271: No Starting 113: No Making Cut 52: No Completing 52
6751 yards

1	WALTER HAGEN (£75)	75 73 72 72	292
2	Gene Sarazen	72 76 73 73	294
3	Archie Compston	75 74 73 73	295
4=	Percy Alliss	75 76 75 72	298
	Fred Robson	79 73 73 73	298
6=	Jim Barnes	81 73 76 71	301
	Aubrey Boomer	79 73 77 72	301
	Jose Jurado	74 71 76 80	301
9	Bill Mehlhorn	71 78 76 77	302
10	Bill Davies	78 74 79 73	304
11=	Fred Taggart	76 74 77 78	305
	Albert Whiting	78 76 76 75	305
13	Jack Smith	79 77 76 74	306
14=	Phil Perkins (a)	80 79 76 72	307
	William Twine	75 79 77 76	307
16	Stewart Burns	76 74 75 83	308
17	Charles Hezlet (a)	79 76 78 76	309
18=	Henry Cotton	77 75 83 75	310
	Duncan McCulloch	78 78 78 76	310
	George Duncan	75 77 78 80	310
21=	Abe Mitchell	78 75 82 76	311
	Tom Williamson	77 73 77 84	311
23=	Bob Bradbeer	83 76 78 75	312
	George Gadd	83 73 78 78	312
	Jean Gassiat	76 77 81 78	312
	William Hope (a)	84 75 75 78	312
	James Ockenden	80 78 79 75	312
	Reg Whitcombe	79 77 81 75	312
	Reg Wilson	82 73 77 80	312
	Sydney Wingate	75 82 79 76	312
31=	Arthur Lacey	80 77 79 77	313
	Arthur Young	77 77 78 81	313
33=	Gus Faulkner	80 75 81 78	314
	William Holley	80 78 79 77	314
	Herbert Jolly	84 73 75 82	314
	Ted Ray	77 78 80 79	314
37=	Tom Barber	77 78 81 79	315
	James McDowall	82 75 80 78	315
	Rufus Stewart	79 75 82 79	315
	William Watt	79 76 78 82	315
41=	James Braid	80 79 81 76	316
	Rex Hartley (a)	81 77 76 82	316
	Pierre Hirigoyen	81 74 78 83	316
	Bert Hodson	80 79 79 78	316
	Arnaud Massy	79 79 79 79	316
	Thomas Torrance (a)	79 74 81 82	316
47=	Ernest Kenyon	79 79 81 78	317
	Harry Vardon	78 79 80 80	317
	Leo Wallace	79 80 75 83	317
50	AJ Evans (a)	80 79 82 78	319
51=	EA Barker	81 78 77 89	325
	Albert Tingey, Jr	81 78 81 85	325

Round Leader(s)
R1 Mehlhorn; 71
R2 Jurado; 145
R3 Hagen; 220

Lowest Scores
R2 Jurado; 71
R3 Hagen; 72
R4 Barnes; 71

1928

32nd US OPEN Championship
Olympia Fields Country Club, Matteson, Illinois (21-23 June)
No of Entries 1064: No Starting 144: No Making Cut 65: No Completing 63
6725 yards: Par 71 (284)

1	JOHNNY FARRELL* ($500)	77 74 71 72	294
2	Bobby Jones (a)	73 71 73 77	294
3	Roland Hancock	74 77 72 72	295
4=	Walter Hagen	75 72 73 76	296
	George Von Elm (a)	74 72 76 74	296
6=	Henry Ciuci	70 77 72 80	299
	Waldo Crowder	74 74 76 75	299
	Ed Dudley	77 79 68 75	299
	Bill Leach	72 74 73 80	299
	Gene Sarazen	78 76 73 72	299
	Denny Shute	75 73 79 72	299
	Macdonald Smith	75 77 75 72	299
	Joe Turnesa	74 74 74 74	299
14=	Al Espinosa	74 74 77 75	300
	Willie MacFarlane	73 74 73 80	300
16	Tommy Armour	76 75 77 73	301
17	Jack Forrester	77 76 75 74	302
18=	Billy Burke	74 79 73 77	303
	Neil Christian	80 78 74 71	303
	Leo Diegel	72 79 75 77	303
	Charles Hilgendorf	76 77 79 71	303
22=	Frank Ball	70 81 78 75	304
	Archie Compston	76 81 75 72	304
	Harrison Johnston (a)	77 75 79 73	304
25=	Harry Hampton	77 76 72 80	305
	Leonard Schmutte	71 81 75 78	305
27	Frank Walsh	74 74 80 78	306
28=	Willie Hunter, Jr	73 83 74 77	307
	Felix Serafin	75 76 77 79	307
	Horton Smith	72 79 76 80	307
31=	Jack Burke, Sr	77 73 75 83	308
	Emmett French	81 73 80 74	308
	Rudolph Knepper (a)	81 74 77 76	308
	Irwin Ottman	75 81 78 74	308
35	John Golden	72 78 75 84	309
36=	Jim Barnes	73 80 78 79	310
	Aubrey Boomer	75 77 80 78	310
	George Christ	78 75 82 75	310
	Eddie Loos	80 77 76 77	310
	Sonny Rouse	78 79 78 75	310
41=	Jock Hutchison	76 81 75 79	311
	Joe Kirkwood, Sr	80 78 77 76	311
	Fred McLeod	73 76 84 78	311
	Tony Manero	80 77 81 73	311
	Al Watrous	77 75 78 81	311
46=	Willie Klein	79 77 77 79	312
	Jack Tarrant	76 79 84 73	312
	Craig Wood	79 70 82 81	312
49=	Al Ciuci	76 78 79 80	313
	Bill Mehlhorn	80 77 86 70	313
51=	Charles Guest	80 75 79 80	314
	Rial Rolfe (a)	82 74 79 79	314
53=	Francis Gallett	78 77 78 82	315
	Johnny Jones	73 79 82 81	315
	Ralph Kingsrud	77 78 80 80	315
56=	Jack Gordon	79 78 77 82	316
	PO Hart	76 80 79 81	316
	Walter Kossman	77 81 78 80	316
59	Clarence Wolff (a)	75 78 79 85	317
60	Fred Morrison	73 82 77 86	318
61	Chick Trout	79 79 83 78	319
62	Chet Beer	76 82 77 90	325
63	Paul Runyan	78 80 88 81	327

Johnny Farrell (143) beat Bobby Jones (144) in the 36-Hole Play-off

Round Leader(s)
R1 Ball, Ciuci; 70
R2 Jones; 144
R3 Jones; 217

Lowest Scores
R2 Wood; 70
R3 Dudley; 68
R4 Mehlhorn; 70

1928

11th PGA Championship
Five Farms Country Club, Baltimore, Maryland (1-6 October)
MATCH PLAY
32 qualifiers after 36 holes stroke play (Low - Al Espinosa, 142)
All Rounds 36 holes
6622 yards

ROUND 1 (Last 32)
Willie MacFarlane beat Jim Foulis 9&7; Horton Smith bt Billy Burke 2&1; Glen Spencer bt Fred McDermott 8&6; Perry Del Vecchio bt Jack Burke, Sr 1up (after 37); AL ESPINOSA bt John Golden 8&7; Bob MacDonald bt Willie Kidd 2up; Jock Hutchison bt Willie Klein 3&2; Pat Doyle bt Mortie Dutra 6&4; Jim Barnes bt Tommy Armour 3&2; Gene Sarazen bt Bill Mehlhorn 3&2; Al Watrous bt Olin Dutra 2&1; Ed Dudley bt Wiffy Cox 3&2; George Christ bt Albert Alcroft 1up (after 38); LEO DIEGEL bt Tony Manero 10&8; Walter Hagen bt Willie Ogg 4&3; Julian Blanton bt Ed McElligott 9&8
ROUND 2 (Last16)
    Smith bt MacFarlane 1up
    Del Vecchio bt Spencer 1up (after 37)
    ESPINOSA by MacDonald 1up (after 37)
    Hutchison bt Doyle 1up
    Sarazen bt Barnes 3&2
    Dudley bt Watrous 3&2
    DIEGEL bt Christ 6&4
    Hagen bt Blanton 2up
QUARTER FINAL (QF)
    Smith bt Del Vecchio 2up
    ESPINOSA bt Hutchison 5&4
    Sarazen bt Dudley 7&6
    DIEGEL bt Hagen 2&1
SEMI FINAL (SF)
    ESPINOSA bt Smith 6&5
    DIEGEL bt Sarazen 9&8
FINAL
    LEO DIEGEL ($ not available: total purse £10400)
    beat Al Espinosa, 6&5

1929

64th OPEN Championship
Hon Co of Edinburgh Golfers, Muirfield, East Lothian, Scotland (8-10 May)
No of Entries 242: No Starting 108: No Making Cut 64: No Completing 61
6738 yards

#	Player	Rounds	Total
1	WALTER HAGEN	75 67 75 75	292
	(£75)		
2	Johnny Farrell	72 75 76 75	298
3	Leo Diegel	71 69 82 77	299
4=	Percy Alliss	69 76 76 79	300
	Abe Mitchell	72 72 78 78	300
6	Bobby Cruickshank	73 74 78 76	301
7	Jim Barnes	71 80 78 74	303
8=	Gene Sarazen	73 74 81 76	304
	Al Watrous	73 79 75 77	304
10	Tommy Armour	75 73 79 78	305
11	Arthur Havers	80 74 76 76	306
12	Archie Compston	76 73 77 81	307
13=	Johnny Golden	74 73 86 75	308
	Jimmy Thomson	78 78 75 77	308
15=	Aubrey Boomer	74 74 80 81	309
	Herbert Jolly	72 80 78 79	309
	Macdonald Smith	73 78 78 80	309
18=	Sid Brews	76 77 78 79	310
	Bill Davies	79 76 81 74	310
	Ed Dudley	72 80 80 78	310
	Mark Seymour	75 74 78 83	310
22	George Duncan	78 76 81 76	311
23=	William Nolan	80 76 79 77	312
	Phil Perkins (a)	79 73 80 80	312
25=	Jose Jurado	77 73 81 82	313
	Willis Mackenzie (a)	80 71 80 82	313
	Cedric Sayner	80 75 78 80	313
	Horton Smith	76 76 84 77	313
	Cyril Tolley (a)	74 76 87 76	313
	Joe Turnesa	78 74 81 80	313
	Tom Williamson	73 78 80 82	313
32=	Henry Cotton	79 73 82 80	314
	Al Espinosa	77 75 81 81	314
	Fred Taggart	75 75 83 81	314
	JJ Taylor	77 75 81 81	314
36=	Bill Mehlhorn	74 74 84 83	315
	Fred Robson	78 76 83 78	315
	William Twine	74 79 84 78	315
39=	Fred Jarman	79 76 82 79	316
	Jack Jarman	80 77 81 78	316
	Ted Ray	80 76 81 79	316
	Charles Whitcombe	77 76 85 78	316
43=	Harry Crapper	76 76 79 86	317
	Tom Fernie	76 75 85 81	317
45=	Alf Perry	80 76 86 76	318
	George Von Elm (a)	79 78 84 77	318
	Reg Whitcombe	77 75 84 82	318
	Albert Whiting	76 81 83 78	318
49=	Tom Barber	78 78 81 82	319
	Michael Bingham	73 76 86 84	319
	Stewart Burns	83 74 81 81	319
	WG Gimber	77 80 82 80	319
	Alfred Miles	80 77 80 82	319
	James Ockenden	78 76 81 84	319
55	William Watt	78 76 86 80	320
56=	William Robertson	79 78 85 80	322
	Bertie Weastall	76 78 83 85	322
58	Michael Daragon	82 75 84 83	324
59	Jack Busson	82 74 85 84	325
60	RM Alston	75 82 83 87	327
61	Leslie Cotton	77 79 91 82	329

Round Leader(s)
R1   Alliss; 69
R2   Diegel; 140
R3   Hagen; 217

Lowest Scores
R2   Hagen; 67
R3   Hagen, Thomson, Watrous; 75
R4   Barnes, Davies; 74

1929

33rd US OPEN Championship
Winged Foot Golf Club, Mamaroneck, New York (27-30 June)
No of Entries 1001: No Starting 148: No Making Cut 67: No Completing 63
6786 yards: Par 72 (288)

#	Player	Rounds	Total
1	BOBBY JONES* (a)	69 75 71 79	294
	($Nil – amateur)		
2	Al Espinosa	70 72 77 75	294
3=	Gene Sarazen	71 71 76 78	296
	Denny Shute	73 71 76 76	296
5=	Tommy Armour	74 71 76 76	297
	George Von Elm (a)	79 70 74 74	297
7	Henry Ciuci	78 74 72 75	299
8=	Leo Diegel	74 74 76 77	301
	Peter O'Hara	74 76 73 78	301
10	Horton Smith	76 77 74 75	302
11=	Wiffy Cox	74 76 80 75	305
	Jock Rogers	78 76 77 74	305
13=	PO Hart	76 78 75 77	306

THE GOLF MAJORS: 1860-2015 – RESULTS

	Charles Hilgendorf	72 79 75 80	306
15	Billy Burke	75 80 78 74	307
16=	Louis Chiapetta	78 79 72 79	308
	George B Smith	77 77 77 77	308
	Craig Wood	79 71 80 78	308
19=	Walter Hagen	76 81 74 78	309
	Joe Kirkwood, Sr	75 82 76 76	309
21=	Jim Barnes	78 78 81 73	310
	Massie Miller	75 82 75 78	310
23=	Jack Forrester	77 76 75 83	311
	Ted Longworth	74 82 73 82	311
	Macdonald Smith	77 78 80 76	311
26=	Jack Burke, Sr	77 80 74 81	312
	Willie Hunter, Jr	76 77 76 83	312
	Willie MacFarlane	79 78 76 79	312
	Leonard Schmutte	73 75 89 75	312
30=	Tom Boyd	79 80 74 80	313
	Emerick Kocsis	79 76 77 81	313
32=	Frank Ball	78 81 80 75	314
	John Golden	79 79 78 78	314
	Willie Klein	81 78 77 78	314
	Jack Sabol	76 78 79 81	314
	Al Watrous	80 79 78 77	314
	Dan Williams	78 76 78 82	314
38=	Albert Alcroft	80 78 80 78	316
	Jim Foulis	81 78 81 76	316
	Harry Hampton	78 78 79 81	316
	Jimmy Thomson	77 79 79 81	316
42=	Bobby Cruickshank	75 81 83 78	317
	Tom Harmon	79 78 79 81	317
	Larry Nabholtz	74 81 76 86	317
45=	George Dawson (a)	75 80 86 77	318
	Johnny Goodman (a)	75 80 78 85	318
	Thomas Hughes	80 79 77 82	318
48=	Fred Baroni	77 81 84 77	319
	George Christ	78 74 82 85	319
	Roland Mackenzie (a)	78 79 84 78	319
51=	Harry Cooper	78 81 78 83	320
	Emmett French	76 78 80 86	320
	Jack Leach	79 78 83 80	320
54	Arthur Andrews	76 79 82 84	321
55=	Bill Mehlhorn	81 77 82 82	322
	Tom Raklets	83 76 83 80	322
57	Bill Leach	79 79 80 85	323
58	Arthur Ham	79 79 83 83	324
59=	Clarence Gamber	76 81 86 82	325
	Rocky Rich	80 79 81 85	325
61	Neil Christian	77 81 85 83	326
62	Charles MacAndrew	78 80 88 83	329
63	Charles Clare (a)	76 80 87 89	332

Bobby Jones (141) beat Al Espinosa (164) in the 36-Hole Play-off

Round Leader(s)
R1   Jones; 69
R2   Espinosa, Sarazen; 142
R3   Jones; 215

Lowest Scores
R2   Von Elm; 70
R3   Jones; 71
R4   Barnes; 73

1929

12th PGA Championship
Hillcrest Country Club, Los Angeles, California (2-7 December)
MATCH PLAY
32 qualifiers after 36 holes stroke play (Low - Fred Morrison, 136)
All Rounds 36 holes
6438 yards

ROUND 1 (Last 32)
Larry Nabholtz bt Albert Alcroft 1up; Al Watrous bt Neal McIntyre 4&3; Al Espinosa bt Dave Hackney 5&4; Bill Mehlhorn bt Guy Paulsen 7&6; Neil Christian bt Frank Walsh 7&6; Craig Wood bt Horton Smith 1up (after 37); Henry Ciuci bt Clarence Clark 3&2; JOHNNY FARRELL bt John Golden 1up; Tony Manero by Denny Shute 6&5; Eddie Schultz bt Wiffy Cox 5&4; Walter Hagen bt Bob Shave 9&8; Charles Guest bt Mortie Dutra 1up; LEO DIEGEL bt PO Hart 10&9; Herman Barron bt Clarence Doser 5&4; Gene Sarazen bt Jock Hendry 3&2; Fred Morrison bt Joe Kirkwood, Sr 5&4

ROUND 2 (Last 16)
Watrous bt Nabholtz 9&7
Espinosa bt Mehlhorn 1up (after 40)
Wood bt Christian 3&2
FARRELL bt Ciuci 3&1
Manero bt Schultz 6&5
Hagen bt Guest 5&4
DIEGEL bt Barron 10&9
Sarazen bt Morrison 3&2

QUARTER FINAL (QF)
Watrous bt Espinosa 2up
FARRELL bt Wood 1up (after 37)
Hagen bt Manero 6&5
DIEGEL bt Sarazen 3&2

SEMI FINAL (SF)
FARRELL bt Watrous 6&5
DIEGEL bt Hagen 3&2

FINAL
LEO DIEGEL ($ not available: total purse $5000) beat Johnny Farrell, 6&4

1930

65th OPEN Championship
Royal Liverpool Golf Club, Hoylake, Cheshire, England (18-20 June)
No of Entries 296: No Starting 112: No Making Cut 62: No Completing 60
6750 yards

1	BOBBY JONES (a)	70 72 74 75	291
	(£Nil – amateur)		
2=	Leo Diegel	74 73 71 75	293
	Macdonald Smith	70 77 75 71	293
4=	Fred Robson	71 72 78 75	296
	Horton Smith	72 73 78 73	296
6=	Jim Barnes	71 77 72 77	297
	Archie Compston	74 73 68 82	297
8	Henry Cotton	70 79 77 73	299
9=	Tom Barber	75 76 72 77	300
	Auguste Boyer	73 77 70 80	300
	Charles Whitcombe	74 75 72 79	300
12	Bert Hodson	74 77 76 74	301
13=	Abe Mitchell	75 78 77 72	302
	Reg Whitcombe	78 72 73 79	302
15=	Donald Moe (a)	74 73 76 80	303
	Phillip H Rodgers	74 73 76 80	303
17=	Percy Alliss	75 74 77 79	305
	William Large	78 74 77 76	305
	Ernest R Whitcombe	80 72 76 77	305
	Arthur Young	75 78 78 74	305
21=	Harry Crapper	78 73 80 75	306
	Pierre Hirigoyen	75 79 76 76	306
	Harry Large	79 74 78 75	306
24=	Stewart Burns	77 75 80 75	307
	Bill Davies	78 77 73 79	307
	Arthur Lacey	78 79 74 76	307
	Ted Ray	78 75 76 78	307
	Norman Sutton	72 80 76 79	307
29	Tom Green	73 79 78 78	308
30=	Duncan McCulloch	78 78 79 74	309
	Alf Perry	78 74 75 82	309
32=	Marcel Dallemagne	79 72 79 80	310
	Len Holland	75 78 80 77	310
	Albert Isherwood	75 77 78 80	310
	Percy Weston	81 77 76 76	310
36=	Lister Hartley (a)	79 78 79 75	311
	Edward Jarman	76 76 79 80	311
	William Nolan	78 79 74 80	311
39=	James Bradbeer	77 77 76 82	312

	Bill Branch	81 77 78 76	312		Sydney Fairweather	77 78 79 82	316
	Alf Padgham	78 80 74 80	312	52=	H Rimmer	79 79 79 80	317
	Owen Sanderson	83 74 77 78	312		William Sutton (a)	78 76 81 82	317
	JJ Taylor	76 78 82 76	312		Cyril Tolley (a)	84 71 80 82	317
44=	George Gadd	78 78 73 84	313	55	Harry Bentley (a)	76 78 86 78	318
	DC Jones	75 77 82 79	313	56=	Harry Kidd	79 75 85 80	319
	Charles McIlvenny	76 75 79 83	313		Cyril Thomson	81 74 81 83	319
	William Twine	78 78 78 79	313	58	William Gimber	76 78 81 85	320
48=	Ernest Kenyon	79 76 79 80	314	59	RH Oppenheimer (a)	79 78 82 82	321
	William McMinn	82 75 77 80	314	60	DEB Soulby (a)	75 82 82 83	322
50=	Bob Bradbeer	81 74 80 81	316				

Round Leader(s)
R1 H Cotton, Jones, M Smith; 70
R2 Jones; 142
R3 Compston; 215

Lowest Scores
R2 Tolley; 71
R3 Compston; 68
R4 M Smith; 71

1930

34th US OPEN Championship
Interlachen Country Club, Minneapolis, Minnesota (10-12 July)
No of Entries 1177: No Starting 143: No Making Cut 70: No Completing 66
6609 yards: Par 72 (288)

1	BOBBY JONES (a)	71 73 68 75	287		Frank Walsh	75 78 77 76	306
	($Nil – amateur)			35=	Wiffy Cox	71 75 77 84	307
2	Macdonald Smith	70 75 74 70	289		Al Espinosa	76 78 77 76	307
3	Horton Smith	72 70 76 74	292		Jock Rogers	72 79 80 76	307
4	Harry Cooper	72 72 73 76	293		Eddie Williams	73 76 78 80	307
5	Johnny Golden	74 73 71 76	294	39=	Jim Barnes	74 76 79 79	308
6	Tommy Armour	70 76 75 76	297		Ralph Guldahl	80 75 80 73	308
7	Charles Lacey	74 70 77 77	298		Emerick Kocsis	77 75 80 76	308
8	Johnny Farrell	74 72 73 80	299		Sonny Rouse	77 77 80 74	308
9=	Bill Mehlhorn	76 74 75 75	300	43=	Willie Klein	75 77 77 80	309
	Craig Wood	73 75 72 80	300		Willie MacFarlane	74 77 82 76	309
11=	Leo Diegel	75 75 76 75	301		Phil Perkins (a)	76 74 76 83	309
	Johnny Goodman (a)	74 80 72 75	301	46	Jim Foulis	78 78 77 77	310
	Al Heron (a)	76 78 74 73	301	47	Tom Creavy	81 74 79 77	311
	Peter O'Hara	75 77 73 76	301	48=	George Christ	75 78 79 80	312
	George M Smith	72 81 74 74	301		Arthur Ham	77 79 76 80	312
	George Von Elm (a)	80 74 73 74	301	50=	Bob Crowley	75 78 84 76	313
17=	Ed Dudley	74 75 78 76	303		Fred Morrison	76 78 80 79	313
	Mortie Dutra	76 80 69 78	303		Eddie Schultz	76 80 79 78	313
	Charles Guest	76 73 77 77	303	53	Lester Bolstad (a)	79 75 79 81	314
	Walter Hagen	72 75 76 80	303	54=	Charles Evans, Jr (a)	81 75 81 78	315
	Willie Hunter, Jr	76 76 78 73	303		Ted Luther	76 78 82 79	315
	Bob Shave	76 72 78 77	303		George Voight	76 79 79 81	315
	Joe Turnesa	73 78 78 74	303	57	Tom Raklets	77 77 81 81	316
	Al Watrous	79 73 73 78	303	58=	Jack Burke, Sr	74 80 82 81	317
25=	Olin Dutra	73 79 78 75	305		Jock Hendry	77 78 79 83	317
	Francis Gallett	76 75 74 80	305		Donald Moe	75 81 79 82	317
	Denny Shute	76 78 77 74	305		Francis Scheider	76 77 83 81	317
28=	Herman Barron	77 78 74 77	306	62	Walter Bemish	80 75 82 81	318
	Billy Burke	76 72 82 76	306	63=	Gus Novotny	77 78 85 79	319
	Jack Forrester	73 75 80 78	306		Bill Tinder	79 77 82 81	319
	Charles Hilgendorf	74 81 76 75	306	65=	TJ Gibraski	79 76 85 81	321
	Walter Kozak	74 76 78 78	306		Richard Martin	78 78 82 83	321
	Gene Sarazen	76 78 77 75	306				

Round Leader(s)
R1 Armour, M Smith; 70
R2 H Smith; 142
R3 R Jones; 212

Lowest Scores
R2 Lacey, H Smith; 70
R3 R Jones; 68
R4 M Smith; 70

1930

13th PGA Championship
Fresh Meadow Country Club, Flushing, New York (8-13 September)
MATCHPLAY
32 qualifiers after 36 holes stroke play (Low - Johnny Farrell, Horton Smith, 145).
All Rounds 36 holes
6505 yards

ROUND 1 (Last 32)
Al Watrous bt Eric Seavall 3&1; Charles Lacey bt Charles Guest 3&2; Harold Sampson bt Clarence Ehresman 4&3; Leo Diegel bt Henry Ciuci 8&7; TOMMY ARMOUR bt Clarence Hackney 11&10; Bob Shave bt Joseph Kenny 1up; Denny Shute bt Joe Frank 8&6; Johnny Farrell bt Norman Smith 7&5; GENE SARAZEN bt Charles Schneider 1up; Bob Crowley bt Wiffy Cox 4&3; Harry Cooper bt Bill Mehlhorn 2&1; Al Espinosa bt Mark Fry 2&1; Joe Kirkwood, Sr bt Gunnar Johnson 8&7; Jock Collins bt John Golden 5&4; Horton Smith bt Billy Burke 2&1; Laurie Ayton, Sr bt Earl Fry 4&3

ROUND 2 (Last 16)
Lacey bt Watrous 5&4
Sampson bt Diegel 1up (after 38)
ARMOUR bt Shave 7&5
Farrell bt Shute 1up
SARAZEN bt Crowley 7&6
Espinosa bt Cooper 4&3
Kirkwood bt Collins 1up (after 37)
Horton Smith bt Ayton 5&4

QUARTER FINAL (QF)
Lacey bt Sampson 4&3

ARMOUR bt Farrell 2&1
SARAZEN bt Espinosa 2&1
Kirkwood bt Horton Smith 1up
SEMI FINAL (SF)
ARMOUR bt Lacey 1up

SARAZEN bt Kirkwood 5&4
FINAL
TOMMY ARMOUR ($ not available: total purse $10300) beat Gene Sarazen, 1up

1931

66th OPEN Championship
Carnoustie Golf Links, Angus, Scotland (3-5 June)
No of Entries 214: No Starting 109: No Making Cut 66: No Completing 66
6700 yards

1	TOMMY ARMOUR (£100)	73 75 77 71	296
2	Jose Jurado	76 71 73 77	297
3=	Percy Alliss	74 78 73 73	298
	Gene Sarazen	74 76 75 73	298
5=	Johnny Farrell	72 77 75 75	299
	Macdonald Smith	75 77 71 76	299
7=	Marcos Churio	76 75 78 71	300
	Bill Davies	76 78 71 75	300
9	Arthur Lacey	74 80 74 73	301
10=	Henry Cotton	72 75 79 76	302
	Arthur Havers	75 76 72 79	302
12=	Gus Faulkner	77 76 76 74	303
	Tomas Genta	75 78 75 75	303
	Abe Mitchell	77 74 77 75	303
	Horton Smith	77 79 75 72	303
	Tom Williamson	77 76 73 77	303
17=	Marcel Dallemagne	74 77 78 75	304
	Willie Hunter, Jr	76 75 74 79	304
	WH Oke	74 80 75 75	304
	Reg Whitcombe	75 78 71 80	304
21=	Aubrey Boomer	76 77 80 73	306
	Fred Robson	80 76 76 74	306
23=	Len Holland	80 74 78 75	307
	Mark Seymour	80 79 75 73	307
	Ernest R Whitcombe	79 76 76 76	307
26=	Bert Hodson	77 76 78 77	308
	Joe Kirkwood, Sr	75 75 77 81	308
	William Twine	72 78 79 79	308
29=	Archie Compston	77 76 75 81	309
	Ernest WH Kenyon	75 78 78 78	309
	Duncan McCulloch	76 78 77 78	309
	William McMinn	78 78 79 74	309
	Phillip H Rodgers	77 74 78 80	309
	Charles Whitcombe	80 76 75 78	309
35	Sydney Fairweather	77 77 75 81	310
36=	Cecil Denny	75 79 80 78	312
	George Duncan	78 79 79 76	312
	Albert Isherwood	77 79 79 77	312
	Eric McRuvie (a)	75 83 79 75	312
40=	Auguste Boyer	78 80 78 77	313
	Keith Dalby	83 72 81 77	313
	Syd Easterbrook	78 79 82 74	313
	Lister Hartley (a)	79 79 74 81	313
	James McDowall	77 77 76 83	313
	Alf Padgham	77 81 77 78	313
46	Alf Perry	77 74 82 81	314
47=	William Large	74 84 81 76	315
	Cedric Sayner	80 78 77 80	315
	Rufus Stewart	76 83 76 80	315
50=	Ernest Cawsey	77 76 82 81	316
	Hector Freccero	80 77 83 76	316
	Harry Large	78 80 75 83	316
53=	Jack Burton	79 80 79 79	317
	Chas Gadd	78 81 78 80	317
	Arthur Young	77 82 78 80	317
56	Fred Taggart	76 81 81 80	318
57=	JT Bookless (a)	79 80 78 82	319
	Cyril Burge (a)	77 79 84 79	319
59	William Sutton (a)	80 79 79 82	320
60=	Rex Hartley (a)	80 79 79 83	321
	Jock Henderson	79 78 81 83	321
	Jack Seager	84 74 81 82	321
63=	Owen Sanderson	84 75 81 82	322
	CS Shankland (a)	77 81 80 84	322
	William Tulloch (a)	76 81 83 82	322
66	Albert Tingey, Jr	79 79 86 84	328

Round Leader(s)
R1 Cotton, Farrell, Twine; 72
R2 Cotton, Jurado; 147
R3 Jurado; 220

Lowest Scores
R2 Jurado; 71
R3 Davies, M Smith, R Whitcombe; 71
R4 Armour, Churio; 71

1931

35th US OPEN
Inverness Golf Club, Toledo, Ohio (2-6 July)
No of Entries 1141: No Starting 140: No Making Cut 63: No Completing 55
6529 yards: Par 71 (284)

1	BILLY BURKE* ($1000)	73 72 74 73	292
2	George Von Elm	75 69 73 75	292
3	Leo Diegel	75 73 74 72	294
4=	Wiffy Cox	75 74 74 72	295
	Bill Mehlhorn	77 73 75 71	296
	Gene Sarazen	74 78 74 70	296
7=	Mortie Dutra	71 77 73 76	297
	Walter Hagen	74 74 73 76	297
	Phil Perkins (a)	78 76 73 70	297
10=	Al Espinosa	72 78 75 74	299
	Johnny Farrell	78 70 79 72	299
	Macdonald Smith	73 73 75 78	299
13=	Guy Paulsen	74 72 74 80	300
	Frank Walsh	73 77 75 75	300
15=	Herman Barron	71 75 78 77	301
	Harry Cooper	76 75 75 75	301
	Ed Dudley	75 76 76 74	301
	Al Watrous	74 78 76 73	301
19=	Charles Guest	71 75 76 80	302
	Tony Manero	74 75 80 73	302
21=	Olin Dutra	76 76 76 75	303
	John Kinder	79 72 75 77	303
23=	Laurie Ayton, Sr	76 79 74 75	304
	Willie Klein	75 80 70 79	304
25=	Denny Shute	79 73 77 76	305
	Eddie Williams	71 74 81 79	305
27=	Johnny Golden	79 75 78 74	306
	Horton Smith	77 78 75 76	306
29=	Auguste Boyer	75 80 72 80	307
	Henry Ciuci	73 79 81 74	307
	Bill Davies	73 83 74 77	307
32=	Tom Creavy	80 72 80 76	308
	Ralph Guldahl	77 80 75 76	308
	Joe Turnesa	73 75 79 81	308
	Alex Watson	75 79 78 76	308
36=	Clarence Clark	76 76 77 80	309
	Bobby Cruickshank	74 76 81 78	309
	Peter O'Hara	78 76 81 74	309
39=	Walter Kozak	75 77 80 78	310
	Augie Nordone	83 73 78 76	310
41=	Massie Miller	75 78 81 77	311
	Francis Scheider	78 75 78 80	311
43=	Clarence Hackney	80 74 82 76	312
	Reggie Myles	76 76 80 80	312
45	Lloyd Gullickson	75 80 82 77	314
46=	Percy Alliss	78 75 78 84	315
	Tommy Armour	75 83 79 78	315
	Jack Cawsey	80 77 79 79	315
	Lester Bolstad (a)	80 77 78 80	315

	George B Smith	75 78 76 86	315
51	Jack Forrester	75 78 84 79	316
52	Clark Morse	77 81 79 80	317
53	Neal McIntyre	78 78 84 79	319

54	Nick Weber	81 76 84 80	321
55	Hugh Carpenter	78 79 87 80	324

Billy Burke beat George Von Elm after two 36-Hole Play-offs:

Round Leader(s)
R1   Barron, M Dutra, Guest, Williams; 71
R2   Von Elm; 144
R3   Von Elm; 217

Lowest Scores
R2   Von Elm; 69
R3   Klein; 70
R4   Perkins, Sarazen; 70

1931

14th PGA Championship
Wannamoisett Country Club, Rumford, Rhode Island
(7-14 September)
MATCHPLAY
31 qualifiers, plus the defending champion (Tommy Armour), after 36 holes stroke play
(Low - Gene Sarazen, 145)
All Rounds 36 holes
6583 yards

ROUND 1 (Last 32)
Paul Runyan bt Arthur Gusa 3&2; Gene Sarazen bt Al Espinosa 9&8; Willie MacFarlane bt Henry Ciuci 3&2; Horton Smith bt Walter Bemish 7&6; Cyril Walker bt Ed Dudley 3&2; John Golden bt Alfred Sargent 3&2; Peter O'Hara bt Walter Hagen 4&3; TOM CREAVY bt Jack Collins 5&4; Bob Crowley bt Pat Circelli 1up; Billy Burke bt Dave Hackney 5&3; Abe Espinosa by Vincent Eldred 4&3; Bill Mehlhorn bt Leo Diegel 3&2; DENNY SHUTE bt Tony Butler 1up (after 38); Jim Foulis bt Johnny Farrell 2up; Tommy Armour bt Joe Kirkwood, Sr 2&1; Walter Murray bt Eddie Schultz 6&5
ROUND 2 (Last 16)
Sarazen bt Runyan 7&6
Smith bt MacFarlane 6&5
Walker bt Golden 5&4
CREAVY bt O'Hara 2up
Burke bt Crowley 5&4
Abe Espinosa bt Mehlhorn 2&1
SHUTE bt Foulis 2&1
Armour bt Murray 5&3
QUARTER FINAL (QF)
Sarazen bt Smith 5&4
CREAVY bt Walker 3&1
Burke bt Abe Espinosa 5&3
SHUTE bt Armour 3&1
SEMI FINAL (SF)
CREAVY bt Sarazen 5&3
SHUTE bt Burke 1up
FINAL
TOM CREAVY ($1000) beat Denny Shute, 2&1

1932

67th OPEN Championship
Prince's Golf Club, Sandwich, Kent, England
(8-10 June)
No of Entries 252: No Starting 109: No Making Cut 64: No Completing 64
6890 yards: Par 71 (284)

1	GENE SARAZEN	70 69 70 74	283
	(£100)		
2	Macdonald Smith	71 76 71 70	288
3	Arthur Havers	74 71 68 76	289
4=	Percy Alliss	71 71 78 72	292
	Alf Padgham	76 72 74 70	292
	Charles Whitcombe	71 73 73 75	292
7=	Bill Davies	71 73 74 75	293
	Arthur Lacey	73 73 71 76	293
9	Fred Robson	74 71 78 71	294
10=	Archie Compston	74 70 75 76	295
	Henry Cotton	74 72 77 72	295
	Abe Mitchell	77 71 75 72	295
13=	Syd Easterbrook	74 75 72 77	298
	Hubert Prowse	75 75 75 73	298
15=	Cecil Denny	73 81 72 73	299
	William Hope (a)	74 79 75 71	299
17=	Tommy Armour	75 70 74 81	300
	Bert Hodson	77 73 77 73	300
	Alf Perry	73 76 77 74	300
	Charlie Ward	73 77 77 73	300
	Reg Whitcombe	75 74 75 76	300
22=	Ernest WH Kenyon	74 73 76 78	301
	Mark Seymour	74 75 81 71	301
	Tony Torrance (a)	75 73 76 77	301
25=	Alf G Beck	78 71 74 79	302
	Lister Hartley (a)	76 73 80 73	302
	Phillip H Rodgers	74 79 75 74	302
	William Twine	80 74 71 77	302
29=	Pierre Hirigoyen	79 73 75 76	303
	Lionel Munn (a)	74 75 78 76	303
	Walter Pursey	76 75 73 79	303
	Cedric Sayner	74 74 79 76	303

	Percy Weston	75 79 76 73	303
34=	Herbert Jolly	75 74 80 75	304
	William Tulloch (a)	75 77 76 76	304
36=	Marcel Dallemagne	78 76 75 76	305
	DC Jones	75 78 73 79	305
	WG Oke	77 74 76 78	305
39=	Harry Bentley (a)	75 78 79 74	306
	Tom Dobson	77 75 76 78	306
	Edward Jarman	75 76 79 76	306
	William B Smith	75 74 80 77	306
	Fred Taggart	73 81 75 77	306
44	Bob Sweeny (a)	78 74 77 78	307
45=	Don Curtis	74 78 78 78	308
	Albert Isherwood	75 74 81 78	308
	SJ Jones	79 75 74 80	308
48=	Bob Bradbeer	76 75 79 79	309
	Dick Burton	74 77 80 78	309
	Reg Cox	77 76 75 81	309
	Tom Green	75 77 79 78	309
	George Kirby	79 72 82 76	309
	Eric McRuvie (a)	77 75 80 77	309
54=	Harry Crapper	75 75 78 82	310
	Stewart Field	74 76 82 78	310
56=	Jack Burton	77 74 80 80	311
	Ted Ray	75 77 80 79	311
58=	George Gadd	76 77 80 79	312
	Marcel Philippon	77 77 80 78	312
60	Percy Baxter	76 77 79 81	313
61	William McMinn	73 81 78 82	314
62=	Stewart Burns	76 76 83 80	315
	Albert Chevalier	77 75 83 80	315
64	Joe Rouse	74 76 84 85	319

Round Leader(s)
R1   Sarazen; 70
R2   Sarazen; 139
R3   Sarazen; 209

Lowest Scores
R2   Sarazen; 69
R3   Havers; 68
R4   Padgham, Smith; 70

1932

36th US OPEN Championship
Fresh Meadow Country Club, Flushing, New York
(23-25 June)
No of Entries 1011: No Qualifying 151: No Starting 143: No Making Cut 73: No Completing 72
6815 yards: Par 70 (280)

1 GENE SARAZEN ($1000)	74 76 70 66	286
2= Bobby Cruickshank	78 74 69 68	289
Phil Perkins	76 69 74 70	289
4 Leo Diegel	73 74 73 74	294
5 Wiffy Cox	80 73 70 72	295
6 Jose Jurado	74 71 75 76	296
7= Billy Burke	75 77 74 71	297
Harry Cooper	77 73 73 74	297
Olin Dutra	69 77 75 76	297
10 Walter Hagen	75 73 79 71	298
11 Clarence Clark	79 72 74 75	300
12= Vincent Eldred	78 73 77 73	301
Paul Runyan	79 77 69 76	301
14= Henry Ciuci	77 74 77 74	302
Ed Dudley	80 74 71 77	302
Johnny Goodman (a)	79 78 77 68	302
Fred Morrison	77 80 69 76	302
Denny Shute	78 76 76 72	302
Macdonald Smith	80 76 74 72	302
Craig Wood	79 71 79 73	302
21= Tommy Armour	82 73 77 71	303
George B Smith	81 76 72 74	303
23= Mortie Dutra	77 77 75 75	304
Joe Kirkwood, Sr	76 77 75 76	304
Charles Lacey	77 76 78 73	304
Jack Patroni	79 77 77 71	304
27= John Fischer (a)	81 78 74 73	306
Bob MacDonald	82 77 74 73	306
George Von Elm	79 73 77 77	306
Al Zimmerman	79 77 73 77	306
31= Herman Barron	78 76 79 74	307
Tom Creavy	83 71 77 76	307
Francis Gallett	77 81 70 79	307
Charles Guest	77 77 72 81	307
35= John Golden	79 81 73 75	308
John Kinder	79 77 75 77	308
Willie Klein	79 72 79 78	308
Bill Mehlhorn	81 76 78 73	308
Al Watrous	85 73 74 76	308
40= Abe Espinosa	83 77 81 68	309
Lloyd Gullickson	75 82 82 70	309
Al Houghton	82 77 74 76	309
Walter Kozak	76 78 77 78	309
Harold McSpaden	80 74 79 76	309
45= Vic Ghezzi	80 74 78 78	310
Jock Hutchison	81 78 74 77	310
Tony Manero	81 78 75 76	310
Joe Turnesa	79 81 80 70	310
49= Mike Brady	82 78 78 73	311
Pat Circelli	78 82 80 71	311
Peter O'Hara	83 76 75 77	311
Wilfred Reid	81 79 77 74	311
Harold Sanderson	77 74 82 78	311
54 Francis Scheider	79 79 77 77	312
55= Jim Barnes	84 76 78 75	313
Dave Hackney	76 75 79 83	313
Horton Smith	80 80 74 79	313
58= Wilson Crain	85 75 80 74	314
Leo Fraser	82 75 76 81	314
Ralph Guldahl	80 79 79 76	314
61= Jack Curley	78 77 82 78	315
George McLean	83 77 75 80	315
Phil Turnesa	79 81 76 79	315
64 Leonard Schmutte	82 76 79 79	316
65 Ed Kerby	77 80 79 81	317
66= Ted Luther	78 82 75 83	318
Sam Parks, Jr (a)	81 78 79 80	318
68= Frank Moore	78 77 76 89	320
Mike Turnesa	79 75 82 84	320
70 Kully Schlicht	80 80 78 83	321
71 William Green	80 78 84 80	322
72 Dan Goss	80 79 81 83	323

Round Score(s)
R1   O Dutra; 69
R2   Jurado, Perkins; 145
R3   Perkins; 219

Lowest Scores
R2   Perkins; 69
R3   Cruickshank, Morrison, Runyan; 69
R4   Sarazen; 66

1932

15th PGA Championship
Keller Golf Club, St Paul, Minnesota (31 August-4 September)
MATCH PLAY
31 qualifiers, plus the defending champion (Tom Creavy), after 36 holes stroke play
(Low - Olin Dutra, 140)
All Rounds 36 holes
6686 yards

ROUND 1 (Last 32)
OLIN DUTRA bt George Smith 9&8; Reggie Myles bt Horton Smith 1up (after 37); Herman Barron bt Neal McIntyre 8&7; Abe Espinosa bt Eddie Schultz 4&3; Henry Picard bt Charles Lacey 6&4; Ed Dudley bt Joe Turnesa 8&7; Al Collins bt Gunnar Nelson 5&4; John Golden bt Walter Hagen 1up (after 43); Vincent Eldred bt Paul Runyan 1up (after 38); Bobby Cruickshank bt Al Watrous 1up (after 41 holes); Gene Kunes bt Craig Wood 3&2; FRANK WALSH bt Ted Longworth 7&6; Ralph Stonehouse bt Vic Ghezzi 6&5; John Kinder bt Joe Kirkwood, Sr 1up; Johnny Perelli bt Denny Shute 3&2; Tom Creavy bt Jimmy Hines 7&6
ROUND 2 (Last 16)
DUTRA by Myles 5&3
Barron bt Espinosa 1up (after 38)
Dudley bt Picard 10&9
Collins bt Golden 1up
Cruickshank bt Eldred 3&1
WALSH bt Kunes 9&8
Stonehouse bt Kinder 3&2
Creavy bt Perelli 1up
QUARTER FINAL (QF)
DUTRA bt Barron 5&4
Dudley bt Collins 1up (after 38)
WALSH bt Cruickshank 8&7
Creavy bt Stonehouse 3&2
SEMI FINAL (SF)
DUTRA bt Dudley 3&2
WALSH bt Creavy 1up (after 38)
FINAL
OLIN DUTRA ($1000) beat Frank Walsh, 4&3

1933

37th US OPEN Championship
North Shore Country Club, Glenview, Illinois (8-10 June)
No of Entries 915: No Starting 151: No Making Cut 67: No Completing 65
6880 yards: Par 72 (288)

1	JOHNNY GOODMAN (a)	75 66 70 76	287	33=	Billy Burke	79 73 76 77	305
	($Nil –amateur)				Henry Kaiser	81 71 74 79	305
2	Ralph Guldahl	76 71 70 71	288		Willie Klein	77 78 72 78	305
3	Craig Wood	73 74 71 72	290		Walter Kozak	76 77 76 76	305
4=	Tommy Armour	68 75 76 73	292		Phil Perkins	76 72 81 76	305
	Walter Hagen	73 76 77 66	292		Jock Rogers	80 74 76 75	305
6	Mortie Dutra	75 73 72 74	294		Bob Shave	77 74 79 75	305
7=	Olin Dutra	75 71 75 74	295	40=	Joe Belfore	75 76 78 77	306
	Gus Moreland (a)	76 76 71 72	295		Tom Creavy	74 76 80 76	306
9=	Clarence Clark	80 72 72 72	296		Francis Gallett	77 75 77 77	306
	Johnny Farrell	75 77 72 72	296	43=	Bobby Cruickshank	75 76 79 78	308
	Willie Goggin	79 73 73 71	296		John Fischer (a)	75 80 74 79	308
	Joe Kirkwood, Sr	74 70 79 73	296		Charles Lacey	77 79 75 77	308
13=	Herman Barron	77 77 74 69	297	46=	John Kinder	79 77 74 79	309
	Al Watrous	74 76 77 70	297		Charles MacAndrew	78 77 79 75	309
15=	Henry Ciuci	73 79 74 72	298		George M Smith	81 75 74 79	309
	Johnny Revolta	73 76 75 74	298		Joe Turnesa	79 73 80 77	309
17=	George Dawson (a)	78 74 71 76	299	50=	James Johnston	76 77 81 76	310
	Leo Diegel	78 71 75 75	299		Neil White	73 80 79 78	310
19=	Lester Bolstad (a)	76 74 73 77	300	52=	Pat Sawyer (a)	79 75 80 77	311
	Macdonald Smith	77 72 77 74	300		Ray Schwartz	77 79 76 79	311
21=	Johnny Golden	79 76 74 72	301	54=	Leslie Madison	76 78 77 81	312
	Archie Hambrick	81 71 75 74	301		Charlie Manning	76 76 82 78	312
	Denny Shute	76 77 72 76	301		Bill Neilan	76 77 81 78	312
24=	Abe Espinosa	76 73 78 75	302	57	Harry Hampton	79 76 76 82	313
	Horton Smith	75 76 76 75	302	58	Don Armstrong (a)	75 77 86 76	314
26=	Bob Crowley	75 75 81 72	303	59	Tom Carney	78 77 78 82	315
	Ky Laffoon	74 78 79 72	303	60=	Tom Harmon	76 79 82 79	316
	Gene Sarazen	74 77 77 75	303		Bob MacDonald	80 75 81 80	316
29=	Harry Cooper	78 76 75 75	304	62	Ralph Beach	75 79 76 87	317
	Tony Manero	79 73 77 75	304	63	Emil Loeffler	80 76 82 84	322
	Bill Schwartz	75 81 72 76	304		Wilford Wehrle (a)	79 77 81 85	322
	Frank Walsh	79 73 72 80	304	65	Bob Randall	81 75 83 87	326

Round Leader(s)
R1 Armour; 68
R2 Goodman; 141
R3 Goodman; 211

Lowest Scores
R2 Goodman; 66
R3 Goodman, Guldahl; 70
R4 Hagen; 66

1933

68th OPEN Championship
Royal & Ancient Golf Club, St Andrews, Fife, Scotland (5-7 July)
No of Entries 283: No Starting 117: No Making Cut 61: No Completing 58
6572 yards

1	DENNY SHUTE*	73 73 73 73	292		Charlie Ward	76 73 76 79	304
	(£100)			31=	JI Cruickshank	73 75 79 78	305
2	Craig Wood	77 72 68 75	292		Frank Dennis	74 73 77 81	305
3=	Leo Diegel	75 70 71 77	293		William Nolan	71 75 79 80	305
	Syd Easterbrook	73 72 71 77	293		RD Vickers	73 77 79 76	305
	Gene Sarazen	72 73 73 75	293	35=	George Dunlap (a)	72 74 80 80	306
6	Olin Dutra	76 76 70 72	294		Bertie Weastell	72 78 77 79	306
7=	Henry Cotton	73 71 72 79	295	37=	Stewart Burns	74 74 76 83	307
	Ed Dudley	70 71 76 78	295		Jack Busson	74 72 81 80	307
	Abe Mitchell	74 68 74 79	295		Don Curtis	74 75 74 84	307
	Alf Padgham	74 73 74 74	295		Tom Dobson	78 74 77 78	307
	Reg Whitcombe	76 75 72 72	295		Joe Ezar	77 72 77 81	307
12=	Archie Compston	72 74 77 73	296		Fred Robson	76 76 79 76	307
12=	Archie Compston	72 74 77 73	296		William Twine	73 74 80 80	307
	Ernest R Whitcombe	73 73 75 75	296	44=	(WH) Bill Davies	74 72 80 82	308
14=	Auguste Boyer	76 72 70 79	297		William Davis	74 75 80 79	308
	Arthur Havers	80 72 71 74	297		Ernest Kenyon	76 75 77 80	308
	Joe Kirkwood, Sr	72 73 71 81	297		Tom Williamson	75 76 79 78	308
	Horton Smith	73 73 75 76	297	48=	Jimmy Adams	75 77 76 81	309
18=	Aubrey Boomer	74 70 76 78	298		Cecil Denny	74 78 72 85	309
	Jack M'Lean (a)	75 74 75 74	298		Gabriel Gonzalez	75 72 76 86	309
	Cyril Tolley (a)	70 73 76 79	298		James McDowall	75 73 81 80	309
21	Laurie Ayton, Sr	78 72 76 74	300		William B Smith	77 73 74 85	309
22=	Bert Gadd	75 73 73 80	301	53	Andrew Jamieson (a)	75 75 76 84	310
	Walter Hagen	68 72 79 82	301	54=	Johnny Farrell	77 71 84 79	311
	DC Jones	75 72 78 76	301		Herbert Jolly	71 78 80 82	311
	Fred Robertson	71 71 77 82	301	56	John McMillan	77 74 80 81	312
26	Alf Perry	79 73 74 76	302	57	Henry Sales	75 77 76 88	316
27	Allan Dailey	74 74 77 78	303	58	Cyril Thomson	76 74 86 88	324
28=	Ross Somerville (a)	72 78 75 79	304				
	Willie Spark	73 72 79 80	304				

* Denny Shute (149) beat Craig Wood (154) in the 36-Hole Play-off

Round Leader(s)
R1 Hagen; 68
R2 Dudley; 141
R3 Cotton, Diegel, Easterbrook, Kirkwood, Mitchell; 216

Lowest Scores
R2 Mitchell; 68
R3 Wood; 68
R4 Dutra, R Whitcombe; 72

1933

16th PGA Championship
Blue Mound Country Club, Milwaukee, Wisconsin (8-13 August)
MATCH PLAY
31 qualifiers, plus the defending champion (Olin Dutra), after 36 holes stroke play
(Low - Mortie Dutra, Jimmy Hines, 138)
All Rounds 36 holes
6330 yards

ROUND 1 (Last 32)
Jimmy Hines bt Mortie Dutra 3&2; Henry Picard bt Willie Klein 2&1; Frank Walsh bt Jack Curley 3&2; Tom Creavy bt Dick Metz 3&2; Al Espinosa bt Charles Schneider 3&2; WILLIE GOGGIN bt Leo Diegel 4&3; Paul Runyan bt Al Houghton 6&5; Johnny Revolta bt Alex Gerlak 12&11; Clarence Clark bt Horton Smith 6&5; Ed Dudley bt Ben Pautke 2&1; GENE SARAZEN bt Vincent Eldred 8&7; Harry Cooper bt Dave Hackney 6&5; John Golden bt Gunnar Johnson 4&3; Bobby Cruickshank bt Bunny Torpey 3&2; Johnny Farrell bt Vic Ghezzi 1up; Olin Dutra bt Reggie Myles 4&3

ROUND 2 (Last 16)
Hines bt Picard 5&3
Creavy bt Walsh 2&1
GOGGIN bt Espinosa 9&7
Runyan bt Revolta 2&1
Dudley bt Clark 3&1
SARAZEN bt Cooper 4&3
Golden bt Cruickshank 2&1
Farrell bt O Dutra 1up

QUARTER FINAL (QF)
Hines bt Creavy 4&3
GOGGIN bt Runyan 6&5
SARAZEN bt Dudley 675
Farrell bt Golden 5&4

SEMI FINAL (SF)
GOGGIN bt Hines 1up
SARAZEN bt Farrell 5&4

FINAL
GENE SARAZEN ($1000) beat Willie Goggin, 5&4

1934

1st MASTERS Tournament
Augusta National Golf Club, Augusta, Georgia (22-25 March)
No Starting 73: No Completing 61
6925 yards: Par 72 (288)

1	HORTON SMITH ($1500)	70 72 70 72	284		31	Charles Lacey	74 73 80 74	301
2	Craig Wood	71 74 69 71	285		32	John Kinder	77 76 74 76	303
3=	Billy Burke	72 71 70 73	286		33	Phil Perkins	74 76 76 78	304
	Paul Runyan	74 71 70 71	286		34=	George T Dunlap, Jr (a)	76 75 78 77	306
5	Ed Dudley	74 69 71 74	288			Joe Turnesa	75 75 77 79	306
6	Willie MacFarlane	74 73 70 74	291		36=	Johnny Farrell	77 80 78 72	307
7=	Al Espinosa	75 70 75 72	292			Joe Paletti	73 79 75 80	307
	Jimmy Hines	70 74 74 74	292		38=	Errie Ball	74 75 74 86	309
	Harold McSpaden	77 74 72 69	292			Abe Espinosa	76 77 75 81	309
	MacDonald Smith	74 70 74 74	292			Gene Kunes	80 76 78 75	309
11=	Mortie Dutra	74 75 71 73	293			David Ogilvie, Jr	79 75 77 78	309
	Al Watrous	74 74 71 74	293		42	Tom Kerrigan	76 79 77 78	310
13=	Walter Hagen	71 76 70 77	294		43=	George Kerrigan	84 74 76 77	311
	Bobby Jones (a)	76 74 72 72	294			Ross Somerville (a)	82 78 74 77	311
	Denny Shute	73 73 76 72	294		45	Willie Turnesa (a)	75 78 80 79	312
16=	Leo Diegel	73 72 74 76	295		46=	Sam Parks, Jr	79 81 79 74	313
	Ralph Stonehouse	74 70 75 76	295			Johnny Perelli	79 77 79 78	313
18=	Ky Laffoon	72 79 72 73	296		48=	WD Fondren	79 79 74 83	315
	Johnny Revolta	75 72 75 74	296			Billy Howell (a)	76 80 83 76	315
	Bill Schwartz	75 72 71 78	296		50=	Fred McLeod	80 81 79 76	316
21=	Johnny Golden	71 75 74 77	297			George Sargent	80 76 82 78	316
	Charlie Yates (a)	76 72 77 72	297		52=	Charles Hall	79 81 77 80	317
23=	John Dawson (a)	74 73 76 75	298			George Jacobus	79 80 77 81	317
	Henry Picard	71 76 75 76	298		54=	Walter Emery (a)	77 76 82 84	319
25=	Henry Ciuci	74 73 74 78	299			Sam Perry (a)	77 81 80 81	319
	Tom Creavy	74 73 80 72	299			Jimmy Vincent	80 80 77 82	319
	Vic Ghezzi	77 74 74 74	299		57	Willie Dow	81 79 80 80	320
28=	Bobby Cruickshank	74 74 80 72	300		58	Jess Sweetser (a)	80 82 81 78	321
	Jim Foulis	78 74 76 72	300		59	CT Wilson (a)	80 83 80 79	322
	Mike Turnesa	75 74 77 74	300		60	Bayard Mitchell (a)	84 79 84 85	332
					61	Cyril Walker	88 85 81 80	334

Round Leader(s)
R1   French, Hines, H Smith; 70
R2   H Smith; 142
R3   H Smith; 212

Lowest Scores
R2   Dudley; 69
R3   Wood; 69
R4   McSpaden; 69

1934

38th US OPEN Championship
Merion Cricket Club, Ardmore, Pennsylvania (7-9 June)
No of Entries 1063: No Starting 150: No Making Cut 64: No Completing 62
6694 yards: Par 70 (280)

1	OLIN DUTRA ($1000)	76 74 71 72	293		6=	Billy Burke	76 71 77 72	296
						Macdonald Smith	75 73 78 70	296
2	Gene Sarazen	73 72 73 76	294		8=	Tom Creavy	79 76 78 66	299
3=	Harry Cooper	76 74 74 71	295			Ralph Guldahl	78 73 70 78	299
	Wiffy Cox	71 75 74 75	295			Jimmy Hines	80 70 77 72	299
	Bobby Cruickshank	71 71 77 76	295			Johnny Revolta	76 73 77 73	299

12=	Joe Kirkwood, Sr	75 73 78 74	300		Charles Lacey	71 78 81 79	309
	Ted Luther	78 71 78 73	300		Bill Mehlhorn	78 77 77 77	309
14=	Willie Hunter, Jr	75 74 80 72	301		Sam Parks, Jr	76 76 76 81	309
	Alvin Krueger	76 75 75 75	301	41=	Frank Walsh	78 74 78 80	310
16	Mark Fry	79 75 74 74	302		Jack Westland (a)	77 76 81 76	310
17=	Henry Ciuci	74 74 79 76	303	43=	Johnny Goodman (a)	76 77 83 75	311
	Leo Diegel	76 71 78 78	303		Reggie Myles	80 75 84 72	311
	Johnny Golden	75 76 74 78	303		Denny Shute	78 73 81 79	311
	Horton Smith	74 73 79 77	303		Jimmy Thomson	74 75 78 84	311
21=	Al Espinosa	76 74 76 78	304	47=	Willie Goggin	74 80 80 79	313
	Phil Perkins	78 74 79 73	304		Henry Picard	79 75 80 79	313
23=	Herman Barron	79 72 76 78	305		Al Watrous	77 78 82 76	313
	Ky Laffoon	76 73 80 76	305	50=	Julius Ackerbloom	80 74 79 81	314
25=	Lawson Little (a)	83 72 76 75	306		Tommy Armour	82 72 79 81	314
	Eddie Loos	76 75 78 77	306		Clarence Ehresman	76 77 79 82	314
	Orville White	76 79 76 75	306		Gunnar Johnson	76 79 80 79	314
28=	Rodney Bliss, Jr (a)	74 73 82 78	307		Charlie Yates (a)	75 77 81 81	314
	Mortie Dutra	74 77 79 77	307	55=	Chris Brinke (a)	77 74 88 77	316
	Zell Eaton (a)	76 73 78 80	307		Toney Penna	76 76 81 83	316
	Paul Runyan	74 78 79 76	307	57	Gus Moreland (a)	77 76 85 79	317
	George Schneiter	76 76 79 76	307	58=	Johnny Farrell	75 79 83 81	318
	Bill Schwartz	81 74 73 79	307		Walter Hagen	76 79 83 80	318
	George Von Elm	74 76 80 77	307	60=	George Dawson (a)	75 79 82 83	319
35=	Jack Forrester	78 72 80 78	308		John Schuebel	78 77 80 84	319
	Jim Foulis	79 76 82 71	308	62	Rudolph Knepper (a)	82 73 85 82	322
37=	Ed Dudley	76 78 83 72	309				

Round Leader(s)
R1 Cox, Cruickshank; 71
R2 Cruickshank; 142
R3 Sarazen; 218

Lowest Scores
R2 Hines; 70
R3 Guldahl; 70
R4 T Creavy; 66

1934

69th OPEN Championship
Royal St George's Golf Club, Sandwich, Kent, England (27-29 June)
No of Entries 312: No Starting 98: No Making Cut 69: No Completing 66
6776 yards

1	HENRY COTTON	67 65 72 79	283		Fred Taggart	70 76 82 77	305
	(£100)			35=	Herbert Jolly	73 77 76 80	306
2	Sid Brews	76 71 70 71	288		William Laidlaw	71 77 83 75	306
3	Alf Padgham	71 70 75 74	290		Mark Seymour	78 75 78 75	306
4=	Marcel Dallemagne	71 73 71 77	292		Tom Pierpont	77 73 79 77	306
	Joe Kirkwood, Sr	74 69 71 78	292	39=	Dick Burton	76 71 79 81	307
	Macdonald Smith	77 71 72 72	292		Fred Jarman	76 76 79 76	307
7=	Bert Hodson	71 74 74 76	295		Arthur Thompson (a)	76 75 75 81	307
	Charles Whitcombe	71 72 74 78	295	42=	Laurie Ayton, Jr	76 75 78 79	308
9=	Percy Alliss	73 75 71 77	296		Tom Collinge	73 76 81 78	308
	Ernest R Whitcombe	72 77 73 74	296		William Davis	78 73 77 80	308
11	William Twine	72 76 75 74	297		Cecil Denny	71 74 83 80	308
12	Jack Burton	80 72 72 74	298		Dr J Flaherty (a)	80 70 80 78	308
13=	Bill Davies	76 68 73 82	299		Lister Hartley (a)	76 77 77 78	308
	Edward Jarman	74 76 74 75	299		Nicasio Sagardia	76 75 74 83	308
	Charlie Ward	76 71 72 80	299		Tom Williamson	80 70 79 79	308
16=	Allan Dailey	74 73 78 75	300	50=	Angel de la Torre	79 74 77 79	309
	James McDowall	73 74 76 77	300		Frank Dennis	74 78 78 79	309
	Jack M'Lean (a)	77 76 69 78	300		George Gadd	75 72 80 82	309
	Reg Whitcombe	75 76 74 75	300		John McMillan	74 75 79 81	309
20	Denny Shute	71 72 80 78	301		AG Matthews	75 72 81 81	309
21=	Alf G Beck	78 72 78 74	302		Edward Musty	76 77 78 78	309
	Bert Gadd	76 74 74 78	302	56=	Firmin Cavalo, Jr	79 71 76 84	310
	William Nolan	73 71 75 83	302		Sydney Fairweather	80 72 80 78	310
	Gene Sarazen	75 73 74 80	302	58=	James Forrester	79 72 80 80	311
	Percy Weston	72 76 77 77	302		Leslie Garnett (a)	73 76 80 82	311
26=	Jimmy Adams	73 78 73 79	303		Hubert Prowse	80 72 81 78	311
	Tom Green	75 73 74 81	303		Fred Robson	75 78 78 80	311
	Alf Perry	76 76 74 77	303		Eustace Storey (a)	77 76 76 82	311
29=	Auguste Boyer	78 75 77 74	304	63=	Jack Donaldson	75 77 82 79	313
	Leslie Cotton	76 73 79 76	304		Gordon Good	72 80 79 82	313
31=	Donald Curtis	77 75 74 79	305		F Ricardo (a)	78 75 76 84	313
	Syd Easterbrook	77 72 79 77	305	66	Albert Whiting	78 74 83 80	315
	Duncan McCulloch	73 74 75 83	305				

Round Leader(s)
R1 H Cotton; 67
R2 H Cotton; 132
R3 H Cotton; 204

Lowest Scores
R2 H Cotton; 65
R3 M'Lean; 69
R4 Brews; 71

1934

17th PGA Championship
Park Club of Buffalo, Williamsville, New York (24-29 July)
MATCH PLAY
31 qualifiers, plus the defending champion (Gene Sarazen), after 36 holes stroke play

(Low Bob Crowley, 138)
All Rounds 36 holes
6579 yards

ROUND 1 (Last 32)
Gene Sarazen bt Herman Barron 3&2; Al Watrous bt Errie Ball 8&7; Harry Cooper bt Bill Mehlhorn 4&2; CRAIG WOOD bt Leo Fraser 6&5; Ky Laffoon bt George Smith 12&10; Denny Shute bt Walter Hagen 4&3; Al Houghton bt George Christ 7&6; Fay Coleman bt Leo Diegel 4&2; Dick Metz bt Joe Paletti 6&5; Tommy Armour bt Byron Nelson 4&3; Vic Ghezzi bt Eddie Burke 2&1; PAUL RUNYAN bt Johnny Farrell 8&6; Johnny Revolta bt Jim Foulis 7&6; Gene Kunes bt Orville White 3&2; Ted Turner bt Willie Goggin 1up (after 37); Bob Crowley bt Eddie Loos 3&2
ROUND 2 (Last 16)
    Watrous bt Sarazen 4&3
    WOOD bt Cooper 4&3
    Shute bt Laffoon 3&2
    Houghton bt Coleman 4&3
    Metz bt Armour 3&2
    RUNYAN bt Ghezzi 2&1
    Kunes bt Revolta 2&1
    Crowley bt Turner 1up
QUARTER FINAL (QF)
    WOOD bt Watrous 2&1
    Shute bt Houghton 6&5
    RUNYAN bt Metz 1up
    Kunes bt Crowley 4&3
SEMI FINAL (SF)
    WOOD bt Shute 2&1
    RUNYAN bt Kunes 4&2
FINAL
    PAUL RUNYAN ($1000) beat Craig Wood, 1up (after 38)

1935

2nd MASTERS Tournament
Augusta National Golf Club, Augusta, Georgia (4-8 April)
No Starting 65: No Completing 64
6925 yards: Par 72 (288)

1	GENE SARAZEN* ($1500)	68 71 73 70	282	34	Al Watrous	78 72 75 75	300	
				35=	John Golden	75 73 77 76	301	
2	Craig Wood	69 72 68 73	282		Bill Mehlhorn	76 70 77 78	301	
3	Olin Dutra	70 70 70 74	284	37=	Tommy Armour	73 76 75 78	302	
4	Henry Picard	67 68 76 75	286		Billy Burke	74 75 74 79	302	
5	Denny Shute	73 71 70 73	287		Johnny Farrell	74 74 78 76	302	
6	Lawson Little (a)	74 72 70 72	288		Jim Foulis	81 72 74 75	302	
7	Paul Runyan	70 72 75 72	289		Willie Goggin	68 74 78 82	302	
8	Vic Ghezzi	73 71 73 73	290		Fred Haas, Jr (a)	75 73 75 79	302	
9=	Bobby Cruickshank	76 70 73 72	291	43=	Wiffy Cox	73 76 77 77	303	
	Jimmy Hines	70 70 77 74	291		Frank Walsh	75 82 73 73	303	
	Byron Nelson	71 74 72 74	291	45=	Henry Ciuci	79 77 74 74	304	
	Joe Turnesa	73 71 74 73	291		Tony Manero	72 76 77 79	304	
13=	Ray Mangrum	68 71 76 77	292	47=	Andy Kay	78 74 77 76	305	
	Johnny Revolta	70 74 73 75	292		Gus Moreland	78 74 75 78	305	
15=	Walter Hagen	73 69 72 79	293		Orville White	76 74 75 80	305	
	Sam Parks Jr	74 70 74 75	293	50	Abe Espinosa	78 73 79 76	306	
17=	John Dawson (a)	75 72 72 75	294	51=	Jock Hutchison	78 73 80 76	307	
	Al Espinosa	76 72 73 73	294		Jimmy Thomson	74 72 80 81	307	
19=	Clarence Clark	77 75 73 71	296		Pat Tiso	76 75 75 81	307	
	Leo Diegel	72 73 74 77	296	54=	Bob MacDonald	73 79 76 81	309	
	Ed Dudley	73 73 74 76	296		Ralph Stonehouse	78 74 80 77	309	
	Harold McSpaden	75 72 75 74	296	56=	Walter Kozak	78 77 77 78	310	
	Horton Smith	74 75 74 73	296		Bill Schwartz	76 74 81 79	310	
	Charlie Yates (a)	75 70 76 75	296	58	Leland Hamman	75 79 79 79	312	
25=	Harry Cooper	73 76 74 74	297	59	Jules Huot	78 78 81 76	313	
	Bobby Jones (a)	74 72 73 78	297	60	H Chandler Egan	77 78 78 81	314	
	Mike Turnesa	72 74 75 76	297	61	Jack Munger (a)	79 78 77 83	317	
28=	Gene Kunes	76 72 77 73	298	62	George Sargent	80 79 79 81	319	
	Ky Laffoon	76 73 72 77	298	63	Jack Westland (a)	77 82 77 84	320	
	Phil Perkins	77 71 75 75	298	64	Fred McLeod	84 76 83 81	324	
31=	Mortie Dutra	81 74 73 71	299					
	Willie MacFarlane	73 77 75 74	299					
	Dick Metz	75 73 73 78	299					

* Gene Sarazen (144) beat Craig Wood (149) in the 36-Hole Play-off

Round Leader(s)
R1   Picard; 67
R2   Picard; 135
R3   Wood; 209

Lowest Scores
R2   Picard; 68
R3   Wood; 68
R4   Sarazen; 70

1935

39th US OPEN Championship
Oakmont Country Club, Oakmont, Pennsylvania (6-8 June)
No of Entries 1125: No Starting 164: No Making Cut 66: No Completing 62
6981 yards: Par 72 (288)

1	SAM PARKS, Jr ($1000)	77 73 73 76	299	10=	Dick Metz	77 76 76 78	307
					Paul Runyan	76 77 79 75	307
2	Jimmy Thomson	73 73 77 78	301	12=	Olin Dutra	77 76 78 77	308
3	Walter Hagen	77 76 73 76	302		Vincent Eldred	75 77 77 79	308
4=	Ray Mangrum	76 76 72 79	303	14=	Herman Barron	73 79 78 79	309
	Denny Shute	78 73 76 76	303		Bobby Cruickshank	78 76 77 78	309
6=	Alvin Krueger	71 77 78 80	306		Mortie Dutra	75 77 80 77	309
	Henry Picard	79 78 70 79	306		Macdonald Smith	74 82 76 77	309
	Gene Sarazen	75 74 78 79	306		Ted Turner	80 71 81 77	309
	Horton Smith	73 79 79 75	306		Al Watrous	75 80 79 75	309

20	Vic Ghezzi	75 78 81 77	311		Ralph Guldahl	78 76 82 82	318	
21=	Sid Brews	76 81 78 77	312		Roland MacKenzie	72 82 80 84	318	
	Ed Dudley	74 83 75 80	312		Tony Manero	77 80 76 85	318	
	Bill Kaiser	78 82 78 74	312	45=	Zell Eaton (a)	81 80 82 76	319	
	Gene Kunes	76 79 77 80	312		Cliff Spencer	73 82 80 84	319	
	Craig Wood	76 80 79 77	312	47=	Floyd Farley	75 84 84 77	320	
26=	Ted Luther	80 76 84 73	313		Al Houghton	78 82 80 80	320	
	Frank Walsh	76 82 82 73	313		Willie MacFarlane	77 81 78 84	320	
28=	Harry Cooper	77 81 79 77	314	50=	James Fogertey	82 79 79 81	321	
	Al Espinosa	75 76 78 85	314		George Schneiter	77 84 79 81	321	
	Willie Hunter, Jr	78 80 80 76	314	52=	Johnny Farrell	77 79 84 82	322	
	Ky Laffoon	75 83 81 75	314		Phil Turnesa	77 82 82 81	322	
32=	Chris Brinke (a)	80 80 81 74	315		Charlie Yates (a)	77 79 84 82	322	
	Billy Burke	77 84 75 79	315	55=	Maurice McCarthy, Jr (a)	79 81 81 83	324	
	Jim Foulis	74 81 81 79	315		Felix Serafin	80 79 81 84	324	
	Byron Nelson	75 81 82 77	315		George Von Elm	81 74 83 86	324	
36=	Johnny Goodman (a)	77 78 83 78	316	58=	Walter Kozak	81 78 81 85	325	
	Phil Perkins	77 82 80 77	316		Kanekichi Nakamura	82 79 78 86	325	
	Johnny Revolta	80 75 82 79	316	60	Jack Gordon	75 79 87 87	328	
39	Mark Fry	80 77 80 80	317	61	Johnny Golden	79 81 86 86	332	
40=	Perry Del Vecchio	80 81 77 80	318	62	Earl Stokes, Jr (a)	76 80 93 85	334	
	Willie Goggin	77 82 82 77	318					

Round Leader(s)
R1 Krueger; 71
R2 Thomson; 146
R3 Parks, Thomson; 223

Lowest Scores
R2 Turner; 71
R3 Picard; 70
R4 Luther, Walsh; 73

1935

70th OPEN Championship
Hon Co of Edinburgh Golfers, Muirfield, East Lothian, Scotland (26-28 June)
No of Entries 261: No Qualifying 109: No Starting 107: No Making Cut 62: No Completing 62
6806 yards

1	ALF PERRY	69 75 67 72	283		Dai Rees	75 73 77 77	302	
	(£100)				Cyril Thomson	74 76 75 77	302	
2	Alf Padgham	70 72 74 71	287	34=	Bill Davies	78 74 76 75	303	
3	Charles Whitcombe	71 68 73 76	288		Bert Hodson	72 80 79 72	303	
4=	Bert Gadd	72 75 71 71	289		Reg Whitcombe	72 75 74 82	303	
	Lawson Little (a)	75 71 74 69	289	37=	Allan Dailey	75 74 76 79	304	
6	Henry Picard	72 73 72 75	292		Eric Green	72 77 78 77	304	
7=	Henry Cotton	68 74 76 75	293		Gordon Lockhart	78 72 82 72	304	
	Syd Easterbrook	75 73 74 71	293		Harold Myers	74 73 81 76	304	
9	Bill Branch	71 73 76 74	294	41=	Arthur Havers	79 74 76 76	305	
10	Laurie Ayton, Sr	74 73 77 71	295		Arthur Lees	76 77 76 76	305	
11	Auguste Boyer	74 75 76 71	296		Robert Rutherford (a)	76 76 77 76	305	
12=	Aubrey Boomer	76 69 75 77	297	44=	George Charman	77 76 78 75	306	
	Jack Busson	75 76 70 76	297		Paddy Mahon	71 79 81 75	306	
	Bill Cox	76 69 77 75	297	46=	Jack M'Lean (a)	77 74 75 81	307	
	Ernest WH Kenyon	70 74 74 79	297		WJ Martin	74 75 80 78	307	
16=	Percy Alliss	72 76 75 75	298		Bob Sweeny (a)	72 73 82 80	307	
	John Jacobs, Sr	78 74 71 75	298	49=	Tom Collinge	77 75 77 79	308	
18=	William Laidlaw	74 71 75 79	299		Archie Compston	75 74 79 80	308	
	Phillip H Rodgers	74 76 74 75	299		Thomas Dobson	77 75 77 79	308	
	Mark Seymour	75 76 75 73	299		Frank Hill	77 76 79 76	308	
	Macdonald Smith	69 77 75 78	299		Fred Jarman	74 78 79 77	308	
	Ernest R Whitcombe	75 72 74 78	299		Eric McRuvie (a)	70 79 81 78	308	
23=	Reg Cox	75 73 76 76	300	55=	Laurie Ayton, Jr	78 74 79 78	309	
	Sam King	76 74 75 75	300		Hector Thomson (a)	75 76 80 78	309	
	Arthur Lacey	71 75 74 80	300	57=	Hamish Ballingall	75 77 80 78	310	
	Laddie Lucas (a)	74 73 72 81	300		Francis Francis (a)	78 75 75 82	310	
27=	Frank Ball	76 75 73 77	301	59=	Joe Ezar	76 75 80 80	311	
	Alf G Beck	74 76 77 74	301		Edward Jarman	74 78 80 79	311	
	Len Holland	72 74 78 77	301	61	Andrew Peacock	80 72 81 80	313	
	PWL Risdon (a)	78 74 75 74	301	62	WE Brown	74 78 87 83	322	
31=	Sid Brews	79 74 75 74	302					

Round Leader(s)
R1 Cotton; 68
R2 C Whitcombe; 139
R3 Perry: 211

Lowest Scores
R2 C Whitcombe; 68
R3 Perry; 67
R4 Little; 69

1935

18th PGA Championship
Twin Hills Country Club, Oklahoma City, Oklahoma (18-23 October)
MATCH PLAY
63 qualifiers, plus the defending champion (Paul Runyan), after 36 holes stroke play
(Low - Walter Hagen, 139)
Rs1&2, 18 holes: R3,QF,SF&F, 36 holes
6280 yards

ROUND 1 (Last 64)
Paul Runyan bt Louis Chiapetta 5&3; Mortie Dutra bt Gordon Brunton 6&5; Tony Manero bt Len Mattson 4&2; Clarence Doser bt William Malcolm 2&1; Levi Lynch bt Herman Barron 1up (after 19); Art Bell bt Joe Turnesa 3&2; Vic Ghezzi bt Billy Burke 2up; Al Zimmerman bt Ed Williams 2&1; Pat Circelli bt Jerry Gianferante 1up (after 20); Orville White bt Clarence Clark 3&2; Jimmy Hines bt Jimmy Demaret 1up; JOHNNY REVOLTA bt Walter Hagen, 1up; Alvin Krueger bt Frank Walsh 1up; Gene Sarazen bt George Christ 4&3; George Slingerland bt John Golden 2&1; Eddie Schultz by Jim Foulis 3&1; Harold Sampson bt Emery Zimmerman 1up; Al Watrous bt Charles Lacey 3&2; Sam Parks, Jr bt Harry Cooper 1up; Francis Scheider bt Dave Trufelli 4&2; Horton Smith bt Henry Picard 1up; Ray Mangrum bt Harry Nettlebladt 5&4; Henry Bontempo bt Eric Seavall 2&1; Denny Shute bt Gene Kunes 4&3; Jimmy Thomson bt Bill Jelliffe 4&3; Jock Collins bt Gunnar Nelson 1up; Ed Dudley bt Leland Wilcox 1up; Dick Metz bt Ralph Stonehouse 5&3; Ky Laffoon bt Paul Erath 1up; Eddie Loos bt Ted Turner 2&1; Charles Schneider bt Steve Holloway 4&3; TOMMY ARMOUR bt Willie Klein 1up

ROUND 2 (Last 32)
Runyan bt Dutra 3&2; Manero bt Doser 1up; Lynch bt Bell 4&2; A Zimmerman bt Ghezzi 2&1; Circelli bt White 3&2; REVOLTA bt Hines 1up; Krueger bt Sarazen 2&1; Schultz bt Slingerland 2&1; Watrous bt Sampson 2&1; Parks, Jr bt Scheider 1up; Smith bt Mangrum 1up; Shute bt Bontempo 4&3; Thomson bt Collins 6&4; Dudley bt Metz 3&1; Laffoon bt Loos 1up (after 21); ARMOUR bt Schneider 3&2

ROUND 3 (Last 16)
Runyan bt Manero 9&8
A Zimmerman bt Lynch 7&6
REVOLTA bt Circelli 4&2
Schultz bt Krueger 1up (after 37)
Watrous bt Parks, Jr 4&3
Smith bt Shute 2&1
Dudley bt Thomson 6&4
ARMOUR bt Laffoon 3&2

QUARTER FINAL (QF)
A Zimmerman bt Runyan 3&2
REVOLTA bt Schultz 4&2
Watrous bt Smith 1up
ARMOUR bt Dudley 1up (after 39)

SEMI FINAL (SF)
REVOLTA bt A Zimmerman 4&3
ARMOUR bt Watrous 2&1

FINAL
JOHNNY REVOLTA ($1000) beat Tommy Armour, 5&4

1936

3rd MASTERS Tournament
Augusta National Golf Club, Augusta, Georgia (2-6 April: Fri & Sun washed out)
No Starting 53; No Completing 45
6925 yards: Par 72 (288)

1	HORTON SMITH ($1500)	74 71 68 72	285
2	Harry Cooper	70 69 71 76	286
3	Gene Sarazen	78 67 72 70	287
4=	Bobby Cruickshank	75 69 74 72	290
	Paul Runyan	76 69 70 75	290
6=	Ed Dudley	75 75 70 73	293
	Ky Laffoon	75 70 75 73	293
	Ray Mangrum	76 73 68 76	293
9=	John Dawson (a)	77 70 70 77	294
	Henry Picard	75 72 74 73	294
11=	Walter Hagen	77 74 73 72	296
	Denny Shute	76 68 75 77	296
13=	Wiffy Cox	82 69 75 72	298
	Byron Nelson	76 71 77 74	298
15=	Al Espinosa	72 73 75 79	299
	Vic Ghezzi	77 70 77 75	299
	Harold McSpaden	77 75 71 76	299
	Jimmy Thomson	76 78 71 74	299
	Orville White	78 73 77 71	299
20=	Tommy Armour	79 74 72 75	300
	Chick Chin	76 74 71 79	300
	Lawson Little	75 75 73 77	300
	Sam Parks, Jr	76 75 72 77	300
	Craig Wood	88 67 69 76	300
25	Johnny Revolta	77 72 76 76	301
26	Albert Campbell (a)	82 73 68 79	302
27	Dick Metz	79 78 76 70	303
28	Billy Burke	74 77 74 79	304
29=	Johnny Farrell	78 75 74 78	305
	Joe Kirkwood, Sr	81 76 73 75	305
	Torchy Toda	81 84 75 75	305
	Al Watrous	78 76 73 78	305
33	Bobby Jones (a)	78 78 73 77	306
34=	Bill Kaiser	77 78 77 75	307
	Charlie Yates (a)	82 73 75 77	307
36=	Alvin Krueger	75 76 77 80	308
	Ted Luther	74 75 77 82	308
38	Ted Turner	76 79 80 75	310
39=	Jimmy Hines	79 82 74 76	311
	Jules Huot	80 79 75 77	311
	Gene Kunes	81 76 76 78	311
	Frank Walsh	80 77 78 76	311
43	Johnny Goodman (a)	80 81 79 75	315
44=	Robert Riegel	84 78 74 83	319
	Robert Sweeny, Jr (a)	83 75 74 87	319

Round Leader(s)
R1 Cooper; 70
R2 Cooper; 139
R3 Cooper; 210

Lowest Scores
R2 Sarazen, Wood; 67
R3 Campbell, Mangrum, Smith; 68
R4 Metz, Sarazen; 70

1936

40th US OPEN Championship
Baltusrol Golf Club, Springfield, New Jersey (4-6 June)
No of Entries 1277: No Starting 172: No Making Cut 76: No Completing 76
6866 yards: Par 72 (288)

1	TONY MANERO ($1000)	73 69 73 67	282
2	Harry Cooper	71 70 70 73	284
3	Clarence Clark	69 75 71 72	287
4	Macdonald Smith	73 73 72 70	288
5=	Wiffy Cox	74 74 69 72	289
	Ky Laffoon	71 74 70 74	289
	Henry Picard	70 71 74 74	289
8=	Ralph Guldahl	73 70 73 74	290
	Paul Runyan	69 75 73 73	290
10	Denny Shute	72 69 73 77	291
11=	Herman Barron	73 74 69 76	292
	Tom Kerrigan	70 75 72 75	292
	Ray Mangrum	69 71 76 76	292
14=	Charles Kocsis (a)	72 71 73 77	293
	Frank Moore	70 74 75 74	293
	Johnny Revolta	70 71 77 75	293
	Jimmy Thomson	74 73 71 75	293
18=	Billy Burke	72 76 72 74	294
	Vic Ghezzi	70 70 73 81	294
	Willie Goggin	73 73 72 76	294
	Harold McSpaden	75 71 78 70	294
22=	Tommy Armour	74 76 74 71	295
	Johnny Farrell	75 75 70 75	295
	Jerry Gianferante	74 73 71 77	295
	Johnny Goodman (a)	75 73 73 74	295
	Felix Serafin	72 73 74 76	295
	Horton Smith	75 75 72 73	295
28=	Al Brosch	73 75 72 76	296
	Zell Eaton	72 75 72 77	296
	Dick Metz	74 73 73 76	296
	Jack Munger (a)	74 70 76 76	296
	Gene Sarazen	75 72 75 74	296
33=	Walter Hagen	74 72 73 78	297

	Ted Longworth	71 74 74 78	297
	Al Watrous	76 75 74 72	297
36=	Mortie Dutra	75 75 75 73	298
	Vincent Eldred	74 73 78 73	298
	Dutch Harrison	74 75 76 73	298
	Willie Klein	75 73 75 75	298
40=	Jake Fassezke	72 79 74 74	299
	John Kinder	75 74 77 73	299
	Charles Lacey	74 74 77 74	299
	Gunnar Nelson	74 76 74 75	299
	Frank Walsh	74 74 73 78	299
45=	Chick Chin	76 71 78 75	300
	Bruce Coltart	75 76 72 77	300
	Olin Dutra	74 77 75 74	300
48=	Clarence Doser	72 75 78 76	301
	George Low, Jr	75 72 77 77	301
50=	Charles Evans, Jr (a)	77 74 77 74	302
	Willie Hunter, Jr	73 75 77 77	302
	Al Huske	77 74 76 75	302
	Gene Kunes	73 77 75 77	302
	Clarence Owens	76 75 75 76	302
55=	Joe Ezar	75 75 73 80	303
	Leslie Madison	70 75 81 77	303
	Jack Toomer	74 74 78 77	303
	Wilford Wehrle (a)	74 77 74 78	303
59=	Ralph Beach	74 76 78 76	304
	Ed Dudley	76 75 78 75	304
	Maurice McCarthy, Jr (a)	76 75 74 79	304
	Ted Turner	77 74 78 75	304
63	Johnny Bulla	71 78 75 81	305
64=	Albert Alcroft	76 75 76 79	306
	William Schuchart	78 73 81 74	306
66=	Pat Circelli	74 77 80 76	307
	Jack Isaacs	75 75 79 78	307
	Charles Schneider	74 74 82 77	307
	Craig Wood	71 80 78 78	307
70=	Chris Brinke (a)	75 73 85 76	309
	Clarence Hackney	77 74 76 82	309
	Len Gallett	73 77 79 81	310
73	Morton McCarthy (a)	72 76 83 80	311
74	James Fogertey	76 74 79 83	312
75	Al Nelson	72 78 81 82	313
76	Raymond Schirmer	74 77 81 82	314

Round Leader(s)
R1   Clark, Mangrum, Runyan; 69
R2   Ghezzi, Mangrum; 140
R3   Cooper; 211

Lowest Scores
R2   Manero, Shute; 69
R3   Barron, Cox; 69
R4   Manero; 67

1936

71st OPEN Championship
Royal Liverpool Golf Club, Hoylake, Cheshire, England (24-26 June)
No of Entries 286: No Starting 107: No Making Cut 62: No Completing 62
7078 yards

1	ALF PADGHAM	73 72 71 71	287
	(£100)		
2	Jimmy Adams	71 73 71 73	288
3=	Henry Cotton	73 72 70 74	289
	Marcel Dallemagne	73 72 75 69	289
5=	Percy Alliss	74 72 74 71	291
	Tom Green	74 72 70 75	291
	Gene Sarazen	73 75 70 73	291
8=	Arthur Lacey	76 74 72 72	294
	Bobby Locke (a)	75 73 72 74	294
	Reg Whitcombe	72 77 71 74	294
11	Dai Rees	77 71 72 75	295
12=	Dick Burton	74 71 75 76	296
	Bill Cox	70 74 79 73	296
14	Bill Davies	72 76 73 77	298
15=	Aubrey Boomer	74 75 75 75	299
	Wally Smithers	75 73 77 74	299
	Hector Thomson (a)	76 76 73 74	299
	Ted Turner	75 74 76 74	299
19=	Gordon Good	75 73 79 73	300
	Charles Whitcombe	73 76 79 72	300
21=	Max Faulkner	74 75 77 75	301
	Bert Gadd	74 72 77 78	301
23=	Errie Ball	74 77 72 79	302
	Johnny Fallon	78 73 78 73	302
	Francis Francis (a)	73 72 79 78	302
	Willie Goggin	74 78 73 77	302
	Norman Sutton	75 72 78 77	302
28=	Sam King	79 74 75 76	304
	Reg Manton	76 78 77 73	304
	Jean Saubaber	74 78 75 77	304
31=	Laurie Ayton, Jr	76 75 75 79	305
	Bill Branch	80 75 68 72	305
	Harry Busson	78 73 79 75	305
34=	Cecil Denny	77 76 78 75	306
	Syd Easterbrook	79 73 77 77	306
	Sydney Fairweather	75 78 77 76	306
	Jack M'Lean (a)	72 78 79 77	306
38	Tom Collinge	74 73 79 81	307
39	Arthur Lees	79 74 78 77	308
40=	Jack Busson	76 73 83 77	309
	Allan Dailey	77 77 77 78	309
	Frank Dennis	78 77 79 75	309
	H Rimmer	79 75 81 74	309
44=	Archie Compston	77 77 79 77	310
	Donald Curtis	77 73 83 77	310
	Jim Ferrier (a)	80 74 76 80	310
	Dr JA Flaherty (a)	77 77 80 76	310
	Edward Jarman	75 77 81 77	310
	John Woollam (a)	75 81 77 77	310
50=	JE Field	75 79 82 75	311
	Alf Perry	76 76 80 79	311
	Sam Roberts (a)	77 78 75 81	311
53=	Tom Dobson	78 77 83 74	312
	Frank Pennink (a)	75 81 79 77	312
55=	Reg Cox	79 73 79 82	313
	Charlie Timmis (a)	77 79 79 78	313
57=	Bert Hodson	82 74 77 81	314
	William Robertson	78 77 79 80	314
	Robert Walker (a)	74 76 82 82	314
60	Arthur Havers	78 78 80 79	315
61	Harry Large	77 77 85 79	318
62	Albert Chevalier	80 76 84 81	321

Round Leader(s)
R1   Cox; 70
R2   Adams, Cox; 144
R3   Adams, Cotton; 215

Lowest Scores
R2   Burton, Rees; 71
R3   Cotton, Green, Sarazen; 70
R4   Dallemagne; 69

1936

19th PGA Championship
Pinehurst Country Club, Pinehurst, North Carolina (17-22 November)
MATCH PLAY
63 qualifiers, plus the defending champion (Johnny Revolta), after 36 holes stroke play
(Low - Fay Coleman, 143)
Rs 1&2, 18 holes: R3,QF,SF&F 36 holes
6879 yards

ROUND 1 (Last 64)
Johnny Revolta by Marshall Crichton 6&5; Harold McSpaden bt Joe Belfore 6&4; Leo Walper bt Walter Kozak 5&3; Clarence Hackney bt Orm Beaupre 1up (after 21); Willie Klein bt Ralph Beach 2&1; JIMMY THOMSON bt Rod Munday 5&4; Alvin Krueger bt Eddie Schultz 2&1; Henry Picard bt Leo Mallory 2up; Harry Cooper bt Ted Luther 2&1; Clarence Doser bt Paul Runyan 2&1; Craig Wood bt John Kinder 2&1; Frank Walsh bt Ian Robertson 5&4; Errie Ball bt Ralph Stonehouse 1up (after 19); Bobby Cruickshank bt Matt Kowal 4&3; Mortie Dutra bt Tommy Armour 4&3; Tony Manero bt Jimmy Demaret 1up (after 23); Horton Smith bt Jack Forrester 1up; Jack Patroni bt Gene Sarazen 1up; Willie Goggin bt Louis Chiapetta 3&2; Les Madison bt Rader Jewett 3&2; Al Zimmerman bt Bill Jelliffe 1up; DENNY SHUTE bt Alex Gerlak 5&4; Billy Burke bt Francis Gallett 1up; Ky Laffoon bt Walter Pursey 4&3; Bill Mehlhorn bt Neil Christian 6&5; Dick Metz bt Les Bolstad 2up; Ed Dudley bt Herman Barron 3&2; Tom LoPresti bt Clarence Yockey 5&4; Jimmy Hines bt Ted Turner 2up; Ray Mangrum bt Abe Espinosa 2&1; Vic Ghezzi bt Mike Turnesa 6&5; Fay Coleman bt Ben Richter 1up
ROUND 2 (Last 32)
McSpaden bt Revolta 1up (after 19); Walper bt Hackney 2&1; THOMSON bt Klein 3&2; Picard bt Krueger 5&4; Cooper bt Doser 3&2; Wood bt Walsh 1up; Cruickshank bt Ball 2&1; Manero bt Dutra 6&5; Smith bt Patroni 6&5; Goggin bt Madison 5&4; SHUTE bt Zimmerman 3&2; Burke bt Laffoon 4&3; Mehlhorn bt Metz 1up (after 23); Dudley bt LoPresti 2&1; Hines bt Mangrum 2&1; Ghezzi bt Coleman 1up
ROUND 3 (Last 16)
McSpaden bt Walper 4&3
THOMSON bt Picard 4&2
Wood bt Cooper 2&1
Manero bt Cruickshank 4&2
Smith bt Goggin 2&1;
SHUTE bt Burke 2&1
Mehlhorn bt Dudley 6&4;
Hines bt Ghezzi 4&3
QUARTER FINAL (QF)
THOMSON bt McSpaden 1up
Wood bt Manero 5&4
SHUTE bt Smith 3&2
Mehlhorn bt Hines 4&2
SEMI FINAL (SF)
THOMSON bt Wood 5&4
SHUTE bt Mehlhorn 1up
FINAL
DENNY SHUTE ($1000) beat Jimmy Thomson, 3&2

1937

4th MASTERS Tournament
Augusta National Golf Club, Augusta, Georgia (1-4 April)
No Starting 46: No Completing 41
6925 yards: Par 72 (288)

1	BYRON NELSON ($1500)	66 72 75 70	283		Paul Runyan	74 77 72 76	299
2	Ralph Guldahl	69 72 68 76	285		Felix Serafin	75 76 71 77	299
3	Ed Dudley	70 71 71 74	286		Horton Smith	75 72 77 75	299
4	Harry Cooper	73 69 71 74	287	24=	Ray Mangrum	71 80 72 77	300
5	Ky Laffoon	73 70 74 73	290		Gene Sarazen	74 80 73 73	300
6	Jimmy Thomson	71 73 74 73	291	26=	Craig Wood	79 77 74 71	301
7	Al Watrous	74 72 71 75	292		Charlie Yates (a)	76 73 74 78	301
8=	Tommy Armour	73 75 73 72	293	28	Francis Francis (a)	77 74 75 76	302
	Vic Ghezzi	72 72 72 77	293	29=	Billy Burke	77 71 75 80	303
10=	Leonard Dodson	71 75 71 77	294		Al Espinosa	72 76 79 76	303
	Jimmy Hines	77 72 68 77	294		Bobby Jones (a)	79 74 73 77	303
12	Wiffy Cox	70 72 77 76	295	32	Harold McSpaden	77 79 72 76	304
13=	Clarence Clark	77 75 70 74	296	33=	Bill Mehlhorn	73 76 77 79	305
	Tony Manero	71 72 78 75	296		Henry Picard	75 77 75 78	305
	Johnny Revolta	71 72 72 81	296	35	Charles Kocsis (a)	76 72 77 82	307
	Denny Shute	74 75 71 76	296	36=	Al Brosch	78 79 74 77	308
17	Bobby Cruickshank	79 69 71 78	297		Tom Kerrigan	75 77 77 79	308
18	Sam Snead	76 72 71 79	298		Sam Parks, Jr	76 75 80 77	308
19=	Lawson Little	70 79 74 76	299	39	Frank Moore	73 79 76 82	310
	Willie MacFarlane	73 76 73 77	299	40	Jess Sweetser (a)	75 80 85 79	319
				41	John Riddell (a)	79 81 82 79	321

Round Leader(s)
R1 Nelson; 66
R2 Nelson; 138
R3 Guldahl; 209

Lowest Scores
R2 Cooper, Cruickshank; 69
R3 Guldahl, Hines; 68
R4 Nelson; 70

1937

20th PGA Championship
Pittsburgh Field Club, Aspinwall, Pennsylvania (26-30 May)
MATCH PLAY
63 qualifiers, plus the defending champion (Denny Shute), after 36 holes stroke play
(Low - Byron Nelson, 139)
Rs1&2, 18 holes: R3,QF,SF&F, 36 holes
6665 yards

ROUND 1 (Last 64)
DENNY SHUTE bt Joe Turnesa 2&1; Olin Dutra bt Clarence Doser 3&2; Ed Dudley bt Herman Barron 5&3; Pat Willcox bt Bruce Coltart 2&1; Paul Runyan bt Levi Lynch 4&3; Willie Goggin bt Sam Schneider 6&4; Jimmy Hines bt Clarence Owens 6&4; Al Espinosa bt Clark Morse 3&1; Harry Cooper bt Ben Richter 4&3; Johnny Revolta bt Sal DiBuono 4&3; Gene Sarazen bt Eddie Schultz 3&2; Jim Foulis bt George Kerrigan 5&4; Vic Ghezzi bt Mike Turnesa 3&2; Sam Parks, Jr bt Jimmy Demaret 2&1; Tony Manero bt Lloyd Gullickson 2&1; Willie MacFarlane bt Bud Oakley 1up; Byron Nelson bt Leo Diegel 2&1; Craig Wood bt Joe Belfore 1up; Charles Schneider bt Neil Christian 4&3; Johnny Farrell bt George Schneiter 2up; Ky Laffoon bt John Shimkonis 5&4; Billy Burke bt Steve Zappe 5&4; Jimmy Thomson bt Dan Galgano 3&1; Ralph Guldahl bt John Kinder 6&4; HAROLD McSPADEN bt Clarence Clark 372; Bunny Torpey bt Ted Longworth 3&2; Sam Snead bt Jack Sabol 4&3; Alvin Krueger bt George Diffenbaugh 3&2; Sam Bernardi bt Tommy Armour 1up; Henry Picard bt Perry Del Vecchio 5&4; Horton Smith bt Harry Nettlebladt 3&2; Al Watrous bt Bill Mehlhorn 1up (after 23)
ROUND 2 (Last 32)
SHUTE bt Dutra 3&2; Dudley bt Wilcox 4&3; Runyan bt Goggin 2&1; Hines bt Espinosa 1up; Cooper bt Revolta 1up; Foulis bt Sarazen 1up; Ghezzi bt Parks, Jr 1up; Manero bt MacFarlane 4&3; Nelson bt Wood 4&2; Farrell bt Schneider 1up; Laffoon bt Burke 2&1; Thomson bt Guldahl 2&1; McSPADEN bt Torpey 1up (after 20); Snead bt Krueger 2up; Picard bt Bernardi 1up; Smith bt Watrous 1up (after 19)
ROUND 3 (Last 16)
SHUTE bt Dudley 3&2
Hines bt Runyan 2&1

Cooper bt Foulis 5&4
Manero by Ghezzi 3&1
Nelson bt Farrell 5&4
Laffoon bt Thomson 4&3
McSPADEN bt Snead 3&2
Picard bt Smith 4&3
QUARTER FINAL (QF)
SHUTE bt Hines 4&3
Manero bt Cooper 1up
Laffoon bt Nelson 2up
McSPADEN bt Picard 1up (after 39)
SEMI FINAL (SF)
SHUTE bt Manero 1up
McSPADEN bt Laffoon 2&1
FINAL
DENNY SHUTE ($1000) beat Harold McSpaden, 1up (after 37)

1937

41st US OPEN Championship
Oakland Hills Country Club, Birmingham, Michigan (10-12 June)
No of Entries 1402: No Starting 167: No Making Cut 64: No Completing 64
7037 yards: Par 72 (288)

#	Player	Rounds	Total		#	Player	Rounds	Total
1	RALPH GULDAHL ($1000)	71 69 72 69	281			Edwin Kingsley (a)	72 76 75 74	297
						Mike Turnesa	71 74 76 76	297
2	Sam Snead	69 73 70 71	283			Al Watrous	77 75 75 70	297
3	Bobby Cruickshank	73 73 67 72	285		36=	Horton Smith	74 74 75 75	298
4	Harry Cooper	72 70 73 71	286			Craig Wood	78 71 73 76	298
5	Ed Dudley	70 70 71 76	287		38=	Bill Holt (a)	70 79 78 72	299
6	Al Brosch	74 73 68 73	288			Ralph Stonehouse	75 74 74 76	299
7	Clarence Clark	72 75 73 69	289		40=	Johnny Farrell	74 75 75 76	300
8	Johnny Goodman (a)	70 73 72 75	290			Charles Lacey	73 75 72 80	300
9	Frank Strafaci (a)	70 72 77 72	291			Tony Manero	76 73 77 74	300
10=	Charles Kocsis (a)	72 73 76 71	292			Felix Serafin	75 74 73 78	300
	Henry Picard	71 75 72 74	292			Macdonald Smith	79 73 73 75	300
	Gene Sarazen	78 69 71 74	292		45=	Johnny Bulla	74 75 75 77	301
	Denny Shute	69 76 75 72	292			Wiffy Cox	74 74 75 78	301
14=	Ray Mangrum	75 75 71 72	293		47=	Willie MacFarlane	73 78 75 76	302
	Paul Runyan	76 72 73 72	293			Jock Rogers	77 72 78 75	302
16=	Billy Burke	75 73 71 75	294			Marvin Stahl	72 77 78 75	302
	Jimmy Demaret	72 74 76 72	294		50=	Ted Bishop (a)	74 78 74 77	303
	Sam Parks, Jr	74 74 72 74	294			Bob Crowley	79 73 76 75	303
	Pat Sawyer	72 70 75 77	294			Arthur Ham	77 75 76 75	303
20=	Vic Ghezzi	72 71 78 74	295			Bill Mehlhorn	76 76 75 76	303
	Jimmy Hines	75 72 76 72	295			Jim Turnesa	73 78 77 75	303
	Ky Laffoon	74 74 74 73	295		55=	Olin Dutra	76 76 77 75	304
	Harold McSpaden	74 75 73 73	295			James Johnston	75 76 81 72	304
	Fred Morrison	71 76 74 74	295			Ted Longworth	72 76 77 79	304
	Byron Nelson	73 78 71 73	295		58=	John Beadle	74 77 77 78	306
	Bob Stupple	73 73 73 76	295			Orville White	77 75 80 74	306
	Frank Walsh	70 70 78 77	295		60=	Waldo Crowder	77 74 76 80	307
28=	Leo Mallory	73 74 76 73	296			Ted Luther	75 77 80 75	307
	Toney Penna	76 74 75 71	296			Frank Moore	77 73 79 78	307
	Johnny Revolta	75 73 75 73	296		63	John Malutic	74 78 80 77	309
	Jimmy Thomson	74 66 78 78	296		64	Ole Clark	74 77 82 80	313
32=	Dutch Harrison	74 71 74 78	297					

Round Leader(s)
R1 Shute, Snead; 69
R2 Dudley, Guldahl, Thomson, Walsh; 140
R3 Dudley; 211

Lowest Scores
R2 Thomson; 66
R3 Cruickshank; 67
R4 Clark, Guldahl; 69

1937

72nd OPEN Championship
Carnoustie Golf Links, Angus, Scotland (7-9 July)
No of Entries 258: No Qualifying 143: No Starting 141: No Making Cut 47: No Completing 47
7135 yards

#	Player	Rounds	Total		#	Player	Rounds	Total
1	HENRY COTTON (£100)	74 73 72 71	290			Dai Rees	75 73 78 79	305
					23	Jack Busson	74 77 79 76	306
2	Reg Whitcombe	72 70 74 76	292		24	Tom Collinge	75 75 83 74	307
3	Charles Lacey	76 75 70 72	293		25	Douglas Cairncross	73 76 77 82	308
4	Charles Whitcombe	73 71 74 76	294		26=	Marcel Dallemagne	78 75 79 77	309
5	Byron Nelson	75 76 71 74	296			Walter Hagen	76 72 80 81	309
6	Ed Dudley	70 74 78 75	297			Jack M'Lean	78 74 81 76	309
7=	Arthur Lacey	75 73 75 75	298		29=	John Burton	76 75 82 77	310
	W Laidlaw	77 72 73 76	298			Sam King	79 74 75 82	310
	Alf Padgham	72 74 76 76	298			Eddie Whitcombe	76 76 81 77	310
10	Horton Smith	77 71 79 72	299		32=	Hamish Ballingall	77 75 79 80	311
11=	Ralph Guldahl	77 72 74 77	300			Aubrey Boomer	79 72 77 83	311
	Sam Snead	75 74 75 76	300			Allan Dailey	76 77 79 79	311
13	Bill Branch	72 75 73 81	301			Johnny Fallon	76 77 78 80	311
14	Denny Shute	73 73 76 80	302			Johnny Revolta	76 76 83 76	311
15=	Percy Alliss	75 76 75 77	303		37=	Laurie Ayton, Jr	75 78 80 79	312
	Henry Picard	76 77 70 80	303			George Knight	76 75 78 83	312
17=	Jimmy Adams	74 78 76 76	304			Gregor McIntosh	79 74 81 78	312
	Arthur Havers	77 75 76 76	304			William Nolan	77 76 78 81	312
	Bobby Locke (a)	74 74 77 79	304			JJ Taylor	73 80 83 76	312
	Fred Robertson	73 75 78 78	304		42=	Bobby Cruickshank	78 74 77 85	314
21=	Bill Cox	74 77 81 73	305			Thomas Dobson	79 74 79 82	314

	William McMinn	72 81 80 81	314	46	Sydney Fairweather	77 75 82 81	315
	Bill Shankland	74 77 82 81	314	47	Jack Seager	78 75 83 81	317

Round Leader(s)
R1   Dudley; 70
R2   R Whitcombe; 142
R3   R Whitcombe; 216

Lowest Scores
R2   R Whitcombe; 70
R3   C Lacey, Picard; 70
R4   Cotton; 71

1938

5th MASTERS Tournament
Augusta National Golf Club, Augusta, Georgia (1-4 April)
No Starting 42: No Completing 39
6925 yards: Par 72 (288)

1	HENRY PICARD	71 72 72 70	285		Johnny Revolta	73 72 76 77	298
	($1500)				Tommy Tailer (a)	74 69 75 80	298
2=	Harry Cooper	68 77 71 71	287	22=	Charles Kocsis (a)	76 73 77 73	299
	Ralph Guldahl	73 70 73 71	287		Horton Smith	75 75 78 71	299
4	Paul Runyan	71 73 74 70	288	24	Sam Parks, Jr	75 75 76 74	300
5	Byron Nelson	73 74 70 73	290	25=	Wiffy Cox	74 78 74 75	301
6=	Ed Dudley	70 69 77 75	291		Ben Hogan	75 76 78 72	301
	Felix Serafin	72 71 78 70	291	27=	Ky Laffoon	78 76 74 74	302
8=	Dick Metz	70 77 74 71	292		Tony Manero	72 78 82 70	302
	Jimmy Thomson	74 70 76 72	292		Frank Walsh	74 75 77 76	302
10=	Vic Ghezzi	75 74 70 74	293		Al Watrous	73 77 76 76	302
	Jimmy Hines	75 71 75 72	293	31=	Toney Penna	71 76 77 80	304
	Lawson Little	72 75 74 72	293		Sam Snead	78 78 75 73	304
13=	Billy Burke	73 73 76 73	295	33	Jess Sweetser (a)	82 75 73 75	305
	Gene Sarazen	78 70 68 79	295	34=	Leo Mallory	76 75 81 74	306
15	Stanley Horne	74 74 77 71	296		Craig Wood	73 75 83 75	306
16=	Bobby Jones (a)	76 74 72 75	297	36=	Ross Somerville (a)	77 78 82 71	308
	Harold McSpaden	72 75 77 73	297		Bud Ward (a)	77 76 79 76	308
18=	Bobby Cruickshank	72 75 77 74	298	38	Willie MacFarlane	76 80 75 78	309
	Ray Mangrum	78 72 76 72	298	39	Charlie Yates (a)	76 78 82 76	312

Round Leader(s)
R1   Cooper; 68
R2   Dudley; 139
R3   Picard; 215

Lowest Scores
R2   Dudley, Tailer; 69
R3   Sarazen; 68
R4   Manero, Picard, Runyan, Serafin; 70

1938

42nd US OPEN Championship
Cherry Hills Country Club, Denver, Colorado (9-11 June)
No of Entries 1402: No Starting 167: No Making Cut 60: No Completing 55
6888 yards: Par 71 (284)

1	RALPH GULDAHL	74 70 71 69	284		Stanley Kertes	77 72 82 75	306
	($1000)				Alvin Krueger	79 69 79 79	306
2	Dick Metz	73 68 70 79	290		Ray Mangrum	77 77 73 79	306
3=	Harry Cooper	76 69 76 71	292	31	Mike Turnesa	75 79 75 78	307
	Toney Penna	78 72 74 68	292	32=	Red Allen	81 74 75 78	308
5=	Byron Nelson	77 71 74 72	294		Art Bell	78 77 78 75	308
	Emery Zimmerman	72 71 73 78	294		Neil Christian	75 80 79 74	308
7=	Frank Moore	79 73 72 71	295		Willie MacFarlane	79 73 78 78	308
	Henry Picard	70 70 77 78	295		Jimmy Thomson	82 70 77 79	308
	Paul Runyan	78 72 71 74	295		Frank Walsh	75 77 80 76	308
10	Gene Sarazen	74 74 75 73	296	38=	Lawson Little	78 77 78 76	309
11=	Vic Ghezzi	79 71 75 72	297		Levi Lynch	74 74 81 80	309
	Jimmy Hines	70 75 69 83	297		Sam Snead	77 76 78 80	309
	Denny Shute	77 71 72 77	297	41=	Al Brosch	76 77 77 80	310
	George Von Elm	78 72 71 76	297		Art Doering (a)	75 77 80 78	310
15	Willie Hunter, Jr	73 72 78 75	298		Willie Goggin	79 75 78 78	310
16=	Olin Dutra	74 71 77 77	299		Bob Stupple	78 74 81 77	310
	Harold McSpaden	76 67 74 82	299	45	Wilford Wehrle (a)	74 76 81 80	311
	Johnny Revolta	74 72 77 76	299	46=	Bobby Cruickshank	83 71 73 85	312
19=	Jim Foulis	74 74 75 77	300		Alex Follmer	74 76 81 81	312
	Horton Smith	80 73 73 74	300	48	Tony Manero	74 80 81 78	313
	Al Zimmerman	76 77 75 72	300	49	Mortie Dutra	78 74 85 77	314
22	Charles Lacey	77 75 75 75	302	50=	Dick Chapman (a)	74 77 83 81	315
23	Tommy Armour	78 70 75 80	303		Ed Dudley	77 77 78 83	315
24=	Al Huske	76 79 76 73	304		Mike Murra	81 71 78 85	315
	Johnny Rogers	71 76 73 84	304	53	Herb Bowers	77 74 80 87	318
26	Charles Sheppard	79 73 74 79	305	54	Ted Adams (a)	74 80 86 81	321
27=	Joe Belfore	75 73 80 78	306	55	Bob Babbish (a)	78 75 86 83	322

Round Leader(s)
R1   Hines, Picard; 70
R2   Picard; 140
R3   Metz; 211

Lowest Scores
R2   McSpaden; 67
R3   Hines; 69
R4   Penna; 68

1938

73rd OPEN Championship
Royal St George's Golf Club, Sandwich, Kent, England (6-8 July)
No of Entries 268: No Starting 123: No Making Cut 38: No Completing 36
6728 yards

1	REG WHITCOMBE	71 71 75 78	295		19	Ernest R Whitcombe	70 77 83 82	312
	(£100)				20=	Jimmy Black	72 72 83 86	313
2	Jimmy Adams	70 71 78 78	297			Paddy Mahon	73 74 83 83	313
3	Henry Cotton	74 73 77 74	298		22	Jack M'Lean	72 74 83 85	314
4=	Dick Burton	71 69 78 85	303		23=	Marcel Dallemagne	70 74 86 85	315
	Jack Busson	71 69 83 80	303			Willie Hastings	74 74 83 84	315
	Allan Dailey	73 72 80 78	303			Sam King	74 73 83 85	315
	Alf Padgham	74 72 75 82	303		26=	Johnny Fallon	70 75 82 89	316
8=	Fred Bullock	73 74 77 80	304			Eustace Storey (a)	77 71 84 84	316
	Bill Cox	70 70 84 80	304		28=	Ernest WH Kenyon	77 71 86 83	317
10=	Bert Gadd	71 70 84 80	305			Bob Pemberton	74 72 91 80	317
	Bobby Locke	73 72 81 79	305			Cyril Tolley (a)	77 68 86 86	317
	Charles Whitcombe	71 75 79 80	305		31	Alf G Beck	76 72 84 86	318
13=	Sid Brews	76 70 84 77	307		32=	Bob French	72 71 91 85	319
	Dai Rees	73 72 79 83	307			Norman Sutton	72 75 87 85	319
15=	Hamish Ballingall	76 72 83 77	308			Hector Thomson (a)	77 71 82 89	319
	Alf Perry	71 74 77 86	308		35	Tom Haliburton	72 74 88 86	320
17	Arthur Lacey	74 72 82 81	309		36	Frank Pennink (a)	74 72 86 90	322
18	Bill Shankland	74 72 84 81	311					

Round Leader(s)
R1 Adams, Bruen, Cox, Dallemagne, Fallon, ER Whitcombe; 70
R2 Burton, Busson, Cox; 140
R3 R Whitcombe; 217

Lowest Scores
R2 Tolley; 68
R3 Padgham, R Whitcombe; 75
R4 Cotton; 74

1938

21st PGA Championship
Shawnee Country Club, Shawnee-on-Delaware, Pennsylvania (6-8 July)
MATCH PLAY
63 qualifiers, plus the defending champion (Denny Shute), after 36 holes stroke play
(Low - Frank Moore, 136)
Rs1&2, 18 holes: R3,QF,SF&F, 36 holes
6656 yards

ROUND 1 (Last 64)
Denny Shute bt Clyde Usina 3&2; John Thoren bt Leo Mallory 4&2; Frank Walsh bt Tony Butler 2&1; Jimmy Hines bt Alex Watson 3&1; Byron Nelson bt Clarence Yockey 5&4; Alvin Krueger bt Ian Robertson 2&1; Ed Dudley bt Johnny Farrell 3&2; Harry Bassler bt Alex Gerlak 2up; Marvin Stahl bt Clarence Clark 4&3; George Whitehead bt Gene Marchi 1up (after 19); Jimmy Thomson bt Guy Paulsen 5&4; Jim Foulis bt Willie Goggin 1up; SAM SNEAD bt Frank Champ 4&3; Terl Johnson bt Henry Ransom 2&1; Felix Serafin bt Harry Cooper 4&3; Ky Laffoon bt Alex Follmer 1up; Frank Moore bt Errie Ball 1up (after 19); Billy Burke bt Willie Klein 2&1; Horton Smith bt Mike DeMassey 8&1; Leo Diegel bt Francis Gallett 2&1; Ray Mangrum bt Ted Luther 3&2; Harold McSpaden bt Sam Parks, Jr 3&2; PAUL RUNYAN bt Levi Lynch 5&4; Tony Manero bt Joe Belfore 5&4; Harry Nettleblabt bt John Kinder 4&3; Gene Sarazen bt Leo Walper 4&3; Jimmy Demaret bt Frank Rodia 5&4; Johnny Revolta bt Wiffy Cox 4&3; Henry Picard bt Andrew Gibson 3&2; Bob Shave bt Leo Fraser 4&3; Dick Metz bt Dick Renaghan 4&3; Ralph Guldahl bt John Malutic 4&2

ROUND 2 (Last 32)
Shute bt Thoren 7&6; Hines bt Walsh 2&1; Nelson bt Krueger 1up (after 20); Bassler bt Dudley 4&3; Stahl bt Whitehead 6&5; Foulis bt Thomson 1up; SNEAD bt Johnson 4&3; Serafin bt Laffoon 3&2; Burke bt Moore 1up (after 19); Smith bt Diegel 2&1; Mangrum bt McSpaden 1up (after 20); RUNYAN bt Manero 3&2; Sarazen bt Nettlebladt 6&5; Demaret bt Revolta 2up; Picard bt Shave 3&2; Metz bt Guldahl 1up

ROUND 3 (Last 16)
Hines bt Shute 2&1
Nelson bt Bassler 11&10
Foulis bt Stahl 6&5
SNEAD bt Serafin 4&3
Smith bt Burke 3&2
RUNYAN bt Mangrum 1up (after 37)
Sarazen bt Demaret 1up (after 38)
Picard bt Metz 4&3

QUARTER FINAL (QF)
Hines by Nelson 2&1
SNEAD bt Foulis 8&7
RUNYAN bt Smith 4&3
Picard bt Sarazen 3&2

SEMI FINAL (SF)
SNEAD bt Hines 1up
RUNYAN bt Picard 4&3

FINAL
PAUL RUNYAN ($1100) beat Sam Snead, 8&7

1939

6th MASTERS Tournament
Augusta National Golf Club, Augusta, Georgia (30-31 March, 1-2 April)
No Starting 46: No Completing 43
6925 yards: Par 72 (288)

1	RALPH GULDAHL	72 68 70 69	279		8	Henry Picard	71 71 76 71	289
	($1500)				9	Ben Hogan	75 71 72 72	290
2	Sam Snead	70 70 72 68	280		10=	Ed Dudley	75 75 69 72	291
3=	Billy Burke	69 72 71 70	282			Toney Penna	72 75 72 72	291
	Lawson Little	72 72 68 70	282		12=	Tommy Armour	71 74 76 72	293
5	Gene Sarazen	73 66 72 72	283			Vic Ghezzi	73 76 72 72	293
6	Craig Wood	72 73 71 68	284			Harold McSpaden	75 72 74 72	293
7	Byron Nelson	71 69 72 75	287		15	Denny Shute	78 71 73 72	294

16=	Paul Runyan	73 71 75 76	295		Frank Walsh	76 76 72 78	302
	Felix Serafin	74 76 73 72	295	31=	Dick Metz	72 80 77 74	303
18=	Chick Harbert (a)	74 73 75 74	296		Johnny Revolta	77 74 76 76	303
	Jimmy Thomson	75 71 73 77	296	33=	Harry Cooper	76 77 73 78	304
	Charlie Yates (a)	74 73 74 75	296		Jimmy Demaret	72 81 77 74	304
21	Tommy Tailer (a)	78 75 73 71	297		Walter Hagen	76 76 76 76	304
22	Jimmy Hines	76 73 74 75	298		Bobby Jones	76 77 78 73	304
	Ky Laffoon	72 75 73 78	298	37=	Dick Chapman (a)	78 77 77 77	309
	Frank Moore	75 74 75 74	298		Jim Foulis	80 76 77 76	309
25	Al Watrous	75 75 74 75	299	39	Johnny Farrell	81 75 79 77	312
26=	Tony Manero	76 73 77 74	300	40	Ted Adams	78 77 83 76	314
	Horton Smith	75 79 74 72	300	41	Ray Billows (a)	75 84 78 80	317
	Willie Turnesa (a)	78 70 79 73	300	42	Joe Belfore	83 79 78 78	318
29=	Jess Sweetser (a)	75 75 75 77	302	43	Joe Thompson	81 84 79 78	322

Round Leader(s)
R1   Burke; 69
R2   Sarazen; 139
R3   Guldahl; 210

Lowest Scores
R2   Sarazen; 66
R3   Little; 68
R4   Snead, Wood; 68

1939

43rd US OPEN Championship
Philadelphia Country Club (Spring Mill Course), West Conshohocken, Pennsylvania (8-12 June)
No of Entries 1193: No Starting 166: No Making Cut 66: No Completing 64
6786 yards: Par 69 (276)

1	BYRON NELSON*	72 73 71 68	284		Jim Turnesa	75 74 75 73	297
	($1000)			36=	Art Bell	73 75 79 71	298
2	Craig Wood	70 71 71 72	284		Leo Walper	74 75 79 70	298
3	Denny Shute	70 72 70 72	284	38=	Terl Johnson	73 76 76 74	299
4	Bud Ward (a)	69 73 71 72	285		Edwin Kingsley	76 75 73 75	299
5	Sam Snead	68 71 73 74	286		Frank Moore	73 70 77 79	299
6	Johnny Bulla	72 71 68 76	287		Sam Parks, Jr	73 73 77 76	299
7=	Ralph Guldahl	71 73 72 72	288	42=	Billy Burke	74 74 77 75	300
	Dick Metz	76 72 71 69	288		Red Francis	78 74 74 74	300
9=	Ky Laffoon	76 70 73 70	289		Gene Kunes	76 73 75 76	300
	Harold McSpaden	70 73 71 75	289		Lawson Little	69 74 76 81	300
	Paul Runyan	76 70 71 72	289		Frank Walsh	74 75 76 75	300
12=	Harry Cooper	71 72 75 72	290	47=	Joe Belfore	76 76 68 81	301
	Ed Dudley	76 72 73 69	290		Otto Greiner (a)	77 73 77 74	301
	Henry Picard	72 72 72 74	290		Gene Sarazen	74 72 79 76	301
15	Horton Smith	72 68 75 76	291		Pat Sawyer	75 75 77 74	301
16=	Sam Byrd	75 71 72 74	292		Willie Turnesa (a)	77 74 76 74	301
	Olin Dutra	70 74 70 78	292	52=	Bruce Coltart	78 73 80 71	302
	Clayton Heafner	73 73 66 80	292		Tom Creavy	72 78 77 75	302
	Wilford Wehrle (a)	71 77 69 75	292		Al Houghton	73 76 76 77	302
20=	Jimmy Hines	73 74 77 69	293	55	Ted Luther	73 75 77 78	303
	Johnny Rogers	75 70 69 79	293	56=	Tony Manero	74 76 78 76	304
22=	Tommy Armour	70 75 69 80	294		Lloyd Mangrum	70 74 81 79	304
	Jimmy Demaret	72 76 72 74	294	58	Ted Turner	75 74 80 76	305
	Johnny Revolta	73 76 71 74	294	59=	George Von Elm	72 77 76 81	306
25=	Bobby Cruickshank	73 74 73 75	295		Norman von Nida	79 73 72 82	306
	Jim Foulis	73 75 77 70	295	61	Edward Meister, Jr (a)	71 76 81 79	307
	Dutch Harrison	75 72 74 74	295	62=	Ben Hogan	76 74 78 80	308
	Matt Kowal	69 76 75 75	295		George Slingerland	74 78 81 75	308
29=	Vic Ghezzi	73 71 76 76	296	64	Frank Gelhot	74 76 78 81	309
	Ed Oliver	75 77 72 72	296				
	Felix Serafin	80 72 71 73	296				
32=	Al Espinosa	75 73 74 75	297				
	Alvin Krueger	71 77 73 76	297				
	Ray Mangrum	71 74 81 71	297				

* *Byron Nelson beat Craig Wood and Denny Shute after two 18-Hole Play-offs:*
[11 June - Nelson (68) tied with Wood (68); Shute (76) eliminated:
12 June - Nelson (70) beat Wood (73)]

Round Leader(s)
R1   Snead; 68
R2   Snead; 139
R3   Bulla; 211

Lowest Scores
R2   Smith; 68
R3   Heafner; 66
R4   Nelson; 68

1939

74th OPEN Championship
Royal & Ancient Golf Club, St Andrews, Fife, Scotland (5-7 July)
No of Entries 254: No Qualifying 130: No Starting 127: No Making Cut 34: No Completing 34
6842 yards

1	DICK BURTON	70 72 77 71	290		Ernest WH Kenyon	73 75 74 74	296
	(£100)				Bobby Locke	70 75 76 75	296
2	Johnny Bulla	77 71 71 73	292	12	Dai Rees	71 74 75 77	297
3=	Johnny Fallon	71 73 71 79	294	13=	Jimmy Adams	73 74 75 76	298
	Sam King	74 72 75 73	294		Enrique Bertolino	73 75 75 75	298
	Alf Perry	71 74 73 76	294		Jimmy Bruen (a)	72 75 75 76	298
	Bill Shankland	72 73 72 77	294		Henry Cotton	74 72 76 76	298
	Reg Whitcombe	71 75 74 74	294	17=	Bill Anderson	73 74 77 75	299
8	Martin Pose	71 72 76 76	295		Enrique Serra	77 72 73 77	299
9=	Percy Alliss	75 73 74 74	296	19	WH Green	75 75 72 78	300

20=Bill Davies	71 79 74 77	301		Fred Taggart	73 77 76 78	304
Syd Easterbrook	74 71 80 76	301	29	Aurelio Castanon	77 73 80 75	305
Alex Kyle (a)	74 76 75 76	301	30=	Laurie Ayton, Sr	76 72 82 76	306
23=Leonard Crawley (a)	72 76 80 74	302		Charlie Ward	71 74 78 83	306
Max Faulkner	70 76 76 80	302	32	Jack Busson	79 70 81 77	307
25 Harry Busson	70 75 81 77	303	33=	Andrew Dowie (a)	76 74 81 77	308
26=Laurie Ayton, Jr	72 77 78 77	304		Bob Sweeny, Jr (a)	74 75 80 79	308
William Collins	75 74 79 76	304				

Round Leader(s)
R1   Burton, JH Busson, Faulkner, Locke; 70
R2   Burton; 142
R3   Fallon; 215

Lowest Scores
R2   Bulla, Easterbrook; 71
R3   Bulla, Fallon; 71
R4   Burton; 71

1939

22nd PGA Championship
Pomonock Country Club, Flushing, New York (9-15 July)
MATCH PLAY
64 qualifiers after 36 holes stroke play (Low - Dutch Harrison, Ben Hogan, Ky Laffoon, Emerick Kocsis, 138)
Rs1&2, 18 holes: R3,QF,SF&F, 36 holes
6354 yards

ROUND 1 (Last 64)
Paul Runyan bt Mortie Dutra 3&1; Frank Champ bt Fay Coleman 1up;Abe Espinosa bt Tony Joy 1up (after 19); Ben Hogan bt Steve Zappe 7&6; Herman Barron bt Jimmy Thomson 2up; Billy Burke bt Jim Foulis 1up; Dick Metz bt Pat Circelli 7&6; Al Brosch bt Reggie Myles 1up; Ky Laffoon bt Dick Shoemaker 3&2; Tom O'Connor bt Al Morley 7&5; Jack Ryan bt Gene Sarazen 1up; Rod Munday bt Felix Serafin 1up (after 21); HENRY PICARD bt Earl Martin 6&4; Joe Zahardt bt Louis Chiapetta 2up; Ken Tucker bt Harold McSpaden 1up; Al Watrous bt Tom LoPresti 1up; Dutch Harrison bt John Kinder 3&2; Johnny Farrell bt Charles Schneider 1up; Mike Turnesa bt Harry Cooper 2&1; Bruce Coltart bt Buddy Peteet 4&3; Clarence Doser bt Rut Coffey 3&1; Ralph Guldahl bt Clarence Owens 4&3; Ray Mangrum bt Sam Parks, Jr 6&5; Horton Smith bt Eddie Schultz 5&4; Emerick Kocsis bt John Gibson 1up; Vic Ghezzi bt Joe Belfore 3&2; Denny Shute bt Ted Luther 1up; Leo Diegel bt Willie Goggin 2&1; Johnny Revolta bt Joe Turnesa 2&1; Tony Manero bt Walter Hagen 1up; BYRON NELSON bt Chuck Garringer 4&2; Red Francis bt Guy Paulsen 2&1

ROUND 2 (Last 32)
Runyan bt Champ 3&2; Hogan bt Espinosa 5&4; Burke bt Barron 2&1; Metz bt Brosch 1up; O'Connor bt Laffoon 2up; Munday bt Ryan 2up; PICARD bt Zarhardt 2up; Watrous bt Tucker 5&3; Harrison bt Farrell 3&2; Coltart bt Turnesa 1up (after 21); Doser bt Guldahl 2up; Smith bt Mangrum 3&2; Kocsis bt Ghezzi 3&1; Shute bt Diegel 3&1; Revolta bt Manero 3&2; NELSON bt Francis 3&1

ROUND 3 (Last 16)
Runyan bt Hogan 3&2
Metz bt Burke 6&4
Munday bt O'Connor 2up
PICARD bt Watrous 8&7
Harrison bt Coltart 10&9
Smith bt Doser 4&2
Kocsis bt Shute 3&1
NELSON bt Revolta 6&4

QUARTER FINAL (QF)
Metz bt Runyan 2&1
PICARD bt Munday 2&1
Harrison bt Smith 4&3
NELSON bt Kocsis 10&9

SEMI FINAL (SF)
PICARD bt Metz 1up
NELSON bt Harrison 9&8

FINAL
HENRY PICARD ($1100) beat Byron Nelson, 1up (after 37)

1940-1945

World War II began in Europe in September 1939, and did not effectively conclude until August 1945. Because of the hostilities, all the Major Championships were affected. The respective Majors were not held for the following years:

The Open Championship	1940-1945
The US Open	1942-1945
PGA Championship	1943
Masters Tournament	1943-1945

1940

7th MASTERS Tournament
Augusta National Golf Club, Augusta, Georgia (4-7 April)
No Starting 59: No Completing 51
6925 yards: Par 72 (288)

1	JIMMY DEMARET ($1500)	67 72 70 71	280		Johnny Farrell	76 72 70 74	292
					Ralph Guldahl	74 73 71 74	292
2	Lloyd Mangrum	64 75 71 74	284	17=	Harold McSpaden	73 71 74 75	293
3	Byron Nelson	69 72 74 70	285		Charlie Yates (a)	72 75 71 75	293
4=	Harry Cooper	69 75 73 70	287	19=	Lawson Little	70 77 75 72	294
	Ed Dudley	73 72 71 71	287		Ed Oliver	73 75 74 72	294
	Willie Goggin	71 72 73 71	287	21=	Johnny Bulla	73 73 74 75	295
7=	Henry Picard	71 71 71 75	288		Dick Metz	71 74 75 75	295
	Sam Snead	71 72 69 76	288		Gene Sarazen	74 71 77 73	295
	Craig Wood	70 75 67 76	288		Bud Ward (a)	74 68 75 78	295
10=	Ben Hogan	73 74 69 74	290		Al Watrous	75 70 73 77	295
	Toney Penna	73 73 72 72	290	26	Jim Ferrier (a)	73 74 75 74	296
12=	Paul Runyan	72 73 72 74	291	27=	Jimmy Hines	75 76 74 72	297
	Frank Walsh	73 75 69 74	291		Johnny Revolta	74 74 74 75	297
14=	Sam Byrd	73 74 72 73	292	29=	Jim Foulis	74 75 73 76	298

	Tony Manero	75 75 73 75	298	Rod Munday	73 76 75 81	305
31=	Dutch Harrison	72 76 74 77	299	Bob Sweeny, Jr (a)	76 78 73 78	305
	Frank Moore	76 72 73 78	299	Tommy Tailer (a)	79 74 74 78	305
33=	Chick Harbert	74 77 75 75	301	44 Charles Kocsis (a)	76 79 74 77	306
	Jules Huot	78 76 77 70	301	45 Art Doering (a)	76 79 76 76	307
	Jimmy Thomson	77 76 70 78	301	46 Felix Serafin	85 72 80 71	308
	Wilford Wehrle	74 71 76 80	301	47= Horton Smith	76 76 80 77	309
37	Martin Pose	77 76 74 75	302	Willie Turnesa (a)	76 74 81 78	309
38	Tommy Armour	71 74 78 80	303	49 George Dawson	77 73 81 81	312
39=	Vic Ghezzi	77 75 74 79	305	50 Enrique Bertolino	82 84 86 79	331
	Bill Holt (a)	80 75 76 74	305	51 Charles Evans, Jr (a)	82 84 86 79	331

Round Leader(s)
R1   Mangrum; 64
R2   Demaret, Mangrum; 139
R3   Demaret; 209

Lowest Scores
R2   Ward; 68
R3   Wood; 67
R4   Cooper, Nelson; 70

1940

44th US OPEN Championship
Canterbury Golf Club, Cleveland, Ohio (6-9 June)
No of Entries 1161: No Qualifying 171: No Starting 168: No Making Cut 66: No Completing 58
6894 yards: Par 72 (288)

1	LAWSON LITTLE*	72 69 73 73	287	Jim Ferrier (a)	73 74 78 75	300
	($1000)			Al Huske	70 80 76 74	300
2	Gene Sarazen	71 74 70 72	287	Sam Parks, Jr	69 74 79 78	300
3	Horton Smith	69 72 78 69	288	Henry Ransom	75 77 74 74	300
4	Craig Wood	72 73 72 72	289	Jack Ryan	75 75 77 73	300
5=	Ralph Guldahl	73 71 76 70	290	Andrew Szwedko (a)	76 77 76 71	300
	Ben Hogan	70 73 74 73	290	36= Dick Chapman (a)	74 78 76 73	301
	Lloyd Mangrum	75 70 71 74	290	Willie Goggin	78 74 75 74	301
	Byron Nelson	72 74 70 74	290	Matt Kowal	72 75 77 77	301
9	Dick Metz	75 72 72 72	291	Tony Manero	75 75 77 74	301
10=	Ed Dudley	73 75 71 73	292	Johnny Morris	75 77 74 75	301
	Frank Walsh	73 69 71 79	292	41 Sam Byrd	72 78 79 73	302
12=	Tommy Armour	73 74 75 71	293	42 Toney Penna	80 73 76 74	303
	Harold McSpaden	74 72 70 77	293	43= Leonard Dodson	72 72 80 81	305
	Henry Picard	73 73 71 76	293	Al Espinosa	79 71 76 79	305
15	Vic Ghezzi	70 74 75 75	294	Jim Milward	74 79 76 76	305
16=	Jim Foulis	73 73 77 72	295	John Thoren	73 78 77 77	305
	Gene Kunes	76 72 73 74	295	47= Al Brosch	74 73 82 77	306
	Johnny Revolta	73 74 72 76	295	Jock Rogers	73 76 79 78	306
	Sam Snead	67 74 73 81	295	49 Paul Runyan	74 79 78 76	307
20=	Andy Gibson	71 75 77 73	296	50= Jerry Gianferante	76 77 81 74	308
	Jimmy Hines	73 74 77 72	296	Henry Kaiser	71 78 80 79	308
	Felix Serafin	77 74 71 74	296	52= Bob Babbish (a)	71 77 80 81	309
23=	Jock Hutchison, Jr	73 72 75 77	297	Bill Barbour	75 78 80 76	309
	Eddie Kirk	73 77 74 73	297	54 Mike Pavella	79 74 81 76	310
	Wilford Wehrle (a)	78 73 72 74	297	55= Frank Commisso	73 78 80 81	312
	Leland Wilcox	75 73 74 75	297	Pete Webb	77 74 83 78	312
27	Ray Mangrum	73 78 75 72	298	Ock Willoweit	75 78 82 77	312
28	Johnny Farrell	75 77 76 71	299	58 Toby Lyons	77 76 80 80	313
29=	Bruce Coltart	80 72 74 74	300			

* Lawson Little (70) beat Gene Sarazen (73) in the 18-Hole Play-off

Round Leader(s)
R1   Snead; 67
R2   Little, Smith, Snead; 141
R3   Walsh; 213

Lowest Scores
R2   Little, Walsh; 69
R3   McSpaden, Nelson, Sarazen; 70
R4   Smith; 69

1940

23rd PGA Championship
Hershey Country Club, Hershey, Pennsylvania (26 August-2 September)
MATCH PLAY
64 qualifiers after 36 holes stroke play (Low - Dick Metz, 140)
Rs1,2&3, 18 holes: QF,SF&F, 36 holes
7017 yards

ROUND 1 (Last 64)
Henry Picard bt Leonard Gallett 6&4; Alex Gerlak bt Jimmy Thomson 1up; Ray Mangrum bt George Fazio 3&2; Gene Sarazen bt Stan Staszowski 4&3; Ray Hill bt Reggie Myles 1up (after 21); Jimmy Hines bt Eddie Burke 1 up (after 19); SAM SNEAD bt Nelson Giddens 2&1; Charles Sheppard bt Gene Marchi 4&3; John Gibson bt Al Espinosa 4&3; Ed Dudley bt Henry Bontempo 5&4; Al Watrous bt Alex Follmer 5&4; Paul Runyan bt Al Zimmerman 1up; Walter Hagen bt Gil Sellers 1up; Vic Ghezzi bt George Smith 2&1; Harold McSpaden bt Stan Parzick 3&2; Herman Keiser bt Harry Cooper 5&3; Ky Laffoon bt Joe Turnesa 1up (after 20); Dick Metz bt John Thoren 3&2; Frank Walsh bt Dutch Harrison 2&1; BYRON NELSON bt Dick Shoemaker 4&3; Arthur Clark bt Johnny Revolta 1up; Billy Burke bt Tom Harmon, Jr 3&2; Jimmy Demaret bt Errie Ball 3&2; Eddie Kirk bt Rod Munday 1up (after 19); Red Francis bt Toney Penna 1up (after 20); Al Brosch bt Horton Smith 3&2; Ben Hogan bt Frank Champ 3&2; Harry Nettlebladt bt Leland Gibson 3&1; John Kinder bt Pat Tiso 2&1; Ralph Guldahl bt George Picard 3&2; Craig Wood bt Walter Romans 5&4; Jim Foulis bt Henry Kaiser 2&1

ROUND 2 (Last 32)
Picard bt Gerlak 4&3; Sarazen bt Mangrum 2&1; Hines bt Hill 2&1; SNEAD bt Sheppard 3&2; Dudley bt Gibson 2&1; Runyan bt Watrous 3&2; Hagen bt Ghezzi 2&1; McSpaden bt Keiser 2&1; Metz bt Laffoon 2&1; NELSON bt Walsh 1up (after 19); Clark bt Burke 1up; Kirk bt Demaret 2&1; Brosch bt Francis 5&4; Hogan bt Nettlebladt 5&4; Guldahl bt Kinder 6&5; Foulis bt Wood 1up (after 19)

ROUND 3 (Last 16)
    Sarazen bt Picard 1up
    SNEAD bt Hines 2&1
    Runyan bt Dudley 4&3
    McSpaden bt Hagen 1up
    NELSON bt Metz 2&1
    Kirk bt Clark 5&4
    Hogan bt Brosch 5&4
    Guldahl bt Foulis 5&3

QUARTER FINAL (QF)
    SNEAD by Sarazen 1up
    McSpaden bt Runyan 8&6
    NELSON bt Kirk 6&5
    Guldahl bt Hogan 3&2
SEMI FINAL (SF)
    SNEAD bt McSpaden 5&4
    NELSON bt Guldahl 3&2
FINAL
    BYRON NELSON ($1100) beat Sam Snead, 1up

1941

8th MASTERS Tournament
Augusta National Golf Club, Augusta, Georgia (3-6 April)
No Starting 50: No Completing 47
6925 yards: Par 72 (288)

#	Player	Rounds	Total		#	Player	Rounds	Total
1	CRAIG WOOD ($1500)	66 71 71 72	280			Toney Penna	73 74 80 70	297
2	Byron Nelson	71 69 73 70	283			Gene Sarazen	76 72 74 75	297
3	Sam Byrd	73 70 68 74	285			Felix Serafin	72 79 74 72	297
4	Ben Hogan	71 72 75 68	286			Horton Smith	74 72 77 74	297
5	Ed Dudley	73 72 75 68	288		28	Ray Mangrum	76 70 78 74	298
6=	Vic Ghezzi	77 71 71 70	289		29=	Jim Ferrier	75 76 73 75	299
	Sam Snead	73 75 72 69	289			Jim Foulis	76 75 71 77	299
8	Lawson Little	71 70 74 75	290			Martin Pose	77 74 76 72	299
9=	Willie Goggin	71 72 72 76	291		32	Al Watrous	74 75 76 75	300
	Harold McSpaden	75 74 72 70	291		33	Leonard Dodson	75 77 78 71	301
	Lloyd Mangrum	71 72 72 76	291		34	George Dawson	74 78 77 73	302
12=	Jimmy Demaret	77 69 71 75	292		35=	Paul Runyan	78 78 74 73	303
	Clayton Heafner	73 70 76 73	292			Charlie Yates (a)	78 75 75 75	303
14=	Harry Cooper	72 73 75 73	293		37	Frank Walsh	74 76 76 78	304
	Ralph Guldahl	76 71 75 71	293		38	Tommy Armour	75 75 76 79	305
	Jimmy Thomson	73 75 72 73	293		39	Johnny Bulla	73 76 78 79	306
17	Jack Ryan	73 74 74 74	295		40	Bobby Jones (a)	76 74 78 79	307
18	Denny Shute	77 75 74 70	296		41	Bruce Coltart	80 78 75 75	308
19=	Dick Chapman (a)	76 73 70 78	297		42	Andy Gibson	78 75 80 76	309
	Jimmy Hines	76 74 75 72	297		43	Jock Hutchison, Sr	77 81 76 78	312
	Gene Kunes	76 74 76 71	297		44=	WB McCullough, Jr (a)	79 74 84 76	313
	Dick Metz	74 72 75 76	297			Tony Manero	73 80 78 82	313
	Sam Parks, Jr	75 76 75 71	297		46	Art Doering, Jr (a)	77 79 77 81	314
					47	Andrew Szwedko (a)	81 79 78 81	319

Round Leader(s)
R1   Wood; 66
R2   Wood; 137
R3   Wood; 208

Lowest Scores
R2   Demaret, Nelson; 69
R3   Byrd; 68
R4   Dudley, Hogan; 68

1941

45th US OPEN Championship
Colonial Country Club, Fort Worth, Texas (5-7 June)
No of Entries 1048: No Qualifying 167: No Starting 161: No Making Cut 67: No Completing 57
7005 yards: Par 70 (280)

#	Player	Rounds	Total		#	Player	Rounds	Total
1	CRAIG WOOD ($1000)	73 71 70 70	284			Henry Picard	77 79 72 75	303
2	Denny Shute	69 75 72 71	287		30=	Jim Ferrier	77 71 81 75	304
3=	Johnny Bulla	75 71 72 71	289			Jerry Gianferante	76 77 74 77	304
	Ben Hogan	74 77 68 70	289			Bud Ward (a)	76 77 75 76	304
5=	Herman Barron	75 71 74 71	291		33=	Abe Espinosa	76 75 72 82	305
	Paul Runyan	73 72 71 75	291			Sam Parks, Jr	73 82 74 76	305
7=	Dutch Harrison	70 82 71 71	294			Toney Penna	75 77 76 77	305
	Harold McSpaden	71 75 74 74	294			Marvin Stahl	77 76 73 79	305
	Gene Sarazen	74 73 72 75	294			Jim Turnesa	74 80 77 74	305
10=	Ed Dudley	74 74 74 73	295		38	Bill Kaiser	72 78 80 76	306
	Lloyd Mangrum	73 74 72 76	295		39	Willie Klein	73 80 78 76	307
	Dick Metz	71 74 76 74	295		40=	Bunny Torpey	72 79 78 79	308
13=	Henry Ransom	72 74 75 75	296			Willie Turnesa (a)	75 77 75 81	308
	Horton Smith	73 75 73 75	296		42=	Jim Foulis	78 78 74 79	309
	Sam Snead	76 70 77 73	296			Felix Serafin	76 79 78 76	309
	Harry Todd (a)	72 77 76 71	296			Mike Turnesa	77 79 75 78	309
17=	Lawson Little	71 73 79 74	297		45=	Henry Castillo	84 72 77 77	310
	Byron Nelson	73 73 74 77	297			Charles Farlow	79 77 77 77	310
19	Vic Ghezzi	70 79 77 72	298			Bob Hamilton	76 79 80 75	310
20	Gene Kunes	71 79 74 75	299			Jack Ryan	71 82 80 77	310
21=	Ralph Guldahl	79 71 72 73	300		49=	Dick Chapman (a)	76 76 80 80	312
	Clayton Heafner	72 72 78 78	300			Pat Willcox	80 75 79 78	312
	Johnny Palmer	74 76 76 74	300		51	Raymond Gafford	76 78 82 77	313
24	Jimmy Hines	74 75 76 76	301		52	Al Watrous	79 75 81 79	314
25	Joe Zarhardt	74 76 77 75	302		53	Bill Nary	77 76 83 79	315
26=	Sam Byrd	76 78 75 74	303		54	John Jacobs III (a)	74 77 82 83	316
	Herman Keiser	74 77 76 76	303		55	Verne Stewart (a)	76 78 80 83	317
	Johnny Morris	72 73 81 77	303		56	Tom O'Connor	73 78 79 88	318
					57	Jock Hutchison, Jr	78 78 83 80	319

Round Leader(s)
R1 Shute; 69
R2 Heafner, Little, Shute, Wood; 144
R3 Wood; 214

Lowest Scores
R2 Snead; 70
R3 Hogan; 68
R4 Hogan, Wood; 70

1941

24th PGA Championship
Cherry Hills Country Club, Denver, Colorado (7-13 July)
MATCH PLAY
63 qualifiers, plus the defending champion (Byron Nelson), after 36 holes stroke play (Low - Sam Snead, 138)
Rs1&2, 18 holes: R3,QF,SF&F, 36 holes
6888 yards

ROUND 1 (Last 64)
BYRON NELSON bt Bunny Torpey 1up; William Heinlein bt Frank Kringle 1up; Ralph Guldahl bt Jim Fogerty 7&6; Gene Kunes bt Frank Commisso 2up; Ben Hogan bt Frank Walsh 5&3; Bud Oakley bt Earl Fry 1up; Horton Smith bt Paul Runyan 1up; Ralph Stonehouse bt Frank Champ 3&2; Jim Foulis bt Dutch Harrison 2&1; Denny Shute bt Ray Mangrum 1up; Jack Ryan bt Bob Hunsick, Jr 3&2; Leonard Ott bt Dave O'Connell 3&2; George Fazio bt Charles Malloy 1up; Bruce Coltart bt Carl Beljan 3&2; Gene Sarazen bt Joe Burch 5&4; Toney Penna bt Red Francis 5&4; Sam Snead bt Earl Martin 1up (after 23); Phil Greenwaldt bt Henry Picard 5&4; Harry Bassler bt Rut Coffey 4&3; Mike Turnesa bt Lee Kosten 2&1; Mark Fry bt Henry Ransom 2&1; Craig Wood bt Clarence Norsworthy 3&2; Lloyd Mangrum bt Floyd Farley 5&4; Charles Sheppard bt Leo Mallory 2&1; Jack Grout bt Jimmy Demaret 4&3; Fay Coleman bt Joe Robinson 1up; VIC GHEZZI bt Joe Pezzullo 3&2; Augie Nordone bt Dick Metz 4&2; George Schneiter bt Herman Keiser 4&2; Harold McSpaden bt Jimmy Thomson 1up (after 21); Ed Dudley bt Buddy Poteet 2&1; Jimmy Hines bt Al Nelson 1up

ROUND 2 (Last 32)
NELSON bt Heinlein 1up; Guldahl bt Kunes 2&1; Hogan bt Oakley 2up; Smith bt Stonehouse 3&2; Shute bt Foulis 1up; Ott bt Ryan (default); Coltart bt Fazio 1up (after 19); Sarazen bt Penna 1up (after 19); Snead bt Greenwaldt 7&6; Turnesa bt Bassler 4&2; Fry bt Wood 6&5; Mangrum bt Sheppard 3&1; Grout bt Coleman 1up; GHEZZI bt Nordone 1up; McSpaden bt Schneiter 3&2; Hines bt Dudley 3&2

ROUND 3 (Last 16)
NELSON bt Guldahl 4&3
Hogan bt Smith 2&1
Shute bt Ott 5&3
Sarazen bt Coltart 9&7
Snead bt Turnesa 1up
Mangrum bt Fry 1up
GHEZZI bt Grout 1up
Hines bt McSpaden 6&4

QUARTER FINAL (QF)
NELSON bt Hogan 2&1
Sarazen bt Shute 7&6
Mangrum bt Snead 6&4
GHEZZI bt Hines 6&4

SEMI FINAL (SF)
NELSON bt Sarazen 2up
GHEZZI bt Mangrum 1up

FINAL
VIC GHEZZI ($1100) beat Byron Nelson, 1up (after 38)

1942

9th MASTERS Tournament
Augusta National Golf Club, Augusta, Georgia (9-13 April)
No Started 42: No Completed 40
6925 yards: Par 72 (288)

1	BYRON NELSON* ($1500)	68 67 72 73	280	21	Ralph Guldahl	74 74 76 76	300
2	Ben Hogan	73 70 67 70	280	22	Toney Penna	74 79 73 75	301
3	Paul Runyan	67 73 72 71	283	23=	Billy Burke	71 79 80 72	302
4	Sam Byrd	68 68 75 74	285		Herman Keiser	74 74 78 76	302
5	Horton Smith	67 73 74 73	287		Craig Wood	72 75 72 73	302
6	Jimmy Demaret	70 70 75 75	290	26=	Jim Foulis	75 71 79 78	303
7=	Dutch Harrison	74 70 71 77	292		Johnny Palmer	78 75 75 75	303
	Lawson Little	71 74 72 75	292	28=	Tommy Armour	74 79 76 75	304
	Sam Snead	78 69 72 73	292		Bobby Jones (a)	72 75 79 78	304
10=	Chick Harbert	73 73 72 75	293		Gene Sarazen	80 74 75 75	304
	Gene Kunes	74 74 74 71	293		Bud Ward (a)	76 73 80 75	304
12	Jimmy Thomson	73 70 74 77	294		Charlie Yates (a)	78 76 74 76	304
13	Chandler Harper	75 75 76 69	295	33=	Ed Dudley	71 77 81 76	305
14	Willie Goggin	74 70 78 74	296		Jimmy Hines	77 76 79 73	305
15=	Bobby Cruickshank	72 79 71 75	297	35	Steve Kovach	76 79 78 73	306
	Jim Ferrier	71 76 80 70	297	36=	Herman Barron	77 75 80 75	307
	Henry Picard	75 72 75 75	297		Jack Ryan	77 71 76 83	307
18=	Harry Cooper	74 77 76 72	299	38	Joe Zarhardt	76 76 83 76	311
	Harold McSpaden	74 72 79 74	299	39	Jerry Gianferante	77 80 82 73	312
	Felix Serafin	75 74 77 73	299	40	Jock Morris	83 75 80 75	313

* *Byron Nelson (69) beat Ben Hogan (70) in the 18-Hole Play-off*

Round Leader(s)
R1 Runyan, Smith; 67
R2 Nelson; 135
R3 Nelson; 207

Lowest Scores
R2 Nelson; 67
R3 Hogan; 67
R4 Harper; 69

1942

25th PGA Championship
Sea View Country Club, Atlantic City, New Jersey (23-31 May)
MATCH PLAY
31 qualifiers, plus the defending champion (Vic Ghezzi), after 36 holes stroke play
(Low - Harry Cooper, 138)
All Rounds 36 holes
6590 yards

ROUND 1 (Last 32)
Jimmy Demaret bt Vic Ghezzi 4&3; Tom Harmon, Jr bt Bruce Coltart 3&2; Craig Wood bt Rod Munday 5&4; Leland Gibson bt Jimmy Gauntt 10&9; SAM SNEAD bt Sam Byrd 7&6; Willie Goggin bt Eddie Burke 2&1; Ed Dudley bt Denny Shute 3&2; Toney Penna bt Jimmy Hines 3&2; Harry Cooper bt Mike Turnesa 3&1; Lloyd Mangrum bt Dick Metz 6&5; Byron Nelson bt Harry Nettleblatt 5&3; Joe Kirkwood, Sr bt Jimmy Thomson 4&2; JIM TURNESA bt Dutch Harrison 6&5; Harold McSpaden bt Sam Parks, Jr 7&5; Ben Hogan bt Ben Loving 7&6; Ky Laffoon bt Vic Bass 12&11
ROUND 2 (Last 16)
    Demaret bt Harmon 3&2
    Wood bt Gibson 7&6
    SNEAD bt Goggin 9&8
    Dudley bt Penna 4&2
    Cooper bt Mangrum 1up
    Nelson bt Kirkwood 2&1
    JIM TURNESA bt McSpaden 1up
    Hogan bt Laffoon 9&8
QUARTER FINAL (QF)
    Demaret bt Wood 7&6
    SNEAD bt Dudley 1up
    Nelson bt Cooper 1up (after 39)
    JIM TURNESA bt Hogan 2&1
SEMI FINAL (SF)
    SNEAD bt Demaret 3&2
    JIM TURNESA bt Nelson 1up (after 37)
FINAL
    SAM SNEAD ($1000) beat Jim Turnesa, 2&1

1944

26th PGA Championship
Manito Golf & Country Club, Spokane, Washington (14-20 August)
MATCH PLAY
32 qualifiers after 36 holes stroke play (Low - Byron Nelson)
All Rounds 36 holes
6400 yards

ROUND 1 (Last 32)
BYRON NELSON bt Mike DeMassey 5&4; Mark Fry bt Neil Christian 2&1; Willie Goggin bt Purvis Ferree 8&7; Tony Manero bt Clayton Aleridge 1up (after 38); Sam Byrd bt WA Stackhouse 4&3; Chuck Congdon bt Henry Williams, Jr 7&6; Ed Dudley bt Steve Savel 7&6; Jimmy Hines bt Thurman Edwards 7&6; Harold McSpaden bt Bruce Coltart 7&5; Fred Annon bt Harry Nettleblatt 5&4; BOB HAMILTON bt Gene Kunes 6&5; Harry Bassler bt Joe Mozel 6&5; Art Bell bt Joe Zarhardt 1up (after 37); Craig Wood bt Jimmy D'Angelo 5&4; Toney Penna bt Morrie Gravatt 3&2; George Schneiter bt Ted Longworth 7&6
ROUND 2 (Last 16)
    NELSON bt Fry 7&6
    Goggin bt Manero 4&3
    Congdon bt Byrd 2&1
    Dudley bt Hines 1up (after 37)
    McSpaden bt Annon 8&7
    HAMILTON bt Bassler 6&5
    Bell bt Wood 3&2
    Schneiter bt Penna 4&3
QUARTER FINAL (QF)
    NELSON bt Goggin 4&3
    Congdon bt Dudley 6&5
    HAMILTON bt McSpaden 2&1
    Schneiter bt Bell 2&1
SEMI FINAL (SF)
    NELSON bt Congdon 8&7
    HAMILTON bt Schneiter 1up
FINAL
    BOB HAMILTON ($3500) beat Byron Nelson, 1up

1945

27th PGA Championship
Moraine Country Club, Dayton, Ohio (9-15 July)
MATCH PLAY
31 qualifiers, plus the defending champion (Bob Hamilton), after 36 holes stroke play (Low - Byron Nelson, Johnny Revolta, 138)
All Rounds 36 holes
6625 yards

ROUND 1 (Last 32)
Jack Grout bt Bob Hamilton 5&4; Ky Laffoon bt Felix Serafin 4&3; Clarence Doser bt Harold McSpaden 5&4; Toney Penna bt Wayne Timberman 2up; Johnny Revolta bt Frank Kringle 10&9; SAM BYRD bt Augie Nordone 4&3; Herman Barron bt Harry Nettleblatt 5&3; Vic Ghezzi bt Ed Dudley 7&6; BYRON NELSON bt Gene Sarazen 4&3; Mike Turnesa bt John Gibson 5&4; Denny Shute bt Barney Clark 4&3; Bob Kepler bt George Schneiter 2&1; Terl Johnson bt Dutch Harrison 1up; Ralph Hutchison bt Ted Huge 6&5; Jim Turnesa bt Byron Harcke 6&5; Claude Harmon bt Verl Stinchcomb 2&1
ROUND 2 (Last 16)
    Laffoon bt Grout 5&4
    Doser bt Penna 1up
    BYRD bt Revolta 2&1
    Ghezzi bt Barron 2up
    NELSON bt Mike Turnesa 1up
    Shute bt Kepler 5&4
    Hutchison bt Johnson 6&5
    Harmon bt Jim Turnesa 8&7
QUARTER FINAL (QF)
    Doser bt Laffoon 2&1
    BYRD bt Ghezzi 7&6
    NELSON bt Shute 3&2
    Harmon bt Hutchison 4&3
SEMI FINAL (SF)
    BYRD bt Doser 7&6
    NELSON bt Harmon 5&4
FINAL
    BYRON NELSON ($3750) beat Sam Byrd, 4&3

1946

10th MASTERS Tournament
Augusta National Golf Club, Augusta, Georgia (4-7 April)
No Started 51: No Completed 50
6925 yards: Par 72 (288)

1	HERMAN KEISER ($2500)	69 68 71 74	282		Clayton Heafner	74 69 71 76	290
					Byron Nelson	72 73 71 74	290
2	Ben Hogan	74 70 69 70	283		Sam Snead	74 75 70 71	290
3	Bob Hamilton	75 69 71 72	287	11	Jim Foulis	75 70 72 74	291
4=	Jimmy Demaret	75 70 71 73	289	12	Cary Middlecoff (a)	72 76 70 74	292
	Jim Ferrier	74 72 68 75	289	13=	Vic Ghezzi	71 79 67 76	293
	Ky Laffoon	74 73 70 72	289		George Schneiter	73 73 72 75	293
7=	Chick Harbert	69 75 76 70	290	15	Fred Haas	71 75 68 80	294

16=	Johnny Bulla	72 76 73 74	295		Dick Metz	77 75 71 79	302
	Lloyd Mangrum	76 75 72 72	295		Johnny Palmer	76 75 77 74	302
18	Claude Harmon	76 75 74 71	296		Al Watrous	80 76 72 74	302
19	Chandler Harper	74 76 73 74	297	37=	Dutch Harrison	75 77 75 76	303
20	Frank Stranahan (a)	76 74 73 75	298		Ed Oliver	79 73 71 80	303
21=	Lawson Little	74 74 78 73	299		Jim Turnesa	73 78 71 81	303
	Toney Penna	71 73 80 75	299	40	Sam Byrd	75 79 71 79	304
	Felix Serafin	76 75 79 69	299	41=	Dick Chapman (a)	77 77 73 79	306
	Horton Smith	78 77 75 69	299		Ralph Hutchison	79 78 75 74	306
25=	Herman Barron	74 73 74 79	300	43	Leland Gibson	78 80 75 75	308
	Henry Picard	79 73 72 77	300	44	Rod Munday	78 77 76 78	309
	Denny Shute	79 77 71 73	300	45	Buck White	77 82 76 75	310
	Jimmy Thomson	72 70 79 79	300	46	Billy Burke	80 80 77 75	312
29=	Gene Kunes	76 72 77 76	301	47	Robert Cochran	81 76 76 80	313
	Harold McSpaden	75 74 75 77	301	48	Ralph Guldahl	85 76 78 76	315
	Al Zimmerman	76 76 74 75	301	49	Jimmy Hines	79 80 77 80	316
32=	Ed Dudley	76 76 76 74	302	50	Charlie Yates (a)	78 79 78 86	321
	Bobby Jones (a)	75 72 77 78	302				

Round Leader(s)
R1   Harbert, Keiser; 69
R2   Keiser; 137
R3   Keiser; 208

Lowest Scores
R2   Keiser; 68
R3   Ghezzi; 67
R4   Serafin, Smith; 69

1946

46th US OPEN Championship
Canterbury Golf Club, Cleveland, Ohio (13-16 June)
No of Entries 1175: No Starting 172: No Making Cut 64: No Completing 62
6880 yards: Par 72 (288)

1	LLOYD MANGRUM*	74 70 68 72	284		Ray Gafford	75 73 75 74	297
	($1500)			35=	Johnny Palmer	77 74 74 73	298
2=	Vic Ghezzi	71 69 72 72	284		Charles Penna	75 74 75 74	298
	Byron Nelson	71 71 69 73	284	37	Jimmy Hines	77 73 75 74	299
4=	Herman Barron	72 72 72 69	285	38=	Pat Circelli	77 73 75 75	300
	Ben Hogan	72 68 73 72	285		Pete Cooper	72 75 74 79	300
6=	Jimmy Demaret	71 74 73 68	286		Bobby Cruickshank	72 75 78 75	300
	Ed Oliver	71 71 74 70	286		George Fazio	77 74 76 73	300
8=	Chick Harbert	72 78 67 70	287		Herman Keiser	76 75 72 77	300
	Dick Metz	76 70 72 69	287	43=	Fred Haas	74 75 77 75	301
10=	Dutch Harrison	75 71 72 70	288		Al Watrous	76 75 74 76	301
	Lawson Little	72 69 76 71	288	45=	Billy Burke	76 75 76 75	302
12=	Ed Furgol	77 69 74 69	289		Gene Dahlbender (a)	73 76 80 73	302
	Clayton Heafner	75 72 71 71	289		Frank Stranahan (a)	74 76 77 75	302
	Henry Picard	71 73 71 74	289	48=	Skip Alexander	71 79 76 77	303
15=	Claude Harmon	72 77 70 72	291		Bill Jelliffe	73 74 80 76	303
	Chandler Harper	76 74 67 74	291	50=	Rod Munday	77 72 78 77	304
	Steve Kovach	71 72 73 75	291		Bob Servis (a)	76 75 77 76	304
	Toney Penna	69 77 74 71	291		Joe Zarhardt	74 76 79 75	304
19=	Gene Kunes	74 73 73 72	292	53=	Al Brosch	72 78 77 78	305
	Sam Snead	69 75 74 74	292		Henry Castillo	74 77 80 74	305
21	Paul Runyan	75 72 76 70	293		Fred Kammer (a)	75 76 74 80	305
22=	Johnny Bulla	72 74 73 75	294		Dick Shoemaker	78 72 76 79	305
	Henry Ransom	71 73 73 77	294	57=	Joe Kirkwood, Sr	78 73 75 81	307
	Harry Todd	75 73 70 76	294		Joe Mozel	73 77 77 80	307
	Lew Worsham	73 74 76 71	294	59=	Frank Commisso	74 76 77 81	308
26=	Leland Gibson	74 71 78 72	295		Willie Goggin	76 73 78 81	308
	Smiley Quick (a)	75 76 72 72	295		Otto Greiner (a)	75 75 81 77	308
	Mike Turnesa	70 76 74 75	295	62	Ted Adams (a)	73 78 75 85	311
	Ellsworth Vines	73 72 75 75	295				
	Bud Ward (a)	74 77 72 72	295				
31=	Toby Lyons	74 73 72 77	296				
	Harold McSpaden	76 73 74 73	296				
33=	Otey Crisman	77 72 74 74	297				

*Lloyd Mangrum beat Vic Ghezzi and Byron Nelson after two 18-Hole Play-offs;
[(am) Mangrum (72) tied with Ghezzi (72) and Nelson (72):
(pm) Mangrum (72) beat Ghezzi (73) and Nelson (73)]

Round Leader(s)
R1   Penna, Snead; 69
R2   Ghezzi, Hogan; 140
R3   Nelson; 211

Lowest Scores
R2   Hogan; 68
R3   Harbert, Harper; 67
R4   Demaret; 68

1946

75th OPEN Championship
Royal & Ancient Golf Club, St Andrews, Fife, Scotland (3-5 July)
No Entering 225: No Starting 100: No Making Cut 38: No Completing 37
6923 yards

1	SAM SNEAD	71 70 74 75	290		Dai Rees	75 67 73 80	295
	(£150)				Charlie Ward	73 73 73 76	295
2=	Johnny Bulla	71 72 72 79	294	8=	Fred Daly	77 71 76 74	298
	Bobby Locke	69 74 75 76	294		Joe Kirkwood, Sr	71 75 78 74	298
4=	Henry Cotton	70 70 76 79	295	10	Lawson Little	78 75 72 74	299
	Norman von Nida	70 76 74 75	295	11	Harry Bradshaw	76 75 76 73	300

12 Dick Burton	74 76 76 76	302	
13 Bill Shankland	76 76 77 75	304	
14=Bill Anderson	76 76 78 75	305	
Reg Whitcombe	71 76 82 76	305	
16 Laurie Ayton, Jr	77 74 80 75	306	
17 Percy Alliss	74 72 82 79	307	
18=Archie Compston	77 74 77 80	308	
Frank Jowle	78 74 76 80	308	
Arthur Lees	77 71 78 82	308	
21=George Knight	77 75 82 76	310	
Eddie Whitcombe	75 79 77 79	310	
23=Dick Bell (a)	81 73 81 77	312	
John Jacobs, Sr	76 77 80 79	312	
25=Alf Perry	78 77 78 80	313	
James Wilson (a)	78 76 81 78	313	
27=Flory van Donck	76 78 83 78	315	
Andrew Dowie (a)	81 71 80 83	315	
Alex Robertson	79 75 80 81	315	
30=Tom Haliburton	78 76 81 81	316	
Alf Padgham	79 74 76 87	316	
Ronnie White (a)	76 79 84 77	316	
33 Norman Sutton	76 77 80 84	317	
34=Fred Bullock	80 75 87 76	318	
WH Green	76 76 83 83	318	
36 Albert Isherwood	77 78 83 81	319	
37 Jack Urry (a)	79 75 87 85	326	

Round Leader(s)
R1 Locke; 69
R2 Cotton; 140
R3 Bulla, Rees, Snead; 215

Lowest Scores
R2 Rees; 67
R3 Bulla, Little; 72
R4 Bradshaw; 73

1946

28th PGA Championship
Portland Golf Club, Portland, Oregon (19-25 August)
MATCH PLAY
63 qualifiers, plus the defending champion (Byron Nelson), after 36 holes stroke play
(Low - Jim Ferrier, 134)
Rs1&2, 18 holes: R3,QF,SF&F, 36 holes
6524 yards

ROUND 1 (Last 64)
Byron Nelson bt Frank Rodia 8&7; Larry Lamberger bt Orville White 1up; Herman Barron bt Ellsworth Vines 6&5; Fay Coleman bt Herman Keiser 1up (after 20); Dick Metz bt Al Zimmerman 2up; ED OLIVER bt Clay Gaddie 2up; Chandler Harper bt Bob Gutwein 5&3; Jimmy Thomson bt Al Jamison 3&2; Dutch Harrison bt Joe Mozel 6&4; Toney Penna bt Dick Stenard 4&3; Bob Hamilton bt Andy Gibson 4&3; Harold McSpaden bt Claude Harmon 4&3; Newton Bassler bt Chick Harbert 3&1; Chuck Congdon bt Ray Maguire 6&5; George Schneiter bt Ray Gafford 1up; Sam Snead bt Bob McKendrick 4&3; Jim Ferrier bt Sam Schneider 4&3; Lawson Little bt John Hoetmer 1up; Jimmy Demaret bt Joe Zarhardt 3&2; Dave Tinsley bt Leonard Schmutte 2up; Henry Ransom bt Harold West 1up; Jim Turnesa bt Ewing Pomeroy 5&4; Vic Ghezzi bt Jim Gantz 1up; Dick Shoemaker bt Sam Byrd 3&2; BEN HOGAN bt Charles Weisner 2&1; William Heinlein bt Elroy Marti 2&1; Art Bell bt Ralph Hutchison 4&3; Al Nelson bt Clayton Heafner 2&1; George Fazio bt Armand Farina 4&3; Frank Moore bt Ted Longworth 4&3; Lew Worsham bt Jimmy Hines 3&1; Harry Bassler bt Lloyd Mangrum 1up

ROUND 2 (Last 32)
Byron Nelson bt Lamberger 3&2; Barron bt Coleman 3&2; OLIVER bt Metz 3&1; Harper bt Thomson 2&1; Harrison bt Penna 1up; McSpaden bt Hamilton 4&3; Congdon bt Newton Bassler 1up (after 19); Schneiter bt Snead 6&5; Ferrier bt Little 3&2; Demaret bt Tinsley 3&2; Turnesa bt Ransom 1up; Shoemaker bt Ghezzi 1up; HOGAN bt Heinlein 4&3; Bell bt Al Nelson 4&3; Moore bt Fazio 2&1; Harry Bassler bt Worsham 1up

ROUND 3 (Last 16)
Nelson bt Barron 3&2
OLIVER bt Harper 5&4
McSpaden bt Harrison 4&3
Congdon bt Schneiter 2&1
Demaret bt Ferrier 3&2
Turnesa bt Shoemaker 5&4
HOGAN bt Bell 5&4
Moore bt Bassler 4&3

QUARTER FINAL (QF)
OLIVER bt Nelson 1up
McSpaden bt Congdon 5&3
Demaret bt Turnesa 6&5
HOGAN bt Moore 5&4

SEMI FINAL (SF)
OLIVER bt McSpaden 6&5
HOGAN bt Demaret 10&9

FINAL
BEN HOGAN ($3500) beat Ed Oliver, 6&4

1947

11th MASTERS Tournament
Augusta National Golf Club, Augusta, Georgia (3-6 April)
No Starting 58: No Completing 57
6925 yards: Par 72 (288)

1 JIMMY DEMARET ($2500)	69 71 70 71	281	
2= Byron Nelson	69 72 72 70	283	
Frank Stranahan (a)	73 72 70 68	283	
4= Ben Hogan	75 68 71 70	284	
Harold McSpaden	74 69 70 71	284	
6= Jim Ferrier	70 71 73 72	286	
Henry Picard	73 70 72 71	286	
8=Chandler Harper	77 72 68 70	287	
Lloyd Mangrum	76 73 68 70	287	
Dick Metz	72 72 72 71	287	
Ed Oliver	70 72 74 71	287	
Toney Penna	71 70 75 71	287	
13 Johnny Bulla	70 75 74 69	288	
14=Dick Chapman (a)	72 71 74 72	289	
Lawson Little	71 71 76 71	289	
Bobby Locke	74 74 71 70	289	
17=Herman Barron	71 71 74 74	290	
Fred Haas	70 74 73 73	290	
Johnny Palmer	70 73 74 73	290	
20 Denny Shute	73 75 72 71	291	
21 Vic Ghezzi	73 77 71 71	292	
22=Horton Smith	72 70 76 75	293	
Sam Snead	72 71 75 75	293	
24=Herman Keiser	74 75 73 72	294	
Ellsworth Vines	75 71 75 73	294	
26=Claude Harmon	73 69 76 77	295	
Gene Sarazen	75 76 74 70	295	
George Schneiter	70 75 78 72	295	
29=Dutch Harrison	74 71 74 77	296	
Clayton Heafner	75 73 75 73	296	
Cary Middlecoff	71 69 76 80	296	
Harry Todd	74 74 71 77	296	
33=Chick Harbert	71 72 71 83	297	
Ky Laffoon	74 74 73 76	297	
Frank Moore	74 74 73 76	297	
Lew Worsham	70 76 71 80	297	
37 Ed Dudley	72 75 73 78	298	
38 George Schoux	71 72 78 78	299	
39=Chuck Congdon	75 74 75 76	300	
George Fazio	75 78 71 76	300	
Gene Kunes	74 73 78 75	300	
42=Bob Hamilton	72 78 74 77	301	
Johnny Revolta	75 73 77 76	301	
44=Ed Furgol	77 73 71 81	302	
Jim Turnesa	80 72 77 73	302	
46 Charles Lind	75 76 75 77	303	
47=Steve Kovach	78 73 78 75	304	

Felix Serafin	75 73 79 77	304
Robert Willits	76 78 75 75	304
50= George Hamer (a)	77 77 77 74	305
Skee Riegel (a)	75 80 75 75	305
52 Jim Foulis	77 76 79 74	306
53= Johnny Farrell	80 76 76 79	311
Craig Wood	78 80 75 78	311
55= Bobby Jones (a)	75 79 78 80	312
Charlie Yates (a)	77 75 81 79	312
57 Billy Burke	83 73 81 77	314

Round Leader(s)
R1 Demaret, Nelson; 69
R2 Demaret, Middlecoff; 140
R3 Demaret; 210

Lowest Scores
R2 Hogan; 68
R3 Harper, Mangrum; 68
R4 Stranahan; 68

1947

47th US OPEN
St Louis Country Club, St Louis, Missouri (12-15 June)
No of Entries 1356: No Qualifying 170: No Starting 163: No Making Cut 75: No Completing 67
6532 yards: Par 71 (284)

1 LEW WORSHAM*	70 70 71 71	282
($2000)		
2 Sam Snead	72 70 70 70	282
3= Bobby Locke	68 74 70 73	285
Ed Oliver	73 70 71 71	285
5 Bud Ward (a)	69 72 73 73	287
6= Jim Ferrier	71 70 74 74	289
Vic Ghezzi	74 73 73 69	289
Leland Gibson	69 76 73 71	289
Ben Hogan	70 75 70 74	289
Johnny Palmer	72 70 75 72	289
Paul Runyan	71 74 72 72	289
12 Chick Harbert	67 72 81 70	290
13= Ed Furgol	70 75 72 74	291
Dutch Harrison	76 72 70 73	291
Dick Metz	69 70 78 74	291
Bill Nary	77 71 70 73	291
Frank Stranahan (a)	73 74 72 72	291
Harry Todd	67 75 77 72	291
19= Claude Harmon	74 72 74 72	292
Gene Kunes	71 77 72 72	292
George Payton	71 75 75 71	292
Alfred Smith	70 73 76 73	292
23= Sam Byrd	72 74 70 77	293
Joe Kirkwood, Sr	72 73 70 78	293
Lloyd Mangrum	77 72 69 75	293
James McHale, Jr (a)	79 72 65 77	293
27= Herman Barron	74 71 75 74	294
Billy Burke	74 75 71 74	294
29= Bob Hamilton	75 71 75 74	295
Henry Ransom	67 74 79 75	295
31= Fred Haas	74 73 76 73	296
Bob Kepler	76 72 69 79	296
Lawson Little	75 73 75 73	296
Toney Penna	74 73 74 75	296
35= Johnny Bulla	74 77 73 73	297
Pete Cooper	76 71 72 78	297
Lloyd Wadkins	76 73 74 74	297
38 Herschel Spears	73 75 75 75	298
39= Al Brosch	73 73 76 78	300
Jimmy Demaret	76 69 74 81	300
Dave Douglas	71 80 76 73	300
Gene Sarazen	72 75 74 79	300
Jimmy Thomson	74 75 75 76	300
Jim Turnesa	74 74 80 72	300
45= Patrick Abbott	75 71 80 75	301
Frank Moore	75 73 77 76	301
Harold West	77 72 75 77	301
48= Mike Demassey	76 75 75 76	302
Art Doering	73 76 77 76	302
Otto Greiner	69 77 77 79	302
51= Skip Alexander	75 76 78 74	303
Jack Grout	71 80 78 74	303
Thomas Sheehan (a)	73 74 78 78	303
Ellsworth Vines	76 74 74 79	303
55= Ralph Guldahl	74 77 76 77	304
Toby Lyons	77 74 76 77	304
John O'Donnell	74 74 81 75	304
Herman Scharlau	71 77 80 76	304
59= Fred Annon	77 73 80 75	305
George Fazio	76 75 74 80	305
Skee Riegel (a)	75 75 73 82	305
Mike Turnesa	75 73 78 79	305
63 Jack Coyle (a)	76 75 76 80	307
64 Robert Cochran (a)	74 77 78 79	308
65 Robert Willits (a)	75 76 79 79	309
66 Felice Torza (a)	72 78 80 80	310
67 Frank Strafaci (a)	72 79 81 79	311

Lew Worsham (69) beat Sam Snead (70) in the 18-Hole Play-off

Round Leader(s)
R1 Harbert, Ransom, Todd; 67
R2 Harbert, Metz; 139
R3 Worsham; 211

Lowest Scores
R2 Demaret; 69
R3 McHale Jr; 65
R4 Ghezzi; 69

1947

29th PGA Championship
Plum Hollow Country Club, Detroit, Michigan (18-24 June)
MATCH PLAY
63 qualifiers, plus the defending champion (Ben Hogan), after 36 holes stroke play
(Low - Jimmy Demaret, 137)
Rs1&2, 18 holes: R3,QF,SF&F, 36 holes
6907 yards

ROUND 1 (Last 64)
Toney Penna bt Ben Hogan 3&1; Ky Laffoon bt Bruce Coltart 3&1; Sam Snead bt Jimmy Thomson 2up; Gene Sarazen bt Johnny Revolta 1up; Henry Ransom bt Bobby Locke 1up; Dick Metz bt Henry Kaiser 4&3; Johnny Bulla bt Elmer Reed 2&1; Art Bell bt Dick Govern 4&2; Claude Harmon bt Sam Byrd 1up; Jim Milward bt Fred Annon 1up; JIM FERRIER bt Willie Goggin 1up (after 19); Herman Barron bt Leo Fraser 1up; Chandler Harper bt Chick Rutan 2&1; Mike Turnesa bt Sherman Elworthy 2up; Lloyd Mangrum bt Harold McSpaden 2up; Ed Dudley bt Walter Romans 2&1; Earl Martin bt Jimmy Demaret 2&1; Vic Ghezzi bt Herman Keiser 6&5; Jim Turnesa bt Al Watrous 1up (after 20); Walter Ambo bt Mike DeMassey 3&1; Clarence Doser bt Al Smith 1up; Lew Worsham bt Jock Morris 4&3; George Schneiter bt Art Smith 4&3; Reggie Myles bt Jack Mitchell 1up; Clayton Heafner bt Jack Isaacs 1up (after 19); CHICK HARBERT bt Ted Neist 2&1; Ed Oliver bt Al Huske 2&1; Harry Bassler bt Al Brosch 2up; Eddie Joseph bt Jackson Bradley 1up; Lloyd Wadkins bt Gil Sellers 1up; Leland Gibson bt Dick Shoemaker 3&2; Jack Smith bt Bob Hamilton 2&1

ROUND 2 (Last 32)
Laffoon bt Penna 1up; Sarazen bt Snead 2&1; Metz bt Ransom 1up; Bell bt Bulla 4&3; Harmon bt Milward 5&3; FERRIER bt Barron 3&2; Mike Turnesa bt Harper 1up (after 22); Mangrum bt Dudley 4&3; Ghezzi bt Martin 6&5; Jim Turnesa bt Ambo 4&3; Worsham bt Doser 5&4; Myles bt Schneiter 1up; HARBERT bt Heafner 1up (after 20); Oliver bt Bassler 4&3; Joseph bt Wadkins 1up; Gibson bt Smith 3&2

ROUND 3 (Last 16)
Laffoon bt Sarazen 4&3

Bell bt Metz 1up (after 37)
FERRIER bt Harmon 1up (after 37)
Mangrum bt Mike Turnesa 1up
Ghezzi bt Jim Turnesa 4&3
Worsham bt Myles 7&6
HARBERT bt Oliver 3&2
Gibson bt Joseph 1up (after 37)
QUARTER FINAL (QF)
Bell bt Laffoon 2up
FERRIER bt Mangrum 4&3
Ghezzi bt Worsham 3&2
HARBERT bt Gibson 2up
SEMI FINAL (SF)
FERRIER bt Bell 10&9
HARBERT bt Ghezzi 6&5
FINAL
JIM FERRIER ($3500) beat Chick Harbert, 5&4

1947

76th OPEN Championship
Royal Liverpool Golf Club, Hoylake, Cheshire, England (2-4 July)
No Entering 263: No Starting 100: No Making Cut 40: No Completing 39
6960 yards

1	FRED DALY	73 70 78 72	293		Eddie Whitcombe	77 76 74 77	304
	(£150)			21=	Dai Rees	77 74 73 81	305
2=	Reg Horne	77 74 72 71	294		Flory van Donck	73 76 81 75	305
	Frank Stranahan (a)	71 79 72 72	294	23	Alan Waters	75 78 76 77	306
4	Bill Shankland	76 74 75 70	295	24	John Burton	73 79 76 71	309
5	Dick Burton	77 71 77 71	296	25=	Harry Busson	80 76 71 83	310
6=	Johnny Bulla	80 72 74 71	297		John Jacobs, Sr	75 80 76 79	310
	Henry Cotton	69 78 74 76	297	27=	Ken Bousfield	78 76 79 78	311
	Sam King	75 72 77 73	297		Arthur Havers	80 76 79 76	311
	Arthur Lees	75 74 72 76	297		Norman Quigley	79 77 76 79	311
	Norman von Nida	74 76 71 76	297		Basil Shepard	78 78 77 78	311
	Charlie Ward	76 73 76 72	297	31	TE Odams	80 76 79 77	312
12	Jimmy Adams	73 80 71 75	299	32=	Bill Anderson	74 80 81 79	314
13=	Alf Padgham	75 75 74 76	300		Max Faulkner	78 76 81 79	314
	Reg Whitcombe	75 77 71 77	300		Frank Jowle	75 80 80 79	314
15=	Laurie Ayton, Jr	69 80 74 79	302	35	WB Thomson	78 76 78 83	315
	Fred Bullock	74 78 78 72	302	36	Jock Henderson	78 78 81 79	316
17	Norman Sutton	77 76 73 77	303	37	Tom Gardner	77 76 77 89	319
18=	Vic Ghezzi	75 78 72 79	304	38	Bert Hodson	79 77 84 84	324
	Alf Perry	76 77 70 81	304	39	Douglas McEwan, Jr	77 79 87 84	327

Round Leader(s)
R1 Ayton, Cotton; 69
R2 Daly, 143
R3 Cotton, Daly, Lees, von Nida; 221

Lowest Scores
R2 Daly; 70
R3 Perry; 70
R4 Shankland; 70

1948

12th MASTERS Tournament
Augusta National Golf Club, Augusta, Georgia (8-11 April)
No Starting 57: No completing 54
6925 yards: Par 72 (288)

1	CLAUDE HARMON	70 70 69 70	279	28=	Johnny Palmer	75 73 76 74	298
	($2500)				Ellsworth Vines	76 71 77 74	298
2	Cary Middlecoff	74 71 69 70	284	30=	Bud Ward (a)	74 74 77 74	299
3	Chick Harbert	71 70 70 76	287		Lew Worsham	74 78 71 76	299
4=	Jim Ferrier	71 71 75 71	288	32	Denny Shute	74 73 76 77	300
	Lloyd Mangrum	69 73 75 71	288	33	Harold McSpaden	77 75 76 73	301
6=	Ed Furgol	70 72 73 74	289	34	Horton Smith	78 73 76 75	302
	Ben Hogan	70 71 77 71	289	35=	Skip Alexander	77 73 77 76	303
8=	Byron Nelson	71 73 72 74	290		Ralph Guldahl	75 78 75 75	303
	Harry Todd	72 67 80 71	290		Ky Laffoon	74 75 76 78	303
10=	Herman Keiser	70 72 76 73	291		Jim McHale, Jr (a)	78 73 77 75	303
	Bobby Locke	71 71 74 75	291		Felice Torza	75 73 76 79	303
	Dick Metz	71 72 75 73	291	40=	Dick Chapman (a)	74 76 77 77	304
13=	Johnny Bulla	74 72 76 71	293		Chandler Harper	76 76 77 75	304
	Dutch Harrison	73 77 73 70	293		Lawson Little	73 77 76 78	304
	Skee Riegel (a)	71 74 73 75	293	43=	Billy Burke	75 75 76 79	305
16=	Al Smith	73 73 74 74	294		Leland Gibson	72 77 79 77	305
	Sam Snead	74 75 72 73	294		Craig Wood	77 80 77 71	305
18=	Jimmy Demaret	73 72 78 72	295	46	Toney Penna	77 78 75 77	307
	Ed Dudley	73 76 75 71	295	47	Sam Byrd	84 75 75 76	310
	Vic Ghezzi	75 73 73 74	295	48	Johnny Farrell	74 80 78 79	311
	Fred Haas	75 75 76 69	295	49	Bill Nary	74 79 86 74	313
	Bob Hamilton	72 72 76 75	295	50	Bobby Jones (a)	76 81 79 79	315
23=	Art Bell	71 74 74 77	296	51=	Fred Kammer (a)	78 75 77 86	316
	Gene Sarazen	77 74 73 72	296		E Harvie Ward, Jr (a)	78 78 81 79	316
25=	Herman Barron	73 77 71 76	297	53	Bob Rosburg	79 81 80 78	318
	Henry Cotton	72 73 75 77	297	54	Jack Selby	81 76 84 80	321
	Henry Picard	73 73 74 77	297				

Round Leader(s)
R1 Mangrum; 69
R2 Todd; 139
R3 Harmon; 209

Lowest Scores
R2 Todd; 67
R3 Harman, Middlecoff; 69
R4 Haas; 69

1948

30th PGA Championship
Norwood Hills Country Club, St Louis, Missouri (19-25 May)
MATCH PLAY
63 qualifiers, plus the defending champion (Jim Ferrier), after 36 holes stroke play
(Low - Skip Alexander, 134)
Rs1&2, 18 holes: R3,QF,SF&F, 36 holes
6467 yards

ROUND 1 (Last 64)
Jim Ferrier bt Dutch Harrison 1 up (after 20); Claude Harmon bt Elroy Marti 1up; Lloyd Mangrum bt George Schneiter 1up; Henry Ransom bt Andy Gibson 1up; Sam Snead bt Clay Gaddie 6&5; Frank Moore bt Vic Ghezzi 7&6; Pete Cooper bt Frank Champ 4&3; Leland Gibson bt Pete Burke 1up; Johnny Bulla bt Toney Penna 4&3; Armand Farina bt Jim Turnesa 1up (after 22); Ky Laffoon bt Jack Ryan 1up (after 22); Chandler Harper bt Sam Schneider 4&3; Zell Eaton bt Bob Hamilton 1up (after 20); MIKE TURNESA bt Charles Sheppard 1up; Al Smith bt Lawson Little 2&1; Jimmy Hines bt Jimmy Johnson 5&4; Skip Alexander bt John Stapp 4&3; Al Brosch bt Jules Platte 6&5; Chick Harbert bt Joe Zarhardt 4&2; Eddie Burke bt Augie Nordone 1up (after 19); BEN HOGAN bt Jock Hutchison, Jr 1 up (after 23); Johnny Palmer bt Denny Champagne 5&4; Gene Sarazen bt Harvey Raynor 4&3; Jackson Bradley bt Otey Crisman 5&3; Jimmy Demaret bt Horton Smith 1 up (after 20); George Getchell bt Andy Gaspar 1up; Errie Ball bt Herman Keiser 4&3; Lew Worsham bt Al Watrous 1up; Ed Oliver bt Walter Ambo 7&6; Sherman Elworthy bt Joe Belfore 1up; George Fazio bt Monty Onoretta 6&5; Henry Williams, Jr bt Ferdy Catropa 2&1

ROUND 2 (Last 32)
Harmon bt Ferrier 1up; Ransom bt Mangrum 3&2; Snead bt Moore 4&3; Gibson bt Cooper 1up; Bulla bt Farina 4&3; Laffoon bt Harper 3&2; TURNESA bt Eaton 1up (after 21); Smith bt Hines 4&3; Alexander bt Brosch 2up; Harbert bt Burke 1up (after 26); HOGAN bt Palmer 1up; Sarazen bt Bradley 2&1; Demaret bt Getchell 3&1; Worsham bt Ball 7&6; Oliver bt Elworthy 3&2; Fazio bt Williams, Jr 7&6

ROUND 3 (Last 16)
Harmon bt Ransom 2&1
Snead bt Gibson 5&3
Bulla bt Laffoon 6&5
TURNESA bt Smith 3&2
Harbert bt Alexander 11&10
HOGAN bt Sarazen 1up
Demaret bt Worsham 3&2
Fazio bt Oliver 1up

QUARTER FINAL (QF)
Harmon bt Snead 1up (after 42)
TURNESA bt Bulla 6&5
HOGAN bt Harbert 2&1
Demaret bt Fazio 5&4

SEMI FINAL (SF)
TURNESA bt Harmon 1up (after 37)
HOGAN bt Demaret 2&1

FINAL
BEN HOGAN ($3500) beat Mike Turnesa, 7&6

1948

48th US OPEN Championship
Riviera Country Club, Pacific Palisades, California (10-12 June)
No of Entries 1411: No Starting 171: No Making Cut 57: No Completing 54
7020 yards: Par 71 (284)

1	BEN HOGAN ($2000)	67 72 68 69	276	28=	Marty Furgol	72 74 73 74	293
					Chick Harbert	72 72 77 72	293
2	Jimmy Demaret	71 70 68 69	278		Joe Kirkwood, Sr	73 75 73 72	293
3	Jim Turnesa	71 69 70 70	280		Frank Moore	73 75 73 72	293
4	Bobby Locke	70 69 73 70	282	32=	Zell Eaton	72 74 75 73	294
5	Sam Snead	69 69 73 72	283		Ralph Guldahl	73 75 75 71	294
6	Lew Worsham	67 74 71 73	285	34	Ken Rogers (a)	69 76 72 78	295
7	Herman Barron	73 70 71 72	286	35=	Jack Harden	72 73 73 78	296
8=	Johnny Bulla	73 72 75 67	287		Dutch Harrison	75 72 72 77	296
	Toney Penna	70 72 73 72	287		Jimmy Hines	75 71 76 74	296
	Smiley Quick	73 71 69 74	287		Bill Nary	73 75 75 73	296
11	Skip Alexander	71 73 71 73	288		Johnny Palmer	74 74 76 72	296
12=	Charles Congdon	71 70 71 77	289		Jack Ryan	74 69 76 77	296
	Harold McSpaden	74 69 69 77	289	41=	John Dawson (a)	71 72 79 76	298
14=	Vic Ghezzi	72 74 74 70	290		Dick Mayer (a)	75 73 78 72	298
	Leland Gibson	71 76 69 74	290		George Schoux	74 72 76 76	298
	Otto Greiner	74 73 71 72	290		Frank Stranahan (a)	72 69 78 79	298
	Herman Keiser	71 71 73 75	290	45=	Dave Douglas	74 73 78 74	299
	George Schneiter	73 68 75 74	290		Ed Furgol	75 73 77 74	299
	Herschel Spears	72 71 76 71	290		Jimmy Johnson	76 71 77 75	299
	Ellsworth Vines	75 72 69 74	290	48=	Jimmy Thomson	77 71 76 76	300
21=	Joe Kirkwood, Jr	72 70 72 77	291		Al Zimmerman	71 74 77 78	300
	Lloyd Mangrum	71 72 74 74	291	50	Buck White	75 73 80 73	301
	Cary Middlecoff	74 71 73 73	291	51=	Iverson Martin	73 73 80 76	302
	Alfred Smith	73 72 77 69	291		Ted Rhodes	70 76 77 79	302
25=	Art Bell	72 75 71 74	292	53	Paul Runyan	74 73 80 76	303
	Pete Cooper	76 72 72 72	292	54	Andrew Mills	71 75 83 84	313
	George Fazio	72 72 76 72	292				

Round Leader(s)
R1   Hogan, Worsham; 67
R2   Snead; 138
R3   Hogan; 207

Lowest Scores
R2   Schnieter; 68
R3   Demaret, Hogan; 68
R4   Bulla; 67

1948

77th OPEN Championship
Hon Co of Edinburgh Golfers, Muirfield, East Lothian, Scotland (30 June-2 July)
No of Entries 272: No Starting 97: No Making Cut 36: No Completing 36
6806 yards

1	HENRY COTTON	71 66 75 72	284		Frank Jowle	70 78 74 73	295
	(£150)				Reg Whitcombe	77 67 77 74	295
2	Fred Daly	72 71 73 73	289	21=	Ken Bousfield	76 71 73 76	296
3=	Roberto de Vicenzo	70 73 72 75	290		Johnny Fallon	73 74 74 75	296
	Jack Hargreaves	76 68 73 73	290	23=	Tom Haliburton	73 74 76 74	297
	Norman von Nida	71 72 76 71	290		Alf Perry	77 71 76 73	297
	Charlie Ward	69 72 75 74	290		Frank Stranahan (a)	77 71 75 74	297
7=	Johnny Bulla	74 72 73 72	291		Norman Sutton	72 73 77 75	297
	Sam King	69 72 74 76	291	27	Claude Harmon	75 73 78 72	298
	Alf Padgham	73 70 71 77	291	28=	Otway Hayes	74 73 75 78	300
	Flory van Donck	69 73 73 76	291		Reg Horne	71 77 73 79	300
11=	Mario Gonzalez (a)	76 72 70 75	293	30=	Arthur Clark	74 71 75 81	301
	Cpt Edwin Kingsley (a)	77 69 77 70	293		Harold Gould	75 73 78 75	301
	Arthur Lees	73 79 73 78	293	32=	William Collins	77 69 77 79	302
	Alan Waters	75 71 70 77	293		Bobby Cruickshank	74 74 77 77	302
15=	Max Faulkner	75 71 74 74	294		Lawson Little	72 76 76 78	302
	Dai Rees	73 71 76 74	294		Charles Whitcombe	74 72 75 81	302
	Eddie Whitcombe	74 73 73 74	294	36	Walter Lyle	72 75 80 80	307
18=	Dick Burton	74 70 74 77	295				

Round Leader(s)
R1 King, van Donck, Ward; 69
R2 Cotton; 137
R3 Cotton; 212

Lowest Scores
R2 Cotton; 66
R3 Gonzales, Waters; 70
R4 Kingsley; 70

1949

13th MASTERS Tournament
Augusta National Golf Club, Augusta, Georgia (7-10 April)
No Starting 58: No Completing 53
6925 yards: Par 72 (288)

1	SAM SNEAD	73 75 67 67	282		Toney Penna	74 76 76 72	298
	($2750)				Horton Smith	75 72 78 73	298
2=	Johnny Bulla	74 73 69 69	285	29	Fred Haas	75 70 75 79	299
	Lloyd Mangrum	69 74 72 70	285	30=	Skip Alexander	74 77 75 74	300
4=	Johnny Palmer	73 71 70 72	286		George Fazio	78 76 71 75	300
	Jim Turnesa	73 72 71 70	286		Dick Metz	71 76 76 77	300
6	Lew Worsham	76 75 70 68	289		Skee Riegel (a)	75 74 74 77	300
7	Joe Kirkwood, Jr	73 72 70 75	290	34	Craig Wood	81 75 72 73	301
8=	Jimmy Demaret	76 72 73 71	292	35=	Art Bell	81 74 75 72	302
	Clayton Heafner	71 74 72 75	292		Billy Burke	76 74 74 78	302
	Byron Nelson	75 70 74 73	292		Vic Ghezzi	76 78 71 77	302
11=	Claude Harmon	73 75 73 72	293	38	Ellsworth Vines	76 77 76 74	303
	Herman Keiser	75 68 78 72	293	39=	Johnny Revolta	71 77 80 76	304
13=	Herman Barron	73 75 71 75	294		Gene Sarazen	75 74 76 79	304
	Leland Gibson	71 77 74 72	294		Harry Todd	74 79 76 75	304
	Bobby Locke	74 74 74 72	294	42=	George Schneiter	77 76 73 79	305
16=	Charles R Coe (a)	77 72 72 74	295		Al Smith	78 77 74 76	305
	John Dawson (a)	78 72 72 73	295		Herschel Spears	76 77 77 75	305
	Jim Ferrier	77 72 67 79	295	45=	Fred Moseley (a)	77 75 78 76	306
19=	Tony Holguin	81 70 71 74	296		Denny Shute	79 74 76 77	306
	Frank Stranahan (a)	70 77 75 74	296	47=	Ed Furgol	77 79 77 74	307
21=	Pete Cooper	76 75 72 74	297		Otto Greiner	77 75 78 77	307
	Henry Picard	74 77 73 73	297	49	Gene Dahlbender, Jr	74 83 72 79	308
23=	Bob Hamilton	77 79 69 73	298	50	Dick Chapman (a)	77 75 81 76	309
	Dutch Harrison	73 78 75 72	298	51	Mike Turnesa	78 75 80 78	311
	Lawson Little	72 77 73 76	298	52	Bob Sweeny, Jr (a)	82 80 79 77	318
	Cary Middlecoff	76 77 72 73	298	53	Johnny Farrell	76 80 81 83	320

Round Leader(s)
R1 Mangrum; 69
R2 Keiser, Mangrum; 143
R3 Palmer; 214

Lowest Scores
R2 Keiser; 68
R3 Ferrier, Snead; 67
R4 Snead; 67

1949

31st PGA Championship
Hermitage Country Club, Richmond, Virginia (25-31 May)
MATCH PLAY
64 qualifiers (defending champion Ben Hogan absent, injured) after 36 holes stroke play (Low - Ray Hill, 136)
Rs1&2, 18 holes: R3,QF,SF&F, 36 holes
6677 yards

ROUND 1 (Last 64)
Ray Hill bt Ted Neist 2&1; Jack Isaacs bt Lawson Little 1up; Frank Moore bt Ed Oliver 1up (after 19); Walter Romans bt Jack Ryan 2&1; Jimmy Thomson bt Howard Schmidt 4&3; Herman Barron bt Milon Marusic 3&2; Lloyd Mangrum bt Denny Shute 6&5; Bob Hamilton bt Chandler Harper 2&1; JOHNNY PALMER bt Mike Turnesa 1up (after 20); Clay Gaddie bt Andy Gaspar 1up; George Schneiter bt Frank Staszowski 2up; Lew Worsham bt Stan Staszowski 6&5; Henry Williams Jr bt Gene Sarazen 2&1; Jack Harden bt Craig Wood 1up; Al Brosch bt John Thoren 3&1; Horton Smith bt Herman Keiser 6&4; SAM SNEAD bt Jack Burke Jr 3&2; Henry Ransom bt Ray Gafford 1up; Dave Douglas bt Pete Cooper 1up; Mike DeMassey bt Matt Kowal 2&1; George Fazio bt Errie Ball 1up; Jimmy Demaret bt Harold Oatman 1up; Johnny Bulla bt Ellsworth Vines 1up; Jim Turnesa bt Al Smith 7&5; Clayton Heafner bt Tony Manero 6&5; Claude Harmon bt Clarence Doser 1up; Jack Patroni bt Eric Monti 1up; Jimmy Johnson bt Charles Sheppard 3&2; Jim Ferrier bt Andy LaPola 4&2; Skip Alexander bt Bill Nary 5&4; Eddie Burke bt George Stuhler 6&5; Marty Furgol bt William Heinlein 2&1

ROUND 2 (Last 32)
Hill bt Isaacs 3&2; Romans bt Moore 4&2; Barron bt Thomson 2&1; Mangrum bt Hamilton 3&2; PALMER bt Gaddie 8&6; Worsham by Schneiter 5&4; Williams Jr bt Harden 1up; Brosch bt Smith 5&4; SNEAD bt Ransom 3&1; Douglas bt DeMassey 3&2; Demaret bt Fazio 3&1; Turnesa bt Bulla 1up; Heafner bt Harmon 2&1; Patroni bt Johnson 1up; Ferrier bt Alexander 1up; Furgol bt Burke 2&1

ROUND 3 (Last 16)
- Hill bt Romans 5&4
- Mangrum bt Barron 4&3
- PALMER bt Worsham 2&1
- Williams Jr bt Brosch 7&6
- SNEAD bt Douglas 1up

Demaret bt Turnesa 5&3
Heafner bt Patroni 5&4
Ferrier bt Furgol 8&6

QUARTER FINAL (QF)
- Mangrum bt Hill 7&6
- PALMER bt Williams Jr 7&6
- SNEAD bt Demaret 4&3
- Ferrier bt Heafner 3&2

SEMI FINAL (SF)
- PALMER bt Mangrum 6&5
- SNEAD bt Ferrier 3&2

FINAL
SAM SNEAD ($3500) beat Johnny Palmer, 3&2

1949

49th US OPEN Championship
Medinah Country Club, Medinah, Illinois (9-11 June)
No of Entries 1348: No Starting 162: No Making Cut 51: Completing 47
6936 yards: Par 71 (284)

1 CARY MIDDLECOFF ($2000)	75 67 69 75	286
2= Clayton Heafner	72 71 71 73	287
Sam Snead	73 73 71 70	287
4= Bobby Locke	74 71 73 71	289
Jim Turnesa	78 69 70 72	289
6= Dave Douglas	74 73 70 73	290
Buck White	74 68 70 78	290
8= Pete Cooper	71 73 74 73	291
Claude Harmon	71 72 74 74	291
Johnny Palmer	71 75 72 73	291
11= Eric Monti	75 72 70 75	292
Herschel Spears	76 71 71 74	292
13 Al Brosch	70 71 73 79	293
14= Johnny Bulla	73 75 72 74	294
Lloyd Mangrum	74 74 70 76	294
Skee Riegel (a)	72 75 73 74	294
Harry Todd	76 72 73 73	294
Ellsworth Vines	73 72 71 78	294
19= Fred Haas	74 73 73 75	295
Les Kennedy	69 74 79 73	295
Gene Webb	73 77 70 75	295
22 Ralph Guldahl	71 75 73 77	296
23= Jim Ferrier	74 75 74 74	297
Chick Harbert	70 78 75 74	297
Jack Isaacs	73 73 74 77	297
Horton Smith	72 75 74 76	297
27= Skip Alexander	76 72 77 73	298
Herman Barron	70 78 76 74	298
Sam Bernardi	80 69 76 73	298
Jack Burke, Jr	74 74 75 75	298
Charles Farlow	70 77 76 75	298
James McHale, Jr (a)	72 76 74 76	298
Craig Wood	76 73 76 73	298
Lew Worsham	71 76 71 80	298
35= George Fazio	73 77 70 79	299
Leland Gibson	75 72 73 79	299
37= Sam Byrd	75 73 74 78	300
Vic Ghezzi	78 72 75 75	300
Mike Pavella	75 75 76 74	300
Jimmy Thomson	75 72 76 77	300
41 James Frisina, Sr (a)	76 74 72 79	301
42= Bobby Cruickshank	71 75 79 77	302
Ray Gafford	76 73 78 75	302
EE Peele	71 79 75 77	302
45 John Wagner (a)	72 77 79 76	304
46 Ray Hill	75 74 78 78	305
47 Otto Greiner	74 74 76 82	306

Round Leader(s)
- R1 Kennedy; 69
- R2 Brosch; 141
- R3 Middlecoff; 211

Lowest Scores
- R2 Middlecoff; 67
- R3 Middlecoff; 69
- R4 Snead; 70

1949

78th OPEN Championship
Royal St George's Golf Club, Sandwich, Kent, England (6-8 July)
No of Entries 224: No Starting 96: No Making Cut 31: No Completing 31
6728 yards

1 BOBBY LOCKE* ($300)	69 76 68 70	283
2 Harry Bradshaw	68 77 68 70	283
3 Roberto de Vicenzo	68 75 73 69	285
4= Sam King	71 69 74 72	286
Charlie Ward	73 71 70 72	286
6= Max Faulkner	71 71 71 74	287
Arthur Lees	74 70 72 71	287
8= Jimmy Adams	67 77 72 72	288
Johnny Fallon	69 75 72 72	288
Wally Smithers	72 75 70 71	288
11= Ken Bousfield	69 77 76 67	289
Bill Shankland	69 73 74 73	289
13 Frank Stranahan (a)	71 73 74 72	290
14= Bill Branch	71 75 74 71	291
Dick Burton	73 70 74 74	291
John Knipe	76 71 72 72	291
17 Walter Lees	74 72 69 78	293
18 Alan Waters	70 70 75 73	294
19 Norman Sutton	69 78 75 73	295
20= Reg Horne	73 74 75 74	296
Arthur Lacey	72 73 73 78	296
Gregor McIntosh	70 77 76 73	296
William McMinn	70 75 78 73	296
Ernie Southerden	69 76 74 77	296
25 Jim Wade	71 74 77 75	297
26 HE Osborne	73 74 75 76	298
27 Johnny Bulla	71 73 76 79	299
28 Ugo Grappasonni	70 76 77 77	300
29 Ernest WH Kenyon	72 75 77 77	301
30 Bill White	74 71 80 78	303
31 Francis Francis (a)	72 74 82 79	307

* Bobby Locke (135) beat Harry Bradshaw (147) in the 36-Hole Play-off

Round Leader(s)
- R1 Adams; 67
- R2 King; 140
- R3 Bradshaw, Faulkner, Locke; 213

Lowest Scores
- R2 King; 69
- R3 Bradshaw, Locke; 68
- R4 Bousfield; 67

1950

14th MASTERS Tournament
Augusta National Golf Club, Augusta, Georgia (6-9 April)
No Starting 65: No Completing 59
6925 yards: Par 72 (288)

1	JIMMY DEMARET	70 72 72 69	283		Pete Cooper	74 77 77 74	302
	($2400)			31	Johnny Bulla	77 78 75 73	303
2	Jim Ferrier	70 67 73 75	285	32=	Charles R Coe (a)	73 79 78 74	304
3	Sam Snead	71 74 70 72	287		Bob Hamilton	74 73 78 79	304
4=	Ben Hogan	73 68 71 76	288		Claude Harmon	77 77 74 76	304
	Byron Nelson	75 70 69 74	288	35=	Thomas Barnes	78 75 78 74	305
6	Lloyd Mangrum	76 74 73 68	291		Julius Boros	75 77 76 77	305
7=	Clayton Heafner	74 77 69 72	292		Al Brosch	77 75 78 75	305
	Cary Middlecoff	75 76 68 73	292		Dick Chapman (a)	77 73 75 80	305
9	Lawson Little	70 73 75 75	293		Chuck Kocsis (a)	77 71 79 78	305
10=	Fred Haas	74 76 73 71	294		Denny Shute	77 72 81 75	305
	Gene Sarazen	80 70 72 72	294		E Harvie Ward, Jr (a)	79 78 74 74	305
12=	Roberto de Vicenzo	76 76 73 71	296	42=	Buck White	78 76 73 79	306
	Horton Smith	70 79 75 72	296		Lew Worsham	77 78 76 75	306
14=	Skip Alexander	78 74 73 72	297	44=	Tony Holguin	78 75 77 77	307
	Vic Ghezzi	78 75 70 74	297		Jack Isaacs	79 81 72 75	307
	Leland Gibson	78 73 72 74	297	46=	Herman Barron	75 77 82 74	308
	Herman Keiser	75 72 75 75	297		Bill Campbell (a)	80 78 74 76	308
	Joe Kirkwood, Jr	75 74 77 71	297		Jim Turnesa	81 74 79 74	308
	Henry Picard	74 71 77 75	297	49=	Dave Douglas	79 79 76 75	309
	Frank Stranahan (a)	74 79 73 71	297		Harry Todd	76 75 81 77	309
21=	George Fazio	73 74 78 73	298	51=	Jim McHale, Jr (a)	82 78 75 75	310
	Toney Penna	71 75 77 75	298		Bob Sweeny, Jr (a)	77 76 79 78	310
	Skee Riegel	69 75 78 76	298	53=	Ray Hill	75 78 80 78	311
24=	Chick Harbert	76 75 73 75	299		Henry Williams, Jr	82 78 81 70	311
	Johnny Palmer	72 76 76 75	299	55	Gene Webb	76 78 75 83	312
26	Eric Monti	74 79 74 73	300	56	Harold Paddock, Jr (a)	78 79 78 79	314
27=	Herschel Spears	70 74 79 78	301	57	Fred Moseley (a)	82 77 78 79	316
	Norman Von Nida	77 74 74 76	301	58	Frank Strafaci	77 82 84 81	324
29=	Billy Burke	80 75 76 71	302	59	Les Kennedy	81 80 82 82	325

Round Leader(s)
R1 Riegel; 69
R2 Ferrier; 137
R3 Ferrier; 210

Lowest Scores
R2 Ferrier; 67
R3 Middlecoff; 68
R4 Mangrum; 68

1950

50th US OPEN Championship
Merion Golf Club, Ardmore, Pennsylvania (8-11 June)
No of Entries 1379: No Qualifying 165: No Starting 162: No Making Cut 52: Completing 51
6694 yards: Par 70 (280)

1	BEN HOGAN*	72 69 72 74	287		Lee Mackey, Jr	64 81 75 77	297
	($4000)				Paul Runyan	76 73 73 75	297
2	Lloyd Mangrum	72 70 69 76	287	29=	Pete Cooper	75 72 76 75	298
3	George Fazio	73 72 72 70	287		Henry Williams, Jr	69 76 76 77	298
4	Dutch Harrison	72 67 73 76	288	31=	John Barnum	71 75 78 75	299
5=	Jim Ferrier	71 69 74 75	289		Denny Shute	71 73 76 79	299
	Joe Kirkwood, Jr	71 74 74 70	289		Buck White	77 71 77 74	299
	Henry Ransom	72 71 73 73	289	34=	Terl Johnson	72 77 74 77	300
8	Bill Nary	73 70 74 73	290		Herschel Spears	75 72 75 78	300
9	Julius Boros	68 72 77 74	291	36=	Walter Burkemo	72 77 74 78	301
10=	Cary Middlecoff	71 71 71 79	292		Dave Douglas	72 76 79 74	301
	Johnny Palmer	73 70 70 79	292	38=	Claude Harmon	71 74 77 80	302
12=	Al Besselink	71 72 76 75	294		Jim McHale, Jr (a)	75 73 80 74	302
	Johnny Bulla	74 66 78 76	294		Gene Sarazen	72 72 82 76	302
	Dick Mayer	73 76 73 72	294		Jim Turnesa	74 71 78 79	302
	Henry Picard	71 71 79 73	294	42	Art Bell	72 77 78 76	303
	Skee Riegel	73 69 79 73	294	43=	Patrick Abbott	71 77 76 80	304
	Sam Snead	73 75 72 74	294		Joe Thacker	75 69 83 77	304
18=	Skip Alexander	68 74 77 76	295	45	Johnny Morris	74 74 80 77	305
	Fred Haas	73 74 76 72	295	46=	Loddie Kempa	71 74 78 83	306
20=	Jimmy Demaret	72 77 71 76	296		Frank Stranahan (a)	79 70 79 78	306
	Marty Furgol	75 71 72 78	296		Gene Webb	75 74 82 75	306
	Dick Metz	76 71 71 78	296	49	PJ Boatwright (a)	75 74 79 79	307
	Bob Toski	73 69 80 74	296	50	George Bolesta	77 72 84 78	311
	Harold Williams	69 75 75 77	296	51	John O'Donnell	76 72 83 85	316
25=	Bobby Cruickshank	72 77 76 72	297				
	Ted Kroll	75 72 78 72	297				

*Ben Hogan (69) beat Lloyd Mangrum (73) and George Fazio (75) in the 18-Hole Play-off

Round Leader(s)
R1 Mackey Jr; 64
R2 Harrison; 139
R3 Mangrum; 211

Lowest Scores
R2 Bulla; 66
R3 Mangrum; 69
R4 Fazio, Kirkwood Jr; 70

1950

32nd PGA Championship
Scioto Country Club, Columbus, Ohio (21-27 June)
MATCH PLAY
63 qualifiers, plus the defending champion (Sam Snead), after 36 holes stroke play
(Low - Sam Snead, 140)
Rs1&2, 18 holes: R3,QF,SF&F, 36 holes
7032 yards

ROUND 1 (Last 64)
Sam Snead bt Sam Byrd 1up; Eddie Burke bt Pete Lamb 2&1; Leonard Schmutte bt Jack Ryan 1up; Ray Gafford bt Dale Andreason 4&2; Denny Shute bt Augie Nordone 1up; Ellsworth Vines bt Bob Tucker 5&3; Rod Munday bt Joe Zarhardt 1up; Jimmy Demaret bt Charley Farlow 1up; Lloyd Mangrum bt Pete Cooper 4&3; Skip Alexander bt George Buck 4&3; Chick Harbert bt Herman Scharlau 6&5; Harold Williams bt Toney Penna 3&2; Bob Toski bt Al Smith 2&1; George Fazio bt Frank Staszowski 4&3; Dick Metz bt Vic Ghezzi 2&1; CHANDLER HARPER bt Fred Annon 5&3; Al Brosch bt Charles Sheppard 2&1; Claude Harmon bt Paul Runyan 2&1; HENRY WILLIAMS Jr bt William Heinlein 5&3; Emery Thomas bt Errie Ball 2&1; Jim Ferrier bt Frank Commisso 3&2; Elmer Reed bt Gene Kunes 2up; Dave Douglas bt Marty Furgol 3&1; Jimmy Hines bt Harold Whittington 1up; George Shafer bt Charles Bassler 1up; Jackson Bradley bt Leland Gibson 1up; Henry Picard bt Bob Hamilton 1up (after 20); Clarence Doser bt Sam Bernardi 2up; Lew Worsham bt Jerry Gianferante 2&1; Johnny Palmer bt Joe Taylor 4&3; Al Watrous bt Jock Hutchison Jr 1up; Ted Kroll bt Ray Hill 5&4
ROUND 2 (Last 32)
Burke bt Snead 1up; Gafford bt Schmutte 1up; Shute bt Vines 4&3; Demaret bt Munday 5&3; Mangrum bt Alexander 1up; Harbert bt Harold Williams 5&3; Toski bt Fazio 1up; HARPER bt Metz 1up; Harmon bt Brosch 2&1; HENRY WILLIAMS Jr bt Thomas 6&5; Reed bt Ferrier 5&4; Douglas bt Hines 5&4; Bradley by Shafer 4&3; Picard bt Doser 4&2; Palmer bt Worsham 4&2; Kroll bt Watrous 2&1
ROUND 3 (Last 16)
Gafford bt Burke 4&3
Demaret bt Shute 4&3
Mangrum bt Harbert 6&5
HARPER bt Toski 2&1
WILLIAMS Jr bt Harmon 1up (after 38)
Douglas bt Reed 3&2
Picard bt Bradley 1up
Palmer bt Kroll 1up
QUARTER FINAL (QF)
Demaret bt Gafford 5&4
HARPER bt Mangrum 1up
WILLIAMS Jr bt Douglas 1up
Picard bt Palmer 10&8
SEMI FINAL (SF)
HARPER bt Demaret 2&1
WILLIAMS Jr bt Picard 1up (after 38)
FINAL
CHANDLER HARPER ($3500) beat Henry Williams Jr, 4&3

1950

79th OPEN Championship
Troon Golf Club, Ayrshire, Scotland (5-7 July)
No of Entries 262: No Starting 93: No Making Cut 35: No Completing 35
6583 yards

1	BOBBY LOCKE (£300)	69 72 70 68	279
2	Roberto de Vicenzo	72 71 68 70	281
3=	Fred Daly	75 72 69 66	282
	Dai Rees	71 68 72 71	282
5=	Max Faulkner	72 70 70 71	283
	Eric Moore	74 68 73 68	283
7=	Fred Bullock	71 71 71 71	284
	Arthur Lees	68 76 68 72	284
9=	Sam King	70 75 68 73	286
	Frank Stranahan (a)	77 70 73 66	286
	Flory van Donck	73 71 72 70	286
12=	Jimmy Adams	73 75 69 70	287
	Wally Smithers	74 70 73 70	287
14=	Johnny Bulla	73 70 71 74	288
	Hector Thomson	71 72 73 72	288
16	Harry Bradshaw	73 71 75 70	289
17=	Reg Horne	73 75 71 71	290
	James McHale (a)	73 73 74 70	290
	Eddie Whitcombe	69 76 72 73	290
20=	Alf Padgham	77 71 74 69	291
	John Panton	76 69 70 76	291
	Norman von Nida	74 72 76 69	291
23	Eric Brown	73 73 73 73	292
24=	Trevor Allen	77 70 75 71	293
	Bill Branch	71 69 78 75	293
	Stewart Field	73 71 73 76	293
	Norman Sutton	71 75 74 73	293
	Bill White	74 74 73 72	293
29	Fred Allott	72 71 77 74	294
30=	Maj David Blair (a)	72 72 77 74	295
	Hassan Hassanein	73 72 77 73	295
32	Syd Scott	75 71 75 75	296
33=	Joe Carroll	73 72 74 79	298
	Alf Perry	73 74 76 75	298
35	James Wilson (a)	72 76 79 72	299

Round Leader(s)
R1 Lees; 68
R2 Rees; 139
R3 De Vicenzo, Locke, Rees; 211

Lowest Scores
R2 Moore, Rees; 68
R3 De Vicenzo, King, Lees; 68
R4 Daly, Stranahan; 66

1951

15th MASTERS Tournament
Augusta National Golf Club, Augusta, Georgia (22-25 March)
No Starting 64: No Completing 59
6925 yards: Par 72 (288)

1	BEN HOGAN ($3000)	70 72 70 68	280
2	Skee Riegel	73 68 70 71	282
3=	Lloyd Mangrum	69 74 70 73	286
	Lew Worsham	71 71 72 72	286
5	Dave Douglas	74 69 72 73	288
6	Lawson Little	72 73 72 72	289
7	Jim Ferrier	74 70 74 72	290
8=	Johnny Bulla	71 72 73 75	291
	Byron Nelson	71 73 73 74	291
	Sam Snead	69 74 68 80	291
11	Jack Burke, Jr	73 72 74 73	292
12=	Charles R Coe (a)	76 71 73 73	293
	Cary Middlecoff	73 73 69 78	293
	Gene Sarazen	75 74 73 71	293
15=	Ed Furgol	80 71 72 71	294
	Dutch Harrison	76 71 76 71	294
17	Julius Boros	76 72 74 73	295
18=	George Fazio	68 74 74 80	296
	Bob Toski	75 73 73 75	296

20=	Al Besselink	76 73 71 77	297		Tony Holguin	78 72 75 78	303
	Dick Chapman (a)	72 76 72 77	297		Herman Keiser	77 73 79 74	303
	Clayton Heafner	74 72 73 78	297	42=	William L Goodloe, Jr (a)	74 71 72 88	305
	Joe Kirkwood, Jr	73 71 78 75	297		Johnny Revolta	74 75 75 81	305
	Roberto de Vicenzo	75 74 74 74	297	44=	Ray Gafford	77 73 76 80	306
25=	Ted Kroll	76 75 71 76	298		Chick Harbert	76 73 77 80	306
	Dick Mayer	71 75 79 73	298	46	Harold Williams	76 77 76 78	307
	Bill Nary	76 73 73 76	298	47=	Denny Shute	79 76 79 74	308
	Henry Ransom	74 74 74 76	298		Henry Williams, Jr	77 76 77 78	308
	Sam Urzetta (a)	73 72 78 75	298	49	Harold Paddock, Jr (a)	75 78 80 79	312
30=	Jimmy Demaret	76 74 78 71	299	50=	Dow Finsterwald (a)	76 81 75 81	313
	Johnny Palmer	73 74 77 75	299		Robert W Knowles, Jr (a)	78 79 75 81	313
32=	Leland Gibson	74 74 75 78	301		Juan Segura (a)	72 80 79 82	313
	Horton Smith	79 77 70 75	301		Bill Shields (a)	82 76 76 79	313
	Frank Stranahan (a)	74 74 74 79	301		George Von Elm	77 76 79 81	313
35=	Marty Furgol	77 76 73 76	302	55=	Bill Mawhinney	83 75 73 84	315
	Claude Harmon	75 77 74 76	302		Bob Sweeny, Jr (a)	80 79 78 78	315
	Jim McHale, Jr (a)	75 76 76 75	302	57=	Johnny Farrell	81 78 83 76	318
	E Harvie Ward, Jr (a)	74 77 77 74	302		John Ward	78 75 81 84	318
39=	Fred Haas	79 76 73 75	303	59	Bill Campbell (a)	79 82 74 86	321

Round Leader(s)
R1   Fazio; 68
R2   Riegel; 141
R3   Riegel, Snead; 211

Lowest Scores
R2   Riegel; 68
R3   Snead; 68
R4   Hogan; 68

1951

51st US OPEN Championship
Oakland Hills Country Club, Birmingham, Michigan (14-16 June)
No of Entries 1511: No Starting 162: No Making Cut 55: Completing 55
6927 yards: Par 70 (280)

1	BEN HOGAN	76 73 71 67	287		Earl Stewart	74 74 78 75	301
	($4000)			29=	Tommy Bolt	77 72 75 78	302
2	Clayton Heafner	72 75 73 69	289		Roberto de Vicenzo	75 76 74 77	302
3	Bobby Locke	73 71 74 73	291		Fred Haas	77 75 77 73	302
4=	Julius Boros	74 74 71 74	293		George Kinsman	75 73 75 79	302
	Lloyd Mangrum	75 74 74 70	293		Sam Urzetta (a)	78 71 78 75	302
6=	Al Besselink	72 77 72 73	294		Bo Wininger (a)	75 71 77 79	302
	Dave Douglas	75 70 75 74	294	35=	Clarence Doser	74 76 77 76	303
	Fred Hawkins	76 72 75 71	294		Chuck Klein	73 74 81 75	303
	Paul Runyan	73 74 72 75	294		Gene Sarazen	74 76 76 77	303
10=	Al Brosch	73 74 76 72	295		Al Watrous	77 75 77 74	303
	Smiley Quick	73 76 74 72	295	39=	Sam Bernardi	73 76 77 78	304
	Skee Riegel	75 76 71 73	295		E Harvie Ward, Jr (a)	74 76 78 76	304
	Sam Snead	71 78 72 74	295	41	Doug Ford	76 76 78 75	305
14=	Jimmy Demaret	74 74 70 78	296	42=	Bob Hamilton	74 77 79 76	306
	Lew Worsham	76 71 76 73	296		Jack Harden	75 75 80 76	306
16=	Charles Kocsis (a)	75 74 76 72	297		Gene Kunes	77 75 77 77	306
	Henry Ransom	74 74 76 73	297		Dale Morey (a)	76 75 75 80	306
	Buck White	76 75 74 72	297		Frank Stranahan (a)	74 77 78 77	306
19=	Raymond Gafford	76 74 74 74	298	47=	Dutch Harrison	73 78 78 78	307
	Johnny Revolta	78 72 72 76	298		Craig Wood	76 72 82 77	307
21=	Charles Bassler	79 71 74 75	299	49=	Sam Byrd	73 79 76 80	308
	Joe Kirkwood, Jr	74 78 73 74	299		Bill Nary	77 75 77 79	308
23	Marty Furgol	78 72 74 76	300		Gene Webb	76 74 76 82	308
24=	Cary Middlecoff	76 73 79 73	301	52	Johnny Bulla	80 70 82 77	309
	Ed Oliver	81 71 77 72	301	53	James Funston (a)	76 75 84 75	310
	Johnny Palmer	73 78 76 74	301	54=	John Barnum	79 73 79 80	311
	Henry Picard	78 73 78 72	301		Claude Harmon	74 75 79 83	311

Round Leader(s)
R1   Snead; 71
R2   Locke; 144
R3   Demaret, Locke; 218

Lowest Scores
R2   Bulla, Douglas; 70
R3   Demaret; 70
R4   Hogan; 67

1951

33rd PGA Championship
Oakmont Country Club, Oakmont, Pennsylvania (27 June-3 July)
MATCH PLAY
63 qualifiers, plus the defending champion (Chandler Harper), after 36 holes stroke play
(Low - Pete Cooper, Claude Harmon [won after play-off], Lloyd Mangrum, 142)
Rs1&2, 18 holes: R3,QF,SF&F, 36 holes
6882 yards

ROUND 1 (Last 64)
Jim Turnesa bt Chandler Harper 1up (after 23); Charles Bassler bt Ed Furgol 1up; Ed Oliver bt Herman Keiser 5&4; George Bolesta bt Willie Goggin 3&1; Lew Worsham bt Harold Williams 4&3; Al Brosch bt Frank Kiraly 1up; Toney Penna bt George Fazio 4&2; Jack Harden bt Sherman Elworthy 3&2; Lloyd Mangrum bt Henry Ransom 4&3; Buck White bt Dave Douglas 2&1; SAM SNEAD bt Fred Haas 1up; Marty Furgol bt Harold Oatman 2&1; Jack Burke Jr bt Chuck Klein 1up (after 21); Gene Sarazen bt Charles Harter 2&1; Ray Gafford bt Ted Kroll 1up (after 19); Gene Kunes bt Henry Williams Jr 4&2; Dick Shoemaker bt Claude Harmon 3&1; Lawson Little bt Johnny Weitzel 3&2; Chick Harbert bt Clayton Heafner 1 up (after 22); WALTER BURKEMO bt Toby Lyons 1up (after 20); Vic Ghezzi bt Eddie Burke 3&2; Rod Munday bt Bob Toski 5&3; Mike Pavella bt Johnny Palmer 2&1; Reggie Myles bt Andy Gaspar 1up (af-

ter 20); Denny Shute bt Pete Cooper 3&2; Jackson Bradley bt Bobby Cruickshank 4&3; Henry Picard bt Frank Commisso 4&2; Ellsworth Vines bt Phil Friel 3&2; Jim Ferrier bt Sam Bernardi 3&2; Milon Marusic bt Ray Hill 8&1; Bob Hamilton bt Max Evans 1up; Johnny Bulla bt Walter Ambo 5&4
ROUND 2 (Last 32)
Bassler bt Turnesa 5&4; Bolesta bt Oliver 2&1; Brosch bt Worsham 5&4; Harden bt Penna 5&3; Mangrum bt White 2&1; SNEAD bt Furgol 1up (after 21); Burke, Jr bt Sarazen 5&3; Kunes bt Gafford 2&1; Shoemaker bt Little 2&1; BURKEMO bt Harbert 1up (after 19); Ghezzi bt Munday 4&3; Myles bt Pavella 1up (after 20); Bradley bt Shute 2&1; Vines bt Picard 1up; Ferrier bt Milon Marusic 3&2; Bulla bt Hamilton 5&3
ROUND 3 (Last 16)
  Bassler bt Bolesta 1up (after 37)
  Brosch bt Harden 6&5
  SNEAD bt Mangrum 3&2
  Burke Jr bt Kunes 4&3
  BURKEMO by Shoemaker 2&1
  Myles bt Ghezzi 1up
  Vines bt Bradley 2&1
  Bulla bt Ferrier 9&8
QUARTER FINAL (QF)
  Bassler bt Brosch 1up
  SNEAD bt Burke Jr 2&1
  BURKEMO bt Myles 1up
  Vines bt Bulla 1up
SEMI FINAL (SF)
  SNEAD bt Bassler 9&8
  BURKEMO bt Vines 1up (after 37)
FINAL
  SAM SNEAD ($3500) beat Walter Burkemo, 7&6

1951

80th OPEN Championship
Royal Portrush Golf Club, Co Antrim, Northern Ireland (4-6 July)
No of Entries 180: No Starting 98: No Making
Cut 46: Completing 45
6802 yards

1	MAX FAULKNER	71 70 70 74	285
	(£300)		
2	Tony Cerda	74 72 71 70	287
3	Charlie Ward	75 73 74 68	290
4=	Jimmy Adams	68 77 75 72	292
	Fred Daly	74 70 75 73	292
6=	Bobby Locke	71 74 74 74	293
	Bill Shankland	73 76 72 72	293
	Norman Sutton	73 70 74 76	293
	Peter Thomson	70 75 73 75	293
	Harry Weetman	73 71 75 74	293
11	John Panton	73 72 74 75	294
12=	Dick Burton	74 77 71 73	295
	Dai Rees	70 77 76 72	295
	Frank Stranahan (a)	75 75 72 73	295
15	Harry Bradshaw	80 71 74 71	296
16	Eric Cremin	73 75 75 74	297
17=	Kep Enderby (a)	76 74 75 73	298
	Alan Waters	74 75 78 71	298
19=	Ugo Grappasonni	73 73 77 76	299
	Jack Hargreaves	73 78 79 69	299
	Willie John Henderson	77 73 76 73	299
	Kel Nagle	76 76 72 75	299
	Christy O'Connor, Sr	79 74 72 74	299
24=	Joe Carr (a)	75 76 73 76	300
	Pulvio Traviani	74 79 73 74	300
	Flory van Donck	72 76 76 76	300
	Eddie Whitcombe	74 74 76 76	300
28=	John McKenna	74 76 76 76	302
	Alan Poulton	77 77 73 75	302
	Wally Smithers	75 73 76 78	302
31=	W/Cdr Cecil Beamish (a)	76 78 73 76	303
	Arthur Lees	75 74 76 78	303
	Norman Roffe	78 76 78 71	303
	Charles Rotar	76 76 76 75	303
35=	William Hancock	78 74 72 80	304
	Sam King	78 76 77 73	304
37=	Fred Allott	74 79 77 75	305
	Johnny Fallon	78 73 80 74	305
	John Jacobs, Sr	76 77 77 75	305
40=	Eric Brown	74 77 83 72	306
	Bobby Halsall	80 74 77 75	306
	Arthur Lacey	75 76 79 76	306
	Gregor McIntosh	76 71 80 79	306
44	Hassan Hassanein	79 73 74 81	307
45	Christy Kane	75 76 81 77	309

Round Leader(s)
R1 Adams, von Nida; 68
R2 Faulkner; 141
R3 Faulkner; 211

Lowest Scores
R2 Daly, Faulkner, Sutton; 70
R3 Faulkner; 70
R4 Ward; 68

1952

16th MASTERS Tournament
Augusta National Golf Club, Augusta, Georgia (3-6 April)
No Starting 72: No Completing 61
6925 yards: Par 72 (288)

1	SAM SNEAD	70 67 77 72	286
	($4000)		
2	Jack Burke, Jr	76 67 78 69	290
3=	Al Besselink	70 76 71 74	291
	Tommy Bolt	71 71 75 74	291
	Jim Ferrier	72 70 77 72	291
6	Lloyd Mangrum	71 74 75 72	292
7=	Julius Boros	73 73 76 71	293
	Fred Hawkins	71 73 78 71	293
	Ben Hogan	70 70 74 79	293
	Lew Worsham	71 75 73 74	293
11	Cary Middlecoff	72 72 72 78	294
12	Johnny Palmer	69 74 75 77	295
13	Johnny Revolta	71 71 77 77	296
14=	George Fazio	72 71 78 76	297
	Claude Harmon	73 74 77 73	297
	Chuck Kocsis (a)	75 73 71 73	297
	Ted Kroll	74 74 76 73	297
	Skee Riegel	75 71 78 73	297
19=	Joe Kirkwood, Jr	71 77 74 76	298
	Frank Stranahan (a)	72 74 76 76	298
21=	Doug Ford	71 74 79 75	299
	Bobby Locke	74 71 79 75	299
	E Harvie Ward, Jr (a)	72 71 78 78	299
24=	Arnold Blum (a)	74 77 77 74	302
	Clayton Heafner	76 74 74 78	302
	Byron Nelson	72 75 78 77	302
27=	Skip Alexander	71 73 7/ 82	303
	Smiley Quick	73 76 79 75	303
	Norman von Nida	77 77 73 76	303
30=	Dave Douglas	76 69 81 78	304
	Vic Ghezzi	77 77 76 74	304
	Ed Oliver	72 72 77 83	304
	Horton Smith	74 73 77 80	304
34=	Charles Bassler	74 75 79 77	305
	Stan Leonard	75 76 75 79	305
	Al Mengert	74 77 78 76	305
	Earl Stewart	75 80 75 75	305
38=	Ed Furgol	74 77 78 77	306
	Chandler Harper	76 74 79 77	306
40=	Bob Hamilton	80 71 81 75	307
	Bob Toski	80 72 78 77	307
42=	Walter Burkemo	80 74 76 78	308
	John Dawson (a)	74 78 78 78	308
	Marty Furgol	73 76 79 80	308
	Robert W Knowles, Jr (a)	78 77 79 74	308
46=	Charles R Coe (a)	80 76 81 72	309
	Dow Finsterwald	72 72 83 82	309

	Sam Urzetta (a)	78 73 76 82	309
49=	Ray Gafford	69 80 81 80	310
	Billy Maxwell (a)	77 77 77 79	310
	Denny Shute	74 77 78 81	310
52=	William L Goodloe, Jr (a)	77 71 77 86	311
	Henry Picard	76 77 78 80	311
54	Reggie Myles	77 75 80 80	312

55=	Stanley Bishop	82 75 81 75	313
	Al Brosch	76 74 85 78	313
	Dick Chapman (a)	72 79 80 82	313
	Bob Sweeny, Jr (a)	74 77 79 83	313
59	Craig Wood	73 81 80 80	314
60	Tommy Jacobs (a)	79 81 77 79	316
61	James Frisina (a)	74 79 88 81	322

Round Leader(s)
R1 Gafford, Palmer; 69
R2 Snead; 137
R3 Hogan, Snead; 214

Lowest Scores
R2 Burke, Snead; 67
R3 Besselink, Kocsis; 71
R4 Burke; 69

1952

52nd US OPEN Championship
Northwood Golf Club, Dallas, Texas (12-14 June)
No of Entries 1688: No Starting 162: No Making Cut 53: Completing 52
6782 yards: Par 70 (280)

1	JULIUS BOROS	71 71 68 71	281
	($4000)		
2	Ed Oliver	71 72 70 72	285
3	Ben Hogan	69 69 74 74	286
4	Johnny Bulla	73 68 73 73	287
5	George Fazio	71 69 75 75	290
6	Dick Metz	70 74 76 71	291
7=	Tommy Bolt	72 76 71 73	292
	Ted Kroll	71 75 76 70	292
	Lew Worsham	72 71 74 75	292
10=	Lloyd Mangrum	75 74 72 72	293
	Sam Snead	70 75 76 72	293
	Earl Stewart	76 75 70 72	293
13=	Clarence Doser	71 73 73 77	294
	Harry Todd	71 76 74 73	294
15=	Al Brosch	68 79 71 77	295
	Jimmy Demaret	74 77 73 71	295
	Milon Marusic	73 76 74 72	295
	Horton Smith	70 73 76 76	295
19=	Doug Ford	74 74 74 74	296
	James Jackson (a)	74 76 75 71	296
	Bill Trombley	72 73 81 70	296
22=	Leland Gibson	73 76 72 76	297
	Paul Runyan	73 78 73 73	297
24=	Chick Harbert	75 75 73 75	298
	Cary Middlecoff	75 74 75 74	298
	Felice Torza	74 76 70 78	298

	Bo Wininger	78 72 69 79	298
28=	Zell Eaton	71 79 73 76	299
	Ray Gafford	77 74 75 73	299
	Dick Mayer	74 77 69 79	299
	Stan Mosel (a)	71 77 75 76	299
	Patrick Abbott	74 76 73 76	299
33=	Dutch Harrison	71 79 77 73	300
	Gene Sarazen	76 74 75 75	300
35	Charles Scally	72 73 77 79	301
36=	Marty Furgol	75 74 75 80	304
	Iverson Martin	76 74 77 77	304
	Billy Joe Patton (a)	76 73 80 75	304
	Henry Williams, Jr	77 74 74 79	304
40	Johnny Revolta	74 75 78 78	305
41=	Jack Burke, Jr	74 74 78 80	306
	Chandler Harper	73 76 80 77	306
	Johnny Weitzel	74 74 76 82	306
44=	Gardner Dickinson	72 76 80 79	307
	Charles Farlow	71 80 80 76	307
	Herschel Spears	75 76 80 76	307
47	Art Wall	76 73 77 82	308
48=	Steve Doctor	75 74 78 82	309
	Max Evans	75 73 78 83	309
	Fred Hawkins	75 76 74 84	309
51	Herman Coelho	76 73 77 89	315
52	Charles Bassler	71 79 86 84	320

Round Leader(s)
R1 Brosch; 68
R2 Hogan; 138
R3 Boros; 210

Lowest Scores
R2 Bulla; 68
R3 Boros; 68
R4 Kroll, Trombley; 70

1952

34th PGA Championship
Big Spring Country Club, Louisville, Kentucky (18-25 June)
MATCH PLAY
63 qualifiers plus the defending champion (Sam Snead) after 36 holes stroke play
(Low - Dutch Harrison, 136)
Rs1&2, 18 holes: R3,QF,SF&F, 36 holes
6620 yards

ROUND 1 (Last 64)
Jim Ferrier bt Leonard Dodson 1up (after 19); Ray Honsberger bt Tom Blaskovich 1up; Ted Kroll bt Lawson Little 1up; Lloyd Mangrum bt Frank Newell 4&3; Charles Harter bt William Heinlein 2&1; Cary Middlecoff bt Joe Taylor 5&4; Al Smith bt Frank Commisso 4&2; Labron Harris bt Fred Gronauer 3&1; JIM TURNESA bt Bob Toski 4&2; Chandler Harper bt Charles Lepre 6&5; Jack Burke Jr bt Jimmy Walkup 1up; Roberto de Vicenzo bt Eric Monti 1up; Clarence Doser by James Alcroft 4&3; Bob Gajda bt Ed Furgol 2&1; Jack Isaacs bt Patrick Abbott 3&2; Marty Furgol bt Dutch Harrison 2up; Lew Worsham bt Sam Snead 1up (after 19); Fred Haas bt Henry Ransom 2&1; Milon Marusic bt Eddie Joseph 5&4; Zell Eaton bt Mike Pavella 2&1; Henry Williams, Jr bt Jim Gantz 5&4; Jack Jones bt Ray Wallin 5&4; CHICK HARBERT bt Denny Shute 5&4; Leonard Schmutte bt Bob Carmen 2up; Frank Champ bt Harry Todd 3&1; John Trish bt Otto Greiner 3&2; Dave Douglas bt Johnny Palmer 1up; Walter Burkemo bt Iverson Martin 1up; Vic Ghezzi bt Claude Harmon 1up (after 19); Mel Carpenter bt Horton Smith 2&1; Bob Hamilton bt Jackson Bradley 4&3; Sam Bernardi bt Mike Turnesa 1up

ROUND 2 (Last 32)
Honsberger bt Ferrier 1up; Kroll bt Mangrum 2up; Middlecoff bt Harter 3&2; Smith bt Harris 1up (after 19); TURNESA bt Harper 3&1; de Vicenzo bt Burke Jr 1up; Doser bt Gajda 3&2; Isaacs bt Furgol 3&2; Haas bt Worsham 1up; Marusic bt Eaton (default); Williams Jr bt Jones 1up; HARBERT bt Schmutte 3&2; Champ bt Trish 2&1; Burkemo bt Douglas 1up; Ghezzi bt Carpenter 5&3; Hamilton bt Bernardi 3&1

ROUND 3 (Last 16)
Kroll bt Honsberger 1up (after 38)
Middlecoff bt Smith 4&2
TURNESA bt de Vicenzo 5&4
Doser bt Isaacs 1up
Haas bt Marusic 1up (after 38)
HARBERT bt Williams Jr 6&5
Champ bt Burkemo 3&1
Hamilton bt Ghezzi 9&8

QUARTER FINAL (QF)
Kroll bt Middlecoff 1up (after 38)
TURNESA bt Doser 2&1
HARBERT bt Haas 2&1
Hamilton bt Champ 2&1

SEMI FINAL (SF)

TURNESA bt Kroll 4&2;
HARBERT bt Hamilton 2&1

FINAL
JIM TURNESA ($3500) beat Chick Harbert, 1up

1952

81st OPEN Championship
Royal Lytham & St Anne's Golf Club, Lancashire, England (9-11 July)
No of Entries 196: No Starting 96: No Making Cut 46: Completing 46
6657 yards

1	BOBBY LOCKE (£300)	69 71 74 73	287		Eddie Noke	72 78 76 76	302
2	Peter Thomson	68 73 77 70	288	25=	John Jacobs, Sr	74 72 81 76	303
3	Fred Daly	67 69 77 76	289		Alan Poulton	71 74 76 82	303
4	Henry Cotton	75 74 74 71	294	27=	Jack Hargreaves	75 75 79 75	304
5=	Antonio Cerda	73 73 76 73	295		John Jacobs, Jr	72 76 79 77	304
	Sam King	71 74 74 76	295		John Jones (a)	73 70 78 83	304
7	Flory van Donck	74 75 71 76	296		Dai Rees	76 74 77 77	304
8	Fred Bullock	76 72 72 77	297	31=	Peter Alliss	72 72 80 81	305
9=	Harry Bradshaw	70 74 75 79	298		Reg Horne	77 74 80 74	305
	Eric Brown	71 72 78 77	298	33	Dixon Rawlinson (a)	74 73 79 80	306
	Willie Goggin	71 74 75 78	298	34	Alex Kyle (a)	71 75 80 81	307
	Arthur Lees	76 72 76 74	298	35=	Henri de Lamaze (a)	73 72 80 83	308
	Syd Scott	75 69 76 78	298		Bobby Halsall	74 75 78 81	308
	Norman von Nida	77 70 74 77	298	37=	Tom Haliburton	75 76 80 78	309
15=	John Panton	72 72 78 77	299		Jack Hawkins	76 72 82 79	309
	Harry Weetman	74 77 71 77	299		George Johnson	73 75 78 83	309
17=	Max Faulkner	72 76 79 73	300		Frank Stranahan (a)	75 76 78 80	309
	Gene Sarazen	74 73 77 76	300		Hector Thomson	73 77 80 79	309
	Wally Smithers	73 74 76 77	300		HAJ Young	70 77 77 85	309
20	Norman Sutton	72 74 79 76	301	43	George Knight	74 75 80 82	311
21=	Fred Allott	77 71 76 78	302	44	Bob French	72 78 79 83	312
	Ken Bousfield	72 73 79 78	302	45	Frank Morrell (a)	75 74 86 79	314
	Jimmy Hines	73 78 74 77	302	46	Bernard Hunt	75 75 82 83	315

Round Leader(s)
R1   Daly; 67
R2   Daly; 136
R3   Daly; 213

Lowest Scores
R2   Daly, Scott; 69
R3   Van Donck, Weetman; 71
R4   Thomson; 70

1953

17th MASTERS Tournament
Augusta National Golf Club, Augusta, Georgia (9-12 April)
No Starting 73: No Completing 64
6925 yards: Par 72 (288)

1	BEN HOGAN ($5000)	70 69 66 69	274		Bo Wininger	80 70 72 75	297
2	Ed Oliver	69 73 67 70	279	34=	Clarence Doser	75 77 71 75	298
3	Lloyd Mangrum	74 68 71 69	282		Claude Harmon	75 73 75 75	298
4	Bob Hamilton	71 69 70 73	283		Robert Sweeny, Jr (a)	75 76 72 75	298
5=	Tommy Bolt	71 75 68 71	285	37	Dick Chapman (a)	72 77 78 72	299
	Chick Harbert	68 73 70 74	285	38=	Al Brosch	74 73 78 75	300
7	Ted Kroll	71 70 73 72	286		James G Jackson (a)	75 77 74 74	300
8	Jack Burke, Jr	78 69 69 71	287		Milon Marusic	70 72 77 81	300
9	Al Besselink	69 75 70 74	288		Henry Picard	73 75 74 78	300
10=	Julius Boros	73 71 75 70	289		Gene Sarazen	75 78 73 74	300
	Chandler Harper	74 72 69 74	289		Peter Thomson	77 76 74 73	300
	Fred Hawkins	75 70 74 70	289	44	Lew Worsham	74 70 77 80	301
13	Johnny Palmer	74 73 72 71	290	45=	Bill Campbell (a)	75 78 74 75	302
14=	Frank Stranahan (a)	72 75 69 75	291		Don Cherry (a)	73 76 79 74	302
	E Harvie Ward, Jr (a)	73 74 69 75	291		Jimmy Demaret	73 80 75 74	302
16=	Charles R Coe (a)	75 74 72 71	292		Chuck Kocsis (a)	75 75 75 77	302
	Jim Ferrier	74 71 76 71	292		Horton Smith	78 76 72 76	302
	Dick Mayer	73 72 71 76	292	50	Sam Parks, Jr	73 76 76 79	304
	Sam Snead	71 75 71 75	292	51=	Johnny Bulla	75 77 81 72	305
	Earl Stewart, Jr	75 72 70 75	292		George Fazio	77 74 77 77	305
21=	Jerry Barber	73 76 72 72	293	53=	Harry Todd	78 73 75 80	306
	Doug Ford	73 73 72 75	293		Jack Westland (a)	81 74 75 76	306
23=	Leland Gibson	73 71 72 78	294	55=	Arnold Blum (a)	76 73 77 82	308
	Al Mengert	77 70 75 72	294		Ricardo Rossi	75 81 80 72	308
	Dick Metz	73 72 71 78	294		Denny Shute	78 81 74 75	308
26	Fred Haas	74 73 71 77	295	58	Johnny Revolta	77 77 75 81	310
27=	Cary Middlecoff	75 76 68 77	296	59=	Frank Champ	85 72 77 77	311
	Jim Turnesa	73 74 73 76	296		Bill Trombley	78 75 79 79	311
29=	Skip Alexander	72 78 74 73	297	61	John de Bendern (a)	80 77 75 80	312
	Byron Nelson	73 73 78 73	297	62	Craig Wood	81 78 76 80	315
	Skee Riegel	74 72 76 75	297	63	Olin Dutra	80 78 82 78	318
	Felice Torza	78 73 72 74	297	64	Charles Evans, Jr (a)	85 79 79 85	328

Round Leader(s)
R1   Harbert; 68
R2   Hogan; 139
R3   Hogan; 205

Lowest Scores
R2   Mangrum; 68
R3   Hogan; 66
R4   Hogan, Mangrum; 69

1953

53rd US OPEN Championship
Oakmont Country Club, Oakmont, Pennsylvania (11-13 June)
No of Entries 1669: No Starting 157: No Making Cut 60: Completing 59
6916 yards: Par 72 (288)

1	BEN HOGAN	67 72 73 71	283	30=	Louis Barbaro	72 79 74 77	302	
	($5000)				Jerry Barber	72 75 76 79	302	
2	Sam Snead	72 69 72 76	289		Toby Lyons	73 78 74 77	302	
3	Lloyd Mangrum	73 70 74 75	292	33=	Johnny Bulla	74 77 79 73	303	
4=	Pete Cooper	78 75 71 70	294		Ray Gafford	80 72 74 77	303	
	Jimmy Demaret	71 76 71 76	294		Lionel Hebert	80 71 80 72	303	
	George Fazio	70 71 77 76	294		Shelley Mayfield	76 75 75 77	303	
7=	Ted Kroll	76 71 74 74	295	37=	Harry Todd	75 76 79 74	304	
	Dick Metz	75 70 74 76	295		Felice Torza	75 74 77 78	304	
9=	Marty Furgol	73 74 76 73	296		Fred Wampler	75 76 75 78	304	
	Jay Hebert	72 72 74 78	296	40=	Jackson Bradley	78 73 76 78	305	
	Frank Souchak (a)	70 76 76 74	296		Walter Burkemo	70 79 79 77	305	
12=	Fred Haas	74 73 72 78	297	42=	Chick Harbert	76 76 75 79	306	
	Bill Ogden	71 78 75 73	297		Harry Haverstick (a)	73 77 79 77	306	
14=	Jack Burke, Jr	76 73 72 77	298		Mickey Homa	77 76 76 77	306	
	Dutch Harrison	77 75 70 76	298	45=	Art Doering	73 78 77 79	307	
	Bobby Locke	78 70 74 76	298		Dennis Lavender	76 77 78 76	307	
17=	Julius Boros	75 72 76 76	299		Lawson Little	78 75 79 75	307	
	Clarence Doser	74 76 78 71	299	48=	Jimmy Clark	77 73 73 85	308	
	Bill Nary	76 74 73 76	299		Robert Roos, Jr (a)	75 78 78 77	308	
	Jim Turnesa	75 78 72 74	299		Sam Urzetta (a)	77 74 82 75	308	
21=	Gardner Dickinson	77 73 76 74	300		Buck White	77 75 78 78	308	
	Doug Ford	74 77 74 75	300	52=	Jack Fleck	76 76 77 80	309	
	Al Mengert	75 71 78 76	300		John Garrison (a)	73 77 79 80	309	
	Bob Rosburg	76 72 78 74	300	54=	Dick Mayer	77 76 76 82	311	
	Frank Stranahan (a)	75 75 75 75	300		Billy Joe Patton (a)	80 73 77 81	311	
26=	Clayton Heafner	75 75 76 75	301	56	Charles Bassler	78 73 83 78	312	
	James McHale, Jr (a)	79 74 75 73	301	57	Errie Ball	76 74 84 79	313	
	Peter Thomson	80 73 73 75	301	58=	Willie Goggin	77 74 88 77	316	
	Art Wall	80 72 77 72	301		Ed Oliver	79 74 87 76	316	

Round Leader(s)
R1 Hogan; 67
R2 Hogan; 139
R3 Hogan; 212

Lowest Scores
R2 Snead; 69
R3 Harrison; 70
R4 Cooper; 70

1953

35th US PGA Championship
Birmingham Country Club, Birmingham, Michigan (1-7 July)
MATCH PLAY
63 qualifiers plus the defending champion (Jim Turnesa) after 36 holes stroke play
(Low – Johnny Palmer, 134)
Rs1&2, 18 holes: R3,QF,SF&F, 36 holes
6465 yards

ROUND 1 (Last 64)
Jim Turnesa bt Max Evans 6&4; FELICE TORZA bt Gene Sarazen 2&1; Wally Ulrich bt Jack Fleck 3&2; Buck White bt Jack Shields 2up; Jimmy Clark bt Vic Ghezzi 2&1; Cary Middlecoff bt Jerry Barber 2&1; Charles Bassler bt Clarence Doser 2up; Henry Williams Jr bt Ed Oliver 1up (after 20); Jack Isaacs bt Chandler Harper 4&3; Fred Haas bt Toby Lyons 1up (after 20); Marty Furgol bt Milon Marusic 5&3; Labron Harris bt Eddie Joseph 1up (after 19); Al Smith bt Jimmy Hines 2&1; Iverson Martin bt Stan Dudas 6&5; Bob Toski bt Fred Baker 2&1; Henry Ransom bt Babe Lichardus 3&2; Tommy Bolt bt Virgil Shreeve 3&2; Jackson Bradley bt Ellsworth Vines 1up; Dave Douglas bt Lew Worsham 1up (after 20); Sam Snead bt Bennie Adams 6&5; Mike Turnesa bt Eric Monti 4&2; WALTER BURKEMO bt Lou Barbaro 7&5; Leonard Dodson bt Rod Munday 3&1; Pete Cooper bt Chick Harbert 3&2; Bill Nary bt Chuck Klein 5&4; Dutch Harrison bt Charles Harter 3&2; Broyles Plemmons bt George Fazio 1 up (after 22); Jim Browning bt Elroy Marti 2&1; Ed Furgol bt Johnny Weitzel 1up (after 20); Jim Ferrier bt Al Watrous 1up; Claude Harmon bt Ted Kroll 4&2; Jack Grout bt Johnny Palmer 2&1

ROUND 2 (Last 32)
TORZA bt J Turnesa 4&3; Ulrich bt White 2&1; Clark bt Middlecoff 5&4; Williams Jr bt Bassler 3&1; Isaacs bt Haas 1up; Harris bt M Furgol 1up; Smith bt Martin 3&2; Ransom bt Toski 3&2; Bradley bt Bolt 1up; Douglas bt Snead 1up (after 19); BURKEMO bt M Turnesa 3&1; Cooper bt Dodson 6&5; Nary bt Harrison 1up; Browning bt Plemmons 3&1; E Furgol bt Ferrier 3&1; Harmon bt Grout 4&2

ROUND 3 (Last 16)
TORZA bt Ulrich 1up (after 38)
Clark bt Williams Jr 4&3
Isaacs bt Harris 5&4
Ransom bt Smith 1up
Douglas bt Bradley 1up (after 37)
BURKEMO bt Cooper 3&2
Nary bt Browning 6&5
Harmon bt Furgol 5&3

QUARTER FINAL (QF)
TORZA bt Clark 1up
Isaacs bt Ransom 1up
BURKEMO bt Douglas 2up
Harmon bt Nary 6&5

SEMI FINAL (SF)
TORZA bt Isaacs 1up (after 39)
BURKEMO bt Harmon 1up

FINAL
WALTER BURKEMO ($5000) beat Felice Torza, 2&1

1953

82nd OPEN Championship
Carnoustie Golf Links, Angus, Scotland (8-10 July)
No of Entries 196: No Starting 91: No Making Cut 49: Completing 49
7252 yards

1	BEN HOGAN (£500)	73 71 70 68	282		Lloyd Mangrum	75 76 74 76	301
					Christy O'Connor, Sr	77 77 72 75	301
2=	Tony Cerda	75 71 69 71	286	27=	Ugo Grappasonni	77 75 72 78	302
	Dai Rees	72 70 73 71	286		John Panton	79 74 76 73	302
	Frank Stranahan (a)	70 74 73 69	286	29=	Dick Ferguson	77 75 74 77	303
	Peter Thomson	72 72 71 71	286		Tom Haliburton	75 76 76 76	303
6	Roberto de Vicenzo	72 71 71 73	287		Alan Poulton	75 77 75 76	303
7	Sam King	74 73 72 71	290		Norman Sutton	76 72 76 79	303
8	Bobby Locke	72 73 74 72	291	33	Jack Hargreaves	81 73 76 74	304
9=	Peter Alliss	75 72 74 71	292	34=	Hamish Ballingall	80 74 77 74	305
	Eric Brown	71 71 75 75	292		Ken Bousfield	78 76 79 72	305
11	Fred Daly	73 75 71 75	294		Bernard Hunt	79 74 77 75	305
12	Max Faulkner	74 71 73 77	295		Eddie Whitcombe	76 78 73 78	305
13	Arthur Lees	76 76 72 72	296	38=	Bob French	79 71 77 79	306
14=	THT Fairbairn	74 71 73 79	297		Peter Mills	80 73 72 81	306
	John Jacobs, Jr	79 74 71 73	297	40	Jean-Baptiste Ado	75 77 75 81	308
	Harry Weetman	80 73 72 72	297	41	Bill Shankland	78 76 78 79	311
17=	Hassan Hassanein	78 71 73 76	298	42=	George Knight	75 78 81 78	312
	Eric Lester	83 70 72 73	298		JR Moses	81 73 76 82	312
	Charlie Ward	78 71 76 73	298		Lambert Topping	77 73 81 81	312
20=	Reg Horne	76 74 75 74	299	45=	Geoff Hunt	74 74 79 86	313
	Flory van Donck	77 71 78 73	299		Willie John Henderson	78 74 80 81	313
22=	Syd Scott	74 74 78 74	300	47=	Dick Burton	80 74 80 80	314
	Hector Thomson	76 74 74 76	300		Gregor McIntosh	78 75 80 81	314
24=	Reg Knight	74 79 74 74	301	49	Jack Burton	75 77 87 78	317

Round Leader(s)
R1 Stranahan; 70
R2 Brown, Rees; 142
R3 De Vicenzo, Hogan; 214

Lowest Scores
R2 Lester, Rees; 70
R3 Cerda; 69
R4 Hogan; 68

1954

18th MASTERS Tournament
Augusta National Golf Club, Augusta, Georgia (8-12 April)
No Starting 79: No Completing 72
6925 yards: Par 72 (288)

1	SAM SNEAD* ($5000)	74 73 70 72	289		Johnny Palmer	75 81 77 69	302
				38=	Clarence Doser	74 78 72 79	303
2	Ben Hogan	72 73 69 75	289		Lawson Little	76 77 74 76	303
3	Billy Joe Patton (a)	70 74 75 71	290		Al Mengert	76 79 73 75	303
4=	Dutch Harrison	70 79 74 68	291		Skee Riegel	75 76 76 76	303
	Lloyd Mangrum	71 75 76 69	291		Horton Smith	80 78 71 74	303
6=	Jerry Barber	74 76 71 71	292	43=	Billy Maxwell (a)	75 77 77 75	304
	Jack Burke, Jr	71 77 73 71	292		Frank Stranahan (a)	79 75 72 78	304
	Bob Rosburg	73 73 76 70	292		Felice Torza	74 78 74 78	304
9=	Al Besselink	74 74 74 72	294	46=	Skip Alexander	80 77 73 75	305
	Cary Middlecoff	73 76 70 75	294		Bruce Cudd (a)	76 78 73 78	305
11	Dick Chapman (a)	75 75 75 70	294		Leland Gibson	75 77 78 75	305
12=	Tommy Bolt	73 74 72 77	296		Bud Holscher	78 77 73 77	305
	Chick Harbert	73 75 75 73	296		Bill Nary	78 74 78 75	305
	Byron Nelson	73 76 74 73	296	51=	Bill Campbell (a)	73 77 75 81	306
	Lew Worsham	74 74 74 74	296		Ted Kroll	78 76 75 77	306
16=	Julius Boros	76 79 68 74	297	53=	Arnold Blum (a)	75 82 75 75	307
	Jay Hebert	79 74 74 70	297		Dave Douglas	72 76 77 82	307
	Peter Thomson	76 72 76 73	297		Claude Harmon	77 75 77 78	307
	Ken Venturi (a)	76 74 73 74	297		Jack Isaacs	76 79 76 76	307
20=	Charles R Coe (a)	76 75 73 74	298		Gene Sarazen	79 75 78 75	307
	E Harvie Ward, Jr (a)	78 75 74 71	298	58=	Don Cherry (a)	80 79 74 76	309
22=	Walter Burkemo	74 77 75 73	299		Fred Hawkins	78 80 76 75	309
	Pete Cooper	73 76 75 75	299	60=	Bill Ogden	81 76 77 76	310
	Marty Furgol	76 79 75 69	299		Johnny Revolta	81 79 75 75	310
	Gene Littler	79 75 73 72	299		Jim Turnesa	83 79 75 73	310
	Ed Oliver	75 75 75 74	299	63	Bob Sweeny, Jr (a)	81 76 79 76	312
	Earl Stewart, Jr	78 75 75 71	299	64=	James G Jackson (a)	75 82 79 78	314
	Bob Toski	80 74 71 74	299		Robert Kuntz	80 77 82 75	314
29=	Jimmy Demaret	80 75 72 73	300	66	Jim McHale, Jr (a)	78 82 79 76	315
	Vic Ghezzi	73 79 73 75	300	67	Don Albert	77 79 83 77	316
	Dick Mayer	76 75 72 77	300	68=	Angelo Santilli (a)	79 81 82 75	317
32	Gardner Dickinson	73 78 76 74	301		Denny Shute	73 85 82 77	317
33=	Jimmy Clark	76 82 72 72	302	70	Ray Palmer	84 78 80 77	319
	George Fazio	78 79 74 71	302	71	Craig Wood	87 80 78 75	320
	Doug Ford	77 78 74 73	302	72	Sam Parks, Jr	86 79 79 80	324
	Fred Haas	76 78 78 70	302				

* *Sam Snead (70) beat Ben Hogan (71) in the 18-hole Play-off*

Round Leader(s)
R1 Harrison, Patton; 70
R2 Patton; 144
R3 Hogan; 214

Lowest Scores
R2 Thomson; 72
R3 Boros; 68
R4 Harrison; 68

1954

54th US OPEN Championship
Baltusrol Golf Club, Springfield, New Jersey (17-19 June)
No of Entries 1928: No Starting 162: No Making Cut 50: Completing 50
7027 yards: Par 70 (280)

1	ED FURGOL	71 70 71 72	284
	($6000)		
2	Gene Littler	70 69 76 70	285
3=	Lloyd Mangrum	72 71 72 71	286
	Dick Mayer	72 71 70 73	286
5	Bobby Locke	74 70 74 70	288
6=	Tommy Bolt	72 72 73 72	289
	Fred Haas	73 73 71 72	289
	Ben Hogan	71 70 76 72	289
	Shelley Mayfield	73 75 72 69	289
	Billy Joe Patton (a)	69 76 71 73	289
11=	Cary Middlecoff	72 71 72 75	290
	Sam Snead	72 73 72 73	290
13=	Rudy Horvath	75 72 71 73	291
	Al Mengert	71 72 73 75	291
15=	Jack Burke, Jr	73 73 72 75	293
	Claude Harmon	75 72 72 74	293
17	Jay Hebert	77 70 70 77	294
18=	Marty Furgol	73 74 73 75	295
	Leland Gibson	72 77 69 77	295
	Bob Toski	70 74 78 73	295
21=	Dick Chapman (a)	77 67 77 75	296
	Johnny Weitzel	74 76 69 77	296
23=	Julius Boros	78 71 78 70	297
	Bill Campbell (a)	75 73 73 76	297
	Max Evans	76 74 73 74	297
	Lew Worsham	72 77 77 71	297
27=	George Fazio	74 77 74 73	298
	Ted Kroll	70 79 73 76	298
29=	Jimmy Demaret	79 71 76 73	299
	Dick Metz	75 75 72 77	299
	Johnny Revolta	72 75 73 79	299
	Bob Rosburg	74 77 74 74	299
33=	Jim Turnesa	74 76 72 78	300
	Robert Watson	72 76 77 75	300
35=	Doug Ford	75 75 75 76	301
	Lawson Little	78 73 73 77	301
37=	George Bayer	77 74 77 74	302
	Paul McGuire	78 69 78 77	302
39	Lionel Hebert	75 75 77 76	303
40=	Ray Gafford	76 74 76 78	304
	Bo Wininger	74 77 76 77	304
42=	Clarence Doser	76 73 78 78	305
	Toby Lyons	77 74 75 79	305
	Skee Riegel	75 76 77 77	305
45	Patrick Abbott	75 75 77 79	306
46=	Gene Dahlbender (a)	77 73 77 80	307
	Bob Duden	74 77 74 82	307
48	Loddie Kempa	75 75 85 75	310
49	Dan Herring	76 75 79 84	314
50	John Bass	78 73 80 84	315

Round Leader(s)
R1   Patton; 69
R2   Littler; 139
R3   Furgol; 212

Lowest Scores
R2   Chapman; 67
R3   Gibson, Weitzel; 69
R4   Mayfield; 69

1954

83rd OPEN Championship
Royal Birkdale Golf Club, Southport, Lancashire, England (7-9 July)
No of Entries 349: No Starting 97: No Making Cut 50: Completing 50
6867 yards

1	PETER THOMSON	72 71 69 71	283
	(£750)		
2=	Bobby Locke	74 71 69 70	284
	Dai Rees	72 71 69 72	284
	Syd Scott	76 67 69 72	284
5=	Jimmy Adams	73 75 69 69	286
	Antonio Cerda	71 71 73 71	286
	Jim Turnesa	72 72 71 71	286
8=	Peter Alliss	72 74 71 70	287
	Sam King	69 74 74 70	287
10=	Jimmy Demaret	73 71 74 71	289
	Flory van Donck	77 71 70 71	289
12=	Alfonso Angelini	76 70 73 71	290
	Harry Bradshaw	72 72 73 73	290
	Bill Spence	69 72 74 75	290
15=	Bobby Halsall	72 73 73 73	291
	Peter Toogood (a)	72 75 73 71	291
17=	Ugo Grappasonni	72 75 74 71	292
	Christy Kane	74 72 74 72	292
	Gene Sarazen	75 74 73 70	292
20=	Norman Drew	76 71 74 72	293
	Max Faulkner	73 78 69 73	293
	Jack Hargreaves	77 72 77 67	293
	John Jacobs	71 73 80 69	293
	Eric Lester	72 75 73 73	293
	Christy O'Connor, Sr	74 72 72 75	293
	Lambert Topping	75 76 69 73	293
27=	Norman Sutton	70 80 72 72	294
	Bert Williamson	76 73 75 70	294
29=	Jimmy Hitchcock	73 72 76 74	295
	Ben Shelton	74 77 71 73	295
	Frank Stranahan (a)	73 75 71 76	295
32=	Jean Garaialde	76 73 72 75	296
	Peter Mills	73 76 70 77	296
	Tommy Travena	75 74 75 72	296
35=	Bill Branch	73 78 71 75	297
	Fred Daly	74 72 74 77	297
	Norman von Nida	76 74 74 73	297
38=	Jean-Baptiste Ado	72 78 76 72	298
	Enrique Bertolino	74 76 74 74	298
	Aldo Casera	75 72 73 78	298
41	Bill Shankland	72 72 79 76	299
42=	Willie John Henderson	74 72 76 78	300
	Al Watrous	76 72 74 78	300
44	Cecil Denny	74 77 79 71	301
45=	Bob French	75 75 77 75	302
	George Howard	71 77 74 80	302
47=	Fred Bullock	72 77 77 78	304
	Frank Jowle	80 70 79 75	304
	Roger Mandeville	74 73 78 79	304
	Hector Thomson	76 75 74 79	304

Round Leader(s)
R1   King, Spence; 69
R2   Spence, 141
R3   Rees, Scott, Thomson; 212

Lowest Scores
R2   Scott; 67
R3   Adams, Faulkner, Locke, Rees, Scott, Thomson, Topping; 69
R4   Hargreaves; 67

1954

36th PGA Championship
Keller Golf Club, St Paul, Minnesota (21-27 July)
MATCH PLAY
63 qualifiers plus the defending champion (Walter Burkemo) after 36 holes stroke play
(Low - Ed Oliver, 136)
Rs1&2, 18 holes: R3,QF,SF&F, 36 holes
6652 yards

ROUND 1 (Last 64)
Tommy Bolt bt Mike Turnesa 2&1; Art Doering bt Bob Kay 1up; Jim Browning bt Pat Circelli 2&1; Ed Furgol bt Johnny Weitzel 3&2; Jim Milward bt Mickey Homa 2&1; Sam Snead bt Tony Holguin 1 up; Johnny Palmer by Labron Harris 3&2; Dutch Harrison bt Jack Burke Jr 1up; Bill Trombley bt Joe Greer 3&2; Charles Bassler bt Toney Penna 3&1; Jerry Barber bt Bob Gajda 2&1; Fred Haas bt Lou Barbaro 1up (after 19); CHICK HARBERT bt Mike Krak 5&3; John O'Donnell bt Phil Friel 3&2; Bill Nary bt Clarence Doser 3&1; Ed Oliver bt Jackson Bradley 4&3; WALTER BURKEMO bt Dave Douglas 4&2; Claude Harmon bt Eric Monti 6&5; Johnny Revolta bt Ellsworth Vines 3&2; Toby Lyons bt Jimmy Clark 1up; Roberto de Vicenzo bt Gene Webb 5&4; Henry Ransom bt Herman Keiser 2&1; Elroy Marti bt Marty Furgol 4&3; Henry Williams Jr bt Frank Commisso 3&2; Cary Middlecoff bt Joe Brown 1up; Bob Toski bt Jim Turnesa 5&4; Ted Kroll bt Leonard Wagner 3&2; Max Evans bt Orville White 2&1; Shelley Mayfield Bt Jimmy Hines 4&3; Wally Ulrich bt Patrick Abbott 2&1; Horton Smith bt James Scott 5&4; Jack Isaacs bt Milon Marusic 3&2

ROUND 2 (Last 32)
Bolt bt Doering 2&1; Browning bt Furgol 1up; Snead bt Milward 4&3; Harrison bt Palmer 4&3; Bassler bt Trombley 5&4; Barber bt Haas 1up (after 19); HARBERT bt O'Donnell 3&1; Oliver bt Nary (1up); BURKEMO bt Harmon 2&1; Revolta bt Lyons 5&4; de Vicenzo bt Ransom 4&3; Marti bt Williams Jr 2up; Middlecoff bt Toski 2&1; Kroll bt Evans 1up (after 24); Mayfield bt Ulrich 5&4; Smith bt Isaacs 3&2

ROUND 3 (Last 16)
Bolt bt Browning 2&1
Snead bt Harrison 4&3
Barber bt Bassler 1up (after 38)
HARBERT bt Oliver 3&1
BURKEMO bt Revolta 4&3
de Vicenzo bt Marti 8&6
Middlecoff bt Kroll 5&4
Mayfield bt Smith 3&2

QUARTER FINAL (QF)
Bolt bt Snead 1up (after 39)
HARBERT bt Barber 1up
BURKEMO bt de Vicenzo 5&4
Middlecoff bt Mayfield 3&1

SEMI FINAL (SF)
HARBERT bt Bolt 1up
BURKEMO bt Middlecoff 1up (after 37)

FINAL
CHICK HARBERT ($5000) beat Walter Burkemo, 4&3

1955

19th MASTERS Tournament
Augusta National Golf Club, Augusta, Georgia (7-10 April)
No Starting 78: No Completing 68
6925 yards: Par 72 (288)

1	CARY MIDDLECOFF ($5000)	72 65 72 70	279		Al Mengert	79 71 78 77	305
2	Ben Hogan	73 68 72 73	286	36=	Billy Burke	75 78 77 76	306
3	Sam Snead	72 71 74 70	287		Bill Campbell (a)	77 73 80 76	306
4=	Julius Boros	71 75 72 71	289		Bruce Cudd (a)	75 74 79 78	306
	Bob Rosburg	72 72 72 73	289		Shelley Mayfield	77 73 80 76	306
	Mike Souchak	71 74 72 72	289		Denny Shute	78 71 77 80	306
7	Lloyd Mangrum	74 73 72 72	291	41=	Henry Picard	78 79 75 75	307
8=	Harvie Ward, Jr (a)	77 69 75 71	292		Bob Toski	78 71 79 79	307
	Stan Leonard	77 73 68 74	292	43=	Marty Furgol	79 74 79 76	308
10=	Dick Mayer	78 72 72 71	293		Leland Gibson	81 75 75 77	308
	Byron Nelson	72 75 74 72	293		Rudy Horvath	79 77 76 76	308
	Arnold Palmer	76 76 72 69	293		Jimmy Jackson (a)	79 75 77 77	308
13=	Jack Burke, Jr	67 76 71 80	294		Earl Stewart	78 80 72 78	308
	Skee Riegel	73 73 73 75	294	48	Jim Turnesa	77 75 79 78	309
15=	Walter Burkemo	73 73 72 77	295	49=	Billy Joe Patton (a)	79 76 77 78	310
	Jay Hebert	75 74 74 72	295		Johnny Revolta	75 78 79 78	310
	Frank Stranahan	77 76 71 71	295		Johnny Weitzel	78 80 78 74	310
18=	Joe Conrad (a)	74 71 74 75	297		Lew Worsham	80 75 79 76	310
	Billy Maxwell	77 72 77 71	297	53=	Dick Chapman (a)	74 79 73 85	311
	Johnny Palmer	77 73 72 75	297		Vic Ghezzi	78 79 77 77	311
	Peter Thomson	74 73 74 76	297		Ed Oliver	77 76 81 77	311
22=	Tommy Bolt	76 70 77 75	298	56=	Jerry Barber	75 77 77 83	312
	Gene Littler	75 72 76 75	298		Herman Keiser	82 79 75 76	312
24=	Pete Cooper	73 73 78 75	299	58	Rex Baxter, Jr (a)	74 76 80 83	313
	Ed Furgol	74 72 78 75	299	59=	Ted Lenczyk (a)	77 80 77 81	315
	Hillman Robbins, Jr (a)	77 76 74 72	299		Horton Smith	81 81 74 79	315
27	Max Evans	76 75 75 76	302	61	Sam Parks, Jr	80 80 78 78	316
28=	William L Goodloe, Jr (a)	74 73 81 75	303	62	Craig Wood	81 81 79 76	317
	Claude Harmon	77 75 78 73	303	63=	Al Besselink	80 75 80 83	318
30=	Don Cherry (a)	79 75 78 82	304		Dale Morey (a)	82 77 81 78	318
	Bud Ward	77 73 77 77	304	65	Lawson Little	81 77 77 84	319
32=	Charles R Coe (a)	74 77 76 78	305	66	Bo Wininger	81 74 81 84	320
	Pat Fletcher	76 75 77 77	305	67	Edward Meister, Jr (a)	86 87 74 77	324
	Chick Harbert	76 80 73 76	305	68	Davis Love, Jr (a)	82 85 83 77	327

Round Leader(s)
R1 Burke; 67
R2 Middlecoff; 137
R3 Middlecoff; 209

Lowest Scores
R2 Middlecoff; 65
R3 Leonard; 68
R4 Palmer; 69

1955

55th US OPEN Championship
Olympic Country Club, San Francisco, California (16-19 June)
No of Entries 1928: No Starting 162: No Making Cut 58: No Completing 58
6700 yards: Par 70 (280)

1 JACK FLECK* ($6000)	76 69 75 67	287
2 Ben Hogan	72 73 72 70	287
3= Tommy Bolt	67 77 75 73	292
Sam Snead	79 69 70 74	292
5= Julius Boros	76 69 73 77	295
Bob Rosburg	78 74 67 76	295
7= Doug Ford	74 77 74 71	296
Bud Holscher	77 75 71 73	296
Harvie Ward, Jr (a)	74 70 76 76	296
10=Jack Burke, Jr	71 77 72 77	297
Mike Souchak	73 79 72 73	297
12=Shelley Mayfield	75 76 75 72	298
Frank Stranahan	80 71 76 71	298
14 Walker Inman, Jr	70 75 76 78	299
15 Gene Littler	76 73 73 78	300
16=Al Mengert	76 76 72 77	301
Smiley Quick	76 74 74 77	301
Art Wall	77 78 72 74	301
19=Fred Hawkins	73 78 75 76	302
George Schneiter	78 74 77 73	302
21=Bob Harris	77 71 78 77	303
Cary Middlecoff	76 78 74 75	303
Arnold Palmer	77 76 74 76	303
Ernie Vossler	77 76 76 74	303
25=Marty Furgol	76 77 78 73	304
Leland Gibson	76 78 76 74	304
27 Billy Maxwell	77 74 75 79	305
28=Art Bell	74 76 81 75	306
Max Evans	77 73 76 80	306
Dow Finsterwald	84 71 74 77	306
Eric Monti	76 76 78 76	306
Byron Nelson	77 74 80 75	306
Charles Rotar	76 75 80 75	306
34=Errie Ball	81 74 78 74	307
Pete Cooper	75 77 81 74	307
Fred Haas	75 76 79 77	307
Chick Harbert	77 75 80 75	307
Johnny Palmer	80 74 75 78	307
39 Bud Ward	76 76 80 77	309
40=Zell Eaton	81 74 78 77	310
Babe Lichardus	73 80 81 76	310
Skee Riegel	75 79 78 78	310
43=Frank Harned	78 77 80 76	311
Ted Neist	79 75 76 81	311
45=Ed Furgol	76 79 80 77	312
Charles Scally	77 76 79 80	312
47=Ralph Blomquist	79 76 79 79	313
Dave Douglas	79 75 76 83	313
Ralph Evans	76 78 78 81	313
Elmer Reed	74 79 81 79	313
Bo Wininger	75 79 75 84	313
52 Al Zimmerman	78 74 85 77	314
53=Gerry Kesselring	79 76 79 81	315
George Puetz	78 77 79 81	315
Jimmy Ukauka	76 76 82 81	315
56 George Keyes	80 75 79 82	316
57 William Thornton (a)	79 75 82 81	317
58 Fred Annon	75 78 85 82	320

Jack Fleck (69) beat Ben Hogan (72) in the 18-Hole Play-off

Round Leader(s)
R1 Bolt; 67
R2 Bolt, Ward; 144
R3 Hogan; 217

Lowest Scores
R2 Boros, Fleck, Snead; 69
R3 Rosburg; 67
R4 Fleck; 67

1955

84th OPEN Championship
Royal & Ancient Golf Club, St Andrews, Fife, Scotland (6-8 July)
No of Entries 301: No Starting 94: No Making Cut 49: No Completing 49
6883 yards

1 PETER THOMSON (£1000)	71 68 70 72	281
2 Johnny Fallon	73 67 73 70	283
3 Frank Jowle	70 71 69 74	284
4 Bobby Locke	74 69 70 72	285
5= Ken Bousfield	71 75 70 70	286
Antonio Cerda	73 71 71 71	286
Bernard Hunt	70 71 74 71	286
Flory van Donck	71 72 71 72	286
Harry Weetman	71 71 70 74	286
10=Romualdo Barbieri	71 71 73 72	287
Christy O'Connor, Sr	71 75 70 71	287
12=Eric Brown	69 70 73 76	288
Fred Daly	75 72 70 71	288
John Jacobs, Jr	71 70 71 76	288
15=John Anderson	71 72 77 69	289
Willie John Henderson	74 71 72 72	289
17=Dennis Smalldon	70 69 78 73	290
Arturo Soto	72 73 72 73	290
19=Ed Furgol	71 76 72 73	292
Kel Nagle	72 72 74 74	292
Syd Scott	69 77 73 73	292
22=Harry Bradshaw	72 70 73 78	293
Bill Branch	75 72 73 73	293
Lt Joe Conrad (a)	72 76 74 71	293
Bobby Halsall	71 74 76 72	293
Reg Horne	72 75 75 71	293
27=Hassan Hassanein	73 72 76 73	294
Dai Rees	69 79 73 73	294
Norman Sutton	71 74 75 74	294
30=James McHale, Jr (a)	72 76 72 75	295
Jimmy Martin	70 72 79 74	295
32=Henry Cotton	70 72 78 76	296
Tom Haliburton	75 72 73 76	296
Byron Nelson	72 75 78 71	296
35=Jack Burton	75 73 75 74	297
Max Faulkner	73 74 74 76	297
37=Johnny Bulla	75 70 73 80	298
Carlos Celles	73 75 76 74	298
Bill Shankland	73 74 77 74	298
Brian Wilkes	75 73 74 76	298
41=Ken Beckett	74 74 76 75	299
Ugo Grappasonni	72 72 78 77	299
Christy Kane	73 71 76 79	299
44 George Farmer	73 73 79 75	300
45=Cecil Denny	70 76 76 79	301
Ken Geddes	74 74 77 76	301
47 THT Fairbairn	73 74 79 76	302
48 George Howard	73 74 79 78	304
49 Alf Bucher (a)	72 74 85 80	311

Round Leader(s)
R1 Brown, Rees, Scott; 69
R2 Brown, Smalldon, Thomson; 139
R3 Thomson; 209

Lowest Scores
R2 Fallon; 67
R3 Jowle; 69
R4 Anderson; 69

1955

37th PGA Championship
Meadowbrook Country Club, Northville, Michigan (20-26 July)
MATCH PLAY
64 qualifiers after 36 holes stroke play (Low - Doug Ford, 136)
Rs1&2, 18 holes: R3,QF,SF&F, 36 holes
6701 yards

ROUND 1 (Last 64)
Brien Charter bt Jimmy Johnson 2&1; Lionel Hebert bt Jerry Barber 2&1; Don Fairfield bt Walter Romans 3&1; Vic Ghezzi bt Pete Cooper 4&3; Gene Sarazen bt Clarence Doser 6&4; Shelley Mayfield bt Ted Neist 6&5; Claude Harmon bt Mike Turnesa 5&4; Eldon Briggs bt Errie Ball 1up; Gus Salerno bt Gunnar Johnson 2&1; Ed Furgol bt Jimmy Gauntt 1up (after 20); Fred Hawkins bt Eddie Joseph 3&2; Fred Haas bt Skee Riegel 3&2; Leonard Wagner bt Mike Dietz 1up; Wally Ulrich bt Dutch Harrison 1up (after 19); Ted Kroll bt Buck White 3&2; DOUG FORD bt George Fazio 2&1; Chick Harbert bt Eric Monti 3&1; Johnny Palmer bt Ray Wallin 5&4; Lew Worsham bt Dick Lundahl 2&1; Ray Hill bt Jackson Bradley 2&1; Sam Snead bt Albert Feminelli 2&1; Tommy Bolt bt Al Watrous (default); Jack Fleck bt Joe Zarhardt 4&2; Jay Hebert bt Alex Redl 4&3; CARY MIDDLECOFF bt Walter Burkemo 2&1; Bill Nary bt Darwin White 2&1; Jim Browning bt Ed Oliver 3&2; Mike Pavella bt Bob Kay 3&2; Marty Furgol bt Jack Igoe 3&2; Tony Holguin bt Joe Greer 1up; Jack Burke Jr bt Guy Paulsen 4&2; Dave Douglas bt Herman Scharlau 4&3

ROUND 2 (Last 32)
Charter bt L Hebert 1up; Fairfield bt Ghezzi 1up (after 23); Mayfield bt Sarazen 4&3; Harmon bt Briggs 2&1; E Furgol bt Salerno 1up (after 20); Hawkins bt Haas 2up; Ulrich bt Wagner 2up; FORD bt Kroll 2&1; Palmer bt Harbert 1up; Worsham bt Hill 2&1; Bolt bt Snead 3&2; Fleck bt J Hebert 2&1; MIDDLECOFF bt Nary 3&2; Pavella bt Browning 4&3; M Furgol bt Holguin 1up; Burke Jr bt Douglas 8&6

ROUND 3 (Last 16)
Fairfield bt Charter 2&1
Mayfield bt Harmon 1up
Hawkins bt E Furgol 6&5
FORD bt Ulrich 12&10
Worsham bt Palmer 6&5
Bolt bt Fleck 3&1
MIDDLECOFF bt Pavella 8&6
Burke Jr bt M Furgol 2&1

QUARTER FINAL (QF)
Mayfield bt Fairfield 3&2
FORD bt Hawkins 5&4
Bolt bt Worsham 8&7
MIDDLECOFF bt Burke Jr 1up (after 40)

SEMI FINAL (SF)
FORD bt Mayfield 4&3
MIDDLECOFF bt Bolt 4&3

FINAL
DOUG FORD beat Cary Middlecoff, 4&3

1956

20th MASTERS Tournament
Augusta National Golf Club, Augusta, Georgia (5-8 April)
No Starting 84: No Completing 77
6925 yards: Par 72 (288)

1	JACK BURKE, Jr ($6000)	72 71 75 71	289
2	Ken Venturi (a)	66 69 75 80	290
3	Cary Middlecoff	67 72 75 77	291
4=	Lloyd Mangrum	72 74 72 74	292
	Sam Snead	73 76 72 71	292
6=	Jerry Barber	71 72 76 75	294
	Doug Ford	70 72 75 77	294
8=	Tommy Bolt	68 74 78 76	296
	Ben Hogan	69 78 74 75	296
	Shelley Mayfield	68 74 80 74	296
11	Johnny Palmer	76 74 74 73	297
12=	Pete Cooper	72 70 77 79	298
	Gene Littler	73 77 74 74	298
	Billy Joe Patton (a)	70 76 79 73	298
	Sam Urzetta	73 75 76 74	298
16	Bob Rosburg	70 74 81 74	299
17=	Walter Burkemo	72 74 78 76	300
	Roberto de Vicenzo	75 72 78 75	300
	Hillman Robbins, Jr (a)	73 73 78 76	300
	Mike Souchak	73 73 74 80	300
21	Arnold Palmer	73 75 74 79	301
22=	Frank Stranahan	72 75 79 76	302
	Jim Turnesa	74 74 74 80	302
24=	Julius Boros	73 78 72 80	303
	Dow Finsterwald	74 73 79 77	303
	Ed Furgol	74 75 78 76	303
	Stan Leonard	75 75 79 74	303
	Al Mengert	74 72 79 78	303
29=	Al Balding	75 78 77 74	304
	Vic Ghezzi	74 77 77 76	304
	Fred Haas	78 72 75 79	304
	Fred Hawkins	71 73 76 84	304
	Walker Inman, Jr	73 75 74 82	304
34=	Jimmy Demaret	73 75 76 81	305
	Billy Maxwell	75 75 81 74	305
	Art Wall	75 80 75 75	305
	E Harvie Ward, Jr (a)	76 70 81 78	305
	Lew Worsham	74 72 80 79	305
39	Byron Nelson	73 75 78 80	306
40=	Chick Harbert	73 76 78 80	307
	Bob Harris	73 79 77 78	307
	Skee Riegel	72 79 76 80	307
43=	Bill Campbell (a)	77 78 77 76	308
	Jack Fleck	74 77 76 81	308
	Dick Mayer	75 74 81 78	308
46=	Rex Baxter, Jr (a)	76 79 79 75	309
	Claude Harmon	77 79 76 77	309
	Henry Picard	75 76 82 76	309
49=	Bud Holscher	73 81 80 76	310
	Gene Sarazen	77 75 78 80	310
51=	James G Jackson (a)	77 74 76 84	311
	Ted Kroll	75 75 79 82	311
53=	Bruce Cudd (a)	78 77 84 74	313
	Jay Hebert	74 76 82 81	313
	Bill Hyndman (a)	79 77 77 80	313
56=	Joe E Campbell (a)	77 80 78 79	314
	Edward Hopkins, Jr (a)	76 76 82 80	314
58=	Don Bisplinghoff (a)	77 80 81 78	316
	Don Fairfield	78 75 77 86	316
	Edward Meister, Jr (a)	78 78 84 76	316
61=	Joe Conrad (a)	76 79 81 81	317
	Lionel Hebert	77 77 80 83	317
	Ernie Vossler	78 79 83 77	317
64	George Schneiter	77 80 82 79	318
65=	Dick Chapman (a)	79 82 82 76	319
	Dale Morey (a)	83 75 83 78	319
	Sam Parks, Jr	80 82 76 81	319
68=	Henry Cotton	77 83 81 80	321
	James McCoy	77 81 81 82	321
70	Craig Wood	76 80 78 88	322
71	Denny Shute	82 79 89 74	324
72=	Don Cherry (a)	79 81 81 84	325
	Lawson Little	77 81 85 82	325
74	William Booe	82 80 87 77	326
75	Johnny Revolta	84 81 79 84	328
76	Horton Smith	86 84 84 82	336
77	Charles Kunkle, Jr (a)	78 82 85 95	340

Round Leader(s)
R1 Venturi; 66
R2 Venturi; 135
R3 Venturi; 210

Lowest Scores
R2 Venturi; 69
R3 Boros, Mangrum, Snead; 72
R4 Burke, Snead; 71

1956

56th US OPEN Championship
Oak Hill Country Club, Rochester, New York (14-16 June)
No of Entries 1921: No Starting 162: No Making Cut 51: No Completing 51
6902 yards: Par 70 (280)

1	CARY MIDDLECOFF ($6000)	71 70 70 70	281		Sam Snead	75 71 77 73	296
2=	Julius Boros	71 71 71 69	282	27=	Roberto de Vicenzo	76 69 77 75	297
	Ben Hogan	72 68 72 70	282		Doug Higgins	74 75 72 76	297
4=	Ed Furgol	71 70 73 71	285	29=	Walter Burkemo	73 74 76 75	298
	Ted Kroll	72 70 70 73	285		Mike Dietz	73 74 70 81	298
	Peter Thomson	70 69 75 71	285		Shelley Mayfield	75 71 75 77	298
7	Arnold Palmer	72 70 72 73	287		Mike Souchak	78 71 72 77	298
8	Ken Venturi (a)	77 71 68 73	289		Frank Taylor, Jr (a)	72 71 80 75	298
9=	Jerry Barber	72 69 74 75	290	34=	Dave Douglas	72 76 78 73	299
	Wes Ellis, Jr	71 70 71 78	290		Gene Littler	75 74 74 76	299
	Doug Ford	71 75 70 74	290		Frank Stranahan	76 71 75 77	299
12	Billy Maxwell	72 71 76 72	291	37=	Al Brosch	72 74 77 77	300
13	Billy Joe Patton (a)	75 73 70 74	292		Mickey Homa	74 75 79 72	300
14=	Billy Casper	75 71 71 76	293		Bill Hyndman (a)	72 76 76 76	300
	Pete Cooper	73 74 76 70	293	40	Tony Holguin	74 73 78 76	301
	Fred Haas	72 71 72 78	293	41=	Dick Mayer	76 73 78 75	302
17=	Henry Cotton	74 72 73 75	294		Paul O'Leary	76 73 77 76	302
	Dutch Harrison	72 76 72 74	294		Ed Oliver	74 74 76 78	302
	Jay Hebert	71 76 73 74	294	44	Buck White	75 74 76 78	303
	Bill Ogden	76 73 76 69	294	45=	Walker Inman, Jr	77 72 79 76	304
	Bob Toski	76 71 74 73	294		Bob Rosburg	68 76 79 81	304
22=	Errie Ball	71 75 73 76	295	47	Harvie Ward, Jr (a)	74 73 81 77	305
	Tommy Bolt	74 71 73 77	295	48=	Jack Isaacs	77 70 78 81	306
24=	Johnny Bulla	77 72 73 74	296		Bo Wininger	74 75 77 80	306
	Robert Kay	75 74 76 71	296	50	Tony Lema	77 71 79 80	307
				51	John Garrett (a)	77 72 76 84	309

Round Leader(s)
R1 Rosburg; 68
R2 Thomson; 139
R3 Middlecoff; 211

Lowest Scores
R2 Hogan; 68
R3 Venturi; 68
R4 Boros, Ogden; 69

1956

85th OPEN Championship
Royal Liverpool Golf Club, Hoylake, Cheshire, England (4-6 July)
No of Entries 360: No Starting 96: No Making Cut 49: No Completing 47
6960 yards

1	PETER THOMSON (£1000)	70 70 72 74	286		Eric Lester	70 76 77 78	301
2	Flory van Donck	71 74 70 74	289	25=	Jimmy Adams	75 76 76 75	302
3	Roberto de Vicenzo	71 70 79 70	290		Laurie Ayton, Jr	74 78 78 72	302
4	Gary Player	71 76 73 71	291		Eric Moore	75 75 78 74	302
5	John Panton	74 76 72 70	292	28=	Ken Adwick	77 76 74 76	303
6=	Enrique Bertolino	69 72 76 76	293		Syd Scott	78 74 74 77	303
	Henry Cotton	72 76 71 74	293		Dennis Smalldon	68 79 78 78	303
8=	Antonio Cerda	72 81 68 73	294	31=	Alfonso Angelini	73 80 76 75	304
	Mike Souchak	74 74 74 72	294		Bernard Hunt	75 73 81 75	304
10=	Christy O'Connor, Sr	73 78 74 70	295	33=	Ching-Po Chen	78 74 77 76	305
	Harry Weetman	72 76 75 72	295		Mario Gonzalez	72 81 75 77	305
12	Frank Stranahan	72 76 72 76	296		Alberto Salas	79 72 78 76	305
13=	Bruce Crampton	76 77 72 72	297	36=	Joe Carr (a)	73 77 79 77	306
	Angel Miguel	71 74 75 77	297		Christy Greene	76 75 79 76	306
	Dai Rees	75 74 75 73	297		Michio Ishii	74 77 77 78	306
16	John Jacobs	73 77 76 72	298		Jimmy Martin	74 79 78 75	306
17=	Al Balding	70 76 73 81	300	40=	Carlos Celles	71 82 78 76	307
	Jack Hargreaves	72 80 75 73	300		Sebastian Miguel	71 82 76 78	307
	Ricardo Rossi	75 77 72 76	300		Bill Shankland	72 78 79 78	307
	Dave Thomas	70 78 77 75	300	43=	Harry Bradshaw	76 76 81 75	308
	Charlie Ward	73 75 78 74	300		THT Fairbairn	80 73 81 74	308
22=	Ken Bousfield	73 77 76 75	301		Frank Miller	72 78 78 80	308
	Gerard de Wit	76 73 74 78	301	46	Trevor Wilkes	74 78 85 75	312
				47	Jack Wilkshire	77 74 85 77	313

Round Leader(s)
R1 Smalldon; 68
R2 Thomson; 140
R3 Thomson; 212

Lowest Scores
R2 De Vicenzo, Thomson; 70
R3 Cerda; 68
R4 De Vicenzo, O'Connor, Panton; 70

1956

38th PGA Championship
Blue Hill Golf & Country Club, Canton, Massachusetts (20-24 July)
MATCH PLAY
128 players
Rs1,2,3&4, 18 holes: QF,SF&F, 36 holes
6634 yards

ROUND 1 (Last 128)
Top half of draw:
Jim Browning bt Elmer Reed 1up; Chandler Harper bt Johnny Revolta (def); Babe Lichardus bt Larry Bartosek 1up; Dick Mayer bt Bob Schechter 4&3; John Thoren bt Joe Brown 1up; Fred Haas bt Ron LaParl 1up; Bill Collins bt Tom Blaskovich 4&3; JACK BURKE Jr bt Leon Pounders 2&1; Elroy Marti bt Fred Baker 1up (after 19); Fred Hawkins bt Felice Torza 2&1; Robert Moore bt Jim Rudolph 1up; Art Wall bt Warren Smith 5&4; Lester Moe bt Howard Kluth 2up; Lionel Hebert bt Frank Blanchard 6&4; Skee Riegel bt Albert Maus 5&4; Chick Harbert bt Henry Williams Jr 1up (after 20); Toby Lyons bt Furman Hayes 3&2; Gil Cavanaugh bt Don Fairfield 2&1; Charles Lepre bt Emery Thomas 2up; Jimmy Demaret bt Robert Hayes 4&3; Terl Johnson bt Warren Orlick 1up; Al Smith bt Vic Ghezzi 1up (after 22); Charles DuPree bt Babe Orff 1up (after 19); Charles Prentice bt Tommy Bolt 1up; Otto Greiner bt Tony Barkovich 1up (after 20); Mike Fetchick bt Jimmy Johnson 3&2; Bob Kay bt Frank Kiraly 2&1; Jackson Bradley bt Richard Haskell 3&2; Jack Isaacs bt Ralph Dillow 3&2; Ed Furgol bt Stan Dudas 5&4; Augie Nordone bt Earl Martin 3&1; Jerry Barber bt Tex McReynolds 6&5
Bottom half of draw:
Doug Ford bt Buddy Viar 3&2; Mike Dietz bt Richard Hendrickson 5&4; Walter Burkemo bt Skip Alexander 7&6; Robert Zander bt Sam Speer 5&4; Jay Hebert bt William Heinlein 3&1; Bill Johnston bt Guy Paulsen 2&1; Joe Kirkwood Jr bt Pete Burke 1up (after 19); Tony Fortino bt Charles Bassler 3&2; Marty Furgol bt Milon Marusic 3&1; Henry Ransom bt Steve Doctor 1up; Al Besselink bt William Doll 3&2; Claude Harmon bt Clyde Usina 4&3; Lew Worsham bt Ed Wysowski 3&2; Len Kennett bt Alex Hackney 5&4; Shelley Mayfield bt James Scott 2&1; Ellsworth Vines bt James Guinnup 3&2; Sam Snead bt Johnny Weitzel 1up (after 20); John O'Donnell bt Bob Veylupek 2&1; Bob Toski bt Steve Blatnak 2&1; Mike Turnesa bt Bill Eziniki 5&3; Gene Sarazen bt Ansel Snow 5&4; Dick Lundahl bt Denny Champagne 3&2; Mike Krak bt Ed Oliver 3&2; Wilbur Brandenburg bt Buford Widener 5&4; TED KROLL bt Roger Peacock 2&1; George Keyes bt Wayne Otis 1up (after 19); Leo Biagetti bt Tony Holguin 1up; Michael Rooney bt Jim Milward 1up (after 20); Jack Fleck bt Fred Gronauer 5&4; Hap Malia bt Gordon Haberkorn 3&2; Jim Turnesa bt Ted Huge 2&1; Dean Adkisson bt Edward Garfield 2&1

ROUND 2 (Last 64)
Harper bt Browning 2up; Lichardus bt Mayer 2&1; Haas bt Thoren 2&1; BURKE Jr bt Collins 5&3; Hawkins bt Marti 6&5; Wall bt Moore 5&4; L Hebert bt Moe 2&1; Riegel bt Harbert 1up; Lyons bt Cavanaugh 3&2; Lepre bt Demaret 1up (after 21); Johnson bt Smith 2&1; DuPree bt Prentice 3&2; Fetchick bt Greiner 3&2; Kay bt Bradley 4&3; E Furgol bt Isaacs 5&4; Barber bt Nordone 4&3; Ford bt Dietz 3&2; Burkemo bt Zander 2&1; Johnston bt J Hebert 2&1; Fortino bt Kirkwood Jr 1up; Ransom bt M Furgol 2&1; Harmon bt Besselink 3&1; Worsham bt Kennett 3&2; Mayfield bt Vines 1up; Snead bt O'Donnell 1up (after 20); Toski bt M Turnesa 3&1; Sarazen bt Lundahl 1 up (after 20); Krak bt Brandenburg 2up; KROLL bt Keyes 2up; Rooney bt Biagetti 2&1; Fleck bt Malia 6&5; J Turnesa bt Adkisson 1 up (after 20)

ROUND 3 (Last 32)
Harper bt Lichardus 1up; BURKE Jr bt Haas 1up (after 20); Hawkins bt Wall 1up (after 19); Hebert bt Riegel 3&1; Lyons bt Lepre 3&2; Johnson bt DuPree 4&2; Kay bt Fetchick 1up; Furgol bt Barber 2&1; Burkemo bt Ford 5&3; Johnston bt Fortino 4&3; Ransom bt Harmon 1up (after 23); Worsham bt Mayfield 5&4; Snead bt Toski 4&3; Sarazen bt Krak 3&2; KROLL bt Rooney 3&2; Turnesa bt Fleck 1up

ROUND 4 (Last 16)
BURKE Jr bt Harper 3&2
Hawkins bt Hebert 4&3
Johnson bt Lyons 1up (after 19)
Furgol bt Kay 4&3
Johnston bt Burkemo 1up
Ransom bt Worsham 2up
Snead bt Sarazen 5&4
KROLL bt Turnesa 1up

QUARTER FINAL (QF)
BURKE Jr bt Hawkins 4&2
Furgol bt Johnson 1up
Johnston bt Ransom 3&2
KROLL bt Snead 2&1

SEMI FINAL (SF)
BURKE Jr bt Furgol 1up (after 37)
KROLL bt Johnston 10&8

FINAL
JACK BURKE, Jr ($5000) beat Ted Kroll, 3&2

1957

21st MASTERS Tournament
Augusta National Golf Club, Augusta, Georgia (4-7 April)
No Starting 102: No Making Cut 40: No Completing 40
6925 yards: Par 72 (288)

1	DOUG FORD ($8750)	72 73 72 66	283
2	Sam Snead	72 68 74 72	286
3	Jimmy Demaret	72 70 75 70	287
4	E Harvie Ward, Jr (a)	73 71 71 73	288
5	Peter Thomson	72 73 73 71	289
6	Ed Furgol	73 71 72 74	290
7=	Jack Burke, Jr	71 72 74 74	291
	Dow Finsterwald	74 74 73 70	291
	Arnold Palmer	73 73 69 76	291
10	Jay Hebert	74 72 76 70	292
11=	Marty Furgol	73 74 73 73	293
	Stan Leonard	75 72 68 78	293
13=	Henry Cotton	73 73 72 76	294
	Frank M Taylor, Jr (a)	74 74 77 69	294
	Ken Venturi	74 76 74 70	294
16=	Al Balding	73 73 73 76	295
	Billy Casper	75 75 75 70	295
	Mike Fetchick	74 73 72 76	295
	Fred Hawkins	75 74 72 74	295
	Byron Nelson	74 72 73 76	295
21=	Bruce Crampton	72 75 78 71	296
	Al Mengert	75 75 71 75	296
	Henry Ransom	75 73 72 76	296
24=	Johnny Palmer	77 73 73 74	297
	Gary Player	77 72 75 73	297
26=	Jerry Barber	73 77 78 70	298
	Jack Fleck	76 74 75 73	298
28=	Bill Johnston	77 70 78 74	299
	Lawson Little	76 72 77 74	299
	Lloyd Mangrum	77 71 74 77	299
31=	Skee Riegel	73 74 78 75	300
	Doug Sanders	76 72 75 77	300
	Bud Ward	73 75 76 76	300
34	Rex Baxter, Jr (a)	79 71 73 78	301
35=	Dick Mayer	80 70 75 77	302
	Henry Picard	79 71 78 74	302
	Sam Urzetta	74 73 78 77	302
38=	Don Cherry (a)	78 72 76 77	303
	Claude Harmon	78 72 77 76	303
40	Hillman Robbins (a)	77 73 74 80	304

Round Leader(s)
R1   Burke; 71
R2   Snead; 140
R3   Snead; 214

Lowest Scores
R2   Snead; 68
R3   Leonard; 68
R4   Ford; 66

1957

57th US OPEN Championship
Inverness Golf Club, Toledo, Ohio (13-15 June)
No of Entries 1907: No Starting 157: No Making Cut 53: No Completing 52
6919 yards: Par 70 (280)

1	DICK MAYER* ($7200)	70 68 74 70	282
2	Cary Middlecoff	71 75 68 68	282
3	Jimmy Demaret	68 73 70 72	283
4=	Julius Boros	69 75 70 70	284
	Walter Burkemo	74 73 72 65	284
6=	Fred Hawkins	72 72 71 71	286
	Ken Venturi	69 71 75 71	286
8=	Roberto de Vicenzo	72 70 72 76	290
	Chick Harbert	68 79 71 72	290
	Billy Maxwell	70 76 72 72	290
	Billy Joe Patton (a)	70 68 76 76	290
	Sam Snead	74 74 69 73	290
13=	Mike Fetchick	74 71 71 75	291
	Dow Finsterwald	74 72 72 73	291
	William Hyndman III (a)	77 73 72 69	291
	Frank Stranahan	72 76 69 74	291
17=	Don Fairfield	78 72 73 69	292
	Jim Ferree	74 74 73 71	292
	Doug Ford	69 71 80 72	292
	Bud Ward	70 74 70 78	292
21	Bo Wininger	70 71 76 76	293
22=	George Bayer	73 77 69 75	294
	Joe Campbell (a)	74 72 73 75	294
	Ed Oliver	74 73 73 74	294
	Peter Thomson	71 72 74 77	294
26=	Jack Fleck	72 76 73 74	295
	Gerald Kesselring	74 71 75 75	295
	Sam Penecale	71 73 73 78	295
	Harvie Ward, Jr (a**)	72 75 74 74	295
30=	Leo Biagetti	73 75 72 76	296
	Johnny Revolta	76 74 74 72	296
32=	Chuck Kocsis (a)	76 74 74 73	297
	Stan Leonard	71 76 73 77	297
	Gene Littler	73 76 73 75	297
35=	Jerry Barber	75 73 73 77	298
	Otto Greiner	76 74 75 73	298
	Fred Haas	72 73 77 76	298
38=	Furman Hayes	74 75 70 80	299
	Babe Lichardus	72 76 74 77	299
	Lew Worsham	78 72 76 73	299
41	Johnny Pott	74 75 74 77	300
42	Don Whitt	71 77 78 75	301
43=	Al Brosch	72 76 72 82	302
	Clarence Doser	72 78 76 76	302
45=	Bob Gajda	75 75 78 75	303
	Howie Johnson	72 77 77 77	303
	Al Mengert	77 73 71 82	303
48=	Leland Gibson	75 75 76 78	304
	Stan Mosel	74 75 77 78	304
50	E Fred Brown (a)	74 76 79 76	305
51	Rex Baxter (a)	77 73 80 78	308
52	Gene Coulter (a)	73 77 85 81	316

* Dick Mayer (72) beat Cary Middlecoff (79) in the 18-Hole Play-off
**Applying for reinstatement as an Amateur

Round Leader(s)
R1 Demaret, Harbert; 68
R2 Mayer, Patton; 138
R3 Demaret; 211

Lowest Scores
R2 Mayer, Patton; 68
R3 Middlecoff; 68
R4 Burkemo; 65

1957

86th OPEN Championship
Royal & Ancient Golf Club, St Andrews, Fife, Scotland (3-5 July)
No of Entries 282: No Starting 96: No Making Cut 46: No Completing 46
6936 yards

1	BOBBY LOCKE (£1000)	69 72 68 70	279
2	Peter Thomson	73 69 70 70	282
3	Eric Brown	67 72 73 71	283
4	Angel Miguel	72 72 69 72	285
5=	Tom Haliburton	72 73 68 73	286
	Dick Smith (a)	71 72 72 71	286
	Dave Thomas	72 74 70 70	286
	Flory van Donck	72 68 74 72	286
9=	Antonio Cerda	71 71 72 73	287
	Henry Cotton	74 72 69 72	287
	Max Faulkner	74 70 71 72	287
12=	Peter Alliss	72 74 74 68	288
	Harry Weetman	75 71 71 71	288
14	Cary Middlecoff	72 71 74 72	289
15=	Norman Drew	70 75 71 74	290
	Eric Lester	71 76 70 73	290
	Sebastian Miguel	71 75 76 68	290
	John Panton	71 72 74 73	290
19=	Harry Bradshaw	73 74 69 75	291
	Johnny Fallon	75 67 73 76	291
	Christy O'Connor, Sr	77 69 72 73	291
	Frank Stranahan	74 71 74 72	291
23	Jimmy Hitchcock	69 74 73 76	292
24=	Reg Horne	76 72 72 73	293
	Bernard Hunt	72 72 74 75	293
	Sam King	76 72 70 75	293
	Gary Player	71 74 75 73	293
	Trevor Wilkes	75 73 71 74	293
29	Harold Henning	75 73 71 75	294
30=	Laurie Ayton, Jr	67 76 75 77	295
	Peter Butler	77 71 74 73	295
	Reg Knight	71 73 75 76	295
	Dai Rees	73 72 79 71	295
	Norman Sutton	69 76 73 77	295
35=	Ken Bousfield	74 73 75 74	296
	Roberto de Vicenzo	70 76 76 74	296
	John MacDonald	73 71 76 76	296
38	Ralph Moffitt	71 75 77 74	297
39=	Bruce Crampton	68 73 78 79	298
	Keith MacDonald	69 74 76 79	298
	Syd Scott	76 72 73 77	298
42=	THT Fairbairn	73 72 77 78	300
	Robin Galloway (a)	70 76 79 75	300
44	Bert Williamson	74 70 77 80	301
45	Arthur Lees	75 71 77 80	303
46	Willie John Henderson	72 75 82 76	305

Round Leader(s)
R1 Ayton, Brown; 67
R2 Brown; 139
R3 Locke; 209

Lowest Scores
R2 Fallon; 67
R3 Haliburton, Locke; 68
R4 Alliss, Miguel; 68

1957

39th PGA Championship
Miami Valley Golf Club, Dayton, Ohio (17-21 July)
MATCH PLAY
128 players
Rs1,2,3&4, 18 holes: QF,SF&F, 36 holes
6773 yards

ROUND 1 (Last 128)
Top half of draw:
Brien Charter bt Rut Coffey 4&3; Larry Bartosek bt Arthur Jones 1up (after 21); Al Besselink bt Joe Greer 1up; Mike Souchak bt Charles Johnson 5&3; Charles Farlow bt Edward Garfield 1up (after 19); Furman Hayes bt Bennie Toski 2&1; LIONEL HEBERT bt Max Evans 2up; Marty Furgol bt Eddie Burke 4&2; Jerry Gianferante bt Joseph Connor 5&4; Claude Harmon bt Ed Carpenter 3&2; Charles Bassler bt Skip Alexander 3&1; Jack Isaacs bt Art Doering 4&3; Eldon Briggs bt Bill Hanger 4&2; Jack Fleck bt Terl

THE GOLF MAJORS: 1860-2015 – RESULTS

Johnson 4&3; Gene Littler bt Don Fairfield 1up; Tommy Bolt 1up; Henry Castillo 1up (after 19); Herman Keiser bt Bill Collins 2up; Vic Ghezzi bt Howie DeAngelus 1up; Jackson Bradley bt Floyd Hamblen 3&2; Henry Ransom bt Mike Fetchick 3&1; George Fazio bt Frank Gelhot 4&2; Tony Holguin bt Harry Dee 5&4; William Heinlein bt Bill Eziniki 3&2; Walter Burkemo bt Toby Lyons 1up; Leland Gibson bt Joe Dante 4&3; Charles Harper Jr bt Ray Hill 1up; Jay Hebert bt Errie Ball 1up; Al Feminelli bt Clarence Doser 1up (after 21); Bob Gajda bt Armand Farina 6&5; Jim Browning bt Ed Furgol 2&1; James Guinnup bt Jimmy Johnson 1up; Doug Ford bt Denny Champagne 4&3

Bottom half of draw:
Jack Burke Jr bt Gene Marchi 4&2; Milon Marusic bt Leonard Wagner 4&3; Mike Krak bt Chandler Harper 3&2; Marshall Springer bt Gil Sellers 3&2; Denny Shute bt Bob Toski 3&2; Ellsworth Vines bt Clark Morrow 5&4; Henry Lindner bt Bob Stupple 3&2; Don Whitt bt Augie Nordone 2&1; Ted Kroll bt Hans Merell 5&3; Bill Nary bt Jim Turnesa 2&1; Ewing Pomeroy bt Toney Tiso 1 up (after 19); Ernest Schneiter bt Bob Kivlin 5&4; Al Smith bt Fred Hawkins 1up; Johnny Palmer bt Charles Wipperman 3&2; Shelley Mayfield bt Len Kennett 3&2; Dick Mayer bt Arthur Stuhler 6&5; Skee Riegel bt Chick Harbert 1up (after 19); Art Wall bt Monte Norcross 1up (after 22); Bill Johnston bt Palmer Lawrence 3&2; Warren Smith bt Joseph Sodd 1up; Charles Sheppard bt Felice Torza 1up; Robert Moore bt John Dalrymple 3&2; George Keyes bt Gordon Leishman 1up; Buck White bt Robert Whitaker 6&5; Sam Snead bt John Serafin 4&2; Al Watrous bt Rod Munday 1 up (after 22); John Thoren bt James Speer 1up (after 22); Sam Bernardi by Verl Stinchcomb 1up (after 23); DOW FINSTERWALD bt Dick Sleichter 1up; Bud Williamson bt Wayne Otis 5&4; Joe Kirkwood Jr bt John Spencer 3&2; Robert Watson bt Earl Martin 1 up

ROUND 2 (Last 64)
Charter bt Bartosek 1up; Souchak bt Besselink 1up (after 19); Farlow bt Hayes 2&1; L HEBERT bt Furgol 4&2; Harmon bt Gianferante 5&4; Bassler bt Isaacs 4&3; Briggs bt Fleck 1up; Bolt bt Littler 1up; Keiser bt Ghezzi 3&2; Ransom bt Bradley 1up; Holguin bt Fazio 1up; Burkemo bt Heinlein 1 up (after 19); Harper Jr bt Gibson 3&2; J Hebert bt Feminelli 6&5; Gajda bt Browning 4&2; Ford bt Guinnup 4&3; Marusic bt Burke Jr 2&1; Krak bt Springer 2&1; Vines bt Shute 1up; Whitt bt Lindner 1up; Kroll bt Nary 2&1; Pomeroy bt Schneiter 3&2; A Smith bt Palmer 1up (after 19); Mayer bt Mayfield 1up; Riegel bt Wall 3&2; W Smith bt Johnston 1up; Sheppard bt Moore 2up; White bt Keyes 1up (after 21); Snead bt Watrous 4&3; Thoren bt Bernardi 3&1; FINSTERWALD bt Williamson 3&2; Kirkwood Jr bt Watson 1up

ROUND 3 (Last 32)
Souchak bt Charter 4&3; L HEBERT bt Farlow 3&1; Harmon bt Bassler 4&3; Bolt bt Briggs 7&6; Ransom bt Keiser 5&3; Burkemo bt Holguin 1up; J Hebert bt Harper Jr 1up; Ford bt Bob Gajda 3&2; Marusic bt Krak 2&1; Whitt bt Vines 4&3; Kroll bt Pomeroy 4&3; Mayer bt A Smith 5&3; W Smith bt Riegel 3&2; Sheppard bt White 1up; Snead bt Thoren 3&2; FINSTERWALD bt Kirkwood Jr 2&1

ROUND 4 (Last 16)
L HEBERT bt Souchak 2&1
Harmon bt Bolt 1up
Burkemo bt Ransom 5&4
J Hebert bt Ford 3&2
Whitt bt Marusic 2&1
Mayer bt Kroll 1up
Sheppard bt Smith 4&3
FINSTERWALD bt Snead 2&1

QUARTER FINAL (QF)
L HEBERT bt Harmon 2&1
Burkemo bt J Hebert 3&2
Whitt bt Mayer 2&1
FINSTERWALD bt Sheppard 2up

SEMI FINAL (SF)
L HEBERT bt Burkemo 3&1
FINSTERWALD bt Whitt 2up

FINAL
LIONEL HEBERT ($8000) beat Dow Finsterwald, 3&1

1958

22nd MASTERS Tournament
Augusta National Golf Club, Augusta, Georgia (3-6 April)
No Starting 87: No Making Cut 43: No Completing 43
6925 yards: Par 72 (288)

1 ARNOLD PALMER ($11250)	70 73 68 73	284
2= Doug Ford	74 71 70 70	285
Fred Hawkins	71 75 68 71	285
4= Stan Leonard	72 70 73 71	286
Ken Venturi	68 72 74 72	286
6= Cary Middlecoff	70 73 69 75	287
Art Wall	71 72 70 74	287
8 Billy Joe Patton (a)	72 69 73 74	288
9= Claude Harmon	71 76 72 70	289
Jay Hebert	72 73 73 71	289
Billy Maxwell	71 70 72 76	289
Al Mengert	73 71 69 76	289
13 Sam Snead	72 71 68 79	290
14= Jimmy Demaret	69 79 70 73	291
Ben Hogan	72 77 69 73	291
Mike Souchak	72 75 73 71	291
17= Dow Finsterwald	72 71 74 75	292
Chick Harbert	69 74 73 76	292
Bo Wininger	69 73 71 79	292
20= Billy Casper	76 71 72 74	293
Byron Nelson	71 77 74 71	293
22 Phil Rodgers	77 72 73 72	294
23= Charles R Coe (a)	73 76 69 77	295
Ted Kroll	73 75 75 72	295
Peter Thomson	72 74 73 76	295
26= Al Balding	75 72 71 78	296
Bruce Crampton	73 76 72 75	296
William Hyndman III (a)	71 76 70 79	296
29= George Bayer	74 75 72 76	297
Arnold Blum (a)	72 74 75 76	297
Joe E Campbell (a)	73 75 74 75	297
32= Tommy Bolt	74 75 74 75	298
Lionel Hebert	71 77 75 75	298
Flory van Donck	70 74 75 79	298
35= Marty Furgol	74 73 75 77	299
Dave Ragan	73 73 77 76	299
Paul Runyan	73 76 73 77	299
Jim Turnesa	72 76 76 75	299
39= Julius Boros	73 72 78 77	300
Jack Fleck	71 76 70 75	300
41 Pete Nakamura	76 73 76 76	301
42 Gene Littler	75 73 74 80	302
43 Norman von Nida	69 80 79 80	308

Round Leader(s)
R1 Venturi; 68
R2 Venturi; 140
R3 Palmer, Snead; 211

Lowest Scores
R2 Patton; 69
R3 Hawkins, Palmer, Snead; 68
R4 Ford, Harmon; 70

1958

58th US OPEN Championship
Southern Hills Country Club, Tulsa, Oklahoma (12-14 June)
No of Entries 2132: No Starting 162: No Making Cut 55: No Completing 53
6907 yards: Par 70 (280)

1 TOMMY BOLT ($8000)	71 71 69 72	283
2 Gary Player	75 68 73 71	287
3 Julius Boros	71 75 72 71	289
4 Gene Littler	74 73 67 76	290
5= Walter Burkemo	75 74 70 72	291
Bob Rosburg	75 74 72 70	291
7= Jay Hebert	77 76 71 69	293
Don January	79 73 68 73	293
Dick Metz	71 78 73 71	293

10=Ben Hogan	75 73 75 71	294
Tommy Jacobs	76 75 71 72	294
Frank Stranahan	72 72 75 75	294
13=Billy Casper	79 70 75 71	295
Charles R Coe (a)	75 71 75 74	295
Marty Furgol	75 74 74 72	295
16 Bob Goetz	75 75 77 69	296
17=Tom Nieporte	75 73 74 75	297
Jerry Pittman	75 77 71 74	297
19=Jerry Barber	79 73 73 73	298
Bruce Crampton	73 75 74 76	298
Jim Ferree	76 74 73 75	298
Jerry Magee	76 77 75 70	298
23=Dutch Harrison	76 76 73 74	299
Dick Mayer	76 74 71 78	299
Arnold Palmer	75 75 77 72	299
Earl Stewart	75 74 77 73	299
27=Stan Dudas	76 73 76 75	300
Don Fairfield	78 75 72 75	300
Mike Fetchick	78 76 73 73	300
Labron Harris	74 72 77 77	300
Billy Maxwell	78 76 76 70	300
Cary Middlecoff	75 79 75 71	300
Bo Wininger	78 74 74 74	300
34 Doug Ford	78 75 73 75	301
35=Ken Venturi	79 73 75 75	302
Buck White	76 77 71 78	302
37=Paul Harney	77 77 72 77	303
Lloyd Mangrum	72 78 75 78	303
Bud Ward	78 76 74 75	303
Harvie Ward (a)	74 80 79 70	303
41=Jack Nicklaus (a)	79 75 73 77	304
Sam Penecale	77 77 76 74	304
43=Joe Campbell	77 74 76 79	306
Bob Crowley	78 76 75 77	306
45=Joe Jimenez	76 76 80 75	307
Lew Worsham	77 72 77 81	307
47=Babe Lichardus	76 76 73 83	308
Mike Pavella	75 79 79 75	308
49 Pat Schwab	75 75 79 80	309
50=Herman Barron	78 76 79 77	310
Ted Gwin	76 78 81 75	310
52=Chick Harbert	75 78 78 80	311
Bobby Nichols (a)	79 75 84 73	311

Round Leader(s)
R1   Bolt, Boros, Metz; 71
R2   Bolt; 142
R3   Bolt; 211

Lowest Scores
R2   Player; 68
R3   Littler; 67
R4   Hebert, Goetz; 69

1958

87th OPEN Championship
Royal Lytham & St Anne's Golf Club, Lancashire, England (2-4 July)
No of Entries 362: No Starting 96: No Making Cut 40: No Completing 40
6635 yards

1 PETER THOMSON* (£1000)	66 72 67 73	278
2 Dave Thomas	70 68 69 71	278
3= Eric Brown	73 70 65 71	279
Christy O'Connor, Sr	67 68 73 71	279
5= Leopoldo Ruiz	71 65 72 73	281
Flory van Donck	70 70 67 74	281
7 Gary Player	68 74 70 71	283
8= Henry Cotton	68 75 69 72	284
Eric Lester	73 66 71 74	284
Harry Weetman	73 67 73 71	284
11=Peter Alliss	72 70 70 73	285
Don Swaelens	74 67 74 70	285
13 Harold Henning	70 71 72 73	286
14=Jean Garaialde	69 74 72 72	287
Dai Rees	77 69 71 70	287
16=Max Faulkner	68 71 71 78	288
Bobby Locke	76 70 72 70	288
Eric Moore	72 72 70 74	288
Gene Sarazen	73 73 70 72	288
20=Tony Coop	69 71 75 75	290
Fred Daly	71 74 72 73	290
Norman Drew	69 72 75 74	290
Christy Greene	75 71 72 72	290
24=Harry Bradshaw	70 73 72 76	291
Gerard de Wit	71 75 72 73	291
26=Antonio Cerda	72 71 74 75	292
Sebastian Miguel	74 71 73 74	292
Trevor Wilkes	76 70 69 77	292
29 Angel Miguel	71 70 75 77	293
30=Bernard Hunt	70 70 76 79	295
Sam King	71 73 76 75	295
David Snell	72 72 72 79	295
33 Jack Wilkshire	74 70 78 74	296
34=Bruce Crampton	73 73 75 76	297
Syd Scott	73 74 74 76	297
Brian Wilkes	73 73 75 76	297
37 Joe Carr (a)	70 74 77 77	298
38 David Melville	76 71 76 79	302
39=Cecil Denny	74 73 77 79	303
Bill Large	70 72 81 80	303

* *Peter Thomson (139) beat Dave Thomas (143) in the 36-Hole Play-off*

Round Leader(s)
R1   Thomson; 66
R2   O'Connor; 135
R3   Thomson; 205

Lowest Scores
R2   Ruiz; 65
R3   Brown; 65
R4   Locke, Rees, Swaelens; 70

1958

40th PGA Championship
Llanerch Country Club, Havertown, Pennsylvania (17-20 July)
No Starting 161: No Making Cut (36 holes, 93; 54 holes, 64): No Completing 64
6710 yards: Par 70 (280)

1 DOW FINSTERWALD ($5500)	67 72 70 67	276
2 Billy Casper	73 67 68 70	278
3 Sam Snead	73 67 67 73	280
4 Jack Burke, Jr	70 72 69 70	281
5= Tommy Bolt	72 70 73 70	285
Julius Boros	72 68 73 72	285
Jay Hebert	68 71 73 73	285
8= Buster Cupit	71 74 69 73	287
Ed Oliver	74 73 71 69	287
Mike Souchak	75 69 64 79	287
11=Doug Ford	72 70 70 76	288
Bob Rosburg	71 73 76 68	288
Art Wall	71 78 67 72	288
14=Fred Hawkins	72 75 70 73	290
Dick Mayer	69 76 69 76	290
16=John Barnum	75 69 74 73	291
Walter Burkemo	76 73 66 76	291
Lionel Hebert	69 73 74 75	291
Bo Wininger	76 73 69 73	291
20=Ted Kroll	69 74 75 74	292
Cary Middlecoff	71 73 76 72	292
Eric Monti	73 71 73 75	292
Bob Toski	79 70 71 72	292
Ken Venturi	72 73 74 73	292
25=Pete Cooper	74 77 73 69	293
George Fazio	72 74 73 74	293
Bob Gajda	75 70 75 73	293
Billy Maxwell	75 69 74 75	293
29=Dick Shoemaker	79 72 73 70	294

	Don Whitt	71 72 73 78	294	48	Ed Furgol	78 76 72 74	300
31=	Mike Fetchick	74 76 71 74	295	49=	Jackson Bradley	77 77 73 74	301
	Frank Stranahan	76 76 74 69	295		Jack Isaacs	74 75 78 74	301
33=	Errie Ball	79 72 72 73	296		Chuck Klein	78 75 74 74	301
	Tom Talkington	75 73 73 75	296		Henry Williams, Jr	75 74 77 75	301
35=	Herman Barron	75 71 75 76	297	53=	Mike Krak	74 78 74 76	302
	Dick Cline	75 72 77 73	297		Toby Lyons	75 73 74 80	302
	Bill Collins	71 70 77 79	297		Thorne Wood	77 75 70 80	302
	Mike Dietz	77 70 74 76	297	56=	Brien Charter	72 75 80 76	303
	Felice Torza	69 72 75 81	297		Vic Ghezzi	75 74 76 78	303
40=	Henry Castillo	75 76 75 72	298		Claude Harmon	77 75 76 75	303
	Bill Ezinicki	76 70 80 72	298	59=	Al Brosch	75 79 74 78	306
	Arnold Palmer	76 71 77 74	298		Jim Gantz	76 76 75 79	306
	Skee Riegel	76 77 74 71	298		Gus Salerno	79 75 74 78	306
44=	Eddie Burke	75 75 77 72	299	62	Larry Bartosek	75 79 74 79	307
	Bob Crowley	70 76 73 80	299	63	Ewing Pomeroy	80 74 74 82	310
	Bill Johnston	75 72 77 75	299	64	George Griffin	74 76 78 83	311
	Dave Marr	72 79 74 74	299				

Round Leader(s)
R1   Finsterwald; 67
R2   Finsterwald, Hebert; 139
R3   Snead; 207

Lowest Scores
R2   Casper, Snead; 67
R3   Burkemo; 66
R4   Finsterwald; 67

1959

23rd MASTERS Tournament
Augusta National Golf Club, Augusta, Georgia (2-5 April)
No Starting 87: No Making Cut 42: No Completing 40
6925 yards: Par 72 (288)

1	ART WALL	73 74 71 66	284		Bo Wininger	75 70 72 75	292
	($15000)			22=	Walter Burkemo	75 70 71 77	293
2	Cary Middlecoff	74 71 68 72	285		Chuck Kocsis (a)	73 75 70 75	293
3	Arnold Palmer	71 70 71 74	286		Sam Snead	74 73 72 74	293
4=	Stan Leonard	69 74 69 75	287	25=	Don Cherry (a)	77 71 75 71	294
	Dick Mayer	73 75 71 68	287		Doug Ford	76 73 73 72	294
6	Charles R Coe (a)	74 74 67 73	288		Paul Harney	75 69 77 73	294
7	Fred Hawkins	77 71 68 73	289		Angel Miguel	72 72 76 74	294
8=	Julius Boros	75 69 74 72	290		Mike Souchak	73 71 74 76	294
	Jay Hebert	72 73 72 73	290	30=	Tommy Bolt	72 75 72 76	295
	Gene Littler	72 75 72 71	290		Ben Hogan	73 74 76 72	295
	Billy Maxwell	73 71 72 74	290		Bob Rosburg	75 74 73 73	295
	Billy Joe Patton (a)	75 70 71 74	290		Dave Thomas	73 71 77 74	295
	Gary Player	73 75 71 71	290	34=	Jack Burke, Jr	71 77 76 72	296
14=	Chick Harbert	74 72 74 71	291		Frank Stranahan	74 72 73 77	296
	Chandler Harper	71 74 74 72	291	36	Don January	74 75 70 78	297
	Ted Kroll	76 71 73 71	291	37	Marty Furgol	74 74 74 76	298
	Ed Oliver	75 69 73 74	291	38	Ernie Vossler	74 74 75 76	299
18=	Dow Finsterwald	79 68 73 72	292	39	Lionel Hebert	77 72 76 75	300
	Jack Fleck	74 71 71 76	292	40	George Bayer	74 75 77 77	303
	William Hyndman III (a)	73 72 76 71	292				

Round Leader(s)
R1   Leonard; 69
R2   Palmer; 141
R3   Leonard, Palmer; 212

Lowest Scores
R2   Finsterwald; 68
R3   Coe; 67
R4   Wall; 66

1959

59th US OPEN Championship
Winged Foot Golf Club, Mamaroneck, New York (11-14 June)
No of Entries 2385: No Starting 150: No Making Cut 61: No Completing 56
6873 yards: Par 70 (280)

1	BILLY CASPER	71 68 69 74	282		Mac Hunter	75 74 73 72	294
	($12000)				Don January	71 73 73 77	294
2	Bob Rosburg	75 70 67 71	283		Cary Middlecoff	71 73 73 77	294
3=	Claude Harmon	72 71 70 71	284		Johnny Pott	77 72 70 75	294
	Mike Souchak	71 70 72 71	284		Bo Wininger	71 73 72 78	294
5=	Doug Ford	72 69 72 73	286	25	Joe Campbell	73 71 75 76	295
	Arnold Palmer	71 69 72 74	286	26=	Chick Harbert	78 68 76 74	296
	Ernie Vossler	72 70 72 72	286		Billy Maxwell	75 75 70 76	296
8=	Ben Hogan	69 71 71 76	287	28=	Julius Boros	76 74 72 75	297
	Sam Snead	73 72 67 75	287		Lionel Hebert	71 74 70 82	297
10	Dick Knight	69 75 73 73	290		Henry Ransom	72 77 71 77	297
11=	Dow Finsterwald	69 73 75 74	291		Fred Wampler	74 73 75 75	297
	Fred Hawkins	76 72 69 74	291	32=	Al Balding	72 74 75 78	299
	Ted Kroll	71 73 73 74	291		James English (a)	74 75 77 73	299
	Gene Littler	69 74 75 73	291		Charles Sifford	78 72 73 76	299
15=	Dave Marr	75 73 69 75	292	35=	Tommy Jacobs	76 71 76 77	300
	Gary Player	71 69 76 76	292		Shelley Mayfield	75 74 73 78	300
17=	Gardner Dickinson	77 70 71 75	293		Ewing Pomeroy	72 72 76 80	300
	Jay Hebert	73 70 78 72	293	38=	Tommy Bolt	75 73 77 76	301
19=	Jack Fleck	74 74 69 77	294		Charles R Coe (a)	72 78 75 76	301

	Vic Ghezzi	75 71 78 77	301	49=Don Cherry (a)	75 75 79 75	304
	Bob Goalby	73 76 74 78	301	Stan Dudas	75 73 75 81	304
	Ken Venturi	78 69 76 78	301	51=Rex Baxter	75 72 78 80	305
43=	Wes Ellis, Jr	77 70 76 79	302	Paul Harney	74 76 76 79	305
	Don Fairfield	71 78 73 80	302	Charles Scally	80 70 76 79	305
	Jimmy Johnson	76 74 75 77	302	54 Dick Chapman (a)	76 74 75 82	307
46=	Robert Batdorff	73 73 78 79	303	55 Otto Greiner	77 71 78 83	309
	Darrell Hickcok	76 72 73 82	303	56 Cobby Ware (a)	73 75 83 80	311
	Al Smith	75 75 75 78	303			

Round Leader(s)
R1 Finsterwald, Hogan, Knight, Littler; 69
R2 Casper; 139
R3 Casper; 208

Lowest Scores
R2 Cooper, Harbert; 68
R3 Rosburg, Snead; 67
R4 Harman, Rosburg, Souchak; 71

1959

88th OPEN Championship
Hon Co of Edinburgh Golfers, Muirfield, East Lothian, Scotland (1-3 July)
No of Entries 285: No Qualifying 90: No Start- ing 90: No Making Cut 48: No Completing 48
6806 yards

1	GARY PLAYER	75 71 70 68	284	Reg Knight	71 71 74 78	294
	(£1000)			Peter Mills	75 71 72 76	294
2=	Fred Bullock	68 70 74 74	286	JR Moses	72 73 73 76	294
	Flory van Donck	70 70 73 73	286	Peter Thomson	74 74 72 74	294
4	Syd Scott	73 70 73 71	287	29=Jimmy Adams	71 74 75 75	295
5=	Reid Jack (a)	71 75 68 74	288	Tom Haliburton	74 69 74 78	295
	Sam King	70 74 68 76	288	Bobby Locke	73 73 76 73	295
	Christy O'Connor, Sr	73 74 72 69	288	Peter Shanks	76 70 75 74	295
	John Panton	72 72 71 73	288	Eddie Whitcombe	71 77 74 73	295
9=	Dai Rees	73 73 69 74	289	34 Hugh Lewis	73 73 78 72	296
	Leopoldo Ruiz	72 74 69 74	289	35=Norman Drew	71 77 75 74	297
11=	Michael Bonallack (a)	70 72 72 76	290	Eric Lester	73 71 78 75	297
	Ken Bousfield	73 73 71 73	290	Charlie Ward	78 70 73 76	297
	Jimmy Hitchcock	75 68 70 77	290	38=Joe Carr (a)	72 73 74 79	298
	Bernard Hunt	73 75 71 71	290	Angel Miguel	73 75 73 77	298
	Arnold Stickley	68 74 77 71	290	40 Christy Kane	77 69 77 76	299
16=	Peter Alliss	76 72 76 67	291	41=Henry Cotton	71 75 77 77	300
	Harry Bradshaw	71 76 72 72	291	Jack Hargreaves	72 74 79 75	300
	Antonio Cerda	69 74 73 75	291	George Low	75 73 78 74	300
	Harry Weetman	72 73 76 70	291	Ralph Moffitt	74 72 76 78	300
	Guy Wolstenholme (a)	78 70 73 70	291	Jack Sharkey	74 74 74 78	300
21=	Neil Coles	72 74 71 75	292	46 Juan Jose Querelos	76 72 80 73	301
	Jean Garaialde	75 70 74 73	292	47 John More	72 75 76 79	302
23=	Harold Henning	73 73 72 76	294	48 Ray Hayden	75 72 77 79	303
	Geoff Hunt	72 73 74 75	294			

Round Leader(s)
R1 Bullock, Stickley; 68
R2 Bullock; 138
R3 Bullock, King; 212

Lowest Scores
R2 Hitchcock; 68
R3 Jack, King; 68
R4 Alliss; 67

1959

41st PGA Championship
Minneapolis Golf Club, Louis Park, Minnesota (30 July-2 August)
No Starting 174: No Making Cut (36 holes, 99; 54 holes, 64): No Completing 63
6850 yards: Par 70 (280)

1	BOB ROSBURG	71 72 68 66	277	Ernie Vossler	75 71 72 69	287
	($8250)			25=Jay Hebert	72 70 69 77	288
2=	Jerry Barber	69 65 71 73	278	Ted Kroll	72 74 71 71	288
	Doug Sanders	72 66 68 72	278	Art Wall	70 72 73 73	288
4	Dow Finsterwald	71 68 71 70	280	28=Clare Emery	74 74 72 69	289
5=	Bob Goalby	72 69 72 68	281	Chick Harbert	73 71 71 74	289
	Mike Souchak	69 67 71 74	281	Fred Hawkins	72 69 72 76	289
	Ken Venturi	70 72 70 69	281	31=Jackson Bradley	69 74 73 74	290
8=	Cary Middlecoff	72 68 70 72	282	Don Fairfield	70 73 75 72	290
	Sam Snead	71 73 68 70	282	Lionel Hebert	71 69 75 75	290
10	Gene Littler	69 70 72 73	284	Eric Monti	74 72 71 73	290
11=	Doug Ford	71 73 71 70	285	35=John McMullin	76 71 69 75	291
	Billy Maxwell	70 76 70 69	285	Dave Ragan	74 69 74 74	291
	Ed Oliver	75 70 69 71	285	Dick Stranahan	74 70 72 75	291
14=	Paul Harney	74 71 71 70	286	38=Bob Crowley	73 75 71 73	292
	Tommy Jacobs	73 71 68 74	286	Jim Ferree	74 72 71 75	292
	Arnold Palmer	72 72 71 71	286	Jim Ferrier	73 71 72 76	292
17=	Tommy Bolt	76 69 68 74	287	Claude Harmon	73 73 72 74	292
	Jack Burke, Jr	70 73 72 72	287	Jim Turnesa	73 72 74 73	292
	Walter Burkemo	69 72 73 73	287	Don Whitt	71 77 72 72	292
	Billy Casper	69 71 73 74	287	44=Julius Boros	72 74 73 74	293
	Pete Cooper	78 70 68 71	287	Wes Ellis, Jr	76 74 70 73	293
	Buster Cupit	70 72 72 73	287	Scudday Horner	74 71 76 72	293
	Babe Lichardus	71 73 72 71	287	Denny Shute	75 73 70 75	293

	Henry Williams, Jr	74 73 74 72	293	56=Bill Ezinicki	77 67 76 76	296
49=Don January		73 74 74 73	294	George Fazio	74 76 69 77	296
	Mac Main	75 70 73 76	294	58=John Barnum	75 73 72 77	297
	Bill Ogden	73 69 76 76	294	Bud Williamson	72 75 72 78	297
	Bo Wininger	77 73 71 73	294	60 Mickey Homa	71 74 75 78	298
53=Al Feminelli		70 77 73 75	295	61 Don Waryan	72 76 72 79	299
	Bob Gajda	74 71 74 76	295	62 Wayne Otis	74 74 73 79	300
	Frank Stranahan	74 72 70 79	295	63 Leonard Wagner	72 73 75 85	305

Round Leader(s)
R1 Barber, Bradley, Burkemo, Casper, Hart, Klein, Krak, Littler, Souchak; 69
R2 Barber; 134
R3 Barber; 205

Lowest Scores
R2 Barber; 65
R3 Bolt, Cooper, Jacobs, Rosburg, Sanders, Snead; 68
R4 Rosburg; 66

1960

24th MASTERS Tournament
Augusta National Golf Club, Augusta, Georgia (7-10 April)
No Starting 83: No Making Cut 45: No Completing 45
6925 yards: Par 72 (288)

1	ARNOLD PALMER ($17500)	67 73 72 70	282	Bob Rosburg	74 74 71 76	295
				Frank M Taylor, Jr (a)	70 74 73 78	295
2	Ken Venturi	73 69 71 70	283	25=Tommy Aaron	74 75 75 73	297
3	Dow Finsterwald	71 70 72 71	284	Doug Ford	74 72 80 81	297
4	Billy Casper	71 71 71 74	287	Billy Maxwell	72 71 79 75	297
5	Julius Boros	72 71 70 75	288	Dave Ragan	74 73 75 75	297
6=	Walter Burkemo	72 69 75 73	289	29=George Bayer	73 73 80 72	298
	Ben Hogan	73 68 72 76	289	Deane Beman (a)	71 72 77 78	298
	Gary Player	72 71 72 74	289	Richard Crawford (a)	74 72 75 77	298
9=	Lionel Hebert	74 70 73 73	290	Doug Sanders	73 71 81 73	298
	Stan Leonard	72 72 72 74	290	33 Gene Andrews	73 76 77 73	299
11=Jack Burke, Jr		72 72 74 74	292	34=Jerry Barber	76 73 74 77	300
	Sam Snead	73 74 72 73	292	Jack Fleck	78 71 77 74	300
13=Ted Kroll		72 76 71 74	293	Chuck Kocsis (a)	76 72 78 74	300
	Jack Nicklaus (a)	75 71 72 75	293	Dave Marr	73 77 77 73	300
	Billy Joe Patton	75 72 74 72	293	Harry Weetman	70 78 74 78	300
16=Bruce Crampton		74 73 75 72	294	39=Charles R Coe (a)	72 74 78 77	301
	Claude Harmon	69 72 75 78	294	Chick Harbert	73 77 74 77	301
	Fred Hawkins	69 78 72 75	294	Jay Hebert	69 77 78 77	301
	Mike Souchak	72 75 72 75	294	Jim Turnesa	76 73 73 79	301
20=Tommy Bolt		73 74 75 73	295	43 Lloyd Mangrum	74 74 76 78	302
	Don January	70 72 74 79	295	44 Lew Worsham	72 76 74 84	306
	Ed Oliver	74 75 73 73	295	45 H Ward Wettlaufer (a)	73 77 83 78	311

Round Leader(s)
R1 Palmer; 67
R2 Palmer; 140
R3 Palmer; 212

Lowest Scores
R2 Hogan; 68
R3 Boros; 70
R4 Palmer, Venturi; 70

1960

60th US OPEN Championship
Cherry Hills Country Club, Denver, Colorado (16-18 June)
No of Entries 2453. No Starting 150: No Making Cut 55: No Completing 55
7004 yards: Par 71 (284)

1	ARNOLD PALMER ($14400)	72 71 72 65	280	Ken Venturi	71 73 74 72	290
				27=Claude Harmon	73 73 75 70	291
2	Jack Nicklaus (a)	71 71 69 71	282	Lionel Hebert	73 72 71 75	291
3=	Julius Boros	73 69 68 73	283	Bob Shave, Jr	72 71 71 77	291
	Dow Finsterwald	71 69 70 73	283	Richard Stranahan	70 73 73 75	291
	Jack Fleck	70 70 72 71	283	31=Chick Harbert	72 74 69 77	292
	Dutch Harrison	74 70 70 69	283	Harold Kneece	76 71 71 74	292
	Ted Kroll	72 69 75 67	283	33=Rex Baxter, Jr	79 67 76 71	293
	Mike Souchak	68 67 73 75	283	Frank Boynton	73 72 75 73	293
9=	Jerry Barber	69 71 70 74	284	Dave Douglas	75 71 76 71	293
	Don Cherry (a)	70 71 71 72	284	Doug Ford	73 72 70 78	293
	Ben Hogan	75 67 69 73	284	Huston Laclair	70 74 76 73	293
12=George Bayer		72 72 73 69	286	38=Bruce Crampton	70 71 75 78	294
	Billy Casper	71 70 73 72	286	Stan Dudas	71 74 73 76	294
	Paul Harney	73 70 72 71	286	Al Mengert	75 71 74 74	294
15=Bob Harris		73 71 71 72	287	Dave Ragan	71 72 78 73	294
	Johnny Pott	75 68 69 75	287	42 Bill Johnston	73 74 73 75	295
17=Dave Marr		72 73 70 73	288	43=Cary Middlecoff	77 70 72 77	296
	Donald Whitt	75 69 72 72	288	Henry Ransom	69 76 73 78	296
19=Jackson Bradley		73 73 69 74	289	Art Wall	72 73 78 73	296
	Bob Goalby	73 70 72 74	289	46=Doug Sanders	70 68 77 82	297
	Gary Player	70 72 71 76	289	Charles Sifford	74 70 77 76	297
	Sam Snead	72 69 73 75	289	Jim Turnesa	76 71 72 78	297
23=Al Feminelli		75 71 71 73	290	49=Walter Burkemo	74 72 72 80	298
	Lloyd Mangrum	72 73 71 74	290	Howie Johnson	72 75 74 77	298
	Bob Rosburg	72 75 71 72	290	Sam Penecale	73 73 77 75	298

Frank Stranahan	72 73 74 79	298	
53 Bobby Verwey	75 72 79 75	301	
54 Robert Watson	72 73 73 84	302	
55 Bob Goetz	73 74 74 85	306	

Round Leader(s)
- R1 Souchak; 68
- R2 Souchak; 135
- R3 Souchak; 208

Lowest Scores
- R2 Baxter, Hogan, Souchak; 67
- R3 Boros; 68
- R4 Palmer; 65

1960

89th OPEN Championship
Royal & Ancient Golf Club, St Andrews, Fife, Scotland (6-9 July; Saturday play added due to Friday rain)
No of Entries 410: No Qualifying 74: No Starting 73: No Making Cut 47: No Completing 47
6936 yards

1	KEL NAGLE	69 67 71 71	278
	(£1250)		
2	Arnold Palmer	70 71 70 68	279
3=	Roberto de Vicenzo	67 67 75 73	282
	Harold Henning	72 72 69 69	282
	Bernard Hunt	72 73 71 66	282
6	Guy Wolstenholme (a)	74 70 71 68	283
7	Gary Player	72 71 72 69	284
8	Joe Carr (a)	72 73 67 73	285
9=	David Blair (a)	70 73 71 72	286
	Eric Brown	75 68 72 71	286
	Dai Rees	73 71 73 69	286
	Syd Scott	73 71 67 75	286
	Peter Thomson	72 69 75 70	286
	Harry Weetman	74 70 71 71	286
15	Ramon Sota	74 72 71 70	287
16=	Fidel de Luca	69 73 75 71	288
	Reid Jack (a)	74 71 70 73	288
	Angel Miguel	72 73 72 71	288
	Ian Smith	74 70 73 71	288
20	Peter Mills	71 74 70 74	289
21=	Ken Bousfield	70 75 71 74	290
	Alec Deboys (a)	76 70 73 71	290
	George Low	72 74 71 73	290
	John MacDonald	76 71 69 74	290
	Ralph Moffitt	72 71 76 71	290
26=	Bill Johnston	75 74 71 71	291
	Sebastian Miguel	73 68 74 76	291
28=	Laurie Ayton, Jr	73 69 75 75	292
	Fred Boobyer, Jr	74 74 73 71	292
	Geoff Hunt	76 69 72 75	292
	Jimmy Martin	72 72 72 76	292
32=	Tom Haliburton	77 70 74 72	293
	John Jacobs	74 71 75 73	293
	Leopoldo Ruiz	72 77 73 71	293
35	Peter Butler	76 72 75 71	294
36=	David Miller	75 73 74 73	295
	Christy O'Connor, Sr	80 67 76 72	295
	Peter Shanks	70 73 77 75	295
	Bert Williamson	75 70 73 77	295
40=	Jose Maria Gonzalez	72 74 75 76	297
	Dick Smith (a)	74 71 78 74	297
42	Tony Coop	76 73 75 74	298
43=	Ronnie Shade (a)	75 74 77 73	299
	Bobby Verwey	73 76 74 76	299
45	Marcelino Sota	73 75 76 76	300
46	Frank Deighton (a)	74 70 75 83	302
47	Raymond Munro (a)	72 77 82 77	308

Round Leader(s)
- R1 De Vicenzo; 67
- R2 De Vicenzo; 134
- R3 Nagle; 207

Lowest Scores
- R2 De Vicenzo, Nagle, O'Connor; 67
- R3 Carr, Scott; 67
- R4 Hunt; 66

1960

42nd PGA Championship
Firestone Country Club, Akron, Ohio (21-24 July)
No Starting 183: No Making Cut (36 holes, 93; 54 holes, 60): No Completing 60
7165 yards: Par 70 (280)

1	JAY HEBERT	72 67 72 70	281
	($11000)		
2	Jim Ferrier	71 74 66 71	282
3=	Doug Sanders	70 71 69 73	283
	Sam Snead	68 73 70 72	283
5	Don January	70 70 72 72	284
6	Wes Ellis, Jr	72 72 72 69	285
7=	Doug Ford	75 70 69 72	286
	Arnold Palmer	67 74 75 70	286
9	Ken Venturi	70 72 73 72	287
10=	Fred Hawkins	73 69 72 74	288
	Dave Marr	75 71 69 73	288
12=	Bill Collins	71 75 71 73	290
	Ted Kroll	73 71 72 74	290
	Mike Souchak	73 73 70 74	290
15=	Pete Cooper	73 74 70 74	291
	Dow Finsterwald	73 73 69 76	291
	Johnny Pott	75 72 72 72	291
18=	Paul Harney	69 78 73 72	292
	Lionel Hebert	75 72 70 75	292
	Gene Littler	74 70 75 73	292
	Tom Nieporte	72 74 74 72	292
22=	Dave Ragan	75 75 68 75	293
	Mason Rudolph	72 71 76 74	293
24=	Julius Boros	76 73 72 73	294
	Walter Burkemo	72 77 73 72	294
	Billy Casper	73 75 75 71	294
	Billy Maxwell	74 77 72 71	294
	Ernie Vossler	71 77 74 72	294
29=	Jack Burke, Jr	73 72 78 72	295
	Cary Middlecoff	73 74 73 75	295
	Bo Wininger	73 77 71 74	295
32=	Jerry Barber	76 72 73 75	296
	Bob Goalby	72 79 72 73	296
	Chick Harbert	78 72 71 75	296
	Bob Harris	71 76 76 72	296
	Shelley Mayfield	73 73 75 75	296
	Henry Picard	77 73 73 73	296
	Jim Turnesa	76 73 72 75	296
39=	Al Besselink	71 74 73 79	297
	Jimmy Clark	74 71 78 74	297
	Don Fairfield	70 75 74 78	297
	Tony Holguin	76 72 72 77	297
	Bud Holscher	77 73 74 73	297
	Dick Lundahl	76 73 75 73	297
	Art Wall	75 74 72 76	297
46=	Bill Bisdorf	72 74 74 78	298
	Dick Knight	74 75 73 76	298
	Milon Marusic	74 77 73 74	298
49=	Frank Stranahan	75 75 74 75	299
	Fred Wampler	73 72 79 75	299
51=	George Bayer	71 73 76 80	300
	Joe Greer	76 73 72 79	300
	Dick Stranahan	76 72 74 78	300
	Buddy Sullivan	75 73 73 79	300
55=	Frank Harned	75 74 74 78	301
	Herb Marcussen	77 72 74 78	301
57=	Tommy Bolt	72 72 78 81	303
	Dick Shoemaker	74 76 74 79	303
59	John O'Donnell	71 71 82 81	305
60	Sonny Rouse	74 75 75 82	306

Round Leader(s)
R1   Palmer; 67
R2   Hebert; 139
R3   Sanders; 210

Lowest Scores
R2   Hebert; 67
R3   Ferrier; 66
R4   Ellis, Jr; 69

1961

25th MASTERS Tournament
Augusta National Golf Club, Augusta, Georgia (6-10 April: Sunday play washed out)
No Starting 88: No Making Cut 41: No Completing 38
6925 yards: Par 72 (288)

1 GARY PLAYER ($20000)	69 68 69 74 280	Johnny Pott	71 75 72 73 291
		Peter Thomson	73 76 68 74 291
2= Charles R Coe, Jr (a)	72 71 69 69 281	22=Roberto de Vicenzo	73 74 71 74 292
Arnold Palmer	68 69 73 71 281	Lew Worsham	74 71 73 74 292
4= Tommy Bolt	72 71 74 68 285	24=Antonio Cerda	73 73 72 75 293
Don January	74 68 72 71 285	Fred Hawkins	74 75 72 72 293
6 Paul Harney	71 73 68 74 286	Ted Kroll	73 70 72 78 293
7= Jack Burke, Jr	76 70 68 73 287	27 Al Balding	74 74 70 76 294
Billy Casper	72 77 69 69 287	28=Mason Rudolph	77 69 72 77 295
Bill Collins	74 72 67 74 287	Mike Souchak	75 72 75 73 295
Jack Nicklaus (a)	70 75 70 72 287	30=Jay Hebert	72 75 69 80 296
11=Walter Burkemo	74 69 73 72 288	Lionel Hebert	74 69 74 79 296
Bob Gardner (a)	74 71 72 71 288	32=Doug Ford	71 76 78 73 298
Doug Sanders	76 71 68 73 288	Ben Hogan	74 73 72 79 298
Ken Venturi	72 71 72 73 288	Byron Nelson	71 72 78 77 298
15=Stan Leonard	72 74 72 71 289	35 Chick Harbert	74 73 76 76 299
Gene Littler	72 73 72 72 289	36 Bob Goalby	74 73 76 77 300
Bob Rosburg	68 73 73 75 289	37 Jerry Barber	74 72 78 77 301
Sam Snead	74 73 69 73 289	38 Miguel Sala	74 75 78 81 308
19=Dick Mayer	76 72 70 73 291		

Round Leader(s)
R1   Palmer, Rosburg; 68
R2   Palmer, Player; 137
R3   Player; 206

Lowest Scores
R2   January, Player; 68
R3   Collins; 67
R4   Bolt; 68

1961

61st US OPEN Championship
Oakland Hills Country Club, Birmingham, Michigan (15-17 June)
No of Entries 2449: No Starting 150: No Making Cut 57: No Completing 57
6907 yards: Par 70 (280)

1 GENE LITTLER ($14000)	73 68 72 68 281	29=Edward Brantly (a)	75 70 72 77 294
		Chick Harbert	75 71 69 79 294
2= Bob Goalby	70 72 69 71 282	Robert Harrison	79 70 71 74 294
Doug Sanders	72 67 71 72 282	Milon Marusic	75 74 71 74 294
4= Jack Nicklaus (a)	75 69 70 70 284	Jerry Steelsmith	74 74 72 74 294
Mike Souchak	73 70 68 73 284	34=Jerry Barber	75 72 76 72 295
6= Dow Finsterwald	72 71 71 72 286	Gene Coghill	76 73 74 72 295
Doug Ford	72 69 71 74 286	Bob Harris	75 67 78 75 295
Eric Monti	74 67 72 73 286	Herman Scharlau	75 69 73 78 295
9= Jacky Cupit	72 72 67 76 287	38=Jim Ferree	73 72 78 73 296
Gardner Dickinson	72 69 71 75 287	Marty Furgol	71 73 76 76 296
Gary Player	75 72 69 71 287	40=Wes Ellis, Jr	74 72 74 77 297
12=Deane Beman (a)	74 72 72 70 288	Joe Taylor	76 71 74 76 297
Al Geiberger	71 70 73 74 288	42=Billy Farrell	76 71 77 74 298
14=Dave Douglas	72 72 75 70 289	William Hyndman (a)	73 75 73 77 298
Ben Hogan	71 72 73 73 289	Dick Mayer	75 73 75 75 298
Arnold Palmer	74 75 70 70 289	45=Doug Higgins	76 73 75 75 299
17=Billy Casper	74 71 73 72 290	Mason Rudolph	78 70 72 79 299
Dutch Harrison	74 71 76 69 290	Bob Shave, Jr	73 75 74 77 299
Kel Nagle	71 71 74 74 290	Frank Stranahan	73 76 76 74 299
Sam Snead	73 70 74 73 290	49=Jay Hebert	77 71 77 75 300
21 Bob Rosburg	72 67 74 78 291	Edward Meister, Jr (a)	78 71 75 76 300
22=Tommy Bolt	70 73 73 76 292	51=Rex Baxter	71 78 75 77 301
Bobby Brue	69 72 73 78 292	Bob Bruno	78 71 77 75 301
Bruce Crampton	71 71 74 76 292	Dave Hill	76 71 75 79 301
Jim Ferrier	74 72 71 75 292	54 Jackson Bradley	75 73 78 76 302
Billy Maxwell	73 74 72 73 292	55=Paul Harney	71 77 75 81 304
27=Jack Fleck	73 71 79 70 293	Charles Malchaski	76 73 77 78 304
Ted Kroll	78 69 73 73 293	57 Jack Lumpkin	73 76 81 79 309

Round Leader(s)
R1   Brue; 69
R2   Rosburg, Sanders; 139
R3   Sanders; 210

Lowest Scores
R2   Harris, Monti, Rosburg, Sanders; 67
R3   Cupit; 67
R4   Littler; 68

1961

90th OPEN Championship
Royal Birkdale Golf Club, Southport, Lancashire, England (12-15 July: Friday's play abandoned)
No of Entries 364: No Qualifying 108: No Starting 108: No Making Cut 48: No Completing 47
6844 yards

1	ARNOLD PALMER	70 73 69 72	284		Dave Thomas	71 77 77 75	300
	(£1400)			25=	Jean Garaialde	69 81 76 75	301
2	Dai Rees	68 74 71 72	285		Brian Huggett	72 77 75 77	301
3=	Neil Coles	70 77 69 72	288		Eric Lester	71 77 75 78	301
	Christy O'Connor, Sr	71 77 67 73	288		Ralph Moffitt	73 80 73 75	301
5=	Eric Brown	73 76 70 70	289	29=	David Miller	69 79 80 74	302
	Kel Nagle	68 75 75 71	289		George Will	74 75 75 78	302
7	Peter Thomson	75 72 70 73	290	31	Brian Wilkes	72 76 77 78	303
8=	Peter Alliss	73 75 72 71	291	32=	Henry Cotton	76 77 74 77	304
	Ken Bousfield	71 77 75 68	291		John Panton	73 78 75 78	304
10=	Harold Henning	68 74 75 76	293		Guy Wolstenholme (a)	72 80 77 75	304
	Syd Scott	76 75 71 71	293	35=	Jim Henderson	72 78 77 78	305
12	Ramon Sota	71 76 72 76	295		William McHardy	76 76 76 77	305
13	Tony Coop	71 79 73 74	297		Sam King	70 77 79 79	305
14=	Norman Johnson	69 80 70 79	298	38=	Eric Green	75 78 77 76	306
	Reg Knight	71 80 73 74	298		George Low	76 76 76 78	306
	Angel Miguel	73 79 74 72	298		Ronnie White (a)	71 79 80 76	306
	Sebastian Miguel	71 80 70 77	298	41=	Tom Haliburton	74 79 76 78	307
18=	Dennis Hutchinson	72 80 74 73	299		Frank Phillips	74 79 76 78	307
	Paul Runyan	75 77 75 72	299		David Snell	72 81 77 77	307
20=	Harry Bradshaw	73 75 78 74	300	44=	Fred Boobyer	74 79 81 74	308
	Peter Butler	72 76 78 74	300		Martin Christmas (a)	71 79 79 79	308
	John Jacobs	71 79 76 74	300	46=	Bill Branch	77 76 78 78	309
	Lionel Platts	70 80 71 79	300		Christy Greene	77 76 78 78	309

Round Leader(s)
R1 Henning, Nagle, Rees; 68
R2 Henning, Rees; 142
R3 Palmer; 212

Lowest Scores
R2 Thomson; 72
R3 O'Connor, Sr; 67
R4 Bousfield; 68

1961

43rd PGA Championship
Olympia Fields Country Club, Matteson, Illinois (27-31 July: Friday's play washed out)
No Starting 161: No Making Cut 65: No Completing 64
6722 yards: Par 70 (280)

1	JERRY BARBER*	69 67 71 70	277	33=	Billy Farrell	75 72 72 72	291
	($11000)				Jon Gustin	75 72 75 69	291
2	Don January	72 66 67 72	277		Mac Hunter	74 71 73 73	291
3	Doug Sanders	70 68 74 68	280		Dave Ragan	73 72 73 73	291
4	Ted Kroll	72 68 70 71	281	37=	Clarence Doser	71 75 73 73	292
5=	Wes Ellis, Jr	71 71 68 72	282		Mason Rudolph	71 71 73 77	292
	Doug Ford	69 73 74 66	282		Ken Venturi	72 72 77 71	292
	Gene Littler	71 70 72 69	282		Lew Worsham	75 73 73 71	292
	Arnold Palmer	73 72 69 68	282	41=	Manuel de la Torre	72 72 76 73	293
	Johnny Pott	71 73 67 71	282		Dow Finsterwald	74 74 71 74	293
	Art Wall	67 72 73 70	282	43=	Bud Holscher	77 68 75 74	294
11=	Paul Harney	70 73 69 71	283		Jack McGowan	76 70 77 71	294
	Cary Middlecoff	74 69 71 69	283	45=	Buster Cupit	70 78 72 75	295
13	Jay Hebert	68 72 72 72	284		Jim Ferrier	73 73 77 72	295
14	Walter Burkemo	71 71 73 70	285		Marty Furgol	71 74 72 78	295
15=	Billy Casper	74 72 69 71	286		Milon Marusic	75 73 74 73	295
	Bob Goalby	73 72 68 73	286		Mike Souchak	72 72 74 77	295
	Ernie Vossler	68 72 71 75	286	50=	Fred Haas	72 76 75 73	296
	Don Whitt	76 72 70 68	286		Charles Malchaski	72 73 77 74	296
19=	Gardner Dickinson	71 71 71 74	287	52=	Jack Burke, Jr	76 71 72 78	297
	Jack Fleck	70 74 73 70	287		Chick Harbert	73 75 73 76	297
	Bob Rosburg	70 71 73 73	287		Tom Nieporte	75 72 75 75	297
22=	George Bayer	73 71 72 72	288	55=	Sam Bernardi	75 72 75 76	298
	Don Fairfield	70 71 74 73	288		Pete Cooper	74 74 75 75	298
	Fred Hawkins	75 73 71 69	288	57=	Johnny Bulla	74 73 77 76	300
	Dave Marr	72 74 73 69	288		Mike Krak	71 76 77 76	300
	Shelley Mayfield	70 74 72 72	288		Sam Penecale	72 73 79 76	300
27=	Billy Maxwell	71 72 73 73	289	60	Bill Heinlein	69 77 79 76	301
	Sam Snead	72 71 71 75	289	61	Marshall Springer	74 71 77 80	302
29=	Charles Bassler	73 73 72 72	290	62	JL McReynolds	73 74 79 78	304
	Bob Keller	72 73 72 73	290	63	Al Besselink	74 73 83 75	305
	Al Mengert	72 74 72 72	290	64	Leon Butler	75 72 77 84	308
	Gary Player	72 74 71 73	290				

Jerry Barber (67) beat Don January (68) in the 18-Hole Play-off

Round Leader(s)
R1 Wall; 67
R2 Barber; 136
R3 January; 205

Lowest Scores
R2 January; 66
R3 January, Pott; 67
R4 Ford; 66

THE GOLF MAJORS: 1860-2015 – RESULTS

1962

26th MASTERS Tournament
Augusta National Golf Club, Augusta, Georgia (5-9 April)
No Starting 109: No Making Cut 52: No Completing 50
6925 yards: Par 72 (288)

1 ARNOLD PALMER* ($20000)	70 66 69 75	280	
2 Gary Player	67 71 71 71	280	
3 Dow Finsterwald	74 68 65 73	280	
4 Gene Littler	71 68 71 72	282	
5= Jerry Barber	72 72 69 74	287	
Jimmy Demaret	73 73 71 70	287	
Billy Maxwell	71 73 72 71	287	
Mike Souchak	70 72 74 71	287	
9= Charles R Coe (a)	72 74 71 71	288	
Ken Venturi	75 70 71 72	288	
11= Julius Boros	69 73 72 76	290	
Gay Brewer	74 71 70 75	290	
Jack Fleck	72 75 74 69	290	
Harold Henning	75 73 72 70	290	
15= Billy Casper	73 73 73 72	291	
Gardner Dickinson	70 71 72 78	291	
Paul Harney	74 71 74 72	291	
Jack Nicklaus	74 75 70 72	291	
Sam Snead	72 75 70 74	291	
20= Jacky Cupit	73 73 72 74	292	
Lionel Hebert	72 73 71 76	292	
Don January	71 73 74 74	292	
Johnny Pott	77 71 75 69	292	
24 Al Balding	75 68 78 72	293	
25= Bob Charles	75 72 73 74	294	
Bob Goalby	74 74 73 73	294	
Ted Kroll	72 74 72 76	294	
Dave Ragan	70 73 76 75	294	
29= Bill Collins	75 70 75 75	295	
Bruce Crampton	72 75 74 74	295	
Cary Middlecoff	75 74 73 73	295	
Lew Worsham	75 70 78 72	295	
33= Roberto de Vicenzo	77 72 70 77	296	
Lloyd Mangrum	75 74 71 76	296	
Byron Nelson	72 76 72 76	296	
Chi Chi Rodriguez	72 72 75 77	296	
Doug Sanders	74 74 73 75	296	
38 Ben Hogan	78 71 75 73	297	
39= Jack Burke, Jr	78 69 73 78	298	
Antonio Cerda	74 75 75 74	298	
Henry Picard	75 73 76 74	298	
42 Don Cherry (a)	77 72 73 77	299	
43 Chick Harbert	75 74 74 77	300	
44= George Bayer	71 76 74 80	301	
Doug Ford	75 72 76 78	301	
Jose Maria Gonzalez, Jr	75 74 73 79	301	
Brian Wilkes	74 75 74 78	301	
48= Juan Antonio Estrada (a)	75 74 76 77	302	
Mario Gonzalez	73 76 77 76	302	
Chandler Harper	73 76 79 74	302	

Arnold Palmer (68) beat Gary Player (71) and Dow Finsterwald (77) in the 18-hole Play-off

Round Leader(s)
R1 Player; 67
R2 Palmer; 136
R3 Palmer; 205

Lowest Scores
R2 Palmer; 66
R3 Finsterwald; 65
R4 Fleck, Pott; 69

1962

62nd US OPEN Championship
Oakmont Country Club, Oakmont, Pennsylvania (14-17 June)
No of Entries 2475: No Starting 150: No Making Cut 51: No Completing 51
6894 yards: Par 72 (288)

1 JACK NICKLAUS* ($175000)	72 70 72 69	283	
2 Arnold Palmer	71 68 73 71	283	
3= Bobby Nichols	70 72 70 73	285	
Phil Rodgers	74 70 69 72	285	
5 Gay Brewer	73 72 73 69	287	
6= Tommy Jacobs	74 71 73 70	288	
Gary Player	71 71 72 74	288	
8= Doug Ford	74 75 71 70	290	
Gene Littler	69 74 74 75	290	
Billy Maxwell	71 70 75 74	290	
11= Doug Sanders	74 74 74 69	291	
Art Wall	73 72 72 74	291	
13 Bob Rosburg	70 69 74 79	292	
14= Deane Beman (a)	74 72 80 67	293	
Bob Goalby	73 74 73 73	293	
Mike Souchak	75 73 72 73	293	
17= Jacky Cupit	73 72 72 77	294	
Jay Hebert	75 72 73 74	294	
Earl Stewart	75 73 75 71	294	
Donald Whitt	73 71 75 75	294	
Bo Wininger	73 74 69 78	294	
22 Miller Barber	73 70 77 75	295	
23= Gardner Dickinson	76 74 75 71	296	
Lionel Hebert	75 72 75 74	296	
25= Stan Leonard	72 73 78 74	297	
Edward Meister, Jr (a)	78 72 76 71	297	
27 Frank Boynton	71 75 74 78	298	
28= Joe Campbell	78 71 72 78	299	
Dave Douglas	74 70 72 83	299	
Paul Harney	73 73 71 72	299	
Dean Refram	75 73 77 74	299	
Mason Rudolph	74 74 73 78	299	
33= Gene Coghill	74 76 73 77	300	
JC Goosie	71 79 75 75	300	
Jerry Pittman	75 72 75 78	300	
36= Wes Ellis, Jr	73 73 77 78	301	
Dan Sikes	74 72 78 77	301	
38= Pete Cooper	74 76 74 78	302	
Fred Hawkins	73 77 77 75	302	
Bob McCallister	76 74 74 78	302	
Joe Moore, Jr	77 73 74 78	302	
Sam Snead	76 71 78 71	302	
43= Al Balding	73 77 78 75	303	
Charles Sifford	75 74 76 78	303	
45= Bruce Crampton	75 73 75 81	304	
John Guenther (a)	72 78 75 79	304	
William Hyndman (a)	73 76 78 77	304	
48= Bob Gardner (a)	76 74 77 78	305	
Johnny Pott	75 75 75 80	305	
50= Charles Garlena	74 72 82 81	309	
Edward Rubis	76 74 81 78	309	

Jack Nicklaus (71) beat Arnold Palmer (74) in the 18-Hole Play-off

Round Leader(s)
R1 Littler; 69
R2 Palmer, Rosburg; 139
R3 Palmer, Nichols; 212

Lowest Scores
R2 Palmer; 68
R3 Rodgers, Wininger; 69
R4 Beman; 67

1962

91st OPEN Championship
Troon Golf Club, Ayrshire, Scotland (11-13 July)
No of Entries 379: No Starting 119: No Making Cut 39: No Completing 39
7045 yards

Pos	Player	Rounds	Total		Player	Rounds	Total
1	ARNOLD PALMER (£1400)	71 69 67 69	276		Christy O'Connor, Sr	74 78 73 72	297
					John Panton	74 73 79 71	297
2	Kel Nagle	71 71 70 70	282	22	Tony Coop	76 75 75 72	298
3=	Brian Huggett	75 71 74 69	289	23	Don Swaelens	72 79 74 74	299
	Phil Rodgers	75 70 72 72	289	24=	Brian Bamford	77 73 74 76	300
5	Bob Charles	75 70 70 75	290		Lionel Platts	78 74 76 72	300
6=	Sam Snead	76 73 72 71	292		Guy Wolstenholme	78 74 76 72	300
	Peter Thomson	70 77 75 70	292	27=	Hugh Boyle	73 78 74 76	301
8=	Peter Alliss	77 69 74 73	293		Keith MacDonald	69 77 76 79	301
	Dave Thomas	77 70 71 75	293	29	George Low	77 75 77 73	302
10	Syd Scott	77 74 75 68	294	30=	Harry Bradshaw	72 75 81 75	303
11	Ralph Moffitt	75 70 74 76	295		Harold Henning	74 73 79 77	303
12=	Jean Garaialde	76 73 76 71	296		Jimmy Hitchcock	78 74 72 79	303
	Sebastian Miguel	72 79 73 72	296	33	Doug Beattie	72 75 79 78	304
	Harry Weetman	75 73 73 75	296	34=	Eric Brown	74 78 79 74	305
	Ross Whitehead	74 75 72 75	296		Jack Nicklaus	80 72 74 79	305
16=	Roger Foreman	77 73 72 75	297	36	Johnny Johnson	76 74 81 76	307
	Bernard Hunt	74 75 75 73	297	37=	Don Essig	76 72 79 81	308
	Dennis Hutchinson	78 73 76 70	297		Charles Green (a)	76 75 81 76	308
	Jimmy Martin	73 72 76 76	297	39	David Miller	76 74 81 78	309

Round Leader(s)
R1 MacDonald; 69
R2 Palmer; 140
R3 Palmer; 207

Lowest Scores
R2 Alliss, Palmer; 69
R3 Palmer; 67
R4 Scott; 68

1962

44th PGA Championship
Aronimink Golf Club, Newtown Square, Pennsylvania (19-22 July)
No Starting 170: No Making Cut (91 after 36 holes; 60 after 54 holes): No Completing 60
7045 yards: Par 70 (280)

Pos	Player	Rounds	Total		Player	Rounds	Total
1	GARY PLAYER ($13000)	72 67 69 70	278		Pete Cooper	73 71 74 74	292
					Buster Cupit	76 70 76 70	292
2	Bob Goalby	69 72 71 67	279		Wes Ellis, Jr	75 72 73 72	292
3=	George Bayer	69 70 71 71	281		Dick Hart	70 73 76 73	292
	Jack Nicklaus	71 74 69 67	281		Ted Kroll	73 70 76 73	292
5	Doug Ford	69 69 73 71	282		Shelley Mayfield	74 70 74 74	292
6	Bobby Nichols	72 70 71 70	283		Tom Nieporte	75 75 69 73	292
7=	Jack Fleck	74 69 70 71	284		Don Whitt	74 73 70 75	292
	Paul Harney	70 73 72 69	284	39=	Walter Burkemo	72 75 72 74	293
	Dave Ragan	72 74 70 68	284		Jim Ferrier	72 71 73 77	293
10	Jay Hebert	73 72 70 70	285		Eric Monti	76 74 71 72	293
11=	Julius Boros	73 69 74 70	286		Al Nelson	79 70 72 72	293
	Dow Finsterwald	73 70 70 73	286		Mike Souchak	75 73 72 73	293
	Chick Harbert	68 76 69 73	286	44=	Claude Harmon	73 73 75 73	294
	Bob McCallister	74 66 70 76	286		Howie Johnson	75 75 72 72	294
15=	Cary Middlecoff	73 66 74 74	287		Bob Kay	76 73 72 73	294
	Doug Sanders	76 69 73 69	287	47=	Marty Furgol	71 71 74 79	295
17=	Jack Burke, Jr	73 69 71 75	288		Bob Gajda	71 74 77 73	295
	Bruce Crampton	76 73 67 72	288		Bill Johnston	74 72 72 77	295
	Billy Farrell	73 71 73 71	288		Pat Schwab	76 75 71 73	295
	Arnold Palmer	71 72 73 72	288	51=	Billy Casper	74 76 70 76	296
	Sam Snead	75 70 71 72	288		Gardner Dickinson	73 74 75 74	296
	Frank Stranahan	69 73 72 74	288		George Knudson	72 75 74 75	296
23=	Fred Haas	75 71 74 69	289		Dave Marr	71 72 77 76	296
	Tommy Jacobs	73 73 73 70	289		Ken Venturi	73 72 77 74	296
	Gene Littler	73 75 72 69	289	56	Bill Collins	73 71 74 79	297
	Art Wall	72 75 71 71	289	57=	John Barnum	66 74 77 81	298
27=	Joe Campbell	70 74 74 73	291		Vic Ghezzi	76 69 74 79	298
	Don January	70 74 72 75	291		Bob Ross	72 74 75 77	298
	Johnny Pott	71 77 71 72	291		Jim Stamps	72 72 75 79	298
30=	Tommy Bolt	72 74 72 74	292				

Round Leader(s)
R1 Barnum; 66
R2 Ford; 138
R3 Player; 208

Lowest Scores
R2 McCallister, Middlecoff; 66
R3 Crampton; 67
R4 Nicklaus, Goalby; 67

1963

27th MASTERS Tournament
Augusta National Golf Club, Augusta, Georgia (4-7 April)
No Starting 84: No Making Cut 50: No Completing 49
6925 yards: Par 72 (288)

THE GOLF MAJORS: 1860-2015 – RESULTS 111

1	JACK NICKLAUS	74 66 74 72	286		Gene Littler	77 72 78 68	295
	($20000)				Bobby Nichols	76 74 73 72	295
2	Tony Lema	74 69 74 70	287	27	Jay Hebert	70 70 81 75	296
3=	Julius Boros	76 69 71 72	288	28=	George Bayer	71 75 84 67	297
	Sam Snead	70 73 74 71	288		Tommy Jacobs	78 74 73 72	297
5=	Dow Finsterwald	74 73 73 69	289		Doug Sanders	73 74 77 73	297
	Ed Furgol	70 71 74 74	289		Alvie Thompson	79 72 75 71	297
	Gary Player	71 74 74 70	289	32=	Labron Harris	79 71 73 75	298
8	Bo Wininger	69 72 77 72	290		Dave Ragan	74 75 76 73	298
9=	Don January	73 75 72 71	291	34	Ken Venturi	77 74 77 71	299
	Arnold Palmer	74 73 73 71	291	35=	William Hyndman (a)	74 72 80 74	300
11=	Billy Casper	79 72 71 70	292		Kel Nagle	75 74 76 75	300
	Bruce Crampton	74 74 72 72	292	37=	Tommy Bolt	75 76 76 74	301
	Doug Ford	75 73 75 69	292		Charles R Coe (a)	72 75 79 75	301
	Mike Souchak	69 70 79 74	292	39=	Homeros Blancas (a)	75 77 76 74	302
15=	Bob Charles	74 72 76 71	293		Antonio Cerda	75 71 78 78	302
	Chen Ching-po	76 71 71 75	293		Lionel Hebert	75 74 77 76	302
	Billy Maxwell	72 75 76 70	293	42	Jack Fleck	74 77 77 75	303
	Dick Mayer	73 70 80 70	293	43=	Walter Burkemo	75 77 78 74	304
	Mason Rudolph	75 72 72 74	293		Jimmy Demaret	75 75 81 73	304
	Dan Sikes	74 76 72 71	293	45	Herman Keiser	75 77 79 74	305
21=	Stan Leonard	74 72 73 75	294	46=	A Downing Gray (a)	73 76 81 76	306
	Johnny Pott	75 76 74 69	294		Dick Sikes	76 76 77 77	306
	Art Wall	75 74 73 72	294	48	Billy Joe Patton (a)	80 72 74 81	307
24=	Wes Ellis, Jr	74 72 79 70	295	49	Gene Sarazen	74 73 81 80	308

Round Leader(s)
R1   Souchak, Wininger; 69
R2   Souchak; 139
R3   Nicklaus; 214

Lowest Scores
R2   Nicklaus; 66
R3   Boros, Casper, Ching-po; 71
R4   Bayer; 67

1963

63rd US OPEN Championship
The Country Club, Brookline, Boston, Massachusetts (20-23 June)
No of Entries 2392: No Starting 149: No Making Cut 51: No Completing 51
6870 yards: Par 72 (288)

1	JULIUS BOROS*	71 74 76 72	293	27=	Otto Greiner	74 75 76 80	305
	($17500)				Ted Makalena	75 77 76 77	305
2=	Jacky Cupit	70 72 76 75	293		Mason Rudolph	76 75 78 76	305
	Arnold Palmer	73 69 77 74	293	30=	Bob Goetz	79 72 80 75	306
4	Paul Harney	78 70 73 73	294		Bill Ogden	73 76 78 79	306
5=	Bruce Crampton	74 72 75 74	295	32=	Al Balding	73 78 77 79	307
	Tony Lema	71 74 74 76	295		Tommy Jacobs	73 78 81 75	307
	Billy Maxwell	73 73 75 74	295		Bill Johnston	77 75 76 79	307
8=	Walter Burkemo	72 71 76 77	296		Sam Reynolds	79 72 79 77	307
	Gary Player	74 75 75 72	296		Phil Rodgers	77 74 77 79	307
10	Dan Sikes	77 73 73 74	297		Mike Souchak	77 75 82 73	307
11	Don January	72 74 78 75	299	38=	Ed Furgol	74 78 79 78	309
12=	Dow Finsterwald	73 69 79 79	300		Jay Hebert	73 76 83 77	309
	Dave Ragan	78 74 74 74	300	40=	Frank Boynton	74 78 77 81	310
14=	Mike Fetchick	74 76 75 77	302		Art Wall	73 77 76 84	310
	Lionel Hebert	71 79 76 76	302	42=	George Bayer	76 74 81 80	311
	Davis Love, Jr	71 74 78 79	302		Sam Snead	74 75 79 83	311
	Bobby Nichols	74 75 75 78	302	44=	Jimmy Clark	74 74 84 80	312
	Dean Refram	72 71 80 79	302		Stan Thirsk	73 77 79 83	312
19=	Bob Charles	74 76 76 77	303	46	Bob Gajda	69 80 84 80	313
	Ken Still	76 75 78 74	303	47=	Ross Coon	78 71 85 80	314
21=	Jack Burke, Jr	75 76 78 75	304		William Gabal	76 76 81 81	314
	Gardner Dickinson	76 71 78 79	304	49	Paul Kelly	72 79 80 85	316
	Gene Littler	75 77 80 72	304	50=	Tommy Aaron	77 74 91 78	320
	Dave Marr	73 74 77 70	304		Bob Harris	73 79 86 82	320
	Bob McCallister	75 77 76 76	304				
	Doug Sanders	77 74 75 78	304				

Julius Boros (70) beat Jacky Cupit (73) and Arnold Palmer (76) in the 18-Hole Play-off

Round Leader(s)
R1   Gajda; 69
R2   Cupit, Finsterwald, Palmer; 142
R3   Cupit; 218

Lowest Scores
R2   Finsterwald, Palmer; 69
R3   Harney, Sikes; 73
R4   Boros, Littler, Player; 72

1963

92nd OPEN Championship
Royal Lytham & St Anne's Golf Club, Lancashire, England (10-12 July)
No of Entries 261: No Starting 119: No Making Cut 47: No Completing 47
6836 yards: Par 70 (280)

1	BOB CHARLES*	68 72 66 71	277	6	Christy O'Connor, Sr	74 68 76 68	286
	(£1500)			7=	Gary Player	75 70 72 70	287
2	Phil Rodgers	67 68 73 69	277		Ramon Sota	69 73 73 72	287
3	Jack Nicklaus	71 67 70 70	278	9=	Jean Garaialde	72 69 72 75	288
4	Kel Nagle	69 70 73 71	283		Sebastian Miguel	73 69 73 73	288
5	Peter Thomson	67 69 71 78	285	11=	Bernard Hunt	72 71 73 73	289

	Alex King	71 73 73 72	289		Tom Haliburton	68 73 77 77	295
13	Sewsunker Sewgolum	71 74 73 72	290		Tony Jacklin	73 72 76 74	295
14=	Brian Allen	75 71 71 74	291	33=	Bruce Devlin	75 70 75 76	296
	Brian Huggett	73 74 70 74	291		Denis Hutchinson	74 71 74 77	296
	Hugh Lewis	71 77 69 74	291		Eddie Large	78 71 76 71	296
	Ian MacDonald	71 71 74 75	291	36=	Fred Boobyer	76 70 74 77	297
18=	Peter Alliss	74 71 77 80	292		Stuart Davies	76 69 79 73	297
	Frank Phillips	70 73 75 74	292		Walter Godfrey	75 74 75 73	297
20=	Neil Coles	73 75 72 73	293	39=	Tony Grubb	77 72 74 75	298
	Max Faulkner	77 71 71 74	293		Geoff Hunt	71 76 75 76	298
	Harold Henning	76 68 71 78	293		Lionel Platts	74 75 78 71	298
	Malcolm Leeder	76 73 74 70	293	42=	Tony Moore	72 74 75 78	299
	John MacDonald	73 75 75 70	293		Dai Rees	72 77 75 75	299
	Brian Wilkes	70 77 74 72	293	44	Don Swaelens	70 75 77 78	300
26=	Jimmy Hitchcock	75 73 70 76	294	45	Bobby Walker	75 73 75 78	301
	Arnold Palmer	76 71 71 76	294	46=	Fred Bullock	75 74 82 74	305
	Doug Sewell	75 72 73 74	294		Hedley Muscroft	72 77 81 75	305
	Dave Thomas	74 74 75 71	294
30=	Ken Bousfield	73 75 71 76	295

Bob Charles (140) beat Phil Rodgers (148) in the 36-Hole Play-off

Round Leader(s)
R1 Rodgers, Thomson; 67
R2 Rodgers; 135
R3 Charles; 206

Lowest Scores
R2 Nicklaus; 67
R3 Charles; 66
R4 O'Connor, Sr; 68

1963

45th PGA Championship
Dallas Athletic Club, Dallas, Texas (18-21 July)
No Starting 165: No Making Cut 83: No Completing 81
7046 yards: Par 71 (284)

1	JACK NICKLAUS ($13000)	69 73 69 68	279		Jay Hebert	75 76 73 69	293
					Doug Higgins	74 74 75 70	293
2	Dave Ragan	75 70 67 69	281		Don January	76 75 69 73	293
3=	Bruce Crampton	70 73 65 74	282		Arnold Palmer	74 73 73 73	293
	Dow Finsterwald	72 72 66 72	282		Jerry Pisano	72 76 69 76	293
5=	Al Geiberger	72 73 69 70	284		Bob Rosburg	72 75 74 72	293
	Billy Maxwell	73 71 69 71	284	47=	Tony Holguin	77 71 75 71	294
7	Jim Ferrier	73 73 70 69	285		Dan Sikes	74 70 73 77	294
8=	Gardner Dickinson	72 74 74 66	286	49=	Gay Brewer	74 75 72 74	295
	Tommy Jacobs	74 72 70 70	286		Bob McCallister	71 76 73 75	295
	Bill Johnston	71 72 72 71	286		Dutch Harrison	73 73 75 74	295
	Gary Player	74 75 67 70	286		Joe Zakarian	75 73 76 71	295
	Art Wall	73 76 66 71	286	53=	Don Bies	74 71 73 78	296
13=	Julius Boros	69 72 73 73	287		Hubby Habjan	76 75 71 74	296
	Bob Charles	69 76 72 70	287		Mac Hunter	76 70 75 75	296
	Tony Lema	70 71 77 69	287		Shelley Mayfield	69 72 76 79	296
	Jack Sellman	75 70 74 68	287	57=	Ray Floyd	75 73 74 75	297
17=	Manuel de la Torre	71 71 74 72	288		Ernie Vossler	74 77 73 73	297
	Wes Ellis, Jr	71 74 71 72	288	59=	George Bayer	75 73 74 76	298
	Bob Goalby	74 70 74 70	288		Chuck Congdon	70 79 73 76	298
	Dick Hart	66 72 76 74	288		Ted Kroll	81 70 74 73	298
	Dave Hill	73 72 69 74	288		Frank Stranahan	74 73 77 74	298
	Doug Sanders	74 69 70 75	288	63=	Gene Borek	74 76 75 74	299
23=	Paul Harney	72 74 71 72	289		Furman Hayes	76 71 74 78	299
	Bobby Nichols	74 73 71 71	289		Skee Riegel	78 73 76 72	299
	Mason Rudolph	69 75 71 74	289		Herman Scharlau	75 76 76 72	299
	Mike Souchak	72 72 73 72	289		Stan Thirsk	73 74 73 79	299
27=	Doug Ford	70 72 71 77	290	68	John Cleary	75 76 75 74	300
	Joe Goosie	74 74 74 68	290	69=	Bob Gajda	72 72 76 81	301
	Fred Haas	80 70 70 70	290		Dick Turner	75 76 78 72	301
	Sam Snead	71 73 70 76	290	71=	Edward Kuna	73 71 79 79	302
	Earl Stewart	70 77 70 73	290		Jim Lucius	77 74 77 74	302
	Bert Weaver	76 73 71 70	290	73=	John Barnum	74 74 74 82	304
	Bo Wininger	75 71 71 73	290		Tom Watrous	78 70 75 81	304
34=	Jack Burke, Jr	75 72 73 71	291	75=	Ron Bakich	73 77 78 77	305
	Billy Farrell	72 74 72 73	291		Frank Beley	75 74 79 77	305
	Mike Krak	73 73 72 73	291		Ted Gwin	76 75 81 73	305
	Gene Littler	71 72 75 73	291	78	Bill Eziniki	74 71 83 78	306
	Eddie Merrins	74 70 73 74	291	79	John Cook	75 73 79 80	307
39	Stan Mosel	71 77 74 70	292	80	Bernie Haas	70 80 79 79	308
40=	Jerry Barber	74 73 72 74	293	81	Lou Warobick	74 77 78 80	309

Round Leader(s)
R1 Hart; 66
R2 Hart; 138
R3 Crampton; 208

Lowest Scores
R2 Sanders; 69
R3 Crampton; 65
R4 Dickinson; 66

1964

28th MASTERS Tournament
Augusta National Golf Club, Augusta, Georgia (9-12 April)
No Starting 96: No Making Cut 48: No Completing 48
6925 yards: Par 72 (288)

1	ARNOLD PALMER	69 68 69 70	276	25=	Deane Beman (a)	74 71 70 76	291
	($20000)				Gay Brewer	75 72 73 71	291
2=	Dave Marr	70 73 69 70	282		Gary Cowan (a)	71 77 72 71	291
	Jack Nicklaus	71 73 71 67	282		Bobby Nichols	75 71 75 70	291
4	Bruce Devlin	72 72 67 73	284		Phil Rodgers	75 72 72 72	291
5=	Billy Casper	76 72 69 69	286	30=	Jay Hebert	74 74 69 75	292
	Jim Ferrier	71 73 69 73	286		Dean Refram	74 72 73 73	292
	Paul Harney	73 72 71 70	286	32=	Jimmy Demaret	75 69 73 76	293
	Gary Player	69 72 72 73	286		Lionel Hebert	74 74 73 72	293
9=	Dow Finsterwald	71 72 75 69	287	34=	Wes Ellis, Jr	73 71 75 75	294
	Ben Hogan	73 75 67 72	287		Davis Love, Jr	69 75 74 76	294
	Tony Lema	75 68 74 70	287		Ramon Sota	76 72 74 72	294
	Mike Souchak	73 74 70 70	287	37=	Don Fairfield	75 73 76 71	295
13=	Peter Butler	72 72 69 75	288		Bob Goalby	69 75 74 77	295
	Al Geiberger	75 73 70 70	288		Billy Joe Patton (a)	70 74 77 74	295
	Gene Littler	70 72 78 68	288	40=	Bob Charles	71 72 75 78	296
	Johnny Pott	74 70 71 73	288		Jacky Cupit	73 73 76 74	296
	Dan Sikes	76 68 71 73	288		Tomoo Ishii	77 71 75 73	296
18=	Don January	70 72 75 72	289	43	Labron Harris, Jr	74 74 77 72	297
	Billy Maxwell (a)	73 73 69 74	289	44=	Chen Ching-Po	74 72 74 78	298
	Mason Rudolph	75 72 69 73	289		Dave Ragan	73 72 78 75	298
21=	Bruce Crampton	74 72 73 71	290	46=	Doug Ford	78 70 76 75	299
	Kel Nagle	69 77 71 73	290		Dick Sikes (a)	75 73 78 73	299
	Chi Chi Rodriguez	71 73 73 73	290	48	Jerry Barber	74 73 77 80	304
	Bo Wininger	74 71 69 76	290				

Round Leader(s)
R1 Goalby, Love, Nagle, Palmer, Player; 69
R2 Palmer, 137
R3 Palmer; 206

Lowest Scores
R2 Lema, Palmer, Sikes; 68
R3 Devlin, Hogan; 67
R4 Nicklaus; 67

1964

64th US OPEN Championship
Congressional Country Club, Bethesda, Maryland (18-20 June)
No of Entries 2341: No Starting 150: No Making Cut 54: No Completing 54
7053 yards: Par 70 (280)

1	KEN VENTURI	72 70 66 70	278	28=	Jacky Cupit	75 71 75 76	297
	($17500)				Don Fairfield	75 72 74 76	297
2	Tommy Jacobs	72 64 70 76	282		John Farquhar (a)	74 73 77 73	297
3	Bob Charles	72 72 71 68	283		Labron Harris, Jr	72 76 74 75	297
4	Billy Casper	71 74 69 71	285	32=	Tom Nieporte	73 73 76 76	298
5=	Gay Brewer	76 69 73 68	286		Doug Sanders	74 74 76 74	298
	Arnold Palmer	68 69 75 74	286	34=	Monte Bradley	75 74 73 77	299
7	Bill Collins	70 71 74 72	287		Bill Campbell (a)	71 73 79 76	299
8	Dow Finsterwald	73 72 71 72	288		Mason Rudolph	76 73 74 76	299
9=	Johnny Pott	71 73 73 72	289		Paul Scodeller	72 76 72 79	299
	Bob Rosburg	73 73 70 73	289		Sam Snead	77 72 75 75	299
11=	George Bayer	75 73 72 71	291	39=	George Archer	75 74 76 75	300
	Don January	75 73 74 69	291		Larry Beck	77 73 75 75	300
	Gene Littler	73 71 74 73	291		Paul Harney	75 73 79 73	300
14=	Bruce Crampton	72 71 75 74	292	42	Bob Panasiuk	72 78 78 73	301
	Terry Dill	73 73 75 71	292	43	Davis Love, Jr	77 72 71 82	302
	Ray Floyd	73 70 72 77	292	44=	David Boies	73 72 83 75	303
	Ed Furgol	72 74 72 74	292		Bill Martindale	72 76 80 75	303
	Al Geiberger	74 70 75 73	292		Dan Sikes	77 73 76 77	303
	Bobby Nichols	72 72 76 72	292	47	Rex Baxter	76 73 76 80	305
20	Tony Lema	71 72 75 75	293	48	Skee Riegel	80 70 82 74	306
21=	Lionel Hebert	73 74 72 75	294	49	Ron Howell	78 72 78 79	307
	Bill Ogden	73 73 73 75	294	50=	Jerry Greenbaum (a)	75 74 80 79	308
23=	Ted Makalena	73 74 75 73	295		Chick Harbert	76 74 80 78	308
	Jack Nicklaus	72 73 77 73	295	52	Jimmy Clark	73 77 78 81	309
	Gary Player	75 74 72 74	295	53	Babe Hiskey	78 72 78 83	311
	Dudley Wysong	74 73 75 73	295	54	Bill Gabal	76 73 83 80	312
27	Charles Sifford	72 70 77 77	296				

Round Leader(s)
R1 Palmer; 68
R2 Jacobs; 136
R3 Jacobs; 206

Lowest Scores
R2 Jacobs; 64
R3 Venturi; 66
R4 Brewer, Charles; 68

1964

93rd OPEN Championship
Royal & Ancient Golf Club, St Andrews, Fife, Scotland (8-10 July)
No of Entries 327: No Qualifying 120: No Starting 120: No Making Cut 45: No Completing 45
6936 yards: Par 72 (288)

1	TONY LEMA	73 68 68 70	279	6=	Christy O'Connor, Sr	71 73 74 73	291
	(£1500)				Harry Weetman	72 71 75 73	291
2	Jack Nicklaus	76 74 66 68	284	8=	Harold Henning	78 73 71 70	292
3	Roberto de Vicenzo	76 72 70 67	285		Angel Miguel	73 76 72 71	292
4	Bernard Hunt	73 74 70 70	287		Gary Player	78 71 73 70	292
5	Bruce Devlin	72 72 73 73	290	11	Doug Sanders	78 73 74 68	293

12	Frank Phillips	77 75 72 70	294		29	George Will	74 79 71 76	300
13=	Jean Garaialde	71 74 79 72	296		30=	Peter Butler	78 75 74 74	301
	Christy Greene	74 76 73 73	296			Geoff Hunt	77 75 74 75	301
	Ralph Moffitt	76 72 74 74	296			Ramon Sota	77 74 74 76	301
	Dave Thomas	75 74 75 72	296		33	Stuart Davies	74 77 71 80	302
17=	Alex Caygill	77 74 71 75	297		34=	Dennis Hutchinson	77 74 77 75	303
	Bob Charles	79 71 69 78	297			Michael Murphy	76 74 76 77	303
19=	Malcolm Gregson	78 70 74 76	298			John Panton	78 74 77 74	303
	John MacDonald	78 74 74 72	298			Brian Wilkes	77 76 74 76	303
	Alan Murray	77 73 76 72	298		38=	Max Faulkner	73 73 80 78	304
	Phil Rodgers	74 79 74 71	298			Dai Rees	76 77 77 74	304
	Syd Scott	75 74 73 76	298		40=	Brian Allen	78 75 73 79	305
24=	Tony Coop	75 72 76 76	299			Norman Drew	76 76 79 74	305
	Doug Ford	75 76 76 72	299			Stuart Murray	80 73 78 74	305
	Liang-Huan Lu	76 71 78 74	299			Len Thomas	76 75 82 72	305
	Jimmy Martin	74 72 79 74	299		44	Malcolm Leeder	77 76 75 80	308
	Peter Thomson	79 73 72 75	299		45	Kel Nagle	77 76 80 80	313

Round Leader(s)
R1 Garaialde, O'Connor, Sr; 71
R2 Lema; 141
R3 Lema; 209

Lowest Scores
R2 Lema; 68
R3 Nicklaus; 66
R4 De Vicenzo; 67

1964

46th US PGA Championship
Columbus Country Club, Columbus, Ohio (16-19 July)
No Starting 162: No Making Cut (91 after 36; 65 after 54): No Completing 65
6851 yards: Par 70 (280)

1	BOBBY NICHOLS	64 71 69 67	271		33=	Frank Beard	72 72 71 74	289
	($18000)					Al Besselink	71 73 72 73	289
2=	Jack Nicklaus	67 73 70 64	274			Pete Brown	71 75 73 70	289
	Arnold Palmer	68 68 69 69	274			Paul Haviland	68 73 73 75	289
4	Mason Rudolph	73 66 68 69	276			Gene Littler	75 72 74 68	289
5=	Tom Nieporte	68 71 68 72	279			Dave Ragan	73 71 74 71	289
	Ken Venturi	72 65 73 69	279		39=	Don Bies	76 66 76 72	290
7	Bo Wininger	69 68 73 70	280			Joe Campbell	73 72 71 74	290
8	Gay Brewer	72 71 71 67	281			Bruce Devlin	70 73 76 71	290
9=	Billy Casper	68 72 70 72	282			Bob Keller	69 75 72 74	290
	Jon Gustin	69 76 71 66	282			Jack Rule	74 71 72 73	290
	Ben Hogan	70 72 68 72	282		44=	George Bayer	71 74 76 70	291
	Tony Lema	71 68 72 71	282			Jack Burke, Jr	74 72 73 72	291
13=	Ed Furgol	71 69 72 71	283			Joe Conrad	69 72 74 76	291
	Billy Maxwell	72 71 70 70	283			John Cook	75 72 70 74	291
	Gary Player	70 71 71 71	283			Chick Harbert	74 75 68 74	291
	Mike Souchak	67 73 71 72	283			Babe Lichardus	72 74 73 72	291
17=	Walter Burkemo	70 71 72 71	284			Chi Chi Rodriguez	71 74 71 75	291
	Jacky Cupit	72 71 72 69	284			Fred Wampler	74 73 71 73	291
19=	Bob Charles	68 71 73 73	285		52=	Pete Cooper	77 71 73 71	292
	Al Geiberger	73 72 72 68	285			JC Goosie	72 74 74 72	292
21=	Tommy Aaron	72 74 70 70	286			Bob Hill	72 70 75 75	292
	Julius Boros	70 73 71 72	286			Don Spears	73 71 76 72	292
23=	Gardner Dickinson	74 74 68 71	287		56=	Bruce Crampton	72 74 74 73	293
	Mike Fetchick	74 73 74 66	287			Jim Ferrier	73 72 76 72	293
	Ed Kroll	75 72 72 68	287			Furman Hayes	74 72 74 73	293
	Ted Kroll	72 73 72 70	287			Huston Laclair	73 74 72 74	293
	Dick Rhyan	71 72 71 73	287			Bob Rosburg	72 75 71 75	293
28=	Bill Bisdorf	73 72 73 70	288		61	Bill Ogden	73 76 71 74	294
	Jim Ferree	70 72 75 71	288		62=	Jim Browning	71 72 77 75	295
	Dick Hart	73 73 72 70	288			Jimmy Johnson	71 74 72 78	295
	George Knudson	76 69 72 71	288			Jim Turnesa	76 72 73 74	295
	Doug Sanders	71 73 76 68	288		65	Dave Marr	72 73 74 77	296

Round Leader(s)
R1 Nichols; 64
R2 Nichols; 135
R3 Nichols; 204

Lowest Scores
R2 Venturi; 65
R3 Dickinson, Harbert, Hogan, Nieporte, Rudolph; 68
R4 Nicklaus; 64

1965

29th MASTERS Tournament
Augusta National Golf Club, Augusta, Georgia (8-11 April)
No Starting 91: No Making Cut 49: No Completing 49
6925 yards: Par 72 (288)

1	JACK NICKLAUS	67 71 64 69	271			Tommy Bolt	69 78 69 71	287
	($20000)				10	George Knudson	72 73 69 74	288
2=	Arnold Palmer	70 68 72 70	280		11=	Tommy Aaron	67 74 71 77	289
	Gary Player	65 73 69 73	280			Bruce Crampton	72 72 74 71	289
4	Mason Rudolph	70 75 66 72	283			Paul Harney	74 74 71 70	289
5	Dan Sikes	67 72 71 75	285			Doug Sanders	69 72 74 74	289
6=	Gene Littler	71 74 67 74	286		15=	George Bayer	69 74 75 72	290
	Ramon Sota	71 73 70 72	286			Bruce Devlin	71 76 73 70	290
8=	Frank Beard	68 77 72 70	287			Wes Ellis, Jr	69 76 72 73	290

Tommy Jacobs	71 74 72 73	290
Kel Nagle	75 70 74 71	290
Byron Nelson	70 74 72 74	290
21=Dow Finsterwald	72 75 72 72	291
Ben Hogan	71 75 71 74	291
Tony Lema	67 73 77 74	291
24=Terry Dill	72 73 75 72	292
Al Geiberger	75 72 74 71	292
26=Bernard Hunt	71 74 74 74	293
Tomoo Ishii	74 74 70 75	293
Billy Maxwell (a)	74 72 76 71	293
Tom Nieporte	71 73 75 74	293
Bo Wininger	70 72 75 76	293
31=Doug Ford	74 74 73 73	294
Downing Gray (a)	72 74 73 75	294
Dave Ragan	73 74 73 74	294
Bert Weaver	72 75 72 75	294
35=Billy Casper	72 72 71 80	295
Jimmy Demaret	71 75 76 73	295
Bobby Nichols	73 71 75 76	295
Mike Souchak	74 74 72 75	295
39=Donald Allen (a)	70 77 74 75	296
Chen Ching-Po	71 77 77 71	296
Bob Goalby	71 75 75 75	296
42=Bill Hyndman	73 73 75 76	297
Jack McGowan	73 75 77 72	297
Johnny Pott	74 74 73 76	297
45=Bob Charles	72 74 76 77	299
Art Wall	71 76 77 75	299
47 Richard Davies (a)	70 78 78 76	302
48 Mark Hopkins (a)	70 78 78 77	303
49 Deane Beman (a)	74 72 79 79	304

Round Leader(s)
R1 Player; 65
R2 Nicklaus, Palmer, Player; 138
R3 Nicklaus; 202

Lowest Scores
R2 Palmer; 68
R3 Nicklaus; 64
R4 Nicklaus; 69

1965

65th US OPEN Championship
Bellerive Country Club, St Louis, Missouri (17-21 June)
No of Entries 2271: No Starting 150: No Making Cut 50: No Completing 50
7191 yards: Par 70 (280)

1	GARY PLAYER* ($26000)	70 70 71 71	282
2	Kel Nagle	68 73 72 69	282
3	Frank Beard	74 69 70 71	284
4=	Julius Boros	72 75 70 70	287
	Al Geiberger	70 76 70 71	287
6=	Bruce Devlin	72 73 72 71	288
	Ray Floyd	72 72 76 68	288
8=	Tony Lema	72 74 73 70	289
	Gene Littler	73 71 73 72	289
	Dudley Wysong	72 75 70 72	289
11=	Deane Beman (a)	69 73 76 72	290
	Mason Rudolph	69 72 73 76	290
	Doug Sanders	77 73 69 71	290
14	Billy Maxwell	76 73 71 71	291
15	Steve Oppermann	72 77 73 70	292
16	Gay Brewer	72 74 71 76	293
17=	Billy Casper	73 73 76 72	294
	Charles Huckaby	73 74 73 74	294
	George Knudson	80 69 73 72	294
	Bobby Verwey	73 74 75 72	294
21=	Gardner Dickinson	77 73 71 74	295
	Eric Monti	76 71 75 73	295
23	Lou Graham	70 77 76 73	296
24=	Wes Ellis, Jr	73 76 77 71	297
	Labron Harris, Jr	74 76 74 73	297
	Ted Kroll	76 74 72 75	297
	Sam Snead	75 71 77 74	297
28=	Dutch Harrison	78 72 72 76	298
	Tommy Jacobs	76 71 74 77	298
	Dean Refram	71 79 72 76	298
	Terry Wilcox	74 73 73 78	298
32=	Miller Barber	72 76 74 77	299
	Bruce Crampton	74 76 72 77	299
	Gordon Jones	71 74 75 79	299
	Jack Nicklaus	78 72 73 76	299
36=	Duff Lawrence	73 73 75 79	300
	Dan Sikes	72 78 75 75	300
38=	Bob Rosburg	73 75 75 78	301
	Ed Tutwiler (a)	77 73 76 75	301
40=	Rex Baxter	70 75 79 78	302
	Dick Hendrickson	74 76 72 80	302
	Chi Chi Rodriguez	78 72 77 75	302
	Tom Weiskopf	76 72 77 77	302
44=	Dick Hart	74 75 80 74	303
	Jack Lumpkin	74 74 74 81	303
	Bill Ogden	75 73 79 76	303
47	Sam Carmichael	76 74 76 78	304
48=	Paul Kelly	75 74 78 78	305
	Robert Reith	73 76 73 83	305
50	Franklin Keller	77 73 79 78	307

* Gary Player (71) beat Kel Nagle (74) in the 18-Hole Play-off

Round Leader(s)
R1 Nagle; 68
R2 Player; 140
R3 Player; 211

Lowest Scores
R2 Beard, Knudson; 69
R3 Sanders; 69
R4 Floyd; 68

1965

94th OPEN Championship
Royal Birkdale Golf Club, Southport, Lancashire, England (7-9 July)
No of Entries 372: No Starting 130: No Making Cut 50: No Completing 49
7037 yards: Par 73 (292)

1	PETER THOMSON (£1750)	74 68 72 71	285
2=	Brian Huggett	73 68 76 70	287
	Christy O'Connor, Sr	69 73 74 71	287
4	Roberto de Vicenzo	74 69 73 72	288
5=	Bernard Hunt	74 74 70 71	289
	Tony Lema	68 72 75 74	289
	Kel Nagle	74 70 73 72	289
8=	Bruce Devlin	71 69 75 75	290
	Sebastian Miguel	72 73 72 73	290
10=	Max Faulkner	74 72 74 73	293
	John Panton	74 74 75 70	293
12=	Hugh Boyle	73 69 76 76	294
	Neil Coles	73 74 77 70	294
	Jack Nicklaus	73 71 77 73	294
	Lionel Platts	72 72 73 77	294
16	Arnold Palmer	70 71 75 79	295
17=	Eric Brown	72 70 77 77	296
	Tommy Horton	75 73 76 72	296
	Cobie LaGrange	76 73 75 72	296
	Guy Wolstenholme	72 75 77 72	296
21=	Brian Bamford	72 76 74 75	297
	Christy Greene	72 77 74 74	297
	Dennis Hutchinson	74 72 76 75	297
	George Will	75 69 74 79	297
25=	Fred Boobyer, Jr	74 73 73 78	298
	Tony Jacklin	75 73 73 77	298
	Doug Sewell	72 75 74 77	298
	Ramon Sota	75 70 78 75	298
29=	Michael Burgess (a)	74 73 78 74	299

	Harry Weetman	76 69 80 74	299	40=	Terry Dill	75 72 79 79	305
31=	Tony Coop	78 71 78 74	301		Angel Gallardo	77 71 80 77	305
	Bill Large	76 73 74 78	301		Roger Mandeville	72 76 77 80	305
33=	Doug Beattie	73 74 76 79	302		David Talbot	75 72 76 82	305
	Michael Bonallack (a)	75 72 79 76	302	44=	Gordon Cunningham	74 75 79 78	306
	Joe Carr (a)	70 72 81 79	302		Jim McAlister	72 75 77 82	306
	David Miller	77 70 76 79	302	46	Ross Newdick	75 72 80 80	307
37=	Bill Hector	74 75 77 77	303	47=	Peter Alliss	73 73 82 80	308
	George Low	74 75 77 77	303		Barry Franklin	77 70 84 77	308
39	Dave Thomas	73 73 78 80	304	49	Jimmy Hitchcock	75 74 85 76	310

Round Leader(s)
R1   Lema; 68
R2   Devlin, Lema; 140
R3   Thomson; 214

Lowest Scores
R2   Huggett, Thomson; 68
R3   Hunt; 70
R4   Coles, Huggett, Panton; 70

1965

47th PGA Championship
Laurel Valley Golf Club, Ligonier, Pennsylvania (12-15 August)
No Starting 167: No Making Cut 77: No Completing 76
7090 yards: Par 71 (284)

1	DAVE MARR	70 69 70 71	280		Dave Ragan	73 73 78 70	294
	(£25000)				Charles Sifford	73 75 71 75	294
2=	Billy Casper	70 70 71 71	282	41=	Walter Burkemo	72 77 73 73	295
	Jack Nicklaus	69 70 72 71	282		Bob Charles	75 75 73 72	295
4	Bo Wininger	73 72 72 66	283	43=	Dale Douglass	72 76 74 74	296
5	Gardner Dickinson	67 74 69 74	284		Billy Maxwell	71 75 74 76	296
6=	Bruce Devlin	68 75 72 70	285	45=	Frank Beard	74 74 72 77	297
	Sam Snead	68 75 70 72	285		Billy Farrell	76 75 75 71	297
8=	Tommy Aaron	66 71 72 78	287		Dick Hart	72 77 72 76	297
	Jack Burke, Jr	75 71 72 69	287		Dan Sikes	74 75 73 75	297
	Jacky Cupit	72 76 70 69	287	49=	Vic Ghezzi	73 77 74 74	298
	Rod Funseth	75 72 69 71	287		Lionel Hebert	73 73 76 76	298
	Bob McCallister	76 68 70 73	287		Vince Sullivan	72 73 79 74	298
13=	Wes Ellis, Jr	73 76 70 69	288	52=	Chuck Courtney	70 76 76 77	299
	Dick Sikes	71 71 71 75	288		Steve Reid	76 75 73 75	299
15=	Ben Hogan	72 75 72 70	289	54=	Billy Capps	77 74 75 74	300
	Mike Souchak	70 72 77 70	289		Bob Crowley	78 72 74 76	300
17=	Julius Boros	75 72 73 70	290		Jay Hebert	72 73 78 77	300
	Ray Floyd	68 73 72 77	290		Bobby Nichols	74 75 77 74	300
19	Al Geiberger	74 71 71 75	291		Tom Nieporte	75 74 83 68	300
20=	Bruce Crampton	77 74 70 71	292		Fred Wampler	74 74 76 76	300
	Jack Fleck	76 71 72 73	292	60	Jim Ferree	75 75 77 74	301
	Doug Ford	73 70 77 72	292	61=	George Archer	74 74 78 76	302
	Gordon Jones	72 76 71 73	292		Tony Lema	71 76 75 80	302
	George Knudson	75 69 73 75	292	63=	Dow Finsterwald	73 78 77 75	303
	Kel Nagle	74 75 71 72	292		Ed Griffiths	73 75 75 80	303
	Mason Rudolph	67 76 75 74	292		Ted Kroll	73 75 77 78	303
	Doug Sanders	71 73 74 74	292		Dick Marshall	74 73 84 72	303
28=	Don Bies	71 71 75 76	293		Dick Sleichter	77 71 78 77	303
	Gay Brewer	75 70 73 75	293	68=	Mike Fetchick	76 74 75 79	304
	Paul Kelly	76 71 75 71	293		Bob Goalby	75 74 77 78	304
	Gene Littler	78 70 70 75	293		Jon Gustin	73 77 78 76	304
	Johnny Pott	76 70 74 73	293	71=	Huston Laclair	77 74 75 79	305
33=	Manuel de la Torre	72 73 74 75	294		Chi Chi Rodriguez	72 77 77 79	305
	Ed Furgol	73 74 72 75	294	73=	Mike Krak	71 80 76 79	306
	Paul Harney	74 74 72 74	294		Roland Stafford	76 74 74 82	306
	Al Mengert	75 76 75 68	294	75	Hubby Habjan	78 71 75 83	307
	Arnold Palmer	72 75 74 73	294	76	Larry Bartosek	75 75 80 80	310
	Gary Player	74 72 74 74	294				

Round Leader(s)
R1   Aaron; 66
R2   Aaron; 137
R3   Aaron, Marr; 209

Lowest Scores
R2   McCallister; 68
R3   Funseth, Dickinson; 69
R4   Wininger; 66

1966

30th MASTERS Tournament
Augusta National Golf Club, Augusta, Georgia (7-11 April)
No Starting 103: No Making Cut 64: No Completing 62
6925 yards: Par 72 (288)

1	JACK NICKLAUS*	68 76 72 72	288	10=	Billy Casper	71 75 76 72	294
	($20000)				Jay Hebert	72 74 73 75	294
2=	Gay Brewer	74 72 72 70	288		Bob Rosburg	73 71 76 74	294
	Tommy Jacobs	75 71 70 72	288	13=	Tommy Aaron	74 73 77 71	295
4=	Arnold Palmer	74 70 74 72	290		Peter Butler	72 71 79 73	295
	Doug Sanders	74 70 75 71	290		Ben Hogan	74 71 73 77	295
6=	Don January	71 73 73 75	292	16	Ken Venturi	75 74 73 74	296
	George Knudson	73 76 72 71	292	17=	Tommy Bolt	75 72 78 72	297
8=	Ray Floyd	72 73 74 74	293		Bruce Crampton	74 75 71 77	297
	Paul Harney	75 68 76 74	293		Terry Dill	75 72 74 76	297

	Doug Ford	75 73 73 76	297	Sam Snead	77 72 76 78	303
	Phil Rodgers	76 73 75 73	297	44=Donald Allen (a)	74 72 75 83	304
22=	Frank Beard	77 71 77 73	298	Jack Burke, Jr	75 73 79 77	304
	Chen Ching-po	75 77 76 70	298	Jacky Cupit	78 74 77 75	304
	Roberto de Vicenzo	74 76 74 74	298	Al Geiberger	76 71 79 78	304
	Harold Henning	77 74 70 77	298	Gene Littler	76 76 72 80	304
	Tony Lema	74 74 74 76	298	Edgar Updegraff (a)	76 75 77 76	304
	Bobby Nichols	77 73 74 74	298	50=Charles R Coe (a)	71 77 85 72	305
28=	Julius Boros	77 73 73 76	299	Bob Dickson (a)	77 74 75 79	305
	Bruce Devlin	75 77 72 75	299	Steve Opperman	74 74 73 84	305
	Gardner Dickinson	76 75 76 72	299	53 Randy Glover	72 74 81 79	306
	James A Grant (a)	74 74 78 73	299	54=Ron Cerrudo (a)	76 77 72 82	307
	Gary Player	74 77 76 72	299	A Downing Gray (a)	75 77 76 79	307
33=	Rod Funseth	80 70 76 74	300	Ed Tutwiler (a)	79 74 73 81	307
	Ramon Sota	79 73 77 71	300	57=Dow Finsterwald	73 76 77 82	308
	Mike Souchak	71 74 77 78	300	Dale Morey (a)	75 78 76 79	308
36=	Bill Campbell (a)	76 77 76 72	301	59=Bob Goalby	76 77 82 77	312
	Wes Ellis, Jr	76 75 73 77	301	Bob Murphy (a)	76 77 81 78	312
	Dan Sikes	76 74 75 76	301	61=Jimmy Hitchcock	76 77 78 83	314
39=	Billy Maxwell	75 77 77 73	302	Luis Silverio (a)	77 76 77 84	314
	Dick Sikes	73 78 74 77	302			
	Dudley Wysong	77 75 73 77	302			
42=	George Bayer	76 77 76 74	303			

Jack Nicklaus (70) beat Tommy Jacobs (72) and Gay Brewer (78) in the 18-hole Play-off

Round Leader(s)
R1 Nicklaus; 68
R2 Butler, Harney; 143
R3 Jacobs, Nicklaus; 216

Lowest Scores
R2 Harney; 68
R3 Henning, Jacobs; 70
R4 Brewer, Ching-po; 70

1966

66th US OPEN Championship
Olympic Country Club, San Francisco, California (16-20 June)
No of Entries n/k: No Starting 151: No Making Cut 64: No Completing 64
6719 yards: Par 70 (280)

1	BILLY CASPER*	69 68 73 68	278	Vince Sullivan	77 73 73 74	297
	($26500)			34=Kel Nagle	70 73 81 74	298
2	Arnold Palmer	71 66 70 71	278	Tom Veech	72 73 77 76	298
3	Jack Nicklaus	71 71 69 74	285	36=Gene Bone	74 76 72 77	299
4=	Tony Lema	71 74 70 71	286	Gay Brewer	73 76 74 76	299
	Dave Marr	71 74 68 73	286	Charles Harrison	72 77 80 70	299
6	Phil Rodgers	70 70 73 74	287	Don Massengale	68 79 78 74	299
7	Bobby Nichols	74 72 71 72	289	Billy Maxwell	73 74 74 78	299
8=	Wes Ellis, Jr	71 75 74 70	290	Ken Still	73 74 77 75	299
	Johnny Miller (a)	70 72 74 74	290	Ed Tutwiler (a)	73 76 78 72	299
	Mason Rudolph	74 72 71 73	290	Bob Wolfe	77 72 76 74	299
	Doug Sanders	70 75 74 71	290	44=George Knudson	75 76 72 77	300
12	Ben Hogan	72 73 76 70	291	Tom Nieporte	71 77 74 78	300
13=	Rod Funseth	75 75 69 73	292	Chi Chi Rodriguez	74 76 73 77	300
	Rives McBee	76 64 74 78	292	Bob Rosburg	77 73 75 75	300
15=	Bob Murphy (a)	73 72 75 73	293	48=George Bayer	75 74 78 74	301
	Gary Player	78 72 74 69	293	Gardner Dickinson	75 74 78 74	301
17=	George Archer	74 72 76 72	294	Gene Littler	68 83 72 78	301
	Frank Beard	76 74 69 75	294	Steve Opperman	73 76 74 78	301
	Julius Boros	74 69 77 74	294	52=Charles Coody	76 75 76 75	302
	Don January	73 73 75 73	294	Tom Shaw	75 74 73 80	302
	Ken Venturi	73 77 71 73	294	54=Gene Borek	75 76 77 75	303
22=	Walter Burkemo	76 72 70 77	295	Johnny Bulla	73 76 77 77	303
	Bob Goalby	71 73 71 80	295	Lee Trevino	74 73 78 78	303
	Dave Hill	72 71 79 73	295	57=Bruce Crampton	74 72 80 78	304
	Bob Verwey	72 73 75 75	295	Lee Elder	74 77 74 79	304
26=	Miller Barber	74 76 77 69	296	David Jimenez	75 73 81 75	304
	Bruce Devlin	74 75 71 76	296	Claude King	74 77 77 76	304
	Al Mengert	67 77 71 81	296	61=Hale Irwin (a)	75 75 78 77	305
	Bob Shave	76 71 74 75	296	Stan Thirsk	72 79 72 82	305
30=	Tommy Aaron	73 75 71 78	297	63 Herb Hooper	73 76 85 72	306
	Deane Beman (a)	75 76 70 76	297	64 Joe Zakarian	77 74 79 80	310
	Al Geiberger	75 75 74 73	297			

* *Billy Casper (69) beat Arnold Palmer (73) in the 18-Hole Play-off*

Round Leader(s)
R1 Mengert; 67
R2 Casper, Palmer; 137
R3 Palmer; 207

Lowest Scores
R2 McBee; 64
R3 Marr; 68
R4 Casper; 68

1966

95th OPEN Championship
Hon Co of Edinburgh Golfers, Muirfield, East Lothian, Scotland (6-9 July)
No of Entries 310: No Starting 130: No Making Cut 64: No Completing 63
6887 yards: Par 71 (284)

1	JACK NICKLAUS (£2100)	70 67 75 70	282		Christy Greene	72 76 76 74	298
					Allan Henning	73 73 74 78	298
2=	Doug Sanders	71 70 72 70	283		Tony Jacklin	74 76 72 76	298
	Dave Thomas	72 73 69 69	283		Tony Lema	71 76 76 75	298
4=	Bruce Devlin	73 69 74 70	286	36	Dai Rees	75 72 77 75	299
	Kel Nagle	72 68 76 70	286	37=	Roberto Bernardini	76 73 73 78	300
	Gary Player	72 74 71 69	286		Bob Charles	74 74 77 75	300
	Phil Rodgers	74 66 70 76	286		Barry Franklin	77 72 79 72	300
8=	Dave Marr	73 76 69 70	288		David Snell	73 75 76 76	300
	Sebastian Miguel	74 72 70 72	288		Guy Wolstenholme	73 76 73 78	300
	Arnold Palmer	73 72 69 74	288	42	Cyril Pennington	74 75 76 76	301
	Peter Thomson	73 75 69 71	288	43=	Jock Burns	76 73 76 77	302
12	Dick Sikes	73 72 73 72	290		Brian Huggett	76 73 80 73	302
13=	Harold Henning	71 69 75 76	291		Hedley Muscroft	73 75 79 75	302
	Christy O'Connor, Sr	73 72 74 72	291		Robert Walker	74 72 76 80	302
15	Julius Boros	73 71 76 72	292	47=	Malcolm Gregson	79 71 74 79	303
16=	Peter Butler	73 65 80 75	293		Eric Lester	74 76 74 79	303
	Alex Caygill	72 71 73 77	293		George Low	75 72 79 77	303
	Jimmy Hitchcock	70 77 74 72	293	50=	Gordon Cunningham	75 75 76 79	305
	Ronnie Shade (a)	71 70 75 77	293		John Panton	78 72 81 74	305
20=	Peter Alliss	74 72 75 73	294	52=	Craig DeFoy	76 73 79 78	306
	Roberto de Vicenzo	74 72 71 77	294		David Miller	73 77 78 78	306
	Doug Sewell	76 69 74 75	294		Frank Rennie	74 75 81 76	306
23=	Eric Brown	78 72 71 74	295	55=	Reg Knight	77 73 77 70	307
	Peter Townsend (a)	73 75 72 75	295		Lionel Platts	74 74 78 81	307
	George Will	74 75 73 73	295		Sandy Wilson	76 74 76 81	307
26	Keith MacDonald	75 74 70 77	296	58	Tony Coop	74 76 79 79	308
27=	Michael Bonallack (a)	73 76 75 73	297	59	Tony Grubb	79 70 84 76	309
	Denis Hutchinson	74 73 73 77	297	60=	John Carter	72 77 85 77	311
	Bob Stanton	73 72 73 79	297		Bill Hector	76 72 78 85	311
30=	Fred Boobyer, Jr	72 76 77 73	298	62	Lew Taylor	77 71 78 87	313
	Bobby Cole (a)	73 75 73 77	298	63	Iain Clark	77 70 86 82	315

Round Leader(s)
R1 Hitchcock, Nicklaus; 70
R2 Nicklaus; 137
R3 Rodgers; 210

Lowest Scores
R2 Butler; 65
R3 Marr, Palmer, Thomas, Thomson; 69
R4 Player, Thomas; 69

1966

48th PGA Championship
Firestone Country Club, Akron, Ohio (21-24 July)
No Starting 165: No Making Cut 77: No Completing 76
7180 yards: Par 70 (280)

1	AL GEIBERGER ($25000)	68 72 68 72	280		Chick Evans	73 75 74 74	296
					Fred Haas	78 73 75 70	296
2	Dudley Wysong	74 72 66 72	284		Babe Lichardus	72 75 73 76	296
3=	Billy Casper	73 73 70 70	286		Stan Thirsk	74 77 70 75	296
	Gene Littler	75 71 71 69	286	43=	Bruce Crampton	74 73 74 76	297
	Gary Player	73 70 70 73	286		Manuel de la Torre	75 72 77 73	297
6=	Julius Boros	69 72 75 71	287		Rod Funseth	73 74 74 76	297
	Jacky Cupit	70 73 73 71	287		Walker Inman	71 76 76 74	297
	Arnold Palmer	75 73 71 68	287		George Knudson	72 74 77 74	297
	Doug Sanders	69 74 73 71	287		Bob Rosburg	73 76 69 79	297
	Sam Snead	68 71 75 73	287	49=	Jim Ferrier	71 79 76 72	298
11	Frank Beard	73 72 69 74	288		Jack Fleck	71 74 78 75	298
12=	Dow Finsterwald	74 70 73 72	289		Ed Furgol	74 77 71 76	298
	Jay Hebert	75 73 70 71	289		Bob Goalby	76 73 73 76	298
	Don January	69 71 73 76	289		Bob Keller	72 76 72 78	298
15=	Paul Harney	74 73 71 72	290		Larry Laoretti	73 77 72 76	298
	Bill Martindale	73 75 70 72	290		Al Mengert	72 77 76 73	298
	Ken Venturi	74 75 69 72	290		Bob Shave	78 72 77 71	298
18=	Gardner Dickinson	74 72 73 72	291		Bert Yancey	74 75 77 72	298
	Ray Floyd	74 75 74 68	291	58=	Al Chandler	76 73 71 79	299
	Dave Marr	75 75 68 73	291		Robert Erickson	79 71 74 75	299
	Ernie Vossler	77 70 75 69	291		Ed Griffiths	73 72 73 81	299
22=	Tommy Aaron	71 72 75 74	292		Bob McCallister	74 76 73 76	299
	Frank Boynton	73 74 73 72	292		Art Wall	73 73 78 75	299
	Billy Farrell	73 70 71 78	292		Bo Wininger	76 75 75 73	299
	Jack Nicklaus	75 71 75 71	292	64	Joe Conrad	77 74 76 73	300
	Mason Rudolph	74 73 76 69	292	65=	Errie Ball	77 74 78 72	301
27	Gay Brewer	73 73 76 71	293		Lionel Hebert	75 74 75 77	301
28=	Butch Baird	73 74 73 74	294	67=	Jack Burke, Jr	75 76 79 72	302
	Bruce Devlin	76 71 71 76	294		Ed Kroll	75 75 74 78	302
	Ron Howell	76 71 75 72	294		Horace Moore	74 74 76 78	302
	Don Massengale	74 72 75 73	294		Ed Rubis	76 72 77 77	302
	Dan Sikes	72 76 74 72	294	71=	Bobby Verwey	76 75 78 74	303
	Dick Sikes	75 72 73 74	294		Wayne Yates	73 76 79 75	303
34=	Miller Barber	76 71 72 76	295	73=	Larry Beck	71 79 78 76	304
	Buster Cupit	75 76 74 70	295		Tom Weiskopf	75 73 80 76	304
	Tony Lema	78 71 72 74	295	75	Bill Blanton	78 72 80 76	306
37=	Bill Bisdorf	76 72 76 72	296	76	James Riggins	76 70 82 79	307
	Gene Borek	75 76 75 70	296				

Round Leader(s)
R1 Geiberger, Snead; 68
R2 Snead; 139
R3 Geiberger; 208

Lowest Scores
R2 Farrell, Finsterwald, Player, Riggins, Vossler; 70
R3 Wysong; 66
R4 Floyd, Palmer; 68

1967

31st MASTERS Tournament
Augusta National Golf Club, Augusta, Georgia 6-9 April)
No Entering 83: No Starting 82: No Making Cut 55: No Completing 55
6925 yards: Par 72 (288)

1 GAY BREWER ($20000)	73 68 72 67	280
2 Bobby Nichols	72 69 70 70	281
3 Bert Yancey	67 73 71 73	284
4 Arnold Palmer	73 73 70 69	285
5 Julius Boros	71 70 70 75	286
6= Paul Harney	73 71 74 69	287
Gary Player	75 69 72 71	287
8= Tommy Aaron	75 68 74 71	288
Lionel Hebert	77 71 67 73	288
10= Roberto de Vicenzo	73 72 74 71	290
Bruce Devlin	74 70 75 71	290
Ben Hogan	74 73 66 77	290
Mason Rudolph	72 76 72 70	290
Sam Snead	72 76 71 71	290
15 Jacky Cupit	73 76 67 75	291
16= George Archer	75 67 72 78	292
Wes Ellis, Jr	79 71 74 68	292
Tony Jacklin	71 70 74 77	292
Dave Marr	73 74 70 75	292
Doug Sanders	74 72 73 73	292
21= Jay Hebert	72 77 68 76	293
Bob Rosburg	73 72 76 72	293
Ken Venturi	76 73 71 73	293
24= Peter Butler	72 73 77 72	294
Billy Casper	70 74 75 75	294
26= Frank Beard	74 75 75 71	295
Tommy Bolt	72 77 72 74	295
Don January	74 74 76 71	295
Gene Littler	72 74 74 75	295
Chi Chi Rodriguez	73 73 73 76	295
31= Doug Ford	74 69 82 71	296
Rod Funseth	74 73 78 71	296
George Knudson	72 74 75 75	296
Kel Nagle	73 75 74 74	296
Ramon Sota	74 73 73 76	296
36= Gardner Dickinson	77 70 73 77	297
Terry Dill	73 76 72 76	297
A Downing Gray (a)	70 76 75 76	297
Al Geiberger	77 73 72 75	297
Harold Henning	74 73 77 73	297
Phil Rodgers	72 77 75 73	297
42= Deane Beman (a)	74 76 74 74	298
Rives McBee	75 73 74 76	298
44= Donald Allen (a)	75 71 78 76	300
Bobby Cole (a)	75 73 74 78	300
46= Ron Cerrudo (a)	76 73 77 75	301
Chen Ching-Po	74 76 72 79	301
Dave Thomas	74 74 72 81	301
49= Bruce Crampton	77 73 75 77	302
Don Massengale	74 73 77 78	302
Art Wall	74 76 77 75	302
52 Bob Murphy (a)	73 77 76 77	303
53= Jack Burke, Jr	76 74 74 81	305
Johnny Miller	72 78 81 74	305
55 Joe Carr (a)	76 74 79 84	313

Round Leader(s)
R1 Yancey; 67
R2 Yancey; 140
R3 Boros, Nichols, Yancey; 211

Lowest Scores
R2 Archer; 67
R3 Hogan; 66
R4 Brewer; 67

1967

67th US OPEN Championship
Baltusrol Golf Club, Springfield, New Jersey (15-18 June)
No of Entries 2651: No Starting 150: No Making Cut 66: No Completing 64
7065 yards: Par 70 (280)

1 JACK NICKLAUS ($30000)	71 67 72 65	275
2 Arnold Palmer	69 68 73 69	279
3 Don January	69 72 70 70	281
4 Billy Casper	69 70 71 72	282
5 Lee Trevino	72 70 72 70	284
6= Deane Beman	69 71 71 73	284
Gardner Dickinson	70 73 68 73	284
Bob Goalby	72 71 70 71	284
9= Dave Marr	70 74 70 71	285
Kel Nagle	70 72 72 71	285
Art Wall	69 73 72 71	285
12= Al Balding	75 72 71 68	286
Wes Ellis, Jr	74 69 70 73	286
Gary Player	69 73 73 71	286
15 Tom Weiskopf	72 71 74 70	287
16= Dutch Harrison	70 76 72 70	288
Jerry Pittman	72 72 75 69	288
18= Miller Barber	71 71 69 78	289
Marty Fleckman (a)	67 73 69 80	289
Paul Harney	71 75 72 71	289
Dave Hill	76 69 69 75	289
Bob Verwey	75 71 69 74	289
23= Bruce Devlin	72 68 73 77	290
Billy Farrell	76 71 73 70	290
Howie Johnson	74 73 71 72	290
Bob Murphy (a)	73 73 75 69	290
Bobby Nichols	74 71 73 72	290
28= Charles Coody	77 71 75 68	291
Mike Fetchick	73 71 76 71	291
Al Geiberger	71 73 73 74	291
Lou Graham	71 75 76 69	291
Labron Harris, Jr	75 71 72 73	291
Ken Venturi	74 74 72 71	291
34= Ben Hogan	72 72 76 72	292
Tom Nieporte	72 71 74 75	292
Doug Sanders	76 72 74 70	292
37 Rod Funseth	78 69 75 71	293
38= Don Bies	71 73 72 78	294
Gay Brewer	74 70 76 74	294
Ray Floyd	74 74 73 73	294
Mason Rudolph	78 70 75 71	294
42= Butch Baird	72 73 77 73	295
Bob McCallister	75 73 74 73	295
Chi Chi Rodriguez	69 75 76 75	295
Bert Yancey	72 73 71 79	295
46= Bruce Cudd	73 73 75 75	296
Dick Sikes	74 74 76 72	296
48= Frank Boynton	74 72 74 77	297
Don Essig	75 72 75 75	297
Ted Kroll	73 72 74 78	297
Steve Opperman	73 73 76 75	297
Tom Strange, Jr	72 73 76 76	297
Bob Zimmerman	73 75 72 77	297
54= Frank Beard	73 73 77 75	298
Bobby Clark	76 71 75 76	298
Bob Hold	71 71 78 78	298
Cesar Sanudo	73 73 79 73	298
Rocky Thompson	75 71 77 75	298
Carl Unis	74 72 75 77	298
60= Dick Lotz	76 67 80 76	299
Rives McBee	76 72 73 78	299
62 Mac Hunter	75 72 78 75	300
63 Jimmy Ferriell	73 73 81 75	302
64 Chuck Scally	73 74 79 80	306

Round Leader(s)
R1 Fleckman; 67
R2 Palmer; 137
R3 Fleckman; 209

Lowest Scores
R2 Dick Lotz, Nicklaus; 67
R3 Dickinson; 68
R4 Nicklaus; 65

1967

96th OPEN Championship
Royal Liverpool Golf Club, Hoylake, Cheshire, England (12-15 July)
No of Entries 326: No Starting 130: No Making Cut 58: No Completing 57
6995 yards: Par 72 (288)

1	ROBERTO DE VICENZO (£2100)	70 71 67 70	278	29=	Fred Boobyer, Jr	70 71 74 79	294
					Jimmy Hume	69 72 73 80	294
2	Jack Nicklaus	71 69 71 69	280	31=	Brian Allen	71 77 76 71	295
3=	Clive Clark	70 73 69 72	284		Gordon Cunningham	74 74 73 74	295
	Gary Player	72 71 67 74	284		Doug Sewell	71 77 74 73	295
5	Tony Jacklin	73 69 73 70	285		David Snell	77 70 73 75	295
6=	Harold Henning	74 70 71 71	286		Harry Weetman	76 69 79 71	295
	Sebastian Miguel	72 74 68 72	286	36=	Harry Bannerman	74 75 74 74	297
8=	Al Balding	74 71 69 73	287		Roberto Bernardini	75 74 74 74	297
	Hugh Boyle	74 74 71 68	287		Neil Coles	74 72 76 75	297
	Bruce Devlin	70 70 72 75	287		Bernard Hunt	74 73 73 77	297
	Tommy Horton	74 74 69 70	287		Malcolm Leeder	72 76 75 74	297
	Peter Thomson	71 74 70 72	287		David Melville	74 74 74 75	297
13=	Deane Beman	72 76 68 73	289		Cyril Pennington	77 72 74 74	297
	Mike Hoyle	74 75 69 71	289	43=	David Bonthron	69 75 79 75	298
	Stanley Peach	71 75 73 70	289		Eric Brown	74 75 76 73	298
	Lionel Platts	68 73 72 76	289		Phil Rodgers	74 73 77 74	298
	Guy Wolstenholme	74 71 73 71	289		Bert Yancey	75 73 71 79	298
18=	Barry Coxon	73 76 71 70	290	47=	David Butler	75 74 75 75	299
	Hedley Muscroft	72 73 72 73	290		Jean Garaialde	76 71 78 74	299
	Doug Sanders	71 73 73 73	290		John Panton	73 76 75 75	299
21	Christy O'Connor, Sr	70 74 71 76	291		Jack Wilkshire	69 78 79 73	299
22=	Denis Hutchinson	73 72 71 76	292	51=	Richard Emery	73 75 77 75	300
	Peter Mills	72 75 73 72	292		Malcolm Gregson	76 73 73 78	300
	Kel Nagle	70 74 69 79	292	53	Sewsunker Sewgolum	73 75 77 76	301
25=	Brian Barnes	71 75 74 73	293	54	Ken Bousfield	73 74 79 76	302
	Robin Davenport	76 69 75 73	293	55	John Cockin	71 78 76 78	303
	Barry Franklin	70 74 73 76	293	56=	Bill Ferguson	74 74 80 80	308
	Brian Huggett	73 75 72 73	293		Jimmy Martin	75 73 80 80	308

Round Leader(s)
R1 Platts; 68
R2 Nicklaus; 140
R3 de Vicenzo; 208

Lowest Scores
R2 Jacklin, Nicklaus; 69
R3 Davenport, de Vicenzo, Player, Weetman; 67
R4 Boyle; 68

1967

49th PGA Championship
Columbine Country Club, Denver, Colorado (20-24 July)
No Starting 145: No Making Cut 75: No Completing 73
7436 yards: Par 72 (288)

1	DON JANUARY* ($25000)	71 72 70 68	281		Mason Rudolph	72 73 73 74	292
					Doug Sanders	72 71 76 73	292
2	Don Massengale	70 75 70 66	281	33=	Dave Marr	75 72 71 75	293
3=	Jack Nicklaus	67 75 69 71	282		Tom Nieporte	73 73 73 74	293
	Dan Sikes	69 70 70 73	282		Jerry Pittman	72 78 69 74	293
5=	Julius Boros	69 76 70 68	283		Ernie Vossler	72 74 73 74	293
	Al Geiberger	73 71 69 70	283		Dudley Wysong	73 70 76 74	293
7=	Frank Beard	71 74 70 70	285	38=	Bill Martindale	73 76 74 71	294
	Don Bies	69 70 76 70	285		Ken Still	73 74 76 71	294
	Bob Goalby	70 74 68 73	285		Fred Wampler	73 75 74 72	294
	Gene Littler	73 72 71 69	285		Bob Zimmerman	76 74 76 68	294
11=	Billy Farrell	75 72 69 70	286	42=	Frank Boynton	71 76 73 75	295
	Dave Hill	66 73 74 73	286		Jack Burke, Jr	73 78 71 73	295
	Ken Venturi	73 74 71 68	286	44=	John Berry	76 70 78 72	296
14=	Sam Carmichael	75 71 69 72	287		Pete Cooper	77 70 78 71	296
	Lionel Hebert	75 71 70 71	287		Dale Douglass	74 73 72 77	296
	Bobby Nichols	75 75 67 70	287		Babe Lichardus	75 75 71 75	296
	Arnold Palmer	70 71 72 74	287		Larry Mancour	75 76 72 73	296
	Dick Sikes	72 71 71 73	287		Scotty McBeath	74 72 75 75	296
19	Billy Casper	75 70 75 68	288		Robert Stone	74 74 75 73	296
20=	Tommy Aaron	70 65 76 78	289	51=	Fred Haas	74 72 79 72	297
	Bill Bisdorf	72 71 77 69	289		Skee Riegel	76 75 74 72	297
	Dick Crawford	76 73 73 67	289		Bob Toski	72 76 71 78	297
	Ray Floyd	74 69 74 72	289		Jimmy Wright	73 74 77 73	297
	Mike Souchak	70 73 70 76	289	55=	George Archer	74 76 75 73	298
25	Wes Ellis, Jr	76 71 72 71	290		Paul Harney	75 75 74 74	298
26=	Bruce Crampton	71 77 74 69	291		Davis Love, Jr	69 79 76 74	298
	Earl Stewart	77 70 72 72	291		Bobby Mitchell	76 74 70 78	298
28=	Gay Brewer	75 74 71 72	292		James Stamps	77 74 73 74	298
	Gardner Dickinson	75 72 69 76	292	60=	Dow Finsterwald	74 75 74 76	299
	Phil Rodgers	71 76 72 73	292		Dick Hart	73 75 75 76	299

	Mac Hunter	72 75 71 81	299		Tommy Jacobs	74 74 76 78	302
63	Johnny Bulla	78 73 76 73	300	70	Robert Erickson	76 75 80 72	303
64=	Clare Emery	73 76 79 73	301	71	Roland Stafford	74 76 78 76	304
	Jim Ferrier	74 75 75 77	301	72	Richard Bassett	70 80 86 69	305
	Pat Schwab	75 76 75 75	301	73	Glenn Teal	77 74 77 80	308
67=	Gene Bone	72 74 78 78	302				
	Chick Harbert	73 76 77 76	302				

* Don January (69) beat Don Massingale (71) in the 18-Hole Play-off

Round Leader(s)
R1 Hill; 66
R2 Aaron; 135
R3 Sikes; 209

Lowest Scores
R2 Aaron; 65
R3 Nichols; 67
R4 Massengale; 66

1968

32nd MASTERS Tournament
Augusta National Golf Club, Augusta, Georgia (11-14 April)
No Starting 74: No Making Cut 52: No Completing 52
6925 yards: Par 72 (288)

1	BOB GOALBY	70 70 71 66	277		Tony Jacklin	69 73 74 72	288
	($20000)				Art Wall	74 74 73 67	288
2	Roberto de Vicenzo	69 73 70 66	278	28=	Jay Hebert	74 71 71 73	289
3	Bert Yancey	71 71 72 65	279		George Knudson	75 71 72 71	289
4	Bruce Devlin	69 73 69 69	280	30=	Charles Coody	76 72 72 70	290
5=	Frank Beard	75 65 71 70	281		Al Geiberger	76 70 72 72	290
	Jack Nicklaus	69 71 74 67	281		Kel Nagle	76 71 72 71	290
7=	Tommy Aaron	68 72 72 69	282		Bobby Nichols	74 73 73 70	290
	Ray Floyd	71 71 69 71	282		Bob Rosburg	74 73 71 72	290
	Lionel Hebert	72 71 71 68	282	35=	Gay Brewer	72 74 71 74	291
	Jerry Pittman	70 73 70 69	282		Chen Ching-Po	73 76 71 71	291
	Gary Player	72 67 71 72	282		Malcolm Gregson	76 71 74 70	291
12=	Miller Barber	75 69 68 71	283		Dan Sikes	73 76 70 72	291
	Doug Sanders	76 69 70 68	283		Hideyo Sugimoto	71 75 73 72	291
14=	Don January	71 68 72 73	284	40=	Paul Harney	78 70 70 74	292
	Mason Rudolph	73 73 72 66	284		Lee Trevino	71 72 69 80	292
16=	Julius Boros	73 71 70 71	285	42	Sam Snead	73 74 75 71	293
	Billy Casper	68 75 73 69	285	43=	Gene Littler	73 73 76 72	294
	Tom Weiskopf	74 71 69 71	285		Johnny Pott	75 68 75 76	294
19	Bob Charles	75 71 70 70	286	45=	Gary Cowan (a)	78 71 73 73	295
20=	Dave Marr	74 71 71 71	287		Jack Weston Lewis, Jr (a)	78 71 76 70	295
	Kermit Zarley	70 73 74 70	287		Don Massendale	76 73 73 73	295
22=	George Archer	75 71 72 70	288	48=	Bill Campbell (a)	74 71 75 76	296
	Gardner Dickinson	74 71 72 71	288		Doug Ford	72 75 72 77	296
	Marvin Giles III (a)	71 72 72 73	288	50=	Dave Hill	79 70 73 75	297
	Harold Henning	72 71 71 74	288		Ken Venturi	75 74 73 75	297
				52	Joe Carr (a)	75 73 80 78	306

Round Leader(s)
R1 Casper; 68
R2 January, Player; 139
R3 Player; 210

Lowest Scores
R2 Beard; 65
R3 Barber; 68
R4 Yancey; 65

1968

68th US OPEN Championship
Oak Hill Country Club, Rochester, New York (13-16 June)
No of Entries 3007: No Starting 150: No Making Cut 64: No Completing 63
6962 yards: Par 70 (280)

1	LEE TREVINO	69 68 69 69	275		Roberto de Vicenzo	72 76 72 70	290
	($30000)				Bob Erickson	75 68 72 75	290
2	Jack Nicklaus	72 70 70 67	279		Don January	71 75 71 73	290
3	Bert Yancey	67 68 70 76	281		Bob Lunn	74 73 73 70	290
4	Bobby Nichols	74 71 68 69	282		Pat Schwab	76 70 75 69	290
5=	Don Bies	70 70 75 69	284		Tom Weiskopf	75 72 70 73	290
	Steve Spray	73 75 71 65	284		Larry Ziegler	71 71 74 74	290
7=	Bob Charles	73 69 72 71	285	32=	Bill Collins	71 72 76 72	291
	Jerry Pittman	73 67 74 71	285		Terry Dill	74 71 73 73	291
9=	Gay Brewer	71 71 75 69	286		Dave Marr	70 72 74 75	291
	Billy Casper	75 68 71 72	286		Bob Murphy	76 71 70 74	291
	Bruce Devlin	71 69 75 71	286		Charles Sifford	75 69 75 72	291
	Al Geiberger	72 74 68 72	286	37=	Harold Henning	75 68 76 73	292
	Sam Snead	73 71 74 68	286		Doug Sanders	73 72 73 74	292
	Dave Stockton	72 73 69 72	286	39=	Billy Farrell	70 72 74 77	293
15	Dan Sikes	71 71 73 72	287		Gibby Gilbert	73 72 76 72	293
16=	George Archer	74 72 73 69	288		Bob Goalby	76 71 73 73	293
	Julius Boros	71 71 75 71	288		Mac Hunter	75 73 74 71	293
	Charles Coody	69 71 72 76	288	43=	Al Balding	70 76 71 77	294
	Rod Funseth	74 72 69 73	288		Dave Eichelberger	74 73 76 71	294
	Dave Hill	74 68 74 72	288		Labron Harris, Jr	70 72 77 75	294
	Gary Player	76 69 70 73	288	46=	Bruce Crampton	75 72 75 73	295
22=	Mac McLendon	72 76 70 71	289		Bob Dickson	76 70 75 74	295
	Hugh Royer, Jr	75 72 73 69	289	48=	Ronnie Reif	72 74 74 76	296
24=	Miller Barber	74 68 78 70	290		Robert Stone	75 72 75 74	296

50=Monty Kaser	73 72 75 77	297	57=Paul Harney	74 73 78 75	300
Art Wall	74 74 75 74	297	Dick Siderowf (a)	71 76 76 77	300
52=Frank Beard	76 72 73 77	298	59 Arnold Palmer	73 74 79 75	301
Homero Blancas	72 75 74 77	298	60=Al Chandler	74 72 78 78	302
Billy Maxwell	72 74 78 74	298	Jack Weston Lewis, Jr (a)	73 75 80 74	302
Kel Nagle	72 75 76 75	298	62 Johnny Pott	76 72 76 79	303
56 Gene Borek	73 74 76 76	299	63 Jim Simons (a)	75 73 81 81	310

Round Leader(s)
R1   Yancey; 67
R2   Yancey; 135
R3   Yancey; 205

Lowest Scores
R2   Pittman; 67
R3   Geiberger, Nichols; 68
R4   Spray; 65

1968

97th OPEN Championship
Carnoustie Golf Links, Angus, Scotland (10-13 July)
No of Entries 309: No Starting 130: No Making Cut, 70 after 36 holes; 45 after 54 holes: No Completing 45
7252 yards: Par 72 (288)

1 GARY PLAYER	74 71 71 73	289	David Webster	77 71 78 74	300
(£3000)			24=Alex Caygill	79 76 71 75	301
2= Bob Charles	72 72 71 76	291	Keith MacDonald	80 71 73 77	301
Jack Nicklaus	76 69 73 73	291	Peter Thomson	77 71 78 75	301
4 Billy Casper	72 68 74 78	292	27=Malcolm Gregson	77 75 76 74	302
5 Maurice Bembridge	71 75 73 74	293	Bob Shaw	75 76 73 78	302
6= Brian Barnes	70 74 80 71	295	Dave Thomas	75 71 78 78	302
Gay Brewer	74 73 72 76	295	Sandy Wilson	73 81 74 74	302
Neil Coles	75 76 71 73	295	31=Harry Bannerman	74 73 77 79	303
9 Al Balding	74 76 74 72	296	Jaime Gallardo	78 71 78 76	303
10=Roberto de Vicenzo	77 72 74 74	297	David Huish	74 74 78 77	303
Bruce Devlin	77 73 72 75	297	34 Doug Sanders	78 76 73 77	304
Arnold Palmer	77 71 72 77	297	35=Gordon Cunningham	80 70 75 80	305
13=Peter Alliss	73 78 72 75	298	Jimmy Martin	81 72 74 78	305
Bobby Cole	75 76 72 75	298	Michael Murphy	77 74 77 77	305
Tommy Horton	77 74 73 74	298	38 Hubby Habjan	77 74 76 79	306
Brian Huggett	76 71 75 76	298	39=Christy Greene	75 77 76 79	307
Kel Nagle	74 75 75 74	298	Tony Grubb	79 74 75 79	307
18=Eric Brown	76 76 74 73	299	Mohammed Said Moussa	77 76 75 79	307
Tony Jacklin	72 72 75 80	299	42=Barry Coxon	77 72 78 84	311
Paddy Skerritt	72 73 77 77	299	Peter Mills	71 76 80 84	311
21=Michael Bonallack (a)	70 77 74 79	300	Bert Yancey	78 75 74 84	311
Sebastian Miguel	73 75 76 76	300	45 Harry Weetman	77 76 74 86	313

Round Leader(s)
R1   Barnes, Bonallack; 70
R2   Casper; 140
R3   Casper; 214

Lowest Scores
R2   Casper; 68
R3   Caygill, Charles, Coles, Player; 71
R4   Barnes; 71

1968

50th PGA Championship
Pecan Valley Country Club, San Antonio, Texas (18-21 July)
No Starting 165: No Making Cut 74: No Completing 74
7096 yards: Par 70 (280)

1 JULIUS BOROS	71 71 70 69	281	Dick Crawford	71 75 73 70	289
($25000)			Steve Reid	73 73 71 72	289
2= Bob Charles	72 70 70 70	282	30=Gardner Dickinson	74 69 76 71	290
Arnold Palmer	71 69 72 70	282	Lionel Hebert	75 71 70 74	290
4= George Archer	71 69 74 69	283	Gene Littler	73 74 74 69	290
Marty Fleckman	66 72 72 73	283	Bob Lunn	72 75 72 71	290
6= Frank Beard	68 70 72 74	284	34=Johnny Pott	70 70 75 76	291
Billy Casper	74 70 70 70	284	Sam Snead	75 71 72 73	291
8= Miller Barber	70 70 72 73	285	Terry Wilcox	74 73 71 73	291
Frank Boynton	70 73 72 70	285	37=Mac Hunter	71 72 73 76	292
Charles Coody	70 77 70 68	285	John Lively	74 74 72 72	292
Al Geiberger	70 73 71 71	285	Jerry Pittman	74 71 74 73	292
Bob Goalby	73 72 70 70	285	Bill Sporre	73 73 76 70	292
Lou Graham	73 70 70 72	285	41=Tim Debaufre	72 75 73 73	293
Doug Sanders	72 67 73 73	285	Ray Floyd	79 70 73 71	293
Dan Sikes	70 72 73 70	285	Earl Jacobson	73 74 74 72	293
Kermit Zarley	72 75 68 70	285	Tom Shaw	76 71 77 69	293
17=Dave Hill	72 74 69 71	286	45=Harold Henning	73 74 76 71	294
Mason Rudolph	69 75 70 72	286	Robert Stone	74 72 72 76	294
Dave Stockton	75 71 68 72	286	Larry Wise	75 71 74 74	294
20=Gay Brewer	71 72 72 72	287	48=Al Chandler	72 74 77 72	295
Al Mengert	71 73 70 73	287	Dow Finsterwald	71 75 75 74	295
Dick Rhyan	72 72 68 75	287	Ken Venturi	74 71 75 75	295
23=Bruce Crampton	71 75 70 72	288	51=Tommy Aycock	73 74 71 78	296
Lee Trevino	69 71 72 76	288	Sam Carmichael	73 73 78 72	296
Bert Yancey	75 71 70 72	288	Don January	78 71 75 72	296
26=Tommy Aaron	73 73 73 70	289	54=Jim Mooney	75 74 73 75	297
Don Bies	69 73 74 73	289	Stan Mosel	76 73 77 71	297
			Don Whitt	75 71 74 77	297

57=Laurie Hammer	70 78 78 72	298	
Bobby Nichols	75 72 76 75	298	
59=Ross Coon	72 76 76 75	299	
Bob Hamilton	78 71 74 76	299	
Bobby Mitchell	74 75 72 78	299	
Horace Moore	72 76 77 74	299	
Charles Sifford	73 74 77 75	299	
64=Bob Benning	76 71 79 74	300	
Bill Collins	76 73 74 77	300	
Pat Rea	76 73 76 75	300	
67=Joe Cardenas	73 74 80 75	302	
Bob Crowley	77 71 77 77	302	
69 Jim Picard	77 70 77 79	303	
70=Gene Mitchell	75 70 82 79	306	
Robert Schoener	79 70 79 78	306	
Gene Webb	76 73 79 78	306	
73=Manuel de la Torre	73 76 80 78	307	
Larry Ziegler	75 73 76 83	307	

Round Leader(s)
R1   Fleckman; 66
R2   Beard, Fleckman; 138
R3   Beard, Fleckman; 210

Lowest Scores
R2   Sanders; 67
R3   Rhyan, Stockton, Zarley; 68
R4   Coody; 68

1969

33rd MASTERS Tournament
Augusta National Golf Club, Augusta, Georgia (10-13 April)
No Starting 83: No Making Cut 48: No Completing 46
6925 yards: Par 72 (288)

1 GEORGE ARCHER ($20000)	67 73 69 72	281	
2= Billy Casper	66 71 71 74	282	
George Knudson	70 73 69 70	282	
Tom Weiskopf	71 71 69 71	282	
5= Charles Coody	74 68 69 72	283	
Don January	74 73 70 66	283	
7 Miller Barber	71 71 68 74	284	
8= Tommy Aaron	71 71 73 70	285	
Lionel Hebert	69 73 70 73	285	
Gene Littler	69 75 70 71	285	
11 Mason Rudolph	69 73 74 70	286	
12 Dan Sikes	69 71 73 74	287	
13=Bruce Crampton	69 73 74 72	288	
Al Geiberger	71 71 74 72	288	
Harold Henning	73 72 71 72	288	
Takaaki Kono	71 75 68 74	288	
Bert Yancey	69 75 71 73	288	
18 Dave Stockton	71 71 75 72	289	
19=Frank Beard	72 74 70 74	290	
Deane Beman	74 73 74 69	290	
Bruce Devlin	67 70 76 77	290	
Dale Douglass	73 72 71 74	290	
Lee Trevino	72 74 75 69	290	
24=Jack Burke, Jr	73 72 70 76	291	
Dave Hill	75 73 72 71	291	
Jack Nicklaus	68 75 72 76	291	
27 Arnold Palmer	73 75 70 74	292	
28 Johnny Pott	72 72 71 78	293	
29=Roberto Bernardini	76 71 72 75	294	
Bob Charles	70 76 72 76	294	
Gardner Dickinson	73 74 71 76	294	
Bobby Nichols	78 69 74 73	294	
33=Don Bies	74 70 70 81	295	
Julius Boros	72 73 73 77	295	
Gary Player	74 70 75 76	295	
36=Ray Floyd	73 71 78 74	296	
Doug Sanders	72 71 76 77	296	
Ken Still	73 75 71 77	296	
Kermit Zarley	73 73 76 74	296	
40=Bob Goalby	70 76 76 75	297	
Art Wall	70 77 78 72	297	
42 Peter Townsend	75 71 73 79	298	
43 Steve Spray	75 72 74 78	299	
44 Bruce Fleisher (a)	69 75 73 83	300	
45 Mac McLendon	72 75 76 80	303	
46 Dick Siderowf (a)	78 69 80 82	309	

Round Leader(s)
R1   Casper; 66
R2   Casper, Devlin; 137
R3   Casper; 208

Lowest Scores
R2   Coody; 68
R3   Barber, Kono; 68
R4   January; 66

1969

69th US OPEN Championship
Champions Golf Club, Houston, Texas (12-15 June)
No of Entries 3397: No Starting 150: No Making Cut 68: No Completing 68
6967 yards: Par 70 (280)

1 ORVILLE MOODY ($30000)	71 70 68 72	281	
2= Deane Beman	68 69 73 72	282	
Al Geiberger	68 72 72 70	282	
Bob Rosburg	70 69 72 71	282	
5 Bob Murphy	66 74 72 71	283	
6= Miller Barber	67 71 68 78	284	
Bruce Crampton	73 72 68 71	284	
Arnold Palmer	70 73 69 72	284	
9 Bunky Henry	70 72 68 75	285	
10=George Archer	69 74 73 70	286	
Bruce Devlin	73 74 70 69	286	
Dave Marr	75 69 71 71	286	
13=Julius Boros	71 73 70 73	287	
Charles Coody	72 68 72 75	287	
Dale Douglass	76 69 70 72	287	
Ray Floyd	79 68 68 72	287	
Dave Hill	73 74 70 70	287	
Howie Johnson	72 73 72 70	287	
Dean Refram	69 74 70 74	287	
Phil Rodgers	76 70 69 72	287	
Kermit Zarley	74 72 70 71	287	
22=Bob Stanton	74 70 71 73	288	
Tom Weiskopf	69 75 71 73	288	
Bert Yancey	71 71 74 72	288	
25=Joe Campbell	73 74 73 69	289	
Dick Crawford	70 75 73 71	289	
Tony Jacklin	71 70 73 75	289	
Bobby Mitchell	72 74 66 77	289	
Jack Nicklaus	74 67 75 73	289	
Dave Stockton	75 69 72 73	289	
31=Rich Bassett	73 74 69 74	290	
Bobby Cole	73 72 72 73	290	
Bobby Nichols	74 74 72 70	290	
Bob E Smith	76 67 72 75	290	
Jerry Steelsmith	72 72 75 71	290	
36=Homero Blancas	72 73 69 77	291	
George Knudson	70 70 76 75	291	
38=Dan Sikes	74 74 72 72	292	
Sam Snead	71 77 70 74	292	
40=Tommy Aaron	71 72 73 77	293	
Billy Casper	74 73 72 74	293	
42=Al Balding	74 73 73 74	294	
Bert Greene	78 70 74 72	294	
Bob Lunn	71 72 76 75	294	
Johnny Miller	71 70 80 73	294	
Jack Montgomery	74 73 72 75	294	
Mike Souchak	72 73 74 75	294	
48=Don Bies	78 70 70 77	295	
Gary Player	71 75 72 77	295	

50=	Frank Beard	72 73 73 78	296		Labron Harris, Jr	71 75 75 78	299
	Robert Stone	74 72 75 75	296		Larry Hinson	73 75 76 75	299
52=	Bill Collins	75 72 73 77	297		Rives McBee	71 77 76 75	299
	Lionel Hebert	74 73 77 73	297		David Philo	71 74 78 76	299
	Bob Payne	71 74 73 79	297	64	Martin Bohen	72 75 74 81	302
	John Schlee	74 74 78 71	297	65=	Dave Eichelberger	76 71 76 80	303
56=	Bill Ogden	76 72 75 75	298		Dow Finsterwald	77 71 77 78	303
	Ken Still	74 74 72 78	298	67	Lee Elder	74 73 79 82	308
58=	Pete Brown	74 74 74 77	299	68	Chuck Courtney	72 76 80 82	310
	Jack Ewing	70 76 80 73	299				

Round Leader(s)
R1 Murphy; 66
R2 Beman; 137
R3 Barber; 206

Lowest Scores
R2 Nicklaus, Smith; 67
R3 Mitchell; 66
R4 Campbell, Devlin; 69

1969

98th OPEN Championship
Royal Lytham & St Anne's Golf Club, Lancashire, England (9-12 July)
No of Entries 425: No Qualifying 132: No Starting 131: No Making Cut 73, after 36 holes; 46, after 54 holes: No Completing 46
6848 yards: Par 71 (284)

1	TONY JACKLIN	68 70 70 72	280		Gary Player	74 68 76 74	292
	(£4250)			25=	Fred Boobyer, Jr	74 70 76 73	293
2	Bob Charles	66 69 75 72	282		Billy Casper	70 70 75 78	293
3=	Roberto de Vicenzo	72 73 66 72	283		Alex Caygill	71 67 79 76	293
	Peter Thomson	71 70 70 72	283	28=	Hedley Muscroft	68 77 73 76	294
5	Christy O'Connor, Sr	71 65 74 74	284		Peter Tupling (a)	73 71 78 72	294
6=	Davis Love, Jr	70 73 71 71	285	30=	Max Faulkner	71 74 76 74	295
	Jack Nicklaus	75 70 68 72	285		Jean Garaialde	69 77 76 73	295
8	Peter Alliss	73 74 73 66	286		Mike Ingham	73 73 74 75	295
9	Kel Nagle	74 71 72 70	287		Don Swaelens	72 73 76 74	295
10	Miller Barber	69 75 75 69	288	34=	Gordon Cunningham	74 72 71 79	296
11=	Neil Coles	75 76 70 68	289		Ray Floyd	74 70 76 76	296
	Tommy Horton	71 76 70 72	289		John Garner	72 71 76 77	296
	Cobie LeGrange	79 70 71 69	289		Vince Hood	75 71 74 76	296
	Guy Wolstenholme	70 71 76 72	289		Lee Trevino	75 72 71 78	296
15	Gay Brewer	76 71 68 75	290		Brian Waites	73 75 74 74	296
16=	Eric Brown	73 76 69 73	291	40=	Brian Barnes	73 73 76 75	297
	Bruce Devlin	71 73 75 72	291		Jimmy Hitchcock	74 74 73 76	297
	Harold Henning	72 71 75 73	291	42=	Michael Bonallack (a)	74 72 73 79	298
	Brian Huggett	72 72 69 78	291		Angel Gallardo	72 76 73 77	298
	Orville Moody	71 70 74 76	291		Peter Wilcock	73 74 74 77	298
	Peter Townsend	73 70 76 72	291	45	John Panton	73 69 76 82	300
	Bert Yancey	72 71 71 77	291	46	Hugh Jackson	69 78 75 79	301
23=	Bernard Hunt	73 71 75 73	292				

Round Leader(s)
R1 Charles; 66
R2 Charles; 135
R3 Jacklin; 208

Lowest Scores
R2 O'Connor; 65
R3 De Vicenzo; 66
R4 Alliss; 66

1969

51st PGA Championship
National Cash Registers (NCR) Country Club, Dayton, Ohio (14-17 August)
No Starting 140: No Making Cut 80: No Completing 79
6915 yards: Par 71 (284)

1	RAY FLOYD	69 66 67 74	276		Tom Shaw	69 75 73 70	286
	($35000)			25=	Julius Boros	72 74 70 71	287
2	Gary Player	71 65 71 70	277		Gay Brewer	74 71 76 66	287
3	Bert Greene	71 68 68 71	278		Bob Dickson	74 72 70 71	287
4	Jimmy Wright	71 68 69 71	279		Tony Jacklin	73 70 73 71	287
5=	Miller Barber	73 75 64 68	280		George Knudson	70 75 67 75	287
	Larry Ziegler	69 71 70 70	280		Fred Marti	73 70 71 73	287
7=	Charles Coody	69 71 72 69	281		Dan Sikes	71 74 69 73	287
	Orville Moody	70 68 71 72	281	32=	Butch Baird	71 71 75 71	288
	Terry Wilcox	72 71 72 66	281		Bruce Devlin	70 78 69 71	288
10	Frank Beard	70 75 68 69	282		Al Mengert	74 72 72 70	288
11=	Don Bies	74 64 71 74	283	35=	Billy Casper	72 74 70 73	289
	Bunky Henry	69 68 70 76	283		Bob Charles	75 73 72 69	289
	Larry Mowry	69 71 69 74	283		Al Geiberger	69 72 77 71	289
	Jack Nicklaus	70 68 74 71	283		Mac McLendon	73 68 75 73	289
15=	Bruce Crampton	70 70 72 72	284		Steve Reid	72 75 71 71	289
	Dave Hill	74 75 67 68	284		Dave Stockton	75 67 71 76	289
	Don January	75 70 70 69	284	41=	Pete Brown	77 72 70 71	290
	Chi Chi Rodriguez	72 72 71 69	284		Gardner Dickinson	72 70 72 76	290
19=	Howie Johnson	73 68 72 72	285		Dick Hart	73 73 72 72	290
	Johnny Pott	69 75 71 70	285	44=	Harold Henning	74 73 70 74	291
21=	Ron Cerrudo	74 66 70 76	286		Larry Hinson	75 74 70 72	291
	Bobby Cole	72 74 71 69	286		Bobby Nichols	74 71 75 71	291
	Bob Lunn	69 74 73 70	286		Tom Weiskopf	70 76 70 75	291

THE GOLF MAJORS: 1860-2015 – RESULTS   125

48=Bobby Brue	73 71 74 74	292		Jay Hebert	75 74 73 74	296
Dale Douglass	73 76 72 71	292		Davis Love, Jr	73 71 76 76	296
Gene Littler	73 76 71 72	292		Billy Maxwell	76 73 75 72	296
Dick Lotz	75 73 69 75	292		Bob Murphy	74 71 75 76	296
Dave Marr	78 68 71 75	292		Sam Snead	75 72 71 78	296
Bobby Mitchell	73 71 75 73	292	69=	George Archer	75 74 71 77	297
Phil Rodgers	70 72 75 75	292		Jack Burke, Jr	74 75 74 74	297
Lee Trevino	73 71 72 76	292		Stan Dudas	76 70 76 75	297
Dudley Wysong	72 76 73 71	292		Jack McGowan	76 73 72 76	297
57=Tommy Aaron	70 72 79 72	293	73=	Ed Kroll	72 70 79 77	298
Jacky Cupit	70 73 75 75	293		Bob Stanton	77 72 73 76	298
59=Howell Fraser	72 76 71 75	294		Stan Thirsk	73 75 75 75	298
Pat Schwab	75 72 73 74	294	76=	John Cook	77 69 73 80	299
Mike Souchak	75 74 73 72	294		Dow Finsterwald	75 73 75 76	299
Kermit Zarley	75 74 69 76	294		Jim Turnesa	74 74 77 74	299
63=Dick Crawford	73 72 75 76	296	79	Eddie Merrins	75 70 77 80	302

Round Leader(s)
R1   Coody, Floyd, Geiberger, Henry, Lunn, Mowry, Pott, Shaw, Ziegler; 69
R2   Floyd; 135
R3   Floyd; 202

Lowest Scores
R2   Bies; 64
R3   Barber; 64
R4   Brewer, Wilcox; 66

1970

34th MASTERS Tournament
Augusta National Golf Club, Augusta, Georgia (9-13 April)
No Starting 83: No Making Cut 48: No Completing 48
6925 yards: Par 72 (288)

1	BILLY CASPER*	72 68 68 71	279		Charles R Coe (a)	74 71 72 75	292
	($25000)				Bob Murphy	78 70 73 71	292
2	Gene Littler	69 70 70 70	279		Sam Snead	76 73 71 72	292
3	Gary Player	74 68 68 70	280		Tom Weiskopf	73 73 72 74	292
4	Bert Yancey	69 70 72 70	281	29=	Yung-Yo Hsieh	75 75 69 74	293
5=	Tommy Aaron	68 74 69 72	283		Jimmy Wright	75 72 71 75	293
	Dave Hill	73 70 70 70	283	31=	George Archer	73 72 74 75	294
	Dave Stockton	72 72 69 70	283		Gay Brewer	78 70 72 74	294
8	Jack Nicklaus	71 75 69 69	284		Bruce Devlin	72 74 78 70	294
9	Frank Beard	71 76 68 70	285		Larry Hinson	72 72 71 79	294
10=	Bob Lunn	70 70 75 72	287		Ken Still	74 73 74 73	294
	Chi Chi Rodriguez	70 76 73 68	287	36=	Arnold Palmer	75 73 74 73	295
12=	Charles Coody	70 74 67 77	288		Dan Sikes	70 77 71 77	295
	Bert Greene	75 71 70 72	288	38=	Maurice Bembridge	77 72 70 77	296
	Tony Jacklin	73 74 70 71	288		Bruce Crampton	75 71 75 75	296
	Don January	76 73 69 70	288		Dale Douglass	76 74 72 74	296
	Takaaki Kono	75 68 71 74	288		Marvin Giles III (a)	78 72 72 74	296
17	Bob Charles	75 71 71 72	289		Grier Jones	73 75 73 75	296
18=	Howie Johnson	75 71 73 71	290	43	Steve Melnyk (a)	73 76 71 77	297
	Dick Lotz	74 72 72 72	290	44	Bob Rosburg	77 73 75 73	298
	Orville Moody	73 72 71 74	290	45=	Al Geiberger	73 77 74 75	299
21=	Miller Barber	76 73 77 65	291		George Knudson	73 72 78 76	299
	Terry Wilcox	79 70 70 72	291	47	Dick Sikes	70 75 77 78	300
23=	Deane Beman	74 72 72 74	292	48	Dean Refram	76 74 78 75	303
	Julius Boros	75 71 74 72	292				

Billy Casper (69) beat Gene Littler (74) in the 18-hole Play-off

Round Leader(s)
R1   Aaron; 68
R2   Littler, Yancey; 139
R3   Casper; 208

Lowest Scores
R2   Casper, Kono, Player; 68
R3   Coody; 67
R4   Barber; 65

1970

70th US OPEN Championship
Hazeltine National Golf Club, Chaska, Minneapolis, Minnesota (18-21 June)
No of Entries 3605: No Starting 150: No Making Cut 73: No Completing 72
7151 yards: Par 72 (288)

1	TONY JACKLIN	71 70 70 70	281		Gene Littler	77 72 71 75	295
	($30000)				Bobby Mitchell	74 78 74 69	295
2	Dave Hill	75 69 71 73	288	18=	Al Balding	75 74 75 72	296
3=	Bob Charles	76 71 75 67	289		Paul Harney	78 73 75 70	296
	Bob Lunn	77 72 70 70	289		Johnny Miller	79 73 73 71	296
5	Ken Still	78 71 71 71	291		Randy Wolff	78 67 76 75	296
6	Miller Barber	75 75 72 70	292	22=	Frank Beard	75 73 79 70	297
7	Gay Brewer	75 71 71 76	293		Richard Crawford	74 71 76 76	297
8=	Billy Casper	75 75 71 73	294		Ray Floyd	78 73 70 76	297
	Bruce Devlin	75 75 71 73	294		Ted Hayes, Jr	79 73 73 72	297
	Lee Trevino	77 73 74 70	294		Bert Yancey	81 72 73 71	297
	Larry Ziegler	75 73 73 73	294	27=	Chi Chi Rodriguez	73 77 75 73	298
12=	Julius Boros	73 75 70 77	295		Mason Rudolph	73 75 73 77	298
	Bobby Cole	78 75 71 71	295		Dan Sikes	81 69 72 76	298
	Joel Goldstrand	76 76 71 72	295	30=	George Archer	76 73 77 73	299
	Howie Johnson	75 72 75 73	295		Bruce Crampton	79 71 74 75	299

	Bunky Henry	80 68 77 74	299	Steve Spray	78 74 74 78	304
	Dave Marr	82 69 74 74	299	54=John Cook	77 75 77 76	305
	Kel Nagle	78 75 73 73	299	Rolf Deming	77 76 76 76	305
	Tom Weiskopf	76 73 78 72	299	Bert Greene	77 75 80 73	305
36=	Don Bies	75 76 76 74	301	Fred Marti	75 78 77 75	305
	Ben Crenshaw (a)	75 73 77 76	301	Al Mengert	76 77 76 76	305
	Bob Erickson	80 72 79 70	301	Arnold Palmer	79 74 75 77	305
	Tony Evans	74 75 75 77	301	DeWitt Weaver	82 71 74 78	305
	Bob Goalby	78 74 75 74	301	61=Chris Blocker	78 75 78 75	306
	John Mahaffey	77 73 74 77	301	George Knudson	82 71 76 77	306
	Dean Refram	79 74 74 74	301	63 Wayne Yates	78 75 79 75	307
	Kermit Zarley	76 76 74 75	301	64=Charles Coody	78 74 80 76	308
44=	Gary Player	80 73 75 74	302	Bob Rosburg	79 73 76 80	308
	Dick Smith	76 77 76 73	302	66=Leon Crump	78 75 78 79	310
46=	Tommy Aaron	77 76 74 76	303	Marvin Giles III (a)	76 76 78 80	310
	Lou Graham	76 75 76 76	303	Butch Harmon	80 72 76 82	310
	Monty Kaser	76 77 74 76	303	69=Gene Borek	80 73 78 80	311
	Bobby Nichols	75 73 80 75	303	Jerry McGee	80 73 78 80	311
	Hugh Royer	77 76 73 77	303	Jim Weichers	76 75 81 79	311
51=	Rives McBee	78 73 74 79	304	72 Davis Love, Jr	77 76 88 74	315
	Jack Nicklaus	81 72 75 76	304			

Round Leader(s)
R1 Jacklin; 71
R2 Jacklin; 141
R3 Jacklin; 211

Lowest Scores
R2 Wolff; 67
R3 Boros, Floyd, Jacklin, Lunn; 70
R4 Charles; 67

1970

99th OPEN Championship
Royal & Ancient Golf Club, St Andrews, Fife, Scotland (8-12 July)
No of Entries 471: No Starting 134: No Making Cut 80, after 36 holes; 57, after 54 holes: No Completing 57
6951 yards: Par 72 (288)

1	JACK NICKLAUS* (£5250)	68 69 73 73	283	Brian Huggett	68 78 73 77	296
				Tom Shaw	73 71 73 79	296
2	Doug Sanders	68 71 71 73	283	32=Peter Alliss	69 74 78 76	297
3=	Harold Henning	67 72 73 73	285	Brian Barnes	69 74 75 79	297
	Lee Trevino	68 68 72 77	285	Gay Brewer	69 74 74 80	297
5	Tony Jacklin	67 70 73 76	286	Eric Brown	73 72 74 78	297
6=	Neil Coles	65 74 72 76	287	Dale Douglass	75 71 73 78	297
	Peter Oosterhuis	73 69 69 76	287	David Graham	72 72 74 79	297
8	Hugh Jackson	69 72 73 74	288	Florentino Molina	67 75 78 77	297
9=	Tommy Horton	66 73 75 75	289	Kel Nagle	71 74 73 79	297
	John Panton	72 73 73 71	289	Dave Thomas	70 72 76 79	297
	Peter Thomson	68 74 73 74	289	41=Alex Caygill	74 72 74 78	298
12	Arnold Palmer	68 72 76 74	290	Tony Grubb	72 77 71 78	298
13=	Maurice Bembridge	67 74 75 76	292	Dave Marr	71 71 74 82	298
	Bob Charles	72 73 73 74	292	Steve Melnyk (a)	69 74 76 79	298
	John Richardson	67 72 76 77	292	45=Jimmy Hume	72 75 76 76	299
	Bert Yancey	71 71 73 77	292	Peter Townsend	72 73 74 80	299
17=	Roberto Bernardini	75 69 74 75	293	George Will	69 78 74 78	299
	Billy Casper	71 74 73 75	293	48=Guy Hunt	72 70 80 78	300
	Clive Clark	69 70 77 77	293	Jimmy Martin	71 74 75 80	300
	Roberto de Vicenzo	71 76 71 75	293	50=Tommy Aaron	68 74 79 80	301
	Christy O'Connor, Sr	72 68 74 79	293	Warren Humphreys (a)	73 73 76 79	301
22=	Walter Godfrey	71 75 74 74	294	Tomas Lopez	70 72 75 84	301
	Tom Weiskopf	70 74 72 78	294	Norman Wood	73 73 77 78	301
	Guy Wolstenholme	68 77 72 77	294	54 Derek Small	69 74 80 79	302
25=	Bruce Devlin	72 76 72 75	295	55 Davis Love, Jr	71 74 73 85	303
	Graham Marsh	75 72 74 74	295	56 Richard Livingstone	75 73 75 81	304
	Ronnie Shade	72 75 69 79	295	57 Sandy Walker	70 78 75 84	307
28=	Stuart Brown	73 73 71 79	296			
	Bobby Cole	71 76 71 78	296	*Jack Nicklaus (72) beat Doug Sanders (73) in the 18-Hole Play-off		

Round Leader(s)
R1 Coles; 65
R2 Trevino; 136
R3 Trevino; 208

Lowest Scores
R2 O'Connor, Trevino; 68
R3 Oosterhuis, Shade; 69
R4 Panton; 71

1970

52nd US PGA Championship
Southern Hills Country Club, Tulsa, Oklahoma (13-16 August)
No Starting 136: No Making Cut 70: No Completing 70
6962 yards: Par 70 (280)

1	DAVE STOCKTON ($40000)	70 70 66 73	279	8= Ray Floyd	71 73 65 75	284
				Dick Lotz	72 70 75 67	284
2=	Bob Murphy	71 73 71 66	281	10=Billy Maxwell	72 71 73 69	285
	Arnold Palmer	70 72 69 70	281	Mason Rudolph	71 70 73 71	285
4=	Larry Hinson	69 71 74 68	282	12=Don January	73 71 73 69	286
	Gene Littler	72 71 69 70	282	Johnny Miller	68 77 70 71	286
6=	Bruce Crampton	73 75 68 67	283	Gary Player	74 68 74 70	286
	Jack Nicklaus	68 76 73 66	283	Sam Snead	70 75 68 73	286

16=	Al Geiberger	72 74 71 71	288		Doug Sanders	75 74 71 74	294
	Mike Hill	70 71 74 73	288	45=	Tommy Aaron	71 74 75 75	295
18=	Billy Casper	72 70 74 73	289		Jack Burke, Jr	74 74 74 73	295
	Bruce Devlin	75 70 71 73	289		Larry Ziegler	71 73 79 72	295
	Al Mengert	76 72 70 71	289	48=	Bill Collins	72 71 77 76	296
	Dan Sikes	74 70 75 70	289		Bert Greene	73 73 74 76	296
22=	Lou Graham	75 68 74 73	290		Phil Rodgers	74 74 76 72	296
	Bob Stanton	71 74 72 73	290		Hugh Royer	76 74 73 73	296
	Bert Yancey	74 69 75 72	290		Jerry Steelsmith	73 72 78 73	296
	Kermit Zarley	73 74 73 70	290		Robert Stone	73 77 75 71	296
26=	Julius Boros	72 71 72 76	291	54	Ross Coon	74 73 74 76	297
	Bob Charles	74 73 72 72	291	55=	Frank Beard	73 73 77 75	298
	Terry Dill	72 71 75 73	291		Deane Beman	76 72 74 76	298
	Bobby Nichols	72 76 72 72	291		Gibby Gilbert	73 74 77 74	298
	Lee Trevino	72 77 77 65	291		George Knudson	77 73 74 74	298
31=	Homero Blancas	70 74 72 76	292		Jim O'Hern	75 74 73 76	298
	Hale Irwin	72 69 76 75	292		Jimmy Wright	74 74 76 74	298
	Bob Menne	73 72 75 72	292	61=	George Archer	77 71 75 76	299
	Jim Wiechers	72 75 73 72	292		Tommy Jacobs	77 70 75 77	299
35=	Charles Coody	69 79 73 72	293	63	Bob Rosburg	72 75 74 81	302
	Rod Funseth	76 70 74 73	293	64	Dick Bury	75 74 77 78	304
	Howie Johnson	71 72 76 74	293	65=	Tommy Aycock	75 73 82 75	305
	Dave Marr	76 71 74 72	293		Joe Jimenez	75 73 80 77	305
	Bobby Mitchell	72 76 76 69	293		Gordon Jones	75 75 78 77	305
	Bob E Smith	77 73 72 71	293	68=	Dave Hill	76 74 79 77	306
41=	Jacky Cupit	70 77 75 72	294		Bob Hold	76 74 81 75	306
	Bob Lunn	74 69 70 81	294	70	Dick Crawford	74 76 80 79	309
	Orville Moody	75 72 75 72	294				

Round Leader(s)
R1 Miller, Nicklaus; 68
R2 Hinson, Stockton; 140
R3 Stockton; 206

Lowest Scores
R2 Graham, Player; 68
R3 Floyd; 65
R4 Trevino; 65

1971

53rd PGA Championship
PGA National Golf Club, Palm Beach Gardens, Florida (25-28 February)
No Starting 146; No Making Cut 83; No Completing 81
7096 yards: Par 72 (288)

1	JACK NICKLAUS ($40000)	69 69 70 73	281	41=	Babe Hiskey	75 72 69 78	294
					Howie Johnson	77 71 75 71	294
2	Billy Casper	71 73 71 68	283		Grier Jones	74 75 73 72	294
3	Tommy Bolt	72 74 69 69	284		Billy Maxwell	75 71 76 72	294
4=	Miller Barber	72 68 75 70	285		John Schlee	72 76 75 71	294
	Gary Player	71 73 68 73	285		Dave Stockton	73 73 75 73	294
6=	Gibby Gilbert	74 67 72 73	286	47=	Deane Beman	71 74 75 75	295
	Dave Hill	74 71 71 70	286		Jim Colbert	72 73 76 74	295
	Jim Jamieson	72 72 72 70	286		Bob Goalby	70 74 73 78	295
9=	Jerry Heard	73 71 72 71	287		Mike Hill	72 72 74 77	295
	Bob Lunn	72 70 73 72	287		Bob Murphy	68 78 75 74	295
	Fred Marti	72 71 74 70	287		Bobby Nichols	74 72 74 75	295
	Bob Rosburg	74 72 70 71	287		Cesar Sanudo	77 72 73 73	295
13=	Frank Beard	74 71 73 70	288		Dan Sikes	73 73 75 74	295
	Bob Charles	70 75 70 73	288		Larry Ziegler	74 68 76 77	295
	Bruce Devlin	71 71 74 72	288	56=	Bill Garrett	74 75 75 72	296
	Larry Hinson	71 73 73 71	288		Al Kelley	73 74 74 75	296
	Lee Trevino	71 73 75 69	288	58=	Bill Bisdorf	76 73 76 72	297
18=	Herb Hooper	74 71 73 71	289		Bruce Crampton	72 77 73 75	297
	Arnold Palmer	75 71 70 73	289		Jacky Cupit	76 71 73 77	297
20=	Johnny Miller	71 76 72 71	290		Dick Lotz	76 73 77 71	297
	Bob E Smith	73 70 75 72	290		Hugh Royer	78 71 73 75	297
22=	Brad Anderson	71 75 75 70	291		Mason Rudolph	76 72 75 74	297
	Chuck Courtney	74 71 74 72	291	64=	Joe Campbell	73 76 74 75	298
	Hale Irwin	73 72 72 74	291		Labron Harris, Jr	76 72 74 76	298
	Jerry McGee	73 74 71 73	291		DeWitt Weaver	73 76 77 72	298
	John Schroeder	72 74 74 71	291	67=	Corky Dahl	75 69 79 76	299
	Tom Weiskopf	72 70 77 72	291		Bob Duden	72 75 79 73	299
	Larry Wood	74 71 72 74	291		Chick Evans	74 74 73 78	299
	Bert Yancey	71 74 70 76	291		Chi Chi Rodriguez	73 76 73 77	299
30=	Terry Dill	75 68 75 74	292		Robert Stone	73 75 72 79	299
	Gene Borek	72 70 73 77	292	72=	Pete Brown	76 70 78 76	300
	Rod Funseth	72 74 75 71	292		Bert Greene	76 69 73 82	300
	Al Geiberger	74 69 77 72	292		Larry Mancour	74 71 78 77	300
	Tony Jacklin	71 74 74 73	292		Dick Sikes	76 73 79 72	300
35=	George Archer	74 73 74 72	293	76=	Manuel de la Torre	74 70 79 79	302
	Homero Blancas	72 73 74 74	293		Gene Littler	73 71 82 76	302
	Julius Boros	71 74 72 76	293		Ken Towns	75 74 76 77	302
	Dave Eichelberger	74 74 72 73	293	79=	Steve Spray	75 73 79 76	303
	Bobby Mitchell	70 73 75 75	293		Ken Still	76 72 77 78	303
	Sam Snead	71 74 74 74	293	81	John Molenda	75 72 79 78	304

Round Leader(s)
R1 Murphy; 68
R2 Nicklaus; 138
R3 Nicklaus; 208

Lowest Scores
R2 Gilbert; 67
R3 Player; 68
R4 Casper; 68

1971

35th MASTERS Tournament
Augusta National Golf Club, Augusta, Georgia (8-11 April)
No Starting 77: No Making Cut 48: No Completing 48
6925 yards: Par 72 (288)

1	CHARLES COODY	66 73 70 70	279		Dick Lotz	77 72 73 70	292
	($25000)				Steve Melnyk (a)	73 70 75 74	292
2=	Johnny Miller	72 73 68 68	281	27=	Dale Douglass	70 71 76 76	293
	Jack Nicklaus	70 71 68 72	281		Dave Hill	74 73 70 76	293
4=	Don January	69 69 73 72	283		Art Wall	71 76 72 74	293
	Gene Littler	72 69 73 69	283	30=	Larry Hinson	75 71 76 72	294
6=	Gary Player	72 72 71 69	284		Yung-Yo Hsieh	75 69 77 73	294
	Ken Still	72 71 72 69	284		Juan Rodriguez	73 75 71 75	294
	Tom Weiskopf	71 69 72 72	284		Larry Ziegler	73 70 77 74	294
9=	Frank Beard	74 73 69 70	286	34	Bob Lunn	69 76 81 69	295
	Roberto de Vicenzo	76 69 72 69	286	35	George Archer	73 74 78 71	296
	Dave Stockton	72 73 69 72	286	36=	Bob Goalby	76 73 74 74	297
12	Bert Greene	73 73 71 70	287		David Graham	75 72 77 73	297
13=	Billy Casper	72 73 71 72	288		Tony Jacklin	73 76 76 72	297
	Bruce Devlin	72 70 72 74	288		John Schlee	76 74 73 74	297
	Ray Floyd	69 75 73 71	288		Tom Shaw	77 70 74 76	297
	Hale Irwin	69 72 71 76	288	41	Harold Henning	72 75 77 74	298
	Bob Murphy	69 70 76 73	288	42=	Tom Kite (a)	76 74 70 80	300
18=	Bruce Crampton	73 72 74 70	289		John Lister	78 72 75 75	300
	Arnold Palmer	73 72 71 73	289		Allen Miller (a)	76 73 81 70	300
20=	Dave Eichelberger	76 71 70 73	290	45	Gibby Gilbert	72 76 75 79	302
	Orville Moody	79 69 70 72	290	46=	Doug Ford	75 75 77 76	303
22=	Tommy Aaron	76 72 74 69	291		Howie Johnson	73 74 82 74	303
	Bobby Mitchell	72 70 74 75	291	48	Jerry Heard	76 74 75 79	304
24=	Al Geiberger	73 75 72 72	292				

Round Leader(s)
R1 Coody; 66
R2 January; 138
R3 Coody, Nicklaus; 209

Lowest Scores
R2 Hsieh, January, Littler, Moody, de Vicenzo, Weiskopf; 69
R3 Miller, Nicklaus; 68
R4 Miller; 68

1971

71st US OPEN Championship
Merion Golf Club, Ardmore, Pennsylvania (17-21 June)
No of Entries 4279: No Starting 150: No Making Cut 64: No Completing 64
6544 yards: Par 70 (280)

1	LEE TREVINO*	70 72 69 69	280		Orville Moody	71 71 76 71	289
	($30000)				Gary Player	76 71 72 70	289
2	Jack Nicklaus	69 72 68 71	280		John Schroeder	72 73 69 75	289
3=	Jim Colbert	69 69 73 71	282		Kermit Zarley	74 70 72 73	289
	Bob Rosburg	71 72 70 69	282	37=	Bob Erickson	71 67 73 79	290
5=	George Archer	71 70 70 72	283		Lou Graham	75 72 70 73	290
	Johnny Miller	70 73 70 70	283		John Lister	73 75 72 70	290
	Jim Simons (a)	71 71 65 76	283		Gene Littler	74 74 71 71	290
8	Ray Floyd	71 75 67 71	284		Doug Sanders	68 75 71 76	290
9=	Gay Brewer	70 70 73 72	285	42=	Julius Boros	74 71 73 74	292
	Larry Hinson	71 71 70 73	285		Dale Douglass	70 74 74 74	292
	Bobby Nichols	69 72 69 75	285		Mason Rudolph	72 75 71 74	292
	Bert Yancey	75 69 69 72	285		John Schlee	70 73 77 72	292
13=	Bob Charles	72 75 69 70	286	46=	Chuck Courtney	74 73 77 69	293
	Bobby Cole	72 71 72 71	286		Paul Harney	73 74 72 74	293
	Jerry Heard	73 71 73 69	286		Labron Harris, Jr	67 77 76 73	293
	Jerry McGee	72 67 77 70	286	49=	Don Bies	71 74 72 77	294
	Chi Chi Rodriguez	70 71 73 72	286		Bruce Crampton	73 73 71 77	294
	Lanny Wadkins (a)	68 75 75 68	286		Bobby Greenwood	73 74 73 74	294
19=	Homero Blancas	71 71 75 70	287		Bob Risch	74 74 73 73	294
	Dave Eichelberger	72 72 70 73	287		Charles Sifford	75 72 69 78	294
	Bob Goalby	68 76 74 69	287		Art Silverstrone	74 70 76 74	294
	Hale Irwin	72 73 72 70	287	55=	Deane Beman	72 73 70 80	295
	Ken Still	71 72 69 75	287		Bob Dickson	73 74 76 72	295
24=	Dick Lotz	72 72 73 71	288		Al Geiberger	71 71 75 78	295
	Arnold Palmer	73 68 73 74	288		Danny Yates (a)	72 75 76 72	295
	Bob E Smith	71 74 71 72	288	59	Miller Barber	73 73 72 78	296
27=	Ben Crenshaw (a)	74 74 68 73	289	60=	Gene Borek	75 71 75 76	297
	Bruce Devlin	72 69 71 77	289		Roy Pace	72 76 73 76	297
	Don January	75 73 71 70	289	62	Ronnie Reif	73 72 75 78	298
	Ralph Johnston	70 75 73 71	289	63	Charles Coody	70 76 75 79	300
	Bob Lunn	71 73 71 74	289	64	James Masserio (a)	71 75 77 79	302
	Bobby Mitchell	72 74 72 71	289				

* Lee Trevino (68) beat Jack Nicklaus (71) in the 18-Hole Play-off

Round Leader(s)
R1 Harris; 67
R2 Colbert, Erickson; 138
R3 Simons; 207

Lowest Scores
R2 Erickson, McGee; 67
R3 Simons; 65
R4 Wadkins; 68

1971

100th OPEN Championship
Royal Birkdale Golf Club, Southport, Lancashire, England (7-10 July)
No of Entries 528: No Starting 150: No Making Cut 80, after 36 holes; 64, after 54 holes: No Completing 64
7080 yards: Par 73 (292)

1	LEE TREVINO	69 70 69 70	278
	(£5500)		
2	Liang-Huan Lu	70 70 69 70	279
3	Tony Jacklin	69 70 70 71	280
4	Craig DeFoy	72 72 68 69	281
5=	Charles Coody	74 71 70 68	283
	Jack Nicklaus	71 71 72 69	283
7=	Billy Casper	70 72 75 67	284
	Gary Player	71 70 71 72	284
9=	Doug Sanders	73 71 74 67	285
	Peter Thomson	70 73 73 69	285
11=	Harry Bannerman	73 71 72 71	287
	Roberto de Vicenzo	71 70 72 74	287
	Kel Nagle	70 75 73 69	287
	Ramon Sota	72 72 70 73	287
	Dave Stockton	74 74 68 71	287
	Bert Yancey	75 70 71 71	287
17	Dale Hayes	71 72 70 75	288
18=	Bob Charles	77 71 71 70	289
	Peter Oosterhuis	76 71 66 76	289
20=	Bernard Hunt	74 73 73 70	290
	Howie Johnson	69 76 72 73	290
22=	Michael Bonallack (a)	71 72 75 73	291
	Neil Coles	76 72 72 71	291
	Hugh Jackson	71 73 72 75	291
25=	Peter Butler	73 73 73 73	292
	Vicente Fernandez	69 79 73 71	292
	Malcolm Gregson	71 71 73 77	292
	Brian Huggett	73 73 74 72	292
	Bill Large	73 75 73 71	292
	John Lister	74 71 74 73	292
	Doug Sewell	73 74 74 71	292
	Randall Vines	75 71 73 73	292
33=	Min-Nan Hsieh	77 70 74 72	293
	Guy Wolstenholme	75 72 73 73	293
35=	Christy O'Connor, Sr	74 72 76 72	294
	John Garner	76 74 71 73	294
37=	Bruce Devlin	74 71 75 75	295
	Bernard Gallacher	72 76 75 72	295
	Tommy Horton	70 72 79 74	295
40=	Eric Brown	75 72 72 77	296
	Walter Godfrey	72 79 71 74	296
	Jimmy Kinsella	74 68 80 74	296
	John O'Leary	70 75 75 76	296
	Lionel Platts	78 72 73 73	296
	Peter Townsend	73 75 75 73	296
	Tom Weiskopf	75 73 75 73	296
47=	Peter Alliss	74 76 72 75	297
	Johnny Miller	72 76 70 79	297
49=	Valentin Barrios	72 74 77 75	298
	Tiene Britz	73 78 73 74	298
	Bobby Locke	75 73 74 76	298
	Steve Melnyk (a)	76 74 74 74	298
	Jack Newton	73 72 76 77	298
	John Sharkey	73 75 72 78	298
	Don Swaelens	75 73 72 78	298
	Jack Wilkshire	75 71 76 76	298
57	Graham Marsh	75 73 72 79	299
58=	David Snell	75 75 74 76	300
	Brian Waites	70 79 72 79	300
60=	Miller Barber	71 74 77 79	301
	Maurice Bembridge	75 73 76 77	301
	Roger Manning	73 72 76 80	301
63	David Talbot	77 72 75 78	302
64	Brian Barnes	76 75 73 79	303

Round Leader(s)
R1 Fernandez, Jacklin, Johnson, Trevino; 69
R2 Jacklin, Trevino; 139
R3 Trevino; 208

Lowest Scores
R2 de Vicenzo, Jacklin, Lu, Player, Trevino, Yancey; 70
R3 Oosterhuis; 66
R4 Casper, Sanders; 67

1972

36th MASTERS Tournament
Augusta National Golf Club, Augusta, Georgia (6-9 April)
No Starting 84: No Making Cut 47: No Completing 47
6925 yards: Par 72 (288)

1	JACK NICKLAUS	68 71 73 74	286
	($25000)		
2=	Bruce Crampton	72 75 69 73	289
	Bobby Mitchell	73 72 71 73	289
	Tom Weiskopf	74 71 70 74	289
5=	Homero Blancas	76 71 69 74	290
	Bruce Devlin	74 75 70 71	290
	Jerry Heard	73 71 72 74	290
	Jim Jamieson	72 70 71 77	290
	Jerry McGee	73 74 71 72	290
10=	Gary Player	73 75 72 71	291
	Dave Stockton	76 70 74 71	291
12=	George Archer	73 75 72 72	292
	Charles Coody	73 70 74 75	292
	Al Geiberger	76 70 74 72	292
	Steve Melnyk	72 72 74 74	292
	Bert Yancey	72 69 76 75	292
17=	Billy Casper	75 71 74 74	294
	Bob Goalby	73 76 72 73	294
19=	Ben Crenshaw (a)	73 74 74 74	295
	Takaaki Kono	76 72 73 74	295
	Lanny Wadkins	72 72 77 74	295
22=	Bob Charles	72 76 74 74	296
	Roberto de Vicenzo	75 69 76 76	296
	Gardner Dickinson	77 72 73 74	296
	Hubert Green	75 74 74 73	296
	Paul Harney	71 69 75 81	296
27=	Tony Jacklin	72 76 75 74	297
	Tom Kite (a)	74 74 76 73	297
	Sam Snead	69 75 76 77	297
30	JC Snead	74 77 72 75	298
31=	Bert Greene	75 75 77 72	299
	Bobby Nichols	72 71 80 76	299
33=	Harry Bannerman	78 72 72 78	300
	Grier Jones	73 75 76 76	300
	Arnold Palmer	70 75 74 81	300
	Lee Trevino	75 76 77 72	300
37	Liang-Huan Lu	75 72 80 74	301
38=	Gibby Gilbert	72 76 74 81	303
	Peter Oosterhuis	74 76 80 73	303
40	Ken Still	74 77 77 76	304
41=	Frank Beard	72 79 79 76	306
	Jim Simons (a)	71 79 76 80	306
43=	James C McLean (a)	75 75 78 79	307
	Bob Murphy	75 76 77 79	307
45=	Larry Hinson	77 74 79 78	308
	Bob Rosburg	74 73 83 78	308
47	DeWitt Weaver	74 76 81 79	310

Round Leader(s)
R1 Nicklaus; 68
R2 Nicklaus; 139
R3 Nicklaus; 212

Lowest Scores
R2 Harney, de Vicenzo, Yancey; 69
R3 Blancas, Crampton; 69
R4 Devlin, Player, Stockton; 71

1972

72nd US OPEN Championship
Pebble Beach Golf Links, Pebble Beach, California (15-18 June)
No of Entries 4196: No Starting 150: No Making Cut 70: No Completing 70
6812 yards: Par 72 (288)

1	JACK NICKLAUS	71 73 72 74	290	36=	Buddy Allin	75 76 77 78	306
	($30000)				Larry Hinson	78 73 72 83	306
2	Bruce Crampton	74 70 73 76	293		Hale Irwin	78 72 73 83	306
3	Arnold Palmer	77 68 73 76	294		Barry Jaeckel	78 69 82 77	306
4=	Homero Blancas	74 70 76 75	295	40=	Ron Cerrudo	77 77 76 77	307
	Lee Trevino	74 72 71 78	295		Tony Jacklin	75 78 71 83	307
6	Kermit Zarley	71 73 73 79	296		Jerry McGee	79 72 71 85	307
7	Johnny Miller	74 73 71 79	297		George Rives	80 73 79 75	307
8	Tom Weiskopf	73 74 73 78	298		Mason Rudolph	71 80 86 70	307
9=	Chi Chi Rodriguez	71 75 78 75	299		Tom Shaw	71 79 80 77	307
	Cesar Sanudo	72 72 78 77	299		Billy Ziobro	76 77 77 77	307
11=	Billy Casper	74 73 79 74	300	47=	Bobby Cole	72 76 79 81	308
	Don January	76 71 74 79	300		Gibby Gilbert	77 77 77 77	308
	Bobby Nichols	77 74 72 77	300		David Graham	77 77 79 75	308
	Bert Yancey	75 79 70 76	300		Ron Letellier	75 77 74 82	308
15=	Don Massengale	72 81 70 78	301		John Schroeder	78 75 75 80	308
	Orville Moody	71 77 79 74	301	52=	Mike Butler	78 73 77 81	309
	Gary Player	72 76 75 78	301		Tom Jenkins	73 80 75 81	309
	Jim Simons (a)	75 75 79 72	301		Ralph Johnston	74 72 79 84	309
19=	Lou Graham	75 73 75 79	302	55=	Tommy Aaron	76 76 77 81	310
	Tom Kite (a)	75 73 79 75	302		Martin Bohen	77 76 77 80	310
21=	Al Geiberger	80 74 76 73	303		Bob Brue	77 75 79 79	310
	Paul Harney	79 72 75 77	303		Tim Collins	79 71 81 79	310
	Bobby Mitchell	74 80 73 76	303		Hubert Green	75 76 78 81	310
	Charles Sifford	79 74 72 78	303		Bobby Greenwood	77 75 72 86	310
25=	Gay Brewer	77 77 72 78	304		Jim Hardy	78 76 79 77	310
	Rod Funseth	73 73 84 74	304		Mike Hill	75 77 75 83	310
	Lanny Wadkins	76 68 79 81	304	63=	Jim Colbert	74 79 76 82	311
	Jim Wiechers	74 79 69 82	304		Bob Murphy	79 74 83 75	311
29=	Miller Barber	76 76 73 80	305	65=	George Archer	74 74 77 87	312
	Julius Boros	77 77 74 77	305		Bruce Devlin	75 78 74 85	312
	Dave Eichelberger	76 71 80 78	305	67=	Dick Hendrickson	80 74 79 82	315
	Lee Elder	75 71 79 80	305		Austin Straub	76 77 75 87	315
	Jerry Heard	73 74 77 81	305	69	Dwight Nevil	76 77 81 82	316
	Dave Hill	74 78 74 79	305	70	Danny O'Neill (a)	78 76 77 86	317
	Tom Watson	74 79 76 76	305				

Round Leader(s)
R1 Moody, Nicklaus, Rodriguez, Rudolph, Shaw, Zarley; 71
R2 Blancas, Crampton, Nicklaus, Sanudo, Wadkins, Zarley; 144
R3 Nicklaus; 216

Lowest Scores
R2 Palmer, Wadkins; 68
R3 Wiechers; 69
R4 Rudolph; 70

1972

101st OPEN Championship
Hon Co of Edinburgh Golfers, Muirfield, East Lothian, Scotland (12-15 July)
No of Entries 570: No Starting 153: No Making Cut 88, after 36 holes; 64, after 54 holes: No Completing 64
6892 yards: Par 71 (284)

1	LEE TREVINO	71 70 66 71	278	31=	Peter Alliss	74 74 77 69	294
	(£5500)				Gordon Cunningham	76 75 73 70	294
2	Jack Nicklaus	70 72 71 66	279		Vicente Fernandez	78 74 73 69	294
3	Tony Jacklin	69 72 67 72	280		Min-Nan Hsieh	75 75 73 71	294
4	Doug Sanders	71 71 69 70	281		Kel Nagle	79 72 74 69	294
5	Brian Barnes	71 72 69 71	283		Bob Shearer	77 75 68 74	294
6	Gary Player	71 71 76 67	285		Dave Stockton	72 72 76 74	294
7=	Guy Hunt	75 72 67 72	286		Bryan Thomson	74 77 72 71	294
	Arnold Palmer	73 73 69 71	286		Peter Thomson	71 72 74 77	294
	David Vaughan	74 73 70 69	286	40=	Billy Casper	72 74 74 75	295
	Tom Weiskopf	73 74 70 69	286		Vince Hood	76 74 72 73	295
11=	Clive Clark	72 71 73 71	287		Tommy Horton	76 72 73 74	295
	Dave Marr	70 74 71 72	287		Chie-Hsiung Kuo	74 72 76 73	295
13=	Roberto Bernardini	73 71 76 68	288		Liang-Huan Lu	77 73 71 74	295
	Peter Townsend	70 72 76 70	288		Jack Newton	77 72 70 76	295
15=	Peter Butler	72 75 73 69	289	46=	Ernie Jones	75 74 74 73	296
	Bob Charles	75 70 74 70	289		David Oakley	72 75 77 72	296
	Jan Dorrestein	74 71 72 72	289		Sam Torrance	72 74 76 74	296
	Johnny Miller	76 66 72 75	289		Peter Tupling	68 74 73 81	296
19=	Harry Bannerman	77 73 73 67	290	50=	Andrew Brooks	74 74 75 75	298
	Frank Beard	70 76 74 70	290		Byron Hutchinson	74 73 74 77	298
	Maurice Bembridge	73 71 75 71	290		Graham Marsh	78 73 74 73	298
	Bert Yancey	73 72 72 73	290		Doug Sewell	75 74 75 74	298
23=	Craig DeFoy	70 75 71 75	291		David Talbot	72 76 76 74	298
	Doug McClelland	73 74 72 72	291		Norman Wood	74 78 71 75	298
	Christy O'Connor, Sr	73 74 73 71	291	56=	David Llewellyn	72 73 79 75	299
26=	Bruce Devlin	75 70 77 70	292		John O'Leary	75 76 74 74	299
	Brian Huggett	73 72 79 68	292	58	Bobby Walker	74 74 74 78	300
28=	John Garner	71 71 76 75	293	59=	Tiene Britz	75 77 73 76	301
	Jerry Heard	75 75 71 72	293		Antonio Garrido	71 77 77 76	301
	Peter Oosterhuis	75 75 73 70	293		James Hume	77 70 77 77	301

| 62 | Gary Baleson | 76 73 73 80 | 302 | | 64 | Stuart Brown | 81 70 74 80 | 305 |
| 63 | John Fowler | 76 76 71 81 | 304 | | | | | |

Round Leader(s)
R1 Tupling; 68
R2 Jacklin, Trevino; 141
R3 Trevino; 207

Lowest Scores
R2 Miller; 66
R3 Trevino; 66
R4 Nicklaus; 66

1972

54th PGA Championship
Oakland Hills Country Club, Birmingham, Michigan (3-6 August)
No Starting 139 ; No Making Cut 79; No Completing 77
7054 yards: Par 70 (280)

1	GARY PLAYER	71 71 67 72	281		Mason Rudolph	74 75 71 74	294
	($45000)			40=	Dale Douglass	74 71 73 77	295
2=	Tommy Aaron	71 71 70 71	283		Paul Harney	74 71 77 73	295
	Jim Jamieson	69 72 72 70	283		Mike Hill	73 72 74 76	295
4=	Billy Casper	73 70 67 74	284		Denny Lyons	73 73 74 75	295
	Ray Floyd	69 71 74 70	284		Bob Murphy	75 70 70 80	295
	Sam Snead	70 74 71 69	284		John Schlee	75 75 69 76	295
7=	Gay Brewer	71 70 70 74	285		Ken Still	72 75 72 76	295
	Jerry Heard	69 70 72 74	285		Dave Stockton	74 73 74 74	295
	Phil Rodgers	71 72 68 74	285	48=	Dick Crawford	70 78 73 75	296
	Doug Sanders	72 72 68 73	285		Babe Hiskey	73 75 72 76	296
11=	Hale Irwin	71 69 75 71	286		Jimmy Wright	74 72 75 75	296
	Lee Trevino	73 71 71 71	286	51=	Rod Funseth	70 74 75 78	297
13=	Jack Nicklaus	72 75 68 72	287		Fred Haas	74 74 73 76	297
	Dan Sikes	70 72 72 73	287	53=	Buddy Allin	68 77 75 78	298
15	Charles Coody	71 73 70 74	288		Frank Beard	80 70 72 76	298
16=	Miller Barber	73 74 72 70	289		Grier Jones	72 76 74 76	298
	Hubert Green	75 71 73 70	289		Jimmy Powell	72 74 74 78	298
	Arnold Palmer	69 75 72 73	289		Bob Rosburg	71 79 72 76	298
	Lanny Wadkins	74 68 72 75	289	58=	Bob Charles	76 74 77 72	299
20=	Johnny Miller	70 76 70 74	290		Dow Finsterwald	75 75 72 77	299
	Bob Shaw	72 72 74 72	290		Ron Letellier	75 75 70 79	299
	JC Snead	72 72 71 75	290		Pat Schwab	73 73 77 76	299
	Larry Wise	74 71 67 78	290	62=	Bob Goalby	72 78 79 71	300
24=	Bruce Crampton	73 74 68 76	291		Bobby Nichols	76 74 70 80	300
	Lee Elder	73 71 71 76	291		Jerry Steelsmith	73 77 75 75	300
	Chi Chi Rodriguez	71 74 73 73	291		Tom Weiskopf	73 72 75 80	300
	Bob E Smith	72 69 76 74	291		Wayne Yates	75 74 76 75	300
	Art Wall	72 71 75 73	291	67	Jack Burke, Jr	74 72 76 79	301
29=	Jerry McGee	73 74 72 73	292	68=	Rex Baxter	77 73 76 76	302
	Mike Souchak	73 73 71 75	292		Jim O'Hern	74 76 76 76	302
	Jim Wiechers	70 75 69 80	292		Kermit Zarley	75 75 73 79	302
	Bert Yancey	72 74 71 75	292	71	Chuck Scally	74 76 73 80	303
33=	Lou Graham	75 75 70 73	293	72=	Stan Thirsk	68 82 76 80	306
	Larry Hinson	75 74 73 71	293		Gene Torres	79 70 77 80	306
	DeWitt Weaver	74 74 72 73	293	74=	Steve Friebert	74 76 78 79	307
36=	George Archer	73 73 79 69	294		Larry Gilbert	69 81 80 77	307
	Deane Beman	75 72 72 75	294		Lionel Hebert	72 76 80 79	307
	Sam Carmichael	76 73 71 74	294	77	Ralph Johnston	75 74 75 89	313

Round Leader(s)
R1 Allin, Thirsk; 68
R2 Heard; 139
R3 Player; 209

Lowest Scores
R2 Wadkins; 68
R3 Casper, Player, Wise; 67
R4 Snead; 69

1973

37th MASTERS Tournament
Augusta National Golf Club, Augusta, Georgia (5-9 April: Saturday washed out)
No Starting 82: No Making Cut 57: No Completing 57
6925 yards: Par 72 (288)

1	TOMMY AARON	68 73 74 68	283	17=	Billy Casper	75 73 72 73	293
	($30000)				Bob Dickson	70 71 76 76	293
2	JC Snead	70 71 73 70	284		Lou Graham	77 73 72 71	293
3=	Jim Jamieson	73 71 70 71	285		Babe Hiskey	74 73 72 74	293
	Jack Nicklaus	69 77 73 66	285		Gene Littler	77 72 71 73	293
	Peter Oosterhuis	73 70 68 74	285		Kermit Zarley	74 71 77 71	293
6=	Bob Goalby	73 70 71 74	288	23	Phil Rodgers	71 75 75 73	294
	Johnny Miller	75 69 71 73	288	24=	Frank Beard	73 75 71 76	295
8=	Bruce Devlin	73 72 72 72	289		Ben Crenshaw (a)	73 72 74 76	295
	Jumbo Ozaki	69 74 73 73	289		Paul Harney	77 71 74 73	295
10=	Gay Brewer	75 66 74 76	291		Bobby Nichols	79 72 76 68	295
	Gardner Dickinson	74 70 72 75	291		Arnold Palmer	77 72 76 70	295
	Don January	75 71 75 70	291	29=	Bob Charles	74 70 74 78	296
	Chi Chi Rodriguez	72 70 73 76	291		Charles Coody	74 73 79 70	296
14=	Hubert Green	72 74 75 71	292		David Graham	72 74 77 73	296
	Mason Rudolph	72 72 77 71	292		Sam Snead	74 76 73 73	296
	Dave Stockton	72 74 71 75	292		Lanny Wadkins	75 74 71 76	296
				34=	Marvin Giles III (a)	78 71 72 76	297

	Steve Melnyk	72 74 79 72	297	Liang-Huan Lu	74 72 75 78	299
	Tom Weiskopf	77 71 75 74	297	Bob Lunn	76 74 72 77	299
37=	Rod Funseth	73 75 74 76	298	Cesar Sanudo	72 75 76 76	299
	Al Geiberger	75 76 77 70	298	Lee Trevino	74 75 75 75	299
	Dave Hill	77 70 76 75	298	51= Roberto de Vicenzo	74 74 78 74	300
	Grier Jones	71 72 77 78	298	Takaaki Kono	74 74 78 74	300
	Art Wall	79 69 74 76	298	Bert Yancey	75 74 74 77	300
	Martin West III (a)	75 70 77 76	298	54 Ray Floyd	76 73 75 77	301
43=	George Archer	73 74 74 78	299	55 Don Massengale	74 74 76 78	302
	Miller Barber	78 72 80 69	299	56 Jerry Heard	76 75 72 80	303
	Jim Colbert	74 72 76 77	299	57 John Schlee	76 73 74 82	305
	Bruce Crampton	74 74 77 74	299			

Round Leader(s)
R1   Aaron; 68
R2   Aaron, Brewer, Dickson, Snead; 141
R3   Oosterhuis; 211

Lowest Scores
R2   Brewer; 66
R3   Oosterhuis; 68
R4   Nicklaus; 66

1973

73rd US OPEN Championship
Oakmont Country Club, Oakmont, Pennsylvania (14-17 June)
No of Entries 3580: No Qualified 150: No Starting 149: No Making Cut 65: No Completing 65
6921 yards: Par 71 (284)

1	JOHNNY MILLER	71 69 76 63	279		Sam Snead	75 74 73 73	295
	($35000)			34=	Buddy Allin	78 67 74 77	296
2	John Schlee	73 70 67 70	280		George Archer	76 73 74 73	296
3	Tom Weiskopf	73 69 69 70	281		Bob Erickson	73 74 76 73	296
4=	Jack Nicklaus	71 69 74 68	282		Larry Wise	74 73 76 73	296
	Arnold Palmer	71 71 68 72	282	38	Gene Borek	77 65 80 75	297
	Lee Trevino	70 72 70 70	282	39=	Deane Beman	73 75 75 75	298
7=	Julius Boros	73 69 68 73	283		Mac Hunter	77 73 72 76	298
	Jerry Heard	74 70 66 73	283		Paul Moran, Jr	75 74 76 73	298
	Lanny Wadkins	74 69 75 65	283		Cesar Sanudo	75 73 76 74	298
10	Jim Colbert	70 68 74 72	284		Dave Stockton	77 73 77 71	298
11	Bob Charles	71 69 72 74	286		Billy Ziobro	77 69 77 75	298
12	Gary Player	67 70 77 73	287	45=	Tommy Aaron	78 71 72 78	299
13=	Al Geiberger	73 72 71 72	288		Joe Campbell	74 76 74 75	299
	Ralph Johnston	71 73 76 68	288		Lee Elder	72 77 78 72	299
	Larry Ziegler	73 74 69 72	288		Forrest Fezler	78 69 80 72	299
16	Ray Floyd	70 73 75 71	289		Roger Ginsberg	74 75 73 77	299
17	Marvin Giles III (a)	74 69 74 73	290		Grier Jones	73 76 76 74	299
18=	Gene Littler	71 74 70 76	291		Art Wall	73 77 71 78	299
	Rocky Thompson	73 71 71 76	291	52=	Butch Baird	75 74 75 76	300
20=	Rod Funseth	75 74 70 74	293		Tony Jacklin	75 75 73 77	300
	Hale Irwin	73 74 75 71	293		Larry Wood	79 71 76 74	300
	Denny Lyons	72 74 75 72	293	55=	Chris Blocker	73 76 78 74	301
	Bob Murphy	77 70 75 71	293		David Glenz	76 74 71 80	301
	Bobby Nichols	75 71 74 73	293	57	Gary Koch (a)	74 74 79 75	302
25=	Miller Barber	74 71 71 78	294	58=	John Gentile	72 74 78 79	303
	Frank Beard	74 75 68 77	294		Bob Goalby	72 77 79 75	303
	Tom Shaw	73 71 74 76	294		David Graham	73 77 77 76	303
	Bert Yancey	73 70 75 76	294		Jim Jamieson	74 76 79 74	303
29=	Don Bies	77 73 73 72	295		John Lister	76 74 80 73	303
	Charles Coody	74 74 73 74	295	63=	Tom Joyce	78 70 81 76	305
	John Mahaffey	74 72 74 75	295		Greg Powers	79 70 77 79	305
	Chi Chi Rodriguez	75 71 75 74	295	65	George Bayer	72 77 82 79	310

Round Leader(s)
R1   Player; 67
R2   Player; 137
R3   Boros, Heard, Palmer, Schlee; 210

Lowest Scores
R2   Borek; 65
R3   Heard, 66
R4   Miller; 63

1973

102nd OPEN Championship
Troon Golf Club, Ayrshire, Scotland (11-14 July)
No of Entries 569: No Starting 153: No Making Cut 84, after 36 holes; 60, after 54 holes: No Completing 60
7064 yards: Par 72 (288)

1	TOM WEISKOPF	68 67 71 70	276	14=	Tony Jacklin	75 73 72 70	290
	(£5500)				Doug McClelland	76 71 69 74	290
2=	Neil Coles	71 72 70 66	279		Arnold Palmer	72 76 70 72	290
	Johnny Miller	70 68 69 72	279		Gary Player	76 69 76 69	290
4	Jack Nicklaus	69 70 76 65	280	18=	Hugh Baiocchi	75 74 69 74	292
5	Bert Yancey	69 69 73 70	281		Hugh Boyle	75 75 69 73	292
6	Peter Butler	71 72 74 69	286		Bruce Crampton	71 76 73 72	292
7=	Bob Charles	73 71 73 71	288		Bruce Devlin	72 78 71 71	292
	Christy O'Connor, Sr	73 68 74 73	288		Bernard Gallacher	73 69 75 75	292
	Lanny Wadkins	71 73 70 74	288		David Good	75 74 73 70	292
10=	Brian Barnes	76 67 70 76	289		Dave Hill	75 74 74 69	292
	Gay Brewer	76 71 72 70	289		Peter Oosterhuis	80 71 69 72	292
	Harold Henning	73 73 73 70	289		Eddie Polland	74 73 73 72	292
	Lee Trevino	75 73 73 68	289		Peter Wilcock	71 76 72 73	292

THE GOLF MAJORS: 1860-2015 – RESULTS

28=Roberto de Vicenzo	72 75 74 72	293		Guy Wolstenholme	77 72 75 72	296
Chi Chi Rodriguez	72 73 73 75	293	46=	Harry Bannerman	73 75 75 74	297
Doug Sanders	79 72 72 70	293		Maurice Moir	76 75 70 76	297
31=Craig DeFoy	76 75 70 73	294		David Webster	73 76 72 76	297
Tommy Horton	75 70 73 76	294	49=	John Fourie	76 73 74 75	298
Graham Marsh	74 71 78 71	294		Bernard Hunt	76 74 74 74	298
Ewen Murray	79 71 73 71	294	51=	Peter Alliss	76 71 76 76	299
Peter Thomson	76 75 70 73	294		David Jagger	76 74 74 75	299
Bob Wynn	74 71 76 73	294		John McTear	76 74 71 78	299
37=Vince Baker	72 74 75 74	295		Ronnie Shade	75 73 76 75	299
David Vaughan	78 70 72 75	295	55	Peter Townsend	79 73 71 77	300
39=Baldovino Dassu	75 75 73 73	296	56=	David Huish	74 73 76 78	301
Danny Edwards (a)	75 75 71 75	296		Richard Lambert	78 74 72 77	301
Pip Elson	75 75 72 74	296		Bill Murray	78 71 74 78	301
Don Gammon	76 70 76 74	296	59	David Dunk	73 74 74 82	303
Dale Hayes	76 72 73 75	296	60	Gunnar Mueller	76 70 78 81	305
Kel Nagle	74 76 73 73	296				

Round Leader(s)
R1   Weiskopf; 68
R2   Weiskopf; 135
R3   Weiskopf; 206

Lowest Scores
R2   Barnes, Weiskopf; 67
R3   Baiocchi, Boyle, McClelland, Miller, Oosterhuis; 69
R4   Nicklaus; 65

1973

55th PGA Championship
Canterbury Golf Club, Cleveland, Ohio (9-12 August)
No Starting 148; No Making Cut 76; No Completing 75
6852 yards: Par 71 (284)

1	JACK NICKLAUS	72 68 68 69	277		Rod Funseth	73 73 75 69	290
	($45000)				Dick Hendrickson	73 72 72 73	290
2	Bruce Crampton	71 73 67 70	281		Bob Murphy	74 73 71 72	290
3=	Mason Rudolph	69 70 70 73	282		Jerry Pittman	73 70 76 71	290
	JC Snead	71 74 68 69	282		Ed Sneed	73 70 73 74	290
	Lanny Wadkins	73 69 71 69	282		Leonard Thompson	72 75 70 73	290
6=	Don Iverson	67 72 70 74	283	44=	Tommy Aaron	73 73 70 75	291
	Dan Sikes	72 68 72 71	283		Jim Wiechers	75 70 71 75	291
	Tom Weiskopf	70 71 71 71	283	46=	Frank Beard	73 74 70 75	292
9=	Hale Irwin	76 72 68 68	284		Chuck Courtney	73 71 74 74	292
	Sam Snead	71 71 71 71	284		Babe Hiskey	74 73 71 74	292
	Kermit Zarley	76 71 68 69	284		Tony Jacklin	70 71 76 75	292
12=	Bobby Brue	70 72 73 70	285		Dave Marr	76 72 73 71	292
	Jim Colbert	72 70 69 74	285	51=	George Archer	72 71 74 77	294
	Larry Hinson	73 70 71 71	285		Deane Beman	72 77 73 72	294
	Denny Lyons	73 70 67 75	285		Grier Jones	75 72 72 75	294
	Dave Stockton	72 69 75 69	285		Bobby Nichols	73 76 72 73	294
	Tom Watson	75 70 71 69	285		Gary Player	73 72 71 78	294
18=	Al Geiberger	67 76 74 69	286	56=	Jack Burke, Jr	73 73 76 73	295
	Gibby Gilbert	70 70 73 73	286		Doug Ford	73 76 73 73	295
	Bob Goalby	75 70 71 70	286		George Knudson	77 71 76 71	295
	Jim Jamieson	71 73 71 71	286		Ken Still	77 72 73 73	295
	Johnny Miller	72 71 74 69	286	60=	Gene Bone	71 74 76 75	296
	Lee Trevino	76 70 73 67	286		Jerry Breaux	77 72 73 74	296
24=	Miller Barber	73 73 70 71	287		Dwight Nevil	76 70 76 74	296
	Bruce Devlin	73 70 74 70	287		John Schlee	74 71 77 74	296
	Lee Elder	71 76 70 70	287	64=	Gay Brewer	77 70 73 77	297
	Mike Hill	69 73 75 70	287		Allen Miller	74 73 77 73	297
	Chi Chi Rodriguez	72 71 74 70	287	66=	Bob Bruno	76 71 77 74	298
	Bert Yancey	74 72 69 72	287		Jerry Heard	72 75 78 73	298
30=	Don Bies	70 72 71 75	288		Jerry McGee	74 73 72 79	298
	Lou Graham	74 71 73 70	288		Bob Rosburg	71 76 73 78	298
	John Mahaffey	75 71 72 70	288		Jerry Steelsmith	77 72 76 73	298
	Orville Moody	73 74 70 71	288	71=	Bob Dickson	69 78 75 78	300
34	Buddy Allin	71 78 67 73	289		Phil Rodgers	79 69 76 76	300
35=	Billy Casper	74 72 72 72	290	73=	Michael Joyce	76 73 79 75	303
	Charles Coody	75 68 77 70	290		Babe Lichardus	73 72 76 82	303
	Ray Floyd	70 73 73 74	290	75	Mal Galletta	72 77 84 73	306

Round Leader(s)
R1   Geiberger, Iverson; 67
R2   Iverson, Rudolph; 139
R3   Nicklaus; 208

Lowest Scores
R2   Coody, Nicklaus, Sikes; 68
R3   Allin, Crampton, Lyons; 67
R4   Trevino; 67

1974

38th MASTERS Tournament
Augusta National Golf Club, Augusta, Georgia (11-14 April)
No Starting 78; No Making Cut 44; No Completing 44
6925 yards: Par 72 (288)

1	GARY PLAYER	71 71 66 70	278	4=	Jim Colbert	67 72 69 73	281
	($35000)				Hale Irwin	68 70 72 71	281
2=	Dave Stockton	71 66 70 73	280		Jack Nicklaus	69 71 72 69	281
	Tom Weiskopf	71 69 70 70	280	7=	Bobby Nichols	73 68 68 73	282

	Phil Rodgers	72 69 68 73	282		John Schlee	75 71 71 71	288
9=	Maurice Bembridge	73 74 72 64	283		JC Snead	73 68 74 73	288
	Hubert Green	68 70 74 71	283	29=	Charles Coody	74 72 76 67	289
11=	Bruce Crampton	73 72 69 70	284		Don Iverson	68 74 73 74	289
	Jerry Heard	70 70 73 71	284	31=	Hugh Baiocchi	75 71 74 70	290
	Dave Hill	71 72 70 71	284		Bruce Devlin	70 72 76 72	290
	Arnold Palmer	76 71 70 67	284		Al Geiberger	76 68 70 76	290
15=	Buddy Allin	73 73 70 69	285		Graham Marsh	76 69 72 73	290
	Miller Barber	75 67 72 71	285		Peter Oosterhuis	79 68 68 75	290
	Ralph Johnston	72 71 70 72	285		Kermit Zarley	73 71 77 69	290
	Johnny Miller	72 74 69 70	285	37=	Billy Casper	70 71 76 74	291
	Dan Sikes	69 71 74 71	285		Art Wall	70 77 72 72	291
20=	Chi Chi Rodriguez	70 74 71 71	286	39=	Gene Littler	69 71 78 74	292
	Sam Snead	72 72 71 71	286		Larry Ziegler	72 73 73 74	292
22=	Frank Beard	69 70 72 76	287	41=	Babe Hiskey	70 78 75 72	295
	Ben Crenshaw	75 70 70 72	287		Leonard Thompson	73 72 77 73	295
	Ray Floyd	69 72 76 70	287	43	Ed Sneed	74 74 77 72	297
	Bob Goalby	76 71 72 68	287	44	Orville Moody	74 73 78 77	302
26=	Julius Boros	75 70 69 74	288				

Round Leader(s)
R1   Colbert; 67
R2   Stockton; 137
R3   Stockton; 207

Lowest Scores
R2   Stockton; 66
R3   Player; 66
R4   Bembridge; 64

1974

74th US OPEN Championship
Winged Foot Golf Club, Mamaroneck, New York (13-16 June)
No of Entries 3914: No Starting 150: No Making Cut 66: No Completing 66
6961 yards: Par 70 (280)

1	HALE IRWIN	73 70 71 73	287		Jerry McGee	77 72 78 74	301
	(\$35000)			35=	John Buczek	73 73 83 73	302
2	Forrest Fezler	75 70 74 70	289		Don Iverson	74 77 76 75	302
3=	Lou Graham	71 75 74 70	290		Steve Melnyk	74 79 73 76	302
	Bert Yancey	76 69 73 72	290		Johnny Miller	76 75 74 77	302
5=	Jim Colbert	72 77 69 74	292		Bob E Smith	77 74 73 78	302
	Arnold Palmer	73 70 73 76	292	40=	Homero Blancas	77 71 79 76	303
	Tom Watson	73 71 69 79	292		Dave Eichelberger	76 77 76 74	303
8=	Tom Kite	74 70 77 72	293		Mark Hayes	73 77 76 77	303
	Gary Player	70 73 77 73	293		Dave Stockton	79 74 78 72	303
10=	Buddy Allin	76 71 74 73	294		Kermit Zarley	74 73 78 78	303
	Jack Nicklaus	75 74 76 69	294	45=	Jim Dent	76 73 79 76	304
12=	Frank Beard	77 69 72 77	295		Jerry Heard	73 77 75 79	304
	John Mahaffey	74 73 75 73	295		Robert Stone	75 74 77 78	304
	Larry Ziegler	78 68 78 71	295		Tom Ulozas	77 75 74 78	304
15=	Ray Floyd	72 71 78 75	296	49=	Lynn Janson	77 74 77 77	305
	Mike Reasor	71 76 76 73	296		Bobby Nichols	72 77 80 76	305
	Tom Weiskopf	76 73 72 75	296	51=	George Knudson	78 75 75 78	306
18=	Dale Douglass	77 72 72 76	297		Jim Masserio	75 75 76 80	306
	Al Geiberger	75 76 78 68	297		Mike McCullough	76 76 74 80	306
	David Graham	73 75 76 73	297	54=	Jay Haas (a)	78 73 79 77	307
21=	JC Snead	76 71 76 75	298		Jack Rule	78 75 73 81	307
	Leonard Thompson	75 75 76 72	298		Alan Tapie	77 74 77 79	307
23=	Bruce Crampton	72 77 76 74	299		Barney Thompson	72 77 80 78	307
	Larry Hinson	75 76 75 73	299		Bob Zender	77 73 79 78	307
	Bobby Mitchell	77 73 73 76	299	59	Eddie Pearce	75 71 84 78	308
26=	Hubert Green	81 67 76 76	300	60	Charles Sifford	77 76 76 80	309
	Jim Jamieson	77 73 75 75	300	61	Tom Shaw	77 76 78 81	312
	Chi Chi Rodriguez	75 75 77 73	300	62=	Roy Pace	74 76 78 85	313
	Lanny Wadkins	75 73 76 76	300		Jim Simons	77 72 81 83	313
30=	Ron Cerrudo	78 75 75 73	301	64=	Andy Bean (a)	74 76 83 81	314
	Rod Funseth	73 75 78 75	301		Bill Hyndman (a)	79 72 82 81	314
	David Glenz	76 74 75 76	301	66	Bruce Summerhays	77 76 79 83	315
	Rik Massengale	79 72 74 76	301				

Round Leader(s)
R1   Player; 70
R2   Floyd, Irwin, Palmer, Player; 143
R3   Watson; 213

Lowest Scores
R2   Green; 67
R3   Colbert, Watson; 69
R4   Geiberger; 68

1974

103rd OPEN Championship
Royal Lytham and St Anne's Golf Club, Lancashire, England (10-13 July)
No of Entries 679: No Starting 154: No Making Cut 84, after 36 holes; 60, after 54 holes: No Completing 60
6822 yards: Par 71 (284)

1	GARY PLAYER	69 68 75 70	282		Liang-Huan Lu	72 72 75 73	292
	(£5500)			7=	Bobby Cole	70 72 76 75	293
2	Peter Oosterhuis	71 71 73 71	286		Don Swaelens	77 73 74 69	293
3	Jack Nicklaus	74 72 70 71	287		Tom Weiskopf	72 72 74 75	293
4	Hubert Green	71 74 72 71	288	10	Johnny Miller	72 75 73 74	294
5=	Danny Edwards	70 73 76 73	292	11=	John Garner	75 78 73 69	295

	David Graham	76 74 76 69	295		37=Gay Brewer	78 77 74 73	302
13=	Neil Coles	72 75 75 74	296		Vicente Fernandez	78 73 78 73	302
	Al Geiberger	76 70 76 74	296	39=	John Cook	76 79 75 73	303
	John Morgan	69 75 76 76	296		Bruce Devlin	81 74 73 75	303
	Alan Tapie	73 77 73 73	296		Guy Hunt	78 73 72 80	303
	Peter Townsend	79 76 72 69	296	42=	Bernard Hunt	74 77 74 79	304
18=	Peter Dawson	74 74 73 76	297		Derek Small	73 75 77 79	304
	Tony Jacklin	74 77 71 75	297	44=	Brian Barnes	74 79 78 74	305
	Gene Littler	77 76 70 74	297		Maurice Bembridge	76 77 73 79	305
	DeWitt Weaver	73 80 70 74	297		Noel Hunt	73 73 79 80	305
22=	Ronnie Shade	78 75 73 72	298		John Mahaffey	78 77 75 75	305
	Lanny Wadkins	78 71 75 74	298		Graham Marsh	79 75 77 74	305
24=	Bernard Gallacher	76 72 76 75	299		John O'Leary	71 79 78 77	305
	Angel Gallardo	74 77 75 73	299	50	Stuart Levermore	77 77 76 76	306
	Hale Irwin	76 73 79 71	299	51=	Roberto de Vicenzo	80 74 77 76	307
	Christy O'Connor, Jr	78 76 72 73	299		Malcolm Gregson	79 76 76 76	307
28=	Ben Crenshaw	74 80 76 70	300		Brian Waites	78 74 74 81	307
	David Jagger	80 71 76 73	300	54=	Michael Slater	77 74 80 77	308
	Doug McClelland	75 79 73 73	300		Norman Wood	74 78 78 78	308
31=	Peter Butler	75 77 77 72	301	56=	Christy O'Connor, Sr	80 74 77 78	309
	Tony Cerda	80 74 77 70	301		John Panton	77 75 77 80	309
	David Chillas	72 78 77 74	301		Ian Stanley	77 79 75 78	309
	Tommy Horton	78 76 76 71	301	59=	John Fourie	79 73 77 81	310
	Hugh Jackson	78 76 73 74	301		Bob Shearer	77 79 73 81	310
	Lee Trevino	79 70 78 74	301				

Round Leader(s)
R1 Morgan, Player; 69
R2 Player; 137
R3 Player; 212

Lowest Scores
R2 Player; 68
R3 Littler, Nicklaus, Weaver; 70
R4 Garner, Graham, Swaelens, Townsend; 69

1974

56th PGA Championship
Tanglewood Golf Club, Clemmons, North Carolina (8-11 August)
No Starting 141; No Making Cut 78; No Completing 78
7050 yards: Par 70 (280)

1	LEE TREVINO	73 66 68 69	276		Gibby Gilbert	73 73 73 72	291
	($45000)				Tom Kite	71 74 73 73	291
2	Jack Nicklaus	69 69 70 69	277		Johnny Miller	71 75 72 73	291
3=	Bobby Cole	69 68 71 71	279		Bobby Nichols	72 74 72 73	291
	Hubert Green	68 68 73 70	279		Andy North	73 74 73 71	291
	Dave Hill	74 69 67 69	279		Chi Chi Rodriguez	71 74 74 72	291
	Sam Snead	69 71 71 68	279		Bob E Smith	72 75 72 72	291
7	Gary Player	73 64 73 70	280		Charles Volpone	72 75 71 73	291
8	Al Geiberger	70 70 75 66	281	48=	Bruce Crampton	75 71 73 73	292
9=	Don Bies	73 71 68 70	282		Lou Graham	77 72 71 72	292
	John Mahaffey	72 72 71 67	282		Jerry Heard	73 76 73 70	292
11=	Tommy Aycock	73 68 73 70	284	51=	Mason Rudolph	70 72 70 81	293
	Frank Beard	73 67 69 75	284		Kermit Zarley	70 73 73 77	293
	Lee Elder	74 69 72 69	284	53=	Chuck Courtney	76 73 74 71	294
	Ray Floyd	68 72 74 70	284		Dwight Nevil	75 72 75 72	294
	Mike Hill	76 72 68 68	284	55=	Tommy Aaron	73 67 78 77	295
	Tom Watson	69 72 73 70	284		Tony Jacklin	73 72 76 74	295
17=	Gay Brewer	72 72 72 69	285		Richie Karl	72 77 75 71	295
	Tom Jenkins	70 73 71 71	285		Jerry McGee	75 73 71 76	295
	John Schlee	68 67 75 75	285		DeWitt Weaver	70 73 76 76	295
	Dan Sikes	71 75 71 68	285	60=	Miller Barber	71 70 77 78	296
	Leonard Thompson	69 71 70 75	285		Tom Nieporte	70 73 76 77	296
22=	Stan Brion	71 71 74 70	286		Joe Porter	76 72 75 73	296
	Bruce Devlin	70 74 70 72	286	63=	Billy Casper	75 73 75 74	297
24=	Don Massengale	74 71 70 72	287		Ben Crenshaw	75 74 74 74	297
	JC Snead	72 72 75 68	287		Bob Galloway	72 77 75 73	297
26=	Larry Hinson	74 73 69 72	288		Roy Pace	75 71 76 75	297
	Dave Stockton	71 73 70 74	288	67=	Homero Blancas	75 73 80 71	299
28=	Jim Colbert	70 76 70 73	289		Howell Fraser	71 76 74 78	299
	Gene Littler	76 72 70 71	289		Gary Hopkins	72 77 76 74	299
	Arnold Palmer	72 75 70 72	289		Frank Mize	76 72 79 72	299
	Victor Regalado	70 72 77 70	289	71=	Clayton Cole	79 69 76 77	301
32=	Gene Borek	72 76 72 70	290		Dave Eichelberger	74 74 75 78	301
	Forrest Fezler	77 68 74 71	290	73=	Bob Charles	72 75 77 78	302
	Grier Jones	70 74 71 75	290		Bert Greene	73 71 80 78	302
	Bob Murphy	74 73 71 72	290		Larry Mancour	75 73 76 78	302
	Eddie Pearce	69 72 79 70	290	76	Bob Rosburg	75 72 74 82	303
	Bert Yancey	75 74 73 68	290	77	Allen Miller	71 78 74 83	306
	Larry Ziegler	75 72 71 72	290	78	Clare Emery	74 72 80 81	307
39=	Jim Dent	73 76 73 69	291				

Round Leader(s)
R1 Green, Floyd, Schlee; 68
R2 Schlee; 135
R3 Trevino; 207

Lowest Scores
R2 Player; 64
R3 D Hill; 67
R4 Geiberger; 66

1975

39th MASTERS Tournament
Augusta National Golf Club, Augusta, Georgia (10-13 April)
No Starting 76: No Making Cut 46: No Completing 46
6925 yards: Par 72 (288)

Pos	Player	Rounds	Total
1	JACK NICKLAUS ($40000)	68 67 73 68	276
2=	Johnny Miller	75 71 65 66	277
	Tom Weiskopf	69 72 66 70	277
4=	Hale Irwin	73 74 71 64	282
	Bobby Nichols	67 74 72 69	282
6	Billy Casper	70 70 73 70	283
7	Dave Hill	75 71 70 68	284
8=	Hubert Green	74 71 70 70	285
	Tom Watson	70 70 72 73	285
10=	Tom Kite	72 74 71 69	286
	JC Snead	69 72 75 70	286
	Lee Trevino	71 70 74 71	286
13=	Arnold Palmer	69 71 75 72	287
	Larry Ziegler	71 73 74 69	287
15=	Bobby Cole	73 71 73 71	288
	Rod Curl	72 70 76 70	288
	Bruce Devlin	72 70 76 70	288
	Allen Miller	68 75 72 73	288
	Art Wall	72 74 72 70	288
20=	Buddy Allin	73 69 73 74	289
	Ralph Johnston	74 73 69 73	289
22=	Hugh Baiocchi	76 72 72 70	290
	Pat Fitzsimons	73 68 79 70	290
	Gene Littler	72 72 72 74	290
	Graham Marsh	75 70 74 71	290
26=	Miller Barber	74 72 72 73	291
	Maurice Bembridge	75 72 75 69	291
	Jerry Heard	71 75 72 73	291
	Dave Stockton	72 72 73 74	291
30=	George Burns (a)	72 72 76 72	292
	Ben Crenshaw	72 71 75 74	292
	Forrest Fezler	76 71 71 74	292
	Ray Floyd	72 73 79 68	292
	Gary Player	72 74 73 73	292
	Victor Regalado	76 72 72 72	292
	Bert Yancey	74 71 74 73	292
37	Jerry Pate (a)	71 75 78 69	293
38=	Tommy Aaron	71 75 76 72	294
	Gary Groh	72 76 71 75	294
40=	Charles Coody	72 75 75 73	295
	Lou Graham	72 72 77 74	295
42	Bob Murphy	70 72 80 74	296
43=	Homero Blancas	72 69 79 77	297
	Liang-Huan Lu	73 74 78 72	297
	Jumbo Ozaki	73 73 83 68	297
46	Richie Karl	72 75 79 76	302

Round Leader(s)
R1 Nichols; 67
R2 Nicklaus; 135
R3 Weiskopf; 207

Lowest Scores
R2 Nicklaus; 67
R3 Miller; 65
R4 Irwin; 64

1975

75th US OPEN Championship
Medinah Country Club, Medinah, Illinois (19-23 June)
No of Entries 4214: No Starting 150: No Making Cut 67: No Completing 67
7032 yards: Par 71 (284)

Pos	Player	Rounds	Total
1	LOU GRAHAM* ($40000)	74 72 68 73	287
2	John Mahaffey	73 71 72 71	287
3=	Frank Beard	74 69 67 78	288
	Ben Crenshaw	70 68 76 74	288
	Hale Irwin	74 71 73 70	288
	Bob Murphy	74 73 72 69	288
7=	Jack Nicklaus	72 70 75 72	289
	Peter Oosterhuis	69 73 72 75	289
9=	Pat Fitzsimons	67 73 73 77	290
	Arnold Palmer	69 75 73 73	290
	Tom Watson	67 68 78 77	290
12=	Ray Floyd	76 71 72 72	291
	Andy North	75 72 72 72	291
14=	Joe Inman, Jr	72 72 71 77	292
	Rik Massengale	71 74 71 76	292
	Eddie Pearce	75 71 70 76	292
	Jim Wiechers	68 73 76 75	292
18=	Terry Dill	72 69 77 75	293
	Hubert Green	74 73 68 78	293
	Gary Groh	73 74 73 73	293
	Jay Haas (a)	74 69 72 78	293
	Grier Jones	69 73 79 72	293
	Jerry Pate (a)	79 70 72 72	293
24=	Buddy Allin	76 70 73 75	294
	Miller Barber	74 71 71 78	294
	Dale Douglass	71 77 72 74	294
	Forrest Fezler	73 75 71 75	294
	Kermit Zarley	73 71 75 75	294
29=	Tommy Aaron	73 71 82 69	295
	David Graham	71 76 74 74	295
	Jerry Heard	77 67 78 73	295
	Don January	75 71 74 75	295
	Steve Melnyk	75 73 74 73	295
	Ed Sneed	75 74 73 73	295
	Nate Starks	75 72 76 72	295
	Lee Trevino	72 75 73 75	295
	Tom Weiskopf	75 71 74 75	295
38=	Julius Boros	72 77 72 75	296
	Al Geiberger	72 72 74 78	296
	Johnny Miller	75 72 76 73	296
	John Schlee	75 73 72 76	296
	Lanny Wadkins	69 77 77 73	296
43=	Gary Player	75 73 72 77	297
	Dave Stockton	73 73 77 74	297
45=	Gibby Gilbert	71 76 74 77	298
	Dick Rhyan	74 70 77 77	298
	Doug Sanders	75 73 76 74	298
	Bob E Smith	78 71 72 77	298
49=	Beau Baugh	77 72 73 77	299
	Bob Gilder	76 71 77 75	299
	Gene Littler	74 73 73 79	299
	Gary Robinson	72 72 76 79	299
	JC Snead	76 73 75 75	299
	Bob Stanton	77 72 78 72	299
	Lance Ten Broeck (a)	71 74 79 75	299
56=	Wally Armstrong	73 74 77 76	300
	Lynn Janson	71 73 78 78	399
58=	Frank Conner	72 72 76 81	301
	Bob Panasiuk	76 71 76 78	301
60	Marty Fleckman	71 77 79 76	303
61	Bill Rogers	75 73 81 75	304
62	Jack Ewing	76 73 77 79	305
63=	Jack Connelly	75 74 78 79	306
	Bob Goalby	72 74 80 80	306
65	Mike Reasor	72 74 82 80	308
66	Carlton White	74 75 76 86	311
67	Stanton Altgelt	76 72 87 77	312

Lou Graham (71) beat John Mahaffey (73) in the 18-Hole Play-off

Round Leader(s)
R1 Fitzsimons, Watson; 67
R2 Watson; 135
R3 Beard; 210

Lowest Scores
R2 Heard; 67
R3 Beard; 67
R4 Aaron, Murphy; 69

1975

104th OPEN Championship
Carnoustie Golf Links, Angus, Scotland (9-13 July)
No of Entries 629: No Starting 153: No Making Cut 86, after 36 holes; 60, after 54 holes: No Completing 63
7065 yards: Par 72 (288)

1	TOM WATSON*	71 67 69 72	279		Michael Cahill	71 73 74 74	292
	(£7500)				Peter Dawson	74 75 71 72	292
2	Jack Newton	69 71 65 74	279		Hubert Green	72 73 70 77	292
3=	Bobby Cole	72 66 66 76	280		Dale Hayes	73 71 73 75	292
	Johnny Miller	71 69 66 74	280		David Huish	69 67 76 80	292
	Jack Nicklaus	69 71 68 72	280		Gary Player	75 71 73 73	292
6	Graham Marsh	72 67 71 71	281		Bob Shearer	69 72 74 77	292
7=	Neil Coles	72 69 67 74	282	40=	Bob Gilder	75 71 75 72	293
	Peter Oosterhuis	68 70 71 73	282		Brian Huggett	72 71 75 75	293
9	Hale Irwin	69 70 69 75	283		Kel Nagle	72 73 73 75	293
10=	George Burns	71 73 69 71	284		Lee Trevino	76 69 73 75	293
	John Mahaffey	71 68 69 76	284		Brian Waites	74 72 69 78	293
12=	Bob Charles	74 73 70 69	286		Norman Wood	74 74 71 74	293
	Paul Leonard	70 69 73 74	286	46	Ian Stanley	75 71 70 78	294
	Andries Oosthuizen	69 69 70 78	286	47=	Bill Brask	74 71 72 78	295
15	Tom Weiskopf	73 72 70 72	287		Bill Garrett	76 72 72 75	295
16=	Maurice Bembridge	75 73 67 73	288		Lou Graham	73 72 74 76	295
	Arnold Palmer	74 72 69 73	288		Christy O'Connor, Jr	72 73 73 77	295
	Alan Tapie	70 72 67 79	288		Peter Wilcock	77 68 75 75	295
19=	Bernard Gallacher	72 67 72 78	289	52	Eddie Pearce	72 75 70 79	296
	Lon Hinkle	76 72 69 72	289	53=	Vicente Fernandez	76 70 74 77	297
	Tommy Horton	72 71 71 75	289		Johnny Jacobs	72 76 73 76	297
	Sam Torrance	72 74 71 72	289		Liang-Huan Lu	76 72 72 77	297
23=	Brian Barnes	71 74 72 73	290		David Vaughan	72 71 74 80	297
	Hugh Baiocchi	72 72 73 73	290	57=	Dennis Clark	72 72 76 78	298
	Danny Edwards	70 74 71 75	290		Terry Le Brocq	72 76 72 78	298
	Ray Floyd	71 72 76 71	290		Peter Townsend	74 70 76 78	298
	Martin Foster	72 74 73 71	290	60	Herluf Hansen	74 74 73 78	299
28=	Roberto de Vicenzo	71 74 72 74	291	61	Jan Dorrestein	75 73 73 79	300
	David Graham	74 70 72 75	291	62	Carl Mason	73 72 75 81	301
	Simon Hobday	70 70 76 75	291	63	Roddy Carr	76 72 72 82	302
	Guy Hunt	73 68 76 74	291				
32=	Tiene Britz	74 71 72 75	292				

* Tom Watson (71) beat Jack Newton (72) in the 18-Hole Play-off

Round Leader(s)
R1 Oosterhuis; 68
R2 Huish; 136
R3 Cole; 204

Lowest Scores
R2 Cole; 66
R3 Newton; 65
R4 Charles; 69

1975

57th PGA Championship
Firestone Country Club, Akron, Ohio (7-10 August)
No Starting 136; No Making Cut 71; No Completing 71
7180 yards: Par 70 (280)

1	JACK NICKLAUS	70 68 67 71	276	33=	Gay Brewer	74 74 71 72	291
	($45000)				Al Geiberger	70 70 80 71	291
2	Bruce Crampton	71 63 75 69	278		Tom Kite	77 71 72 71	291
3	Tom Weiskopf	70 71 70 68	279		Bobby Nichols	72 75 72 72	291
4	Andy North	72 74 70 65	281		Arnold Palmer	73 72 73 73	291
5=	Billy Casper	69 72 72 70	283		Gary Player	72 70 73 76	291
	Hale Irwin	72 65 73 73	283		Jimmy Powell	73 68 76 74	291
7=	Dave Hill	71 71 74 68	284	40=	Butch Baird	72 69 74 77	292
	Gene Littler	76 71 66 71	284		Julius Boros	71 73 78 70	292
9	Tom Watson	70 71 71 73	285		Bobby Cole	71 74 71 76	292
10=	Buddy Allin	73 72 70 71	286		Jerry McGee	73 74 73 72	292
	Ben Crenshaw	73 72 71 70	286		Peter Oosterhuis	74 72 72 74	292
	Ray Floyd	70 73 72 71	286		Tom Shaw	75 72 71 74	292
	David Graham	72 70 70 74	286		Bob Stanton	71 73 74 74	292
	Don January	72 70 71 73	286	47	Mike Morley	70 72 75 76	293
	John Schlee	71 68 75 72	286	48=	Tom Jenkins	72 75 73 74	294
	Leonard Thompson	74 69 72 71	286		Charles Sifford	74 72 75 73	294
17=	Dale Douglass	74 72 74 67	287	50=	Jim Dent	70 71 77 77	295
	Gibby Gilbert	73 70 77 67	287		Bruce Devlin	70 73 75 77	295
	Mike Hill	72 71 70 74	287		Forrest Fezler	75 72 71 77	295
	Steve Melnyk	71 72 74 70	287		Art Wall	70 74 74 77	295
	Gil Morgan	73 71 71 72	287	54=	Lou Graham	73 71 74 78	296
22=	Ed Dougherty	69 70 72 77	288		George Johnson	73 74 74 75	296
	Mark Hayes	67 71 75 75	288		Eddie Pearce	74 73 77 72	296
	Chi Chi Rodriguez	73 72 74 69	288		Ed Sneed	72 75 74 75	296
25=	Jerry Heard	75 70 70 74	289		Fred Wampler	69 74 80 73	296
	Mac McLendon	73 71 70 75	289		Jimmy Wright	73 74 76 73	296
	Bob Murphy	75 68 69 77	289	60=	Bob Benson	68 72 80 77	297
28=	Jim Colbert	79 66 72 73	290		Victor Regalado	74 69 74 80	297
	Larry Hinson	68 73 72 77	290		Lee Trevino	73 72 78 74	297
	John Mahaffey	71 70 75 74	290		Maurice Ver Brugge	72 68 84 73	297
	JC Snead	73 67 75 75	290		Roger Watson	73 73 76 75	297
	Bob Wynn	69 69 80 72	290	65=	Homero Blancas	72 76 78 72	298

	Ron Letellier	76 72 75 75	298		69 Paul Moran	79 69 78 76	302
67=	Rolf Deming	74 73 83 70	300	70=	Al Chandler	71 75 78 81	305
	Dennis Meyer	72 74 74 80	300		Dow Finsterwald	75 73 76 81	305

Round Leader(s)
R1   Hayes; 67
R2   Crampton; 134
R3   Nicklaus; 205

Lowest Scores
R2   Crampton; 63
R3   Littler; 66
R4   North; 65

1976

40th MASTERS Tournament
Augusta National Golf Club, Augusta, Georgia (8-11 April)
No Starting 72: No Making Cut 47: No Completing 47
6925 yards: Par 72 (288)

1	RAY FLOYD	65 66 70 70	271		Rik Massengale	70 72 78 73	293
	($40000)				Johnny Miller	71 73 74 75	293
2	Ben Crenshaw	70 70 72 67	279		Peter Oosterhuis	76 74 75 68	293
3=	Jack Nicklaus	67 69 73 73	282	27	Bruce Crampton	74 76 71 73	294
	Larry Ziegler	67 71 72 72	282	28=	Bob Murphy	72 74 76 73	295
5=	Charles Coody	72 69 70 74	285		Eddie Pearce	71 71 79 74	295
	Hale Irwin	71 77 67 70	285		Gary Player	73 73 70 79	295
	Tom Kite	73 67 72 73	285		Lee Trevino	75 75 69 76	295
8	Billy Casper	71 76 71 69	287		Art Wall	74 71 75 75	295
9=	Roger Maltbie	72 75 70 71	288	33=	Don January	73 74 76 73	296
	Graham Marsh	73 68 75 72	288		Jumbo Ozaki	72 75 75 74	296
	Tom Weiskopf	73 71 70 74	288		Tom Watson	77 73 76 70	296
12=	Jim Colbert	71 72 74 72	289	36	Joe Inman	74 75 71 77	297
	Lou Graham	68 73 72 76	289	37=	Takashi Murakami	74 71 80 73	298
	Gene Littler	71 72 74 72	289		Andy North	66 81 75 76	298
15=	Al Geiberger	75 70 73 73	291	39=	Bob Gilder	71 75 76 77	299
	Dave Hill	69 73 76 73	291		John Mahaffey	72 74 78 75	299
	Jerry McGee	71 73 72 75	291		Bob Shearer	73 75 76 75	299
	Curtis Strange (a)	71 76 73 71	291	42	Tommy Aaron	73 76 77 74	300
19=	Buddy Allin	69 76 72 75	292	43=	Frank Beard	74 75 78 74	301
	Bruce Devlin	77 69 72 74	292		JC Snead	72 77 76 76	301
	Hubert Green	71 66 78 77	292	45	Pat Fitzsimons	71 79 77 76	303
	Dale Hayes	75 74 73 70	292	46	Dick Siderowf (a)	76 73 77 81	307
23=	Gay Brewer	75 74 71 73	293	47	Bobby Cole	75 74 78 82	309

Round Leader(s)
R1   Floyd; 65
R2   Floyd; 131
R3   Floyd; 201

Lowest Scores
R2   Floyd, Green; 66
R3   Irwin; 67
R4   Crenshaw; 67

1976

76th US OPEN Championship
Atlanta Athletic Club, Duluth, Atlanta, Georgia (17-20 June)
No of Entries 4436: No Starting 150: No Making Cut 66: No Completing 66
7015 yards: Par 70 (280)

1	JERRY PATE	71 69 69 68	277		Bob E Smith	72 75 74 73	294
	($42000)			33=	Terry Diehl	71 72 76 76	295
2=	Al Geiberger	70 69 71 69	279		Rik Massengale	70 78 70 77	295
	Tom Weiskopf	73 70 68 68	279	35=	Lee Elder	72 75 78 71	296
4=	Butch Baird	71 71 71 67	280		Victor Regalado	75 76 71 74	296
	John Mahaffey	70 68 69 73	280		Bobby Wadkins	76 72 72 76	296
6	Hubert Green	72 70 71 69	282	38=	Miller Barber	76 72 79 70	297
7	Tom Watson	74 72 68 70	284		Charles Coody	75 76 70 76	297
8=	Ben Crenshaw	72 68 72 73	285		John Gentile	77 74 73 73	297
	Lyn Lott	71 71 70 73	285		Lon Hinkle	75 74 70 78	297
10	Johnny Miller	74 72 69 71	286		Mike Shea	72 73 72 80	297
11=	Rod Funseth	70 70 72 75	287		Fuzzy Zoeller	72 75 73 77	297
	Jack Nicklaus	74 70 75 68	287	44=	Tim Collins	73 76 72 77	298
13	Ray Floyd	70 75 71 72	288		Tom Purtzer	73 75 73 77	298
14=	Mark Hayes	74 74 70 71	289		Kermit Zarley	75 73 75 75	298
	Don January	71 74 69 75	289	47=	Tommy Aaron	75 73 76 75	299
	Mike Morley	71 71 70 77	289		Bruce Lietzke	76 73 77 73	299
	Andy North	74 72 69 74	289		Eddie Pearce	80 71 76 72	299
	JC Snead	73 69 71 76	289	50=	John Fought (a)	79 72 72 77	300
19=	Danny Edwards	73 75 70 72	290		Gene Littler	76 75 71 78	300
	Randy Glover	72 74 76 68	290		Arnold Palmer	75 75 75 75	300
21=	Dave Eichelberger	73 70 74 74	291		Mike Reid (a)	67 81 80 72	300
	Larry Nelson	75 74 70 72	291		Carlton White	75 75 75 75	300
23=	Joe Inman	75 73 74 70	292	55=	Jim Colbert	74 76 73 78	301
	Calvin Peete	76 69 74 73	292		Joey Dills	77 73 74 77	301
	Gary Player	72 77 73 70	292		Peter Oosterhuis	73 75 74 79	301
26=	Hale Irwin	75 72 75 71	293	58=	Bob Gilder	75 74 75 78	302
	Tom Jenkins	72 74 75 72	293		John Jacobs	75 75 74 78	302
28=	Lou Graham	75 74 72 73	294	60=	George Cadle	79 71 77 76	303
	Barry Jaeckel	74 77 69 74	294		Bruce Devlin	75 73 81 74	303
	Grier Jones	76 69 71 78	294	62=	Bruce Douglass (a)	73 76 75 81	305
	Wayne Levi	74 73 74 73	294		Bobby Stroble	77 70 82 76	305

	Martin West (a)	73 73 80 79	305	66 Jim Ferree	76 73 80 82	311
65	Gene Borek	74 74 76 83	307			

Round Leader(s)
R1 Reid; 67
R2 Mahaffey; 138
R3 Mahaffey; 207

Lowest Scores
R2 Mahaffey, Crenshaw; 68
R3 Weiskopf, Watson; 68
R4 Baird; 67

1976

105th OPEN Championship
Royal Birkdale Golf Club, Southport, Lancashire, England (7-10 July)
No of Entries 719: No Starting 155: No Making Cut 84, after 36 holes; 66, after 54 holes: No Completing 66
7001 yards: Par 72 (288)

1	JOHNNY MILLER	72 68 73 66	279		Guy Hunt	76 68 76 76	296
	(£7500)				Hale Irwin	74 72 77 73	296
2=	Seve Ballesteros	69 69 73 74	285		Gene Littler	75 74 73 74	296
	Jack Nicklaus	74 70 72 69	285		Patrick McGuirk	76 70 77 73	296
4	Ray Floyd	76 67 73 70	286	38=	David Jagger	78 72 74 73	297
5=	Hubert Green	72 70 78 68	288		Martin Foster	74 71 77 75	297
	Tommy Horton	74 69 72 73	288		Vince Hood	76 74 73 74	297
	Mark James	76 72 74 66	288		Ian Mosey	73 74 75 75	297
	Tom Kite	70 74 73 71	288	42=	Barry Burgess	75 76 74 73	298
	Christy O'Connor, Jr	69 73 75 71	288		Peter Dawson	80 72 73 73	298
10=	George Burns	75 69 75 70	289		Malcolm Gregson	73 75 76 74	298
	Peter Butler	74 72 73 70	289		Tony Jacklin	73 77 76 72	298
	Vicente Fernandez	79 71 69 70	289		Peter Oosterhuis	74 75 77 72	298
	Norio Suzuki	69 75 75 70	289		Warren Humphreys	73 77 73 75	298
14	Brian Barnes	70 73 75 72	290	48=	Stewart Adwick	78 71 74 76	299
15=	Eamonn Darcy	78 71 71 71	291		Peter Berry	80 72 71 76	299
	John Fourie	71 74 75 71	291		Bill Garrett	74 74 78 73	299
17=	Graham Marsh	71 73 72 76	292		Dale Hayes	77 71 74 77	299
	Jack Newton	70 74 76 72	292		Carl Higgins	77 67 81 74	299
	Tom Weiskopf	73 72 76 71	292		Doug McClelland	74 73 77 75	299
	Guy Wolstenholme	76 72 71 73	292		Bob Murphy	75 77 73 74	299
21=	Stewart Ginn	78 72 72 71	293	55=	John Hammond	74 76 73 77	300
	David Graham	77 70 75 71	293		Arnold O'Connor	76 76 74 74	300
	Simon Hobday	79 71 75 68	293		Andries Oosthuizen	75 73 78 74	300
	Chi-San Hsu	81 69 71 72	293		Arnold Palmer	75 72 76 77	300
	David Huish	73 74 72 74	293		David Talbot	74 74 74 78	300
	Bob Shearer	76 73 75 69	293	60=	Danny Edwards	74 72 79 76	301
	Alan Tapie	74 72 75 72	293		Bernard Gallacher	74 72 76 79	301
28=	Neil Coles	74 77 70 73	294		Bob Wynn	79 70 75 77	301
	Nick Faldo	78 71 76 69	294	63=	Alex Caygill	80 71 75 76	302
	Gary Player	72 72 79 71	294		Liam Higgins	77 74 75 76	302
	Doug Sanders	77 73 73 71	294		William Lockie	78 74 74 76	302
32=	Bobby Cole	75 71 72 78	296		Peter Tupling	75 71 77 79	302
	Roberto de Vicenzo	77 71 76 72	296				

Round Leader(s)
R1 Ballesteros, O'Connor, Suzuki; 69
R2 Ballesteros; 138
R3 Ballesteros; 211

Lowest Scores
R2 Floyd; 67
R3 Fernandez; 69
R4 James, Miller; 66

1976

58th PGA Championship
Congressional Country Club, Bethesda, Maryland (12-16 August – rain affected)
No Starting 138; No Making Cut 76; No Completing 73
7054 yards: Par 70 (280)

1	DAVE STOCKTON	70 72 69 70	281		Jerry Heard	72 74 69 73	288
	($45000)				Dave Hill	76 66 75 71	288
2=	Ray Floyd	72 68 71 71	282		Joe Inman Jr	72 69 74 73	288
	Don January	70 69 71 72	282		Gene Littler	71 69 73 75	288
4=	David Graham	70 71 70 72	283		Don Massengale	71 74 73 70	288
	Jack Nicklaus	71 69 69 74	283		Leonard Thompson	73 69 72 74	288
	Jerry Pate	69 73 72 69	283	29	Joe Porter	72 71 70 76	289
	John Schlee	72 71 70 70	283	30=	Hubert Green	73 70 73 74	290
8=	Charles Coody	68 72 67 77	284		Grier Jones	71 70 75 74	290
	Ben Crenshaw	71 69 74 70	284		Rik Massengale	71 72 73 74	290
	Jerry McGee	68 72 72 72	284		Bob Zender	69 71 73 77	290
	Gil Morgan	66 68 75 75	284	34=	Bill Collins	70 70 76 75	291
	Tom Weiskopf	65 74 73 72	284		Gibby Gilbert	70 78 72 71	291
13=	Tom Kite	66 72 73 75	286		Hale Irwin	69 73 77 72	291
	Gary Player	70 69 72 75	286		Larry Nelson	75 71 74 71	291
15=	Lee Elder	68 74 70 75	287	38=	Tommy Aaron	72 72 72 76	292
	Mark Hayes	69 72 73 73	287		Bruce Crampton	74 71 75 72	292
	Mike Hill	72 70 73 72	287		Bruce Lietzke	75 73 68 76	292
	Mike Morley	69 72 72 74	287		Peter Oosterhuis	75 73 73 71	292
	Arnold Palmer	71 76 68 72	287		Howard Twitty	73 71 74 74	292
	JC Snead	74 71 70 72	287	43=	Pat Fitzsimons	77 71 73 72	293
	Tom Watson	70 74 70 73	287		Rod Funseth	71 75 73 74	293
22=	Lou Graham	74 70 70 74	288		John Lister	74 72 73 74	293

	Player	Scores	Total
	Roger Maltbie	76 72 73 72	293
	Don Padgett	71 71 72 79	293
	Kermit Zarley	71 73 74 75	293
49=	Wally Armstrong	74 75 69 76	294
	Andy North	72 73 79 70	294
51=	Miller Barber	79 70 73 73	295
	Don Bies	76 71 72 76	295
	George Cadle	71 70 77 77	295
	Billy Casper	75 74 72 74	295
	Dennis Tiziani	77 68 75 75	295
	Bert Weaver	73 70 78 74	295
57=	Jim Colbert	72 72 75 77	296
	Ed Sneed	71 76 76 73	296
	Tom Ulozas	73 76 74 73	296
60=	Gene Borek	73 76 72 76	297
	Jack Kiefer	72 71 75 79	297
	Jim Simons	75 73 72 77	297
	Jimmy Wright	77 72 72 76	297
64	Lyn Lott	70 72 76 80	298
65=	Bob Dickson	74 73 77 75	299
	Forrest Fezler	72 75 73 79	299
	Mac McLendon	77 72 76 74	299
68	Labron Harris, Jr	73 73 80 75	301
69=	Clayton Cole	75 74 78 76	303
	Bob Gilder	75 74 79 75	303
71=	Don Iverson	73 76 81 75	305
	Stan Thirsk	76 71 76 82	305
73	Mal Galletta	74 74 78 81	307

Round Leader(s)
R1 Weiskopf; 65
R2 Morgan; 134
R3 Coody; 207

Lowest Scores
R2 Hill; 66
R3 Coody; 67
R4 Pate; 69

1977

41st MASTERS Tournament
Augusta National Golf Club, Augusta, Georgia (7-10 April)
No Starting 77: No Making Cut 50: No Completing 50
6925 yards: Par 72 (288)

	Player	Scores	Total
1	TOM WATSON	70 69 70 67	276
	($40000)		
2	Jack Nicklaus	72 70 70 66	278
3=	Tom Kite	70 73 70 67	280
	Rik Massengale	70 73 67 70	280
5	Hale Irwin	70 74 70 68	282
6=	David Graham	75 67 73 69	284
	Lou Graham	75 71 69 69	284
8=	Ben Crenshaw	71 69 69 76	285
	Ray Floyd	71 72 71 71	285
	Hubert Green	67 74 72 72	285
	Don January	69 76 69 71	285
	Gene Littler	71 72 73 69	285
	John Schlee	75 73 69 68	285
14=	Billy Casper	72 72 73 69	286
	Jim Colbert	72 71 69 74	286
	Rod Funseth	72 67 74 73	286
	Jerry Pate	70 72 74 70	286
	Tom Weiskopf	73 71 71 71	286
19=	George Archer	74 74 69 70	287
	Andy Bean	74 70 71 72	287
	Danny Edwards	72 74 68 73	287
	Lee Elder	76 68 72 71	287
	Gary Player	71 70 72 74	287
24=	Billy Kratzert	69 71 78 70	288
	Andy North	74 74 71 69	288
	Arnold Palmer	76 71 71 70	288
	Bob Wynn	75 73 70 70	288
28=	Isao Aoki	73 76 70 70	289
	Bruce Lietzke	73 71 72 73	289
	Jerry McGee	73 73 72 71	289
31=	Graham Marsh	77 72 72 69	290
	Bob Murphy	74 72 71 73	290
33=	Seve Ballesteros	74 75 70 72	291
	Mark Hayes	71 72 72 76	291
35=	Tommy Aaron	73 72 73 74	292
	Johnny Miller	78 71 69 74	292
	Bob Shearer	74 67 75 76	292
	Art Wall	75 74 71 72	292
39=	Dave Hill	71 72 76 74	293
	JC Snead	72 76 73 72	293
	Dave Stockton	73 72 75 73	293
42=	Buddy Allin	71 74 75 74	294
	Bruce Devlin	75 69 77 73	294
	Gary Koch	78 71 72 73	294
45	Mac McLendon	72 70 78 75	295
46=	Lyn Lott	76 72 77 71	296
	Peter Oosterhuis	73 75 76 72	296
48	Mike Morley	75 73 73 76	297
49	Bill Sander (a)	80 69 78 72	299
50	John Fought (a)	73 74 78 78	303

Round Leader(s)
R1 Green; 67
R2 Funseth, Watson; 139
R3 Crenshaw, Watson; 209

Lowest Scores
R2 Funseth, Graham, Shearer; 67
R3 Massengale; 67
R4 Nicklaus; 66

1977

77th US OPEN Championship
Southern Hills Country Club, Tulsa, Oklahoma (16-19 June)
No of Entries 4608: No Starting 153: No Making Cut 60: No Completing 60
6873 yards: Par 70 (280)

	Player	Scores	Total
1	HUBERT GREEN	69 67 72 70	278
	($45000)		
2	Lou Graham	72 71 68 68	279
3	Tom Weiskopf	71 71 68 71	281
4	Tom Purtzer	69 69 72 72	282
5=	Jay Haas	72 68 71 72	283
	Gary Jacobsen	73 70 67 73	283
7=	Terry Diehl	69 68 73 74	284
	Lyn Lott	73 73 68 70	284
	Tom Watson	74 72 71 67	284
10=	Rod Funseth	69 70 72 74	285
	Al Geiberger	70 71 75 69	285
	Mike McCullough	73 73 69 70	285
	Jack Nicklaus	74 68 71 72	285
	Peter Oosterhuis	71 70 74 70	285
	Gary Player	72 67 71 75	285
16=	Wally Armstrong	71 70 70 75	286
	Joe Inman	70 70 72 74	286
	Steve Melnyk	70 73 70 73	286
19=	Bill Kratzert	73 69 75 70	287
	Bruce Lietzke	74 68 71 74	287
	Jerry McGee	76 69 76 66	287
	Arnold Palmer	70 72 73 72	287
23=	Sam Adams	70 69 76 73	288
	Andy Bean	71 70 68 79	288
	Ron Streck	73 73 71 71	288
26	Gay Brewer	73 72 70 74	289
27=	George Archer	73 72 74 71	290
	Tom Kite	71 73 70 76	290
	John Lister	72 73 68 77	290
	Johnny Miller	71 73 70 76	290
	Mike Morley	70 73 74 73	290
	Don Padgett	70 74 66 80	290
	JC Snead	72 75 68 75	290
	Lee Trevino	74 70 73 73	290
35=	Rod Curl	75 71 73 72	291

THE GOLF MAJORS: 1860-2015 – RESULTS

	Grier Jones	69 75 72 75	291	49=	George Burns	70 75 76 75	296
	Graham Marsh	74 72 72 73	291		Ben Crenshaw	74 71 72 79	296
	Jim Simons	75 67 71 78	291		Jim Dent	76 71 74 75	296
39=	Rik Massengale	71 72 77 72	292		Morris Hatalsky	70 74 72 80	296
	Florentino Molina	69 76 75 72	292	53	Bill Mallon	73 71 77 77	298
41=	Mark Hayes	76 68 73 76	293	54=	John Melnick	71 75 78 75	299
	Hale Irwin	73 71 77 72	293		Lindy Miller (a)	73 73 76 77	299
	Gil Morgan	76 70 69 78	293		Larry Nelson	69 75 78 77	299
44=	Bruce Fleisher	73 69 74 78	294	57	Bob E Smith	70 77 77 76	300
	Phil Hancock	74 73 72 75	294	58=	Vince Bizik	71 76 76 79	302
	Fuzzy Zoeller	73 69 79 73	294		John Fought (a)	73 74 78 77	302
47=	David Canipe	74 73 70 78	295	60	Chi Chi Rodriguez	74 71 75 84	304
	Ray Floyd	73 73 78 71	295				

Round Leader(s)
R1 Diehl, Funseth, Green, Jones, Molina, Nelson, Purtzer; 69
R2 Green; 136
R3 Green; 208

Lowest Scores
R2 Green, Player, Simons; 67
R3 Padgett; 66
R4 McGee; 66

1977

106th OPEN Championship
Turnberry Resort (Ailsa Course), Turnberry, Ayrshire, Scotland (6-9 July)
No of Entries 730: No Starting 156: No Making Cut 87, after 36 holes; 64, after 54 holes: No Completing 64
6875 yards: Par 70 (280)

1	TOM WATSON	68 70 65 65	268		Norio Suzuki	74 71 69 75	289
	(£10000)			34=	Ken Brown	74 73 71 72	290
2	Jack Nicklaus	68 70 65 66	269		Eamonn Darcy	74 71 74 71	290
3	Hubert Green	72 66 74 67	279	36=	Brian Barnes	79 69 69 74	291
4	Lee Trevino	68 70 72 70	280		Baldovino Dassu	72 74 72 73	291
5=	George Burns	70 70 72 69	281		Min-Nan Hsieh	72 73 73 73	291
	Ben Crenshaw	71 69 66 75	281		John Morgan	72 71 71 77	291
7	Arnold Palmer	73 73 67 69	282		Manuel Pinero	74 75 71 71	291
8	Ray Floyd	70 73 68 72	283	41=	Neil Coles	74 74 71 73	292
9=	Mark Hayes	76 63 72 73	284		David Vaughan	71 74 73 74	292
	Tommy Horton	70 74 65 75	284	43=	Bob Charles	73 72 70 78	293
	Johnny Miller	69 74 67 74	284		Jaime Gonzalez	78 72 71 72	293
	John Schroeder	66 74 73 71	284		Tony Jacklin	72 70 74 77	293
13=	Howard Clark	72 68 72 74	286	46=	Stewart Ginn	75 72 72 75	294
	Peter Thomson	74 72 67 73	286		Hale Irwin	70 71 73 80	294
15=	Seve Ballesteros	69 71 73 74	287	48=	Roberto de Vicenzo	76 71 70 78	295
	Peter Butler	71 68 75 73	287		Vicente Fernandez	75 73 73 74	295
	Bobby Cole	72 71 71 73	287		Brian Huggett	72 77 72 74	295
	Guy Hunt	73 71 71 72	287		Michael King	73 75 72 75	295
	Graham Marsh	73 69 71 74	287	52=	Rodger Davis	77 70 70 79	296
	Jerry Pate	74 70 70 73	287		Jim Farmer	72 74 72 78	296
	Bob Shearer	72 69 72 74	287		Christy O'Connor, Jr	75 73 71 77	296
22=	Peter Dawson	74 68 73 73	288		Brian Waites	78 70 69 79	296
	John Fourie	74 69 70 75	288	56=	Maurice Bembridge	76 69 75 77	297
	Gary Player	71 74 74 69	288		Vincent Tshabalala	71 73 72 81	297
	Tom Weiskopf	74 71 71 72	288	58=	Chi-San Hsu	70 70 77 81	298
26=	Gaylord Burrows	69 72 68 80	289		David Jones	73 74 73 78	298
	Martin Foster	67 74 75 73	289		Gary Jacobson	74 73 70 81	298
	Angel Gallardo	78 65 72 74	289		Ian Mosey	75 73 73 77	298
	David Ingram	73 74 70 72	289	62=	Vin Baker	77 70 73 79	299
	Roger Maltbie	71 66 72 80	289		Nick Faldo	71 76 74 78	299
	Rik Massengale	73 71 74 71	289		Silvano Locatelli	72 72 76 79	299
	John O'Leary	74 73 68 74	289				

Round Leader(s)
R1 Schroeder; 66
R2 Maltbie; 137
R3 Nicklaus, Watson; 203

Lowest Scores
R2 Hayes; 63
R3 Horton, Nicklaus, Watson; 65
R4 Watson; 65

1977

59th PGA Championship
Pebble Beach Golf Links, Pebble Beach, California (11-14 August)
Starting 138; No Making Cut 71; No Completing 71
6804 yards: Par 72 (288)

1	LANNY WADKINS*	69 71 72 70	282		Johnny Miller	70 74 73 70	287
	($45000)			13=	Tom Kite	73 73 70 72	288
2	Gene Littler	67 69 70 76	282		Lee Trevino	71 73 71 73	288
3	Jack Nicklaus	69 71 70 73	283	15=	George Cadle	69 73 70 77	289
4	Charles Coody	70 71 70 73	284		Bruce Lietzke	74 70 74 71	289
5	Jerry Pate	73 70 69 73	285		Gil Morgan	74 68 70 77	289
6=	Al Geiberger	71 70 73 72	286		Leonard Thompson	72 73 69 75	289
	Lou Graham	71 73 71 71	286	19=	George Archer	70 73 76 72	291
	Don January	75 69 70 72	286		George Burns	71 76 70 74	291
	Jerry McGee	68 70 77 71	286		Mark Hayes	68 75 74 74	291
	Tom Watson	68 73 71 74	286		Arnold Palmer	72 73 73 73	291
11=	Joe Inman, Jr	72 69 73 73	287		John Schroeder	73 76 68 74	291

	JC Snead	76 71 72 72	291
25=	Miller Barber	77 68 69 78	292
	Grier Jones	72 74 72 74	292
	Bill Kratzert	71 76 75 70	292
	Lyn Lott	76 75 67 74	292
	Bob Murphy	72 72 72 76	292
	Jim Simons	74 74 69 75	292
31=	Billy Casper	73 71 70 79	293
	Lon Hinkle	72 72 74 75	293
	Roger Maltbie	70 79 70 74	293
	Gary Player	74 77 68 74	293
	Dave Stockton	75 75 69 74	293
36=	Danny Edwards	76 74 67 77	294
	Rik Massengale	77 73 70 74	294
	John Schlee	73 73 73 75	294
	Ed Sneed	74 73 72 75	294
40=	Ray Floyd	74 72 73 76	295
	Mike McCullough	77 69 72 77	295
42=	Buddy Allin	77 72 75 72	296
	Butch Baird	75 74 73 74	296
44=	Hale Irwin	74 75 73 75	297
	Steve Melnyk	71 75 74 77	297
	Mike Morley	71 74 80 72	297
47	Bob E Smith	76 70 77 75	298
48=	Wally Armstrong	73 74 77 75	299
	Dave Hill	73 77 74 75	299
	Mac McLendon	75 73 76 75	299
51=	Bruce Devlin	75 73 74 78	300
	Bobby Nichols	72 75 78 75	300
	Kermit Zarley	76 75 75 74	300
54=	Bob Duden	74 76 79 72	301
	Larry Nelson	77 69 79 76	301
	Sam Snead	80 71 71 79	301
	Fuzzy Zoeller	70 72 79 80	301
58=	Julius Boros	73 75 77 77	302
	Bob Gilder	76 74 68 84	302
	Graham Marsh	74 74 77 77	302
	Tom Weiskopf	77 72 74 79	302
62=	Hubert Green	74 77 76 76	303
	John Lister	70 75 80 78	303
	Bob Payne	73 76 75 79	303
65	Rusty Guernsey	78 72 77 80	307
66=	Phil Ferranti	75 73 79 81	308
	Jim Ferriell	78 71 79 80	308
	Tom Jenkins	78 73 77 80	308
69	Bob Benson	74 75 75 85	309
70	Dow Finsterwald	76 75 84 75	310
71	Larry Ringer	77 74 79 85	315

Lanny Wadkins beat Gene Littler at the 3rd extra hole in the Sudden Death Play-off

Round Leader(s)
R1   Littler; 67
R2   Littler; 136
R3   Littler; 206

Lowest Scores
R2   M Barber, Morgan; 68
R3   Edwards, Lott; 67
R4   Kratzert, Miller, Wadkins; 70

1978

42nd MASTERS Tournament
Augusta National Golf Club, Augusta, Georgia (6-9 April)
No Starting 78: No Making Cut 53: No Completing 53
6925 yards: Par 72 (288)

1	GARY PLAYER	72 72 69 64	277
	($45000)		
2=	Rod Funseth	73 66 70 69	278
	Hubert Green	72 69 65 72	278
	Tom Watson	73 68 68 69	278
5=	Wally Armstrong	72 70 70 68	280
	Billy Kratzert	70 74 67 69	280
7	Jack Nicklaus	72 73 69 67	281
8	Hale Irwin	73 67 71 71	282
9=	David Graham	75 69 67 72	283
	Joe Inman, Jr	69 73 72 69	283
11=	Don January	72 70 72 70	284
	Jerry McGee	71 73 71 69	284
	Tom Weiskopf	72 71 70 71	284
14=	Peter Oosterhuis	74 70 70 71	285
	Lee Trevino	70 69 72 74	285
16=	Ray Floyd	76 71 71 68	286
	Lindy Miller (a)	74 71 70 71	286
18=	Seve Ballesteros	74 71 68 74	287
	Tom Kite	71 74 71 71	287
	Gil Morgan	73 73 70 71	287
	Jerry Pate	72 71 72 72	287
	Ed Sneed	74 70 70 73	287
	Lanny Wadkins	74 70 73 70	287
24=	Miller Barber	75 67 73 73	288
	Andy Bean	76 68 73 71	288
	Gene Littler	72 68 70 78	288
	Leonard Thompson	72 69 75 72	288
28	Bobby Cole	77 70 70 72	289
29=	Gay Brewer	73 71 69 77	290
	Mac McLendon	72 72 72 74	290
	Bill Rogers	76 70 68 76	290
32=	Jim Colbert	74 73 75 69	291
	Terry Diehl	74 72 74 71	291
	Johnny Miller	77 72 72 70	291
	Andy North	73 76 72 70	291
36	Tommy Aaron	73 74 71 74	292
37=	Ben Crenshaw	75 70 74 74	293
	Mike Hill	73 75 74 71	293
	Arnold Palmer	73 69 74 77	293
	Tom Purtzer	78 69 74 72	293
41	Lyn Lott	72 76 71 75	294
42=	Lee Elder	73 75 74 73	295
	Al Geiberger	75 73 75 72	295
	John Schlee	68 75 77 75	295
45=	Vance Heafner (a)	73 74 74 75	296
	Dave Hill	72 76 74 74	296
47=	Jay Haas	74 73 74 76	297
	Gary Hallberg (a)	73 73 78 73	297
49	Dick Siderowf (a)	77 72 78 71	298
50	Bob Wynn	74 70 78 77	299
51	Steve Melnyk	71 78 75 76	300
52	Bob Goalby	73 75 78 75	301
53	Peter McEvoy (a)	73 75 77 77	302

Round Leader(s)
R1   Schlee; 68
R2   Funseth, Trevino; 139
R3   Green; 206

Lowest Scores
R2   Funseth; 66
R3   Green; 65
R4   Player; 64

1978

78th US OPEN Championship
Cherry Hills Country Club, Denver, Colorado (15-18 June)
No of Entries 4897: No Starting 153: No Making Cut 63: No Completing 63
7083 yards: Par 71 (284)

1	ANDY NORTH	70 70 71 74	285
	($45000)		
2=	JC Snead	70 72 72 72	286
	Dave Stockton	71 73 70 72	286
4=	Hale Irwin	69 74 75 70	288
	Tom Weiskopf	77 73 70 68	288
6=	Andy Bean	72 72 71 74	289
	Bill Kratzert	72 74 70 73	289
	Johnny Miller	78 69 68 74	289
	Jack Nicklaus	73 69 74 73	289
	Gary Player	71 71 70 77	289
	Tom Watson	74 75 70 70	289

12=	Ray Floyd	75 70 76 70	291		Lou Graham	78 72 74 74	298
	Joe Inman, Jr	72 72 74 73	291		Mark Hayes	73 70 76 79	298
	Mike McCullough	75 75 73 68	291		Gene Littler	73 75 77 73	298
	Lee Trevino	72 71 75 73	291		Mac McLendon	75 73 69 81	298
16=	Seve Ballesteros	75 69 71 77	292		Steve Melnyk	79 71 69 79	298
	Artie McNickle	74 75 70 73	292		Leonard Thompson	74 76 73 75	298
	Jerry Pate	73 72 74 73	292	44=	Bob Gilder	76 74 74 75	299
	Bob Shearer	78 72 71 71	292		Bill Rogers	79 69 73 78	299
20=	Wally Armstrong	73 73 74 73	293	46=	George Burns	74 76 78 72	300
	Phil Hancock	71 73 75 74	293		Wayne Levi	76 73 74 77	300
	Tom Kite	73 73 70 77	293		Chi Chi Rodriguez	74 73 77 76	300
	Bruce Lietzke	72 73 72 76	293		Ed Sneed	78 70 75 77	300
24=	Dale Douglass	74 75 74 72	295		Tom Ulozas	73 73 75 79	300
	Tom Purtzer	75 72 72 76	295		Bobby Wadkins	71 78 77 74	300
	Victor Regalado	74 72 73 76	295	52	Bobby Nichols	74 72 80 75	301
27=	Jerry McGee	74 76 71 75	296	53=	Al Geiberger	71 74 78 79	302
	Pat McGowan	74 73 72 77	296		Nate Starks	74 75 78 75	302
	Peter Oosterhuis	72 72 78 74	296	55=	Dick McClean	78 71 72 82	303
30=	Billy Casper	71 76 73 77	297		Harry Toscano	74 75 75 79	303
	Bobby Clampett (a)	70 73 80 84	297	57=	Bill Brask	71 76 78 79	304
	Charles Coody	74 76 76 71	297		Jim Holtgrieve (a)	79 71 78 76	304
	Rod Curl	78 72 74 73	297	59	Dave Eichelberger	77 71 80 77	305
	Lee Elder	76 73 73 75	297	60	Mike Morley	77 73 78 80	308
35=	Miller Barber	74 73 76 75	298	61	Walter Zembriski	76 73 84 76	309
	Ray Cragun	79 71 76 72	298	62	Bob E Smith	74 73 82 81	310
	Ed Fiori	74 73 74 77	298	63	Al Chandler	75 75 76 86	312

Round Leader(s)
R1   Irwin; 69
R2   North; 140
R3   North; 211

Lowest Scores
R2   Ballesteros, Nicklaus, Miller, Rogers; 69
R3   Miller, 68
R4   McCullough, Weiskopf; 68

1978

107th OPEN Championship
Royal & Ancient Golf Club, St Andrews, Fife, Scotland (12-15 July)
*No of Entries 788: No Starting 155: No Making
Cut 80, after 36 holes; 64, after 54 holes: No Completing 63*
6933 yards: Par 72 (288)

1	JACK NICKLAUS	71 72 69 69	281		Greg Norman	72 73 74 72	291
	(£12500)				Lee Trevino	75 72 73 71	291
2=	Ben Crenshaw	70 69 73 71	283	34=	Brian Barnes	71 74 75 72	292
	Ray Floyd	69 75 71 68	283		Ken Brown	73 72 71 76	292
	Tom Kite	72 69 72 70	283		Gary Cullen	73 67 79 73	292
	Simon Owen	70 75 67 71	283		Arnold Palmer	71 71 75 75	292
6	Peter Oosterhuis	72 70 69 73	284		Gary Player	74 71 76 71	292
7=	Isao Aoki	68 71 73 73	285	39=	David Graham	73 74 70 76	293
	Nick Faldo	71 72 70 72	285		Mike Krantz	75 72 75 71	293
	John Schroeder	74 69 70 72	285		Peter McEvoy (a)	71 74 76 72	293
	Bob Shearer	71 69 74 71	285		Nick Price	74 73 74 72	293
11=	Michael Cahill	71 72 75 68	286		Guy Wolstenholme	73 74 71 75	293
	Dale Hayes	74 70 71 71	286	44=	Francisco Abreu	73 73 76 72	294
	Orville Moody	73 69 74 70	286		Manuel Ballesteros	73 71 74 76	294
14=	Mark Hayes	70 75 75 67	287		Howard Clark	70 75 73 76	294
	Jumbo Ozaki	72 69 75 71	287		Mike Miller (a)	70 74 74 76	294
	Tom Watson	73 68 70 76	287	48=	Andy Bean	72 76 72 75	295
17=	Seve Ballesteros	69 70 76 73	288		Allan Brodie (a)	73 72 75 75	295
	Bob Byman	72 69 74 73	288		Bob Charles	73 70 79 73	295
	Guy Hunt	71 73 71 73	288		Neil Coles	71 73 73 78	295
	Tommy Nakajima	70 71 76 71	288	52=	John Bland	72 73 77 74	296
	Tom Weiskopf	69 72 72 75	288		Rodger Davis	73 72 73 78	296
22=	Bernard Gallacher	72 71 76 70	289		David Good	75 73 74 74	296
	Nick Job	73 75 68 73	289		Simon Hobday	73 71 77 75	296
24=	Antonio Garrido	73 71 76 70	290		Bill Longmuir	75 71 75 75	296
	Hale Irwin	75 71 76 78	290		Vaughan Somers	72 72 76 76	296
	Carl Mason	70 74 72 74	290		Rocky Thompson	73 73 76 74	296
	Jack Newton	69 76 71 74	290	59	Peter Bulter	71 74 75 77	297
	Peter Thomson	72 70 72 76	290	60	Geoffrey Godwin (a)	74 73 75 76	298
29=	Tienie Britz	73 74 72 72	291		Bob Wynn	73 72 76 77	298
	Hubert Green	78 70 67 76	291	62	Peter Dawson	75 72 75 77	299
	John Morgan	74 68 77 72	291	63	Ewen Murray	76 70 76 78	300

Round Leader(s)
R1   Aoki; 68
R2   Aoki, Crenshaw; 139
R3   Oosterhuis, Watson; 211

Lowest Scores
R2   Morgan, Watson; 68
R3   Green, Owen; 67
R4   Hayes; 67

1978

60th PGA Championship
Oakmont Country Club, Oakmont, Pennsylvania (3-6 August)
Starting 150; No Making Cut 72; No Completing 70
6989 yards: Par 72 (284)

1	JOHN MAHAFFEY*	75 67 68 66	276
	($50000)		
2=	Jerry Pate	72 70 66 68	276
	Tom Watson	67 69 67 73	276
4=	Gil Morgan	76 71 66 67	280
	Tom Weiskopf	73 67 69 71	280
6	Craig Stadler	70 74 67 71	282
7=	Andy Bean	72 72 70 70	284
	Graham Marsh	72 74 68 70	284
	Lee Trevino	69 73 70 72	284
10	Fuzzy Zoeller	75 69 73 68	285
11	Joe Inman, Jr	72 68 69 77	286
12=	Hale Irwin	73 71 73 70	287
	Bill Kratzert	70 77 73 67	287
	Larry Nelson	76 71 70 70	287
	John Schroeder	76 69 70 72	287
16=	Ben Crenshaw	69 71 75 73	288
	Phil Hancock	70 73 75 70	288
	Grier Jones	70 73 71 74	288
19=	Wally Armstrong	71 73 75 70	289
	George Burns	79 68 70 72	289
	Bob Gilder	74 71 70 74	289
	Don January	73 72 75 69	289
	Bobby Nichols	75 67 73 74	289
	Dave Stockton	68 75 74 72	289
	Kermit Zarley	75 71 67 76	289
26=	George Cadle	74 74 74 68	290
	Rod Curl	76 71 73 70	290
	Hubert Green	71 71 74 74	290
	Peter Oosterhuis	73 72 72 73	290
	Gary Player	76 72 71 71	290
	Greg Powers	75 70 75 70	290
	Bob Shearer	73 73 71 73	290
	Bob Zender	73 69 74 74	290
34=	Jim Dent	74 74 70 73	291
	Victor Regalado	76 71 70 74	291
	Mike Sullivan	70 75 73 73	291
	Lanny Wadkins	70 73 72 76	291
38=	Danny Edwards	74 73 70 75	292
	Keith Fergus	71 74 72 75	292
	Morris Hatalsky	77 71 69 75	292
	Johnny Miller	69 72 72 79	292
42=	Dave Eichelberger	74 73 74 72	293
	Lee Elder	71 76 73 73	293
	Rod Funseth	70 73 72 78	293
	Mike Morley	70 73 73 77	293
	Andy North	76 71 73 73	293
	Bill Rogers	72 74 73 74	293
	Leonard Thompson	72 76 74 71	293
	DeWitt Weaver	75 69 72 77	293
50=	Tommy Aycock	74 72 75 73	294
	Ray Floyd	76 72 73 73	294
	Dave Hill	69 76 75 74	294
	Jack Newton	73 71 71 79	294
54=	Bobby Cole	75 73 73 74	295
	Bob Murphy	71 75 71 78	295
	Tom Purtzer	72 70 78 75	295
	Bobby Wadkins	74 74 71 76	295
58=	Jay Haas	73 71 77 75	296
	Mike McCullough	76 71 75 74	296
	Curtis Strange	72 74 71 79	296
61	George Archer	76 67 77 77	297
62	Bruce Lietzke	75 72 73 78	298
63	Lon Hinkle	73 73 74 79	299
64=	Laurie Hammer	74 72 77 77	300
	Jerry Heard	76 71 72 81	300
	Gary Koch	74 72 77 77	300
	Ed Sneed	76 72 73 79	300
	Howard Twitty	75 72 77 76	300
69	Jim Colbert	74 74 73 80	301
70	Bill Hall	76 72 77 78	303

* John Mahaffey beat Jerry Pate and Tom Watson at the 2nd extra hole in the Sudden Death Play-off

Round Leader(s)
R1 Watson; 67
R2 Watson; 136
R3 Watson; 203

Lowest Scores
R2 Archer, Mahaffey, Nichols, Weiskopf; 67
R3 Morgan, Pate; 66
R4 Mahaffey; 66

1979

43rd MASTERS Tournament
Augusta National Golf Club, Augusta, Georgia (12-15 April)
No Starting 72: No Making Cut 45: No Completing 45
6925 yards: Par 72 (288)

1	FUZZY ZOELLER*	70 71 69 70	280
	($50000)		
2=	Ed Sneed	68 67 69 76	280
	Tom Watson	68 71 70 71	280
4	Jack Nicklaus	69 71 72 69	281
5	Tom Kite	71 72 68 72	283
6	Bruce Lietzke	67 75 68 74	284
7=	Craig Stadler	69 66 74 76	285
	Leonard Thompson	68 70 73 74	285
	Lanny Wadkins	73 69 70 73	285
10=	Hubert Green	74 69 72 71	286
	Gene Littler	74 71 69 72	286
12=	Seve Ballesteros	72 68 73 74	287
	Miller Barber	75 64 72 76	287
	Jack Newton	70 72 69 76	287
	Andy North	72 72 74 69	287
	Lee Trevino	73 71 70 73	287
17=	Lee Elder	73 70 74 71	288
	Ray Floyd	70 68 73 77	288
	Billy Kratzert	73 68 71 76	288
	Artie McNickle	71 74 72 71	288
	Gary Player	71 72 74 71	288
22	JC Snead	73 71 72 73	289
23=	Bobby Clampett (a)	73 71 73 73	290
	Lou Graham	69 71 76 74	290
	Joe Inman, Jr	68 71 76 75	290
	Hale Irwin	72 70 74 74	290
	Jim Simons	72 70 75 73	290
28=	Tommy Aaron	72 73 76 70	291
	Andy Bean	69 74 74 74	291
	Graham Marsh	71 72 73 75	291
31=	Gil Morgan	72 69 71 80	292
	Larry Nelson	70 75 70 77	292
	Victor Regalado	71 74 75 72	292
34=	Isao Aoki	71 72 72 78	293
	Bob Byman	71 71 75 76	293
	Charles Coody	71 72 74 76	293
	Scott Hoch (a)	72 73 74 74	293
	Peter Oosterhuis	73 72 73 75	293
39	John Cook (a)	72 72 75 76	295
40	Nick Faldo	73 71 79 73	296
41=	Jerry Pate	72 70 75 80	297
	Tom Weiskopf	73 72 71 81	297
43	Billy Casper	69 75 80 75	299
44	Rod Funseth	70 73 78 79	300
45	Lindy Miller	73 67 75 86	301

*Fuzzy Zoeller beat Ed Sneed and Tom Watson at the second extra hole of the Sudden-death Play-off

Round Leader(s)
R1 Lietzke; 67
R2 Sneed, Stadler; 135
R3 Sneed; 204

Lowest Scores
R2 Barber; 64
R3 Kite, Lietzke; 68
R4 Nicklaus, North; 69

1979

79th US OPEN Championship
Inverness Golf Club, Toledo, Ohio (14-17 June)
No of Entries 4853: No Starting 153: No Making Cut 63: No Completing 63
6982 yards: Par 71 (284)

1	HALE IRWIN	74 68 67 75	284	32=	Dale Douglass	72 76 76 74	298
	($50000)				Lynn Janson	77 71 77 73	298
2=	Jerry Pate	71 74 69 72	286		Chi Chi Rodriguez	73 76 71 78	298
	Gary Player	73 73 72 68	286		Howard Twitty	73 78 71 76	298
4=	Larry Nelson	71 68 76 73	288	36=	Isao Aoki	73 77 76 73	299
	Bill Rogers	71 72 73 72	288		Jim Dent	75 76 75 73	299
	Tom Weiskopf	71 74 67 76	288		Bill Kratzert	77 73 73 76	299
7	David Graham	73 73 70 73	289		John Mahaffey	77 73 74 75	299
8	Tom Purtzer	70 69 75 76	290		Dave Stockton	75 70 78 76	299
9=	Keith Fergus	70 77 72 72	291	41=	Jim Colbert	71 74 78 77	300
	Jack Nicklaus	74 77 72 68	291		Bruce Lietzke	74 77 73 76	300
11=	Ben Crenshaw	75 71 72 75	293		Jim Nelford	75 76 73 76	300
	Lee Elder	74 72 69 78	293		Dana Quigley	71 78 74 77	300
	Andy North	77 74 68 74	293		Jack Renner	76 75 75 74	300
	Calvin Peete	72 75 71 75	293		Larry Ziegler	77 72 78 73	300
	Ed Sneed	72 73 75 73	293	47	Forrest Fezler	73 77 73 78	301
16=	Bob Gilder	77 70 69 78	294	48=	George Burns	74 73 78 77	302
	Graham Marsh	77 71 72 74	294		Frank Conner	73 78 73 78	302
	Jim Simons	74 74 78 68	294		Fred Couples (a)	76 74 78 74	302
19=	Al Geiberger	74 74 69 78	295		Rod Funseth	73 74 74 81	302
	Lee Trevino	77 73 73 72	295		Greg Norman	76 74 74 78	302
	Lanny Wadkins	73 74 71 77	295	53=	John Cook (a)	71 80 77 76	304
	Bobby Walzel	74 72 71 78	295		David Edwards	74 76 84 70	304
	DA Weibring	74 76 71 74	295		Lon Hinkle	70 77 76 81	304
24	Hubert Green	74 77 73 72	296		Joe Inman	72 77 75 80	304
25=	Andy Bean	70 76 71 80	297		Eddie Pearce	75 75 76 78	304
	Lou Graham	70 75 77 75	297		Joey Rassett (a)	75 75 77 77	304
	Wayne Levi	77 73 75 72	297	59=	Eric Batten	74 76 77 78	305
	Bob Murphy	72 79 69 77	297		Arnold Palmer	76 73 75 81	305
	Bobby Nichols	76 75 71 75	297	61	John Gentile	73 75 77 81	306
	Mike Reid	74 75 74 74	297	62	Mac McLendon	77 74 80 78	309
	Bob E Smith	77 71 69 80	297	63	Tony Peterson	74 75 84 79	312

Round Leader(s)
R1 Bean, Fergus, L Graham, Hinkle, Purtzer; 70
R2 Nelson, Purtzer; 139
R3 Irwin; 209

Lowest Scores
R2 Irwin, Nelson; 68
R3 Irwin, Weiskopf; 67
R4 Nicklaus, Player, Simons; 68

1979

108th OPEN Championship
Royal Lytham and St Anne's Golf Club, Lancashire, England (18-21 July)
No of Entries 885: No Qualifying 152: No Starting 151: No Making Cut 82, after 36 holes; 61, after 54 holes: No Completing 61
6822 yards: Par 71 (284)

1	SEVE BALLESTEROS	73 65 75 70	283		Simon Hobday	75 77 71 75	298
	(£15000)				Tom Kite	73 74 77 74	298
2=	Ben Crenshaw	72 71 72 71	286		Bill Longmuir	65 74 77 82	298
	Jack Nicklaus	72 69 73 72	286		Armando Saavedra	76 76 73 73	298
4	Mark James	76 69 69 73	287		Bobby Verwey	75 77 74 72	298
5	Rodger Davis	75 70 70 73	288	36=	Pete Cowen	79 72 72 76	299
6	Hale Irwin	68 68 75 78	289		Lee Elder	75 72 76 76	299
7=	Isao Aoki	70 74 72 75	291		Ray Floyd	76 73 71 79	299
	Bob Byman	73 70 72 76	291		Michael King	75 70 73 81	299
	Graham Marsh	74 68 75 74	291		Christy O'Connor, Sr	79 73 71 76	299
10=	Bob Charles	78 72 70 72	292	41=	Hugh Baiocchi	72 73 78 77	300
	Greg Norman	73 71 72 76	292		Dennis Clark	72 69 76 83	300
	Jumbo Ozaki	75 69 75 73	292		Martin Foster	77 75 74 74	300
13=	Wally Armstrong	74 74 73 72	293		Hubert Green	77 71 73 79	300
	Terry Gale	71 74 75 73	293		Peter Oosterhuis	75 74 73 78	300
	John O'Leary	73 73 74 73	293		Noel Ratcliffe	79 73 72 76	300
	Simon Owen	75 76 74 68	293		John Schroeder	74 75 72 79	300
17=	Peter McEvoy (a)	71 74 72 77	294		Philippe Toussaint	76 75 74 75	300
	Lee Trevino	71 73 74 76	294		Denis Watson	75 70 76 79	300
19=	Ken Brown	72 71 75 77	295	50=	Brian Barnes	78 71 77 75	301
	Nick Faldo	74 74 78 69	295		Gary Cullen	72 74 77 78	301
	Sandy Lyle	74 76 75 70	295		Carl Mason	77 72 76 76	301
	Orville Moody	71 74 76 74	295		DeWitt Weaver	73 71 80 77	301
	Gary Player	77 74 69 75	295	54=	Geoffrey Parslow	75 75 76 76	302
24=	Tony Jacklin	73 74 76 73	296		Ian Richardson	75 73 77 77	302
	Toru Nakamura	77 75 67 77	296		Kosaku Shimada	75 74 75 78	302
26=	Jerry Pate	69 74 76 78	297	57=	Johnny Miller	77 73 77 76	303
	Ed Sneed	76 75 70 76	297		Jack Newton	76 73 78 76	303
	Peter Thomson	76 75 72 74	297		Guy Wolstenholme	77 75 71 80	303
	Tom Watson	72 68 76 81	297		Yoshitaka Yamamoto	76 74 77 76	303
30=	Mark Hayes	75 75 77 71	298	61	Robin Fyfe	74 73 79 81	307

Round Leader(s)
- R1 Longmuir; 65
- R2 Irwin; 136
- R3 Irwin; 211

Lowest Scores
- R2 Ballesteros; 65
- R3 Nakamura; 67
- R4 Owen; 68

1979

61st PGA Championship
Oakland Hills Country Club, Birmingham, Michigan (2-5 August)
Starting 150; No Making Cut 74; No Completing 74
7014 yards: Par 70 (280)

#	Player	Scores	Total
1	DAVID GRAHAM* ($600000)	69 68 70 65	272
2	Ben Crenshaw	69 67 69 67	272
3	Rex Caldwell	67 70 66 71	274
4	Ron Streck	68 71 69 68	276
5=	Gibby Gilbert	69 72 68 69	278
	Jerry Pate	69 69 69 71	278
7=	Jay Haas	68 69 73 69	279
	Don January	69 70 71 69	279
	Howard Twitty	70 73 69 67	279
10=	Lou Graham	69 74 68 69	280
	Gary Koch	71 71 71 67	280
12=	Andy Bean	76 69 68 68	281
	Jerry McGee	73 69 71 68	281
	Jack Renner	71 74 66 70	281
	Tom Watson	66 72 69 74	281
16=	Bob Gilder	73 71 68 70	282
	Hubert Green	69 70 72 71	282
	Bruce Lietzke	69 69 71 73	282
	Gene Littler	71 71 67 73	282
	Graham Marsh	69 70 71 72	282
21=	Bob Byman	73 72 69 69	283
	John Schroeder	72 72 70 69	283
23=	Frank Conner	70 73 69 72	284
	Rod Funseth	70 69 76 69	284
	Peter Jacobsen	70 74 67 73	284
	Gary Player	73 70 70 71	284
	Alan Tapie	73 65 76 70	284
28=	Miller Barber	73 72 69 71	285
	George Burns	71 74 67 73	285
	Mark McCumber	75 68 70 72	285
	Artie McNickle	69 70 72 74	285
	Gil Morgan	72 73 70 70	285
	Larry Nelson	70 75 70 70	285
	Ed Sneed	77 67 70 71	285
35=	Lee Elder	70 71 73 73	287
	Lynn Janson	73 71 72 71	287
	Tom Kite	72 72 69 74	287
	Jim Masserio	69 73 71 74	287
	Bill Rogers	70 72 73 72	287
	Dave Stockton	70 75 72 70	287
	Lee Trevino	70 73 72 72	287
42=	Calvin Peete	75 71 70 72	288
	Sam Snead	73 71 71 73	288
	Jimmy Wright	72 69 72 75	288
	Kermit Zarley	73 69 71 75	288
46=	Tommy Aaron	73 73 69 74	289
	Jim Colbert	73 73 72 71	289
	Don Padgett	71 75 73 70	289
	Chi Chi Rodriguez	71 72 72 74	289
	Jim Simons	76 68 73 72	289
51=	Rod Curl	72 72 73 73	290
	John Mahaffey	72 74 71 73	290
	Bob Mann	71 73 71 75	290
54=	Wally Armstrong	74 71 73 73	291
	Dave Barber	74 69 71 77	291
	Jim Dent	70 72 76 73	291
	Leonard Thompson	72 67 78 74	291
	DeWitt Weaver	73 73 71 74	291
	Fuzzy Zoeller	70 75 75 71	291
60=	Keith Fergus	73 70 73 76	292
	Barry Jaeckel	71 73 75 73	292
62=	Ray Floyd	74 70 77 72	293
	Mark Hayes	71 73 77 72	293
	Rocky Thompson	72 72 73 76	293
65=	Scott Bess	73 72 75 74	294
	Al Geiberger	76 70 73 75	294
	Lon Hinkle	73 72 71 78	294
	Jack Nicklaus	73 72 78 71	294
	Austin Straub	73 70 72 79	294
70	Lanny Wadkins	71 75 73 76	295
71	Bobby Wadkins	77 68 75 76	296
72	Dean Refram	75 69 79 75	298
73=	Dennis Coscina	76 70 74 83	303
	Ronald Smoak	72 74 78 79	303

David Graham beat Ben Crenshaw at the 3rd extra hole in the Sudden Death Play-off

Round Leader(s)
- R1 Watson; 66
- R2 Crenshaw; 136
- R3 Caldwell; 203

Lowest Scores
- R2 Tapie; 65
- R3 Caldwell, Renner; 66
- R4 D Graham; 65

1980

44th MASTERS Tournament
Augusta National Golf Club, Augusta, Georgia (10-13 April)
No Starting 91: No Making Cut 52: No Completing 52
6925 yards: Par 72 (288)

#	Player	Scores	Total
1	SEVE BALLESTEROS ($55000)	66 69 68 72	275
2=	Gibby Gilbert	70 74 68 67	279
	Jack Newton	68 74 69 68	279
4	Hubert Green	68 74 71 67	280
5	David Graham	66 73 72 70	281
6=	Ben Crenshaw	76 70 68 69	283
	Ed Fiori	71 70 69 73	283
	Tom Kite	69 71 74 69	283
	Larry Nelson	69 72 73 69	283
	Jerry Pate	72 68 76 67	283
	Gary Player	71 71 71 70	283
12=	Andy Bean	74 72 68 70	284
	Tom Watson	73 69 71 71	284
14=	Jim Colbert	72 70 70 73	285
	Jack Renner	72 70 72 71	285
	JC Snead	73 69 69 74	285
17=	Ray Floyd	75 70 74 67	286
	Jay Haas	72 74 70 70	286
19=	Bill Kratzert	73 69 72 73	287
	Gil Morgan	74 71 75 67	287
	Calvin Peete	73 71 76 67	287
	Jim Simons	70 70 72 75	287
	Fuzzy Zoeller	72 70 76 75	287
24=	Andy North	70 72 69 77	288
	Arnold Palmer	73 73 73 69	288
26=	Keith Fergus	72 71 72 74	289
	Lou Graham	71 74 71 73	289
	Jay Sigel (a)	71 71 73 74	289
	Craig Stadler	74 70 72 73	289
	Dave Stockton	74 70 76 69	289
	Lee Trevino	74 71 70 74	289
32	Tom Purtzer	72 71 74 73	290
33=	John Fought	74 72 74 71	291
	Joe Inman	74 70 75 72	291
	Graham Marsh	71 72 72 76	291
	Jack Nicklaus	74 71 73 73	291
	Bill Rogers	73 71 76 71	291
38=	Rex Caldwell	73 66 73 80	292
	Charles Coody	72 73 71 76	292
	Johnny Miller	74 72 71 75	292
	Jeff Mitchell	66 75 75 76	292

THE GOLF MAJORS: 1860-2015 – RESULTS   147

	Doug Tewell	71 69 79 73	292	48 Sandy Lyle	76 70 70 78	294
	Howard Twitty	72 72 77 71	292	49 Gene Littler	72 72 77 75	296
44=	Jim Holtgrieve (a)	74 72 77 70	293	50 Bobby Clampett (a)	72 71 79 75	297
	John Mahaffey	75 70 73 75	293	51 Art Wall	73 73 77 77	300
	Chi Chi Rodriguez	74 72 71 76	293	52 Hal Sutton	73 73 82 73	301
	Ed Sneed	70 70 79 74	293			

Round Leader(s)
R1 Ballesteros, Graham, Mitchell; 66
R2 Ballesteros; 135
R3 Ballesteros; 203

Lowest Scores
R2 Caldwell; 66
R3 Ballesteros, Bean, Crenshaw, Gilbert; 68
R4 Floyd, Gilbert, Green, Morgan, Pate, Peete; 67

1980

80th US OPEN Championship
Baltusrol Golf Club, Springfield, New Jersey (12-15 June)
No of Entries 4812: No Starting 156: No Making Cut 63: No Completing 63
7076 yards: Par 70 (280)

1	JACK NICKLAUS	63 71 70 68	272	32=	Ben Crenshaw	72 73 71 72	288
	($55000)				Bob Gilder	72 68 74 74	288
2	Isao Aoki	68 68 68 70	274		Hubert Green	73 73 65 77	288
3=	Keith Fergus	66 70 70 70	276		Jerry McGee	72 72 70 74	288
	Lon Hinkle	66 70 69 71	276		Jack Newton	72 71 74 71	288
	Tom Watson	71 68 67 70	276	37	Tom Weiskopf	63 75 76 75	289
6=	Mark Hayes	66 71 69 74	280	38=	Bobby Clampett (a)	72 74 71 73	290
	Mike Reid	69 67 75 69	280		Rod Curl	73 71 72 74	290
8=	Hale Irwin	70 70 73 69	282		Jim Dent	72 72 70 76	290
	Mike Morley	73 68 69 72	282		Bruce Lietzke	71 72 70 77	290
	Andy North	68 75 72 67	282		Gene Littler	72 68 75 75	290
	Ed Sneed	72 70 70 70	282		Artie McNickle	76 70 72 72	290
12=	Bruce Devlin	71 70 70 72	283		Tim Simpson	70 73 73 74	290
	Joe Hager	72 70 71 70	283	45=	Wayne Levi	72 71 73 75	291
	Lee Trevino	68 72 69 74	283		Scott Simpson	73 72 73 73	291
	Bobby Wadkins	72 71 68 72	283	47=	Jim Colbert	72 69 74 77	292
16=	Joe Inman, Jr	74 69 69 72	284		Charles Coody	72 71 74 75	292
	Pat McGowan	69 69 73 73	284		Ray Floyd	67 79 71 75	292
	Gil Morgan	73 70 70 71	284		David Graham	72 73 72 75	292
	Bill Rogers	69 72 70 73	284	51=	Lou Graham	73 71 72 77	293
	Craig Stadler	73 67 69 75	284		Dave Stockton	73 73 77 70	293
	Curtis Strange	69 74 71 70	284	53=	John Cook	71 71 77 75	294
22=	Gary Hallberg (a)	74 68 70 73	285		Fuzzy Zoeller	75 70 72 77	294
	Peter Jacobsen	70 69 72 74	285	55	Tommy McGinnis	69 71 81 74	295
	Jim Simons	70 72 71 72	285	56=	Ron Streck	72 71 76 77	296
	JC Snead	69 71 73 72	285		Lance Ten Broeck	73 71 71 81	296
26=	Jay Haas	67 74 70 75	286	58	Chip Beck	76 70 77 74	297
	Mark Lye	68 72 77 69	286	59	Jeff Mitchell	69 75 73 81	298
28=	George Burns	75 69 73 70	287	60=	Phil Hancock	76 70 75 78	299
	David Edwards	73 68 72 74	287		Larry Nelson	70 74 76 79	299
	John Mahaffey	72 73 69 73	287		Bobby Walzel	73 70 81 75	299
	Calvin Peete	67 76 74 70	287	63	Arnold Palmer	73 73 77 78	301

Round Leader(s)
R1 Nicklaus, Weiskopf; 63
R2 Nicklaus; 134
R3 Aoki, Nicklaus; 204

Lowest Scores
R2 Reid, Stadler; 67
R3 Green; 65
R4 North; 67

1980

109th OPEN Championship
Hon Co of Edinburgh Golfers, Muirfield, East Lothian, Scotland (17-20 July)
No of Entries 994: No Starting 151: No Making Cut 87, after 36 holes; 65, after 54 holes: No Completing 65
6892 yards: Par 71 (284)

1	TOM WATSON	68 70 64 69	271		Bill Rogers	76 73 68 69	286
	(£25000)				Norio Suzuki	74 68 72 72	286
2	Lee Trevino	68 67 71 69	275	23=	Gary Cullen	72 72 69 74	287
3	Ben Crenshaw	70 70 68 69	277		Bill McColl	75 73 68 71	287
4=	Carl Mason	72 69 70 69	280		Mark McNulty	71 73 72 71	287
	Jack Nicklaus	73 67 71 69	280		Peter Oosterhuis	72 71 75 69	287
6=	Andy Bean	71 69 70 72	282	27=	Tom Kite	72 72 74 70	288
	Ken Brown	70 68 68 76	282		Nick Price	72 71 71 74	288
	Hubert Green	77 69 64 72	282	29=	Hugh Baiocchi	76 67 69 77	289
	Craig Stadler	72 70 69 71	282		Neil Coles	75 69 69 76	289
10=	Gil Morgan	70 70 71 72	283		David Graham	73 71 68 77	289
	Jack Newton	69 71 73 70	283	32=	Howard Clark	72 70 70 78	290
12=	Isao Aoki	74 74 63 73	284		Mark Hayes	70 73 76 71	290
	Nick Faldo	69 74 71 70	284		Tommy Horton	76 71 71 72	290
	Sandy Lyle	70 71 70 73	284		Tony Jacklin	72 74 71 73	290
	Larry Nelson	72 70 71 71	284		John Mahaffey	77 71 69 73	290
16=	John Bland	73 70 70 72	285		Brian Waites	75 72 69 74	290
	Jerry Pate	71 67 74 73	285	38=	Bill Brask	74 71 71 75	291
	Tom Weiskopf	72 72 71 70	285		Rodger Davis	74 70 73 74	291
19=	Seve Ballesteros	72 68 72 74	286		Stewart Ginn	77 70 70 74	291
	Bruce Lietzke	74 69 73 70	286		Dale Hayes	71 70 74 76	291

	Toru Nakamura	76 72 69 74	291		Harold Henning	77 71 69 76	293
	Jay Sigel (a)	72 72 74 73	291		Simon Hobday	76 71 71 75	293
	Sam Torrance	74 71 73 73	291		Bernhard Langer	73 72 72 76	293
45=	Wally Armstrong	77 72 70 73	292		Bob Shearer	76 71 70 76	293
	Eamonn Darcy	75 68 73 76	292	58=	Brian Barnes	73 72 71 78	294
	Vicente Fernandez	69 76 71 76	292		Manuel Pinero	72 72 75 75	294
	Mark James	69 72 75 76	292	60=	Bob Charles	75 71 73 76	295
	Graham Marsh	73 72 72 75	292		David Jagger	72 77 69 77	295
	Andy North	75 72 72 73	292		Jumbo Ozaki	73 68 73 81	295
51=	Derrick Cooper	71 70 75 77	293	63	Peter Tupling	76 70 73 77	296
	Antonio Garrido	74 71 73 75	293	64	Simon Owen	72 73 72 80	297
	Bob Gilder	75 71 72 75	293	65	Don Bies	73 74 72 79	298

Round Leader(s)
R1   Trevino, Watson; 68
R2   Trevino; 135
R3   Watson; 202

Lowest Scores
R2   Horacio Carbonetti; 64
R3   Aoki; 63
R4   Crenshaw, Mason, Nicklaus, Oosterhuis, Rogers, Trevino, Watson; 69

1980

62nd PGA Championship
Oak Hill Country Club, Rochester, New York (7-10 August)
Starting 150: No Making Cut 77: No Completing 77
6964 yards: Par 70 (280)

1	JACK NICKLAUS	70 69 66 69	274		Doug Tewell	73 71 75 74	293
	($60000)				Lanny Wadkins	76 72 72 73	293
2	Andy Bean	72 71 68 70	281	41=	Charles Coody	73 71 79 71	294
3=	Lon Hinkle	70 69 69 75	283		Ben Crenshaw	69 74 78 73	294
	Gil Morgan	68 70 73 72	283		John Fought	72 72 76 74	294
5=	Curtis Strange	68 72 72 72	284		Dana Quigley	73 76 73 72	294
	Howard Twitty	68 74 71 71	284		Fuzzy Zoeller	76 73 71 74	294
7	Lee Trevino	74 71 71 69	285	46=	Gary Koch	71 71 78 75	295
8=	Bill Rogers	71 71 72 72	286		Mike Morley	71 73 76 75	295
	Bobby Walzel	68 76 71 71	286		Don Pooley	74 75 75 71	295
10=	Terry Diehl	72 72 68 76	288		DA Weibring	76 73 71 75	295
	Peter Jacobsen	71 73 74 70	288	50=	Keith Fergus	74 73 75 74	296
	Jerry Pate	72 73 70 73	288		Jay Haas	72 74 75 75	296
	Tom Watson	75 74 72 67	288		Bill Kratzert	74 73 75 74	296
	Tom Weiskopf	71 73 72 72	288		Mark Pfeil	75 72 78 71	296
15=	John Mahaffey	71 77 69 72	289		JC Snead	74 74 78 70	296
	Andy North	72 70 73 74	289	55=	Bob Gilder	70 77 77 73	297
17=	George Archer	70 73 75 72	290		Mike Reid	74 73 78 72	297
	Ray Floyd	70 76 71 73	290		Ed Sneed	80 68 72 77	297
	Joe Inman, Jr	72 71 75 72	290		Craig Stadler	67 75 74 81	297
20=	Rex Caldwell	73 70 73 75	291	59=	Danny Edwards	73 73 75 77	298
	Rod Curl	74 71 75 71	291		Morris Hatalsky	70 73 74 81	298
	Tom Kite	73 70 76 72	291		Mark Hayes	73 75 75 75	298
	Bob Murphy	68 80 72 71	291		Toru Nakamura	70 76 78 74	298
	Jack Newton	72 73 73 73	291		Ron Streck	75 71 80 72	298
	Alan Tapie	74 75 69 73	291		Bobby Wadkins	75 74 71 78	298
26=	Lee Elder	70 75 74 73	292	65=	Miller Barber	74 75 73 77	299
	David Graham	69 75 73 75	292		Dave Eichelberger	72 70 79 78	299
	Gary Player	72 74 71 75	292		Buddy Gardner	74 75 75 75	299
	Leonard Thompson	71 75 73 73	292	68=	Gibby Gilbert	71 73 79 77	300
30=	Jim Colbert	73 75 77 68	293		Hubert Green	74 75 75 76	300
	Bruce Devlin	76 73 71 73	293		Johnny Miller	70 71 80 79	300
	Bob Eastwood	72 73 73 75	293	71	Brad Bryant	78 70 74 79	301
	David Edwards	73 76 73 71	293	72=	George Cadle	73 75 78 76	302
	Hale Irwin	69 76 74 74	293		Arnold Palmer	74 74 78 76	302
	Bruce Lietzke	71 75 74 73	293	74	DeWitt Weaver	75 73 77 78	303
	Artie McNickle	71 71 76 75	293	75	Tommy Valentine	73 71 82 79	305
	Scott Simpson	74 74 74 71	293	76	Victor Regalado	75 74 79 78	306
	Mike Sullivan	71 74 76 72	293	77	Bob Byman	74 72 79 82	307

Round Leader(s)
R1   Stadler; 67
R2   Morgan; 138
R3   Nicklaus; 205

Lowest Scores
R2   Sneed; 66
R3   Nicklaus; 66
R4   Watson; 67

1981

45th MASTERS Tournament
Augusta National Golf Club, Augusta, Georgia (9-12 April)
No Starting 83: No Making Cut 48: No Completing 48
6925 yards: Par 72 (288)

1	TOM WATSON	71 68 70 71	280	7	David Graham	70 70 74 71	285
	($60000)			8=	Ben Crenshaw	71 72 70 73	286
2=	Johnny Miller	69 72 73 68	282		Ray Floyd	75 71 71 69	286
	Jack Nicklaus	70 65 75 72	282		John Mahaffey	72 71 69 74	286
4	Greg Norman	69 70 72 72	283	11=	George Archer	74 70 72 71	287
5=	Tom Kite	74 72 70 68	284		Hubert Green	70 70 74 73	287
	Jerry Pate	71 72 71 70	284		Peter Jacobsen	71 70 72 74	287

Bruce Lietzke	72 67 73 75	287
15=Gay Brewer	75 68 71 74	288
Bob Gilder	72 75 69 72	288
Gary Player	73 73 71 71	288
Jim Simons	70 75 71 72	288
19=Don Pooley	71 75 72 71	289
Curtis Strange	69 79 70 71	289
21=John Cook	70 71 72 77	290
Gil Morgan	74 73 70 73	290
Calvin Peete	75 70 71 74	290
Lanny Wadkins	72 71 71 76	290
25=Jim Colbert	73 68 74 76	291
Hale Irwin	73 74 70 74	291
Wayne Levi	72 71 73 75	291
28=Gibby Gilbert	71 71 76 74	292
Lon Hinkle	69 70 74 79	292
Sandy Lyle	73 70 76 73	292
31=Bruce Devlin	74 72 72 75	293
Jay Haas	75 71 72 75	293
Jack Renner	73 72 73 75	293
Dave Stockton	72 72 70 79	293
35=Jay Sigel (a)	72 75 75 72	294
Mike Sullivan	72 74 74 74	294
37=Keith Fergus	76 72 75 72	295
Scott Hoch	73 70 75 77	295
Bill Rogers	76 72 75 72	295
40=Charles Coody	74 71 75 76	296
Bob Lewis (a)	77 70 73 76	296
Howard Twitty	75 72 74 75	296
43=Craig Stadler	76 71 73 77	297
Fuzzy Zoeller	77 70 78 72	297
45=Isao Aoki	70 76 77 77	300
Norio Suzuki	74 74 75 77	300
47 Jim Holtgrieve (a)	70 77 79 75	301
48 Tommy Aaron	77 71 76 79	303

Round Leader(s)
R1 Hinkle, Miller, Norman, Strange; 69
R2 Nicklaus; 135
R3 Watson; 209

Lowest Scores
R2 Nicklaus; 65
R3 Gilder, Mahaffey; 69
R4 Kite, Miller; 68

1981

81st US OPEN Championship
Merion Golf Club, Ardmore, Pennsylvania (18-21 June)
No of Entries 4964: No Starting 156: No Making Cut 70: No Completing 70
6528 yards: Par 70 (280)

1 DAVID GRAHAM ($55000)	68 68 70 67	273
2= George Burns	69 66 68 73	276
Bill Rogers	70 68 69 69	276
4= John Cook	68 70 71 70	279
John Schroeder	71 68 69 71	279
6= Frank Conner	71 72 69 68	280
Lon Hinkle	69 71 70 70	280
Jack Nicklaus	69 68 71 72	280
Sammy Rachels	70 71 69 70	280
Chi Chi Rodriguez	68 73 67 72	280
11=Isao Aoki	72 71 71 67	281
Ben Crenshaw	70 75 64 72	281
Jim Thorpe	66 73 70 72	281
14=Mark Hayes	71 70 72 69	282
Calvin Peete	73 72 67 70	282
Lanny Wadkins	71 68 72 71	282
17=Bruce Lietzke	70 71 71 71	283
Jack Renner	68 71 72 72	283
Curtis Strange	71 69 72 71	283
20=Tom Kite	73 74 67 70	284
Larry Nelson	70 73 69 72	284
Mike Reid	71 72 69 72	284
23=Johnny Miller	69 71 73 72	285
Scott Simpson	72 67 71 75	285
Tom Watson	70 69 73 73	285
26=Jim Colbert	71 69 77 69	286
Bruce Devlin	73 71 70 72	286
Rik Massengale	70 75 70 71	286
Jerry Pate	70 69 72 75	286
Gary Player	72 72 71 71	286
Craig Stadler	71 70 60 71	286
Tom Valentine	69 68 72 77	286
33=Lee Elder	72 74 71 70	287
Bill Kratzert	69 69 73 76	287
Greg Norman	71 67 73 76	287
JC Snead	67 77 73 70	287
37=Forrest Fezler	70 72 71 75	288
Ray Floyd	75 72 68 73	288
Hubert Green	69 76 71 72	288
Peter Jacobsen	71 74 71 72	288
41=Seve Ballesteros	73 69 72 75	289
Roger Maltbie	71 74 74 70	289
43=Bob Ackerman	68 78 71 73	290
Keith Fergus	74 71 73 72	290
Tom Gray	75 72 73 70	290
Andy North	73 74 72 71	290
Mike Peck	76 68 71 75	290
Tim Simpson	70 75 74 71	290
Mick Soli	77 69 72 72	290
Leonard Thompson	75 71 74 70	290
Bobby Wadkins	70 72 71 77	290
DA Weibring	71 72 72 75	290
53=Gary Hallberg	70 77 69 75	291
Mark McNulty	72 69 75 75	291
Steve Melnyk	70 75 73 73	291
Jim Nelford	74 73 69 75	291
Bobby Nichols	71 71 78 71	291
58=George Archer	76 69 70 77	292
Ray Carrasco	74 71 73 74	292
Joe Hager	74 73 77 68	292
Hale Irwin	72 75 73 72	292
Greg Powers	73 73 72 74	292
Jim Simons	78 69 67 78	292
64 Charlie Gibson	75 72 71 75	293
65=Morris Hatalsky	71 76 72 75	294
Bill Pelham	73 73 73 75	294
Joey Rassett (a)	70 70 78 76	294
68 Dave Barr	74 72 73 76	295
69 Mark Lye	70 72 76 78	296
70 Kip Byrne	74 72 79 75	300

Round Leader(s)
R1 Thorpe; 66
R2 Burns; 135
R3 Burns; 203

Lowest Scores
R2 Burns; 66
R3 Crenshaw; 64
R4 Aoki, Graham; 67

1981

110th OPEN Championship
Royal St George's Golf Club, Sandwich, Kent, England (16-19 July)
No of Entries 972: No Starting 153: No Making Cut 81, after 36 holes; 61, after 54 holes: No Completing 61
6857 yards: Par 70 (280)

1 BILL ROGERS (£25000)	72 66 67 71	276
2 Bernhard Langer	73 67 70 70	280
3= Ray Floyd	74 70 69 70	283
Mark James	72 70 68 73	283
5 Sam Torrance	72 69 73 70	284
6= Bruce Lietzke	76 69 71 69	285
Manuel Pinero	73 74 68 70	285
8= Howard Clark	72 76 70 68	286
Ben Crenshaw	72 67 76 71	286

	Brian Jones	73 76 66 71	286		Billy Dunk	76 67 77 72	292
11=	Isao Aoki	71 73 69 74	287		Tommy Horton	75 73 73 71	292
	Nick Faldo	77 68 69 73	287		Jumbo Ozaki	75 72 71 74	292
	Lee Trevino	77 67 70 73	287	39=	Seve Ballesteros	75 72 74 72	293
14=	Brian Barnes	76 70 70 72	288		Neil Coles	74 73 73 73	293
	Eamonn Darcy	79 69 70 70	288		Rodger Davis	74 71 74 74	293
	David Graham	71 71 74 72	288		Johnny Miller	71 73 73 76	293
	Nick Job	70 69 75 74	288		Florentino Molina	78 68 74 73	293
	Sandy Lyle	73 73 71 71	288		Ken Brown	74 72 74 74	294
19=	Gordon J Brand	78 65 74 72	289	44=	Terry Gale	73 73 71 77	294
	Graham Marsh	75 71 72 71	289		Ron Streck	78 70 72 74	294
	Jerry Pate	73 73 69 74	289	47=	Jaime Gonzalez	76 70 76 73	295
	Peter Townsend	73 70 73 73	289		Mark O'Meara	74 73 73 75	295
23=	Hubert Green	75 72 74 69	290		Hal Sutton (a)	71 77 73 74	295
	Tony Jacklin	71 71 73 75	290	50=	David Jones	77 71 74 74	296
	Mark McNulty	74 74 74 68	290		David Thorp	76 69 74 77	296
	Jack Nicklaus	83 66 71 70	290		Brian Waites	75 69 74 78	296
	Simon Owen	71 74 70 75	290	53=	Gary Cullen	78 70 73 76	297
	Arnold Palmer	72 74 73 71	290		Mike Ferguson	75 72 71 79	297
	Nick Price	77 68 76 69	290		Eddie Polland	75 75 72 75	297
	Tom Watson	73 69 75 73	290	56=	Noel Hunt	74 73 75 76	298
31=	John Morgan	77 72 73 69	291		Warren Humphreys	76 71 74 77	298
	Greg Norman	72 75 72 72	291	58=	Geoffrey Godwin (a)	75 71 72 81	299
	Trevor Powell	75 68 73 75	291		John O'Leary	73 74 75 77	299
	Des Smyth	77 67 73 74	291		Payne Stewart	73 75 74 77	299
35=	Bob Charles	77 71 71 73	292	61	Dick McClean	75 73 72 83	303

Round Leader(s)
R1   Job; 70
R2   Rogers; 138
R3   Rogers; 205

Lowest Scores
R2   Brand; 65
R3   B Jones; 66
R4   Clark, McNulty; 68

1981

63rd PGA Championship
Atlanta Athletic Club, Duluth, Atlanta, Georgia (6-9 August)
Starting 150: No Making Cut 78: No Completing 78
7070 yards: Par 70 (280)

1	LARRY NELSON	70 66 66 71	273		Lon Hinkle	69 76 69 73	287
	($60000)				Jim Thorpe	71 72 72 72	287
2	Fuzzy Zoeller	70 68 68 71	277		DA Weibring	71 74 74 68	287
3	Dan Pohl	69 67 73 69	278	43=	Rod Curl	75 72 69 72	288
4=	Isao Aoki	75 68 66 70	279		Bruce Fleisher	73 72 68 75	288
	Keith Fergus	71 71 69 68	279		David Graham	75 69 74 70	288
	Bob Gilder	74 69 70 66	279		Calvin Peete	74 71 74 69	288
	Tom Kite	71 67 69 72	279		Dave Stockton	70 75 70 73	288
	Bruce Lietzke	70 70 71 68	279		Howard Twitty	74 71 74 69	288
	Jack Nicklaus	71 68 71 69	279	49=	Rex Caldwell	68 72 71 78	289
	Greg Norman	73 67 68 71	279		Lee Elder	75 71 74 69	289
11=	Vance Heafner	68 70 70 72	280		Wayne Levi	70 71 73 75	289
	Andy North	68 69 70 73	280		Gary Player	75 72 71 71	289
	Jerry Pate	71 68 70 71	280		Jack Renner	74 70 73 72	289
	Tommy Valentine	73 70 71 66	280		Ron Streck	69 77 75 68	289
15	JC Snead	70 71 70 70	281	55	Doug Tewell	71 73 76 70	290
16=	David Edwards	71 69 70 72	282	56=	Jim Colbert	72 75 71 73	291
	Hale Irwin	71 74 68 69	282		Tom Jenkins	73 73 73 72	291
18	Bob Murphy	66 69 73 75	283		Mark Lye	67 76 74 74	291
19=	John Cook	72 69 70 73	284		Mark McCumber	70 74 73 74	291
	Ray Floyd	71 70 71 72	284		Mike Sullivan	70 72 74 75	291
	Jay Haas	73 68 74 69	284	61=	Danny Edwards	73 71 70 78	292
	Joe Inman, Jr	73 71 67 73	284		John Fought	74 71 78 69	292
	Don January	70 72 70 72	284		Roger Maltbie	69 78 76 69	292
	Gil Morgan	70 69 74 71	284		Mike Morley	72 71 71 78	292
	Don Pooley	74 70 69 71	284		Don Padgett	74 71 73 74	292
	Tom Purtzer	70 70 73 71	284		Leonard Thompson	75 72 71 74	292
27=	Bobby Clampett	75 71 70 69	285	67=	Al Geiberger	73 74 77 69	293
	Hubert Green	71 74 71 69	285		Barry Jaeckel	72 74 69 78	293
	Peter Jacobsen	74 71 71 69	285		Bobby Wadkins	73 74 72 74	293
	Bill Rogers	72 75 66 72	285	70=	George Burns	74 71 74 75	294
	Curtis Strange	73 72 74 66	285		Mark O'Meara	72 71 74 77	294
	Tom Weiskopf	71 72 72 70	285		Ed Sneed	71 75 72 76	294
33=	Seve Ballesteros	71 73 72 70	286	73	George Cadle	74 72 74 75	295
	Bob Eastwood	67 69 72 78	286	74	Charles Coody	69 74 78 75	296
	Ed Fiori	73 73 67 73	286	75	John Jackson	75 70 76 76	297
	Mark Hayes	70 74 68 74	286	76	Arnold Palmer	74 73 74 77	298
	Greg Powers	70 70 74 72	286	77	Bruce Summerhays	73 74 75 80	302
	Lanny Wadkins	70 71 74 71	286	78	David Glenz	72 73 77 84	306
39=	Terry Diehl	72 74 71 70	287				

Round Leader(s)
R1   Murphy; 66
R2   Murphy; 135
R3   Nelson; 202

Lowest Scores
R2   Nelson; 66
R3   Aoki, Nelson, Rogers; 66
R4   Gilder, Strange, Valentine; 66

1982

46th MASTERS Tournament
Augusta National Golf Club, Augusta, Georgia (8-11 April)
No Starting 76: No Making Cut 47: No Completing 47
6925 yards: Par 72 (288)

1	CRAIG STADLER* ($64000)	75 69 67 73	284
2	Dan Pohl	75 75 67 67	284
3=	Seve Ballesteros	73 73 68 71	285
	Jerry Pate	74 73 67 71	285
5=	Tom Kite	76 69 73 69	287
	Tom Watson	77 69 70 71	287
7=	Ray Floyd	74 72 69 74	289
	Larry Nelson	79 71 70 69	289
	Curtis Strange	74 70 73 72	289
10=	Andy Bean	75 72 73 70	290
	Mark Hayes	74 73 73 70	290
	Tom Weiskopf	75 72 68 75	290
	Fuzzy Zoeller	72 76 70 72	290
14	Bob Gilder	79 71 66 75	291
15=	Yutaka Hagawa	75 74 71 72	292
	Jack Nicklaus	69 77 71 75	292
	Gary Player	74 73 71 74	292
	Jim Simons	77 74 69 72	292
19	David Graham	73 77 70 73	293
20=	Peter Jacobsen	78 75 70 71	294
	Bruce Lietzke	76 75 69 74	294
	Jodie Mudd (a)	77 74 67 76	294
	Jack Renner	72 75 76 71	294
24=	Ben Crenshaw	74 80 70 71	295
	Danny Edwards	75 74 74 72	295
	Morris Hatalsky	73 77 75 70	295
	Wayne Levi	77 76 72 70	295
	Peter Oosterhuis	73 74 75 73	295
	John Schroeder	77 71 70 77	295
30=	George Archer	79 74 72 71	296
	Calvin Peete	77 72 73 74	296
32	Ron Streck	74 76 75 73	298
33=	George Burns	75 79 71 74	299
	Keith Fergus	76 74 72 77	299
	Lanny Wadkins	75 78 72 74	299
36=	Tommy Aaron	78 72 77 73	300
	Greg Norman	73 75 73 79	300
38=	Chi Chi Rodriguez	78 75 73 75	301
	Bill Rogers	77 77 77 70	301
	Lee Trevino	75 78 75 73	301
41=	Jim Holtgrieve (a)	74 76 72 80	302
	Willie Wood (a)	78 75 73 76	302
43	Hubert Green	76 72 77 78	303
44	Jay Haas	76 74 76 78	304
45	Gay Brewer	73 80 72 80	305
46	Bob Goalby	81 72 78 77	308
47	Arnold Palmer	75 76 78 80	309

*Craig Stadler beat Dan Pohl in the Sudden-death Play-off at the first extra hole

Round Leader(s)
R1 Nicklaus; 69
R2 Stadler, Strange; 144
R3 Stadler; 211

Lowest Scores
R2 Kite, Stadler, Watson; 69
R3 Gilder; 66
R4 Pohl; 67

1982

82nd US OPEN Championship
Pebble Beach Golf Links, Pebble Beach, California (17-20 June)
No of Entries 5255: No Starting 153: No Making Cut 66: No Completing 66
6815 yards: Par 72 (288)

1	TOM WATSON ($60000)	72 72 68 70	282
2	Jack Nicklaus	74 70 71 69	284
3=	Bobby Clampett	71 73 72 70	286
	Dan Pohl	72 74 70 70	286
	Bill Rogers	70 73 69 74	286
6=	David Graham	73 72 69 73	287
	Jay Haas	75 74 70 68	287
	Gary Koch	78 73 69 67	287
	Lanny Wadkins	73 76 67 71	287
10=	Bruce Devlin	70 69 75 74	288
	Calvin Peete	71 72 72 73	288
12=	Chip Beck	76 75 69 69	289
	Danny Edwards	71 75 73 70	289
	Lyn Lott	72 71 75 71	289
15=	Larry Rinker	71 67 75 74	290
	Scott Simpson	73 69 72 76	290
	JC Snead	73 75 71 71	290
	Fuzzy Zoeller	72 76 71 71	290
19=	Ben Crenshaw	76 74 68 73	291
	Larry Nelson	74 72 74 71	291
	Hal Sutton	73 76 72 70	291
22=	Mike Brannan	75 74 71 72	292
	Joe Hager	78 72 72 70	292
	Gene Littler	74 75 72 71	292
	John Mahaffey	77 72 70 73	292
	Gil Morgan	75 75 68 74	292
	Andy North	72 71 77 72	292
	Craig Stadler	76 70 70 76	292
29	Tom Kite	73 71 75 74	293
30=	Isao Aoki	77 74 72 71	294
	Don Bies	73 74 74 73	294
	George Burns	72 72 70 80	294
	Peter Oosterhuis	73 78 67 76	294
	Greg Powers	77 71 74 72	294
	Jack Renner	74 71 77 72	294
	Jim Thorpe	72 73 72 77	294
37=	Terry Diehl	71 77 75 72	295
	Bob Gilder	73 76 74 72	295
39=	Lou Graham	75 73 74 74	296
	Hale Irwin	76 75 68 77	296
	Rod Nuckolls	78 73 69 76	296
	Curtis Strange	74 73 74 75	296
	Tom Weiskopf	74 77 73 72	296
	Kermit Zarley	75 74 69 78	296
45=	Woody Blackburn	75 73 73 76	297
	Lon Hinkle	73 75 69 80	297
	Johnny Miller	78 69 78 72	297
	Dave Stockton	79 71 73 74	297
49=	Ray Floyd	78 73 75 72	298
	Skeeter Heath	73 74 74 77	298
	Clarence Rose	73 78 73 74	298
	Bob Shearer	75 75 72 76	298
53=	Butch Baird	72 75 78 74	299
	Vance Heafner	75 74 74 76	299
	Larry Ziegler	77 74 73 75	299
56=	Tom Sieckmann	77 73 75 76	301
	Ron Streck	72 77 75 77	301
58	Mark O'Meara	77 74 77 74	302
59	Nat Crosby (a)	77 73 76 77	303
60=	Corey Pavin (a)	77 74 78 75	304
	Bobby Wadkins	73 74 82 75	304
62=	Jim King	71 77 80 77	305
	Kenny Knox	76 75 77 77	305
	Lloyd Monroe	79 70 78 78	305
65	Bill Israelson	76 69 80 83	308
66	Doug Tewell	75 75 79 90	319

Round Leader(s)
R1 Devlin, Rogers; 70
R2 Devlin; 139
R3 Rogers, Watson; 212

Lowest Scores
R2 Rinker; 67
R3 Oosterhuis, Wadkins; 67
R4 Koch; 67

1982

111th OPEN Championship
Royal Troon Golf Club, Ayrshire, Scotland (15-18 July)
No of Entries 1121: No Starting 150: No Making Cut 87, after 36 holes; 60, after 54 holes: No Completing 60
7067 yards: Par 72 (288)

1	TOM WATSON	69 71 74 70	284		Lee Trevino	78 72 71 75	296
	(£32000)			32=	Mike Miller	74 72 78 73	297
2=	Peter Oosterhuis	74 67 74 70	285		Larry Nelson	77 69 77 74	297
	Nick Price	69 69 74 73	285		Mark Thomas	72 74 75 76	297
4=	Nick Faldo	73 73 71 69	286	35=	Brian Barnes	75 69 76 78	298
	Massy Kuramoto	71 73 71 71	286		Eamonn Darcy	75 73 78 72	298
	Tom Purtzer	76 66 75 69	286		Jack Ferenz	76 69 80 73	298
	Des Smyth	70 69 74 73	286		David J Russell	72 72 76 78	298
8=	Sandy Lyle	74 66 73 74	287		Craig Stadler	71 74 79 74	298
	Fuzzy Zoeller	73 71 73 70	287		Paul Way	72 75 78 73	298
10=	Bobby Clampett	67 66 78 77	288	41	Harold Henning	74 74 76 75	299
	Jack Nicklaus	77 70 72 69	288	42=	Neil Coles	73 73 72 82	300
12	Sam Torrance	73 72 73 71	289		Terry Gale	76 74 75 75	300
13=	Seve Ballesteros	71 75 73 71	290		Malcolm Lewis (a)	74 74 77 75	300
	Bernhard Langer	70 69 78 73	290		Gary Player	75 74 76 75	300
15=	Ben Crenshaw	74 75 72 70	291		Bob Shearer	73 72 81 74	300
	Ray Floyd	74 73 77 67	291	47=	Tiene Britz	81 70 74 76	301
	Curtis Strange	72 73 76 70	291		Roger Chapman	75 76 74 76	301
	Denis Watson	75 69 73 74	291		Bill Longmuir	77 72 77 75	301
19	Ken Brown	70 71 79 72	292		Brian Waites	75 77 73 76	301
20=	Isao Aoki	75 69 75 74	293	51=	S-S Hsu	75 75 75 77	302
	Toru Nakamura	77 68 77 71	293		Mark James	74 73 79 76	302
22=	Jose Maria Canizares	71 72 79 72	294		Manuel Pinero	75 75 74 78	302
	Johnny Miller	71 76 75 72	294	54=	Mark McNulty	76 74 76 77	303
	Bill Rogers	73 70 76 75	294		Martin Poxon	74 70 78 81	303
25=	Bernard Gallacher	75 71 74 75	295		Peter Townsend	76 73 76 78	303
	Graham Marsh	76 76 72 71	295		Keith Waters	73 78 71 81	303
27=	David Graham	73 70 76 77	296	58	Philip Harrison	78 74 74 78	304
	Jay Haas	78 72 75 71	296	59	Michael King	73 78 74 80	305
	Greg Norman	73 75 76 72	296	60	Michael Cahill	73 76 77 80	306
	Arnold Palmer	71 73 78 74	296				

Round Leader(s)
R1 Clampett; 67
R2 Clampett; 133
R3 Clampett; 211

Lowest Scores
R2 Clampett, Lyle, Purtzer; 66
R3 Faldo, Kuramoto, Trevino; 71
R4 Floyd; 67

1982

64th PGA Championship
Southern Hills Country Club, Tulsa, Oklahoma (5-8 August)
Starting 150; No Making Cut 74; No Completing 74
6862 yards: PAR 70 (280)

1	RAY FLOYD	63 69 68 72	272		Miller Barber	71 74 70 72	287
	($65000)				John Cook	71 72 71 73	287
2	Lanny Wadkins	71 68 69 67	275		Mark Hayes	69 72 70 76	287
3=	Fred Couples	67 71 72 66	276		Peter Jacobsen	73 70 69 75	287
	Calvin Peete	69 70 68 69	276		Bob Murphy	71 74 68 74	287
5=	Jay Haas	71 66 68 72	277		Bobby Nichols	73 69 74 71	287
	Greg Norman	66 69 70 72	277		Jim Thorpe	72 71 73 71	287
	Jim Simons	68 67 73 69	277	42=	Dave Barr	71 72 71 74	288
8	Bob Gilder	66 68 72 72	278		George Burns	72 72 71 73	288
9=	Lon Hinkle	70 68 71 71	280		Hale Irwin	73 69 73 73	288
	Tom Kite	73 70 70 67	280		Barry Jaeckel	72 69 74 73	288
	Jerry Pate	72 69 70 69	280		Masahiro Kuramoto	71 70 70 77	288
	Tom Watson	72 69 71 68	280		John Mahaffey	74 70 72 72	288
13	Seve Ballesteros	71 68 69 73	281		Mike Reid	71 72 73 72	288
14=	Nick Faldo	67 70 73 72	282	49=	Isao Aoki	69 75 71 74	289
	Curtis Strange	72 70 71 69	282		David Graham	68 71 74 76	289
16=	Jim Colbert	70 72 72 69	283		Gene Littler	73 72 67 77	289
	Dan Halldorson	69 71 72 71	283		Tommy Valentine	73 68 70 78	289
	Bruce Lietzke	73 71 70 69	283		Bobby Wadkins	71 71 75 72	289
	Jack Nicklaus	74 70 72 67	283	54=	Ed Fiori	72 71 76 71	290
	Tom Purtzer	73 69 73 68	283		Gibby Gilbert	72 73 69 76	290
	Craig Stadler	71 70 70 72	283		Morris Hatalsky	72 73 69 76	290
22=	Danny Edwards	71 71 68 74	284		Vance Heafner	68 71 76 75	290
	Gil Morgan	76 66 68 74	284		Lyn Lott	70 73 72 75	290
	Peter Oosterhuis	72 72 74 66	284		Mark McNulty	76 69 76 69	290
	Mark Pfeil	68 73 76 67	284		Roger Maltbie	71 73 72 74	290
	Ron Streck	71 72 71 70	284	61=	Brad Bryant	74 70 71 76	291
	Doug Tewell	72 70 72 70	284		Rex Caldwell	67 76 70 78	291
	Leonard Thompson	72 72 71 69	284		Jim Nelford	73 71 73 74	291
29=	Mike Holland	71 73 70 71	285		Ed Sneed	72 72 70 77	291
	Bill Rogers	73 71 70 71	285	65=	Tom Jenkins	69 71 75 77	292
	Hal Sutton	72 68 70 75	285		Jeff Mitchell	73 72 73 74	292
32=	Johnny Miller	76 67 73 70	286	67=	Billy Casper	72 75 73 73	293
	Scott Simpson	71 71 75 69	286		Mark Lye	72 73 70 78	293
34=	George Archer	71 70 71 75	287		Don Pooley	73 71 72 77	293

70=Andy North	72 72 77 73	294	
Dan Pohl	71 71 73 79	294	
72 Don Padgett	72 72 74 77	295	

73 Woody Blackburn	74 71 78 77	300	
74 Lennie Clements	75 69 82 78	304	

Round Leader(s)
R1 Floyd; 63
R2 Floyd; 132
R3 Floyd; 200

Lowest Scores
R2 Haas, Morgan; 66
R3 Littler; 67
R4 Couples, Oosterhuis; 66

1983

47th MASTERS Tournament
Augusta National Golf Club, Augusta, Georgia (7-11 April: Friday washed out)
No Starting 83: No Making Cut 49: No Completing 49
6925 yards: Par 72 (288)

1	SEVE BALLESTEROS	68 70 73 69	280		Tom Weiskopf	75 72 71 74	292
	($90000)				Fuzzy Zoeller	70 74 76 72	292
2=	Ben Crenshaw	76 70 70 68	284	27=	Jay Haas	73 69 73 78	293
	Tom Kite	70 72 73 69	284		Scott Hoch	74 69 74 76	293
4=	Ray Floyd	67 72 71 75	285		Hal Sutton	73 73 70 77	293
	Tom Watson	70 71 71 73	285	30=	Greg Norman	71 74 70 79	294
6=	Hale Irwin	72 73 72 69	286		Andy North	72 75 72 75	294
	Craig Stadler	69 72 69 76	286	32=	Chip Beck	71 76 76 72	295
8=	Gil Morgan	67 70 76 74	287		Fred Couples	73 68 81 73	295
	Dan Pohl	74 72 70 71	287		Gary Hallberg	71 71 75 78	295
	Lanny Wadkins	73 70 73 71	287		Payne Stewart	70 76 78 71	295
11	Scott Simpson	70 73 72 73	288	36=	Charles Coody	68 75 79 74	296
12=	George Archer	71 73 71 74	289		Danny Edwards	70 76 79 71	296
	Wayne Levi	72 70 74 73	289		Yutaka Hagawa	72 75 75 74	296
	Johnny Miller	72 72 71 74	289		Arnold Palmer	68 74 76 78	296
	JC Snead	68 74 74 73	289	40=	Jim Hallet (a)	68 73 78 78	297
16=	Keith Fergus	70 69 74 77	290		John Mahaffey	72 75 74 76	297
	Tommy Nakajima	72 70 72 76	290	42=	Bruce Lietzke	69 75 82 72	298
	Jack Renner	67 75 78 70	290		Jodie Mudd	72 68 72 86	298
19	Isao Aoki	70 76 74 71	291	44=	Bob Gilder	72 74 76 77	299
20=	Nick Faldo	70 70 76 76	292		Mike Nicolette	73 74 78 74	299
	Mark Hayes	71 73 76 72	292	46	David Graham	71 74 80 75	300
	Peter Jacobsen	73 71 76 72	292	47	Gay Brewer	72 73 80 76	301
	Peter Oosterhuis	73 69 78 72	292	48	Bob Shearer	70 77 82 76	305
	Lee Trevino	71 72 72 77	292	49	Calvin Peete	70 72 87 80	309

Round Leader(s)
R1 Floyd, Morgan, Renner; 67
R2 Morgan; 137
R3 Floyd, Stadler; 210

Lowest Scores
R2 Couples, Mudd; 68
R3 Stadler; 69
R4 Crenshaw; 68

1983

83rd US OPEN Championship
Oakmont Country Club, Oakmont, Pennsylvania (16-20 June; rain-affected)
No of Entries 5039: No Starting 157: No Making Cut 71: No Completing 70
6972 yards: Par 71 (284)

1	LARRY NELSON	75 73 65 67	280		Curtis Strange	74 72 78 72	296
	($72000)			32=	Roger Maltbie	76 72 69 80	297
2	Tom Watson	72 70 70 69	281		Tim Simpson	76 74 73 74	297
3	Gil Morgan	73 72 70 68	283	34=	Andy Bean	76 75 73 74	298
4=	Seve Ballesteros	69 74 69 74	286		Peter Jacobsen	75 75 77 71	298
	Calvin Peete	75 68 70 73	286		John Mahaffey	69 72 79 78	298
6	Hal Sutton	73 70 73 71	287		Mike Sullivan	74 76 74 74	298
7	Lanny Wadkins	72 73 74 69	288		Ron Terry	75 75 73 75	298
8=	David Graham	74 75 73 69	291	39=	Keith Fergus	76 72 79 72	299
	Ralph Landrum	75 73 69 74	291		Bob Gilder	75 74 75 75	299
10=	Chip Beck	73 74 74 71	292		Skeeter Heath	73 76 74 76	299
	Andy North	73 71 72 76	292		Hale Irwin	72 76 75 76	299
	Craig Stadler	76 74 73 69	292	43=	Jay Haas	74 74 74 78	300
13=	Lennie Clements	74 71 75 73	293		Wayne Levi	74 76 74 76	300
	Ray Floyd	72 70 72 79	293		Jack Nicklaus	73 74 77 76	300
	Pat McGowan	75 71 75 72	293		Mike Reid	75 75 78 72	300
	Mike Nicolette	76 69 73 75	293		JC Snead	76 73 76 75	300
	David Ogrin	75 69 75 74	293	48=	Scott Hoch	74 77 74 76	301
	Scott Simpson	73 71 73 76	293		Nick Price	72 77 72 80	301
	Jim Thorpe	75 70 75 73	293	50=	Bob Boyd	76 75 74 77	302
20=	Tom Kite	75 76 70 73	294		Frank Conner	72 74 81 75	302
	Griff Moody	76 72 73 73	294		Brad Faxon (a)	77 74 75 76	302
	Gary Player	73 74 76 71	294		Forrest Fezler	75 76 74 77	302
	DA Weibring	71 74 80 79	294		Lou Graham	71 77 78 76	302
24=	Gary Koch	78 71 72 74	295		Mark McNulty	75 76 75 76	302
	Tom Weiskopf	75 73 74 73	295		Bob Murphy	69 81 74 78	302
26=	Bob Ford	76 73 75 72	296		Greg Norman	74 75 81 72	302
	Ken Green	77 73 71 75	296		Peter Oosterhuis	75 76 77 74	302
	Mark Hayes	75 72 74 75	296		Bob Shearer	76 74 75 77	302
	Tommy Nakajima	75 74 74 73	296	60=	Hubert Green	74 74 76 79	303
	Joey Rassett	72 69 78 77	296		Donnie Hammond	74 73 81 75	303

	Arnold Palmer	74 75 78 76	303	67 Jim Nelford	72 79 79 77 307
63	John Sherman (a)	80 71 79 74	304	68=Jim Booros	72 79 82 77 310
64	Bob Eastwood	75 76 80 74	305	Rocky Thompson	76 75 79 80 310
65=	Bruce Devlin	70 79 77 80	306	70 S-S Hsu	74 77 80 81 312
	Bobby Wadkins	71 77 81 77	306		

Round Leader(s)
R1   Ballesteros, Mahaffey, Murphy; 69
R2   Mahaffey, Rassett; 141
R3   Ballesteros, Watson; 212

Lowest Scores
R2   Peete; 68
R3   Nelson; 65
R4   Nelson; 67

1983

112th OPEN Championship
Royal Birkdale Golf Club, Southport, Lancashire, England (14-17 July)
No of Entries 1107: No Starting 151: No Making Cut 87, after 36 holes; 63, after 54 holes: No Completing 67
6968 yards: Par 71 (284)

1	TOM WATSON	67 68 70 70	275		C-S Lu	71 72 74 68 285
	(£40000)				Mike McCullough	74 69 72 70 285
2=	Andy Bean	70 69 70 67	276		Tohru Nakamura	73 69 72 71 285
	Hale Irwin	69 68 72 67	276		Jack Nicklaus	71 72 72 70 285
4	Graham Marsh	69 70 74 64	277		Curtis Strange	74 68 70 73 285
5	Lee Trevino	69 66 73 70	278		Hal Sutton	68 71 75 71 285
6=	Seve Ballesteros	71 71 69 68	279		Lanny Wadkins	72 73 72 68 285
	Harold Henning	71 69 70 69	279	39=	Kikuo Arai	74 67 75 70 286
8=	Denis Durnian	73 66 74 67	280		Ian Collins	70 75 68 73 286
	Nick Faldo	68 68 71 73	280		Vicente Fernandez	70 72 72 72 286
	Christy O'Connor, Jr	72 69 71 68	280		Bob Gilder	70 76 70 70 286
	Bill Rogers	67 71 73 69	280		Tony Jacklin	71 75 71 69 286
12=	Peter Jacobsen	72 69 70 70	281		Chris Moody	74 69 70 73 286
	Craig Stadler	64 70 72 75	281	45=	Graham Burroughs (a)	71 74 71 71 287
14=	Ray Floyd	72 66 69 75	282		Massy Kuramoto	70 74 73 70 287
	David Graham	71 69 67 75	282		Mark McNulty	72 69 68 78 287
	Gary Koch	75 71 66 70	282		Manuel Pinero	74 72 71 70 287
	Mike Sullivan	72 68 74 68	282		Tim Simpson	73 69 72 73 287
	Fuzzy Zoeller	71 71 67 73	282		Vaughan Somers	68 75 71 73 287
19=	Tienie Britz	71 74 69 69	283		Clive Tucker	73 71 73 70 287
	Bernard Gallacher	72 71 70 70	283		Tom Weiskopf	73 73 69 72 287
	Hubert Green	69 74 72 68	283	53=	Bobby Clampett	74 72 71 71 288
	Jay Haas	73 72 68 70	283		Larry Nelson	70 73 73 72 288
	Simon Hobday	70 73 70 70	283		Sam Torrance	68 73 74 73 288
	Greg Norman	75 71 70 67	283	56=	Mark Johnson	70 72 71 76 289
	Brian Waites	70 70 73 70	283		Bernhard Langer	67 72 76 74 289
26=	Howard Clark	71 72 69 72	284		Arnold Palmer	72 74 68 75 289
	Eamonn Darcy	69 72 74 69	284	59=	Manuel Calero	70 75 69 76 290
	Rodger Davis	70 71 70 73	284		John O'Leary	74 68 69 79 290
29=	Terry Gale	72 66 72 75	285	61	Ronan Rafferty	75 67 73 76 291
	Mark James	70 70 74 71	285	62	Mike Ingham	71 73 70 78 292
	Tom Kite	71 72 72 70	285	63	Yu-Shu Hsieh	71 72 74 78 295

Round Leader(s)
R1   Stadler; 64
R2   Stadler; 134
R3   Watson; 205

Lowest Scores
R2   Durnian, Floyd, Gale, Trevino; 66
R3   Koch; 66
R4   Marsh; 64

1983

65th PGA Championship
Riviera Country Club, Pacific Palisades, California (4-7 August)
Starting 150; No Making Cut 87; No Completing 87
6946 yards: Par 71 (284)

1	HAL SUTTON	65 66 72 71	274		Ray Floyd	69 75 71 69 284
	($100000)			23=	Chip Beck	72 71 70 72 285
2	Jack Nicklaus	73 65 71 66	275		Fred Couples	71 70 73 71 285
3	Peter Jacobsen	73 70 68 65	276		Jerry Pate	69 72 70 74 285
4	Pat McGowan	68 67 73 69	277		Don Pooley	72 68 74 71 285
5	John Fought	67 69 71 71	278	27=	Seve Ballesteros	71 76 72 67 286
6=	Bruce Lietzke	67 71 70 71	279		Bobby Wadkins	73 72 74 67 286
	Fuzzy Zoeller	72 71 67 69	279		Buddy Whitten	66 70 73 77 286
8	Dan Pohl	72 70 69 69	280	30=	Andy Bean	71 73 71 72 287
9=	Ben Crenshaw	68 66 71 77	282		Bob Boyd	70 77 72 68 287
	Jay Haas	68 72 69 73	282		Johnny Miller	72 75 73 67 287
	Mike Reid	69 71 72 70	282		Mark Pfeil	73 71 70 73 287
	Scott Simpson	66 73 70 73	282		Jim Simons	69 75 72 71 287
	Doug Tewell	74 72 69 67	282		Tom Weiskopf	76 70 69 72 287
14=	Keith Fergus	68 70 72 73	283	36=	Jim Colbert	73 66 76 73 288
	David Graham	70 69 74 70	283		Larry Nelson	72 68 68 80 288
	Hale Irwin	72 70 73 68	283		Bobby Nichols	75 69 74 70 288
	Roger Maltbie	71 71 71 70	283		Calvin Peete	69 71 76 72 288
	Jim Thorpe	68 72 74 69	283		Bob Shearer	73 67 76 72 288
	Lee Trevino	70 68 74 71	283		Tim Simpson	76 70 70 72 288
20=	John Cook	74 71 68 71	284	42=	Lou Graham	73 74 70 72 289
	Danny Edwards	67 76 71 70	284		Gary Hallberg	71 75 71 72 289

THE GOLF MAJORS: 1860-2015 – RESULTS 155

	Barry Jaeckel	73 74 67 75	289		Craig Stadler	72 73 76 72	293
	Greg Norman	72 72 70 75	289	67=	George Archer	70 77 74 73	294
	Gary Player	74 68 73 74	289		Mike Donald	71 71 76 76	294
47=	Gibby Gilbert	70 66 80 74	290		Tom Kite	72 75 73 74	294
	Morris Hatalsky	69 75 73 73	290		Arnold Palmer	74 73 74 73	294
	Vance Heafner	73 74 72 71	290		Nick Price	72 74 74 74	294
	Lon Hinkle	70 75 74 71	290	72	Tze-Chung Chen	72 75 79 69	295
	Larry Mize	70 70 75 75	290	73	Larry Gilbert	71 74 76 75	296
	Mike Nicolette	72 71 73 74	290	74=	Rex Caldwell	74 73 75 75	297
	Peter Oosterhuis	75 71 71 73	290		Pat Lindsey	74 72 80 71	297
	Tom Watson	75 67 78 70	290	76	Ron Streck	72 73 77 76	298
55=	John Adams	75 71 72 73	291	77=	Bill Britton	74 73 77 76	300
	George Burns	78 68 72 73	291		Bobby Heins	73 74 75 78	300
	Charles Coody	73 72 70 76	291		Jim Logue	73 74 77 76	300
	Ed Fiori	75 69 73 74	291	80=	Lee Elder	76 71 77 77	301
	Gil Morgan	72 73 74 72	291		Ed Sneed	74 73 75 79	301
	Jack Renner	74 71 73 73	291	82=	Bob Eastwood	76 70 77 79	302
61=	Scott Hoch	73 72 74 73	292		Allen Miller	69 78 77 78	302
	Jim Nelford	72 72 76 72	292	84=	Robert Hoyt	71 72 80 80	303
63=	Bruce Fleisher	74 73 74 72	293		Leonard Thompson	73 74 75 81	303
	Bob Gilder	71 69 76 77	293	86	Curtis Strange	71 74 85 74	304
	Mark Lye	75 67 75 76	293	87	Jim King	73 73 78 84	308

Round Leader(s)
R1   Sutton; 65
R2   Sutton; 131
R3   Sutton; 203

Lowest Scores
R2   Nicklaus; 65
R3   Jaeckel, Zoeller; 67
R4   Jacobsen; 65

1984

48th MASTERS Tournament
Augusta National Golf Club, Augusta, Georgia (12-15 April)
No Starting 88: No Making Cut 47: No Completing 47
6925 yards: Par 72 (288)

1	BEN CRENSHAW	67 72 70 68	277		Payne Stewart	76 69 68 74	287
	($108000)			25=	Isao Aoki	69 72 73 74	288
2	Tom Watson	74 67 69 69	279		George Archer	70 74 71 73	288
3=	David Edwards	71 70 72 67	280		Rick Fehr (a)	72 71 70 75	288
	Gil Morgan	73 71 69 67	280		Peter Jacobsen	72 70 75 71	288
5	Larry Nelson	76 69 66 70	281		Greg Norman	75 71 73 69	288
6=	Ronnie Black	71 74 69 68	282		Tom Purtzer	69 74 76 69	288
	David Graham	69 70 70 73	282	31=	Bernhard Langer	73 70 74 72	289
	Tom Kite	70 68 69 75	282		Fuzzy Zoeller	72 73 70 74	289
	Mark Lye	69 66 73 74	282	33=	Bruce Lietzke	75 70 75 70	290
10	Fred Couples	71 73 67 72	283		Tommy Nakajima	75 70 70 75	290
11=	Rex Caldwell	71 71 69 73	284	35=	Gary Koch	70 75 70 76	291
	Wayne Levi	71 72 69 72	284		Mark McCumber	73 71 74 73	291
	Larry Mize	71 70 71 72	284		Dan Pohl	74 71 72 74	291
	Jack Renner	71 73 71 69	284		Craig Stadler	74 70 74 73	291
15=	Nick Faldo	70 69 70 76	285		Tom Weiskopf	74 71 74 72	291
	Ray Floyd	70 73 70 72	285	40	Scott Simpson	72 70 76 74	292
	Calvin Peete	79 66 70 70	285	41=	Bob Lewis (a)	73 70 75 75	293
18=	Andy Bean	71 70 72 73	286		Andy North	76 68 80 69	293
	Danny Edwards	72 71 70 73	286	43	Lee Trevino	68 73 74 79	294
	Jack Nicklaus	73 73 70 70	286	44	Morris Hatalsky	73 71 75 76	295
21=	Jay Haas	74 71 70 72	287	45	David Ogrin	73 73 76 74	296
	Hale Irwin	70 71 74 72	287	46=	Clark Burroughs (a)	72 74 75 76	297
	Gary Player	71 72 73 71	287		Curtis Strange	71 74 75 77	297

Round Leader(s)
R1   Crenshaw; 67
R2   Lye; 135
R3   Kite; 207

Lowest Scores
R2   Lye, Peete; 66
R3   Nelson; 66
R4   Edwards, Morgan; 67

1984

84th US OPEN Championship
Winged Foot Golf Club, Mamaroneck, New York (14-18 June)
No of Entries 5195: No Starting 156: No Making Cut 63: No Completing 63
6930 yards: Par 70 (280)

1	FUZZY ZOELLER*	71 66 69 70	276		Tim Simpson	72 71 68 76	287
	($94000)				Lanny Wadkins	72 71 72 72	287
2	Greg Norman	70 68 69 69	276		Tom Watson	72 72 74 69	287
3	Curtis Strange	69 70 74 68	281	16=	Isao Aoki	72 70 72 74	288
4=	Johnny Miller	74 68 70 70	282		Lennie Clements	69 76 72 71	288
	Jim Thorpe	68 71 70 73	282		Mark McCumber	71 73 71 73	288
6	Hale Irwin	68 68 69 79	284		Tom Purtzer	73 72 72 71	288
7=	Peter Jacobsen	72 73 73 67	285		Hal Sutton	72 72 74 70	288
	Mark O'Meara	71 74 71 69	285	21=	Chip Beck	72 74 71 72	289
9=	Fred Couples	69 71 74 72	286		David Graham	71 72 70 76	289
	Lee Trevino	71 72 69 74	286		Gil Morgan	70 74 72 73	289
11=	Andy Bean	70 71 75 71	287		Jack Nicklaus	71 71 70 77	289
	Jay Haas	73 73 70 71	287	25=	Bill Glasson	72 75 71 72	290

	Joe Hager	74 73 71 72	290		Mark Hayes	72 74 75 73	294
	Peter Oosterhuis	73 71 71 75	290		Barry Jaeckel	75 72 73 74	294
	Scott Simpson	72 75 74 69	290		Sto Liebler	71 75 73 75	294
	Mike Sullivan	70 73 70 77	290		Gary Player	74 72 72 76	294
30=	Jim Albus	77 69 74 71	291		Jack Renner	73 71 73 77	294
	Seve Ballesteros	69 73 74 75	291		Jay Sigel (a)	69 72 78 75	294
	Hubert Green	68 75 72 76	291	52=	Ray Floyd	72 72 77 74	295
	John Mahaffey	72 74 77 68	291		Morris Hatalsky	70 73 69 83	295
34=	George Burns	72 74 74 72	292		Mike Reid	70 72 77 76	295
	Mike Donald	68 78 74 72	292	55=	Nick Faldo	71 76 77 72	296
	Gary Koch	74 71 75 72	292		Griff Moody	76 71 76 73	296
	Tony Sills	73 72 76 71	292	57	Bill Rogers	71 73 76 77	297
38=	Jim Colbert	71 73 77 72	293	58	Mitch Adcock	73 72 79 74	298
	Steve Hart	73 73 72 75	293	59	Mike Nicolette	73 72 74 80	299
	Pat McGowan	74 72 77 70	293	60=	Bill Britton	73 74 77 77	301
	David Ogrin	74 72 74 73	293		Dan Forsman	72 73 80 76	301
	DA Weibring	76 71 73 73	293	62=	Rafael Alarcon	72 71 79 80	302
43=	Mark Balen	71 75 75 73	294		David Canipe	69 69 81 83	302
	Phil Blackmar	74 71 71 78	294				
	Rick Fehr (a)	73 74 72 75	294				

*Fuzzy Zoeller (67) beat Greg Norman (75) in the 18-Hole Play-off

Round Leader(s)
R1 Donald, Green, Irwin, Thorpe; 68
R2 Irwin; 136
R3 Irwin; 205

Lowest Scores
R2 Zoeller; 66
R3 Simpson; 68
R4 Jacobsen; 67

1984

113th OPEN Championship
Royal & Ancient Golf Club, St Andrews, Fife, Scotland (19-22 July)
No of Entries 1413; No Starting 156; No Mak-ing Cut 94, after 36 holes; 63, after 54 holes; No Completing 63
6933 yards: Par 72 (288)

1	SEVE BALLESTEROS	69 68 70 69	276		Bernard Gallacher	70 74 72 72	288
	(£50000)				Johnny Miller	75 71 70 72	288
2=	Bernhard Langer	71 68 68 71	278		Jack Nicklaus	76 72 68 72	288
	Tom Watson	71 68 66 73	278		Philip Parkin	73 73 73 69	288
4=	Fred Couples	70 69 74 68	281	36=	Jose-Maria Canizares	70 71 72 76	289
	Lanny Wadkins	70 69 73 69	281		David Dunk	71 72 73 73	289
6=	Nick Faldo	69 68 76 69	282		Jay Haas	73 71 73 72	289
	Greg Norman	67 74 74 67	282		Jimmy Heggarty	71 74 72 72	289
8	Mark McCumber	74 67 72 70	283		Gavan Levenson	74 70 73 72	289
9=	Hugh Baiocchi	72 70 70 72	284		Ewen Murray	72 74 71 72	289
	Ian Baker-Finch	68 66 71 79	284		Tommy Nakajima	70 71 74 74	289
	Graham Marsh	70 74 73 67	284		Manuel Pinero	71 71 76 71	289
	Ronan Rafferty	74 72 67 71	284	44=	Mark James	70 73 72 75	290
	Sam Torrance	74 74 66 70	284		Martin Poxon	70 74 73 73	290
14=	Andy Bean	72 69 75 69	285		Nick Price	74 73 72 71	290
	Bill Bergin	75 73 66 71	285	47=	Isao Aoki	71 74 73 73	291
	Ken Brown	74 71 72 68	285		Manuel Calero	75 72 72 72	291
	Hale Irwin	75 68 70 72	285		Roger Chapman	72 74 70 75	291
	Sandy Lyle	75 71 72 67	285		Bob Charles	75 73 70 73	291
	Peter Senior	74 70 70 71	285		David Frost	76 72 70 73	291
	Lee Trevino	70 67 75 73	285	52=	Richard Boxall	71 74 73 74	292
	Fuzzy Zoeller	71 72 71 71	285		John Chillas	71 72 75 74	292
22=	Ben Crenshaw	72 75 70 69	286		Howard Clark	74 74 71 73	292
	Peter Jacobsen	67 73 73 73	286	55=	Bill Longmuir	67 71 79 76	293
	Tom Kite	69 71 74 72	286		Malcolm MacKenzie	72 72 74 75	293
	Gil Morgan	71 71 71 73	286		Emilio Rodriguez	74 74 69 76	293
	Corey Pavin	71 74 72 69	286		David J Russell	73 74 71 75	293
	Paul Way	73 72 69 72	286	59	Saburo Fujiki	72 73 74 75	294
28=	Terry Gale	71 74 72 70	287	60=	John Garner	74 71 74 76	295
	Jaime Gonzalez	69 71 76 71	287		Gary Koch	75 73 70 77	295
	Craig Stadler	75 70 70 72	287	62=	Rick Hartmann	70 73 76 77	296
31=	Ross Drummond	77 71 69 71	288		Joe Ozaki	72 76 70 78	296

Round Leader(s)
R1 Jacobsen, Norman; 67
R2 Baker-Finch; 134
R3 Baker-Finch, Watson; 205

Lowest Scores
R2 Baker-Finch; 66
R3 Bergin, Torrance, Watson; 66
R4 Lyle, Marsh, Norman; 67

1984

66th PGA Championship
Shoal Creek Country Club, Birmingham, Alabama (16-19 August)
Starting 149; No Making Cut 70; No Completing 70
7145 yards: Par 72 (288)

1	LEE TREVINO	69 68 67 69	273		Larry Mize	71 69 67 73	280
	($125000)				Scott Simpson	69 69 72 70	280
2=	Gary Player	74 63 69 71	277		Hal Sutton	74 73 64 69	280
	Lanny Wadkins	68 69 68 72	277	10=	Russ Cochran	73 68 73 67	281
4	Calvin Peete	71 70 69 68	278		Tommy Nakajima	72 68 67 74	281
5	Seve Ballesteros	70 69 70 70	279		Victor Regalado	69 69 73 70	281
6=	Gary Hallberg	69 71 68 72	280	13	Ray Floyd	68 71 69 74	282

14=Hubert Green	70 74 66 73	283	
Mike Reid	68 72 72 71	283	
16=Andy Bean	69 75 70 70	284	
Donnie Hammond	70 69 71 74	284	
18=Peter Jacobsen	70 72 72 71	285	
Craig Stadler	71 73 73 68	285	
20=Fred Couples	72 72 75 67	286	
Nick Faldo	69 73 74 70	286	
Keith Fergus	72 72 72 70	286	
John Mahaffey	72 72 72 70	286	
Corey Pavin	73 72 74 67	286	
25=Chip Beck	69 77 70 71	287	
Rex Caldwell	71 71 74 71	287	
Jim Colbert	71 72 74 70	287	
Hale Irwin	71 70 74 72	287	
Jack Nicklaus	77 70 71 69	287	
Mark O'Meara	75 69 71 72	287	
Tim Simpson	73 70 72 72	287	
Doug Tewell	72 71 71 73	287	
33 Denis Watson	73 68 74 73	288	
34=Ronnie Black	74 70 74 71	289	
Tom Kite	74 72 74 69	289	
Don Pooley	70 73 75 71	289	
37=David Edwards	72 71 72 75	290	
Bob Gilder	70 74 73 73	290	
39=George Cadle	74 71 73 73	291	
Danny Edwards	72 76 72 71	291	
Jay Haas	70 69 75 77	291	
Allen Miller	72 72 71 76	291	
Greg Norman	75 72 73 71	291	
Dan Pohl	71 70 73 77	291	
Dave Stockton	73 74 71 73	291	
Tom Watson	74 72 74 71	291	
Richard Zokol	74 74 70 73	291	
48=Mike Donald	74 72 75 71	292	
David Graham	71 72 80 69	292	
Scott Hoch	75 73 70 74	292	
Mark McCumber	73 74 73 72	292	
Jack Renner	73 69 78 72	292	
Leonard Thompson	70 71 71 80	292	
54=Gary Koch	74 73 70 76	293	
Mark Lye	74 74 73 72	293	
Gary McCord	73 73 76 71	293	
Nick Price	73 74 71 75	293	
58 Dave Barr	69 79 73 73	294	
59=Joe Inman, Jr	73 73 73 76	295	
Larry Rinker	75 73 74 73	295	
Jim Thorpe	74 73 75 73	295	
62=Scott Bess	69 76 76 75	296	
Tony Sills	74 74 73 75	296	
Joey Sindelar	72 76 73 75	296	
65=Jim Albus	75 71 74 77	297	
Bruce Lietzke	73 75 73 76	297	
Roger Maltbie	72 75 76 74	297	
Mike Sullivan	76 72 79 70	297	
69 DA Weibring	76 72 74 76	298	
70 Lon Hinkle	74 72 72 81	299	

Round Leader(s)
R1 Floyd, Reid, Wadkins; 68
R2 Player, Trevino, Wadkins; 137
R3 Trevino; 204

Lowest Scores
R2 Player; 63
R3 Sutton; 64
R4 Cochran, Couples, Pavin; 67

1985

49th MASTERS Tournament
Augusta National Golf Club, Augusta, Georgia (11-14 April)
No Starting 77: No Making Cut 60: No Completing 60
6925 yards: Par 72 (288)

1 BERNHARD LANGER ($126000)	72 74 68 68	282	
2= Seve Ballesteros	72 71 71 70	284	
Ray Floyd	70 73 69 72	284	
Curtis Strange	80 65 68 71	284	
5 Jay Haas	73 73 72 67	285	
6= Gary Hallberg	68 73 75 70	286	
Bruce Lietzke	72 71 73 70	286	
Jack Nicklaus	71 74 72 69	286	
Craig Stadler	73 67 76 70	286	
10=Fred Couples	75 73 69 70	287	
David Graham	74 71 71 71	287	
Lee Trevino	70 73 72 72	287	
Tom Watson	69 71 75 72	287	
14=Bill Kratzert	73 77 69 69	288	
John Mahaffey	72 75 70 71	288	
16=Isao Aoki	72 74 71 72	289	
Gary Koch	72 70 73 74	289	
18=Wayne Levi	75 72 70 73	290	
Mark McCumber	73 73 79 65	290	
Sam Randolph (a)	70 75 72 73	290	
Tim Simpson	73 72 75 70	290	
Jim Thorpe	73 71 72 74	290	
Lanny Wadkins	72 73 72 73	290	
24 Mark O'Meara	73 76 72 70	291	
25=Andy Bean	72 74 73 73	292	
Nick Faldo	73 73 75 71	292	
Sandy Lyle	78 65 76 73	292	
Johnny Miller	77 68 76 71	292	
Corey Pavin	72 75 75 70	292	
Payne Stewart	69 71 76 76	292	
31=Jerry Haas (a)	76 69 73 75	293	
Calvin Peete	75 70 74 74	293	
Joey Sindelar	73 73 75 72	293	
Hal Sutton	77 69 70 77	293	
Sam Torrance	73 73 75 72	293	
36=Lennie Clements	75 75 73 71	294	
Hale Irwin	78 71 73 72	294	
Mark Lye	72 73 79 70	294	
Larry Nelson	73 75 74 72	294	
Gary Player	71 75 73 75	294	
41=Ronnie Black	74 71 75 75	295	
David Edwards	74 72 77 72	295	
Scott Simpson	71 73 77 74	295	
44=Charles Coody	72 77 74 73	296	
Bob Gilder	72 75 81 68	296	
Jay Sigel (a)	76 71 77 72	296	
47=Woody Blackburn	78 71 72 77	298	
Danny Edwards	77 72 71 78	298	
Larry Mize	71 75 76 76	298	
Tommy Nakajima	77 70 78 73	298	
Greg Norman	73 72 75 78	298	
Jack Renner	72 77 70 79	298	
53=George Archer	73 74 79 73	299	
Scott Hoch	73 76 74 76	299	
Denis Watson	76 72 75 76	299	
56 Rex Caldwell	73 74 77 77	301	
57=Billy Casper	71 78 74 79	302	
Ben Crenshaw	70 76 77 79	302	
59 John Inman (a)	70 76 80 77	303	
60 Bob Eastwood	77 72 82 77	308	

Round Leader(s)
R1 Hallberg; 68
R2 Stadler, Stewart, T Watson; 140
R3 Floyd; 212

Lowest Scores
R2 Lyle, Strange; 65
R3 Langer, Strange; 68
R4 McCumber; 65

1985

85th US OPEN Championship
Oakland Hills Country Club, Birmingham, Michigan (13-16 June)
No of Entries 5274: No Starting 156: No Making Cut 66: No Completing 66
6966 yards: Par 70 (280)

1 ANDY NORTH	70 65 70 74	279	
($103000)			
2= Dave Barr	70 68 70 72	280	
T-C Chen	65 69 69 77	280	
Denis Watson	72 65 73 70	280	
5= Seve Ballesteros	71 70 69 71	281	
Payne Stewart	70 70 71 70	281	
Lanny Wadkins	70 72 69 70	281	
8 Johnny Miller	74 71 68 69	282	
9= Rick Fehr	69 67 73 74	283	
Corey Pavin	72 68 73 70	283	
Jack Renner	72 69 72 70	283	
Fuzzy Zoeller	71 69 72 71	283	
13 Tom Kite	69 70 71 74	284	
14 Hale Irwin	73 72 70 70	285	
15=Andy Bean	69 72 73 72	286	
Jay Haas	69 66 77 74	286	
Greg Norman	72 71 71 72	286	
Mark O'Meara	72 67 75 72	286	
Don Pooley	73 69 73 71	286	
Tony Sills	75 70 71 70	286	
Scott Simpson	73 73 68 72	286	
Joey Sindelar	72 72 69 73	286	
23=Ray Floyd	72 67 73 75	287	
David Frost	74 68 74 71	287	
Fred Funk	75 70 72 70	287	
David Graham	73 72 74 68	287	
Gil Morgan	71 72 72 72	287	
Mike Reid	69 75 70 73	287	
Tom Sieckmann	73 73 70 71	287	
Hal Sutton	74 71 74 68	287	
31=Peter Jacobsen	71 73 72 72	288	
Bruce Lietzke	72 71 74 71	288	
Curtis Strange	71 68 76 73	288	
34=Skeeter Heath	70 70 77 72	289	
Scott Hoch	73 72 71 73	289	
Loren Roberts	74 71 74 70	289	
Jim Thorpe	73 69 74 73	289	
Scott Verplank (a)	77 69 74 69	289	
39=Fred Couples	66 78 73 73	290	
Bill Glasson	70 71 75 74	290	
John Mahaffey	72 70 75 73	290	
Larry Mize	72 73 70 75	290	
Larry Nelson	71 71 77 71	290	
44=Ronnie Black	71 69 76 75	291	
Danny Edwards	72 69 73 77	291	
46=Frank Conner	74 68 77 73	292	
Ed Fiori	72 71 76 73	292	
Wayne Levi	75 71 70 76	292	
Jeff Sanders	71 75 73 73	292	
Tim Simpson	74 72 72 74	292	
Bobby Wadkins	72 69 75 76	292	
52=Rafael Alarcon	73 72 72 76	293	
Morris Hatalsky	71 72 77 73	293	
Bill Israelson	71 72 75 75	293	
Dick Mast	71 71 77 74	293	
56 Peter Oosterhuis	73 71 76 74	294	
57 Brad Faxon	71 72 77 75	295	
58=Len Mattiace (a)	74 72 73 77	296	
Lee Rinker	74 69 75 78	296	
Gene Sauers	70 73 80 73	296	
61=Bob Eastwood	72 73 80 74	299	
Ken Green	73 73 79 74	299	
63 Jeff Grygiel	73 70 76 81	300	
64=Curt Byrum	71 75 80 76	302	
Jay Sigel (a)	76 69 78 79	302	
66 Gregory Chapman	75 71 80 78	304	

Round Leader(s)
R1   Chen; 65
R2   Chen; 134
R3   Chen; 203

Lowest Scores
R2   North; Watson; 65
R3   Miller, Simpson; 68
R4   Graham, Sutton; 68

1985

114th OPEN Championship
Royal St George's Golf Club, Sandwich, Kent, England (18-21 July)
No of Entries 1361: No Starting 153: No Mak-ing Cut 86, after 36 holes; 61, after 54 holes: No Completing 60
6857 yards: Par 70 (280)

1 SANDY LYLE	68 71 73 70	282	
(£65000)			
2 Payne Stewart	70 75 70 68	283	
3= David Graham	68 71 70 75	284	
Bernhard Langer	72 69 68 75	284	
Christy O'Connor, Jr	64 76 72 72	284	
Mark O'Meara	70 72 70 72	284	
Jose Rivero	74 72 70 68	284	
8= Anders Forsbrand	70 76 69 70	285	
Tom Kite	73 73 67 72	285	
DA Weibring	69 71 74 71	285	
11=Jose-Maria Canizares	72 75 70 69	286	
Eamonn Darcy	76 68 74 68	286	
Peter Jacobsen	71 74 68 73	286	
Gary Koch	75 72 70 69	286	
Fuzzy Zoeller	69 76 70 71	286	
16=Simon Bishop	71 75 72 69	287	
Greg Norman	71 72 71 73	287	
Sam Torrance	74 74 69 70	287	
Ian Woosnam	70 71 71 75	287	
20=Ian Baker-Finch	71 73 74 70	288	
Jaime Gonzalez	72 72 73 71	288	
Mark James	71 78 66 73	288	
Graham Marsh	71 75 69 73	288	
Lee Trevino	73 76 68 71	288	
25=Gordon J Brand	73 72 72 72	289	
Michael Cahill	72 74 71 72	289	
David Frost	70 74 73 72	289	
Robert Lee	68 73 74 74	289	
Kristen Moe	70 76 73 70	289	
Jose Maria Olazabal (a)	72 76 71 70	289	
Philip Parkin	68 76 77 68	289	
Manuel Pinero	71 73 72 73	289	
33=Wayne Riley	71 70 77 72	290	
Ove Sellberg	71 78 70 71	290	
35=Hugh Baiocchi	75 74 71 71	291	
Andy Bean	72 72 73 74	291	
Ben Crenshaw	73 75 70 73	291	
Bob Shearer	75 73 68 75	291	
39=Seve Ballesteros	75 74 70 73	292	
Tony Johnstone	68 72 80 72	292	
Corey Pavin	70 74 72 76	292	
Jeffrey Pinsent	73 74 72 73	292	
Magnus Persson	71 73 76 72	292	
44=Ronan Rafferty	74 73 71 75	293	
David A Russell	74 72 71 76	293	
Peter Senior	70 71 80 72	293	
47=Gordon Brand, Jr	69 74 77 74	294	
Howard Clark	70 71 76 77	294	
Bernard Gallacher	73 76 71 74	294	
Mark Mouland	72 75 74 73	294	
Martin Poxon	73 75 71 75	294	
Denis Watson	72 74 75 73	294	
Tom Watson	72 73 72 77	294	
54=Nick Faldo	73 73 75 74	295	
Emilio Rodriguez	71 70 77 77	295	
56=Peter Fowler	70 79 70 78	297	
Larry Nelson	70 75 75 77	297	
58 David Whelan	69 74 75 80	298	
59 David Williams	74 71 74 81	300	
60 Vaughan Somers	76 72 73 80	301	

Round Leader(s)
R1   O'Connor; 64
R2   Graham, Lyle; 139
R3   Graham, Langer; 209

Lowest Scores
R2   Darcy; 68
R3   James; 66
R4   Darcy, Parkin, Rivero, Stewart; 68

1985

67th PGA Championship
Cherry Hills Country Club, Englewood, Denver, Colorado (8-11 August)
Starting 149: No Making Cut 76: No Completing 76
7145 yards: Par 72 (288)

Pos	Player	Rounds	Total
1	HUBERT GREEN ($125000)	67 69 70 72	278
2	Lee Trevino	66 68 75 71	280
3=	Andy Bean	71 70 72 68	281
	Tze-Ming Chen	69 76 71 65	281
5	Nick Price	73 73 65 71	282
6=	Fred Couples	70 65 76 72	283
	Buddy Gardner	73 73 70 67	283
	Corey Pavin	66 75 73 69	283
	Tom Watson	67 70 74 72	283
10=	Peter Jacobsen	66 71 75 72	284
	Lanny Wadkins	70 69 73 72	284
12=	Scott Hoch	70 73 73 69	285
	Tom Kite	69 75 71 70	285
	Dan Pohl	72 74 69 70	285
	Scott Simpson	72 68 72 73	285
	Payne Stewart	72 72 73 68	285
	Doug Tewell	64 72 77 72	285
18=	Bob Gilder	73 70 74 69	286
	Wayne Levi	72 69 74 71	286
	Bruce Lietzke	70 74 72 70	286
	Calvin Peete	69 72 75 70	286
	Craig Stadler	72 73 74 67	286
23=	Tze-Chung Chen	73 74 74 66	287
	John Mahaffey	74 73 71 69	287
	Larry Mize	71 70 73 73	287
	Larry Nelson	70 74 71 72	287
	Willie Wood	71 73 74 69	287
28=	Roger Maltbie	69 73 72 74	288
	Gil Morgan	69 77 72 70	288
	Mark O'Meara	71 76 71 70	288
	Joey Sindelar	71 75 71 71	288
32=	Seve Ballesteros	73 72 68 76	289
	David Graham	75 70 69 75	289
	Donnie Hammond	71 76 73 69	289
	Hale Irwin	71 73 72 73	289
	Bernhard Langer	69 72 76 72	289
	Jack Nicklaus	66 75 74 74	289
38=	Dave Barr	71 74 72 73	290
	Jay Haas	71 75 74 70	290
40=	Woody Blackburn	72 71 74 74	291
	Frank Conner	71 73 72 75	291
	Bill Kratzert	72 71 78 70	291
	Bobby Nichols	75 71 75 70	291
	Tim Norris	71 70 74 76	291
	Mark Pfeil	70 70 74 77	291
	Denis Watson	74 73 74 70	291
47=	George Archer	72 71 73 76	292
	Danny Edwards	67 76 73 76	292
	Mark Lye	70 72 77 73	292
	David Ogrin	76 70 76 70	292
51=	Ed Fiori	70 76 76 71	293
	Lon Hinkle	70 75 76 72	293
	Howard Twitty	70 77 74 72	293
54=	Nick Faldo	70 77 73 74	294
	Bill Glasson	71 76 74 73	294
	Morris Hatalsky	68 74 72 80	294
	Brett Upper	72 74 73 75	294
	Fuzzy Zoeller	71 73 75 75	294
59=	Ben Crenshaw	73 72 75 75	295
	Gary Hallberg	73 74 74 74	295
	Dave Stockton	72 72 77 74	295
62=	Mike Donald	73 72 80 71	296
	Bob Murphy	73 71 80 72	296
	Don Pooley	70 71 76 79	296
65=	Phil Blackmar	71 74 83 70	298
	Arnold Palmer	75 72 75 76	298
	Ron Streck	70 76 77 75	298
	Hal Sutton	69 75 76 78	298
	DA Weibring	72 71 77 78	298
70=	Mark McNulty	74 73 77 75	299
	Mike Reid	72 75 75 77	299
72	Robert Hoyt	73 74 76 77	300
73	Kevin Morris	72 74 78 77	301
74=	Al Geiberger	74 73 80 75	302
	David Glenz	75 72 76 79	302
76	Mike Smith	71 76 83 75	305

Round Leader(s)
R1 Tewell; 64
R2 Trevino; 134
R3 Green; 206

Lowest Scores
R2 Couples; 65
R3 Price; 65
R4 Chen; 65

1986

50th MASTERS Tournament
Augusta National Golf Club, Augusta, Georgia (10-13 April)
No Starting 88: No Making Cut 48: No Completing 48
6925 yards: Par 72 (288)

Pos	Player	Rounds	Total
1	JACK NICKLAUS ($144000)	74 71 69 65	279
2=	Tom Kite	70 74 68 68	280
	Greg Norman	70 72 68 70	280
4	Seve Ballesteros	71 68 72 70	281
5	Nick Price	79 69 63 71	282
6=	Jay Haas	76 69 71 67	283
	Tom Watson	70 74 68 71	283
8=	Tommy Nakajima	70 71 71 72	284
	Payne Stewart	75 71 69 69	284
	Bob Tway	70 73 71 70	284
11=	Donnie Hammond	73 71 67 74	285
	Sandy Lyle	76 70 68 71	285
	Mark McCumber	76 67 71 71	285
	Corey Pavin	71 72 71 71	285
	Calvin Peete	75 71 69 70	285
16=	Dave Barr	70 77 71 68	286
	Ben Crenshaw	71 71 74 70	286
	Gary Koch	69 74 71 72	286
	Bernhard Langer	74 68 69 75	286
	Larry Mize	75 74 72 65	286
21=	Curtis Strange	73 74 68 72	287
	Fuzzy Zoeller	73 73 69 72	287
23=	Tze-Chung Chen	69 73 75 71	288
	Roger Maltbie	71 75 69 73	288
25=	Bill Glasson	72 74 72 71	289
	Peter Jacobsen	75 73 68 73	289
	Scott Simpson	76 72 67 74	289
28=	Danny Edwards	71 71 72 76	290
	David Graham	76 72 74 68	290
	Johnny Miller	74 70 77 69	290
31=	Fred Couples	72 77 70 72	291
	Bruce Lietzke	78 70 68 75	291
	Dan Pohl	76 70 72 73	291
	Lanny Wadkins	78 71 73 69	291
35	Wayne Levi	73 76 67 76	292
36=	Rick Fehr	75 74 69 75	293
	Hubert Green	71 75 73 74	293
	Larry Nelson	73 73 71 76	293
	Sam Randolph (a)	75 73 72 73	293
	Tony Sills	76 73 73 71	293
41	Don Pooley	77 72 73 72	294
42=	Bill Kratzert	68 72 76 79	295
	John Mahaffey	79 69 72 75	295
44	Ken Green	68 78 74 76	296
45=	Phil Blackmar	76 73 73 76	298
	Jim Thorpe	74 74 73 77	298
47	Lee Trevino	76 73 73 77	299
48	Mark O'Meara	74 73 81 73	301

Round Leader(s)
R1 K Green, Kratzert; 68
R2 Ballesteros; 139
R3 Norman; 210

Lowest Scores
R2 McCumber; 67
R3 Price; 63
R4 Mize, Nicklaus; 65

1986

86th US OPEN Championship
Shinnecock Hills Golf Club, Southampton, New York (12-15 June)
No of Entries 5410: No Starting 156: No Making Cut 70: No Completing 70
6912 yards: Par 70 (280)

1 RAY FLOYD ($115000)	75 68 70 66	279	
2= Chip Beck	75 73 68 65	281	
Lanny Wadkins	74 70 72 65	281	
4= Hal Sutton	75 70 66 71	282	
Lee Trevino	74 68 69 71	282	
6= Ben Crenshaw	76 69 69 69	283	
Payne Stewart	76 68 69 70	283	
8= Bernhard Langer	74 70 70 70	284	
Mark McCumber	74 71 68 71	284	
Jack Nicklaus	77 72 67 68	284	
Bob Tway	70 73 69 72	284	
12=Greg Norman	71 68 71 75	285	
Denis Watson	72 70 71 72	285	
14 Mark Calcavecchia	75 75 72 65	287	
15=David Frost	72 72 77 67	288	
David Graham	76 71 69 72	288	
Gary Koch	73 73 71 71	288	
Jodie Mudd	73 75 69 71	288	
Joey Sindelar	81 66 70 71	288	
Craig Stadler	74 71 74 69	288	
Scott Verplank	75 72 67 74	288	
Bobby Wadkins	75 69 72 72	288	
Fuzzy Zoeller	75 74 71 68	288	
24=Seve Ballesteros	75 73 68 73	289	
Andy Bean	76 72 73 68	289	
Lennie Clements	75 72 67 75	289	
Dave Eichelberger	80 70 72 67	289	
Larry Mize	75 71 73 70	289	
Calvin Peete	77 73 70 69	289	
Don Pooley	75 71 74 69	289	
Mike Reid	74 73 66 76	289	
Larry Rinker	77 71 70 71	289	
Tom Watson	72 71 71 75	289	
34 Paul Azinger	78 72 70 70	290	
35=Phil Blackmar	75 75 70 71	291	
John Cook	75 73 70 73	291	
Tom Kite	74 74 73 70	291	
Mark McNulty	75 72 68 76	291	
Larry Nelson	75 73 70 73	291	
Sam Randolph (a)	79 71 68 73	291	
41=Bruce Fleisher	76 73 71 72	292	
Roger Maltbie	76 70 73 73	292	
Mark O'Meara	76 73 71 72	292	
Doug Tewell	74 73 71 74	292	
45=Dave Barr	75 73 73 72	293	
Kenny Knox	72 76 74 71	293	
Mark Lye	80 70 70 73	293	
Sandy Lyle	78 71 72 72	293	
Johnny Miller	76 72 71 74	293	
50=David Hobby	76 74 71 73	294	
Barry Jaeckel	75 74 71 74	294	
Mac O'Grady	75 69 73 77	294	
53=Bill Glasson	76 74 69 76	295	
Tommy Nakajima	72 72 78 73	295	
55=Hubert Green	75 75 75 71	296	
Bill Israelson	79 71 72 74	296	
Wayne Levi	77 70 74 75	296	
Greg Powers	80 70 72 74	296	
59=Tze-Chung Chen	76 72 75 74	297	
Frank Conner	76 72 75 74	297	
Peter Jacobsen	76 72 73 76	297	
62=Rick Fehr	72 77 75 74	298	
David Ogrin	76 73 74 75	298	
Jeff Sluman	75 74 75 74	298	
65 Dick Mast	76 74 76 74	300	
66 Howard Twitty	79 71 75 76	301	
67 Andy North	79 71 77 75	302	
68 Mike Malaska	74 74 80 75	303	
69 Peter Oosterhuis	78 70 78 78	304	
70 Brad Greer	78 72 79 76	305	

Round Leader(s)
R1 Tway; 70
R2 Norman; 139
R3 Norman; 210

Lowest Scores
R2 Sindelar; 66
R3 Reid, Sutton; 66
R4 Beck, Calcavecchia, L Wadkins; 65

1986

115th OPEN Championship
Turnberry Resort (Ailsa Course), Turnberry, Ayrshire, Scotland (17-20 July)
No of Entries 1347: No Starting 153: No Making Cut 77: No Completing 76
6957 yards: Par 70 (280)

1 GREG NORMAN (£70000)	74 63 74 69	280	
2 Gordon J Brand	71 68 75 71	285	
3= Bernhard Langer	72 70 76 68	286	
Ian Woosnam	70 74 70 72	286	
5 Nick Faldo	71 70 76 70	287	
6= Seve Ballesteros	76 75 73 64	288	
Gary Koch	73 72 72 71	288	
8= Brian Marchbank	78 70 72 69	289	
Tommy Nakajima	74 67 71 77	289	
Fuzzy Zoeller	75 73 72 69	289	
11=Jose-Maria Canizares	76 68 73 73	290	
David Graham	75 73 70 72	290	
Christy O'Connor, Jr	75 71 75 69	290	
14=Andy Bean	74 73 73 71	291	
Curtis Strange	79 69 74 69	291	
16=Ray Floyd	78 67 73 74	292	
Anders Forsbrand	71 73 77 71	292	
Jose Maria Olazabal	78 69 72 73	292	
19=Bob Charles	76 72 73 72	293	
Manuel Pinero	78 71 70 74	293	
21=Derrick Cooper	72 79 72 71	294	
Ben Crenshaw	77 69 75 73	294	
Danny Edwards	77 73 70 74	294	
Vicente Fernandez	78 70 71 75	294	
Robert Lee	71 75 75 73	294	
Philip Parkin	78 70 72 74	294	
Ronan Rafferty	75 74 75 70	294	
Vaughan Somers	73 77 72 72	294	
Sam Torrance	78 69 71 76	294	
30=Massy Kuramoto	77 73 73 72	295	
Sandy Lyle	78 73 70 74	295	
John Mahaffey	75 73 75 72	295	
Ian Stanley	72 74 78 71	295	
DA Weibring	75 70 76 74	295	
35=Andrew Brooks	72 73 77 74	296	
Roger Chapman	74 71 78 73	296	
Ron Commans	72 77 73 74	296	
Mark James	75 73 73 75	296	
Gary Player	75 72 73 76	296	
Payne Stewart	76 69 75 76	296	
Greg Turner	73 71 75 77	296	
Tom Watson	77 71 77 71	296	
43=Ho Ming Chung	77 74 69 77	297	
Roger Maltbie	78 71 76 72	297	
Mark O'Meara	80 69 74 74	297	

THE GOLF MAJORS: 1860-2015 – RESULTS   161

46=	Tommy Armour III	76 70 75 77	290		Malcolm MacKenzie	79 70 77 75	301
	Tony Charnley	77 73 76 72	298		Frank Nobilo	76 75 71 79	301
	Michael Clayton	76 74 75 73	298		Lee Trevino	80 71 75 75	301
	Fred Couples	78 73 75 72	298	65=	Chubby Chandler	78 72 78 74	302
	Jeff Hawkes	78 73 72 75	298		Martin Gray	75 76 76 75	302
	Hsi-Chuen Lu	80 69 73 76	298		Donnie Hammond	74 71 79 78	302
	Larry Mize	79 69 75 75	298		Jimmy Heggarty	75 72 80 75	302
	Jack Nicklaus	78 73 76 71	298		Scott Simpson	78 71 75 78	302
	Mac O'Grady	76 75 77 70	298	70=	Peter Fowler	80 71 77 75	303
	Bob Tway	74 71 76 77	298		Ossie Moore	76 74 79 74	303
56=	Graham Marsh	79 71 75 75	300	72=	Ross Drummond	76 74 77 78	305
	Carl Mason	76 73 73 78	300		David Jones	75 76 79 75	305
	Sam Randolph	72 76 77 75	300	74	Tommy Horton	77 73 82 74	306
59=	Eamonn Darcy	76 75 75 75	301	75	Gary Weir	78 69 80 80	307
	Tom Lamore	76 71 77 77	301	76	Kris Moe	76 74 82 82	314
	Mark McNulty	80 71 79 71	301				

Round Leader(s)
R1   Woosnam; 70
R2   Norman; 137
R3   Norman; 211

Lowest Scores
R2   Norman; 63
R3   Edwards, Graham, Lyle, Pinero, Woosnam; 70
R4   Ballesteros; 64

1986

68th PGA Championship
Inverness Club, Toledo, Ohio (7-11 August: rain affected)
Starting 150: No Making Cut 73: No Completing 72
6982 yards: Par 71 (284)

1	BOB TWAY	72 70 64 70	276		Fred Couples	69 73 72 75	289
	($140000)				Buddy Gardner	72 73 71 73	289
2	Greg Norman	65 68 69 76	278		Mark Lye	72 71 70 76	289
3	Peter Jacobsen	68 70 70 71	279		Brett Upper	71 73 72 73	289
4	DA Weibring	71 72 68 69	280	41=	Hubert Green	75 70 74 71	290
5=	Bruce Lietzke	69 71 70 71	281		Scott Hoch	72 70 75 73	290
	Payne Stewart	70 67 72 72	281		Jody Mudd	72 73 73 72	290
7=	David Graham	75 69 71 67	282		Mike Reid	71 73 70 76	290
	Mike Hulbert	69 68 74 71	282		Scott Simpson	70 70 75 75	290
	Jim Thorpe	71 67 73 71	282		Bobby Wadkins	69 74 70 77	290
10	Doug Tewell	73 71 68 71	283	47=	Dave Barr	71 73 73 74	291
11=	Ben Crenshaw	72 73 72 67	284		Mike Donald	74 69 73 75	291
	Donnie Hammond	70 71 68 75	284		Davis Love III	70 72 72 77	291
	Lonnie Nielsen	73 69 72 70	284		Roger Maltbie	73 70 74 74	291
	Lee Trevino	71 74 69 70	284		Tommy Nakajima	71 73 71 76	291
	Lanny Wadkins	71 75 70 68	284		Mark Wiebe	75 67 72 77	291
16=	Chip Beck	71 73 71 70	285	53=	Andy Bean	74 70 72 76	292
	Jack Nicklaus	70 68 72 75	285		Phil Blackmar	67 73 79 73	292
	Don Pooley	71 74 69 71	285		John Cook	71 72 75 74	292
	Tony Sills	71 72 69 73	285		Bob Gilder	69 75 73 75	292
	Tom Watson	72 69 72 72	285		Jay Haas	69 77 74 72	292
21=	Ronnie Black	68 71 74 73	286		Mark McCumber	71 74 68 79	292
	David Frost	70 73 68 75	286		Larry Mize	69 76 75 72	292
	Wayne Grady	68 76 71 71	286		Steve Pate	76 69 71 76	292
	Corey Pavin	71 72 70 73	286		Clarence Rose	73 71 72 76	292
	Hal Sutton	73 71 70 72	286		Joey Sindelar	74 72 73 73	292
26=	Ken Green	71 72 71 73	287		Dave Stockton	70 75 74 73	292
	Hale Irwin	76 70 73 68	287		Mike Sullivan	72 73 74 73	292
	Tom Kite	72 73 71 71	287	65	James Blair	72 74 72 75	293
	Dan Pohl	71 71 74 71	287	66	Gary Koch	68 77 74 75	294
30=	Wayne Levi	68 73 71 76	288	67	Lennie Clements	71 75 72 77	295
	Calvin Peete	72 73 69 74	288	68	David Edwards	72 69 76 79	296
	Gene Sauers	69 73 70 76	288	69	Bob Murphy	73 73 74 77	297
	Jeff Sluman	70 71 76 71	288	70	Ken Brown	73 73 72 80	298
	Craig Stadler	67 74 73 74	288	71	Denis Watson	71 74 77 77	299
	Ian Woosnam	72 70 75 71	288	72	JC Snead	70 76 75 79	300
36=	Isao Aoki	73 69 74 73	289				

Round Leader(s)
R1   Norman; 65
R2   Norman; 133
R3   Norman; 202

Lowest Scores
R2   Stewart, Thorpe, Wiebe; 67
R3   Tway; 64
R4   Crenshaw, Graham; 67

1987

51st MASTERS Tournament
Augusta National Golf Club, Augusta, Georgia (9-12 April)
No Starting 85: No Making Cut 54: No Completing 54
6925 yards: Par 72 (288)

1	LARRY MIZE*	70 72 72 71	285		Jodie Mudd	74 72 71 69	286
	($162000)			7=	Jay Haas	72 72 72 73	289
2=	Seve Ballesteros	73 71 70 71	285		Bernhard Langer	71 72 70 76	289
	Greg Norman	73 74 66 72	285		Jack Nicklaus	74 72 73 70	289
4=	Ben Crenshaw	75 70 67 74	286		Tom Watson	71 72 74 72	289
	Roger Maltbie	76 66 70 74	286		DA Weibring	72 75 71 71	289

12= Chip Beck	75 72 70 73	290	
Tze-Chung Chen	74 69 71 76	290	
Mark McCumber	75 71 69 75	290	
Curtis Strange	71 70 73 76	290	
Lanny Wadkins	73 72 70 75	290	
17= Paul Azinger	77 73 69 72	291	
Mark Calcavecchia	73 72 78 68	291	
Sandy Lyle	77 74 68 72	291	
Craig Stadler	74 74 72 71	291	
21 Bobby Wadkins	76 69 73 74	292	
22= Gary Koch	76 75 72 70	293	
Nick Price	73 73 71 76	293	
24= John Cook	69 73 74 78	294	
Tom Kite	73 74 74 73	294	
Mark O'Meara	75 74 71 74	294	
27= David Graham	73 77 72 73	295	
Donnie Hammond	73 75 74 73	295	
Corey Pavin	71 71 81 72	295	
Scott Simpson	72 75 72 76	295	
Denis Watson	76 74 73 72	295	
Fuzzy Zoeller	76 71 76 72	295	
33= Calvin Peete	71 77 75 73	296	
Gene Sauers	75 73 74 74	296	
35= Andy Bean	75 69 78 75	297	
Howard Clark	74 71 77 75	297	
Hubert Green	80 71 74 72	297	
John Mahaffey	73 75 76 73	297	
Gary Player	75 75 71 76	297	
Joey Sindelar	74 70 81 72	297	
Mark Wiebe	73 74 71 79	297	
42= Johnny Miller	75 75 71 77	298	
Payne Stewart	71 75 74 78	298	
Jim Thorpe	77 74 76 71	298	
45= David Frost	75 70 77 78	300	
Kenny Knox	75 75 75 75	300	
Don Pooley	76 75 76 73	300	
48 Mike Hulbert	76 75 71 79	301	
49 Bruce Lietzke	75 74 77 76	302	
50= Tommy Aaron	72 76 76 81	305	
Dave Barr	79 68 79 79	305	
Billy Casper	77 74 75 79	305	
Mac O'Grady	72 79 79 75	305	
54 Bob Lewis (a)	74 77 79 79	309	

Larry Mize beat Seve Ballesteros (eliminated after the 1st extra hole) and Greg Norman (at the 2nd extra hole) in the Sudden-death Play-off

Round Leader(s)
R1   Cook; 69
R2   Strange; 141
R3   Crenshaw, Maltbie; 212

Lowest Scores
R2   Maltbie; 66
R3   Norman; 66
R4   Calcavecchia; 68

1987

87th US OPEN Championship
Olympic Golf Club, San Francisco, California (16-19 June)
No of Entries 5696: No Starting 156: No Making Cut 77: No Completing 77
6709 yards: Par 70 (280)

1 SCOTT SIMPSON ($150000)	71 68 70 68	277	
2 Tom Watson	72 65 71 70	278	
3 Seve Ballesteros	68 75 68 71	282	
4= Ben Crenshaw	67 72 72 72	283	
Bernhard Langer	69 69 73 72	283	
Larry Mize	71 68 72 72	283	
Curtis Strange	71 72 69 71	283	
Bobby Wadkins	71 71 70 71	283	
9= Lennie Clements	70 70 70 74	284	
Tommy Nakajima	68 70 74 72	284	
Mac O'Grady	71 69 72 72	284	
Dan Pohl	75 71 69 69	284	
Jim Thorpe	70 68 73 73	284	
14= Isao Aoki	71 73 70 71	285	
Bob Eastwood	73 66 75 71	285	
Tim Simpson	76 66 70 73	285	
17= Mark Calcavecchia	73 68 73 72	286	
David Frost	70 72 71 73	286	
Kenny Knox	72 71 69 74	286	
Jodie Mudd	72 75 71 68	286	
Jumbo Ozaki	71 69 72 74	286	
Nick Price	69 74 69 74	286	
Jim Woodward	71 74 72 69	286	
24= Jay Don Blake	70 75 71 71	287	
Danny Edwards	72 70 72 73	287	
Peter Jacobsen	72 71 71 73	287	
John Mahaffey	72 72 67 76	287	
Steve Pate	71 72 72 72	287	
Don Pooley	74 72 72 69	287	
Craig Stadler	72 68 74 73	287	
31= Keith Clearwater	74 71 64 79	288	
Dale Douglass	70 73 69 76	288	
Ken Green	71 74 75 68	288	
Tony Sills	71 70 75 72	288	
Hal Sutton	74 70 70 74	288	
36= John Cook	70 68 76 75	289	
Rodger Davis	75 68 72 74	289	
Scott Hoch	72 70 77 70	289	
Barry Jaeckel	73 70 72 74	289	
Sandy Lyle	70 74 72 73	289	
Lanny Wadkins	73 71 72 73	289	
Denis Watson	69 74 72 74	289	
43= Ray Floyd	68 73 76 73	290	
Wayne Grady	73 70 74 73	290	
Sam Randolph	71 71 76 72	290	
46= Fred Couples	72 71 73 75	291	
Tom Kite	76 69 70 76	291	
Ralph Landrum	72 71 74 74	291	
Roger Maltbie	73 73 75 70	291	
Jack Nicklaus	70 68 76 77	291	
51= Ed Dougherty	73 67 78 74	292	
David Graham	71 76 72 73	292	
David Hobby	77 70 73 72	292	
Mark McCumber	72 72 69 79	292	
Gil Morgan	72 71 76 73	292	
Greg Norman	72 69 74 77	292	
Joey Sindelar	75 71 75 71	292	
58= Bob Gilder	72 72 70 79	293	
Edward Kirby	73 69 75 76	293	
Bob Lohr	76 67 79 71	293	
Jack Renner	73 73 71 76	293	
Gene Sauers	72 69 73 79	293	
Mike Smith	73 71 74 75	293	
Duffy Waldorf	74 69 75 75	293	
Mark Wiebe	70 67 77 79	293	
66= Russ Cochran	71 69 81 73	294	
Mark McNulty	73 72 73 76	294	
68= Jose Maria Olazabal	76 69 76 74	295	
Tom Purtzer	74 73 77 71	295	
Bob Tway	70 71 79 75	295	
71= Jim Carter	75 72 75 74	296	
Donnie Hammond	75 71 76 74	296	
73 Gary Hallberg	71 72 69 85	297	
74 David Ogrin	74 72 74 78	298	
75= Dave Eichelberger	72 75 77 76	300	
Fred Wadsworth	75 71 77 77	300	
77 Dave Rummells	74 73 76 78	301	

Round Leader(s)
R1   Crenshaw; 67
R2   Watson, Wiebe; 137
R3   Watson; 208

Lowest Scores
R2   Watson; 65
R3   Clearwater; 64
R4   Green, Mudd, Simpson; 68

1987

116th OPEN Championship
Hon Co of Edinburgh Golfers, Muirfield, East Lothian, Scotland (16-19 July)
No of Entries 1407: No Starting 153: No Making Cut 78: No Completing 78
6963 yards: Par 71 (280)

Pos	Player	Rounds	Total
1	NICK FALDO (£75000)	68 69 71 71	279
2=	Paul Azinger	68 68 71 73	280
	Rodger Davis	64 73 74 69	280
4=	Ben Crenshaw	73 68 72 68	281
	Payne Stewart	71 66 72 72	281
6	David Frost	70 68 70 74	282
7	Tom Watson	69 69 71 74	283
8=	Nick Price	68 71 72 73	284
	Craig Stadler	69 69 71 75	284
	Ian Woosnam	71 69 72 72	284
11=	Mark Calcavecchia	69 70 72 74	285
	Graham Marsh	69 70 72 74	285
	Mark McNulty	71 69 75 70	285
	Jose-Maria Olazabal	70 73 70 72	285
	Jumbo Ozaki	69 72 71 73	285
	Hal Sutton	71 70 73 71	285
17=	Ken Brown	69 73 70 74	286
	Eamonn Darcy	74 69 72 71	286
	Ray Floyd	72 68 70 76	286
	Wayne Grady	70 71 76 69	286
	Bernhard Langer	69 69 76 72	286
	Sandy Lyle	76 69 71 70	286
	Mark Roe	74 68 72 72	286
	Lee Trevino	67 74 73 72	286
25	Gerry Taylor	69 68 75 75	287
26=	Gordon Brand, Jr	73 70 75 70	288
	David Feherty	74 70 77 67	288
	Larry Mize	68 71 76 73	288
29=	Danny Edwards	71 73 72 73	289
	Anders Forsbrand	73 69 73 74	289
	Ken Green	67 76 74 72	289
	Lanny Wadkins	72 71 75 71	289
	Fuzzy Zoeller	71 70 76 72	289
34	David Graham	69 73 78 70	290
35=	Manuel Calero	71 74 75 71	291
	Ross Drummond	79 66 77 69	291
	Jay Haas	69 74 76 72	291
	Greg Norman	71 71 74 75	291
	Bob Tway	67 72 75 77	291
40=	Andy Bean	70 73 75 74	292
	Gordon J Brand	72 72 74 74	292
	Derrick Cooper	74 72 78 68	292
	Fred Couples	70 74 78 70	292
44=	Fulton Allem	74 69 77 73	293
	Brian Marchbank	72 72 76 73	293
	Carl Mason	70 69 78 76	293
	Ossie Moore	71 72 76 74	293
48=	Larry Nelson	70 75 76 73	294
	John Slaughter	72 71 76 75	294
50=	Seve Ballesteros	73 70 77 75	295
	Mats Lanner	71 74 79 71	295
	Sam Torrance	76 69 77 73	295
	Philip Walton	72 73 75 75	295
54=	Billy Andrade	74 69 78 75	296
	Roger Chapman	70 73 79 74	296
	John O'Leary	71 73 79 73	296
57=	Paul Mayo (a)	72 70 75 80	297
	Ove Sellberg	71 72 78 76	297
59=	Brian Jones	73 72 80 73	298
	Bill McColl	71 75 77 75	298
	Tommy Nakajima	73 72 77 76	298
62=	Howard Clark	72 73 78 76	299
	Neil Hansen	75 69 80 75	299
	Miguel Martin	74 71 77 77	299
	Scott Simpson	75 71 82 71	299
66=	Hugh Baiocchi	72 73 78 77	300
	Brandel Chamblee	73 72 77 78	300
	Mark O'Meara	73 72 82 73	300
	Jet Ozaki	72 73 78 77	300
	Gary Player	72 74 79 75	300
71	Wayne Westner	71 75 84 71	301
72=	Tom Kite	73 72 81 76	302
	Jack Nicklaus	74 71 81 76	302
74	Jeff Hawkes	71 74 80 78	303
75	Ricky Willison (a)	75 71 83 76	305
76	Chris Moody	76 70 81 79	306
77	David Jones	72 74 83 78	307
78	Tony Stevens	71 75 82 84	312

Round Leader(s)
R1 Davis; 64
R2 Azinger; 136
R3 Azinger; 207

Lowest Scores
R2 Drummond, Stewart; 66
R3 Brown, Floyd, Frost, Olazabal; 70
R4 Feherty; 67

1987

69th PGA Championship
PGA National Golf Club, Palm Beach Gardens, Florida (6-9 August)
Starting 150: No Making Cut 74: No Completing 73
7002 yards: Par 72 (288)

Pos	Player	Rounds	Total
1	LARRY NELSON* ($150000)	70 72 73 72	287
2	Lanny Wadkins	70 70 74 73	287
3=	Scott Hoch	74 74 71 69	288
	DA Weibring	73 72 67 76	288
5=	Mark McCumber	74 69 69 77	289
	Don Pooley	73 71 73 72	289
7=	Ben Crenshaw	72 70 74 74	290
	Bobby Wadkins	68 74 71 77	290
9	Curtis Strange	70 76 71 74	291
10=	Seve Ballesteros	72 70 72 78	292
	David Frost	75 70 71 76	292
	Tom Kite	72 77 71 72	292
	Nick Price	76 71 70 75	292
14=	Curt Byrum	74 75 68 76	293
	David Edwards	69 75 77 72	293
	Ray Floyd	70 70 73 80	293
	Dan Pohl	71 78 75 69	293
	Jeff Sluman	72 69 78 74	293
	Tom Watson	70 79 73 71	293
20	Peter Jacobsen	73 75 73 73	294
21=	Jim Hallet	73 78 73 71	295
	Bernhard Langer	70 78 77 70	295
	Gil Morgan	75 74 70 76	295
24=	Ken Brown	73 74 73 76	296
	Jack Nicklaus	76 73 74 73	296
	Gene Sauers	76 74 68 78	296
	Payne Stewart	72 75 75 74	296
28=	Ronnie Black	76 70 76 75	297
	Bobby Clampett	71 72 77 77	297
	Russ Cochran	73 76 69 79	297
	John Cook	76 70 72 79	297
	Brad Fabel	73 73 77 74	297
	Nick Faldo	73 73 77 74	297
	Jay Haas	74 70 76 77	297
	Bruce Lietzke	75 76 74 72	297
	Roger Maltbie	74 72 75 76	297
	Chris Perry	75 75 74 73	297
	Craig Stadler	75 72 75 75	297
	Hal Sutton	73 74 74 76	297
40=	Phil Blackmar	74 72 80 72	298
	Denis Watson	76 75 72 75	298
	Robert Wrenn	75 72 76 75	298
43=	Bobby Cole	71 74 75 79	299
	Buddy Gardner	75 74 79 71	299
	Mac O'Grady	78 70 71 80	299
	Tim Simpson	71 70 81 77	299
47=	Bob Betley	72 79 77 72	300
	Tom Byrum	79 72 76 73	300
	Tze-Chung Chen	76 75 76 73	300
	Fred Funk	69 79 79 73	300
	Donnie Hammond	76 74 79 71	300

Tom Purtzer	75 73 81 71	300
Mike Reid	71 79 74 76	300
Scott Simpson	78 73 76 73	300
Bob Tway	78 71 76 75	300
56=Chip Beck	75 74 72 80	301
Hubert Green	74 73 80 74	301
Morris Hatalsky	76 75 75 75	301
Lonnie Nielsen	78 73 74 76	301
Mike Sullivan	73 72 74 82	301
61=Steve Jones	72 75 74 81	302
Steve Pate	76 73 76 77	302
Jim Woodward	79 72 69 82	302
64 Fuzzy Zoeller	76 71 76 80	303
65=Andy Bean	73 78 76 79	306
John Mahaffey	77 72 77 80	306
Arnold Palmer	76 75 79 76	306
Mark Wiebe	78 73 75 80	306
69 Ray Freeman	71 77 74 85	307
70 Greg Norman	73 78 79 79	309
71 Lindy Miller	73 78 82 78	311
72 John Jackson	77 74 84 78	313
73 Lon Hinkle	74 76 79 89	318

Larry Nelson beat Lanny Wadkins at the 1st extra hole in the Sudden Death Play-off

Round Leader(s)
R1 B Wadkins; 68
R2 Floyd, L Wadkins; 140
R3 McCumber, Weibring; 212

Lowest Scores
R2 McCumber, Sluman; 69
R3 Weibring; 67
R4 Hoch, Pohl; 69

1988

52nd MASTERS Tournament
Augusta National Golf Club, Augusta, Georgia (7-10 April)
No Starting 90: No Making Cut 46: No Completing 46
6925 yards: Par 72 (288)

1 SANDY LYLE	71 67 72 71	281
($183800)		
2 Mark Calcavecchia	71 69 72 70	282
3 Craig Stadler	76 69 70 68	283
4 Ben Crenshaw	72 73 67 72	284
5= Fred Couples	75 68 71 71	285
Greg Norman	77 73 71 64	285
Don Pooley	71 72 72 70	285
8 David Frost	73 74 71 68	286
9= Bernhard Langer	71 72 71 73	287
Tom Watson	72 71 73 71	287
11=Seve Ballesteros	73 72 70 73	288
Ray Floyd	80 69 68 71	288
Lanny Wadkins	74 75 69 70	288
14=Nick Price	75 76 72 66	289
Doug Tewell	75 73 68 73	289
16=Mark McNulty	74 71 73 72	290
Dan Pohl	78 70 69 73	290
Fuzzy Zoeller	76 66 72 76	290
19=Tze-Chung Chen	76 73 72 70	291
Hubert Green	74 70 75 72	291
21=Chip Beck	73 70 76 73	292
Jack Nicklaus	75 73 72 72	292
Curtis Strange	76 70 72 74	292
24 Mark McCumber	79 71 72 71	293
25=Isao Aoki	74 74 73 73	294
Gary Koch	72 73 74 75	294
Payne Stewart	75 76 71 72	294
Robert Wrenn	69 75 76 74	294
29 Rodger Davis	77 72 71 75	295
30=Nick Faldo	75 74 75 72	296
Steve Jones	74 74 75 73	296
Mac O'Grady	74 73 76 73	296
33=Tommy Nakajima	74 72 77 74	297
Larry Nelson	69 78 75 75	297
Bob Tway	74 73 74 76	297
36=Ken Brown	73 78 69 78	298
Andy North	74 74 75 75	298
Steve Pate	75 76 75 72	298
39=Mark O'Meara	74 76 74 76	300
Jay Sigel (a)	77 72 73 78	300
Joey Sindelar	79 70 74 77	300
42=Gary Hallberg	73 69 80 79	301
Corey Pavin	76 75 75 75	301
44 Tom Kite	73 76 77 76	302
45=Larry Mize	78 71 76 79	304
Jeff Sluman	80 71 75 78	304

Round Leader(s)
R1 Nelson, Wrenn; 69
R2 Lyle; 138
R3 Lyle; 210

Lowest Scores
R2 Zoeller; 66
R3 Crenshaw; 67
R4 Norman; 64

1988

88th US OPEN Championship
The Country Club, Brookline, Boston, Massachusetts (16-20 June)
No of Entries 5775: No Starting 156: No Making Cut 65: No Completing 65
7010 yards: Par 71 (284)

1 CURTIS STRANGE*	70 67 69 72	278
($180000)		
2 Nick Faldo	72 67 68 71	278
3= Mark O'Meara	71 72 66 71	280
Steve Pate	72 69 72 67	280
DA Weibring	71 69 68 72	280
6= Paul Azinger	69 70 76 66	281
Scott Simpson	69 66 72 74	281
8= Bob Gilder	68 69 70 75	282
Fuzzy Zoeller	73 72 71 66	282
10=Fred Couples	72 67 71 73	283
Payne Stewart	73 73 70 67	283
12=Andy Bean	71 71 72 70	284
Ben Crenshaw	71 72 74 67	284
Larry Mize	69 67 72 76	284
Dan Pohl	74 72 69 69	284
Lanny Wadkins	70 71 70 73	284
17=Ray Floyd	73 72 73 67	285
Hale Irwin	71 71 72 71	285
Mark McNulty	73 72 72 68	285
Joey Sindelar	76 68 70 71	285
21=Chip Beck	73 72 71 70	286
Bob Eastwood	74 72 69 71	286
Scott Hoch	71 72 71 72	286
Peter Jacobsen	76 70 76 64	286
25=Dave Barr	73 72 72 70	287
Jay Haas	73 67 74 73	287
Sandy Lyle	68 71 75 73	287
Billy Mayfair (a)	71 72 71 73	287
Craig Stadler	70 73 71 73	287
Bob Tway	77 68 73 69	287
Mark Wiebe	75 70 73 69	287
32=Seve Ballesteros	69 74 72 73	288
Ken Green	72 70 70 76	288
Mark McCumber	72 72 71 73	288
Tommy Nakajima	74 72 69 73	288
36=David Ishii	73 73 75 68	289
Tom Kite	72 69 73 75	289
Mark Lye	75 71 71 72	289
Tom Watson	74 71 69 75	289
40=Danny Edwards	72 73 74 71	290
Dan Halldorson	72 71 74 73	290
Chip Johnson	72 72 76 70	290
Mike Nicolette	68 73 77 72	290

THE GOLF MAJORS: 1860-2015 – RESULTS   165

	Nick Price	72 74 71 73	290
	Clarence Rose	75 71 68 76	290
	Lee Trevino	73 73 73 71	290
47=	Rodger Davis	73 73 71 74	291
	David Graham	77 69 74 71	291
	Kent Stauffer	72 72 68 79	291
50=	Isao Aoki	71 74 71 76	292
	John Cook	73 68 78 73	292
	Buddy Gardner	72 73 75 72	292
	Dick Mast	69 75 75 73	292
54	David Edwards	76 69 75 73	293
55=	Jim Carter	74 72 70 78	294

	Roger Maltbie	75 71 74 74	294
	Kenny Perry	74 71 77 72	294
	Dennis Trixler	72 73 76 73	294
59=	Steven Bowman	71 72 75 77	295
	Robert Wilkin	74 71 77 73	295
61	Jim Hallet	72 74 77 73	296
62=	Mark Calcavecchia	74 69 78 76	297
	Larry Nelson	78 67 80 72	297
64	Hal Sutton	74 72 75 77	298
65	Jerry Haas	73 73 73 80	299

* Curtis Strange (71) beat Nick Faldo (75) in the 18-Hole Play-off

Round Leader(s)
R1 Gilder, Lyle, Nicolette; 68
R2 Simpson; 135
R3 Strange; 206

Lowest Scores
R2 Simpson; 66
R3 O'Meara; 66
R4 Jacobsen; 64

1988

117th OPEN Championship
Royal Lytham and St Anne's Golf Club, Lancashire, England (14-18 July, rain affected)
No of Entries 1393: No Starting 153: No Making Cut 71: No Completing 71
6857 yards: Par 71 (284)

1	SEVE BALLESTEROS	67 71 70 65	273
	(£80000)		
2	Nick Price	70 67 69 69	275
3	Nick Faldo	71 69 68 71	279
4=	Fred Couples	73 69 71 68	281
	Gary Koch	71 72 70 68	281
6	Peter Senior	70 73 70 69	282
7=	Isao Aoki	72 71 73 67	283
	David Frost	71 75 69 68	283
	Sandy Lyle	73 69 67 74	283
	Payne Stewart	73 75 68 67	283
11=	Brad Faxon	69 74 70 71	284
	David J Russell	71 74 69 70	284
13=	Larry Nelson	73 71 68 73	285
	Eduardo Romero	72 71 69 73	285
	Curtis Strange	79 69 69 68	285
16=	Andy Bean	71 70 71 74	286
	Ben Crenshaw	73 73 68 72	286
	Don Pooley	70 73 69 74	286
	Jose Rivero	75 69 70 72	286
20=	Gordon Brand, Jr	72 76 68 71	287
	Bob Charles	71 74 69 73	287
	Rodger Davis	76 71 72 68	287
	Tom Kite	75 71 73 68	287
	Bob Tway	71 71 72 73	287
25=	Jack Nicklaus	75 70 75 68	288
	Ian Woosnam	76 71 72 69	288
27	Mark O'Meara	75 69 75 70	289
28=	Tommy Armour III	73 72 72 73	290
	Chip Beck	72 71 74 73	290
	Jim Benepe	75 72 70 73	290
	Howard Clark	71 72 75 72	290
	Mark McNulty	73 73 72 72	290
	Tom Watson	74 72 72 72	290
34=	Wayne Riley	72 71 72 76	291
	Lanny Wadkins	73 71 71 76	291

36=	Gordon J Brand	73 74 72 73	292
	Jose Maria Olazabal	73 71 73 75	292
38=	Ken Brown	75 72 75 71	293
	Wayne Grady	69 76 72 76	293
	Jay Haas	71 76 78 68	293
	Brian Marchbank	73 74 73 73	293
	Graham Marsh	75 73 71 74	293
	Corey Pavin	74 73 71 75	293
	Ronan Rafferty	74 74 71 74	293
	Noel Ratcliffe	70 77 76 70	293
	David A Russell	72 73 72 76	293
47=	Paul Azinger	72 75 73 74	294
	Paul Kent	74 70 79 71	294
	Mark McCumber	75 71 72 76	294
	Andy North	77 68 74 75	294
	Sam Torrance	74 74 75 71	294
52=	Peter Fowler	72 72 78 73	295
	Hubert Green	74 73 73 75	295
	Johnny Miller	75 73 72 75	295
	Philip Walton	72 74 75 74	295
	Fuzzy Zoeller	72 74 76 73	295
57=	Paul Broadhurst (a)	73 73 74 76	296
	Carl Mason	75 69 77 75	296
	Mike Smith	75 71 76 74	296
60=	Gary Player	72 76 73 76	297
	Craig Stadler	72 68 81 76	297
62=	Simon Bishop	77 71 73 77	298
	Mark James	71 77 74 76	298
	Andrew Sherborne	71 72 76 79	298
65	Manuel Pinero	75 73 77 74	299
66	Paul Carman	77 71 80 73	301
67=	Greg Bruckner	72 74 80 76	302
	Chin-Sheng Hsieh	74 73 73 82	302
69	Bernhard Langer	73 75 75 80	303
70	Gary Stafford	76 72 78 79	305
71	Peter Mitchell	73 75 79 81	308

Round Leader(s)
R1 Ballesteros; 67
R2 Price; 137
R3 Price; 206

Lowest Scores
R2 Price; 67
R3 Lyle; 67
R4 Ballesteros; 65

1988

70th PGA Championship
Oak Tree Golf Club, Edmond, Oklahoma (11-14 August)
Starting 150: No Making Cut 72: No Completing 71
7015 yards: Par 71 (284)

1	JEFF SLUMAN	69 70 68 65	272
	($160000)		
2	Paul Azinger	67 66 71 71	275
3	Tommy Nakajima	69 68 74 67	278
4=	Tom Kite	72 69 71 67	279
	Nick Faldo	67 71 70 71	279
6=	Bob Gilder	66 75 71 68	280
	Dave Rummells	73 64 68 75	280
8	Dan Pohl	69 71 70 71	281
9=	Ray Floyd	68 68 74 72	282
	Steve Jones	69 68 72 73	282

	Kenny Knox	72 69 68 73	282
	Greg Norman	68 71 72 71	282
	Mark O'Meara	70 71 70 71	282
	Payne Stewart	70 69 70 73	282
15=	John Mahaffey	71 71 70 71	283
	Craig Stadler	68 73 75 67	283
17=	Mark Calcavecchia	73 69 70 72	284
	Ben Crenshaw	70 71 69 74	284
	David Graham	70 67 73 74	284
	Mark McNulty	73 70 67 74	284
	Jay Overton	68 66 76 74	284

	Corey Pavin	71 70 75 68	284	47 Peter Jacobsen	73 68 75 72	288
	Nick Price	74 70 67 73	284	48=John Cook	67 69 76 77	289
	Richard Zokol	70 70 74 70	284	Dave Stockton	70 69 75 75	289
25=	Ronnie Black	71 71 70 73	285	Bob Tway	71 71 70 77	289
	Jay Don Blake	71 73 72 69	285	Denis Watson	70 70 79 70	289
	David Edwards	71 69 77 68	285	52=Scott Bess	74 69 73 74	290
	Scott Hoch	74 69 68 74	285	Rodger Davis	73 69 76 72	290
	Blaine McCallister	73 67 75 70	285	Ed Fiori	71 69 76 74	290
	Lanny Wadkins	74 69 70 72	285	Jodie Mudd	70 73 77 70	290
31=	Chip Beck	67 72 73 74	286	DA Weibring	72 72 73 73	290
	Steve Elkington	73 70 74 69	286	Robert Wrenn	72 68 73 77	290
	Donnie Hammond	72 72 73 69	286	58=John Inman	73 69 75 74	291
	Gary Koch	72 65 78 71	286	Bob Makoski	69 72 72 78	291
	Rocco Mediate	68 74 70 74	286	Don Pooley	72 69 73 77	291
	Curtis Strange	72 72 73 69	286	Peter Senior	68 73 74 76	291
	Tom Watson	72 68 74 72	286	62=Bruce Lietzke	70 72 76 74	292
38=	Isao Aoki	73 71 70 73	287	Steve Pate	71 72 72 77	292
	Tom Brannen	70 71 74 72	287	64 Mike Reid	68 71 79 75	293
	Jay Haas	73 71 71 72	287	65 Gibby Gilbert	72 72 74 76	294
	Jim Hallet	72 68 74 73	287	66=Jim Carter	73 68 76 78	295
	Hale Irwin	74 70 72 71	287	Hal Sutton	69 74 75 77	295
	David Ishii	73 71 74 69	287	Bobby Wadkins	75 69 76 75	295
	Larry Nelson	70 71 76 70	287	69 Andrew Magee	71 73 74 79	297
	Calvin Peete	74 66 74 73	287	70 Doug Tewell	70 68 81 79	298
	Mark Wiebe	74 68 73 72	287	71 Dick Mast	71 72 72 85	300

Round Leader(s)
R1 Gilder; 66
R2 Azinger; 133
R3 Azinger; 204

Lowest Scores
R2 Rummells; 64
R3 McNulty, Price; 67
R4 Sluman; 65

1989

53rd MASTERS Tournament
Augusta National Golf Club, Augusta, Georgia (6-9 April)
No Starting 85: No Making Cut 52: No Completing 52
6925 yards: Par 72 (288)

1	NICK FALDO*	68 73 77 65	283		Steve Pate	76 75 74 68	293
	($200000)				Lanny Wadkins	76 71 73 73	293
2	Scott Hoch	69 74 71 69	283		Fuzzy Zoeller	76 74 69 74	293
3=	Ben Crenshaw	71 72 70 71	284	31=	Mark Calcavecchia	74 72 74 74	294
	Greg Norman	74 75 68 67	284		Steve Jones	74 73 80 67	294
5	Seve Ballesteros	71 72 73 69	285		Dave Rummells	74 74 75 71	294
6	Mike Reid	72 71 71 72	286	34=	Hubert Green	74 75 76 71	296
7	Jodie Mudd	73 76 72 76	287		Peter Jacobsen	74 73 78 71	296
8=	Chip Beck	74 76 70 68	288		Bruce Lietzke	74 75 79 68	296
	Jose Maria Olazabal	77 73 70 68	288	37	Bob Gilder	75 74 77 71	297
	Jeff Sluman	74 72 74 68	288	38=	Tommy Aaron	76 74 72 76	298
11=	Fred Couples	72 76 74 67	289		Charles Coody	76 74 76 72	298
	Ken Green	74 69 73 73	289		Ray Floyd	76 75 73 74	298
	Mark O'Meara	74 71 72 72	289		Scott Simpson	72 77 72 77	298
14=	Paul Azinger	75 75 69 71	290	42	Dan Pohl	72 74 78 75	299
	Don Pooley	70 77 76 67	290	43=	George Archer	75 75 75 75	300
	Tom Watson	72 73 74 71	290		Mark McCumber	72 75 81 72	300
	Ian Woosnam	74 76 71 69	290		Greg Twiggs	75 76 79 70	300
18=	David Frost	76 72 73 70	291	46=	Jay Haas	73 77 79 72	301
	Tom Kite	72 72 72 75	291		Bob Lohr	75 76 77 73	301
	Jack Nicklaus	73 74 73 71	291		Mike Sullivan	76 74 73 78	301
	Jumbo Ozaki	71 75 73 72	291		DA Weibring	72 79 74 76	301
	Curtis Strange	74 71 74 72	291	50	Corey Pavin	74 74 78 76	302
	Lee Trevino	67 74 81 69	291	51	Andy Bean	70 80 77 77	304
24=	Tom Purtzer	71 76 73 72	292	52	T-C Chen	71 75 76 84	306
	Payne Stewart	73 75 74 70	292				
26=	Bernhard Langer	74 75 71 73	293				
	Larry Mize	72 77 69 75	293				

Nick Faldo (5-3=8) beat Scott Hoch (5-4=9) in the Sudden-death Play-off

Round Leader(s)
R1 Trevino; 67
R2 Faldo, Trevino; 141
R3 Crenshaw; 213

Lowest Scores
R2 Green; 69
R3 Norman; 68
R4 Faldo; 65

1989

89th US OPEN Championship
Oak Hill Country Club, Rochester, New York (15-18 June)
No of Entries 5786: No Starting 156: No Making Cut 71: No Completing 71
6902 yards: Par 70 (280)

1	CURTIS STRANGE	71 64 73 70	278	6=	Jumbo Ozaki	70 71 68 72	281
	($200000)				Scott Simpson	67 70 69 75	281
2=	Chip Beck	71 69 71 68	279	8	Peter Jacobsen	71 70 71 70	282
	Mark McCumber	70 68 72 69	279	9=	Paul Azinger	71 72 70 70	283
	Ian Woosnam	70 68 73 68	279		Hubert Green	69 72 74 68	283
5=	Brian Claar	71 72 68 69	280		Tom Kite	67 69 69 78	283

	Jose Maria Olazabal	69 72 70 72	283		Mark Wiebe	69 71 72 77	289
13=	Scott Hoch	70 72 70 72	284	43=	Seve Ballesteros	75 70 76 69	290
	Mark Lye	71 69 72 72	284		Clark Dennis	72 72 72 74	290
	Larry Nelson	68 73 68 75	284		Jack Nicklaus	67 74 74 75	290
	Tom Pernice	67 75 68 74	284	46=	Ken Green	73 72 71 75	291
	Payne Stewart	66 75 72 71	284		Steve Jones	69 75 77 70	291
18=	Jay Don Blake	66 71 72 76	285		John Mahaffey	77 68 74 72	291
	Nick Faldo	68 72 73 72	285		Tom Watson	76 69 73 73	291
	David Frost	73 72 70 70	285		Richard Zokol	71 69 76 75	291
21=	Fred Couples	74 71 67 74	286	51=	Jodie Mudd	73 71 74 74	292
	Steve Elkington	70 70 78 68	286		Steve Pate	74 69 73 76	292
	Bill Glasson	73 70 70 73	286		Tom Sieckmann	73 71 74 74	292
	Nolan Henke	75 69 72 70	286	54=	Ronnie Black	71 74 76 72	293
	DA Weibring	70 74 73 69	286		Webb Heintzelman	72 70 75 76	293
26=	Ray Floyd	68 74 74 71	287		Hale Irwin	74 70 79 70	293
	Don Pooley	74 69 71 73	287		David Ogrin	73 72 73 75	293
	Robert Wrenn	74 71 73 69	287		Chris Perry	76 67 72 78	293
29=	Emlyn Aubrey	69 73 73 73	288	59=	Bernhard Langer	66 78 77 73	294
	Dan Pohl	71 71 73 73	288		Clarence Rose	70 75 73 76	294
	Hal Sutton	69 75 72 72	288	61=	Mark Calcavecchia	74 70 74 77	295
	Scott Taylor	69 71 76 72	288		David Graham	73 72 77 73	295
33=	Isao Aoki	70 70 75 74	289	63=	Dan Halldorson	72 70 76 78	296
	Brad Faxon	73 70 75 71	289		Gregory Lesher (a)	70 72 76 78	296
	Dan Forsman	70 70 76 73	289		Tony Sills	72 72 71 81	296
	Edward Kirby	70 70 73 76	289	66	Bobby Wadkins	73 72 75 77	297
	Davis Love III	71 74 73 71	289	67=	Ed Humenik	73 72 76 77	298
	Billy Mayfair	72 69 76 72	289		Dillard Pruitt	68 74 81 75	298
	Larry Mize	72 72 71 74	289	69=	John Daly	74 67 80 79	300
	Greg Norman	72 68 73 76	289		Doug Weaver	72 73 80 75	300
	Joey Sindelar	67 77 74 71	289	71	Kurt Beck	68 73 83 77	301

Round Leader(s)
R1   Blake, Langer, Stewart; 66
R2   Strange; 135
R3   Kite; 205

Lowest Scores
R2   Strange; 64
R3   Couples; 67
R4   Beck, Elkington, Green, Woosnam; 68

1989

118th OPEN Championship
Royal Troon Golf Club, Ayrshire, Scotland (20-23 July)
No of Entries 1481: No Starting 156: No Making Cut 80: No Completing 80
7067 yards: Par 71 (284)

1	MARK CALCAVECCHIA*	71 68 68 68	275	42=	Ray Floyd	73 68 73 74	288
	(£80000)				Mark O'Meara	72 74 69 73	288
2=	Wayne Grady	68 67 69 71	275		Jose Rivero	71 75 72 70	288
	Greg Norman	69 70 72 64	275		Lee Trevino	68 73 73 74	288
4	Tom Watson	69 68 68 72	277	46=	Sandy Lyle	73 73 71 72	289
5	Jodie Mudd	73 67 68 70	278		Mark McCumber	71 68 70 80	289
6=	Fred Couples	68 71 68 72	279		Joe Ozaki	71 71 69 78	289
	David Feherty	71 67 69 72	279	49=	Johnny Miller	72 69 76 73	290
8=	Paul Azinger	68 73 67 72	280		Christy O'Connor, Jr	71 73 72 74	290
	Eduardo Romero	68 70 75 67	280		Ian Woosnam	74 72 73 71	290
	Payne Stewart	72 65 69 74	280	52=	Michael Allen	74 67 76 74	291
11=	Nick Faldo	71 71 70 69	281		Richard Boxall	74 68 73 76	291
	Mark McNulty	75 70 70 66	281		Ben Crenshaw	73 73 74 71	291
13=	Roger Chapman	76 68 67 71	282		Emmanuel Dussart	76 68 73 74	291
	Howard Clark	72 68 72 70	282		Tony Johnstone	71 71 74 75	291
	Mark James	69 70 71 72	282		Brett Ogle	74 70 76 71	291
	Steve Pate	69 70 70 73	282		Jet Ozaki	75 71 73 72	291
	Craig Stadler	73 69 69 71	282		Mark Roe	74 71 73 73	291
	Philip Walton	69 74 69 70	282		Gene Sauers	70 73 72 76	291
19=	Derrick Cooper	69 70 76 68	283	61=	David Graham	74 72 69 77	292
	Tom Kite	70 74 67 72	283		Ken Green	75 71 68 78	292
	Larry Mize	71 74 66 72	283		Paul Hoad	72 71 77 72	292
	Don Pooley	73 70 69 71	283		Ronan Rafferty	70 72 74 76	292
23=	Davis Love III	72 70 73 69	284		Mike Reid	74 72 73 73	292
	Jose Maria Olazabal	68 72 69 75	284		Wayne Stephens	66 72 76 78	292
	Vijay Singh	71 73 69 71	284		Curtis Strange	70 74 74 74	292
26=	Chip Beck	75 69 68 73	285		Bob Tway	76 70 71 75	292
	Stephen Bennett	75 69 68 73	285	69=	Luis Carbonetti	71 72 74 76	293
	Scott Simpson	73 66 72 74	285		Russell Claydon (a)	70 74 74 75	293
	Lanny Wadkins	72 70 69 74	285		Sandy Stephen	71 74 71 77	293
30=	Ian Baker-Finch	72 69 70 75	286	72	Colin Gillies	72 74 74 74	294
	Mark Davis	77 68 67 74	286	73=	Brad Faxon	72 72 75 76	295
	Jeff Hawkes	75 67 69 75	286		Peter Teravainen	72 73 72 78	295
	Peter Jacobsen	71 74 71 70	286	75	Emlyn Aubrey	72 73 73 78	296
	Gary Koch	72 71 74 69	286	76	Martin Sludds	72 74 73 78	297
	Brian Marchbank	69 74 73 70	286	77=	Seve Ballesteros	72 73 76 78	299
	Miguel Martin	68 73 73 72	286		Robert Karlsson (a)	75 70 76 78	299
	Jack Nicklaus	74 71 71 70	286	79	Gavan Levenson	69 76 77 79	301
	Jumbo Ozaki	71 73 70 72	286	80	Bernhard Langer	71 73 83 82	309
39=	Tommy Armour III	70 71 72 74	287				
	Mike Harwood	71 72 72 72	287				
	Jeff Woodland	74 67 75 71	287				

* Mark Calcavecchia (4-3-3-3=13) beat Wayne Grady (4-4-4-4=16) and Greg Norman (3-3-4-x/picked up) in the 4-Hole Play-off

Round Leader(s)
R1   Stephens; 66
R2   Grady; 135
R3   Grady; 204

Lowest Scores
R2   Stewart; 65
R3   Mize; 66
R4   Norman; 64

1989

71st PGA Championship
Kemper Lakes Golf Club, Hawthorn Woods, Illinois (10-13 August)
Starting 150: No Making Cut 70: No Completing 70
7217 yards: Par 72 (288)

1 PAYNE STEWART	74 66 69 67	276	
($200000)			
2= Andy Bean	70 67 74 66	277	
Mike Reid	66 67 70 74	277	
Curtis Strange	70 68 70 69	277	
5 Dave Rummells	68 69 69 72	278	
6 Ian Woosnam	68 70 70 71	279	
7= Scott Hoch	69 69 69 73	280	
Craig Stadler	71 64 72 73	280	
9= Nick Faldo	70 73 69 69	281	
Ed Fiori	70 67 75 69	281	
Tom Watson	67 69 74 71	281	
12= Seve Ballesteros	72 70 66 74	282	
Jim Gallagher Jr	73 69 68 72	282	
Greg Norman	74 71 67 70	282	
Mike Sullivan	76 66 67 73	282	
Mark Wiebe	71 70 69 72	282	
17= Isao Aoki	72 71 65 75	283	
Ben Crenshaw	68 72 72 71	283	
Buddy Gardner	72 71 70 70	283	
Davis Love III	73 69 72 69	283	
Blaine McCallister	71 72 70 70	283	
Larry Mize	73 71 68 71	283	
Chris Perry	67 70 70 76	283	
24= Tommy Armour III	70 69 73 72	284	
Dan Pohl	71 69 74 70	284	
Jeff Sluman	75 70 69 70	284	
27= David Frost	70 74 69 72	285	
Mike Hulbert	70 71 72 72	285	
Peter Jacobsen	70 70 73 72	285	
Jack Nicklaus	68 72 73 72	285	
Tim Simpson	69 70 73 73	285	
Brian Tennyson	71 69 72 73	285	
Howard Twitty	72 71 68 74	285	
34= Ian Baker-Finch	74 68 70 74	286	
Chip Beck	73 71 69 73	286	
Bob Gilder	72 72 74 68	286	
Tom Kite	67 73 72 74	286	
Don Pooley	70 71 72 73	286	
Loren Roberts	69 71 72 74	286	
Leonard Thompson	66 69 73 78	286	
41= Bill Britton	75 67 71 74	287	
David Edwards	69 72 72 74	287	
Steve Elkington	69 75 71 72	287	
Bob Lohr	75 69 69 74	287	
Steve Pate	70 72 74 71	287	
46= Ray Floyd	73 71 70 74	288	
Wayne Grady	70 75 72 71	288	
Bruce Lietzke	70 72 73 73	288	
Larry Nelson	71 74 68 75	288	
Nick Price	70 72 72 74	288	
51= Steve Jones	71 74 71 73	289	
Kenny Perry	71 74 70 74	289	
53= Phil Blackmar	68 75 75 72	290	
Tom Purtzer	69 73 74 74	290	
Clarence Rose	74 71 72 73	290	
Scott Simpson	70 74 75 71	290	
Doug Tewell	73 69 72 76	290	
58= Brad Bryant	70 70 72 79	291	
Andy North	69 75 77 70	291	
Gene Sauers	76 68 75 72	291	
61= Gary Koch	71 72 77 72	292	
Bernhard Langer	74 71 75 72	292	
63= Arnold Palmer	68 74 81 70	293	
Greg Twiggs	71 73 74 75	293	
65 Mark McCumber	70 73 74 77	294	
66 Hubert Green	69 73 76 77	295	
67 Jodie Mudd	71 70 80 75	296	
68 Dave Stockton	76 69 75 77	297	
69 Ronnie Black	73 70 74 82	299	
70 Curt Byrum	73 71 76 87	307	

Round Leader(s)
R1   Reid, Thompson; 66
R2   Reid; 133
R3   Reid; 203

Lowest Scores
R2   Stadler; 64
R3   Aoki; 65
R4   Bean; 66

1990

54th MASTERS Tournament
Augusta National Golf Club, Augusta, Georgia (5-8 April)
No Starting 85: No Making Cut 49: No Completing 49
6925 yards: Par 72 (288)

1 NICK FALDO*	71 72 66 69	278	
($225000)			
2 Ray Floyd	70 68 68 72	278	
3= John Huston	66 74 68 75	283	
Lanny Wadkins	72 73 70 68	283	
5 Fred Couples	74 69 72 69	284	
6 Jack Nicklaus	72 70 69 74	285	
7= Seve Ballesteros	74 73 68 71	286	
Bill Britton	68 74 71 73	286	
Bernhard Langer	70 73 69 74	286	
Scott Simpson	74 71 68 73	286	
Curtis Strange	70 73 71 72	286	
Tom Watson	77 71 67 71	286	
13 Jose Maria Olazabal	72 73 68 74	287	
14= Ben Crenshaw	72 74 73 69	288	
Scott Hoch	71 68 73 76	288	
Tom Kite	75 73 66 74	288	
Larry Mize	70 76 71 71	288	
Ronan Rafferty	72 74 69 73	288	
Craig Stadler	72 70 74 72	288	
20= Mark Calcavecchia	74 73 73 69	289	
Steve Jones	77 69 72 71	289	
Fuzzy Zoeller	72 74 73 70	289	
23 Jumbo Ozaki	70 71 77 72	290	
24= Donnie Hammond	71 74 75 71	291	
Gary Player	73 74 68 76	291	
Lee Trevino	78 69 72 72	291	
27= Wayne Grady	72 75 72 73	292	
Andy North	71 73 77 71	292	
Jeff Sluman	78 68 75 71	292	
30= Peter Jacobsen	67 75 76 75	293	
Jodie Mudd	74 70 73 76	293	
Ian Woosnam	72 75 70 76	293	
33= Andy Bean	76 72 74 72	294	
Bill Glasson	70 75 76 73	294	
Joe Ozaki	75 73 74 72	294	
36= Mark McCumber	74 74 76 71	295	
Payne Stewart	71 73 77 74	295	
Bob Tway	72 76 73 74	295	
39= Chip Beck	72 74 75 75	296	
Mark Lye	75 73 73 75	296	
Chris Patton (a)	71 73 74 78	296	
42= John Mahaffey	72 74 75 76	297	
Don Pooley	73 73 72 79	297	
Peter Senior	72 75 73 77	297	
45= Mike Hulbert	71 71 77 79	298	
Tom Purtzer	71 77 76 74	298	
47 Mike Donald	64 82 77 76	299	

| 48 | Larry Nelson | 74 73 79 74 | 300 |
| 49 | George Archer | 70 74 82 75 | 301 |

Nick Faldo (4,4) beat Ray Floyd (4,5) at the 2nd Sudden-death Play-off hole

Round Leader(s)
R1 Donald; 64
R2 Floyd; 138
R3 Floyd; 206

Lowest Scores
R2 Floyd, Hoch, Sluman; 68
R3 Faldo, Kite; 66
R4 Wadkins; 68

1990

90th US OPEN Championship
Medinah Country Club, Medinah, Illinois (14-18 June)
No of Entries 6198: No Starting 156: No Making Cut 68: No Completing 68
7195 yards: Par 72 (288)

1	HALE IRWIN* ($220000)	69 70 74 67	280
2	Mike Donald	67 70 72 71	280
3=	Billy Ray Brown	69 71 69 72	281
	Nick Faldo	72 72 68 69	281
5=	Mark Brooks	68 70 72 73	283
	Greg Norman	72 73 69 69	283
	Tim Simpson	66 69 75 73	283
8=	Scott Hoch	70 73 69 72	284
	Steve Jones	67 76 74 67	284
	Jose Maria Olazabal	73 69 69 73	284
	Tom Sieckmann	70 74 68 72	284
	Craig Stadler	71 70 72 71	284
	Fuzzy Zoeller	73 70 68 73	284
14=	Jim Benepe	72 70 73 70	285
	John Huston	68 72 73 72	285
	John Inman	72 71 70 72	285
	Larry Mize	72 70 69 74	285
	Larry Nelson	74 67 69 75	285
	Scott Simpson	66 73 73 73	285
	Jeff Sluman	66 70 74 75	285
21=	Steve Elkington	73 71 73 69	286
	Curtis Strange	73 70 68 75	286
	Ian Woosnam	70 70 74 72	286
24=	Paul Azinger	72 72 69 74	287
	Webb Heintzelman	70 75 74 68	287
	Jumbo Ozaki	73 72 74 68	287
	Corey Pavin	74 70 73 70	287
	Billy Tuten	74 70 72 71	287
29=	Chip Beck	71 71 73 73	288
	Brian Claar	70 71 71 76	288
	Mike Hulbert	76 66 71 75	288
	Phil Mickelson (a)	74 71 71 72	288
33=	Isao Aoki	73 69 74 73	289
	Seve Ballesteros	73 69 71 76	289
	Tom Byrum	70 75 74 70	289
	David Frost	72 72 72 73	289
	Jim Gallagher, Jr	71 69 72 77	289
	Bob Lohr	71 74 72 72	289
	Jack Nicklaus	71 74 68 76	289
	Steve Pate	75 68 72 74	289
	Mike Reid	70 73 68 78	289
	Ted Schulz	73 70 69 77	289
	Kirk Triplett	72 70 75 72	289
	Bob Tway	69 72 74 74	289
	Bobby Wadkins	71 73 71 74	289
46	Craig Parry	72 71 68 79	290
47=	Dave Barr	74 71 75 71	291
	Mark McCumber	76 68 74 73	291
	Dave Rummells	73 71 70 77	291
	Robert Thompson	71 73 72 75	291
51=	Bill Glasson	71 73 72 76	292
	Andy North	74 71 71 76	292
	Ray Stewart	70 74 73 75	292
	Greg Twiggs	72 70 73 77	292
	Lanny Wadkins	72 72 70 78	292
56=	David Duval (a)	72 72 72 77	293
	Bob Gilder	71 70 74 78	293
	Tom Kite	75 70 74 74	293
	Blaine McCallister	71 72 75 75	293
	Gil Morgan	70 72 73 78	293
61=	Robert Gamez	72 73 73 76	294
	Scott Verplank	72 69 77 76	294
63	Ronan Rafferty	75 70 73 78	296
64	David Graham	72 73 74 79	298
65	Howard Twitty	73 72 77 77	299
66	Brad Faxon	70 74 76 81	301
67	Mike Smith	72 72 82 80	306
68	Randy Wylie	70 75 81 82	308

Hale Irwin (3) beat Mike Donald (4+) at the 1st extra hole in Sudden Death after the 18-Hole Play-off was tied 74-74

Round Leader(s)
R1 S Simpson, T Simpson, Sluman; 66
R2 T Simpson; 135
R3 Brown, Donald; 209

Lowest Scores
R2 Hulbert; 66
R3 Faldo, Nicklaus, Parry, Reid, Sieckmann, Strange, Zoeller; 68
R4 Irwin, Jones; 67

1990

119th OPEN Championship
Royal & Ancient Golf Club, St Andrews, Fife, Scotland (19-22 July)
No of Entries 1707: No Starting 156: No Making Cut 72: No Completing 72
6933 yards: Par 72 (288)

1	NICK FALDO (£85000)	67 65 67 71	270
2=	Mark McNulty	74 68 68 65	275
	Payne Stewart	68 68 68 71	275
4=	Jodie Mudd	72 66 72 66	276
	Ian Woosnam	68 69 70 69	276
6=	Ian Baker-Finch	68 72 64 73	277
	Greg Norman	66 66 76 69	277
8=	David Graham	72 71 70 66	279
	Donnie Hammond	70 71 68 70	279
	Steve Pate	70 68 72 69	279
	Corey Pavin	71 69 68 71	279
12=	Paul Broadhurst	74 69 63 74	280
	Robert Gamez	70 72 67 71	280
	Tim Simpson	70 69 69 72	280
	Vijay Singh	70 69 72 69	280
16=	Peter Jacobsen	68 70 70 73	281
	Steve Jones	72 67 72 70	281
	Sandy Lyle	72 70 67 72	281
	Frank Nobilo	72 67 68 74	281
	Jose Maria Olazabal	71 67 71 72	281
	Mark Roe	71 70 72 68	281
22=	Eamonn Darcy	71 71 72 68	282
	Craig Parry	68 68 69 77	282
	Jamie Spence	72 65 73 72	282
25=	Fred Couples	71 70 70 72	283
	Christy O'Connor, Jr	68 72 71 72	283
	Nick Price	70 67 71 75	283
	Jose Rivero	70 70 70 73	283
	Jeff Sluman	72 70 70 71	283
	Lee Trevino	69 70 73 71	283
31=	Ben Crenshaw	74 69 68 73	284
	Vicente Fernandez	72 67 69 76	284
	Mark James	73 69 70 72	284
	Mark McCumber	69 74 69 72	284
	Larry Mize	71 72 70 71	284
	Bryan Norton	71 72 68 73	284

	Greg Powers	74 69 69 72	284		Eduardo Romero	69 71 74 73	287
	Ronan Rafferty	70 71 73 70	284	57=	Mike Clayton	72 71 72 73	288
39=	Derrick Cooper	72 71 69 73	285		Blaine McCallister	71 68 75 74	288
	Ray Floyd	72 71 71 71	285		Danny Mijovic	69 74 71 74	288
	Mike Hulbert	70 70 70 75	285		David Ray	71 69 73 75	288
	Andy North	71 71 72 71	285		Jim Rutledge	71 69 76 72	288
	Joe Ozaki	71 71 74 69	285		Anders Sorensen	70 68 71 79	288
	Don Pooley	70 73 71 71	285	63=	Peter Baker	73 68 75 73	289
	Mike Reid	70 67 73 75	285		David Canipe	72 70 69 78	289
	Scott Simpson	73 70 69 73	285		Roger Chapman	72 70 74 73	289
	Sam Torrance	68 70 75 72	285		Jack Nicklaus	71 70 77 71	289
48=	Paul Azinger	73 68 68 77	286		Martin Poxon	68 72 74 75	289
	Peter Fowler	73 68 71 74	286	68=	Jorge Berendt	75 66 72 77	290
	Bernhard Langer	74 69 75 68	286		David Feherty	74 69 71 76	290
	Colin Montgomerie	72 69 74 71	286	70	Armando Saavedra	72 69 75 75	291
	Mark O'Meara	70 69 73 74	286	71	Malcolm MacKenzie	70 71 76 75	292
53=	Michael Allen	66 75 73 73	287	72	Jose-Maria Canizares	72 70 78 76	296
	John Bland	71 72 72 72	287				
	Hale Irwin	72 68 75 72	287				

Round Leader(s)
R1 Allen, Norman; 66
R2 Faldo, Norman; 132
R3 Faldo; 199

Lowest Scores
R2 Faldo, Spence; 65
R3 Broadhurst; 63
R4 McNulty; 65

1990

72nd PGA Championship
Shoal Creek Country Club, Birmingham, Alabama (9-12 August)
Starting 152: No Making Cut 74: No Completing 74
7145 yards: Par 72 (288)

1	WAYNE GRADY	72 67 72 71	282		Scott Verplank	74 75 70 78	297
	($225000)				Ian Woosnam	74 75 70 78	297
2	Fred Couples	69 71 73 72	285	40=	Isao Aoki	72 74 78 74	298
3	Gil Morgan	77 72 65 72	286		Tom Kite	79 71 74 74	298
4	Bill Britton	72 74 72 71	289		Davis Love III	72 72 77 77	298
5=	Chip Beck	70 71 78 71	290		John Mahaffey	75 72 76 75	298
	Billy Mayfair	70 71 75 74	290		Craig Parry	74 72 75 77	298
	Loren Roberts	73 71 70 76	290	45=	Andrew Magee	75 74 73 77	299
8=	Mark McNulty	74 72 75 71	292		Sammy Rachels	75 73 76 75	299
	Don Pooley	75 74 71 72	292		Mike Reid	71 78 78 72	299
	Tim Simpson	71 73 75 73	292		Bob Tway	72 76 73 78	299
	Payne Stewart	71 72 70 79	292	49=	Ray Floyd	72 77 74 77	300
12=	Hale Irwin	77 72 70 74	293		Robert Gamez	71 78 75 76	300
	Larry Mize	72 68 76 77	293		Scott Hoch	78 73 72 77	300
14=	Billy Andrade	75 72 73 74	294		Mike Hulbert	71 75 79 75	300
	Morris Hatalsky	73 78 71 72	294		Mark McCumber	73 76 74 77	300
	Jose Maria Olazabal	73 77 72 72	294		Kenny Perry	73 76 78 73	300
	Corey Pavin	73 75 72 74	294		Hal Sutton	72 74 78 76	300
	Fuzzy Zoeller	72 71 76 75	294		Stan Utley	71 72 80 77	300
19=	Bob Boyd	74 74 71 76	295	57=	Ian Baker-Finch	74 71 78 78	301
	Nick Faldo	71 75 80 69	295		Bob Gilder	73 78 73 77	301
	Blaine McCallister	75 73 74 73	295		John Huston	72 72 77 80	301
	Greg Norman	77 69 76 73	295		David Peoples	77 71 77 76	301
	Mark O'Meara	69 76 79 71	295		Craig Stadler	75 73 74 79	301
	Tom Watson	74 71 77 73	295	62	Peter Senior	74 75 72 81	302
	Mark Wiebe	74 73 75 73	295	63=	Jay Delsing	75 73 73 82	303
26=	Mark Brooks	78 69 76 73	296		Donnie Hammond	77 70 80 76	303
	Peter Jacobsen	74 75 71 76	296		Nick Price	75 71 81 76	303
	Chris Perry	75 74 72 75	296	66=	David Graham	75 75 75 79	304
	Ray Stewart	73 73 75 75	296		Scott Simpson	76 75 72 81	304
	Brian Tennyson	71 77 71 77	296		Bobby Wadkins	68 75 80 81	304
31=	Paul Azinger	76 70 74 77	297	69=	James Blair	73 76 76 80	305
	Ben Crenshaw	74 70 78 75	297		Ed Fiori	75 76 77 77	305
	David Frost	76 74 69 78	297		Cary Hungate	72 77 79 77	305
	Steve Pate	71 75 71 80	297		Rocco Mediate	75 72 77 81	305
	Tom Purtzer	74 74 77 72	297		Jumbo Ozaki	75 74 79 77	305
	Dave Rummells	73 73 77 74	297	74	Bob Ford	75 75 79 77	306
	Jeff Sluman	74 74 73 76	297				

Round Leader(s)
R1 Wadkins; 68
R2 Grady; 139
R3 Grady; 211

Lowest Scores
R2 Grady; 67
R3 Morgan; 65
R4 Faldo; 69

1991

55th MASTERS Tournament
Augusta National Golf Club, Augusta, Georgia (11-14 April)
No Starting 87: No Making Cut 57: No Completing 57
6925 yards: Par 72 (288)

1	IAN WOOSNAM	72 66 67 72	277	2	Jose Maria Olazabal	68 71 69 70	278
	($243000)			3=	Ben Crenshaw	70 73 68 68	279

	Steve Pate	72 73 69 65	279		Jeff Sluman	71 71 72 72	286
	Lanny Wadkins	67 71 70 71	279	32=	David Frost	71 73 71 72	287
	Tom Watson	68 68 70 73	279		Bernhard Langer	71 68 74 74	287
7=	Ian Baker-Finch	71 70 69 70	280		Wayne Levi	69 73 70 75	287
	Andrew Magee	70 72 68 70	280	35=	Mark Brooks	69 72 74 73	288
	Jodie Mudd	70 70 71 69	280		Fred Couples	68 73 72 75	288
10=	Hale Irwin	70 70 75 66	281		Ken Green	70 74 71 73	288
	Tommy Nakajima	74 71 67 69	281		Scott Hoch	72 70 73 73	288
12=	Mark Calcavecchia	70 68 77 67	282		Mark McNulty	72 74 75 67	288
	Nick Faldo	72 73 67 70	282		Jack Nicklaus	68 72 72 76	288
	Billy Mayfair	72 72 72 66	282		Jumbo Ozaki	68 77 69 74	288
	Craig Stadler	70 72 71 69	282	42=	Billy Ray Brown	74 65 77 73	289
	Fuzzy Zoeller	70 70 75 67	282		Donnie Hammond	72 73 73 71	289
17=	Ray Floyd	71 68 71 73	283		Davis Love III	72 71 74 72	289
	Jim Gallagher, Jr	67 74 71 71	283		Curtis Strange	72 74 72 71	289
	Peter Jacobsen	73 70 68 72	283	46=	Phil Mickelson (a)	69 73 74 74	290
	Mark McCumber	67 71 73 72	283		Don Pooley	72 71 69 78	290
	Larry Mize	72 71 66 74	283		Joey Sindelar	72 70 70 78	290
22=	Seve Ballesteros	75 70 69 70	284	49=	Tommy Aaron	70 74 73 74	291
	Steve Elkington	72 69 74 69	284		Nick Price	72 73 72 74	291
	Rocco Mediate	72 69 71 72	284		Lee Trevino	71 72 77 71	291
	Corey Pavin	73 70 69 72	284	52	Paul Azinger	72 73 67 80	292
	Scott Simpson	69 73 69 73	284	53=	Nolan Henke	73 71 72 77	293
27=	Jay Don Blake	74 72 68 71	285		Brian Tennyson	78 67 75 73	293
	Mark O'Meara	74 68 72 71	285	55	Larry Nelson	74 69 76 75	294
29=	Morris Hatalsky	71 72 70 73	286	56	Tom Kite	71 75 78 71	295
	John Huston	73 72 71 70	286	57	Manny Zerman (a)	71 71 77 80	299

Round Leader(s)
R1   Gallagher, McCumber, Wadkins; 67
R2   Watson; 136
R3   Woosnam; 205

Lowest Scores
R2   Brown; 65
R3   Mize; 66
R4   Pate; 65

1991

91st US OPEN Championship
Hazeltine National Golf Club, Chaska, Minneapolis, Minnesota (13-17 June)
No of Entries 6063: No Starting 156: No Making Cut 65; No Completing 65
7149 yards: Par 72 (288)

1	PAYNE STEWART*	67 70 73 72	282		Chris Perry	72 73 75 74	294
	($235000)				Dave Rummells	72 73 77 72	294
2	Scott Simpson	70 68 72 72	282		Lance Ten Broeck	72 73 74 75	294
3=	Fred Couples	70 70 75 70	285	37=	Mark Calcavecchia	69 74 78 74	295
	Larry Nelson	73 72 72 68	285		Keith Clearwater	70 76 74 75	295
5	Fuzzy Zoeller	72 73 74 67	286		Buddy Gardner	74 72 74 75	295
6	Scott Hoch	69 71 74 73	287		Tom Kite	71 75 74 75	295
7	Nolan Henke	67 71 77 73	288		Billy Mayfair	72 73 76 74	295
8=	Ray Floyd	73 72 76 68	289		Andy North	71 71 77 76	295
	Jose Maria Olazabal	73 71 75 70	289		Tom Purtzer	77 68 77 73	295
	Corey Pavin	71 67 79 72	289	44=	Ian Baker-Finch	77 70 75 74	296
11=	Jim Gallagher, Jr	70 72 75 73	290		Jim Hallet	72 74 73 77	296
	Hale Irwin	71 75 70 74	290	46=	Rodger Davis	74 68 81 74	297
	Davis Love III	70 76 73 71	290		Blaine McCallister	72 72 76 77	297
	Craig Parry	70 73 73 74	290		Jack Nicklaus	70 76 77 74	297
	DA Weibring	76 71 75 68	290	49=	Mike Harwood	71 74 77 76	298
16=	Nick Faldo	72 74 73 72	291		Wayne Levi	72 72 76 78	298
	Sandy Lyle	72 70 74 75	291		Steve Pate	72 75 77 74	298
	Tom Watson	73 71 77 70	291		Loren Roberts	75 70 74 79	298
19=	Mark Brooks	73 73 73 73	292	53=	John Inman	72 72 77 78	299
	Billy Ray Brown	73 71 77 71	292		Larry Rinker	72 72 77 78	299
	John Cook	76 70 72 74	292	55=	Steve Elkington	77 69 76 78	300
	Peter Persons	70 75 75 72	292		Steve Gotsche	72 75 76 77	300
	Nick Price	74 69 71 78	292		Phil Mickelson (a)	73 72 80 75	300
	Tom Sieckmann	74 70 74 74	292		Larry Mize	73 73 79 75	300
	Craig Stadler	71 69 77 75	292		Ian Woosnam	73 68 79 80	300
26=	Rick Fehr	74 69 73 77	293	60	David Graham	74 71 80 77	302
	Jodie Mudd	71 70 77 75	293	61	Stan Utley	73 71 81 78	303
	Mike Reid	74 72 74 73	293	62	John Adams	72 75 78 79	304
	Tim Simpson	73 72 76 72	293	63=	Wayne Grady	73 74 78 80	305
	Bob Tway	75 69 76 73	293		Terry Snodgrass	74 73 80 78	305
31=	Ed Humenik	72 70 78 74	294		Lanny Wadkins	76 70 80 79	305
	Peter Jacobsen	72 73 74 75	294				
	Brian Kamm	69 73 73 79	294				

* Payne Stewart (75) beat Scott Simpson (77) in the 18-Hole Play-off

Round Leader(s)
R1   Henke, Stewart; 67
R2   Stewart; 137
R3   S Simpson, Stewart; 210

Lowest Scores
R2   Pavin; 67
R3   Irwin; 70
R4   Zoeller; 67

1991

120th OPEN Championship
Royal Birkdale Golf Club, Southport, Lancashire, England (18-21 July)
No of Entries 1496: No Starting 156: No Making Cut 113: No Completing 112

6940 yards: Par 70 (280)

1	IAN BAKER-FINCH	71 71 64 66	272
	(£90000)		
2	Mike Harwood	68 70 69 67	274
3=	Fred Couples	72 69 70 64	275
	Mark O'Meara	71 68 67 69	275
5=	Eamonn Darcy	73 68 66 70	277
	Jodie Mudd	72 70 72 63	277
	Bob Tway	75 66 70 66	277
8	Craig Parry	71 70 69 68	278
9=	Seve Ballesteros	66 73 69 71	279
	Bernhard Langer	71 71 70 67	279
	Greg Norman	74 68 71 66	279
12=	Roger Chapman	74 66 71 69	280
	Rodger Davis	70 71 73 66	280
	Vijay Singh	71 69 69 71	280
	Magnus Sunesson	72 73 68 67	280
	David Williams	74 71 68 67	280
17=	Chip Beck	67 78 70 66	281
	Paul Broadhurst	71 73 68 69	281
	Nick Faldo	68 75 70 68	281
	Barry Lane	68 72 71 70	281
	Mark Mouland	68 74 68 71	281
	Peter Senior	74 67 71 69	281
	Andrew Sherborne	73 70 68 70	281
	Lee Trevino	71 72 71 67	281
	Ian Woosnam	70 72 69 70	281
26=	Wayne Grady	69 70 73 70	282
	Mark James	72 68 70 72	282
	Colin Montgomerie	71 69 71 71	282
	Mike Reid	68 71 70 73	282
	Eduardo Romero	70 73 68 71	282
	Tom Watson	69 72 72 69	282
32=	Gordon Brand, Jr	71 72 69 71	283
	Gary Hallberg	68 70 73 72	283
	Mike Miller	73 74 67 69	283
	Christy O'Connor, Jr	72 71 71 69	283
	Steven Richardson	74 70 72 67	283
	Payne Stewart	72 72 71 68	283
38=	Anders Forsbrand	71 72 73 68	284
	Nolan Henke	77 71 66 70	284
	Peter O'Malley	72 71 70 71	284
	Jim Payne (a)	72 72 70 70	284
	Martin Poxon	71 72 67 74	284
	Curtis Strange	70 73 69 72	284
44=	Fulton Allem	70 72 71 72	285
	Steve Elkington	71 68 76 70	285
	Robert Gamez	71 72 72 70	285
	Donnie Hammond	70 75 67 73	285
	Tom Kite	77 71 68 69	285
	Davis Love III	71 72 69 73	285
	Graham Marsh	69 73 72 71	285
	Jack Nicklaus	70 75 69 71	285
	Nick Price	69 72 73 71	285
	Costantino Rocca	68 73 70 74	285
	Des Smyth	71 73 73 68	285
	Jamie Spence	70 73 70 72	285
	Sam Torrance	72 76 70 67	285
57=	Hale Irwin	74 70 73 69	286
	Gavan Levenson	72 73 73 68	286
	Andrew Magee	71 74 69 72	286
	Gary Player	75 71 69 71	286
	Jose Rivero	74 73 68 71	286
	Scott Simpson	74 72 70 70	286
	Tim Simpson	72 72 72 70	286
64=	Jay Don Blake	75 73 72 67	287
	Darren Clarke	79 67 68 73	287
	Steve Jones	70 77 71 69	287
	Mike McLean	71 75 72 69	287
	Mark McNulty	76 71 70 70	287
	Miguel Angel Martin	71 75 71 70	287
	Gil Morgan	72 74 74 67	287
	Andrew Oldcorn	71 67 77 72	287
	Steve Pate	73 72 74 68	287
73=	Martin Gates	67 75 73 73	288
	Peter Jacobsen	75 72 68 73	288
	Tony Johnstone	69 74 71 74	288
	Phil Mickelson (a)	77 67 73 71	288
	Frank Nobilo	74 74 71 69	288
	Brett Ogle	73 75 66 74	288
	Lanny Wadkins	71 75 71 71	288
80=	John Bland	71 76 71 71	289
	Mark Brooks	73 74 70 72	289
	Howard Clark	71 69 73 76	289
	Ben Crenshaw	71 75 72 71	289
	David Gilford	72 67 73 77	289
	Miguel Angel Jimenez	74 74 72 69	289
	Santiago Luna	67 77 72 73	289
	Malcolm MacKenzie	71 73 74 71	289
	Danny Mijovic	70 72 74 73	289
	Jose Maria Olazabal	74 67 74 74	289
	Daniel Silva	73 71 75 70	289
	Fuzzy Zoeller	72 72 75 70	289
92=	Rick Gibson	73 75 70 72	290
	Brian Marchbank	72 73 75 70	290
	Peter Teravainen	71 72 72 75	290
95	Patrick Hall	77 71 72 71	291
96=	Peter Allan	70 71 75 76	292
	Peter Hedblom	74 74 73 71	292
	John Hoskison	74 73 74 71	292
	Carl Suneson	69 77 69 77	292
	Alastair Webster	73 74 73 72	292
101=	Chris Moody	74 71 78 71	294
	John Morse	73 71 77 73	294
	Magnus Persson	77 71 74 72	294
	Jeff Sluman	71 71 75 77	294
	Craig Stadler	77 71 74 72	294
	Tom Weiskopf	74 74 73 73	294
107	Stephen McAllister	79 69 70 77	295
108=	Robin Mann	73 74 75 75	297
	Eoghan O'Connell	74 74 74 75	297
110=	Paul Mayo	71 74 71 83	299
	John Oates	77 71 76 75	299
112	Neal Briggs	73 74 77 76	300

Round Leader(s)
R1 Ballesteros; 66
R2 Harwood; 138
R3 Baker-Finch, O'Meara; 206

Lowest Scores
R2 Chapman, Tway; 66
R3 Baker-Finch; 64
R4 Mudd; 63

1991

73rd PGA Championship
Crooked Stick Golf Club, Carmel, Indiana (8-11 August)
Starting 151: No Making Cut 77: No Completing 77
7295 yards: Par 72 (288)

1	JOHN DALY	69 67 69 71	276
	($230000)		
2	Bruce Lietzke	68 69 72 70	279
3	Jim Gallagher, Jr	70 72 72 67	281
4	Kenny Knox	67 71 70 74	282
5=	Bob Gilder	73 70 67 73	283
	Steven Richardson	70 72 72 69	283
7=	David Feherty	71 74 71 68	284
	Ray Floyd	69 74 72 69	284
	John Huston	70 72 70 72	284
	Steve Pate	70 75 70 69	284
	Craig Stadler	68 71 69 76	284
	Hal Sutton	74 67 72 71	284
13=	Jay Don Blake	75 70 72 68	285
	Andrew Magee	69 73 68 75	285
	Payne Stewart	74 70 71 70	285
16=	Nick Faldo	70 69 71 76	286
	Ken Green	68 73 71 74	286
	Wayne Levi	73 71 72 70	286
	Sandy Lyle	68 75 71 72	286
	Rocco Mediate	71 71 73 71	286
	Gil Morgan	70 71 74 71	286
	Howard Twitty	70 71 75 70	286
23=	Seve Ballesteros	71 72 71 73	287
	Chip Beck	73 73 70 71	287
	Mike Hulbert	72 72 73 70	287
	Jack Nicklaus	71 72 73 71	287
27=	Fred Couples	74 67 76 71	288
	Rick Fehr	70 73 71 74	288
	Jim Hallet	69 74 73 72	288
	Mark McNulty	75 71 69 73	288
	Loren Roberts	72 74 72 70	288

THE GOLF MAJORS: 1860-2015 – RESULTS   173

32=	Billy Andrade	73 74 68 74	289		Eduardo Romero	72 75 73 72	292
	Mark Calcavecchia	70 74 73 72	289		Tom Sieckmann	68 76 74 74	292
	David Edwards	71 75 71 72	289	57=	Fred Funk	71 69 72 81	293
	Steve Elkington	74 68 74 73	289		Nolan Henke	74 70 75 74	293
	Dan Forsman	73 74 68 74	289		Blaine McCallister	71 76 77 69	293
	Davis Love III	72 72 72 73	289		Lindy Miller	72 72 77 72	293
	Jodie Mudd	74 71 74 70	289	61=	Dave Barr	75 72 76 71	294
	Greg Norman	70 74 72 73	289		Jeff Sluman	73 73 74 74	294
	Corey Pavin	72 73 71 73	289	63=	Gene Sauers	75 71 70 79	295
	Tom Purtzer	69 76 71 73	289		Joey Sindelar	74 73 71 77	295
	Doug Tewell	75 72 74 68	289		Bob Wolcott	73 71 79 72	295
43=	Ed Dougherty	75 70 69 76	290	66=	Dillard Pruitt	72 75 73 76	296
	Wayne Grady	72 70 71 77	290		Bob Tway	73 71 78 74	296
	Scott Hoch	71 75 72 72	290		Mark Wiebe	72 73 73 78	296
	Craig Parry	73 70 76 71	290		Scott Williams	70 77 76 73	296
	Lanny Wadkins	71 74 72 73	290	70=	Denny Hepler	71 75 75 76	297
48=	Keith Clearwater	72 72 76 71	291		Lonnie Nielsen	74 71 74 78	297
	Brad Faxon	72 71 76 72	291		David Peoples	74 73 75 75	297
	David Frost	74 70 75 72	291	73=	Phil Blackmar	73 72 82 71	298
	Ian Woosnam	67 72 76 76	291		Billy Ray Brown	69 75 79 75	298
52=	David Graham	72 73 73 74	292		Hale Irwin	70 76 74 78	298
	Tom Kite	73 72 75 72	292		Don Pooley	72 74 72 80	298
	Mark McCumber	74 72 71 75	292	77	Kenny Perry	72 73 79 76	300

Round Leader(s)
R1 Knox, Woosnam; 67
R2 Daly; 136
R3 Daly; 205

Lowest Scores
R2 Daly, Couples, Sutton; 67
R3 Gilder; 67
R4 Gallagher; 67

1992

56th MASTERS Tournament
Augusta National Golf Club, Augusta, Georgia (9-12 April)
No Starting 83: No Making Cut 63: No Completing 63
6925 yards: Par 72 (288)

1	FRED COUPLES	69 67 69 70	275		Mark Calcavecchia	73 72 75 65	285
	($270000)				Brad Faxon	71 71 69 74	285
2	Ray Floyd	69 68 69 71	277		Bernhard Langer	69 73 69 74	285
3	Corey Pavin	72 71 68 67	278		Steven Richardson	69 75 70 71	285
4=	Mark O'Meara	74 67 69 70	280		Curtis Strange	73 72 71 69	285
	Jeff Sluman	65 74 70 71	280	37=	Steve Elkington	69 71 74 72	286
6=	Ian Baker-Finch	70 69 68 74	281		Sandy Lyle	72 69 70 75	286
	Nolan Henke	70 71 70 70	281		Mark McCumber	72 70 76 68	286
	Larry Mize	73 69 71 68	281		Rocco Mediate	70 73 70 73	286
	Greg Norman	70 70 73 68	281		Colin Montgomerie	72 71 73 70	286
	Steve Pate	73 71 70 67	281	42=	Bob Gilder	72 71 73 71	287
	Nick Price	70 71 67 73	281		Billy Mayfair	71 71 72 73	287
	Ted Schulz	68 69 72 72	281		Jack Nicklaus	69 75 69 74	287
13=	Nick Faldo	71 72 68 71	282		Jose Maria Olazabal	76 69 72 70	287
	Wayne Grady	68 75 71 68	282	46	Ben Crenshaw	72 71 71 74	288
	Bruce Lietzke	69 72 68 73	282	47	Hale Irwin	72 70 72 75	289
	Craig Parry	69 66 69 78	282	48=	Blaine McCallister	71 71 76 72	290
	Dillard Pruitt	75 68 70 69	282		Lanny Wadkins	65 75 76 74	290
	Scott Simpson	70 71 71 70	282		Tom Watson	73 70 76 71	290
19=	Billy Ray Brown	70 74 70 69	283	51	George Archer	74 69 76 72	291
	John Daly	71 71 73 68	283	52=	Fulton Allem	69 71 78 74	292
	Mike Hulbert	68 74 71 70	283		David Feherty	73 72 77 70	292
	Andrew Magee	73 70 70 70	283	54=	Tommy Aaron	76 69 77 71	293
	Ian Woosnam	69 66 73 75	283		Billy Andrade	73 71 73 76	293
	Fuzzy Zoeller	71 70 73 69	283		John Cook	72 73 71 77	293
25=	Bruce Fleisher	73 70 72 69	284		Lee Janzen	74 71 74 74	293
	Jim Gallagher, Jr	74 68 71 71	284		David Peoples	73 71 72 77	293
	John Huston	69 73 73 69	284	59=	Seve Ballesteros	75 68 70 81	294
	Davis Love III	68 72 72 72	284		Manny Zerman (a)	70 71 76 77	294
	Craig Stadler	70 71 70 73	284	61=	Peter Jacobsen	72 70 77 76	295
	DA Weibring	71 68 72 73	284		Tom Purtzer	76 69 75 75	295
31=	Paul Azinger	70 73 70 72	285	63	Rodger Davis	77 68 77 79	301

Round Leader(s)
R1 Sluman, Wadkins; 65
R2 Parry, Woosnam; 135
R3 Parry; 204

Lowest Scores
R2 Parry, Woosnam; 66
R3 Price; 67
R4 Calcavecchia; 65

1992

92nd US OPEN Championship
Pebble Beach Golf Links, Pebble Beach, California (18-21 June)
No of Entries 6241: No Starting 157: No Making Cut 66: No Completing 66
6809 yards: Par 72 (288)

1	TOM KITE	71 72 70 72	285	4=	Nick Faldo	70 76 68 77	291
	($275000)				Nick Price	71 72 77 71	291
2	Jeff Sluman	73 74 69 71	287	6=	Billy Andrade	72 74 72 74	292
3	Colin Montgomerie	70 71 77 70	288		Jay Don Blake	70 74 75 73	292

	Bob Gilder	73 70 75 74	292	Fred Funk	72 75 76 73	296
	Mike Hulbert	74 73 70 75	292	Mark McNulty	74 72 69 81	296
	Tom Lehman	69 74 72 77	292	Craig Parry	73 73 73 77	296
	Joey Sindelar	74 72 68 78	292	Tom Purtzer	70 72 76 78	296
	Ian Woosnam	72 72 69 79	292	Craig Stadler	71 72 72 81	296
13=	Ian Baker-Finch	74 71 72 76	293	Richard Zokol	72 72 72 80	296
	John Cook	72 72 74 75	293	44=Mark Brooks	70 74 69 84	297
	Mark McCumber	70 76 73 74	293	Bob Estes	72 71 74 80	297
	Gil Morgan	66 69 77 81	293	Ray Floyd	71 69 76 81	297
17=	Fred Couples	72 70 78 74	294	Gary Hallberg	71 70 73 83	297
	Andy Dillard	68 70 79 77	294	Rocco Mediate	71 75 70 81	297
	Wayne Grady	74 66 81 73	294	Don Pooley	76 71 76 74	297
	Andrew Magee	77 69 72 76	294	Dillard Pruitt	73 73 74 77	297
	Tray Tyner	74 72 78 70	294	51=Scott Gump	75 72 75 76	298
	Willie Wood	70 75 75 74	294	Hale Irwin	73 70 78 77	298
23=	Seve Ballesteros	71 76 69 79	295	Sandy Lyle	73 74 75 76	298
	Brad Bryant	71 76 75 73	295	Ted Schulz	71 75 73 79	298
	Jay Haas	70 77 74 74	295	Payne Stewart	73 70 72 83	298
	Donnie Hammond	73 73 73 76	295	Bob Wolcott	76 70 74 78	298
	Dudley Hart	76 71 71 77	295	57=Darryl Donovan	73 74 76 76	299
	Jim Kane	73 71 76 75	295	Jim Gallagher	71 76 69 83	299
	Bernhard Langer	73 72 75 75	295	Duffy Waldorf	72 70 74 83	299
	Billy Mayfair	74 73 75 73	295	60=Dan Forsman	72 70 74 84	300
	Jumbo Ozaki	77 70 72 76	295	Davis Love III	72 71 74 83	300
	Curtis Strange	67 78 76 74	295	62 Mike Smith	74 71 74 82	301
33=	Paul Azinger	70 75 71 80	296	63 Peter Jacobsen	74 71 77 80	302
	Mark Calcavecchia	70 73 73 80	296	64=Scott Simpson	76 71 68 88	303
	Russ Cochran	73 74 72 77	296	Greg Twiggs	72 71 80 80	303
	Jay Delsing	73 73 75 75	296	66 Kirk Triplett	73 73 80 79	305
	Anders Forsbrand	71 70 77 78	296			

Round Leader(s)
R1 Morgan; 66
R2 Morgan; 135
R3 Morgan; 212

Lowest Scores
R2 Grady; 66
R3 Faldo, Simpson, Sindelar; 68
R4 Montgomerie, Tyner; 70

1992

121st OPEN Championship
Hon Co of Edinburgh Golfers, Muirfield, East Lothian, Scotland (16-19 July)
No of Entries 1666: No Starting 156: No
Making Cut 75: No Completing 75
6970 yards: Par 71 (284)

1	NICK FALDO	66 64 69 73	272	Payne Stewart	70 73 71 72	286
	(£95000)			39=De Wet Basson	71 71 71 74	287
2	John Cook	66 67 70 70	273	Wayne Grady	73 69 71 74	287
3	Jose Maria Olazabal	70 67 69 68	274	Lee Janzen	66 73 73 75	287
4	Steve Pate	64 70 69 73	276	Ronan Rafferty	69 71 75 72	287
5=	Gordon Brand, Jr	65 68 72 74	279	Steven Richardson	74 68 73 72	287
	Ernie Els	66 69 70 74	279	Lee Trevino	69 71 73 74	287
	Donnie Hammond	70 65 70 74	279	45=Jose Coceres	74 69 73 72	288
	Robert Karlsson	70 68 70 71	279	Mike Harwood	72 68 76 72	288
	Malcolm Mackenzie	71 67 70 71	279	Craig Mann	74 69 72 73	288
	Andrew Magee	67 72 70 70	279	Brian Marchbank	71 72 71 74	288
	Ian Woosnam	65 73 70 71	279	Rocco Mediate	67 75 73 73	288
12=	Chip Beck	71 68 67 74	280	Lanny Wadkins	69 69 75 75	288
	Ray Floyd	64 71 73 72	280	51=Barry Lane	73 69 73 74	289
	Sandy Lyle	68 70 70 72	280	Roger Mackay	73 70 73 73	289
	Mark O'Meara	71 68 72 69	280	Nick Price	69 73 73 74	289
	Larry Rinker	69 68 70 73	280	Vijay Singh	69 72 76 72	289
	Jamie Spence	71 68 70 71	280	55=Mark Brooks	71 71 73 75	290
18	Greg Norman	71 72 70 68	281	David Feherty	71 70 72 77	290
19=	Ian Baker-Finch	71 71 72 68	282	Costantino Rocca	67 75 73 75	290
	Hale Irwin	70 73 67 72	282	Orrin Vincent III	67 75 77 71	290
	Tom Kite	70 69 71 72	282	59=Paul Azinger	70 69 75 77	291
22=	Paul Lawrie	70 72 68 73	283	Mike Clayton	72 70 75 74	291
	Peter Mitchell	69 71 72 71	283	William Guy	72 71 70 78	291
	Tom Purtzer	68 69 75 71	283	Bernhard Langer	70 72 76 73	291
25=	Billy Andrade	69 71 70 74	284	Wayne Riley	71 72 75 73	291
	Peter Senior	70 69 70 75	284	64=Hendrik Buhrmann	70 72 75 75	292
	Duffy Waldorf	69 70 73 72	284	Roger Chapman	72 71 71 78	292
28=	Mark Calcavecchia	69 71 73 72	285	Danny Mijovic	70 71 80 71	292
	Russ Cochran	71 68 72 74	285	Craig Stadler	72 70 75 75	292
	Mats Lanner	72 68 71 74	285	68=Per-Ulrik Johansson	67 74 77 75	293
	Mark McNulty	71 70 70 74	285	Daren Lee (a)	68 72 77 76	293
	Jodie Mudd	71 69 74 71	285	Peter O'Malley	72 70 76 75	293
	Craig Parry	67 71 76 71	285	Jon Robson	70 71 78 74	293
34=	Steve Elkington	68 70 75 73	286	Andrew Sherborne	72 69 75 77	293
	Anders Forsbrand	70 72 70 74	286	73 Fred Funk	71 71 76 76	294
	Tony Johnstone	72 71 74 69	286	74 Paul Mayo	70 72 79 74	295
	Corey Pavin	69 74 73 70	286	75 John Daly	74 69 80 75	298

Round Leader(s)
R1 Floyd, Pate; 64
R2 Faldo; 130
R3 Faldo; 199

Lowest Scores
R2 Faldo; 64
R3 Beck, Irwin; 67

R4 Baker-Finch, Norman, Olazabal; 68

1992

74th PGA Championship
Bellerive Country Club, St Louis, Missouri (13-16 August)
Starting 151: No Making Cut 85: No Completing 85
7024 yards: Par 71 (284)

1	NICK PRICE	70 70 68 70	278		Mark James	75 72 72 72	291
	($280000)				Bernhard Langer	72 74 72 73	291
2=	John Cook	71 72 67 71	281		Rocco Mediate	72 68 74 77	291
	Nick Faldo	68 70 76 67	281		Larry Mize	74 74 71 72	291
	Jim Gallagher, Jr	72 66 72 71	281		Lanny Wadkins	72 71 73 75	291
	Gene Sauers	67 69 70 75	281	48=	Brad Bryant	75 71 73 73	292
6	Jeff Maggert	71 72 65 74	282		Mark Calcavecchia	74 69 74 75	292
7=	Russ Cochran	69 69 76 69	283		Ray Floyd	69 75 69 79	292
	Dan Forsman	70 73 70 70	283		Steve Pate	70 78 70 74	292
9=	Brian Claar	68 73 73 70	284		Steven Richardson	73 66 75 78	292
	Anders Forsbrand	73 71 70 70	284		Peter Senior	71 76 73 72	292
	Duffy Waldorf	74 73 68 69	284		Vijay Singh	70 73 73 76	292
12=	Billy Andrade	72 71 70 72	285		Craig Stadler	67 72 75 78	292
	Corey Pavin	71 73 70 71	285	56=	Keith Clearwater	73 72 74 74	293
	Jeff Sluman	73 71 72 69	285		Gary Hallberg	71 72 72 78	293
15=	Mark Brooks	71 72 68 75	286		Andrew Magee	74 71 74 74	293
	Brad Faxon	72 69 75 70	286		Lee Rinker	72 75 73 73	293
	Greg Norman	71 74 71 70	286		Joey Sindelar	72 75 75 71	293
18=	Steve Elkington	74 70 71 72	287		Bob Tway	74 73 74 72	293
	Rick Fehr	74 73 71 69	287	62=	Jay Haas	75 73 74 72	294
	John Huston	73 75 71 68	287		Blaine McCallister	73 75 76 70	294
21=	Bill Britton	70 77 70 71	288		Jay Overton	73 73 76 72	294
	Fred Couples	69 73 73 73	288		Tom Watson	72 71 73 78	294
	Lee Janzen	74 71 72 71	288	66=	Hale Irwin	71 77 72 75	295
	Tom Kite	73 73 69 73	288		Jim Kane	72 73 76 74	295
	Gil Morgan	71 69 73 75	288		Roger Mackay	76 72 71 76	295
	Tommy Nakajima	71 75 69 73	288	69=	Ian Baker-Finch	71 75 78 72	296
	Tom Purtzer	72 72 74 70	288		David Peoples	75 73 74 74	296
28=	Mike Hulbert	74 74 70 71	289		Ted Schulz	75 71 74 76	296
	Peter Jacobsen	73 71 72 73	289		Payne Stewart	76 69 79 72	296
	Larry Nelson	72 68 75 74	289	73=	Ben Crenshaw	75 71 78 74	298
	Joe Ozaki	76 72 74 67	289		David Frost	72 76 77 73	298
	Tom Wargo	72 72 73 72	289		Bruce Lietzke	75 70 80 73	298
33=	Paul Azinger	72 73 68 77	290	76=	Jay Don Blake	68 77 79 76	300
	Brad Fabel	72 76 74 68	290		Bob Estes	69 78 77 76	300
	Bruce Fleisher	70 72 75 73	290		Steve Veriato	70 73 77 80	300
	Davis Love III	77 71 70 72	290	79=	Robert Gamez	69 75 82 77	303
	Colin Montgomerie	72 76 69 73	290		Scott Gump	71 72 78 82	303
	Frank Nobilo	69 74 74 73	290		Todd Smith	75 73 79 76	303
	Dillard Pruitt	73 70 73 74	290	82	John Daly	76 72 79 77	304
40=	Fulton Allem	74 72 72 73	291	83	Harold Perry	74 74 78 79	305
	Billy Ray Brown	72 75 72 72	291	84=	Neal Lancaster	75 72 79 81	307
	David Edwards	74 70 77 70	291		Ken McDonald	78 69 78 82	307

Round Leader(s)
R1 Sauers, Stadler; 67
R2 Sauers; 136
R3 Sauers; 206

Lowest Scores
R2 Gallagher, Richardson; 66
R3 Maggert; 65
R4 Faldo, Ozaki; 67

1993

57th MASTERS Tournament
Augusta National Golf Club, Augusta, Georgia (8-11 April)
No Starting 90. No Making Cut 61: No Completing 61
6925 yards: Par 72 (288)

1	BERNHARD LANGER	68 70 69 70	277		Fred Couples	72 70 74 72	288
	($306000)				Sandy Lyle	73 71 71 73	288
2	Chip Beck	72 67 72 70	281		Jeff Maggert	70 67 75 76	288
3=	John Daly	70 71 73 69	283		Larry Mize	67 74 74 73	288
	Steve Elkington	71 70 71 71	283		Mark O'Meara	75 69 73 71	288
	Tom Lehman	67 75 73 68	283	27=	Nolan Henke	76 69 71 73	289
	Lanny Wadkins	69 72 71 71	283		Hale Irwin	74 69 74 72	289
7=	Dan Forsman	69 69 73 73	284		Jack Nicklaus	67 75 76 71	289
	Jose Maria Olazabal	70 72 74 68	284		Joey Sindelar	72 69 76 72	289
9=	Brad Faxon	74 70 72 69	285	31=	Bruce Lietzke	74 71 71 74	290
	Payne Stewart	74 70 72 69	285		Andrew Magee	75 69 70 76	290
11=	Seve Ballesteros	74 70 71 71	286		Greg Norman	74 68 71 77	290
	Ray Floyd	68 71 74 73	286	34=	Bob Gilder	69 76 75 71	291
	Anders Forsbrand	71 74 75 66	286		Phil Mickelson	72 71 75 73	291
	Corey Pavin	67 75 73 71	286		Gene Sauers	74 71 75 71	291
	Scott Simpson	72 71 71 72	286		Craig Stadler	73 74 69 75	291
	Fuzzy Zoeller	75 67 71 73	286	38	Jay Haas	70 73 75 74	292
17=	Mark Calcavecchia	71 70 74 72	287	39=	Keith Clearwater	74 70 75 74	293
	Jeff Sluman	71 72 71 73	287		John Cook	76 67 75 75	293
	Howard Twitty	70 71 73 73	287		Nick Faldo	71 76 79 67	293
	Ian Woosnam	71 74 73 69	287		Lee Janzen	67 73 76 77	293
21=	Russ Cochran	70 69 73 76	288		Ted Schulz	69 76 76 72	293

	Duffy Waldorf	72 75 73 73	293		David Peoples	71 73 78 74	296
45=	Jay Don Blake	71 74 73 76	294	54=	Ian Baker-Finch	73 72 73 80	298
	Joe Ozaki	74 70 78 72	294		David Edwards	73 73 76 76	295
	Jumbo Ozaki	75 71 77 71	294		Davis Love III	73 72 76 77	298
	Craig Parry	69 72 75 78	294	57=	Charles Coody	74 72 75 78	299
	Tom Watson	71 75 73 75	294		Gary Hallberg	72 74 78 75	299
50=	Gil Morgan	72 74 72 77	295	59	John Huston	68 74 84 75	301
	Brett Ogle	70 74 71 80	295	60	Gary Player	71 76 75 80	302
52=	Colin Montgomerie	71 72 78 75	296	61	Billy Andrade	73 74 80 76	303

Round Leader(s)
R1   Lehman, Mize, Nicklaus, Pavin; 67
R2   Maggert; 137
R3   Langer; 207

Lowest Scores
R2   Beck, Maggert, Zoeller; 67
R3   Langer, 69
R4   Forsbrand; 66

1993

93rd US OPEN Championship
Baltusrol Golf Club, Springfield, New Jersey (17-20 June)
No of Entries 5905: No Starting 156: No Making Cut 88: No Completing 88
7152 yards: Par 70 (280)

1	LEE JANZEN	67 67 69 69	272		Greg Twiggs	72 72 70 70	284
	($290000)			46=	Mark Brooks	72 68 74 71	285
2	Payne Stewart	70 66 68 70	274		Brian Claar	71 70 72 72	285
3=	Paul Azinger	71 68 69 69	277		Rick Fehr	71 72 70 72	285
	Craig Parry	66 74 69 68	277		Mark McCumber	70 71 73 71	285
5=	Scott Hoch	66 72 72 68	278		Larry Nelson	70 71 71 73	285
	Tom Watson	70 66 73 69	278		Scott Simpson	70 73 72 70	285
7=	Ernie Els	71 73 68 67	279	52=	Fulton Allem	71 70 74 71	286
	Ray Floyd	68 73 70 68	279		Michael Christie	70 74 71 71	286
	Fred Funk	70 72 67 70	279		Keith Clearwater	71 72 71 72	286
	Nolan Henke	72 71 67 69	279		Bob Estes	71 73 69 73	286
11=	John Adams	70 70 69 71	280		Vance Heafner	70 72 73 71	286
	David Edwards	70 72 66 72	280		Edward Kirby	72 71 72 71	286
	Nick Price	71 66 70 73	280		Sandy Lyle	70 74 70 72	286
	Loren Roberts	70 70 71 69	280		Jeff Maggert	69 70 73 74	286
	Jeff Sluman	71 71 69 69	280		Kirk Triplett	70 72 75 69	286
16=	Fred Couples	68 71 71 71	281		Ian Woosnam	70 74 72 70	286
	Barry Lane	74 68 70 69	281	62=	Jay Don Blake	72 70 71 74	287
	Mike Standly	70 69 70 72	281		Joel Edwards	71 73 70 73	287
19=	Ian Baker-Finch	70 70 70 72	282		Mike Hulbert	71 73 72 71	287
	Dan Forsman	73 71 70 68	282		Hale Irwin	73 71 71 72	287
	Tom Lehman	71 70 71 70	282		Arden Knoll	71 70 73 73	287
	Blaine McCallister	68 73 73 68	282		Mike Smith	68 72 74 73	287
	Steve Pate	70 71 71 70	282	68=	Brad Faxon	72 71 70 75	288
	Corey Pavin	68 69 75 70	282		Steve Gotsche	70 73 71 74	288
25=	Chip Beck	72 68 72 71	283		Justin Leonard (a)	69 71 73 75	288
	Mark Calcavecchia	70 70 71 72	283		Fuzzy Zoeller	73 67 78 70	288
	John Cook	75 66 70 72	283	72=	Nick Faldo	70 74 73 72	289
	Wayne Levi	71 69 69 74	283		Peter Jordan	71 70 73 75	289
	Rocco Mediate	68 72 73 70	283		Jack Nicklaus	70 72 76 71	289
	Joe Ozaki	70 70 74 69	283		Grant Waite	69 73 74 73	289
	Kenny Perry	74 70 68 71	283		Duffy Waldorf	71 72 71 75	289
	Curtis Strange	73 68 75 67	283	77=	Jay Haas	71 69 75 75	290
33=	Robert Allenby	74 69 69 72	284		Tony Johnstone	71 72 74 73	290
	Billy Andrade	72 67 74 71	284		Barney Thompson	71 73 71 75	290
	John Daly	72 68 72 72	284		Mark Wiebe	71 72 77 70	290
	Mike Donald	71 72 67 74	284	81=	Wayne Grady	69 75 70 77	291
	Steve Elkington	71 70 69 74	284		Ted Schulz	71 73 69 78	291
	Bob Gilder	70 69 75 70	284	83	Steve Stricker	72 72 76 72	292
	Davis Love III	70 74 68 72	284	84	Steve Flesch	71 70 78 75	294
	Steve Lowery	72 71 75 66	284	85=	John Flannery	73 69 75 78	295
	Colin Montgomerie	71 72 73 68	284		Doug Weaver	70 73 77 75	295
	Jumbo Ozaki	71 71 72 70	284	87	Robert Wrenn	68 73 80 76	297
	Lee Rinker	70 72 71 71	284	88	Robert Gamez	72 70 78 78	298
	Craig Stadler	67 74 71 72	284				

Round Leader(s)
R1   Hoch, Parry, Sindelar (Cut); 66
R2   Janzen; 134
R3   Janzen; 203

Lowest Scores
R2   Cook, Price, Stewart, Watson; 66
R3   Edwards; 66
R4   Lowery; 66

1993

122nd OPEN Championship
Royal St George's Golf Club, Sandwich, Kent, England (15-18 July)
No of Entries 1827: No Starting 156: No Making Cut 78: No Completing 78
6860 yards: Par 72 (280)

1	GREG NORMAN	66 68 69 64	267		Peter Senior	66 69 70 67	272
	(£100000)			6=	Ernie Els	68 69 69 68	274
2	Nick Faldo	69 63 70 67	269		Paul Lawrie	72 68 69 65	274
3	Bernhard Langer	67 66 70 67	270		Nick Price	68 70 67 69	274
4=	Corey Pavin	68 66 68 70	272	9=	Fred Couples	68 66 72 69	275

	Wayne Grady	74 68 64 69	275		Anders Sorensen	69 70 72 72	283
	Scott Simpson	68 70 71 66	275		Greg Turner	67 76 70 70	283
12	Payne Stewart	71 72 70 63	276		Duffy Waldorf	68 71 73 71	283
13	Barry Lane	70 68 71 68	277	48=	Steve Elkington	72 71 71 70	284
14=	Mark Calcavecchia	66 73 71 68	278		John Huston	68 73 76 67	284
	John Daly	71 66 70 71	278		Lee Janzen	69 71 73 71	284
	Tom Kite	72 70 68 68	278	51=	Stephen Ames	67 75 73 70	285
	Mark McNulty	67 71 71 69	278		Ian Garbutt	68 75 73 69	285
	Gil Morgan	70 68 70 70	278		Miguel Angel Jimenez	69 74 72 70	285
	Jose Rivero	68 73 67 70	278		Frank Nobilo	69 70 74 72	285
	Fuzzy Zoeller	66 70 71 71	278		Manuel Pinero	70 72 71 72	285
21=	Peter Baker	70 67 74 68	279		Jonathan Sewell	70 72 69 74	285
	Howard Clark	67 72 70 70	279		Sam Torrance	72 70 72 71	285
	Jesper Parnevik	68 74 68 69	279		Ian Woosnam	72 71 72 70	285
24=	Rodger Davis	68 71 71 70	280	59=	Paul Azinger	69 73 74 70	286
	David Frost	69 73 70 68	280		Tom Lehman	69 71 73 73	286
	Mark Roe	70 71 73 66	280		Craig Parry	72 69 71 74	286
27=	Seve Ballesteros	68 73 69 71	281		Vijay Singh	69 72 72 73	286
	Mark James	70 70 70 71	281	63=	Olle Karlsson	70 71 73 73	287
	Malcolm Mackenzie	72 71 71 67	281		Ross Drummond	73 67 76 71	287
	Larry Mize	67 69 74 71	281		Jamie Spence	69 72 72 74	287
	Yoshinori Mizumaki	69 69 73 70	281	66=	James Cook	71 71 74 72	288
	Iain Pyman (a)	68 72 70 71	281		William Guy	70 73 73 72	288
	Des Smyth	67 74 70 70	281		Tom Pernice	73 70 70 75	288
34=	Paul Broadhurst	71 69 74 68	282		Magnus Sunesson	70 73 73 72	288
	Ray Floyd	70 72 67 73	282	70=	Ian Baker-Finch	73 69 67 80	289
	Howard Twitty	71 71 67 73	282		Mike Miller	73 68 76 72	289
	Jean Van de Velde	75 67 73 67	282		Tom Purtzer	70 70 74 75	289
	Wayne Westner	67 73 72 70	282	73=	Dan Forsman	71 70 76 73	290
39=	Darren Clarke	69 71 69 74	283		Peter Fowler	74 69 74 73	290
	Andrew Magee	71 72 71 69	283		Mike Harwood	72 70 72 76	290
	Carl Mason	69 73 72 69	283		Peter Mitchell	73 70 72 75	290
	Rocco Mediate	71 71 72 69	283	77	Mikael Krantz	77 66 72 77	292
	Paul Moloney	70 71 71 71	283	78	Ricky Willison	73 70 74 76	293
	Christy O'Connor, Jr	72 68 69 74	283				

Round Leader(s)
R1 Calcavecchia, Norman, Senior, Zoeller; 66
R2 Faldo; 132
R3 Faldo, Pavin; 202

Lowest Scores
R2 Faldo; 63
R3 Grady; 64
R4 Stewart; 63

1993

75th PGA Championship
Inverness Club, Toledo, Ohio (12-15 August)
Starting 151: No Making Cut 74: No Completing 74
7024 yards: Par 71 (284)

1	PAUL AZINGER*	69 66 69 68	272		Craig Parry	70 73 68 72	283
	($300000)				Nick Price	74 66 72 71	283
2	Greg Norman	68 68 67 69	272		Hal Sutton	69 72 70 72	283
3	Nick Faldo	68 68 69 68	273		Tom Wargo	71 70 71 71	283
4	Vijay Singh	68 63 73 70	274		Fuzzy Zoeller	72 70 71 70	283
5	Tom Watson	69 65 70 72	276	44=	Russ Cochran	69 74 70 71	284
6=	John Cook	72 66 68 71	277		Dan Forsman	67 75 70 72	284
	Bob Estes	69 66 69 73	277		Fred Funk	72 66 76 70	284
	Dudley Hart	66 68 71 72	277		John Huston	68 69 75 72	284
	Nolan Henke	72 70 67 68	277		Joe Ozaki	73 68 66 77	284
	Scott Hoch	74 68 68 67	277		Payne Stewart	71 70 70 73	284
	Hale Irwin	68 69 67 73	277		DA Weibring	68 74 72 70	284
	Phil Mickelson	67 71 69 70	277	51=	John Daly	71 68 73 73	285
	Scott Simpson	64 70 71 72	277		Hubert Green	70 71 69 75	285
14=	Steve Elkington	67 66 74 71	278		Andrew Magee	71 72 74 68	285
	Brad Faxon	70 70 65 73	278		Jeff Maggert	72 69 71 73	285
	Bruce Fleisher	69 74 67 68	278		Peter Senior	69 70 70 76	285
	Gary Hallberg	70 69 68 71	278	56=	Rick Fehr	70 71 72 73	286
	Lanny Wadkins	65 68 71 74	278		Tom Kite	73 69 71 73	286
	Richard Zokol	66 71 71 70	278		Sandy Lyle	69 73 70 74	286
20=	Jay Haas	69 68 70 72	279		Larry Nelson	73 67 74 72	286
	Eduardo Romero	67 67 74 71	279		Jose Maria Olazabal	73 69 73 71	286
22=	Lee Janzen	70 68 71 72	281	61=	Michael Allen	73 70 75 69	287
	Jim McGovern	71 67 69 74	281		Ben Crenshaw	70 70 73 74	287
	Frank Nobilo	69 66 74 72	281		Donnie Hammond	73 70 68 76	287
	Gene Sauers	68 74 70 69	281		Jeff Sluman	74 69 72 72	287
	Greg Twiggs	70 69 70 72	281		Mike Standly	72 71 68 76	287
	Ian Woosnam	70 71 68 72	281	66	Ian Baker-Finch	73 69 70 76	288
28=	Peter Jacobsen	71 67 74 70	282	67	Mark Wiebe	74 69 73 73	289
	Billy Mayfair	68 73 70 71	282	68=	Bob Ford	70 71 78 71	290
	Loren Roberts	67 67 76 72	282		Rocco Mediate	70 73 74 73	290
31=	Fulton Allem	70 71 70 72	283	70	Steve Pate	73 70 72 77	292
	Mark Calcavecchia	68 70 77 68	283	71=	Kevin Burton	69 73 76 76	294
	Fred Couples	70 68 71 74	283		Barry Lane	67 74 77 76	294
	Mike Hulbert	67 72 72 72	283	73	Bob Borowicz	72 71 80 72	295
	Stu Ingraham	74 69 71 69	283	74	John Adams	72 70 76 78	296
	Wayne Levi	69 73 66 75	283				
	Davis Love III	70 72 72 69	283				
	Mark McCumber	67 72 75 69	283				

Paul Azinger beat Greg Norman at the 2nd extra hole in a Sudden Death Play-off

Round Leader(s)
R1 Simpson; 64
R2 Singh; 131
R3 Norman; 203
Lowest Scores
R2 Singh; 63
R3 Faxon; 65
R4 Hoch; 67

1994

58th MASTERS Tournament
Augusta National Golf Club, Augusta, Georgia (7-10 April)
No Starting 86: No Making Cut 51: No Completing 51
6925 yards: Par 72 (288)

1	JOSE MARIA OLAZABAL ($360000)	74 67 69 69	279
2	Tom Lehman	70 70 69 72	281
3	Larry Mize	68 71 72 71	282
4	Tom Kite	69 72 71 71	283
5=	Jay Haas	72 72 72 69	285
	Jim McGovern	72 70 71 72	285
	Loren Roberts	75 68 72 70	285
8=	Ernie Els	74 67 74 71	286
	Corey Pavin	71 72 73 70	286
10=	Ian Baker-Finch	71 71 71 74	287
	Ray Floyd	70 74 71 72	287
	John Huston	72 72 74 69	287
13	Tom Watson	70 71 73 74	288
14	Dan Forsman	74 66 76 73	289
15=	Chip Beck	71 71 75 74	291
	Brad Faxon	71 73 73 74	291
	Mark O'Meara	75 70 76 70	291
18=	Seve Ballesteros	70 76 75 71	292
	Ben Crenshaw	74 73 73 72	292
	David Edwards	73 72 73 74	292
	Bill Glasson	72 73 75 72	292
	Hale Irwin	73 68 79 72	292
	Greg Norman	70 70 75 77	292
	Lanny Wadkins	73 74 73 72	292
25=	Bernhard Langer	74 74 72 73	293
	Jeff Sluman	74 75 71 73	293
27=	Scott Simpson	74 74 73 73	294
	Vijay Singh	70 75 74 75	294
	Curtis Strange	74 70 75 75	294
30=	Lee Janzen	75 71 76 73	295
	Craig Parry	75 74 73 73	295
32	Nick Faldo	76 73 73 74	296
33=	Russ Cochran	71 74 74 78	297
	Sam Torrance	76 73 74 74	297
35=	David Frost	74 71 75 78	298
	Nick Price	74 73 74 77	298
	Fuzzy Zoeller	74 72 74 78	298
38=	Fulton Allem	69 77 76 77	299
	Fred Funk	79 70 75 75	299
	Sandy Lyle	75 73 78 73	299
41=	Wayne Grady	74 73 73 80	300
	Andrew Magee	74 74 76 76	300
	Hajime Meshiai	71 71 80 78	300
	Costantino Rocca	79 70 78 73	300
	Mike Standly	77 69 79 75	300
46=	John Cook	77 72 77 75	301
	Ian Woosnam	76 73 77 75	301
48=	John Daly	76 73 77 78	304
	Howard Twitty	73 76 74 81	304
50=	John Harris (a)	72 76 80 77	305
	Jeff Maggert	75 73 82 75	305

Round Leader(s)
R1 Mize; 68
R2 Mize; 139
R3 Lehman; 209

Lowest Scores
R2 Forsman; 66
R3 Lehman, Olazabal; 69
R4 Haas, Huston, Olazabal; 69

1994

94th US OPEN Championship
Oakmont Country Club, Oakmont, Pennsylvania (16-20 June)
No of Entries 6010: No Starting 159: No Making Cut 65: No Completing 64
6946 yards: Par 71 (284)

1	ERNIE ELS* ($320000)	69 71 66 73	279
2=	Colin Montgomerie	71 65 73 70	279
	Loren Roberts	76 69 64 70	279
4	Curtis Strange	70 70 70 70	280
5	John Cook	73 65 73 71	282
6=	Tom Watson	68 73 68 74	283
	Clark Dennis	71 71 70 71	283
	Greg Norman	71 71 69 72	283
9=	Jeff Maggert	71 68 75 70	284
	Frank Nobilo	69 71 68 76	284
	Jeff Sluman	72 69 72 71	284
	Duffy Waldorf	74 68 73 69	284
13=	David Edwards	73 65 75 72	285
	Scott Hoch	72 72 70 71	285
	Jim McGovern	73 69 74 69	285
16=	Fred Couples	72 71 69 74	286
	Steve Lowery	71 71 68 76	286
18=	Seve Ballesteros	72 72 70 73	287
	Hale Irwin	69 69 71 78	287
	Scott Verplank	70 72 75 70	287
21=	Steve Pate	74 66 71 77	288
	Sam Torrance	72 71 76 69	288
23=	Bernhard Langer	72 72 73 72	289
	Kirk Triplett	70 71 71 77	289
25=	Chip Beck	73 73 70 74	290
	Craig Parry	78 68 71 73	290
	Mike Springer	74 72 73 71	290
28=	Lennie Clements	73 71 73 75	292
	Jim Furyk	74 69 74 75	292
	Davis Love III	74 72 74 72	292
	Jack Nicklaus	69 70 77 76	292
	Jumbo Ozaki	70 73 69 80	292
33=	Fulton Allem	73 70 74 76	293
	Mark Carnevale	75 72 76 70	293
	Ben Crenshaw	71 74 70 78	293
	Brad Faxon	73 69 71 80	293
	Tom Kite	73 71 72 77	293
	Tom Lehman	77 68 73 75	293
39=	Peter Baker	73 73 73 75	294
	Gordon Brand, Jr	73 71 73 77	294
	Bradley Hughes	71 72 77 74	294
	Brandt Jobe	72 74 68 80	294
43	Francis Quinn	75 72 73 75	295
44=	Fred Funk	74 71 74 77	296
	Paul Goydos	74 72 79 71	296
	Don Walsworth, Jr	71 75 73 77	296
47=	David Berganio, Jr	73 72 76 76	297
	Olin Browne	74 73 77 73	297
	Tim Dunlavey	76 70 78 73	297
	Mike Emery, Jr	74 73 75 75	297
	Jim Gallagher, Jr	74 68 77 78	297
	Barry Lane	77 70 76 74	297
	Wayne Levi	76 70 73 78	297
	Phil Mickelson	75 70 73 79	297
55=	Tommy Armour III	73 73 79 73	298
	Hugh Royer III	72 71 77 78	298
	Scott Simpson	74 73 73 78	298
58=	Steven Richardson	74 73 76 76	299
	Fuzzy Zoeller	76 70 76 77	299
60=	Doug Martin	76 70 74 81	301
	Dave Rummells	71 74 82 74	301
62=	Emlyn Aubrey	72 69 81 80	302
	Ed Humenik	74 72 81 75	302

| Mike Smith | 74 73 78 77 | 302 |

R2 Montgomerie; 136
R3 Els; 206

Lowest Scores
R2 Cook, Edwards, Montgomerie; 65
R3 Roberts; 64
R4 McGovern, Torrance, Waldorf; 69

Ernie Els (74) beat Colin Montgomerie (78) and tied with Loren Roberts (74) in the 18-Hole Play-off, before winning at the 2nd extra hole

Round Leader(s)
R1 Watson; 68

1994

123rd OPEN Championship

Turnberry Resort (Ailsa Couse), Turnberry, Ayrshire, Scotland (14-17 July)
No of Entries 1701: No Starting 156: No Making Cut 81: No Completing 81
6957 yards: Par 70 (280)

1	NICK PRICE	69 66 67 66	268		Domingo Hospital	72 69 71 68	280
	(£110000)				Davis Love III	71 67 68 74	280
2	Jesper Parnevik	68 66 68 67	269		Brian Marchbank	71 70 70 69	280
3	Fuzzy Zoeller	71 66 64 70	271		Jose Maria Olazabal	72 71 69 68	280
4=	David Feherty	68 69 66 70	273		Jumbo Ozaki	69 71 66 74	280
	Anders Forsbrand	72 71 66 64	273		Jean Van de Velde	68 70 71 71	280
	Mark James	72 67 66 68	273	47=	David Edwards	68 68 73 72	281
7	Brad Faxon	69 65 67 73	274		Jim Gallagher, Jr	73 68 69 71	281
8=	Nick Faldo	75 66 70 64	275		Greg Kraft	69 74 66 72	281
	Tom Kite	71 69 66 69	275		Howard Twitty	71 72 66 72	281
	Colin Montgomerie	72 69 65 69	275	51=	David Frost	70 71 71 70	282
11=	Mark Calcavecchia	71 70 67 68	276		Mats Lanner	69 74 69 70	282
	Russell Claydon	72 71 68 65	276		Katsuyoshi Tomori	69 69 73 71	282
	Jonathan Lomas	66 70 72 68	276		Tsukasa Watanabe	72 71 68 71	282
	Mark McNulty	71 70 68 67	276	55=	Peter Baker	71 72 70 70	283
	Larry Mize	73 69 64 70	276		John Cook	73 67 70 73	283
	Frank Nobilo	69 67 72 68	276		Ross McFarlane	68 74 67 74	283
	Greg Norman	71 67 69 69	276		Tommy Nakajima	73 68 69 73	283
	Ronan Rafferty	71 66 65 74	276		Brian Watts	68 70 71 74	283
	Tom Watson	68 65 69 74	276	60=	Robert Allenby	72 69 68 75	284
20=	Mark Brooks	74 64 71 68	277		Gordon Brand, Jr	72 71 73 68	284
	Peter Senior	68 71 67 71	277		Wayne Grady	68 74 67 75	284
	Vijay Singh	70 68 69 70	277		Per-Ulrik Johansson	73 69 69 73	284
	Greg Turner	65 71 70 71	277		Bernhard Langer	72 70 70 72	284
24=	Andrew Coltart	71 69 66 72	278		Hajime Meshiai	72 71 71 70	284
	Ernie Els	69 69 69 71	278		Christy O'Connor, Jr	71 69 71 73	284
	Bob Estes	72 68 72 66	278	67=	Ruben Alvarez	70 72 71 72	285
	Peter Jacobsen	69 70 67 72	278		Lennie Clements	72 71 72 70	285
	Paul Lawrie	71 69 70 68	278		Steve Elkington	71 72 73 69	285
	Tom Lehman	70 69 70 69	278		Carl Mason	69 71 73 72	285
	Jeff Maggert	69 74 67 68	278		Mark Roe	74 68 73 70	285
	Terry Price	74 65 71 68	278	72=	Warren Bennett (a)	72 67 74 73	286
	Loren Roberts	68 69 69 72	278		Wayne Riley	77 66 70 73	286
	Mike Springer	72 67 68 71	278	74	Sandy Lyle	71 72 72 72	287
	Craig Stadler	71 69 66 72	278	75=	Colin Gillies	71 70 72 75	288
35=	Mark Davis	75 68 69 67	279		Craig Ronald	71 72 72 73	288
	Gary Evans	69 69 73 68	279	77	Joakim Haeggman	71 72 69 77	289
	Lee Janzen	74 69 69 67	279	78=	Ben Crenshaw	70 73 73 73	289
38=	Seve Ballesteros	70 70 71 69	280		Craig Parry	72 68 73 76	289
	Darren Clarke	73 68 69 70	280	80	Nic Henning	70 73 70 78	291
	David Gilford	72 68 72 68	280	81	John Daly	68 72 72 80	292

Round Leader(s)
R1 Turner; 65
R2 Watson; 133
R3 Faxon, Zoeller; 201

Lowest Scores
R2 Brooks; 64
R3 Mize, Zoeller; 64
R4 Faldo, Forsbrand; 64

1994

76th PGA Championship

Southern Hills Country Club, Tulsa, Oklahoma (11-14 August)
No Starting 151: No Making Cut 76: No Completing 76
6824 yards: Par 70 (280)

1	NICK PRICE	67 65 70 67	269		Larry Mize	72 72 67 70	281
	($310000)				Kirk Triplett	71 69 71 70	281
2	Corey Pavin	70 67 69 69	275	19=	Bill Glasson	71 73 68 70	282
3	Phil Mickelson	68 71 67 70	276		Mark McCumber	73 70 71 68	282
4=	John Cook	71 67 69 70	277		Craig Parry	70 69 70 73	282
	Nick Faldo	73 67 71 66	277		Craig Stadler	70 70 74 68	282
	Greg Norman	71 69 67 70	277		Curtis Strange	73 71 68 70	282
7=	Steve Elkington	73 70 66 69	278		Fuzzy Zoeller	69 71 72 70	282
	Jose Maria Olazabal	72 66 70 70	278	25=	Ernie Els	68 71 69 75	283
9=	Ben Crenshaw	70 67 70 72	279		David Frost	70 71 69 73	283
	Tom Kite	72 68 69 70	279		Barry Lane	70 73 68 72	283
	Loren Roberts	69 72 67 71	279		Bernhard Langer	73 71 67 72	283
	Tom Watson	69 72 67 71	279		Jeff Sluman	70 72 66 75	283
	Ian Woosnam	68 72 73 66	279	30=	Bob Boyd	72 71 70 71	284
14	Jay Haas	71 66 68 75	280		Lennie Clements	74 70 69 71	284
15=	Glen Day	70 69 70 72	281		Brad Faxon	72 73 73 66	284
	Mark McNulty	72 68 70 71	281		Wayne Grady	75 68 71 70	284

	Sam Torrance	69 75 69 71	284		Fred Funk	76 69 72 72	289
	Richard Zokol	77 67 67 73	284		Dudley Hart	72 71 75 71	289
36=	Chip Beck	72 70 72 71	285		Kenny Perry	78 67 70 74	289
	Blaine McCallister	74 64 75 72	285		Mike Springer	77 66 69 77	289
	Colin Montgomerie	67 76 70 72	285		Hal Sutton	76 69 72 72	289
39=	Fred Couples	68 74 75 69	286	61=	Bruce Fleisher	75 68 72 75	290
	Hale Irwin	75 69 68 74	286		Ray Floyd	69 76 73 72	290
	Tom Lehman	73 71 68 74	286		Ron McDougal	76 69 72 73	290
	Billy Mayfair	73 72 71 70	286		Tommy Nakajima	73 71 74 72	290
	Gil Morgan	71 68 73 74	286		Lanny Wadkins	69 73 73 75	290
44=	David Edwards	72 70 74 71	287	66=	Jay Don Blake	72 71 74 74	291
	David Gilford	69 73 73 72	287		John Inman	70 72 73 76	291
	Neal Lancaster	73 72 72 70	287		Lee Janzen	73 71 73 74	291
47=	Fulton Allem	74 67 74 73	288		Todd Smith	74 69 71 77	291
	Billy Andrade	71 71 78 68	288		Payne Stewart	72 73 72 74	291
	Bob Estes	72 71 72 73	288	71=	Donnie Hammond	74 69 76 73	292
	Greg Kraft	74 69 70 75	288		Peter Senior	74 71 70 77	292
	Andrew Magee	70 74 71 73	288	73=	Sandy Lyle	75 70 76 76	297
	Frank Nobilo	72 67 74 75	288		Dicky Pride	75 69 73 80	297
	Jumbo Ozaki	71 69 72 76	288	75=	Brian Henninger	77 65 78 78	298
	DA Weibring	69 73 70 76	288		Hajime Meshiai	74 71 74 79	298
55=	Tom Dolby	73 68 75 73	289				

Round Leader(s)
R1 Montgomerie, Price; 67
R2 Price; 132
R3 Price; 202

Lowest Scores
R2 McCallister; 64
R3 Elkington, Sluman; 66
R4 Faldo, Faxon, Woosnam; 66

1995

59th MASTERS Tournament
Augusta National Golf Club, Augusta, Georgia (6-9 April)
No Starting 86: No Making Cut 47: No Completing 47
6925 yards: Par 72 (288)

1	BEN CRENSHAW	70 67 69 68	274	24=	David Edwards	69 73 73 71	286
	($396000)				Nick Faldo	70 70 71 75	286
2	Davis Love III	69 69 71 66	275		David Gilford	67 73 75 71	286
3=	Jay Haas	71 64 72 70	277		Loren Roberts	72 69 72 73	286
	Greg Norman	73 68 68 68	277		Duffy Waldorf	74 69 67 76	286
5=	Steve Elkington	73 67 67 72	279	29=	Bob Estes	73 70 76 68	287
	David Frost	66 71 71 71	279		Jumbo Ozaki	70 74 70 73	287
7=	Scott Hoch	69 67 71 73	280	31=	Peter Jacobsen	72 73 69 74	288
	Phil Mickelson	66 71 70 73	280		Bernhard Langer	71 69 73 75	288
9	Curtis Strange	72 71 65 73	281		Bruce Lietzke	72 71 71 74	288
10=	Fred Couples	71 69 67 75	282		Mark O'Meara	68 72 71 77	288
	Brian Henninger	70 68 68 76	282	35=	Chip Beck	68 76 69 77	290
12=	Lee Janzen	69 69 74 71	283		Dan Forsman	71 74 74 71	290
	Kenny Perry	73 70 71 69	283		Wayne Grady	69 73 74 74	290
14=	Hale Irwin	69 72 71 72	284		Mark McCumber	73 69 69 79	290
	Jose Maria Olazabal	66 74 72 72	284		Jack Nicklaus	67 78 70 75	290
	Tom Watson	73 70 69 72	284	40	Tom Lehman	71 72 74 75	292
17=	Paul Azinger	70 72 73 70	285	41=	Mark Calcavecchia	70 72 78 73	293
	Brad Faxon	76 69 69 71	285		Jeff Sluman	73 72 71 77	293
	Ray Floyd	71 70 70 74	285		Payne Stewart	71 72 72 78	293
	John Huston	70 66 72 77	285		Tiger Woods (a)	72 72 77 72	293
	Colin Montgomerie	71 69 76 69	285	45=	Seve Ballesteros	75 68 78 75	296
	Corey Pavin	67 71 72 75	285		John Daly	75 69 71 81	296
	Ian Woosnam	69 72 71 73	285	47	Rick Fehr	76 69 69 83	297

Round Leader(s)
R1 Frost, Mickelson, Olazabal; 66
R2 Haas; 135
R3 Crenshaw, Henninger; 206

Lowest Scores
R2 Haas; 64
R3 Strange; 65
R4 Love; 66

1995

95th US OPEN Championship
Shinnecock Hills Golf Club, Southampton, New York (15-18 June)
No of Entries 6001: No Starting 156: No Making Cut 73: No Completing 73
6912 yards: PAR 70 (280)

1	COREY PAVIN	72 69 71 68	280		Lee Janzen	70 72 72 72	286
	($350000)				Mark McCumber	70 71 77 68	286
2	Greg Norman	68 67 74 73	282		Nick Price	66 73 73 74	286
3	Tom Lehman	70 72 67 74	283		Mark Roe	71 69 74 72	286
4=	Bill Glasson	69 70 76 69	284		Jeff Sluman	72 69 74 71	286
	Jay Haas	70 73 72 69	284		Steve Stricker	71 70 71 74	286
	Neal Lancaster	70 72 77 65	284		Duffy Waldorf	72 70 75 69	286
	Davis Love III	72 68 73 71	284	21=	Billy Andrade	72 69 74 72	287
	Jeff Maggert	69 72 77 66	284		Pete Jordan	74 71 71 71	287
	Phil Mickelson	68 70 72 74	284		Brett Ogle	71 75 72 69	287
10=	Frank Nobilo	72 72 70 71	285		Payne Stewart	74 71 73 69	287
	Vijay Singh	70 71 72 72	285		Scott Verplank	72 69 71 75	287
	Bob Tway	69 69 72 75	285		Ian Woosnam	72 71 69 75	287
13=	Brad Bryant	71 75 70 70	286		Fuzzy Zoeller	69 74 76 68	287

28=David Duval	70 73 73 72	288
Gary Hallberg	70 76 69 73	288
Mike Hulbert	74 72 72 70	288
Miguel Angel Jimenez	72 72 75 69	288
Colin Montgomerie	71 74 75 68	288
Jose Maria Olazabal	73 70 72 73	288
Jumbo Ozaki	69 68 80 71	288
Scott Simpson	67 75 74 72	288
36=Guy Boros	73 71 74 71	289
Curt Byrum	70 70 76 73	289
Steve Elkington	72 73 73 71	289
Ray Floyd	74 72 76 67	289
Bernhard Langer	74 67 74 74	289
Bill Porter	73 70 79 67	289
Curtis Strange	70 72 76 71	289
Hal Sutton	71 74 76 68	289
44 Barry Lane	74 72 71 73	290
45=John Daly	71 75 74 71	291
Nick Faldo	72 68 79 72	291
Bradley Hughes	72 71 75 73	291
Jim McGovern	73 69 81 68	291
Christian Pena	74 71 76 70	291
Omar Uresti	71 74 75 71	291
51=Bob Burns	73 72 75 72	292
Matt Gogel	73 70 73 76	292
Peter Jacobsen	72 72 74 74	292
Eduardo Romero	73 71 75 73	292
Ted Tryba	71 75 73 73	292
56=Greg Bruckner	70 72 73 78	293
Brad Faxon	71 73 77 72	293
Scott Hoch	74 72 70 77	293
Steve Lowery	69 72 75 77	293
Chris Perry	70 74 75 74	293
Tom Watson	70 73 77 73	293
62=John Cook	70 75 76 73	294
David Edwards	72 74 72 76	294
Jim Gallagher	71 75 77 71	294
Paul Goydos	73 73 70 78	294
Brandt Jobe	71 72 76 75	294
67=Tommy Armour III	77 69 74 75	295
Mike Brisky	71 72 77 75	295
Tom Kite	70 72 82 71	295
70 John Connelly	75 71 74 76	296
71=Ben Crenshaw	72 71 79 75	297
John Maginnes	75 71 74 77	297
73 Joe Gullion	70 74 80 76	300

Round Leader(s)
R1 Price; 66
R2 Norman; 135
R3 Lehman, Norman; 209

Lowest Scores
R2 Estes, Norman; 67
R3 Lehman; 67
R4 Lancaster; 65

1995

124th OPEN Championship
Royal & Ancient Golf Club, St Andrews, Fife, Scotland (20-23 July)
No of Entries 1836: No Starting 159: No Making Cut 103: No Completing 103
6933 yards: Par 72 (288)

1 JOHN DALY* (£125000)	67 71 73 71	282
2 Costantino Rocca	69 70 70 73	282
3= Steven Bottomley	70 72 72 69	283
Mark Brooks	70 69 73 71	283
Michael Campbell	71 71 65 76	283
6= Steve Elkington	72 69 69 74	284
Vijay Singh	68 72 73 71	284
8= Bob Estes	72 70 71 72	285
Mark James	72 75 68 70	285
Corey Pavin	69 70 72 74	285
11=Ernie Els	71 68 72 75	286
Brett Ogle	73 69 71 73	286
Payne Stewart	72 68 75 71	286
Sam Torrance	71 70 71 74	286
15=Robert Allenby	71 74 71 71	287
Ben Crenshaw	67 72 76 72	287
Brad Faxon	71 67 75 74	287
Per-Ulrik Johansson	69 78 68 72	287
Greg Norman	71 74 72 70	287
20=Andrew Coltart	70 74 71 73	288
David Duval	71 75 70 72	288
Barry Lane	72 73 68 75	288
Peter Mitchell	73 74 71 70	288
24=Mark Calcavecchia	71 72 72 74	289
Bill Glasson	68 74 72 75	289
Lee Janzen	73 73 71 72	289
Bernhard Langer	72 71 73 73	289
Jesper Parnevik	75 71 70 73	289
Katsuyoshi Tomori	70 68 73 78	289
Steven Webster (a)	70 72 74 73	289
31=Darren Clarke	69 77 70 74	290
Ross Drummond	74 68 77 71	290
David Feherty	68 75 71 76	290
David Frost	72 72 74 72	290
John Huston	71 74 72 73	290
Peter Jacobsen	71 76 70 73	290
Jose Maria Olazabal	72 72 74 72	290
Hisayuki Sasaki	74 71 72 73	290
Tom Watson	67 76 70 77	290
40=Seve Ballesteros	75 69 76 71	291
Warren Bennett	72 74 73 72	291
John Cook	69 70 75 77	291
Nick Faldo	74 67 75 75	291
Mark McNulty	67 76 74 74	291
Phil Mickelson	70 71 77 73	291
Nick Price	70 74 70 77	291
Gordon Sherry (a)	70 71 74 76	291
Brian Watts	72 71 73 75	291
49=Brian Claar	71 75 71 75	292
Anders Forsbrand	70 74 75 73	292
Ken Green	71 72 73 76	292
Mark O'Meara	72 72 75 73	292
Tommy Nakajima	73 72 72 75	292
Ian Woosnam	71 74 76 71	292
55=Russell Claydon	70 74 71 78	293
Jim Gallagher	69 76 75 73	293
Peter O'Malley	71 73 74 75	293
58=Paul Broadhurst	73 72 76 73	294
Derrick Cooper	71 76 74 73	294
Ray Floyd	72 74 72 76	294
Martin Gates	73 73 72 76	294
David Gilford	69 72 75 78	294
Eduardo Herrera	74 72 73 75	294
Paul Lawrie	73 71 74 76	294
Justin Leonard	73 67 77 77	294
Peter Senior	71 75 78 70	294
Tom Kite	72 76 71 75	294
68=Peter Baker	70 74 81 70	295
Gary Hallberg	72 74 72 77	295
Mats Hallberg	68 76 75 76	295
Scott Hoch	74 72 73 76	295
Olle Karlsson	71 76 73 75	295
Jonathan Lomas	74 73 75 73	295
Jeff Maggert	75 70 78 72	295
Frank Nobilo	70 71 80 74	295
Gary Player	71 73 77 74	295
Jose Rivero	70 72 75 78	295
Tiger Woods (a)	74 71 72 78	295
79=Pat Burke	75 72 78 71	296
Jay Haas	76 72 70 70	296
Ricky Kawagishi	72 76 80 68	296
Bob Lohr	76 68 79 73	296
Steve Lowery	69 74 76 77	296
Sandy Lyle	71 71 79 75	296
Jack Nicklaus	78 70 77 71	296
Dean Robertson	71 73 74 78	296
Jarmo Sandelin	75 71 77 73	296
88=Mark Davis	74 71 76 76	297
Jay Delsing	72 75 73 77	297
Miguel Angel Jimenez	75 73 76 73	297
Wayne Riley	70 72 75 80	297
Eduardo Romero	74 74 72 77	297
Gene Sauers	69 73 75 80	297
94=John Hawksworth	73 74 75 76	298
Bill Longmuir	72 76 72 78	298
96=Jose Coceres	71 76 78 74	299
Lee Westwood	71 72 82 74	299
98=Simon Burnell	72 76 75 77	300
Davis Love III	70 78 74 78	300
100 Gary Clark (a)	71 76 80 74	301
101=Mark Nichols	75 68 78 81	302
Don Pooley	76 71 80 75	302
103 Pedro Linhart	72 75 77 79	303

* John Daly (4-3-4-4=15) beat Costantino Rocca (5-4-7-3=19) in

the 4-Hole Play-off

Round Leader(s)
R1 Crenshaw, Daly, McNulty, Watson; 67
R2 Daly, Faxon; 138
R3 Campbell; 207

Lowest Scores
R2 Faxon; 67
R3 Campbell; 65
R4 Bottomley; 69

1995

77th PGA Championship
Riviera Country Club, Pacific Palisades, California (10-13 August)
Starting 150: No Making Cut 72: No Completing 72
6956 yards: PAR 71 (284)

Pos	Player	Rounds	Total
1	STEVE ELKINGTON* ($360000)	68 67 68 64	267
2	Colin Montgomerie	68 67 67 65	267
3=	Ernie Els	66 65 66 72	269
	Jeff Maggert	66 69 65 69	269
5	Brad Faxon	70 67 71 63	271
6=	Bob Estes	69 68 68 68	273
	Mark O'Meara	64 67 69 73	273
8=	Jay Haas	69 71 64 70	274
	Justin Leonard	68 66 70 70	274
	Steve Lowery	69 68 68 69	274
	Jeff Sluman	69 67 68 70	274
	Craig Stadler	71 66 66 71	274
13=	Jim Furyk	68 70 69 68	275
	Miguel Jimenez	69 69 67 70	275
	Payne Stewart	69 70 69 67	275
	Kirk Triplett	71 69 68 67	275
17=	Michael Campbell	71 65 71 69	276
	Costantino Rocca	70 69 68 69	276
	Curtis Strange	72 68 68 68	276
20=	Greg Norman	66 69 70 72	277
	Jesper Parnevik	69 69 70 69	277
	Duffy Waldorf	69 69 67 72	277
23=	Woody Austin	70 70 70 68	278
	Nolan Henke	68 73 67 70	278
	Peter Jacobsen	69 67 71 71	278
	Lee Janzen	66 70 72 70	278
	Bruce Lietzke	73 68 67 70	278
	Billy Mayfair	68 68 72 70	278
	Steve Stricker	75 64 69 70	278
	Sam Torrance	69 69 69 71	278
31=	Paul Azinger	70 70 72 67	279
	Mark Brooks	67 74 69 69	279
	Fred Couples	70 69 74 66	279
	Nick Faldo	69 73 70 67	279
	Gil Morgan	66 73 74 66	279
	Jose Maria Olazabal	72 66 70 71	279
	Joe Ozaki	71 70 65 73	279
	DA Weibring	74 68 69 68	279
39=	Lennie Clements	67 71 72 70	280
	Fred Funk	70 72 68 70	280
	Sandy Lyle	67 73 69 71	280
	Nick Price	71 71 70 68	280
	Philip Walton	71 70 71 68	280
44=	Chip Beck	66 74 73 68	281
	Ben Crenshaw	68 73 73 67	281
	Jim Gallagher, Jr	64 72 73 72	281
	Gene Sauers	69 71 68 73	281
	Peter Senior	68 71 74 68	281
49=	John Adams	65 76 71 70	282
	Brian Claar	68 67 73 74	282
	Robin Freeman	71 69 70 72	282
	Jumbo Ozaki	73 68 69 72	282
	Kenny Perry	75 67 70 70	282
54=	Michael Bradley	63 73 73 74	283
	Hale Irwin	71 68 71 73	283
	Tom Kite	70 69 70 74	283
	Scott Simpson	71 67 71 74	283
58=	Ed Dougherty	68 72 74 70	284
	Per-Ulrik Johansson	72 69 71 72	284
	Steve Pate	71 71 71 71	284
	Loren Roberts	74 68 71 71	284
	Tom Watson	71 71 72 70	284
63=	Barry Lane	74 68 75 68	285
	Mike Sullivan	72 69 71 73	285
	Lanny Wadkins	73 69 71 72	285
66	Dillard Pruitt	73 69 72 72	286
67=	David Frost	69 73 72 73	287
	Jack Nicklaus	69 71 71 76	287
69	Fuzzy Zoeller	72 69 75 72	288
70	Brian Kamm	71 66 74 78	289
71=	Curt Byrum	71 71 78 71	291
	Wayne DeFrancesco	69 73 74 75	291

Steve Elkington beat Colin Montgomerie at the 1st extra hole in a Sudden Death Play-off

Round Leader(s)
R1 Bradley; 63
R2 Els, O'Meara; 131
R3 Els; 197

Lowest Scores
R2 Stricker; 64
R3 Haas; 64
R4 Faxon; 63

1996

60th MASTERS Tournament
Augusta National Golf Club, Augusta, Georgia (11-14 April)
No Starting 92: No Making Cut 44: No Completing 44
6925 yards: Par 72 (288)

Pos	Player	Rounds	Total
1	NICK FALDO ($435000)	69 67 73 67	276
2	Greg Norman	63 69 71 78	281
3	Phil Mickelson	65 73 72 72	282
4	Frank Nobilo	71 71 72 69	283
5=	Scott Hoch	67 73 73 71	284
	Duffy Waldorf	72 71 69 72	284
7=	Davis Love III	72 71 74 68	285
	Jeff Maggert	71 73 72 69	285
	Corey Pavin	75 66 73 71	285
10=	David Frost	70 68 74 74	286
	Scott McCarron	70 70 72 74	286
12=	Ernie Els	71 71 72 73	287
	Lee Janzen	68 71 75 73	287
	Bob Tway	67 72 76 72	287
15=	Mark Calcavecchia	71 73 71 73	288
	Fred Couples	78 68 71 71	288
17	John Huston	71 71 71 76	289
18=	Paul Azinger	70 74 76 70	290
	David Duval	73 72 69 76	290
	Tom Lehman	75 70 72 73	290
	Mark O'Meara	72 71 75 72	290
	Nick Price	71 75 70 74	290
23=	Larry Mize	75 71 77 68	291
	Loren Roberts	71 73 72 75	291
25=	Brad Faxon	69 77 72 74	292
	Ray Floyd	70 74 77 71	292
27=	Bob Estes	71 71 79 72	293
	Justin Leonard	72 74 75 72	293
29=	John Daly	71 74 71 78	294
	Jim Furyk	75 70 78 71	294
	Jim Gallagher, Jr	70 76 77 71	294
	Hale Irwin	74 71 77 72	294
	Scott Simpson	69 76 76 73	294
	Craig Stadler	73 72 71 78	294
	Ian Woosnam	72 69 73 80	294
36=	Fred Funk	71 72 76 76	295
	Jay Haas	70 73 75 77	295
	Bernhard Langer	75 70 72 78	295
39=	Colin Montgomerie	72 74 75 75	296
	Vijay Singh	69 71 74 82	296
41=	Steve Lowery	71 74 75 77	297

THE GOLF MAJORS: 1860-2015 – RESULTS

	Jack Nicklaus	70 73 76 78	297
43	Seve Ballesteros	73 73 77 76	299
44	Alex Cejka	73 71 78 80	302

Round Leader(s)
R1   Norman; 63
R2   Norman; 132
R3   Norman; 203

Lowest Scores
R2   Pavin; 66
R3   Duval, Waldorf; 69
R4   Faldo; 67

1996

96th US OPEN Championship
Oakland Hills Country Club, Birmingham, Michigan (13-16 June)
No of Entries 5925: No Starting 156: No Making Cut 108: No Completing 108
6996 yards: Par 70 (280)

#	Player	Rounds	Total
1	STEVE JONES ($405000)	74 66 69 69	278
2=	Tom Lehman	71 72 65 71	279
	Davis Love III	71 69 70 69	279
4	John Morse	68 74 68 70	280
5=	Ernie Els	72 67 72 70	281
	Jim Furyk	72 69 70 70	281
7=	Ken Green	73 67 72 70	282
	Scott Hoch	73 71 71 67	282
	Vijay Singh	71 72 70 69	282
10=	Lee Janzen	68 75 71 69	283
	Colin Montgomerie	70 72 69 72	283
	Greg Norman	73 66 74 70	283
13=	Dan Forsman	72 71 70 71	284
	Frank Nobilo	69 71 70 74	284
	Tom Watson	70 71 71 72	284
16=	David Berganio, Jr	69 72 72 72	285
	Mark Brooks	76 68 69 72	285
	Stewart Cink	69 73 70 73	285
	John Cook	70 71 71 73	285
	Nick Faldo	72 71 72 70	285
	Mark O'Meara	72 73 68 72	285
	Sam Torrance	71 69 71 74	285
23=	Billy Andrade	72 69 72 73	286
	Woody Austin	67 72 72 75	286
	Brad Bryant	73 71 74 68	286
	Peter Jacobsen	71 74 70 71	286
27=	John Daly	72 69 73 73	287
	Pete Jordan	71 74 72 70	287
	Jack Nicklaus	72 74 69 72	287
	Payne Stewart	67 71 76 73	287
	Curtis Strange	74 73 71 69	287
32=	Michael Campbell	70 73 73 72	288
	Anders Forsbrand	74 71 71 72	288
	Steve Gotsche	70 72 74 72	288
	Billy Mayfair	72 71 74 71	288
	Sean Murphy	71 75 68 74	288
	Brett Ogle	70 75 72 71	288
	Tom Purtzer	76 71 71 70	288
	Mark Swartz	72 72 74 70	288
40=	Steve Elkington	72 70 74 73	289
	Bob Ford	69 77 72 71	289
	JL Lewis	76 69 73 71	289
	Lucas Parsons	75 71 73 70	289
	Corey Pavin	73 70 72 74	289
	Wayne Riley	73 69 74 73	289
	Loren Roberts	72 73 69 75	289
	Scott Simpson	70 71 76 72	289
	Tommy Tolles	77 60 71 73	289
	Kirk Triplett	70 73 72 74	289
50=	Michael Bradley	71 74 71 74	290
	Alex Cejka	74 70 72 74	290
	Kelly Gibson	71 73 71 75	290
	Bob Gilder	73 72 75 70	290
	Joey Gullion	73 72 73 72	290
	Hale Irwin	72 71 73 74	290
	Justin Leonard	71 76 67 76	290
	Kenny Perry	73 71 75 71	290
	Jeff Sluman	70 74 74 72	290
	Wayne Westner	72 75 74 69	290
60=	David Gilford	74 69 74 74	291
	Dennis Harrington	75 71 71 74	291
	Randy Leen (a)	77 71 70 73	291
	Steve Lowery	73 74 73 71	291
	Bill Murchison	76 68 74 73	291
	Bill Porter	73 75 72 71	291
	Steve Stricker	74 71 75 71	291
67=	Paul Azinger	69 74 78 71	292
	Curt Byrum	70 76 71 75	292
	David Duval	75 72 75 70	292
	Jim Gallagher	71 72 73 76	292
	Wayne Grady	71 75 72 74	292
	Frank Lickliter	75 71 73 73	292
	Andy Morse	76 72 74 70	292
	David Ogrin	72 74 72 74	292
	Peter O'Malley	75 73 70 74	292
	Jumbo Ozaki	69 72 77 74	292
	Costantino Rocca	71 74 73 74	292
	Bob Tway	72 75 68 77	292
79=	Michael Christie	72 75 72 74	293
	Trip Kuehne (a)	79 69 73 72	293
	Ian Woosnam	72 72 74 75	293
82=	Brad Faxon	70 72 76 76	294
	John Huston	73 72 76 73	294
	Kent Jones	71 74 76 73	294
	Skip Kendall	77 71 73 73	294
	Tom Kite	76 71 72 75	294
	Neal Lancaster	74 67 74 79	294
	Scott McCarron	72 72 75 75	294
	Tiger Woods (a)	76 69 77 72	294
90=	Jay Haas	73 72 74 76	295
	Jack O'Keefe	72 71 76 76	295
	Craig Parry	70 76 75 74	295
	Javier Sanchez	71 76 74 74	295
94=	Phil Mickelson	76 71 73 76	296
	Tom Pernice	74 72 74 76	296
	Anthony Rodriguez	71 77 76 72	296
97=	Blaine McCallister	71 75 76 75	297
	Jeff Maggert	75 69 81 72	297
	Jim Thorpe	75 71 78 73	297
	Philip Walton	69 73 78 77	297
101=	Olin Browne	73 70 76 79	298
	Omar Uresti	76 72 74 76	298
103	Gary Trivisonno	69 75 78 77	299
104	Mark Wiebe	74 74 75 77	300
105=	Steve Scott (a)	71 73 81 76	301
	Rich Yokota	79 67 76 79	301
107	Mike Burke, Jr	78 70 77 77	302
108	Shawn Kelly	73 75 79 82	309

Round Leader(s)
R1   Austin, Stewart; 67
R2   Stewart; 138
R3   Lehman; 208

Lowest Scores
R2   Jones, Norman; 66
R3   Lehman; 65
R4   Hoch; 67

1996

125th OPEN Championship
Royal Lytham and St Anne's Golf Club, Lancashire, England (18-21 July)
No of Entries 1918: No Starting 159: No Making Cut 77: No Completing 77
6892 yards: Par 71 (284)

#	Player	Rounds	Total
1	TOM LEHMAN (£200000)	67 67 64 73	271
2=	Ernie Els	68 67 71 67	273
	Mark McCumber	67 69 71 66	273
4	Nick Faldo	68 68 68 70	274
5=	Mark Brooks	67 70 68 71	276

	Jeff Maggert	69 70 72 65	276		Klas Eriksson	68 75 72 69	284
7=	Fred Couples	67 70 69 71	277		David Frost	70 72 71 71	284
	Peter Hedblom	70 65 75 67	277		Phil Mickelson	72 71 72 69	284
	Greg Norman	71 68 71 67	277	45=	Richard Boxall	72 70 71 72	285
	Greg Turner	72 69 68 68	277		Jim Furyk	68 71 72 74	285
11=	Alexander Cejka	73 67 71 67	278		Todd Hamilton	71 70 74 70	285
	Darren Clarke	70 68 69 71	278		Bradley Hughes	70 69 75 71	285
	Vijay Singh	69 67 69 73	278		Peter Jacobsen	72 70 74 69	285
14=	David Duval	76 67 66 70	279		Billy Mayfair	70 72 74 69	285
	Paul McGinley	69 65 74 71	279		Jack Nicklaus	69 66 77 73	285
	Mark McNulty	69 71 70 69	279		Jesper Parnevik	72 69 69 75	285
	Shigeki Maruyama	68 70 69 72	279		Nick Price	68 73 71 73	285
18=	Padraig Harrington	68 68 73 71	280		Craig Stadler	71 71 75 68	285
	Rocco Mediate	69 70 69 72	280		Payne Stewart	70 73 71 71	285
	Loren Roberts	67 69 72 72	280	56=	Robert Allenby	74 68 71 73	286
	Michael Welch	71 68 73 68	280		Stephen Ames	71 72 69 74	286
22=	Jay Haas	70 72 71 68	281		Sandy Lyle	71 69 73 73	286
	Mark James	70 68 75 68	281		Jim Payne	72 71 73 70	286
	Carl Mason	68 70 70 73	281	60=	Brian Barnes	73 70 69 75	287
	Steve Stricker	71 70 66 74	281		Michael Jonzon	69 73 73 72	287
	Tiger Woods (a)	75 66 70 70	281		Jeff Sluman	72 70 70 75	287
27=	Paul Broadhurst	65 72 74 71	282		DA Weibring	71 72 72 72	287
	Ben Crenshaw	73 68 71 70	282	64=	Costantino Rocca	71 70 74 73	288
	Tom Kite	77 66 69 70	282		Carl Suneson	73 69 74 72	288
	Peter Mitchell	71 68 71 72	282		Gordon Law	74 69 71 74	288
	Frank Nobilo	70 72 68 72	282	67=	John Daly	70 73 69 77	289
	Corey Pavin	70 66 74 72	282		Brett Ogle	70 73 73 73	289
33=	Eamonn Darcy	73 69 71 70	283		David A Russell	70 72 74 73	289
	Brad Faxon	67 73 68 75	283	70	Howard Clark	72 71 76 71	290
	David Gilford	71 67 71 74	283	71	Bob Charles	71 72 71 77	291
	Mark O'Meara	67 69 72 75	283	72	Roger Chapman	72 70 70 80	292
	Eduardo Romero	70 71 75 67	283	73=	Domingo Hospital	75 68 77 72	292
	Scott Simpson	71 69 73 70	283		Curtis Strange	71 72 72 77	292
	Hidemichi Tanaka	67 71 70 75	283		Rick Todd	74 69 73 76	292
	Tommy Tolles	73 70 71 69	283	76	Retief Goosen	72 71 74 76	293
41=	Mark Calcavecchia	72 68 76 68	284	77	Arnaud Langenaeken	72 71 77 78	298

Round Leader(s)
R1 Broadhurst; 65
R2 Lehman, McGinley; 134
R3 Lehman; 198

Lowest Scores
R2 Hedblom, McGinley; 65
R3 Lehman; 64
R4 Maggert; 65

1996

78th PGA Championship
Valhalla Golf Club, Louisville, Kentucky (8-11 August)
No Starting 150: No Making Cut 82: No Completing 81
7144 yards: Par 72 (288)

1	MARK BROOKS*	68 70 69 70	277		David Ogrin	75 70 68 73	286
	($430000)				Ian Woosnam	68 72 75 71	286
2	Kenny Perry	66 72 71 68	277		Fuzzy Zoeller	76 67 72 71	286
3=	Steve Elkington	67 74 67 70	278	41=	Fred Couples	74 68 74 71	287
	Tommy Tolles	69 71 71 67	278		Glen Day	72 73 70 72	287
5=	Justin Leonard	71 66 72 70	279		David Duval	74 69 73 71	287
	Jesper Parnevik	73 67 69 70	279		Gil Morgan	72 72 72 71	287
	Vijay Singh	69 69 69 72	279		John Morse	74 69 72 72	287
8=	Lee Janzen	68 71 71 70	280		Jeff Sluman	72 72 72 71	287
	Per-Ulrik Johansson	73 72 66 69	280	47=	Phil Blackmar	71 74 71 72	288
	Phil Mickelson	67 67 74 72	280		John Cook	69 75 74 70	288
	Larry Mize	71 70 69 70	280		Scott McCarron	69 72 74 73	288
	Frank Nobilo	69 72 71 68	280		Paul Stankowski	70 75 71 72	288
	Nick Price	68 71 69 72	280		Brian Watts	70 71 71 76	288
14=	Mike Brisky	71 69 69 72	281	52=	John Adams	72 71 75 71	289
	Tom Lehman	71 71 69 70	281		Bob Boyd	71 71 75 72	289
	Joey Sindelar	73 72 69 67	281		Alex Cejka	71 74 72 72	289
17=	Russ Cochran	68 72 65 77	282		Jim Gallagher	73 70 74 72	289
	David Edwards	69 71 72 70	282		Neal Lancaster	71 72 73 73	289
	Brad Faxon	72 68 73 69	282		Billy Mayfair	71 73 71 74	289
	Jim Furyk	70 70 73 69	282		Tommy Nakajima	73 72 69 75	289
	Greg Norman	68 72 69 73	282		Lee Rinker	73 71 73 72	289
	Tom Watson	69 71 73 69	282		Costantino Rocca	72 72 73 72	289
	DA Weibring	71 73 71 67	282	61=	Ernie Els	74 68 79 69	290
24=	Emlyn Aubrey	69 74 72 68	283		Dan Forsman	76 69 71 74	290
	Miguel Angel Jimenez	71 71 71 70	283		Scott Hoch	72 72 74 72	290
26=	Fred Funk	73 69 73 69	284		Mark Wiebe	73 72 75 70	290
	Mark O'Meara	71 70 74 69	284	65=	Nick Faldo	69 75 74 73	291
	Corey Pavin	71 74 70 69	284		Wayne Grady	74 67 78 72	291
	Curtis Strange	73 70 68 73	284		Craig Parry	72 73 75 71	291
	Steve Stricker	73 72 72 67	284		Willie Wood	70 75 71 75	291
31=	Paul Azinger	70 75 71 69	285	69=	Woody Austin	70 74 75 73	292
	Michael Bradley	73 72 70 70	285		Ben Crenshaw	74 71 73 74	292
	Pat Burke	71 72 69 73	285		Nolan Henke	72 70 75 75	292
	Jay Haas	72 71 69 73	285		Payne Stewart	73 70 73 76	292
	Tim Herron	71 73 68 73	285	73=	Paul Goydos	71 73 77 72	293
36=	Mark Calcavecchia	70 74 70 72	286		Jeff Maggert	73 76 74 70	293
	Rocco Mediate	71 72 67 76	286	75	Marco Dawson	76 69 75 74	294

76	Bernhard Langer	73 72 78 72	295	80=	Howard Clark	73 72 75 78	298
77	Joel Edwards	68 76 75 77	296		John Reeves	74 71 79 74	298
78=	Satoshi Higashi	72 72 80 73	297				
	Stu Ingraham	73 72 75 77	297				

Mark Brooks beat Kenny Perry at the 1st extra hole in the Sudden-death Play-off

Round Leader(s)
R1   Perry; 66
R2   Mickelson; 134
R3   Cochran; 205

Lowest Scores
R2   Leonard; 66
R3   Cochran; 65
R4   Sindelar, Stricker, Tolles, Weibring; 67

1997

61st MASTERS Tournament
Augusta National Golf Club, Augusta, Georgia (10-13 April)
No Starting 86: No Making Cut 46: No Completing 46
6925 yards: Par 72 (288)

1	TIGER WOODS	70 66 65 69	270	24=	Nick Price	71 71 75 74	291
	($486000)				Lee Westwood	77 71 73 70	291
2	Tom Kite	77 69 66 70	282	26=	Lee Janzen	72 73 74 73	292
3	Tommy Tolles	72 72 72 67	283		Craig Stadler	77 72 71 72	292
4	Tom Watson	75 68 69 72	284	28=	Paul Azinger	69 73 77 74	293
5=	Costantino Rocca	71 69 70 75	285		Jim Furyk	74 75 72 72	293
	Paul Stankowski	68 74 79 74	285	30=	Scott McCarron	77 71 72 74	294
7=	Fred Couples	72 69 73 72	286		Larry Mize	79 69 74 72	294
	Bernhard Langer	72 72 74 68	286		Colin Montgomerie	72 67 74 81	294
	Justin Leonard	76 69 71 70	286		Mark O'Meara	75 74 70 75	294
	Davis Love III	72 71 72 71	286	34=	Sandy Lyle	73 73 74 75	295
	Jeff Sluman	74 67 72 73	286		Fuzzy Zoeller	75 73 69 78	295
12=	Steve Elkington	76 72 72 67	287	36	Duffy Waldorf	74 75 72 75	296
	Per-Ulrik Johansson	72 73 73 69	287	37	David Frost	74 71 73 79	297
	Tom Lehman	73 76 69 69	287	38	Scott Hoch	79 68 73 78	298
	Jose Maria Olazabal	71 70 74 72	287	39=	Jack Nicklaus	77 70 74 78	299
	Willie Wood	72 76 71 68	287		Sam Torrance	75 73 73 78	299
17=	Mark Calcavecchia	74 73 72 69	288		Ian Woosnam	77 68 75 79	299
	Ernie Els	73 70 71 74	288	42	Jumbo Ozaki	74 74 74 78	300
	Fred Funk	74 73 69 72	288	43=	Corey Pavin	75 74 78 74	301
	Vijay Singh	75 74 69 70	288		Clarence Rose	73 75 79 74	301
21=	Stuart Appleby	72 76 70 71	289	45	Ben Crenshaw	75 73 74 80	302
	John Huston	67 77 75 70	289	46	Frank Nobilo	76 72 74 81	303
	Jesper Parnevik	73 72 71 73	289				

Round Leader(s)
R1   Huston; 67
R2   Woods; 136
R3   Woods; 201

Lowest Scores
R2   Woods; 66
R3   Woods; 65
R4   Elkington, Tolles; 67

1997

97th US OPEN Championship
Congressional Country Club, Bethesda, Maryland (12-15 June)
No of Entries 7013: No Starting 156: No Making Cut 84: No Completing 84
7213 yards: Par 70 (280)

1	ERNIE ELS	71 67 69 69	276		Hideki Kase	68 73 73 74	288
	($465000)				Mark McNulty	67 73 75 73	288
2	Colin Montgomerie	65 76 67 69	277		Jeff Sluman	69 72 72 75	288
3	Tom Lehman	67 70 68 73	278		Payne Stewart	71 73 73 71	288
4	Jeff Maggert	73 66 68 74	281		Fuzzy Zoeller	72 73 69 74	288
5=	Olin Browne	71 71 69 71	282	36=	Stuart Appleby	71 75 70 73	289
	Jim Furyk	74 68 69 71	282		John Cook	72 71 71 75	289
	Jay Haas	73 69 68 72	282		Justin Leonard	69 72 78 70	289
	Tommy Tolles	74 67 69 72	282		Frank Nobilo	71 74 70 74	289
	Bob Tway	71 71 70 70	282		Mark O'Meara	73 73 71 72	289
10=	Scott Hoch	71 68 72 72	283		Steve Stricker	66 76 75 72	289
	Scott McCarron	73 71 69 70	283		Grant Waite	72 74 72 71	289
	David Ogrin	70 69 71 73	283	43=	Darren Clarke	73 74 73 70	290
13=	Billy Andrade	75 67 69 73	284		David Duval	74 72 70 74	290
	Stewart Cink	71 67 74 72	284		Fred Funk	73 70 72 75	290
	Loren Roberts	72 69 72 71	284		Phil Mickelson	75 68 73 74	290
16=	Bradley Hughes	75 70 71 69	285		Craig Parry	70 74 69 77	290
	Davis Love III	75 70 69 71	285		Chris Perry	70 73 71 76	290
	Jose-Maria Olazabal	71 71 72 71	285	49=	Nick Faldo	72 74 69 76	291
19=	Nick Price	71 74 71 70	286		Jesper Parnevik	72 75 73 71	291
	Paul Stankowski	75 70 68 73	286	51	David White	70 72 73 77	292
	Hal Sutton	66 73 73 74	286	52=	Paul Broadhurst	77 69 72 75	293
	Lee Westwood	71 71 73 71	286		Fred Couples	75 72 72 74	293
	Tiger Woods	74 67 73 72	286		Hale Irwin	70 73 76 74	293
24=	Scott Dunlap	75 66 75 71	287		Lee Janzen	72 73 75 73	293
	Steve Elkington	75 68 72 72	287		Jack Nicklaus	73 71 75 74	293
	Edward Fryatt	72 73 73 69	287		Peter Teravainen	71 73 74 75	293
	Len Mattiace	71 75 73 68	287	58=	Larry Mize	70 74 76 74	294
28=	Paul Azinger	72 72 74 70	288		Clarence Rose	72 71 73 78	294
	Kelly Gibson	72 69 72 75	288	60=	Rodney Butcher	73 74 70 78	295
	Paul Goydos	73 72 74 69	288		Steve Jones	72 75 69 79	295

	Chris Smith	77 69 74 75	295	74	Jimmy Green	75 72 79 73	299
	Duffy Waldorf	73 73 73 76	295	75=	Andrew Coltart	74 71 76 79	300
64	Tom Watson	72 74 72 78	296		Randy Wylie	71 76 77 76	300
65=| Ben Crenshaw	73 74 76 74	297	77=	Donnie Hammond	75 71 76 79	301
	Brad Faxon	72 74 76 75	297		Dick Mast	73 69 83 76	301
	Dave Schreyer	68 73 82 74	297		Perry Parker	75 71 77 78	301
68=| Stephen Ames	73 73 75 77	298		Vijay Singh	71 76 77 77	301
	Thomas Bjorn	71 75 73 79	298		Greg Towne	71 73 83 74	301
	Mike Hulbert	73 73 77 75	298	82	Jack Ferenz	72 75 80 76	303
	Tom Kite	75 69 82 72	298	83	Marco Dawson	75 71 80 78	304
	Greg Kraft	77 69 76 76	298	84	Slade Adams	71 74 78 83	306
	John Morse	71 74 76 77	298				

Round Leader(s)
R1 Montgomerie; 65
R2 Lehman; 137
R3 Lehman; 205

Lowest Scores
R2 Dunlap, Maggert; 66
R3 Montgomerie; 67
R4 Mattiace; 68

1997

126th OPEN Championship
Royal Troon Golf Club, Ayrshire, Scotland (17-20 July)
No of Entries 2133: No Starting 156: No Making Cut 70: No Completing 70
7079 yards: Par 71 (284)

1	JUSTIN LEONARD	69 66 72 65	272	36=	Andrew Magee	70 75 72 70	287
	(£250000)				Greg Norman	69 73 70 75	287
2=	Darren Clarke	67 66 71 71	275	38=	Michael Bradley	72 73 73 70	288
	Jesper Parnevik	70 66 66 73	275		John Kernohan	76 70 74 68	288
4	Jim Furyk	67 72 70 70	279		Bernhard Langer	72 74 69 73	288
5=	Stephen Ames	74 69 66 71	280		Mark O'Meara	73 73 74 68	288
	Padraig Harrington	75 69 69 67	280		Raymond Russell	72 72 74 70	288
7=	Fred Couples	69 68 70 74	281		Vijay Singh	77 69 70 72	288
	Peter O'Malley	73 70 70 68	281	44=	Jose Coceres	76 70 71 72	289
	Eduardo Romero	74 68 67 72	281		Jerry Kelly	76 68 72 73	289
10=	Robert Allenby	76 68 66 72	282		Curtis Strange	71 71 70 77	289
	Mark Calcavecchia	74 67 72 69	282		David Tapping	71 66 78 74	289
	Ernie Els	75 69 69 69	282	48=	Richard Boxall	75 71 72 72	290
	Retief Goosen	75 69 70 68	282		Steve Jones	76 71 68 75	290
	Tom Kite	72 67 74 69	282		Jim Payne	74 71 74 71	290
	Davis Love III	70 71 74 67	282	51=	Angel Cabrera	70 70 76 75	291
	Shigeki Maruyama	74 69 70 69	282		Nick Faldo	71 73 75 72	291
	Frank Nobilo	74 72 68 68	282		Jeff Maggert	76 69 71 75	291
	Tom Watson	71 70 70 71	282		Peter Mitchell	75 69 76 71	291
	Lee Westwood	73 70 67 72	282		Corey Pavin	78 69 76 68	291
20=	Stuart Appleby	72 72 68 71	283		Wayne Riley	74 71 75 71	291
	Brad Faxon	77 67 72 67	283		Peter Senior	76 70 73 72	291
	Mark James	76 67 70 70	283		Greg Turner	76 71 72 72	291
	Jose Maria Olazabal	75 68 73 67	283	59	Payne Stewart	73 74 71 74	292
24=	Jay Haas	71 70 73 70	284	60=	Barclay Howard (a)	70 74 76 73	293
	Tom Lehman	74 72 72 66	284		Jack Nicklaus	73 74 71 75	293
	Peter Lonard	72 70 69 73	284	62=	Tom Purtzer	72 71 73 78	294
	Phil Mickelson	76 68 69 71	284		Jamie Spence	78 69 72 75	294
	Colin Montgomerie	76 69 69 70	284		Steve Stricker	72 73 74 75	294
	David A Russell	75 72 68 69	284		Peter Teravainen	74 72 73 75	294
	Tiger Woods	72 74 64 74	284	66=	Gary Clark	74 72 72 77	295
	Ian Woosnam	71 73 69 71	284		Paul McGinley	76 71 77 71	295
32	Mark McNulty	78 67 72 68	285		Per-Ulrik Johansson	72 75 73 75	295
33=	Rodger Davis	73 73 70 70	286	69	Tommy Tolles	77 68 75 76	296
	David Duval	73 69 73 71	286	70	Billy Andrade	72 72 78 76	298
	Jonathan Lomas	72 71 69 74	286				

Round Leader(s)
R1 Clarke, Furyk; 67
R2 Clarke; 133
R3 Parnevik; 202

Lowest Scores
R2 Clarke, Leonard, Parnevik, Tapping; 66
R3 Woods; 64
R4 Leonard; 65

1997

79th PGA Championship
Winged Foot Golf Club, Mamaroneck, New York (14-17 August)
No Starting 150: No Making Cut 77: No Completing 77
6987 yards: Par 70 (280)

1	DAVIS LOVE III	66 71 66 66	269		Scott McCarron	74 71 67 71	283
	($470000)				Joey Sindelar	72 71 71 69	283
2	Justin Leonard	68 70 65 71	274	13=	David Duval	70 70 71 73	284
3	Jeff Maggert	69 69 73 65	276		Tim Herron	72 73 68 71	284
4	Lee Janzen	69 67 74 69	279		Colin Montgomerie	74 71 67 72	284
5	Tom Kite	68 71 71 70	280		Greg Norman	68 71 74 71	284
6=	Phil Blackmar	70 68 74 69	281		Mark O'Meara	69 73 75 67	284
	Jim Furyk	69 72 72 68	281		Nick Price	72 70 72 70	284
	Scott Hoch	71 72 68 70	281		Vijay Singh	73 66 76 69	284
9	Tom Byrum	69 73 70 70	282		Tommy Tolles	75 70 73 66	284
10=	Tom Lehman	69 72 72 70	283		Kirk Triplett	73 70 71 70	284

THE GOLF MAJORS: 1860-2015 – RESULTS

	Bob Tway	68 75 72 69	284		Brian Henninger	74 68 75 72	289
23=	Mark Calcavecchia	71 74 73 67	285		Chris Perry	68 71 73 77	289
	John Cook	71 71 74 69	285		Loren Roberts	76 70 74 69	289
	Bernhard Langer	73 71 72 69	285	53=	Olin Browne	70 73 74 73	290
	Doug Martin	69 75 74 67	285		Ernie Els	70 76 74 70	290
	Shigeki Maruyama	68 70 74 73	285		Billy Mayfair	75 68 75 72	290
	Kenny Perry	73 68 73 71	285		Taylor Smith	71 71 74 74	290
29=	Paul Azinger	68 73 71 74	286		Craig Stadler	72 72 74 72	290
	Ronnie Black	76 69 71 70	286	58=	Steve Lowery	72 69 79 71	291
	Fred Couples	71 67 73 75	286		Larry Mize	71 73 73 74	291
	John Daly	66 73 77 70	286		Lanny Wadkins	72 72 77 70	291
	Paul Goydos	70 72 71 73	286	61=	Stuart Appleby	75 70 69 78	292
	Hale Irwin	73 70 71 72	286		Russ Cochran	72 73 72 75	292
	Phil Mickelson	69 69 73 75	286		Fred Funk	71 74 77 70	292
	Frank Nobilo	72 73 67 74	286		Retief Goosen	72 70 74 76	292
	Don Pooley	72 74 70 70	286		Jay Haas	71 69 73 79	292
	Payne Stewart	70 70 72 74	286		Lee Rinker	70 71 75 76	292
	Lee Westwood	74 68 71 73	286	67=	Peter Jacobsen	74 72 75 72	293
	Tiger Woods	70 70 71 75	286		Per-Ulrik Johansson	73 69 73 78	293
41=	Ignacio Garrido	70 71 75 71	287		Paul Stankowski	68 71 77 77	293
	Steve Jones	69 73 75 70	287	70	Carlos Franco	69 74 76 75	294
	David Ogrin	74 72 71 70	287	71=	Michael Bradley	73 69 80 73	295
	Eduardo Romero	71 72 72 72	287		Yoshinori Kaneko	72 73 76 74	295
45=	Thomas Bjorn	72 68 77 71	288		Larry Nelson	76 70 76 73	295
	Steve Elkington	72 72 70 74	288		Costantino Rocca	69 69 79 78	295
	Jesper Parnevik	76 70 71 71	288	75	Andrew Magee	71 80 70 75	296
	Sam Torrance	74 72 70 72	288	76=	Pete Jordan	76 70 75 76	297
49=	Robert Allenby	67 77 74 71	289		Kevin Sutherland	73 73 73 78	297

Round Leader(s)
R1 Daly, Love; 66
R2 Janzen; 136
R3 Leonard, Love; 203

Lowest Scores
R2 Singh; 66
R3 Leonard; 65
R4 Maggert; 65

1998

62nd MASTERS Tournament
Augusta National Golf Club, Augusta, Georgia (9-12 April)
No Starting 88: No Making Cut 46: No Completing 46
6925 yards: Par 72 (288)

1	MARK O'MEARA	74 70 68 67	279		John Huston	77 71 70 71	289
	($576000)				Jeff Maggert	72 73 72 72	289
2=	Fred Couples	69 70 71 70	280	26=	Brad Faxon	73 74 71 72	290
	David Duval	71 68 74 67	280		David Frost	72 73 74 71	290
4	Jim Furyk	76 70 67 68	281		Steve Jones	75 70 75 70	290
5	Paul Azinger	71 72 69 70	282	29	Michael Bradley	73 74 72 72	291
6=	Jack Nicklaus	73 72 70 68	283	30	Steve Elkington	75 75 71 71	292
	David Toms	75 72 72 64	283	31=	Andrew Magee	74 72 74 73	293
8=	Darren Clarke	76 73 67 69	285		Jesper Parnevik	75 73 73 72	293
	Justin Leonard	74 73 69 69	285	33=	Phil Blackmar	71 78 75 70	294
	Colin Montgomerie	71 75 69 70	285		John Daly	77 71 71 75	294
	Tiger Woods	71 72 72 70	285		Lee Janzen	76 74 72 72	294
12=	Jay Haas	72 71 71 72	286		Davis Love III	74 75 67 78	294
	Per-Ulrik Johansson	74 75 67 70	286		Fuzzy Zoeller	71 74 75 74	294
	Phil Mickelson	74 69 69 74	286	38	Tom Kite	73 74 74 74	295
	Jose Maria Olazabal	70 73 71 72	286	39=	Bernhard Langer	75 73 74 74	296
16=	Mark Calcavecchia	74 74 69 70	287		Paul Stankowski	70 80 72 74	296
	Ernie Els	75 70 70 72	287	41=	Corey Pavin	73 77 72 75	297
	Scott Hoch	70 71 73 73	287		Craig Stadler	79 68 73 77	297
	Scott McCarron	73 71 72 71	287	43	John Cook	75 73 74 76	298
	Ian Woosnam	74 71 72 70	287	44	Lee Westwood	74 76 72 78	300
21=	Matt Kuchar (a)	72 76 68 72	288	45	Joel Kribel (a)	74 76 76 75	301
	Willie Wood	74 74 70 70	288	46	Gary Player	77 72 78 75	302
23=	Stewart Cink	74 76 69 70	289				

Round Leader(s)
R1 Couples; 69
R2 Couples, Duval; 139
R3 Couples; 210

Lowest Scores
R2 Duval; 68
R3 Clarke, Furyk, Johansson, Love III; 67
R4 Toms; 64

1998

98th US OPEN Championship
Olympic Club, San Francisco, California (18-21 June)
No of Entries 7117: No Starting 156: No Making Cut 60: No Completing 60
6979 yards: Par 70 (280)

1	LEE JANZEN	73 66 73 68	280	7=	David Duval	75 68 75 69	287
	($535000)				Jeff Maggert	69 69 75 74	287
2	Payne Stewart	66 71 70 74	281		Lee Westwood	72 74 70 71	287
3	Bob Tway	68 70 73 73	284	10=	Stuart Appleby	73 74 70 71	288
4	Nick Price	73 68 71 73	285		Stewart Cink	73 68 73 74	288
5=	Tom Lehman	68 75 68 75	286		Phil Mickelson	71 73 74 70	288
	Steve Stricker	73 71 69 73	286		Jeff Sluman	72 74 74 68	288

14=Paul Azinger	75 72 77 65	289	
Jim Furyk	74 73 68 74	289	
Matt Kuchar (a)	70 69 76 74	289	
Jesper Parnevik	69 74 76 70	289	
18=Frank Lickliter	73 71 72 74	290	
Colin Montgomerie	70 74 77 69	290	
Jose Maria Olazabal	68 77 71 74	290	
Loren Roberts	71 76 71 72	290	
Tiger Woods	74 72 71 73	290	
23=Glen Day	73 72 71 75	291	
Casey Martin	74 71 74 72	291	
25=Thomas Bjorn	72 75 70 75	292	
Mark Carnevale	67 73 74 78	292	
Per-Ulrik Johansson	71 75 73 73	292	
Chris Perry	74 71 72 75	292	
Eduardo Romero	72 70 76 74	292	
Vijay Singh	73 72 73 74	292	
DA Weibring	72 72 75 73	292	
32=Chris DiMarco	71 71 74 77	293	
Joe Durant	68 73 76 76	293	
Padraig Harrington	73 72 76 72	293	
John Huston	73 72 72 76	293	
Mark O'Meara	70 76 78 69	293	
Steve Pate	72 75 73 73	293	
Lee Porter	72 67 76 78	293	
Bruce Zabriski	74 71 74 74	293	
40=Justin Leonard	71 75 77 71	294	
Scott McCarron	72 73 77 72	294	
Frank Nobilo	76 67 76 75	294	
43=Joe Acosta, Jr	73 72 76 74	295	
Olin Browne	73 70 77 75	295	
Darren Clarke	74 72 77 72	295	
Tom Kite	70 75 76 74	295	
Jack Nicklaus	73 74 73 75	295	
Joey Sindelar	71 75 75 74	295	
49=Ernie Els	75 70 75 76	296	
Brad Faxon	73 68 76 79	296	
Mike Reid	76 70 73 77	296	
Scott Verplank	74 72 73 77	296	
53=Fred Couples	72 75 79 71	297	
John Daly	69 75 75 78	297	
Tim Herron	75 72 77 73	297	
Jimmy Johnston	74 73 79 71	297	
57 Mark Brooks	75 71 76 76	298	
58 Scott Simpson	72 71 78 79	300	
59 Rocky Walcher	77 70 77 79	303	
60 Tom Sipula	75 71 78 81	305	

Round Leader(s)
- R1 Stewart; 66
- R2 Stewart; 137
- R3 Stewart; 207

Lowest Scores
- R2 Janzen; 66
- R3 Furyk, Lehman; 68
- R4 Azinger; 65

1998

127th OPEN Championship
Royal Birkdale Golf Club, Southport, Lancashire, England (16-19 July)
No of Entries 2343: No Starting 156: No Making Cut 81: No Completing 81
7018 yards: Par 70 (280)

1 MARK O'MEARA* (£300000)	72 68 72 68	280	
2 Brian Watts	68 69 73 70	280	
3 Tiger Woods	65 73 77 66	281	
4= Jim Furyk	70 70 72 70	282	
Jesper Parnevik	68 72 72 70	282	
Justin Rose (a)	72 66 75 69	282	
Raymond Russell	68 73 75 66	282	
8 Davis Love III	67 73 77 68	285	
9= Thomas Bjorn	68 71 76 71	286	
Costantino Rocca	72 74 70 70	286	
11=David Duval	70 71 75 71	287	
Brad Faxon	67 74 74 72	287	
John Huston	65 77 73 72	287	
14 Gordon Brand, Jr	71 70 76 71	288	
15=Peter Baker	69 72 77 71	289	
Jose Maria Olazabal	73 72 75 69	289	
Des Smyth	74 69 75 71	289	
Greg Turner	68 75 75 71	289	
19=Robert Allenby	67 76 78 69	290	
Mark James	71 74 74 71	290	
Sandy Lyle	70 73 75 72	290	
Vijay Singh	67 74 78 71	290	
Curtis Strange	73 73 74 70	290	
24=Stephen Ames	68 72 79 72	291	
Bob Estes	72 70 76 73	291	
Lee Janzen	72 69 80 70	291	
Peter O'Malley	71 71 78 71	291	
Sam Torrance	69 77 75 70	291	
29=Scott Dunlap	72 79 80 71	292	
Ernie Els	73 72 75 72	292	
Sergio Garcia (a)	69 75 76 72	292	
Shigeki Maruyama	70 73 75 74	292	
Nick Price	66 72 82 72	292	
Loren Roberts	66 76 76 74	292	
35=Mark Calcavecchia	69 77 73 74	293	
Santiago Luna	70 72 80 71	293	
Sven Struver	75 70 80 68	293	
38=Joakim Haeggman	71 74 78 71	294	
Tom Kite	72 69 79 74	294	
Joe Ozaki	72 73 76 73	294	
Patrik Sjoland	72 72 77 73	294	
Steen Tinning	69 76 77 72	294	
Philip Walton	68 76 74 76	294	
44=David Carter	71 75 76 73	295	
Andrew Coltart	68 77 75 75	295	
Rodger Davis	76 70 78 71	295	
Nick Faldo	72 73 75 75	295	
David Frost	72 73 78 72	295	
David Howell	68 77 79 71	295	
Payne Stewart	71 71 78 75	295	
Katsuyoshi Tomori	75 71 70 79	295	
52=Brandt Jobe	70 73 82 71	296	
Billy Mayfair	72 73 77 74	296	
Frankie Minoza	69 75 76 76	296	
Larry Mize	70 75 79 72	296	
Steve Stricker	70 72 80 74	296	
57=Greg Chalmers	71 75 77 74	297	
Trevor Dodds	73 71 81 72	297	
Ignacio Garrido	71 74 80 72	297	
Steve Jones	73 72 79 73	297	
Justin Leonard	73 73 82 69	297	
Eduardo Romero	71 70 79 77	297	
Ian Woosnam	72 74 76 75	297	
64=Carlos Franco	71 73 76 78	298	
Lee Westwood	71 71 78 78	298	
66=Mark Brooks	71 73 75 80	299	
Michael Campbell	73 73 80 73	299	
Stewart Cink	71 73 83 72	299	
Fred Couples	66 74 78 81	299	
Didier de Vooght (a)	70 76 80 73	299	
Michael Long	70 74 78 77	299	
72 Andrew Clapp	72 74 81 73	300	
73 Gary Evans	69 74 84 74	301	
74 Bob May	70 73 85 75	303	
75 Andrew McLardy	72 74 80 78	304	
76 Freddie Jacobson	67 78 81 79	305	
77 Kazuhiko Hosokawa	72 73 81 80	306	
78 Robert Giles	72 74 83 78	307	
79 Phil Mickelson	71 74 85 78	308	
80 Andrew Oldcorn	75 71 84 79	309	
81 Dudley Hart	73 72 85 80	310	

Mark O'Meara (4-4-5-4=17) beat Watts (5-4-5-5=19) in the four-hole Play-off

Round Leader(s)
- R1 Huston, Woods; 65
- R2 Watts; 137
- R3 Watts; 210

Lowest Scores
- R2 Rose; 66
- R3 Rocca, Tomori; 70
- R4 Russell, Woods; 66

1998

80th PGA Championship
Sahalee Country Club, Redmond, Washington (13-16 August)
No Starting 150: No Making Cut 75: No Completing 75
6906 yards: Par 70 (280)

1	VIJAY SINGH ($540000)	70 66 67 68	271
2	Steve Stricker	69 68 66 70	273
3	Steve Elkington	69 69 69 67	274
4=	Frank Lickliter	68 71 69 68	276
	Mark O'Meara	69 70 69 68	276
	Nick Price	70 73 68 65	276
7=	Davis Love III	70 68 69 70	277
	Billy Mayfair	73 67 67 70	277
9	John Cook	71 68 70 69	278
10=	Skip Kendall	72 68 68 71	279
	Kenny Perry	69 72 70 68	279
	Tiger Woods	66 72 70 71	279
13=	Robert Allenby	72 68 69 71	280
	Paul Azinger	68 73 70 69	280
	Fred Couples	74 71 67 68	280
	Brad Faxon	70 68 74 68	280
	Steve Flesch	75 69 67 69	280
	Bill Glasson	68 74 69 69	280
	John Huston	70 71 68 71	280
	Bob Tway	69 76 67 68	280
21=	Ernie Els	72 72 71 66	281
	Andrew Magee	70 68 72 71	281
23=	Fred Funk	70 71 71 70	282
	Scott Gump	68 69 72 73	282
	Per-Ulrik Johansson	69 74 71 68	282
	Greg Kraft	71 73 65 73	282
27=	Jeff Sluman	71 73 70 69	283
	Hal Sutton	72 68 72 71	283
29=	Glen Day	68 71 75 70	284
	Scott Hoch	72 69 70 73	284
	Tom Lehman	71 71 70 72	284
	Lee Rinker	70 70 71 73	284
	Ian Woosnam	70 75 67 72	284
34=	Russ Cochran	69 71 70 75	285
	Bob Estes	68 76 69 72	285
	Paul Goydos	70 70 72 73	285
	Phil Mickelson	70 70 78 67	285
38=	Craig Stadler	69 74 71 72	286
	Duffy Waldorf	74 70 70 72	286
40=	Joe Durant	75 68 74 70	287
	Carlos Franco	71 70 73 73	287
	Jay Haas	72 73 73 69	287
	Joey Sindelar	71 71 75 70	287
44=	Billy Andrade	68 77 68 75	288
	Mark Calcavecchia	70 73 71 74	288
	Dudley Hart	70 75 69 74	288
	PH Horgan III	71 71 72 74	288
	Steve Lowery	76 69 72 71	288
	Jeff Maggert	71 73 73 71	288
	Colin Montgomerie	70 67 77 74	288
	David Ogrin	73 72 71 72	288
	Joe Ozaki	73 71 75 69	288
	Kevin Sutherland	74 71 71 72	288
54=	Nick Faldo	73 71 72 73	289
	Scott Verplank	71 71 71 76	289
56=	Jay Don Blake	70 72 73 75	290
	Mark Brooks	72 73 72 73	290
	Jim Carter	71 73 72 74	290
	David Frost	70 69 76 75	290
	Ted Tryba	70 74 76 70	290
	Brian Watts	72 73 72 73	290
62=	Olin Browne	73 71 71 76	291
	Tom Byrum	72 71 74 74	291
	Trevor Dodds	69 75 75 72	291
65=	Robert Karlsson	71 73 75 73	292
	Shigeki Maruyama	68 77 73 74	292
	Loren Roberts	72 71 74 75	292
68	Stephen Leaney	72 70 72 79	293
69	Andrew Coltart	70 75 75 74	294
70	David Sutherland	77 68 77 73	295
71=	Brad Fabel	73 72 73 78	296
	Brent Geiberger	73 70 79 74	296
	Craig Parry	70 75 74 77	296
74	Chris Perry	73 71 75 78	297
75	Tim Herron	73 70 79 76	298

Round Leader(s)
R1 Woods; 66
R2 Singh; 136
R3 Singh, Stricker; 203

Lowest Scores
R2 Singh; 66
R3 Kraft; 65
R4 Price; 65

1999

63rd MASTERS Tournament
Augusta National Golf Club, Augusta, Georgia (8-11 April)
No Starting 96: No Making Cut 56: No Completing 56
6985 yards: Par 72 (288)

1	JOSE MARIA OLAZABAL ($720000)	70 66 73 71	280
2	Davis Love III	69 72 70 71	282
3	Greg Norman	71 68 71 73	283
4=	Bob Estes	71 72 69 72	284
	Steve Pate	71 75 65 73	284
6=	David Duval	71 74 70 70	285
	Carlos Franco	72 72 68 73	285
	Phil Mickelson	74 69 71 71	285
	Nick Price	69 72 72 72	285
	Lee Westwood	75 71 68 71	285
11=	Steve Elkington	72 70 71 74	287
	Bernhard Langer	76 66 72 73	287
	Colin Montgomerie	70 72 71 74	287
14=	Jim Furyk	72 73 70 73	288
	Lee Janzen	70 69 73 76	288
	Brandt Jobe	72 71 74 71	288
	Ian Woosnam	71 74 71 72	288
18=	Brandel Chamblee	69 73 75 72	289
	Bill Glasson	72 70 73 74	289
	Justin Leonard	70 72 73 74	289
	Scott McCarron	69 68 76 76	289
	Tiger Woods	72 72 70 75	289
23	Larry Mize	76 70 72 72	290
24=	Brad Faxon	74 73 68 76	291
	Per-Ulrik Johansson	75 72 71 73	291
	Vijay Singh	72 76 71 72	291
27=	Stewart Cink	74 70 71 77	292
	Fred Couples	74 71 76 71	292
	Ernie Els	71 72 69 80	292
	Rocco Mediate	73 74 69 76	292
31=	Tom Lehman	73 72 73 75	293
	Shigeki Maruyama	78 70 71 74	293
	Mark O'Meara	70 76 69 78	293
	Jeff Sluman	70 75 70 78	293
	Brian Watts	73 73 70 77	293
36=	John Huston	74 72 71 77	294
	Andrew Magee	70 77 72 75	294
38=	Billy Andrade	76 72 72 75	295
	Mark Brooks	76 72 75 72	295
	Ray Floyd	74 73 72 76	295
	Sergio Garcia (a)	72 75 75 73	295
	Craig Stadler	72 76 70 77	295
	Steve Stricker	75 72 69 79	295
44=	Jay Haas	74 69 79 75	297
	Tim Herron	75 69 74 79	297
	Scott Hoch	75 73 70 79	297
	Tom McKnight (a)	73 74 73 77	297
48=	Sandy Lyle	71 77 70 80	298
	Craig Parry	75 73 73 77	298
50=	Matt Kuchar (a)	77 71 73 78	299
	Chris Perry	73 72 74 80	299

52=	Olin Browne	74 74 72 80	300	R1	Chamblee, Love III, McCarron, Price; 69		
	John Daly	72 76 71 81	300	R2	Olazabal; 136		
	Payne Stewart	73 75 77 75	300	R3	Olazabal; 209		
	Bob Tway	75 73 78 74	300	**Lowest Scores**			
56	Trevor Immelman (a)	72 76 78 79	305	R2	Langer, Olazabal; 66		
				R3	Pate; 65		
				R4	Duval; 70		

Round leader(s)

1999

99th US OPEN Championship
Pinehurst Resort and Country Club, Pinehurst, North Carolina (17-20 June)
No of Entries 7889: No Starting 156: No Making Cut 68: No Completing 68
7175 yards: Par 70 (280)

1	PAYNE STEWART	68 69 72 70	279		Carlos Franco	69 77 73 77	296
	($625000)				Gabriel Hjertstedt	75 72 79 70	296
2	Phil Mickelson	67 70 73 70	280		Rocco Mediate	69 72 76 79	296
3=	Vijay Singh	69 70 73 69	281		Craig Parry	69 73 79 75	296
	Tiger Woods	68 71 72 70	281		Steve Pate	70 75 75 76	296
5	Steve Stricker	70 73 69 73	285		Corey Pavin	74 71 78 73	296
6	Tim Herron	69 72 70 75	286		Esteban Toledo	70 72 76 78	296
7=	David Duval	67 70 75 75	287	42=	Stephen Allan	71 74 77 75	297
	Jeff Maggert	71 69 74 73	287		Gary Hallberg	74 72 75 76	297
	Hal Sutton	69 70 76 72	287		Len Mattiace	72 75 75 75	297
10=	Darren Clarke	73 70 74 71	288		Chris Perry	72 74 75 76	297
	Billy Mayfair	67 72 74 75	288	46=	Robert Allenby	74 72 76 76	298
12=	Paul Azinger	72 72 75 70	289		Jim Carter	73 70 78 77	298
	Paul Goydos	67 74 74 74	289		Brandel Chamblee	73 74 74 77	298
	Davis Love III	70 73 74 72	289		Lee Janzen	74 73 76 75	298
15=	Justin Leonard	69 75 73 73	290		David Lebeck	74 70 78 76	298
	Colin Montgomerie	72 72 74 72	290	51=	Steve Elkington	71 72 79 77	299
17=	Jim Furyk	69 73 77 72	291		Chris Tidland	71 75 75 78	299
	Jay Haas	74 72 73 72	291	53=	Greg Kraft	70 73 82 75	300
	Dudley Hart	73 73 76 69	291		Spike McRoy	70 74 76 80	300
	John Huston	71 69 75 76	291		Phillip Price	71 73 75 81	300
	Jesper Parnevik	71 71 76 73	291		Jason Tyska	72 74 75 79	300
	Scott Verplank	72 73 72 74	291	57=	Jerry Kelly	73 74 79 75	301
23=	Miguel Angel Jimenez	73 70 72 77	292		Tom Watson	75 70 77 79	301
	Nick Price	71 74 74 73	292		Kaname Yokoo	68 74 78 81	301
	Tom Scherrer	72 72 74 74	292	60=	John Cook	74 73 77 78	302
	Brian Watts	69 73 77 73	292		Tom Kite	74 72 80 76	302
	DA Weibring	69 74 74 75	292	62=	Chris Smith	69 77 77 80	303
28=	David Berganio, Jr	68 77 76 72	293		Bob Tway	69 77 79 78	303
	Tom Lehman	73 74 73 73	293	64	Larry Mize	69 75 84 76	304
30=	Bob Estes	70 71 77 76	294	65	Hank Kuehne (a)	72 75 81 78	306
	Geoffrey Sisk	71 72 76 75	294	66=	Bob Burns	71 76 84 77	308
32=	Stewart Cink	72 74 78 71	295		Ted Tryba	72 75 82 79	308
	Sven Struver	70 76 75 74	295	68	John Daly	68 77 81 83	309
34=	Brad Fabel	69 75 78 74	296				

Round Leader(s)
R1 Duval, Goydos, Mayfair, Mickelson; 67
R2 Duval, Mickelson, Stewart; 137
R3 Stewart; 209

Lowest Scores
R2 Huston, Maggert, Stewart; 69
R3 Stricker; 69
R4 Hart, Singh; 69

1999

128th OPEN Championship
Carnoustie Golf Links, Angus, Scotland (15-18 July)
No of Entries 2343: No Starting 156: No Making Cut 73: No Completing 73
7361 yards: Par 71 (284)

1	PAUL LAWRIE*	73 74 76 67	290		Patrik Sjoland	74 72 77 74	297
	(£350000)				Lee Westwood	76 75 74 72	297
2=	Justin Leonard	73 74 71 72	290	24=	Ernie Els	74 76 76 72	298
	Jean Van de Velde	75 68 70 77	290		Miguel Angel Martin	74 76 72 76	298
4=	Angel Cabrera	75 69 77 70	291		Peter O'Malley	76 75 74 73	298
	Craig Parry	76 75 67 73	291		Brian Watts	74 73 77 74	298
6	Greg Norman	76 70 75 72	293		Ian Woosnam	76 74 74 74	298
7=	David Frost	80 69 71 74	294	29	Padraig Harrington	77 74 74 74	299
	Davis Love III	74 74 77 69	294	30=	Thomas Bjorn	79 73 75 73	300
	Tiger Woods	74 72 74 74	294		Darren Clarke	76 75 76 73	300
10=	Scott Dunlap	72 77 76 70	295		Pierre Fulke	75 75 77 73	300
	Jim Furyk	78 71 76 70	295		Tim Herron	81 70 74 75	300
	Retief Goosen	76 75 73 71	295		Jeff Maggert	75 77 75 73	300
	Jesper Parnevik	74 71 78 72	295		Len Mattiace	73 74 75 78	300
	Hal Sutton	73 78 72 72	295		Payne Stewart	79 73 74 74	300
15=	Colin Montgomerie	74 76 72 74	296	37=	Paul Affleck	79 75 74 73	301
	Scott Verplank	80 73 69 74	296		Peter Baker	77 74 78 72	301
	Tsuyoshi Yoneyama	77 74 73 72	296		Dudley Hart	73 79 75 74	301
18=	Andrew Coltart	74 74 72 77	297		Mark McNulty	73 77 76 75	301
	Bernhard Langer	72 77 73 75	297		Nick Price	77 74 73 77	301
	Frank Nobilo	76 76 70 75	297		Mike Weir	83 71 72 75	301
	Costantino Rocca	81 69 74 73	297	43=	Mark James	76 74 74 78	302

	Duffy Waldorf	80 72 76 74	302		Santiago Luna	78 74 80 73	305
45=	David Howell	76 78 79 70	303	62=	Mark Brooks	82 70 76 78	306
	Joe Ozaki	74 78 75 76	303		David Duval	79 75 76 76	306
	Steve Pate	73 76 80 74	303		Johan Rystrom	78 75 76 77	306
	Jeff Sluman	80 74 77 72	303	65	Jarmo Sandelin	75 78 77 77	307
49=	Stephen Allan	79 73 83 69	304	66	Sven Struver	77 73 79 79	308
	KJ Choi	76 72 81 75	304	67	Lee Thompson	75 78 76 80	309
	Bob Estes	75 76 77 76	304	68=	Brian Davis	80 71 82 77	310
	Bradley Hughes	76 71 78 79	304		John Huston	80 71 77 82	310
	Thomas Levet	78 76 76 74	304	70	Lee Janzen	80 74 79 78	311
	Peter Lonard	76 78 74 76	304	71	Shingo Katayama	76 75 78 83	312
	Neil Price	79 74 76 75	304	72=	Derrick Cooper	75 77 76 85	313
	Dean Robertson	76 75 78 75	304		Martyn Thompson	76 78 78 81	313
	Katsuyoshi Tomori	74 75 79 76	304				
58=	Dennis Paulson	74 78 79 74	305				
	Phillip Price	77 76 77 75	305				
	Jeremy Robinson	77 76 77 75	305				

Paul Lawrie (5-4-3-3=15) beat Justin Leonard (5-4-4-5=18) and Jean Van de Velde (6-4-3-5=18) in the Four-hole Play-off

Round Leader(s)
R1   Pampling; 71
R2   Van de Velde; 143
R3   Van de Velde; 213

Lowest Scores
R2   Van de Velde; 68
R3   Parry; 67
R4   Lawrie; 67

1999

81st PGA Championship
Medinah Country Club, Medinah, Illinois (12-15 August)
No Starting 150: No Making Cut 74: No Completing 73
7398 yards: Par 72 (288)

1	TIGER WOODS	70 67 68 72	277		Billy Mayfair	75 69 75 72	291
	($650000)				Kenny Perry	74 69 72 76	291
2	Sergio Garcia	66 73 68 71	278		Scott Verplank	73 72 73 73	291
3=	Stewart Cink	69 70 68 73	280		Lanny Wadkins	72 69 74 76	291
	Jay Haas	68 67 75 70	280	41=	Paul Azinger	77 69 71 75	292
5	Nick Price	70 71 69 71	281		Angel Cabrera	73 73 74 72	292
6=	Bob Estes	71 70 72 69	282		Chris DiMarco	74 71 74 73	292
	Colin Montgomerie	72 70 70 70	282		Nick Faldo	71 71 75 75	292
8=	Jim Furyk	71 70 69 74	284		Hale Irwin	70 69 78 75	292
	Steve Pate	72 70 73 69	284		Robert Karlsson	70 76 73 73	292
10=	David Duval	70 71 72 72	285		Duffy Waldorf	74 71 70 77	292
	Miguel Angel Jimenez	70 70 75 70	285		Brian Watts	69 71 72 80	292
	Jesper Parnevik	72 70 73 70	285	49=	Olin Browne	73 72 74 74	293
	Corey Pavin	69 74 71 71	285		Davis Love III	71 72 75 75	293
	Chris Perry	70 73 71 71	285		Rocco Mediate	71 72 78 72	293
	Mike Weir	68 68 69 80	285		Vijay Singh	74 70 77 72	293
16=	Mark Brooks	70 73 70 74	287		Kirk Triplett	73 70 70 80	293
	Gabriel Hjertsted	72 70 73 72	287	54=	JP Hayes	68 76 76 74	294
	Brandt Jobe	69 74 69 75	287		Andrew Magee	72 72 77 73	294
	Greg Turner	73 69 70 75	287		Jeff Sluman	72 73 73 76	294
	Lee Westwood	70 68 74 75	287	57=	Phil Mickelson	72 72 74 77	295
21=	David Frost	75 68 74 71	288		Mark O'Meara	72 74 73 76	295
	Scott Hoch	71 71 75 71	288		Payne Stewart	75 71 75 74	295
	Skip Kendall	74 65 71 78	288		Bob Tway	73 71 80 71	295
	JL Lewis	73 70 74 71	288	61=	Mark Calcavecchia	71 75 76 74	296
	Kevin Wentworth	72 70 72 74	288		Brad Faxon	72 73 77 74	296
26=	Fred Couples	73 69 75 72	289		Greg Kraft	74 70 75 77	296
	Carlos Franco	72 71 71 75	289		Bernhard Langer	71 75 74 76	296
	Jerry Kelly	69 74 71 75	289	65=	Alex Cejka	71 73 75 78	297
	Hal Sutton	72 73 73 71	289		Andrew Coltart	72 74 80 71	297
	Jean Van de Velde	74 70 75 70	289		Mike Reid	72 74 76 75	297
31=	Paul Goydos	73 70 71 76	290	68=	Scott Dunlap	74 72 71 81	298
	Mark James	70 74 79 67	290		Bruce Zabriski	70 75 77 76	298
	Ted Tryba	70 72 76 72	290	70=	Rich Beem	72 73 78 76	299
34=	Steve Flesch	73 71 72 75	291		Thomas Bjorn	73 73 78 75	299
	Paul Lawrie	73 72 72 74	291		Joe Ozaki	73 73 78 75	299
	Tom Lehman	70 74 76 71	291	73	Fred Funk	75 69 76 80	300

Round Leader(s)
R1   Garcia; 66
R2   Haas; 135
R3   Weir, Woods; 205

Lowest Scores
R2   Kendall; 65
R3   Cink, Garcia, Woods; 68
R4   James; 67

2000

64th MASTERS Tournament
Augusta National Golf Club, Augusta, Georgia (6-9 April)
No Starting 95: No Making Cut 57: No Completing 57
6985 yards: Par 72 (288)

1	VIJAY SINGH	72 67 70 69	278	5	Tiger Woods	75 72 68 69	284
	($828000)			6	Tom Lehman	69 72 75 69	285
2	Ernie Els	72 67 74 68	281	7=	Carlos Franco	79 68 70 69	286
3=	David Duval	73 65 74 70	282		Davis Love III	75 72 68 71	286
	Loren Roberts	73 69 71 69	282		Phil Mickelson	71 68 76 71	286

10 Hal Sutton	72 75 71 69	287
11=Fred Couples	76 72 70 70	288
Greg Norman	80 68 70 70	288
Nick Price	74 69 73 72	288
14=Jim Furyk	73 74 71 71	289
John Huston	77 69 72 71	289
Dennis Paulson	68 76 73 72	289
Chris Perry	73 75 72 69	289
18 Jeff Sluman	73 69 77 71	290
19=Glen Day	79 67 74 71	291
Bob Estes	72 71 77 71	291
Padraig Harrington	76 69 75 71	291
Colin Montgomerie	76 69 77 69	291
Steve Stricker	70 73 75 73	291
Jean Van de Velde	76 70 75 70	291
25=Steve Jones	71 70 76 75	292
Larry Mize	78 67 73 74	292
Craig Parry	75 71 72 74	292
28=Paul Azinger	72 72 77 72	293
Thomas Bjorn	71 77 73 72	293
Stewart Cink	75 72 72 74	293
Dudley Hart	75 71 72 75	293
Nick Faldo	72 72 74 75	293
Bernhard Langer	71 71 75 76	293
Justin Leonard	72 71 77 73	293
Jumbo Ozaki	72 72 74 75	293
Mike Weir	75 70 70 78	293
37=Notah Begay III	74 74 73 73	294
Fred Funk	75 68 78 73	294
Jay Haas	75 71 75 73	294
40=Mark Brooks	72 76 73 74	295
Darren Clarke	72 71 78 74	295
Sergio Garcia	70 72 75 78	295
Retief Goosen	73 69 79 74	295
Jesper Parnevik	77 71 70 77	295
Ian Woosnam	74 70 76 75	295
46=Scott Gump	75 70 78 73	296
Shigeki Maruyama	76 71 74 75	296
48 Brandt Jobe	73 74 76 74	297
49=Miguel Angel Jimenez	76 71 79 72	298
Steve Pate	78 69 77 74	298
David Toms	74 72 73 79	298
52=Steve Elkington	74 74 78 73	299
Rocco Mediate	71 74 75 79	299
54=David Gossett (a)	75 71 79 78	303
Jack Nicklaus	74 70 81 78	303
56 Skip Kendall	76 72 77 83	308
57 Tommy Aaron	72 74 86 81	313

Cut (Top 44 or those within 10 strokes of the leader after 36 holes)
149 Aaron Baddeley (a) 77,72; Danny Green (a) 73,76; Scott Hoch 78,71; Jeff Maggert 77,72; Jose Maria Olazabal 72,77; Bob Tway 77,72; Duffy Waldorf 78,71
150 Stuart Appleby 73,77; Angel Cabrera 74,76; Brent Geiberger 76,74; S-Y Kim 75,75 (a); Mark O'Meara 75,75; Corey Pavin 80,70; Gary Player 76,74; Craig Stadler 73,77
151 Gabriel Hjertstedt 78,73; Sandy Lyle 79,72; Tom Watson 75,76
152 Lee Janzen 76,76; Joe Ozaki 75,77; Lee Westwood 77,75
153 John Daly 80,73; Hunter Haas (a) 80,73; Paul Lawrie 79,74
155 Charles Coody 81,74; Ben Crenshaw 79,76; Kirk Triplett 76,79
156 Ted Tryba 75,81; Fuzzy Zoeller 82,74
157 Brian Watts 78,79
158 Ray Floyd 80,78; Tim Herron 84,74
159 Graeme Storm (a) 83,76
160 Arnold Palmer 78,82
162 Seve Ballesteros 81,81; Gay Brewer 84,78

Wdw
18 holes: 84 Billy Casper
         94 Doug Ford

Round Leader(s)
R1 Paulson; 68
R2 Duval; 138
R3 Singh; 209

Lowest Scores
R2 Duval; 65
R3 Love III, Woods; 68
R4 Els; 68

2000

100th US OPEN Championship
Pebble Beach Golf Links, Pebble Beach, California (15-18 June)
No of Entries 8455: No Starting 156: No Making Cut 63: No Completing 63
6846 yards: Par 71 (284)

1 TIGER WOODS ($800000)	65 69 71 67	272
2= Ernie Els	74 73 68 72	287
Miguel Angel Jimenez	66 74 76 71	287
4 John Huston	67 75 76 70	288
5= Padraig Harrington	73 71 72 73	289
Lee Westwood	71 71 76 71	289
7 Nick Faldo	69 74 76 71	290
8= Stewart Cink	77 72 72 70	291
David Duval	75 71 74 71	291
Loren Roberts	68 78 73 72	291
Vijay Singh	70 73 80 68	291
12=Paul Azinger	71 73 79 69	292
Michael Campbell	71 77 71 73	292
Retief Goosen	77 72 72 71	292
Jose Maria Olazabal	70 71 76 75	292
16=Fred Couples	70 75 75 73	293
Scott Hoch	73 76 75 69	293
Justin Leonard	73 73 75 72	293
Phil Mickelson	71 73 73 76	293
David Toms	73 76 72 72	293
Mike Weir	76 72 76 69	293
22 Notah Begay III	74 75 72 73	294
23=Mike Brisky	71 73 79 72	295
Tom Lehman	71 73 78 73	295
Bob May	72 76 75 72	295
Hal Sutton	69 73 83 70	295
27=Hale Irwin	68 78 81 69	296
Steve Jones	75 73 75 73	296
Nick Price	77 70 78 71	296
Steve Stricker	75 74 75 72	296
Tom Watson	71 74 78 73	296
32=Tom Kite	72 77 77 71	297
Rocco Mediate	69 76 75 77	297
Chris Perry	75 72 78 72	297
Lee Porter	74 70 83 70	297
Richard Zokol	74 74 80 69	297
37=Woody Austin	77 70 78 73	298
Angel Cabrera	69 76 79 74	298
Bobby Clampett	68 77 76 77	298
Lee Janzen	71 73 79 75	298
Jerry Kelly	73 73 81 71	298
Larry Mize	73 72 76 77	298
Craig Parry	73 74 76 75	298
Ted Tryba	71 73 79 75	298
Charles Warren	75 74 75 74	298
46=Thomas Bjorn	70 70 82 77	299
Sergio Garcia	75 71 81 72	299
Rick Hartmann	73 75 75 76	299
Colin Montgomerie	73 74 79 73	299
Scott Verplank	72 74 78 75	299
51=Mark O'Meara	74 74 78 74	300
Warren Schutte	74 75 74 77	300
53=Darren Clarke	71 75 83 72	301
Keith Clearwater	74 74 80 73	301
Jeff Coston	70 77 80 74	301
56 Kirk Triplett	70 71 84 77	302
57=Dave Eichelberger	78 69 77 79	303
Jimmy Green	74 75 77 77	303
59 Jeffrey Wilson (a)	74 72 82 76	304
60 Jim Furyk	72 74 84 75	305
61=Brandel Chamblee	70 77 82 77	306
Carlos Franco	74 75 75 82	306
63 Robert Damron	72 73 84 84	313

Cut (16 strokes behind the leader after 36 holes)
150 Mike Burke, Jr 77,73; Bob Estes 73,77; Todd Fischer 78,72; Fred Funk 76,74; Brian Gay 72,78; Dudley Hart 77,73; Brian Henninger 77,73; Tim Herron 75,75; Ryuji Imada 75,75; Kevin Johnson 74,76; Corey Pavin 72,78; Don Pooley 76,74
151 Stuart Appleby 75,76; Tommy Armour III 76,75; Mark

	Brooks 74,77; Chad Campbell 74,77; Brent Geiberger 73,78; Matt Gogel 72,79; Brandt Jobe 72,79; Chris Kaufman 76,75; Jeff Maggert 72,79; Frank Nobilo 75,76; Dennis Paulson 75,76; Mark Slawter 77,74; Craig Stadler 79,72; Bill Van Orman 76,75; Duffy Waldorf 73,78	
152	Joe Daley 83,69; David Frost 76,76; Ed Fryatt 78,74; Jonathan Kaye 74,78; Darrell Kestner 74,78; Jim McGovern 76,76; Jeff Sluman 78,74; Jean Van de Velde 76,76	
153	Aaron Baddeley (a) 79,74; Ricky Barnes (a) 80,73; Paul Goydos 71,82; Andrew Magee 74,79; Jesper Parnevik 73,80; Brett Quigley 75,78; Chris Tidland 77,76	
154	Andy Bean 77,77; David Berganio 77,77; Mike Borich 77,77; Robert Gamez 75,79; Davis Love III 75,79; Steve Pate 74,80; Rory Sabbatini 79,75	
155	Jason Buha 80,75; John Cook 79,76; David Gossett (a) 78,77; Michael Harris 77,78; JP Hayes 76,79; Jack Nicklaus 73,82; Jake Reeves 74,81; Andy Sanders (a) 77,78	
156	Cameron Beckman 78,78; Brad Elder 79,77; Brad Faxon 80,76; Paul Gow 77,79; Scott Gump 74,82; Craig Lile (a) 78,78; Tag Ridings 80,76; Javier Sanchez 77,79; Zoran Zorkic 80,76	
157	Glen Day 77,80; Bernhard Langer 77,80; Jeff Lee 79,78; Jon Levitt 79,78; Mike Malizia 76,81; Shigeki Maruyama 77,80; Jarmo Sandelin 77,80; Ed Whitman 82,75	
158	Jim Carter 76,82; Frank Lickiter 81,77; Jedd McLuen (a) 79,79; Billy Mayfair 83,75	
159	Rod Butcher 84,75; JL Lewis 77,82; Greg Norman 77,82; Craig Spence 76,83; Rick Stimmel 76,83; Mario Tiziani 80,79	
160	Graham Davidson 81,79; Rick Heath 79,81; Ken Krieger 81,79; Mike Troy 79,81	
161	Clark Renner 85,76	
162	Colin Amaral 79,83; Curtis Strange 81,81	

Wdw
18 holes: 83 John Daly

Dsq
18 holes: 78 Kyle Blackman

Round Leader(s)
R1 Woods; 65
R2 Woods; 134
R3 Woods; 205

Lowest Scores
R2 Daley; Eichelberger, Woods; 69
R3 Els; 68
R4 Woods; 67

2000

129th OPEN Championship
Royal & Ancient Golf Club, St Andrews, Fife, Scotland (20-23 July)
No of Entries 2480: No Starting 156: No Making Cut 74: No Completing 73
7115 yards: Par 72 (288)

1	TIGER WOODS (£500000)	67 66 67 69	269		Mike Weir	75 68 70 75	288
				55=	Andrew Coltart	70 72 73 74	289
2=	Thomas Bjorn	69 69 68 71	277		David Frost	73 71 71 74	289
	Ernie Els	66 72 70 69	277		Shigeki Maruyama	68 76 69 76	289
4=	Tom Lehman	68 70 70 70	278		Greg Owen	70 74 72 73	289
	David Toms	69 67 71 71	278		Tom Watson	73 71 72 73	289
6	Fred Couples	70 68 72 69	279	60=	Steve Elkington	73 69 74 74	290
7=	Paul Azinger	69 72 72 67	280		Christy O'Connor, Jr	69 75 72 74	290
	Darren Clarke	70 69 68 73	280		Jeff Sluman	72 68 75 75	290
	Pierre Fulke	69 72 70 69	280		Kirk Triplett	73 71 74 72	290
	Loren Roberts	69 68 70 73	280	64=	Desvonde Botes	71 70 76 74	291
11=	Stuart Appleby	73 70 68 70	281		Per-Ulrik Johansson	72 69 76 74	291
	David Duval	70 70 66 75	281		Ian Poulter	74 69 73 75	291
	Bernhard Langer	74 70 66 71	281		Lee Westwood	70 70 76 75	291
	Davis Love III	74 66 74 67	281	68=	Gordon Brand, Jr	69 72 80 71	292
	Mark McNulty	69 72 70 70	281		Ian Woosnam	72 72 73 75	292
	Bob May	72 72 66 71	281	70=	Kazuhiko Hosokawa	75 69 77 73	294
	Phil Mickelson	72 66 71 72	281		Tom Kite	72 72 76 74	294
	Dennis Paulson	68 71 69 73	281	72=	Lionel Alexandre	75 68 76 76	295
	Vijay Singh	70 70 73 68	281		Peter Senior	71 71 74 79	295
20=	Notah Begay III	69 73 69 71	282				
	Bob Estes	72 69 70 71	282				
	Steve Flesch	67 70 71 74	282				
	Padraig Harrington	68 72 70 72	282				
	Paul McGinley	69 72 71 70	282				
	Steve Pate	73 70 71 68	282				
26=	Mark Calcavecchia	73 70 71 69	283				
	Miguel Angel Jimenez	73 71 71 68	283				
	Colin Montgomerie	71 70 72 70	283				
	Mark O'Meara	70 73 69 71	283				
	Dean Robertson	73 70 68 72	283				
31=	Steve Jones	70 70 72 72	284				
	Jose Maria Olazabal	72 70 71 71	284				
	Jarmo Sandelin	70 70 75 69	284				
	Jean Van de Velde	71 68 72 73	284				
35	Eduardo Romero	71 68 72 74	285				
36=	Robert Allenby	72 71 72 71	286				
	Jose Coceres	74 66 69 77	286				
	Sergio Garcia	68 69 73 76	286				
	Jesper Parnevik	73 69 72 72	286				
	Craig Parry	72 72 71 71	286				
41=	Stewart Cink	69 73 76 69	287				
	Nick Faldo	70 71 75 71	287				
	Jim Furyk	69 71 75 72	287				
	Retief Goosen	72 72 71 72	287				
	Justin Leonard	70 74 72 71	287				
	Jeff Maggert	72 71 69 75	287				
	Jarrod Moseley	70 71 70 76	287				
	Nick O'Hern	69 74 70 74	287				
	Gary Orr	72 71 72 72	287				
	Lucas Parsons	70 72 71 74	287				
	Tsuyoshi Yoneyama	74 69 70 74	287				
52=	Ian Garbutt	68 75 70 75	288				
	Rocco Mediate	74 69 76 69	288				

Cut (Top 70 & ties after 36 holes)
145 Michael Campbell 72,73; Jim Carter 72,73; Marc Farry 72,73; Fred Funk 71,74; Mikko Ilonen (a) 74,71; Yasuharu Imano 71,68; Maarten Lafeber 73,72; Stephen Leaney 75,70; Hirofumi Miyase 72,73; Nobuhito Sato 75,70; Jamie Spence 74,71; Hal Sutton 75,70; Katsuyoshi Tomori 73,72; Scott Verplank 72,73
146 Angel Cabrera 74,72; Scott Dunlap 68,70; Simon Dyson 72,74; Paul Eales 74,72; John Huston 76,70; Nick Price 76,70; Phillip Price 75,71; Jean-Francois Remesy 69,77; Manny Zerman 78,68
147 Seve Ballesteros 78,69; John Bickerton 75,72; Mark Brooks 74,73; Bob Charles 72,75; Nic Henning 78,69; Lee Janzen 75,72; Andrew Oldcorn 71,76; Jyoti Randhawa 73,74; Adam Scott 72,75; Steve Stricker 73,74; David Sutherland 75,72; Steen Tinning 76,71; Sam Torrance 72,75; Ted Tryba 73,74; Steve Webster 74,73; W-T Yeh 77,70
148 Alex Cejka 78,70; Roger Chapman 75,73; John Daly 76,72; Chris DiMarco 72,76; Luke Donald (a) 73,75; Carlos Franco 75,73; Shingo Katayama 71,77; Simon Khan 76,72; Brian Marchbank 74,74; Yoshinori Mizumaki 74,74; Corey Pavin 73,75; Philip Rowe (a) 72,76; Patrik Sjoland 76,72
149 Jose Manuel Carriles 77,72; Brian Davis 72,77; David Gossett (a) 71,78; Tim Herron 77,72; Sandy Lyle 71,78; Joe Ozaki 79,70; Chris Perry 74,75
150 Jack Nicklaus 77,73; Raymond Russell 74,76; Scott Watson 76,74
151 Paul Dwyer 76,75; Mark James 76,75; Stuart Little 79,72; Tom Scherrer 77,74; Bob Tway 73,78
152 Kyi Hla Han 71,81

153	Adilson da Silva 79,74; Philip Golding 78,75; Robert Karlsson 80,73; Paul Lawrie 78,75
154	Jamie Harris 76,78; Tony Johnstone 79,75
155	Gary Emerson 79,76; Freddie Jacobson 82,73
156	Gary Player 77,79
157	Paul Affleck 76,81; Darren Fichardt 81,76; Lee Trevino 80,77
159	Michael Jonzon 76,83
160	Colin Gillies 80,80

Wdw
36 holes: 143 Dudley Hart 69,74

Round Leader(s)
R1 Els; 66
R2 Woods; 133
R3 Woods; 200

Lowest Scores
R2 Coceres, Love, Mickelson, Woods; 66
R3 Duval, Langer, May; 66
R4 Azinger, Love; 67

2000

82nd PGA Championship
Valhalla Golf Club, Louisville, Kentucky (17-20 August)
No Starting 150: No Making Cut 80: No Completing 80
7167 yards: Par 72 (288)

1	TIGER WOODS* ($900000)	66 67 70 67	270
2	Bob May	72 66 66 66	270
3	Thomas Bjorn	72 68 67 68	275
4=	Stuart Appleby	70 69 68 69	276
	Greg Chalmers	71 69 66 70	276
	Jose Maria Olazabal	76 68 63 69	276
7	Franklin Langham	72 71 65 69	277
8	Notah Begay III	72 66 70 70	278
9=	Darren Clarke	68 72 72 67	279
	Scott Dunlap	66 68 70 75	279
	Fred Funk	69 68 74 68	279
	Davis Love III	68 69 72 70	279
	Phil Mickelson	70 70 69 70	279
	Tom Watson	76 70 65 68	279
15=	Stewart Cink	72 71 70 67	280
	Mike Clark	73 70 67 70	280
	Chris DiMarco	73 70 69 68	280
	Lee Westwood	72 72 69 67	280
19=	Robert Allenby	73 71 68 69	281
	Angel Cabrera	72 71 71 67	281
	JP Hayes	69 68 68 76	281
	Lee Janzen	76 70 70 65	281
	Tom Kite	70 72 69 70	281
24=	Paul Azinger	72 71 66 73	282
	Steve Jones	72 71 70 69	282
	Jarmo Sandelin	74 72 68 68	282
27=	Brad Faxon	71 74 70 68	283
	Skip Kendall	72 72 69 70	283
	Tom Pernice, Jr	74 69 70 70	283
30=	Stephen Ames	69 71 71 73	284
	Kenny Perry	78 68 70 68	284
	Jean Van de Velde	70 74 69 71	284
	Mike Weir	76 69 68 71	284
34=	Mark Calcavecchia	73 74 71 67	285
	Ernie Els	74 68 72 71	285
	Sergio Garcia	74 69 73 69	285
	Blaine McCallister	73 71 70 71	285
	Chris Perry	72 74 70 69	285
39=	Toshi Izawa	73 73 71 69	286
	Colin Montgomerie	74 72 70 70	286
41=	Justin Leonard	73 73 71 70	287
	Steve Pate	75 70 74 68	287
	Jeff Sluman	73 69 72 73	287
	Paul Stankowski	75 72 68 72	287
	David Toms	72 68 72 75	287
46=	Brian Henninger	70 74 71 73	288
	Bernhard Langer	75 69 73 71	288
	Shigeki Maruyama	77 69 71 71	288
	Mark O'Meara	71 72 70 75	288
	Duffy Waldorf	75 70 71 72	288
51=	Andrew Coltart	74 71 73 71	289
	Glen Day	76 71 71 71	289
	Nick Faldo	79 68 69 73	289
	Jonathan Kaye	69 74 71 75	289
	Steve Lowery	73 74 73 69	289
	Jesper Parnevik	72 74 70 73	289
	Brian Watts	72 74 73 70	289
58=	Carlos Franco	72 74 74 70	290
	Padraig Harrington	75 72 69 74	290
	Joe Ogilvie	73 74 71 72	290
	Dennis Paulson	72 75 70 73	290
	Loren Roberts	74 72 71 73	290
	Curtis Strange	72 70 76 72	290
64=	Bill Glasson	73 74 71 73	291
	Wayne Grady	71 74 68 78	291
	Jay Haas	73 74 68 76	291
	Miguel Angel Jimenez	70 77 74 70	291
	Craig Stadler	74 69 71 77	291
69=	Greg Kraft	71 73 75 73	292
	Kirk Triplett	76 71 73 72	292
71	John Huston	75 72 74 72	293
72=	Jim Furyk	74 71 74 75	294
	Paul Lawrie	75 71 73 75	294
74=	Robert Damron	72 74 81 70	297
	Scott Hoch	73 70 75 79	297
	Billy Mayfair	74 73 76 74	297
77	Rory Sabbatini	74 71 76 78	299
78	Jumbo Ozaki	74 71 76 79	300
79	Hidemichi Tanaka	72 73 77 79	301
80	Frank Dobbs	75 72 88 78	313

Tiger Woods (3-4-5=12) beat Bob May (4-4-5=13) in the three-hole play off

Cut (at 147 after 36 holes)
148 Jim Blair 75,73; Jay Don Blake 73,75; Mark Brown 71,77; Tim Dunlavey 76,72; Bob Estes 74,74; Steve Flesch 76,72; Ed Fryatt 69,79; Retief Goosen 75,73; Jerry Kelly 74,74; Andrew Magee 75,73; Jeff Maggert 73,75; Jack Nicklaus 77,71; Peter O'Malley 74,74; Gary Orr 77,71; Vijay Singh 77,71; Kevin Sutherland 74,74; Ian Woosnam 73,75
149 Bob Boyd 74,75; Mark Brooks 78,71; Fred Couples 79,70; Harrison Frazar 75,74; Tim Herron 72,77; Paul McGinley 74,75; Nick Price 77,72; Hal Sutton 74,75; Ted Tryba 75,74; Scott Verplank 75,74
150 Russ Cochran 74,76; Ed Sabo 78,72; Bob Tway 77,73
151 Shawn Kelly 74,77; Todd Smith 78,73
152 Mathias Gronberg 78,74; Karl Kimball 75,77; Greg Norman 75,77; Phillip Price 77,75; Ed Terasa 76,76
153 Jeff Freeman 76,77; Brent Geiberger 75,78; Eduardo Romero 75,78; Steve Stricker 80,73
154 Steve Brady 78,76; Jose Coceres 75,79; Bob Gaus 76,78; Corey Pavin 79,75; Brad Sherfy 80,74; Greg Turner 77,77; Robert Wilkin 76,78
155 Shingo Katayama 76,79; Craig Parry 80,75; Jim Woodward 78,77
156 John Daly 74,82; Brian Gaffney 79,77; Joe Ozaki 81,75
157 Michael Campbell 84,73
158 Mike Gill 81,77
159 Kevin Burton 80,79; Lanny Wadkins 76,83
160 Sam Torrance 82,78
163 Rick Morton 84,79
164 Tim Thelen 85,79
165 Ron Stelten 86,79
166 Jamie Elliott 87,79
167 Tony Kelley 84,83

Wdw
18 holes: 77 Rocco Mediate; Tom Scherrer
          79 Dudley Hart
          82 Tom Lehman
          83 Ben Crenshaw
          85 Jim Carter

Round Leader(s)
R1 Dunlap, Woods; 66
R2 Woods; 133
R3 Woods; 203

Lowest Scores
R2 Begay, May; 66
R3 Olazabal; 63
R4 Janzen; 65

65th MASTERS Tournament
Augusta National Golf Club, Augusta, Georgia (6-9 April)
No Entering 93: No Starting 92: No Making Cut 47: No Completing 47
6985 yards: Par 72 (288)

1	TIGER WOODS ($1008000)	70 66 68 68	272
2	David Duval	71 66 70 67	274
3	Phil Mickelson	67 69 69 70	275
4=	Mark Calcavecchia	72 66 68 72	278
	Toshi Izawa	71 66 74 67	278
6=	Ernie Els	71 68 68 72	279
	Jim Furyk	69 71 70 69	279
	Bernhard Langer	73 69 68 69	279
	Kirk Triplett	68 70 70 71	279
10=	Angel Cabrera	66 71 70 73	280
	Chris DiMarco	65 69 72 74	280
	Brad Faxon	73 68 68 71	280
	Miguel Angel Jimenez	68 72 71 69	280
	Steve Stricker	66 71 72 71	280
15=	Paul Azinger	70 71 71 69	281
	Rocco Mediate	72 70 66 73	281
	Jose Maria Olazabal	70 68 71 72	281
18=	Tom Lehman	75 68 71 68	282
	Vijay Singh	69 71 73 69	282
20=	John Huston	67 75 72 69	283
	Jeff Maggert	72 70 70 71	283
	Mark O'Meara	69 74 72 68	283
	Jesper Parnevik	71 71 72 69	283
24	Darren Clarke	72 67 72 73	284
25	Tom Scherrer	71 71 70 73	285
26	Fred Couples	74 71 73 68	286
27=	Padraig Harrington	75 69 72 71	287
	Steve Jones	74 70 72 71	287
	Justin Leonard	73 71 72 71	287
	Mike Weir	74 69 72 72	287
31=	Stuart Appleby	72 70 70 76	288
	Mark Brooks	70 71 77 70	288
	Lee Janzen	67 70 72 79	288
	David Toms	72 72 71 73	288
	Duffy Waldorf	72 70 71 75	288
36	Hal Sutton	74 69 71 75	289
37=	Scott Hoch	74 70 72 74	290
	Chris Perry	68 74 74 74	290
	Loren Roberts	71 74 73 72	290
40=	Shingo Katayama	75 70 73 74	292
	Franklin Langham	72 73 75 72	292
	Steve Lowery	72 72 78 70	292
43=	Dudley Hart	74 70 78 71	293
	Jonathan Kaye	74 71 74 74	293
	Bob May	71 74 73 75	293
46	Carlos Franco	71 71 77 75	294
47	Robert Allenby	71 74 75 75	295

Cut (Top 44 & ties after 36 holes)

146	Notah Begay III 73,73; Thomas Bjorn 70,76; Jose Coceres 77,69; James Driscoll (a) 68,78; Sergio Garcia 70,76; Davis Love III 71,75; Dennis Paulson 73,73
147	Joe Durant 73,74; Sandy Lyle 74,73; Shigeki Maruyama 77,70; Scott Verplank 69,78
148	Greg Chalmers 76,72; Larry Mize 74,74; Jack Nicklaus 73,75; Nick Price 73,75; Eduardo Romero 75,73; Rory Sabbatini 73,75; Tom Watson 78,70; Ian Woosnam 71,77
149	Stewart Cink 75,74; Retief Goosen 75,74; Paul Lawrie 73,76; Colin Montgomerie 73,76; Gary Player 73,76; Fuzzy Zoeller 77,72
150	Aaron Baddeley 75,75; Steve Flesch 74,76; Grant Waite 79,71
151	Nick Faldo 75,76; Ray Floyd 76,75; Mikko Ilonen (a) 72,79
152	Seve Ballesteros 76,76; Charles Coody 80,72; Pierre Fulke 73,79; Craig Stadler 79,73
153	Michael Campbell 78,75; Greg Norman 71,82; DJ Trahan (a) 78,75
156	Greg Puga (a) 76,80; Jeff Quinney (a) 80,76
158	Arnold Palmer 82,76
159	Ben Crenshaw 81,78
163	Tommy Aaron 81,82
167	Billy Casper 87,80

Wdw
18 holes: 84 Gay Brewer

Scr
Doug Ford

Round Leader(s)
R1 DiMarco; 65
R2 DiMarco; 134
R3 Woods; 204

Lowest Scores
R2 Calcavecchia, Duval, Izawa, Woods; 66
R3 Mediate; 66
R4 Duval, Izawa; 67

101st US OPEN Championship
Southern Hills Country Club, Tulsa, Oklahoma (14-18 June; 18 hole play-off on Monday)
No of Entries 8398: No Starting 156: No Making Cut 79: No Completing 79
6973 yards: Par 70 (280)

1	RETIEF GOOSEN* ($900000)	66 70 69 71	276
2	Mark Brooks	72 64 70 70	276
3	Stewart Cink	69 69 67 72	277
4	Rocco Mediate	71 68 67 72	278
5=	Paul Azinger	74 67 69 71	281
	Tom Kite	73 72 72 64	281
7=	Angel Cabrera	70 71 72 69	282
	Davis Love III	72 69 71 70	282
	Phil Mickelson	70 69 68 75	282
	Vijay Singh	74 70 74 64	282
	Kirk Triplett	72 69 71 70	282
12=	Michael Allen	77 68 67 71	283
	Matt Gogel	70 69 74 70	283
	Sergio Garcia	70 68 68 77	283
	Tiger Woods	74 71 69 69	283
16=	Chris DiMarco	69 73 70 72	284
	David Duval	70 69 71 74	284
	Scott Hoch	73 73 69 69	284
19=	Corey Pavin	70 75 68 72	285
	Chris Perry	72 71 73 69	285
	Mike Weir	67 76 68 74	285
22=	Thomas Bjorn	72 69 73 72	286
	Scott Verplank	71 71 73 71	286
24=	Olin Browne	71 74 71 71	287
	Mark Calcavecchia	70 74 73 70	287
	Joe Durant	71 74 70 72	287
	Tom Lehman	76 68 69 74	287
	Steve Lowery	71 73 72 71	287
	Hal Sutton	70 75 71 71	287
30=	Darren Clarke	74 71 71 72	288
	Bob Estes	70 72 75 71	288
	Padraig Harrington	73 70 71 74	288
	Gabriel Hjertstedt	72 74 70 72	288
	Steve Jones	73 73 72 70	288
	JL Lewis	69 68 77 75	288
	Bob May	72 72 69 75	288
	Bryce Molder [a]	75 71 68 74	288
	Jesper Parnevik	73 73 74 68	288
	Dean Wilson	71 74 72 71	288
40=	Briny Baird	71 72 70 76	289
	Tim Herron	71 74 73 71	289
	Bernhard Langer	71 73 71 74	289
	Shaun Micheel	73 70 75 71	289
44=	Tom Byrum	74 72 72 72	290
	Brandel Chamblee	72 71 71 76	290
	Fred Funk	78 68 71 73	290
	Toshi Izawa	69 74 74 73	290
	Jeff Maggert	69 73 72 76	290
	Kevin Sutherland	73 72 73 72	290
	Duffy Waldorf	75 68 69 78	290
51	Eduardo Romero	74 72 72 73	291

52=Jose Coceres	70 73 75 74	292	
Scott Dunlap	74 70 73 75	292	
Hale Irwin	67 75 74 76	292	
Brandt Jobe	77 68 71 76	292	
Frank Lickliter	75 71 70 76	292	
Colin Montgomerie	71 70 77 74	292	
Loren Roberts	69 76 69 78	292	
Bob Tway	75 71 72 74	292	
Jimmy Walker	79 66 74 73	292	
Mark Wiebe	73 72 74 73	292	
62=Jim Furyk	70 70 71 82	293	
Dudley Hart	71 73 74 75	293	
Tim Petrovic	74 71 75 73	293	
Richard Zokol	72 71 74 76	293	
66=Ernie Els	71 74 77 72	294	
Dan Forsman	75 71 77 71	294	
Harrison Frazar	73 73 76 72	294	
Peter Lonard	76 69 70 79	294	
David Peoples	73 73 72 76	294	
David Toms	71 71 77 75	294	
72=Nick Faldo	76 70 74 75	295	
Franklin Langham	75 71 75 74	295	
74=Mathias Gronberg	74 69 74 79	296	
Thongchai Jaidee	73 73 72 78	296	
Anthony Kang	74 72 77 73	296	
Gary Orr	74 72 74 76	296	
78 Jim McGovern	71 73 77 76	297	
79 Stephen Gangluff	74 72 78 77	301	

Retief Goosen (70) beat Mark Brooks (72) in the 18 hole Play-of

Cut (11 strokes behind the leader after 36 holes)
147 Rich Beem 74,73; Chad Campbell 76,71; Robert Damron 73,74; Brad Faxon 73,74; Mike Hulbert 75,72; Lee Janzen 77,70; Pete Jordan 77,70; Gary Koch 75,72; Tom Pernice 74,73; Brett Quigley 71,76
148 KJ Choi 78,70; Robert Gamez 74,74; Skip Kendall 74,74; Mark O'Meara 74,74; Dennis Paulson 75,73; Nick Price 74,74; Steve Stricker 73,75
149 Robert Allenby 74,75; Billy Andrade 75,74; Charles Howell III 75,74; Jose Maria Olazabal 77,72; Carl Paulson 73,76; Toru Taniguchi 78,71
150 Ronnie Black 76,74; Kyle Blackman 74,76; Fred Couples 76,74; Steve Flesch 81,69; Chris Gonzales 75,75; Tripp Isenhour 73,77; Miguel Angel Jimenez 77,73; Paul Lawrie 73,77; Joey Maxon 74,76
151 Jay Don Blake 75,76; Todd Fischer 76,75; Paul Goydos 76,75; Donnie Hammond 76,75; John Huston 75,76; Joel Kribel 74,77; Justin Leonard 78,73; Mike Sposa 78,73; Esteban Toledo 74,77; Lee Westwood 75,76
152 Jess Daley 80,72; John Douma 77,75; Jason Dufner 74,78; Jeff Freeman 77,75; Shingo Katayama 77,75; Brad Klapprott 75,77; Gary Nicklaus 78,74; Charles Raulerson 77,75; Chris Smith 74,78
153 Glen Day 77,76; John Harris (a) 76,77; Brian Henninger 75,78; Kevin Johnson 77,76
154 Michael Campbell 77,77
155 Stuart Appleby 80,75; Ben Bates 75,80; Carlos Franco 76,79; Jeff Hart 80,75; Scott Johnson 82,73; John Maginnes 79,76; Dicky Pride 77,78; Jeff Quinney (a) 82,73
156 Chris Anderson 77,79; Notah Begay III 78,78; Clark Dennis 79,77; Wes Heffernan 77,79; Willie Wood 75,81
157 Marty Schiene 78,79
159 Jeff Barlow 78,81
160 Chris Wall 81,79
161 George Frake II 84,77

Wdw
18 holes: 72 Jarmo Sandelin
76 Pierre Fulke; Phillip Price

Dsq
18 holes: 75 Jay Williamson

Round Leader(s)
R1 Goosen; 66
R2 Brooks, Goosen, Lewis; 136
R3 Cink, Goosen; 205

Lowest Scores
R2 Brooks; 64
R3 Allen, Cink, Mediate; 67
R4 Kite, Singh; 64

2001

130th OPEN Championship
Royal Lytham & Anne's Golf Club, Lancashire, England (19-22 July)
No of Entries 2250: No Starting 156: No Making Cut 70: No Completing 70
6905 yards: Par 71 (284)

1 DAVID DUVAL	69 73 65 67	274	
(£600000)			
2 Niclas Fasth	69 69 72 67	277	
3= Darren Clarke	70 69 69 70	278	
Ernie Els	71 71 67 69	278	
Miguel Angel Jimenez	69 72 67 70	278	
Billy Mayfair	69 72 67 70	278	
Bernhard Langer	71 69 67 71	278	
Ian Woosnam	72 68 67 71	278	
9= Sergio Garcia	70 72 67 70	279	
Mikko Ilonen	68 75 70 66	279	
Jesper Parnevik	69 68 71 71	279	
Kevin Sutherland	75 69 68 67	279	
13=Billy Andrade	69 70 70 71	280	
Alex Cejka	69 69 69 73	280	
Retief Goosen	74 68 67 71	280	
Raphael Jacquelin	71 68 69 72	280	
Colin Montgomerie	65 70 73 72	280	
Loren Roberts	70 70 70 70	280	
Vijay Singh	70 70 71 69	280	
Des Smyth	74 65 70 71	280	
21=Davis Love III	73 67 74 67	281	
Nick Price	73 67 74 67	281	
23=Michael Campbell	71 72 71 68	282	
Greg Owen	69 68 72 73	282	
25=Bob Estes	74 70 73 66	283	
Joe Ogilvie	69 68 71 75	283	
Eduardo Romero	70 68 72 73	283	
Tiger Woods	71 68 73 71	283	
29 Barry Lane	70 72 72 70	284	
30=Stewart Cink	71 72 72 70	285	
David Dixon (a)	70 71 70 74	285	
Phil Mickelson	70 72 72 71	285	
Phillip Price	74 69 71 71	285	
Justin Rose	69 72 74 70	285	
Nicolas Vanhootegem	72 69 70 75	285	
Scott Verplank	71 72 70 72	285	
37=Andrew Coltart	75 68 70 73	286	
Padraig Harrington	75 66 74 71	286	
Dudley Hart	74 69 69 74	286	
Frank Lickliter	71 71 73 71	286	
Toru Taniguchi	72 69 72 73	286	
42=Richard Green	71 70 72 74	287	
JP Hayes	69 71 74 73	287	
Paul Lawrie	72 70 69 76	287	
Mark O'Meara	70 69 72 76	287	
Steve Stricker	71 69 72 75	287	
47=Robert Allenby	73 71 71 73	288	
Chris DiMarco	68 74 72 74	288	
Brad Faxon	68 71 74 75	288	
Matt Gogel	73 70 71 74	288	
Peter Lonard	72 70 74 72	288	
Adam Scott	73 71 70 74	288	
Lee Westwood	73 70 71 74	288	
54=Mark Calcavecchia	72 70 72 75	289	
Paul Curry	72 71 71 75	289	
Carlos Franco	71 71 73 74	289	
Paul McGinley	69 72 72 76	289	
Jose Maria Olazabal	69 74 73 73	289	
Rory Sabbatini	70 69 76 74	289	
Duffy Waldorf	70 73 69 77	289	
61 Stuart Appleby	69 75 72 74	290	
62=Gordon Brand, Jr	70 72 75 74	291	
Brandel Chamblee	72 69 74 76	291	
Pierre Fulke	69 67 72 83	291	
65 Neil Cheetham	72 72 73 78	295	
66=Alexandre Balicki	69 75 75 77	296	
Thomas Levet	72 72 77 75	296	
68 David Smail	71 72 76 79	298	
69=Scott Henderson	75 69 81 76	301	
Sandy Lyle	72 71 77 81	301	

Cut (Top 70 & ties after 36 holes)
145 John Bickerton 74,71; Gary Birch 75,70; Markus Brier 74,71; Joe Durant 75,70; Steve Flesch 74,71; Mathias Gronberg 75,70; Jean Hugo 73,72; Freddie Jacobson

74,71; Soren Kjeldsen 73,72; Stephen Leaney 76,69; Justin Leonard 74,71; Peter O'Malley 71,74
146 Mark Brooks 73,73; Dinesh Chand 75,71; Robert Coles 73,73; Matthew Cort 77,69; Nick Faldo 75,71; Soren Hansen 71,75; Robert Karlsson 75,71; Shigeki Maruyama 75,71; Corey Pavin 71,75; Taichi Teshima 74,72; Bradford Vaughan 72,74
147 Aaron Baddeley 75,72; Scott Hoch 75,72; David Howell 74,73; Olle Karlsson 72,75; Tom Lehman 75,72; Mark Pilkington 77,70; David Toms 74,73; Mark Wiebe 73,74; Stuart Wilson (a) 77,70
148 Jose Coceres 71,77; John Daly 72,76; David Frost 74,74; Brian Gay 72,76; Daren Lee 76,72; Jeff Maggert 72,76; Gary Orr 73,75; Dennis Paulson 78,70; Nobuhito Sato 76,72
149 Seve Ballesteros 78,71; Bob Charles 75,74; Fred Couples 71,78; Steve Elkington 77,72; Michael Hoey (a) 73,76; Tony Jacklin 75,74; Mark McNulty 70,79; Bob May 77,72; Andrew Oldcorn 73,76; Carl Paulson 72,77; Jeff Quinney (a) 76,73
150 Simon Dyson 77,73; Nathan Green 75,75; Matthew Griffiths (a) 73,77; Shingo Katayama 75,75; Joe Ozaki 77,73; Mike Weir 78,72; Dean Wilson 72,78
151 Thomas Bjorn 76,75; John Huston 76,75; Steve Jones 74,77; Jerry Kelly 74,77; Geoff Ogilvy 76,75; Mark Roe 73,78; Brett Rumford 73,78
152 Roger Chapman 76,76; Jim Furyk 77,75; Mark Sanders 79,73; Henrik Stenson 75,77; Greg Turner 79,73; Jean Van de Velde 77,75; Tom Watson 74,78
154 Juan Carlos Aguero 77,77; John Kemp (a) 76,78; Graham Rankin 79,75; Hidemichi Tanaka 76,78
155 Angel Cabrera 80,75; Wayne Riley 78,77
156 Matt Maguire 71,85; Toshiaki Odate 76,80
159 Gary Player 77,82; Simon Vale 85,74
160 Stuart Callan 78,82

Wdw
18 holes: 74 Rocco Mediate
78 Chris Perry

Round Leader(s)
R1 Montgomerie; 65
R2 Montgomerie; 135
R3 Cejka, Duval, Langer, Woosnam; 207

Lowest Scores
R2 Smyth; 65
R3 Duval; 65
R4 Estes, Ilonen; 66

2001

83rd PGA Championship
Atlanta Athletic Club, Duluth, Georgia (16-19 August)
No Starting 150: No Making Cut 76: No Completing 75
7213 yards: Par 70 (280)

1	DAVID TOMS ($936000)	66 65 65 69	265
2	Phil Mickelson	66 66 66 68	266
3	Steve Lowery	67 67 66 68	268
4=	Mark Calcavecchia	71 68 66 65	270
	Shingo Katayama	67 64 69 70	270
6	Billy Andrade	68 70 68 66	272
7=	Jim Furyk	70 64 71 69	274
	Scott Hoch	68 70 69 67	274
	Scott Verplank	69 68 70 67	274
10=	David Duval	66 68 67 74	275
	Justin Leonard	70 69 67 69	275
	Kirk Triplett	68 70 71 66	275
13=	Ernie Els	67 67 70 72	276
	Steve Flesch	73 67 70 66	276
	Jesper Parnevik	70 68 70 68	276
16=	Robert Allenby	69 67 73 68	277
	Stuart Appleby	66 70 68 73	277
	Jose Coceres	69 68 73 67	277
	Chris DiMarco	68 67 71 71	277
	Dudley Hart	66 68 73 70	277
	Mike Weir	69 72 66 70	277
22=	Paul Azinger	68 67 69 74	278
	Briny Baird	70 69 72 67	278
	Brian Gay	70 68 69 71	278
	Charles Howell III	71 67 69 71	278
	Paul McGinley	68 72 71 67	278
	Shigeki Maruyama	68 72 71 67	278
	Mark O'Meara	72 63 70 73	278
29=	KJ Choi	66 68 72 73	279
	Niclas Fasth	66 69 72 72	279
	Carlos Franco	67 72 71 69	279
	Greg Norman	70 68 71 70	279
	Nick Price	71 67 71 70	279
	Chris Smith	68 71 68 71	279
	Bob Tway	69 69 71 70	279
	Tiger Woods	73 67 69 70	279
37=	Angel Cabrera	69 69 70 72	280
	Andrew Coltart	67 72 71 70	280
	Fred Couples	70 69 70 71	280
	Bob Estes	67 65 75 73	280
	Retief Goosen	69 70 66 75	280
	Davis Love III	71 67 65 77	280
	Jose Maria Olazabal	71 70 68 71	280
44=	Greg Chalmers	68 70 69 74	281
	Jerry Kelly	69 67 72 73	281
	Andrew Oldcorn	73 67 74 67	281
	Kenny Perry	68 70 71 72	281
	Rick Schuller	68 70 72 71	281
	Hal Sutton	67 71 73 70	281
	Lee Westwood	71 68 68 74	281
51=	Scott Dunlap	69 72 70 71	282
	Joe Durant	68 71 72 71	282
	Nick Faldo	67 74 71 70	282
	Frank Lickliter	71 69 71 71	282
	Tom Pernice	69 69 74 70	282
	Chris Riley	68 71 73 70	282
	Vijay Singh	73 68 70 71	282
	Ian Woosnam	71 70 73 68	282
59=	Stewart Cink	68 72 71 72	283
	Brad Faxon	66 70 74 73	283
	Phillip Price	68 69 76 70	283
	Grant Waite	64 74 73 72	283
63=	Thomas Bjorn	67 71 73 73	284
	Jonathan Kaye	67 71 73 73	284
	Skip Kendall	72 67 73 72	284
66=	Robert Damron	68 73 71 73	285
	Rocco Mediate	71 65 73 76	285
	Steve Stricker	75 65 75 70	285
	Tom Watson	69 70 76 70	285
70=	Fred Funk	66 74 71 75	286
	Scott McCarron	69 67 73 77	286
72	John Huston	67 68 75 77	287
73	Bob May	71 70 76 74	291
74	Paul Stankowski	67 71 76 79	293
75	Steve Pate	71 69 71 83	294

Cut (at 141 after 36 holes)
142 Mark Brooks 71,71; Olin Browne 70,72; Darren Clarke 73,69; Stephen Keppler 72,70; Bernhard Langer 69,73; Jeff Maggert 70, 72; Larry Nelson 68, 74; Garrett Willis 70,72
143 Glen Day 74,69; Sergio Garcia 68,75; David Gossett 72,71; Tom Kite 72,71; Paul Lawrie 69,74; Gary Orr 73,70; Jerry Pate 73,70; Brett Quigley 71,72; Loren Roberts 74,69; Adam Scott 71,72; Kevin Sutherland 73,70
144 Lee Janzen 70,74; Tom Lehman 72,72;
145 Don Berry 73,72; Len Mattiace 74,71; Billy Mayfair 73,72; Nick O'Hern 73,72; Carl Paulson 72,73; Eduardo Romero 73,72; Tim Thelen 74,71; Bruce Zabriski 69,76
146 Notah Begay III 78,68; Harrison Frazar 73,73; Tim Herron 72,74; Franklin Langham 70,76; Dennis Paulson 73,73; Ian Poulter 73,73; Steve Schneiter 72,74
147 John Aber 74,73; Tim Fleming 75,72; Robert Karlsson 74,73; John Mazza 70,77; Duffy Waldorf 75,72
148 Mark Brown 75,73; Mike Clark II 70,78; Miguel Angel Jimenez 74,74; Chris Perry 74,74; Jeff Sluman 72,76
149 John Daly 72,77; Pierre Fulke 71,78; Mathias Gronberg 75,74; Padraig Harrington 75,74; Craig Stevens 73,76
150 Wayne DeFrancesco 76,74; Darrell Kestner 73,77; Bob Sowards 78,72; Toru Taniguchi 72,78; Jim Woodward 77,73
151 Michael Campbell 72,79; Jeff Lankford 77,74; Mark McNulty 71,80; Joe Ozaki 78,73; Ken Schall 74,77; Curtis Strange 74,77
152 Larry Emery 74,78
153 Steve Brady 77,76; Hidemichi Tanaka 80,73
154 Jimmy Blair 80,74; Rory Sabbatini 78,76
157 Mark Mielke 80,77; Mike Northern 78,79; Dean Prowse

	78,79
159	Bill Loeffler 78,81
161	Robert Wilkin 86,75
171	Lanny Wadkins 86,85

Wdw
18 holes: 77 Steve Elkington

Dsq
72 holes: 286 Colin Montgomerie 71,69,74,72

Round Leader(s)
R1 Waite; 64
R2 Katayama, Toms; 131
R3 Toms; 196

Lowest Scores
R2 O'Meara; 63
R3 Toms, Love; 65
R4 Calcavecchia; 65

2002

66th MASTERS Tournament
Augusta National Golf Club, Augusta, Georgia (11-14 April)
No Starting 88: No Making Cut 45: No Completing 45
7270 yards: Par 72 (288)

1	TIGER WOODS	70 69 66 71	276		Greg Norman	71 76 72 75	294
	($1008000)				David Toms	73 74 76 71	294
2	Retief Goosen	69 67 69 74	279	40=	Steve Lowery	75 71 76 73	295
3	Phil Mickelson	69 72 68 71	280		Kirk Triplett	74 70 74 77	295
4	Jose Maria Olazabal	70 69 71 71	281		Tom Watson	71 76 76 72	295
5=	Ernie Els	70 67 72 73	282	43	Scott Verplank	70 75 76 75	296
	Padraig Harrington	69 70 72 71	282	44	Lee Westwood	75 72 74 76	297
7	Vijay Singh	70 65 72 76	283	45	Bob Estes	73 72 75 78	298
8	Sergio Garcia	68 71 73 73	284				
9=	Angel Cabrera	68 71 73 73	285	*Cut (Top 44 & ties after 36 holes)*			
	Miguel Angel Jimenez	70 71 74 70	285	148	Paul Azinger 75,73; Michael Campbell 74,74; Joe Durant 74,74; David Duval 74,74; Michael Hoey (a) 75,73; Tom Lehman 76,72; Scott McCarron 75,73; Larry Mize 74,74; Rory Sabbatini 73,75; Kevin Sutherland 78,70		
	Adam Scott	71 72 72 70	285				
12=	Chris DiMarco	70 71 72 73	286				
	Brad Faxon	71 75 69 71	286				
14=	Nick Faldo	75 67 73 72	287	149	Mark Calcavecchia 79,70; Toshi Izawa 73,76; Lee Janzen 74,75; Paul Lawrie 75,74; Mark O'Meara 78,71		
	Davis Love III	67 75 74 71	287				
	Shigeki Maruyama	75 72 73 67	287	150	Billy Andrade 75,75; Bubba Dickerson (a) 79,71; Jim Furyk 73,77; Shingo Katayama 78,72; Tom Kite 77,73; Matt Kuchar 73,77; Kenny Perry 76,74; Toru Taniguchi 80,70		
	Colin Montgomerie	75 71 70 71	287				
18=	Thomas Bjorn	74 67 70 77	288				
	Paul McGinley	72 74 71 71	288				
20=	Darren Clarke	70 74 73 72	289	151	Niclas Fasth 76,75; Scott Hoch 76,75; Steve Stricker 75,76		
	Jerry Kelly	72 74 71 72	289				
	Justin Leonard	70 75 74 70	289	152	Craig Perks 81,71; Fuzzy Zoeller 75,77		
	Nick Price	70 76 70 73	289	153	Jose Coceres 74,79; Ray Floyd 79,74		
24=	Mark Brooks	74 72 71 73	290	154	Robert Hamilton (a) 77,77; Tim Jackson (a) 76,78; Sandy Lyle 73,81		
	Stewart Cink	74 70 73 74	290				
	Tom Pernice Jr	74 72 71 73	290	155	Ian Woosnam 77,78		
	Jeff Sluman	73 72 71 74	290	156	Seve Ballesteros 75,81		
	Mike Weir	72 71 71 76	290	157	Tommy Aaron 79,78		
29=	Robert Allenby	73 70 76 72	291	158	Ben Crenshaw 81,77; Gary Player 80,78		
	Charles Howell III	74 73 71 73	291	159	Stuart Appleby 80,79		
	Jesper Parnevik	70 72 77 72	291	160	Chez Reavie (a) 74,86		
32=	John Daly	74 73 70 75	292	164	Charles Coody 82,84		
	Bernhard Langer	73 72 73 74	292	174	Arnold Palmer 89,85		
	Billy Mayfair	74 71 72 75	292				
	Craig Stadler	73 72 76 71	292	*Wdw*			
36=	Fred Couples	73 73 76 72	294	18 holes: 73 Frank Lickliter			
	Rocco Mediate	75 68 77 74	294				

Round Leader(s)
R1 Love; 67
R2 Singh; 135
R3 Goosen, Woods; 205

Lowest Scores
R2 Singh; 67
R3 Woods; 66
R4 Maruyama; 67

2002

102nd US OPEN Championship
Bethpage State Park (Black Course), Farmingdale, New York (13-16 June)
No of Entries 8648: No Starting 156: No Making Cut 72: No Completing 72
7214 yards: Par 71 (284)

1	TIGER WOODS	67 68 70 72	277		Justin Leonard	73 71 68 76	288
	($1000000)			16=	Shigeki Maruyama	76 67 73 73	289
2	Phil Mickelson	70 73 67 70	280		Steve Stricker	72 77 69 71	289
3	Jeff Maggert	69 73 68 72	282	18=	Luke Donald	76 72 70 72	290
4	Sergio Garcia	68 74 67 74	283		Steve Flesch	72 72 75 71	290
5=	Nick Faldo	70 76 66 73	285		Charles Howell III	71 74 70 75	290
	Scott Hoch	71 75 70 69	285		Thomas Levet	71 77 70 72	290
	Billy Mayfair	69 74 68 74	285		Mark O'Meara	76 70 69 75	290
8=	Tom Byrum	72 72 70 72	286		Craig Stadler	74 72 70 74	290
	Padraig Harrington	70 68 73 75	286	24=	Jim Carter	77 73 70 71	291
	Nick Price	72 75 69 70	286		Darren Clarke	74 74 72 71	291
11	Peter Lonard	73 74 73 67	287		Chris DiMarco	74 74 72 71	291
12=	Robert Allenby	74 70 67 77	288		Ernie Els	73 74 70 74	291
	Jay Haas	73 73 70 72	288		Davis Love III	71 71 72 77	291
	Dudley Hart	69 76 70 73	288		Jeff Sluman	73 73 72 73	291

30=Jason Caron	75 72 72 73	292	
KJ Choi	69 73 73 77	292	
Paul Lawrie	73 73 73 73	292	
Scott McCarron	72 72 70 78	292	
Vijay Singh	75 75 67 75	292	
35=Shingo Katayama	74 72 74 73	293	
Bernhard Langer	72 76 75 70	293	
37=Stuart Appleby	77 73 75 69	294	
Thomas Bjorn	71 79 73 71	294	
Niclas Fasth	72 72 74 76	294	
Donnie Hammond	73 77 71 73	294	
Franklin Langham	70 76 74 74	294	
Rocco Mediate	72 72 74 76	294	
Kevin Sutherland	74 75 70 75	294	
Hidemichi Tanaka	73 73 72 76	294	
45=Robert Karlsson	71 76 72 76	295	
Tom Lehman	71 76 72 76	295	
Kenny Perry	74 76 71 74	295	
David Toms	74 74 70 77	295	
Jean Van de Velde	71 75 74 75	295	
50=Craig Bowden	71 77 74 74	296	
Tim Herron	75 74 73 74	296	
Frank Lickliter	74 76 68 78	296	
Jose Maria Olazabal	71 77 75 73	296	
54=Harrison Frazar	74 73 75 75	297	
Ian Leggatt	72 77 72 76	297	
Jesper Parnevik	72 76 69 80	297	
Corey Pavin	74 75 70 78	297	
58 Brad Lardon	73 73 74 78	298	
59=John Maginnes	79 69 73 78	299	
Greg Norman	75 73 74 77	299	
Bob Tway	72 78 73 76	299	
62=Andy Miller	76 74 75 75	300	
Jeev Milkha Singh	75 75 75 75	300	
Paul Stankowski	72 77 77 74	300	
65 Spike McRoy	75 75 74 77	301	
66=Angel Cabrera	73 73 79 77	302	
Brad Faxon	75 74 73 80	302	
68=Kent Jones	76 74 74 79	303	
Len Mattiace	72 73 78 80	303	
70=John Daly	74 76 81 73	304	
Tom Gillis	71 76 78 79	304	
72 Kevin Warrick (a)	73 76 84 74	307	

Cut (16 strokes behind the leader after 36 holes)
- 151 Mark Calcavecchia 74,77; John Cook 74,77; Ben Crane 75,76; David Duval 78,73; Brian Gay 75,76; Lucas Glover 74,77; Steve Haskins 74,77; Matt Kuchar 76,75; Colin Montgomerie 75,76; Peter O'Malley 75,76; Tom Pernice 75,76; Todd Rose 71,80; Kirk Triplett 73,78
- 152 Stewart Cink 70,82; Jim Gallagher 75,77; Per-Ulrik Johansson 78,74; Taichiro Kiyota (a) 73,79; Steve Lowery 70,82; Craig Perks 76,76; Phil Tataurangi 74,78; Mike Weir 78,74
- 153 Ricky Barnes (a) 78,75; Mark Brooks 75,78; Greg Chalmers 72,81; Jose Coceres 77,76; Ken Duke 76,77; Scott Dunlap 75,78; Jim Furyk 73,80; Brent Geiberger 75,78; John Huston 75,78; Lee Janzen 76,77; Tom Kite 80,73; Scott Verplank 75,78; Jimmy Walker 77,76
- 154 Stephen Ames 77,77; Billy Andrade 72,82; Jay Don Blake 74,80; Bob Estes 81,73; Kelly Gibson 77,77; Retief Goosen 79,75; Steve Jones 74,80; Paul McGinley 75,79; Jim McGovern 75,79; Ben Portie 77,77; Andy Sanders 77,77; Hal Sutton 77,77
- 155 Woody Austin 79,76; Michael Campbell 72,83; Pete Jordan 76,79; Jerry Kelly 76,79; Ryan Moore (a) 76,79; Mike Muehr 77,78; Joey Sindelar 76,79
- 156 Michael Allen 77,79; David Frost 75,81; Blaine McCallister 77,79; Mario Tiziani 76,80
- 157 Paul Azinger 75,82; Olin Browne 76,81; Trevor Dodds 77,80; Craig Parry 79,78; Steve Pate 82,75; Pat Perez 76,81; Adam Scott 77,80; Kaname Yokoo 78,79
- 158 Joe Durant 81,77; Matt Gogel 78,80; Paul Gow 76,82; Paul Goydos 80,78; Jerry Haas 80,78; George McNeil 79,79
- 159 David Howell 78,81; Charles Raulerson 78,81
- 160 Tony Soerries 84,76
- 163 Mike Clark II 83,80; Hale Irwin 82,81; Darrell Kestner 77,86
- 165 Scott Parel 82,83; Heath Slocum 83,82; Adam Spiers 80,85
- 166 Derek Tolan (a) 78,88
- 167 Wayne Grady 84,83
- 174 Felix Casas 82,92

Wdw
18 holes: 80 Toshi Izawa

Round Leader(s)
- R1 Woods; 67
- R2 Woods; 135
- R3 Woods; 205

Lowest Scores
- R2 Maruyama; 67
- R3 Faldo; 66
- R4 Lonard; 67

2002

131st OPEN Championship
Hon Co of Edinburgh Golfers, Muirfield, East Lothian, Scotland (18-21 July)
No of Entries 2250: No Starting 156: No Making Cut 83: No Completing 83
7034 yards: PAR 71 (284)

1 ERNIE ELS*	70 66 72 70	278	
(£700000)			
2= Stuart Appleby	73 70 70 65	278	
Steve Elkington	71 73 68 66	278	
Thomas Levet	72 66 74 66	278	
5= Gary Evans	72 68 74 65	279	
Padraig Harrington	69 67 76 67	279	
Shigeki Maruyama	68 68 75 68	279	
8= Thomas Bjorn	68 70 73 69	280	
Sergio Garcia	71 69 71 69	280	
Retief Goosen	71 68 74 67	280	
Soren Hansen	68 69 73 70	280	
Scott Hoch	74 69 71 66	280	
Peter O'Malley	72 68 75 65	280	
14=Justin Leonard	71 72 68 70	281	
Peter Lonard	72 72 68 69	281	
Davis Love III	71 72 71 67	281	
Nick Price	68 70 75 68	281	
18=Bob Estes	71 70 73 68	282	
Scott McCarron	71 68 72 71	282	
Greg Norman	71 72 71 68	282	
Duffy Waldorf	67 69 77 69	282	
22=David Duval	72 71 70 70	283	
Toshi Izawa	76 68 72 67	283	
Mark O'Meara	69 69 77 68	283	
Corey Pavin	69 70 75 69	283	
Chris Riley	70 71 76 66	283	
Justin Rose	68 75 68 72	283	
28=Bradley Dredge	70 72 74 68	284	
Niclas Fasth	70 73 71 70	284	
Pierre Fulke	72 69 78 65	284	
Jerry Kelly	73 71 70 70	284	
Bernhard Langer	72 72 71 69	284	
Jesper Parnevik	72 72 70 70	284	
Loren Roberts	74 69 70 71	284	
Des Smyth	68 69 74 73	284	
Tiger Woods	70 68 81 65	284	
37=Darren Clarke	72 67 77 69	285	
Andrew Coltart	71 69 74 71	285	
Neal Lancaster	71 71 76 67	285	
Stephen Leaney	71 70 75 69	285	
Scott Verplank	72 68 74 71	285	
Ian Woosnam	72 72 73 68	285	
43=Trevor Immelman	72 72 71 71	286	
Steve Jones	68 75 73 70	286	
Carl Pettersson	67 70 76 73	286	
Esteban Toledo	73 70 75 68	286	
47=Paul Eales	73 71 76 67	287	
Jeff Maggert	71 68 80 68	287	
Rocco Mediate	71 72 74 70	287	
50=Fredrik Anderson	74 70 74 70	288	
Warren Bennett	71 68 82 67	288	
Ian Garbutt	69 70 74 75	288	
Mikko Ilonen	71 70 77 70	288	
Shingo Katayama	72 68 74 74	288	
Barry Lane	74 68 72 74	288	
Craig Perks	72 70 71 75	288	
Ian Poulter	69 69 78 72	288	
Bob Tway	70 66 78 74	288	
59=Stewart Cink	71 69 80 69	289	
Joe Durant	72 71 73 73	289	
Nick Faldo	73 69 76 71	289	

	Richard Green	72 72 75 70	289
	Kenichi Kuboya	70 73 73 73	289
	Paul Lawrie	70 70 78 71	289
	Steve Stricker	69 70 81 69	289
66=	Chris DiMarco	72 69 75 74	290
	Phil Mickelson	68 76 76 70	290
	Jarrod Moseley	70 73 75 72	290
69=	Stephen Ames	68 70 81 72	291
	Jim Carter	74 70 73 74	291
	Matthew Cort	73 71 78 69	291
	Len Mattiace	68 73 77 73	291
	Toru Taniguchi	71 73 76 71	291
	Mike Weir	73 69 74 75	291
75=	Sandy Lyle	68 76 73 75	292
	Chris Smith	74 69 71 78	292
77=	Anders Hansen	71 72 79 71	293
	Roger Wessels	72 71 73 77	293
79	David Park	73 67 74 80	294
80=	Mark Calcavecchia	74 66 81 74	295
	Lee Janzen	70 69 84 72	295
82	Colin Montgomerie	74 64 84 75	297
83	David Toms	67 75 81 75	298

Ernie Els (4) beat Thomas Levet (5) in the Sudden death Play-off, after Els (4-3-5-4=16) and Levet (4-3-5-4=16) tied to eliminate Stuart Appleby (4-3-5-5=17) and Steve Elkington (5-3-4-5=17) from the initial Four-hole Play-of

Cut (Top 70 & ties after 36 holes)
145 John Bickerton 73,72; Michael Campbell 74,71; Marc Farry 70,75; Brad Faxon 70,75; Matt Kuchar 75,70; Jose Maria Olazabal 73,72; Magnus Persson 72,73; Jean-François Remesy 68,77; Eduardo Romero 72,73; Adam Scott 77,68; Lee Westwood 72,73

Round Leader(s)
R1 Pettersson, Toms, Waldorf; 67
R2 Els, Harrington, Maruyama, Tway, Waldorf; 136
R3 Els, 208

146 Alex Cejka 73,73; KJ Choi 73,73; Tim Clark 70,76; Scott Henderson 78,68; Robert Karlsson 72,74; Tom Lehman 70,76; Paul McGinley 72,74; Billy Mayfair 71,75; Craig Parry 72,74; Tim Petrovic 73,73; John Senden 76,70; Taichi Teshima 69,77; Tom Whitehouse 75,71
147 Robert Allenby 73,74; Luke Donald 73,74; Jim Furyk 71,76; Mathias Gronberg 75,72; David Howell 73,74; Raphael Jacquelin 74,73; Scott Laycock 73,74; Tommy Nakajima 75,72; Vijay Singh 72,75; Simon Young (a) 76,71
148 Jose Coceres 70,78; Ricardo Gonzalez 76,72; Miguel Angel Jimenez 73,75; John Kemp (a) 74,74; Andrew Oldcorn 79,69; Greg Owen 76,72; Ian Stanley 76,72
149 Benn Barham 76,73; Adam Mednick 75,74; Phillip Price 75,74; Hal Sutton 74,75
150 Paul Casey 72,78; John Cook 74,76; Mattias Eliasson 78,72; Darren Fichardt 80,70; Frank Lickliter 74,76; Raymond Russell 71,79; Dean Wilson 71,79
151 Peter Baker 75,76; John Daly 74,77; Gary Emerson 75,76; Dudley Hart 74,77; Freddie Jacobson 78,73; Patrik Sjoland 75,76; Kevin Sutherland 73,78; Toru Suzuki 79,72
152 Billy Andrade 77,75; Angel Cabrera 73,79; Alex Larrazabal (a) 77,75; Malcolm MacKenzie 76,76; John Riegger 78,74
155 Jamie Spence 77,78; Tom Watson 77,78
157 James Kingston 76,81; Paul Mayo 84,73
159 Kiyoshi Miyazato 77,82

Wdw
18 holes: 80 Thongchai Jaidee

Dsq
18 holes: 74 Roger Chapman, Jonathan Kaye

Lowest Scores
R2 Montgomerie; 64
R3 Elkington, Leonard, Lonard, Rose; 68
R4 Appleby, Evans, Fulke, O'Malley, Woods; 65

2002

84th PGA Championship
Hazeltine National Golf Club, Chaska, Minneapolis, Minnesota (15-18 August)
No Starting 156: No Making Cut 72: No Completing 71
7360 yards: Par 72 (288)

1	RICH BEEM ($990000)	72 66 72 68	278
2	Tiger Woods	71 69 72 67	279
3	Chris Riley	71 70 72 70	283
4=	Fred Funk	68 70 73 73	284
	Justin Leonard	72 66 69 77	284
6	Rocco Mediate	72 73 70 70	285
7	Mark Calcavecchia	70 68 74 74	286
8	Vijay Singh	71 74 74 68	287
9	Jim Furyk	68 73 76 71	288
10=	Robert Allenby	76 66 77 70	289
	Stewart Cink	74 74 72 69	289
	Jose Coceres	72 71 72 74	289
	Pierre Fulke	72 68 78 71	289
	Sergio Garcia	75 73 73 68	289
	Ricardo Gonzalez	74 73 71 71	289
	Steve Lowery	71 71 73 74	289
17=	Stuart Appleby	73 74 74 69	290
	Steve Flesch	72 74 73 71	290
	Padraig Harrington	71 73 74 72	290
	Charles Howell III	72 69 80 69	290
	Peter Lonard	69 73 75 73	290
22	Heath Slocum	73 74 75 69	291
23=	Michael Campbell	73 70 77 72	292
	Retief Goosen	69 69 79 75	292
	Bernhard Langer	70 72 77 73	292
	Justin Rose	69 73 76 74	292
	Adam Scott	71 71 76 74	292
	Jeff Sluman	70 75 74 73	292
29=	Brad Faxon	74 72 75 72	293
	Tom Lehman	71 72 77 73	293
	Craig Perks	72 76 74 71	293
	Kenny Perry	73 68 78 74	293
	Kirk Triplett	75 69 79 70	293
34=	David Duval	71 77 76 70	294
	Ernie Els	72 71 75 76	294
	Neal Lancaster	72 73 75 74	294
	Phil Mickelson	76 72 78 68	294
	Mike Weir	73 74 77 70	294
39=	Chris DiMarco	76 69 77 73	295
	Joel Edwards	73 74 77 71	295
	John Huston	74 74 75 72	295
	Scott McCarron	73 71 79 72	295
43=	Briny Baird	79 69 73 75	296
	Soren Hansen	73 69 78 76	296
	Shigeki Maruyama	76 72 75 73	296
	Loren Roberts	77 70 77 72	296
	Kevin Sutherland	72 75 71 78	296
48=	Angel Cabrera	71 73 77 76	297
	Steve Elkington	72 75 76 74	297
	Davis Love III	70 75 76 76	297
	Len Mattiace	74 73 76 74	297
	Tom Watson	76 71 83 67	297
53=	Cameron Beckman	74 71 75 78	298
	Tim Clark	72 74 76 76	298
	Brian Gay	73 74 78 73	298
	Toshi Izawa	72 73 75 78	298
	Lee Janzen	70 76 77 75	298
	Greg Norman	71 74 73 80	298
	Chris Smith	75 73 72 78	298
60=	Joe Durant	74 71 79 75	299
	Nick Faldo	71 76 74 78	299
	Hal Sutton	73 73 75 78	299
63	JJ Henry	78 70 77 76	301
64=	Don Berry	76 71 80 75	302
	Matt Gogel	74 73 83 72	302
	JP Hayes	73 75 78 76	302
	Joey Sindelar	77 71 78 76	302
68	David Tentis	76 72 78 78	304
69	Jose Maria Olazabal	73 75 77 80	305
70	Pat Perez	77 71 85 76	309
71	Thomas Levet	78 70 82 80	310

Cut (at 148 after 36 holes)
149 Thomas Bjorn 74,75; KJ Choi 78,71; Darren Clarke 79,70; Paul Lawrie 75,74; Ian Leggatt 75,74; JL Lewis 76,73; Larry Nelson 76,73; Greg Owen 76,73; Nick Price 72,77; Rory Sabbatini 74,75; Scott Verplank 77,72; Fuzzy Zoeller 76,73
150 Paul Azinger 76,74; Chad Campbell 74,76; Sean

THE GOLF MAJORS: 1860-2015 – RESULTS 201

Farren 74,76; David Gossett 72,78; Jay Haas 77,73; Jonathan Kaye 77,73; Jerry Kelly 77,73; Skip Kendall 74,76; Spike McRoy 74,76; John Rollins 77,73; Eduardo Romero 73,77; Bob Tway 74,76; Duffy Waldorf 77,73; Dean Wilson 74,76; Ian Woosnam 77,73
151 John Cook 75,76; Tim Herron 76,75; Mark O'Meara 75,76; Taichi Teshima 77,74; David Toms 77,74
152 Billy Andrade 75,77; Jimmy Blair 74,78; Robert Gamez 76,76; Anders Hansen 79,73; Rick Hartmann 79,73; Shingo Katayama 74,78; Matt Kuchar 78,74; Colin Montgomerie 74,78; Craig Parry 75,77; Carl Paulson 73,79; Carl Pettersson 77,75; Steve Stricker 74,78; Toru Taniguchi 75,77; Bruce Zabriski 76,76
153 John Daly 77,76; Rob Labritz 78,75; Frank Lickliter 77,76; Paul McGinley 74,79; Billy Mayfair 77,76; Peter O'Malley 79,74; Tim Thelen 75,78
154 Mark Brooks 75,79; Mike Gilmore 78,76
155 Scott Hoch 80,75; Jeff Maggert 78,77; Jesper Parnevik
156 82,73; David Peoples 79,76; Rob Thompson 78,77 Barry Evans 80,76; Niclas Fasth 79,77; Joe Klinchock 79,77; Jeff Lankford 80,76; Scott Laycock 80,76
157 Jim Carter 74,83; Bob Estes 81,76; Dudley Hart 82,75; Craig Stevens 82,75; Curtis Strange 81,76
158 Tim Fleming 77,81; Lee Westwood 75,83
159 Paul Casey 85,74; Buddy Harston 76,83; Alan Morin 82,77; Phillip Price 76,83; Tim Weinhart 77,82
160 Wayne DeFrancesco 78,82
162 Steve Schneiter 86,76
166 Barry Mahlberg 80,86
167 Kent Stauffer 87,80; Kim Thompson 87,80
179 Tom Dolby 85,94

Wdw
36 holes: 147 Stephen Ames 73,74
18 holes: 86 Bill Porter

Round Leader(s)
R1 Funk, Furyk; 68
R2 Beem, Calcavecchia, Funk, Goosen, Leonard; 138
R3 Leonard; 207

Lowest Scores
R2 Allenby, Beem, Leonard; 66
R3 Leonard; 69
R4 Watson, Woods; 67

2003

67th MASTERS Tournament
Augusta National Golf Club, Augusta, Georgia (10-13 April)
No Starting 93: No Making Cut 49: No Completing 49
7290 yards: Par 72 (288)

1	MIKE WEIR* ($1008000)	70 68 75 68	281
2	Len Mattiace	73 74 69 65	281
3	Phil Mickelson	73 70 72 68	283
4	Jim Furyk	73 72 71 68	284
5	Jeff Maggert	72 73 66 75	286
6=	Ernie Els	79 66 72 70	287
	Vijay Singh	73 71 70 73	287
8=	Jonathan Byrd	74 71 71 72	288
	Jose Maria Olazabal	73 71 71 73	288
	Mark O'Meara	76 71 70 71	288
	David Toms	71 73 70 74	288
	Scott Verplank	76 73 70 69	288
13=	Tim Clark	72 75 71 71	289
	Retief Goosen	73 74 72 70	289
15=	Rich Beem	74 72 71 73	290
	Angel Cabrera	76 71 71 72	290
	KJ Choi	76 69 72 73	290
	Paul Lawrie	72 72 73 73	290
	Davis Love III	77 71 71 71	290
	Tiger Woods	76 73 66 75	290
21	Ricky Barnes (a)	69 74 75 73	291
22	Bob Estes	76 71 74 71	292
23=	Brad Faxon	73 71 79 70	293
	Scott McCarron	77 71 72 73	293
	Nick Price	70 75 72 76	293
	Chris Riley	76 72 70 75	293
	Adam Scott	77 72 74 70	293
28=	Darren Clarke	66 76 78 74	294
	Fred Couples	73 75 69 77	294
	Sergio Garcia	69 78 74 73	294
	Charles Howell III	73 72 76 73	294
	Hunter Mahan (a)	73 72 73 76	294
33=	Nick Faldo	74 73 75 73	295
	Rocco Mediate	73 74 73 75	295
	Loren Roberts	74 72 76 73	295
	Kevin Sutherland	77 72 76 70	295
37=	Shingo Katayama	74 72 76 74	296
	Billy Mayfair	75 70 77 74	296
39=	Robert Allenby	76 73 74 74	297
	Craig Parry	74 73 75 75	297
	Kenny Perry	76 72 78 71	297
	Justin Rose	73 76 71 77	297
	Phil Tataurangi	75 70 74 78	297
44	Jeff Sluman	75 72 76 75	298
45=	Ryan Moore (a)	73 74 75 79	301
	Pat Perez	74 73 79 75	301
47	John Rollins	74 71 80 77	302
48	Jerry Kelly	72 76 77 79	304
49	Craig Stadler	76 73 79 77	305

Mike Weir (5) beat Len Mattiace (6) at the first hole of the sudden death play-off

Cut (Top 44 & ties after 36 holes)
150 Padraig Harrington 77,73; Scott Hoch 77,73; Shigeki Maruyama 75,75; Eduardo Romero 74,76; Toru Taniguchi 71,79
151 Steve Elkington 75,76; Lee Janzen 78,73; Tom Lehman 75,76;
152 Larry Mize 78,74; Tom Watson 77,75
153 Stuart Appleby 77,76; Miguel Angel Jimenez 76,77
154 Chad Campbell 77,77; Niclas Fasth 81,73; Toshi Izawa 78,76; Steve Lowery 78,76; Colin Montgomerie 78,76; Kirk Triplett 82,72; Ian Woosnam 80,74
155 Michael Campbell 78,77; Ben Crenshaw 79,76; Fred Funk 79,76; Jay Haas 79,76; Bernhard Langer 79,76; Justin Leonard 82,73; Sandy Lyle 82,73; Craig Perks 80,75; Fuzzy Zoeller 77,78
156 John Cook 78,78; John Huston 73,83; Thomas Levet 79,77
157 Tom Byrum 82,75; Ray Floyd 77,80
160 Peter Lonard 78,82
162 Seve Ballesteros 77,85; David Duval 79,83; Jack Nicklaus 85,77; Gary Player 82,80
163 Alex Larrazabal (a) 82,81
164 Charles Coody 83,81
166 Arnold Palmer 83,83
167 George Zahringer (a) 82,85
172 Tommy Aaron 92,80

Wdw
18 holes: 82 Chris DiMarco

Round Leader(s)
R1 Clarke; 66
R2 Weir; 138
R3 Maggert; 211

Lowest Scores
R2 Els; 66
R3 Maggert, Woods; 66
R4 Mattiace; 65

2003

103rd US OPEN Championship
Olympia Fields Country Club, Olympia Fields, Illinois (12-15 June)
No of Entries 7820: No Starting 156: No Making Cut 68: No Completing 68
7190 yards: Par 70 (280)

1	JIM FURYK	67 66 67 72	272		Len Mattiace	69 73 77 71	290	
	($1080000)			59=	Ricky Barnes (a)	71 71 79 70	291	
2	Stephen Leaney	67 68 68 72	275		Olin Browne	72 70 74 75	291	
3=	Kenny Perry	72 71 69 67	279	61=	Chris Anderson	72 70 78 72	292	
	Mike Weir	73 67 68 71	279		Brian Davis	71 72 74 75	292	
5=	Ernie Els	69 70 69 72	280		Alex Cejka	73 66 76 77	292	
	Freddie Jacobson	69 67 73 71	280	64=	Jay Don Blake	66 77 75 75	293	
	Nick Price	71 65 69 75	280		JP Hayes	70 73 79 71	293	
	Justin Rose	70 71 70 69	280	66=	Fred Couples	70 72 73 80	295	
	David Toms	72 67 70 71	280		Brian Henninger	76 67 76 76	295	
10=	Padraig Harrington	69 72 72 68	281	68	Ryan Dillon	72 68 81 80	301	
	Jonathan Kaye	70 70 72 69	281					
	Cliff Kresge	69 70 72 70	281					
	Billy Mayfair	69 71 67 74	281					
	Scott Verplank	76 67 68 70	281					
15=	Jonathan Byrd	69 66 71 76	282					
	Tom Byrum	69 69 71 73	282					
	Tim Petrovic	69 70 70 73	282					
	Eduardo Romero	70 66 70 76	282					
	Hidemichi Tanaka	69 71 71 71	282					
20=	Mark Calcavecchia	68 72 67 76	283					
	Robert Damron	69 68 73 73	283					
	Ian Leggatt	68 70 68 77	283					
	Justin Leonard	66 70 72 75	283					
	Peter Lonard	72 69 74 68	283					
	Vijay Singh	70 63 72 78	283					
	Jay Williamson	72 69 69 73	283					
	Tiger Woods	70 66 75 72	283					
28=	Stewart Cink	70 68 72 74	284					
	John Maginnes	72 70 72 70	284					
	Dicky Pride	71 69 66 78	284					
	Brett Quigley	65 74 71 74	284					
	Kevin Sutherland	71 71 72 70	284					
	Kirk Triplett	71 68 73 72	284					
	Tom Watson	65 72 75 72	284					
35=	Angel Cabrera	72 68 73 72	285					
	Chad Campbell	70 70 69 76	285					
	Chris DiMarco	72 71 71 71	285					
	Fred Funk	70 73 71 71	285					
	Sergio Garcia	69 74 71 71	285					
	Brandt Jobe	70 68 76 71	285					
	Mark O'Meara	72 68 67 78	285					
42=	Darren Clarke	70 69 72 75	286					
	Retief Goosen	71 72 73 70	286					
	Bernhard Langer	70 70 73 73	286					
	Steve Lowery	70 72 70 74	286					
	Colin Montgomerie	69 74 71 72	286					
	Loren Roberts	69 74 72 71	286					
48=	Woody Austin	74 64 76 73	287					
	Marco Dawson	72 71 75 69	287					
	Niclas Fasth	75 68 73 71	287					
	Dan Forsman	71 67 73 76	287					
	Darron Stiles	71 68 72 76	287					
53=	Charles Howell III	70 73 74 71	288					
	John Rollins	73 70 68 77	288					
55=	Lee Janzen	72 68 72 77	289					
	Phil Mickelson	70 70 75 74	289					
57=	Trip Kuehne (a)	74 67 76 73	290					

Cut (11 strokes behind the leader after 36 holes)
144   Stuart Appleby 75,69; Rob Bradley 73,71; Tim Clark 69,75; Joe Durant 72,72; Steve Flesch 73,71; Tom Gillis 68,76; Neal Lancaster 72,72; Spike McRoy 71,73; Joe Ogilvie 70,74; Jose Maria Olazabal 74,70; Craig Parry 70,74; Adam Scott 72,72
145   Thomas Bjorn 71,74; Craig Bowden 76,69; Paul Casey 76,69; Dudley Hart 72,73; JB Holmes (a) 76,69; Richard S Johnson 71,74; Geoff Ogilvy 74,71; Jesper Parnevik 74,71; Jeff Sluman 74,71
146   Robert Allenby 75,71; Chris Baryla (a) 72,74; Brian Gay 77,69; Scott Hoch 70,76; Trevor Immelman 72,74; Jeff Maggert 74,72; Hunter Mahan (a) 74,72; Hiroshi Matsuo 72,74; Brice Molder 74,72; Geoffrey Sisk 76,70; David Smail 74,72; Roland Thatcher 73,73; Grant Waite 74,72; Dean Wilson 76,70
147   Doug Dunakey 73,74; Bob Estes 70,77; Jay Haas 75,72; Jerry Kelly 75,72; Bill Lunde 74,73; Sean McCarty 78,69; Rocco Mediate 73,74; Toru Taniguchi 79,68; Bob Tway 74,73
148   Bret Guetz 75,73; Tom Kite 72,76; Doug LaBelle II 72,76; Maarten Lafeber 75,73; Shigeki Maruyama 75,73; Larry Mize 76,72; Corey Pavin 72,76; Chris Riley 76,72; Rory Sabbatini 73,75; Warren Schutte 77,71; Mark Wurtz 76,72
149   Tommy Armour III 76,73; Bob Burns 78,71; Brad Elder 75,74; Bill Haas (a) 73,76; Kent Jones 76,73; Paul Lawrie 75,74; Luke List (a) 75,74; Sean Murphy 78,71; Rod Pampling 72,77
150   Billy Andrade 78,72; Rich Beem 74,76; David Duval 78,72; Nick Faldo 75,75; Brad Faxon 73,77
151   Davis Love III 76,75
152   Steve Gotsche 76,76; Rick Reinsberg (a) 76,76; Matt Seppanen 76,76
153   Anthony Arvidson 75,78; Cortney Brisson 75,78; KJ Choi 79,74; Scott McCarron 74,79; Alan Morin 79,74; Chez Reavie (a) 75,78
154   Michael Campbell 74,80; Chris Smith 77,77
155   Greg Hiller 78,77
156   Jason Knutzon 75,81
157   Don Pooley 81,76; Joey Sindelar 76,81
159   Roy Biancalana 75,84; Tom Glissmeyer (a) 80,79

Wdw
? holes: Hale Irwin (no score recorded)

Round Leader(s)
R1   Quigley, Watson; 65
R2   Furyk, Singh; 133
R3   Furyk; 200

Lowest Scores
R2   Singh; 63
R3   Pride; 66
R4   Perry; 67

2003

132nd OPEN Championship
Royal St George's Golf Club, Sandwich, Kent, England (17-20 July)
No of Entries 2150: No Starting 156: No Making Cut 75: No Completing 73
7106 yards: Par71 (284)

1	BEN CURTIS	72 72 70 69	283		Pierre Fulke	77 72 67 73	289	
	(£700000/€1010800/$1112720)			18=	Ernie Els	78 68 72 72	290	
2=	Thomas Bjorn	73 70 69 72	284		Mathias Gronberg	71 74 73 72	290	
	Vijay Singh	75 70 69 70	284		Greg Norman	69 79 74 68	290	
4=	Davis Love III	69 72 72 72	285		Tom Watson	71 77 73 69	290	
	Tiger Woods	73 72 69 71	285	22=	Angel Cabrera	75 73 70 73	291	
6=	Brian Davis	77 73 68 68	286		KJ Choi	77 72 72 70	291	
	Freddie Jacobson	70 76 70 70	286		Peter Fowler	77 73 70 71	291	
8=	Nick Faldo	76 74 67 70	287		Padraig Harrington	75 73 74 69	291	
	Kenny Perry	74 70 70 73	287		Thomas Levet	71 73 74 73	291	
10=	Gary Evans	71 75 70 72	288		JL Lewis	78 70 72 71	291	
	Sergio Garcia	73 71 70 74	288	28=	Mark Foster	73 73 72 74	292	
	Retief Goosen	73 75 71 69	288		SK Ho	70 73 72 77	292	
	Hennie Otto	68 76 75 69	288		Paul McGinley	77 73 69 73	292	
	Phillip Price	74 72 69 73	288		Andrew Oldcorn	72 74 73 73	292	
15=	Stuart Appleby	75 71 71 72	289		Nick Price	74 72 72 74	292	
	Chad Campbell	74 71 72 72	289		Mike Weir	74 76 71 71	292	

34=Stewart Cink	75 75 75 68	293	
Jose Coceres	77 70 72 74	293	
Bob Estes	77 71 76 69	293	
Shingo Katayama	76 73 73 71	293	
Scott McCarron	71 74 73 75	293	
Adam Mednick	76 72 76 69	293	
Gary Murphy	73 74 73 73	293	
Marco Ruiz	73 71 75 74	293	
Duffy Waldorf	76 73 71 73	293	
43=Robert Allenby	73 75 74 72	294	
Rich Beem	76 74 75 69	294	
Tom Byrum	77 72 71 74	294	
46=Markus Brier	76 71 74 74	295	
Fred Couples	71 75 71 78	295	
Brad Faxon	77 73 70 75	295	
Mathew Goggin	76 72 70 77	295	
Tom Lehman	77 73 72 73	295	
Ian Poulter	78 72 70 75	295	
Anthony Wall	75 74 71 75	295	
53=Michael Campbell	78 72 74 72	296	
Trevor Immelman	77 73 72 74	296	
Raphael Jacquelin	77 71 72 76	296	
David Lynn	73 76 71 76	296	
Mark McNulty	79 71 77 69	296	
Rory Sabbatini	79 71 75 71	296	
59=Darren Clarke	75 75 71 76	297	
Alastair Forsyth	74 70 78 75	297	
Skip Kendall	73 76 73 75	297	
Peter Lonard	73 73 70 81	297	
Phil Mickelson	74 72 73 78	297	
Craig Parry	73 73 76 75	297	
65=Charles Howell III	71 76 77 74	298	
Stephen Leaney	74 76 78 70	298	
Len Mattiace	74 75 74 75	298	
Mark O'Meara	73 77 77 71	298	
69 Katsuyoshi Tomori	72 77 75 76	300	
70 John Rollins	72 76 78 75	301	
71 Chris Smith	74 73 76 79	302	
72=John Daly	75 74 74 80	303	
Ian Woosnam	73 75 80 75	303	

Cut (Top 70 & ties after 36 holes)
151 Mark Calcavecchia 78,73; Anders Hansen 76,75; Lee Janzen 76,75; Justin Leonard 74,77; Jose Maria Olazabal 74,77; Eduardo Romero 75,76; Steen Tinning 78,73; Lee Westwood 76,75
152 Bradley Dredge 80,72; Niclas Fasth 76,76; Jim Furyk 74,78; Ignacio Garrido 80,72; Jay Haas 80,72; Soren Kjeldsen 74,78; Bernhard Langer 76,76; Sandy Lyle 73,79; Nick O'Hern 82,70; Corey Pavin 74,78; Andrew Raitt 74,78; Hal Sutton 76,76; Scott Verplank 78,74
153 Ricky Barnes (a) 79,74; Steven Bowditch 77,76; Joe Durant 77,76; Todd Hamilton 76,77; Jarrod Moseley 74,79; Rolf Muntz 82,71; Cameron Percy 76,77; Chris Riley 78,75; Jeff Sluman 78,75; David Toms 80,73
154 Chris DiMarco 79,75; Soren Hansen 80,74; Cliff Kresge 81,73; Hirofumi Miyase 81,73; Marten Olander 79,75; Peter O'Malley 78,76
155 Luke Donald 76,79; Kenneth Ferrie 74,81; Fred Funk 75,80; Dudley Hart 76,79; Paul Lawrie 81,74; Craig Perks 78,77; Nobuhito Sato 72,83; Charl Schwartzel 78,77; Chris Smith 77,78
156 Paul Casey 85,71; Robert-Jan Derksen 78,78; Steve Flesch 73,83; David Howell 77,79; Jonathan Kaye 75,81; Shigeki Maruyama 83,73; Greg Owen 79,77; Adam Scott 82,74; Simon Wakefield 82,74; Gary Wolstenholme (a) 74,82
157 Gary Emerson 77,80; Euan Little 80,77; Jyoti Randhawa 80,77; Mark Smith 80,77; Hideto Tanihara 79,78; Paul Wesselingh 79,78
158 Ben Crane 78,80; Iain Pyman 81,77
159 Justin Rose 79,80
160 Scott Godfrey (a) 82,78; David Smail 77,83
161 David Duval 83,78; Philip Golding 83,78; Malcolm MacKenzie 82,79
162 Robert Coles 85,77; Adam Le Vesconte 82,80
163 Anthony Sproston 83,80
164 Andrew George 79,85
165 Noboru Sugai 83,82
169 Toru Taniguchi 82,87
173 Charles Challen 86,87

Wdw
18 holes: 86 Steve Elkington; Jerry Kelly
8 holes: Colin Montgomerie (no score recorded)

Dsq
36 holes: 147 Jesper Parnevik 72,75; Mark Roe 77,70

Scr
Paul Azinger

Round Leader(s)
R1 Otto; 68
R2 Love; 141
R3 Bjorn; 212

Lowest Scores
R2 Els; 68
R3 Faldo, Fulke; 67
R4 Cink, Davis, Norman; 68

2003

85th PGA Championship
Oak Hill Country Club, Rochester, New York (14-17 August)
No Starting 156: No Making Cut 70: No Completing 70
7134 yards: Par 70 (280)

1 SHAUN MICHEEL ($1080000)	69 68 69 70	276	
2 Chad Campbell	69 72 65 72	278	
3 Tim Clark	72 70 68 69	279	
4 Alex Cejka	74 69 68 69	280	
5= Ernie Els	71 70 70 71	282	
Jay Haas	70 74 69 69	282	
7= Fred Funk	69 73 70 72	284	
Loren Roberts	70 73 70 71	284	
Mike Weir	68 71 70 75	284	
10=Billy Andrade	67 72 72 74	285	
Niclas Fasth	76 70 71 68	285	
Charles Howell III	70 72 70 73	285	
Kenny Perry	75 72 70 68	285	
14=Robert Gamez	70 73 70 73	286	
Tim Herron	69 72 74 71	286	
Scott McCarron	74 70 71 71	286	
Rod Pampling	66 74 73 73	286	
18=Carlos Franco	73 73 69 73	287	
Jim Furyk	72 74 69 72	287	
Toshi Izawa	71 72 71 73	287	
Rocco Mediate	72 74 71 70	287	
Kevin Sutherland	69 74 71 73	287	
23=Stuart Appleby	74 73 71 70	288	
Luke Donald	73 72 71 72	288	
Phil Mickelson	66 75 72 75	288	
Adam Scott	72 69 72 75	288	
27=Woody Austin	72 73 69 75	289	
Geoff Ogilvy	71 71 77 70	289	
29=Todd Hamilton	70 74 73 73	290	
Padraig Harrington	72 76 69 73	290	
Frank Lickliter	71 72 71 76	290	
Peter Lonard	74 74 69 73	290	
David Toms	75 72 71 72	290	
34=Fred Couples	74 71 72 74	291	
Lee Janzen	68 74 72 77	291	
JL Lewis	71 75 71 74	291	
Jesper Parnevik	73 72 72 74	291	
Vijay Singh	69 73 70 79	291	
39=Robert Allenby	70 77 73 72	292	
Briny Baird	73 71 67 81	292	
Mark Calcavecchia	73 71 76 72	292	
Joe Durant	71 76 75 70	292	
Hal Sutton	75 71 67 79	292	
Tiger Woods	74 72 73 73	292	
45=Angel Cabrera	71 76 72 74	293	
Tom Pernice, Jr	70 71 72 80	293	
Duffy Waldorf	70 75 72 76	293	
48=Ben Crane	73 73 76 72	294	
Trevor Immelman	74 70 77 73	294	
Shigeki Maruyama	75 72 73 74	294	
51=Jose Coceres	73 68 78 76	295	
Gary Evans	74 74 71 76	295	
Brian Gay	74 74 75 72	295	
Len Mattiace	74 70 75 76	295	
Jose Maria Olazabal	74 74 76 71	295	
56 Chris DiMarco	74 71 78 73	296	
57=Aaron Baddeley	69 77 73 78	297	

	Bob Estes	71 76 73 77	297
	Scott Hoch	75 72 73 77	297
	Bernhard Langer	75 72 75 75	297
61=	Jonathan Kaye	74 73 72 79	298
	Billy Mayfair	76 72 78 72	298
	Ian Poulter	72 75 72 79	298
	Eduardo Romero	77 71 76 74	298
	Phil Tataurangi	72 71 78 77	298
66	Paul Casey	79 69 75 76	299
67	Bob Burns	72 76 70 82	300
68	Rory Sabbatini	71 75 75 81	302
69=	Michael Campbell	74 71 80 79	304
	KJ Choi	74 74 80 76	304

Cut (at 148 after 36 holes)
149 Paul Azinger 73,76; Thomas Bjorn 78,71; Darren Clarke 79,70; Steve Flesch 79,70; Dan Forsman 75,74; Sergio Garcia 72,77; Stephen Leaney 73,76; Davis Love III 74,75; Paul McGinley 73,76; Greg Norman 79,70; Gene Sauers 72,77; Scott Verplank 77,72
150 Don Berry 74,76; Bradley Dredge 75,75; Mathias Gronberg 76,74; Peter Jacobsen 73,77; Freddie Jacobson 76,74; Shingo Katayama 75,75; Tom Lehman 75,75; Steve Lowery 75,75; Greg Owen 77,73; Carl Pettersson 74,76; Tom Watson 75,75
151 Mark Brooks 77,74; Kevin Burton 78,73; Ben Curtis 75,76; John Daly 76,75; Brian Davis 73,78; Alastair Forsyth 73,78; Ignacio Garrido 75,76; Retief Goosen 77,74; Hank Kuenhe 70,81; Rob Labritz 76,75; Chris Riley 73,78; John Rollins 78,73; Bob Tway 78,73; Lee Westwood 73,78
152 JC Anderson 76,76; Stewart Cink 79,73; Jeff Maggert 79,73; Scott Porter 80,72; Phillip Price 77,75; Chip Sullivan 74,78
153 Jerry Kelly 78,75
154 Robert Karlsson 75,79; Jeff Lankford 78,76; Justin Leonard 79,75; Ken Schall 80,74; Jeff Sluman 75,79; Tim Thelen 75,79
155 Anders Hansen 78,77; Mark O'Meara 73,82; Justin Rose 77,78; Dave Tentis 79,76; Dean Wilson 78,77
156 Stephen Ames 82,74; Colin Montgomerie 82,74
157 Rich Beem 82,75; Dino Lucchesi 79,78; Craig Parry 79,78; Tim Petrovic 82,75; Steve Schneiter 77,80
158 Mike Combs 79,79; Mike Schuchart 77,81; Cary Sciorra 76,82; Andre Stoltz 75,83
159 Jonathan Byrd 80,79; Skip Kendall 80,79; Rick Schuller 79,80; Bob Sowards 81,78
160 Sean Farren 79,81; Ricardo Gonzalez 77,83; Ron Philo, Jr 82,78
161 Brad Faxon 82,79; Pierre Fulke 81,80; John Guyton 80,81; Dave Spengler 81,80; Toru Taniguchi 82,79
163 Alan Morin 84,79
165 Terry Hatch 84,81
167 Tim Fleming 84,83

Wdw
18 holes: 76 Kirk Triplett
          79 Wayne DeFrancesco; John Huston
          80 David Duval
          87 John A Jacobs

Scr
Larry Nelson

Round Leader(s)
R1 Mickelson, Pampling; 66
R2 Micheel; 137
R3 C Campbell, Micheel; 206

Lowest Scores
R2 Micheel; 68
R3 C Campbell; 65
R4 Fasth, Perry; 68

2004

68th MASTERS Tournament
Augusta National Golf Club, Augusta, Georgia (8-11 April)
No Starting 93: No Making Cut 44: No Completing 44
7290 yards: Par 72 (288)

1	PHIL MICKELSON ($1008000)	72 69 69 69	279
2	Ernie Els	70 72 71 67	280
3	KJ Choi	71 70 72 69	282
4=	Sergio Garcia	72 72 75 66	285
	Bernhard Langer	71 73 69 72	285
6=	Paul Casey	75 69 68 74	286
	Fred Couples	73 69 74 70	286
	Chris DiMarco	69 73 68 76	286
	Davis Love III	75 67 74 70	286
	Nick Price	72 73 71 70	286
	Vijay Singh	75 73 69 69	286
	Kirk Triplett	71 74 69 72	286
13=	Retief Goosen	75 73 70 70	288
	Padraig Harrington	74 74 68 72	288
	Charles Howell III	71 71 76 70	288
	Casey Wittenberg (a)	76 72 71 69	288
17=	Stewart Cink	74 73 69 73	289
	Steve Flesch	76 67 77 69	289
	Jay Haas	69 75 72 73	289
	Freddie Jacobson	74 74 67 74	289
	Stephen Leaney	76 71 73 69	289
22=	Stuart Appleby	73 74 73 70	290
	Shaun Micheel	72 76 72 70	290
	Justin Rose	67 71 81 71	290
	Tiger Woods	75 69 75 71	290
26	Alex Cejka	70 70 78 73	291
27=	Mark O'Meara	73 70 75 74	292
	Bob Tway	75 71 74 72	292
29	Scott Verplank	74 71 76 72	293
30	Jose Maria Olazabal	71 69 79 75	294
31=	Bob Estes	76 72 73 74	295
	Brad Faxon	72 76 76 71	295
	Jerry Kelly	74 72 73 76	295
	Ian Poulter	75 73 74 73	295
35=	Justin Leonard	76 72 72 76	296
	Phillip Price	71 76 73 76	296
37=	Paul Lawrie	77 70 73 77	297
	Sandy Lyle	72 74 75 76	297
39	Eduardo Romero	74 73 74 77	298
40	Todd Hamilton	77 71 76 75	299
41=	Tim Petrovic	72 75 75 78	300
	Brandt Snedeker (a)	73 75 75 77	300
43	Jeff Sluman	73 70 82 77	302
44	Chris Riley	70 78 78 78	304

Cut (Top 44 & ties after 36 holes)
149 Robert Allenby 73,76; Michael Campbell 76,73; Darren Clarke 70,79; Ben Crenshaw 74,75; John Daly 78,71; Ray Floyd 73,76; JL Lewis 77,72; Peter Lonard 74,75; Craig Perks 76,73; John Rollins 74,75; Craig Stadler 74,75; Mike Weir 79,70; L-W Zhang 77,72
150 Briny Baird 77,73; Rich Beem 77,73; Ben Curtis 73,77; Fred Funk 80,70; Jeff Maggert 78,72; Larry Mize 76,74; Jack Nicklaus 75,75; Craig Parry 74,76; Nathan Smith (a) 78,72
151 Angel Cabrera 74,77; Nick Faldo 76,75; Jonathan Kaye 79,72; Len Mattiace 76,75; Rocco Mediate 75,76; Colin Montgomerie 71,80; David Toms 78,73; Ian Woosnam 76,75
152 Nick Flanagan (a) 78,74; Toshi Izawa 76,76; Kenny Perry 74,78; Tom Watson 76,76
153 Jonathan Byrd 79,74; Chad Campbell 76,77; Trevor Immelman 77,76; Shigeki Maruyama 82,71; Adam Scott 80,73; Gary Wolstenholme (a) 77,76
154 Tim Clark 73,81; Tim Herron 80,74
155 Brian Davis 82,73
157 Thomas Bjorn 80,77
160 Fuzzy Zoeller 79,81
162 Gary Player 82,80
167 Charles Coody 88,79
168 Arnold Palmer 84,84
170 Tommy Aaron 87,83

Round Leader(s)
R1 Rose; 67
R2 Rose; 138
R3 DiMarco, Mickelson; 210

Lowest Scores
R2 Flesch, Love III; 67
R3 Jacobson; 67
R4 Garcia; 66

2004

104th US OPEN Championship
Shinnecock Hills Golf Club, Southampton, New York (17-20 June)
No of Entries 8726: No Starting 156: No Making Cut 66: No Completing 66
6996 yards: Par 70 (280)

1	RETIEF GOOSEN ($1125000)	70 66 69 71	276
2	Phil Mickelson	68 66 73 71	278
3	Jeff Maggert	68 67 74 72	281
4=	Shigeki Maruyama	66 68 74 76	284
	Mike Weir	69 70 71 74	284
6	Fred Funk	70 66 72 77	285
7=	Robert Allenby	70 72 74 70	286
	Steve Flesch	68 74 70 74	286
9=	Stephen Ames	74 66 73 74	287
	Chris DiMarco	71 71 70 75	287
	Ernie Els	70 67 70 80	287
	Jay Haas	66 74 76 71	287
13=	Tim Clark	73 70 66 79	288
	Tim Herron	75 66 73 74	288
	Spencer Levin (a)	69 73 71 75	288
16	Angel Cabrera	66 71 77 75	289
17=	Skip Kendall	68 75 74 73	290
	Corey Pavin	67 71 73 79	290
	Tiger Woods	72 69 73 76	290
20=	Mark Calcavecchia	71 71 74 75	291
	Sergio Garcia	72 68 71 80	291
	David Toms	73 72 70 76	291
	Kirk Triplett	71 70 73 77	291
24=	Daniel Chopra	73 68 76 75	292
	Lee Janzen	72 70 71 79	292
	Tim Petrovic	69 75 72 76	292
	Nick Price	73 70 72 77	292
28=	Shaun Micheel	71 72 70 80	293
	Vijay Singh	68 70 77 78	293
30	Ben Curtis	68 75 72 79	294
31=	KJ Choi	76 68 76 75	295
	Padraig Harrington	73 71 76 75	295
	Peter Lonard	71 73 77 74	295
	David Roesch	68 73 74 80	295
	Bo Van Pelt	69 73 73 80	295
36=	Charles Howell III	75 70 68 83	296
	Hidemichi Tanaka	70 74 73 79	296
	Lee Westwood	73 71 73 79	296
	Casey Wittenberg (a)	71 71 75 79	296
40=	Bill Haas (a)	72 73 71 81	297
	Jerry Kelly	76 69 71 81	297
	Stephen Leaney	72 70 71 84	297
	Spike McRoy	72 72 72 81	297
	Joe Ogilvie	70 75 74 78	297
	Pat Perez	73 67 76 81	297
	Geoffrey Sisk	72 72 71 82	297
	Scott Verplank	71 71 72 83	297
48=	Kris Cox	68 74 77 79	298
	Jim Furyk	72 72 75 79	298
	Zach Johnson	70 73 75 80	298
	Chris Riley	72 71 72 83	298
	John Rollins	76 68 76 78	298
53=	Dudley Hart	71 73 70 85	299
	Scott Hoch	75 70 73 81	299
55=	Tom Carter	74 71 70 85	300
	Trevor Immelman	69 70 79 82	300
57=	Joakim Haeggman	74 69 76 83	302
	Tom Kite	72 71 75 84	302
	Phillip Price	70 73 75 84	302
60=	Alex Cejka	75 70 73 85	303
	Craig Parry	70 73 75 85	303
62=	Cliff Kresge	72 73 77 82	304
	Chez Reavie (a)	73 72 71 88	304
64	JJ Henry	75 69 86 76	306
65	Kevin Stadler	68 72 82 85	307
66	Billy Mayfair	70 70 81 89	310

Cut (12 strokes behind the leader after 36 holes)
146 Rich Beem 74,72; Tom Byrum 76,70; Chad Campbell 72,74; Michael Campbell 78,68; Brian Davis 73,73; Bob Estes 74,72; Brad Faxon 74,72; Dan Forsman 74,72; JP Hayes 72,74; Justin Hicks 75,71; Miguel Angel Jimenez 77,69; Jonathan Kaye 77,69; Justin Leonard 71,75; Ian Poulter 74,72; Eduardo Romero 72,74; Rory Sabbatini 72,74; John Senden 76,70; Bob Tway 73,73; Omar Uresti 75,71; Duffy Waldorf 72,74
147 Briny Baird 73,74; Craig Bowden 76,71; Paul Casey 74,73; Darren Clarke 73,74; Tripp Isenhour 74,73; Dan Olsen 73,74; Kevin Sutherland 76,71; Bubba Watson 73,74
148 Thomas Bjorn 77,71; John Douma 76,72; Robert Garrigus 74,74; Brian Gay 69,79; Toshi Izawa 72,76; Brad Lardon 73,75; JL Lewis 73,75; Dennis Paulson 72,76; Tom Pernice 73,75; Joey Sindelar 79,69; Chris Smith 77,71; Steve Stricker 75,73
149 Steve Allan 74,75; Stuart Appleby 79,70; Eric Axley 72,77; Stewart Cink 74,75; John Elliott 76,73; Brendan Jones 71,78; Brock Mackenzie (a) 73,76; Parker McLachlin 75,74; Nathan Smith (a) 73,76; Andrew Tschudin 73,76; Camilo Villegas 73,76
150 Charleton Dechert 73,77; Ray Floyd 75,75; Thomas Levet 75,75; David Morland IV 75,75; Adam Scott 75,75; Scott Weatherly 76,74
151 Aaron Baddeley 79,72; Nick Faldo 81,70; David Faught 75,76; Matt Gogel 76,75; Todd Hamilton 77,74; Pete Jordan 79,72; Davis Love III 76,75; Kenny Perry 74,77
152 Mark Brooks 74,78; Jonathan Byrd 74,78; John Connelly 73,79; Fred Couples 75,77; Jeff Gove 75,77; Jimmy Green 78,74; Gabriel Hjertstedt 75,77; Freddie Jacobson 75,77; Roger Tambellini 79,73
153 Scott Hend 75,78; Paul Lawrie 76,77; Leif Olson 76,77; Payton Osborn 76,77; Carl Paulson 72,81
154 Nick Flanagan (a) 80,74; Steve Gotsche 76,78; Stephen Sokol 75,79; Johnson Wagner 77,77
155 Justin Rose 77,78
157 Casey Bourque 78,79
158 Oscar Alvarez (a) 78,80
160 Joey Maxon 78,82
165 David Duval 83,82
166 Dave Carr 83,83

Wdw
? holes: Carlos Franco (no score recorded)

Round Leader(s)
R1 Cabrera, Haas, Maruyama; 66
R2 Maruyama, Mickelson; 134
R3 Goosen; 205

Lowest Scores
R2 Ames, Funk, Goosen, Herron, Mickelson; 66
R3 Clark; 66
R4 Allenby; 70

2004

133rd OPEN Championship
Royal Troon Golf Club, Ayrshire, Scotland (15-18 July)
No of Entries 2221: No Starting 156: No Making Cut 73: No Completing 73
7175 yards: Par 71 (284)

1	TODD HAMILTON* (£720000/€1078430/$1348272)	71 67 67 69	274
2	Ernie Els	69 69 68 68	274
3	Phil Mickelson	73 66 68 68	275
4	Lee Westwood	72 71 68 67	278
5=	Thomas Levet	66 70 71 72	279
	Davis Love III	72 69 71 67	279
7=	Retief Goosen	69 70 68 73	280
	Scott Verplank	69 70 70 71	280
9=	Mike Weir	71 68 71 71	281
	Tiger Woods	70 71 68 72	281
11=	Mark Calcavecchia	72 73 69 68	282
	Darren Clarke	69 72 73 68	282
	Skip Kendall	69 66 75 72	282
14=	Stewart Cink	72 71 71 69	283
	Barry Lane	69 68 71 75	283
16=	KJ Choi	68 69 74 73	284
	Joakim Haeggman	69 73 72 70	284
	Justin Leonard	70 72 71 71	284

	Kenny Perry	69 70 73 72	284
20=	Michael Campbell	67 71 74 73	285
	Paul Casey	66 77 70 72	285
	Bob Estes	73 72 69 71	285
	Gary Evans	68 73 73 71	285
	Vijay Singh	68 70 76 71	285
25=	Colin Montgomerie	69 69 72 76	286
	Ian Poulter	71 72 71 72	286
27=	Takashi Kamiyama	70 73 71 73	287
	Rod Pampling	72 68 74 73	287
	Jyoti Randhawa	73 72 70 72	287
30=	Keiichiro Fukabori	73 71 70 74	288
	Shigeki Maruyama	71 72 74 71	288
	Mark O'Meara	71 74 68 75	288
	Nick Price	71 71 69 77	288
	David Toms	71 71 74 72	288
	Bo Van Pelt	72 71 71 74	288
36=	Stuart Appleby	71 70 73 75	289
	Kim Felton	73 67 72 77	289
	Tetsuji Hiratsuka	70 74 70 75	289
	Steve Lowery	69 73 75 72	289
	Hunter Mahan	74 69 71 75	289
	Tjaart van der Walt	70 73 72 74	289
42=	Kenneth Ferrie	68 74 73 75	290
	Charles Howell III	75 70 72 73	290
	Trevor Immelman	69 74 71 76	290
	Andrew Oldcorn	73 70 71 76	290
	Adam Scott	73 68 74 75	290
47=	Paul Bradshaw	75 67 72 77	291
	Alastair Forsyth	68 74 79 70	291
	Mathias Gronberg	70 74 73 74	291
	Miguel Angel Jimenez	74 71 71 75	291
	Jerry Kelly	75 70 73 73	291
	Shaun Micheel	70 72 70 79	291
	Sean Whiffin	73 72 71 75	291
54=	Steve Flesch	75 70 70 77	292
	Ignacio Garrido	71 74 72 75	292
	Raphael Jacquelin	72 72 73 75	292
57=	James Kingston	73 72 74 74	293
	Paul McGinley	69 76 75 73	293
	Carl Pettersson	68 77 74 74	293
60=	Paul Broadhurst	71 74 72 77	294
	Gary Emerson	70 71 76 77	294
	Brad Faxon	74 68 73 79	294
63=	Chris DiMarco	71 71 78 76	296
	Mark Foster	71 72 76 77	296
	Stuart Wilson (a)	68 75 77 76	296
66=	Marten Olander	68 74 78 77	297
	Rory Sabbatini	71 72 73 81	297
68=	Martin Erlandsson	73 70 77 78	298
	Paul Wesselingh	73 72 76 77	298
70	Bob Tway	76 68 73 82	299
71=	Rich Beem	69 73 77 81	300
	Christian Cevaer	70 74 74 82	300
73	Sandy Lyle	70 73 81 79	303

*Todd Hamilton (4-4-3-4=15) beat Ernie Els (4-4-4-4=16) in the Four-hole Play-off

Cut (Top 70 & ties after 36 holes)
146 Scott Barr 70,76; Chad Campbell 72,74; Tim Clark 73,73; Luke Donald 75,71; Klas Eriksson 73,73; Jim Furyk 73,73; Mathew Goggin 68,78; Jay Haas 70,76; SK Ho 72,74; Freddie Jacobson 75,71; Euan Little 74,72
147 Robert Allenby 70,77; Lloyd Campbell (a) 73,74; Jonathan Cheetham 72,75; Glen Day 74,73; Padraig Harrington 76,71; Barry Hume 72,75; Brendan Jones 71,76; Stephen Leaney 73,74; Peter Lonard 76,71; Grant Muller 73,74; Peter O'Malley 77,70; Craig Parry 76,71; Jean-François Remesy 71,76; Chris Riley 72,75; Paul Sheehan 75,72; Sven Struver 74,73; Steven Tiley (a) 71,76
148 Arjun Atwal 74,74; John Daly 70,78; Nick Flanagan (a) 72,76; Sergio Garcia 75,73; Tim Herron 72,76; John Huston 75,73; Maarten Lafeber 74,74; Phillip Price 75,73; Daniel Sugrue 74,74; Ben Willman 72,76
149 Stephen Ames 74,75; Aaron Baddeley 74,75; Cameron Beckman 75,74; Ben Curtis 75,74; Brian Davis 72,77; Zach Johnson 73,76; Spike McRoy 71,78; Greg Norman 73,76; Miles Tunnicliff 74,75
150 Richard Green 74,76; Anders Hansen 76,74; Matthew Hazelden 79,71; Hidemasa Hoshino 76,74; Jonathan Kaye 74,76; Simon Wakefield 73,77
151 Simon Dyson 75,76; Darren Fichardt 71,80; Peter Hedblom 78,73; Tom Lehman 73,78; Hennie Otto 74,77; Craig Perks 74,77
152 Scott Drummond 73,79; Graeme McDowell 79,73; Brian McElhinney (a) 76,76; Eduardo Romero 77,75
153 Thomas Bjorn 74,79; Nick Faldo 76,77; Jimmy Green 78,75; David Griffiths 75,78
154 Dinesh Chand 80,74; Nicolas Colsaerts 77,77; David Howell 78,76; Frank Lickliter 77,77
155 Paul Lawrie 78,77
156 Louis Ooshuizen 74,82; Andrew Willey 80,76
157 Adam Le Vesconte 77,80; Ian Spencer 79,78
158 Andrew Buckle 76,82
159 Yoshinobu Tsukada 79,80
160 Tom Weiskopf 80,80
161 Brett Taylor 86,75
163 Neil Evans 85,78
164 Lewis Atkinson 79,85; Anthony Millar 78,86

Round Leader(s)
R1 Casey, Levet; 66
R2 Kendall; 135
R3 Hamilton; 205

Lowest Scores
R2 Kendall, Mickelson; 66
R3 Hamilton; 67
R4 Love, Westwood; 67

2004

86th PGA Championship
Whistling Straits, Straits Course, Kohler, Wisconsin (12-15 August)
No Starting 156: No Making Cut 73: No Completing 73
7514 yards: Par 72 (288)

1	VIJAY SINGH* ($1125000)	67 68 69 76	280
2=	Chris DiMarco	68 70 71 71	280
	Justin Leonard	66 69 70 75	280
4=	Ernie Els	66 70 72 73	281
	Chris Riley	69 70 69 73	281
6=	KJ Choi	68 71 73 70	282
	Paul McGinley	69 74 70 69	282
	Phil Mickelson	69 72 67 74	282
9=	Robert Allenby	71 70 72 70	283
	Stephen Ames	68 71 69 75	283
	Ben Crane	70 74 69 70	283
	Adam Scott	71 71 69 72	283
13=	Darren Clarke	65 71 72 76	284
	Brian Davis	70 71 69 74	284
	Brad Faxon	71 71 70 72	284
	Arron Oberholser	73 71 70 70	284
17=	Stuart Appleby	68 75 72 70	285
	Stewart Cink	73 70 70 72	285
	Matt Gogel	71 71 69 74	285
	Freddie Jacobson	72 70 70 73	285
	Jean-François Remesy	72 71 70 72	285
	Loren Roberts	68 72 70 75	285
	David Toms	72 72 69 72	285
24=	Tom Byrum	72 73 71 70	286
	Chad Campbell	73 70 71 72	286
	Luke Donald	67 73 71 75	286
	JL Lewis	73 69 72 72	286
	Shaun Micheel	77 68 70 71	286
	Geoff Ogilvy	68 73 71 74	286
	Tiger Woods	75 69 69 73	286
31=	Carlos Franco	69 75 72 71	287
	Charles Howell III	70 71 72 74	287
	Miguel Angel Jimenez	76 65 75 71	287
	Nick O'Hern	73 71 68 75	287
	Chip Sullivan	72 71 73 71	287
	Bo Van Pelt	74 71 70 72	287
37=	Briny Baird	67 69 75 77	288
	Steve Flesch	73 72 67 76	288
	Jay Haas	68 72 71 77	288
	Todd Hamilton	72 73 75 68	288
	Trevor Immelman	75 69 72 72	288
	Zach Johnson	75 70 69 74	288
	Ian Poulter	73 72 70 73	288
	Brett Quigley	74 69 73 72	288
45=	Tommy Armour III	72 71 74 72	289
	Niclas Fasth	74 70 73 72	289
	Padraig Harrington	68 71 72 78	289

	David Howell	72 72 70 75	289
49=	Michael Campbell	71 73 69 77	290
	Nick Faldo	72 70 74 74	290
	Joe Ogilvie	75 68 70 77	290
	Patrick Sheehan	70 71 75 74	290
	Duffy Waldorf	69 72 70 79	290
54	Carl Pettersson	71 71 76 73	291
55=	Paul Azinger	74 71 74 73	292
	SK Ho	72 73 73 74	292
	Rod Pampling	73 69 70 80	292
	Craig Parry	70 75 71 76	292
	Eduardo Romero	72 73 70 77	292
	Hidemichi Tanaka	72 71 71 78	292
	Bob Tway	71 70 74 77	292
62=	Woody Austin	74 71 74 74	293
	Shingo Katayama	74 70 76 73	293
	Jeff Sluman	72 72 79 70	293
	Scott Verplank	67 76 77 73	293
66=	Scott Drummond	71 72 76 75	294
	Bernhard Langer	74 70 75 75	294
68=	Robert Gamez	72 73 76 75	296
	Mark Hensby	74 69 77 76	296
70	Colin Montgomerie	73 72 78 74	297
71	Roy Biancalana	73 72 75 79	299
72	Jeff Coston	77 68 79 77	301
73	Skip Kendall	72 73 79 80	304

Vijay Singh (3-3-4=10) beat Chris DiMarco (4-3-x=x) and Justin Leonard (4-3-x=x) in the Three-hole play-off

Cut (at 145 after 36 holes)
146   Brian Bateman 73,73; Jonathan Byrd 73,73; Paul Casey 74,72; Alex Cejka 75,71; Joe Durant 71,75; Fred Funk 74,72; Sergio Garcia 73,73; Hale Irwin 73,73; Raphael Jacquelin 74,72; Thomas Levet 74,72; Peter Lonard 74,72; Rocco Mediate 74,72; Jose Maria Olazabal 70,76; Tim Petrovic 68,78; Heath Slocum 74,72; Kevin Sutherland 74,72; Mike Weir 73,73; Lee Westwood 75,71
147   Bill Britton 77,70; Ben Curtis 73,74; Quinn Griffing 76,71; Jesper Parnevik 76,71; Stephen Leaney 74,73; Tom Pernice 75,72; Phillip Price 72,75; Ted Purdy 73,74; Justin Rose 73,74; Hal Sutton 73,74
148   Mark Brooks 73,75; Tim Clark 75,73; Bob Estes 75,73; Ricardo Gonzalez 75,73; Davis Love III 79,69; Scott McCarron 70,78; Brenden Pappas 74,74; Joey Sindelar 71,77; Craig Thomas 73,75; Kirk Triplett 77,71; Zane Zwemke 72,76
149   Tim Fleming 76,73; Harrison Frazar 72,77; Mark O'Meara 73,76; Kenny Perry 76,73
150   Angel Cabrera 74,76; John Huston 71,79; Shigeki Maruyama 72,78
151   Rich Beem 78,73; Brendan Jones 72,79; Alan Schulte 75,76; Mike Small 75,76
152   Frank Bensel 76,76; Graeme McDowell 77,75
153   Billy Andrade 74,79; Jim Furyk 75,78; Joakim Haeggman 78,75; Cary Hungate 77,76; Jerry Kelly 76,77; Steve Schneiter 75,78; Ian Woosnam 79,74
154   Tetsuji Hiratsuka 80,74; Steve Lowery 80,74; Rory Sabbatini 81,73; Bruce Smith 77,77
155   Jonathan Kaye 74,81; Mike Northern 77,78; Ron Philo, Jr 76,79; Bob Sowards 78,77
156   Tim Herron 77,79; Jeff Roth 79,77; Dave Tentis 76,80; Rob Thompson 77,79
157   Mike Baker 80,77; John Daly 81,76;
158   David Duval 77,81; Thongchai Jaidee 80,78; Mike Schuchart 79,79
159   Sean English 75,84
160   Jeff Lankford 77,83
162   Mark Evenson 80,82

Wdw
18 holes: 76 Scott Hoch
           80 Frank Lickliter
? holes: Dudley Hart (no score recorded)

Dsq
36 holes: 147 Mark Calcavecchia 72,75

Round Leader(s)
R1   Clarke; 65
R2   Leonard, Singh; 135
R3   Singh; 204

Lowest Scores
R2   Jimenez; 65
R3   Flesch, Mickelson; 67
R4   Hamilton; 68

2005

69th MASTERS Tournament
Augusta National Golf Club, Augusta, Georgia (7-10 April)
No Starting 93: No Making Cut 50: No Completing 50
7290 yards: Par 72 (288)

1	TIGER WOODS* ($1008000)	74 66 65 71	276
2	Chris DiMarco	67 67 74 68	276
3=	Luke Donald	68 77 69 69	283
	Retief Goosen	71 75 70 67	283
5=	Mark Hensby	69 73 70 72	284
	Trevor Immelman	73 73 65 73	284
	Rod Pampling	73 71 70 70	284
	Vijay Singh	68 73 71 72	284
	Mike Weir	74 71 68 71	284
10	Phil Mickelson	70 72 69 74	285
11=	Tim Herron	76 68 70 72	286
	David Howell	72 69 76 69	286
13=	Tom Lehman	74 74 70 69	287
	Justin Leonard	75 71 70 71	287
	Thomas Levet	71 75 68 73	287
	Ryan Moore (a)	71 71 75 70	287
17=	Chad Campbell	73 73 67 75	288
	Darren Clarke	72 76 69 71	288
	Kirk Triplett	75 68 72 73	288
20=	Stewart Cink	72 72 74 71	289
	Jerry Kelly	75 70 73 71	289
	Bernhard Langer	74 74 70 71	289
	Jeff Maggert	74 74 72 69	289
	Scott Verplank	72 75 69 73	289
25=	Thomas Bjorn	71 67 71 81	290
	Joe Ogilvie	74 73 73 70	290
	Craig Parry	72 75 69 74	290
28	Jim Furyk	76 67 74 74	291
29=	Steve Flesch	76 70 70 76	292
	Kenny Perry	76 68 71 77	292
31=	Miguel Angel Jimenez	74 74 73 72	293
	Mark O'Meara	72 74 72 75	293
33=	KJ Choi	73 72 76 73	294
	Shingo Katayama	72 74 73 75	294
	Luke List (a)	77 69 78 70	294
	Ian Poulter	72 74 72 76	294
	Adam Scott	71 76 72 75	294
	Casey Wittenberg	72 72 74 76	294
39=	Tim Clark	74 74 72 75	295
	Fred Couples	75 71 77 72	295
	Todd Hamilton	77 70 71 77	295
	Ryan Palmer	70 74 74 77	295
43=	Stuart Appleby	69 76 72 79	296
	Jonathan Kaye	72 74 76 74	296
45=	Stephen Ames	73 74 75 75	297
	Nick O'Hern	72 72 76 77	297
47	Ernie Els	75 73 78 72	298
48	Jay Haas	76 71 76 78	301
49	Chris Riley	71 77 78 78	304
50	Craig Stadler	75 73 79 79	306

**Tiger Woods (3) beat Chris DiMarco (x) in the Sudden Death Play-Off at the first extra hole*

Cut (Top 44 & ties after 36 holes)
149   Carlos Franco 76,73; Sergio Garcia 77,72; Padraig Harrington 72,77; Charles Howell III 73,76; Graeme McDowell 79,70
150   Robert Allenby 77,73; Angel Cabrera 77,73; Fred Funk 72,78; Lee Westwood 78,72
151   Joakim Haeggman 79,72; Davis Love III 76,75; Jesper Parnevik 77,74; Bo Van Pelt 76,75
152   Rich Beem 75,77; Ben Curtis 80,72; David Duval 75,77; Ray Floyd 76,76; Freddie Jacobson 77,75; Zach Johnson 81,71; Peter Lonard 75,77; Sandy Lyle 74,78; Rory Sabbatini 80,72; David Toms 77,75
153   Shaun Micheel 75,78; Larry Mize 78,75; Jack Nicklaus 77,76; Jose Maria Olazabal 77,76; Tom Watson 77,76
154   John Daly 80,74; Nick Price 78,76
155   Ted Purdy 77,78

156	Ben Crenshaw 76,80; Ian Woosnam 78,78		
157	Paul Casey 79,78		
158	Austin Eaton III (a) 81,77; Shigeki Maruyama 82,76		
161	Tommy Aaron 79,82		
162	Fuzzy Zoeller 84,78		
164	Stuart Wilson (a) 82,82		
167	Gary Player 88,79		
171	Charles Coody 88,83		

Wdw
18 holes: 106 Billy Casper
? holes: Nick Faldo (no score recorded)

Round Leader(s)
R1 DiMarco; 67
R2 DiMarco; 134
R3 Woods; 205

Lowest Scores
R2 Woods; 66
R3 Immelman, Woods; 65
R4 Goosen; 67

2005

105th US OPEN Championship
Pinehurst Resort, No 2 Course, Pinehurst, North Carolina (16-19 June)
No of Entries 9048: No Starting 156: No Making Cut 83: No Completing 83
7214 yards: Par 70 (280)

1	MICHAEL CAMPBELL ($1170000)	71 69 71 69	280
2	Tiger Woods	70 71 72 69	282
3=	Tim Clark	76 69 70 70	285
	Sergio Garcia	71 69 75 70	285
	Mark Hensby	71 68 72 74	285
6=	Davis Love III	77 70 70 69	286
	Rocco Mediate	67 74 74 71	286
	Vijay Singh	70 70 74 72	286
9=	Arron Oberholser	76 67 71 73	287
	Nick Price	72 71 72 72	287
11=	Bob Estes	70 73 75 70	288
	Retief Goosen	68 70 69 81	288
	Peter Hedblom	77 66 70 75	288
	Corey Pavin	73 72 70 73	288
15=	KJ Choi	69 70 74 76	289
	Stewart Cink	73 74 73 69	289
	John Cook	71 76 70 72	289
	Fred Couples	71 74 74 70	289
	Ernie Els	71 76 72 70	289
	Ryuji Imada	77 68 73 71	289
	Peter Jacobsen	72 73 69 75	289
	David Toms	70 72 70 77	289
23=	Olin Browne	67 71 72 80	290
	Paul Claxton	72 72 72 74	290
	Fred Funk	73 71 76 70	290
	Justin Leonard	76 71 70 73	290
	Kenny Perry	75 70 71 74	290
28=	Steve Allan	72 69 73 77	291
	Matt Every (a)	75 73 73 70	291
	Jim Furyk	71 70 75 75	291
	Geoff Ogilvy	72 74 71 74	291
	Adam Scott	70 71 74 76	291
33=	Angel Cabrera	71 73 73 75	292
	Steve Elkington	74 69 79 70	292
	Tim Herron	74 73 70 75	292
	Brandt Jobe	68 73 79 72	292
	Bernhard Langer	74 73 71 74	292
	Shigeki Maruyama	71 74 72 75	292
	Phil Mickelson	69 77 72 74	292
	Ted Purdy	73 71 73 75	292
	Lee Westwood	68 72 73 79	292
42=	Chad Campbell	77 71 72 73	293
	Peter Lonard	71 74 74 74	293
	Paul McGinley	76 72 71 74	293
	Colin Montgomerie	72 75 72 74	293
	Tom Pernice, Jr	74 73 73 73	293
	Rob Rashell	74 72 73 74	293
	Mike Weir	75 72 75 71	293
49=	Jason Gore	71 67 72 84	294
	JL Lewis	75 73 76 70	294
	Nick O'Hern	72 71 78 73	294
52=	Thomas Bjorn	71 74 75 75	295
	Nick Dougherty	72 74 74 75	295
	Richard Green	72 72 78 73	295
	Soren Kjeldsen	74 71 77 73	295
	Thomas Levet	75 73 73 74	295
57=	Tommy Armour III	70 72 79 75	296
	Luke Donald	69 73 74 80	296
	Keiichiro Fukabori	74 67 75 80	296
	JJ Henry	73 73 76 74	296
	Lee Janzen	74 74 74 74	296
	Steve Jones	69 74 74 79	296
	Frank Licklider	75 73 78 70	296
	Jonathan Lomas	72 74 75 75	296
	Ryan Moore (a)	75 73 75 73	296
	Ian Poulter	77 69 74 76	296
67=	Michael Allen	73 72 77 75	297
	Steve Flesch	72 71 78 76	297
	Bill Glasson	74 73 71 79	297
	John Mallinger	74 72 73 78	297
71=	Stephen Ames	71 75 76 76	298
	DJ Brigman	74 73 75 76	298
	JP Hayes	77 71 74 76	298
	Rory Sabbatini	72 74 76 76	298
75=	John Daly	74 72 77 76	299
	Charles Howell III	77 68 73 81	299
	Omar Uresti	75 73 75 76	299
78=	Jeff Maggert	72 75 75 78	300
	Bob Tway	71 75 79 75	300
80=	Graeme McDowell	74 74 72 81	301
	Chris Nallen	76 72 78 75	301
82	Craig Barlow	76 71 76 80	303
83	Jerry Kelly	76 71 78 80	305

Cut (11 strokes behind the leader after 36 holes)
149 Robert Allenby 72,77; Derek Brown 75,74; Carlos Franco 74,75; Todd Hamilton 75,74; Peter Hanson 76,73; Zach Johnson 74,75; Robert Karlsson 75,74; Shingo Katayama 74,75; Matt Kuchar 75,74; Tom Lehman 77,72; Eric Meichtry 75,74; John Rollins 75,74; Jerry Smith 78,71; Toru Taniguchi 70,79; Euan Walters 76,73
150 Troy Kelly 83,67; Trip Kuehne (a) 75,75; Spencer Levin 73,77; Jose Filipe Lima 75,75; John Merrick 77,73; Lee Rinker 76,74; Scott Verplank 76,74
151 Eric Axley 81,70; James Driscoll 76,75; Stephen Gallacher 79,72; Nick Gilliam 76,75; Padraig Harrington 77,74; Ian Leggatt 75,76; David Oh 74,77
152 Stuart Appleby 81,71; Steve Conran 77,75; Patrick Damron 79,73; David Duval 76,76; Jay Haas 82,70; Steve Lowery 78,74; Shaun Micheel 78,74; Craig Parry 77,75; Kyle Willman 75,77
153 Bart Bryant 79,74; Chris DiMarco 71,82; Clint Jensen 77,76; Miguel Angel Jimenez 79,74; Luke List (a) 82,71; Josh McCumber 73,80; Scott Parel 76,77; Carl Pettersson 77,76; Casey Wittenberg 75,78; Y-E Yang 74,79
154 Rich Beem 78,76; David Denham (a) 77,77; Scott McCarron 76,78; Joe Ogilvie 79,75; Brandt Snedeker 79,75
155 Robert Gamez 77,78; Scott Gibson 77,78; Nick Jones 80,75; Franklin Langham 74,81; Len Mattiace 76,79; Michael Putnam (a) 76,79
156 Aaron Barber 74,82; Ben Curtis 76,80; David Hearn 77,79
157 Simon Dyson 79,78
158 Jim Benepe 82,76; Michael Ruiz 79,79; Lee Williams (a) 79,79
159 Rod Pampling 80,79
160 Pierre-Henri Soero (a) 83,77; Sal Spallone 79,81
161 Wil Collins 82,79
164 Conrad Ray 80,84

Wdw
18 holes: 74 David Howell
           85 Paul Casey

Round Leader(s)
R1 Browne, Mediate; 67
R2 Goosen, Gore; 138
R3 Goosen; 207

Lowest Scores
R2 Hedblom; 66
R3 Goosen, Jacobsen; 69
R4 Campbell, Cink, Love III, Woods; 69

2005

134th OPEN Championship
Royal & Ancient Golf Club, St Andrews, Fife, Scotland (14-17 July)
No of Entries 2499: No Starting 156: No Making Cut 80: No Completing 80
7279 yards: Par 72 (288)

1	TIGER WOODS	66 67 71 70	274
	(£720000/€1030000/$1261265)		
2	Colin Montgomerie	71 66 70 72	279
3=	Fred Couples	68 71 73 68	280
	Jose Maria Olazabal	68 70 68 74	280
5=	Michael Campbell	69 72 68 72	281
	Sergio Garcia	70 69 69 73	281
	Retief Goosen	68 73 66 74	281
	Bernhard Langer	71 69 70 71	281
	Geoff Ogilvy	71 74 67 69	281
	Vijay Singh	69 69 71 72	281
11=	Nick Faldo	74 69 70 69	282
	Graeme McDowell	69 72 74 67	282
	Kenny Perry	71 71 68 72	282
	Ian Poulter	70 72 71 69	282
15=	Darren Clarke	73 70 67 73	283
	John Daly	71 69 70 73	283
	David Frost	77 65 72 69	283
	Mark Hensby	67 77 69 70	283
	Trevor Immelman	68 70 73 72	283
	Sean O'Hair	73 67 70 73	283
	Nick O'Hern	73 69 71 70	283
	Lloyd Saltman (a)	73 71 68 71	283
23=	Bart Bryant	69 70 71 74	284
	Tim Clark	71 69 70 74	284
	Scott Drummond	74 71 69 70	284
	Brad Faxon	72 66 70 76	284
	Nick Flanagan	73 71 69 71	284
	Tom Lehman	75 69 70 70	284
	Eric Ramsay (a)	68 74 74 68	284
	Tadahiro Takayama	72 72 70 70	284
	Scott Verplank	68 70 72 74	284
32=	Richard Green	72 68 72 73	285
	Sandy Lyle	74 67 69 75	285
34=	Simon Dyson	70 71 72 73	286
	Ernie Els	74 67 75 70	286
	Peter Hanson	72 72 71 71	286
	Thomas Levet	69 71 75 71	286
	Joe Ogilvie	74 70 73 69	286
	Adam Scott	70 71 70 75	286
	Henrik Stenson	74 67 73 72	286
41=	Stuart Appleby	72 68 72 75	287
	KJ Choi	75 68 71 73	287
	Hiroyuki Fujita	72 68 74 73	287
	Soren Hansen	72 72 66 77	287
	Tim Herron	73 72 68 74	287
	Simon Khan	69 70 78 70	287
	Maarten Lafeber	73 70 67 77	287
	Paul McGinley	70 75 73 69	287
	Bob Tway	69 71 72 75	287
	Tom Watson	75 70 70 72	287
	Steve Webster	71 72 71 73	287
52=	Robert Allenby	70 68 79 71	288
	Luke Donald	68 73 77 70	288
	Freddie Jacobson	71 70 72 75	288
	Thongchai Jaidee	73 68 75 72	288
	Miguel Angel Jimenez	69 72 76 71	288
	Paul Lawrie	72 71 75 70	288
	Justin Leonard	73 71 75 69	288
	Bo Van Pelt	72 67 73 76	288
60=	John Bickerton	75 70 71 73	289
	Mark Calcavecchia	70 73 73 73	289
	Phil Mickelson	74 67 72 76	289
	Edoardo Molinari (a)	70 70 74 75	289
	Greg Norman	72 71 70 76	289
	Tino Schuster	68 74 74 73	289
66	Peter Lonard	68 70 77 75	290
67=	Chris DiMarco	75 69 71 76	291
	Pat Perez	72 70 72 77	291
	Chris Riley	68 73 75 75	291
	Robert Rock	73 71 75 72	291
	David Smail	73 72 69 77	291
	Duffy Waldorf	74 68 81 68	291
73	Patrik Sjoland	74 71 76 71	292
74=	Scott Gutschewski	76 69 75 73	293
	SK Ho	73 71 72 77	293
	Ted Purdy	72 72 77 72	293
77	Steve Flesch	74 70 72 78	294
78=	Rod Pampling	74 71 71 80	296
	Graeme Storm	75 70 80 71	296
80	Matthew Richardson (a)	75 69 77 76	297

Cut (Top 70 including ties after 36 holes)

146 Peter Baker 70,76; Thomas Bjorn 72,74; Alex Cejka 74,72; Daniel Chopra 76,70; Stephen Dodd 75,71; Joe Durant 79,67; Peter Fowler 74,72; Charles Howell III 71,75; Mark O'Meara 71,75; Euan Walters 72,74; Lee Westwood 76,70

147 Danny Chia 74,73; Alastair Forsyth 77,70; Zach Johnson 77,70; Jerry Kelly 74,73; Mardan Mamat 75,72; Jack Nicklaus 75,72; Jean-François Remesy 73,74; Y-E Yang 76,71

148 Jason Allred 74,74; Tom Byrum 79,69; Ben Curtis 78,70; Brian Davis 77,71; Fred Funk 77,71; Jim Furyk 78,70; Ignacio Garrido 71,77; Joakim Haeggman 75,73; Todd Hamilton 74,74; Shaun Micheel 75,73; Andrew Oldcorn 76,72; Nick Price 76,72; Charl Schwartzel 76,72; Ian Woosnam 73,75

149 Lars Brovold 75,74; Angel Cabrera 75,74; Stewart Cink 76,73; David Diaz 74,75; Martin Doyle 73,76; Kenneth Ferrie 74,75; Scott Hend 73,76; Davis Love III 75,74; Shigeki Maruyama 77,72

150 Stephen Ames 76,74; Paul Casey 75,75; Robert Coles 74,76; Doug McGuigan 74,76; Jean Van de Velde 77,73

151 Rich Barcelo 80,71; Andre Bossert 74,77; Chad Campbell 78,73; Oscar Floren (a) 73,78; Rory Sabbatini 72,79; Murray Urquhart 73,78; Mike Weir 76,75

152 Peter Lawrie 74,78; Craig Parry 78,74; Tim Petrovic 77,75; Wilhelm Schauman 81,71

153 Rich Beem 74,79; Andrew Butterfield 77,76; Marcus Fraser 78,75; Stephen Gallacher 75,78; Sean McDonagh 77,76; Brian McElhinney (a) 78,75; Robert Steele (a) 78,75; Toru Taniguchi 75,78

155 Chris Campbell 81,74; Tony Jacklin 79,76

157 David Duval 80,77; Tom Pernice 78,79

158 Andrew Marshall 84,74; Richard Moir 83,75; John Wade 76,82

159 Pete Oakley 81,78

161 Thammanoon Srirot 84,77

Dsq
18 holes: 75 David Toms

Scr
Seve Ballesteros

Round Leader(s)
R1 Woods; 66
R2 Woods; 133
R3 Woods; 204

Lowest Scores
R2 Frost; 65
R3 Goosen, Hansen; 66
R4 McDowell; 67

2005

86th PGA Championship
Baltusrol Golf Club, Springfield, New Jersey (15-19 August: rain forced play into Monday)
No Starting 156: No Making Cut 79: No Completing 79
7400 yards: Par 70 (280)

1	PHIL MICKELSON	67 65 72 72	276
	($1170000)		
2=	Thomas Bjorn	71 71 63 72	277
	Steve Elkington	68 70 68 71	277
4=	Davis Love III	68 68 68 74	278
	Tiger Woods	75 69 66 68	278
6=	Michael Campbell	73 68 69 69	279
	Retief Goosen	68 70 69 72	279

Geoff Ogilvy	69 69 72 69	279	
Pat Perez	68 71 67 73	279	
10=Steve Flesch	70 71 69 70	280	
Dudley Hart	70 73 66 71	280	
Ted Purdy	69 75 70 66	280	
Vijay Singh	70 67 69 74	280	
David Toms	71 72 69 68	280	
15=Stuart Appleby	67 70 69 75	281	
Charles Howell III	70 71 68 72	281	
17=Tim Clark	71 73 70 68	282	
Trevor Immelman	67 72 72 71	282	
Zach Johnson	70 70 73 69	282	
Joe Ogilvie	74 68 69 71	282	
Bo Van Pelt	70 70 68 74	282	
Lee Westwood	68 68 71 75	282	
23=Sergio Garcia	72 70 71 70	283	
Shingo Katayama	71 66 74 72	283	
Paul McGinley	72 70 72 69	283	
Tom Pernice, Jr	69 73 69 72	283	
Kenny Perry	69 70 70 74	283	
28=Chad Campbell	71 71 70 72	284	
Stewart Cink	71 72 66 75	284	
Bob Estes	71 72 73 68	284	
Arron Oberholser	74 68 69 73	284	
Jesper Parnevik	68 69 72 75	284	
Vaughn Taylor	75 69 71 69	284	
34=Jason Bohn	71 68 68 78	285	
Ben Curtis	67 73 67 78	285	
Jim Furyk	72 71 69 73	295	
Freddie Jacobson	72 69 73 71	295	
Jerry Kelly	70 65 74 76	295	
Scott Verplank	71 72 71 71	285	
40=KJ Choi	71 70 73 72	286	
Ben Crane	68 76 72 70	286	
Miguel Angel Jimenez	72 72 69 73	286	
John Rollins	68 71 73 74	286	
Steve Schneiter	72 72 72 70	286	
Adam Scott	74 69 72 71	286	
Patrick Sheehan	73 71 71 71	286	
47=Fred Funk	69 75 67 76	287	
Todd Hamilton	73 70 70 74	287	
Bernhard Langer	68 72 72 75	287	
JL Lewis	72 72 70 73	287	
Jose Maria Olazabal	76 67 72 72	287	
Greg Owen	68 69 70 80	287	
Ian Poulter	69 74 69 75	287	
Ryan Palmer	73 70 73 71	287	
Heath Slocum	68 75 73 71	287	
Henrik Stenson	74 67 75 71	287	
Mike Weir	72 72 71 72	287	
Y-E Yang	71 67 76 73	287	
59=Paul Casey	70 74 72 72	288	
Carlos Franco	70 70 76 72	288	
Peter Hanson	73 71 72 72	288	
Mark Hensby	69 70 75 74	288	
Scott McCarron	72 72 74 70	288	
Sean O'Hair	71 71 76 70	288	
Steve Webster	72 70 75 71	288	
66=Woody Austin	72 71 68 78	289	
Luke Donald	69 73 73 74	289	
Ron Philo, Jr	71 73 73 72	289	
Chris Riley	72 68 72 77	289	
70=Mark Calcavecchia	70 69 77 74	290	
Fred Couples	72 72 70 76	290	
72=Stephen Ames	67 72 74 78	291	
Joe Durant	73 71 73 74	291	
74=John Daly	71 69 78 74	292	
Rory Sabbatini	67 69 76 80	292	
76 Mike Small	74 68 80 73	295	
77 Kevin Sutherland	74 70 75 77	296	
78 Darrell Kestner	72 70 78 79	299	
79 Hal Sutton	69 73 80 78	300	

Cut (at 144 after 36 holes)
145 Paul Azinger 72,73; Alex Cejka 70,75; Stephen Dodd 74,71; Nick Dougherty 73,72; Lee Janzen 71,74; Justin Leonard 69,76; Hunter Mahan 72,73; Shaun Micheel 72,73; Tim Petrovic 75,70; Loren Roberts 71,74; Jeff Yurkiewicz 72,73
146 Chris DiMarco 75,71; Jay Haas 77,69; Chip Johnson 72,74; Stephen Leaney 74,72; Rob Moss 74,72; Kevin Na 70,76; Brett Quigley 74,72
147 Billy Andrade 76,71; Bart Bryant 75,72; Niclas Fasth 73,74; Brad Faxon 73,74; Richard Green 79,68; Richard S Johnson 73,74; Thomas Levet 79,68; Peter Lonard 71,76; Travis Long 76,71; Brett Melton 72,75; Bob Tway 71,76
148 Jeff Coston 74,74; Brian Davis 74,74; Tim Fleming 74,74; David Howell 78,70; Maarten Lafeber 77,71; Graeme McDowell 72,76; Billy Mayfair 73,75; Colin Montgomerie 77,71; Jean-François Remesy 71,77
149 Mark Brooks 78,71; Nick O'Hern 76,73; Dave Tentis 77,72
150 Robert Allenby 76,74; Darren Clarke 73,77; Bob Ford 75,75; Lucas Glover 74,76; Thongchai Jaidee 76,74; Jonathan Kaye 73,77; Shigeki Maruyama 73,77; Mark Mielke 77,73; Rod Pampling 73,77; Craig Parry 76,74; Tim Thelen 77,73
151 Arjun Atwal 74,77; David Duval 77,74; Tim Herron 78,73; Tom Lehman 72,79; Alan Morin 76,75; Chris Wiemers 74,77
152 Brent Geiberger 76,76; Toru Taniguchi 76,76
153 Michael Allen 77,76; Stephen Gallacher 79,74; Padraig Harrington 76,77; SK Ho 76,77; Jeff Sluman 77,76; Scott Spence 79,74; Chris Starkjohann 78,75
154 Don Berry 76,78; Jeff Maggert 73,81
156 Wayne Grady 78,78
157 Rich Beem 79,78; Mike Reid 78,79
158 Jeff Martin 80,78; Kelly Mitchum 78,80; Rich Steinmetz 81,77
159 Craig Thomas 80,79; Tim Weinhart 78,81

Round Leader(s)
R1 Ames, Appleby, Curtis, Immelman, Sabbatini; 66
R2 Mickelson; 132
R3 Love, Mickelson; 204

Lowest Scores
R2 Kelly, Mickelson; 65
R3 Bjorn; 63
R4 Purdy; 66

2006

70th MASTERS Tournament
Augusta National Golf Club, Augusta, Georgia (6-9 April)
No Starting 90: No Making Cut 47: No Completing 47
7445 yards: Par 72 (288)

1 PHIL MICKELSON ($1260000)	70 72 70 69	281	
2 Tim Clark	70 72 72 69	283	
3= Chad Campbell	71 67 75 71	284	
Fred Couples	71 70 72 71	284	
Retief Goosen	70 73 72 69	284	
Jose Maria Olazabal	76 71 71 66	284	
Tiger Woods	72 71 71 70	284	
8= Angel Cabrera	73 74 70 68	285	
Vijay Singh	67 74 73 71	285	
10 Stewart Cink	72 73 71 70	286	
11=Stephen Ames	74 70 70 73	287	
Miguel Angel Jimenez	74 72 69 72	287	
Mike Weir	71 73 73 70	287	
14=Billy Mayfair	71 72 72 73	288	
Arron Oberholser	69 75 73 71	288	
16=Geoff Ogilvy	70 75 73 71	289	
Rod Pampling	72 73 72 72	289	
Scott Verplank	74 70 74 71	289	
19=Stuart Appleby	71 75 73 71	290	
David Howell	71 71 76 72	290	
Nick O'Hern	71 72 76 71	290	
22=Robert Allenby	73 73 74 71	291	
Darren Clarke	72 70 72 77	291	
Jim Furyk	73 75 68 75	291	
Mark Hensby	80 67 70 74	291	
Davis Love III	74 71 74 72	291	
27=Ernie Els	71 71 74 76	292	
Padraig Harrington	73 70 75 74	292	
Shingo Katayama	75 70 73 74	292	
Carl Pettersson	72 74 73 73	292	
Adam Scott	72 74 75 71	292	
32=Thomas Bjorn	73 75 76 69	293	
Brandt Jobe	72 76 77 68	293	
Zach Johnson	74 72 77 70	293	
Ted Purdy	72 76 74 71	293	
36=Tim Herron	76 71 71 76	294	
Rocco Mediate	68 73 73 80	294	

	Rory Sabbatini	76 70 74 74	294
39=	Jason Bohn	73 71 77 74	295
	Ben Curtis	71 74 77 73	295
	Justin Leonard	75 70 79 71	295
42=	Rich Beem	71 73 73 79	296
	Luke Donald	74 72 76 74	296
	Larry Mize	75 72 77 72	296
45	Olin Browne	74 69 80 74	297
46	Sergio Garcia	74 72 79 73	298
47	Ben Crenshaw	71 72 78 79	300

Cut (Top 44 & ties after 36 holes)
149 Bart Bryant 76,73; Michael Campbell 75,74; Ben Crane 74,75; Thomas Levet 78,71; Colin Montgomerie 74,75; Vaughn Taylor 75,74; Ian Woosnam 77,72
150 Chris DiMarco 76,74; Todd Hamilton 74,76; Peter Lonard 76,74; David Toms 72,78; Lee Westwood 75,75
151 Lucas Glover 73,78; Trevor Immelman 75,76; Tom Lehman 76,75; Joe Ogilvie 74,77; Henrik Stenson 77,74
152 KJ Choi 76,76; Ray Floyd 79,73; Shaun Micheel 82,70; Sean O'Hair 76,76
153 John Daly 74,79; Nick Faldo 79,74; Thongchai Jaidee 78,75; Bernhard Langer 79,74
154 Shigeki Maruyama 79,75; Mark O'Meara 82,72; Tom Watson 79,75
155 Brian McElhinney (a) 80,75; Paul McGinley 78,77; Craig Stadler 77,78
156 Mark Calcavecchia 80,76
157 Fred Funk 76,81; Edoardo Molinari (a) 80,77
159 David Duval 84,75; Clay Ogden (a) 83,76; Fuzzy Zoeller 78,81
160 Dillon Dougherty (a) 82,78; Kevin Marsh (a) 79,81; Gary Player 79,81
161 Sandy Lyle 80,81
163 Charles Coody 89,74
164 Charles Howell III 80,84

Round Leader(s)
R1 Singh; 67
R2 C Campbell; 138
R3 Mickelson; 212

Lowest Scores
R2 C Campbell, Hensby; 67
R3 Furyk; 68
R4 Olazabal; 66

2006

106th US OPEN Championship
Winged Foot Golf Club, Mamaroneck, New York (15-18 June)
No of Entries 8584; No Starting 156; No Making Cut 63; No Completing 63
7264 yards: Par 70 (280)

1	GEOFF OGILVY ($1224000)	71 70 72 72	285
2=	Jim Furyk	70 72 74 70	286
	Phil Mickelson	70 73 69 74	286
	Colin Montgomerie	69 71 75 71	286
5	Padraig Harrington	73 69 74 71	287
6=	Kenneth Ferrie	71 70 71 76	288
	Nick O'Hern	75 70 74 69	288
	Vijay Singh	71 74 70 73	288
	Jeff Sluman	74 73 72 69	288
	Steve Stricker	70 69 76 73	288
	Mike Weir	71 74 71 72	288
12=	Luke Donald	78 69 70 72	289
	Ryuji Imada	76 73 69 71	289
	Ian Poulter	74 71 70 74	289
15	Paul Casey	77 72 72 69	290
16=	Robert Allenby	73 74 72 72	291
	David Duval	77 68 75 71	291
	David Howell	70 78 74 69	291
	Miguel Angel Jimenez	70 75 74 72	291
	Arron Oberholser	75 68 74 74	291
21=	Peter Hedblom	72 74 71 75	292
	Trevor Immelman	76 71 70 75	292
	Jose Maria Olazabal	75 73 73 71	292
	Tom Pernice, Jr	79 70 72 71	292
	Adam Scott	72 76 70 74	292
26=	Craig Barlow	72 75 72 74	293
	Angel Cabrera	74 73 74 72	293
	Ernie Els	74 73 74 72	293
	Sean O'Hair	76 72 74 71	293
	Ted Purdy	78 71 71 73	293
	Henrik Stenson	75 71 73 74	293
32=	Woody Austin	72 76 72 74	294
	Bart Bryant	72 72 73 77	294
	Scott Hend	72 72 75 75	294
	Steve Jones	74 74 71 75	294
37=	Stewart Cink	75 71 77 72	295
	Jay Haas	75 72 74 74	295
	Charles Howell III	77 71 73 74	295
40=	Tommy Armour III	79 70 74 73	296
	Chad Collins	76 71 72 77	296
	John Cook	71 78 74 73	296
	Jason Dufner	72 71 78 75	296
	Fred Funk	71 75 73 77	296
	Stephen Gangluff	76 73 77 70	296
	Bo Van Pelt	72 75 73 76	296
	Lee Williams	75 73 73 75	296
48=	Phillip Archer	72 72 75 78	297
	Thomas Bjorn	72 74 73 78	297
	Fred Couples	73 74 71 79	297
	Charley Hoffman	76 70 78 73	297
	JB Holmes	74 73 75 75	297
	Kent Jones	73 74 73 77	297
	Graeme McDowell	71 72 75 79	297
	Charl Schwartzel	74 72 76 75	297
56	Darren Clarke	73 72 79 74	298
57	Ben Curtis	78 71 77 73	299
58	Kenny Perry	77 71 79 74	301
59=	Skip Kendall	73 75 76 78	302
	Jeev Milkha Singh	73 76 77 76	302
	Camilo Villegas	74 72 79 77	302
62	Ben Crane	77 72 74 80	303
63	Tim Herron	73 76 79 77	305

Cut (11 strokes behind the leader after 36 holes)
150 Stephen Ames 72,78; Alex Coe (a) 77,73; Jay Delsing 78,72; Allen Doyle 76,74; Zach Johnson 73,77; Paul McGinley 74,76; Andy Morse 74,76; Rory Sabbatini 74,76; Andrew Svoboda 75,75
151 Stuart Appleby 72,79; KJ Choi 76,75; Tim Clark 77,74; Mark Hensby 73,78; John Mallinger 77,74; Shaun Micheel 77,74; Corey Pavin 76,75; Duffy Waldorf 75,76; Dean Wilson 76,75
152 Olin Browne 80,72; Michael Campbell 75,77; Chris DiMarco 76,76; Bob Estes 80,72; Lucas Glover 75,77; Nathan Green 77,75; Billy Horschel (a) 75,77; Peter Jacobsen 76,76; Brandt Jobe 76,76; Justin Leonard 77,75; Kevin Stadler 71,81; Tadahiro Takayama 77,75; Scott Verplank 76,76; Taylor Wood 74,78; Tiger Woods 76,76
153 Rich Beem 74,79; Mark Brooks 78,75; Chad Campbell 76,77; Nick Dougherty 78,75; Ben Hayes 76,77; John Koskinen 79,74; Greg Kraft 76,77; Billy Mayfair 72,81; Rocco Mediate 76,77; Edoardo Molinari (a) 77,76; Chris Nallen 79,74; Carl Pettersson 77,76; Brett Quigley 80,73; Tag Ridings 77,76; Dustin White 78,75
154 Niclas Fasth 78,76; Keiichiro Fukabori 75,79; JJ Henry 77,77; Lee Janzen 82,72; Matt Kuchar 78,76; Tom Lehman 78,76; Davis Love III 76,78; Steve Lowery 79,75
155 David Berganio, Jr 77,78; Retief Goosen 77,78; Richard Green 75,80; Todd Hamilton 77,78; Jonathan Moore (a) 77,78; Joey Sindelar 79,76; Nicholas Thompson 81,74
156 Jason Allred 78,78; Brad Fritsch 78,78; Sergio Garcia 78,78; Travis Hurst 78,78; Shingo Katayama 81,75; Patrick Nagle (a) 81,75; DJ Trahan 75,81; Oliver Wilson 80,76; Stephen Woodard 79,77
157 Michael Harris 76,81; Graeme Storm 81,76; Toru Taniguchi 75,82
158 Tadd Fujikawa (a) 81,77
159 Mark Calcavecchia 80,79; Mathew Goggin 81,78; Maarten Lafeber 76,83; George McNeill 77,82; Nick Price 81,78; Phil Tataurangi 86,73
160 Dillon Dougherty (a) 85,75; David Oh 83,77
161 Ryan Baca (a) 78,83; Mike Derminio 81,80; Madalitso Muthiya 81,80
162 Andy Bare 84,78; Ryan Posey (a) 84,78
163 John Rollins 83,80
164 Rob Johnson 82,82

Wdw
18 holes: 79 David Toms

Round Leaders
R1 Montgomerie; 69
R2 Stricker; 139
R3 Ferrie, Mickelson; 212

Lowest Scores
R2 Duval, Oberholser; 68
R3 Imada, Mickelson; 69
R4 Casey, D Howell, O'Hern, Sluman; 69

2006

135th OPEN Championship
Royal Liverpool Golf Club, Hoylake, Cheshire, England (20-23 July)
No of Entries 2434: No Starting 156: No Making Cut 71: No Completing 71
7258 yards: Par 72 (288)

1	TIGER WOODS	67 65 71 67	270
	(£720000/€1045965/$1338480)		
2	Chris DiMarco	70 65 69 68	272
3	Ernie Els	68 65 71 71	275
4	Jim Furyk	68 71 66 71	276
5=	Sergio Garcia	68 71 65 73	277
	Hideto Tanihara	72 68 66 71	277
7	Angel Cabrera	71 68 66 73	278
8=	Carl Pettersson	68 72 70 68	278
	Andres Romero	70 70 68 71	279
	Adam Scott	68 69 70 72	279
11=	Ben Crane	68 71 71 70	280
	SK Ho	68 73 69 70	280
	Anthony Wall	67 73 71 69	280
14=	Retief Goosen	70 66 72 73	281
	Sean O'Hair	69 73 72 67	281
16=	Robert Allenby	69 70 69 74	282
	Mikko Ilonen	68 69 73 72	282
	Peter Lonard	71 69 68 74	282
	Geoff Ogilvy	71 69 70 72	282
	Robert Rock	69 69 73 71	282
	Brett Rumford	68 71 72 71	282
22=	Mark Hensby	68 72 74 69	283
	Phil Mickelson	69 71 73 70	283
	Greg Owen	67 73 68 75	283
	Charl Schwartzel	74 66 72 71	283
26=	Paul Broadhurst	71 71 73 69	284
	Jerry Kelly	72 67 69 76	284
	Hunter Mahan	73 70 68 73	284
	Rory Sabbatini	69 70 73 72	284
	Lee Slattery	69 72 71 72	284
31=	Simon Khan	70 72 68 75	285
	Scott Verplank	70 73 67 75	285
	Lee Westwood	69 72 75 69	285
	Thaworn Wiratchant	71 68 74 72	285
35=	Michael Campbell	70 71 75 70	286
	Luke Donald	74 68 73 71	286
	Marcus Fraser	68 71 72 75	286
	Robert Karlsson	70 71 71 74	286
	Rod Pampling	69 71 74 72	286
	John Senden	70 73 73 70	286
41=	Stephen Ames	70 71 72 74	287
	Thomas Bjorn	72 71 73 71	287
	Mark Calcavecchia	71 68 68 80	287
	Miguel Angel Jimenez	67 70 76 74	287
	Brandt Jobe	69 71 75 72	287
	Soren Kjeldsen	71 71 71 74	287
	Jeff Sluman	71 72 68 76	287
48=	John Bickerton	72 70 70 76	288
	Simon Dyson	74 69 70 75	288
	Gonzalo Fernandez-Castaño	70 69 73 76	288
	Andrew Marshall	70 69 73 76	288
	Henrik Stenson	72 71 74 71	288
	Marius Thorp (a)	71 71 75 71	288
	Simon Wakefield	72 71 70 75	288
	Tom Watson	72 70 75 71	288
56=	Tim Clark	72 69 69 79	289
	David Duval	70 70 78 71	289
	Keiichiro Fukabori	67 73 70 79	289
	Jose Maria Olazabal	73 68 76 72	289
	Mike Weir	68 72 73 76	289
61=	Andrew Buckle	72 69 72 77	290
	Graeme McDowell	66 73 72 79	290
63=	Mark O'Meara	71 70 77 73	291
	Marco Ruiz	71 70 80 70	291
65	Chad Campbell	70 73 74 75	292
66=	Fred Funk	69 74 75 76	294
	Vaughn Taylor	72 71 77 74	294
68=	Todd Hamilton	72 71 74 78	295
	Edoardo Molinari (a)	73 70 77 75	295
70	Bart Bryant	69 74 77 76	296
71	Paul Casey	72 70 79 77	298

Cut (Top 70 & ties after 36 holes)
144   Rich Beem 71,73; Markus Brier 71,73; Bradley Dredge 70,74; Scott Drummond 73,71; Niclas Fasth 69,75; Mathew Goggin 75,69; Jarrod Lyle 74,70; Paul McGinley 71,73; Jeff Maggert 75,69; Tom Pernice 71,73; Mark Pilkington 76,68; Phillip Price 74,70
145   John Daly 72,73; Steve Elkington 71,74; Lucas Glover 72,73; Shiv Kapur 72,73; Tom Lehman 68,77; Nick O'Hern 70,75; Ted Purdy 74,71
146   Thomas Aiken 72,74; Stuart Appleby 74,72; Aaron Baddeley 70,76; KJ Choi 72,74; Fred Couples 70,76; Ben Curtis 73,73; Stephen Dodd 73,73; Richard Green 71,75; JJ Henry 73,73; Zach Johnson 73,73; Sandy Lyle 73,73; Vijay Singh 70,76; David Smail 76,70; Bo Van Pelt 74,72; Brett Wetterich 74,72
147   Billy Andrade 72,75; Adam Bland 73,74; Nick Dougherty 74,73; Julien Guerrier (a) 72,75; Bradley Hughes 72,75; Davis Love III 75,72; Shaun Micheel 72,75; Louis Oosthuizen 78,69; Darren Parris 75,72; Kenny Perry 73,74; Michael Wright 72,75
148   Nick Faldo 77,71; Shingo Katayama 74,74; Bernhard Langer 74,74; Colin Montgomerie 73,75; Arron Oberholser 73,75; Ross Wellington 75,73
149   Stewart Cink 72,77; Johan Edfors 75,74; Padraig Harrington 75,74; Tim Herron 76,73; JB Holmes 74,75; Toshinori Muto 75,74; Jim Payne 73,76; Richard Sterne 76,73
150   Peter Hedblom 73,77; David Howell 74,76; Barry Lane 75,75; Paul Lawrie 76,74; Brett Quigley 79,71
151   Seve Ballesteros 74,77; Darren Clarke 69,82; Jamie Donaldson 75,76; Yasuharu Imano 73,78; Nick Ludwell 75,76; Ian Poulter 75,76
152   Warren Bladon 76,76; Adam Frayne 71,81; Tatsuhiko Ichihara 78,74; Bruce Vaughan 75,77
153   Warren Abery 76,77
154   Danny Denison (a) 78,76; Gary Lockerbie 78,76
155   Wayne Perske 76,79
156   Unho Park 82,74
157   Ben Bunny 74,83; Sam Little 83,74; Carlos Rodiles 81,76
158   Gary Day 82,76
163   Jon Bevan 81,82

Wdw
18 holes: 76 Kenneth Ferrie

Round Leaders
R1 McDowell; 66
R2 Woods; 132
R3 Woods; 203

Lowest Scores
R2 Els, DiMarco, Woods; 65
R3 Garcia; 65
R4 O'Hair, Woods; 67

2006

88th PGA Championship
Medinah Country Club, Medinah, Illinois (17-20 August)
No Starting 156: No Making Cut 70: No Completing 70
7561 yards: Par 72 (288)

1	TIGER WOODS	69 68 65 68	270	($1224000)

2 Shaun Micheel	69 70 67 69	275	
3= Luke Donald	68 68 66 74	276	
Sergio Garcia	69 70 67 70	276	
Adam Scott	71 69 69 67	276	
6 Mike Weir	72 67 65 73	277	
7= KJ Choi	73 67 67 71	278	
Steve Stricker	72 67 70 69	278	
9= Ryan Moore	71 72 67 69	279	
Geoff Ogilvy	69 68 68 74	279	
Ian Poulter	70 70 68 71	279	
12=Chris DiMarco	71 70 67 72	280	
Sean O'Hair	72 70 70 68	280	
14=Tim Herron	69 67 72 73	281	
Henrik Stenson	68 68 73 72	281	
16=Woody Austin	71 69 69 73	282	
Ernie Els	71 70 72 69	282	
Phil Mickelson	69 71 68 74	282	
David Toms	71 67 71 73	282	
20=Robert Allenby	68 74 71 70	283	
Jonathan Byrd	69 72 74 68	283	
Harrison Frazar	69 72 69 73	283	
Fred Funk	69 69 74 71	283	
24=Chad Campbell	71 72 75 66	284	
Stewart Cink	68 74 73 69	284	
Tim Clark	70 69 75 70	284	
Steve Flesch	72 71 69 72	284	
Anders Hansen	72 71 70 71	284	
29=Jim Furyk	70 72 69 74	285	
Robert Karlsson	71 73 69 72	285	
Heath Slocum	73 70 72 70	285	
Lee Westwood	69 72 71 73	285	
Dean Wilson	74 70 74 67	285	
34=Retief Goosen	70 73 68 75	286	
Trevor Immelman	73 71 70 72	286	
Davis Love III	68 69 73 76	286	
37=Richard Green	73 69 73 72	287	
JB Holmes	71 70 68 78	287	
Graeme McDowell	75 68 72 72	287	
Billy Mayfair	69 69 73 76	287	
41=Billy Andrade	67 69 78 74	288	
Daniel Chopra	72 67 76 73	288	
JJ Henry	68 73 73 74	288	
Chris Riley	66 72 73 77	288	
Justin Rose	73 70 70 75	288	
46=Olin Browne	75 66 73 75	289	
Lucas Glover	66 74 77 72	289	
48 Jerry Kelly	70 74 74 72	290	
49=Rich Beem	75 69 72 75	291	
Nathan Green	71 71 74 75	291	
Ryan Palmer	70 73 72 76	291	
Corey Pavin	72 71 72 76	291	
Kenny Perry	72 71 71 77	291	
Joey Sindelar	74 70 73 74	291	
55=Stephen Ames	74 69 74 75	292	
Stuart Appleby	70 73 79 70	292	
Aaron Baddeley	70 74 75 73	292	
Jose Maria Olazabal	72 68 75 77	292	
Hideto Tanihara	73 71 78 70	292	
60=Ben Curtis	72 72 73 76	293	
Steve Lowery	70 72 76 75	293	
62=Jason Gore	70 73 75 77	295	
Jeff Maggert	75 68 78 74	295	
Charles Warren	73 70 77 75	295	
65=Miguel Angel Jimenez	70 73 75 78	296	
Bob Tway	72 71 75 78	296	
67 David Howell	71 71 73 82	297	
68=Jay Haas	75 68 74 83	300	
Don Yrene	71 72 77 80	300	
70 Jim Kane	71 71 80 79	301	

Cut (at 144 after 36 holes)

145 Angel Cabrera 74,71; Chris Couch 74,71; David Duval 73,72; Charles Howell III 70,75; Zach Johnson 71,74; Arron Oberholser 75,70; Greg Owen 74,71; Brett Quigley 76,69; Rory Sabbatini 72,73; Charl Schwartzel 72,73; Vijay Singh 73,72; Mike Small 72,73; Anthony Wall 73,72

146 Bart Bryant 72,74; Andrew Buckle 73,73; Michael Campbell 70,76; John Daly 71,75; Bob Estes 74,72; Brad Faxon 70,76; Robert Gamez 70,76; Brandt Jobe 76,70; Justin Leonard 75,71; Shigeki Maruyama 76,70; Jesper Parnevik 71,75; Pat Perez 73,73; John Rollins 73,73; Wes Short, Jr 72,74; Craig Thomas 76,70; Camilo Villegas 75,71

147 Paul Azinger 74,73; John Bickerton 73,74; Paul Casey 74,73; Fred Couples 71,76; Nick O'Hern 74,73; Rod Pampling 71,76; Lee Rinker 72,75; John Senden 75,72; Jeff Sluman 74,73

148 Craig Barlow 70,78; Greg Bisconti 70,78; Mark Brooks 73,75; Stephen Dodd 73,75; Bradley Dredge 75,73; Niclas Fasth 74,74; Kenneth Ferrie 70,78; Tom Lehman 77,71; Peter Lonard 70,78; Colin Montgomerie 77,71; Carl Pettersson 72,76; Nick Price 75,73; Ted Purdy 73,75; Andres Romero 71,77; Scott Verplank 72,76

149 Ben Crane 72,77; Johan Edfors 76,73; Padraig Harrington 75,74; Vaughn Taylor 71,78; Chris Wiemers 73,76

150 Thomas Bjorn 80,70; Jason Bohn 77, 73; Paul Broadhurst 74,76; Gonzalo Fernandez-Castaño 75,75; Kelly Mitchum 71,79

151 John Aber 78,73; Simon Khan 74,77; Bernhard Langer 76,75; Steve Schneiter 72,79; Chip Sullivan 79,72; Tim Weinhart 77,74

152 Jeff Cranford 77,75; Nick Dougherty 80,72; Larry Nelson 80,72; Alan Schulte 75,77

153 Jerry Haas 74,79; Todd Hamilton 77,76; SK Ho 74,79; Tom Pernice 77,76; Kirk Triplett 75,78; Brett Wetterich 76,77

155 Richard S Johnson 79,76; Ron Philo, Jr 82,73
157 Mark Brown 80,77
160 Barry Evans 81,79
162 Sam Arnold 78,84

Wdw
18 holes: 77 Mark Calcavecchia
78 Dudley Hart

Round Leader(s)
R1 Glover, Riley; 66
R2 Andrade, Donald, Herron, Stenson; 136
R3 Donald, Woods; 202

Lowest Scores
R2 Browne; 66
R3 Weir, Woods; 65
R4 C Campbell; 66

2007

71st MASTERS Tournament
Augusta National Golf Club, Augusta, Georgia (5-8 April)
No Entering 97: No Starting 96: No Making Cut 60: No Completing 60
7445 yards: Par 72 (288)

1 ZACH JOHNSON ($1305000)	71 73 76 69	289	
2= Retief Goosen	76 76 70 69	291	
Rory Sabbatini	73 76 73 69	291	
Tiger Woods	73 74 72 72	291	
5= Jerry Kelly	75 69 78 70	292	
Justin Rose	69 75 75 73	292	
7= Stuart Appleby	75 70 73 75	293	
Padraig Harrington	77 68 75 73	293	
9 David Toms	70 78 74 72	294	
10=Paul Casey	79 68 77 71	295	
Luke Donald	73 74 75 73	295	
Vaughn Taylor	71 72 77 75	295	
13=Tim Clark	71 71 80 74	296	
Jim Furyk	75 71 76 74	296	
Ian Poulter	75 75 76 70	296	
Vijay Singh	73 71 79 73	296	
17=Stewart Cink	77 75 75 70	297	
Tom Pernice	75 72 79 71	297	
Henrik Stenson	72 76 77 72	297	
20=Mark Calcavecchia	76 71 78 73	298	
Lucas Glover	74 71 79 74	298	
John Rollins	77 74 76 71	298	
Mike Weir	75 72 80 71	298	
24=Stephen Ames	76 74 77 72	299	
Phil Mickelson	76 73 73 77	299	
Geoff Ogilvy	75 70 81 73	299	
27=KJ Choi	75 75 74 76	300	
Davis Love III	72 77 77 74	300	
Adam Scott	74 78 76 72	300	
30=Fred Couples	76 76 78 71	301	
Charles Howell III	75 77 75 74	301	

	Robert Karlsson	77 73 79 72	301
	Scott Verplank	73 77 76 75	301
	Lee Westwood	79 73 72 77	301
	Dean Wilson	75 72 76 78	301
	Y-E Yang	75 74 78 74	301
37=	Angel Cabrera	77 75 79 71	302
	JJ Henry	71 78 77 76	302
	Tim Herron	72 75 83 72	302
	Rod Pampling	77 75 74 76	302
	Jeev Milkha Singh	72 75 76 79	302
	Brett Wetterich	69 73 83 77	302
43	Sandy Lyle	79 73 80 71	303
44=	Bradley Dredge	75 70 76 83	304
	David Howell	70 75 82 77	304
	Miguel Angel Jimenez	79 73 76 76	304
	Shingo Katayama	79 72 80 73	304
	Jose Maria Olazabal	74 75 78 77	304
49=	Jeff Sluman	76 75 79 75	305
	Craig Stadler	74 73 79 79	305
51	Brett Quigley	76 76 79 75	306
52=	Aaron Baddeley	79 72 76 80	307
	Carl Pettersson	76 76 79 76	307
54	Rich Beem	71 81 75 81	308
55=	Ben Crenshaw	76 74 84 75	309
	Niclas Fasth	77 75 77 80	309
	Trevor Immelman	74 77 81 77	309
58	Arron Oberholser	74 76 84 76	310
59	Billy Mayfair	76 75 83 77	311
60	Fuzzy Zoeller	74 78 79 82	313

Round Leaders (s)
R1	Rose, Wetterich; 69
R2	Clark, Wetterich; 142
R3	Appleby; 218

Cut (Top 44 and those within 10 strokes of the leader after 36 holes)
153 Michael Campbell 76,77; Chris DiMarco 75,78; Colin Montgomerie 76,77; Mark O'Meara 77,76; Tom Watson 75,78
154 Thomas Bjorn 77,77; Bart Bryant 72,82; Chad Campbell 77,77; Darren Clarke 83,71; Ernie Els 78,76; Sergio Garcia 76,78; Todd Hamilton 74,80; John Kelly (a) 77,77
155 Joe Durant 80,75; Fred Funk 82,73; Bernhard Langer 78,77
156 Ben Curtis 76,80; Nick O'Hern 76,80; Richie Ramsay (a) 76,80; Steve Stricker 77,79
157 Ben Crane 79,78; Johan Edfors 78,79; Ray Floyd 77,80
158 Kenneth Ferrie 75,83; Paul Goydos 79,79; Troy Matteson 79,79
159 Robert Allenby 79,80; Shaun Micheel 82,77
160 Gary Player 83,77
161 Larry Mize 83,78
164 Julien Guerrier (a) 83,81; Hideto Tanihara 85,79
165 Camilo Villegas 80,85; Casey Watabu (a) 87,78; Dave Womack (a) 84,81
166 Seve Ballesteros 86,80

Scr   Ian Woosnam

Lowest Scores
R2	Casey, Harrington; 68
R3	Goosen; 70
R4	Goosen, Johnson, Sabbatini; 69

2007

107th US OPEN Championship
Oakmont Country Club, Oakmont, Pennsylvania (14-17 June)
No of Entries 8544: No Starting 156: No Making Cut 63: No Completing 63
7230 yards: Par 70 (280)

1	ANGEL CABRERA ($1260000)	69 71 76 69	285
2=	Jim Furyk	71 75 70 70	286
	Tiger Woods	71 74 69 72	286
4	Niclas Fasth	71 71 75 70	287
5=	David Toms	72 72 73 72	289
	Bubba Watson	70 71 74 74	289
7=	Nick Dougherty	68 77 74 71	290
	Jerry Kelly	74 71 73 72	290
	Scott Verplank	73 71 74 72	290
10=	Stephen Ames	73 69 73 76	291
	Paul Casey	77 66 72 76	291
	Justin Rose	71 71 73 76	291
13=	Aaron Baddeley	72 70 70 80	292
	Lee Janzen	73 73 73 73	292
	Hunter Mahan	73 74 72 73	292
	Steve Stricker	75 73 68 76	292
17=	Jeff Brehaut	73 75 70 75	293
	Tim Clark	72 76 71 74	293
	Carl Pettersson	72 72 75 74	293
20=	Anthony Kim	74 73 80 67	294
	Vijay Singh	71 77 70 76	294
	Mike Weir	74 72 73 75	294
23=	Ken Duke	74 75 73 73	295
	Nick O'Hern	76 74 71 74	295
	Brandt Snedeker	71 73 77 74	295
26=	Stuart Appleby	74 72 71 79	296
	JJ Henry	71 78 75 72	296
	Camilo Villegas	72 75 77 72	296
	Boo Weekley	72 75 77 72	296
30=	DJ Brigman	74 74 74 75	297
	Fred Funk	71 78 74 74	297
	Peter Hanson	71 74 78 74	297
	Graeme McDowell	73 72 75 77	297
	Pablo Martin (a)	71 76 77 73	297
	Charl Schwartzel	75 73 73 76	297
36=	Mathew Goggin	77 73 74 74	298
	Shingo Katayama	72 74 79 73	298
	Tom Pernice	72 72 75 79	298
	Ian Poulter	72 77 72 77	298
	Jeev Milkha Singh	75 75 73 75	298
	Lee Westwood	72 75 79 72	298
42=	Kenneth Ferrie	74 76 77 72	299
	Geoff Ogilvy	71 75 78 75	299
	John Rollins	75 74 74 76	299
45=	Olin Browne	71 75 80 74	300

	Ben Curtis	71 77 78 74	300
	Chris DiMarco	76 73 73 78	300
	Marcus Fraser	72 78 77 73	300
	Zach Johnson	76 74 76 74	300
	Jose Maria Olazabal	70 78 78 74	300
51=	Ernie Els	73 76 74 78	301
	Charles Howell III	76 73 77 75	301
	Rory Sabbatini	73 77 78 73	301
	Dean Wilson	76 74 76 75	301
55=	Anders Hansen	71 79 79 73	302
	Michael Putnam	73 74 72 83	302
57	Chad Campbell	73 72 77 81	303
58=	Michael Campbell	73 77 75 79	304
	Bob Estes	75 75 77 77	304
	Harrison Frazar	74 74 74 82	304
	Kevin Sutherland	74 76 79 75	304
62	Jason Dufner	71 75 79 80	305
63	George McNeill	72 76 77 81	306

Cut (10 strokes behind the leader after 36 holes)
151 Woody Austin 74,77; Eric Axley 79,72; Thomas Bjorn 75,76; Luke Donald 74,77; Joe Durant 75,76; Johan Edfors 75,76; Lucas Glover 71,80; Paul Goydos 78,73; Mark Harrell (a) 75,76; Tripp Isenhour 74,77; Soren Kjeldsen 76,75; Justin Leonard 75,76; Shaun Micheel 78,73; Phil Mickelson 74,77; Jon Mills 73,78; Ryan Moore 78,73; Joey Sindelar 73,78; Kirk Triplett 73,78; Nick Watney 79,72
152 Tom Byrum 73,79; KJ Choi 77,75; Stewart Cink 72,80; Ryuji Imada 74,78; Trevor Immelman 73,79; Richie Ramsay (a) 78,74; Jeff Sluman 74,78; Vaughn Taylor 74,78; Brett Wetterich 77,75
153 Joe Daley 77,76; Retief Goosen 76,77; Padraig Harrington 73,80; Nobuhiro Masuda 76,77; Sean O'Hair 73,80; Toru Taniguchi 78,75; Kaname Yokoo 78,75
154 Robert Allenby 75,79; Andrew Buckle 73,81; Sergio Garcia 79,75; Arron Oberholser 73,81; Pat Perez 76,78; Warren Pineo 82,72; Darron Stiles 74,80; Anthony Wall 73,81
155 Ricky Barnes 76,79; Kyle Dobbs 77,78; Tom Gillis 77,78; Martin Laird 76,79; Davis Love III 75,80; Henrik Stenson 79,76; Chris Stroud 80,75
156 Michael Berg 81,75; Michael Block 79,77; Darren Fichardt 75,81; Nathan Green 74,82; Jason Kokrak (a) 76,80; Luke List 77,79; Rod Pampling 81,75; Geoffrey Sisk 77,79; Adam Spiers 78,78
157 Rhys Davies (a) 74,83; Craig Kanada 72,85; Steve

	Marino 79,78; Tim Petrovic 78,79	
158	Rich Beem 73,85; Frank Bensel 79,79; Todd Fischer 79,79; Todd Hamilton 81,77; Robert Karlsson 77,81; John Kelly (a) 74,84; John Koskinen 78,80; Colin Montgomerie 76,82; Adam Scott 76,82; Lee Williams 80,78	
159	Trip Kuehne (a) 79,80	
160	Jeff Golden (a) 82,78; Andy Matthews 79,81; Miguel Rodriguez 84,76; Johnson Wagner 77,83	
161	Jason Allen 80,81	
162	Chris Condello (a) 79,83	
163	Christian Cevaer 78,85; Steve Elkington 84,79; Philip Pettitt, Jr (a) 81,82; Alex Prugh (a) 82,81; Mike Small 86,77; Martin Ureta (a) 80,83	
164	Brett Quigley 78,86	
165	Todd Rossetti 78,87	
167	Allen Doyle 81,86; Sam Walker 78,89	
168	Ryan Palmer 84,84; Jake Rogers 85,83	

Wdw
18 holes: 79 Richard Lee (a)

Round Leaders
R1 Dougherty; 68
R2 Cabrera; 140
R3 Baddeley; 212

Lowest Scores
R2 Casey; 66
R3 Stricker; 68
R4 Kim; 67

2007

136th OPEN Championship
Carnoustie Golf Links, Angus, Scotland (19-22 July)
No of Entries 2443: No Starting 156: No Making Cut 70: No Completing 70
7421 yards: Par 71 (284)

1	PADRAIG HARRINGTON* (£750000/€1106618/$1542450)	69 73 68 67	277
2	Sergio Garcia	65 71 68 73	277
3	Andres Romero	71 70 70 67	278
4=	Ernie Els	72 70 68 69	279
	Richard Green	72 73 70 64	279
6=	Stewart Cink	69 73 68 70	280
	Hunter Mahan	73 73 69 65	280
8=	KJ Choi	69 69 72 71	281
	Ben Curtis	74 72 70 65	281
	Steve Stricker	71 72 64 74	281
	Mike Weir	71 68 72 70	281
12=	Markus Brier	68 75 70 69	282
	Paul Broadhurst	71 71 68 72	282
	Pelle Edberg	72 73 67 70	282
	Jim Furyk	70 70 71 71	282
	Miguel Angel Jimenez	69 70 72 71	282
	Justin Rose	75 70 67 70	282
	Tiger Woods	69 74 69 70	282
19	Paul McGinley	67 75 68 73	283
20=	Rich Beem	70 73 69 72	284
	Zach Johnson	73 73 68 70	284
	Pat Perez	73 70 71 70	284
23=	Jonathan Byrd	73 72 70 70	285
	Mark Calcavecchia	74 70 72 69	285
	Chris DiMarco	74 70 66 75	285
	Retief Goosen	70 71 73 71	285
27=	Paul Casey	72 73 69 72	286
	Lucas Glover	71 72 70 73	286
	JJ Henry	70 71 71 74	286
	Rod Pampling	70 72 72 72	286
	Ian Poulter	73 73 70 70	286
	Adam Scott	73 70 72 71	286
	Vijay Singh	72 71 68 75	286
34	Angel Cabrera	68 73 72 74	287
35=	Niclas Fasth	75 69 73 71	288
	Mark Foster	76 70 73 69	288
	Charley Hoffman	75 69 72 72	288
	Shaun Micheel	70 76 70 72	288
	Nick Watney	72 71 70 75	288
	Boo Weekley	68 72 75 73	288
	Lee Westwood	71 70 73 74	288
42=	Nick Dougherty	71 74 69 75	289
	Rory McIlroy (a)	68 76 73 72	289
	Ryan Moore	72 72 74 71	289
45=	Ross Bain	73 71 72 74	290
	Arron Oberholser	73 71 72 74	290
	Carl Pettersson	70 75 73 72	290
	John Senden	72 74 71 73	290
49=	Jerry Kelly	74 70 71 76	291
	Won Joon Lee	73 73 70 75	291
51=	Tom Lehman	73 73 74 73	293
	Kevin Stadler	75 71 74 73	293
53=	Thomas Bjorn	70 75 74 75	294
	Gregory Bourdy	70 72 77 75	294
	Brian Davis	74 72 71 77	294
	David Howell	72 74 73 75	294
57=	Michael Campbell	68 78 72 77	295
	Anders Hansen	72 73 74 76	295
	Scott Verplank	72 73 72 78	295
60=	Trevor Immelman	71 74 77 74	296
	Mark O'Meara	74 72 76 74	296
	Toru Taniguchi	72 72 76 76	296
63=	Jon Bevan	73 73 79 72	297
	Luke Donald	70 76 73 78	297
65=	Raphael Jacquelin	74 69 76 79	298
	Sandy Lyle	73 73 73 79	298
67=	Alastair Forsyth	70 71 78 80	299
	Sean O'Hair	71 75 74 79	299
69=	Fredrik Andersson Hed	72 71 79 78	300
	Peter Hanson	70 74 76 80	300

Padraig Harrington (3-3-4-5=15) beat Sergio Garcia (5-3-4-4=16) in the Four-hole Play-Off

Cut (Top 70 including ties after 36 holes)
147 Joe Durant 77,70; Johan Edfors 72,75; Peter Fowler 74,73; Tomohiro Kondo 74,73; Paul Lawrie 73,74; Justin Leonard 74,73; Colin Montgomerie 73,74; Tom Pernice 74,73; Henrik Stenson 71,76; Matt Zions 72,75
148 Benn Barham 75,73; Darren Clarke 72,76; Gregory Havret 72,76; Toshi Izawa 75,73; Phil Mickelson 71,77; Terry Pilkadaris 74,74; Brett Quigley 72,76; John Rollins 72,76; David Toms 71,77; Drew Weaver (a) 76,72
149 Steve Alker 74,75; Stuart Appleby 74,75; Peter Baker 73,76; Chad Campbell 74,75; Adilson da Silva 74,75; Ross Fisher 74,75; David Frost 74,75; Charles Howell III 73,76; Geoff Ogilvy 75,74; Nick O'Hern 71,78; Loren Roberts 74,75; Achi Sato 71,78; Hideto Tanihara 72,77; Brett Wetterich 74,75
150 John Daly 74,76; Bradley Dredge 76,74; Mattias Eliasson 74,76; David Higgins 79,71; Matt Kuchar 74,76; Spencer Levin 76,74; Davis Love III 79,71; Graeme McDowell 77,73; Francesco Molinari 76,74; Michael Putnam 78,72; Rory Sabbatini 76,74; Charl Schwartzel 75,75; Paul Sheehan 75,75; Jeev Milkha Singh 77,73; Richard Sterne 76,74
151 Stephen Ames 81,70; Aaron Baddeley 70,73; John Bickerton 75,76; Richie Ramsay 76,75
152 Robert Allenby 75,76; Nick Faldo 79,73; Kevin Harper 77,75; Robert Karlsson 74,78; Oliver Wilson 80,72; Y-E Yang 74,78
153 David Coupland (a) 79,74; Todd Hamilton 81,72; Chih-Bing Lam 76,77; D-H Lee 75,78; S-H Lee 77,76; Toshinori Muto 74,79; David Shacklady 76,77; Anthony Wall 77,76
154 Mark Hensby 79,75; Anders Hultman 77,77; Scott Laycock 74,80; Jose-Filipe Lima 75,79; Steve Parry 73,81; Paul Waring (a) 74,80
155 Duffy Waldorf 82,73
156 Desvonde Botes 78,78; Vaughn Taylor 82,74
157 Justin Kehoe 78,79; Doug McGuigan 77,80
158 Ben Bunny 81,77; Llewellyn Matthews (a) 75,83; Graeme Storm 78,80
160 Scott Drummond 79,81; David Gleeson 83,77; Adam Groom 79,81
161 Tony Jacklin 78,83
162 Ewan Porter 83,79

Round Leaders
R1 Garcia; 65
R2 Garcia; 136
R3 Garcia; 204

Lowest Scores
R2 Weir; 68
R3 Stricker; 64
R4 Green; 64

2007

89th PGA Championship
Southern Hills Country Club, Tulsa, Oklahoma (9-12 August)
No Starting 156: No Making Cut 72: No Completing 71
7121 yards: Par 70 (280)

1	TIGER WOODS ($1260000)	71 63 69 69	272
2	Woody Austin	68 70 69 67	274
3	Ernie Els	72 68 69 66	275
4=	Arron Oberholser	68 72 70 69	279
	John Senden	69 70 69 71	279
6=	Simon Dyson	73 71 72 64	280
	Geoff Ogilvy	69 68 74 69	280
	Trevor Immelman	75 70 66 69	280
9=	Kevin Sutherland	73 69 68 71	281
	Scott Verplank	70 66 74 71	281
	Boo Weekley	76 69 65 71	281
12=	Stephen Ames	68 69 69 76	282
	Stuart Appleby	73 68 72 69	282
	KJ Choi	71 71 68 72	282
	Anders Hansen	71 71 71 69	282
	Justin Rose	70 73 70 69	282
	Adam Scott	72 68 70 72	282
18=	Ken Duke	73 71 69 71	284
	Joe Durant	71 73 70 70	284
	Hunter Mahan	71 73 72 68	284
	Pat Perez	70 69 77 68	284
	Brandt Snedeker	71 74 69 70	284
23=	Steve Flesch	72 73 68 72	285
	Retief Goosen	70 71 74 70	285
	Nathan Green	75 68 67 75	285
	Peter Hanson	72 71 69 73	285
	Kenny Perry	72 72 71 70	285
	Ian Poulter	71 73 70 71	285
	Heath Slocum	72 70 72 71	285
	Steve Stricker	77 68 69 71	285
	Camilo Villegas	69 71 74 71	285
32=	Bart Bryant	74 70 72 70	286
	Stewart Cink	72 70 72 72	286
	John Daly	67 73 73 73	286
	Luke Donald	72 71 70 73	286
	Shaun Micheel	73 71 70 72	286
	Phil Mickelson	73 69 75 69	286
	Lee Westwood	69 74 75 68	286
	Brett Wetterich	74 71 70 71	286
40=	Paul Casey	72 70 74 71	287
	Richard Green	72 73 70 72	287
42=	Darren Clarke	77 66 71 74	288
	Niclas Fasth	71 68 79 70	288
	Padraig Harrington	69 73 72 74	288
	Charles Howell III	75 70 72 71	288
	Colin Montgomerie	72 73 73 70	288
	Sean O'Hair	70 72 70 76	288
	Rod Pampling	70 74 72 72	288
	David Toms	71 74 71 72	288
50=	Brian Bateman	71 74 76 68	289
	Lucas Glover	70 75 74 70	289
	Shingo Katayama	76 67 72 74	289
	Anthony Kim	73 72 71 73	289
	Frank Lickliter II	70 75 75 69	289
	Nick O'Hern	72 72 72 73	289
	Bob Tway	71 72 71 75	289
57=	Chad Campbell	77 68 73 72	290
	Robert Karlsson	73 71 75 71	290
	Will MacKenzie	72 70 74 74	290
60=	Paul McGinley	74 66 76 75	291
	Billy Mayfair	76 69 75 71	291
62=	Thomas Bjorn	73 71 76 73	293
	Corey Pavin	74 68 72 79	293
	Brett Quigley	76 67 73 77	293
	Graeme Storm	65 76 74 78	293
66=	Todd Hamilton	73 72 74 75	294
	Tim Herron	75 68 71 80	294
	Troy Matteson	72 69 73 80	294
69=	Tom Lehman	73 71 74 68	296
	Mike Small	73 70 78 75	296
71	Ryan Benzel	71 72 80 74	297

Cut (at 145 after 36 holes)
146 Robert Allenby 74,72; Rich Beem 76,70; Markus Brier 69,77; Jonathan Byrd 74,72; Ben Curtis 75,71; Jim Furyk 75,71; JJ Henry 71,75; Brad Lardon 70,76; Davis Love III 72,74; Vijay Singh 75,71; DJ Trahan 72,74; Mark Wilson 69,77
147 Aaron Baddeley 73,74; Bradley Dredge 73,74; David Howell 75,72; Justin Leonard 75,72; W-C Liang 73,74; Joe Ogilvie 77,70; Tom Pernice 73,74; Phil Schmitt 79,68; Jeff Sluman 74,73
148 Jose Coceres 71,77; Paul Goydos 75,73; John Rollins 73,75; Dean Wilson 75,73
149 Michael Campbell 74,75; Daniel Chopra 76,73; Gregory Havret 75,74; Ryuji Imada 78,71; Raphael Jacquelin 76,73; Kelly Mitchum 77,72; Henrik Stenson 75,74; Toru Taniguchi 77,72; Tim Thelen 74,75; Mike Weir 77,72
150 Miguel Angel Jimenez 78,72; Zach Johnson 74,76; Rory Sabbatini 74,76; Jeev Milkha Singh 76,74; Vaughn Taylor 76,74; Y-E Yang 74,76
151 Angel Cabrera 81,70; Mark Calcavecchia 79,72; Charley Hoffman 75,76; Bo Van Pelt 74,77
152 Eric Axley 75,77; Chris DiMarco 79,73; Fred Funk 76,76; John O'Leary 75,77; Ted Purdy 76,76; Jeff Quinney 78,74
153 Nick Dougherty 79,74; Steve Elkington 75,78; Soren Hansen 74,79; Thongchai Jaidee 80,73; Ryan Moore 79,74; Andres Romero 81,72; Charl Schwartzel 77,76; Nick Watney 78,75
154 Tim Clark 82,72; Bob Gaus 78,76
155 Mark Brooks 79,76; Kevin Burton 79,76; Johan Edfors 79,76; Scott Hebert 79,76; Stephen Leaney 77,78; Jose Maria Olazabal 75,80
156 Jerry Kelly 79,77; Butch Sheehan 82,74
157 Bill Amundsen 76,81; Matt Call 81,76
158 Bob McGrath 80,78; Chip Sullivan 78,80; Bubba Watson 79,79; Denis Watson 74,84; Don Yrene 80,78
159 Micah Rudosky 83,76
160 Erik Wolf 83,77
161 Greg Bisconti 82,79
164 Matt Seitz 83,81

Wdw
18 holes: 72 Rocco Mediate
76 Richard Sterne
? holes: Jyoti Randhawa; Anthony Wall (no scores recorded)

Dsq
36 holes: 145 Sergio Garcia 70,75

Round Leaders
R1 Storm; 65
R2 Woods; 134
R3 Woods; 203

Lowest Scores
R2 Woods; 63
R3 Weekley; 65
R4 Dyson; 64

2008

72nd MASTERS Tournament
Augusta National Golf Club, Augusta, Georgia (10-13 April)
No Starting 94: No Making Cut 45: No Completing 45
7445 yards: Par 72 (288)

1	TREVOR IMMELMAN ($1300000)	68 68 69 75	280
2	Tiger Woods	72 71 68 72	283
3=	Stewart Cink	72 69 71 72	284
	Brandt Snedeker	69 68 70 77	284
5=	Steve Flesch	72 67 69 78	286
	Padraig Harrington	74 71 69 72	286
	Phil Mickelson	71 68 75 72	286
8=	Miguel Angel Jimenez	77 70 72 68	287
	Robert Karlsson	70 73 71 73	287

	Andres Romero	72 72 70 73	287
11=	Paul Casey	71 69 69 79	288
	Nick Watney	75 70 72 71	288
	Lee Westwood	69 73 73 73	288
14=	Stuart Appleby	76 70 72 71	289
	Sean O'Hair	72 71 71 75	289
	Vijay Singh	72 71 72 74	289
17=	Retief Goosen	71 71 72 76	290
	Henrik Stenson	74 72 72 72	290
	Mike Weir	73 68 75 74	290
20=	Brian Bateman	69 76 72 74	291
	Zach Johnson	70 76 68 77	291
	Justin Leonard	72 74 72 73	291
	Bubba Watson	74 71 73 73	291
	Boo Weekley	74 72 68 77	291
25=	Stephen Ames	70 70 77 75	292
	Angel Cabrera	73 72 73 74	292
	JB Holmes	73 70 73 76	292
	Arron Oberholser	71 70 74 77	292
	Ian Poulter	70 69 75 78	292
	Adam Scott	75 71 70 76	292
	Jeev Milkha Singh	71 74 72 75	292
	Richard Sterne	73 72 73 74	292
33=	Nick Dougherty	74 69 74 76	293
	Jim Furyk	70 73 73 77	293
	Heath Slocum	71 76 77 69	293
36=	Todd Hamilton	74 73 75 73	295
	Justin Rose	68 78 73 76	295
	Johnson Wagner	72 74 74 75	295
39=	Niclas Fasth	75 70 76 75	296
	Geoff Ogilvy	75 71 76 74	296
41	KJ Choi	72 75 78 73	298
42=	Robert Allenby	72 74 72 81	299
	David Toms	73 74 72 80	299
44	Ian Woosnam	75 71 76 78	300
45	Sandy Lyle	72 75 78 77	302

Cut (Top 44 & ties after 36 holes)
- 148 Aaron Baddeley 75,73; Michael Campbell 77,71; Fred Couples 76,72; Luke Donald 73,75; Ernie Els 74,74; Sergio Garcia 76,72; Charles Howell III 78,70; Martin Kaymer 76,72; Toru Taniguchi 76,72; Brett Wetterich 73,75
- 149 Jonathan Byrd 75,74; Jerry Kelly 72,77; Hunter Mahan 77,72; Nick O'Hern 74,75; Mark O'Meara 71,78; Rory Sabbatini 75,74; Craig Stadler 77,72
- 150 Daniel Chopra 72,78; Ben Curtis 75,75; Trip Kuehne (a) 78,72; Shaun Micheel 76,74; John Rollins 77,73; Steve Stricker 73,77; Camilo Villegas 73,77; Tom Watson 75,75
- 151 Bernhard Langer 74,77; Jose Maria Olazabal 76,75; John Senden 80,71; Vaughn Taylor 75,76; Michael Thompson (a) 73,78
- 152 Woody Austin 79,73; Tim Clark 77,75; Ben Crenshaw 75,77; Richard Green 77,75; Shingo Katayama 79,73; Peter Lonard 71,81
- 153 Mark Calcavecchia 73,80; Soren Hansen 75,78; DJ Trahan 76,77; Scott Verplank 77,76
- 154 Ray Floyd 80,74; W-C Liang 76,78
- 155 Anders Hansen 80,75
- 156 Drew Weaver (a) 76,80
- 157 Steve Lowery 81,76
- 158 Larry Mize 77,81
- 160 Fuzzy Zoeller 81,79
- 161 Gary Player 83,78

Wdw
18 holes: 82 Prayad Marksaeng

Round Leaders
- R1 Immelman, Rose; 68
- R2 Immelman; 136
- R3 Immelman; 205

Lowest Scores
- R2 Flesch; 67
- R3 Johnson, Weekley, Woods; 68
- R4 Jimenez; 68

2008

108th US OPEN Championship
Torrey Pines (South) Golf Course, San Diego, California (12-16 June)
No of Entries 8390: No Starting 156: No Making Cut 80: No Completing 79
7643 yards: Par 71 (284)

1	TIGER WOODS* ($1350000)	72 68 70 73	283
2	Rocco Mediate	69 71 72 71	283
3	Lee Westwood	70 71 70 73	284
4=	Robert Karlsson	70 70 75 71	286
	DJ Trahan	72 69 73 72	286
6=	Miguel Angel Jimenez	75 66 74 72	287
	John Merrick	73 72 71 71	287
	Carl Pettersson	71 71 77 68	287
9=	Eric Axley	69 79 71 69	288
	Geoff Ogilvy	69 73 72 74	288
	Heath Slocum	75 74 74 65	288
	Brandt Snedeker	76 73 68 71	288
	Camilo Villegas	73 71 71 73	288
14=	Stewart Cink	72 73 77 67	289
	Ernie Els	70 72 74 73	289
	Retief Goosen	76 69 77 67	289
	Rod Pampling	74 70 75 70	289
18=	Robert Allenby	70 72 73 75	290
	Chad Campbell	77 72 71 70	290
	Sergio Garcia	76 70 70 74	290
	Ryuji Imada	74 75 70 71	290
	Brandt Jobe	73 75 69 73	290
	Hunter Mahan	72 74 69 75	290
	Phil Mickelson	71 75 76 68	290
	Mike Weir	73 74 69 74	290
26=	Anthony Kim	74 75 70 72	291
	Adam Scott	73 73 75 70	291
	Boo Weekley	73 76 70 72	291
29=	Aaron Baddeley	74 73 71 74	292
	Bart Bryant	75 70 78 69	292
	Jeff Quinney	79 70 70 73	292
	Patrick Sheehan	71 74 74 73	292
	Steve Stricker	73 76 71 72	292
	Michael Thompson (a)	74 73 73 72	292
	Scott Verplank	72 72 74 74	292
36=	Stuart Appleby	69 70 79 75	293
	Daniel Chopra	73 75 75 70	293
	Robert Dinwiddie	73 71 75 74	293
	Jim Furyk	74 71 73 75	293
	Todd Hamilton	74 74 73 72	293
	Padraig Harrington	78 67 77 71	293
	Justin Leonard	75 72 75 71	293
	Jon Mills	72 75 75 71	293
	Joe Ogilvie	71 76 73 73	293
	Pat Perez	75 73 75 70	293
	Andres Romero	71 73 77 72	293
	Oliver Wilson	72 71 74 76	293
48=	Tim Clark	73 72 74 75	294
	Dustin Johnson	74 72 75 73	294
	Matt Kuchar	73 73 76 72	294
	Jarrod Lyle	75 74 74 71	294
	John Rollins	75 68 79 72	294
53=	Ben Crane	75 72 77 71	295
	Soren Hansen	78 70 76 71	295
	Martin Kaymer	75 70 73 77	295
	Davis Love III	72 69 76 78	295
	Kevin Streelman	68 77 78 72	295
58=	Stephen Ames	74 74 77 71	296
	Rory Sabbatini	73 72 75 76	296
60=	Alastair Forsyth	76 73 74 74	297
	Rickie Fowler (a)	70 79 76 72	297
	Brett Quigley	73 72 77 75	297
	David Toms	76 72 72 77	297
	Nick Watney	73 75 77 72	297
65=	Paul Casey	79 70 76 73	298
	Trevor Immelman	75 73 72 78	298
	John Mallinger	73 75 78 72	298
	Vijay Singh	71 78 76 73	298
69=	Derek Fathauer (a)	73 73 78 75	299
	DA Points	74 71 77 77	299
71=	Woody Austin	72 72 77 79	300
	Andrew Dresser	76 73 79 72	300
	Andrew Svoboda	77 71 74 78	300
74=	Justin Hicks	68 80 75 78	301
	Ian Leggatt	72 76 76 77	301
	Jesper Parnevik	77 72 77 75	301
77	Ross McGowan	76 72 78 77	303
78=	Rich Beem	74 74 80 76	304
	Chris Kirk	75 74 78 77	304

* Tiger Woods (4) beat Rocco Mediate (5) at the 1st extra hole in sudden death after the 18-Hole Play-off was tied (71-71)

Cut (Top 44 & ties after 36 holes)
148 Aaron Baddeley 75,73; Michael Campbell 77,71; Fred Couples 76,72; Luke Donald 73,75; Ernie Els 74,74; Sergio Garcia 76,72; Charles Howell III 78,70; Martin Kaymer 76,72; Toru Taniguchi 76,72; Brett Wetterich 73,75
149 Jonathan Byrd 75,74; Jerry Kelly 72,77; Hunter Mahan 77,72; Nick O'Hern 74,75; Mark O'Meara 71,78; Rory Sabbatini 75,74; Craig Stadler 77,72
150 Daniel Chopra 72,78; Ben Curtis 75,75; Trip Kuehne (a) 78,72; Shaun Micheel 76,74; John Rollins 77,73; Steve Stricker 73,77; Camilo Villegas 73,77; Tom Watson 75,75
151 Bernhard Langer 74,77; Jose Maria Olazabal 76,75;
152 John Senden 80,71; Vaughn Taylor 75,76; Michael Thompson (a) 73,78
152 Woody Austin 79,73; Tim Clark 77,75; Ben Crenshaw 75,77; Richard Green 77,75; Shingo Katayama 79,73; Peter Lonard 71,81
153 Mark Calcavecchia 73,80; Soren Hansen 75,78; DJ Trahan 76,77; Scott Verplank 77,76
154 Ray Floyd 80,74; W-C Liang 76,78
155 Anders Hansen 80,75
156 Drew Weaver (a) 76,80
157 Steve Lowery 81,76
158 Larry Mize 77,81
160 Fuzzy Zoeller 81,79
161 Gary Player 83,78

Wdw
18 holes: 82 Prayad Marksaeng

Round Leader(s)
R1 Hicks, Streelman; 68
R2 Appleby; 139
R3 Woods; 210

Lowest Scores
R2 Jimenez; 66
R3 Snedeker; 68
R4 Slocum; 65

2008

137th OPEN Championship
Royal Birkdale Golf Club, Southport, Lancashire, England (17-20 July)
No of Entries 2416: No Starting 156: No Making Cut 83: No Completing 83
7173 yards: Par 70 (280)

1	PADRAIG HARRINGTON	74 68 72 69	283
	(£750000/€938565/$1498875)		
2	Ian Poulter	72 71 75 69	287
3=	Greg Norman	70 70 72 77	289
	Henrik Stenson	76 72 70 71	289
5=	Jim Furyk	71 71 77 71	290
	Chris Wood (a)	75 70 73 72	290
7=	Robert Allenby	69 73 76 74	292
	Stephen Ames	73 70 78 71	292
	Paul Casey	78 71 73 70	292
	Ben Curtis	78 69 70 75	292
	Ernie Els	80 69 74 69	292
	David Howell	76 71 78 67	292
	Robert Karlsson	75 73 75 69	292
	Anthony Kim	72 74 71 75	292
	Steve Stricker	77 71 71 73	292
16=	KJ Choi	72 67 75 79	293
	Justin Leonard	77 70 73 73	293
	Adam Scott	70 74 77 72	293
19=	Anders Hansen	78 68 74 74	294
	Gregory Havret	71 75 77 71	294
	Trevor Immelman	74 74 73 73	294
	Freddie Jacobson	71 72 79 72	294
	Davis Love III	75 74 70 75	294
	Graeme McDowell	69 73 80 72	294
	Rocco Mediate	69 73 76 76	294
	Phil Mickelson	79 68 76 71	294
	Alex Noren	72 70 75 77	294
	Tom Sherreard (a)	77 69 76 72	294
	Jean Van de Velde	73 71 80 70	294
	Simon Wakefield	71 74 70 79	294
	Paul Waring	73 74 76 71	294
32=	Retief Goosen	71 75 73 76	295
	Richard Green	76 72 76 71	295
	Todd Hamilton	74 74 72 75	295
	Tom Lehman	74 73 73 75	295
	Nick O'Hern	74 75 74 72	295
	Andres Romero	77 72 74 72	295
	Heath Slocum	73 76 74 72	295
39=	Thomas Aiken	75 71 82 68	296
	Woody Austin	76 72 74 74	296
	Gregory Bourdy	74 74 75 73	296
	Bart Bryant	70 78 74 74	296
	Ariel Canete	78 71 76 71	296
	David Duval	73 69 83 71	296
	Ross Fisher	72 74 71 79	296
	Simon Khan	77 72 71 76	296
	Graeme Storm	76 70 72 78	296
	Camilo Villegas	76 65 79 76	296
	Mike Weir	71 76 74 75	296
	Jay Williamson	73 72 77 74	296
51=	Stuart Appleby	72 71 79 75	297
	Michael Campbell	75 74 74 74	297
	David Frost	75 73 73 76	297
	Sergio Garcia	72 73 74 78	297
	Zach Johnson	73 72 76 76	297
	Doug LaBelle II	78 70 74 75	297
	Anthony Wall	71 73 81 72	297
58=	Richard Finch	75 73 78 72	298
	Tom Gillis	74 72 79 73	298
	Peter Hanson	71 72 78 77	298
	Colin Montgomerie	73 75 74 76	298
	Kevin Stadler	72 75 78 73	298
	Scott Verplank	77 67 78 76	298
64=	Soren Hansen	75 69 77 78	299
	W-C Liang	77 71 77 74	299
	Jonathan Lomas	75 73 76 75	299
67=	Jean-Baptiste Gonnet	75 72 73 80	300
	David Horsey	74 70 79 77	300
	Lee Westwood	75 74 78 73	300
70=	Brendan Jones	74 73 83 71	301
	Pablo Larrazabal	75 74 73 79	301
	Jose-Filipe Lima	73 76 75 77	301
	Jeff Overton	72 75 75 79	301
	Craig Parry	77 70 77 77	301
	John Rollins	73 75 77 76	301
	Justin Rose	74 72 82 73	301
	Martin Wiegele	75 74 78 74	301
78=	Nick Dougherty	75 71 79 77	302
	Lucas Glover	78 71 77 76	302
80	Martin Kaymer	75 72 79 77	303
81	Philip Archer	75 74 78 77	304
82	Sean O'Hair	75 73 80 78	306
83	Chih-bing Lam	72 75 83 81	311

Cut (Top 70 including ties after 36 holes)
150 Peter Appleyard 74,76; Aaron Baddeley 75,75; Peter Baker 75,75; Jon Bevan 78,72; Alex Cejka 76,74; Stewart Cink 75,75; Josh Cunliffe 79,71; Pelle Edberg 76,74; James Kingston 77,73; Paul Lawrie 77,73; Scott McCarron 75,75; Damien McGrane 79,71; Prayad Marksaeng 77,73; Pat Perez 82,68; Richard Sterne 78,72; Yoshinobu Tsukada 75,75; Tom Watson 74,76; Azuma Yano 74,76
151 Craig Barlow 79,72; Mark Calcavecchia 76,75; Charles Howell III 76,75; Ryuji Imada 77,74; Soren Kjeldsen 81,70; Geoff Ogilvy 77,74; Mark O'Meara 74,77; Vijay Singh 80,71; Brandt Snedeker 72,79; Andrew Tampion 78,73; Hideto Tanihara 76,75; Oliver Wilson 77,74
152 Simon Dyson 82,70; Johan Edfors 78,74; Niclas Fasth 79,73; Paul Goydos 77,75; Benjamin Hebert (a) 79,73; Barry Hume 76,76; Matt Kuchar 79,73; Michael Letzig 78,74; Hunter Mahan 80,72; David Smail 76,76
153 Gary Boyd 77,76; Tim Clark 76,77; Boo Weekley 80,73
154 Angel Cabrera 77,77; Miguel Angel Jimenez 72,82; Doug McGuigan 79,75; Rod Pampling 77,77; Angelo Que 76,78; Jeff Quinney 79,75; Rory Sabbatini 79,75
155 Rohan Blizard (a) 78,77; Ewan Porter 76,79
156 Jamie Elson 78,78; JB Holmes 79,77; Hennie Otto 79,77; Scott Strange 84,72
157 Hiroshi Iwata 73,84; Reinier Saxton (a) 80,77
158 Adam Blyth 81,77; Michio Matsumura 82,76; Tim Petrovic 82,76
159 Brad Lamb 85,74; Philip Walton 77,82; Steve Webster

79,80
160 Darren Fichardt 82,78; Jerry Kelly 83,77
161 Shintaro Kai 80,81
163 Danny Chia 76, 87
164 Peter Fowler 82,82

Round Leader(s)
R1 Allenby, McDowell, Mediate; 69
R2 Choi; 139
R3 Norman; 212

169 John Daly 80,89; Jamie Howarth 85,84
Wdw
9 holes: Rich Beem, Sandy Lyle (no scores recorded)

Lowest Scores
R2 Villegas; 65
R3 Curtis, Love, Stenson, Wakefield; 70
R4 D Howell; 67

2008

88th PGA Championship
Oakland Hills Country Club, Birmingham, Michigan (7-10 August)
No Starting 156: No Making Cut 73: No Completing 73
7445 yards: Par 70 (280)

1	PADRAIG HARRINGTON ($1350000)	71 74 66 66	277
2=	Ben Curtis	73 67 68 71	279
	Sergio Garcia	69 73 69 68	279
4=	Henrik Stenson	71 70 68 72	281
	Camilo Villegas	74 72 67 68	281
6	Steve Flesch	73 70 70 69	282
7=	Phil Mickelson	70 73 71 70	284
	Andres Romero	69 78 65 72	284
9=	Alastair Forsyth	73 72 70 70	285
	Justin Rose	73 67 74 71	285
	Jeev Milkha Singh	68 74 70 73	285
	Charlie Wi	70 70 71 74	285
13=	Aaron Baddeley	71 71 71 73	286
	Ken Duke	69 73 73 71	286
15=	Stuart Appleby	76 70 69 72	287
	Paul Casey	72 74 72 69	287
	Graeme McDowell	74 72 68 73	287
	Prayad Marksaeng	76 70 68 73	287
	David Toms	72 69 72 74	287
20=	Angel Cabrera	70 72 72 74	288
	Brian Gay	70 74 72 72	288
	Robert Karlsson	68 77 71 72	288
	Boo Weekley	72 71 79 66	288
24=	Mark Brown	77 69 74 69	289
	Retief Goosen	72 74 69 74	289
	Freddie Jacobson	75 71 70 73	289
	Brandt Snedeker	71 71 74 73	289
	Nicholas Thompson	71 72 73 73	289
29=	Jim Furyk	71 77 70 72	290
	JB Holmes	71 68 70 81	290
31=	Robert Allenby	76 72 72 71	291
	Chris DiMarco	75 72 72 72	291
	Ernie Els	71 75 70 75	291
	Paul Goydos	74 69 73 75	291
	Geoff Ogilvy	73 74 74 70	291
	Sean O'Hair	69 73 76 73	291
	Ian Poulter	74 71 73 73	291
	DJ Trahan	72 71 76 72	291
39=	Steve Elkington	71 73 73 75	292
	Rory Sabbatini	72 73 73 74	292
	Steve Stricker	71 75 77 69	292
42=	Briny Baird	71 72 73 77	293
	Michael Campbell	73 71 75 74	293
	Tom Lehman	74 70 75 74	293
	John Senden	76 72 72 73	293
	Mike Weir	73 75 74 71	293
47=	Michael Allen	70 75 71 78	294
	Charles Howell III	72 76 77 69	294
	Billy Mayfair	69 78 75 72	294
	Carl Pettersson	71 74 76 73	294
	Dean Wilson	73 73 77 71	294
52=	Peter Hanson	71 73 75 76	295
	John Merrick	73 75 70 77	295
	Charl Schwartzel	77 70 73 75	295
55=	Tim Clark	76 72 73 75	296
	Anthony Kim	70 75 74 77	296
	James Kingston	72 76 74 74	296
58=	Justin Leonard	74 71 72 80	297
	Pat Perez	73 73 79 72	297
60=	John Mallinger	72 75 77 74	298
	Steve Marino	73 74 75 76	298
	Chez Reavie	78 70 78 72	298
63=	Paul Azinger	72 76 76 75	299
	Mark Calcavecchia	71 76 76 76	299
	Niclas Fasth	73 73 75 78	299
	Corey Pavin	75 73 73 78	299
	Kevin Sutherland	76 71 77 75	299
68=	Hiroyuki Fujita	77 70 76 77	300
	Peter Lonard	74 74 74 78	300
70	Bubba Watson	75 73 77 76	301
71	Richard Green	71 77 79 76	303
72	Rocco Mediate	73 74 72 85	304
73	Louis Oosthuizen	76 72 81 77	306

Cut (at 148 after 36 holes)
149 Rich Beem 73,76; Fred Couples 76,73; John Daly 74,75; Simon Dyson 73,76; Frank Esposito, Jr 71,78; Todd Hamilton 76,73; Zach Johnson 76,73; Brendan Jones 71,78; Soren Kjeldsen 75,74; Ryan Moore 70,79; Tom Pernice 75,74; Bob Tway 75,74; Johnson Wagner 78,71
150 Mark Brooks 74,76; Daniel Chopra 74,76; Jay Haas 73,77; JJ Henry 76,74; Richard S Johnson 75,75; Nick O'Hern 74,76; Adam Scott 77,73; Vaughn Taylor 78,72
151 KJ Choi 78,73; Stewart Cink 75,76; Darren Clarke 75,76; Anders Hansen 75,76; Miguel Angel Jimenez 73 78; Steve Lowery 74,77; Rod Pampling 70,81; Heath Slocum 74,77; Scott Strange 73,78; Don Yrene 75,76
152 Stephen Ames 77,75; Tommy Armour III 79,73; Chad Campbell 76,76; Davis Love III 77,75; Alan Morin 76,76; Hennie Otto 76,76; Jyoti Randhawa 77,75; Vijay Singh 76,76
153 Ross Fisher 77,76; Soren Hansen 77,76; Trevor Immelman 76,77; Jerry Kelly 79,74; Parker McLachlin 76,77; Sonny Skinner 78,75; Tim Weinhart 74,79
154 Sam Arnold 80,74; Bart Bryant 77,77; Martin Kaymer 75,79; Tori Taniguchi 79,75; Steve Webster 78,76
155 Ryan Benzel 77,78; Ben Crane 75,80; Jim Estes 79,76; Cliff Kresge 83,72; George McNeil 78,77; Scott Verplank 77,78; Lee Westwood 77,78; Oliver Wilson 78,77
156 Mathew Goggin 81,75; Scott Hebert 80,76; Peter Hedblom 76,80; Rick Leibovich 78,78; Jeff Quinney 81,75
157 Jonathan Byrd 75,82; Ryuji Imada 80,77; Greg Kraft 70,79; Joff Martin 78,79; Tim Thelen 81,76
158 Woody Austin 79,79; Kyle Flinton 79,79; Pablo Larrazabal 80,78; Brad Martin 77,81; Curt Sanders 78,80
159 Nick Dougherty 77,82
160 Hunter Mahan 81,79; Colin Montgomerie 76,84
161 Eric Dugas 87,74
162 David Long 80,82
163 Vince Jewell 85,78
169 Eric Manning 81,88
170 Brad Dean 86,84

Wdw
18 holes: 79 Kenny Perry

Round Leader(s)
R1 Karlsson, JM Singh; 68
R2 Holmes; 139
R3 Curtis; 208

Lowest Scores
R2 Curtis, Rose; 67
R3 Romero; 65
R4 Harrington, Weekley; 66

2009

73rd MASTERS Tournament
Augusta National Golf Club, Augusta, Georgia (9-12 April)
No Starting 96: No Making Cut 50: No Completing 50
7435 yards: Par 72 (288)

1	ANGEL CABRERA* ($1350000)	68 68 69 71	276
2=	Chad Campbell	65 70 72 69	276
	Kenny Perry	68 67 70 71	276
4	Shingo Katayama	67 73 70 68	278
5	Phil Mickelson	73 68 71 67	279
6=	Steve Flesch	71 74 68 67	280
	John Merrick	68 74 72 66	280
	Steve Stricker	72 69 68 71	280
	Tiger Woods	70 72 70 68	280
10=	Jim Furyk	66 74 68 73	281
	Hunter Mahan	66 75 71 69	281
	Sean O'Hair	68 76 68 69	281
13=	Tim Clark	68 71 72 71	282
	Camilo Villegas	73 69 71 69	282
15=	Todd Hamilton	68 70 72 73	283
	Geoff Ogilvy	71 70 73 69	283
17=	Aaron Baddeley	68 74 73 69	284
	Graeme McDowell	69 73 73 69	284
19	Nick Watney	70 71 71 73	285
20=	Stephen Ames	73 68 71 74	286
	Paul Casey	72 72 73 69	286
	Ryuji Imada	73 72 72 69	286
	Trevor Immelman	71 74 72 69	286
	Anthony Kim	75 65 72 74	286
	Sandy Lyle	72 70 73 71	286
	Rory McIlroy	72 73 71 70	286
	Ian Poulter	71 73 68 74	286
	Justin Rose	74 70 71 71	286
	Rory Sabbatini	73 67 70 76	286
30=	Stuart Appleby	72 73 71 71	287
	Ross Fisher	69 76 73 69	287
	Dustin Johnson	72 70 72 73	287
	Larry Mize	67 76 72 72	287
	Vijay Singh	71 70 72 74	287
35=	Ben Curtis	73 71 74 70	288
	Ken Duke	71 72 73 72	288
	Padraig Harrington	69 73 73 73	288
38=	Robert Allenby	73 72 72 72	289
	Luke Donald	73 71 72 73	289
	Sergio Garcia	73 67 75 74	289
	Henrik Stenson	71 70 75 73	289
42	Bubba Watson	72 72 73 73	290
43	Lee Westwood	70 72 70 79	291
44=	Dudley Hart	72 72 73 76	293
	DJ Trahan	72 73 72 76	293
46=	Miguel Angel Jimenez	70 73 78 73	294
	Kevin Sutherland	69 76 77 72	294
	Mike Weir	68 75 79 72	294
49=	Rocco Mediate	73 70 78 77	298
	Andres Romero	69 75 77 77	298

Angel Cabrera (4-4=8) beat Kenny Perry (4-5=9) on the 2nd hole of the Sudden death Play-off after eliminating Chad Campbell (5) at the first 1st hole

Cut (Top 44 & those within 10 strokes of the leader after 36 holes)

146 Fred Couples 73,73; Ernie Els 75,71; Retief Goosen 75,71; Jose Maria Olazabal 71,75; Adam Scott 71 75; Jeev Milkha Singh 71,75; Richard Sterne 72,74
147 Stewart Cink 69,78; Robert Karlsson 73,74; Martin Kaymer 71,76; Soren Kjeldsen 76,71; Greg Norman 70,77; Reinier Saxton (a) 75,72; Y-E Yang 73,74
148 Briny Baird 73,75; KJ Choi 76,72; Soren Hansen 72,76; Justin Leonard 75,73; Jack Newman (a) 72,76; Oliver Wilson 73,75
149 Boo Weekley 73,76; Ian Woosnam 74,75
150 Ryo Ishikawa 73,77; Zach Johnson 70,80; Drew Kittleson (a) 78,72; Bernhard Langer 70,80; Louis Oosthuizen 73,77; Brandt Snedeker 76,74
151 Mathew Goggin 74,77; W-T Lin 77,74; Mark O'Meara 75,76; Chez Reavie 75,76; Craig Stadler 77,74;
152 Billy Mayfair 77,75
153 Alvaro Quiros 78,75
154 Prayad Marksaeng 70,84; Pat Perez 75,79; Carl Pettersson 75,79; Steve Wilson (a) 79,75
155 Michael Campbell 80,75; Danny Lee (a) 74,81; Fuzzy Zoeller 79,76
156 Ben Crenshaw 73,83
157 Tom Watson 74,83
158 Ray Floyd 79,79
161 Gary Player 78,83

Round Leader(s)
R1 C Campbell; 65
R2 C Campbell, Perry; 135
R3 Cabrera, Perry; 205

Lowest Scores
R2 Kim; 65
R3 Flesch, Furyk, O'Hair, Poulter, Stricker; 68
R4 Merrick; 66

2009

109th US OPEN Championship
Bethpage State Park (Black Course), Farmingdale, New York (18-22 June – rain-affected, Monday play)
No of Entries 9086: No Starting 156: No Making Cut 60: No Completing 60
7426 yards: Par 70 (280)

1	LUCAS GLOVER ($1350000)	69 64 70 73	276
2=	Ricky Barnes	67 65 70 76	278
	David Duval	67 70 70 71	278
	Phil Mickelson	69 70 69 70	278
5	Ross Fisher	70 68 69 72	279
6=	Soren Hansen	70 71 70 69	280
	Hunter Mahan	72 68 68 72	280
	Tiger Woods	74 69 68 69	280
9	Henrik Stenson	73 70 70 68	281
10=	Stephen Ames	74 66 70 72	282
	Matt Bettencourt	75 67 71 69	282
	Sergio Garcia	70 70 72 70	282
	Rory McIlroy	72 70 72 68	282
	Ryan Moore	70 69 72 71	282
	Mike Weir	64 70 74 74	282
16=	Retief Goosen	73 68 68 74	283
	Anthony Kim	71 71 71 70	283
18=	Peter Hanson	66 71 73 74	284
	Graeme McDowell	69 72 69 74	284
	Ian Poulter	70 74 73 67	284
	Michael Sim	71 70 71 72	284
	Bubba Watson	72 70 67 75	284
23=	Sean O'Hair	69 69 71 76	285
	Steve Stricker	73 66 72 74	285
	Lee Westwood	72 66 74 73	285
	Oliver Wilson	70 70 71 74	285
27=	Stewart Cink	73 69 70 74	286
	Johan Edfors	70 74 68 74	286
	JB Holmes	73 67 73 73	286
	Francesco Molinari	71 70 74 71	286
	Vijay Singh	72 72 73 69	286
	Azuma Yano	72 65 77 72	286
33=	Jim Furyk	72 69 74 72	287
	Kevin Sutherland	71 73 73 70	287
	Camilo Villegas	71 71 72 73	287
36=	Todd Hamilton	67 71 79 71	288
	Carl Pettersson	75 68 73 72	288
	Adam Scott	69 71 73 75	288
	Nick Taylor (a)	73 65 75 75	288
40=	Tim Clark	73 71 74 71	289
	Dustin Johnson	72 69 76 72	289
	Billy Mayfair	73 70 72 74	289
	Drew Weaver (a)	69 72 74 74	289
44	Kenny Perry	71 72 75 72	290
45=	Thomas Levet	72 72 71 76	291
	John Mallinger	71 70 72 78	291
47=	KJ Choi	72 71 76 73	292
	Tom Lehman	71 73 74 74	292
	Rocco Mediate	68 73 79 72	292

	Geoff Ogilvy	73 67 77 75	292
	Andres Romero	73 70 77 72	292
	Gary Woodland	73 66 76 77	292
53	Kyle Stanley (a)	70 74 74 75	293
54=	Angel Cabrera	74 69 75 76	294
	Jean-François Lucquin	73 71 75 75	294
	Andrew McLardy	71 72 75 76	294
57	Ben Curtis	72 71 74 79	296
58=	Jeff Brehaut	70 72 81 74	297
	Trevor Murphy	71 69 77 80	297
60	Fred Funk	70 74 75 82	301

Cut (13 strokes behind the leader after 36 holes)
145 Cameron Beckman 76,69; Ryan Blaum 72,73; Luke Donald 74,71; Miguel Angel Jimenez 77,68; Martin Kaymer 76,69; Simon Khan 75,70; Martin Laird 74,71; George McNeill 74,71; Rory Sabbatini 72,73; Peter Tomasulo 73,72; David Toms 69,76
146 Steve Allan 73,73; Robert Allenby 75,71; S-M Bae 74,72; Rickie Fowler (a) 78,68; Brian Gay 73,73; Raphael Jacquelin 73,73; James Kamte 74,72; Justin Leonard 71,75; Cortland Lowe 75,71; Rod Pampling 74,72; Andrew Parr 74,72; Angelo Que 77,69; Alvaro Quiros 73,73; Brandt Snedeker 71,75; Ryan Spears 73,73; Shawn Stefani 73,73; Chris Stroud 76,70; Nate Tyler 77,69; Bo Van Pelt 73,73; Nick Watney 73,73
147 Briny Baird 73,74; Colby Beckstrom 76,71; Richard Bland 77,70; Ken Duke 76,71; JJ Henry 73,74; Ryuji Imada 75,72; Zach Johnson 75,72; Jose Manuel Lara 77,70; Mike Miles 78,69; James Nitties 78,69; Eduardo Romero 76,71; Charl Schwartzel 77,70; David Smail 70,77; DJ Trahan 76,71; Cameron Tringale (a) 70,77; Charlie Wi 75,72
148 Tyson Alexander (a) 73,75; Doug Batty 74,74; Craig Bowden 74,74; Simon Dyson 78,70; Gonzalo Fernandez-Castaño 75,73; JP Hayes 74,74; Matt Kuchar 71,77; Justin Rose 73,75; Kaname Yokoo 77,71
149 Stuart Appleby 76,73; Charlie Beljan 78,71; Steve Conway 80,69; Scott Gutschewski 77,72; Heath Slocum 76,73; Mike Welch 73,76
150 Chad Campbell 80,70; Paul Casey 75,75; Darren Clarke 74,76; Clark Klaasen (a) 76,74; Ben Martin (a) 72,78; John Merrick 73,77; Kevin Silva 78,72
151 Ben Crane 76,75; Chris Kirk 74,77; Greg Kraft 79,72; Josh McCumber 78,73; Jeev Milkha Singh 78,73; Boo Weekley 73,78; Casey Wittenberg 73,78
152 Padraig Harrington 76,76; David Erdy (a) 78,74
153 Bronson Burgoon (a) 74,79; Clint Jensen 78,75; Drew Kittleson (a) 80,73
154 David Horsey 81,73; Vaughn Snyder (a) 76,78; Darren Stiles 75,79; Andrew Svoboda 80,74; Cameron Yancey 74,80
155 Ernie Els 78,77; Sean Farren 80,75
156 Michael Campbell 77,79; Matt Nagy 76,80; Kyle Peterman (a) 81,75
157 Shintaro Kai 79,78
159 Eric Axley 79,80
161 Scott Lewis (a) 81,80
162 Josh Brock (a) 83,79

Wdw
18 holes 78 Matt Jones

Round Leader(s)
R1 Weir; 64
R2 Barnes; 132
R3 Barnes; 202

Lowest Scores
R2 Glover; 64
R3 Watson; 67
R4 Poulter; 67

2009

138th OPEN Championship
Turnberry Resort (Ailsa Course), Turnberry, Ayrshire, Scotland (16-19 July)
No of Entries 2173: No Starting 156: No Making Cut 73: No Completing 73
7204 yards: Par 70 (280)

1	STEWART CINK*	66 72 71 69	278
	(£750000/€866558/$1221005)		
2	Tom Watson	65 70 71 72	278
3=	Lee Westwood	68 70 70 71	279
	Chris Wood	70 70 72 67	279
5=	Luke Donald	71 72 70 67	280
	Mathew Goggin	66 72 69 73	280
	Retief Goosen	67 70 71 72	280
8=	Thomas Aiken	71 72 69 69	281
	Ernie Els	69 72 72 68	281
	Soren Hansen	68 72 74 67	281
	Richard S Johnson	70 72 69 70	281
	Justin Leonard	70 70 73 68	281
13=	Ross Fisher	69 68 70 75	282
	Thongchai Jaidee	69 72 69 72	282
	Miguel Angel Jimenez	64 73 76 69	282
	Matteo Manassero (a)	71 70 72 69	282
	Francesco Molinari	71 70 71 70	282
	Jeff Overton	70 69 76 67	282
	Andres Romero	68 74 73 67	282
	Justin Rose	69 72 71 70	282
	Henrik Stenson	71 70 71 70	282
	Camilo Villegas	66 73 73 70	282
	Boo Weekley	67 72 72 71	282
24=	Angel Cabrera	69 70 72 72	283
	Peter Hanson	70 71 72 70	283
	Oliver Wilson	72 70 71 70	283
27=	Mark Calcavecchia	67 69 77 71	284
	John Daly	68 72 72 72	284
	James Kingston	67 71 74 72	284
	Soren Kjeldsen	68 76 71 69	284
	Kenichi Kuboya	65 72 75 72	284
	Davis Love III	69 73 73 69	284
	Nick Watney	71 72 71 70	284
34=	Jim Furyk	67 72 70 76	285
	Martin Kaymer	69 70 74 72	285
	Graeme McDowell	68 73 71 73	285
	Richard Sterne	67 73 75 70	285
38=	Nick Dougherty	70 70 73 73	286
	Sergio Garcia	70 69 76 71	286
	Thomas Levet	71 73 71 71	286
	Steve Marino	67 68 76 75	286
	Vijay Singh	67 70 75 74	286
43=	Branden Grace	67 72 73 75	287
	Paul McGinley	71 71 70 75	287
	Bryce Molder	70 73 67 77	287
	Anthony Wall	68 72 75 72	287
47=	Paul Casey	68 76 74 70	288
	Gonzalo Fernandez-Castaño	69 72 73 74	288
	Zach Johnson	70 71 77 70	288
	Paul Lawrie	71 73 76 68	288
	Rory McIlroy	69 74 74 71	288
52=	Robert Allenby	70 74 73 72	289
	Darren Clarke	71 71 78 69	289
	Johan Edfors	71 73 72 73	289
	David Howell	68 73 72 76	289
	Billy Mayfair	69 73 73 74	289
	Kenny Perry	71 72 75 71	289
	Graeme Storm	72 72 74 71	289
	Steve Stricker	66 77 70 76	289
60=	Paul Broadhurst	70 72 74 74	290
	David Drysdale	69 73 75 73	290
	Tom Lehman	68 74 74 74	290
	Kevin Sutherland	69 73 73 75	290
64	Ryuji Imada	74 69 79 69	291
65=	Fredrik Andersson Hed	71 70 78 73	292
	Stuart Appleby	71 72 76 73	292
	Padraig Harrington	69 74 76 73	292
	Sean O'Hair	68 75 75 74	292
69	JB Holmes	68 70 75 80	293
70=	Freddie Jacobson	70 72 77 76	295
	Mark O'Meara	67 77 77 74	295
72	Paul Goydos	72 72 77 82	303
73	Daniel Gaunt	76 67 79 82	304

Stewart Cink (4-3-4-3=14) beat Tom Watson (5-3-7-5=20) in the Four-hole Play-off

Cut (Top 70 including ties after 36 holes)
145 Ben Curtis 65,80; Josh Geary 70 75; Todd Hamilton 75,70; Anders Hansen 68,77; Peter Hedblom 71,74; Charley Hoffman 71,74; Colin Montgomerie 71,74; Adam Scott 71,74; DJ Trahan 68,77; Mike Weir 67,78; Tiger Woods 71,74
146 Peter Baker 74,72; KJ Choi 74,72; Tim Clark 71,75; Ben Crane 71,75; Ryo Ishikawa 68,78; Anthony Kim 73,73; Matt Kuchar 70,76; Martin Laird 74,72; Louis

147 Oosthuizen 70,76; Elliot Saltman 70,76; John Senden 66,80
147 Briny Baird 72,75; Mark Brown 71,76; Rhys Davies 73,74; James Driscoll 76,71; David Duval 71,76; Richard Green 71,76; Yuta Ikeda 76,71; Rod Pampling 74,73; Rory Sabbatini 74,73; Charl Schwartzel 71,76; David Toms 72,75
148 Gaganjeet Bhullar 71,77; Markus Brier 71,77; David Higgins 73,75; Charles Howell III 73,75; Raphael Jacquelin 75,73; Sandy Lyle 75,73; Prayad Marksaeng 73,75; Gary Orr 73,75; Alvaro Quiros 71,77; Robert Rock 73,75; Bubba Watson 73,75
149 Stephen Ames 72,77; Rafa Echenique 72,77; Brian Gay 73,76; Lucas Glover 72,77; Stephan Gross (a) 74,75; W-C Liang 77,72; Richie Ramsay 77,72; David Smail 70,79; Brandt Snedeker 72,77; Azuma Yano 75,74
150 Chad Campbell 73,77; Ken Duke 71,79; Tomohiro Kondo 71,79; Terry Pilkadaris 68,82; Steve Surry 69,81; Tim Wood 73,77
151 Marc Cayeux 75,76; Nick Faldo 78,73; Richard Finch 73,78; Jeremy Kavanagh 74,77; Hunter Mahan 72,79; Carl Pettersson 74,77; Tim Stewart 74,77
152 Tom Haylock 74,78; Damien McGrane 78,74; Greg Norman 77,75; Lloyd Saltman 75,77
153 Geoff Ogilvy 75,78; Bruce Vaughan 78,75
154 Dustin Johnson 78,76; Koumei Oda 76,78; Ian Poulter 75,79
155 Daniel Wardrop 75,80
156 Michael Wright 77,79
157 Oliver Fisher 79,78
160 Pablo Larrazabal 79,81
161 Peter Ellebye 77,84
162 Jaco Ahlers 83,79

Wdw
36 holes: 166 Michael Campbell 78,88*
*No card returned

Round Leader(s)
R1 Jimenez; 64
R2 Marino, T Watson; 135
R3 T Watson; 206

Lowest Scores
R2 Gaunt; 67
R3 Molder; 67
R4 Donald, S Hansen, Overton, Romero, C Wood; 67

2009

91st PGA Championship
Hazeltine National GC, Chaska, Minnesota (13-16 August)
No Starting 156: No Making Cut 80: No Completing 79
7674 yards: Par 72 (288)

1	Y-E YANG ($1350000)	73 70 67 70	280
2	Tiger Woods	67 70 71 75	283
3=	Rory McIlroy	71 73 71 70	285
	Lee Westwood	70 72 73 70	285
5	Lucas Glover	71 70 71 74	286
6=	Ernie Els	75 68 70 74	287
	Martin Kaymer	73 70 71 73	287
	Soren Kjeldsen	70 73 70 74	287
	Henrik Stenson	73 71 68 75	287
10=	Padraig Harrington	68 73 69 78	288
	Dustin Johnson	72 73 73 70	288
	Zach Johnson	74 73 70 71	288
	Graeme McDowell	70 75 71 72	288
	John Merrick	72 72 74 70	288
	Francesco Molinari	74 73 69 72	288
16=	Tim Clark	76 68 71 74	289
	Hunter Mahan	69 75 74 71	289
	Vijay Singh	69 72 75 73	289
19=	Michael Allen	74 71 72 73	290
	Ross Fisher	73 68 73 76	290
	Corey Pavin	73 71 71 75	290
	Ian Poulter	72 70 76 72	290
	Oliver Wilson	74 72 72 72	290
24=	Robert Allenby	69 75 75 72	291
	Stephen Ames	74 71 70 76	291
	KJ Choi	73 72 73 73	291
	Ben Curtis	73 72 73 73	291
	Brendan Jones	71 70 73 77	291
	Scott McCarron	75 72 71 73	291
	Alvaro Quiros	69 76 69 77	291
	John Rollins	73 73 68 77	291
32=	Gonzalo Fernandez-Castaño	70 77 73 72	292
	Steve Flesch	74 73 69 76	292
	Jeff Overton	72 74 75 71	292
	Kevin Sutherland	73 72 74 73	292
36=	Woody Austin	73 73 73 74	293
	Fred Couples	74 74 73 72	293
	Soren Hansen	72 76 74 71	293
	Thongchai Jaidee	72 76 73 74	293
	Miguel Angel Jimenez	75 73 71 74	293
	David Toms	69 75 72 77	293
	Boo Weekley	74 74 71 74	293
43=	Rich Beem	71 76 75 72	294
	Chad Campbell	74 73 73 74	294
	Ben Crane	70 75 72 77	294
	Luke Donald	71 77 73 73	294
	Kevin Na	73 75 71 75	294
	Geoff Ogilvy	71 73 78 72	294
	Kenny Perry	74 70 78 72	294
	Charl Schwartzel	76 70 72 76	294
51=	Retief Goosen	77 71 70 77	295
	Anthony Kim	73 74 71 77	295
	Thomas Levet	72 75 76 72	295
	Michael Sim	73 75 76 71	295
	Camilo Villegas	73 73 76 73	295
56=	Hiroyuki Fujita	71 74 73 78	296
	Ryo Ishikawa	74 74 76 72	296
	Bob Tway	72 76 74 74	296
	Charlie Wi	72 76 75 73	296
60=	Richard Green	75 73 74 75	297
	Tom Lehman	72 74 76 75	297
	John Mallinger	73 71 76 77	297
63=	Angel Cabrera	76 70 76 76	298
	Jim Furyk	73 75 73 77	298
	Nathan Green	72 75 76 75	298
	JJ Henry	72 73 80 73	298
67=	Stewart Cink	73 73 72 81	299
	Paul Goydos	70 78 78 73	299
	Justin Leonard	73 75 73 78	299
	Rory Sabbatini	74 70 78 77	299
	Jeev Milkha Singh	74 73 74 78	299
	David Smail	75 73 75 76	299
73	Phil Mickelson	74 74 76 76	300
74	Greg Bisconti	75 72 78 76	301
75	Sean O'Hair	74 73 82 73	302
76=	Bob Estes	74 74 77 78	303
	Grant Sturgeon	73 71 80 79	303
	Chris Wood	74 73 77 79	303
79	Alastair Forsyth	73 75 75 82	305

Cut (at 148 after 36 holes)
149 Stuart Appleby 76,73; Aaron Baddeley 76,73; Mark Brooks 74,75; Sergio Garcia 71,78; Mathew Goggin 69,80; Anders Hansen 71,78; Scott Hebert 72,77; Davis Love III 76,73; Ryan Palmer 75,74; Carl Pettersson 72,77; Justin Rose 73,76; Brandt Snedeker 75,74; Marc Turnesa 73,76; Bubba Watson 74,75
150 Briny Baird 76,74; Michael Bradley 70,80; Brian Davis 76,74; Ken Duke 73,77; Steve Elkington 75,75; Peter Hanson 74,76; Charley Hoffman 76,74; Charles Howell III 77,73; Matt Kuchar 77,73; Louis Oosthuizen 72,78; Anders Romero 75,75; John Senden 73,77; Bo Van Pelt 71,79; Nick Watney 75,75; Mark Wilson 77,72
151 Ryuji Imada 76,75; Steve Marino 76,75; Steve Stricker 74,77; Craig Thomas 75,76; DJ Trahan 72,79; Scott Verplank 77,74; Steve Webster 76,75; Tim Weinhart 76,75
152 Keith Dicciani 72,80; Rod Pampling 74,78; Brett Quigley 78,74
153 Jason Dufner 79,74; Shingo Katayama 75,78; Mike Miles 72,81; Colin Montgomerie 75,78; Pat Perez 74,79
154 Paul Azinger 74,80; Darren Clarke 78,76; Shaun Micheel 76,78; Mark Sheftic 76,78; Anthony Wall 78,76
155 Nick Dougherty 80,75; Jerry Kelly 77,78; Will MacKenzie 84,71; Mike Weir 74,81
156 Cameron Beckman 78,78; Todd Lancaster 75,81; Chris Starkjohann 77,79
157 Prayad Marksaeng 76,81; Mike Small 78,79
158 Sam Arnold 81,77; Steve Schneiter 82,76; Kevin

	Streelman 76,82
159	Michael Campbell 80,79; Brian Gaffney 79,80; Brian Gay 78,81; Lee Rinker 78,81
160	Johan Edfors 77,83; Tim Petrovic 76,84
161	Adam Scott 82,79
162	Eric Lippert 78,84
164	Ryan Benzel 81,83; Mitch Lowe 84,80

Round Leader(s)
R1 Woods; 67
R2 Woods; 137
R3 Woods; 208

168	Bob Gaus 81,87; Kevin Roman 87,81

Wdw
36 holes: 145 Richard Sterne 73,72
18 holes: 76 JB Holmes
            78 John Daly

Lowest Scores
R2 Clark, Els, Fisher; 68
R3 Yang; 67
R4 D Johnson, McIlroy, Merrick, Westwood, Yang; 70

2010

74th MASTERS Tournament
Augusta National Golf Club, Augusta, Georgia (8-11 April)
No Starting 96: No Making Cut 48: No Completing 48
7435 yards: Par 72 (288)

1	PHIL MICKELSON ($1350000)	67 71 67 67	272
2	Lee Westwood	67 69 68 71	275
3	Anthony Kim	68 70 73 65	276
4=	KJ Choi	67 71 70 69	277
	Tiger Woods	68 70 70 69	277
6	Fred Couples	66 75 68 70	279
7	Nick Watney	68 76 71 65	280
8=	Hunter Mahan	71 71 68 71	281
	Y-E Yang	67 72 72 70	281
10=	Ricky Barnes	68 70 72 73	283
	Ian Poulter	68 68 74 73	283
12=	Miguel Angel Jimenez	72 75 72 66	285
	Jerry Kelly	72 74 67 72	285
14=	Trevor Immelman	69 73 72 72	286
	Steve Marino	71 73 69 73	286
	Ryan Moore	72 73 73 68	286
	David Toms	69 75 71 71	286
18=	Angel Cabrera	73 74 69 71	287
	Ernie Els	71 73 75 68	287
	Adam Scott	69 75 72 71	287
	Heath Slocum	72 73 70 72	287
	Scott Verplank	73 73 73 68	287
	Tom Watson	67 74 73 73	287
24=	Ben Crane	71 75 74 68	288
	Matt Kuchar	70 73 74 71	288
26=	Bill Haas	72 70 71 76	289
	Geoff Ogilvy	74 72 69 74	289
	Kenny Perry	72 71 72 74	289
29	Yuto Ikeda	70 77 72 71	290
30=	Jason Dufner	75 72 75 69	291
	Soren Kjeldsen	70 71 75 75	291
	Francesco Molinari	70 74 75 72	291
	Sean O'Hair	72 71 72 76	291
	Charl Schwartzel	69 76 72 74	291
	Steve Stricker	73 73 74 71	291
36=	Lucas Glover	76 71 71 74	292
	Matteo Manassero (a)	71 76 73 72	292
38=	Steve Flesch	75 71 70 78	294
	Retief Goosen	74 71 76 73	294
	Dustin Johnson	71 72 76 75	294
	Camilo Villegas	74 72 71 77	294
42	Zach Johnson	70 74 76 75	295
43=	Robert Karlsson	71 72 77 76	296
	Mike Weir	71 72 76 77	296
45=	Robert Allenby	72 75 78 73	298
	Chad Campbell	79 68 80 71	298
	Sergio Garcia	74 70 76 78	298
48	Nathan Green	72 75 80 75	302

Cut (Top 44 & ties after 36 holes)
148 Tim Clark 75,73; Ben Curtis 73,75; Ryo Ishikawa 72,76; Larry Mize 76,72; John Senden 71,77
149 Luke Donald 74,75; Soren Hansen 74,75; Padraig Harrington 74,75; Martin Kaymer 76,73; Bernhard Langer 71,78; Graeme McDowell 75,74; John Merrick 72,77; Mark O'Meara 75,74; Ryan Palmer 72,77; Nathan Smith (a) 74,75
150 Brad Benjamin (a) 73,77; Simon Dyson 77,73; Justin Leonard 75,75; Edoardo Molinari 75,75; Kevin Na 74,76; Alvaro Quiros 75,75
151 David Duval 76,75; Brian Gay 74,77; Todd Hamilton 74,77; Marc Leishman 72,79; Rory McIlroy 74,77; John Rollins 75,76; Oliver Wilson 78,73
152 Stewart Cink 76,76; Shingo Katayama 75,77; Louis Oosthuizen 75,77
153 Paul Casey 75,78; Ross Fisher 77,76; Rory Sabbatini 75,78
154 Vijay Singh 76,78; Chris Wood 78,76
155 B-H An (a) 78,77; Ben Crenshaw 77,78; C-W Han (a) 79,76; Sandy Lyle 69,86; Ben Martin (a) 75,80; Henrik Stenson 80,75
156 Jim Furyk 80,76
157 Anders Hansen 80,77; Craig Stadler 79,78
164 Michael Campbell 83,81; Ian Woosnam 81,83

Wdw
? holes: Thongchai Jaidee (no score recorded)

Scr
       Michael Sim

Round Leader(s)
R1 Couples; 66
R2 Poulter, Westwood; 136
R3 Westwood; 204

Lowest Scores
R2 C Campbell, Poulter; 68
R3 Kelly, Mickelson; 67
R4 Kim, Watney; 65

2010

110th US OPEN Championship
Pebble Beach Golf Links, Pebble Beach, California (17-20 June)
No of Entries 9052: No Starting 156: No Making Cut 83: No Completing 83
7040 yards: Par 71 (284)

1	GRAEME McDOWELL ($1350000)	71 68 71 74	284
2	Gregory Havret	73 71 69 72	285
3	Ernie Els	73 68 72 73	286
4=	Phil Mickelson	75 66 73 73	287
	Tiger Woods	74 72 66 75	287
6=	Matt Kuchar	74 72 74 68	288
	Davis Love III	75 74 68 71	288
8=	Alex Cejka	70 72 74 73	289
	Dustin Johnson	71 70 66 82	289
	Martin Kaymer	74 71 72 72	289
	Brandt Snedeker	75 74 69 71	289
12=	Tim Clark	72 72 72 74	290
	Sean O'Hair	76 71 70 73	290
14=	Ben Curtis	78 70 75 68	291
	Justin Leonard	72 73 73 73	291
16=	Jim Furyk	72 75 74 71	292
	Peter Hanson	73 76 74 69	292
	Russell Henley (a)	73 74 72 73	292
	Scott Langley (a)	75 69 77 71	292
	Charl Schwartzel	74 71 74 73	292
	Lee Westwood	74 71 76 71	292

22= Angel Cabrera	75 72 74 72	293	
Sergio Garcia	73 76 73 71	293	
Padraig Harrington	73 73 74 73	293	
John Mallinger	77 72 70 74	293	
Sean Micheel	69 77 75 72	293	
27= Ricky Barnes	72 76 74 72	294	
Robert Karlsson	75 72 74 73	294	
29= Robert Allenby	74 74 73 74	295	
Stuart Appleby	73 76 76 70	295	
Henrik Stenson	77 70 74 74	295	
Tom Watson	78 71 70 76	295	
33= Brendon de Jonge	69 73 77 77	296	
Jason Dufner	72 73 79 72	296	
Ryo Ishikawa	70 71 75 80	296	
Soren Kjeldsen	72 71 75 78	296	
Ryan Moore	75 73 75 73	296	
Kenny Perry	72 77 73 74	296	
David Toms	71 75 76 74	296	
40= Paul Casey	69 73 77 78	297	
Stewart Cink	76 73 71 77	297	
Robert Gates	75 74 71 77	297	
Ross McGowan	72 73 78 74	297	
S-Y Noh	74 72 76 75	297	
Vijay Singh	74 72 75 76	297	
Bo Van Pelt	72 75 82 68	297	
47= Jason Allred	72 73 76 77	298	
Rafael Cabrera-Bello	70 75 81 72	298	
KJ Choi	70 73 77 78	298	
Luke Donald	71 75 74 78	298	
Jason Gore	76 73 74 75	298	
Jim Herman	76 73 81 68	298	
Thongchai Jaidee	74 75 74 75	298	
Edoardo Molinari	75 72 72 79	298	
Ian Poulter	70 73 77 78	298	
Chris Stroud	77 72 76 73	298	
Scott Verplank	72 74 75 77	298	
58= Hiroyuki Fujita	72 77 74 76	299	
Lucas Glover	73 73 77 76	299	
Retief Goosen	75 74 76 74	299	
Yuta Ikeda	77 72 73 77	299	
Steve Stricker	75 74 77 73	299	
63= Eric Axley	75 73 75 77	300	
Jerry Kelly	72 70 81 77	300	
Steve Marino	73 75 73 79	300	
Gareth Maybin	74 75 76 75	300	
Toru Taniguchi	73 76 76 75	300	
Steve Wheatcroft	74 73 77 76	300	
69 Erick Justesen	74 74 80 73	301	
70= Matt Bettencourt	72 74 77 79	302	
David Duval	75 73 74 80	302	
Fred Funk	74 72 77 79	302	
Camilo Villegas	78 69 79 76	302	
74= Rhys Davies	78 70 79 76	303	
Kent Jones	73 76 78 76	303	
76 Nick Watney	76 71 77 81	305	
77= Craig Barlow	73 75 77 81	306	
Zach Johnson	72 77 78 79	306	
Matthew Richardson	73 75 80 78	306	
80= Ty Tryon	75 74 78 80	307	
Mike Weir	70 79 83 75	307	
82= Pablo Martin	73 76 83 79	311	
Jason Preeo	75 70 82 84	311	

Cut (Top 60 & ties & those within 10 shots of the lead after 36 holes)

150 Arjun Atwal 75,75; Simon Dyson 76,74; Ross Fisher 74,76; Morgan Hoffman (a) 75,75; Trevor Immelman 74,76; Miguel Angel Jimenez 73,77; Tom Lehman 76,74; Hugo Leon 73,77; Jean-François Lucquin 75,75; Geoff Ogilvy 79,71; Alvaro Quiros 80,70; Adam Scott 77,73; Hudson Swafford (a) 76,74; Azuma Yano 74,76
151 Richard Barcelo 77,74; David Frost 73,78; Brian Gay 78,73; JJ Henry 79,72; Simon Khan 76,75; Kenny Kim 78,73; Marc Leishman 77,74; Louis Oosthuizen 77,74; John Rollins 74,77; Oliver Wilson 75,76
152 Steve Allan 78,74; Ben Crane 80,72; Jon Curran 75,77; Paul Goydos 76,76; Mikko Ilonen 75,77; Rory McIlroy 75,77; Hunter Mahan 78,74; Heath Slocum 75,77; Gary Woodland 76,76
153 Gary Boyd 78,75; Rory Sabbatini 74,79; Paul Sheehan 80,73; Michael Sim 77,76
154 B-H An (a) 79,75; Joseph Bramlett (a) 79,75; Brian Davis 80,74; Bob Estes 77,77; Rocco Mediate 77,77; Francesco Molinari 79,75; James Morrison 78,76; Andrew Putnam (a) 76,78; John Senden 80,74; Jerry Smith 78,76; Charles Warren 75,79; Kaname Yokoo 76,78
155 Rafael Echenique 76,79; Kent Eger 76,79; Harrison Frazar 78,77; Rikard Karlberg 77,78; Ben Martin (a) 78,77
156 Mathias Gronberg 80,76; Daniel Summerhays 79,77; Y-E Yang 73,83
157 Aaron Baddeley 80,77; Kevin Na 80,77; Terry Pilkadaris 78,79
158 Stephen Ames 74,84; Erik Compton 77,81; Travis Hampshire 81,77; Soren Hansen 78,80; Dan McCarthy 80,78; Deane Pappas 81,77; Kevin Phelan (a) 83,75
159 Derek Lamely 78,81
161 Michael Campbell 78,83
163 Alex Martin (a) 79,84
164 Mark Silvers 82,82
165 Blaine Peffley 86,79
166 Bennett Blakeman (a) 81,85

Round Leader(s)
R1 Casey, de Jonge, Micheel; 69
R2 McDowell; 139
R3 D Johnson; 207

Lowest Scores
R2 Mickelson; 66
R3 D Johnson, Woods; 66
R4 Curtis, Herman, Kuchar, Van Pelt; 68

2010

139th OPEN Championship
Royal & Ancient Golf Club, St Andrews, Fife, Scotland (15-18 July)
No of Entries 1959: No Starting 156: No Making Cut 77: No Completing 77
7305 yards: Par 72 (288)

1 LOUIS OOSTHUIZEN	65 67 69 71	272	
(£850000/€1011840/$1305593)			
2 Lee Westwood	67 71 71 70	279	
3= Paul Casey	69 69 67 75	280	
Rory McIlroy	63 80 69 68	280	
Henrik Stenson	68 74 67 71	280	
6 Retief Goosen	69 70 72 70	281	
7= Martin Kaymer	69 71 68 74	282	
Sean O'Hair	67 72 72 71	282	
Robert Rock	68 78 67 69	282	
Nick Watney	67 73 71 71	282	
11= Luke Donald	73 72 69 69	283	
Jeff Overton	73 69 72 69	283	
Alvaro Quiros	72 70 74 67	283	
14= Rickie Fowler	79 67 71 67	284	
Sergio Garcia	71 71 70 72	284	
Ignacio Garrido	69 71 73 71	284	
JB Holmes	70 72 70 72	284	
Jin Jeong (a)	68 70 74 72	284	
Dustin Johnson	69 72 69 74	284	
Robert Karlsson	69 71 72 72	284	
Tom Lehman	71 68 75 70	284	
Charl Schwartzel	71 75 68 70	284	
23= Stephen Gallacher	71 73 70 71	285	
Trevor Immelman	68 74 75 68	285	
Graeme McDowell	71 68 76 70	285	
Tiger Woods	67 73 73 72	285	
27= Robert Allenby	69 75 71 71	286	
Alejandro Canizares	67 71 71 77	286	
Bradley Dredge	66 76 74 70	286	
Ryo Ishikawa	68 73 75 70	286	
Miguel Angel Jimenez	72 67 74 73	286	
Matt Kuchar	72 74 71 69	286	
Edoardo Molinari	69 76 73 68	286	
Kevin Na	70 74 70 72	286	
Adam Scott	72 70 72 72	286	
Marcel Siem	67 75 74 70	286	
37= Ross Fisher	68 77 68 74	287	
Peter Hanson	66 73 74 74	287	
Soren Kjeldsen	72 74 70 71	287	
Shane Lowry	68 73 71 75	287	
Hunter Mahan	69 76 71 71	287	
Colm Moriarty	72 73 72 70	287	
Vijay Singh	68 73 76 70	287	

44=Ricky Barnes	68 71 72 77	288	
Darren Clarke	70 70 77 71	288	
Bo Van Pelt	69 72 73 74	288	
Camilo Villegas	68 75 70 75	288	
48=Stewart Cink	70 74 71 74	289	
John Daly	66 76 74 73	289	
Simon Dyson	69 75 73 72	289	
Lucas Glover	67 76 70 76	289	
K-T Kim	70 74 73 72	289	
Phil Mickelson	73 71 70 75	289	
John Senden	68 76 73 72	289	
55=Danny Chia	69 77 74 70	290	
Simon Khan	74 69 73 74	290	
Steve Marino	69 76 69 76	290	
Zane Scotland	70 74 72 74	290	
Steve Stricker	71 74 71 74	290	
60=Jason Day	71 74 75 71	291	
Marc Leishman	73 71 72 75	291	
Tom Pernice, Jr	72 74 71 74	291	
Ian Poulter	71 73 76 71	291	
Peter Senior	73 71 74 73	291	
Heath Slocum	71 74 73 73	291	
Toru Taniguchi	70 70 77 74	291	
Y-E Yang	67 74 76 74	291	
68=Fredrik Andersson Hed	67 74 73 78	292	
Hirofumi Miyase	71 75 73 73	292	
Colin Montgomerie	74 71 74 73	292	
Steven Tiley	66 79 73 74	292	
72 Andrew Coltart	66 77 74 76	293	
73 Mark Calcavecchia	70 67 77 80	294	
74=Thomas Aiken	71 73 77 74	295	
Richard S Johnson	73 73 76 73	295	
76=Zach Johnson	72 74 74 76	296	
Scott Verplank	72 73 74 77	296	

Cut (Top 70 & ties after 36 holes)
147 Thomas Bjorn 70,77; Eric Chun (a) 71,76; Gregory Havret 73,74; Mark O'Meara 69,78; Justin Rose 70,77; Bubba Watson 74,73; Tom Whitehouse 73,74; Oliver Wilson 68,79
148 Ben Crane 72,76; Rhys Davies 73,75; Ernie Els 69,79; Gonzalo Fernandez-Castaño 72,76; Tano Goya 70,78; Ross McGowan 68,80; Gareth Maybin 72,76; S-Y Noh 72,76; Ryuichi Oda 76,72; Tom Watson 73,75; Mike Weir 73,75
149 Jason Bohn 75,74; Angel Cabrera 73,76; Ben Curtis 76,73; Todd Hamilton 72,77; Davis Love III 73,76; DA Points 72,77; Michael Sim 72,77; Chris Wood 70,79
150 KJ Choi 76,74; Hiroyuki Fujita 75,75; Jim Furyk 77,73; Paul Goydos 74,76; Bill Haas 73,77; Padraig Harrington 73,77; Yuta Ikeda 72,78; Justin Leonard 76,74; Koumei Oda 74,76; Geoff Ogilvy 72,78; Kenny Perry 71,79
151 B-H An (a) 72,79; Philip Archer 75,76; Tim Clark 71,80; Anders Hansen 77,74; Soren Hansen 72,79; Jean Hugo 76,75; Paul Lawrie 69,82; Sandy Lyle 75,76; Francesco Molinari 74,77; Tim Petrovic 71,80; Loren Roberts 73,78
152 Jamie Abbott (a) 73,79; Kurt Barnes 75,77; Josh Cunliffe 75,77; Darren Fichardt 74,78; Thongchai Jaidee 75,77; Shunsuke Sonoda 74,78; Paul Streeter 76,76
153 Victor Dubuisson (a) 80,73; Nick Faldo 72,81; Mathew Goggin 74,79; Katsumasa Miyamoto 77,76; Alex Noren 73,80
154 Mark Haastrup 72,82; Jerry Kelly 79,75; Thomas Levet 73,81; Ryan Moore 70,84
155 Jason Dufner 73,82; David Duval 77,78; Brian Gay 72,83; Tyrrell Hatton (a) 78,77; Jose Manuel Lara 80,75; George McNeill 78,77; J-B Park 76,79; Cameron Percy 76,79
156 Gary Clark 79,77
157 Glen Day 78,79; Martin Laird 74,83
159 Ewan Porter 81,78
160 Laurie Canter (a) 81,79
165 Simon Edwards 79,86

Round Leader(s)
R1 McIlroy; 63
R2 Oosthuizen; 132
R3 Oosthuizen; 201

Lowest Scores
R2 Calcavecchia, Fowler, Jimenez, Oosthuizen; 67
R3 Casey, Rock, Stenson; 67
R4 Fowler, Quiros; 67

2010

92nd PGA Championship
Whistling Straits, Straits Course, Kohler, Wisconsin (12-15 August)
No Starting 156: No Making Cut 71: No Completing 71
7507 yards: Par 72 (288)

1 MARTIN KAYMER*	72 68 67 70	277	
($1350000)			
2 Bubba Watson	68 71 70 68	277	
3= Zach Johnson	69 70 69 70	278	
Rory McIlroy	71 68 67 72	278	
5= Jason Dufner	73 66 69 71	279	
Steve Elkington	71 70 67 71	279	
Dustin Johnson	71 68 67 73	279	
8= W-C Liang	72 71 64 73	280	
Camilo Villegas	71 71 70 68	280	
10=Jason Day	69 72 66 74	281	
Matt Kuchar	67 69 73 72	281	
12=Paul Casey	72 71 70 69	282	
Simon Dyson	71 71 68 72	282	
Phil Mickelson	73 69 73 67	282	
Bryce Molder	72 67 70 73	282	
16=Robert Karlsson	71 71 71 70	283	
DA Points	70 72 70 71	283	
18=Stewart Cink	77 68 66 73	284	
Ernie Els	68 74 69 73	284	
Stephen Gallacher	71 69 72 72	284	
Charl Schwartzel	73 69 72 70	284	
Steve Stricker	72 72 68 72	284	
Nick Watney	69 68 66 81	284	
24=Jim Furyk	70 68 70 77	285	
JB Holmes	72 66 77 70	285	
Simon Khan	69 70 71 75	285	
Carl Pettersson	71 70 71 73	285	
28=David Horsey	72 71 69 74	286	
Troy Matteson	72 72 70 72	286	
S-Y Noh	68 71 72 75	286	
Bo Van Pelt	73 67 72 74	286	
Tiger Woods	71 70 72 73	286	
33=Gonzalo Fern'dez-Castaño	70 73 73 71	287	
Edoardo Molinari	71 72 70 74	287	
Francesco Molinari	68 73 71 75	287	
Ryan Palmer	71 68 75 73	287	
Heath Slocum	73 72 68 74	287	
David Toms	74 71 67 75	287	
39=KJ Choi	74 69 71 74	288	
Tim Clark	72 71 70 75	288	
Ben Crane	73 68 73 74	288	
Brian Davis	71 72 69 76	288	
Justin Leonard	73 69 73 73	288	
Hunter Mahan	74 71 68 75	288	
Adam Scott	72 73 71 72	288	
Vijay Singh	73 66 73 76	288	
Brandt Snedeker	75 70 67 76	288	
48=Darren Clarke	74 70 72 73	289	
Brendon de Jonge	74 66 74 75	289	
Charles Howell III	69 74 72 74	289	
K-T Kim	70 72 71 76	289	
Martin Laird	70 74 72 73	289	
Marc Leishman	71 73 72 73	289	
Shaun Micheel	73 69 76 71	289	
55=Retief Goosen	76 68 74 72	290	
Tom Lehman	74 70 73 73	290	
Davis Love III	73 72 72 73	290	
58=Gregory Bourdy	70 70 75 76	291	
Rickie Fowler	73 71 70 77	291	
Peter Hanson	71 71 71 78	291	
Kevin Na	74 71 71 75	291	
62=Fredrik Andersson Hed	74 71 74 73	292	
Chad Campbell	70 70 78 74	292	
Rhys Davies	71 71 75 75	292	
65=Brian Gay	72 70 71 80	293	
Ryan Moore	69 76 72 76	293	
67 DJ Trahan	72 73 74 75	294	
68=Stuart Appleby	72 73 73 77	295	
Rob Labritz	73 71 74 77	295	
70 Ross McGowan	73 72 71 81	297	
71 Jeff Overton	74 71 74 79	298	

* Martin Kaymer (4-2-5=11) beat Bubba Watson (3-3-6=12) in the three-hole Play-off

Cut (Top 70 & ties after 36 holes)
- 146 Matt Bettencourt 72,74; Padraig Harrington 75,71; Yuta Ikeda 71,75; Freddie Jacobson 75,71; Raphael Jacquelin 78,68; Jerry Kelly 75,71; Soren Kjeldsen 73,73; John Merrick 70,76; Louis Oosthuizen 71,75; Kenny Perry 73,73; Michael Sim 70,76; Kevin Stadler 74,72; Tim Thelen 71,75; Boo Weekley 76,70; Chris Wood 78,68
- 147 Sergio Garcia 78,69; Lucas Glover 74,73; Bill Haas 73,74; Anders Hansen 76,71; Thongchai Jaidee 70,77; Graeme McDowell 76,71; Troy Pare 73,74; Rory Sabbatini 76,71; John Senden 77,70; Vaughn Taylor 73,74; Scott Verplank 74,73
- 148 Stephen Ames 71,77; Ben Curtis 73,75; Miguel Angel Jimenez 75,73; Mitch Lowe 71,77; Alvaro Quiros 74,74; Justin Rose 74,74; Jimmy Walker 71,77; Mike Weir 74,74; Danny Willett 74,74; Y-E Yang 72,76
- 149 Ricky Barnes 75,74; Jason Bohn 77,72; Angel Cabrera 72,77; Luke Donald 72,77; Hitoyuki Fujita 74,75; Anthony Kim 74,75; Derek Lamely 77,72; Geoff Ogilvy 74,75; Kevin Sutherland 74,75; Charlie Wi 74,75
- 150 Soren Hansen 77,73; Trevor Immelman 74,76; Ryo Ishikawa 76,74; Shane Lowry 71,79; Bill Lunde 76,74;
- 151 George McNeill 75,75; Sean O'Hair 75,75
- 152 Scott Hebert 75,76; Tetsuji Hiratsuka 74,77; Matt Jones 74,77; Sonny Skinner 73,78; Oliver Wilson 76,75
- 153 Danny Balin 75,77; Ross Fisher 78,74; Stu Ingraham 77,75; Koumei Oda 78,74; Mike Small 78,74
- 154 Ryan Benzel 79,74; Kris Blanks 73,80; Paul Goydos 80,73; Tim Petrovic 75,78
- 155 Cameron Beckman 79,75; Kyle Flinton 76,78
- 156 Mark Brooks 80,75; David Hutsell 75,80; Rob Moss 78,77; Rich Steinmetz 75,80; Henrik Stenson 80,75
- 158 Robert McClellan 75,81; Steve Marino 74,82; Jason Schmuhl 82,74; Bruce Smith 81,75
- 159 Chip Sullivan 83,75
- 161 Keith Ohr 78,81; Corey Pavin 79,80
- 162 Mark Sheftic 82,79
- Colin Montgomerie 79,83

Wdw
18 holes: 76 John Daly (inj)

Scr
Ian Poulter (ill)

Round Leader(s)
R1 Kuchar; 67
R2 Holmes, Kuchar; 136
R3 Watney; 203

Lowest Scores
R2 de Jonge, Dufner, Singh; 66
R3 Liang; 64
R4 Mickelson; 67

2011

75th MASTERS Tournament
Augusta National Golf Club, Augusta, Georgia (7-10 April)
No Starting 99: No Making Cut 49: No Completing 49
7435 yards: Par 72 (288)

1	CHARL SCHWARTZEL ($1444000)	69 71 68 66	274
2=	Jason Day	72 64 72 68	276
	Adam Scott	72 70 67 67	276
4=	Luke Donald	72 68 69 69	278
	Geoff Ogilvy	69 69 73 67	278
	Tiger Woods	71 66 74 67	278
7	Angel Cabrera	71 70 67 71	279
8=	KJ Choi	67 70 71 72	280
	Bo Van Pelt	73 69 68 70	280
10	Ryan Palmer	71 72 69 70	282
11=	Edoardo Molinari	74 70 69 70	283
	Justin Rose	73 71 71 68	283
	Steve Stricker	72 70 71 70	283
	Lee Westwood	72 67 74 70	283
15=	Fred Couples	71 68 72 73	284
	Ross Fisher	69 71 71 73	284
	Trevor Immelman	69 73 73 69	284
	Rory McIlroy	65 69 70 80	284
	Brandt Snedeker	69 71 74 70	284
20=	Ricky Barnes	68 71 75 71	285
	Ryo Ishikawa	71 71 73 70	285
	Martin Laird	74 69 69 73	285
	Y-E Yang	67 72 73 73	285
24=	Jim Furyk	72 68 74 72	286
	David Toms	72 69 73 72	286
	Gary Woodland	69 73 74 70	286
27=	Charley Hoffman	74 69 72 72	287
	Miguel Angel Jimenez	71 73 70 73	287
	Robert Karlsson	72 70 74 71	287
	Matt Kuchar	68 75 69 75	287
	Hideki Matsuyama (a)	72 73 68 74	287
	Phil Mickelson	70 72 71 74	287
	Ian Poulter	74 69 71 73	287
	Alvaro Quiros	65 73 75 74	287
35=	Alex Cejka	72 71 75 70	288
	Sergio Garcia	69 71 75 73	288
	Ryan Moore	70 73 72 73	288
38=	Paul Casey	70 72 76 71	289
	Rickie Fowler	70 69 76 74	289
	Dustin Johnson	74 68 73 74	289
	Bubba Watson	73 71 67 78	289
42=	Bill Haas	74 70 74 72	290
	Steve Marino	74 71 72 73	290
44=	K-T Kim	70 75 78 68	291
	Jeff Overton	73 72 72 74	291
46	Nick Watney	72 72 75 73	292
47=	Aaron Baddeley	75 70 74 74	293
	Ernie Els	75 70 76 72	293
49	Camilo Villegas	70 75 73 76	294

Cut (Low 44 & ties plus those within 10 strokes of leader after 36 holes)
- 146 Robert Allenby 75, 71; Stewart Cink 71,75; Tim Clark 73,73; Lucas Glover 75,71; Zach Johnson 73,73; Anthony Kim 73,73; Hunter Mahan 75,71; Francesco Molinari 75,71; Sean O'Hair 70,76
- 147 Stuart Appleby 75,72; Jerry Kelly 74,73; Graeme McDowell 74,73; Kevin Na 73,74; Mark Wilson 76,71
- 148 Jason Bohn 73,75; David Chung (a) 72,76; Ben Crane 73,75; Retief Goosen 70,78; Peter Hanson 72,76; Yuta Ikeda 74,74; Lion Kim 76,72; Carl Pettersson 75,73; DA Points 72,76; Heath Slocum 72,76; Jhonny Vegas 72,76
- 149 Hiroyuki Fujita 70,79; Anders Hansen 72,77; Padraig Harrington 77,72; Gregory Havret 70,79; Louis Oosthuizen 75,74; Kevin Streelman 75,74; Peter Uihlein (a) 72,77
- 150 Jin Jeong (a) 73,77; Martin Kaymer 78,72; Larry Mize 73,77; Mark O'Meara 77,73; Jose Maria Olazabal 73,77; Rory Sabbatini 74,76
- 151 Arjun Atwal 80,71; Jonathan Byrd 73,78; Craig Stadler 80,71; Tom Watson 79,72
- 152 Davis Love III 75,77; Nathan Smith (a) 75,77
- 153 Sandy Lyle 73,80
- 154 Vijay Singh 76,78
- 155 Ben Crenshaw 78,77; Mike Weir 76,79; Ian Woosnam 78,77
- 157 Henrik Stenson 83,74

Low Scores
R2 Day; 64
R3 Cabrera, Scott, B Watson; 67
R4 Schwartzel; 66

2011

111th US OPEN
Congressional Country Club, Bethesda, Maryland (16-19 June)
No of Entries 8300: No Starting 156: No Making Cut 72: No Completing 72
7574 yards: Par 71 (284)

1	RORY McILROY ($1444000)	65 66 68 69	268
2	Jason Day	71 72 65 68	276
3=	Kevin Chappell	76 67 69 66	278
	Robert Garrigus	70 70 68 70	278
	Lee Westwood	75 68 65 70	278
	YE Yang	68 69 70 71	278
7=	Sergio Garcia	69 71 69 70	279
	Peter Hanson	72 71 69 67	279
9=	Louis Oosthuizen	69 73 71 67	280
	Charl Schwartzel	68 74 72 66	280
11=	Davis Love III	70 71 70 70	281
	Heath Slocum	71 70 70 70	281
	Brandt Snedeker	70 70 72 69	281
14=	Freddie Jacobson	74 69 66 73	282
	Matt Kuchar	72 68 69 73	282
	Graeme McDowell	70 74 69 69	282
	Webb Simpson	75 71 66 70	282
	Bo Van Pelt	76 67 68 71	282
19=	Johan Edfors	70 72 74 67	283
	Steve Stricker	75 69 69 70	283
21=	Patrick Cantlay (a)	75 67 70 72	284
	Ryan Palmer	69 72 73 70	284
23=	Retief Goosen	73 73 71 68	285
	Bill Haas	73 73 68 71	285
	Brandt Jobe	71 70 70 74	285
	Dustin Johnson	75 71 69 70	285
	Robert Rock	70 71 76 68	285
	Henrik Stenson	70 72 69 74	285
	Gary Woodland	73 71 73 68	285
30=	Harrison Frazar	72 73 68 73	286
	Gregory Havret	77 69 71 69	286
	Ryo Ishikawa	74 70 74 68	286
	Zack Johnson	71 69 72 74	286
	Do-Hoon Kim	73 71 70 72	286
	K-T Kim	69 72 69 76	286
	S-Y Noh	72 70 73 71	286
	Rory Sabbatini	72 73 70 71	286
	John Senden	70 72 72 72	286
39=	Adam Hadwin	75 71 73 68	287
	S-H Kang	74 72 70 71	287
	Martin Kaymer	74 70 72 71	287
42=	S-M Bae	75 71 75 67	288
	Lucas Glover	76 69 73 70	288
	Russell Henley (a)	73 69 71 75	288
45=	Luke Donald	74 72 74 69	289
	Padraig Harrington	71 73 72 73	289
	Charley Hoffman	71 74 75 69	289
	Robert Karlsson	79 67 71 72	289
	Michael Putnam	74 71 73 71	289
	Chez Reavie	70 75 72 72	289
51=	Marc Leishman	73 69 72 76	290
	Alex Noren	75 67 74 74	290
	Scott Piercy	73 71 76 70	290
54=	JJ Henry	72 73 76 70	291
	Anthony Kim	74 72 75 70	291
	Matteo Manassero	74 72 73 72	291
	Phil Mickelson	74 69 77 71	291
	Edoardo Molinari	74 70 74 73	291
	Alvaro Quiros	70 71 72 78	291
60=	Todd Hamilton	73 72 77 70	292
	Justin Hicks	74 71 76 71	292
	Marcel Siem	79 66 74 73	292
63=	Bud Cauley	71 72 74 76	293
	Brian Gay	73 71 74 75	293
	Jeff Overton	72 72 74 75	293
	Bubba Watson	71 75 74 73	293
67	Kevin Streelman	73 73 74 75	295
68=	Christo Greyling	72 74 75 76	297
	Kenichi Kuboya	73 73 74 77	297
	Alexandre Rocha	69 76 76 76	297
71	Wes Heffernan	75 71 79 78	303
72	Brad Benjamin (a)	72 73 80 80	305

Cut (Low 60 & ties, plus those within 10 strokes of the leader after 36 holes)

147 Chad Campbell 76,71; Paul Casey 73,74; Stewart Cink 70,77; Chris DeForest 71,76; John Ellis 74,73; Rickie Fowler 74,73; Stephen Gallacher 73,74; Scott Hend 69,78; Jesse Hutchins 76,71; Martin Laird 73,74; Hunter Mahan 74,73; David May 71,76; Nick O'Hern 77,70; Justin Rose 74,73; Adam Scott 74,73
148 Aaron Baddeley 71,77; Ben Crane 77,71; Ernie Els 73,75; Elliot Gealy 77,71; Shane Lowry 72,76; Ian Poulter 75,73; Nick Watney 75,73; Mark Wilson 78,70
149 Briny Baird 75,74; Bennett Blakeman (a) 76,73; Alex Cejka 75,74; Greg Chalmers 76,73; Jason Dufner 75,74; Jim Furyk 74,75; Andres Gonzales 79,70; Trevor Immelman 75,74; Jon Mills 76,73; Francesco Molinari 75,74; DA Points 74,75; Sam Saunders 74,75; Michael Tobiason, Jr 75,74; David Toms 74,75; Marc Turnesa 76,73; Camilo Villegas 77,72; Chris Williams (a) 76,73
150 Scott Barr 75,75; Angel Cabrera 71,79; KJ Choi 77,73; Nicolas Colsaerts 76,74; Matt Edwards 75,75; Fred Funk 75,75; Miguel Angel Jimenez 77,73; Ryan Moore 73,77; Peter Uilhein (a) 72,78
151 Robert Allenby 73,78; Bubba Dickerson 70,81; Joey Lamielle 76,75; Thomas Levet 75,76; Geoff Ogilvy 75,76; Kirk Triplett 76,75
152 Jonathan Byrd 77,75; Zach Byrd 77,75; Michael Campbell 75,77; Robert Dinwiddie 78,74; Hiroyuki Fujita 79,73; David Howell 78,74; Cheng-Tsung Pan 74,78; Mike Smith 76,76; Michael Whitehead 77,75; Chris Wilson 74,78
153 Brad Adamonis 77,76; Beau Hossler (a) 76,77; Dae-Hyun Kim 79,74; Maarten Lafeber 79,74; Brian Locke 75,78; Adam Long 76,77; Ryan Nelson 75,78
154 Andreas Harto 78,76; Scott Pinckney (a) 79,75; Will Wilcox 79,75
155 Steve Irwin (a) 78,77; Kevin Na 80,75; Brett Patterson (a) 77,78; Geoffrey Sisk 77,78
157 David Chung (a) 82,75; Ty Tryon 84,73
158 Matthew Richardson 77,81
166 Michael Barbosa (a) 83,83

Scr
Tim Clark (inj); Anders Hansen; Bernhard Langer (inj); Tiger Woods (inj)

Wdw
35 Holes: 149 Tim Petrovic 75, 74

Round Leaders
R1 McIlroy; 65
R2 McIlroy; 131
R3 McIlroy; 199

Low Scores
R2 McIlroy, Siem; 66
R3 Day, Westwood; 65
R4 Chappell, Schwartzel; 66

2011

140th OPEN Championship
Royal St George's Golf Club, Sandwich, Kent, England (14-17 July)
No Starting 156: No Making Cut 71: No Completing 71
7211 yards: Par 70 (280)

1	DARREN CLARKE	68 68 69 70	275	
	£900000/€999540/$1452078			
2=	Dustin Johnson	70 68 68 72	278	
	Phil Mickelson	70 69 71 68	278	
4	Thomas Bjorn	65 72 71 71	279	
5=	Chad Campbell	69 68 74 69	280	
	Anthony Kim	72 68 70 70	280	
	Rickie Fowler	70 70 68 72	280	
8	Raphael Jacquelin	74 67 71 69	281	
9=	Simon Dyson	68 72 72 70	282	
	Sergio Garcia	70 70 74 68	282	
	Davis Love III	70 68 72 72	282	
12=	Lucas Glover	66 70 73 74	283	
	Martin Kaymer	68 69 73 73	283	
	Steve Stricker	69 71 72 71	283	
15	George Coetzee	69 69 72 74	284	
16=	Richard Green	70 71 73 71	285	
	Freddie Jacobson	70 70 73 72	285	
	Zach Johnson	72 68 71 74	285	
	Charl Schwartzel	71 67 75 72	285	
	Webb Simpson	66 74 72 73	285	
	Y-E Yang	71 69 73 72	285	
22=	Anders Hansen	69 69 72 76	286	
	Tom Lehman	71 67 73 75	286	
	Tom Watson	72 70 72 72	286	
25=	Miguel Angel Jimenez	66 71 72 78	287	
	Rory McIlroy	71 69 74 73	287	
	Adam Scott	69 73 70 75	287	
28=	Charles Howell III	71 70 73 74	288	
	Ryan Moore	69 74 76 69	288	
30=	Stewart Cink	70 71 77 71	289	
	Jason Day	71 70 76 72	289	
	Pablo Larrazabal	68 70 76 75	289	
	Tom Lewis (a)	65 74 76 74	289	
	S-Y Noh	69 72 75 73	289	
	Ryan Palmer	68 71 72 78	289	
	Bubba Watson	69 72 74 74	289	
	Gary Woodland	75 68 74 72	289	
38=	Gary Boyd	71 70 76 73	290	
	Yuta Ikeda	69 71 75 75	290	
	Trevor Immelman	70 72 72 76	290	
	Simon Khan	71 72 77 70	290	
	Jeff Overton	68 71 78 73	290	
	Robert Rock	69 71 74 76	290	
44=	KJ Choi	71 72 75 73	291	
	Spencer Levin	72 69 81 69	291	
	Justin Rose	72 70 79 70	291	
	Kyle Stanley	68 72 77 74	291	
48=	Robert Allenby	69 72 75 76	292	
	Gregory Bourdy	73 70 77 72	292	
	Floris de Vries	70 73 76 73	292	
	Jim Furyk	72 70 76 74	292	
	Richard McEvoy	69 72 75 76	292	
	Peter Uihlein (a)	71 71 75 75	292	
54=	Paul Casey	74 69 78 72	293	
	Louis Oosthuizen	72 70 74 77	293	
	Rory Sabbatini	71 70 77 75	293	
57=	Frederick Anderson Hed	68 75 77 74	294	
	Ricky Barnes	68 74 78 74	294	
	Stephen Gallacher	70 71 77 76	294	
	Bill Haas	72 70 79 73	294	
	Gregory Havret	72 71 78 73	294	
	Bo Van Pelt	73 69 73 79	294	
63=	Joost Luiten	73 69 79 75	296	
	Matthew Millar	71 72 80 73	296	
	Mark Wilson	74 68 75 79	296	
66=	Paul Lawrie	73 70 81 73	297	
	Edoardo Molinari	69 74 76 78	297	
68	Henrik Stenson	72 71 75 80	298	
69	Harrison Frazar	72 70 77 80	299	
70	Kenneth Ferrie	71 71 76 83	301	
71	J-G Hwang	68 74 83 79	304	

Cut (Low 70 & ties)

144 Thomas Aiken 74,70; Alejandro Canizares 73,71; Ben Crane 71,73; Ross Fisher 71,73; Peter Hanson 73,71; Padraig Harrington 73,71; JB Holmes 69,75; Rick Kulacz 74,70; Justin Leonard 70,74; Bryden MacPherson 71,73; Hunter Mahan 75,69; Sean O'Hair 73,71; Graeme Storm 70,74; Lee Westwood 71,73; Danny Willett 69,75

145 Graeme McDowell 68,77; Matteo Manassero 73,72; Alex Noren 69,76; Brandt Snedeker 75,70; Camilo Villegas 71,74; Nick Watney 74,71; Peter Whiteford 70,75

146 Angel Cabrera 72,74; John Daly 72,74; Luke Donald 71,75; Jason Dufner 74,72; Robert Karlsson 72,74; Neil Schietekat 73,73; Kevin Streelman 76,70

147 Lee Corfield 72,75; Charley Hoffman 72,75; Jason Knutzon 75,72; Martin Laird 72,75; Martin Maritz 73,74; Prom Meesawat 72,75; Geoff Ogilvy 74,73; Thorbjorn Oleson 73,74; Ian Poulter 69,78

148 S-M Bae 72,76; Lucas Bjerregaard 73,75; Mark Calcavecchia 69,79; Ernie Els 72,76; Robert Garrigus 74,74; Tetsuji Hiratsuka 75,73; Bernhard Langer 75,73; Francesco Molinari 73,75; Tadahiro Takayama 70,78

149 Kurt Barnes 68,81; Jonathan Byrd 75,74; Brad Kennedy 77,72; Mark Laskey 73,76; Sandy Lyle 73,76; Kevin Na 74,75

150 Aaron Baddeley 77,73; Nathan Green 74,76; Scott Jamieson 75,75; Simon Lilly 74,76; Steve Marino 74,76; Thomas Shadbolt 74,76; Chris Tidland 77,73

151 Ben Curtis 77,74; Brian Davis 75,76; Hiroyuki Fujita 75,76; Thongchai Jaidee 75,76; Matt Kuchar 74,77; C-B Lam 76,75

152 Bob Estes 74,78; K-T Kim 75,77; Mark O'Meara 76,76

153 Rhys Davies 75,78; Andrew Johnston 74,79; Jerry Kelly 74,79; Francis McGuirk 77,76; Prayad Marksaeng 76,77; Adam Wootton 71,82

154 Ryo Ishikawa 74,80; Alvaro Quiros 75,79; Andy Smith 81,73

155 David Duval 78,77; Hiroo Kawai 75,80

156 Todd Hamilton 77,79

157 Markus Brier 77,80

161 Simon Edwards 82,79

169 Craig Hinton 82,87

Scr
Tim Clark (inj); Nicolas Colsaerts (inj); Brendan Jones; Thomas Levet (inj); Vijay Singh (inj); David Toms (inj); Scott Verplank; Tiger Woods (inj)

Wdw
18 holes: 76 Retief Goosen (inj)

Round Leaders
R1 Bjorn, Lewis; 65
R2 Clarke, Glover; 136
R3 Clarke; 205

Low Scores
R2 Jacquelin, Lehman, Schwartzel; 67
R3 D Johnson, Fowler; 68
R4 Garcia, Mickelson; 68

2011

93rd PGA Championship
Atlanta Athletic Club, John's Creek, Georgia (11-14 August)
No Starting 156: No Making Cut 75: No Completing 75
7467 yards: Par 70 (280)

1	KEEGAN BRADLEY*	71 64 69 68	272	
	$1445000			
2	Jason Dufner	70 65 68 69	272	
3	Anders Hansen	68 69 70 66	273	
4=	Robert Karlsson	70 71 67 67	275	
	David Toms	72 71 65 67	275	
	Scott Verplank	67 69 69 70	275	
7	Adam Scott	69 69 70 68	276	
8=	Luke Donald	70 71 68 68	277	
	Lee Westwood	71 68 70 68	277	
10=	Kevin Na	72 69 70 67	278	
	DA Points	69 67 71 71	278	

12=	Sergio Garcia	72 69 69 69	279
	Bill Haas	68 73 69 69	279
	Trevor Immelman	69 71 71 68	279
	Charl Schwartzel	71 71 66 71	279
	Steve Stricker	63 74 69 73	279
	Nick Watney	70 71 68 70	279
	Gary Woodland	70 70 71 68	279
19=	Brian Davis	69 73 69 69	280
	Matt Kuchar	71 71 68 70	280
	Hunter Mahan	72 72 66 70	280
	Phil Mickelson	71 70 69 70	280
	Ryan Palmer	71 70 69 70	280
	John Senden	68 68 72 72	280
	Brendan Steele	69 68 66 77	280
26=	Robert Allenby	72 70 71 68	281
	Brendon de Jonge	68 72 69 72	281
	Charles Howell III	72 68 73 68	281
	Jerry Kelly	65 73 74 69	281
	Spencer Levin	71 70 68 72	281
	Scott Piercy	71 68 71 71	281
	Bubba Watson	74 68 70 69	281
	Mark Wilson	69 71 70 71	281
34=	Chris Kirk	72 72 69 69	282
	Francesco Molinari	72 71 67 72	282
	Alex Noren	70 72 68 72	282
37=	Ben Crane	71 72 66 74	283
	Matteo Manassero	68 74 71 70	283
39=	KJ Choi	70 73 69 72	284
	Johan Edfors	71 70 73 70	284
	Harrison Frazar	72 69 72 71	284
	Jim Furyk	71 65 73 75	284
	Bill Lunde	71 71 69 73	284
	Ian Poulter	74 68 70 72	284
45=	Ross Fisher	71 69 76 69	285
	Yuta Ikeda	73 68 72 72	285
	Brandt Jobe	68 69 73 75	285
	Pablo Larrazabal	70 73 76 66	285
	S-Y Noh	71 70 75 69	285
	Andres Romero	72 70 74 69	285
51=	Simon Dyson	68 72 71 75	286
	Rickie Fowler	74 69 75 68	286
	John Rollins	72 72 70 72	286
	Jhonny Vegas	70 68 74 74	286
	Johnson Wagner	71 69 72 74	286
56=	Ricky Barnes	69 75 71 72	287
	Bryce Molder	74 69 70 74	287
	Ryan Moore	75 69 76 67	287
59=	Michael Bradley	70 74 74 70	288
	Zach Johnson	71 72 73 72	288
	K-T Kim	73 71 70 74	288
62=	Robert Garrigus	70 70 74 76	290
	Kevin Streelman	73 71 71 75	290
64=	Peter Hanson	71 71 76 73	291
	Padraig Harrington	73 69 75 74	291
	Miguel Angel Jimenez	69 73 72 77	291
	Rory McIlroy	70 73 74 74	291
	Sean O'Hair	71 73 77 70	291
69=	Edoardo Molinari	75 69 76 72	292
	Mike Small	73 71 70 78	292
	Y-E Yang	71 73 74 74	292

72=	Paul Casey	72 72 78 72	294
	Davis Love III	68 71 76 79	294
74=	Shaun Micheel	66 78 77 74	295
	Rory Sabbatini	73 69 73 80	295

*Keegan Bradley (3-3-4=10) beat Jason Dufner (4-4-3=11) in the three-hole play-off

Cut (Low 70 & ties)

145 Aaron Baddeley 77,68; Thomas Bjorn 74,71; Jonathan Byrd 71,74; Angel Cabrera 72,73; Jason Day 71,74; Brian Gay 72,73; Tetsuji Hiratsuka 72,73; Martin Kaymer 72,73; Anthony Kim 74,71; Justin Rose 71,74; Bob Sowards 69,76; Bo Van Pelt 73,72

146 Ernie Els 74,72; Geoff Ogilvy 75,71; Jeff Overton 75,71; Alvaro Quiros 73,73; Cameron Tringale 74,72; Camillo Villegas 70,76

147 Stewart Cink; 69,78; Hiroyuki Fujita 73,74; JJ Henry 74,73; Dustin Johnson 75,72; Martin Laird 73,74; Steve Marino 71,76; Heath Slocum 80,67; Brandt Snedeker 74,73; Scott Stallings 73,74

148 Greogory Bourdy 76,72; Sean Dougherty 74,74; Steve Elkington 73,75; Tom Gillis 76,72; Charley Hoffman 75,73; Steve Schneiter 72,76

149 Thomas Aiken 76,73; Mark Brooks 73,76; Jeff Coston 76,73; Richard Green 79,70; David Horsey 72,77; Freddie Jacobson 76,73; Webb Simpson 75,74

150 Jamie Donaldson 77,73; Raphael Jacquelin 76,74; W- C Liang 77,73; Robert McClellen 78,72; Louis Oosthuizen 76,74; Vijay Singh 76,74; Charlie Wi 73,77; Tiger Woods 77,73

151 Arjun Atwal 78,73; Stephen Gallacher 74,77; Mike Northern 77,74

152 Ryuji Imada 75,77; Graeme McDowell 74,78

153 John Daly 77,76; Larry Nelson 78,75; Stuart Smith 72,81; Craig Stevens 76,77; DJ Trahan 77,76

154 Darren Clarke 78,76; Brendan Jones 78,76; Rob Moss 78,76

155 Frederik Andersson Hed 74,81; Rich Beem 74,81; Tommy Gainey 81,74; Lucas Glover 80,75; Faber Jamerson 77,78; Dan Olsen 78,77

156 David Hutsell 76,80; Brad Lardon 73,83; Jose Maria Olazabal 78,78; Jerry Pate 77,79

157 Ryo Ishikawa 85,72

158 Jeff Sorenson 75,83

159 Marty Jertson 75,84

160 Daniel Balin 81,79

161 Todd Camplin 82,79; Scott Erdmann 80,81

164 Brian Cairns 85,79

Scr
Paul Azinger; Tim Clark (inj); Nicolas Colsaerts (inj); Tom Watson

Wdw
28 holes: 117 Retief Goosen 75,42 (inj)
18 holes: 79 Rocco Mediate (inj)
80 JB Holmes (ill)

Low Scores
R2 Bradley; 64
R3 Toms; 65
R4 Hansen, Larrazabal; 66

Round Leaders
R1 Stricker; 63
R2 Bradley, Dufner; 135
R3 Dufner, Steele; 203

2012

76th MASTERS Tournament
Augusta National Golf Club, Augusta, Georgia (5-8 April)
No Starting 95: No Making Cut 63: No Completing 62
7435 yards: Par 72 (288)

1	BUBBA WATSON* ($1444000)	69 71 70 68	278
2	Louis Oosthuizen	68 72 69 69	278
3=	Peter Hanson	68 74 65 73	280
	Matt Kuchar	71 70 70 69	280
	Phil Mickelson	74 68 66 72	280
	Lee Westwood	67 73 72 68	280
7	Ian Poulter	72 72 70 69	283
8=	Padraig Harrington	71 73 68 72	284
	Justin Rose	72 72 72 68	284
	Adam Scott	75 70 73 66	284
11	Jim Furyk	70 72 73 70	285
12=	Fred Couples	72 67 75 72	286
	Sergio Garcia	72 68 75 71	286
	Graeme McDowell	75 72 71 68	286
	Hunter Mahan	72 72 68 74	286
	Kevin Na	71 75 72 68	286
17=	Ben Crane	69 73 72 73	287

Bo Van Pelt	73 75 75 64	287
19= Charles Howell III	72 70 74 72	288
Freddie Jacobson	76 68 70 74	288
Francesco Molinari	69 75 70 74	288
Geoff Ogilvy	74 72 71 71	288
Brandt Snedeker	72 75 68 73	288
24= Jason Dufner	69 70 75 75	289
Anders Hansen	76 72 73 68	289
Paul Lawrie	69 72 72 76	289
27= Keegan Bradley	71 77 73 69	290
Jonathan Byrd	72 71 72 75	290
Rickie Fowler	74 74 72 70	290
Vijay Singh	70 72 76 72	290
Scott Stallings	70 77 70 73	290
32= Angel Cabrera	71 78 71 71	291
Luke Donald	75 73 75 68	291
Zach Johnson	70 74 75 72	291
Sean O'Hair	73 70 71 77	291
Nick Watney	71 71 72 77	291
37= S-M Bae	75 71 69 77	292
Thomas Bjorn	73 76 74 69	292
Bill Haas	72 74 76 70	292
40= Aaron Baddeley	71 71 77 74	293
Rory McIlroy	71 69 77 76	293
Henrik Stenson	71 71 70 81	293
Tiger Woods	72 75 72 74	293
44= Kevin Chappell	71 76 71 76	294
Martin Kaymer	72 75 75 72	294
Webb Simpson	72 74 70 78	294
47= Patrick Cantlay (a)	71 78 74 72	295
Ross Fisher	71 77 73 74	295
Steve Stricker	71 77 72 75	295
50= Stewart Cink	71 75 81 69	296
Robert Karlsson	74 74 77 71	296
Charl Schwartzel	72 75 75 74	296
David Toms	73 73 75 75	296
54= Hideki Matsuyama (a)	71 74 72 80	297
Scott Verplank	73 75 75 74	297
56 Miguel Angel Jimenez	69 72 76 81	298
57= Martin Laird	76 72 74 77	299
Edoardo Molinari	75 74 76 74	299
Y-E Yang	73 70 75 81	299
60 Trevor Immelman	78 71 76 76	301
61 Gonzalo Fernandez-Castaño	74 75 76 77	302
62 Kelly Kraft (a)	74 75 77 80	306

*Bubba Watson (4-4=8) beat Louis Oosthuizen (4-5=9) in the Sudden-death Play-off

Cut (Low 44 & ties plus those within 10 strokes of leader after 36 holes)
150 K-T Kim 74,76; John Senden 74,76
151 Paul Casey 76,75; Harrison Frazar 73,78; Larry Mize 76,75; Jose Maria Olazabal 75,76; Kyle Stanley 75,76; Tom Watson 77,74; Mike Weir 72,79
152 Robert Garrigus 77,75; Bernhard Langer 72,80; Ryan Palmer 75,77; Rory Sabbatini 72,80
153 KJ Choi 77,76; Ryo Ishikawa 76,77; Bryden Macpherson (a) 77,76; Chez Reavie 79,74; Johnson Wagner 79,74
154 Tim Clark 73,81; Darren Clarke 73,81; Lucas Glover 75,79; Mark Wilson 76,78; Ian Woosnam 77,77
155 Simon Dyson 78,77; Corbin Mills (a) 74,81; Alvaro Quiros 78,77
156 Brendan Steele 76,80
159 Ben Crenshaw 76,83; Randal Lewis (a) 81,78
163 Craig Stadler 81,82
164 Sandy Lyle 86,78

Scr
Dustin Johnson (inj)

Wdw
36 holes: 143 Gary Woodland 73,70 (inj)
25 holes: 104 Jason Day 76,28 (inj)
0 holes: Mark O'Meara (inj, Wdw just before tee-time)

Round Leaders
R1 Westwood; 67
R2 Couples, Dufner; 139
R3 Hanson; 207

Low Scores
R2 Couples; 67
R3 Hanson; 65
R4 Van Pelt; 64

2012

112th US Open Championship
Olympic Club (Lake Course), San Francisco, California (14-17 June)
No Starting 156: No Making Cut 72: No Completing 72
7170 yards: Par 70 (280)

1 WEBB SIMPSON ($1444000)	72 73 68 68	281
2= Graeme McDowell	69 72 68 73	282
Michael Thompson	66 75 74 67	282
4= Jason Dufner	72 71 70 70	283
Jim Furyk	70 69 70 74	283
Padraig Harrington	74 70 71 68	283
John Peterson	71 70 72 70	283
David Toms	69 70 76 68	283
9 Ernie Els	75 69 68 72	284
10= Kevin Chappell	74 71 68 72	285
Retief Goosen	75 70 69 71	285
John Senden	72 73 68 72	285
Lee Westwood	73 72 67 73	285
Casey Wittenberg	71 77 67 70	285
15= KJ Choi	73 70 74 69	286
Freddie Jacobson	72 71 68 75	286
Martin Kaymer	74 71 69 72	286
Adam Scott	76 70 70 70	286
Steve Stricker	76 68 73 69	286
Aaron Watkins	72 71 72 71	286
21= Blake Adams	72 70 70 75	287
Raphael Jacquelin	72 71 73 71	287
Justin Rose	69 75 71 72	287
Jordan Spieth (a)	74 74 69 70	287
Nick Watney	69 75 73 70	287
Tiger Woods	69 70 75 73	287
27= Nicolas Colsaerts	72 69 71 76	288
Matt Kuchar	70 73 71 74	288
29= Morgan Hoffman	72 74 73 70	289
Beau Hossler (a)	70 73 70 76	289
Robert Karlsson	70 75 72 72	289
Scott Langley	76 70 70 73	289
Davis Love III	73 74 73 69	289
Francesco Molinari	71 76 72 70	289
Kevin Na	74 71 71 73	289
Alistair Presnell	70 74 75 70	289
Charlie Wi	74 70 71 74	289
38= Sergio Garcia	73 71 71 75	290
Hunter Mahan	72 71 73 74	290
Charl Schwartzel	73 70 74 73	290
41= Patrick Cantlay (a)	76 72 71 72	291
Alex Cejka	78 69 70 74	291
Rickie Fowler	72 76 71 72	291
Zach Johnson	77 70 73 71	291
Ian Poulter	70 75 73 73	291
46= Angel Cabrera	72 76 69 75	292
Bob Estes	74 73 71 74	292
Hunter Hamrick	77 67 71 77	292
Steve LeBrun	73 75 69 75	292
Matteo Manassero	76 69 73 74	292
51= Simon Dyson	74 74 74 71	293
Hiroyuki Fujita	75 71 73 74	293
Branden Grace	71 74 73 75	293
Jesse Mueller	75 73 74 71	293
Nicholas Thompson	74 74 72 73	293
56= Michael Allen	71 73 77 73	294
Jonathan Byrd	71 75 71 77	294
Jeff Curl	73 75 71 75	294
J-B Park	70 74 77 73	294
60= Matthew Baldwin	74 74 73 74	295
Jason Day	75 71 76 73	295

	Darron Stiles	75 71 73 76	295
	Kevin Streelman	76 72 72 75	295
	Bo Van Pelt	78 70 76 71	295
65=	Phil Mickelson	76 71 71 78	296
	Marc Warren	73 72 74 77	296
67	K-T Kim	74 72 74 77	297
68=	Stephen Ames	74 73 79 72	298
	Keegan Bradley	73 73 75 77	298
70	Rod Pampling	74 73 74 78	299
71	Jason Bohn	70 75 78 78	301
72	Joe Ogilvie	73 75 76 79	303

Cut (Low 60 & ties after 36 holes)
149 Thomas Bjorn 78,71; Gregory Bourdy 74,75; Roberto Castro 75,74; Joe Durant 78,71; Robert Garrigus 72,77; Lucas Glover 76,73; Bill Haas 76,73; Brian Harman 77,72; Justin Hicks 75,74; Charles Howell III 72,77; Mikko Ilonen 75,74; Ryo Ishikawa 71,78; Dustin Johnson 75,74; Martin Laird 77,72; Casey Martin 74,75; Louis Oosthuizen 77,72; Carl Pettersson 75,74; Alberto Sanchez (a) 72,77; Lee Slattery 79,70; Bubba Watson 78,71; Mark Wilson 76,73; Y-E Yang 74,75
150 S-M Bae 77,73; Rafael Cabrera-Bello 74,76; Ben Crane 77,73; Martin Flores 71,79; Jim Herman 78,72; Edward Loar 76,74; Rory McIlroy 77,73; Alex Noren 75,75; Geoff Ogilvy 76,74; Scott Piercy 75,75; Alvaro Quiros 75,75; Chez Reavie 80,70; Kyle Stanley 73,77
151 Olin Browne 77,74; Tim Clark 77,74; Luke Donald 79,72; Anders Hansen 72,79; Tim Herron 74,77; Brendan Jones 76,75; Peter Lawrie 74,77; Spencer Levin 74,77; Toru Taniguchi 78,73; Gary Woodland 74,77
152 Stewart Cink 77,75; Paul Claxton 75,77; Sam Osborne 76,76; DA Points 72,80; Anthony Summers 76,76
153 Shane Bertsch 78,75; Matt Bettencourt 76,77; Tommy Bierschenk 74,79; Michael Campbell 79,74; George Coetzee 78,75; James Hahn 73,80; Peter Hanson 78,75; Colt Knost 75,78; Bill Lunde 81,72; David Mathis 78,75; Robert Rock 75,78; Vijay Singh 75,78; Tadahiro Takayama 77,76
154 Aaron Baddeley 75,79; Brooks Koepka (a) 77,77; Kyle Thompson 82,72; Cameron Wilson (a) 77,77
155 Brian Gaffney 77,78; Brice Garnett 78,77; Hunter Haas 81,74; Trevor Immelman 80,75
156 Gonzalo Fernandez-Castaño 80,76; D-H Lee 77,79; Andy Zhang (a) 79,77
157 Tim Weinhart 78,79
158 Miguel Angel Jimenez 81,77; Nick Sherwood (a) 78,80
159 Mark McCormick (a) 82,77; Scott Smith 78,81
160 Soren Kjeldsen 85,75
162 Steve Marino 84,78; Dennis Miller 80,82
164 Cole Howard 80,84
168 Brian Rowell 86,82

Scr
Paul Casey (inj); Darren Clarke (inj); Paul Lawrie (personal); Brandt Snedeker (inj)

Round Leaders
R1 M Thompson; 66
R2 Furyk, Toms, Woods; 139
R3 Furyk, McDowell; 209

Low Scores
R2 Hamrick; 67
R3 Westwood, Wittenberg; 67
R4 M Thompson; 67

2012

141st Open Championship
Royal Lytham St Anne's Golf Club, Lancashire, England (19-22 July)
No Starting 156: No Making Cut 83: No Completing 83
7086 yards: Par 70 (280)

1	ERNIE ELS	67 70 68 68	273
	(£900000/€1136880/$1405890)		
2	Adam Scott	64 67 68 75	274
3=	Brandt Snedeker	66 64 73 74	277
	Tiger Woods	67 67 70 73	277
5=	Luke Donald	70 68 71 69	278
	Graeme McDowell	67 69 67 75	278
7=	Thomas Aiken	68 68 71 72	279
	Nicolas Colsaerts	65 77 72 65	279
9=	Mark Calcavecchia	71 68 69 72	280
	Miguel Angel Jimenez	71 69 73 67	280
	Dustin Johnson	73 68 68 71	280
	Zach Johnson	65 74 66 75	280
	Matt Kuchar	69 67 72 72	280
	Alex Noren	71 71 69 69	280
	Geoff Ogilvy	72 68 73 67	280
	Thorbjorn Olesen	69 66 71 74	280
	Ian Poulter	71 69 73 67	280
	Vijay Singh	70 72 68 70	280
19=	Steven Alker	69 69 72 71	281
	Bill Haas	71 68 68 74	281
	Hunter Mahan	70 71 70 70	281
	Louis Oosthuizen	72 68 68 73	281
23=	Matthew Baldwin	69 73 69 71	282
	Simon Dyson	72 67 73 70	282
	Peter Hanson	67 72 72 71	282
	James Morrison	68 70 72 72	282
	Carl Pettersson	71 68 73 70	282
	Steve Stricker	67 71 73 71	282
	Nick Watney	71 70 69 72	282
	Bubba Watson	67 73 68 74	282
31=	Jason Dufner	70 66 73 74	283
	Anirban Lahiri	68 72 70 73	283
	Rickie Fowler	71 72 70 70	283
34=	Keegan Bradley	71 72 68 73	284
	Jim Furyk	72 70 71 71	284
	Paul Lawrie	65 71 76 72	284
	John Senden	70 71 75 68	284
	Gary Woodland	73 70 70 71	284
39=	KJ Choi	70 73 71 71	285
	Padraig Harrington	70 72 70 73	285
	Troy Matteson	70 72 71 72	285
	Francesco Molinari	69 72 71 73	285
	Kyle Stanley	70 69 70 76	285
	Richard Sterne	69 73 73 70	285
45=	Greg Chalmers	71 68 71 76	286
	Rafa Echenique	73 69 71 73	286
	Bob Estes	69 72 74 71	286
	Ross Fisher	72 71 74 69	286
	Justin Hicks	68 74 69 75	286
	Simon Khan	70 69 71 76	286
	Pablo Larrazabal	73 70 71 72	286
	Joost Luiten	73 70 69 74	286
	Lee Westwood	73 70 71 72	286
54=	Thomas Bjorn	70 69 72 76	287
	Harris English	71 70 70 75	287
	Gonzalo Fernandez-Castaño	71 71 72 73	287
	Yoshinori Fujimoto	71 70 73 73	287
	Freddie Jacobson	69 73 73 72	287
	Greg Owen	71 71 71 74	287
60=	Jamie Donaldson	68 72 72 76	288
	Rory McIlroy	67 75 73 73	288
	Ted Potter, Jr	69 71 74 74	288
	Dale Whitnell	71 69 72 76	288
64=	S-M Bae	72 71 71 75	289
	Retief Goosen	70 70 75 74	289
	Charles Howell III	72 71 74 72	289
	Garth Mulroy	71 69 72 77	289
	Lee Slattery	69 72 75 73	289
69=	Aaron Baddeley	71 71 74 74	290
	Adilson da Silva	69 74 71 76	290
	Jeev Milkha Singh	70 71 76 73	290
72=	Chad Campbell	73 70 74 74	291
	Brendan Jones	69 74 72 76	291
	Martin Laird	70 69 82 70	291
	Toshinori Muto	67 72 74 78	291

	Juvic Pagunsan	71 72 73 75	291
77=	Warren Bennett	71 70 75 76	292
	Branden Grace	73 69 71 79	292
	Thongchai Jaidee	69 71 74 78	292
	Tom Watson	71 72 76 73	292
81=	Rafael Cabrera-Bello	70 71 76 77	294
	John Daly	72 71 77 74	294
83	Andres Romero	70 69 77 82	298

Cut (Low 70 & ties after 36 holes)
144 George Coetzee 74,70; Nick Cullen 73,71; Marcus Fraser 71,73; Sergio Garcia 72,72; Anders Hansen 68,76; Raphael Jacquelin 72,72; Jbe Kruger 68, 76; Mark Leishman 69,75; Koumei Oda 72,72; Richie Ramsay 71,73; Justin Rose 74,70; Charl Schwartzel 69,75; Marcel Siem 74,70; Steven Tiley 72,72; Aaron Townsend 70,74; Mark Wilson 72,72; Y-E Yang 74,70
145 Stewart Cink 72,73; David Duval 74,71; Gregory Havret 73,72; K-T Kim 75,70; Tom Lehman 73,72; Morten Orum Madsen 74,71; Scott Pinckney 68,77; Bo Van Pelt 71,74
146 Jonathan Byrd 74,72; Alejandro Canizares 74,72; Alan Dunbar (a) 75,71; Ashley Hall 71,75; Todd Hamilton 72,74; Ryo Ishikawa 74,72; Martin Kaymer 77,69; Barry Lane 73,73; Sandy Lyle 74,72; Steven O'Hara 74,72; Sam Walker 76,70
147 Robert Allenby 75,72; Stephen Ames 74,73; Daniel Chopra 73,74; Darren Clarke 76,71; Toru Taniguchi 72,75; Michael Thompson 74,73
148 Hiroyuki Fujita 76,72; Andrew Georgiou 74,74; Lucas Glover 72,76; John Huh 75,73; Troy Kelly 72,76; Brad Kennedy 75,73; Justin Leonard 75,73; Tadahiro Takayama 77,71
149 Ben Curtis 75,74; Trevor Immelman 74,75; Alvaro Quiros 74,75; Chez Reavie 74,75; Robert Rock 78,71; Johnson Wagner 73,76
150 Tim Clark 76,74; Kodai Ichihara 77,73; Davis Love III 71,79; Prayad Marksaeng 75,75; Kevin Na 73,77
151 Paul Casey 72,79; Phil Mickelson 73,78; Elliot Saltman 76,75
152 Angel Cabrera 71,81; James Driscoll 76,76
153 Paul Broadhurst 75,78; Richard Finch 74,79
154 Michael Hoey 79,75
156 Grant Veenstra 77,79
157 Manuel Trappel (a) 74,83
159 Ian Keenan 76,83

Scr
Jason Day (birth of child); Robert Karlsson (poor form)

Wdw
0 holes: Russ Cochran (inj, Wdw just before tee-time)

Dsq
36 holes: 147 Mardan Mamat 77,70 (incorrect scorecard/missed cut)

Round Leaders
R1 Scott; 64
R2 Snedeker; 130
R3 Scott; 199

Low Scores
R2 Snedeker; 64
R3 Z Johnson; 66
R4 Colsaerts; 65

2012

94th PGA Championship
Kiawah Island Golf Resort (Ocean Course), Nr Charleston, South Carolina (9-12 August)
No Starting 156: No Making Cut 72: No Completing 72
7676 yards: Par 72 (288)

1	RORY McILROY ($1445000)	67 75 67 66	275
2	David Lynn	73 74 68 68	283
3=	Keegan Bradley	68 77 71 68	284
	Carl Pettersson	66 74 72 72	284
	Ian Poulter	70 71 74 69	284
	Justin Rose	69 79 70 66	284
7=	Blake Adams	71 72 75 67	285
	Jamie Donaldson	69 73 73 70	285
	Peter Hanson	69 75 70 71	285
	Steve Stricker	74 73 67 71	285
11=	Tim Clark	71 73 73 69	286
	Ben Curtis	69 77 73 67	286
	Graeme McDowell	68 76 71 71	286
	Geoff Ogilvy	68 78 70 70	286
	Adam Scott	68 75 70 73	286
	Bubba Watson	73 75 70 68	286
	Tiger Woods	69 71 74 72	286
18=	John Daly	68 77 73 69	287
	Padraig Harrington	70 76 69 72	287
	Bo Van Pelt	73 73 67 74	287
21=	Robert Garrigus	74 73 74 67	288
	Joost Luiten	68 76 75 69	288
	S-Y Noh	74 75 74 65	288
	Louis Oosthuizen	70 79 70 69	288
	Pat Perez	69 76 71 72	288
	Jimmy Walker	73 75 67 73	288
27=	Jason Dufner	74 76 68 71	289
	Trevor Immelman	71 72 70 76	289
	Miguel Angel Jimenez	69 77 71 72	289
	Marc Leishman	74 72 71 72	289
	Thorbjorn Oleson	75 74 71 69	289
32=	Greg Chalmers	70 76 72 72	290
	Luke Donald	74 76 74 66	290
	Bill Haas	75 73 69 73	290
	John Senden	73 74 72 71	290
36=	Rich Beem	72 76 72 71	291
	Freddie Jacobson	71 75 73 72	291
	Phil Mickelson	73 71 73 74	291
	Marcel Siem	72 73 71 75	291
	Vijay Singh	71 69 74 77	291
	Y-E Yang	73 74 74 70	291
42=	Aaron Baddeley	68 75 74 75	292
	Jim Furyk	72 77 70 73	292
	JJ Henry	72 77 70 73	292
	Martin Laird	71 74 79 68	292
	David Toms	72 78 72 70	292
	Gary Woodland	67 79 75 71	292
48=	Thomas Bjorn	70 79 74 70	293
	Ernie Els	72 75 73 73	293
	Retief Goosen	73 75 75 70	293
	Dustin Johnson	71 79 72 71	293
	Paul Lawrie	73 75 71 74	293
	Scott Piercy	68 78 78 69	293
54=	S-M Bae	72 78 71 73	294
	KJ Choi	69 77 75 73	294
	Darren Clarke	73 76 72 73	294
	Brendon de Jonge	71 78 72 73	294
	Francesco Molinari	70 75 74 75	294
59=	Ryo Ishikawa	69 77 79 70	295
	Charl Schwartzel	70 77 74 74	295
61	K-T Kim	69 77 77 73	296
62=	Ken Duke	71 78 74 74	297
	Gonzalo Fernandez-Castaño	67 78 75 77	297
	George McNeill	71 76 80 70	297
	Chez Reavie	74 76 73 74	297
66=	Marcus Fraser	74 75 78 71	298
	Alex Noren	67 80 73 78	298
68=	John Huh	72 78 79 70	299
	Toru Taniguchi	72 76 78 73	299
70	Zach Johnson	72 73 76 79	300
71	Matt Every	72 76 74 82	304
72	Cameron Tringale	69 78 77 82	306

Cut (Low 70 & ties after 36 holes)
151 Thomas Aiken 72,79; Robert Allenby 75,76; George Coetzee 73,78; Nicolas Colsaerts 73,78; Hiroyuki Fujita 72,79; Sergio Garcia 76,75; Anders Hansen 72,79; Davis Love III 72,79; Ted Potter, Jr 74,77; Webb Simpson 79,72; Johnson Wagner 75,76;

152 Bernd Wiesberger 72,79
Jonathan Byrd 73,79; Rafael Cabrera-Bello 71,81; Stewart Cink 74,78; Jason Day 72,80; Robert Karlsson 74,78; William McGirt 73,79; Hunter Mahan 72,80; Ryan Moore 73,79; Bob Sowards 75,77; Lee Westwood 75,77; Mark Wilson 76,76
153 Jeff Coston 74,79; Simon Dyson 73,80; Branden Grace 74,79; Charles Howell III 76,77; Thongchai Jaidee 73,80; Matteo Manassero 71,82; Bryce Molder 75,78; Scott Stallings 74,79
154 Rickie Fowler 74,80; Brendan Jones 76,78; Matt Kuchar 72,82; John Rollins 72,82; Mike Small 76,78; Chris Stroud 73,81; Michael Thompson 73,81
155 Bud Cauley 80,75; Lucas Glover 77,78; Darrell Kestner 75,80; Shaun Micheel 72,83; Alan Morin 74,81; Jeff Overton 74,81; Rory Sabbatini 73,82; Brandt Snedeker 77,78; Nick Watney 73,82
156 Danny Balin 77,79; Angel Cabrera 76,80; Roger Chapman 78,78; Spencer Levin 78,78
157 Charley Hoffman 81,76; Pablo Larrazabal 77,80; Kelly Mitchum 76,81; Ryan Palmer 71,86; Rod Perry 75,82; Charlie Wi 79,78
158 Brian Cairns 75,83; Tommy Gainey 77,81; Martin Kaymer 79,79; Mitch Lowe 79,79; Kyle Stanley 80,78
159 Alvaro Quiros 76,83; Jeev Milka Singh 76,83
160 Frank Bensel 84,76; Mark Brooks 78,82; Matt Dobyns 81,79; Jose Maria Olazabal 74,86; DA Points 73,87
161 Brian Gaffney 76,85
162 Brian Davis 75,87; Marty Jertson 80,82; Robert Rock 76,86; Paul Scaletta 75,87
163 Corey Prugh 78,85
164 Mark Brown 78,86; Paul Casey 79,85
168 Bill Murchison 82,86
169 Michael Frye 79,90
176 Doug Wade 83,93

Scr
Ben Crane (inj)

Wdw
33 holes: 143 Sean O'Hair 75, 68 (inj)
31 holes: 130 Kevin Na 75,55 (inj)
27 holes: 117 Scott Verplank 75,42 (inj)

Dsq
36 holes: 146 Michael Hoey 76,70 (sand infringement)

Round Leaders
R1 Pettersson; 66
R2 Pettersson, V Singh, Woods; 140
R3 McIlroy; 209

Low Scores
R2 V Singh; 69
R3 McIlroy, Stricker, Van Pelt, Walker; 67
R4 Noh; 65

2013

77th MASTERS Tournament
Augusta National Golf Club, Augusta, Georgia (11-14 April)
No Starting 93 (-1)†: No Making Cut 61: No Completing 61
7435 yards: Par 72 (288)

1	ADAM SCOTT* ($1444000)	69 72 69 69	279
2	Angel Cabrera	68 72 69 70	279
3	Jason Day	70 68 73 70	281
4=	Marc Leishman	66 73 72 72	283
	Tiger Woods	70 73 70 70	283
6=	Thorbjorn Olesen	78 70 68 68	284
	Brandt Snedeker	70 70 69 75	284
8=	Sergio Garcia	66 76 73 70	285
	Matt Kuchar	68 75 69 73	285
	Lee Westwood	70 71 73 71	285
11=	Tim Clark	70 76 67 73	286
	John Huh	70 77 71 68	286
13=	Fred Couples	68 71 77 71	287
	Ernie Els	71 74 73 69	287
	Dustin Johnson	67 76 74 70	287
	David Toms	70 74 76 67	287
	Nick Watney	78 69 68 72	287
18=	Branden Grace	78 70 71 69	288
	Henrik Stenson	75 71 73 69	288
20=	Jason Dufner	72 69 75 73	289
	Gonzalo Fernandez-Castaño	68 74 74 73	289
	Bill Haas	71 72 74 72	289
	Steve Stricker	73 70 71 75	289
	Bo Van Pelt	71 74 70 74	289
25=	Stewart Cink	75 71 73 71	290
	Luke Donald	71 72 75 72	290
	Jim Furyk	69 71 74 76	290
	Freddie Jacobson	72 73 72 73	290
	Bernhard Langer	71 71 72 76	290
	Rory McIlroy	72 70 79 69	290
	Justin Rose	70 71 75 74	290
	Charl Schwartzel	71 71 75 73	290
	Richard Sterne	73 72 75 70	290
	Michael Thompson	73 71 79 67	290
35=	Zach Johnson	69 76 71 75	291
	Martin Kaymer	72 75 74 70	291
	John Senden	72 70 75 74	291
38=	Rickie Fowler	68 76 70 78	292
	Robert Garrigus	76 71 72 73	292
	Brian Gay	72 74 74 72	292
	Ryo Ishikawa	71 77 76 68	292
	Paul Lawrie	76 70 75 71	292
	Ryan Moore	71 72 81 68	292
	DA Points	72 75 72 73	292
	Vijay Singh	72 74 74 72	292
46=	Thomas Bjorn	73 73 76 71	293
	KJ Choi	70 71 77 75	293
	David Lynn	68 73 80 72	293
49	Lucas Glover	74 74 73 73	294
50=	Peter Hanson	72 75 76 72	295
	Trevor Immelman	68 75 78 74	295
	Jose Maria Olazabal	74 72 74 75	295
	Bubba Watson	75 73 70 77	295
54=	Keegan Bradley	73 73 82 69	297
	Sandy Lyle	73 72 81 71	297
	Phil Mickelson	71 76 77 73	297
	Scott Piercy	75 69 78 75	297
58	Tianlang Guan (a)	73 75 77 75	300
59	Kevin Na	70 76 74 81	301
60	John Peterson	71 77 74 80	302
61	Carl Pettersson	76 70 77 81	304

Adam Scott (4-3=7) beat Angel Cabrera (4-4=8) in the Sudden-death Play-off

Cut (Low 50 & ties plus those within 10 strokes of leader after 36 holes)
149 George Coetzee 75,74; Jamie Donaldson 74,75; Martin Laird 76,73; Graeme McDowell 73,76; Matteo Manassero 75,74; Larry Mize 73,76; Ted Potter, Jr 76,73; Webb Simpson 73,76; Y-E Yang 72,77
150 Louis Oosthuizen 74,76
151 Nicolas Colsaerts 74,77; Ben Curtis 76,75; John Merrick 74,77; Mark O'Meara 74,77; Ian Poulter 76,75; Mike Weir 72,79
152 TJ Vogel (a) 77,75; Michael Weaver (a) 78,74; Thaworn Wiratchant 79,73
153 Padraig Harrington 78,75; Russell Henley 72,81; Kevin Streelman 76,77
155 Francesco Molinari 74,81; Nathan Smith (a) 77,78
157 Steven Fox (a) 76,81; Tom Watson 79,78
158 Hunter Mahan 76,82; Craig Stadler 79,79; Ian Woosnam 80,78
160 Alan Dunbar (a) 83,77
164 Ben Crenshaw 80,84; Hiroyuki Fujita 79,85

Scr
†Darren Clarke (inj – not replaced in field)

Round Leaders
R2 Day; 68
R3 Clark; 67
R4 Thomson, Toms; 67

Low Scores
R1 Garcia, Leishman; 66
R2 Day; 138
R3 Cabrera, Snedeker; 209

2013

113th US Open Championship
Merion Golf Club (East Course), Ardmore, Pennsylvania (13-16 June)
No Starting 156: No Making Cut 73: No Completing 73
6996 yards: Par 70 (280)

1	JUSTIN ROSE ($1444000)	71 69 71 70	281
2=	Jason Day	70 74 68 71	283
	Phil Mickelson	67 72 70 74	283
4=	Jason Dufner	74 71 73 67	285
	Ernie Els	71 72 73 69	285
	Billy Horschel	72 67 72 74	285
	Hunter Mahan	72 69 69 75	285
8=	Luke Donald	68 72 71 75	286
	Steve Stricker	71 69 70 76	286
10=	Nicolas Colsaerts	69 72 74 72	287
	Gonzalo Fernandez-Castaño	71 72 72 72	287
	Rickie Fowler	70 76 67 74	287
	Hideki Matsuyama	71 75 74 67	287
14	Charl Schwartzel	70 71 69 78	288
15=	Lee Westwood	70 77 69 73	289
	John Senden	70 71 74 74	289
17=	John Huh	71 73 75 71	290
	Michael Kim (a)	73 70 71 76	290
	David Lingmerth	74 71 71 74	290
	Brandt Snedeker	74 74 70 72	290
21=	Mathew Goggin	68 74 76 73	291
	Padraig Harrington	73 71 75 72	291
	David Hearn	78 69 73 71	291
	Martin Laird	74 73 76 68	291
	Ian Poulter	71 71 73 76	291
	Henrik Stenson	74 68 73 76	291
	Bo Van Pelt	73 71 72 75	291
28=	Matt Kuchar	74 73 72 73	292
	Morten Orum Madsen	74 74 70 74	292
	John Parry	76 71 72 73	292
	Mike Weir	72 76 75 69	292
32=	Kevin Chappell	72 76 74 71	293
	KJ Choi	70 76 75 72	293
	Jamie Donaldson	73 73 73 74	293
	Paul Lawrie	76 71 69 77	293
	Edward Loar	73 71 73 76	293
	Geoff Ogilvy	74 70 77 72	293
	Webb Simpson	71 75 75 72	293
	Bubba Watson	71 76 70 76	293
	Tiger Woods	73 70 76 74	293
41=	Jerry Kelly	70 73 75 76	294
	Scott Langley	75 74 75 74	294
	Rory McIlroy	73 70 75 76	294
	Carl Pettersson	72 75 74 73	294
45=	Steven Alker	73 75 75 72	295
	Paul Casey	73 72 71 79	295
	Sergio Garcia	73 73 75 74	295
	Charley Hoffman	71 73 72 79	295
	Bio Kim	72 75 73 75	295
	Russell Knox	69 75 77 74	295
	Cheng-Tsung Pan (a)	72 72 75 76	295
	Adam Scott	72 75 73 75	295
53=	Matt Bettencourt	72 71 76 77	296
	Scott Stallings	71 76 76 73	296
55	Dustin Johnson	71 77 75 74	297
56=	George Coetzee	71 73 77 77	298
	Josh Teater	74 74 74 76	298
	Nicholas Thompson	72 76 74 76	298
59=	Martin Kaymer	76 72 77 74	299
	Marcel Siem	73 71 77 78	299
	Shawn Stefani	72 73 85 69	299
62=	Kevin Phelan (a)	71 77 78 74	300
	Matt Weibring	75 73 76 76	300
64	Michael Weaver (a)	74 74 78 75	301
65=	Peter Hedblom	70 78 79 75	302
	David Howell	77 71 77 77	302
67=	Jim Herman	76 72 76 79	303
	John Peterson	73 75 78 77	303
	Alistair Presnell	73 75 76 79	303
	Kevin Sutherland	73 74 84 72	303
71	Robert Karlsson	74 72 86 73	305
72	Simon Khan	74 74 82 76	306
73	Kyle Stanley	71 74 85 78	308

Cut (Low 60 & ties after 36 holes)
149 Aaron Baddeley 75,74; Tim Clark 70,79; Peter Hanson 74,75; Justin Hicks 76,73; Freddie Jacobson 73,76; Cliff Kresge 75,74; Doug LaBelle 75,74; Matteo Manassero 75,74; Rory Sabbatini 77,72; Michael Thompson 71,78; Chris Williams (a) 75,74
150 Stewart Cink 72,78; Chris Doak 73,77; Steven Fox (a) 76,74; Hiroyuki Fujita 76,74; Morgan Hoffmann 76,74; Ted Potter, Jr 76,74; Kevin Streelman 72,78; Brian Stuard 75,75; Jaco van Zyl 73,77; Casey Wittenberg 79,71
151 S-M Bae 77,74; Bill Haas 77,74; Gavin Hall (a) 74,77; Max Homa (a) 73,78; Zach Johnson 74,77; DA Points 77,74; Andrew Svoboda 81,70; Nick Watney 73,78; Boo Weekley 75,76
152 Keegan Bradley 77,75; Brandon Brown 75,77; Marcus Fraser 79,73; Luke Guthrie 73,79; Francesco Molinari 78,74; Brendan Steele 76,76; David Toms 75,77; Y-E Yang 77,75
153 Branden Grace 70,83; Mackenzie Hughes 75,78; Randall Hutchison 74,79; J-G Hwang 75,78; Thongchai Jaidee 79,74; Marc Leishman 78,75; Graeme McDowell 76,77; Geoffrey Sisk 78,75; Jordan Spieth 77,76; Ryan Yip 76,77
154 Jay Don Blake 74,80; Michael Campbell 76,78; Tano Goya 71,83; Brandt Jobe 74,80; Ryan Palmer 75,79; Eddie Pepperell 77,77; Scott Piercy 78,76; Jesse Smith 73,81
155 Angel Cabrera 74,81; Darren Clarke 80,75; Wil Collins 76,79; Rikard Karlberg 78,77; Harold Varner III 76,79
156 Jim Furyk 77,79; Lucas Glover 74,82; Ryan Moore 79,77; Joe Ogilvie 75,81; Jose Maria Olazabal 75,81
157 Adam Hadwin 81,76; Russell Henley 77,80
158 Zack Fischer 82,76; Thorbjorn Olesen 79,79; Yoshinobu Tsukada 78,80
159 Brandon Crick 81,78; Matt Harmon 78,81
160 Cory McElyea (a) 81,79; Roger Tambellini 80,80
161 Yui Ueda 78,83
162 John Nieporte 78,84
163 Ryan Sullivan 81,82
164 Grayson Murray (a) 83,81

Scr
Roger Chapman (inj); Retief Goosen (inj); David Lynn (personal); Richard Sterne (personal)

Wdw
18 holes: 73 Ryan Nelson
   75 John Hahn, Louis Oosthuizen (inj)
   80 Robert Garrigus

Round Leaders
R1 Mickelson; 67
R2 Horschel, Mickelson; 139
R3 Mickelson; 209

Low Scores
R2 Horschel; 67
R3 Fowler; 67
R4 Dufner, Matsuyama; 67

2013

142nd Open Championship
Muirfield Golf Links, Gullane, East Lothian, Scotland (18-21 July)
No Starting 156: No Making Cut 84: No Completing 84
7192 yards: Par 71 (284)

1	PHIL MICKELSON	69 74 72 66	281
	(£945000/€1097750/$1442826)		
2	Henrik Stenson	70 70 74 70	284
3=	Ian Poulter	72 71 75 67	285
	Adam Scott	71 72 70 72	285
	Lee Westwood	72 68 70 75	285
6=	Zach Johnson	66 75 73 72	286
	Hideki Matsuyama	71 73 72 70	286
	Tiger Woods	69 71 72 74	286
9=	Hunter Mahan	72 72 68 75	287
	Francesco Molinari	69 74 72 72	287
11=	Angel Cabrera	69 72 73 74	288
	Brandt Snedeker	68 79 69 72	288
13=	Miguel Angel Jimenez	68 71 78 72	289
	Justin Leonard	74 70 74 71	289
15=	Keegan Bradley	75 74 70 71	290
	Eduardo de la Riva	73 73 75 69	290
	Harris English	74 71 75 70	290
	Matt Kuchar	74 73 72 71	290
	Charl Schwartzel	75 68 76 71	290
	Danny Willett	75 72 72 71	290
21=	Rafael Cabrera-Bello	67 74 76 74	291
	Darren Clarke	72 71 76 72	291
	Stephen Gallacher	76 70 76 69	291
	Sergio Garcia	75 73 68 75	291
	Richard Sterne	75 75 68 73	291
26=	Jonas Blixt	72 78 73 69	292
	Stewart Cink	72 75 76 69	292
	Jason Dufner	72 77 76 67	292
	Ernie Els	74 74 70 74	292
	Paul Lawrie	81 69 70 72	292
	Steven Tiley	72 75 73 72	292
32=	Bud Cauley	74 75 71 73	293
	Fred Couples	75 74 73 71	293
	Jason Day	73 71 72 77	293
	Jamie Donaldson	74 71 71 77	293
	Oliver Fisher	70 78 77 68	293
	Thongchai Jaidee	79 71 71 72	293
	Dustin Johnson	68 72 76 77	293
	Martin Kaymer	72 74 72 75	293
	Shane Lowry	74 74 75 70	293
	Ryan Moore	72 70 72 79	293
	Bubba Watson	70 73 77 73	293
	Y-E Yang	78 70 73 72	293
44=	Mark Brown	77 73 72 72	294
	KJ Choi	76 74 71 73	294
	Tim Clark	72 76 76 70	294
	Matthew Fitzpatrick (a)	73 76 73 72	294
	Freddie Jacobson	72 75 75 72	294
	Shingo Katayama	73 77 69 75	294
	Martin Laird	70 71 81 72	294
	Geoff Ogilvy	75 75 72 72	294
	Jordan Spieth	69 74 76 75	294
	Bo Van Pelt	76 73 77 68	294
54=	Gonzalo Fernandez-Castaño	70 79 73 73	295
	Marcus Fraser	73 74 76 72	295
	Padraig Harrington	73 75 77 70	295
	Carl Pettersson	74 76 70 75	295
58=	Tom Lehman	68 77 75 76	296
	Graeme McDowell	75 71 73 77	296
	Mark O'Meara	67 78 77 74	296
	Richie Ramsay	76 74 72 74	296
	Johnson Wagner	73 72 73 78	296
	Boo Weekley	74 76 71 75	296
64=	Gregory Bourdy	76 70 74 77	297
	Ben Curtis	74 71 80 72	297
	Ken Duke	70 77 73 77	297
	Branden Grace	74 71 77 75	297
	Webb Simpson	73 70 77 77	297
	Bernd Wiesberger	71 74 75 77	297
	Chris Wood	75 75 75 72	297
71=	George Coetzee	76 71 75 76	298
	Gareth Wright	71 78 75 74	298
73=	Thomas Bjorn	73 74 72 80	299
	Todd Hamilton	69 81 70 79	299
	Russell Henley	78 71 75 75	299
	Shiv Kapur	68 77 83 71	299
	K-T Kim	73 76 77 73	299
	Jimmy Mullen (a)	71 78 75 75	299
79=	Mikko Ilonen	72 78 76 74	300
	Peter Senior	74 76 73 77	300
	Kevin Streelman	74 71 82 73	300
82	Josh Teater	72 77 75 77	301
83	Graham DeLaet	76 72 76 79	303
84	Sandy Lyle	76 72 80 79	307

Cut (Low 70 & ties after 36 holes)

151 Thomas Aiken 71,80; Nicolas Colsaerts 75,76; Oscar Floren 74,77; Bill Haas 77,74; Marc Leishman 76,75; George Murray 76,75; Alvaro Quiros 77,74; Marcel Siem 75,76; Kyle Stanley 82,69; Michael Thompson 72,79; Camilo Villegas 72,79; Jimmy Walker 72,79

152 Mark Calcavecchia 72,80; Stephen Dartnall 80,72; Luke Donald 80,72; Niclas Fasth 77,75; Hiroyuki Fujita 78,74; Jim Furyk 78,74; Justin Harding 78,74; H-S Kim 76,76; Justin Rose 75,77; Marc Warren 72,80; Nick Watney 75,77

153 Robert Garrigus 78,75; DA Points 78,75; Garrick Porteous (a) 76,77; John Senden 77,76; Ben Stow (a) 76,77; Toru Taniguchi 78,75; Tom Watson 75,78; Ashun Wu 76,77

154 Rickie Fowler 78,76; Billy Horschel 74,80; John Huh 74,80; Robert Karlsson 77,77; David Lynn 79,75; Rory McIlroy 79,75; Gareth Maybin 78,76; Thorbjorn Olesen 78,76; Vijay Singh 77,77; Scott Stallings 76,78

155 David Duval 76,79; Steven Jeffress 76,79; Kenichi Kuboya 76,79; Darryn Lloyd 79,76; Richard McEvoy 73,82; John Wade 74,81

156 Lucas Glover 80,76; Tano Goya 75,81; Scott Jamieson 80,76; Brendan Jones 78,78; Brooks Koepka 76,80; Brett Rumford 79,77; Lloyd Saltman 79,77; Thaworn Wiratchant 79,77

157 Kiradech Aphibarnrat 72,85; Brian Davis 80,77; Nick Faldo 79,78; Steven Fox (a) 78,79; Matteo Manassero 76,81; Daisuke Maruyama 78,79

158 Luke Guthrie 78,80
159 Grant Forrest (a) 73,86; Makoto Inoue 83,76
160 Scott Brown 79,81
161 Tyrrell Hatton 82,79; Satoshi Kodaira 80,81; Rhys Pugh (a) 84,77
162 Scott Piercy 74,88

Scr
John Daly (inj); Steve Stricker (personal)

Wdw
5 holes: 22 (+2) Peter Hanson (inj)
8 holes: 35 (+4) Louis Oosthuizen (inj)
18 holes: 83 Alex Noren (inj)

Round Leaders
R1 Z Johnson; 66
R2 Jimenez; 139
R3 Westwood; 210

Low Scores
R2 Schwartzel, Westwood; 68
R3 Garcia, Mahan, Sterne; 68
R4 Mickelson; 66

2013

95th PGA Championship
Oak Hill Country Club (East Course), Rochester, New York (8-11 August)
No Starting 156: No Making Cut 75: No Completing 75
7163 yards: Par 70 (280)

1	JASON DUFNER ($1445000)	68 63 71 68	270
2	Jim Furyk	65 68 68 71	272
3	Henrik Stenson	68 66 69 70	273
4	Jonas Blixt	68 70 66 70	274
5=	Scott Piercy	67 71 72 65	275
	Adam Scott	65 68 72 70	275
7	David Toms	71 69 69 67	276
8=	Jason Day	67 71 72 67	277
	Dustin Johnson	72 71 65 69	277
	Zach Johnson	69 70 70 68	277
	Rory McIlroy	69 71 67 70	277
12=	Roberto Castro	68 69 71 70	278
	Marc Leishman	70 70 70 68	278
	Graeme McDowell	70 69 73 66	278
	Kevin Streelman	70 72 66 70	278
	Steve Stricker	68 67 70 73	278
	Marc Warren	74 67 68 69	278
	Boo Weekley	72 69 70 67	278
19=	Keegan Bradley	69 72 72 66	279
	Rickie Fowler	70 68 72 69	279
	Hideki Matsuyama	72 68 73 66	279
22=	Matt Kuchar	67 66 76 71	280
	David Lynn	69 69 71 71	280
	Michael Thompson	72 67 72 69	280
25=	Kiradech Aphibarnrat	68 71 71 71	281
	Robert Garrigus	67 68 74 72	281
	Bill Haas	68 70 71 72	281
	Webb Simpson	72 64 73 72	281
29=	Rafael Cabrera-Bello	68 75 69 70	282
	Ryo Ishikawa	69 71 70 72	282
	Scott Jamieson	69 72 70 71	282
	Miguel Angel Jimenez	68 72 75 67	282
33=	Paul Casey	67 72 74 70	283
	Brendon de Jonge	71 71 71 70	283
	Peter Hanson	72 69 74 68	283
	Martin Kaymer	68 68 78 69	283
	Francesco Molinari	72 68 70 73	283
	Justin Rose	68 66 77 72	283
	Lee Westwood	66 73 68 76	283
40=	JJ Henry	71 71 73 69	284
	Charley Hoffman	69 67 73 75	284
	Matt Jones	72 71 73 68	284
	Thorbjorn Olesen	71 70 74 69	284
	DA Points	73 70 72 69	284
	Danny Willett	73 70 72 69	284
	Tiger Woods	71 70 73 70	284
47=	KJ Choi	76 65 71 73	285
	Marcus Fraser	67 69 75 74	285
	Luke Guthrie	71 71 69 74	285
	David Hearn	66 76 71 72	285
	Thongchai Jaidee	70 71 75 69	285
	John Merrick	75 68 73 69	285
	Ryan Palmer	73 70 71 71	285
	Josh Teater	71 71 71 72	285
55=	Ryan Moore	69 71 73 73	286
	Scott Stallings	73 70 73 70	286
57=	Ken Duke	75 68 70 74	287
	Chris Kirk	71 69 73 74	287
	Shane Lowry	71 70 75 71	287
	Hunter Mahan	70 68 78 71	287
61=	Harris English	74 69 72 73	288
	Tommy Gainey	69 74 73 72	288
	Stephen Gallacher	75 68 76 69	288
	Sergio Garcia	69 68 75 76	288
	Ian Poulter	70 71 77 70	288
66=	Ben Curtis	73 70 74 72	289
	Brandt Snedeker	70 73 70 76	289
68=	Tim Clark	69 71 75 75	290
	Vijay Singh	70 72 73 75	290
70=	Brooks Koepka	71 72 71 77	291
	John Senden	72 70 73 76	291
72=	Matteo Manassero	72 69 74 77	292
	Phil Mickelson	71 71 78 72	292
74	Gary Woodland	73 70 80 70	293
75	Darren Clarke	69 73 74 80	296

Cut (Low 70 & ties after 36 holes)

144 Woody Austin 69,75; S-M Bae 75,69; Nicolas Colsaerts 71,73; Branden Grace 71,73; Charles Howell III 71,73; Martin Laird 71,73; Paul Lawrie 72,72; Davis Love III 74,70; Joost Luiten 71,73; Charl Schwartzel 71,73; Chris Stroud 71,73; Bubba Watson 70,74

145 Rich Beem 71,74; Luke Donald 71,74; Mikko Ilonen 73,72; David Lingmerth 74,71; David Muttitt 75,70; Marcel Siem 73,72; Jimmy Walker 71,74; Bernd Wiesberger 70,75

146 Charlie Beljan 71,75; Stewart Cink 75,71; Graham DeLaet 70,76; Ernie Els 74,72; Gonzalo Fernandez-Castaño 74,72; Russell Henley 76,70; John Huh 72,74; Jason Kokrak 74,72; Carl Pettersson 74,72; Richard Sterne 72,74; Y-E Yang 72,74

147 Scott Brown 73,74; Hiroyuki Fujita 71,76; Brian Gay 73,74; Padraig Harrington 76,71; Billy Horschel 69,78; Richie Ramsay 72,75; Brett Rumford 70,77; Kevin Stadler 74,73; Peter Uihlein 77,70

148 Derek Ernst 72,76; Matt Every 71,77; Kohki Idoki 72,76; Geoff Ogilvy 74,74; Jeff Sorenson 73,75; Jordan Spieth 74,74

149 JC Anderson 73,76; Alex Noren 76,73

150 George Coetzee 74,76; Pablo Larrazabal 76,74; David McNabb 74,76; Ryan Polzin 73,77; Jaco van Zyl 74,76; Nick Watney 76,74; Tom Watson 73,77; Chris Wood 75,75

151 Danny Balin 73,78; Thomas Bjorn 70,81; Kevin Chappell 79,72; Caine Fitzgerald 75,76; Bob Gaus 74,77; Bob Labritz 78,73; Kyle Stanley 73,78

152 Lucas Glover 76,76; Paul McGinley 78,74; Shaun Micheel 76,76; Mike Small 76,76

153 Freddie Jacobson 76,77; Mark Sheftic 75,78, Stuart Smith 78,75

154 Kirk Hanefeld 76,78

155 Bob Sowards 73,82

156 Rod Perry 78,78; Sonny Skinner 76,80

159 Mark Brown 77,82

160 Chip Sullivan 84,76

163 Lee Rhind 81,82

Scr
Blake Adams (inj); Mark Brooks (inj); John Daly (inj); Brendan Jones; Louis Oosthuizen (inj)

Wdw
29 holes: 80,? Angel Cabrera (NC*/inj)
18 holes: 80 Jamie Donaldson (inj); Bo Van Pelt (inj)

*Cabrera initially submitted no card for his aborted Round Two

Round Leaders
R1 Furyk, Scott; 65
R2 Dufner; 131
R3 Furyk; 201

Low Scores
R2 Dufner; 63
R3 D Johnson; 65
R4 Piercy; 65

2014

78th MASTERS Tournament
Augusta National Golf Club, Augusta, Georgia (10-13 April)
No Starting 97: No Making Cut 51: No Completing 51
7435 yards: Par 72 (288)

1	BUBBA WATSON ($1620000)	69 68 74 69	280
2=	Jonas Blixt	70 71 71 71	283
	Jordan Spieth	71 70 70 72	283
4	Miguel-Angel Jimenez	71 76 66 71	284
5=	Rickie Fowler	71 75 67 73	286
	Matt Kuchar	73 71 68 74	286
7	Lee Westwood	73 71 70 73	287
8=	Thomas Bjorn	73 68 73 74	288
	Bernhard Langer	72 74 73 69	288
	Rory McIlroy	71 77 71 69	288
	John Senden	72 68 75 73	288
	Kevin Stadler	70 73 72 73	288
	Jimmy Walker	70 72 76 70	288
14=	Stewart Cink	73 72 76 68	289
	Jamie Donaldson	73 70 76 70	289
	Jim Furyk	74 68 72 75	289
	Justin Rose	76 70 69 74	289
	Adam Scott	69 72 76 72	289
	Henrik Stenson	73 72 74 70	289
20=	Fred Couples	71 71 73 75	290
	Jason Day	75 73 70 72	290
	Bill Haas	68 78 74 70	290
	Chris Kirk	75 72 71 72	290
	Ian Poulter	76 70 70 74	290
25	Louis Oosthuizen	69 75 75 72	291
26=	Steven Bowditch	74 72 74 72	292
	Gonzalo Fernandez-Castaño	75 69 74 74	292
	Joost Luiten	75 73 77 67	292
	Hunter Mahan	74 72 74 72	292
	Gary Woodland	70 77 69 76	292
31=	Russell Henley	73 70 75 75	293
	Martin Kaymer	75 72 73 73	293
	Steve Stricker	72 73 73 75	293
34=	KJ Choi	70 75 78 71	294
	Stephen Gallacher	71 72 81 70	294
	Jose-Maria Olazabal	74 74 73 73	294
37=	Brendon de Jonge	74 72 76 73	295
	Billy Horschel	75 72 75 73	295
	Thongchai Jaidee	73 74 75 73	295
	Vijay Singh	75 71 74 75	295
	Brandt Snedeker	70 74 80 71	295
42=	Lucas Glover	75 69 77 75	296
	Kevin Streelman	72 71 74 79	296
44=	Darren Clarke	74 74 73 76	297
	Sandy Lyle	76 72 76 73	297
	Thorbjorn Olesen	74 72 76 75	297
	Nick Watney	72 75 76 74	297
	Mike Weir	73 72 79 73	297
49	Oliver Goss (a)	76 71 76 75	298
50	Francesco Molinari	71 76 76 76	299
51	Larry Mize	74 72 79 79	304

Cut (Low 50 & ties plus those within 10 strokes of leader after 36 holes)

149 S-M Bae 72,77; Luke Donald 79,70; Victor Dubuisson 74,75; Ernie Els 75,74; Matthew Fitzpatrick (a) 76,73; Sergio Garcia 74,75; Marc Leishman 70,79; Phil Mickelson 76,73; Ryan Moore 77,72; Charl Schwartzel 73,76; Webb Simpson 74,75

150 Harris English 74,76; Zach Johnson 78,72; Graeme McDowell 72,78; DA Points 78,72; Ian Woosnam 77,73

151 Ken Duke 75,76; John Huh 75,76; Dustin Johnson 77,74; Hideki Matsuyama 80,71

152 Angel Cabrera 78,74; Graham DeLaet 80,72; Derek Ernst 76,76; Matt Jones 74,78; David Lynn 78,74; Matteo Manassero 71,81; Mark O'Meara 75,77; Patrick Reed 73,79

153 Keegan Bradley 75,78; Roberto Castro 73,80; Branden Grace 84,69; Trevor Immelman 79,74; C-W Lee (a) 80,73

154 Jason Dufner 80,74; Y-E Yang 77,77

155 Matt Every 77,78; Jordan Niebrugge (a) 81,74; Scott Stallings 75,80

156 Garrick Porteous (a) 76,80; Boo Weekley 73,83

157 Tim Clark 79,78

159 Peter Hanson 78,81; Craig Stadler 82,77; Tom Watson 78,81

161 Michael McCoy (a) 78,83

168 Ben Crenshaw 83,85

Scr
Tiger Woods (inj, back)

Round Leaders
R1 Haas: 68
R2 B Watson 69,68: 137
R3 Spieth 71,70,70; B Watson, 69,68,74: 211

Low Scores
R2 Bjorn; Furyk; Senden; B Watson: 68
R3 Jimenez: 66
R4 Luiten: 67

2014

114th US OPEN Championship
Pinehurst Resort & Country Club, Pinehurst, N Carolina (12-15 June)
No Starting 156: No Making Cut 67: No Completing 67
7562 yards: Par 70 (280)

1	MARTIN KAYMER ($1620000)	65 65 72 69	271
2=	Erik Compton	72 68 67 72	279
	Rickie Fowler	70 70 67 72	279
4=	Keegan Bradley	69 69 76 67	281
	Jason Day	73 68 72 68	281
	Dustin Johnson	69 69 70 73	281
	Brooks Koepka	70 68 72 71	281
	Henrik Stenson	69 69 70 73	281
9=	Adam Scott	73 67 73 69	282
	Brandt Snedeker	69 68 72 73	282
	Jimmy Walker	70 72 71 69	282
12=	Jim Furyk	73 70 73 67	283
	Matt Kuchar	69 70 71 73	283
	Kevin Na	68 69 73 73	283
	Justin Rose	72 69 70 72	283
	Marcel Siem	70 71 72 70	283
17=	JB Holmes	70 71 72 71	284
	Ian Poulter	70 70 74 70	284
	Jordan Spieth	69 70 72 73	284
	Brendon Todd	69 67 79 69	284
21=	Cody Gribble	72 72 72 69	285
	Steve Stricker	70 71 73 71	285
23=	Aaron Baddeley	70 71 73 72	286
	Billy Horschel	75 68 73 70	286
	Shiv Kapur	73 70 71 72	286
	Rory McIlroy	71 68 74 73	286
	Francesco Molinari	69 71 72 74	286
28=	Daniel Berger	72 71 78 66	287
	Brendon de Jonge	68 70 73 76	287
	Victor Dubuisson	70 72 70 75	287
	Chris Kirk	71 68 72 76	287
	Graeme McDowell	68 74 75 70	287
	Phil Mickelson	70 73 72 72	287
	Kenny Perry	74 69 74 70	287
35=	Ernie Els	74 70 72 72	288
	Sergio Garcia	73 71 72 72	288
	Bill Haas	72 72 71 73	288
	Hideki Matsuyama	69 71 74 74	288
	Patrick Reed	71 72 73 72	288

40=Lucas Bjerregaard	70 72 72 75	289	
Zac Blair	71 74 73 71	289	
Zach Johnson	71 74 72 72	289	
Garth Mulroy	71 72 70 76	289	
Louis Oosthuizen	71 73 78 67	289	
45=Retief Goosen	73 71 71 75	290	
Webb Simpson	71 72 73 74	290	
Danny Willett	70 71 78 71	290	
48=Harris English	69 75 75 72	291	
Matthew Fitzpatrick (a)	71 73 78 69	291	
Billy Hurley	71 74 75 71	291	
Ryan Moore	76 68 71 76	291	
52=S-Y Noh	70 72 76 74	292	
Gary Woodland	72 71 75 74	292	
54=Stewart Cink	72 72 74 75	293	
Scott Langley	72 71 75 75	293	
56=Paul Casey	70 75 74 75	294	
Nicholas Lindheim	72 73 72 77	294	
Fran Quinn	68 74 79 73	294	
59 Justin Leonard	75 70 75 75	295	
60=Alex Cejka	73 71 77 76	297	
Russell Henley	70 74 82 71	297	
Kevin Tway	72 72 81 72	297	
63=Clayton Rask	73 71 77 77	298	
Kevin Stadler	77 68 78 75	298	
Bo Van Pelt	72 72 75 79	298	
66 Boo Weekley	71 73 80 75	299	
67 Toru Taniguchi	72 73 88 76	309	

Cut (Low 60 & ties plus those within 10 strokes of leader after 36 holes)

146 Angel Cabrera 74,72; Brian Campbell (a) 76,70; Matt Dobyns 72,72; Luke Donald 77,69; Jason Dufner 72,74; Andres Echavarria 74,72; Thongchai Jaidee 73,73; Miguel Angel Jimenez 72,74; Matt Jones 74,72; K-H Lee 74,72; Shane Lowry, 73,73; Joost Luiten 70,76; Hunter Mahan 74,72; Rod Pampling 73,73; Charl Schwartzel 70,76; Hunter Stewart (a) 75,71; Hudson Swafford 76,70; Bubba Watson 76,70; Cory Whitsett (a) 77,69; Mark Wilson 70,76; Casey Wittenberg 74,72
147 Ryan Blaum 73,74; Darren Clarke 75,72; Nicolas Colsaerts 72,75; Chris Doak 74,73; Ken Duke 75,72; Stephen Gallacher 73,74; Luke Guthrie 73,74; Geoff Ogilvy 73,74; Andrea Pavan 75,72; Jim Renner 74,73; John Senden 71,76; David Toms 73,74
148 Roberto Castro 74, 74; Chad Collins 74, 74; Matt Every 76,72; Lucas Glover 79,69; David Gossett 76,72; W-C Liang 74,74; Sam Love 76,72; Ryan Palmer 74,74; Brian Stuard 75,73; Justin Thomas 75,73; Nick Watney 76, 72; Lee Westwood 75,73; Cameron Wilson 78,70
149 Craig Barlow 74,75; Oliver Fisher 74,75; Smylie Kaufman 73,76; Pablo Larrazabal 71,78; Tom Lewis 79,70; Henrik Norlander 70,79; Joe Ogilvie 73,76
150 Anthony Broussard 78,72; Graham DeLaet 75,75; Niclas Fasth 76,74; Maximilian Kieffer 76,74; H-S Kim 73,77; Maverick McNealy (a) 74,76; Kevin Sutherland 75,75; Bernd Wiesberger 72,78
151 Jamie Donaldson 70, 81; David Oh 75,76; DA Points 77,74; Brett Stegmaier 77,74; Graeme Storm 72,79; Brady Watt 77,74; YE Yang 75,76
152 Steven Alker 76,76; Robert Allenby 79,73; Gonzalo Fernandez-Castaño 76,76; Simon Griffiths 72,80; Kevin Kisner 75,77; Rob Oppenheim 75,77; Aron Price 78,74; Kevin Streelman 75,77
153 Jonas Blixt 77,76; Jeff Maggert 73,80; Nick Mason 78,75; Robby Shelton (a) 78,75
154 Donald Constable 81,73; Oliver Goss (a) 71,83; Chris Thompson 80,74
155 Bobby Gates 79,76; Brandon McIver 82,73
157 Will Grimmer (a) 77,80
159 Andrew Dorn (a) 79,80
160 Azuma Yano 77,83
162 Kiyoshi Miyazato 81,81

Scr
Thomas Bjorn (inj, neck/shoulder); Michael Campbell (unprepared); Richard Sterne (inj, undisclosed); Garrick Porteous (turned pro; amateur invite forfeited); Tiger Woods (injured, back)

Round Leaders
R1 Kaymer: 65
R2 Kaymer, 65,65: 130
R3 Kaymer, 65,65,72: 202

Low Scores
R2 Kaymer: 65
R3 Compton; Fowler: 67
R4 Berger: 66

2014

143rd OPEN Championship
Royal Liverpool Golf Club, Hoylake, Merseyside, England (17-20 July)
No Starting 156: No Making Cut 72: No Completing 72
7312 yards: Par 72 (288)

1 RORY McILROY	66 66 68 71	271	
(£975000/€1223450/$1665790)			
2= Rickie Fowler	69 69 68 67	273	
Sergio Garcia	68 70 69 66	273	
4 Jim Furyk	68 71 71 65	275	
5= Marc Leishman	69 72 70 65	276	
Adam Scott	68 73 69 66	276	
7= Edoardo Molinari	68 73 68 68	277	
Charl Schwartzel	71 67 72 67	277	
9= Victor Dubuisson	74 66 68 70	278	
Shane Lowry	68 75 70 65	278	
Graeme McDowell	74 69 68 67	278	
12=Dustin Johnson	71 65 71 72	279	
Robert Karlsson	69 71 70 69	279	
Ryan Moore	70 68 73 68	279	
15=Stephen Gallacher	70 72 70 68	280	
David Howell	72 70 70 68	280	
Francesco Molinari	68 70 75 67	280	
18 George Coetzee	70 69 74 68	281	
19=Keegan Bradley	73 71 69 69	282	
Angel Cabrera	76 69 70 67	282	
Chris Kirk	71 74 68 69	282	
Matteo Manassero	67 75 68 72	282	
23=Phil Mickelson	74 70 71 68	283	
Justin Rose	72 70 69 72	283	
Chris Wood	75 70 73 65	283	
26=B-H An	72 71 69 72	284	
Thomas Bjorn	70 71 76 67	284	
Darren Clarke	72 72 67 73	284	
Brian Harman	72 73 68 71	284	
Ben Martin	72 73 68 71	284	
Jimmy Walker	69 71 71 73	284	
32=Kristoffer Broberg	70 73 70 72	285	
David Hearn	70 73 71 71	285	
Hunter Mahan	71 73 72 69	285	
DA Points	75 69 72 69	285	
36=Branden Grace	71 72 69 74	286	
Louis Oosthuizen	70 68 76 72	286	
Jordan Spieth	71 75 67 73	286	
39=Thongchai Jaidee	72 72 72 71	287	
Hideki Matsuyama	69 74 73 71	287	
Koumei Oda	69 77 74 67	287	
Kevin Stadler	73 72 71 71	287	
Henrik Stenson	72 73 73 69	287	
Brendon Todd	73 73 74 67	287	
Marc Warren	71 68 72 76	287	
Gary Woodland	75 69 72 71	287	
47=Gregory Bourdy	75 69 74 70	288	
Paul Casey	74 71 73 70	288	
Stewart Cink	71 75 73 69	288	
Zach Johnson	71 75 71 71	288	
51=Jason Dufner	70 74 74 71	289	
Bill Haas	70 72 73 74	289	
Tom Watson	73 73 75 68	289	

54=	Matt Jones	71 74 72 73	290
	Matt Kuchar	73 71 74 72	290
	Kevin Na	76 70 70 74	290
	Kevin Streelman	72 74 69 75	290
58=	Jason Day	73 73 74 71	291
	Jamie McLeary	73 73 75 70	291
	Ryan Palmer	74 71 76 70	291
	Chris Rodgers	73 71 73 74	291
	John Senden	71 74 75 71	291
	Brandt Snedeker	74 72 71 74	291
64=	Luke Donald	73 73 71 75	292
	Billy Hurley III	73 72 76 71	292
	Thorbjorn Olesen	75 71 73 73	292
67=	Charley Hoffman	74 72 76 71	293
	Brooks Koepka	68 77 74 74	293
69	Tiger Woods	69 77 73 75	294
70	Martin Kaymer	73 72 72 79	296
71	Matt Every	75 71 73 78	297
72	Rhein Gibson	72 74 74 78	298

Cut (Low 70 & ties after 36 holes)
147 Kiradech Aphibarnrat 72,75; Rafael Cabrera-Bello 70,77; Ashley Chesters (a) 70,77; KJ Choi 72,75; Graham DeLaet 71,76; Oliver Fisher 72,75; Oscar Floren 73,74; Hiroshi Iwata 70,77; Justin Leonard 74,73; Paul McKechnie 76,71; Ian Poulter 73,74; Shawn Stefani 73,74; Yoshinobu Tsukada 69,78; Dawie van der Walt 71,76; Nick Watney 72,75; Lee Westwood 71,76
148 Erik Compton 71,77; Ben Curtis 74,74; John Daly 77,71; Brendon de Jonge 78,70; Paul Dunne (a) 75,73; Harris English 72,76; Ross Fisher 74,74; Billy Horschel 73,75; Mikko Ilonen 70,78; Ryo Ishikawa 74,74; Freddie Jacobson 70,78; Miguel Angel Jimenez 75,73; H-S Kim, 72,76; H-T Kim 75,73; C-T Pan (a) 74,74; Brett Rumford 75,73; John Singleton 78,70; Cameron Tringale 74,74; Bubba Watson 76,72; Boo Weekley 69,79; Danny Willett 74,74
149 Rhys Enoch 73,76; George McNeill 76,73; Yusaku Miyazato 72,77; Juvic Pagunsan 76,73; Patrick Reed 78,71; Scott Stallings 75,74
150 Matthew Baldwin 76,74; Jonas Blixt 75,75; Gonzalo Fernandez-Castaño 74,76; Tommy Fleetwood 74,76; Anirban Lahiri 75,75
151 Jamie Donaldson 79,72; Chesson Hadley 79,72; Todd Hamilton 77,74; JB Holmes 74,77; Masanori Kobayashi 78,73; Victor Riu 74,77;; Justin Walters 77,74; Bernd Wiesberger 72,79; Ashun Wu 75,76; Y-E Yang 75,76
152 David Duval 73,79; Ernie Els 79,73; Padraig Harrington 74,78; Tyrrell Hatton 75,77; Pablo Larrazabal 75,77; Richard Sterne 73,79
153 Nick Faldo 76,77; Tomohiro Kondo 76,77; Webb Simpson 76,77
154 Scott Jamieson 77,77; Paul Lawrie 79,75; Brendan Steele 74,80
155 Roberto Castro 74,81; Chris Hanson 81,74; Russell Henley 75,80; Jin Jeong 77,78; Bradley Neil (a) 79,76
156 Matthew Southgate 80,76; Chris Stroud 79,77; Peter Uihlein 77,79
157 D-K Jang 78,79; Joost Luiten 81,76; Mark Wiebe 79,78
166 Sandy Lyle 82,84
170 Bryden MacPherson 90,80

Wdw
24 holes: 102 Michael Hoey 75,27 (inj, foot)

Scr
Mark Calcavecchia (transport problem); Matthew Fitzpatrick (turned pro; amateur invite forfeited); Charles Howell III (personal); Tom Lehman (personal); Mark O'Meara (inj, elbow); Steve Stricker (personal)

Round Leaders
R1 McIlroy; 66
R2 McIlroy 66,66; 132
R3 McIlroy 66, 66, 68; 200

Low Scores
R2 D Johnson; 65
R3 Clarke, Spieth; 67
R4 Furyk, Leishman, Lowry, Wood; 65

2014

96th PGA Championship
Valhalla Golf Club, Louisville, Kentucky (7-10 August)
No Starting 156: No Making Cut 74: No Completing 73
7458 yards: Par 71 (284)

1	RORY McILROY (€1346200/$1800000)	66 67 67 68	268
2	Phil Mickelson	69 67 67 66	269
3=	Rickie Fowler	69 66 67 68	270
	Henrik Stenson	66 71 67 66	270
5=	Jim Furyk	66 68 72 66	272
	Ryan Palmer	65 70 69 68	272
7=	Victor Dubuisson	69 68 70 66	273
	Ernie Els	70 70 68 65	273
	Mikko Ilonen	67 68 69 69	273
	Hunter Mahan	70 71 65 67	273
	Steve Stricker	69 68 68 68	273
	Jimmy Walker	69 71 68 65	273
13=	Kevin Chappell	65 74 67 68	274
	Brandt Snedeker	73 68 66 67	274
15=	Jason Day	69 65 69 72	275
	Graham DeLaet	69 68 68 70	275
	Brooks Koepka	71 71 66 67	275
	Louis Oosthuizen	70 67 67 71	275
	Adam Scott	71 69 66 69	275
	Charl Schwartzel	72 68 69 66	275
	Marc Warren	71 71 66 67	275
	Lee Westwood	65 72 69 69	275
	Bernd Wiesberger	68 68 65 74	275
24=	Jamie Donaldson	69 70 66 71	276
	Justin Rose	70 72 67 67	276
26	Joost Luiten	68 69 69 71	277
27=	Bill Haas	71 68 68 71	278
	Jerry Kelly	67 74 70 67	278
	Kenny Perry	72 69 69 68	278
30=	Alexander Levy	69 71 68 71	279
	Thorbjorn Olesen	71 71 70 67	279
	Danny Willett	68 73 66 72	279
33=	Daniel Summerhayes	70 72 68 70	280
	Nick Watney	69 69 70 72	280
35=	Jonas Blixt	71 70 68 72	281
	Sergio Garcia	70 72 66 73	281
	Hideki Matsuyama	71 72 70 68	281
	Vijay Singh	71 68 73 69	281
	Richard Sterne	70 69 72 70	281
40=	Jason Bohn	71 71 71 69	282
	Brendon de Jonge	70 70 72 70	282
	Luke Donald	70 72 68 72	282
	Brian Harman	71 69 69 73	282
	Ryan Moore	73 68 67 74	282
	Koumei Oda	74 68 71 69	282
46=	Scott Brown	71 70 70 72	283
	Branden Grace	73 70 68 72	283
	Matt Jones	68 71 72 72	283
	Robert Karlsson	71 69 74 69	283
	Marc Leishman	71 71 72 69	283
	Shane Lowry	68 74 74 67	283
	Grame McDowell	73 70 71 69	283
	Edoardo Molinari	66 73 71 73	283
	Geoff Ogilvy	69 71 71 72	283
	Pat Perez	71 71 71 70	283
	Chris Wood	66 73 70 74	283
	Fabrizio Zanotti	71 70 71 71	283
58=	Gonzalo Fernandez-Castaño	71 70 72 71	284
	Billy Horschel	71 68 69 76	284
	Francesco Molinari	71 71 71 71	284
	Ian Poulter	68 73 71 72	284
	Patrick Reed	70 70 70 73	284
	Brendan Steele	71 70 73 70	284

64=	JB Holmes	68 72 69 78	287
	Kevin Stadler	71 70 72 74	287
	Chris Stroud	70 73 73 71	287
	Bubba Watson	70 72 73 72	287
68	Shawn Stefani	68 75 72 73	288
69=	Freddie Jacobson	72 69 73 75	289
	Zach Johnson	70 72 70 77	289
	Colin Montgomerie	70 72 72 73	289
72	Brendon Todd	70 73 75 75	293
73	Rafael Cabrera-Bello	69 71 74 80	294

Cut (Low 70 & ties after 36 holes)
144 Tim Clark 70,74; Erik Compton 71,73; Tommy Fleetwood 73,71; Padraig Harrington 73,71; Ryan Helminen 73,71; Russell Henley 69,75; Charley Hoffman 70,74; Martin Kaymer 70,74; Scott Piercy 73,71; Gary Woodland 72,72
145 Matt Every 73,72; Russell Knox 75,70; Johan Kok 78,67; Anirban Lahiri 72,73; Davis Love III 72,73; Ben Martin 74,71; S-Y Noh 68,77; Kevin Streelman 69,76; Brian Stuard 71,74; Tom Watson 72,73
146 Steven Bowditch 74,72; Keegan Bradley 74,72; Jamie Broce 74,72; Paul Casey 74,72; Roberto Castro 73,73; Stuart Deane 75,71; Harris English 74,72; Ross Fisher 73,73; David Hearn 74,72; Ryo Ishikawa 72,74; Chris Kirk 74,72; Kevin Na 74,72; Rory Sabbatini 75,71; Hideto Tanihara 74,72; YE Yang 75,71
147 Stewart Cink 72,75; George Coetzee 73,74; Stephen Gallacher 70,77; Chesson Hadley 74,73; Charles Howell III 73,74; Webb Simpson 73,74; Eric Williamson 74,73
148 Darren Clarke 79,69; John Daly 76,72; H-S Kim 73,75; Pablo Larrazabal 79,69; George McNeill 73,75; Jordan Spieth 71,77; Tiger Woods 74,74
149 Miguel Angel Jimenez 72,77; Rod Perry 74,75; John Senden 75,74; Scott Stallings 71,78
150 Thomas Bjorn 75,75; Thongchai Jaidee 71,79; Will MacKenzie 76,74; Steve Schneiter 72,78; Bob Sowards 75,75
151 Michael Block 77,74; KJ Choi 72,79; John Huh 78,73; Jason Kokrak 78,73, Shaun Micheel 72,79
152 Brian Norman 78,74
153 Rich Beem 74,79; Rob Corcoran 76,77
157 Mark Brooks 78,79; Jim McGovern 83,74; David McNabb 77,80; Matteo Manassero 80,77
158 David Hronek 81,77; Jerry Smith 80,78; Dave Tentis 79,79
161 Frank Esposito 83,78; Aaron Krueger 84,77
163 Dustin Volk 81,82
168 Matt Pesta 79,89

Scr
Dustin Johnson (personal); Matt Kuchar (inj, back); Paul McGinley (inj, shoulder); David Toms (inj, back)

Wdw
10 holes: 50 Jason Dufner (inj, neck)
18 holes: 74 Ben Crane (inj, back)
26 holes: 108 Kiradech Aphibarnrat 72,36 (inj, knee); 112 Boo Weekley 80,32 (inj, shoulder)
30 holes: 133 Angel Cabrera 82,51 (inj, shoulder)

Dsq
72 holes: 280 Cameron Tringale 69,71,71,69 (retrospective, after declaring air shot on 65th hole)

Round Leaders
R1 Chappell, Palmer, Westwood: 65
R2 McIlroy, 66,67: 133
R3 McIlroy, 66,67,67: 200

Low Scores
R2 Day: 65
R3 Mahan, Wiesberger: 65
R4 Els, Walker: 65

2015

79th MASTERS Tournament
Augusta National Golf Club, Augusta, Georgia (9-12 April)
No Starting 97: No Making Cut 55: No Completing 55
7435 yards: Par 72 (288)

1	JORDAN SPIETH ($1800000)	64 66 70 70	270
2=	Phil Mickelson	70 68 67 69	274
	Justin Rose	67 70 67 70	274
4	Rory McIlroy	71 71 68 66	276
5	Hideki Matsuyama	71 70 70 66	277
6=	Paul Casey	69 68 74 68	279
	Dustin Johnson	70 67 73 69	279
	Ian Poulter	73 72 67 67	279
9=	Charley Hoffman	67 68 71 74	280
	Zach Johnson	72 72 68 68	280
	Hunter Mahan	75 70 68 67	280
12=	Rickie Fowler	73 72 70 67	282
	Bill Haas	69 71 72 70	282
	Ryan Moore	74 66 73 69	282
	Kevin Na	74 66 70 72	282
	Kevin Streelman	70 70 70 72	282
17=	Sergio Garcia	68 74 71 70	283
	Tiger Woods	73 69 68 73	283
19=	Louis Oosthuizen	72 69 71 72	284
	Henrik Stenson	73 73 70 68	284
21	Russell Henley	68 74 72 71	285
22=	Keegan Bradley	71 72 75 68	286
	Angel Cabrera	72 69 73 72	286
	Ernie Els	67 72 75 72	286
	Mark O'Meara	73 68 77 68	286
	Patrick Reed	70 72 74 70	286
	Bernd Wiesberger	75 70 70 71	286
28=	Jonas Blixt	72 70 70 75	287
	Jason Day	67 74 71 75	287
	Morgan Hoffmann	73 72 72 70	287
	Webb Simpson	69 75 72 71	287
	Steve Stricker	73 73 73 68	287
33=	S-M Bae	74 71 72 71	288
	Jamie Donaldson	74 71 76 67	288
	Chris Kirk	72 73 72 71	288
	Brooks Koepka	74 71 71 72	288
	Ryan Palmer	69 74 74 71	288
38=	S-Y Noh	70 74 72 73	289
	Charl Schwartzel	71 70 73 75	289
	Adam Scott	72 69 74 74	289
	John Senden	71 74 72 72	289
	Cameron Tringale	71 75 69 74	289
	Jimmy Walker	73 72 74 70	289
	Bubba Watson	71 71 73 74	289
	Danny Willett	71 71 76 71	289
46=	Matt Kuchar	72 74 72 72	290
	Lee Westwood	73 73 70 74	290
48	Geoff Ogilvy	74 70 73 74	291
49=	Jason Dufner	74 71 74 73	292
	Anirban Lahiri	71 75 74 72	292
51	Erik Compton	73 72 74 74	293
52=	Darren Clarke	74 71 77 72	294
	Graeme McDowell	71 74 76 73	294
54	Vijay Singh	75 70 79 71	295
55	Thongchai Jaidee	75 70 80 72	297

Cut (Low 50 & ties plus those within 10 strokes of leader after 36 holes)
147 Luke Donald 75,72; Matt Every 73,74; Jim Furyk 74,73; Stephen Gallacher 71,76; James Hahn 73,74; JB Holmes 76,71; Mikko Ilonen 74,73; Bernhard Langer 73,74; Shane Lowry 75,72; Brandt Snedeker 74,73; Gary Woodland 71,76
148 Branden Grace 75,73; Brian Harman 76,72; Billy Horschel 70,78; Joost Luiten 76,72; Ben Martin 74,74; Camilo Villegas 72,76
149 Corey Conners (a) 80,69; Victor Dubuisson 74,75; Padraig Harrington 72,77; Ian Woosnam 75,74
150 Sandy Lyle 74,76; Byron Meth (a) 74,76; Jose Maria Olazabal 79, 71
151 Thomas Bjorn 72,79; Miguel Angel Jimenez

	78,73;Martin Kaymer 76,75; Larry Mize 78,73; Anthony Murdaca (a) 78 73; Kevin Stadler 77,74; Brendon Todd 80,71		
152	Matias Dominguez (a) 76,76; Tom Watson 71,81		Neil (a) 78,79
153	Fred Couples 79,74; Trevor Immelman 76,77	159	Gunn Yang (a) 85,74
156	Robert Streb 80,76	163	Mike Weir 82,81
157	Ben Crane 79,78; Scott Harvey (a) 76,81; Bradley	176	Ben Crenshaw 91,85

Scr Tim Clark (inj, elbow); Marc Leishman (wife ill)

Round Leader(s)   **Lowest Scores**
R1 Spieth; 64   R2 Moore, Na, Spieth; 66
R2 Spieth; 130   R3 Mickelson, Rose, Poulter; 67
R3 Spieth; 200   R4 McIlroy, Matsuyama; 66

2015

115th US OPEN Championship
Chambers Bay Golf Course, Tacoma, Washington (18-21 June)
No Starting 156: No Making Cut 75: No Completing 75
R1 7497 yards; R2 7695; R3: 7637; R4 7384: Par 70 (280)

1	JORDAN SPIETH ($1800000)	68 67 71 69	275
2=	Dustin Johnson	65 71 70 70	276
	Louis Oosthuizen	77 66 66 67	276
4=	Branden Grace	69 67 70 71	277
	Adam Scott	70 71 72 64	277
	Cameron Smith	70 70 69 68	277
7	Charl Schwartzel	73 70 69 66	278
8	Brandt Snedeker	69 72 70 68	279
9=	Jason Day	68 70 68 74	280
	Shane Lowry	69 70 70 71	280
	Rory McIlroy	72 72 70 66	280
12=	Kevin Kisner	71 68 73 69	281
	Matt Kuchar	67 73 72 69	281
14=	Tony Finau	69 68 74 71	282
	Patrick Reed	66 69 76 71	282
	Andres Romero	71 69 71 71	282
	John Senden	72 72 70 68	282
18=	Charlie Beljan	69 75 69 70	283
	Jason Dufner	68 72 73 70	283
	Sergio Garcia	70 75 70 68	283
	Brooks Koepka	72 72 70 69	283
	Jamie Lovemark	70 68 75 70	283
	Hideki Matsuyama	70 71 72 70	283
	Geoff Ogilvy	69 72 75 67	283
25=	Thomas Aiken	74 71 73 66	284
	Billy Horschel	72 72 73 67	284
27=	Keegan Bradley	73 71 72 69	285
	Brian Campbell (a)	67 72 78 68	285
	Tommy Fleetwood	74 69 73 69	285
	Jimmy Gunn	72 73 70 70	285
	Morgan Hoffmann	71 74 74 66	285
	JB Holmes	72 66 71 76	285
	Alexander Levy	70 69 73 73	285
	Francesco Molinari	68 73 72 72	285
	Justin Rose	72 70 72 71	285
	Henrik Stenson	65 74 72 74	285
	Daniel Summerhays	70 67 78 70	285
	Marc Warren	68 74 72 71	285
39=	Paul Casey	72 69 73 72	286
	Troy Kelly	72 73 72 69	286
	Joost Luiten	68 69 74 75	286
42=	Jim Furyk	71 73 73 70	287
	Denny McCarthy (a)	71 73 71 72	287
	Oliver Schniederjans (a)	69 73 72 73	287
	Robert Streb	74 70 73 70	287
46=	Kevin Chappell	69 75 73 71	288
	Brad Fritsch	70 74 72 72	288
	Kevin Na	70 72 72 74	288
	Webb Simpson	72 73 71 72	288
50=	Sam Saunders	72 72 76 69	289
	Lee Westwood	73 69 77 70	289
52=	Nick Hardy (a)	70 75 77 68	290
	Ryan Palmer	74 70 73 73	290
54=	Ernie Els	72 70 76 73	291
	Ian Poulter	72 73 69 77	291
	Mark Silvers	72 71 75 73	291
	Cameron Tringale	75 68 74 74	291
58=	Luke Donald	73 71 73 75	292
	Brad Elder	76 68 76 72	292
	Beau Hossler (a)	71 72 73 76	292
	Jack Maguire (a)	73 68 73 78	292
	DA Points	74 71 77 70	292
	Jimmy Walker	72 73 72 75	292
64=	Angel Cabrera	70 75 74 74	293
	Marcus Fraser	71 71 77 74	293
	Ben Martin	67 70 86 70	293
	Phil Mickelson	69 74 77 73	293
	Colin Montgomerie	69 76 72 76	293
	C-T Pan	71 72 76 74	293
70=	George Coetzee	72 73 72 77	294
	Andy Pope	74 71 77 72	294
72=	Zach Johnson	72 72 78 73	295
	John Parry	72 73 71 79	295
74	Camilo Villegas	72 73 80 75	300
75	Chris Kirk	70 73 80 78	301

Cut (Low 60 & ties plus those within 10 strokes of leader after 36 holes)

146	Roberto Castro 74,72; Hiroyuki Fujita 72,74; Cody Gribble 68,78; Bill Haas 73,73; Charley Hoffman 76,70; Martin Kaymer 72,74; Garth Mulroy 74,72; Marcel Siem 73,73; Andy Sullivan 72,74
147	Jason Allred 74,73; Victor Dubuisson 74,73; David Hearn 72,75; Tom Hoge 73,74; Masahiro Kawamura 70,77; Anirban Lahiri 75,72; W-C Liang 73,74; Hunter Mahan 73,74; Tim O'Neal 74,73; Michael Putnam 70,77; Bubba Watson 70,77; Bernd Wiesberger 72,75
148	Retief Goosen 77,71; Brian Harman 69,79; Russell Henley 71,77; Thongchai Jaidee 71,77; Miguel Angel Jimenez 69,79; Kevin Lucas 74,74; Matt Mabrey 74,74; Lee McCoy (a) 74,74; Graeme McDowell 74,74; Alexander Noren 73,75
149	B-H An 73,76; Bryson Dechambeau (a) 74,75; Ryo Ishikawa 74,75; Lee Janzen 73,76; Shiv Kapur 72,77; George McNeill 75,74; Ryan Moore 75,74; Bradley Neil (a) 76,73; Matthew Nesmith (a) 76,73; Jason Palmer 76,73; Bo Van Pelt 73,76; Danny Willett 72,77
150	Jared Becher 78,72; Lucas Bjerregaard 73,77; Erik Compton 76,74; Tyler Duncan 78,72; Oliver Farr 73,77; Stephen Gallacher 78,72; Kyle Jones (a) 78,72; Jake Knapp (a) 74,76; Marc Leishman 73,77; Steve Marino 75,75; Tjaart van der Walt 77,73; Gunn Yang (a) 74,76;
151	Blayne Barber (a) 78,73; Jamie Donaldson 74,77; Brandon Hagy 74,77; Sam Horsfield (a) 75,76; Shunsuke Sonoda 78,73; Gary Woodland 74,77
152	Michael Davan 77,75; Billy Hurley III 80,72; Danny Lee 78,74
153	Kurt Barnes 72,81; Davis Riley (a) 73,80; Brendon Todd 78,75
154	Rickie Fowler 81,73; Stephan Jaeger 74,80; Richard H Lee 74,80; Joshua Persons 79,75
155	Richard Berberian, Jr 83,72; Sebastian Cappelen 70,85; Patrick Wilson 79,76
156	S-H Baek 74,82; Lucas Glover 73,83; Tiger Woods 80,76
157	Darren Clarke 77,80
161	Cole Hammer (a) 77,84
166	Alex Kim 80,86

Scr
Michael Campbell (retired from golf); Corey Conners (turned pro, forfeited amateur exemption)

Wdw
28 holes:123 Matt Every 78,45 (ill, stomach)

Round Leader(s)
R1 D Johnson, Stenson; 65
R2 Reid, Spieth; 135
R3 Day, Grace, D Johnson, Spieth; 206

Lowest Scores
R2 Holmes, Oosthuizen; 66
R3 Oosthuizen; 66
R4 Scott; 64

2015

Old Course, St Andrews, Fife, Scotland (16-20 July; rain-affected)
No Starting 156: No Making Cut 80: No Completing 80
7297 yards: Par 72 (288)

Pos	Player	Rounds	Total
1	ZACH JOHNSON* (£1150000/€1591250/$1794700)	66 71 70 66	273
2=	Marc Leishman	70 73 64 66	273
	Louis Oosthuizen	67 70 67 69	273
4=	Jason Day	66 71 67 70	274
	Jordan Spieth	67 72 66 69	274
6=	Sergio Garcia	70 69 68 70	277
	Jordan Niebrugge (a)	67 73 67 70	277
	Justin Rose	71 68 68 70	277
	Danny Willett	66 69 72 70	277
10=	Brooks Koepka	71 70 69 68	278
	Adam Scott	70 67 70 71	278
12=	Ashley Chesters (a)	71 72 67 69	279
	Luke Donald	68 70 73 68	279
	Martin Kaymer	71 70 70 68	279
	Oliver Schniederjans (a)	70 72 70 67	279
	Brendon Todd	71 73 69 66	279
	Anthony Wall	70 71 68 70	279
18=	Hideki Matsuyama	72 66 71 71	280
	Robert Streb	66 71 70 73	280
20=	Stewart Cink	70 71 68 72	281
	Marcus Fraser	74 69 68 70	281
	Retief Goosen	66 72 69 74	281
	Brandon Grace	69 72 73 67	281
	Padraig Harrington	72 69 65 75	281
	Russell Henley	74 66 72 69	281
	Phil Mickelson	70 72 70 69	281
	James Morrison	71 71 70 69	281
	Greg Owen	68 73 71 69	281
	Patrick Reed	72 70 67 72	281
30=	Steven Bowditch	70 69 69 74	282
	Paul Dunne (a)	69 69 66 78	282
	Rickie Fowler	72 71 66 73	282
	Jim Furyk	73 71 66 72	282
	Billy Horschel	73 71 71 67	282
	Matt Jones	68 73 69 72	282
	Anirban Lahiri	69 70 71 72	282
	Ryan Palmer	71 71 67 73	282
	Andy Sullivan	72 71 68 71	282
	Jimmy Walker	72 68 71 71	282
40=	Scott Arnold	71 73 73 66	283
	Rafael Cabrera-Bello	71 73 68 71	283
	Paul Lawrie	66 70 74 73	283
	Francesco Molinari	72 71 73 67	283
	Geoff Ogilvy	71 68 72 72	283
	John Senden	72 72 68 71	283
	Webb Simpson	70 70 71 72	283
	Henrik Stenson	73 70 71 69	283
	Marc Warren	68 69 72 74	283
49=	Jamie Donaldson	72 71 71 70	284
	David Duval	72 72 67 73	284
	Ryan Fox	72 69 76 67	284
	David Howell	68 73 73 70	284
	Dustin Johnson	65 69 75 75	284
	Graeme McDowell	72 72 70 70	284
	Hunter Mahan	72 72 67 73	284
	Eddie Pepperell	72 70 66 76	284
	Lee Westwood	71 73 69 71	284
58=	Greg Chalmers	70 71 69 75	285
	Jason Dufner	73 71 67 74	285
	Matt Kuchar	71 73 70 71	285
	David Lipsky	73 69 70 73	285
	Kevin Na	67 75 70 73	285
	Cameron Tringale	71 71 73 70	285
	Gary Woodland	72 70 71 72	285
65=	Ernie Els	71 73 69 73	286
	Thongchai Jaidee	72 71 70 73	286
	Romain Langasque (a)	69 72 71 74	286
68=	Graham DeLaet	71 73 68 75	287
	Harris English	71 72 69 75	287
	Ross Fisher	71 73 72 71	287
	Richie Ramsay	72 71 70 74	287
	Charl Schwartzel	67 72 69 79	287
	Bernd Wiesberger	72 72 71 72	287
74=	Paul Casey	70 71 75 72	288
	David Lingmerth	69 72 70 77	288
	Ben Martin	74 70 67 77	288
	Brett Rumford	71 71 71 75	288
78=	Bernhard Langer	74 70 73 72	289
	Mark O'Meara	72 72 71 74	289
80	Thomas Aiken	75 69 72 74	290

*Zach Johnson (3-3-5-4=15) beat Louis Oosthuizen (3-4-5-4=16) & Marc Leishman (5-4-5-4=18)in the Four-hole Play-off

Cut (Low 70 & ties after 36 holes)
145 John Daly 71,74; Victor Dubuisson 74,71; Tommy Fleetwood 69,76; Brian Harman 73,72; Mikko Illonen 75,70; Rikard Karlberg 70,75; Kevin Kisner 71,74; Pablo Larrazabal 76,69; Alexander Levy 70,75; Shane Lowry 73,72; Carl Petterson 72,73; Marcel Siem 70,75
146 B-H An 74,72; Jonas Blixt 75,71; Darren Clarke 73,73; Pelle Edberg 72,74; Hiroyuki Fujita 71,75; Stephen Gallacher 73,73; Tyrrell Hatton 70,76; Scott Hend 74,72; Raphael Jacquelin 76,70; Paul Kinnear (a) 70,76; Russell Knox 72,74; Joost Luiten 74,72; Matteo Manassero 73,73; Brandt Snedeker 73,73
147 Keegan Bradley 75,72; George Coetzee 74,73; David Hearn 74,73; JB Holmes 73,74; Danny Lee 73,74; Sandy Lyle 71,76; Ryan Moore 74,73; Ian Poulter 73,74; Tadahiro Takayama 75,72; Shinji Tomimura 73,74; Bubba Watson 71,76
148 Kiradech Aphibarnrat 73,75; James Hahn 75,73; Yuta Ikeda 74,74; Miguel Angel Jimenez 75,73; Soren Kjeldsen 75,73; Tom Lehman 75,73; Jaco van Zyl 79,69; Romain Wattel 75,73; Mark Young 74,74
149 Daniel Berger 73,76; Thomas Bjorn 70,79; Adam Bland 75,74; Daniel Brooks 76,73; Ben Curtis 74,75; Bill Haas 75,74; Morgan Hoffmann 74,75; Hiroshi Iwata 79,70; Edoardo Molinari 74,75; Koumei Oda 73,76; Taichi Teshima 76,73
150 Alister Balcombe 74,76; Robert Dinwiddy 73,77; Tom Gillis 76,74; Charley Hoffman 72,78; Justin Leonard 78,72; W-C Liang 80,70; Scott Strange 77,73; Kevin Streelman 78,72; Gunn Yang (a) 73,77
151 Matt Every 73,78; Todd Hamilton 74,77; Tiger Woods 76,75
152 Jonathan Moore 74,78; Rod Pampling 77,75
154 Nick Faldo 83,71
155 Mark Calcavecchia 80, 75; Ben Taylor (a) 82,73
156 Tom Watson 76,80
157 Gary Boyd 77,80

Scr
Tim Clark (visa issues); Chris Kirk (inj, hand); Rory McIlroy (inj, ankle); Alex Noren (inj, chest)

Round Leader(s)
R1   D Johnson; 65
R2   D Johnson; 134
R3   Day, Dunne (a), Oosthuizen; 204

Lowest Scores
R2   Henley, Matsuyama; 66
R3   Leishman; 64
R4   Arnold, Z Johnson, Leishman, Todd; 66

2015

97th PGA Championship
Whistling Straits (Straits Course), Kohler, Wisconsin (13-16 August)
No Starting 156: No Making Cut 77: No Completing 77
7501 yards: Par 72 (288)

1	JASON DAY ($1800000)	68 67 66 67	268
2	Jordan Spieth	71 67 65 68	271
3	Branden Grace	71 69 64 69	273
4	Justin Rose	69 67 68 70	274
5=	Brooks Koepka	73 69 67 66	275
	Anirban Lahiri	70 67 70 68	275
7=	George Coetzee	74 65 70 67	276
	Dustin Johnson	66 73 68 69	276
	Matt Kuchar	68 72 68 68	276
10=	Tony Finau	71 66 69 71	277
	Robert Streb	70 73 67 67	277
12=	Russell Henley	68 71 70 69	278
	Martin Kaymer	70 70 65 73	278
	David Lingmerth	67 70 75 66	278
	Brandt Snedeker	71 70 68 69	278
	Brendan Steele	69 69 73 67	278
17	Rory McIlroy	71 71 68 69	279
18=	Victor Dubuisson	76 70 67 67	280
	Phil Mickelson	72 73 66 69	280
	Justin Thomas	72 70 68 70	280
21=	Hiroshi Iwata	77 63 70 71	281
	Matt Jones	68 65 73 75	281
	Bubba Watson	72 71 70 68	281
24	JB Holmes	68 71 69 74	282
25=	Ernie Els	71 71 69 72	283
	Tyrrell Hatton	73 72 68 70	283
	Billy Horschel	72 68 68 75	283
	Cameron Smith	74 68 70 71	283
	Henrik Stenson	76 66 70 71	283
30=	Paul Casey	70 70 70 74	284
	Rickie Fowler	73 70 70 71	284
	Jim Furyk	73 70 69 72	284
	Louis Oosthuizen	72 71 72 69	284
	Patrick Reed	75 69 67 73	284
	Steve Stricker	71 72 71 70	284
	Nick Watney	78 68 68 70	284
37=	Jason Bohn	74 71 66 74	285
	Hideki Matsuyama	70 70 71 74	285
	Ryan Moore	73 70 75 67	285
	Charl Schwartzel	73 69 68 75	285
	Vijay Singh	73 71 71 70	285
	Boo Weekley	75 70 65 75	285
43=	Kevin Chappell	73 68 78 67	286
	Luke Donald	72 70 70 74	286
	Danny Lee	68 77 69 72	286
	Hunter Mahan	72 68 73 73	286
	Lee Westwood	72 72 70 72	286
48=	Thomas Bjorn	69 75 69 74	287
	Harris English	68 71 76 72	287
	Scott Piercy	68 70 74 75	287
	Marcel Siem	70 70 73 74	287
	Marc Warren	72 73 69 73	287
	Y-E Yang	70 72 72 73	287
54=	Sergio Garcia	72 71 75 70	288
	Mikko Ilonen	72 73 71 72	288
	Troy Merritt	74 70 75 69	288
	Francesco Molinari	71 73 69 75	288
	Webb Simpson	71 71 72 74	288
	Kevin Streelman	73 71 74 70	288
	Danny Willett	74 70 71 73	288
61=	Keegan Bradley	76 70 72 71	289
	Emiliano Grillo	70 73 72 74	289
	Chesson Hadley	73 71 70 75	289
64	S-M Bae	71 72 75 72	290
65=	Brendon de Jonge	72 71 75 73	291
	Bill Haas	73 72 71 75	291
	Charles Howell III	70 70 77 74	291
68=	Kiradech Aphibarnrat	72 72 73 75	292
	Jason Dufner	71 75 69 77	292
	Nick Taylor	73 73 75 71	292
71	Brian Gaffney	71 73 78 71	293
72=	JJ Henry	75 70 74 75	294
	Koumei Oda	79 67 72 76	294
	Sean O'Hair	75 68 73 78	294
75=	Morgan Hoffmann	72 74 72 78	296
	Carl Pettersson	76 70 75 75	296
77	James Morrison	69 74 76 78	297

Cut (Low 70 & ties after 36 holes)
147   Padraig Harrington 76,71; David Hearn 76,71; Zach Johnson 75,72; Kevin Kisner 75,72; Martin Laird 76,71; Marc Leishman 79,68; Shane Lowry 78,69; Shaun Micheel 74,73; Ryan Palmer 75,72; Rory Sabbatini 71,76; John Senden 71,76; Bernd Wiesberger 72,75
148   Daniel Berger 74,74; Rafael Cabrera-Bello 73,75; Tim Clark 75,73; Ryan Helminen 76,72; Russell Knox 77,71; George McNeill 71,77; Kevin Na 74,74; Richie Ramsay 81,67; Jimmy Walker 75,73; Tiger Woods 75,73
149   B-H An 75,74; Steven Bowditch 74,75; Matt Dobyns 76,73; Tommy Fleetwood 77,72; James Hahn 75,74; Graeme McDowell 73,76; Geoff Ogilvy 74,75; Pat Perez 74,75; Shawn Stefani 74,75; Brendon Todd 76,73
150   Ross Fisher 76,74; Miguel Angel Jimenez 76,74; Soren Kjeldsen 72,78; Colin Montgomerie 78,72; Ian Poulter 75,75; Grant Sturgeon 77,73; Andy Sullivan 78,72; Camilo Villegas 75,75
151   David Howell 73,78; Pablo Larrazabal 79,72; Adam Rainaud 74,77; Adam Scott 76,75; Bob Sowards 75,76; Chris Wood 76,75
152   Stephen Gallacher 76,76; Brian Harman 78,74; Thongchai Jaidee 74,78; Davis Love III 79,73; Joost Luiten 80,72; Benjamin Polland 76,76; David Toms 77,75; Cameron Tringale 78,74
153   Brett Jones 75,78; Alexander Levy 77,76; Ben Martin 76,77; Eddie Pepperell 78,75
154   Rich Beem 76,78; Matt Every 74,80; Johan Kok 77,77
155   John Daly 73,82; Brent Snyder 76,79
157   Fabian Gomez 79,70; Charley Hoffman 79,78
158   Steven Young 77,81
159   Darren Clarke 78,81; Charles Frost 76,83; Omar Uresti 77,82
160   Sean Dougherty 79,81
161   Jeff Olson 79,82
162   Mark Brooks 84,78
163   Austin Peters 82,81
164   Brian Cairns 83,81
165   Daniel Venezio 89,76
169   Ryan Kennedy 79,90; Alan Morin 87,82

Scr
Graham DeLaet (inj, thumb); Chris Kirk (inj, hand); Alex Noren (inj, chest); Gary Woodland (inj, neck) Wdw
18 holes: 76 Alex Cejka (inj, ankle)
33 holes: 142 Jamie Donaldson 79,63 (inj, back)

Round Leader(s)
R1   D Johnson; 66
R2   Matt Jones; 133
R3   Day; 201

Lowest Scores
R2   Iwata; 63
R3   Grace; 64
R4   Koepka, Lingmerth; 66

THE MAJORS OF 2016

80th MASTERS Tournament
Augusta National Golf Club, Augusta, Georgia (7-10 April 2016)
No Starting 89: No Making Cut 57: No Completing 57
7435 yards: Par 72 (288)

Much of the confidence that built up within the European Ryder Cup squads in the last two decades of the 20th century was down to a particular purple patch of the then team members in individual competitions, especially the Majors. Before 1980, no European had won the Masters or PGA Championship; only Tony Jacklin, in 1970, had lifted the US Open title since Harry Vardon back in 1900. Then in a flurry spearheaded by Seve Ballesteros, Europeans took a fancy to the Masters in particular, and between 1980 and 1999, they would win 11 of the 20 Green Jackets on offer. The new millennium at Augusta National hasn't been so kind to Old World golfers, however. The production line of players of the real best quality has dried up, somewhat. Only Rory McIlroy holds comparison with the likes of Seve, Faldo and Langer, and may already be compared more favourably in posterity with the likes of the other Masters Champions of that golden era, Lyle, Woosnam and Olazabal. Other Europeans have sporadically collected Majors in the 21st century, with Harrington, Kaymer and Rose being the best of them, but the Masters has avoided them, too. Even when Luke Donald was leading the OWR, he couldn't claim a Green Jacket. Nearly men, Ryder Cup stalwarts over the years, Montgomerie, Westwood, Garcia and Poulter have all come close, but have ultimately failed to succeed at Augusta. Then in April 2016 a 28 year-old Englishman hailing from Sheffield and a proud Yorkshireman, broke the Europeans' millennium duck, and in a most astonishing way.

Jordan Spieth had breezed through the 2015 Majors **W**, **W**, 4, 2, and the way he set off in the first round of the Masters in 2016 suggested he was going to top those amazing performances. Despite a blustery wind, he opened with a 66, his fifth consecutive round under par at the Masters, to lead Danny Lee of New Zealand and Shane Lowry of Ireland by two, three clear of group which included Sergio Garcia and Justin Rose, and four ahead of McIlroy and Willett and two Americans, Billy Horschel and Scott Piercy. Some famous names didn't fare so well. The World Number One of the day was Day, Jason Day. The Aussie started well enough, shooting to the turn in 31, five strokes under par, only to give them all back on the way home. Four-time Major winner, traditionally the Big Easy, Ernie Els was all of a fluster on the opening hole, nervously prodding the ball to and fro along a six foot long pendulum path six times before the hole came to devour him and a record-breaking nine.

The wind relentlessly continued into Friday to worry the field and scores were extremely ordinary. Only four players went under par for the round: the Americans Daniel Berger, Dustin Johnson and Troy Merritt, and Rory Mcilroy, who climbed the leaderboard, but not quite to the top. Jordan Spieth maintained his elevated position, seemingly now the perennial leader of the Masters, round after round, but he was particularly profligate again: he saw a five-stroke advantage over the field dwindle to one after a double bogey and four singles. Bryson DeChambeau, in his last event as an amateur, almost caught Spieth but shot a triple-bogey seven at the final hole. After an acceptable opening 72, Phil Mickelson packed his bags following a surprising 79. He was one of 14 Major Champions to miss the cut, two of whom, the nearly legendary Tom Watson, and the nearly 5' 4" Ian Woosnam, were to grace Augusta's cerebral swards for the last time.

In Round Three Spieth was experiencing a kind of Groundhog Day feeling when a pattern similar to those in the previous rounds recurred. After pulling away from the field early in the round, he kept the rest interested by way of major faux pas on 12, 17 (a double) and 18 to end the day ahead of the field once more, but by just one stroke. In doing so he created a new Masters record for the player who has led the field for the most consecutive rounds. Jordan's series of seven eclipsed Arnold Palmer's stretch across the 1960 and 1961 seasons. Spieth can also claim after his first three Masters Tournaments he has held the lead going into the final round every time.

In another round where scoring was not easy, Smylie Kaufman grabbed the limelight with the only score under 70, and took advantage of Spieth's magnanimity over the closing holes to move to one off the Champion, and one better than two-time winner Bernhard Langer. The doughty German, whose last success came in 1993, was now 58, a year and a bit younger than Tom Watson was in the Turnberry Open of 2009 when he gloriously failed to become the oldest winner of a Major (and by some ten years or so). Bernhard may have given thought to Tom's marvellous feat before setting off just two strokes behind the leader on Sunday. Rory McIlroy's erratic Augusta form continued to deny him the opportunity, again, of a Career Slam. His limp birdie-less 77 put him five behind the leader and, in the form he was in, effectively out of it for another year.

Groundhog Day continued for Jordan Spieth again the final round, but without the ending to the round in previous days. Reality kicked in and kicked Jordan that hard he converted certain victory into abject defeat. After 63 holes, 135 accumulatively if you count in the 2015 event, he had held Augusta and her patrons agog with his imperious, impactful arrival at the top of the sport, and was now looking odds-on to repeat the result of 2015. He was heading the pack by five shots, and was about to make the back nine a victory parade in what would be surely a resoundingly successful defence of the Masters – and a second Green Jacket to wear when the other one was at the dry cleaner's. Then a hiccup at the 11th; a blunder at the 12th – the lead was now three, but it was only a temporary wobble, wasn't it? Bring on 12, in the hinge of Amen Corner, let's return to some sanity here. But the magnificently malevolent par 3, infamous, terribly difficult, a real ball-breaker if doubt has already started to seep into the psyche, was not going to roll over for an increasingly frustrated Champion. Twice the fearsome, spiteful moat that is Rae's Creek snaffled Jordan's ball; four over par was the damage. Up ahead Danny Willett, by collecting birdies at 13 and 14 returned to the reckoning and barefacedly leapfrogged the leader – also kicking him while he was down – to the shock and general chagrin of disbelieving galleries and Spieth himself. With three to play, the Yorkie repulsed an attack from Nottinghamshire's Lee Westwood (a near neighbour, really) who, striving for his first Grand Slam title after 21 years of trying, chipped in for eagle on the 15th. It was a passing piece of pressure, however, as Lee promptly handed one back at 16 while Willett birdied it to resume the status quo. Dustin Johnson came close before a double bogey on the troublesome 17th stopped him in his tracks. Danny held his nerve with pars from then in, to become leader in the clubhouse, as Spieth, coming out of a deep concussion, cleared his head a little to pick up birdies at 13 and 15. The Champion hadn't fully recovered though, and wanting two shots from what was left to match Willett. Jordan bogeyed 17, and that was that. What happened was the biggest capitulation in Majors since the Masters of exactly 20 years before, when poor Greg Norman crumbled under the heel of a cold and clinical Nick Faldo.

Danny Willett may not have been the top star who is always expected to win the big tournaments. He is nevertheless a highly appreciated talent around the world of golf. A former English Amateur Champion who honed his skills on college golf in the States, he was ranked 12th in the world at the time of the Masters. Not too shabby; but now he's a Major Champion and a Masters legend in the future, perhaps.

PS: These are legends! Gary Player, aged 80, finally claimed his first hole-in-one at Augusta when appearing in the Par Three Competition; and two, Arnold Palmer, aged 87, joined Player and Jack Nicklaus on the first tee for the 80th Masters Tournament ceremonial drive-off, but was too frail to hold a club. It presaged the end for golf's most esteemed, the populist sculptor of modern professional golf, as Arnie would never again appear at Augusta National.

Pos	Player	R1 R2 R3 R4	Total
1	DANNY WILLETT ($1800000)	70 74 72 67	283
2=	Jordan Spieth	66 74 73 73	286
	Lee Westwood	71 75 71 69	286
4=	Paul Casey	69 77 74 67	287
	JB Holmes	72 73 74 68	287
	Dustin Johnson	73 71 72 71	287
7=	Matthew Fitzpatrick	71 76 74 67	288
	Soren Kjeldsen	69 74 74 71	288
	Hideki Matsuyama	71 72 72 73	288
10=	Daniel Berger	73 71 74 71	289
	Jason Day	72 73 71 73	289
	Rory McIlroy	70 71 77 71	289
	Justin Rose	69 77 73 70	289
	Brandt Snedeker	71 72 74 72	289
15=	Kiradech Aphibarnrat	72 72 77 70	291
	Louis Oosthuizen	72 77 71 71	291
17=	Rafael Cabrera-Bello	74 73 75 70	292
	Emiliano Grillo	71 75 74 72	292
	Billy Horschel	70 77 73 72	292
	Danny Lee	68 74 79 71	292
21=	Bryson DeChambeau (a)	72 72 77 72	293
	Jamie Donaldson	74 72 75 72	293
	Brooks Koepka	73 72 76 72	293
24=	Angel Cabrera	73 73 73 75	294
	Bill Haas	75 74 72 73	294
	Matt Kuchar	75 73 72 74	294
	Bernhard Langer	72 73 70 79	294
	Henrik Stenson	72 75 78 69	294
29=	Charley Hoffman	71 77 73 74	295
	Smylie Kaufman	73 72 69 81	295
	Scott Piercy	70 72 79 74	295
	Webb Simpson	77 72 74 72	295
	Jimmy Walker	71 75 74 75	295
34=	Sergio Garcia	69 75 81 71	296
	Kevin Streelman	71 75 79 71	296
	Bernd Wiesberger	73 72 79 72	296
37=	Kevin Kisner	77 72 76 72	297
	Bubba Watson	75 75 76 71	297
39=	Romain Langasque (a)	74 73 83 68	298
	Shane Lowry	68 76 79 75	298
	Justin Thomas	76 73 78 71	298
42=	Victor Dubuisson	73 76 76 74	299
	Harris English	74 73 76 76	299
	Anirban Lahiri	76 73 75 75	299
	Davis Love III	73 73 76 77	299
	Troy Merritt	74 71 79 75	299
	Adam Scott	76 72 75 76	299
	Chris Wood	72 73 75 79	299
49=	Martin Kaymer	74 75 79 72	300
	Ian Poulter	69 78 82 71	300
	Patrick Reed	76 73 75 76	300
52=	Keegan Bradley	74 73 77 77	301
	Larry Mize	76 73 78 74	301
54	Hunter Mahan	73 75 78 76	302
55=	Kevin Na	72 74 85 72	303
	Cameron Smith	74 73 82 74	303
57	Thongchai Jaidee	72 76 81 78	307

Cut (Low 50 & ties plus those within 10 strokes of leader after 36 holes)

151 B-H An 77,74; Trevor Immelman 77,74; Marc Leishman 74,77; Phil Mickelson 72,79; Vaughan Taylor 74,77
152 Branden Grace 75,77; Zach Johnson 72,80; Russell Knox 79,73; David Lingmerth 79,73; Charl Schwartzel 76,76; Tom Watson 74,78
153 Derek Bard (a) 76,77; Jason Dufner 76,77; Ernie Els 80,73; Rickie Fowler 80,73; Jim Herman 75,78; Chris Kirk 76,77; Graeme McDowell 72,81; Vijay Singh 80,73
154 Mike Weir 76,78
155 Ryan Moore 80,75
156 Sammy Schmitz (a) 81,75; Robert Streb 81,75
157 Fabian Gomez 77,80; Cheng Jin (a) 79,78; Sandy Lyle 76,81; Mark O'Meara 77,80; Andy Sullivan 80,77
160 Darren Clarke 76,84
161 Steven Bowditch 79,82
163 Ian Woosnam 82,81
165 Paul Chaplet (a) 83,82

Scr
S-M Bae (military commitments); Fred Couples, Jim Furyk, Jose Maria Olazabal, Tiger Woods (all injured)

Round Leader(s)
R1 Spieth; 66
R2 Spieth; 140
R3 Spieth; 213

Lowest Scores
R2 Berger, D Johnson, McIlroy, Merritt; 71
R3 Kaufman; 69
R4 Casey, Fitzpatrick, Willett; 67

116th US OPEN Championship
Oakmont Country Club, Oakmont, Nr Pittsburgh, Pennsylvania (16-19 June)
No Starting 156: No Making Cut 67: No Completing 67
7254 yards: Par 70 (280)

The US Open returned to the embrace of the august arbours at Oakmont for the ninth time in June 2016. It was the 12th occasion for this demanding course to host a Major, although the last of the three PGA Championships to be held there was back in 1978. In 2016 Oakmont thus extended its lead at the top of the list of US host sites for Majors which are not bolted down to one place, viz Augusta National. It went three clear of Oakland Hills (who would be joined on nine by Baltusrol in the PGA later in the summer).

So the scene (albeit rather a soggy one) was set for the 116th US Open, and just as in the Masters in April, a new Major Champion was crowned. After a series of near misses, self-pronounced misdemeanours and various other semi-disasters and crises, Dustin Johnson finally, and deservedly, joined the ranks of golfing demi-gods in becoming a Major Champion for the first, and, just based on his talent alone, not the last, time. Behind were the Whistling Straits 'bunkergate' of 2010; injury in 2011; a self-imposed withdrawal from all golf for six months and a kind of unofficial slap on the wrist from the PGA of America for being a silly boy in 2014 over 'recreational' drugs. Ahead, the prospect of fresh challenges to be addressed with new vigour, and a great opportunity to break big into the Major Champions' cartel, now that the initiation test has at last been passed.

But before Dustin Johnson could achieve his mission, there was some hellish weather to contend with. Oakmont on Thursday was wreathed in rain clouds and the storms were so intense, play was suspended on three occasions, and no play was possible from 4:45 pm for the rest of the day. These tribulations played havoc with organizers, scorers, stewards, and players and their caddies alike. The leaderboards took on a Jabberwockian air with the information so bitty to be ineffectual to spectators, most of whom deciding the golf was probably secondary to self-preservation at certain times. Just for the record, only nine players managed to complete their rounds, with amateur Scottie Scheffer the unlikely clubhouse leader after Day One of the 2016 US Open. Something to tell the grandkids, I suppose. Luckily, Friday dawned with far more promise and the belated first round was completed by mid-afternoon. By this time the on-course leader at the end of Thursday, 29 year-old Texan Andrew Landry, finished his round with just one birdie blow (the only shot he would make all day, literally!) for a 66 and the overall lead by one stroke over Dustin Johnson and Lee Westwood after 18 holes, in his very first Major Championship. Under the circumstances, with a kind of climatic chaos all around, his 66 was remarkable. Six players failed to break 80, Jason Day shot 76, Rory McIlroy 77.

Round Two teed off late into Friday afternoon, the corollary being play was suspended again, this time through bad light at 8:45 pm. 27 players were cast adrift on this occasion to catch up on their second rounds early on Saturday. Dustin Johnson had the good fortune to have completed his round on the regulation day, posting a 69 to take the overnight clubhouse lead on 136, although still tied at four under par on the leaderbaord with Landry, one of the 27 unfortunates out at 7 am on the weekend trying to finish off Round Two business. Despite the inconvenience, the rookie came in eventually with a creditable 71, and when all the dust (in those few parts of the course dry enough to produce it) had settled he and Johnson led by one, two and three shots respectively over a curious-looking Top Ten. It featured only one Major Champion, Jim Furyk, tied seventh; three Majors runners-up (Johnson, Garcia and Westwood); and all the rest (apart from England's Andy Sullivan for whom this experience was something quite new) Gregory Bourdy, Shane Lowry, Scott Piercy tied third, and Daniel Summerhays, tied seventh, had previously been there but never got the tee-shirt (at least not yet). There was no starry sort of Major Champion among them. Indeed, several of the shiny stars behind a cloud by the time Round Two came to its tardy end. Double Masters Champion Bubba Watson was nine shots behind the leader; 2014 Champion Martin Kaymer was ten shots back. Six-time US Open runner-up Phil Mickelson missed the cut, along with nine other Major Champions, Rory McIlroy and Justin Rose (both former US Open Champions, to boot) being the most surprising names within their midst.

With Saturday having to accommodate those who didn't finish the second round when they should have, Round Three was not away until 3 pm, so yet again proceedings, for the third day running, were incomplete with darkness falling at 8:50 pm. Once more an early start was called for on Sunday as there were threesomes (necessary because of so many delays) left to finish their Round Two, going back down the course to the 14th tee. Of those who didn't manage to get all the way round on Saturday, the star performer was Ireland's Shane Lowry who picked up five strokes on Johnson and four on Landry by the time the night finished his work after 14 holes. Dustin had dropped a couple to par in reaching 13, and Landry, playing with him, was par for the round. Sunday's mopping up exercise saw Lowry strengthen his position after birdies on 15 and 17 to shoot a superb 65 and reach the clubhouse at seven under, four better than Landry and Johnson, his nearest challengers. With maidens in the Majors Stakes dominating the Top Ten going into the last round, the highest placed Champions, Jason Day and Zach Johnson, would have to hope for an eight-shot swing against the Irishman, and clamber over such aging but tough bridesmaids in Garcia and Westwood, part of the group of wannabees above, to stop a very probable victory for a first-time Champion.

Nothing comes easy for Dustin Johnson. If having bad last days in Majors wasn't a nag on his memory when getting up that Sunday morning four shots adrift of the overnight leader, Shane Lowry, he could have done without a heavy dose of rank officialdom once his round was under way. In one of the silliest unthinking overblown ham-fisted pieces of pedantry among the USGA rules officials present, Johnson, through no fault of his own, could have lost his cool and the Championship. On the 5th green as he was about to address the ball on a lightning-fast surface, he saw the ball move, took his putter away and explained what had just happened to an on-site official. With the support of playing partner Lee Westwood, Dustin was exonerated from any wrong-doing by the USGA man. The rules officials then advised Johnson on the 12th tee that he may still be penalized after all for the ball's movement, but only after they reviewed the situation with him in front of a television recording after his round was over.

It is testament to Johnson that he kept his cool, thankful perhaps that his closest competition were removing themselves completely out of contention. But with the threat of a dropped shot, or more, awaiting at the conclusion of the round, he had to shift his focus back to the golf he was playing. He made a thoroughly professional job of it, which is more than the USGA did, coming home in a one under par 69. Some weeks after the event, the USGA and R&A would amend the rule so that when a ball moves accidentally on the green before the putt is addressed, no penalty to the player will be incurred. But at the time, with the player still very much in play, and harking back to Johnson's desperately unfortunate penalty in the 2010 PGA Championship, this decision, non-decision, shilly-shallying involving Johnson at the 5th, and then communicating with him when there are still holes to play, could well have cost the Championship for a flakier Dustin Johnson of yore. Throughout all this mayhem though, he kept his calm, kept his game going, and coolly, professionally cruised home by four. To add insult to injury, Dustin was then pettily penalized one shot for the record – when it unaffected the result – a shameful coda to a ridiculous chapter of events.

If Johnson kept his own counsel over the matter both during and after the round, his fellow pros unleashed a scathing volley of comments (mostly Tweets) aimed at the USGA. McIlroy, Spieth and several others used pointedly disdainful adjectives in rebuking the USGA's handling of the situation. Dustin Johnson, credit to him, rose above it all.

A nice line to finish with after all that angst: scuttling up the leaderboard with a fine 66 to finish tied for second place, 46 year-old Jim Furyk became the oldest runner-up in all US Open history after Harry Vardon (aged 50) in 1920.

THE MAJORS OF 2016

1	DUSTIN JOHNSON ($1800000)	67 69 71 69	276
2=	Jim Furyk	71 68 74 66	279
	Shane Lowry	68 70 65 76	279
	Scott Piercy	68 70 72 69	279
5=	Sergio Garcia	68 70 72 70	280
	Branden Grace	73 70 66 71	280
7	Kevin Na	75 68 69 69	281
8=	Jason Day	76 69 66 71	282
	Jason Dufner	73 71 68 70	282
	Zach Johnson	71 69 71 71	282
	Daniel Summerhays	74 65 69 74	282
12	David Lingmerth	72 69 75 67	283
13=	Brooks Koepka	75 69 72 68	284
	Kevin Streelman	69 74 69 72	284
15=	Bryson DeChambeau	71 70 70 74	285
	Andrew Landry	66 71 70 78	285
	Brendan Steele	71 71 70 73	285
18=	Gregory Bourdy	71 67 75 73	286
	S-H Kang	70 72 70 74	286
	Marc Leishman	71 69 77 69	286
	Graeme McDowell	72 71 71 72	286
	Adam Scott	71 69 72 74	286
23=	B-H An	74 70 73 70	287
	Derek Fathauer	73 69 70 75	287
	Russell Knox	70 71 73 73	287
	Yusaku Miyazato	73 69 71 74	287
	Louis Oosthuizen	75 65 74 73	287
	Jon Rahm (a)	76 69 72 70	287
	Charl Schwartzel	76 68 69 74	287
	Andrew Sullivan	71 68 75 73	287
	Chris Wood	75 70 71 71	287
32=	Rafael Cabrera-Bello	74 70 69 75	288
	Billy Horschel	72 74 66 76	288
	Ryan Moore	74 72 72 70	288
	Justin Thomas	73 69 73 73	288
	Lee Westwood	67 72 69 80	288
37=	Daniel Berger	70 72 70 77	289
	Angel Cabrera	70 76 72 71	289
	Harris Englsih	70 71 72 76	289
	Charley Hoffman	72 74 70 73	289
	Martin Kaymer	73 73 72 71	289
	Jason Kokrak	71 70 74 74	289
	Rob Oppenheim	72 72 72 73	289
	Jordan Spieth	72 72 70 75	289
	Danny Willett	75 70 73 71	289
46=	Matt Kuchar	71 72 71 76	290
	Matteo Manassero	76 70 71 73	290
	Patrick Rodgers	73 72 68 77	290
49=	James Hahn	73 71 75 72	291
	Kevin Kisner	73 71 71 76	291
51=	Bill Haas	76 69 73 74	292
	Hideto Tanihara	70 76 74 72	292
	Bubba Watson	69 76 72 75	292
54=	Matthew Fitzpatrick	73 70 79 71	293
	Emiliano Grillo	73 70 75 75	293
	Andrew Johnston	75 69 75 74	293
57=	Danny Lee	69 77 74 74	294
	Lee Slattery	72 68 78 76	294
59=	Brandon Harkins	71 74 73 77	295
	Cameron Smith	71 75 70 79	295
61=	Matt Marshall	72 73 75 76	296
	Tim Wilkinson	71 75 75 75	296
63	Romain Wattel	71 75 75 76	297
64	Chase Parker	75 70 72 81	298
65=	Spencer Levin	73 72 77 77	299
	Ethan Tracy	73 70 79 77	299
67	Justin Hicks	73 72 78 81	304

Round Leader(s)
R1 Landry; 66
R2 D Johnson; 136
R3 Lowry; 203

Cut (Low 60 & ties plus those within 10 strokes of leader after 36 holes)

147 Tony Finau 72,75; Geoff Ogilvy 71,76; K-T Kim 73,74; Phil Mickelson 74,73; Scottie Scheffler (a) 69,78; Gary Stal 71,76; Kevin Tway 74,73

148 Matthew Baldwin 75,73; Paul Casey 75,73; Luke Donald 76,72; Jamie Donaldson 74,74; Chris Kirk 75,73; Denny McCarthy 76,72; Rory McIlroy 77,71; Aron Price 76,72; Patrick Reed 74,74; Justin Rose 72,76; Sebastian Soderberg 75,73; Robert Streb 76,72; Justin Suh (a) 75,73; Bernd Wiesberger 76,72

149 Keegan Bradley 71,78; Sam Burns (a) 74,75; Kevin Chappell 76,73; Lucas Glover 75,74; JB Holmes 76,73; Sam Horsfield (a) 76,73; TJ Howe 76,73; Soren Kjeldsen 73,76; Mikael Lundberg 75,74; William McGirt 75,74; David Toms 80,69

150 Kent Bulle 76,74; Ernie Els 75,75; Retief Goosen 73,77; Nick Hardy (a) 77,73; Kyle Mueller (a) 77,73; Patrick Wilkes-Krier 78,72; Aaron Wise 74,76;

151 Frank Adams III 76,75; Mark Anguiano 77,74; Rickie Fowler 76,75; Andres Gonzales 76,75; Yuta Ikeda 75,76; Anirban Lahiri 73,78; Andy Pope 77,74; Tyler Raber 73,78; Brandt Snedeker 80,71; Webb Simpson 77,74; DJ Trahan 77,74; Jimmy Walker 75,76

152 Thitiphun Chuayprakong 73,79; Christopher Crawford (a) 76,76; JJ Henry 77,75; Alex Noren 74,78; Hideki Matsuyama 74,78; Carlos Ortiz 76,76

153 Thomas Aiken 79,74; Matt Borchert 73,80; Billy Hurley III 78,75; Smiley Kaufman 77,76; Mike Miller 72,81; Jaco van Zyl 75,78

154 Kiradech Aphibarnrat 78,76; Wes Short Jr 78,76; Miguel Tabuena 74,80

155 Jason Allred 78,77; Derek Bard (a) 77,78; Patton Kizzire 77,78; Dicky Pride 78,77; Jim Herman 76,79; Max Kieffer 77,78; Richie Schembechler 79,76; Jeev Milkha Singh 76,79

156 Tom Hoge 78,78; Toru Taniguchi 78,78; Mike Van Sickle 76,80

157 Steven Bowditch 84,73; Derek Chang 80,77
158 Jeff Maggert 79,79; Gregor Main 84,74
159 Charlie Danielson (a) 78,81
160 Kevin Foley 75,85
161 Austin Jordan 77,84
162 Ryan Stachler (a) 78,84
163 Soren Hansen 79,84
166 Zach Edmondson 89,77

Scr
S-M Bae (military commitments); Darren Clarke (Ryder Cup prep, as captain of European Team); Thongchai Jaidee (no reason); Tiger Woods (inj, back)

Not Eligible
Romain Langasque (winner, Amateur Championship 2015) turned pro, thus forfeiting exemption. [Bryson DeChambeau (winner US Amateur Championship 2015) suffered a similar fate, but made the event via the sectional qualifiers]

Wdw
34 holes: 141 Henrik Stenson 69,72 (inj,neck/knee)

Dsq
18 holes 77 Peter Hanson (signing incorrect scorecard)

Lowest Scores
R2 Oosthuizen, Summerhays; 65
R3 Lowry; 65
R4 Furyk; 66

145th OPEN Championship
Royal Troon Golf Club (14-17 July)
No Starting 156: No Making Cut 81: No Completing 81
7190 yards: Par 71 (284)

With shades of Turnberry in 1977, Henrik Stenson and Phil Mickelson, playing together for the last two rounds in the 145th Open, fought a magnificent record-busting 'Duel in the Mirk', in much the same way as Tom Watson and Jack Nicklaus did in the forgotten sunshine of aeons earlier. The leaden skies over Troon, the clinging chilling fret from the adjacent grey ocean where the Firth of Clyde meets the Irish Sea, the invisibility cloak that masked Arran for most of the day – on a normal day these discomforts would be high among the memories of those stalwarts in the galleries braving the elements, eschewing most of the time the exposed grandstands, migrating from hole to hole to stay warm as much as for shadowing their favourite players. But on a Sunday with no sun, the average golf fan departed the Troon links rather rosy, if not warm, so heroic was the play between the best player in the world for much of the 21st century, and his adversary, Stenson, who, if not a Major Champion before the last round, was a player certainly overdue its status; at the 72nd hole he achieved golfing greatness in arguably one of the two greatest Opens in living memory.

Perhaps we should not have been surprised that the mercurial Mickelson, now 46, would be involved in such an exciting denouement. The man is special, something his collection of five Major titles only partially acknowledges. Finishing second here gave him his 11th runner-up finish in a Major, only Nicklaus in all history has more. And if the main course was served up, quite rightly, on the last day when it mattered most, we may have come to expect something hot from the most entertaining golfer of his era dished up along the way: and again Mickelson obliged. As an hors d'oeuvre, he almost broke the low record for any round in a Major, first set by Johnny Miller in 1973: a birdie putt for 62 was eminently achievable and the record was definitely on. How fitting that a great player should hold such a coveted mark, and all on his own (however long that might last). The putt trundled to the hole, willed on by an excited ring of followers. But deflation: just like so many others in the same position in a Major over the last 44 years, it came very, very close, but not close enough. The ball rimmed the hole and stayed out. Still, the crowd's favourite had lit up Royal Troon on Day One, and the Championship was well and truly under way. His 63 gave Mickelson a platform of a three-stroke lead in an opening round which was littered by pretty good scoring, rather than spectacular. Tied second were tough competitor Martin Kaymer and the improving Patrick Reed, and a clutch of eight on 67 featured Keegan Bradley, showing some form after a disappointing time since his 2011 PGA Championship win, and double Major winner Zach Johnson.

Despite shooting a respectable 69 in Round Two, Mickelson was almost caught by Stenson, whose 65 after a first round 68 brought him just one behind the American. Bradley's form held for a 68 and he was now tied third with Denmark's Soren Kjeldsen, who, on the back of a 7th finish at Augusta was enjoying his best year in the Majors since 2009. This pair at the halfway mark were, tellingly, now two off Stenson, and three behind Mickelson. A crack was opening. At the other end of the leaderboard eight former holders of the Claret Jug were not required for the weekend. Of these, seven were anticipated, being 1985 winner Sandy Lyle, now 58, and Champions from the 1990s-early 2000s era (although one departee, Ernie Els, also had a last hurrah in 2012 thanks to Adam Scott). The eighth, Louis Oosthuizen, the winner in 2010 and runner-up in both the Opens of 2015, and in OK 2016 form (Top 30 finishes in the two earlier Majors of the year), hit a disastrous 83 in Round Two to finish 12 over, eight shots over the cut mark. American Billy Horschel, tied fourth after Round One with a sharp 67, expected to be at Troon for the duration, at least. Shooting an ugly 85 in Round Two was like shooting himself in the foot, and he, too, limped home before the job was half done.

The crack that was beginning to appear between Mickelson and Stenson and the rest of the field, was, at the end of the third round becoming more of a fissure, with five strokes between the now second-placed Mickelson and six to Stenson, the new leader. Third place man Bill Haas (dizzying heights in a Major for him) with a 69, separated him from those immediately below by another stroke, as did, incrementally, England's Andrew 'Beef' Johnston (even dizzier) in fourth and JB Holmes in fifth, which meant that the small bunches that followed these players were now eight behind Phil and nine off Henrik's leading total, and they were toward the head of the pack. In addition, most of the pursuers closest to the top of the leaderboard on Friday night had now dropped away, their positions taken by those previously off the pace, and consequently having too many shots to make up to catch the leaders. So all the two leaders had to do in Round Three on Saturday was to play thoughtful, sensible yet positive golf, and allow the fissure to widen organically between them and the rest of the field. But at the same time, they couldn't take their foot off the pedal and allow the other to take advantage. The fact that they were playing partners meant the duel was taking on more of a match play air to it. Stenson's 68, the equal best score of the day, trumped Mickelson's 70, and the Swede assumed the leadership going into the last round.

It went Henrik Stenson's way finally, decisively, from the 14th onwards: over the last five holes, Stenson picked up four birdies to Mickelson's solitary gain on 16. Up to the 13th, there was some excellent golf from the two, with Henrik and Phil playing real cat-and-mouse stuff. Mickelson instantly wrenched back the lead after a two-stroke swing on the 1st; Stenson immediately struck back with birdies on 2 and 3 (to take the lead again); at the 4th Phil drew level with Henrik, his eagle being too good for the Swede's birdie; they both birdied 6; Stenson pulled ahead on 9 to lead into the turn; both birdied 10; Henrik bogeyed 11, making the pair all square once more. Two more cagey pars ensued before the Stenson spree sent his scoring into overdrive, coming home birdie, birdie, birdie, par, birdie. The birdie at 15 from off the green stirred the American to retaliate with one of his own at the next hole, only to see the rampant Swede match it. Pars at 17 virtually signalled the end for Phil: another long-range Henrik birdie in the amphitheatre that was the 18th finally nailed his coffin.

Phil Mickelson wouldn't have liked coming second in a Major for the 11th time: if he had converted fewer than 50%, just five, of those seconds into firsts, he would be sitting pretty now with ten Majors to his name. That would have made him fourth in the all-time list behind Nicklaus, Woods and Hagen; and ahead of such luminaries as Hogan, Player, Watson, Vardon, Sarazen, Jones, Snead and Palmer. He holds not only the low 72-hole score for any Major without winning (266 at the PGA, 2001), but after his exertions at Troon in 2016, he now has the second lowest too, at 267. But these are all just silver medals.

Stenson's success, on the other hand, with his first Majors victory, has elevated him to a new plane amongst his peers. And thanks to the thrilling way The Open of 2016 unfolded, he is responsible for a clutch of positive stats. Henrik is the first man from Sweden to become a Major Champion (the 19th country to produce one), and the first from Scandinavia. His 72-hole total of 264 eclipsed David Toms' previous low for all Majors at the aforementioned PGA of 2001 at Atlanta Athletic Club. The 20 under par total matched Jason Day's from the PGA of 2015; his 63 is only the second scored Round Four to win a Major (following the very first 63 ever shot, as mentioned above, by Johnny Miller); and the final 54-hole total of 196 (65,68,63) smashed Bob May's record from the 2000 PGA. Well done, Henrik.

Pos	Player	Scores	Total
1	HENRIK STENSON (£1175000/€1363800/$1549600)	68 65 68 63	264
2	Phil Mickelson	63 69 70 65	267
3	JB Holmes	70 70 69 69	278
4	Steve Stricker	67 75 68 69	279
5=	Sergio Garcia	68 70 73 69	280
	Tyrrell Hatton	70 71 71 68	280
	Rory McIlroy	69 71 73 67	280
8	Andrew Johnston	69 69 70 73	281
9=	Bill Haas	68 70 69 75	282
	Dustin Johnson	71 69 72 70	282
	Soren Kjeldsen	67 68 75 72	282
12=	Emiliano Grillo	69 72 72 70	283
	Zach Johnson	67 70 75 71	283
	Patrick Reed	66 74 71 72	283
	Matthew Southgate	71 71 72 69	283
	Andy Sullivan	67 76 71 69	283
	Gary Woodland	69 73 71 70	283
18=	Keegan Bradley	67 68 76 73	284
	Tony Finau	67 71 72 74	284
	Miguel Angel Jimenez	71 72 70 71	284
	Charl Schwartzel	72 66 73 73	284
22=	Jason Day	73 70 71 71	285
	Jason Dufner	71 71 74 69	285
	David Howell	74 70 71 70	285
	Thongchai Jaidee	71 74 69 71	285
	Kevin Na	70 69 73 73	285
	Justin Rose	68 77 70 70	285
	Brandt Snedeker	73 73 68 71	285
	Lee Westwood	71 73 73 68	285
30=	Darren Clarke	71 72 73 70	286
	Russell Knox	72 70 75 69	286
	Ryan Palmer	72 73 71 70	286
	Thomas Pieters	68 76 70 72	286
	Haydn Porteous	70 76 68 72	286
	Jordan Spieth	71 75 72 68	286
36=	Padraig Harrington	70 72 73 72	287
	Martin Kaymer	66 73 74 74	287
	Francesco Molinari	69 71 73 74	287
39=	Rafael Cabrera-Bello	68 71 75 74	288
	Matt Jones	69 73 75 71	288
	Webb Simpson	70 72 71 75	288
	Bubba Watson	70 76 72 70	288
43=	Luke Donald	73 72 72 72	289
	Jim Herman	70 70 72 77	289
	Adam Scott	69 73 76 71	289
46=	Nicolas Colsaerts	72 73 70 75	290
	Harris English	73 73 73 71	290
	Rickie Fowler	69 72 76 73	290
	Matt Kuchar	71 68 75 76	290
	Ryan Moore	70 73 74 73	290
	Alex Noren	70 72 73 75	290
	Richard Sterne	68 74 76 72	290
53=	Kevin Chappell	71 75 73 72	291
	K-T Kim	70 71 77 73	291
	Marc Leishman	74 69 75 73	291
	Justin Thomas	67 77 74 73	291
	Danny Willett	71 75 74 71	291
58	Ryan Evans	71 75 74 72	292
59=	B-H An	70 70 76 77	293
	Jim Furyk	74 72 72 75	293
	Jon Rahm	74 71 73 75	293
	Daniel Summerhays	71 73 77 72	293
63=	Paul Lawrie	72 74 74 74	294
	Graeme McDowell	75 71 72 76	294
	Mark O'Meara	71 72 78 73	294
66=	Zander Lombard	69 76 74 76	295
	Harold Varner III	71 72 75 77	295
68=	Marco Dawson	72 73 77 74	296
	James Hahn	74 72 74 76	296
	Patton Kizzire	76 70 75 75	296
	Anirban Lahiri	69 72 76 79	296
72=	Jamie Donaldson	69 73 76 79	297
	Branden Grace	70 74 76 77	297
	Scott Hend	71 73 77 76	297
	Yuta Ikeda	68 74 78 77	297
76	Kevin Kisner	70 72 80 76	298
77	Charley Hoffman	71 73 78 77	299
78	Colin Montgomerie	71 75 79 76	301
79=	Kodai Ichihara	69 77 78 78	302
	S-M Lee	68 77 75 82	302
81	Greg Chalmers	72 71 77 85	305

Cut (Low 70 & ties after 36 holes)

147 George Coetzee 75,72; Ernie Els 71,76; Marcus Fraser 72,75; William McGirt 75,72; Rod Pampling 72,75; Richie Ramsay 73,74; Robert Streb 74,73

148 Steven Alker 73,75; Mark Calcavecchia 73,75; Todd Hamilton 75,73; Nathan Holman 72,76; Shugo Imahira 68,80; Smylie Kaufman 72,76; Chris Kirk 72,76; Justin Leonard 75,73; David Lingmerth 73,75; Matteo Manassero 70,78; Jordan Niebrugge 72,76; Vijay Singh 69,79

149 Kiradech Aphibarnrat 75,74; Ross Fisher 71,78; Tommy Fleetwood 73,76; Colt Knost 74,75; S-H Lee 73,76; Shane Lowry 78,71; Joost Luiten 75,74; Callum Shinkwin 73,76; Brendan Steele 73,76; Anthony Wall 76,73

150 Dave Coupland 72,78; Nick Cullen 74,76; Victor Dubuisson 71,79; Brian Gay 76,74; Fabian Gomez 76,74; Russell Henley 73,77; Hideki Matsuyama 72,78; Yusaku Miyazato 77,73; Robert Rock 71,79; Clement Sordet 75,75; J-H Wang 75,75

151 Paul Casey 77,74; John Daly 75,76; Kristoffer Broberg 77,74; Scott Gregory (a) 78,73; Thorbjorn Olesen 72,79; Brandon Stone 73,78; Hideto Tanihara 72,79; Bernd Wiesberger 74,77

152 Scott Fernandez 72,80; James Heath 75,77; Billy Horschel 67,85; Rikard Karlberg 74,78; Phachara Khongwatmai 71,81; Jack Senior 79,73; Yosuke Tsukada 74,78; Jimmy Walker 72,80

153 Matthew Fitzpatrick 73,80; Lasse Jensen 78,75; Satoshi Kodaira 76,77; S-Y Noh 75,78; Marc Warren 77,76

154 Paul Howard 73,81; Stefano Mazzoli (a) 76,78; James Morrison 76,78; Louis Oosthuizen 71,83

155 Paul Dunne 77,78; Danny Lee 78,77; Jamie Lovemark 74,81

157 Steven Bowditch 79,78

158 Scott Piercy 77,81

159 Oskar Arvidsson 75,84

160 Ben Curtis 77,83

163 Sandy Lyle 85,78

Scr

S-M Bae (military reasons); Stewart Cink (wife ill); Billy Hurley III (sister's wedding); Jaco van Zyl (focusing on Olympics); Daniel Berger, Charles Howell III, Brooks Koepka, Ian Poulter, Tiger Woods (all inj)

Not Eligible

Bryson DeChambeau (winner US Amateur Championship 2015, turned pro), Jon Rahm (Mark H McCormack Medal 2015, turned pro, but made the via the Open qualifying series)

Wdw

11 holes: Chris Wood 44 (inj, neck)
18 holes: David Duval 82 (inj, wrist)

Round Leader(s)

R1 Mickelson; 63
R2 Mickelson; 132
R3 Stenson; 201

Lowest Scores

R2 Stenson; 65
R3 Porteous, Snedeker, Stenson, Stricker; 68
R4 Stenson; 63

98th PGA Championship
Baltusrol Golf Club, Springfield, New Jersey (28-31 July)
No Starting 156: No Making Cut 86: No Completing 86
7428 yards: Par 70 (280)

Oklahoman Jimmy Walker's professional career has not been a bed of roses. He won his first Major at Baltusrol in the 2016 PGA Championship at the age of 37, not really veteran stage, but not in the first, or even the last, flush of youth either. He registered his first PGA Tour success only in 2013, and if you don't win on Tour until you reach 34, most people wouldn't bet on you taking the next, and ultimate, step to win a Major. But Jimmy's career has always been one of struggles to overcome, sometimes for several years before progress is achieved, a forward step after two backward, perhaps, on times. He joined the Nationwide Tour in 2003, qualified for the PGA Tour in 2005, but got injured, and received an exemption for the following year after only competing in nine events. But he lost his card after a poor 2006 season, and was relegated to the second-level tour again. Experiencing something of a yo-yo existence he climbed the ladder in 2007 only to slide down the snake again in 2008, but this time he was saved by the safety net that is Q-School, which he successfully negotiated to retain his card. After six years of plodding along as a journeyman pro, 2009 would seemingly be close to his make-or-break year as a touring professional. But Jimmy Walker is made of pretty stern stuff: he'd extricated himself a few times already from career black holes, and in 2009 he did so again.

It wasn't a vintage season for him by any means, finishing last of the 125 qualifiers for the following year's Tour, but he had hit new highs with a couple of Top Ten finishes, and this time there was no trap door to suck him through. The retention of his card on merit bucked him to the point where progress over the next three years was palpable, three years when he had entered his thirties, and had seemingly left his short trousers behind. He and his game became more solid and consistent, gradually, steadily on an upward curve, year-on-year. Time then for the next quantum leap, and it duly came late in 2013 (in fact among the early events of the 2014 season properly) when Walker won on Tour for the first time at the Frys.com Open. Another mountain scaled and a new elevated plateau upon which to flourish or not, to continue to improve and succeed, or whether 'one-hit wonder' would be engraved on his badge. But Jimmy seemed to thrive in such a rarefied atmosphere, and in 2014 and 2015 he added another four Tour titles to his portfolio, including the Sony Open in Hawaii in both years. Another level achieved, and, in the Jimmy Walker Way, his steps to progress, steeper and deeper at each stage, had given him a rock-like experienced base to make the assault on the final stage of his ascent – his first Major Championship crown.

The Lower Course at Baltusrol was hosting the PGA Championship for just the second time, although the US Open has been played there on four occasions (seven if you include the original and Upper courses). The PGA, whether intentionally or not, had set up the course for low shooting, and Jimmy Walker was quickest on the draw, his 65 one better than Ross Fisher, Argentina's Emiliano Grillo and 2010 Champion Martin Kaymer, and two or more ahead of the other 31 starters who shot sub-70 – one of whom was the 2002 Champion, now better known as a Sky commentator, Rich Beem. Lurking, lying within three of the leader were several more immediate tried and tested Majors winners. Henrik Stenson's momentum from Troon had carried him to a confident 67, and Jason Day was just a further stroke back with Louis Oosthuizen; the horde on 69 included dangerous non-winners Hideki Matsuyama, Paul Casey and Steve Stricker. But not everyone cashed in. Out of sorts Rory McIlroy, with countryman Graeme McDowell, and the usually reliable Jim Furyk, shot 74; Dustin Johnson, so supreme at Oakmont in June, a disastrous 77.

Robert Streb became the third player in 2016 Majors to join the '63' Group, after Phil Mickelson and Stenson at The Open a few weeks earlier, and the 30th in total. His tying of the low score for any round in any Major brought him level after 36 holes with Walker (66) who both now shared in the record low score for the first 36 holes in the PGA at 131, just one back of the mark for all Majors. Jason Day in a determined mood to protect the Wanamaker Trophy he collected the previous year, slipped into third to join Grillo, two behind the leading pair and one clear of Stenson. Scoring, if anything, was easier than the first round, in all 48 players shooting scores in the 60s; that's 48 beating par. Some of these sub-par men missed the cut. McIlroy and JB Holmes, the easily-forgotten third-placed man at Troon, both shot 69 but had to pack their bags. Also waving goodbye, a few aging former Champions (Messrs Yang, Singh, Daly, Toms and Micheel), and Dustin Johnson, whose 72 after the opening round disaster took him to nine over par for 36 holes. Some fall in six weeks.

Kevin Kisner's 65 on Saturday was five under par for his round and his Championship to date, and good enough to make him clubhouse leader overnight, something that was a new experience for him. The kudos of leading a Major overnight was however diluted both by the rain that fell on Saturday afternoon, and the fact that only 37 of the 86 players remaining in the field after the cut had got round before the heavens opened. When the majority returned to the fray from 7 am on Sunday, the young American's 'fame in fifteen minutes' was over, at least as far as the 2016 PGA Championship was concerned. At the end of Round Three, Walker still led, his 68 good enough to keep him ahead of Day, whose 67 eased him into second place, while Stenson, also with a 67, shared third spot after Brooks Koepka's 66 moved up from tied sixth. After Streb's superlative second round, in the light of the overall scoring, a profligate two over total for Saturday/Sunday dropped him back out of immediate contention.

Although play had recommenced early on Sunday morning, by the time the fourth round got underway at 3:15 pm, conditions underfoot were still treacherous, and for the first time that anyone can recall, 'preferred lies' rules, ie lift, clean and place of the ball on fairways, were adopted. Scoring, regardless of the effects of the bad weather, was still relatively easy. At the final count no fewer than five players shot four sub-70 rounds, the most in any Major to date. Paul Casey and even Gregory Bourdy, finishing as low as 18th scored under par in every round. That must say something to the PGA. Jimmy Walker eventually saw off the dogged Jason Day to duly reach that highest peak, just by one – it was no more than two from halfway. Both these kept 70s off their round cards, as did Hideki Matsuyama, the first Japanese, Asian even, to achieve the feat in tying fourth place. Walker's score of 266 is fully ten shots better than Phil Mickelson's winning total over essentially the same course in 2005. Then only nine golfers broke the par of 70; in 2016 it was 55. Spectators thrill at the prospect of birdies; but they don't admire the scoring if the golf course is a pushover. This writer has criticized the USGA before over the overly-difficult course layouts, pin placements, stimpmeter speeds on glacier-like greens. Augusta National's annoying quirkiness in some areas (greens, lack of rough) over time have become almost quaint endearments, and seaside links in the Open Championship are as easy or difficult as the changing winds and tides allow. Is it just a coincidence that this year Baltusrol rolled over?

As a footnote, just a couple of observations on the 2016 series of Majors. Firstly, is it just happenstance that 2016 produced the lowest and third lowest winning 72 hole totals in Majors history; and the second lowest was only as far back as 2001? Are Major Championship courses getting easier? And, secondly, the 2016 Majors threw up four new Champions – as did 2011 and 2003. But in the 20th century (since the birth of the Masters in 1934) this only occurred in 1956 and 1969. Is this because, in the 1900s there were significantly more multiple Champions? Discuss...

THE MAJORS OF 2016

1	JIMMY WALKER ($1800000)	65 66 68 67	266
2	Jason Day	68 65 67 67	267
3	Daniel Summerhays	70 67 67 66	270
4=	Branden Grace	70 68 66 67	271
	Brooks Koepka	68 67 66 70	271
	Hideki Matsuyama	69 67 67 68	271
7=	Martin Kaymer	66 69 71 66	272
	Henrik Stenson	67 67 67 71	272
	Robert Streb	68 63 72 69	272
10=	Paul Casey	69 69 68 67	273
	Tyrrell Hatton	71 68 66 68	273
	William McGirt	70 67 66 70	273
13=	Emiliano Grillo	66 67 73 68	274
	Padraig Harrington	71 70 65 68	274
	Patrick Reed	70 65 70 69	274
	Webb Simpson	69 69 66 70	274
	Jordan Spieth	70 67 69 68	274
18=	Gregory Bourdy	69 68 69 69	275
	Kevin Kisner	71 69 65 70	275
	Adam Scott	70 67 69 69	275
	John Senden	68 70 69 68	275
22=	KJ Choi	68 70 71 67	276
	Russell Henley	68 72 68 68	276
	Billy Hurley III	72 65 69 70	276
	Russell Knox	70 70 67 69	276
	David Lingmerth	68 70 69 69	276
	Francesco Molinari	71 70 68 67	276
	Kevin Na	71 68 71 66	276
	Louis Oosthuizen	68 70 70 68	276
	Kyle Reifers	70 70 70 66	276
	Justin Rose	70 72 66 68	276
	Jhonny Vegas	68 71 70 67	276
33=	Jon Curran	69 69 69 70	277
	Rickie Fowler	68 68 71 70	277
	Yuta Ikeda	70 67 73 67	277
	Zach Johnson	71 66 71 69	277
	Soren Kjeldsen	70 69 73 65	277
	Joost Luiten	72 70 70 65	277
	Phil Mickelson	71 70 68 68	277
	Hideto Tanihara	71 66 73 67	277
	Vaughn Taylor	68 71 70 68	277
42=	Keegan Bradley	73 68 71 66	278
	Jamie Donaldson	69 67 72 70	278
	Ross Fisher	66 73 70 69	278
	Scott Hend	68 70 68 72	278
	Ryan Palmer	71 71 69 67	278
	Charl Schwartzel	73 69 66 70	278
	Steve Stricker	69 70 67 72	278
49=	Aaron Baddeley	70 70 71 68	279
	Rafael Cabrera-Bello	72 70 70 67	279
	Matthew Fitzpatrick	72 70 70 67	279
	Patton Kizzire	71 71 68 69	279
	Jason Kokrak	70 72 69 68	279
	Alex Noren	70 68 71 70	279
	Andy Sullivan	67 71 72 69	279
56=	Bill Haas	70 70 68 72	280
	Danny Lee	69 70 70 71	280
	Brandt Snedeker	73 66 70 71	280
	Y-H Song	71 60 73 68	280
60=	George Coetzee	72 67 74 68	281
	Jason Dufner	71 71 70 69	281
	Harris English	67 69 74 71	281
	Andrew Johnston	70 69 71 71	281
	Marc Leishman	71 69 67 74	281
	Bubba Watson	71 69 70 71	281
66=	Kiradech Aphibarnrat	70 72 69 71	282
	Roberto Castro	72 70 69 71	282
	Ernie Els	73 69 69 71	282
	Justin Thomas	69 72 72 69	282
70=	James Hahn	67 73 70 73	283
	Colt Knost	69 73 68 73	283
	Ryan Moore	71 67 74 71	283
73=	Rich Beem	69 72 72 71	284
	Daniel Berger	71 69 71 73	284
	Marcus Fraser	71 68 72 73	284
	Jim Furyk	74 67 69 74	284
	Freddie Jacobson	71 71 70 72	284
	Thongchai Jaidee	72 70 73 69	284
79=	Bradley Dredge	69 71 75 70	285
	Billy Horschel	72 70 71 72	285
	Matt Jones	74 68 70 73	285
	Brian Stuard	70 70 75 70	285
	Danny Willett	71 70 74 70	285
84	Cameron Tringale	72 68 77 69	286
85	Lee Westwood	69 70 73 75	287
86	Thomas Pieters	71 70 75 74	290

Cut (Low 70 & ties after 36 holes)

143 Luke Donald 72,71; Victor Dubuisson 69,74; Ryan Helminen 72,71; Smiley Kaufman 73,70; Chris Kirk 74,69; Rory McIlroy 74,69; Scott Piercy 72,71; Chris Wood 69,74; YE Yang 72,71

144 B-H An 72,72; Zac Blair 73,71; JB Holmes 75,69; Rikard Karlberg 72,72; S-W Kim 71,73; Thorbjorn Olesen 70,74; Rod Perry 73,71; Vijay Singh 74,70; Brendan Steele 71,73; Harold Varner III 72,72

145 Jason Bohn 71,74; Kevin Chappell 72,73; Darren Clarke 74,71; Matt Dobyns 73,72; Sergio Garcia 71,74; Charley Hoffman 75,70; Shane Lowry 72,73; Bryce Molder 74,71; Ben Pollard 72,73; Kevin Streelman 75,70; Gary Woodland 73,72

146 Rich Berberian Jr 72,74; Jonas Blixt 75,71; Kristoffer Broberg 72,74; Mark R Brown 75,71; Matt Kuchar 74,72; Anirban Lahiri 73,73; Peter Malnati 73,73; Bernd Wiesberger 75,71

147 John Daly 74,73; Tony Finau 77,70; Brian Gaffney 74,73; Rob Labritz 71,76; S-M Lee 77,70; Jamie Lovemark 71,76; David Muttitt 73,74; David Toms 74,73

148 Michael Block 72,76; Greg Chalmers 72,76; Nicolas Colsaerts 72,76; Fabian Gomez 75,73; Jim Herman 77,71; K-T Kim 77,71; Johan Kok 72,76; Josh Speight 77,71; J-H Wang 73,75

149 Dustin Johnson 77,72; Graeme McDowell 74,75; Rocco Mediate 76,73; Troy Merritt 77,72; Joe Summerhays 76,73

150 Mitch Lowe 74,76; Tommy Sharp 77,73; Brandon Stone 79,71; Omar Uresti 72,78

151 Shaun Micheel 77,74; Brad Ott 79,72

152 Wyatt Worthington II 76,76

154 James Morrison 78,76; Rick Schuller 78,76

157 Brad Lardon 83,74

Scr
Charles Howell III (inj, undisc), Davis Love III (inj, hip); Ian Poulter (inj, foot); Tiger Woods (inj, back)

Not Eligible
Karen Paolozzi (gained a Top 20 position in the PGA Professional National Championship, which would have qualified her, but she was not eligible under the Waley Rule – she played off Ladies' tees)

Round Leader(s)
R1 Walker; 65
R2 Streb, Walker; 131
R3 Walker; 199

Lowest Scores
R2 Streb; 63
R3 Harrington, Kisner; 65
R4 Kjeldsen, Luiten; 65

Top Players in the 2016 Majors

Like in the following 'The Top Golfers of Different Generations' and 'Hall of Fame' sections, points are awarded here thus:

Win = 50 points; Runner-Up = 10 Points; Places 3-5 = 5 points; Places 6-10 = 3 points; Places 11-20 = 1 point

Pos	Player	Win	R/UP	3-5	6-10	11-20	TOTAL
1	Dustin Johnson	1 (50)		1 (5)	1 (3)		58
2	Henrik Stenson	1 (50)			1 (3)		53
3=	Jimmy Walker	1 (50)					50
	Danny Willett	1 (50)					50
5	Jason Day	1 (10)		2 (6)			16
6	Jordan Spieth		1 (10)			1 (1)	11
7=	Jim Furyk	1 (10)					10
	Sergio Garcia			2 (10)			10
	Branden Grace			2 (10)			10
	JB Holmes		2 (10)				10
	Shane Lowry		1 (10)				10
	Phil Mickelson		1 (10)				10
	Scott Piercy		1 (10)				10
	Lee Westwood		1 (10)				10
15=	Paul Casey		1 (5)	1 (3)			8
	Tyrrell Hatton			1 (5)	1 (3)		8
	Rory McIlroy			1 (5)	1 (3)		8
	Hideki Matsuyama			1 (5)	1 (3)		8
	Daniel Summerhays			1 (5)	1 (3)		8
20=	Soren Kjeldsen				2 (6)		6
	Brooks Koepka			1 (5)		1 (1)	6
22	Steve Stricker			1 (5)			5
23	Zach Johnson				1 (3)	1 (1)	4
24=	Daniel Berger				1 (3)		3
	Jason Dufner				1 (3)		3
	Matthew Fitzpatrick				1 (3)		3
	Emiliano Grillo					3 (3)	3
	Bill Haas				1 (3)		3
	Andrew Johnston				1 (3)		3
	Martin Kaymer				1 (3)		3
	William McGirt				1 (3)		3
	Kevin Na				1 (3)		3
	Justin Rose				1 (3)		3
	Brandt Snedeker				1 (3)		3
	Robert Streb				1 (3)		3

THE MAJORS OF 2017

The Golf Course at AUGUSTA NATIONAL for 2017

The official word out of Augusta is, once more, 'no change'. The yardages and pars have remained the same since 2009, while any alterations have been cosmetic rather than structural.

Yardages and pars for 2017 Masters Tournament at Augusta National Golf Club

HOLE	YARDS	PAR	HOLE	YARDS	PAR
1	445	4	10	495	4
2	575	5	11	505	4
3	350	4	12	155	3
4	240	3	13	510	5
5	455	4	14	440	4
6	180	3	15	530	5
7	450	4	16	170	3
8	570	5	17	440	4
9	460	4	18	465	4
OUT	**3725**	**36**	**IN**	**3710**	**36**
			TOTAL	**7435**	**72**

81th MASTERS Tournament
Augusta National Golf Club, Augusta, Georgia
6-9 April, 2017
7435 yards: Par 72 (288)

HISTORY OF THE MASTERS
The only static Major – the other three being movable feasts – the Masters Tournament has its 81th outing in April 2017. Inaugurated in 1934 by the legendary Bobby Jones, along with Clifford Roberts, it is the baby of the four Majors in age, but only on one occasion – in 1971, when it was pre-dated by a rather curious PGA Championship arrangement – has the Masters not been the year's first Major. It is the traditional opener. Indeed it is fair to say that the golf season really doesn't hit its straps until the Masters is played. Jones, in retirement following his *annus mirabilis* in 1930, was made aware of a 365-acre former plant nursery and a fruit farm at Augusta. The business had gone to the wall during the Depression. Jones, backed by financier Roberts and Scottish course designer, Dr Alister Mackenzie, bought it, and planned out a course that would become the envy of the world. It would take the name, Augusta National. Mackenzie and Jones completed the course for Jones' first invitation event, simply called 'The Augusta National Invitational', in March 1934. Horton Smith won the first, beating one of golf's perennial bridesmaids, Craig Wood, into second place. Mackenzie unfortunately died, so never saw the impact the event was to make. In 1935 the Tournament was dubbed the 'Championship of Champions', but the simpler sobriquet 'Masters' was being used unofficially before too long. Bob Jones didn't like it, but gave way to pressure eventually, and the event was renamed, formally, as the Masters Tournament in 1939. But it wasn't until 1960, thanks to Arnold Palmer and TV, that it would start being thought of as a 'Major'. Today, it may still harbour the impression of an 'invitational', and so it is to the honoured few; but this concept is now tempered and balanced by tough qualifying for mere mortal professionals. The Masters, though, by odds alone, is probably the easiest Major to capture, with the field by the mid-nineties being restricted to approximately two-thirds the strength of the other three.

THE GOLF COURSE
The course was designed so that it wouldn't be too intimidating for Jones' members and guests, while, paradoxically, it would demand meticulous planning from the pros to score well. On the one hand, the fairways were deliberately made wide and accommodating; but on the other, for pro or top amateur, Augusta National was designed to be something else. In order to play Augusta well, course management, more so probably than on any other golf course, became essential. Plotting a way to the greens in regulation called for cleverly-accurate approach shots. Even if on the greens safely, and seemingly in good position (many were designed on a vast scale, undulating, and built on several different levels, demanding an assurance of touch on lightning-fast putting surfaces), getting one's par or better is not a given. The precept, 'safely on the green' has slightly different connotations at Augusta than on some other golf courses. Early in the new century, the powers that be decided that the traditional 6925-yard layout, untouched since 1934, apart from a 60-yard appendage in 1999, was now too easy for the modern-day long hitters and their powerful artillery. In 2002 the course was extended to 7270 yards, then to 7445 yards in 2006, and received much criticism, especially from old Champions. In 2006, incredibly, for a short while, the Masters was played over the second-longest course in Majors history, just behind the Whistling Straits set-up for the 2004 PGA Championship. This was very unAugusta-like, and for traditionalists it seemed the baby was being thrown out with the bath water. For them, it had gone from the unique characterful template maintained for nearly 70 years to a modern-day leviathan almost overnight. In 2007 after Zach Johnson shot one over par to win, the only such occasion in history apart from Sam Snead in 1954 and Jack Burke in 1956, the critics' knives were out. But ten years on players have assimilated the new yardages: three of the lowest scores ever recorded in the Masters have occurred since then, culminating in Jordan's Spieth's record-equalling 18-under par 270 in 2015.

RECENT FORM
With the aforementioned Spieth's maiden Majors success in 2015, Americans have now claimed ten of the 17 Masters titles on offer so far this century. Nine of the 12 different winners listed below won their first Grand Slam title at the Masters. Six of the famous Green Jackets presented in the 21st century have been shared equally by Tiger Woods and Phil Mickelson, the world's two greatest players of their age, but none since 2010. Their era maybe at its end, or almost so, with Spieth's barnstorming arrival onto the Majors scene offering potentially exciting new vistas of what tomorrow's golfers may bring. Perhaps surprisingly, Danny Willett's win in 2016 was only the second by an Englishman, 20 years after Nick Faldo achived his hat-trick in the Tournament. Two other Green Jacket winners born in England, Sandy Lyle and Ian Woosnam, very sensibly declared themselves Scottish and Welsh respectively.

WINNERS OF THE MASTERS AT AUGUSTA NATIONAL THIS CENTURY

2000 Vijay Singh	2005 Tiger Woods	2010 Phil Mickelson	2015 Jordan Spieth
2001 Tiger Woods	2006 Phil Mickelson	2011 Charl Schwartzel	2016 Danny Willett
2002 Tiger Woods	2007 Zach Johnson	2012 Bubba Watson	
2003 Mike Weir	2008 Trevor Immelman	2013 Adam Scott	
2004 Phil Mickelson	2009 Angel Cabrera	2014 Bubba Watson	

The Golf Course at Erin Hills for 2017

Please treat the official par-72 total in the table below with a pinch of salt. Because of the USGA's recent penchant for re-setting the US Open course each day to provide greater variety or because of the wind direction, such a prodigious length (it falls two yards shy of Chambers Bay's equally deceiving 'record' for Majors) will probably not be achieved over the four days of the Championship.

Yardages and pars for 2017 US Open Championship at Erin Hills

HOLE	YARDS	PAR	HOLE	YARDS	PAR
1	560(608)	5	10	504(524/476)	4
2	338(361)	4	11	460	4
3	508(476)	4	12	464(434)	4
4	439	4	13	193(215,170)	3
5	505(462)	4	14	594(650,613)	5
6	208(180,236)	3	15	357	4
7	607(619,576)	5	16	183(220,171)	3
8	492	4	17	509(518)	4
9	135(142,150)	3	18	637(675,663,622)	5
OUT	**3792**	**36**	**IN**	**3901**	**36**
			TOTAL	**7693**	**72**

117th US OPEN Championship
Erin Hills Golf Course, Erin, Hartford, Wisconsin
15-18 June 2017
7693 yards (see previous page for details): Par 72

HISTORY OF THE US OPEN
As the US Open, being played for the 115th time in 2015, embarks on the very rare strategy of using a new host course, at Chambers Bay, to reflect on the history, especially the origins of the Championship, makes one aware that the first clubs involved, many now prestigious in their relative antiquity, were, of course, all young debutants once. It may be, a century on, Chambers Bay on the West Coast will rank among that elite of all US golf courses, those most frequently visited by the men at the USGA (and, perhaps the PGA). But the influential north-eastern and Mid-West clubs ruled the roost back in the day, the thought of Pacific liaisons far from their minds. They had set the golf ball rolling in the States by establishing, in truth, a cartel, guided by the energy and foresight of a few driven, inspiring pioneers. One of these *illuminati* was a leading amateur of Scots descent, Charles Blair Macdonald. Through his meeting of the new-born US clubs of St Andrew's (note THE apostrophe, one lazily neglected by its Scottish inspirational original), Newport RI, Chicago, The Country Club at Brookline, and Shinnecock Hills was held in New York City on 22 December 1894, and the United States Golf Association (USGA) was formed. One of its first tasks was to organize national championships for both amateurs and professionals. Within ten months, on 4 October 1895 at Newport, immediately following the first US Amateur Championship over the same course, the US Open Championship came into being. The first winner, Horace Rawlins, was born on the Isle of Wight, England in 1874: he was professional at the Mid Herts Club from 1893 to 1894, moving back to the Isle of Wight Ladies Club, briefly, before arriving in Rhode Island, and the Newport club, in January 1895. He never won again.

ERIN HILLS: THE GOLF COURSE
In his time as Executive Director of the USGA, David Fay, who retired in 2010, left a legacy for the US Open to become more accessible to fans, while at the same time spreading the word as the PGA of America had done by looking for new exciting locations off the beaten track. In 2002 he took the national championship on to a public course for the first time at Bethpage, before opening up wonders like Pinehurst, Pebble Beach and Torrey Pines for the roster, and new courses like the 'interesting' Chambers Bay in 2015, and now Erin Hills. From the USGA's viewpoint, adopting new courses for its premier event gives it a blank canvas upon which to 'influence' owners and architects to continue to produce the stiffest test in golf, and in more varied environments than ever before. It's new baby, this huge undulating area of kettle moraines (pock marks in the landscape left by the erratic retreat of the last great ice age) some 35 miles NW of Milwaukee (ie inland from Lake Michigan), is the first US Open to be held in Wisconsin, and its first par-72 layout since 1992. The massive 652 acre plot was developed by successive owners Bob Lang and Andy Ziegler, using architects Michael Hurdzan, Dana Fry and Ron Whitten, to create within the oversight of the USGA another US Open test of a golf course, typified by the now familiar round-by-round variations to hole lengths and tee and pin placings. The official yardage is 7693 yards, but as the table on the previous page suggests, almost every hole is flexible, so that the event committee, depending on wind or weather, may vary each round enormously, and the total yardage figure day-by-day may vary wildly from the official one. The topography is undulating thanks to the effects of glaciation, the large bentgrass greens set like green lakes among great swathes of waving yellow fescue. It is open, wind-blown and virtually tree-less. But if the wind does blow, the set-up for individual rounds may not matter.

The jury may still be out on the experiment at Chambers Bay, but in Erin Hills, the USGA believe they have a greater opportunity to a make a Majors masterpiece, and one – because the new philosophy of flexible rounds in theory should create more and different challenges than a normal 72-hole Championship can bring – that may vie time and again with the Oakmonts of this world as a regular US Open venue.

RECENT FORM
Tiger Woods' last win in a Major was his one-legged success in the US Open at Torrey Pines in 2008. The knock-on effect of that injury and others subsequently, not to mention some unfortunate off-course shenanigans, was to signal the end of his almost decade-long supremacy in the sport, during which he accumulated 14 Majors while no one else could gain more than three (Phil Mickelson). Since then each of the eight US Opens played has thrown up a new Champion, and with Woods' future still uncertain and Mickelson never having won his national championship, and now into his late 40s, it is unlikely that a new dawn will come for either. Jordan Spieth's emergence, following on from Rory McIlroy's early successes in Majors, suggests once the sequence of maiden winners ends, the first repeat winner will almost certainly come from them or the Champions of 2013, 2014, and after his victory at Oakmont, Dustin Johnson.

WINNERS OF THE US OPEN THIS CENTURY

2000 Tiger Woods	2005 Michael Campbell	2010 Graeme McDowell	2015 Jordan Spieth
2001 Retief Goosen	2006 Geoff Ogilvy	2011 Rory McIlroy	2016 Dustin Johnson
2002 Tiger Woods	2007 Angel Cabrera	2012 Webb Simpson	
2003 Jim Furyk	2008 Tiger Woods	2013 Justin Rose	
2004 Retief Goosen	2009 Lucas Glover	2014 Martin Kaymer	

The Golf Course at
ROYAL BIRKDALE GOLF CLUB for 2017

Very few alterations, and none major, have been made to the links at Birkdale since Padraig Harrington won here in 2008. Indeed, the outward nine is almost yard-for-yard identical to eight years earlier, and the back nine has been reduced by 16 yards, with the 10th (by six yards) and the 17th (by five) showing the greatest economies – another example, after St Andrews in 2015, of traditional links courses having to find ways of providing an ever-increasing challenge for the world's best golfers other than through escalating yardage, which for some is not an option anyway. The current R&A policy is not to provide comprehensive information on alterations to the course until their Open Championship Media Day in April, but from the stark figures below, it is apparent not a great deal of change has been deemed necessary to the close-to-perfect, and arguably the best, linksland course in England, if not the UK.

Potential yardages and pars for 2017 Open Championship at Royal Birkdale GC

HOLE	YARDS	PAR	HOLE	YARDS	PAR
1	448	4	10	402	4
2	422	4	11	436	4
3	451	4	12	183	3
4	199	3	13	499	4
5	346	4	14	200	3
6	499	4	15	542	5
7	177	3	16	438	4
8	458	4	17	567	5
9	416	4	18	473	4
OUT	**3416**	**34**	**IN**	**3740**	**36**
			TOTAL	**7156**	**70**

146th OPEN Championship
Royal Birkdale GC, Southport, Lancashire, England
20-23 July 2017
approx 7207 yards Par (71)

HISTORY OF THE OPEN CHAMPIONSHIP
In 1851, the Prestwick Golf Club was formed, and they, through Major JO Fairlie, approached Tom Morris of St Andrews to build them a course from the rough linksland at their disposal. Old Tom's 12-hole course was ready by 1860 for members, amateurs, of course, to consider competitions with other clubs. From this developed an idea for the Club to provide similar competitions for the professionals, too. It was really a gimmick to raise the new club's profile. The great Allan Robertson had died the previous year, and it was time to shout that their Club now possessed the greatest star of the game in Tom Morris. Invitations were sent out to 11 clubs (including the English club, Blackheath, where a golfing outpost had been thriving since early Stuart times, and was manned at this time by Willie Dunn, Sr, originally of Musselburgh) to send no more than two or three of their hired help to compete: 'The competitor must be known, honest and a respected caddie' was the stipulation sent to the North Berwick Club, for instance. Not many passed muster seemingly, as only eight men embarked on this inauspicious first occasion, with Willie Park, upsetting the local interest (after all, it was the course that Tom built), and becoming the first recipient of the Moroccan leather Belt put up by the Prestwick Club's Lord Eglinton – but no money. It was felt that being dubbed 'Champion Golfer' and to receive the Belt was reward enough. Sources say Tom Morris, however, pocketed £3 for being runner-up. The following year, Maj Fairlie and one or two other amateurs also participated. The term 'Open' Championship may have originated from this date, when Fairlie exhorted to all and sundry that his Championship was 'open to all the world'. Thus the world's first 'open' sporting event was created.

THE GOLF COURSE
Classic Birkdale (Royal since 1951), constructed among high sand dunes on the Lancashire coast, about halfway (30-odd miles by road) between Hoylake to the south and Lytham to the north, and scheduled for a Championship debut when World War Two arrived, finally jumped on to the rota for The Open in 1954. In 1940 when the R&A had 'blessed' it with a call to arms, more important governance than even the august body of St Andrews held claim to life, and the dunes of Dunkirk were more in mind than those of Southport's seaside golf courses. Founded by nine denizens of the Lancashire resort in 1889, with each grandee contributing a whole guinea (£1.1s.0d or £1.05p today), a nine-hole layout at Birkdale, a leafy suburb in the south of the town, was swiftly developed. George Lowe, also the course designer at Lytham, converted the original nine to 18, and then in 1931-32, the immortal JH Taylor, along with his new architect pal, Fred Hawtree Snr, divinely finished off the project. Using the major natural features, the enormously high sand dunes (Bernard Darwin likened them to the Alps when topped by a winter's snow) as lines of hills, Hawtree and Taylor sculpted the natural valleys between the hills into true-running fairways, eradicating as much as possible the rogue bounce of the ball, the number of blind shots, while at the same time creating excellent viewing for the burgeoning galleries. The hills of dunes also had the effect of sheltering play from the damaging onshore winds from the Irish Sea, and the overall effect was something new, a kind of manufactured links, utterly unique among the rest of Britain's great Championship courses, but without losing its character or that of the seaside golf course. It was ready for its first Open Championship, but obviously Hitler didn't care too much for golf, or its great traditions. Apart from hosting its tenth Open Championship in 2017, Royal Birkdale also staged the Ryder Cup in 1965.

WINNERS OF THE OPEN CHAMPIONSHIP AT ROYAL BIRKDALE
1954 **Peter Thomson** beat Bobby Locke, Dai Rees and token Americans Jim Turnesa and Jimmy Demaret to win his first Open
1961 **Arnold Palmer** opened the floodgates for the return of US stars after this, when Dai Rees was runner-up once more
1965 **Peter Thomson** won his fifth and final Open, and second over this course. Brian Huggett made it three Welsh runners-up
1971 **Lee Trevino** beat the hugely popular 'Mr Lu' of Taiwan in the second part of a 1971 double Open triumph for Mr Tex-Mex
1976 **Johnny Miller** outshot Jack Nicklaus and 19 year-old Seve Ballesteros over the final 18 holes to collect his second Major
1983 **Tom Watson** edged out Andy Bean and Hale Irwin for his fifth and last Open success, the only one he achieved in England
1991 **Ian Baker-Finch** finished 64,66 (including an outward 29) to win his only Major. After 1994 he never made a cut again
1998 **Mark O'Meara** won both his Major titles in one year (the Masters being the other). Tiger Woods, third, shot 65,73,77,66
2008 **Padraig Harrington** grabbed back-to-back Opens; would go on to win back-to back Majors with the PGA a month later

WINNERS OF THE OPEN CHAMPIONSHIP THIS CENTURY

2000 Tiger Woods
2001 David Duval
2002 Ernie Els
2003 Ben Curtis
2004 Todd Hamilton

2005 Tiger Woods
2006 Tiger Woods
2007 Padraig Harrington
2008 Padraig Harrington
2009 Stewart Cink

2010 Louis Oosthuizen
2011 Darren Clarke
2012 Ernie Els
2013 Phil Mickelson
2014 Rory McIlroy

2015 Zach Johnson
2016 Henrik Stenson

The Course at
QUAIL HOLLOW for 2017

Expert golf architect, George Fazio, after redesigning the course over 20 years earlier, returned to Quail Hollow in 2016 and made important changes to holes 1, 4, 5 and 11. At the same time he replaced all the green complexes. In its present set-up it will become only the fifth Major venue to sport a length of 7600 yards or more.

The official yardages and pars for the PGA Championship at Quail Hollow Club

HOLE	YARDS	PAR	HOLE	YARDS	PAR
1	524	4	10	592	5
2	452	4	11	462	4
3	483	4	12	456	4
4	184	3	13	208	3
5	449	4	14	344	4
6	249	3	15	577	5
7	546	5	16	506	4
8	346	4	17	223	3
9	505	4	18	494	4
OUT	**3738**	**35**	**IN**	**3862**	**36**
			TOTAL	**7600**	**71**

99th PGA Championship
Quail Hollow Club, Charlotte, North Carolina
10-13 August 2017
7600 yards: Par 71 (284)

HISTORY OF THE PGA CHAMPIONSHIP
The British Professional Golfers' Association (the first 'PGA') was founded in 1901, and as part of its role it identified sponsors who would support special golfing events. The *News of the World* Sunday newspaper was asked to sponsor the Association's own Championship and by 1916 it was a well-run, well-established 36-hole match play competition. On 16 January of that year, a mixture of professionals, amateurs, course architects and golf industry representatives met in New York City at the invitation of department store entrepreneur, Rodman Wanamaker. Wanamaker could see the potential the new craze for golf could have commercially, and the upshot of the meeting was the creation of the PGA of America (ratified in April, 1916) and the Wanamaker-sponsored PGA Championship. The basis for the competition was to be match play, like its British counterpart, and it was only open to professional golfers. Ex-patriot Englishman Jim Barnes won the first PGA Championship, held in October 1916 at the Siwanoy Country Club. The match play format worked for a while, but by the 1950s, two major factors forced a change. First, Ben Hogan pulled out altogether stating the grind of match play was too much for his recent disabilities; and TV reared its head, and just as spectators preferred stroke play, so did the new TV audiences. So in 1958, the PGA Championship became stroke play, it moved in the calendar after a while to accommodate the players who had 'rediscovered' the British Open, Arnold Palmer gave it some hype, and it is now accepted as a true and equal cornerstone of the Majors. In 2016, the thought-to-be immovable August date for the PGA Championship has moved into late July, to make way for golf's long-overdue re-entry into the Olympic Games, sandwiched by the Rio event and the earlier Open Championship with barely a month covering all three.

HISTORY OF THE GOLF COURSE
Quail Hollow Club in August 2017 will be only the third club in North Carolina to host a Major Championship, after the legendary Pinehurst No 2 (one PGA Championship and three US Opens) and Tanglewood, which in 1974 held the PGA Championship, its only recognition to date. Quail Hollow will be the first club from the city of Charlotte, however, demonstrating that the PGA's evangelical zeal has not totally dissipated – as perceived sometimes from its overuse latterly of certain venues, often the PGA's own facilities. The Charlotte site was designed by George Cobb in 1961 for the members of the country club at Quail Hollow, in a picturesque yet demanding landscape. It didn't take too long for Cobb's challenging track to catch the eye of the PGA, who quickly identified it as a potential championship course. From 1969 to 1979 the PGA Tour's Kemper Open was held there, and it is now become very well known as hosts to the Wells Fargo (formerly Wachovia, then Quail Hollow) Championship for a decade and more. It was at this event in 2010 that Rory McIlroy announced himself as a new force to be reckoned with, with his first-ever PGA Tour success. Since the first layout Quail Hollow has been visited by such architectural luminaries as Arnold Palmer and George Fazio. Arnie, in 1986, modified holes 3, 7, 9 and 17, while Fazio spent even more time in two stints in 1997 and 2003 undertaking a wholesale redesign of the course. Fazio made a third visit in 2016 to ensure the course could be the best it could be for the prestigious 2017 event.

RECENT FORM
The PGA Championship is traditionally, and statistically, the most wide open of all the Majors. Take the list below: since the change of millennium only two players, Tiger Woods and Rory McIlroy, have won the event more than once, leaving 13 singleton Champions over a period of 17 years. Jimmy Walker's win at Baltusrol in 2016 was unexpected, but no more so than that of Yang or Bradley. In the early part of the century no one saw Rich Beem and Shaun Micheel coming. One would expect McIlroy, Martin Kaymer, Jason Day, even Jason Dufner (or, dare I say it, Tiger!) to win or at least come close again, perhaps on multiple occasions, but the winner at Quail Hollow could just as easily seep from the Tour 'pack', the streaky performer or the journeyman pro. If sanity reigns and the cream comes to the top, McIlroy has won on Tour here twice, in 2010 and 2015, credentials which are difficult to ignore – but this is the PGA Championship.

WINNERS OF THE PGA CHAMPIONSHIP THIS CENTURY

2000 Tiger Woods	2005 Phil Mickelson	2010 Martin Kaymer	2015 Jason Day
2001 David Toms	2006 Tiger Woods	2011 Keegan Bradley	2016 Jimmy Walker
2002 Rich Beem	2007 Tiger Woods	2012 Rory McIlroy	
2003 Shaun Micheel	2008 Padraig Harrington	2013 Jason Dufner	
2004 Vijay Singh	2009 Y-E Yang	2014 Rory McIlroy	

THE PLAYERS

Every Player to appear in
21st Century Majors:
Every Major Champion, 1860-2016

	MAS	USO	BOP	PGA
AARON, TD (Thomas/Tommy Dean) (USA)				
1959	Cut (a)	–	–	a
1960	25	–	–	–
1961-62	–	–	–	–
1963	–	50 (L)	–	–
1964	–	–	–	21
1965	11	–	–	8
1966	13	30	–	22
1967	8	–	–	20
1968	7	–	–	26
1969	8	40	–	57
1970	5	46	50	45
1971	22	–	–	Cut
1972	Cut	55	–	2
1973	W	45	Cut	44
1974	Cut	Cut	–	55
1975	38	29	–	Cut
1976	42	47	–	38
1977	35	–	–	Cut
1978	36	–	–	–
1979	28	–	–	46
1980	Cut	–	–	–
1981	48 (L)	–	–	–
1982	36	–	–	–
1983-86	Cut	–	–	–
1987	50	–	–	–
1988	Cut	–	–	–
1989	38	–	–	–
1990	Cut	–	–	–
1991	49	–	–	–
1992	54	–	–	–
1993-94	Cut	–	–	–
1995	–	–	–	–
1996-99	Cut	–	–	–
2000	57 (L)	–	–	–
2001-05	Cut	–	–	–
ABBOTT, James/Jamie [a] (ENG)				
2010	–	–	Cut	a
ABER, JA (John Arthur) (USA)				
2001	–	–	–	Cut
2002-05	–	–	–	–
2006	–	–	–	Cut
ABERY, Warren (RSA)				
2006	–	–	Cut	–
ADAMONIS, BF (Bradley/Brad Fred) (USA)				
2011	–	Cut	–	–
ADAMS, Blake (USA)				
2012	–	21	–	7
ADAMS III, Frank (USA)				
2016	–	Cut	–	–
AFFLECK, PA (Paul Anthony) (WAL)				
1989	–	–	Cut	–
1990-98	–	–	–	–
1999	–	–	37	–
2000	–	–	Cut	–
AGUERO (ROZADILLA) Juan Carlos (ESP)				
2001	–	–	Cut	–
AHLERS, Jaco (RSA)				
2009	–	–	Cut	–
AIKEN, TE (Thomas Edward) (RSA)				
2006	–	–	Cut	–
2007	–	–	–	–
2008	–	–	39	–
2009	–	–	8	–
2010	–	–	74	–
2011	–	–	Cut	Cut
2012	–	–	7	Cut
2013	–	–	Cut	–
2014	–	–	–	–
2015	–	25	80 (L)	–
2016	–	Cut	–	–
ALEXANDER, Tyson [a] (USA)				
2009	–	Cut	–	a
ALEXANDRE, Lionel (FRA)				
2000	–	–	72L	–
ALKER, SC (Steve[n] Craig) (NZL)				
1998	–	–	Cut	–
1999-2006	–	–	–	–
2007	–	–	Cut	–
2008-11	–	–	–	–
2012	–	–	19	–
2013	–	45	–	–
2014	–	Cut	–	–
2015	–	–	–	–
2016	–	–	Cut	–
ALLAN, SD (Stephen/Steve Douglas) (AUS)				
1996	–	–	Cut (a)	a
1997	–	–	–	–
1998	–	–	Cut	–
1999	–	42	49	–
2000-03	–	–	–	–
2004	–	Cut	–	–
2005	–	28	–	–
2006-08	–	–	–	–
2009-10	–	Cut	–	–
ALLEN, Jason (USA)				
1998	–	Cut	–	–
1999-2006	–	–	–	–
2007	–	Cut	–	–
ALLEN, ML (Michael Louis) (USA)				
1988	–	–	Cut	–
1989	–	–	52	–
1990	–	–	53	–
1991-92	–	–	–	–
1993	–	–	–	61
1994	–	Dsq	–	–
1995-2000	–	–	–	–
2001	–	12	–	–
2002	–	Cut	–	–
2003-04	–	–	–	–
2005	–	67	–	Cut
2006-07	–	–	–	–
2008	–	Cut	–	47
2009	–	–	–	19
2010-11	–	–	–	–
2012	–	56	–	–
ALLENBY, RM (Robert Mark) (AUS)				
1991	–	–	Cut (a)	a
1992	–	–	–	a
1993	–	33	Cut	Cut
1994	–	–	60	–
1995	–	–	15	Cut
1996	–	–	56	Cut
1997	Cut	Cut	10	49
1998	–	–	19	13
1999	–	46	–	Cut
2000	–	–	36	19
2001	47 (L)	Cut	47	16
2002	29	12	Cut	10
2003	39	Cut	43	39
2004	Cut	7	Cut	9
2005	Cut	Cut	52	Cut
2006	22	16	16	20
2007	Cut	Cut	Cut	Cut
2008	42	18	7	31
2009	38	Cut	52	24
2010	45	29	27	–
2011	Cut	Cut	48	26
2012	–	–	Cut	Cut
2013	–	–	–	–
2014	–	Cut	–	–
ALLRED, JL (Jason Lee) (USA)				
2005	–	–	Cut	–
2006	–	Cut	–	–
2007-09	–	–	–	–
2010	–	47	–	–
2011-14	–	–	–	–
2015	–	Cut	–	–
2014-15	–	–	–	–
2016	–	Cut	–	–
ALVAREZ, OD (Oscar David) [a] (COL)				
2004	–	Cut	–	a
AMARAL, CM (Colin) (USA)				
2000	–	Cut	–	–
AMES, SM (Stephen Michael) (TRI/CAN)				
1993	–	–	51	–
1994-95	–	–	–	–
1996	–	–	56	–
1997	–	68	5	–
1998	–	–	24	–
1999	–	–	–	–
2000	–	–	–	30
2001	–	–	–	–
2002	–	Cut	69	Wdw
2003	–	–	–	Cut
2004	–	9	Cut	9
2005	45	71	Cut	72
2006	11	Cut	41	55
2007	24	10	Cut	12
2008	25	58	7	Cut
2009	20	10	Cut	24
2010	–	Cut	–	Cut
2011	–	–	–	–
2012	–	68	Cut	–
AMUNDSEN, William/Bill (USA)				
2007	–	–	–	Cut

THE PLAYERS

	MAS	USO	BOP	PGA
AN, B-H (Byeong-Hun: 'Ben') (KOR)				
2010	Cut (a)	Cut (a)	Cut (a)	a
2011-13	–	–	–	–
2014	–	–	26	–
2015	–	Cut	Cut	Cut
2016	Cut	23	59	Cut
ANDERSON, CM (Christopher/Chris Michael) (USA)				
1996	–	–	–	Cut
1997-2000	–	–	–	–
2001	–	Cut	–	–
2002	–	–	–	–
2003	–	61	–	–
ANDERSON (Sr), James/Jamie (SCO)				
1869			4	
1870			7	
1871				
1872			–	
1873			2	
1874			5	
1875			–	
1876			12	
1877			W	
1878			W	
1879			W	
1880			–	
1881			2	
1882			3	
1883			–	
1884			15	
1885-86			–	
1887			Wdw	
1888			32	
ANDERSON, JC: 'JC' (USA)				
1988	–	Cut	–	–
1989-2002	–	–	–	–
2003	–	–	–	Cut
2004-12	–	–	–	–
2013	–	–	–	Cut
ANDERSON (Jr), WL (William/Willie Law) (SCO/USA)				
1897		2	–	
1898		3	–	
1899		5	–	
1900		11	–	
1901		W	–	
1902		5	–	
1903		W	–	
1904		W	–	
1905		W	Cut	
1906		5	–	
1907		15	–	
1908		4	–	
1909		4	–	
1910		11	–	
ANDERSSON HED, Fredrik (SWE)				
1995			Cut	–
1996-2001	–	–	–	–
2002	–	–	50	–
2003-06	–	–	–	–
2007	–	–	69 (L)	–
2008	–	–	–	–
2009	–	–	65	–
2010	–	–	68	62
2011	–	–	57	Cut
ANDRADE, WT (William/Billy Thomas) (USA)				
1987	Cut (a)	–	54	–
1988	–	Cut	–	–
1989	–	–	–	Cut
1990	–	–	–	14
1991	–	Cut	–	32
1992	54	6	25	12
1993	61L	33	Cut	Cut
1994	–	–	–	47
1995	–	21	Cut	Cut
1996	–	23	–	Cut
1997	–	13	70 (L)	Cut
1998	Cut	Cut	–	44
1999	38	–	Cut	Cut
2000	–	–	–	–
2001	–	Cut	13	6
2002	Cut	Cut	Cut	Cut
2003	–	Cut	–	10
2004-05	–	–	–	Cut
2006	–	–	Cut	41
ANGUIANO, Mark (USA)				
2016	–	Cut	–	–
APHIBARNRAT, Kiradech (THA)				
2013	–	–	Cut	25
2014	–	–	Cut	Wdw/inj

	MAS	USO	BOP	PGA
2015	–	–	Cut	68
2016	15	Cut	Cut	66
APPLEBY, Stuart (AUS)				
1997	21	36	20	61
1998	Cut	10	Cut	Cut
1999	Cut	Cut	Cut	Cut
2000	Cut	Cut	11	4
2001	31	Cut	61	16
2002	Cut	37	2	17
2003	Cut	Cut	15	23
2004	22	Cut	36	17
2005	43	Cut	41	15
2006	19	Cut	Cut	55
2007	7	26	Cut	12
2008	14	36	51	15
2009	30	Cut	65	Cut
2010	–	29	–	68
2011	Cut	–	–	–
APPLEYARD, Peter (ENG)				
2008	–	–	Cut	–
ARCHER, GW (George William) (USA)				
1964	–	39	–	–
1965	–	–	–	61
1966	–	17	–	–
1967	16	Wdw	–	55
1968	22	16	–	4
1969	W	10	Wdw	69
1970	31	30	–	61
1971	35	5	–	35
1972	12	65	–	36
1973	43	34	–	51
1974	Wdw	–	–	–
1975-76	Cut	–	–	–
1977	19	27	–	19
1978	Wdw	Cut	–	61
1979	–	–	–	–
1980	Cut	–	–	17
1981	11	58	–	Cut
1982	30	–	–	34
1983	12	–	–	67
1984	25	–	–	–
1985	53	–	–	47
1986	Cut	–	–	–
1987	–	–	–	–
1988	Cut	–	–	–
1989	43	–	–	–
1990	49 (L)	–	–	–
1991	Wdw	–	–	–
1992	51	–	–	–
ARCHER, Phillip (ENG)				
2006	–	48	–	–
2007	–	–	–	–
2008	–	Cut	81	–
2009	–	–	–	–
2010	–	–	Cut	–
ARMOUR, TD (Thomas/Tommy Dickson) (SCO/USA)				
1920		48 (a)	53 (a)	a
1921		Dnq (a)	–	a
1922-23		–	–	a
1924		13	–	–
1925		38	–	QF
1926		9	13	–
1927		W	–	QF
1928		16	Cut	Last 32
1929		5	10	Scr
1930		6	–	W
1931		46	W	QF
1932		21	17	Dnq
1933		4	–	–
1934		50	–	Last 16
1935	37	Wdw	–	RU
1936	20	22	–	Last 64
1937	8	Cut	–	Last 64
1938	Wdw	23	–	–
1939	12	22	Scr	–
1940	38	12	–	–
1941	38	Cut	–	–
1942	28	72*	–	–
1943				
1944-45				
1946-47	–	Cut	–	–
1948	–	Wdw	–	–
1949	–	–	–	–
1950	–	Cut	–	–

*unofficial championship

ARMOUR III, TD (Thomas/Tommy Dickson) (USA)

	MAS	USO	BOP	PGA
1986	–	–	46	–
1987	–	–	–	–

	MAS	USO	BOP	PGA
1988	–	–	28	–
1989	–	Cut	39	24
1990	Cut	–	Cut	Cut
1991-93	–	–	–	–
1994	–	55	–	–
1995	–	67	–	–
1996-97	–	–	–	–
1998-99	–	–	–	Cut
2000	–	Cut	–	–
2001-02	–	–	–	–
2003	–	Cut	–	–
2004	–	–	–	45
2005	–	57	–	–
2006	–	40	–	–
2007	–	–	–	–
2008	–	–	–	Cut

ARNOLD, Sam see ARNOLD, SV

ARNOLD, Scott (AUS)

	MAS	USO	BOP	PGA
2015	–	40	–	-

ARNOLD, SV (Sam Vance) (USA)

	MAS	USO	BOP	PGA
2006	–	–	–	Cut
2007	–	–	–	–
2008-09	–	–	–	Cut

ARVIDSON, Anthony (USA)

	MAS	USO	BOP	PGA
2003	–	Cut	–	–

ARVIDSSON, Oskar (SWE)

	MAS	USO	BOP	PGA
2016	–	–	Cut	–

ATKINSON, Lewis (ENG)

	MAS	USO	BOP	PGA
2004	–	–	Cut	–

ATLEVI, Magnus Persson see PERSSON (ATLEVI), Magnus

ATWAL, Arjun (IND)

	MAS	USO	BOP	PGA
2004	–	–	Cut	–
2005	–	–	–	Cut
2006-09	–	–	–	–
2010	–	Cut	–	–
2011	Cut	–	–	Cut

AUCHTERLONIE, Laurence/Laurie (SCO/USA)

	MAS	USO	BOP	PGA
1888	–	–	15 (a)	a
1889-90	–	–	–	a
1891	–	–	20 (a)	a
1892-94	–	–	–	a
1895	–	–	13 (a)	a
1896-98	–	–	–	a
1899	–	9	–	–
1900	–	4	–	–
1901	–	5	–	–
1902	–	W	–	–
1903	–	7	–	–
1904	–	4	–	–
1905	–	24	–	–
1906	–	3	–	–
1907	–	11	–	–
1908	–	21	–	–
1909	–	23	–	–
1910-14	–	–	–	–
1915	–	–	–	–
1916	–	–	–	–
1917	–	–	–	–
1918	–	–	–	–
1919	–	–	–	–
1920	–	–	–	–
1921	–	–	Dnq	–

AUCHTERLONIE, William/Willie (SCO)

	MAS	USO	BOP	PGA
1888	–	–	18	–
1889-90	–	–	–	–
1891	–	–	8	–
1892	–	–	–	–
1893	–	–	W	–
1894	–	–	23	–
1895	–	–	31	–
1896	–	–	12	–
1897	–	–	18	–
1898	–	–	Cut	–
1899	–	–	–	–
1900	–	–	5	–
1901	–	–	29	–
1902	–	–	38	–
1903	–	–	45	–
1904	–	–	–	–
1905-06	–	–	Cut	–
1907	–	–	Dnq	–
1908	–	–	–	–
1909	–	–	Dnq	–
1910	–	–	28	–

AUSTIN (II), AW (Albert Woody) (USA)

	MAS	USO	BOP	PGA
1995	–	–	–	23
1996	Cut	23	Cut	69

AXLEY, EA (Eric) (USA)

	MAS	USO	BOP	PGA
1997-99	–	–	–	–
2000	–	37	–	–
2001	–	–	–	–
2002	–	Cut	–	–
2003	–	48	–	27
2004	–	–	–	62
2005	–	–	–	66
2006	–	32	–	16
2007	–	Cut	–	2
2008	Cut	71	39	Cut
2009	–	–	–	36
2010-12	–	–	–	–
2013	–	–	–	Cut
2004-05	–	Cut	–	–
2006	–	–	–	–
2007	–	Cut	–	Cut
2008	–	9	–	–
2009	–	Cut	–	–
2010	–	63	–	–

AZINGER, PW (Paul William) (USA)

	MAS	USO	BOP	PGA
1983	–	Cut	–	–
1984	–	–	–	–
1985	–	Cut	–	Cut
1986	–	34	–	Cut
1987	17	Cut	2	Cut
1988	Cut	6	47	2
1989	14	9	8	Cut
1990	Cut	24	48	31
1991	52	Cut	–	–
1992	31	33	59	33
1993	Cut	3	59	W
1994	–	–	–	Cut
1995	17	Cut	Cut	31
1996	18	67	Cut	31
1997	28	28	Cut	29
1998	5	14	Cut	13
1999	Cut	12	–	41
2000	28	12	7	24
2001	15	5	–	22
2002	Cut	Cut	–	Cut
2003	–	–	Scr	Cut
2004	–	–	–	55
2005-06	–	–	–	Cut
2007	–	–	–	–
2008	–	–	–	63
2009	–	–	–	Cut
2010	–	–	–	Scr/inj
2011	–	–	–	Scr

BACA, RB (Ryan Becket) [a] (USA)

	MAS	USO	BOP	PGA
2006	–	Cut	–	a

BADDELEY, AJ (Aaron John) (AUS)

	MAS	USO	BOP	PGA
2000	Cut (a)	Cut (a)	–	a
2001	Cut	–	Cut	–
2002	–	–	–	–
2003	–	–	–	57
2004	–	Cut	Cut	–
2005	–	–	–	–
2006	–	–	Cut	55
2007	52	13	Cut	Cut
2008	Cut	29	Cut	13
2009	17	–	–	Cut
2010	–	Cut	–	–
2011	47	Cut	Cut	Cut
2012	40	Cut	69	42
2013	–	Cut	–	–
2014	–	23	–	–
2015	–	–	–	–
2016	–	–	–	49

BAE, S-M (Sang-Moon) (KOR)

	MAS	USO	BOP	PGA
2009	–	Cut	–	–
2010	–	–	–	–
2011	–	42	Cut	–
2012	37	Cut	64	54
2013	–	Cut	–	Cut
2014	Cut	–	–	–
2015	33	–	–	64
2016	Scr	Scr	Scr	Scr

BAEK, S-H (Seuk-Hyun) (KOR)

	MAS	USO	BOP	PGA
2015	–	Cut	–	–

BAIN, Ross (SCO)

	MAS	USO	BOP	PGA
2007	–	–	45	–

BAIRD, MJ (Michael Jancey: 'Briny') (USA)

	MAS	USO	BOP	PGA
1998	–	Cut	–	–
1999-2000	–	–	–	–
2001	–	40	–	22
2002	–	–	–	43
2003	–	–	–	39

THE PLAYERS

	MAS	USO	BOP	PGA
2004	Cut	Cut	–	37
2005-07	–	–	–	–
2008	–	–	–	42
2009	Cut	Cut	Cut	Cut
2010	–	–	–	–
2011	–	Cut	–	–

BAKER Jr, Michael/Mike (USA)

	MAS	USO	BOP	PGA
1999	–	–	–	Cut
2000-03	–	–	–	–
2004	–	–	–	Cut

BAKER, PA (Peter Alan) (ENG)

	MAS	USO	BOP	PGA
1988-89	–	–	Cut	–
1990	–	–	63	–
1991	–	–	–	–
1993	–	–	21	–
1994	Cut	39	55	Cut
1995	–	–	68	–
1996	–	–	–	–
1997	–	–	Cut	–
1998	–	–	15	–
1999	–	Cut	37	–
2000-01	–	–	–	–
2002	–	–	Cut	–
2003-04	–	–	–	–
2005	–	–	Cut	–
2006	–	–	–	–
2007-09	–	–	Cut	–

BAKER-FINCH, MI (Michael Ian/Ian) (AUS)

	MAS	USO	BOP	PGA
1984	–	–	9	–
1985	Cut	–	20	–
1986-88	–	–	Cut	–
1989	–	–	30	34
1990	Cut	–	6	57
1991	7	44	W	Cut
1992	6	13	19	69
1993	54	19	70	66
1994	10	Cut	Cut	Cut
1995	Cut	Cut	Cut	Cut
1996	Cut	Cut	Cut	–
1997	–	–	Wdw	–

BALCOMBE, Alister [a] (ENG)

	MAS	USO	BOP	PGA
2015	–	–	Cut	a

BALDWIN, MattheW (ENG)

	MAS	USO	BOP	PGA
2012	–	60	23	–
2013	–	–	–	–
2014	–	–	Cut	–
2015	–	–	–	–
2016	–	Cut	–	–

BALICKI, Alexandre (FRA)

	MAS	USO	BOP	PGA
2001	–	–	66	–

BALIN, Daniel/Danny (USA)

	MAS	USO	BOP	PGA
2010-11	–	–	–	Cut
2012	–	–	–	–
2013	–	–	–	Cut

BALL Jr, John/Johnny [a] (ENG)

	MAS	USO	BOP	PGA
1878			4	a
1879-84			–	a
1885			Wdw	a
1886-89			–	a
1890			W	a
1891			12	a
1892			2	a
1893			8	a
1894			13	a
1895		–	18	a
1896		–	–	a
1897		–	17	a
1898		–	–	a
1899		–	25	a
1900-01		–	–	a
1902		–	15	a
1903		–	–	a
1904		–	18	a
1905		–	–	a
1906		–	35	a
1907		–	15	a
1908		–	13	a
1909		–	–	a
1910		–	19	a
1911		–	Cut	a

BALIN, Daniel/Danny (USA)

	MAS	USO	BOP	PGA
2012	–	–	–	Cut

BALLESTEROS (SOTA), Severiano/Seve (ESP)

	MAS	USO	BOP	PGA
1975	–	–	Cut	–
1976	–	–	2	–
1977	33	–	15	–
1978	18	16	17	–
1979	12	Cut	W	–
1980	W	Dsq	19	–
1981	Cut	41	39	33
1982	3	Cut	13	13
1983	W	4	6	27
1984	Cut	30	W	5
1985	2	5	39	32
1986	4	24	6	Cut
1987	2	3	50	10
1988	11	32	W	Cut
1989	5	43	77	12
1990	7	33	Cut	Cut
1991	22	Cut	9	23
1992	59	23	Cut	–
1993	11	Cut	27	–
1994	18	18	38	Cut
1995	45	Cut	40	Cut
1996	43	–	Cut	–
1997-2001	Cut	–	Cut	–
2002-03	Cut	–	–	–
2004	–	–	–	–
2005	–	–	Scr	–
2006	–	–	Cut	–
2007	Cut	–	–	–

BARBER, Aaron (USA)

	MAS	USO	BOP	PGA
2005	–	Cut	–	–

BARBER, Blayne (USA)

	MAS	USO	BOP	PGA
2015	–	Cut	–	–

BARBER, CJ (Carl Jerome/Jerry) (USA)

	MAS	USO	BOP	PGA
1946	–	Cut	–	–
1947-48	–	–	–	–
1949-50	–	Cut	–	–
1951	–	Wdw	–	–
1952	–	–	–	–
1953	21	30	–	Last 64
1954	6	–	–	QF
1955	56	Cut	–	Last 64
1956	6	9	–	Last 32
1957	26	35	–	–
1958	–	19	–	–
1959	–	Cut	–	2
1960	34	9	–	32
1961	37	34	–	W
1962	5	Cut	–	Cut
1963	Cut	–	–	40
1964	48 (L)	Cut	–	Wdw
1965	Cut	–	–	Cut
1966	Cut	Cut	–	Wdw
1967	Cut	–	–	Cut
1968-69	–	–	–	Cut
1970	–	Cut	–	Cut
1971-73	–	–	–	Cut
1974	–	Cut	–	Cut
1975	–	–	–	Cut
1976	–	Cut	–	Cut
1977	–	–	–	Cut
1978	–	–	–	–
1979	–	–	–	Cut
1980	–	–	–	Wdw
1981-82	–	–	–	–
1983	–	–	–	Cut

BARBOSA, ML (Michael/Mike Levy) [a] (USA)

	MAS	USO	BOP	PGA
2011	–	Cut	–	a

BARCELO, RR (Richard/Rich Rene) (USA)

	MAS	USO	BOP	PGA
2005	–	–	Cut	–
2006-09	–	–	–	–
2010	–	Cut	–	–

BARD, Derek [a] (USA)

	MAS	USO	BOP	PGA
2016	Cut	Cut	–	a

BARE, Andrew/Andy (USA)

	MAS	USO	BOP	PGA
2006	–	Cut	–	–

BARHAM, Benn (ENG)

	MAS	USO	BOP	PGA
2002	–	–	Cut	–
2003-06	–	–	–	–
2007	–	–	Cut	–

BARLOW, CA (Craig Alan) (USA)

	MAS	USO	BOP	PGA
1994	–	Cut (a)	–	a
1995	–	–	–	a
1996-2004	–	–	–	–
2005	–	82	–	–
2006	–	26	–	Cut
2007	–	–	–	–
2008	–	Cut	Cut	–
2009	–	–	–	–
2010	–	77	–	–
2011-2013	–	–	–	–
2014	–	Cut	–	–

BARLOW, Jeff (USA)

	MAS	USO	BOP	PGA
2001	–	Cut	–	–

	MAS	USO	BOP	PGA
BARNES, JM (James/Jim Martin: 'Long Jim') (ENG/USA)				
1912		18	–	
1913		4	–	
1914		13	–	
1915		4		
1916		3		W
1917		5*		
1918				
1919		11		W
1920		6	6	Last 16
1921		W	6	RU
1922		24	2	Last 32
1923		12		QF
1924		–	9	RU
1925		29	W	
1926		Cut	18	Last 32
1927		24	17	
1928		36	6	Last 16
1929		21	7	
1930		39	6	Dnq
1931		–	–	–
1932		55	–	–
1933		–	–	–
1934-39	–	–	–	–
1940				Dnq

*unofficial championship

	MAS	USO	BOP	PGA
BARNES, Kurt (AUS)				
2010-11	–	–	Cut	–
2012-14	–	–	–	–
2015	–	Cut	–	–
BARNES, Richard/Ricky (USA)				
2000		Cut (a)	–	a
2001	–	–	–	a
2002		Cut (a)	–	a
2003	21 (a)	59 (a)	Cut (a)	a
2004-06	–	–	–	–
2007		Cut	–	–
2008	–	–	–	–
2009		2	–	–
2010	10	27	44	Cut
2011	20	–	57	56
BARR, Scott (AUS)				
2004		–	Cut	–
2005-10	–	–	–	–
2011		Cut	–	–
BARYLA, Christopher/Chris [a] (CAN)				
2003		Cut	–	a
BATEMAN, Brian (USA)				
2004			–	Cut
2005-06	–	–	–	–
2007		–	–	50
2008	20	–	–	–
BATES, BE (Benjamin/Ben) (USA)				
2001		Cut	–	–
BATTY, DS (Douglas/Doug Stuart) (NZL)				
2009			Cut	–
BEAN, TA (Thomas Andrew/Andy) (USA)				
1973		Cut (a)	–	a
1974		64 (a)	–	a
1975-76	–	–	–	–
1977	19	23	–	Cut
1978	24	6	48	7
1979	28	25	–	12
1980	12	Cut	6	2
1981	Cut			
1982	10	Wdw	–	Cut
1983	Cut	34	2	30
1984	18	11	14	16
1985	25	15	35	3
1986	Cut	24	14	53
1987	35	Cut	40	65
1988	Cut	12	16	Cut
1989	51	Cut	Cut	2
1990	33	Cut	–	Cut
1991			–	Cut
1992-99	–	–	–	–
2000			Cut	–
BECHER, Jared (USA)				
2015	–	Cut	–	–
BECKMAN, CR (Cameron Reid) (USA)				
2000		Cut	–	–
2001	–	–	–	–
2002			–	53
2003	–	–	–	–
2004			Cut	–
2005-08	–	–	–	–
2009		Cut	–	Cut
2010			–	Cut

	MAS	USO	BOP	PGA
BECKSTROM, Colby (USA)				
2009		Cut	–	–
BEEM, RM (Richard/Rich Michael) (USA)				
1999	–	–	Cut	70
2000	–	–	–	–
2001	–	Cut	–	–
2002				W
2003	15	Cut	43	Cut
2004	Cut	Cut	71	Cut
2005	Cut	Cut	Cut	Cut
2006	42	Cut	Cut	49
2007	54	Cut	20	Cut
2008	–	78 (L)	Wdw	Cut
2009	–	–	–	43
2010	–	–	–	–
2011	–	–	–	Cut
2012	–	–	–	36
2013-15	–	–	–	Cut
2016	–	–	–	73
BEGAY III, NR (Notah Ryan) (USA)				
1999	–	Cut	–	–
2000	37	22	20	8
2001	Cut	Cut	–	Cut
BELJAN, Charlie (USA)				
2008-09	–	Cut	–	–
2010-12	–	–	–	–
2013	–	–	–	Cut
2014	–	–	–	–
2015	–	18	–	–
(CABRERA-)BELLO, Rafael see CABRERA-BELLO, Rafael				
(MARTIN-)BENAVIDES, Pablo see MARTIN(-BENAVIDES), Pablo				
BENEPE (III), JL (James/Jim Lorimer) (USA)				
1988	–	–	28	Cut
1989		Cut	–	–
1990	–	14	–	–
1991		Cut	Cut	–
1992-2004	–	–	–	–
2005		Cut	–	–
BENJAMIN, Bradley/Brad [a] (USA)				
2010		Cut	–	a
2011		72 (L)	–	a
BENNETT, Warren (ENG)				
1994	–	–	72 (a)	a
1995	–	–	40	–
1996-98	–	–	–	–
1999	–	–	Cut	–
2000-01	–	–	–	–
2002	–	–	50	–
2003-11	–	–	–	–
2012	–	–	77	–
BENSEL, FS (Frank) (USA)				
2004				Cut
2005-06	–	–	–	–
2007		Cut	–	–
2008-11	–	–	–	–
2012	–	–	–	Cut
BENSON, Yohann (CAN)				
2008		Cut	–	–
BENZEL, Ryan (USA)				
2007	–	–	–	71 (L)
2008-10	–	–	–	Cut
BERBERIAN Jr, RJ (Richard/Rich) (USA)				
2015		Cut	–	–
2016	–	–	–	Cut
BERG, Michael (USA)				
2007		Cut	–	–
BERGANIO Jr, David (USA)				
1992	Cut (a)	–	–	a
1993		Cut (a)	–	–
1994	–	47	–	–
1995	–	–	–	–
1996	–	16	–	–
1997	Cut	–	–	–
1998	–	–	–	–
1999	–	28	–	–
2000		Cut	–	–
2001-05	–	–	–	–
2006	–	Cut	–	–
BERGER, Daniel (USA)				
2014	–	28	–	–
2015	–	–	Cut	Cut
2016	10	37	Wdw/inj	73
BERGSTOL, Brian (USA)				
2008		Cut	–	–
BERRY, DA (Donald/Don) (USA)				
1992	–	Cut	–	–
1993-2000	–	–	–	–

	MAS	USO	BOP	PGA
2001	–	–	–	Cut
2002	–	–	–	64
2003	–	–	–	Cut
2004	–	–	–	–
2005	–	–	–	Cut

BERTONI, Travis (USA)

	MAS	USO	BOP	PGA
2008	–	Cut	–	–

BERTSCH, ST (Shane Thomas) (USA)

	MAS	USO	BOP	PGA
2012	–	Cut	–	–

BETTENCOURT, Matthew/Matt (USA)

	MAS	USO	BOP	PGA
2009	–	10	–	–
2010	–	70	–	Cut
2011	–	–	–	–
2012	–	Cut	–	–
2013	–	53	–	–

BEVAN, Jon (ENG)

	MAS	USO	BOP	PGA
1999	–	–	Cut	–
2000-05	–	–	–	–
2006	–	–	Cut	–
2007	–	–	63	–
2008	–	–	Cut	–

BHULLAR, Gaganjeet (IND)

	MAS	USO	BOP	PGA
2009	–	–	Cut	–

BIANCALANA, Roy (USA)

	MAS	USO	BOP	PGA
1981	–	Cut (a)	–	a
1982-83	–	–	–	–
1984	–	Cut	–	–
1985	–	–	–	–
1986-87	–	Cut	–	–
1988-2002	–	–	–	–
2003	–	Cut	–	–
2004	–	–	–	71

BICKERTON, JE (John Edward) (ENG)

	MAS	USO	BOP	PGA
1995	–	–	Cut	–
1996-99	–	–	–	–
2000-02	–	–	Cut	–
2003-04	–	–	–	–
2005	–	–	60	–
2006	–	–	48	Cut
2007	–	–	Cut	–

BIERSCHENK, Thomas/Tommy/Tom (USA)

	MAS	USO	BOP	PGA
2012	–	Cut	–	–

BIRCH (Jr), GLT (Gary Lincoln Tiene) (GER)

	MAS	USO	BOP	PGA
2001	–	–	Cut	–

BISCONTI, GR (Gregory/Greg) (USA)

	MAS	USO	BOP	PGA
2006-07	–	–	–	Cut
2008	–	–	–	–
2009	–	–	–	74

BJERREGAARD, LJ (Lucas Justra) (DEN)

	MAS	USO	BOP	PGA
2011	–	–	Cut	–
2012-13	–	–	–	–
2014	–	40	–	–
2015	–	–	Cut	–

BJORN, Thomas (DEN)

	MAS	USO	BOP	PGA
1996	–	–	Cut	–
1997	–	68	Cut	45
1998	–	25	9	Cut
1999	Cut	Cut	30	70
2000	28	46	2	3
2001	Cut	22	Cut	63
2002	18	37	8	Cut
2003	–	Cut	2	Cut
2004	Cut	Cut	Cut	–
2005	25	52	Cut	2
2006	32	48	41	Cut
2007	Cut	Cut	53	62
2008-09	–	–	–	–
2010	–	–	Cut	–
2011	–	–	4	Cut
2012	37	Cut	54	48
2013	46	–	73	Cut
2014	8	Scr/inj	26	Cut
2015	Cut	–	Cut	48

BLACK, RJ (Ronald/Ronnie Jay) (USA)

	MAS	USO	BOP	PGA
1982	–	Cut	–	–
1983	–	–	–	–
1984	6	Cut	–	34
1985	41	44	–	Cut
1986	–	Cut	–	21
1987	–	–	–	28
1988	–	–	–	25
1989	–	54	–	69
1988-96	–	–	–	–
1997	–	Cut	–	29
1998-2000	–	–	–	–
2001	–	Cut	–	–

BLACKMAN, Kyle (USA)

	MAS	USO	BOP	PGA
2000	–	Dsq	–	–

	MAS	USO	BOP	PGA
2001	–	Cut	–	–

BLADON, Warren (ENG)

	MAS	USO	BOP	PGA
1996	–	–	Cut (a)	a
1997	Cut (a)	–	Cut	–
1998-2005	–	–	–	–
2006	–	–	Cut	–

BLAIR, JC (James/Jim/Jimmy) (USA)

	MAS	USO	BOP	PGA
1981	–	Cut	–	–
1982-85	–	–	–	–
1986	–	–	–	65
1987	–	–	–	Dsq
1988-89	–	–	–	–
1990	–	–	–	69
1991-99	–	–	–	–
2000-02	–	–	–	Cut

BLAIR, Zac(hary) (USA)

	MAS	USO	BOP	PGA
2014	–	40	–	–
2015	–	–	–	–
2016	–	–	–	Cut

BLAKE, JD (Jay Don) (USA)

	MAS	USO	BOP	PGA
1980	–	Cut (a)	–	a
1981	–	–	–	–
1982	–	Cut	–	–
1983-86	–	–	–	–
1987	–	24	–	–
1988	–	–	–	25
1989	–	18	–	Cut
1990	–	Cut	–	Wdw
1991	27	–	64	13
1992	Cut	6	–	76
1993	45	62	–	–
1994	–	Cut	–	66
1995-96	–	–	–	Cut
1997	–	Cut	–	Cut
1998	–	–	–	56
1999	–	–	–	–
2000	–	–	–	Cut
2001-02	–	Cut	–	–
2003	–	64	–	–
2004	–	Cut	–	–
2005-12	–	–	–	–
2013	–	Cut	–	–

BLAKEMAN, Bennett [a] (USA)

	MAS	USO	BOP	PGA
2010-11	–	Cut	–	a

BLAND, AJ (Adam James) (AUS)

	MAS	USO	BOP	PGA
2006	–	–	Cut	–
2007-14	–	–	–	–
2015	–	–	Cut	–

BLAND, Richard (ENG)

	MAS	USO	BOP	PGA
1998	–	–	Cut	–
1999-2008	–	–	–	–
2009	–	–	Cut	–

BLANKS, Kris (USA)

	MAS	USO	BOP	PGA
2010	–	–	–	Cut

BLAUM, Ryan (USA)

	MAS	USO	BOP	PGA
2009	–	Cut	–	–
2010-13	–	–	–	–
2014	–	Cut	–	–

BLIXT, Jonas (SWE)

	MAS	USO	BOP	PGA
2013	–	–	26	4
2014	2	Cut	Cut	35
2015	28	–	Cut	–
2016	–	–	–	Cut

BLIZARD, Rohan [a] (AUS)

	MAS	USO	BOP	PGA
2008	–	–	Cut	a

BLOCK, Michael (USA)

	MAS	USO	BOP	PGA
2007	–	–	Cut	–
2008-13	–	–	–	–
2014	–	–	–	Cut
2015	–	–	–	–
2016	–	–	–	Cut

BLYTH, Adam (AUS)

	MAS	USO	BOP	PGA
2008	–	–	Cut	–

BOHN, JD (Jason Duehn) (USA)

	MAS	USO	BOP	PGA
2005	–	–	–	34
2006	39	–	–	Cut
2007	–	–	–	–
2008	–	–	Cut	–
2009	–	–	–	–
2010	–	–	Cut	Cut
2011	Cut	–	–	–
2012	–	71	–	–
2013	–	–	–	–
2014	–	–	–	40
2015	–	–	–	37
2016	–	–	–	Cut

BOLT, TH (Thomas/Tommy Henry) (USA)

	MAS	USO	BOP	PGA
1950	–	Cut	–	–

	MAS	USO	BOP	PGA
1951	–	29	–	–
1952	3	7	–	–
1953	5	Cut	–	Last 32
1954	12	6	–	SF
1955	22	3	–	SF
1956	8	22	–	Last 128
1957	Cut	Wdw	–	Last 16
1958	32	W	–	5
1959	30	38	–	17
1960	20	Wdw	–	57
1961	4	22	–	Wdw
1962	Cut	Cut	–	30
1963	37	Cut	–	–
1964	Cut	–	–	Wdw
1965	8	–	–	Wdw
1966	17	–	–	–
1967	26	Cut	–	–
1968	–	–	–	–
1969	–	–	–	Cut
1970	–	Cut	–	–
1971	–	–	–	3
1972	Cut	–	–	Wdw
1973-76	–	–	–	–
1977	–	Cut	–	–

BORCHERT, Matt(hew) (USA)

	MAS	USO	BOP	PGA
2016	–	Cut	–	–

BORICH, MR (Michael/Mike) (USA)

	MAS	USO	BOP	PGA
2000	–	Cut	–	–

BOROS, JN (Julius Nicholas) (USA)

	MAS	USO	BOP	PGA
1950	35	9	–	–
1951	17	4	–	–
1952	7	W	–	–
1953	10	17	–	–
1954	16	23	–	–
1955	4	5	–	–
1956	24	2	–	–
1957	Cut	4	–	–
1958	39	3	–	5
1959	8	28	–	44
1960	5	3	–	24
1961	Cut	Cut	–	Cut
1962	11	3	–	11
1963	3	W	–	13
1964	Cut	Cut	–	21
1965	Cut	4	–	17
1966	28	17	15	6
1967	5	Wdw	–	5
1968	16	16	–	W
1969	33	13	–	25
1970	23	12	–	26
1971	Cut	42	–	35
1972	Cut	29	–	Wdw
1973	Cut	7	–	Cut
1974	26	Wdw	–	–
1975	–	38	–	40
1976	–	–	–	Cut
1977	–	Cut	–	58
1978-80	–	–	–	Cut

BORS, Jeffrey/Jeff (USA)

	MAS	USO	BOP	PGA
2008	–	Cut	–	–

BOSSERT, AR (Andre Robert) (SUI)

	MAS	USO	BOP	PGA
1994	–	–	Cut	–
1995-2004	–	–	–	–
2005	–	–	Cut	–

BOTES, DPK (Desvonde Pierre Klnever) (RSA)

	MAS	USO	BOP	PGA
2000	–	–	64	–
2001-06	–	–	–	–
2007	–	–	Cut	–

BOURDY, Gregory (FRA)

	MAS	USO	BOP	PGA
2007	–	–	53	–
2008	–	–	39	–
2009	–	–	–	–
2010	–	–	–	58
2011	–	–	48	Cut
2012	–	Cut	–	–
2013	–	–	64	–
2014	–	–	47	–
2015	–	–	–	–
2016	–	18	–	18

BOURQUE, Casey (USA)

	MAS	USO	BOP	PGA
2004	–	Cut	–	–

BOWDEN, CD (Craig David) (USA)

	MAS	USO	BOP	PGA
1999	–	Cut	–	–
2000-01	–	–	–	–
2002	–	50	–	–
2003-04	–	Cut	–	–
2005-08	–	–	–	–
2009	–	Cut	–	–

BOWDITCH, Steven (AUS)

	MAS	USO	BOP	PGA
2003	–	–	Cut	–
2004-13	–	–	–	–
2014	26	–	–	Cut
2015	–	–	30	Cut
2016	Cut	Cut	Cut	–

BOYD, GS (Gary Stuart) (ENG)

	MAS	USO	BOP	PGA
2008	–	–	Cut	–
2009	–	–	–	–
2010	–	Cut	38	–
2011-14	–	–	–	–
2015	–	–	Cut	–

BOYD, RM (Robert/Bob) (USA)

	MAS	USO	BOP	PGA
1983	–	50	–	30
1984-86	–	–	–	–
1987-88	–	Cut	–	–
1989	–	–	–	Cut
1990	–	Cut	–	19
1991	–	Cut	–	–
1992	–	–	–	–
1993	–	–	–	Cut
1994	–	–	–	30
1995	–	–	–	–
1996	–	–	–	52
1997-2000	–	–	–	Cut

BRADLEY, Keegan (USA)

	MAS	USO	BOP	PGA
2011	–	–	–	W
2012	27	68	34	3
2013	54	Cut	15	19
2014	Cut	4	19	Cut
2015	22	27	Cut	61
2016	52	Cut	18	42

BRADLEY, MJ (Michael John) (USA)

	MAS	USO	BOP	PGA
1990	–	Cut	–	–
1991	–	–	–	–
1992	–	Cut	–	–
1993	–	–	–	–
1994	–	Cut	–	–
1995	–	–	–	54
1996	–	50	–	31
1997	Cut	Cut	38	71
1998	29	–	–	–
1999-2008	–	–	–	–
2009	–	–	–	Cut
2010	–	–	–	–
2011	–	–	–	59

BRADLEY, RD (Robert/Rob) (USA)

	MAS	USO	BOP	PGA
1997	–	Cut	–	–
1998-2002	–	–	–	–
2003	–	Cut	–	–

BRADSHAW, PG (Paul Gary) (ENG)

	MAS	USO	BOP	PGA
2004	–	–	47	–

BRADY, SJ (Steven/Steve) (USA)

	MAS	USO	BOP	PGA
1984	–	Cut	–	–
1985-86	–	–	–	–
1987	–	Cut	–	–
1988-94	–	–	–	–
1995	–	–	–	Cut
1996-99	–	–	–	–
2000-01	–	–	–	Cut

BRAID, James (SCO)

	MAS	USO	BOP	PGA
1894	–	–	10	–
1895	–	–	–	–
1896	–	–	6	–
1897	–	–	2	–
1898	–	–	10	–
1899	–	–	5	–
1900	–	–	3	–
1901	–	–	W	–
1902	–	–	2	–
1903	–	–	5	–
1904	–	–	2	–
1905	–	–	W	–
1906	–	–	W	–
1907	–	–	5	–
1908	–	–	W	–
1909	–	–	2	–
1910	–	–	W	–
1911	–	–	5	–
1912	–	–	3	–
1913	–	–	18	–
1914	–	–	10	–
1915	–	–	–	–
1916	–	–	–	–
1917	–	–	–	–
1918	–	–	–	–
1919	–	–	–	–
1920	–	–	21	–

	MAS	USO	BOP	PGA
1921	–	–	16	–
1922	–	–	–	–
1923	–	–	49	–
1924	–	–	18	–
1925	–	–	–	–
1926	–	–	28	–
1927	–	–	30	–
1928	–	–	41	–
1929	–	–	–	–
1930-31	–	–	Dnq	–
1932-33	–	–	–	–
1934-37	–	–	Dnq	–
1938	–	–	Cut	–
1939	–	–	Dnq	–

BRAMLETT, Joseph [a] (USA)

	MAS	USO	BOP	PGA
2010	–	Cut	–	a

BRAND Jr, Gordon (SCO)

	MAS	USO	BOP	PGA
1981	–	–	Cut (a)	a
1982-83	–	–	Cut	–
1984	–	–	–	–
1985	–	–	47	–
1986	–	–	Cut	–
1987	–	–	26	–
1988	–	–	20	–
1989-90	–	–	Cut	–
1991	–	–	32	–
1992	–	–	5	–
1993	–	–	Cut	–
1994	–	39	60	–
1995	–	–	–	–
1996-97	–	–	Cut	–
1998	–	–	14	–
1999	–	–	–	–
2000	–	–	68	–
2001	–	–	62	–

BREHAUT, JA (Jeffrey/Jeff Alan) (USA)

	MAS	USO	BOP	PGA
2007	–	17	–	–
2008	–	–	–	–
2009	–	58	–	–

BREWER (Jr), GR (Gay Robert) (USA)

	MAS	USO	BOP	PGA
1956-59	–	Cut	–	–
1960	–	–	–	–
1961	–	Cut	–	–
1962	11	5	–	Cut
1963	Cut	Cut	–	49
1964	25	5	–	8
1965	Cut	16	–	28
1966	2	36	–	27
1967	W	38	Cut	28
1968	35	9	6	20
1969	Cut	Cut	15	25
1970	31	7	32	Cut
1971	Cut	9	–	–
1972	Scr/ill	25	–	7
1973	10	–	10	64
1974	Cut	–	37	17
1975	Cut	–	–	33
1976	23	–	–	–
1977	Cut	26	–	–
1978	29	–	–	–
1979	Cut	–	–	–
1980	Cut	–	–	–
1981	15	–	–	–
1982	45	–	–	–
1983	47	–	–	–
1984-88	Cut	–	–	–
1989	Wdw	–	–	–
1990-98	Cut	–	–	–
1999	Wdw	–	–	–
2000	Cut	–	–	–
2001	Wdw	–	–	–

BRIER, Markus (AUT)

	MAS	USO	BOP	PGA
2001	–	–	Cut	–
2002	–	–	–	–
2003	–	–	46	–
2004-05	–	–	–	–
2006	–	–	Cut	–
2007	–	–	12	Cut
2008	–	–	–	–
2009	–	–	Cut	–
2010	–	–	–	–
2011	–	–	Cut	–

BRIGMAN, DJ (David Franklin/David, Jr: 'DJ') (USA)

	MAS	USO	BOP	PGA
2005	–	71	–	–
2006	–	–	–	–
2007	–	30	–	–
2008	–	Cut	–	–

BRISKY, MC (Michael/Mike Charles) (USA)

	MAS	USO	BOP	PGA
1989	–	Cut	–	–
1990-94	–	–	–	–
1995	–	67	–	–
1996	–	–	–	14
1997	–	Cut	–	Cut
1998	–	Cut	–	–
1999	–	–	–	–
2000	–	23	–	–

BRISSON, Cortney (USA)

	MAS	USO	BOP	PGA
2003	–	Cut	–	–

BRITTON, WT (William/Bill Timothy) (USA)

	MAS	USO	BOP	PGA
1979	–	Cut (a)	–	a
1980-81	–	–	–	–
1982	–	Cut	–	Cut
1983	–	–	–	77
1984	–	60	–	–
1985-86	–	–	–	–
1987-88	–	Cut	–	–
1989	–	Cut	–	41
1990	7	–	–	4
1991	Cut	Cut	–	Cut
1992	–	–	–	21
1993-95	–	Cut	–	–
1996-2003	–	–	–	–
2004	–	–	–	Cut

BROADHURST, PA (Paul Andrew) (ENG)

	MAS	USO	BOP	PGA
1988	–	–	57 (a)	a
1989	–	–	Cut	–
1990	–	–	12	–
1991	–	–	17	–
1992	–	–	Cut	–
1993	–	–	34	–
1994	–	–	Cut	–
1995	–	–	58	–
1996	–	–	27	–
1997	–	52	Cut	Cut
1998-2003	–	–	–	–
2004	–	–	60	–
2005	–	–	–	–
2006	–	–	26	Cut
2007	–	–	12	–
2008	–	–	–	–
2009	–	–	60	–
2010-11	–	–	Cut	–

BROBERG, Kristoffer (SWE)

	MAS	USO	BOP	PGA
2014	–	–	32	–
2015	–	–	–	–
2016	–	–	Cut	Cut

BROCE, Jamie (USA)

	MAS	USO	BOP	PGA
2014	–	–	–	Cut

BROCK, JV (Joshua/Josh Vance) [a] (USA)

	MAS	USO	BOP	PGA
2009	–	Cut	–	a

BROOKS, Daniel (ENG)

	MAS	USO	BOP	PGA
2015	–	–	Cut	–

BROOKS, MD (Mark David) (USA)

	MAS	USO	BOP	PGA
1984	–	Cut	–	–
1985	–	–	–	–
1986-87	–	Cut	–	–
1988	–	Cut	–	Cut
1989	Cut	–	–	Cut
1990	–	5	–	26
1991	35	19	80	Cut
1992	Cut	44	55	15
1993	Cut	46	–	Cut
1994	–	Cut	20	Cut
1995	Cut	–	3	31
1996	Cut	16	5	W
1997	Cut	Cut	Cut	Cut
1998	Cut	57	66	56
1999	38	Cut	62	16
2000	40	Cut	Cut	Cut
2001	31	2	Cut	Cut
2002	24	Cut	Dnq	Cut
2003	–	–	–	Cut
2004	–	Cut	–	Cut
2005	–	–	–	Cut
2006	–	Cut	–	Cut
2007-12	–	–	–	Cut
2013	–	–	–	Scr/inj
2014-15	–	–	–	Cut

BROUSSARD, Anthony (USA)

	MAS	USO	BOP	PGA
2014	–	Cut	–	–

BROVOLD, Lars (NOR)

	MAS	USO	BOP	PGA
2005	–	–	Cut	–

BROWN, Brandon (USA)

	MAS	USO	BOP	PGA
2013	–	Cut	–	–

BROWN, David/Davie: 'The Deacon' (SCO/USA)

	MAS	USO	BOP	PGA
1880	–	–	4	–

	MAS	USO	BOP	PGA
1881-82			–	
1883			24	
1884-85			–	
1886			W	
1887			9	
1888			–	
1889			4	
1890			10	
1891			7	
1892			24	
1893			–	
1894			13	
1895			6	
1896		–	7	
1897		–	7	
1898		–	–	
1899		–	Cut	
1900		–	–	
1901		7	–	
1902		12	–	
1903		2	–	
1904		–	–	
1905		53 (L)	–	
1906		–	–	
1907		8	–	
1908		27	–	

BROWN, Derek (USA)

	MAS	USO	BOP	PGA
2005		Cut		

BROWN, Mark (1) see BROWN, MR

BROWN, Mark (2) (NZL)

	MAS	USO	BOP	PGA
2008	–	–	–	24
2009	–	–	Cut	–
2010-12				
2013	–	–	44	–

BROWN, MR (Mark/Mark R) (USA)

	MAS	USO	BOP	PGA
2000-01	–	–	–	Cut
2002-05				
2006	–	–	–	Cut
2007-11				
2012-13	–	–	–	Cut
2014-15				
2016	–	–	–	Cut

BROWN, Scott (USA)

	MAS	USO	BOP	PGA
2013	–	–	Cut	Cut
2014	–	–	–	46

BROWNE, OD (Olin Douglas) (USA)

	MAS	USO	BOP	PGA
1994	–	47	–	–
1995	–	–	–	–
1996	–	101	–	–
1997	–	5	–	53
1998	Cut	43	–	62
1999	52	Cut	–	49
2000	–	–	–	–
2001	–	24	–	Cut
2002	–	Cut	–	–
2003	–	59	–	–
2004	–	–	–	–
2005	–	23	–	–
2006	45	Cut	–	46
2007	–	45	–	–
2008-11				
2012	–	Cut	–	–

BRYANT, BH (Barton/Bart Holan) (USA)

	MAS	USO	BOP	PGA
1987	–	Cut	–	–
1988-93				
1994	–	Cut	–	–
1995-2004				
2005	–	Cut	23	Cut
2006	Cut	32	70	Cut
2007	Cut	–	–	32
2008	–	29	39	Cut

BRYANT, BD (Bradley/Brad Dub) (USA)

	MAS	USO	BOP	PGA
1980	–	–	–	71
1981	–	–	–	Cut
1982	–	–	–	61
1983	–	Cut	–	Cut
1984	–	–	–	Cut
1985-88				
1989	–	–	–	58
1990	–	Cut	–	Cut
1991				
1992	–	23	–	48
1993				
1994	–	Cut	–	Cut
1995	Cut	13	Cut	Cut
1996	Cut	23	–	Cut
1997-2007				
2008	–	Cut	–	–

BUCKLE, AN (Andrew Nicholas) (AUS)

	MAS	USO	BOP	PGA
2004	–	–	Cut	–
2005				
2006	–	–	61	Cut
2007	–	Cut	–	–

BUHA, JP (Jason) (USA)

	MAS	USO	BOP	PGA
2000	–	Cut	–	–

BULLE, Kent (USA)

	MAS	USO	BOP	PGA
2016	–	Cut	–	–

BUNNY, Ben (AUS)

	MAS	USO	BOP	PGA
2006-07	–	–	Cut	–

BURGOON, Bronson [a] (USA)

	MAS	USO	BOP	PGA
2009	–	Cut	–	a

BURKE, Billy see BURKE (formerly BURKOWSKI), WJ

BURKE Jr, JJ (John/Jack/Jackie Joseph) (USA)

	MAS	USO	BOP	PGA
1949	–	27	–	Last 64
1950	Wdw	Cut	–	–
1951	11	–	–	QF
1952	2	41	–	Last 32
1953	8	14	–	–
1954	6	15	–	Last 64
1955	13	10	–	QF
1956	W	Cut	–	W
1957	7	Wdw	–	–
1958	Cut	–	–	4
1959	34	–	–	17
1960	11	–	–	29
1961	7	–	–	52
1962	39	Cut	–	17
1963	Cut	21	–	34
1964	Cut	–	–	44
1965	Cut	Cut	–	8
1966	44	–	–	67
1967	53	–	–	42
1968	Cut	–	–	–
1969	24	–	–	69
1970	Cut	–	–	45
1971	–	–	–	Cut
1972	–	–	–	67
1973	–	–	–	56
1974	Cut	–	–	–

BURKE Jr, Michael/Mike (USA)

	MAS	USO	BOP	PGA
1979-80	–	Cut	–	–
1981-86				
1988	–	–	–	Cut
1989	–	Cut	–	–
1990-91				
1992	–	–	–	Cut
1993-94				
1995	–	–	–	Cut
1996	–	107	–	Cut
1997	–	–	–	Cut
1998	–	Cut	–	Cut
1999	–	–	–	–
2000	–	Cut	–	–

BURKE (formerly BURKOWSKI), WJ (William/Billy John) (USA)

	MAS	USO	BOP	PGA
1928		18	–	Last 32
1929		15	–	–
1930		28	–	Last 32
1931		W	–	SF
1932		7	–	–
1933		33	Cut	Dnq
1934	3	6	–	–
1935	37	32	–	Last 64
1936	28	18	–	Last 16
1937	29	16	–	Last 32
1938	13	Wdw	–	Last 16
1939	3	42	–	Last 16
1940	Wdw	–	–	Last 32
1941	–	Wdw	–	–
1942	23	70*	–	
1943				
1944-45				
1946	46	45	–	–
1947	57 (L)	27	–	–
1948	43	–	–	–
1949	35	Cut	–	–
1950	29	Cut	–	–
1951	–	Cut	–	–
1952	Wdw	–	–	–
1953	Wdw	Dnq	–	–
1954	–	Cut	–	–
1955	36	–	–	–
1956-57	Wdw	–	–	–
1958-61	Cut	–	–	–
1962	Wdw	–	–	–

*unofficial championship

THE PLAYERS

	MAS	USO	BOP	PGA
BURKEMO, WE (Walter) (USA)				
1937	–	Cut	–	–
1938-39	–	–	–	–
1940-41	–	–	–	–
1942	–	–	–	–
1943				
1944-45				–
1946-49	–	–	–	–
1950	–	36	–	–
1951	–	Cut	–	RU
1952	42	–	–	Last 16
1953	–	40	–	W
1954	22	Cut	–	RU
1955	15	Cut	–	Last 64
1956	17	29	–	Last 16
1957	Cut	4	–	SF
1958	Cut	5	–	16
1959	22	Wdw	–	17
1960	6	49	–	24
1961	11	Cut	–	14
1962	–	Cut	–	39
1963	43	8	–	Cut
1964	Cut	Cut	–	17
1965	–	–	–	41
1966	–	22	–	Cut
1967-68	–	–	–	Cut
1969	–	–	–	–
1970-71	–	–	–	Cut
BURKOWSKI, WJ see BURKE, WJ				
BURNS, Bob see BURNS, RD				
BURNS, John/Jack (SCO)				
1882			23	
1883-84			–	
1885			7	
1886-87			–	
1888			W	
1889			14 (L)	
1890			–	
1891			Wdw	
1892-93			–	
1894			46	
1895-04			–	
1905			Cut	
BURNS, RD (Robert/Bob Donald) (USA)				
1992	–	Cut	–	–
1993-94	–	–	–	–
1995	–	51	–	–
1996-8	–	–	–	–
1999	–	66	–	–
2000-02	–	–	–	–
2003	–	Cut	–	67
BURNS, Sam(uel) Holland [a] (USA)				
2016	–	Cut	–	a
BURTON, Dick see BURTON, RR				
BURTON, KD (Kevin Douglas) (USA)				
1993	–	Cut	–	71
1994-99	–	–	–	–
2000	–	–	–	Cut
2001-02	–	–	–	–
2003	–	–	–	Cut
2004-06	–	–	–	–
2007	–	–	–	Cut
BURTON, RR (Richard/Dick) (ENG)				
1928		Wdw	–	a
1929-31		–	–	a
1932		–	48	–
1933		–	Cut	–
1934	–	–	39	–
1935	–	–	Cut	–
1936	–	–	12	–
1937	–	–	Cut	–
1938	–	–	4	–
1939	–	–	W	–
1940-41	–	–	–	–
1942				–
1943				
1944-45				–
1946	–	Cut	12	–
1947	–	–	5	–
1948	–	–	18	–
1949	–	–	14	–
1950	–	–	Cut	–
1951	–	–	12	–
1952			–	
1953	–	–	47	–
1954-55	–	–	–	–
1956-57	–	–	Cut	–
1958	–	–	–	–

	MAS	USO	BOP	PGA
1959	–	–	Cut	–
1960	–	–	–	–
1961	–	–	Cut	–
1962	–	–	–	–
1963	–	–	Cut	–
1964-67	–	–	–	–
1968	–	–	Cut	–
BUTCHER, Rodney/Rod (USA)				
1997	–	60	–	–
1998-99	–	–	–	–
2000	–	Cut	–	–
BUTTERFIELD, AJ (Andrew James) (ENG)				
2005	–	–	Cut	–
BYRD, JC (Jonathan Currie) (USA)				
2003	8	15	–	Cut
2004	Cut	Cut	–	Cut
2005	–	–	–	–
2006	–	–	–	20
2007	–	–	23	Cut
2008	Cut	Cut	–	Cut
2009-10	–	–	–	–
2011	Cut	Cut	Cut	Cut
2012	27	56	–	Cut
BYRD, ZM (Zachary/Zach Michael) (USA)				
2011	–	Cut	–	–
BYRUM, TE (Thomas/Tom Elliott) (USA)				
1986	–	Cut	–	–
1987	–	–	–	47
1988-89	–	–	–	Cut
1990	Cut	33	–	–
1991	–	Cut	–	–
1992-96	–	–	–	–
1997	–	–	–	9
1998	–	–	–	62
2000	–	–	–	–
2001	–	44	–	–
2002	–	8	–	–
2003	Cut	15	43	–
2004	–	Cut	–	24
2005	–	–	Cut	–
2006	–	–	–	–
2007	–	Cut	–	–
CABRERA, AL (Angel Leopoldo) (ARG)				
1997	–	–	51	–
1998	–	–	–	–
1999	–	–	4	41
2000	Cut	37	Cut	19
2001	10	7	Cut	37
2002	9	66	Cut	48
2003	15	35	22	45
2004	Cut	16	–	Cut
2005	Cut	33	Cut	–
2006	8	26	7	Cut
2007	37	W	34	Cut
2008	25	Cut	Cut	20
2009	W	54	24	63
2010	18	22	Cut	Cut
2011	7	Cut	Cut	Cut
2012	32	46	Cut	Cut
2013	2	Cut	11	Wdw/inj
2014	Cut	Cut	19	Wdw/inj
2015	22	64	–	–
2016	24	37	–	–
CABRERA-BELLO, Rafa(el) (ESP)				
2010	–	47	–	–
2011	–	–	–	–
2012	–	Cut	81	Cut
2013	–	–	21	29
2014	–	–	Cut	73 (L)
2015	–	–	40	Cut
2016	17	32	39	49
CAIRNS, BT (Brian) (USA)				
2011-12	–	–	–	Cut
2013-14	–	–	–	–
2015	–	–	–	Cut
CALCAVECCHIA, MJ (Mark John) (USA)				
1986	–	14	–	–
1987	17	17	11	Cut
1988	2	62	Cut	17
1989	31	61	W	–
1990	20	Cut	Cut	Cut
1991	12	37	Cut	32
1992	31	33	28	48
1993	17	25	14	31
1994	Cut	Cut	11	Cut
1995	41	Cut	24	Cut
1996	15	Cut	41	36
1997	17	Cut	10	23

	MAS	USO	BOP	PGA
1998	16	Cut	35	44
1999	Cut	Cut	Cut	61
2000	–	–	26	34
2001	4	24	54	4
2002	Cut	Cut	80	7
2003	–	20	Cut	39
2004	–	20	11	Dsq
2005	–	–	60	70
2006	Cut	Cut	41	Wdw
2007	20	–	23	Cut
2008	Cut	Wdw	Cut	63
2009	–	–	27	–
2010	–	–	73	–
2011	–	–	Cut	–
2012	–	–	9	–
2013	–	–	Cut	–
2014	–	–	Scr	–
2015-16	–	–	Cut	–

CALL, Matthew/Matt (USA)

	MAS	USO	BOP	PGA
1999	–	Cut (a)	–	a
2000-01	–	–	–	a
2002-06	–	–	–	–
2007	–	–	–	Cut

CALLAN, Stuart (SCO)

	MAS	USO	BOP	PGA
2001	–	–	Cut	–

CAMPBELL, Brian [a] (USA)

	MAS	USO	BOP	PGA
2014	–	Cut	–	a
2015	–	27	–	–

CAMPBELL, Chad see CAMPBELL, DC

CAMPBELL, Chris (AUS)

	MAS	USO	BOP	PGA
2005	–	–	Cut	–

CAMPBELL, DC (David Chad/Chad) (USA)

	MAS	USO	BOP	PGA
1999-2001	–	Cut	–	–
2002	–	–	–	Cut
2003	Cut	35	15	2
2004	Cut	Cut	Cut	24
2005	17	42	Cut	28
2006	3	Cut	65	24
2007	Cut	57	Cut	57
2008	–	18	–	Cut
2009	2	Cut	Cut	43
2010	45	–	–	62
2011	–	Cut	5	–
2012	–	–	72	–

CAMPBELL, Lloyd [a] (ENG)

	MAS	USO	BOP	PGA
2004	–	–	Cut	–

CAMPBELL, MS (Michael Shane) (NZL)

	MAS	USO	BOP	PGA
1994	–	–	Cut	–
1995	–	–	3	17
1996	Cut	32	Dsq	Cut
1997	–	–	–	–
1998	–	–	66	–
1999	–	–	Cut	–
2000	–	12	Cut	Cut
2001	Cut	Cut	23	Cut
2002	Cut	Cut	Cut	23
2003	Cut	Cut	53	69 (L)
2004	Cut	Cut	20	49
2005	–	W	5	6
2006	Cut	Cut	35	Cut
2007	Cut	58	57	Cut
2008	Cut	Cut	51	42
2009	Cut	Cut	Wdw	Cut
2010	Cut	Cut	–	–
2011-13	–	Cut	–	–
2014	–	Scr	–	–
2015	–	Scr/ret	–	–

CAMPLIN, Todd (USA)

	MAS	USO	BOP	PGA
2011	–	–	–	Cut

CANETE, Ariel (ARG)

	MAS	USO	BOP	PGA
2008	–	–	39	–

CANIZARES (GOMEZ), JA (Jose Alejandro/Alejandro) (ESP)

	MAS	USO	BOP	PGA
2010	–	–	27	–
2011-12	–	–	Cut	–

CANTER, Laurence/Laurie [a] (ENG)

	MAS	USO	BOP	PGA
2010	–	–	Cut	–

CANTLAY, Patrick (USA)

	MAS	USO	BOP	PGA
2011	–	21 (a)	–	a
2012	–	47 (a)	41 (a)	–

CAPPELEN, Sebastian (DEN)

	MAS	USO	BOP	PGA
2015	–	Cut	–	–

CARON, JR (Jason) (USA)

	MAS	USO	BOP	PGA
2002	–	30	–	–

CARR, David/Dave (USA)

	MAS	USO	BOP	PGA
2004	–	Cut	–	–

CARRILES (CORINO), JM (Jose Manuel) (ESP)

	MAS	USO	BOP	PGA
1993	–	–	Cut	–

	MAS	USO	BOP	PGA
1994-99	–	–	–	–
2000	–	–	Cut	–

CARTER, JL (Jim Laver) (USA)

	MAS	USO	BOP	PGA
1987	–	71	–	–
1988	–	55	–	66
1989	–	Cut	–	Cut
1990-96	–	–	–	–
1997	–	–	–	Cut
1998	–	–	–	56
1999	–	46	–	Cut
2000	–	Cut	Cut	Wdw
2001	–	–	–	–
2002	–	24	69	Cut

CARTER, TC (Tom Charles) (USA)

	MAS	USO	BOP	PGA
2004	–	55	–	–

CASAS, Felix (PHI)

	MAS	USO	BOP	PGA
2002	–	–	Cut	–

CASEY, PA (Paul Alexander) (ENG)

	MAS	USO	BOP	PGA
2002	–	–	Cut	Cut
2003	–	Cut	Cut	66
2004	6	Cut	20	Cut
2005	Cut	Wdw	Cut	59
2006	–	15	71 (L)	Cut
2007	10	10	27	40
2008	11	65	7	15
2009	20	Cut	47	Scr/inj
2010	Cut	40	3	12
2011	38	Cut	54	72
2012	Cut	Scr/inj	Cut	Cut
2013	–	45	–	33
2014	–	56	47	Cut
2015	6	39	74	30
2016	4	Cut	Cut	10

CASPER (Jr), WE (William/Billy Earl) (USA)

	MAS	USO	BOP	PGA
1956	–	14	–	–
1957	16	Cut	–	–
1958	20	13	–	2
1959	Cut	W	–	17
1960	4	12	–	24
1961	7	17	–	15
1962	15	Cut	–	51
1963	11	–	–	–
1964	5	4	–	9
1965	35	17	–	2
1966	10	W	–	3
1967	24	4	–	19
1968	16	9	4	6
1969	2	40	25	35
1970	W	8	17	18
1971	13	Cut	7	2
1972	17	11	40	4
1973	17	Cut	–	35
1974	37	Cut	–	63
1975	6	–	–	5
1976	8	Cut	–	51
1977	14	–	–	31
1978	Cut	30	–	Cut
1979	43	–	–	Cut
1980	Cut	–	–	Cut
1981	Cut	–	–	–
1982	Cut	–	–	67
1983	Cut	–	–	Cut
1984	Cut	–	–	–
1985	57	–	–	–
1986	Cut	–	–	–
1987	50	–	–	–
1988-91	Cut	–	–	–
1992	–	–	–	–
1993-98	Cut	–	–	–
1999-2000	Wdw	–	–	–
2001	Cut	–	–	–
2002-04	–	–	–	–
2005	Cut	–	–	–

CASTRO, RM (Roberto Mario) (USA)

	MAS	USO	BOP	PGA
2012	–	Cut	–	–
2013	–	–	–	12
2014	Cut	Cut	Cut	Cut
2015	–	Cut	–	–
2016	–	–	–	66

CAULEY, William: 'Bud' (USA)

	MAS	USO	BOP	PGA
2011	–	63	–	–
2012	–	–	–	Cut
2013	–	–	32	–

CAYEUX, ME (Marc Elton) (ZIM)

	MAS	USO	BOP	PGA
2009	–	–	Cut	–

CEJKA, Alexander/Alex (CZE/GER)

	MAS	USO	BOP	PGA
1996	44L	50	11	52
1997	–	–	Cut	–

	MAS	USO	BOP	PGA
1998	–	–	–	65
1999	–	–	–	–
2000	–	–	Cut	–
2001	–	–	13	–
2002	–	–	Cut	–
2003	–	61	–	4
2004	26	60	–	Cut
2005	–	–	Cut	Cut
2006-07	–	–	–	–
2008	–	–	Cut	–
2009	–	–	–	–
2010	–	8	–	–
2011	35	Cut	–	–
2012	–	41	–	–
2013	–	–	–	–
2014	–	60	–	–
2015	–	–	–	Wdw/inj

CEVAER, CG (Christian Georges) (FRA)

	MAS	USO	BOP	PGA
2004	–	–	71	–
2005-06	–	–	–	–
2007	–	Cut	–	–

CHALLEN, Charles (ENG)

	MAS	USO	BOP	PGA
2003	–	–	Cut	–

CHALMERS, GJ (Gregory/Greg John) (AUS)

	MAS	USO	BOP	PGA
1998	–	–	57	Cut
1999	–	–	–	–
2000	–	–	–	4
2001	Cut	–	–	44
2002	–	Cut	–	–
2003-10	–	–	–	–
2011	–	Cut	–	–
2012	–	–	45	32
2013-14	–	–	–	–
2015	–	–	58	–
2016	–	–	81 (L)	Cut

CHAMBLEE, BE (Brandel Eugene) (USA)

	MAS	USO	BOP	PGA
1987	–	Cut	66	–
1988-91	–	–	–	–
1992	–	Cut	–	–
1993-94	–	–	–	–
1995	–	–	Cut	Cut
1996-97	–	–	–	Cut
1998	–	Cut	–	–
1999	18	46	–	Cut
2000	–	61	–	–
2001	–	44	62	–

CHAND, Dinesh (FIJ)

	MAS	USO	BOP	PGA
2001	–	–	Cut	–
2002-03	–	–	–	–
2004	–	–	Cut	–

CHANG, Derek (USA)

	MAS	USO	BOP	PGA
2016	–	Cut	–	–

CHAPLET, Paul [a] (CRC)

	MAS	USO	BOP	PGA
2016	Cut	–	–	a

CHAPMAN, RM (Roger Michael) (ENG)

	MAS	USO	BOP	PGA
1977	–	–	Cut (a)	a
1978-80	–	–	–	a
1981	–	–	Cut (a)	a
1982	–	–	47	–
1983	–	–	–	–
1984	–	–	47	–
1985	–	–	Cut	–
1986	–	–	35	–
1987	–	–	54	–
1988	–	–	Cut	–
1989	–	–	13	–
1990	–	–	63	–
1991	–	–	12	–
1992	–	–	64	–
1993	–	–	Cut	–
1994-95	–	–	–	–
1996	–	–	72	–
1997-99	–	–	–	–
2000-01	–	–	Cut	–
2002	–	–	Dsq	–
2003-11	–	–	–	–
2012	–	–	–	Cut
2013	–	Scr/inj	–	–

CHAPPELL, Kevin (USA)

	MAS	USO	BOP	PGA
2011	–	3	–	–
2012	44	10	–	–
2013	–	32	–	Cut
2014	–	–	–	13
2015	–	46	–	43
2016	–	Cut	53	Cut

CHARLES, Sir RJ (Robert/Bob James) (NZL)

	MAS	USO	BOP	PGA
1958	Cut (a)	–	Cut (a)	a
1959	–	–	–	a
1960	–	–	–	–
1961	–	–	Cut	–
1962	25	–	5	–
1963	15	19	W	13
1964	40	3	17	19
1965	45	Cut	Cut	41
1966	Cut	Cut	37	–
1967	Cut	Cut	Cut	–
1968	19	7	2	2
1969	29	Cut	2	35
1970	17	3	13	26
1971	Cut	13	18	13
1972	22	Cut	15	58
1973	29	11	7	–
1974	Cut	Cut	Cut	73
1975	Cut	–	12	–
1976	–	–	Cut	–
1977	–	–	43	–
1978	–	–	48	–
1979	–	–	10	–
1980	–	–	60	–
1981	–	–	35	–
1982	–	–	Cut	–
1983	–	–	–	–
1984	–	–	47	–
1985	–	–	Wdw	–
1986	–	–	19	–
1987	–	–	–	–
1988	–	–	20	–
1989	–	–	–	–
1990	–	–	Cut	–
1991-93	–	–	–	–
1994-95	–	–	Cut	–
1996	–	–	71	–
1997-98	–	–	–	–
1999-2001	–	–	–	Cut

CHAUSSARD, Garrett (USA)

	MAS	USO	BOP	PGA
2008	–	Cut	–	–

CHESTERS, Ashley [a] (ENG)

	MAS	USO	BOP	PGA
2014	–	–	Cut	a
2015	–	–	12	a

CHEETHAM, Jonathan (ENG)

	MAS	USO	BOP	PGA
2004	–	–	Cut	–

CHEETHAM, Neil (ENG)

	MAS	USO	BOP	PGA
2001	–	–	65	–

CHIA, CW (Chee Wing: 'Danny') (MAS)

	MAS	USO	BOP	PGA
2005	–	–	Cut	–
2006-07	–	–	–	–
2008	–	–	Cut	–
2009	–	–	–	–
2010	–	–	55	–

CHOI, Jay (KOR/USA)

	MAS	USO	BOP	PGA
2008	–	Cut	–	–

CHOI, K-J (Kyoung-Ju: 'KJ') (KOR)

	MAS	USO	BOP	PGA
1998	–	–	Cut	–
1999	–	–	49	–
2000	–	–	–	–
2001	–	Cut	–	29
2002	–	30	Cut	Cut
2003	15	Cut	22	69 (L)
2004	3	31	16	6
2005	33	15	41	40
2006	Cut	Cut	Cut	7
2007	27	Cut	8	12
2008	41	Cut	16	24
2009	Cut	47	Cut	39
2010	4	47	Cut	39
2011	8	Cut	44	39
2012	Cut	15	39	54
2013	46	32	44	47
2014	34	–	Cut	Cut
2015	–	–	–	–
2016	–	–	–	22

CHOPRA, DS (Daniel Samir) (SWE)

	MAS	USO	BOP	PGA
2004	–	24	–	–
2005	–	–	Cut	–
2006	–	–	–	41
2007	–	–	–	Cut
2008-11	–	–	–	–
2012	–	–	Cut	–

CHUAYPRAKONG, Thitiphun (THA)

	MAS	USO	BOP	PGA
2016	–	–	Cut	–

CHUN, J-H (Jae-Hun: 'Eric') [a] (KOR/MAS)

	MAS	USO	BOP	PGA
2010	–	–	Cut	a

CHUNG, David [a] (USA)

	MAS	USO	BOP	PGA
2011	Cut	–	Cut	a

CINK, SE (Stewart Ernest) (USA)

	MAS	USO	BOP	PGA
1996	–	–	16	–

	MAS	USO	BOP	PGA
1997	Cut	13	–	Cut
1998	23	10	66	Cut
1999	27	32	Cut	3
2000	28	8	41	15
2001	Cut	3	30	59
2002	24	Cut	59	10
2003	–	28	34	Cut
2004	17	Cut	14	17
2005	20	15	Cut	28
2006	10	37	Cut	24
2007	17	Cut	6	32
2008	3	14	Cut	Cut
2009	Cut	27	W	67
2010	–	40	48	18
2011	Cut	Cut	30	Cut
2012	50	Cut	Cut	Cut
2013	25	Cut	26	Cut
2014	14	54	47	Cut
2015	–	Dnq	20	–
2016	–	–	–	Scr/pers

CLAMPETT (Jr), RD (Robert/Bobby Daniel) (USA)

	MAS	USO	BOP	PGA
1978	–	30 (a)	–	a
1979	23 (a)	Cut (a)	–	a
1980	50 (a)	38 (a)	–	a
1981	–	–	–	27
1982	–	3	10	Cut
1983	Cut	Cut	53	Cut
1984-85	–	–	–	–
1986	–	Cut	–	–
1987	–	–	–	28
1988-99	–	–	–	–
2000	–	37	–	–

CLARK, GB (Gary Ben) (ENG)

	MAS	USO	BOP	PGA
1995	–	–	100 (a)	a
1996	–	–	–	–
1997	–	–	66	–
1998-2009	–	–	–	–
2010	–	–	Cut	–

CLARK II, MM (Michael/Mike) (USA)

	MAS	USO	BOP	PGA
1993	–	Cut	–	–
1994-96	–	–	–	–
1997	–	Cut	–	–
1998-99	–	–	–	–
2000	–	–	–	15
2001	–	–	–	Cut
2002	–	Cut	–	–

CLARK, TH (Timothy/Tim Henry) (RSA)

	MAS	USO	BOP	PGA
1998	Cut (a)	–	–	a
1999-2001	–	–	–	–
2002	–	–	Cut	53
2003	13	Cut	–	3
2004	Cut	13	Cut	Cut
2005	39	3	23	17
2006	2	Cut	56	24
2007	13	17	–	Cut
2008	Cut	48	Cut	55
2009	13	40	Cut	16
2010	Cut	12	Cut	39
2011	Cut	Scr/inj	Scr/inj	Scr/inj
2012	Cut	Cut	Cut	11
2013	11	Cut	44	68
2014	Cut	–	–	Cut
2015	Scr/inj	–	Scr/pers	Cut

CLARKE, DC (Darren Chrisopher) (IRL)

	MAS	USO	BOP	PGA
1991	–	–	64	–
1992	–	–	Cut	–
1993	–	–	39	–
1994	–	Cut	38	–
1995	–	–	31	–
1996	–	Cut	11	–
1997	–	43	2	Cut
1998	8	43	Cut	–
1999	Cut	10	30	Cut
2000	40	53	7	9
2001	24	30	3	Cut
2002	20	24	37	Cut
2003	28	42	59	Cut
2004	Cut	Cut	11	13
2005	17	–	15	Cut
2006	22	56	Cut	–
2007	Cut	–	Cut	42
2008	–	–	–	Cut
2009	–	Cut	52	Cut
2010	–	–	44	48
2011	–	–	W	Cut
2012	Cut	–	Cut	54
2013	Scr/inj	Cut	21	75 (L)
2014	44	Cut	26	Cut

	MAS	USO	BOP	PGA
2015	52	Cut	Cut	Cut
2016	Cut	–	30	Cut

CLAXTON, Paul (USA)

	MAS	USO	BOP	PGA
2005	–	23	–	–
2006-11	–	–	–	–
2012	–	Cut	–	–

CLEARWATER, KA (Keith Allen) (USA)

	MAS	USO	BOP	PGA
1980	–	Cut (a)	–	a
1981	–	–	–	a
1982-86	–	–	–	–
1987	–	–	31	Cut
1988	Cut	–	–	Cut
1989	–	Cut	–	–
1990	–	–	–	–
1991	–	–	37	48
1992	–	–	Cut	56
1993	–	39	52	Wdw
1994-98	–	–	–	–
1999	–	Cut	–	–
2000	–	53	–	–

COCERES, JE (Jose Eusebio) (ARG)

	MAS	USO	BOP	PGA
1992	–	–	45	–
1992-94	–	–	–	–
1995	–	–	96	–
1996	–	–	Cut	–
1997	–	–	44	–
1998-99	–	–	–	–
2000	–	–	36	Cut
2001	Cut	52	Cut	16
2002	Cut	Cut	Cut	10
2003	–	–	34	–
2004-06	–	–	–	–
2007	–	–	–	Cut

COCHRAN, RE (Russell/Russ Earl) (USA)

	MAS	USO	BOP	PGA
1984	–	–	–	10
1985	–	–	–	Cut
1986	–	–	–	–
1987	–	66	–	28
1988-89	–	–	–	Cut
1990	–	Cut	–	Cut
1991	–	–	–	Cut
1992	Cut	33	28	7
1993	21	Cut	–	44
1994	33	–	–	Cut
1995	–	–	–	–
1996	–	–	–	17
1997	–	Cut	61	–
1998	–	–	–	34
1999	–	–	–	–
2000	–	–	–	Cut
2001-11	–	–	–	–
2012	–	–	Wdw/inj	–

COE, Alex [a] (USA)

	MAS	USO	BOP	PGA
2006	–	Cut	–	a

COETZEE, GW (George William) (RSA)

	MAS	USO	BOP	PGA
2011	–	–	15	–
2012	–	Cut	Cut	Cut
2013	Cut	56	71	Cut
2014	–	–	18	Cut
2015	–	70	Cut	7
2016	–	–	Cut	60

COLES, RA (Robert Anthony) (ENG)

	MAS	USO	BOP	PGA
2001	–	–	Cut	–
2002	–	–	–	–
2003	–	–	Cut	–
2004	–	–	–	–
2005	–	–	Cut	–

COLLINS, Bobby (USA)

	MAS	USO	BOP	PGA
2008	–	Cut	–	–

COLLINS, CS (Chad Steven) (USA)

	MAS	USO	BOP	PGA
2006	–	40	–	–
2007-13	–	Cut	–	–

COLLINS, Wil(liam) (USA)

	MAS	USO	BOP	PGA
2005	–	Cut	–	–
2006-12	–	–	–	–
2013	–	Cut	–	–

COLSAERTS, Nicolas (BEL)

	MAS	USO	BOP	PGA
2004	–	–	Cut	–
2005-10	–	–	–	–
2011	–	Cut	Scr/inj	Scr/inj
2012	–	27	7	Cut
2013	Cut	10	Cut	Cut
2014	–	Cut	–	–
2015	–	–	–	–
2016	–	–	46	Cut

COLTART, AJ (Andrew John) (SCO)

	MAS	USO	BOP	PGA
1991	–	–	Cut (a)	a
1992	–	–	Cut	–

	MAS	USO	BOP	PGA
1993	–	–	–	–
1994	–	–	24	–
1995	–	–	20	–
1996	–	–	Cut	–
1997	–	75	Cut	–
1998	–	–	44	69
1999	–	–	18	65
2000	–	–	55	51
2001	–	–	37	37
2002	–	–	37	–
2003-09	–	–	–	–
2010	–	–	72	–

COMBS, MS (Michael) (USA)
1991	Cut (a)	–	–	a
1992	–	–	–	a
1993-2002	–	–	–	–
2003	–	–	–	Cut

COMPTON, EHH (Erik Harald Hoie) (USA/NOR)
2010	–	Cut	–	–
2011-13	–	–	–	–
2014	–	2	Cut	Cut
2015	51	Cut	–	–

CONDELLO, Christopher/Chris [a] (USA)
| 2007 | – | Cut | – | a |

CONNELLY, John (USA)
1995	–	70	–	–
1996-2003	–	–	–	–
2004	–	Cut	–	–

CONNERS, Corey [a] (CAN)
| 2015 | – | Cut | – | – |

CONRAN, Steven/Steve (AUS)
| 2005 | – | Cut | – | – |

CONSTABLE, Donald (USA)
| 2014 | – | Cut | – | – |

CONWAY, SJ (Stephen/Steve Joseph) (USA)
| 2009 | – | Cut | – | – |

COODY, BC (Billy Charles/Charles) (USA)
1960-61	–	Cut (a)	–	a
1962	–	–	–	a
1963	Cut	Cut	–	–
1964	–	Cut	–	–
1965	–	Cut	–	Cut
1966	Cut	52	–	–
1967	–	28	–	–
1968	30	16	–	8
1969	5	13	–	7
1970	12	64	–	35
1971	W	63	5	Cut
1972	12	Cut	–	15
1973	29	29	–	35
1974	29	Cut	–	–
1975	40	Cut	–	Cut
1976	5	38	–	8
1977	Cut	–	–	4
1978	Cut	30	–	Cut
1979	34	–	–	Cut
1980	38	47	–	41
1981	40	–	–	74
1982	Cut	–	–	–
1983	36	–	–	55
1984	Cut	–	–	–
1985	44	–	–	–
1986-88	Cut	–	–	–
1989	38	–	–	–
1990-91	Cut	–	–	–
1992	–	–	–	–
1993	57	–	–	–
1994-2006	Cut	–	–	–

COOK, JN (John Neuman) (USA)
1977	–	Cut (a)	–	a
1978	–	–	–	a
1979	39 (a)	53 (a)	–	a
1980	–	53	Cut	–
1981	21	4	–	19
1982	Cut	Cut	–	34
1983	–	–	–	20
1984	Cut	Cut	–	Cut
1985	–	Cut	–	–
1986	–	35	–	53
1987	24	36	–	28
1988	Cut	50	–	48
1989-90	–	–	–	–
1991	Cut	19	–	Cut
1992	54	13	2	2
1993	39	25	Cut	6
1994	46	5	55	4
1995	Cut	62	40	Cut
1996	–	16	–	47

	MAS	USO	BOP	PGA
1997	Cut	36	Cut	23
1998	43	Cut	–	9
1999	Cut	60	–	Cut
2000	–	Cut	–	–
2001	–	–	–	–
2002	–	Cut	Cut	Cut
2003	Cut	–	–	–
2004	–	–	–	–
2005	–	15	–	–
2006	–	40	–	–

CORCORAN, Rob (USA)
| 2014 | – | – | – | Cut |

CORFIELD, Lee (ENG)
| 2011 | – | Cut | – | – |

CORINO, JM Carriles see CARRILES (CORINO), JM

CORT, Matthew (ENG)
| 2001 | – | – | Cut | – |
| 2002 | – | – | 69 | – |

COSTON, JR (Jeffrey/Jeff) (USA)
1977-78	–	Cut	–	–
1979-99	–	–	–	–
2000	–	53	–	–
2001-03	–	–	–	–
2004	–	–	–	72
2005	–	–	–	Cut
2006-10	–	–	–	–
2011-12	–	–	–	Cut

COTTON, Sir TH (Thomas Henry) (ENG)
1927	–	–	9	–
1928	–	–	18	–
1929	–	–	32	–
1930	–	–	8	–
1931	–	Cut	10	–
1932	–	–	10	–
1933	–	–	7	–
1934	–	–	W	–
1935	–	–	7	–
1936	–	–	3	–
1937	–	–	W	–
1938	–	–	3	–
1939	–	–	13	–
1940-41	–	–	–	–
1942	–	–	–	–
1943	–	–	–	–
1944-45	–	–	–	–
1946	–	–	4	–
1947	–	–	6	–
1948	25	–	W	–
1949-51	–	–	–	–
1952	–	–	4	–
1953	–	–	–	–
1954	–	–	Cut	–
1955	–	–	32	–
1956	68	17	6	–
1957	13	–	9	–
1958	–	–	8	–
1959	–	–	41	–
1960	–	–	–	–
1961	–	–	32	–
1962-76	–	–	–	–
1977	–	–	Cut	–

COUCH, CS (Christian/Chris Strat) (USA)
| 2006 | – | – | – | Cut |

COUPLAND, David/Dave (ENG)
2007	–	–	Cut (a)	a
2008-11	–	–	–	a
2012-15	–	–	–	–
2016	–	–	Cut	–

COUPLES, FS (Frederick/Fred/Freddie Steven) (USA)
1979	–	48 (a)	–	a
1980-81	–	–	–	–
1982	–	Cut	–	3
1983	32	Cut	–	23
1984	10	9	4	20
1985	10	39	–	6
1986	31	–	46	36
1987	–	46	40	Cut
1988	5	10	4	Cut
1989	11	21	6	Cut
1990	5	Cut	25	2
1991	35	3	3	27
1992	W	17	Cut	21
1993	21	16	9	31
1994	–	16	–	39
1995	10	Cut	–	31
1996	15	–	7	41
1997	7	52	7	29
1998	2	53	66	13

	MAS	USO	BOP	PGA
1999	27	Cut	–	26
2000	11	16	6	Cut
2001	26	Cut	Cut	37
2002	36	–	–	–
2003	28	66	46	34
2004	6	Cut	–	–
2005	39	15	3	70
2006	3	48	Cut	Cut
2007	30	–	–	–
2008	Cut	–	–	Cut
2009	Cut	–	–	36
2010	6	–	–	–
2011	15	–	–	–
2012	12	–	–	–
2013	13	–	32	–
2014	20	–	–	–
2015	Cut	–	–	–
2016	Scr/inj	–	–	–

COX, Jordan [a] (USA)

	MAS	USO	BOP	PGA
2008	–	Cut	–	a

COX, KS (Kristopher/Kris Scot) (USA)

	MAS	USO	BOP	PGA
2004	–	48	–	–

CRANE, BM (Benjamin/Ben McCully) (USA)

	MAS	USO	BOP	PGA
2002	–	Cut	–	–
2003	–	–	Cut	48
2004	–	–	–	9
2005	–	–	–	40
2006	Cut	62	11	Cut
2007	Cut	–	–	–
2008	–	53	–	Cut
2009	–	Cut	Cut	43
2010	24	Cut	Cut	39
2011	Cut	Cut	Cut	37
2012	17	Cut	–	Wdw/inj
2013-14	–	–	–	–
2015	Cut	–	–	–

CRANFORD, JK (Jeffrey/Jeff) (USA)

	MAS	USO	BOP	PGA
2006	–	–	–	Cut

CRAWFORD, Christopher [a] (USA)

	MAS	USO	BOP	PGA
2016	–	Cut	–	a

CREAVY, TD (Thomas/Tom Daniel) (USA)

	MAS	USO	BOP	PGA
1930	–	47	–	–
1931	–	32	–	W
1932	–	31	–	SF
1933	–	40	–	QF
1934	25	8	–	–
1935	–	Wdw	–	–
1936	–	–	–	–
1937	–	–	–	Dnq
1938	–	–	–	–
1939	–	52	–	Dnq
1940	–	Cut	–	Dnq

CRENSHAW, BD (Ben Daniel) (USA)

	MAS	USO	BOP	PGA
1970	–	36 (a)	–	a
1971	–	27 (a)	–	a
1972	19 (a)	Cut (a)	–	a
1973	24 (a)	Cut (a)	–	a
1974	22	–	28	63
1975	30	3	–	10
1976	2	8	–	8
1977	8	49	5	–
1978	37	Cut	2	16
1979	Cut	11	2	2
1980	6	32	3	41
1981	8	11	8	Cut
1982	24	19	15	Cut
1983	2	Cut	Cut	9
1984	W	Cut	22	Cut
1985	57	Cut	35	59
1986	16	6	21	11
1987	4	4	4	7
1988	4	12	16	17
1989	3	Cut	52	17
1990	14	Cut	31	31
1991	3	–	80	Wdw
1992	46	–	–	73
1993	Cut	–	Cut	61
1994	18	33	78	9
1995	W	71	15	44
1996	Cut	Cut	27	69
1997	45	65	–	Cut
1998	Cut	Cut	Cut	Cut
1999	Cut	Cut	–	Cut
2000	Cut	–	–	Wdw
2001-05	Cut	–	–	–
2006	47 (L)	–	–	–
2007	55	–	–	–
2008-15	Cut	–	–	–

CRICK, Brandon (USA)

	MAS	USO	BOP	PGA
2013	–	Cut	–	–

CULLEN, Nicholas/Nick (AUS)

	MAS	USO	BOP	PGA
2012	–	–	Cut	–
2013-15	–	–	–	–
2016	–	–	Cut	–

CUNLIFFE, Joshua/Josh (RSA)

	MAS	USO	BOP	PGA
2008	–	–	Cut	–
2009	–	–	–	–
2010	–	–	Cut	–

CURL, Jeff (USA)

	MAS	USO	BOP	PGA
2012	–	56	–	–

CURRAN, Jon (USA)

	MAS	USO	BOP	PGA
2010	–	Cut	–	–
2011-15	–	–	–	33

CURRY, PA (Paul Andrew) (ENG)

	MAS	USO	BOP	PGA
1990	–	–	Cut	–
1991-93	–	–	–	–
1994	–	–	Cut	–
1995-96	–	–	–	–
1997	–	–	Cut	–
1998-2000	–	–	–	–
2001	–	–	54	–

CURTIS, BC (Benjamin/Ben Ben Clifford) (USA)

	MAS	USO	BOP	PGA
2003	–	–	W	Cut
2004	Cut	30	Cut	Cut
2005	Cut	Cut	Cut	34
2006	39	57	Cut	60
2007	Cut	45	8	Cut
2008	Cut	Cut	7	2
2009	35	57	Cut	24
2010	Cut	14	Cut	Cut
2011	–	–	Cut	–
2012	–	–	Cut	11
2013	Cut	–	64	66
2014-16	–	–	Cut	–

DALEY, JF (Jesse) (USA)

	MAS	USO	BOP	PGA
2001	–	Cut	–	–

DALEY, JJ (Joseph/Joe) (USA)

	MAS	USO	BOP	PGA
2000	–	Cut	–	–
2002-06	–	–	–	–
2007	–	Cut	–	–

DALY, FJ (Frederick/Fred) (IRL)

	MAS	USO	BOP	PGA
1946	–	–	8	–
1947	–	–	W	–
1948	–	–	2	–
1949	–	–	Cut	–
1950	–	–	3	–
1951	–	–	4	–
1952	–	–	3	–
1953	–	–	11	–
1954	–	–	35	–
1955	–	–	12	–
1956-57	–	–	Cut	–
1958	–	–	20	–
1959-69	–	–	–	–
1970	–	–	Cut	–
1971	–	–	–	–
1972-74	–	–	Cut	–
1975	–	–	–	–
1976	–	–	Cut	–

DALY, JP (John Patrick) (USA)

	MAS	USO	BOP	PGA
1986	–	Cut (a)	–	a
1987	–	–	–	a
1988	–	–	–	–
1989	–	69	–	–
1990	–	–	–	–
1991	–	–	–	W
1992	19	Cut	75 (L)	82
1993	3	33	14	51
1994	48	Cut	81 (L)	Cut
1995	45	45	W	Cut
1996	29	27	67	Cut
1997	–	Wdw	–	29
1998	33	53	Cut	Cut
1999	52	68 (L)	–	Cut
2000	Cut	Wdw	Cut	Cut
2001	–	–	Cut	Cut
2002	32	70	Cut	Cut
2003	–	–	72 (L)	Cut
2004	Cut	–	Cut	Cut
2005	Cut	75	15	74
2006	Cut	–	Cut	Cut
2007	–	–	Cut	32
2008	–	–	Cut	Cut
2009	–	–	27	Wdw
2010	–	–	48	Wdw/inj
2011	–	–	Cut	Cut

	MAS	USO	BOP	PGA
2012	–	–	81	18
2013	–	–	Scr/inj	–
2014-16	–	–	Cut	Cut

DAMRON, Patrick (USA)

	MAS	USO	BOP	PGA
2005	–	Cut	–	–

DAMRON, RD (Robert Douglas) (USA)

	MAS	USO	BOP	PGA
1997	–	–	Cut	Cut
1998	–	–	–	Cut
1999	–	–	–	–
2000	–	63 (L)	–	74
2001	–	Cut	–	66
2002	–	–	–	–
2003	–	20	–	–

DANIELSON, Charlie (USA)

	MAS	USO	BOP	PGA
2016	–	Cut (a)	–	–

DARTNALL, Stephen/Steve (AUS)

	MAS	USO	BOP	PGA
2013	–	–	Cut	–

da SILVA, AJ (Adilson Jose) (BRA)

	MAS	USO	BOP	PGA
2000	–	–	Cut	–
2001-06	–	–	–	–
2007	–	–	Cut	–
2008-11	–	–	–	–
2012	–	–	69	–

DAVAN, Michael (USA)

	MAS	USO	BOP	PGA
2015	–	Cut	–	–

DAVIDSON, Graham (SCO)

	MAS	USO	BOP	PGA
2000	–	–	Cut	–

DAVIES, Rhys (WAL)

	MAS	USO	BOP	PGA
2007	–	Cut (a)	–	a
2008	–	–	–	–
2009	–	–	Cut	–
2010	–	74	Cut	62
2011	–	–	Cut	–

DAVIS, BL (Brian Lester) (ENG)

	MAS	USO	BOP	PGA
1998	–	–	Cut	–
1999	–	–	68	–
2000	–	–	Cut	–
2001-02	–	–	–	–
2003	–	61	6	Cut
2004	Cut	Cut	Cut	13
2005	–	–	Cut	Cut
2006	–	–	–	–
2007	–	–	53	–
2008	–	–	–	–
2009	–	–	–	Cut
2010	–	Cut	–	39
2011	–	–	Cut	19
2012	–	–	–	Cut
2013	–	–	Cut	–

DAWSON, MT (Marco Thomas) (USA)

	MAS	USO	BOP	PGA
1996	–	–	–	75
1997	–	83	–	–
1998-02	–	–	–	–
2003	–	48	–	–
2004-15	–	–	–	–
2016	–	–	68	–

DAY, Gary (ENG)

	MAS	USO	BOP	PGA
2006	–	–	Cut	–

DAY, GE (Glen Edward) (USA)

	MAS	USO	BOP	PGA
1993	–	–	Cut	–
1994	–	Cut	–	15
1995	–	Cut	–	Cut
1996	–	–	–	41
1997	–	–	Cut	Cut
1998	–	23	Cut	29
1999	Cut	Cut	Cut	Cut
2000	19	Cut	–	51
2001	–	Cut	–	Cut
2002-03	–	–	–	–
2004	–	–	Cut	–
2005-09	–	–	–	–
2010	–	–	Cut	–

DAY, Jason (AUS)

	MAS	USO	BOP	PGA
2010	–	2	60	10
2011	2	2	30	Cut
2012	Wdw/inj	60	Scr	Cut
2013	3	2	32	8
2014	20	4	58	15
2015	28	9	4	W
2016	10	8	22	2

de JONGE, Brendon (ZIM)

	MAS	USO	BOP	PGA
2010	–	33	–	48
2011	–	–	–	26
2012	–	–	–	54
2013	–	–	–	33
2014	37	28	Cut	40
2015	–	–	–	65

de la RIVA, Eduardo (ESP)

	MAS	USO	BOP	PGA
2013	–	–	15	–

de VICENZO, Roberto (ARG)

	MAS	USO	BOP	PGA
1948	–	–	3	–
1949	–	–	3	–
1950	–	12	2	–
1951	–	20	29	Dnq
1952	–	–	–	Last 16
1953	–	–	6	–
1954	–	–	–	QF
1955	–	–	–	–
1956	–	17	27	3
1957	–	–	8	35
1958	–	Cut	Cut	–
1959	–	–	–	–
1960	–	–	3	–
1961	–	22	–	–
1962	–	33	–	–
1963	–	–	–	–
1964	–	–	3	–
1965	–	–	4	–
1966	–	22	20	–
1967	–	10	W	–
1968	–	2	24	10
1969	–	Cut	–	3
1970	–	Cut	–	17
1971	–	9	–	11
1972	–	22	–	–
1973	–	51	–	28
1974	–	–	–	51
1975	–	Cut	–	28
1976	–	–	–	32
1977	–	–	–	48
1978-79	–	–	–	Cut

De VRIES, FJW (Floris Jan Willem) (NED)

	MAS	USO	BOP	PGA
2011	–	–	48	–

DEAN, BD (Bradley/Brad) (USA)

	MAS	USO	BOP	PGA
2008	–	–	–	Cut

DEANE, Stuart (USA)

	MAS	USO	BOP	PGA
2014	–	–	–	Cut

DECHAMBEAU, Bryson (USA)

	MAS	USO	BOP	PGA
2015	–	Cut (a)	–	a
2016	21 (a)	15	–	–

DECHERT, Charleton (USA)

	MAS	USO	BOP	PGA
2004	–	Cut	–	–

DeFOREST, Christopher/Chris (USA)

	MAS	USO	BOP	PGA
2011	–	Cut	–	–

DeFRANCESCO, WJ (Wayne) (USA)

	MAS	USO	BOP	PGA
1981	–	Cut (a)	–	a
1982-94	–	–	–	–
1995	–	–	–	71 (L)
1996-98	–	–	–	–
1999	–	–	–	Cut
2000	–	–	–	–
2001-02	–	–	–	Cut
2003	–	–	–	Wdw

DeLAET, Graham (CAN)

	MAS	USO	BOP	PGA
2013	–	–	83	Cut
2014	Cut	Cut	Cut	15
2015	–	–	68	Scr/inj

DELSING, JP (James Patrick: 'Jay') (USA)

	MAS	USO	BOP	PGA
1990	–	–	–	63
1991	–	Cut	–	Cut
1992	–	33	–	–
1993	–	–	–	Cut
1994	–	–	–	–
1995	–	–	88	–
1996-2005	–	–	–	–
2006	–	Cut	–	–

DEMARET, JN (James/Jimmy Newton) (USA)

	MAS	USO	BOP	PGA
1935	–	–	–	Last 64
1936	–	–	–	Last 64
1937	–	16	–	Last 64
1938	–	Cut	–	Last 16
1939	33	22	–	–
1940	W	Wdw	–	Last 32
1941	12	Wdw	–	Last 64
1942	6	2*	–	SF
1943				
1944-45				
1946	4	6	–	SF
1947	W	39	–	Last 64
1948	18	2	–	SF
1949	8	Wdw	–	QF
1950	W	20	–	SF
1951	30	14	–	–
1952	Wdw	15	–	–
1953	45	4	–	–
1954	29	29	10	–

	MAS	USO	BOP	PGA
1955	–	–	–	–
1956	34	Cut	–	Last 64
1957	3	3	–	–
1958	14	Wdw	–	Dsq
1959-61	Cut	–	–	–
1962	5	–	–	–
1963	43	–	–	–
1964	32	–	–	–
1965	35	–	–	–
1966	–	–	–	–
1967	Cut	–	–	–

*unofficial championship

DENHAM, David [a] (USA)

	MAS	USO	BOP	PGA
2005	–	Cut	–	a

DENISON, Daniel/Danny [a] (ENG)

	MAS	USO	BOP	PGA
2006	–	–	Cut	a

DENNIS, CS (Clark Sherwood) (USA)

	MAS	USO	BOP	PGA
1988	–	Cut	–	–
1989	–	43	–	–
1990-93	–	–	–	–
1994	–	6	–	–
1995	Cut	Cut	–	–
1996-97	–	–	–	–
1998	–	–	–	Cut
1999-2000	–	–	–	–
2001	–	Cut	–	–

DERKSEN, R-J (Robert-Jan) (NED)

	MAS	USO	BOP	PGA
2003	–	–	Cut	–

DERMINIO, Michael/Mike (USA)

	MAS	USO	BOP	PGA
2006	–	Cut	–	–

DEVLIN, Christopher/Chris (IRL)

	MAS	USO	BOP	PGA
2008	–	Cut	–	–

DIAZ, David (AUS)

	MAS	USO	BOP	PGA
2005	–	–	Cut	–

DICCIANI, Keith (USA)

	MAS	USO	BOP	PGA
2009	–	–	–	Cut

DICKERSON, BG (Benjamin Gordon: 'Bubba') (USA)

	MAS	USO	BOP	PGA
2002	Cut (a)	–	–	a
2003-10	–	–	–	–
2011	–	Cut	–	–

DIEGEL, LH (Leo Harvey) (USA)

	MAS	USO	BOP	PGA
1917		35*		
1918				
1919		–	–	–
1920		2	–	Last 32
1921		26	–	–
1922		7	–	–
1923		8	25	–
1924		25	–	Last 32
1925		8	–	QF
1926		3	–	RU
1927		11	–	–
1928		18	–	W
1929		8	3	W
1930		11	2	Last 16
1931		3	–	Last 32
1932		4	–	–
1933		17	3	Last 32
1934	16	17	–	Last 32
1935	19	Cut	–	Dnq
1936	–	–	–	Dnq
1937	–	–	–	Last 64
1938	–	–	–	Last 32
1939	–	–	–	Last 32
1940	–	–	–	Dnq
1941	–	–	–	–
1942	–	–	–	Dnq

*unofficial championship

DILLON, Ryan (USA)

	MAS	USO	BOP	PGA
2003	–	–	68 (L)	–

DiMARCO, CD (Christian/Chris Dean) (USA)

	MAS	USO	BOP	PGA
1998	–	32	–	–
1999	–	–	–	41
2000	–	–	Cut	15
2001	10	16	47	16
2002	12	24	66	39
2003	Wdw	35	Cut	56
2004	6	9	63	2
2005	2	Cut	67	Cut
2006	Cut	Cut	2	12
2007	Cut	45	23	Cut
2008	–	–	–	31

DINWIDDIE, Rob(ert) (SCO)

	MAS	USO	BOP	PGA
2008	–	36	–	–
2009-10	–	–	–	–
2011	–	–	Cut	–
2012-14	–	–	–	–
2015	–	–	Cut	–

DIXON, DJ (David) [a] (ENG)

	MAS	USO	BOP	PGA
2001	–	–	30	a

DOAK, Chris (SCO)

	MAS	USO	BOP	PGA
2013	–	Cut	–	–
2014	–	Cut	–	–

DOBBS, FJ (Frank) (USA)

	MAS	USO	BOP	PGA
1991-92	–	Cut	–	–
1993-94	–	–	–	–
1995	–	–	–	Cut
1996	–	–	–	–
1997	–	–	–	Cut
1998-99	–	–	–	–
2000	–	–	–	80 (L)

DOBBS, Kyle (USA)

	MAS	USO	BOP	PGA
2007	–	Cut	–	–

DOBYNS, Matt (USA)

	MAS	USO	BOP	PGA
2012	–	–	–	Cut
2013	–	–	–	–
2014	–	Cut	–	–
2015-16	–	–	–	Cut

DODD, SC (Stephen) (WAL)

	MAS	USO	BOP	PGA
1989	–	–	Cut (a)	a
1990	–	Cut (a)	–	a
1991-2004	–	–	–	–
2005-06	–	–	Cut	Cut

DODDS, TG (Trevor George) (NAM)

	MAS	USO	BOP	PGA
1990	–	Cut	–	–
1991-93	–	–	–	–
1994	–	Cut	–	–
1995-97	–	–	–	–
1998	–	–	Cut	57	62
1999	–	Cut	–	–
2000-01	–	–	–	–
2002	–	–	Cut	–

DOLBY, Thomas/Tom (USA)

	MAS	USO	BOP	PGA
1994	–	–	–	55
1995	–	–	–	Cut
1996-2001	–	–	–	–
2002	–	–	–	Cut

DOMINGUEZ, Matias [a] (CHI)

	MAS	USO	BOP	PGA
2015	Cut	–	–	–

DONALD, LC (Luke Campbell) (ENG)

	MAS	USO	BOP	PGA
1999-2000	–	–	Cut (a)	a
2001	–	–	–	a
2002	–	18	Cut	–
2003	–	–	Cut	23
2004	–	–	Cut	24
2005	3	57	52	66
2006	42	12	35	3
2007	10	Cut	63	32
2008	Cut	Wdw	–	–
2009	38	Cut	5	43
2010	Cut	47	11	Cut
2011	4	45	Cut	8
2012	32	Cut	5	32
2013	25	8	Cut	Cut
2014	Cut	Cut	64	40
2015	Cut	58	12	43
2016	–	Cut	43	Cut

DONALDSON, James/Jamie (WAL)

	MAS	USO	BOP	PGA
2006	–	–	Cut	–
2007-10	–	–	–	–
2011	–	–	–	Cut
2012	–	–	60	7
2013	Cut	32	32	Wdw/inj
2014	14	Cut	Cut	24
2015	33	Cut	49	Wdw/inj
2016	21	Cut	72	42

DORN, Andrew [a] (USA)

	MAS	USO	BOP	PGA
2014	–	Cut	–	–

DOUGHERTY, DA (Dillon Adams) [a] (USA)

	MAS	USO	BOP	PGA
2006	–	Cut	Cut	a

DOUGHERTY, Nicholas/Nick (ENG)

	MAS	USO	BOP	PGA
2005	–	52	–	Cut
2006	–	Cut	Cut	Cut
2007	–	7	42	Cut
2008	33	Cut	78	Cut
2009	–	–	38	Cut

DOUGHERTY, Sean (USA)

	MAS	USO	BOP	PGA
2015	–	–	–	Cut

DOUMA, John (USA)

	MAS	USO	BOP	PGA
2001	–	Cut	–	–
2002-03	–	–	–	–
2004	–	Cut	–	–

DOYLE, AM (Allen Michael) (USA)

	MAS	USO	BOP	PGA
1991	–	Cut (a)	–	a
1992-95	–	–	–	a
1996-2005	–	–	–	–

	MAS	USO	BOP	PGA
2006-07	–	Cut	–	–
DOYLE, Martin (AUS)				
2005	–	–	Cut	–
DREDGE, Bradley (WAL)				
1998	–	–	Cut	–
1999-2001	–	–	–	–
2002	–	–	28	–
2003	–	–	Cut	Cut
2004-05	–	–	–	–
2006	–	–	Cut	Cut
2007	44	–	Cut	Cut
2008-9	–	–	–	–
2010	–	–	27	–
2011-15	–	–	–	–
2016	–	–	–	79
DRESSER, Andrew (USA)				
2008	–	71	–	–
DRISCOLL, JE (James Edward) (USA)				
2001	Cut (a)	–	–	a
2002-04	–	–	–	–
2005	–	Cut	–	–
2006-08	–	–	–	–
2009	–	–	Cut	–
2010-11	–	–	–	–
2012	–	–	Cut	–
DRUMMOND, Scott (SCO)				
2004	–	–	Cut	66
2005	–	–	23	–
2006-07	–	–	Cut	–
DRYSDALE, David (SCO)				
2009	–	–	60	–
DUBUISSON, Victor (FRA)				
2010	–	–	Cut (a)	–
2011-13	–	–	–	–
2014	Cut	28	9	7
2015	Cut	Cut	Cut	18
2016	42	–	Cut	Cut
DUFNER, JC (Jason Christoph) (USA)				
2001	–	Cut	–	–
2002-05	–	–	–	–
2006	–	40	–	–
2007	–	62	–	–
2008	–	–	–	–
2009	–	–	–	Cut
2010	30	33	Cut	5
2011	–	Cut	Cut	2
2012	24	4	31	27
2013	20	4	26	W
2014	Cut	Cut	51	Wdw/inj
2015	49	18	58	68
2016	Cut	8	22	60
DUGAS, Eric (USA)				
2008	–	–	–	Cut
DUKE, KW (Kenneth/Ken Wootson) (USA)				
1997	–	–	Cut	–
1998-2001	–	–	–	–
2002	–	Cut	–	–
2003-06	–	–	–	–
2007	–	23	–	18
2008	–	–	–	13
2009	35	Cut	Cut	Cut
2010-11	–	–	–	–
2012	–	–	–	62
2013	–	–	64	57
2014	Cut	Cut	–	–
DUNAKEY, DJ (Douglas/Doug) (USA)				
2003	–	Cut	–	–
DUNBAR, Alan [a] (IRL)				
2012	–	–	Cut	a
2013	Cut	–	–	a
DUNCAN, George (SCO)				
1903-05	–	–	Cut	
1906	–	–	8	
1907	–	–	7	
1908	–	–	18	
1909	–	–	21	
1910	–	–	3	
1911	–	–	8	
1912	–	–	4	
1913	–	–	–	
1914	–	–	10	
1915	–	–	–	
1916	–	–	–	–
1917	–	–	–	
1918	–	–	–	
1919	–	–	–	
1920	–	–	W	–
1921	–	8	5	–

	MAS	USO	BOP	PGA
1922	–	6	2	–
1923	–	–	6	–
1924	–	–	6	–
1925	–	–	28	–
1926	–	–	21	–
1927	–	Cut	–	–
1928	–	–	18	–
1929	–	–	22	–
1930	–	–	Cut	–
1931	–	Cut	36	–
1932-33	–	–	Cut	–
1934	–	–	–	–
1935	–	–	Cut	–
1936	–	–	Dnq	–
1937	–	–	Cut	–
1938-39	–	–	Dnq	–
DUNCAN, Tyler (USA)				
2015	–	Cut	–	–
DUNLAP, SM (Scott Michael) (USA)				
1992	–	Cut	–	–
1993-95	–	–	–	–
1996	–	Cut	–	–
1997	–	24	Cut	–
1998	–	–	29	–
1999	–	–	10	68
2000	–	–	Cut	9
2001	–	52	–	51
2002	–	Cut	–	–
DUNLAVEY, Tim (USA)				
1994	–	47	–	–
1995-99	–	–	–	–
2000	–	–	–	Cut
DUNN Jr, William/Willie (SCO/USA)				
1882	–	–	35	
1883	–	–	9	
1884	–	–	11	
1885	–	–	34	
1886	–	–	27	
1887-93	–	–	–	
1894	–	W*	–	
1895	–	2	–	
1896	–	12	–	
1897	–	3	–	
1898	–	7	–	
1899	–	34	–	
1900-02	–	–	–	
1903	–	Wdw	–	
*unofficial championship				
DUNNE, PC (Paul Colum) (IRL)				
2014	–	–	Cut (a)	a
2015	–	–	30 (a)	a
2016	–	–	Cut	–
DURANT, JS (Joseph/Joe Scott) (USA)				
1998	–	32	Cut	40
1999	Cut	Cut	–	–
2000	–	–	–	–
2001	Cut	24	Cut	51
2002	Cut	Cut	59	60
2003	–	Cut	Cut	39
2004	–	–	–	Cut
2005	–	–	Cut	–
2006	–	–	–	–
2007	Cut	Cut	Cut	18
2008-11	–	–	–	–
2012	–	Cut	–	–
DUTRA, OA (Olin) (USA)				
1928	–	–	–	Last 32
1929	–	–	–	–
1930	–	25	–	–
1931	–	21	–	–
1932	–	7	–	W
1933	–	7	6	Last 16
1934	–	W	–	–
1935	3	12	–	–
1936	–	45	–	Last 32
1937	–	55	–	–
1938	–	16	–	–
1939	–	16	–	–
1940	–	Cut	–	–
1941	–	Wdw	–	–
1942	–	–	–	Dnq
1943	–	–	–	–
1944-45	–	–	–	–
1946-47	–	–	–	–
1948	–	Cut	–	–
1950-52	–	–	–	–
1953	–	63	–	–
DUVAL, DR (David Robert) (USA)				

	MAS	USO	BOP	PGA
1990	–	56 (a)	–	a
1991	–	–	–	a
1992	–	Cut (a)	–	a
1993-94	–	–	–	–
1995	–	28	20	Cut
1996	18	67	14	41
1997	Cut	43	33	13
1998	2	7	11	Cut
1999	6	7	62	10
2000	3	8	11	–
2001	2	16	W	10
2002	Cut	Cut	22	34
2003	Cut	Cut	Cut	Wdw
2004	–	Cut	–	Cut
2005	Cut	Cut	Cut	Cut
2006	Cut	16	56	Cut
2007	–	–	–	–
2008	–	–	39	–
2009	–	2	Cut	–
2010	Cut	70	Cut	–
2011-14	–	–	Cut	–
2015	–	–	49	–
2016	–	–	Wdw/inj	-

DWYER, Paul (ENG)

	MAS	USO	BOP	PGA
2000	–	–	Cut	–

DYSON, Simon (ENG)

	MAS	USO	BOP	PGA
2000-01	–	–	–	–
2002-03	–	–	–	–
2004	–	–	Cut	–
2005	–	Cut	34	–
2006	–	–	48	–
2007	–	–	–	6
2008	–	–	Cut	Cut
2009	–	Cut	–	–
2010	Cut	Cut	48	12
2011	–	–	9	51
2012	Cut	51	23	Cut

EALES, PM (Paul Martyn) (ENG)

	MAS	USO	BOP	PGA
1989	–	–	Cut	–
1990-92	–	–	–	–
1993-94	–	–	Cut	–
1995	–	–	–	–
1996	–	Cut	Cut	–
1997-98	–	–	–	–
1999-2000	–	–	Cut	–
2001	–	–	–	–
2002	–	–	47	–

EATON III, Austin [a] (USA)

	MAS	USO	BOP	PGA
2005	–	Cut	–	–

ECHAVARRIA, Andres (COL)

	MAS	USO	BOP	PGA
2014	–	Cut	–	–

ECHENIQUE, Rafael/Rafa (ARG)

	MAS	USO	BOP	PGA
2009	–	–	Cut	–
2010	–	Cut	–	–
2011	–	–	–	–
2012	–	–	45	–

EDBERG, PO (Per Oscar: 'Pelle') (SWE)

	MAS	USO	BOP	PGA
2007	–	–	12	–
2008	–	–	Cut	–
2009-14	–	–	–	–
2015	–	–	Cut	–

EDFORS, Johan (SWE)

	MAS	USO	BOP	PGA
2006	–	–	Cut	Cut
2007	Cut	Cut	Cut	Cut
2008	–	–	Cut	Cut
2009	–	27	52	Cut
2010	–	–	–	–
2011	–	19	–	39

EDMONDSON, Zach (USA)

	MAS	USO	BOP	PGA
2016	–	Cut	–	–

EDWARDS, JA (Joel Ashley) (USA)

	MAS	USO	BOP	PGA
1984	–	Cut	–	–
1985-86	–	–	–	–
1987	–	Cut	–	–
1988-92	–	–	–	–
1993	–	62	–	Cut
1994-95	–	–	–	–
1996	–	–	–	77
1997-01	–	–	–	–
2002	–	–	–	39

EDWARDS, MO (Matthew/Matt Paul) (USA)

	MAS	USO	BOP	PGA
2011	–	Cut	–	–

EDWARDS, Simon (WAL)

	MAS	USO	BOP	PGA
2010-11	–	–	Cut	–

EGER, Kent (CAN)

	MAS	USO	BOP	PGA
2010	–	Cut	–	–

EICHELBERGER, MD (Martin Davis/Dave) (USA)

	MAS	USO	BOP	PGA
1965	Cut (a)	–	–	a
1966	Cut (a)	–	–	–
1967	–	–	–	–
1968	–	43	–	–
1969	–	65	–	–
1970	–	–	–	–
1971	20	19	–	35
1972	Cut	29	–	Cut
1973	–	Cut	–	–
1974	–	40	–	71
1975	–	–	–	–
1976	–	21	–	–
1977	–	–	–	Cut
1978	Cut	59	–	42
1979	–	Cut	–	–
1980	Cut	–	–	65
1981	–	Cut	–	Cut
1982	Cut	–	–	Cut
1983-85	–	–	–	–
1986	–	24	–	–
1987	–	75	–	–
1988	–	–	–	–
1989	–	Cut	–	–
1990-99	–	–	–	–
2000	–	57	–	–

ELDER, BR (Bradley/Brad) (USA)

	MAS	USO	BOP	PGA
2000	–	Cut	–	–
2001-02	–	–	–	–
2003	–	Cut	–	–
2004-14	–	–	–	–
2015	–	58	–	–

ELIASSON, Mattias (SWE)

	MAS	USO	BOP	PGA
2002	–	–	Cut	–
2003-06	–	–	–	–
2007	–	–	Cut	–

ELKINGTON, SJ (Stephen/Steve John) (AUS)

	MAS	USO	BOP	PGA
1988	–	–	–	31
1989	–	21	–	41
1990	–	21	Cut	Cut
1991	22	55	44	32
1992	37	Cut	34	18
1993	3	33	48	14
1994	Cut	–	67	7
1995	5	36	6	W
1996	Cut	40	Cut	3
1997	12	24	Cut	45
1998	30	Cut	Wdw	3
1999	11	51	Cut	–
2000	52	–	60	–
2001	–	–	Cut	Cut
2002	–	–	2	48
2003	Cut	–	Wdw	–
2004	–	–	–	–
2005	–	33	–	2
2006	–	–	Cut	–
2007	–	Cut	–	Cut
2008	–	–	–	39
2009	–	–	–	Cut
2010	–	–	–	5
2011	–	–	–	Cut

ELLEBYE, Peter (DEN)

	MAS	USO	BOP	PGA
2009	–	–	Cut	–

ELLIOTT, JH (James/Jamie) (USA)

	MAS	USO	BOP	PGA
2000	–	–	–	Cut

ELLIOTT, JR (John) (USA)

	MAS	USO	BOP	PGA
2004	–	Cut	–	–

ELLIS, John (USA)

	MAS	USO	BOP	PGA
2008	–	–	–	Cut
2009-10	–	–	–	–
2011	–	Cut	–	–

ELS, TE (Theodore Ernest/Ernie) (RSA)

	MAS	USO	BOP	PGA
1989	–	–	Cut (a)	a
1990-91	–	–	–	–
1992	–	–	5	Cut
1993	–	7	6	Cut
1994	8	W	24	25
1995	Cut	Cut	11	3
1996	12	5	2	61
1997	17	W	10	53
1998	16	49	29	21
1999	27	Cut	24	Cut
2000	2	2	2	34
2001	6	66	3	13
2002	5	24	W	34
2003	6	5	18	5
2004	2	9	2	4
2005	47	15	34	–
2006	27	26	3	16
2007	Cut	51	4	3

	MAS	USO	BOP	PGA
2008	Cut	14	7	31
2009	Cut	Cut	8	6
2010	18	3	Cut	18
2011	47	Cut	Cut	Cut
2012	–	9	W	48
2013	13	4	26	Cut
2014	Cut	35	Cut	7
2015	22	54	65	25
2016	Cut	Cut	Cut	66

ELSON, James/Jamie (ENG)
| 2008 | – | – | Cut | – |

EMERSON, GP (Gary Paul) (ENG)
1989	–	–	Cut	–
1990-91	–	–	–	–
1992	–	–	Cut	–
1993	–	–	–	–
1994	–	–	Cut	–
1995	–	–	–	–
1996	–	–	Cut	–
1997-99	–	–	–	–
2000	–	–	Cut	–
2001	–	–	–	–
2002-03	–	–	Cut	–
2004	–	–	60	–

EMERY, LW (Lawrence/Larry) (USA)
1987	–	Cut	–	–
1988-89	–	–	–	–
1990	–	–	–	Cut
1991-94	–	–	–	–
1995	–	–	–	Cut
1996-2000	–	–	–	–
2001	–	–	–	Cut

ENGLISH, Harris (USA)
2012	–	–	54	–
2013	–	–	15	61
2014	Cut	48	Cut	Cut
2015	–	–	68	48
2016	42	37	46	60

ENGLISH, Sean (USA)
2004	–	–	–	Cut
2005-07	–	–	–	–
2008	–	Cut	–	–

ENOCH, Rhys (WAL)
| 2014 | – | – | Cut | – |

ERDMANN, Scott (USA)
| 2011 | – | – | – | Cut |

ERDY, David [a] (USA)
| 2009 | – | Cut | – | a |

ERIKSSON, Klas (SWE)
1996	–	–	41	–
1997	–	–	Cut	–
1998-2003	–	–	–	–
2004	–	–	Cut	–

ERLANDSSON, Martin (SWE)
| 2004 | – | – | 68 | – |

ERNST, Derek (USA)
| 2013 | – | – | – | Cut |
| 2014 | Cut | – | – | – |

ESPOSITO (Jr), FA (Frank) (USA)
1992	–	Cut	–	–
1993-2007	–	–	–	–
2008	–	–	–	Cut
2009-13	–	–	–	–
2014	–	–	–	Cut

ESTES, BA (Bob Alan) (USA)
1990	–	–	Cut	Cut
1991	–	Cut	–	–
1992	–	44	–	76
1993	–	52	–	6
1994	Cut	–	24	47
1995	29	Cut	8	6
1996	27	–	Cut	Cut
1997	–	–	–	–
1998	–	–	24	34
1999	4	30	49	6
2000	19	Cut	20	Cut
2001	–	30	25	37
2002	45 (L)	Cut	18	Cut
2003	22	Cut	34	57
2004	31	Cut	20	Cut
2005	–	11	–	28
2006	–	Cut	–	Cut
2007	–	58	–	–
2008	–	–	–	–
2009	–	–	–	76
2010	–	Cut	–	–
2011	–	–	Cut	–
2012	–	46	45	–

ESTES, JT (James/Jim) (USA)
1990	–	Cut	–	–
1991-94	–	–	–	–
1995	–	Cut	–	–
1996	–	–	–	–
1997-98	–	Cut	–	–
1999-2007	–	–	–	–
2008	–	–	–	Cut

EVANS, BG (Barry) (USA)
2002	–	–	–	Cut
2003-05	–	–	–	–
2006	–	–	–	Cut

EVANS Jr, CE (Charles: 'Chick') [a] (USA)
1911	–	–	49	a
1912-13	–	–	–	a
1914	–	2	–	a
1915	–	18	–	a
1916	–	W	–	a
1917	–	–	–	a
1918	–	–	–	a
1919	–	10	–	a
1920	–	6	–	a
1921	–	4	Dnq	a
1922	–	16	–	a
1923	–	14	–	a
1924	–	10	–	a
1925	–	–	–	a
1926	–	13	–	a
1927-28	–	Cut	–	a
1929	–	–	–	a
1930	–	54	–	a
1931-34	–	–	–	a
1935	–	–	–	a
1936	–	50	–	a
1937-39	–	–	–	a
1940	51L	–	–	a
1941	–	Cut	–	a
1942	–	77*	–	a
1943	–	–	–	a
1944-45	–	–	–	a
1946	–	–	–	a
1947-49	–	Cut	–	a
1950-52	–	–	–	a
1953	64 (L)	–	–	a
1954	–	Cut	–	a
1955-59	–	–	–	a
1959-60	Cut	–	–	a

*unofficial championship

EVANS, GE (Gary Edward) (ENG)
1989	–	–	Cut (a)	a
1990	–	–	–	a
1991	–	–	Cut (a)	a
1992-93	–	–	Cut	–
1994	–	–	35	–
1995-97	–	–	–	–
1998	–	–	73	–
1999-01	–	–	–	–
2002	–	–	5	–
2003	–	–	10	51
2004	–	–	20	–

EVANS, Neil (ENG)
| 2004 | – | – | Cut | – |

EVANS, Ryan (ENG)
| 2016 | – | – | 58 | – |

EVENSON, MR (Mark) (USA)
| 2004 | – | – | – | Cut |

EVERY, MK (Matthew/Matt King) (USA)
2005	–	28 (a)	–	a
2006-11	–	–	–	–
2012	–	–	–	71
2013	–	–	–	Cut
2014	Cut	Cut	71	Cut
2015	Cut	Wdw/ill	Cut	Cut

FALDO, (Sir) NA (Nicholas/Nick Alexander) (ENG)
1976	–	–	28	–
1977	–	–	62 (L)	–
1978	–	–	7	–
1979	40	–	19	–
1980	–	–	12	–
1981	–	–	11	–
1982	–	–	4	14
1983	20	–	8	Cut
1984	15	55	6	20
1985	25	–	54	54
1986	–	–	5	Cut
1987	–	–	W	28
1988	30	2	3	4
1989	W	18	11	9

	MAS	USO	BOP	PGA
1990	W	3	W	19
1991	12	16	17	16
1992	13	4	W	2
1993	39	72	2	3
1994	32	Cut	8	4
1995	24	45	40	31
1996	W	16	4	65
1997	Cut	48	51	Cut
1998	Cut	Cut	44	54
1999	Cut	Cut	Cut	41
2000	28	7	41	51
2001	Cut	72	Cut	51
2002	14	5	59	60
2003	33	Cut	8	–
2004	Cut	Cut	Cut	49
2005	Wdw	–	11	–
2006	Cut	–	Cut	–
2007	–	–	Cut	–
2008	–	–	–	–
2009-10	–	–	Cut	–
2011-12	–	–	–	–
2013-15	–	–	Cut	–

FARR, Oliver (WAL)

| 2015 | – | Cut | – | – |

FARRELL, JJ (John J/Johnny Joseph) (USA)

1919				Last 32
1920		45	–	
1921		38	–	Last 32
1922		11	–	Last 16
1923		5	19	Last 16
1924		19	Scr	QF
1925		3	–	QF
1926		3	–	SF
1927		7	–	Last 32
1928		W	–	–
1929		Cut	2	RU
1930		8	–	QF
1931		10	5	Last 32
1932		Cut	–	–
1933		9	54	SF
1934	36	58	–	Last 32
1935	37	52	–	Dnq
1936	29	22	–	–
1937	–	40	–	Last 16
1938	–	–	–	Last 64
1939	39	Cut	–	Last 32
1940	14	28	–	–
1941	–	Cut	–	–
1942	–	–	–	–
1943				
1944-45				
1946	–	Cut	–	–
1947	53	–	–	–
1948	48	–	–	–
1949	53L	–	–	–
1950	Wdw	Cut	–	–
1951	57	–	–	–
1952-53	–	–	–	–
1954	–	Cut	–	–
1955-57	Wdw	–	–	–

FARREN, SS (Sean) (USA)

2002-03	–	–	–	Cut
2004-08	–	–	–	–
2009	–	–	Cut	–

FARRY, MA (Marc Antoine) (FRA)

1979	–	–	Cut	–
1980-90	–	–	–	–
1991	–	–	Cut	–
1992-95	–	–	–	–
1996	–	–	Cut	–
1997-98	–	–	–	–
1999-2000	–	–	Cut	–
2001	–	–	–	–
2002	–	–	Cut	–

FASTH, KN (Krister Niclas/Niclas) (SWE)

2001	–	–	2	29
2002	Cut	37	28	Cut
2003	Cut	48	Cut	10
2004	–	–	–	45
2005	–	–	–	Cut
2006	–	Cut	Cut	Cut
2007	55	4	35	42
2008	39	Cut	Cut	63
2009-12	–	–	–	–
2013	–	–	Cut	–
2014	–	–	Cut	–

FATHAUER, Derek (USA)

| 2008 | – | 69 (a) | – | a |

	MAS	USO	BOP	PGA
2009-15	–	–	–	–
2016	–	23	–	–

FAUGHT, DE (David) (RSA)

| 2004 | – | Cut | – | – |

FAULKNER, HGM (Herbert Gustavus Max/Max) (ENG)

1934			Cut	
1935	–	–	–	
1936	–	–	21	
1937	–	–	Cut	
1938	–	–	–	
1939	–	–	23	
1940-41				
1942	–	–	–	
1943				
1944-45				
1946	–	–	Cut	
1947	–	–	32	
1948	–	–	15	
1949	–	–	6	
1950	–	–	5	
1951	–	–	W	
1952	–	–	17	
1953	–	–	12	
1954	–	–	20	
1955	–	–	35	
1956	–	–	Dnq	
1957	–	–	9	
1958	–	–	16	
1959	–	–	–	
1960	–	–	Cut	
1961	–	–	Dnq	
1962	–	–	Cut	
1963	–	–	20	
1964	–	–	38	
1965	–	–	10	
1966-68	–	–	Cut	
1969	–	–	30	
1970-75	–	–	Cut	

FAXON (Jr), BJ (Bradford/Brad John) (USA)

1981	–	Cut (a)	–	a
1982	–	Cut (a)	–	a
1983	–	50 (a)	–	a
1984				
1985	–	57	Cut	Cut
1986-87	–	–	–	Cut
1988	–	Cut	11	Cut
1989	–	33	73	Cut
1990	–	66	–	Cut
1991	–	Cut	–	48
1992	31	Cut	–	15
1993	9	68	Cut	14
1994	15	33	7	30
1995	17	56	15	5
1996	25	82	33	17
1997	Cut	65	20	Cut
1998	26	49	11	13
1999	24	–	–	61
2000	–	Cut	–	27
2001	10	Cut	47	59
2002	12	66	Cut	29
2003	23	Cut	46	Cut
2004	31	Cut	60	13
2005	–	–	23	Cut
2006	–	–	–	Cut

FELTON, Kim (AUS)

| 2004 | – | – | 36 | – |

FERGUSON, Robert/Bob (SCO)

1868			5	
1869-70			–	
1871				
1872-73			–	
1874			8	
1875			4	
1876			–	
1877			3	
1878			–	
1879			6	
1880			W	
1881			W	
1882			W	
1883			2	
1884-85			–	
1886			4	
1887-88			–	
1889			Wdw	

FERNANDEZ, S Garcia see GARCIA (FERNANDEZ), Sergio

FERNANDEZ, Scott (ESP)

| 2016 | – | – | Cut | – |

	MAS	USO	BOP	PGA
FERNANDEZ-CASTAÑO, Gonzalo (ESP)				
2006	–	–	48	Cut
2007-08	–	–	–	–
2009	–	Cut	47	32
2010	–	–	Cut	33
2011	–	–	–	–
2012	61	Cut	54	62
2013	20	10	54	Cut
2014	26	Cut	Cut	58
FERNIE, William/Willie (SCO)				
1873			9	
1874-78			–	
1879			8	
1880			–	
1881			8 (L)	
1882			2	
1883			W	
1884			2	
1885			4	
1886			8	
1887			7	
1888			14	
1889			6	
1890			2	
1891			2	
1892			8	
1893			23	
1894			5	
1895		–	6	
1896		–	3	
1897		–	22	
1898		–	7	
1899		–	5	
1900		–	Cut	
1901		–	Wdw	
1902		–	12	
1903		–	25	
1904		–	Wdw	
1905		–	31	
1906		–	Cut	
1907-08		–	Dnq	
1909		–	–	
1910		–	Wdw	
FERRIE, KA (Kenneth/Ken Andrew) (ENG)				
2003	–	–	Cut	–
2004	–	–	42	–
2005	–	–	Cut	–
2006	–	6	Cut	Cut
2007	Cut	42	–	–
FERRIER, JB (James/Jim) (AUS/USA)				
1936	–	–	44 (a)	a
1937-39	–	–	–	a
1940	26 (a)	29 (a)	–	a
1941	29	30	–	–
1942	15	9*	–	–
1943				
1944-45				
1946	4	Cut	–	Last 16
1947	6	6	–	W
1948	4	Cut	–	Last 32
1949	16	23	–	SF
1950	2	5	–	Last 32
1951	7	Cut	–	Last 16
1952	3	Cut	–	Last 32
1953	16	Cut	–	Last 32
1954	Wdw	–	–	–
1955-58	–	–	–	–
1959	–	–	–	38
1960	–	Cut	–	2
1961	–	22	–	45
1962	Cut	–	–	39
1963	–	–	–	7
1964	5	Cut	–	56
1965	Cut	Wdw	–	Cut
1966	–	–	–	49
1967	–	–	–	64
1968-69	–	–	–	Cut
1970-71	–	–	–	–
1972-73	–	–	–	Cut
1974-76	–	–	–	–
1977	–	–	–	Wdw

*unofficial championship

	MAS	USO	BOP	PGA
FICHARDT, DC (Darren Clive) (RSA)				
2000	–	–	Cut	–
2001	–	–	–	–
2002	–	–	Cut	–
2003	–	–	–	–
2004	–	–	Cut	–
2005-06	–	–	–	–
2007	–	Cut	–	–
2008	–	–	Cut	–
2009	–	–	–	–
2010	–	–	Cut	–
FIGUEROA, Fernando (ESA)				
2008	–	Cut	–	–
FINAU, Tony (USA)				
2015	–	14	–	10
2016	–	Cut	18	Cut
FINCH, Richard (ENG)				
2008	–	–	58	–
2009	–	–	Cut	–
2010-11	–	–	–	–
2012	–	–	Cut	–
FINSTERWALD, DH (Dow Henry) (USA)				
1950	–	Cut (a)	–	a
1951	50 (a)	–	–	a
1952	46	Cut	–	–
1953-54	–	–	–	–
1955	–	28	–	–
1956	24	–	–	RU
1957	7	13	–	W
1958	17	–	–	4
1959	18	11	–	15
1960	3	3	–	41
1961	Cut	6	–	11
1962	3	Scr	–	3
1963	5	12	–	Cut
1964	9	8	–	63
1965	21	Cut	–	12
1966	57	–	–	60
1967	Cut	–	–	48
1968	–	Cut	–	76
1969	–	65	–	Cut
1970	–	Cut	–	Cut
1971	–	–	–	58
1972	–	–	–	Cut
1973	–	Cut	–	Cut
1974	–	–	–	70 (L)
1975	–	–	–	–
1976	–	–	–	70
1977	–	–	–	Cut
1978-79	–	–	–	Cut
1980	–	Cut	–	Cut
1981-83	–	–	–	–
1984	–	–	–	Cut
FISCHER, TD (Todd David) (USA)				
2000-01	–	Cut	–	–
2002-06	–	–	–	–
2007	–	Cut	–	–
FISCHER, Zach (USA)				
2013	–	Cut	–	–
FISHER, OJ (Oliver James) (ENG)				
2009	–	–	Cut	–
2010-12	–	–	–	–
2013	–	–	32	–
2014	–	–	Cut	Cut
FISHER, RD (Ross Daniel) (ENG)				
2007	–	–	Cut	–
2008	–	Cut	39	Cut
2009	30	5	13	19
2010	Cut	Cut	37	Cut
2011	15	–	Cut	45
2012	47	–	45	–
2013	–	–	–	–
2014	–	–	Cut	Cut
2015	–	–	68	Cut
2016	–	–	Cut	42
FITZGERALD, CL (Caine) (USA)				
2013	–	–	–	Cut
FITZPATRICK, MT (Matt[hew] Thomas) (ENG)				
2013	–	–	44 (a)	a
2014	Cut (a)	48 (a)	Scr	–
2015	–	–	–	–
2016	7	54	Cut	49
FLANAGAN, Nicholas/Nick (AUS)				
2004	Cut (a)	Cut (a)	Cut (a)	a
2005	–	–	23	–
FLECK, JD (Jack) (USA)				
1950	–	Cut	–	–
1951-52	–	–	–	–
1953	–	52	–	Last 64
1954	–	–	–	–
1955	–	W	–	Last 16
1956	43	Cut	–	Last 32
1957	26	26	–	Last 64
1958	39	Cut	–	Wdw

	MAS	USO	BOP	PGA
1959	18	19	–	–
1960	34	3	–	Cut
1961	Wdw	27	–	19
1962	11	–	–	7
1963	42	Cut	–	Wdw
1964	Cut	–	–	–
1965	Dsq	–	–	20
1966	–	Cut	–	49
1967	–	Cut	–	–
1968-76	–	–	–	–
1977	–	Cut	–	–

FLEETWOOD, Tommy [ENG]

	MAS	USO	BOP	PGA
2014	–	–	Cut	Cut
2015	–	27	Cut	Cut
2016	–	–	Cut	–

FLEMING, TS (Timothy/Tim) (USA)

	MAS	USO	BOP	PGA
1986	–	Cut (a)	–	a
1987	–	–	–	a
1988-2000	–	–	–	–
2001-05	–	–	–	Cut

FLESCH, SJ (Stephen/Steve) (USA)

	MAS	USO	BOP	PGA
1993	–	84	–	–
1994	–	Cut	–	–
1995	–	–	–	–
1996	–	Cut	–	–
1997	–	–	–	–
1998	–	–	–	13
1999	–	Cut	–	34
2000	–	–	20	Cut
2001	Cut	Cut	Cut	13
2002	–	18	–	17
2003	–	Cut	Cut	Cut
2004	17	7	54	37
2005	29	67	77	10
2006	–	–	–	24
2007	–	–	–	23
2008	5	Cut	–	6
2009	6	–	–	32
2010	38	–	–	–

FLINTON, Kyle (USA)

	MAS	USO	BOP	PGA
2008	–	–	–	Cut
2009	–	–	–	–
2010	–	–	–	Cut

FLOREN, Oscar (SWE)

	MAS	USO	BOP	PGA
2005	–	–	Cut (a)	a
2006-07	–	–	–	a
2008-12	–	–	–	–
2013-14	–	–	Cut	–

FLORES, Martin (USA)

	MAS	USO	BOP	PGA
2012	–	Cut	–	–

FLOYD, RL (Raymond/Ray Loran) (USA)

	MAS	USO	BOP	PGA
1963	–	–	–	57
1964	–	14	–	–
1965	Cut	6	–	17
1966	8	Wdw	–	18
1967	Cut	38	–	20
1968	7	–	–	41
1969	36	13	34	W
1970	Cut	22	Cut	8
1971	13	8	–	Cut
1972	Cut	Cut	–	4
1973	54	16	–	35
1974	22	15	–	11
1975	30	12	23	10
1976	W	13	4	2
1977	8	47	8	40
1978	16	12	2	50
1979	17	Cut	36	62
1980	17	47	–	17
1981	8	37	3	19
1982	7	49	15	W
1983	4	13	14	20
1984	15	52	Cut	13
1985	2	23	–	Cut
1986	Cut	W	16	Cut
1987	Cut	43	17	14
1988	11	17	Cut	9
1989	38	26	42	46
1990	2	Cut	39	49
1991	17	8	Cut	7
1992	2	44	12	48
1993	11	7	34	Cut
1994	10	–	–	61
1995	17	36	58	–
1996	25	–	–	–
1997-98	Cut	–	–	–
1999	38	–	–	–
2000-03	Cut	–	–	–
2004	Cut	Cut	–	–
2005-09	Cut	–	–	–

FOLEY, Kevin (USA)

	MAS	USO	BOP	PGA
2016	–	–	Cut	–

FORD, Bob see **FORD, Robert; FORD, RW**

FORD, DM (Douglas/Doug Michael) (USA)

	MAS	USO	BOP	PGA
1949-50	–	Cut	–	–
1951	–	41	–	–
1952	21	19	–	–
1953	21	21	–	–
1954	33	35	–	–
1955	–	7	–	W
1956	6	9	–	Last 32
1957	W	17	–	Last 16
1958	2	34	–	11
1959	25	5	–	11
1960	25	33	–	7
1961	32	6	–	5
1962	44	8	–	5
1963	11	Cut	–	27
1964	46	Cut	24	Cut
1965	31	–	–	20
1966	17	Cut	–	Cut
1967	31	–	–	Cut
1968	48	–	–	Cut
1969-70	Cut	–	–	Cut
1971	46	–	–	Cut
1972	Cut	–	–	Cut
1973	Cut	Cut	–	56
1974	Cut	Cut	–	Cut
1975-78	Cut	–	–	Cut
1979	Wdw	–	–	Cut
1980	Cut	–	–	Cut
1981	Cut	–	–	Wdw
1982	Cut	–	–	–
1983	Wdw	–	–	–
1984	Cut	–	–	–
1985	Wdw	–	–	–
1986-90	Cut	–	–	–
1991	Wdw	–	–	–
1992-93	Cut	–	–	–
1994-95	Wdw	–	–	–
1996-97	Cut	–	–	–
1998-2000	Wdw	–	–	–
2001	Scr	–	–	–

FORD, RW (Robert/Bob) (USA)

	MAS	USO	BOP	PGA
1980	–	Cut	–	–
1981	–	–	–	Cut
1982	–	–	–	–
1983	–	26	–	–
1984	–	–	–	Cut
1985-88	–	–	–	–
1989	–	–	–	Cut
1990	–	–	–	74 (L)
1991-92	–	–	–	–
1993	–	–	–	68
1994-95	–	–	–	–
1996	–	40	–	Cut
1997-99	–	–	–	Cut
2000-04	–	–	–	–
2005	–	–	–	Cut

FORREST, Grant [a] (SCO)

	MAS	USO	BOP	PGA
2013	–	–	Cut	a

FORSMAN, DB (Daniel/Dan Bruce) (USA)

	MAS	USO	BOP	PGA
1982	–	Cut	–	–
1983	–	–	–	–
1984	–	60	–	–
1985	–	–	–	Cut
1986	Cut	–	–	Cut
1987	–	–	–	Cut
1988	–	–	–	–
1989	–	33	–	Cut
1990	Cut	Cut	–	Cut
1991	–	–	–	32
1992	–	60	–	7
1993	7	19	73	44
1994	14	–	–	–
1995	35	–	–	–
1996	–	13	–	61
1997	Cut	Cut	–	–
1998-2000	–	–	–	–
2001	–	66	–	–
2002	–	–	–	–
2003	–	48	–	Cut
2004	–	Cut	–	–

FORSYTH, Alastair (SCO)

	MAS	USO	BOP	PGA
2003	–	–	59	Cut
2004	–	–	47	–

	MAS	USO	BOP	PGA
2005	–	–	Cut	–
2006	–	–	–	–
2007	–	–	67	–
2008	–	60	–	9
2009	–	–	–	79 (L)

FOSTER, MB (Mark Barry) (ENG)

	MAS	USO	BOP	PGA
2003	–	–	28	–
2004	–	–	63	–
2005-06	–	–	–	–
2007	–	–	35	–

FOULIS (Jr), JB (James/Jim) (SCO/USA)

	MAS	USO	BOP	PGA
1895	–	3	–	–
1896	–	W	–	–
1897	–	3	–	–
1898	–	Wdw	–	–
1899	–	21	–	–
1900	–	14	–	–
1901	–	11	–	–
1902	–	20	–	–
1903	–	Wdw	–	–
1904	–	9	–	–
1905	–	32	–	–
1906	–	22	–	–
1907-10	–	–	–	–
1911	–	47	–	–

FOWLER, PR (Peter Randall) (AUS)

	MAS	USO	BOP	PGA
1983-84	–	–	Cut	–
1985	–	–	56	–
1986	–	–	70	–
1987	–	–	–	–
1988	–	–	52	–
1989	–	–	–	–
1990	–	–	48	–
1991-92	–	–	–	–
1993	–	–	73	–
1994	–	–	–	–
1995	–	–	Cut	–
1996-2002	–	–	–	–
2003	–	–	22	–
2004	–	–	–	–
2005	–	–	Cut	–
2006	–	–	–	–
2007-08	–	–	Cut	–

FOWLER, RY (Rick/Rickie Yutaka) (USA)

	MAS	USO	BOP	PGA
2008	–	60 (a)	–	a
2009	–	Cut (a)	–	a
2010	–	–	14	58
2011	38	Cut	5	51
2012	27	41	31	Cut
2013	38	10	Cut	19
2014	5	2	2	3
2015	12	Cut	30	30
2016	Cut	Cut	46	33

FOX, Ryan (NZL)

	MAS	USO	BOP	PGA
2015	–	–	49	–

FOX, Steven (a) [USA]

	MAS	USO	BOP	PGA
2013	Cut	Cut	Cut	a

FRAKE II, GW (George) (USA)

	MAS	USO	BOP	PGA
2001	–	Cut	–	–

FRANCO, CD (Carlos Daniel) (PAR)

	MAS	USO	BOP	PGA
1994	–	–	Cut	–
1995-96	–	–	–	–
1997	–	–	–	70
1998	–	–	64	40
1999	6	34	Cut	26
2000	7	61	Cut	58
2001	46	Cut	54	29
2002	–	–	–	–
2003	–	–	–	18
2004	–	Wdw	–	31
2005	Cut	Cut	–	59

FRASER, Marcus (AUS)

	MAS	USO	BOP	PGA
2005	–	–	Cut	–
2006	–	–	35	–
2007	–	45	–	–
2008-11	–	–	–	–
2012	–	–	Cut	66
2013	–	Cut	54	47
2014	–	–	–	–
2015	–	64	20	–
2016	–	–	Cut	73

FRAYNE, Adam (ENG)

	MAS	USO	BOP	PGA
2006	–	–	Cut	–

FRAZAR, RH (Richard Harrison/Harrison) (USA)

	MAS	USO	BOP	PGA
1998-2000	–	–	–	Cut
2001	–	66	–	Cut
2002	–	54	–	–
2003	–	–	–	–
2004	–	–	–	Cut
2005	–	–	–	–
2006	–	–	–	20
2007	–	58	–	–
2008-09	–	–	–	–
2010	–	Cut	–	–
2011	–	30	69	39
2012	Cut	–	–	–

FREEMAN, JA (Jeffrey/Jeff) (USA)

	MAS	USO	BOP	PGA
1999	–	Cut	–	Cut
2000	–	–	–	Cut
2001	–	Cut	–	–

FRITSCH, Bradley/Brad (CAN)

	MAS	USO	BOP	PGA
2006	–	Cut	–	–
2007-14	–	–	–	–
2015	–	46	–	–

FROST, Charles (USA)

	MAS	USO	BOP	PGA
2015	–	–	–	Cut

FROST, DL (David Laurence) (RSA)

	MAS	USO	BOP	PGA
1983	–	–	Cut	–
1984	–	–	47	–
1985	–	23	25	Cut
1986	–	15	Cut	21
1987	45	17	6	10
1988	8	Cut	7	Cut
1989	18	18	Cut	27
1990	Cut	33	Cut	31
1991	32	Cut	Cut	48
1992	–	–	–	73
1993	Cut	Cut	24	Cut
1994	35	Cut	51	25
1995	5	Cut	31	67
1996	10	Cut	41	Cut
1997	37	–	Cut	Cut
1998	26	–	44	56
1999	–	–	7	21
2000	–	Cut	55	–
2001	–	–	Cut	–
2002	–	Cut	–	–
2003-04	–	–	–	–
2005	–	–	15	–
2006	–	–	–	–
2007	–	–	Cut	–
2008	–	–	51	–
2009	–	–	–	–
2010	–	Cut	–	–

FRYATT, EG (Edward/Ed) (ENG/USA)

	MAS	USO	BOP	PGA
1997	–	24	–	–
1998	–	Cut	–	–
1999	–	–	–	–
2000	–	Cut	–	Cut

FRYE, Michael/Mike (USA)

	MAS	USO	BOP	PGA
2012	–	–	–	Cut

FUJIKAWA, Tadd [a] (USA)

	MAS	USO	BOP	PGA
2006	–	Cut	–	a

FUJIMOTO, Yoshinori (JPN)

	MAS	USO	BOP	PGA
2012	–	–	54	–

FUJITA, Hiroyuki (JPN)

	MAS	USO	BOP	PGA
2005	–	–	41	–
2006-07	–	–	–	–
2008	–	–	–	68
2009	–	–	–	56
2010	–	58	Cut	Cut
2011	Cut	Cut	Cut	Cut
2012	–	51	Cut	Cut
2013	Cut	Cut	Cut	Cut
2014	–	–	–	–
2015	–	Cut	Cut	–

FUKABORI, Keiichiro (JPN)

	MAS	USO	BOP	PGA
1998	–	–	Cut	–
1999-2003	–	–	–	–
2004	–	–	30	–
2005	–	57	–	–
2006	–	Cut	56	–

FULKE, PO (Pierre Olof) (SWE)

	MAS	USO	BOP	PGA
1994	–	–	Cut	–
1995-96	–	–	–	–
1997	–	–	Cut	–
1998	–	–	–	–
1999	–	–	30	–
2000	–	–	7	–
2001	Cut	Wdw	62	Cut
2002	–	–	28	10
2003	–	–	15	Cut

FUNK, Frederick/Fred (USA)

	MAS	USO	BOP	PGA
1985	–	23	–	–
1986	–	Cut	–	–
1987	–	Cut	–	47

	MAS	USO	BOP	PGA
1988	–	–	–	–
1989	–	Cut	–	–
1990	–	–	–	–
1991	–	Cut	–	57
1992	–	33	73	Cut
1993	Cut	7	–	44
1994	38	44	–	55
1995	–	Cut	–	39
1996	36	Cut	–	26
1997	17	43	–	61
1998	Cut	–	–	23
1999	Cut	Cut	Wdw	73 (L)
2000	37	Cut	Cut	9
2001	–	44	–	70
2002	–	–	–	4
2003	Cut	35	Cut	7
2004	Cut	6	–	Cut
2005	Cut	23	Cut	47
2006	Cut	40	66	20
2007	Cut	30	–	Cut
2008	–	–	–	–
2009	–	60 (L)	–	–
2010	–	70	–	–
2011	–	Cut	–	–

FURGOL, EJ (Edward/Ed Joseph) (USA)

	MAS	USO	BOP	PGA
1942	–	Wdw*	–	–
1943				
1944-45				
1946	–	12	–	–
1947	44	13	–	–
1948	6	45	–	–
1949	47	Cut	–	–
1950	–	Cut	–	–
1951	15	Cut	–	Last 64
1952	38	Cut	–	Last 64
1953	–	Cut	–	Last 16
1954	–	W	–	Last 32
1955	24	45	19	Last 16
1956	24	4	–	SF
1957	6	Cut	–	Last 128
1958	Cut	Cut	–	48
1959	Cut	Cut	–	Cut
1960-62	Cut	Cut	–	–
1963	5	38	–	Cut
1964	Cut	14	–	13
1965	Cut	Cut	–	33
1966	–	Cut	–	49

*unofficial championship

FURYK, JM (James/Jim Michael) (USA)

	MAS	USO	BOP	PGA
1994	–	28	–	–
1995	–	–	–	13
1996	29	5	45	17
1997	28	5	4	6
1998	4	14	4	Cut
1999	14	17	10	8
2000	14	60	41	72
2001	6	62	Cut	7
2002	Cut	Cut	Cut	9
2003	4	W	Cut	18
2004	–	48	Cut	Cut
2005	28	28	Cut	34
2006	22	2	4	29
2007	13	2	12	Cut
2008	33	36	5	29
2009	10	33	34	63
2010	Cut	16	Cut	24
2011	24	Cut	48	39
2012	11	4	34	42
2013	25	Cut	Cut	2
2014	14	12	4	5
2015	Cut	42	30	30
2016	Scr/inj	2	59	73

GAFFNEY, BT (Brian) (USA)

	MAS	USO	BOP	PGA
2000	–	–	–	Cut
2001-08	–	–	–	–
2009	–	–	–	Cut
2010-11	–	–	–	–
2012	–	Cut	–	Cut
2013-14	–	–	–	–
2015	–	–	–	71
2016	–	–	–	Cut

GAINEY, Tommy: 'Two Gloves' (USA)

	MAS	USO	BOP	PGA
2011-12	–	–	–	Cut
2013	–	–	–	61

GALLACHER, SJ (Stephen James) (SCO)

	MAS	USO	BOP	PGA
1995	–	–	Cut (a)	a
1996-98	–	–	–	–
1999	–	–	Cut	–

	MAS	USO	BOP	PGA
2000-04	–	–	–	–
2005	–	Cut	Cut	Cut
2006-09	–	–	–	–
2010	–	–	23	18
2011	–	Cut	57	Cut
2012	–	–	–	–
2013	–	–	21	61
2014	–	34	15	Cut
2015	Cut	Cut	Cut	Cut

GALLAGHER (Jr), JT (James/Jim Thomas) (USA)

	MAS	USO	BOP	PGA
1988	–	Cut	–	–
1989	–	Cut	–	12
1990	–	33	–	Cut
1991	17	11	–	3
1992	25	57	Cut	2
1993	Cut	Cut	Cut	Cut
1994	Cut	47	47	Cut
1995	–	62	55	44
1996	29	67	–	52
1997-2001	–	–	–	–
2002	–	Cut	–	–

GAMEZ, RA (Robert Anthony) (USA)

	MAS	USO	BOP	PGA
1990	Cut	61	12	49
1991	Cut	Cut	44	–
1992	–	–	–	79
1993	–	88 (L)	–	Cut
1994	–	Cut	–	–
1995	–	Cut	–	Cut
1996	–	–	–	–
1997	–	–	–	Cut
1998-99	–	–	–	–
2000-01	–	Cut	–	–
2002	–	–	–	Cut
2003	–	–	–	14
2004	–	–	–	68
2005	–	Cut	–	–
2006	–	–	–	Cut

GANGLUFF, SO (Stephen Otto) (USA)

	MAS	USO	BOP	PGA
2001	–	79 (L)	–	–
2002-05	–	–	–	–
2006	–	40	–	–

GARBUTT, ID (Ian David) (ENG)

	MAS	USO	BOP	PGA
1993	–	–	51	–
1994-99	–	–	–	–
2000	–	–	52	–
2001	–	–	–	–
2002	–	–	50	–

GARCIA, Alvaros Quiros see QUIROS (GARCIA), Alvaros

GARCIA (FERNANDEZ), Sergio (ESP)

	MAS	USO	BOP	PGA
1996	–	–	Cut (a)	a
1997	–	–	–	a
1998	–	–	29 (a)	a
1999	38 (a)	–	Cut	2
2000	40	46	36	34
2001	Cut	12	9	Cut
2002	8	4	8	10
2003	28	35	10	Cut
2004	4	20	Cut	Cut
2005	Cut	3	5	23
2006	46	Cut	5	3
2007	Cut	Cut	2	Dsq
2008	Cut	18	51	2
2009	38	10	38	Cut
2010	45	22	14	Cut
2011	35	7	9	12
2012	12	38	Cut	Cut
2013	8	45	21	61
2014	Cut	35	2	35
2015	17	18	6	54
2016	34	5	5	Cut

GARNETT, Bryce (USA)

	MAS	USO	BOP	PGA
2012	–	Cut	–	–

GARRIDO (VILLACIEROS), Ignacio (ESP)

	MAS	USO	BOP	PGA
1997	–	–	Cut	41
1998	Cut	Cut	57	Cut
1999-2002	–	–	–	–
2003	–	–	Cut	Cut
2004	–	–	54	–
2005	–	–	Cut	–
2006-09	–	–	–	–
2010	–	–	14	–

GARRIGUS, RI (Robert) (USA)

	MAS	USO	BOP	PGA
2004	–	Cut	–	–
2005-07	–	–	–	–
2008	–	Cut	–	–
2009-10	–	–	–	–
2011	–	3	Cut	62
2012	Cut	Cut	–	21

THE PLAYERS

	MAS	USO	BOP	PGA
2013	38	Wdw	Cut	25

GASNIER, Philippe (BRA)

	MAS	USO	BOP	PGA
2008	–	Cut	–	–

GATES, Robert/Bobby (USA)

	MAS	USO	BOP	PGA
2010	–	40	–	–
2011-13	–	–	–	–
2014	–	Cut	–	–

GAUNT, DS (Daniel) (AUS)

	MAS	USO	BOP	PGA
2009	–	–	73 (L)	–

GAUS, RT (Robert/Bob) (USA)

	MAS	USO	BOP	PGA
1990	–	Cut	–	–
1991-97	–	–	–	–
1998	–	–	–	Cut
1999	–	–	–	–
2000	–	–	–	Cut
2001-06	–	–	–	–
2007	–	–	–	Cut
2008	–	Cut	–	–
2009	–	–	–	Cut
2010-12	–	–	–	–
2013	–	–	–	Cut

GAY, JB (Joseph Brian/Brian) (USA)

	MAS	USO	BOP	PGA
1996	–	Cut	–	–
1997-99	–	–	–	–
2000	–	Cut	–	–
2001	–	–	Cut	22
2002	–	Cut	–	53
2003	–	Cut	–	51
2004	–	Cut	–	–
2005-07	–	–	–	20
2008	–	–	–	–
2009	–	Cut	Cut	Cut
2010	Cut	Cut	Cut	65
2011	–	63	–	Cut
2013	38	–	–	Cut
2014-15	–	–	–	–
2016	–	–	Cut	–

GEALY, Elliot (USA)

	MAS	USO	BOP	PGA
2011	–	Cut	–	–

GEARY, Joshua/Josh (NZL)

	MAS	USO	BOP	PGA
2009	–	–	Cut	–

GEIBERGER (Sr), AL (Allen/Al Lee) (USA)

	MAS	USO	BOP	PGA
1961	–	12	–	–
1962	Cut	Cut	–	–
1963	–	Cut	–	5
1964	13	14	–	19
1965	24	4	–	19
1966	44	30	–	W
1967	36	28	–	5
1968	30	9	–	8
1969	13	2	–	35
1970	45	Cut	–	16
1971	24	55	–	30
1972	12	21	–	Cut
1973	37	13	–	18
1974	31	18	13	8
1975	Cut	38	Cut	33
1976	15	2	–	Cut
1977	Cut	10	–	6
1978	42	53	–	Cut
1979	–	19	–	–
1980	Cut	Cut	–	67
1981	–	–	–	Cut
1982-84	–	–	–	74
1985	–	–	–	–
1986-97	–	–	–	–
1998	–	–	–	Cut

GEIBERGER, BA (Brent Andrew) (USA)

	MAS	USO	BOP	PGA
1998	–	Cut	–	71
1999	–	–	–	Cut
2000	Cut	Cut	–	Cut
2001	–	–	–	–
2002	–	Cut	–	–
2003-04	–	–	–	–
2005	–	–	–	Cut

GEORGE, Andrew (ENG)

	MAS	USO	BOP	PGA
1994	–	–	Cut	–
1995-2002	–	–	–	–
2003	–	–	Cut	–

GEORGIOU, Andrew (RSA)

	MAS	USO	BOP	PGA
2012	–	–	Cut	–

GHEZZI, VJ (Victor/Vic) (USA)

	MAS	USO	BOP	PGA
1932	–	45	–	–
1933	–	–	–	Last 32
1934	25	Cut	–	Last 32
1935	8	20	–	Last 16
1936	15	18	–	Last 32
1937	8	20	–	Last 16
1938	10	11	–	Last 16
1939	12	29	–	Last 32
1940	39	15	–	Last 32
1941	6	19	–	W
1942	–			–
1943				
1944				Last 32
1945				QF
1946	13	2	–	Last 32
1947	21	6	18	SF
1948	18	14	–	Last 64
1949	35	–	–	Dnq
1950	14	–	–	Last 64
1951	Wdw	–	–	Last 16
1952	30	–	–	Last 16
1953	Wdw	Cut	–	Last 64
1954	29	Cut	–	Dnq
1955	53	–	–	Last 32
1956	29	–	–	Last 128
1957	Cut	Cut	–	Last 64
1958	Cut	–	–	56
1959	Cut	38	–	–
1960-61	Cut	–	–	Cut
1962	–	Cut	–	57 (L)
1963	–	Cut	–	Cut
1964	–	–	–	Wdw
1965	–	–	–	49
1966-67	–	–	–	Wdw
1968-69	–	–	–	–
1970-73	–	–	–	Wdw

GIBSON, KM (Kelly Michael) (USA)

	MAS	USO	BOP	PGA
1990	–	Cut	–	–
1991-92	–	–	–	–
1993	–	Cut	–	–
1994-95	–	–	–	–
1996	–	50	–	–
1997	–	28	–	Cut
1998-2001	–	–	–	–
2002	–	Cut	–	–

GIBSON, Rhein (AUS)

	MAS	USO	BOP	PGA
2014	–	–	72 (L)	–

GIBSON, Scott (USA)

	MAS	USO	BOP	PGA
2005	–	Cut	–	–

GILL, MD (Michael/Mike) (USA)

	MAS	USO	BOP	PGA
2000	–	–	–	Cut

GILLIAM, Nicholas/Nick (USA)

	MAS	USO	BOP	PGA
2005	–	Cut	–	–

GILLIES, CH (Colin) (SCO)

	MAS	USO	BOP	PGA
1989	–	–	72	–
1990-93	–	–	–	–
1994	–	–	75	–
1995-99	–	–	–	–
2000	–	–	Cut	–

GILLIS, TC (Thomas/Tom Charles) (USA)

	MAS	USO	BOP	PGA
1999	–	–	Wdw	–
2000-01	–	–	–	–
2002	–	70	–	–
2003	–	Cut	–	–
2004-06	–	–	–	–
2007	–	Cut	–	–
2008	–	–	58	–
2009-10	–	–	–	–
2011	–	–	–	Cut
2012-14	–	–	–	–
2015	–	–	Cut	–

GILMORE Jr, Michael/Mike (USA)

	MAS	USO	BOP	PGA
1992	–	Cut	–	–
1993-98	–	–	–	–
1999	–	–	–	Cut
2000-01	–	–	–	–
2002	–	–	–	Cut
2003-07	–	–	–	–
2008	–	Cut	–	–

GLASSON (Jr), WL (William/Bill Lee) (USA)

	MAS	USO	BOP	PGA
1984	–	25	–	–
1985	–	39	–	54
1986	25	53	–	Cut
1987	–	Cut	–	–
1988	–	–	–	Wdw
1989	Cut	21	–	–
1990	33	51	Cut	Wdw
1991-92	–	–	–	–
1993	Cut	Cut	–	19
1994	18	–	–	Cut
1995	Cut	4	24	–
1996	Cut	–	–	–
1997	–	–	–	13
1998	Cut	–	–	–

	MAS	USO	BOP	PGA
1999	18	Cut	–	Wdw
2000	–	–	–	64
2001-04	–	–	–	–
2005	–	67	–	–

GLEESON, David (AUS)

	MAS	USO	BOP	PGA
2007	–	–	Cut	–

GLISSMEYER, Thomas/Tom [a] (USA)

	MAS	USO	BOP	PGA
2003	–	Cut	–	a

GLOVER, LH (Lucas Hendley) (USA)

	MAS	USO	BOP	PGA
2002	–	Cut	–	–
2003-04	–	–	–	–
2005	–	–	–	Cut
2006	Cut	Cut	Cut	46
2007	20	Cut	27	50
2008	–	–	78	–
2009	–	W	Cut	5
2010	36	58	48	Cut
2011	Cut	42	12	Cut
2012	Cut	Cut	Cut	Cut
2013	49	Cut	Cut	Cut
2014	42	Cut	–	–
2015-16	–	Cut	–	–

GOALBY, RG (Robert/Bob George) (USA)

	MAS	USO	BOP	PGA
1957	–	Cut	–	–
1958	–	–	–	–
1959	–	38	–	5
1960	Cut	19	–	32
1961	36	2	–	15
1962	25	14	–	2
1963	Cut	Cut	–	17
1964	37	–	–	Cut
1965	39	Cut	–	68
1966	59	22	–	49
1967	Cut	6	–	7
1968	W	39	–	8
1969	40	–	–	Cut
1970	Cut	36	–	Cut
1971	36	19	–	47
1972	17	–	–	62
1973	6	58	–	18
1974	22	Cut	–	–
1975	Cut	63	–	–
1976-77	Cut	–	–	–
1978	52	–	–	–
1979-81	Cut	–	–	–
1982	46	–	–	–
1983-86	Cut	–	–	–

GODFREY, Scott [a] (ENG)

	MAS	USO	BOP	PGA
2003	–	–	Cut	a

GOGEL, MJ (Matthew/Matt John) (USA)

	MAS	USO	BOP	PGA
1992	–	Cut(a)	–	a
1993-94	–	–	–	a
1995	–	51	–	–
1996	–	–	–	–
1997	–	Cut	–	–
1998-99	–	–	–	–
2000	–	Cut	–	–
2001	–	12	47	–
2002	–	Cut	–	64
2003	–	–	–	–
2004	–	Cut	–	17

GOGGIN, MC (Mathew/Mat Charles) (AUS)

	MAS	USO	BOP	PGA
2003	–	–	46	–
2004	–	–	Cut	–
2005	–	–	–	–
2006	–	Cut	Cut	–
2007	–	36	–	–
2008	–	Cut	–	Cut
2009	Cut	–	5	Cut
2010	–	–	Cut	–
2011-12	–	–	–	–
2013	–	21	–	–

GOLDEN, Jeff [a] (USA)

	MAS	USO	BOP	PGA
2007	–	Cut	–	a

GOLDING, PK (Philip Keith) (ENG)

	MAS	USO	BOP	PGA
2000	–	–	Cut	–
2001-02	–	–	–	–
2003	–	–	Cut	–

GOMEZ, Fabian (ARG)

	MAS	USO	BOP	PGA
2015	–	–	–	Cut
2016	Cut	–	Cut	Cut

GOMEZ, J A Canizares see CANIZARES (GOMEZ), JA

GONNET, J-B (Jean-Baptiste) (FRA)

	MAS	USO	BOP	PGA
2008	–	–	67	–

GONZALES, Andres (USA)

	MAS	USO	BOP	PGA
2011	–	Cut	–	–
2012-15	–	–	–	–
2016	–	Cut	–	–

GONZALES, Chris (USA)

	MAS	USO	BOP	PGA
2001	–	Cut	–	–

GONZALEZ, Ricardo (ARG)

	MAS	USO	BOP	PGA
1990	–	–	Cut	–
1991-2001	–	–	–	–
2002	–	–	Cut	10
2003-04	–	–	–	Cut

GOODMAN, JG (John/Johnny) [a] (USA)

	MAS	USO	BOP	PGA
1929	–	45	–	a
1930	–	11	–	a
1931	–	–	–	a
1932	–	14	–	a
1933	–	W	–	a
1934	–	43	–	a
1935	–	36	–	a
1936	43	22	–	a
1937	–	8	–	a
1938	–	–	–	a
1939	–	Cut	–	a
1940-41	–	Cut	–	a
1942	–	–	–	a
1943	–	–	–	a
1944-45	–	–	–	a
1946	–	Cut	–	a
1947	–	Scr	–	a

GOOSEN, Retief (RSA)

	MAS	USO	BOP	PGA
1993	–	–	Cut	–
1994-95	–	–	–	–
1996	–	–	76	–
1997	–	–	10	61
1998	Cut	Cut	Cut	Cut
1999	–	Cut	10	Cut
2000	40	12	41	Cut
2001	Cut	W	13	37
2002	2	Cut	8	23
2003	13	42	10	Cut
2004	13	W	7	–
2005	3	11	5	6
2006	3	Cut	14	34
2007	2	Cut	23	23
2008	17	14	32	24
2009	Cut	16	5	51
2010	38	58	6	55
2011	Cut	23	Wdw/inj	Scr/inj
2012	–	10	64	48
2013	–	Scr/inj	–	–
2014	–	45	–	–
2015	–	Cut	20	–
2016	–	Cut	–	–

GORE, JW (Jason William) (USA)

	MAS	USO	BOP	PGA
1998	–	Cut	–	–
1999-2004	–	–	–	–
2005	–	49	–	–
2006	–	–	–	62
2007	–	–	–	–
2008	–	Cut	–	–
2009	–	–	–	–
2010	–	47	–	–

GOSS, Oliver (AUS)

	MAS	USO	BOP	PGA
2014	49 (a)	Cut (a)	–	–

GOSSETT, DS (David Spencer) (USA)

	MAS	USO	BOP	PGA
2000	54 (a)	Cut (a)	Cut (a)	a
2001-02	–	–	–	Cut
2003-13	–	–	–	–
2014	–	Cut	–	–

GOTSCHE, SJ (Steven/Steve) (USA)

	MAS	USO	BOP	PGA
1985-87	–	Cut	–	–
1988-90	–	–	–	–
1991	–	55	–	–
1992	–	Cut	–	–
1993	–	68	–	–
1994-95	–	–	–	–
1996	–	32	–	–
1997-2002	–	–	–	–
2003-04	–	Cut	–	–

GOVE, JA (Jeffrey/Jeff) (USA)

	MAS	USO	BOP	PGA
2004	–	Cut	–	–

GOW, PA (Paul Andrew) (AUS)

	MAS	USO	BOP	PGA
2000	–	Cut	–	–
2001	–	–	–	–
2002	–	Cut	–	–

GOYA, Estanislao: 'Tano' (ARG)

	MAS	USO	BOP	PGA
2010	–	–	Cut	–
2011-12	–	–	–	–
2013	–	Cut	Cut	–

GOYDOS, PD (Paul David) (USA)

	MAS	USO	BOP	PGA
1994	–	44	–	–
1995	–	62	–	–

	MAS	USO	BOP	PGA
1996	Cut	Cut	–	73
1997	–	28	–	29
1998	–	–	–	34
1999	–	12	–	31
2000-02	–	Cut	–	–
2003-06	–	–	–	–
2007	Cut	Cut	–	Cut
2008	–	–	Cut	31
2009	–	–	72	67
2010	–	Cut	Cut	Cut

GRACE, BJ (Branden John) (RSA)

	MAS	USO	BOP	PGA
2009	–	–	43	–
2010-11	–	–	–	–
2012	–	51	77	Cut
2013	18	Cut	64	Cut
2014	Cut	–	36	46
2015	Cut	4	20	3
2016	Cut	5	72	4

GRADY, WD (Wayne Desmond) (AUS)

	MAS	USO	BOP	PGA
1979	–	–	Cut	–
1980-82	–	–	–	–
1983	–	–	Cut	–
1984	–	Cut	Cut	–
1985	–	–	–	–
1986	–	–	–	21
1987	–	43	17	–
1988	–	Cut	38	Cut
1989	–	Cut	2	46
1990	27	Cut	Cut	W
1991	Cut	63 (L)	26	43
1992	13	17	39	Cut
1993	Cut	81	9	Cut
1994	41	Cut	60	30
1995	35	Cut	Cut	Cut
1996	–	67	–	65
1997-98	–	–	–	Cut
1999	–	–	–	–
2000	–	–	–	64
2001	–	–	–	–
2002	–	Cut	–	–
2003-04	–	–	–	–
2005	–	–	–	Cut

GRAHAM, AD (Anthony David) (AUS)

	MAS	USO	BOP	PGA
1970	–	Cut	32	–
1971	36	Cut	Cut	–
1972	Cut	47	–	Cut
1973	29	58	–	Cut
1974	–	18	11	–
1975	–	29	28	10
1976	–	Cut	21	4
1977	6	Cut	Cut	Cut
1978	9	Cut	39	Cut
1979	Wdw	7	–	W
1980	5	47	29	26
1981	7	W	14	43
1982	19	6	27	49
1983	46	8	14	14
1984	6	21	Cut	48
1985	10	23	3	32
1986	28	15	11	7
1987	27	51	34	Cut
1988	–	47	Cut	17
1989	–	61	61	Cut
1990	–	64	8	66
1991	–	60	Cut	52
1992	–	–	–	–
1993-95	–	–	–	Cut

GRAHAM, LK (Louis/Lou Krebs) (USA)

	MAS	USO	BOP	PGA
1963-64	–	Cut	–	–
1965	–	23	–	–
1966	–	Cut	–	–
1967	–	28	–	–
1968	–	–	–	8
1969	Cut	–	–	Cut
1970	–	46	–	22
1971	Cut	37	–	Cut
1972	–	19	–	33
1973	17	Cut	–	30
1974	Cut	3	–	48
1975	40	W	47	54
1976	12	28	–	22
1977	6	2	–	6
1978	Cut	35	–	Cut
1979	23	25	–	10
1980	26	51	–	Cut
1981	–	Cut	–	Cut
1982	–	39	–	–
1983	–	50	–	42

	MAS	USO	BOP	PGA
1984-85	–	Cut	–	–

GREEN, DW (Daniel/Danny) [a] (USA)

	MAS	USO	BOP	PGA
1990	Cut	–	–	a
1991-99	–	–	–	a
2000	Cut	–	–	a

GREEN, HM (Hubert Myatt) (USA)

	MAS	USO	BOP	PGA
1969	Cut (a)	–	–	a
1970	–	–	–	a
1971	–	–	–	–
1972	22	55	–	16
1973	14	Cut	–	Dsq
1974	9	26	4	3
1975	8	18	32	–
1976	19	6	5	30
1977	8	W	3	62
1978	2	Cut	29	26
1979	10	24	41	16
1980	4	32	6	68
1981	11	37	23	27
1982	–	Cut	Cut	Cut
1983	43	60	19	Cut
1984	–	30	Cut	14
1985	Cut	Cut	–	W
1986	36	55	Wdw	41
1987	35	Cut	–	56
1988	19	Cut	52	Wdw
1989	34	9	–	66
1990	Cut	Cut	–	Cut
1991-92	–	–	–	Cut
1993	–	–	–	51
1994-96	–	–	–	Cut

GREEN, JT (James/Jimmy Thomas) (USA)

	MAS	USO	BOP	PGA
1994	–	Cut	–	–
1995	–	–	–	–
1997	–	74	–	–
1998	–	Cut	–	–
1999	–	–	–	–
2000	–	57	–	–
2001-03	–	–	–	–
2004	–	Cut	Cut	–

GREEN, NA (Nathan Andrew) (AUS)

	MAS	USO	BOP	PGA
2001	–	–	Cut	–
2002-05	–	–	–	–
2006	–	Cut	–	49
2007	–	Cut	–	23
2008	–	–	–	–
2009	–	–	–	63
2010	48 (L)	–	Cut	–

GREEN, RG (Richard George) (AUS)

	MAS	USO	BOP	PGA
1997	–	–	Cut	–
1998	–	–	–	–
1999	–	–	Cut	–
2000	–	–	–	–
2001	–	–	42	–
2002	–	–	59	–
2003	–	–	–	–
2004	–	–	Cut	–
2005	–	52	32	Cut
2006	–	Cut	Cut	37
2007	–	–	4	40
2008	Cut	–	32	71
2009	–	–	Cut	60
2010	–	–	–	–
2011	–	–	10	Cut

GREGORY, Scott [a] (ENG)

	MAS	USO	BOP	PGA
2016	–	–	Cut	–

GREYLING, Christo (RSA)

	MAS	USO	BOP	PGA
2011	–	68	–	–

GRIBBLE, Cody (USA)

	MAS	USO	BOP	PGA
2014	–	21	–	–
2015	–	Cut	–	–

GRIFFING, Quinn (USA)

	MAS	USO	BOP	PGA
2004	–	–	–	Cut

GRIFFITHS, David (ENG)

	MAS	USO	BOP	PGA
2004	–	–	Cut	–

GRIFFITHS, Matthew [a] (WAL)

	MAS	USO	BOP	PGA
2001	–	–	Cut	a

GRIFFITHS, Simon (ENG)

	MAS	USO	BOP	PGA
2014	–	–	Cut	–

GRILLO, Emiliano (ARG)

	MAS	USO	BOP	PGA
2015	–	–	–	61
2016	17	54	12	13

GRIMMER, Will [a] (USA)

	MAS	USO	BOP	PGA
2014	–	Cut	–	–

GRONBERG, DM (David Mathias/Mathias) (SWE)

	MAS	USO	BOP	PGA
1995	–	–	Cut	–
1996-98	–	–	–	–
1999	–	–	Cut	Cut

	MAS	USO	BOP	PGA
2000	–	–	–	Cut
2001	–	74	Cut	Cut
2002	–	–	Cut	–
2003	–	–	18	Cut
2004	–	–	47	–
2005-09	–	–	–	–
2010	–	Cut	–	–

GROOM, Adam (AUS)
| 2007 | – | – | Cut | – |

GROSS, Stephan [a] (GER)
| 2009 | – | – | Cut | a |

GUAN, Tianlang [a] (CHN)
| 2013 | 58 | – | – | a |

GUERRIER, Julien [a] (FRA)
| 2006 | – | – | Cut | a |
| 2007 | Cut | – | – | a |

GUETZ, Bret (USA)
| 2003 | – | Cut | – | – |

GULDAHL, RJ (Ralph) (USA)
1930	–	39	–	–
1931	–	32	–	–
1932	–	58	–	–
1933	–	2	–	Dnq
1934	–	8	–	–
1935	–	40	–	–
1936	–	8	–	–
1937	2	W	11	Last 32
1938	2	W	–	Last 32
1939	W	7	–	Last 32
1940	14	5	–	SF
1941	14	21	–	Last 16
1942	21	51*	–	Dnq
1943	–	–	–	–
1944-45	–	–	–	–
1946	48	Cut	–	–
1947	–	55	–	–
1948	35	32	–	–
1949	–	22	–	–
1950-63	–	–	–	–
1964-65	Cut	–	–	–
1966	–	–	–	–
1967-73	Cut	–	–	–

*unofficial championship

GUMP, SE (Scott Edward) (USA)
1988	Cut(a)	–	–	a
1989-90	–	–	–	–
1991	–	Cut	–	–
1992	–	51	–	79
1993-95	–	–	–	–
1996	–	Cut	–	–
1997	–	–	–	–
1998	–	–	–	23
1999	–	Cut	Cut	Cut
2000	46	Cut	–	–

GUNN, James/Jimmy (SCO)
| 2015 | – | 27 | – | – |

GUTHRIE, Luke (USA)
| 2013 | – | Cut | Cut | 47 |
| 2014 | – | Cut | – | – |

GUTSCHEWSKI, SB (Scott Bernard) (USA)
2005	–	–	74	–
2006-08	–	–	–	–
2009	–	Cut	–	–

GUYTON, JM (John) (USA)
| 2003 | – | – | – | Cut |

HAAS, Bill see HAAS, WH

HAAS, HJ (Hunter Jefferson) [a] (USA)
2000	Cut	–	–	a
2001-07	–	–	–	–
2008	–	Cut	–	–
2009-11	–	–	–	–
2012	–	Cut	–	–

HAAS, JD (Jay Dean) (USA)
1974	–	54 (a)	–	a
1975	–	18 (a)	–	a
1976	Cut (a)	–	–	–
1977	–	5	–	–
1978	47	Cut	–	58
1979	–	–	–	7
1980	17	26	–	50
1981	31	Cut	–	19
1982	44	6	27	5
1983	27	43	19	9
1984	21	11	36	39
1985	5	15	–	38
1986	6	Cut	–	53
1987	7	–	35	28
1988	Cut	25	38	38

	MAS	USO	BOP	PGA
1989	46	Cut	–	Cut
1990	–	Cut	–	Cut
1991	–	–	–	–
1992	–	23	–	62
1993	38	77	–	20
1994	5	Cut	–	14
1995	3	4	79	8
1996	36	90	22	31
1997	–	5	24	61
1998	12	Cut	–	40
1999	44	17	–	3
2000	37	–	–	64
2001	–	–	–	–
2002	–	12	–	Cut
2003	Cut	Cut	Cut	5
2004	17	9	Cut	37
2005	48	Cut	–	Cut
2006	–	37	–	68
2007	–	–	–	–
2008	–	–	–	Cut

HAAS, JL (Jerry) (USA)
1985	31 (a)	–	–	a
1986-87	–	Cut	–	–
1988	–	65 (L)	–	–
1989-2001	–	–	–	–
2002	–	Cut	–	–
2003-05	–	–	–	–
2006	–	–	–	Cut

HAAS, WH (William/Bill Harlan) (USA)
2003	–	Cut (a)	–	a
2004	–	40 (a)	–	a
2005-09	–	–	–	–
2010	26	–	Cut	Cut
2011	42	23	57	12
2012	37	Cut	19	32
2013	20	Cut	Cut	25
2014	20	35	51	27
2015	12	Cut	Cut	65
2016	24	51	9	56

HAASTRUP, MF (Mark/Mark F) (DEN)
| 2010 | – | – | Cut | – |

HADLEY, CT (Chesson Tyler) (USA)
| 2014 | – | – | Cut | Cut |
| 2015 | – | – | – | 61 |

HADWIN, Adam (CAN)
2011	–	39	–	–
2012	–	–	–	–
2013	–	Cut	–	–

HAEGGMAN, KSJ (Karl Sven Joakim/Joakim) (SWE)
1993	–	Cut	–	–
1994	–	Cut	77	Cut
1995	–	–	–	–
1996	–	–	Cut	–
1997	–	–	–	–
1998	–	–	38	–
1999-2003	–	–	–	–
2004	–	57	16	Cut
2005	–	Cut	–	–

HAGEN, WC (Walter [Martin Christian] Charles) (USA)
1913	–	4	–	–
1914	–	W	–	–
1915	–	10	–	–
1916	–	7	–	SF
1917	–	–	–	–
1918	–	–	–	–
1919	–	W	–	–
1920	–	11	53	–
1921	–	2	6	W
1922	–	5	W	–
1923	–	18	2	RU
1924	–	4	W	W
1925	–	5	–	W
1926	–	7	3	W
1927	–	6	–	W
1928	–	4	W	QF
1929	–	19	W	SF
1930	–	17	–	Dnq
1931	–	7	–	Last 32
1932	–	10	–	Last 32
1933	–	4	22	–
1934	13	58	–	Last 32
1935	15	3	–	Last 64
1936	11	33	–	Dnq
1937	–	–	26	–
1938	–	–	–	–
1939	33	–	–	Last 64
1940	Wdw	Dsq	–	Last 16
1941	Wdw	Scr	–	–

	MAS	USO	BOP	PGA
1942	–	–	–	Dnq
HAGY, Brandon (USA)				
2015	–	Cut	–	–
HAHN, James (KOR/USA)				
2012	–	Cut	–	–
2013-14	–	–	–	–
2015	Cut	–	Cut	Cut
2016	–	49	68	70
HAHN (Jr), John (USA)				
2013	–	Wdw	–	–
HALL, Ashley (AUS)				
2012	–	–	Cut	–
HALL, Gavin [a] (USA)				
2013	–	Cut	–	a
HAMILTON, Bob see HAMILTON, RT				
HAMILTON, Robert (1) see HAMILTON, RT				
HAMILTON, Robert (2) [a] (USA)				
2002	–	Cut	–	a
HAMILTON, RT (Robert/Bob) (USA)				
1941	–	45	–	–
1942	–	–	–	–
1943				
1944				W
1945				Last 32
1946	3	Wdw	–	Last 32
1947	42	29	–	Last 64
1948	18	–	–	Last 64
1949	23	Cut	–	Last 32
1950	32	–	–	Last 64
1951	–	42	–	Last 32
1952	40	–	–	SF
1953	4	–	–	Dnq
1954-56	–	–	–	–
1957	Wdw	–	–	–
1959-65	–	–	–	–
1966	–	–	–	Wdw
1967	–	–	–	–
1968	–	–	–	59
HAMILTON, WT (William Todd/Todd) (USA)				
1988	–	Cut	–	–
1989-91	–	–	–	–
1992	–	–	Cut	–
1993-95	–	–	–	–
1996	–	–	45	–
1997-02	–	–	–	–
2003	–	–	Cut	29
2004	40	Cut	W	37
2005	39	Cut	Cut	47
2006	Cut	Cut	68	Cut
2007	Cut	Cut	Cut	66
2008	36	36	32	Cut
2009	15	36	Cut	–
2010	Cut	–	Cut	–
2011	–	60	Cut	–
2012	–	–	Cut	–
2013	–	–	73	–
2014-16	–	–	Cut	–
HAMMER, Cole [a] (USA)				
2015	–	Cut	–	a
HAMMOND, DW (Donald/Donnie William) (USA)				
1981-82	–	Cut	–	–
1983	–	60	–	–
1984	–	–	–	16
1985	–	–	–	32
1986	11	Cut	65	11
1987	27	71	–	47
1988	–	–	–	31
1989	–	–	–	Cut
1990	24	Cut	8	63
1991	42	–	44	–
1992	–	23	5	–
1993	–	–	Cut	61
1994	–	–	–	71
1995-96	–	–	–	–
1997	–	77	–	–
1998-2000	–	–	–	–
2001	–	Cut	–	–
2002	–	37	–	–
HAMPSHIRE, Travis (USA)				
2010	–	Cut	–	–
HAMRICK, WH (William Hunter/Hunter) (USA)				
2012	–	46	–	–
HAN, C-W (Chang-Won) [a] (KOR)				
2010	–	Cut	–	a
HAN, KH (Kyi Hla) (MYA)				
2000	–	–	Cut	–
HANEFELD, KC (Kirk) (USA)				
1990	–	Cut	–	Cut

	MAS	USO	BOP	PGA
1991-2012	–	–	–	–
2013	–	–	–	Cut
HANSEN, AR (Anders Rosenbjerg) (DEN)				
1999	–	–	Cut	–
2000-01	–	–	–	–
2002	–	–	77	Cut
2003	–	–	Cut	Cut
2004	–	–	Cut	–
2005	–	–	–	24
2006	–	–	–	–
2007	–	55	57	12
2008	Cut	–	19	Cut
2009	–	–	Cut	Cut
2010	–	Cut	Cut	Cut
2011	Cut	Scr	22	3
2012	24	Cut	Cut	Cut
HANSEN, Soren (DEN)				
2001	–	–	Cut	–
2002	–	–	8	43
2003	–	–	Cut	–
2004	–	–	–	–
2005	–	–	41	–
2006	–	–	–	–
2007	–	–	–	Cut
2008	Cut	53	64	Cut
2009	Cut	6	8	36
2010	Cut	Cut	Cut	Cut
2011-15	–	–	–	–
2016	–	Cut	–	–
HANSON, CJL (Christopher/Chris John Lewis) (ENG)				
2014	–	–	Cut	–
HANSON, Peter (SWE)				
2005	–	Cut	34	59
2006	–	–	–	–
2007	–	30	69 (L)	23
2008	–	–	58	52
2009	–	18	24	Cut
2010	–	16	37	58
2011	Cut	7	Cut	64
2012	3	Cut	23	7
2013	50	Cut	Wdw	33
2014	Cut	–	–	–
2014-15	–	–	–	–
2016	–	Dsq	–	–
HARBERT, MR (Melvin Robert: 'Chick') (USA)				
1935	–	Cut (a)	–	a
1936-38	–	–	–	a
1939	18 (a)	Cut (a)	–	a
1940	33	Cut	–	–
1941	–	Cut	–	–
1942	10	–	–	–
1943				
1944-45				
1946	7	8	–	Last 64
1947	33	12	–	RU
1948	3	28	–	QF
1949	Wdw	23	–	Dnq
1950	24	–	–	Last 16
1951	44	Cut	–	Last 32
1952	–	24	–	RU
1953	5	42	–	Last 64
1954	12	–	–	W
1955	32	34	–	Last 32
1956	40	Cut	–	Last 64
1957	Cut	8	–	Last 128
1958	17	52 (L)	–	Cut
1959	14	26	–	28
1960	39	31	–	32
1961	35	29	–	52
1962	43	–	–	11
1963	Cut	Cut	–	Cut
1964	Cut	50	–	44
1965	–	–	–	Cut
1966	–	Cut	–	Cut
1967	–	Cut	–	67
1968-72	–	–	–	–
1973	–	–	–	Wdw
HARDING, Justin (RSA)				
2013	–	–	Cut	–
HARDY, Nick [a] (USA)				
2015	–	52	–	a
2016	–	Cut	–	a
HARKINS, Brandon (USA)				
2016	–	59	–	–
HARMAN, Brian (USA)				
2012	–	Cut	–	–
2013	–	–	–	–
2014	–	–	26	40

	MAS	USO	BOP	PGA
2015	Cut	Cut	Cut	Cut

HARMON (Sr), EC (Eugene Claude/Claude)

	MAS	USO	BOP	PGA
1940	–	Dsq	–	–
1941	–	–	–	–
1942	–	–	–	–
1943	–	–	–	–
1944	–	–	–	–
1945	–	–	–	SF
1946	18	15	–	Last 64
1947	26	19	–	Last 16
1948	W	Cut	27	SF
1949	11	8	–	Last 32
1950	32	38	–	Last 16
1951	35	54 (L)	–	Last 64
1952	14	–	–	Last 64
1953	34	Cut	–	SF
1954	53	15	–	Last 32
1955	28	Cut	–	Last 16
1956	46	–	–	Last 32
1957	38	–	–	QF
1958	9	Cut	–	56
1959	Cut	3	–	38
1960	16	27	–	–
1961	–	–	–	Cut
1962	Cut	Cut	–	44
1963	Wdw	–	–	–
1964	Cut	Cut	–	–
1965	Cut	–	–	–
1966	Wdw	–	–	–
1967	Scr	–	–	–
1968-69	Wdw	–	–	–
1970	–	–	–	–
1971	Wdw	–	–	–

HARMON, Matt (USA)

	MAS	USO	BOP	PGA
2013	–	Cut	–	–

HARPER, JC (John Chandler/Chandler) (USA)

	MAS	USO	BOP	PGA
1935	–	Cut	–	–
1936	–	–	–	–
1937	–	Cut	–	–
1938	–	–	–	–
1939	–	Cut	–	–
1940	–	–	–	–
1941	–	–	–	–
1942	13	–	–	–
1943	–	–	–	–
1944-45	–	–	–	–
1946	19	15	–	Last 16
1947	8	Wdw	–	Last 32
1948	40	Wdw	–	Last 32
1949	–	Cut	–	Last 64
1950	–	–	–	W
1951	Wdw	Wdw	–	Last 64
1952	38	41	–	Last 32
1953	10	Wdw	–	Last 64
1954	Wdw	Cut	–	Dnq
1955	Wdw	Wdw	–	Dnq
1956	–	–	–	–
1957	Cut	–	–	Last 128
1958	Cut	–	–	Cut
1959	14	–	–	Wdw
1960	Cut	–	–	Cut
1961	Wdw	–	–	–
1962	48 (L)	–	–	–
1963-66	–	–	–	–
1967	–	–	–	Dsq
1968-70	–	–	–	–
1971	–	–	–	Wdw

HARPER, KJ (Kevin John) (ENG)

	MAS	USO	BOP	PGA
2007	–	–	Cut	–

HARRELL, Mark [a] (USA)

	MAS	USO	BOP	PGA
2007	–	Cut	–	a

HARRINGTON, Padraig (IRL)

	MAS	USO	BOP	PGA
1996	–	–	18	–
1997	–	Cut	5	Cut
1998	–	32	Cut	–
1999	–	–	29	–
2000	19	5	20	58
2001	27	30	37	Cut
2002	5	8	5	17
2003	Cut	10	22	29
2004	13	31	Cut	45
2005	Cut	Cut	–	Cut
2006	27	5	Cut	Cut
2007	7	Cut	W	42
2008	5	36	W	W
2009	35	Cut	65	10
2010	Cut	22	Cut	Cut
2011	Cut	45	Cut	64
2012	8	4	39	18
2013	Cut	21	54	Cut
2014	–	–	Cut	Cut
2015	Cut	–	20	Cut
2016	–	–	36	13

HARRIS, James/Jamie (ENG)

	MAS	USO	BOP	PGA
2000	–	–	Cut	–

HARRIS, JR (John Richard) [a] (USA)

	MAS	USO	BOP	PGA
1994	50 (L)	Cut	Cut	a
1995-2000	–	–	–	a
2001	–	Cut	–	a

HARRIS, Michael (USA)

	MAS	USO	BOP	PGA
2000	–	Cut	–	–
2001-05	–	–	–	–
2006	–	Cut	–	–

HARSTON, RA (Robert: 'Buddy') (USA)

	MAS	USO	BOP	PGA
2002	–	–	–	Cut

HART, HD (Howard Dudley/Dudley) (USA)

	MAS	USO	BOP	PGA
1992	–	23	–	Cut
1993	–	–	–	6
1994	Cut	–	–	55
1995-96	–	–	–	–
1997	Cut	–	Cut	Cut
1998	–	Wdw	81 (L)	44
1999	–	17	37	Cut
2000	28	Cut	Wdw	Wdw
2001	43	62	37	16
2002	–	12	Cut	Cut
2003	–	Cut	Cut	–
2004	–	53	–	Cut
2005	–	–	–	10
2006	–	–	–	Wdw
2007-08	–	–	–	–
2009	44	–	–	–

HART, JR (Jeffrey/Jeff Robert) (USA)

	MAS	USO	BOP	PGA
1985	–	Cut	–	–
1986-91	–	–	–	–
1992	–	Cut	–	–
1993-2000	–	–	–	–
2001	–	Cut	–	–

HARTMANN, Rick (USA)

	MAS	USO	BOP	PGA
1984	–	–	62 (L)	–
1985	–	–	Cut	–
1986-89	–	–	–	–
1990	–	–	Cut	–
1991-99	–	–	–	–
2000	–	46	–	–
2001	–	–	–	–
2002	–	–	–	Cut

HARTO, Andreas (DEN)

	MAS	USO	BOP	PGA
2011	–	Cut	–	–

HARVEY, Scott [a] (USA)

	MAS	USO	BOP	PGA
2015	Cut	–	–	a

HASKINS, Steve (USA)

	MAS	USO	BOP	PGA
1988	–	Cut	–	–
1989-2001	–	–	–	–
2002	–	Cut	–	–

HATCH, TT (Terry) (USA)

	MAS	USO	BOP	PGA
2003	–	–	–	Cut

HATTON, Tyrrell (ENG)

	MAS	USO	BOP	PGA
2010	–	–	Cut (a)	a
2011-12	–	–	–	a
2013-14	–	–	Cut	–
2015	–	–	Cut	25
2016	–	–	5	10

HAVERS, AG (Arthur Gladstone) (ENG)

	MAS	USO	BOP	PGA
1914	–	–	69	–
1915	–	–	–	–
1916	–	–	–	–
1917	–	–	–	–
1918	–	–	–	–
1919	–	–	–	–
1920	–	–	7	–
1921	–	–	4	–
1922	–	–	12	–
1923	–	–	W	–
1924	–	–	29	–
1925	–	–	20	–
1926	–	–	28	–
1927	–	15	7	–
1928	–	–	Cut	–
1929	–	–	11	–
1930	–	–	Dnq	–
1931	–	Cut	10	–
1932	–	–	3	–
1933	–	–	14	–
1934	–	–	Dnq	–
1935	–	–	41	–

	MAS	USO	BOP	PGA
1936	–	–	60	–
1937	–	–	17	–
1938	–	–	Cut	–
1939	–	–	Scr	–
1940-41	–	–		–
1942	–	–		
1943				
1944-45				
1946	–	–	Cut	–
1947	–	–	27	–
1948	–	–	–	–
1949	–	–	Cut	–

HAVRET, Gregory (FRA)

	MAS	USO	BOP	PGA
2007	–	–	Cut	Cut
2008	–	–	19	–
2009	–	–	–	–
2010	–	2	Cut	–
2011	Cut	30	57	–
2012	–	–	Cut	–

HAYES, Benjamin/Ben (USA)

| 2006 | – | Cut | – | – |

HAYES, JP (John Patrick: 'JP') (USA)

	MAS	USO	BOP	PGA
1992	–	Cut	–	–
1993-97	–	–	–	–
1998	–	–	Cut	Cut
1999	Cut	–	–	54
2000	–	Cut	–	19
2001	–	–	42	–
2002	–	–	–	64
2003	–	64	–	–
2004	–	Cut	–	–
2005	–	71	–	–
2006-08	–	–	–	–
2009	–	Cut	–	–

HAYLOCK, Thomas/Tom (ENG)

| 2009 | – | – | Cut | – |

HAZELDEN, Matthew (ENG)

| 2004 | – | – | Cut | – |

HEARN, DG (David Geoffrey) (CAN)

	MAS	USO	BOP	PGA
2005	–	Cut	–	–
2006-7	–	–	–	–
2008	–	Cut	–	–
2009-12	–	–	–	–
2013	–	21	–	47
2014	–	–	32	Cut
2015	–	Cut	Cut	Cut

HEATH, JJ (James Joseph) (ENG)

| 2016 | – | – | Cut | – |

HEATH, Richard/Rick (USA)

| 2000 | – | Cut | – | – |

HEBERT, Benjamin [a] (FRA)

| 2008 | – | – | Cut | a |

HEBERT, JJ (Junius Joseph: 'Jay') (USA)

	MAS	USO	BOP	PGA
1953	–	9	–	–
1954	16	17	–	–
1955	15	–	–	Last 32
1956	53	17	–	Last 64
1957	10	–	–	QF
1958	9	7	–	5
1959	8	17	–	25
1960	39	Cut	–	W
1961	30	49	–	13
1962	Wdw	17	–	10
1963	27	38	–	40
1964	30	Cut	–	Cut
1965	Cut	Cut	–	54
1966	10	Cut	–	12
1967	21	–	–	Cut
1968	28	–	–	Cut
1969	–	–	–	63
1970	–	–	–	–
1971	–	–	–	Cut
1972-73	–	–	–	–
1974	–	–	–	Cut
1975	–	–	–	–
1976-77	–	–	–	Cut

HEBERT, LP (Lionel) (USA)

	MAS	USO	BOP	PGA
1952	–	Cut	–	–
1953	–	33	–	–
1954	–	39	–	–
1955	–	–	–	Last 32
1956	61	Cut	–	Last 16
1957	–	–	–	W
1958	32	Cut	–	16
1959	39	28	–	31
1960	9	27	–	18
1961	30	Cut	–	Cut
1962	20	23	–	Cut

	MAS	USO	BOP	PGA
1963	39	14	–	Cut
1964	32	21	–	Cut
1965	Cut	Cut	–	49
1966	Wdw	Cut	–	65
1967	8	–	–	14
1968	7	–	–	30
1969	8	52	–	Cut
1970	Cut	Cut	–	Cut
1971	–	–	–	Wdw
1972	–	–	–	74
1973-74	–	–	Cut	Cut
1975-77	–	–	–	Cut
1978-80	–	–	–	–
1981	–	–	–	Cut

HEBERT, Scott (USA)

| 2007-10 | – | – | – | Cut |

HED, F Andersson see ANDERSSON HED, Fredrik

HEDBLOM, PM (Peter Mikael) (SWE)

	MAS	USO	BOP	PGA
1990	–	–	Cut	–
1991	–	–	96	–
1992-95	–	–	–	–
1996	–	–	7	–
1997-98	–	–	Cut	–
1999-2003	–	–	–	–
2004	–	–	Cut	–
2005	–	11	–	–
2006	–	21	Cut	–
2007	–	–	–	–
2008	–	–	–	Cut
2009	–	–	Cut	–
2010-12	–	–	–	–
2013	–	65	–	–

HEFFERNAN, Wesley/Wes (CAN)

	MAS	USO	BOP	PGA
2001	–	Cut	–	–
2002-10	–	–	–	–
2011	–	71	–	–

HELMINEN, Ryan (USA)

| 2014-16 | – | – | – | Cut |

HEND, SR (Scott Robert) (AUS)

	MAS	USO	BOP	PGA
2004	–	Cut	–	–
2005	–	–	Cut	–
2006	–	32	–	–
2007-10	–	–	–	–
2011	–	–	Cut	–
2012-14	–	–	–	–
2015	–	–	Cut	–
2016	–	–	72	42

HENDERSON, James/Jimmy [a*] (USA)

| 2008 | – | Cut | – | a |

*reinstated amateur

HENDERSON, Scott (SCO)

	MAS	USO	BOP	PGA
1998	–	–	Cut	–
1999-2000	–	–	–	–
2001	–	–	69 (L)	–
2002	–	–	Cut	–

HENLEY, Russell (USA)

	MAS	USO	BOP	PGA
2010	–	16 (a)	–	a
2011	–	42 (a)	–	a
2012	–	–	–	–
2013	Cut	Cut	73	Cut
2014	31	60	Cut	Cut
2015	21	Cut	20	12
2016	–	–	Cut	22

HENNING, NG (Nicholas/Nic Graham) (RSA)

	MAS	USO	BOP	PGA
1994	–	–	80	–
1995-99	–	–	–	–
2000	–	–	Cut	–

HENNINGER, BH (Brian Hatfield) (USA)

	MAS	USO	BOP	PGA
1994	–	–	–	75 (L)
1995	10	–	–	Cut
1996	Cut	Cut	–	–
1997	–	–	–	49
1998-99	–	–	–	–
2000	–	–	Cut	46
2001	–	–	Cut	–
2002	–	–	–	–
2003	–	66	–	–

HENRY (III), RJJ (Ronald: 'JJ') (USA)

	MAS	USO	BOP	PGA
2002	–	–	–	63
2003	–	–	–	–
2004	–	64	–	–
2005	–	57	–	–
2006	–	Cut	Cut	41
2007	37	26	27	Cut
2008	–	–	–	Cut
2009	–	Cut	–	63
2010	–	Cut	–	–
2011	–	54	–	Cut

	MAS	USO	BOP	PGA
2012	–	–	–	42
2013	–	–	–	40
2014	–	–	–	–
2015	–	–	–	72
2016	–	Cut	–	–

HENSBY, MA (Mark Adam) (AUS)

	MAS	USO	BOP	PGA
2004	–	–	–	68
2005	5	3	15	59
2006	22	Cut	22	–
2007	–	Cut	–	–

HERD, Alexander/Alex: 'Sandy' (SCO)

	MAS	USO	BOP	PGA
1885			Wdw	
1886-87			–	
1888			8	
1889			Wdw	
1890			–	
1891			14	
1892			2	
1893			3	
1894			8	
1895		–	2	
1896		–	5	
1897		–	5	
1898		–	17	
1899		–	16	
1900		–	10	
1901		–	5	
1902		–	W	
1903		–	4	
1904		–	9	
1905		–	15	
1906		–	19	
1907		–	12	
1908		–	4	
1909		–	8	
1910		–	2	
1911		–	3	
1912		–	5	
1913		–	11	
1914		–	29	
1915		–		
1916		–		–
1917				
1918				
1919				
1920		–	2	–
1921		–	6	–
1922		–	32	–
1923		–	22	–
1924		–	13	–
1925		–	14	–
1926		–	21	–
1927		–	10	–
1928-29		–	Cut	–
1930-31		–	Dnq	–
1932		–	–	–
1933		–	Wdw	–
1934		–	–	–
1935-37		–	Dnq	–
1938	–	–	–	–
1939	–	–	Dnq	–

HERD, Frederick/Fred (SCO/USA)

	MAS	USO	BOP	PGA
1898		W	–	
1899		26	–	
1900		16	–	
1901		–	–	
1902		24	–	

HERMAN, JR (James/Jim Robert) (USA)

	MAS	USO	BOP	PGA
2010	–	47	–	–
2011	–	–	–	–
2012	–	Cut	–	–
2013	–	67	–	–
2014-15	–	–	–	–
2016	Cut	Cut	43	Cut

HERRON, TD (Timothy/Tim Daniel) (USA)

	MAS	USO	BOP	PGA
1995	–	Cut	–	–
1996	Cut	Cut	Cut	31
1997	–	–	–	13
1998	Cut	53	–	75 (L)
1999	44	6	30	Cut
2000	Cut	Cut	Cut	Cut
2001	–	40	–	Cut
2002	–	50	–	Cut
2003	–	–	–	14
2004	Cut	13	Cut	Cut
2005	11	33	41	Cut
2006	36	63 (L)	Cut	14
2007	37	–	–	66

	MAS	USO	BOP	PGA
2008-11	–	–	–	–
2012	–	Cut	–	–

HICKS, JD (Justin Douglas) (USA)

	MAS	USO	BOP	PGA
2004	–	Cut	–	–
2005-07	–	–	–	–
2008	–	74	–	–
2009-10	–	–	–	–
2011	–	60	–	–
2012	–	Cut	45	–
2013	–	Cut	–	–
2014-15	–	–	–	–
2016	–	67 (L)	–	–

HIGGINS, DW (David William) (IRL)

	MAS	USO	BOP	PGA
2007	–	–	Cut	–
2008	–	–	–	–
2009	–	–	Cut	–

HILLER, Greg (USA)

	MAS	USO	BOP	PGA
2003	–	Cut	–	–

HILTON, HH (Harold Horsfall) [a] (ENG)

	MAS	USO	BOP	PGA
1891			8	a
1892			W	a
1893			8	a
1894			Wdw	a
1895			Wdw	a
1896		–	23	a
1897		–	W	a
1898		–	3	a
1899		–	12	a
1900		–	16	a
1901		–	4	a
1902		–	6	a
1903		–	25	a
1904		–	Wdw	a
1905		–	Cut	a
1906-08			–	a
1909		–	Wdw	a
1910		–	–	a
1911		–	3	a
1912		–	–	a
1913-14		–	Wdw	a

HINTON, Craig [a] (ENG)

	MAS	USO	BOP	PGA
2011			Cut	a

HIRATSUKA, Tetsuji (JPN)

	MAS	USO	BOP	PGA
2004	–	–	36	Cut
2005-09	–	–	–	–
2010	–	–	–	Cut
2011	–	–	Cut	Cut

HJERTSTEDT, GSJE (Gabriel Stig Johan Eric) (SWE)

	MAS	USO	BOP	PGA
1994	–	–	Cut	–
1995-97	–	–	–	–
1998	Cut	–	–	Cut
1999	Cut	34	Cut	16
2000	Cut	–	–	–
2001	–	30	–	–
2002-03	–	–	–	–
2004	–	Cut	–	–

HO, H-S (Hur Suk-ho: 'SK') (KOR)

	MAS	USO	BOP	PGA
2003	–	–	28	–
2004	–	–	Cut	55
2005	–	–	74	Cut
2006	–	–	11	Cut

HOCH, SM (Scott Mabon) (USA)

	MAS	USO	BOP	PGA
1975	–	Cut (a)	–	a
1976-78	–	–	–	a
1979	34 (a)	–	–	a
1980	–	–	–	Cut
1981	37	Cut	–	Cut
1982	–	Wdw	–	–
1983	27	48	–	61
1984	–	–	–	48
1985	53	34	–	12
1986	–	–	–	41
1987	–	36	–	3
1988	Cut	21	–	25
1989	2	13	–	7
1990	14	8	Cut	49
1991	35	6	–	43
1992	–	Cut	–	Cut
1993	–	5	–	6
1994	Cut	13	–	Cut
1995	7	56	68	Cut
1996	5	7	–	61
1997	38	10	–	6
1998	16	Cut	Cut	29
1999	44	Cut	–	21
2000	Cut	16	–	74
2001	37	16	Cut	7
2002	Cut	5	8	Cut

	MAS	USO	BOP	PGA
2003	Cut	Cut	–	57
2004	–	53	–	Cut

HOEY, MG (Michael George) (IRL)

	MAS	USO	BOP	PGA
2001	–	–	Cut (a)	a
2002	Cut (a)	–	–	–
2003-11	–	–	–	–
2012	–	–	Cut	Dsq
2013	–	–	–	–
2014	–	–	Wdw/inj	–

HOFFMAN, CL (Charley Lindley) (USA)

	MAS	USO	BOP	PGA
2006	–	48	–	–
2007	–	–	35	Cut
2008	–	–	–	–
2009	–	–	Cut	Cut
2010	–	–	–	–
2011	27	45	Cut	Cut
2012	–	–	–	Cut
2013	–	45	–	40
2014	–	–	67	Cut
2015	9	Cut	Cut	Cut
2016	29	37	77	Cut

HOFFMANN, Morgan (USA)

	MAS	USO	BOP	PGA
2010	–	Cut (a)	–	–
2011	–	–	–	–
2012	–	29	–	–
2013	–	Cut	–	–
2014	–	–	–	–
2015	28	27	Cut	75

HOGAN, WB (William Benjamin/Ben) (USA)

	MAS	USO	BOP	PGA
1934	–	Cut	–	–
1935	–	–	–	–
1936	–	Cut	–	–
1937	–	–	–	–
1938	25	Cut	–	–
1939	9	62	–	Last 16
1940	10	5	–	QF
1941	4	3	–	QF
1942	2	W*	–	QF
1943	–	–	–	–
1944-45	–	–	–	–
1946	2	4	–	W
1947	4	6	–	Last 64
1948	6	W	–	W
1949	–	–	–	–
1950	4	W	–	–
1951	W	W	–	–
1952	7	3	–	–
1953	W	W	W	–
1954	2	6	–	–
1955	2	2	–	–
1956	8	2	–	–
1957	Cut	Scr	–	–
1958	14	10	–	–
1959	30	8	–	–
1960	6	9	–	Cut
1961	32	14	–	–
1962	38	–	–	–
1963	–	–	–	–
1964	9	–	–	9
1965	21	–	–	15
1966	13	12	–	–
1967	10	34	–	–

*unofficial championship

HOGE, Tom (USA)

	MAS	USO	BOP	PGA
2015-16	–	Cut	–	–

HOLMAN, Nathan (AUS)

	MAS	USO	BOP	PGA
2016	–	–	Cut	–

HOLMES, JB (John Bradley: 'JB') (USA)

	MAS	USO	BOP	PGA
2003	–	Cut (a)	–	a
2004-05	–	–	–	a
2006	–	48	Cut	37
2007	–	–	–	–
2008	25	Cut	Cut	29
2009	–	27	69	Wdw
2010	–	–	14	24
2011	–	–	Cut	Wdw/ill
2012-13	–	–	–	–
2014	–	17	Cut	64
2015	Cut	27	Cut	24
2016	4	Cut	3	Cut

HOMA, Max [a] (USA)

	MAS	USO	BOP	PGA
2013	–	Cut	–	a

HORSCHEL, William/Bill/Billy (USA)

	MAS	USO	BOP	PGA
2006	–	Cut (a)	–	a
2007-09	–	–	–	a
2010-12	–	–	–	–
2013	–	4	Cut	Cut
2014	37	23	Cut	58
2015	Cut	25	30	25
2016	17	32	Cut	79

HORSEY, David (ENG)

	MAS	USO	BOP	PGA
2008	–	–	67	–
2009	–	Cut	–	–
2010	–	–	–	28
2011	–	–	–	Cut

HORSFIELD, Sam [a] (ENG)

	MAS	USO	BOP	PGA
2015	–	Cut	–	a
2016	–	Cut	–	a

HOSHINO, Hidemasa (JPN)

	MAS	USO	BOP	PGA
2004	–	–	Cut	–

HOSOKAWA, Kazuhiko (JPN)

	MAS	USO	BOP	PGA
1998	–	–	77	–
1999	–	–	Cut	–
2000	–	–	70	–

HOSSLER, Beau [a] (USA)

	MAS	USO	BOP	PGA
2011	–	Cut	–	a
2012	–	29	–	a
2013-14	–	–	–	a
2015	–	58	–	a

HOWARD, Cole (USA)

	MAS	USO	BOP	PGA
2012	–	Cut	–	–

HOWARD, Paul (ENG)

	MAS	USO	BOP	PGA
2016	–	–	Cut	–

HOWARTH, James/Jamie (ENG)

	MAS	USO	BOP	PGA
2008	–	–	Cut	–

HOWE, TJ (USA)

	MAS	USO	BOP	PGA
2016	–	Cut	–	–

HOWELL III, CG (Charles Gordon) (USA)

	MAS	USO	BOP	PGA
2001	–	Cut	–	22
2002	29	18	–	17
2003	28	53	65	10
2004	13	36	42	31
2005	Cut	75	Cut	15
2006	Cut	37	–	Cut
2007	30	51	Cut	42
2008	Cut	Cut	Cut	47
2009	–	–	Cut	Cut
2010	–	–	–	48
2011	–	–	28	26
2012	19	Cut	64	Cut
2013	–	–	–	Cut
2014	–	–	Scr	Cut
2015	–	–	–	65
2016	–	–	Scr/inj	Scr/inj

HOWELL, DA (David Alexander) (ENG)

	MAS	USO	BOP	PGA
1997	–	–	Cut	–
1998	–	–	44	–
1999	–	–	45	–
2000	–	–	–	–
2001	–	–	Cut	–
2002	–	Cut	Cut	–
2003	–	–	Cut	–
2004	–	–	Cut	45
2005	11	Wdw	–	Cut
2006	19	16	Cut	67
2007	44	–	53	Cut
2008	–	–	7	–
2009	–	–	52	–
2010	–	–	–	–
2011	–	Cut	–	–
2012	–	–	–	–
2013	–	–	65	–
2014	–	–	15	–
2015	–	–	49	Cut
2016	–	–	22	–

HRONEK, David (USA)

	MAS	USO	BOP	PGA
2014	–	–	–	Cut

HUGHES, BS (Bradley Stuart) (AUS)

	MAS	USO	BOP	PGA
1994	–	39	Cut	–
1995	–	45	–	–
1996	–	–	45	–
1997	–	16	–	–
1998	Cut	–	–	–
1999	–	–	49	Cut
2000-05	–	–	–	–
2006	–	–	Cut	–

HUGHES, Mackenzie (CAN)

	MAS	USO	BOP	PGA
2013	–	Cut	–	–

HUGO, Jean (RSA)

	MAS	USO	BOP	PGA
1999	–	–	Cut	–
2000	–	–	–	–
2001	–	–	Cut	–
2002-09	–	–	–	–
2010	–	–	Cut	–

HUH, John (USA)

	MAS	USO	BOP	PGA
2012	–	–	Cut	68

	MAS	USO	BOP	PGA
2013	11	17	Cut	Cut
2014	Cut	–	–	Cut

HULBERT, MP (Michael/Mike Patrick) (USA)

	MAS	USO	BOP	PGA
1986	–	Cut	–	7
1987	48	Cut	–	Cut
1988	–	Cut	–	Cut
1989	–	–	–	27
1990	45	29	39	49
1991	–	–	–	23
1992	19	6	–	28
1993	Cut	62	–	31
1994	–	Cut	–	–
1995	–	28	–	Cut
1996	–	–	–	Cut
1997	–	68	–	Cut
1998-2000	–	–	–	–
2001	–	Cut	–	–

HULTMAN, Anders (SWE)

| 2007 | – | – | Cut | – |

HUME, Barry (SCO)

2004	–	–	Cut	–
2005-07	–	–	–	–
2008	–	–	Cut	–

HUNGATE, Cary (USA)

1986	–	Cut	–	–
1987	–	–	–	–
1988	–	Cut	–	–
1989	–	–	–	–
1990	–	–	–	69
1991-92	–	Cut	–	–
1993-2003	–	–	–	–
2004	–	–	–	Cut

HURLEY III, Willard 'Billy' (USA)

2014	–	48	64	–
2015	–	Cut	–	–
2016	–	Cut	Scr	22

HURST, TL (Travis Lyle) (USA)

| 2006 | – | Cut | – | – |

HUSTON, JR (Johnny/John Ray) (USA)

1989	–	Cut	–	Cut
1990	3	14	Cut	57
1991	29	Cut	–	7
1992	25	–	–	18
1993	59	Cut	48	44
1994	10	Cut	Cut	Cut
1995	17	Cut	31	Dsq
1996	17	82	–	Cut
1997	21	–	–	–
1998	23	32	11	13
1999	36	17	68	Cut
2000	14	4	Cut	71
2001	20	Cut	Cut	72
2002	–	Cut	–	39
2003	Cut	–	–	Wdw
2004	–	–	Cut	Cut

HUTCHINS, Jesse (USA)

| 2011 | – | Cut | – | – |

HUTCHISON (Sr), JF (John/Jack Fowler: 'Jock') (SCO/USA)

1908	–	8	–	–
1909	–	23	–	–
1910	–	8	–	–
1911	–	5	–	–
1912	–	23	–	–
1913	–	16	–	–
1914	–	Wdw	–	–
1915	–	8	–	–
1916	–	2	–	RU
1917	–	W*	–	–
1918	–	–	–	–
1919	–	3	–	QF
1920	–	2	–	W
1921	–	18	W	Last 16
1922	–	8	4	QF
1923	–	3	–	–
1924	–	31	–	Last 32
1925	–	27	–	–
1926	–	Cut	–	–
1927	–	23	–	–
1928	–	41	–	QF
1929	–	Cut	–	–
1930	–	Wdw	–	Dnq
1931	–	–	–	–
1932	–	45	–	–
1933	–	–	–	–
1934	–	–	–	–
1935	51	–	–	–
1936-37	Wdw	–	–	–
1938	–	–	–	–
1939	Wdw	–	–	–
1940	–	–	–	–
1941	43	–	–	–
1942	–	Wdw*	–	–
1943	–	–	–	–
1944-45	–	–	–	–
1946-52	–	–	–	–
1953-62	Wdw	–	–	–
1963-73	Hon starter	–	–	–

*unofficial championship

HUTCHISON, Randall (USA)

| 2013 | – | Cut | – | – |

HUTSELL, David (USA)

| 2010-11 | – | – | – | Cut |

HWANG, J-G (Jung-Gon) (KOR)

2011	–	–	71 (L)	–
2012	–	–	–	–
2013	–	Cut	–	–

ICHIHARA, Kodai (JPN)

2012	–	–	Cut	–
2013-15	–	–	–	–
2016	–	–	79	–

ICHIHARA, Tatsuhiko (JPN)

| 2006 | – | – | Cut | – |

IDOKI, Kohki (JPN)

| 2013 | – | – | – | Cut |

IKEDA, Yuta (JPN)

2009	–	–	Cut	–
2010	–	29	58	Cut
2011	–	Cut	38	45
2012-14	–	–	–	–
2015	–	–	Cut	–
2016	–	Cut	72	33

ILONEN, Mikko (FIN)

2000	–	–	Cut (a)	a
2001	Cut (a)	–	9	–
2002	–	–	50	–
2003-05	–	–	–	–
2006	–	–	16	–
2007-09	–	–	–	–
2010	–	–	Cut	–
2011	–	–	–	–
2012	–	–	Cut	–
2013	–	–	79	Cut
2014	–	–	Cut	7
2015	Cut	–	Cut	54

IMADA, Ryuji (JPN)

2000	–	Cut	–	–
2001-04	–	–	–	–
2005	–	15	–	–
2006	–	12	–	–
2007	–	Cut	–	Cut
2008	–	18	Cut	Cut
2009	20	Cut	64	Cut
2010	–	–	–	–
2011	–	–	–	Cut

IMAHIRA, Shugo (JPN)

| 2016 | – | – | Cut | – |

IMANO, Yasuharu (JPN)

2000	–	–	Cut	–
2001-05	–	–	–	–
2006	–	–	Cut	–

IMMELMAN, TJ (Trevor John) (RSA)

1999	–	56 (a, L)	–	a
2000-01	–	–	–	–
2002	–	–	43	–
2003	–	Cut	53	48
2004	Cut	55	42	37
2005	5	–	15	17
2006	Cut	21	–	34
2007	55	Cut	60	6
2008	W	65	19	Cut
2009	20	–	–	–
2010	14	Cut	23	Cut
2011	15	Cut	38	12
2012	60	Cut	Cut	27
2013	50	–	–	–
2014-16	Cut	–	–	–

INGRAHAM, Stuart/Stu (USA)

1989-91	–	–	–	Cut
1992	–	–	–	–
1993	–	–	–	31
1994-95	–	–	–	–
1996	–	–	–	78
1997-2009	–	–	–	–
2010	–	–	–	Cut

INOUE, Makoto (JPN)

	MAS	USO	BOP	PGA
2013	—	—	Cut	—

IRWIN, HS (Hale) (USA)

	MAS	USO	BOP	PGA
1966	—	61 (a)	—	a
1967	—	—	—	a
1968-69	—	—	—	—
1970	—	—	—	31
1971	13	19	—	22
1972	Cut	36	—	11
1973	—	20	—	9
1974	4	W	24	—
1975	4	3	9	5
1976	5	26	32	34
1977	5	41	46	44
1978	8	4	24	12
1979	23	W	6	Cut
1980	Cut	8	—	30
1981	25	58	—	16
1982	Cut	39	—	42
1983	6	39	2	14
1984	21	6	14	25
1985	36	14	—	32
1986	Cut	Cut	—	26
1987	—	Cut	—	—
1988	—	17	—	38
1989	—	54	—	—
1990	—	W	53	12
1991	10	11	57	73
1992	47	51	19	66
1993	27	62	—	6
1994	18	18	—	39
1995	14	Cut	—	54
1996	29	50	—	—
1997	—	52	—	29
1998	—	Cut	—	—
1999	—	Wdw	—	41
2000	—	27	—	—
2001	—	52	—	—
2002	—	Cut	—	—
2003	—	Wdw	—	—
2004	—	—	—	Cut

IRWIN, Steven/Steve [a] (USA)

	MAS	USO	BOP	PGA
2011	—	Cut	—	a

ISENHOUR (III), JH (John Henry: 'Tripp') (USA)

	MAS	USO	BOP	PGA
2001	—	Cut	—	—
2002-03	—	—	—	—
2004	—	Cut	—	—
2005-06	—	—	—	—
2007	—	Cut	—	—

ISHIKAWA, Ryo (JPN)

	MAS	USO	BOP	PGA
2009	Cut	—	Cut	56
2010	Cut	33	27	Cut
2011	20	30	Cut	Cut
2012	Cut	Cut	Cut	59
2013	38	—	—	29
2014	—	—	Cut	Cut
2015	—	—	Cut	—

IWATA, Hiroshi (JPN)

	MAS	USO	BOP	PGA
2008	—	—	Cut	—
2009-13	—	—	—	—
2014	—	—	Cut	—
2015	—	—	Cut	21

IZAWA, Toshimitsu/Toshi (JPN)

	MAS	USO	BOP	PGA
1999	—	—	—	Cut
2000	—	—	—	39
2001	4	44	—	—
2002	Cut	Wdw	22	53
2003	Cut	—	—	18
2004	Cut	Cut	—	—
2005-06	—	—	—	—
2007	—	—	Cut	—

JACKLIN, Anthony/Tony (ENG)

	MAS	USO	BOP	PGA
1963	—	—	30	—
1964	—	—	—	—
1965	—	—	25	—
1966	—	—	30	—
1967	16	—	5	—
1968	22	—	18	—
1969	Cut	25	W	25
1970	12	W	5	Cut
1971	36	Cut	3	30
1972	27	40	3	—
1973	Cut	52	14	46
1974	Cut	Cut	18	55
1975	Cut	Cut	—	—
1976	—	—	42	—
1977	—	—	43	—
1978	—	—	Cut	—
1979	—	—	24	—
1980	—	—	32	—
1981	—	—	23	—
1982	—	—	Cut	—
1983	—	—	39	—
1984-85	—	—	Cut	—
1986-87	—	—	—	—
1988-89	—	—	Cut	—
1990-92	—	—	—	—
1993	—	—	Cut	—
1994-98	—	—	—	—
1999	—	—	Cut	—
2000	—	—	—	—
2001	—	—	Cut	—
2002-04	—	—	—	—
2005	—	—	Cut	—
2006	—	—	—	—
2007	—	—	Cut	—

JACKSON, Timothy/Tim [a] (USA)

	MAS	USO	BOP	PGA
1995	Cut	—	—	a
1996-2001	—	—	—	a
2002	Cut	—	—	a

JACOBS, JA (John/Johnny Alexander) (USA)

	MAS	USO	BOP	PGA
1973	—	Cut	—	—
1974	—	—	—	—
1975	—	—	—	53
1976	—	58	—	—
1977-83	—	—	—	—
1984	—	—	—	Cut
1985	—	Cut	—	—
1986-2002	—	—	—	—
2003	—	—	—	Wdw

JACOBSEN, PE (Peter Erling) (USA)

	MAS	USO	BOP	PGA
1979	—	—	—	23
1980	—	22	—	10
1981	11	37	—	27
1982	20	—	—	34
1983	20	34	12	3
1984	25	7	22	18
1985	Cut	31	11	10
1986	25	59	Cut	3
1987	—	24	Wdw	20
1988	—	21	—	47
1989	34	8	30	27
1990	30	Cut	16	26
1991	17	31	73	—
1992	61	63	—	28
1993	—	Cut	—	28
1994	—	—	24	—
1995	31	51	31	23
1996	—	23	45	Wdw
1997	—	—	—	67
1998-2002	—	—	—	—
2003	—	—	—	Cut
2004	—	—	—	—
2005	—	15	—	—
2006	—	Cut	—	—

JACOBSON, UYF (FUY) (Ulf Yngve Fredrik/ Freddie) (SWE)

	MAS	USO	BOP	PGA
1998	—	—	76	—
1999	—	—	—	—
2000-02	—	—	Cut	—
2003	—	5	6	Cut
2004	17	Cut	Cut	17
2005	Cut	—	52	34
2006-07	—	—	—	—
2008	—	Cut	19	24
2009	—	—	70	—
2010	—	—	—	Cut
2011	—	14	16	Cut
2012	19	15	54	36
2013	25	Cut	44	Cut
2014	—	—	Cut	69
2015	—	—	—	—
2016	—	—	—	73

JACQUELIN, Raphael (FRA)

	MAS	USO	BOP	PGA
1997	—	—	Cut	—
1998-2000	—	—	—	—
2001	—	—	13	—
2002	—	—	Cut	—
2003	—	—	53	—
2004	—	—	54	Cut
2005-06	—	—	—	—
2007	—	—	65	Cut
2008	—	—	—	—
2009	—	Cut	Cut	—
2010	—	—	—	Cut
2011	—	—	8	Cut
2012	—	21	Cut	—

	MAS	USO	BOP	PGA
2013-14	–	–	–	–
2015	–	–	Cut	–

JAEGER, Stephan (GER)

	MAS	USO	BOP	PGA
2015	–	Cut	–	–

JAIDEE, Thongchai (THA)

	MAS	USO	BOP	PGA
2001	–	74	–	–
2002	–	–	Wdw	–
2003	–	–	–	–
2004	–	–	–	Cut
2005	–	–	52	Cut
2006	Cut	–	–	–
2007	–	–	–	Cut
2008	–	–	–	–
2009	–	–	13	36
2010	Wdw	47	Cut	Cut
2011	–	–	Cut	–
2012	–	–	77	Cut
2013	–	Cut	32	47
2014	37	Cut	39	Cut
2015	55 (L)	Cut	65	Cut
2016	57 (L)	–	22	73

JAMERSON, Faber (USA)

	MAS	USO	BOP	PGA
2011	–	–	–	Cut

JAMES, MH (Mark Hugh) (ENG)

	MAS	USO	BOP	PGA
1973-74	–	–	Cut (a)	a
1975	–	–	–	a
1976	–	–	5	–
1977-78	–	–	Cut	–
1979	–	–	4	–
1980	Cut	–	45	–
1981	–	–	3	–
1982	–	–	51	–
1983	–	–	29	–
1984	–	–	44	–
1985	–	–	20	–
1986	–	–	35	–
1987	–	–	Cut	–
1988	–	–	62	–
1989	–	–	13	–
1990	–	Cut	31	Cut
1991	–	–	26	–
1992	–	–	Cut	40
1993	–	–	27	Cut
1994	–	–	4	Cut
1995	–	–	8	–
1996	–	Cut	22	Cut
1997	–	–	20	–
1998	–	–	19	–
1999	–	–	43	31
2000	–	–	Cut	–

JAMIESON, SG (Scott) (SCO)

	MAS	USO	BOP	PGA
2011	–	–	Cut	–
2012	–	–	–	–
2013	–	–	Cut	29
2014	–	–	Cut	–

JANG, D-K (Dong-Kyu) [KOR]

	MAS	USO	BOP	PGA
2014	–	–	Cut	–

JANUARY, DR (Donald/Don Ray) (USA)

	MAS	USO	BOP	PGA
1952	–	Cut (a)	–	a
1953-54	–	–	–	a
1955	–	–	–	–
1956	–	Cut	–	–
1957	–	–	–	–
1958	–	7	–	–
1959	36	19	–	49
1960	20	–	–	5
1961	4	Cut	–	2
1962	20	Cut	–	27
1963	9	11	–	40
1964	18	11	–	Cut
1965	Cut	Cut	–	–
1966	6	17	–	12
1967	26	3	–	W
1968	14	24	–	51
1969	5	Wdw/ill	–	15
1970	12	–	–	12
1971	4	27	–	Cut
1972	Cut	11	–	Cut
1973	10	–	–	–
1974	–	–	–	–
1975	–	29	–	10
1976	33	14	–	2
1977	8	–	–	6
1978	11	–	–	19
1979	Cut	–	–	7
1980	Cut	–	–	Cut
1981	–	–	–	19
1982	–	–	–	Cut

JANZEN, LM (Lee McLeod) (USA)

	MAS	USO	BOP	PGA
1985	–	Cut (a)	–	a
1986	–	–	–	a
1987-90	–	–	–	–
1991	–	Cut	–	–
1992	54	Cut	39	21
1993	39	W	48	22
1994	30	Cut	35	66
1995	12	13	24	23
1996	12	10	Cut	8
1997	26	52	Cut	4
1998	33	W	24	Cut
1999	14	46	70	Cut
2000	Cut	37	Cut	19
2001	31	Cut	–	Cut
2002	Cut	Cut	80	53
2003	Cut	55	Cut	34
2004	–	24	–	–
2005	–	57	–	Cut
2006	–	Cut	–	–
2007	–	13	–	–
2008	–	Cut	–	–
2009-14	–	–	–	–
2015	–	Cut	–	–

JEFFRESS, Steve(n) (AUS)

	MAS	USO	BOP	PGA
2013	–	–	Cut	–

JENSEN, Clinton/Clint (USA)

	MAS	USO	BOP	PGA
2005	–	Cut	–	–
2006-08	–	–	–	–
2009	–	Cut	–	–

JENSEN, Laase (DEN)

	MAS	USO	BOP	PGA
2016	–	–	Cut	–

JEONG, Y-J (Yeon-Jin: 'Jin') (KOR)

	MAS	USO	BOP	PGA
2010	–	–	14 (a)	a
2011	Cut (a)	–	–	a
2012-13	–	–	–	–
2014	–	–	Cut	–

JERTSON, MR (Martin/Marty) (USA)

	MAS	USO	BOP	PGA
2011-12	–	–	–	Cut

JEWELL, VM (Vince) (USA)

	MAS	USO	BOP	PGA
2008	–	–	–	Cut

JIMENEZ (RODRIGUEZ), MA (Miguel Angel) (ESP)

	MAS	USO	BOP	PGA
1991	–	–	80	–
1992	–	–	–	–
1993	–	–	51	–
1994	–	–	Cut	–
1995	Cut	28	–	13
1996	–	–	Cut	24
1997	–	–	Cut	–
1998	–	–	Dsq	–
1999	Cut	23	Cut	10
2000	49	2	26	64
2001	10	Cut	3	Cut
2002	9	–	Cut	–
2003	Cut	–	–	–
2004	–	Cut	47	31
2005	31	Cut	52	40
2006	11	16	41	65
2007	44	–	12	Cut
2008	8	6	Cut	Cut
2009	46	Cut	13	36
2010	12	Cut	27	Cut
2011	27	Cut	25	64
2012	56	Cut	9	27
2013	–	–	13	29
2014	4	Cut	Cut	Cut
2015	Cut	Cut	Cut	Cut
2016	–	–	18	–

JIN, Cheng [a] (CHN)

	MAS	USO	BOP	PGA
2016	Cut	–	–	a

JOBE, BW (Brandt William) (USA)

	MAS	USO	BOP	PGA
1990	–	Cut	–	–
1991	–	–	–	–
1992	–	Cut	–	–
1993	–	–	–	–
1994	–	39	–	–
1995	–	62	Cut	–
1996	–	Cut	–	–
1997	–	–	–	–
1998	–	–	52	Cut
1999	14	–	Cut	16
2000	48	Cut	–	–
2001	–	52	–	–
2002	–	Cut	–	–
2003	–	35	–	–
2004	–	–	–	–
2005	–	33	–	–
2006	32	Cut	41	Cut

THE PLAYERS

	MAS	USO	BOP	PGA
2007	–	–	–	–
2008	–	18	–	–
2009-10	–	–	–	–
2011	–	23	–	45
2012	–	–	–	–
2013	–	Cut	–	–

JOHANSSON, P-U (Per-Ulrik) (SWE)

	MAS	USO	BOP	PGA
1992	–	–	68	–
1993	–	–	Cut	–
1994	–	–	60	–
1995	–	Cut	15	58
1996	–	–	Cut	8
1997	12	–	66	67
1998	12	25	Cut	23
1999	24	Cut	Cut	Cut
2000	–	–	64	–
2001	–	–	–	–
2002	–	Cut	–	–

JOHNSON, Chip see JOHNSON, KR

JOHNSON, CRS (Carl Richard Stanley/Richard S) (SWE)

	MAS	USO	BOP	PGA
2003	–	Cut	–	–
2004	–	–	–	–
2005-06	–	–	–	Cut
2007	–	–	–	–
2008	–	–	–	Cut
2009	–	–	8	–
2010	–	–	74	–

JOHNSON, DH (Dustin Hunter) (USA)

	MAS	USO	BOP	PGA
2008	–	48	–	–
2009	30	40	Cut	10
2010	38	8	14	5
2011	38	23	2	Cut
2012	Scr/inj	Cut	9	48
2013	13	55	32	8
2014	Cut	4	12	Scr
2015	6	2	49	7
2016	4	W	9	Cut

JOHNSON, Kenneth ('Chip') see JOHNSON, KR

JOHNSON, KJ (Kevin) (USA)

	MAS	USO	BOP	PGA
2000-01	–	Cut	–	–

JOHNSON, KR (Kenneth Robert: 'Chip') (USA)

	MAS	USO	BOP	PGA
1988	–	40	–	–
1989-2004	–	–	–	–
2005	–	–	–	Cut

JOHNSON, Robert/Rob (USA)

	MAS	USO	BOP	PGA
2006	–	Cut	–	–

JOHNSON, Scott (USA)

	MAS	USO	BOP	PGA
2001	–	Cut	–	–

JOHNSON, ZH (Zachary/Zach Harris) (USA)

	MAS	USO	BOP	PGA
2004	–	48	Cut	37
2005	Cut	Cut	Cut	17
2006	32	Cut	Cut	Cut
2007	W	45	20	Cut
2008	20	Cut	51	Cut
2009	Cut	Cut	47	10
2010	42	77	76 (L)	3
2011	Cut	30	16	59
2012	32	41	9	70
2013	35	Cut	6	8
2014	Cut	40	47	69
2015	9	72	W	Cut
2016	Cut	8	12	33

JOHNSTON, Andrew ('Beef') (ENG)

	MAS	USO	BOP	PGA
2011	–	–	Cut	–
2012-15	–	–	–	–
2016	–	54	8	60

JOHNSTONE, AA (Anthony/Tony Alastair) (ZIM)

	MAS	USO	BOP	PGA
1982-84	–	–	Cut	–
1985	–	–	39	–
1986	–	–	Cut	–
1987	–	–	–	–
1988	–	–	Cut	–
1989	–	–	52	–
1990	–	–	–	–
1991	–	–	73	–
1992	–	–	34	Cut
1993	Cut	77	Cut	Cut
1994	–	–	Cut	Cut
1995-96	–	–	Cut	–
1997	–	–	–	–
1998	–	–	Cut	–
1999	–	–	–	–
2000	–	–	Cut	–

JONES, BM (Brendan Mark) (AUS)

	MAS	USO	BOP	PGA
2004	–	Cut	Cut	Cut
2005-07	–	–	–	–
2008	–	–	70	Cut
2009	–	–	–	24
2010	–	–	–	–
2011	–	–	Scr	Cut
2012	–	Cut	72	Cut
2013	–	Cut	–	–

JONES, Bobby/Bob see JONES (Jr), RT

JONES, Brendan see JONES, BM

JONES, Brett (USA)

	MAS	USO	BOP	PGA
2015	–	–	–	Cut

JONES, Kent see JONES, SK

JONES, KC (Kyle Christopher) [a] (USA)

	MAS	USO	BOP	PGA
2015	–	Cut	–	a

JONES, Matt(hew) (AUS)

	MAS	USO	BOP	PGA
2009	–	Wdw	–	–
2010	–	–	–	Cut
2011-12	–	–	–	–
2013	–	–	–	40
2014	Cut	Cut	54	46
2015	–	–	30	21
2016	–	–	39	79

JONES, Nick (USA)

	MAS	USO	BOP	PGA
2005	–	Cut	–	–

JONES (Jr), RT (Robert/Bob[by] Tyre) [a] (USA)

	MAS	USO	BOP	PGA
1920	–	8	–	a
1921	–	5	Wdw	a
1922	–	2	–	a
1923	–	W	–	a
1924	–	2	–	a
1925	–	2	–	a
1926	–	W	W	a
1927	–	11	W	a
1928	–	2	–	a
1929	–	W	–	a
1930	–	W	W	a
1931-33	–	–	–	a
1934	13	–	–	a
1935	25	–	–	a
1936	33	–	–	a
1937	29	–	–	a
1938	16	–	–	a
1939	33	–	–	a
1940	Wdw	–	–	a
1941	40	–	–	a
1942	28	35*	–	a
1943	–	–	–	a
1944-45	–	–	–	a
1946	32	–	–	a
1947	55	–	–	a
1948	50	–	–	a

*unofficial championship

JONES, SG (Steven/Steve Glen) (US)

	MAS	USO	BOP	PGA
1987	–	–	–	61
1988	30	–	–	9
1989	31	46	Cut	51
1990	20	8	16	Cut
1991	Cut	Cut	64	–
1992-95	–	–	–	–
1996	–	W	Cut	Cut
1997	Cut	60	48	41
1998	26	Cut	57	–
1999	Cut	Cut	–	Cut
2000	25	27	31	24
2001	27	30	Cut	–
2002	–	Cut	43	–
2003-04	–	–	–	–
2005	–	57	–	–
2006	–	32	–	–

JONES, SK (Stephen Kent/Kent) (USA)

	MAS	USO	BOP	PGA
1996	–	82	–	–
1997	–	Cut	–	–
1998-2001	–	–	–	–
2002	–	68	–	–
2003	–	Cut	–	–
2004-05	–	–	–	–
2006	–	48	–	–
2007-09	–	–	–	–
2010	–	74	–	–

JONES, Steve see JONES, SG

JONZON, MR (Michael Robert) (SWE)

	MAS	USO	BOP	PGA
1996	–	–	60	–
1997-99	–	–	–	–
2000	–	–	Cut	–

JORDAN, Austin (USA)

	MAS	USO	BOP	PGA
2016	–	Cut	–	–

JORDAN, PB (Peter/Pete) (USA)

	MAS	USO	BOP	PGA
1993	–	72	–	–
1994	–	–	–	–
1995	–	21	–	–
1996	–	27	–	–

	MAS	USO	BOP	PGA
1997	–	–	–	76 (L)
1998	–	Cut	–	–
1999-2000	–	–	–	–
2001-02	–	Cut	–	–
2003	–	–	–	–
2004	–	Cut	–	–

JUSTESEN, Erick (USA)
| 2010 | – | 69 | – | – |

KAI, Shintaro (JPN)
| 2008 | – | – | Cut | – |
| 2009 | – | Cut | – | – |

KAMIYAMA, Takashi (JPN)
| 2004 | – | – | 27 | – |

KAMTE, James (RSA)
| 2009 | – | Cut | – | – |

KANADA, Craig (USA)
| 2007 | – | Cut | – | – |

KANE, JM (James/Jim) (USA)
1992	–	23	–	66
1993-05	–	–	–	–
2006	–	–	–	70 (L)

KANG, Anthony (KOR/USA)
| 2001 | – | 74 | – | – |

KANG, S-H (Sung-Hoon) (KOR)
2011	–	39	–	–
2012-15	–	–	–	–
2016	–	18	–	–

KAPUR, Shiv (IND)
2006	–	–	Cut	–
2007-12	–	–	–	–
2013	–	–	73	–
2014	–	23	–	–
2015	–	Cut	–	–

KARLBERG, Rikard (SWE)
2010	–	Cut	–	–
2011-12	–	–	–	–
2013	–	Cut	–	–
2014	–	–	–	–
2015	–	–	Cut	–
2016	–	–	Cut	Cut

KARLSSON, JR (Jan Robert/Robert) (SWE)
1989	–	–	77 (a)	a
1990-91	–	–	–	–
1992	–	–	5	–
1993	–	–	Cut	–
1994	–	–	–	–
1995	–	–	Cut	–
1996	–	–	–	–
1997	–	–	Cut	–
1998	–	Cut	Cut	65
1999	–	–	Cut	41
2000	–	–	Cut	–
2001	–	–	Cut	Cut
2002	–	45	Cut	–
2003	–	–	–	Cut
2004	–	–	–	–
2005	–	Cut	–	–
2006	–	–	35	29
2007	30	Cut	Cut	57
2008	8	4	7	20
2009	Cut	Scr/inj	Scr/inj	Scr/inj
2010	43	27	14	16
2011	27	45	Cut	4
2012	50	29	Scr	Cut
2013	–	71	Cut	–
2014	–	–	12	46

KARLSSON, LGO (Lars Gunnar Olle/Olle) (SWE)
1993	–	–	63	–
1994	–	–	–	–
1995	–	–	68	–
1996-2000	–	–	–	–
2001	–	–	Cut	–

KARLSSON, Robert see KARLSSON, JR

KATAYAMA, Shingo (JPN)
1999	–	–	71	–
2000	–	–	Cut	Cut
2001	40	Cut	Cut	4
2002	Cut	35	50	Cut
2003	37	–	34	Cut
2004	–	–	–	62
2005	33	Cut	–	23
2006	27	Cut	Cut	–
2007	44	36	–	50
2008	Cut	Cut	–	–
2009	4	–	–	Cut
2010	Cut	–	–	–
2011-12	–	–	–	–
2013	–	–	44	–

KAUFMAN, CS (Carter Smylie/Smylie) (USA)
2014	–	Cut	–	–
2015	–	–	–	–
2016	29	Cut	Cut	Cut

KAUFMAN, CJ (Christopher/Chris) (USA)
1995	–	Cut	–	–
1996-97	–	–	–	–
1998	–	Cut	–	–
1999	–	–	–	–
2000	–	Cut	–	–

KAUFMAN, Smylie see KAUFMAN, CS

KAVANAGH, Jeremy (ENG)
| 2009 | – | – | Cut | – |

KAWAI, Hiroo (JPN)
| 2011 | – | – | Cut | – |

KAWAMURA, Masahiro (JPN)
| 2015 | – | – | Cut | – |

KAYE, JA (Jonathan Andrew) (USA)
2000	–	Cut	–	51
2001	43	–	–	63
2002	–	–	Dsq	Cut
2003	–	10	Cut	61
2004	Cut	Cut	Cut	Cut
2005	43	–	–	Cut

KAYMER, Martin (GER)
2008	Cut	53	80	Cut
2009	Cut	Cut	34	6
2010	Cut	8	7	W
2011	Cut	39	12	Cut
2012	44	15	Cut	Cut
2013	35	59	32	33
2014	31	W	70	Cut
2015	Cut	Cut	12	12
2016	49	37	36	7

KEENAN, Ian (ENG)
| 2012 | – | – | Cut | – |

KEHOE, Justin (IRL)
| 2007 | – | – | Cut | – |

KEISER, HW (Herman) (USA)
1940	–	Dsq	–	Last 32
1941	–	26	–	Last 64
1942	23	–	–	–
1943	–	–	–	–
1944-45	–	–	–	–
1946	W	38	–	Last 64
1947	24	–	–	Last 64
1948	10	14	–	Last 64
1949	11	Cut	–	Last 64
1950	14	–	–	–
1951	39	Cut	–	Last 64
1952	–	–	–	–
1953	–	Dnq	–	–
1954	–	–	–	Last 64
1955	56	–	–	–
1956	–	–	–	–
1957	Cut	–	–	Last 32
1958-61	Cut	–	–	–
1962	Wdw	–	–	–
1963	45	–	–	–
1964	Cut	–	–	–
1965	Wdw	–	–	–
1966	Cut	–	–	–
1967	Cut	–	–	Cut
1968	Cut	–	–	–
1969	Wdw	–	–	–
1970	Cut	–	–	–
1971	Wdw	–	–	–
1972	Cut	–	–	–
1973	–	–	–	–
1974	Cut	–	–	–
1975-81	–	–	–	–
1982	Wdw	–	–	–

KELLEY, Anthony/Tony (USA)
| 2000 | – | – | – | Cut |

KELLY, Jerome/Jerry see KELLY, JP

KELLY, John [a] (USA)
| 2007 | Cut | Cut | – | a |

KELLY, JP (Jerome/Jerry Patrick) (USA)
1997	–	–	44	Cut
1998	–	–	–	Cut
1999	–	57	–	26
2000	–	37	–	Cut
2001	–	–	Cut	44
2002	20	Cut	28	Cut
2003	48	Cut	Wdw	Cut
2004	31	40	47	Cut
2005	20	83 (L)	Cut	34
2006	–	–	26	48

	MAS	USO	BOP	PGA
2007	5	7	49	Cut
2008	Cut	Cut	Cut	Cut
2009	–	–	–	Cut
2010	12	63	Cut	Cut
2011	Cut	–	Cut	26
2012	–	–	–	–
2013	–	41	–	–
2014	–	–	–	27

KELLY, SM (Shawn) (USA)

	MAS	USO	BOP	PGA
1996	–	108 (L)	–	–
1997	–	–	–	Cut
1998	–	–	–	–
1999-2000	–	–	–	Cut

KELLY, Troy (USA)

	MAS	USO	BOP	PGA
2005	–	Cut	–	–
2006-11	–	–	–	–
2012	–	–	Cut	–
2013-14	–	–	–	–
2015	–	39	–	–

KEMP, John [a] (ENG)

	MAS	USO	BOP	PGA
2001-02	–	–	Cut	a

KENDALL, JI (Jules: 'Skip') (USA)

	MAS	USO	BOP	PGA
1992	–	Cut	–	–
1993-95	–	–	–	–
1996	–	82	–	–
1997	–	–	–	–
1998	–	–	Cut	10
1999	–	–	–	21
2000	56	–	–	27
2001	–	Cut	–	63
2002	–	–	–	Cut
2003	–	–	59	Cut
2004	–	–	–	73 (L)
2006	–	59	–	–

KENNEDY, Brad (AUS)

	MAS	USO	BOP	PGA
2011-12	–	–	Cut	–

KENNEDY, RB (Ryan) (USA)

	MAS	USO	BOP	PGA
2015	–	–	–	Cut

KEPPLER, SD (Stephen) (ENG/USA)

	MAS	USO	BOP	PGA
1981	–	–	Cut (a)	a
1982-84	–	–	–	a
1985-94	–	–	–	–
1995	–	–	–	Cut
1996-97	–	–	–	–
1998-99	–	–	–	Cut
2000	–	–	–	–
2001	–	–	–	Cut

KESTNER, DL (Darrell Lee) (USA)

	MAS	USO	BOP	PGA
1979	–	Cut	–	–
1980-1986	–	–	–	–
1987	–	Cut	–	–
1988	–	Cut	–	Cut
1989-90	–	–	–	–
1991	–	Cut	–	Cut
1992-94	–	–	–	Cut
1995	–	Cut	–	Cut
1996	–	Cut	–	–
1997	–	–	–	–
1998	–	–	–	Cut
1999	–	–	–	–
2000	–	Cut	–	Cut
2001	–	–	–	Cut
2002	–	Cut	–	–
2003	–	–	–	–
2004	–	–	–	78
2005-11	–	–	–	–
2012	–	–	–	Cut

KHAN, Simon (ENG)

	MAS	USO	BOP	PGA
2000	–	–	Cut	–
2001-04	–	–	–	–
2005	–	–	41	–
2006	–	–	31	Cut
2007	–	–	–	–
2008	–	–	39	–
2009	–	Cut	–	–
2010	–	Cut	55	24
2011	–	–	38	–
2012	–	–	45	–
2013	–	72	–	–

KHONGWATMAI, Phachara [THA]

	MAS	USO	BOP	PGA
2016	–	–	Cut	–

KIDD, Thomas/Tom (SCO)

	MAS	USO	BOP	PGA
1873	–	–	W	–
1874	–	–	8	–
1875	–	–	–	–
1876	–	–	Wdw	–
1877-78	–	–	–	–
1879	–	–	5	–
1880-81	–	–	–	–
1882	–	–	11	–

KIEFFER, Max(imilan) (GER)

	MAS	USO	BOP	PGA
2014	–	–	Cut	–
2015	–	–	–	–
2016	–	–	Cut	–

KIM, Alex (USA)

	MAS	USO	BOP	PGA
2015	–	–	Cut	–

KIM, Anthony: 'AK' (USA)

	MAS	USO	BOP	PGA
2007	–	20	–	50
2008	–	26	7	55
2009	20	16	Cut	51
2010	3	–	–	Cut
2011	Cut	54	5	Cut

KIM, Bi-O (KOR)

	MAS	USO	BOP	PGA
2013	–	45	–	–

KIM, D-H (1) (Dae-Hyun) (KOR)

	MAS	USO	BOP	PGA
2011	–	–	Cut	–

KIM, D-H (2) (Do-Hoon) (KOR)

	MAS	USO	BOP	PGA
2011	–	30	–	–

KIM, H-S (Hyung-Sung) (KOR)

	MAS	USO	BOP	PGA
2013	–	–	Cut	–
2014	–	Cut	Cut	Cut

KIM, H-T (Hyung-Tae) (KOR)

	MAS	USO	BOP	PGA
2014	–	–	Cut	–

KIM, J-M (Jun-Min: 'Lion') [a] (KOR/USA)

	MAS	USO	BOP	PGA
2011	–	Cut	–	a

KIM, Kenny (KOR)

	MAS	USO	BOP	PGA
2010	–	Cut	–	–

KIM, K-T (Kyung-Tae) (KOR)

	MAS	USO	BOP	PGA
2010	–	–	48	48
2011	44	30	Cut	59
2012	Cut	67	Cut	61
2013	–	–	73	–
2014-15	–	–	–	–
2016	–	Cut	53	Cut

KIM, 'Lion' see KIM, J-M

KIM, MS (Michael Sangwon) [a] (KOR/USA)

	MAS	USO	BOP	PGA
2013	–	17	–	a

KIM, S-W (Si-Woo) (KOR)

	MAS	USO	BOP	PGA
2016	–	–	–	Cut

KIM, S-Y (Sung-Yoon) [a] (KOR)

	MAS	USO	BOP	PGA
2000	Cut	–	–	a

KIMBALL, Dick see KIMBALL, Richard

KIMBALL, Karl (USA)

	MAS	USO	BOP	PGA
1998	–	–	–	Cut
1999	–	–	–	–
2000	–	–	–	Cut

KINGSTON, JH (James Hubert) (RSA)

	MAS	USO	BOP	PGA
2002	–	–	Cut	–
2003	–	–	–	–
2004	–	–	57	–
2005-07	–	–	–	–
2008	–	–	Cut	55
2009	–	–	27	–

KINNEAR, Paul [a] (ENG)

	MAS	USO	BOP	PGA
2015	–	–	Cut	a

KIRK, Chris (USA)

	MAS	USO	BOP	PGA
2008	–	78	–	–
2009	–	Cut	–	–
2010	–	–	–	–
2011	–	–	–	34
2012	–	–	–	–
2013	–	–	–	57
2014	20	28	19	Cut
2015	33	75 (L)	Scr/inj	Scr/inj
2016	Cut	Cut	Cut	Cut

KIRKALDY, Hugh (SCO)

	MAS	USO	BOP	PGA
1885	–	–	37	–
1886	–	–	–	–
1887	–	–	19	–
1888	–	–	11	–
1889	–	–	10	–
1890	–	–	7	–
1891	–	–	W	–
1892	–	–	2	–
1893	–	–	4	–
1894	–	–	13	–
1895	–	–	15	–

KISNER, Kevin (USA)

	MAS	USO	BOP	PGA
2014	–	Cut	–	–
2015	–	12	Cut	Cut
2016	37	49	76	18

KITE (Jr), TO (Thomas/Tom Oliver) (USA)

	MAS	USO	BOP	PGA
1970	–	Cut (a)	–	a
1971	42a	–	–	a
1972	27a	19a	–	a
1973	–	–	–	–

	MAS	USO	BOP	PGA
1974	–	8	–	39
1975	10	Cut	–	33
1976	5	Cut	5	13
1977	3	27	–	13
1978	18	20	2	Cut
1979	5	Cut	30	35
1980	6	Cut	27	20
1981	5	20	–	4
1982	5	29	Cut	9
1983	2	20	29	67
1984	6	Cut	22	34
1985	Cut	13	8	12
1986	2	35	Cut	26
1987	24	46	72	10
1988	44	36	20	4
1989	18	9	19	34
1990	14	56	Cut	40
1991	56	37	44	52
1992	–	W	19	21
1993	Cut	Cut	14	56
1994	4	33	8	9
1995	Cut	67	58	54
1996	Cut	82	27	Cut
1997	2	68	10	5
1998	38	43	38	Cut
1999	–	60	–	Cut
2000	–	32	70	19
2001	–	5	–	Cut
2002	Cut	Cut	–	–
2003	–	Cut	–	–
2004	–	57	–	–

KITTLESON, Drew [a] (USA)

	MAS	USO	BOP	PGA
2009	Cut	Cut	–	a

KIYOTA, Taichiro [a] (JPN)

	MAS	USO	BOP	PGA
2002	–	Cut	–	a

KIZZIRE, Patton (USA)

	MAS	USO	BOP	PGA
2016	–	Cut	68	49

KJELDSEN, SP (Soren Panum) (SWE)

	MAS	USO	BOP	PGA
2001	–	–	Cut	–
2002	–	–	–	–
2003	–	–	Cut	–
2004	–	–	–	–
2005	–	52	–	–
2006	–	–	41	–
2007	–	Cut	–	–
2008	–	–	Cut	Cut
2009	Cut	–	27	6
2010	30	33	37	Cut
2011	–	–	–	–
2012	–	Cut	–	–
2013-14	–	–	–	–
2015	–	–	Cut	Cut
2016	7	Cut	9	33

KLAASEN, Clark [a] (USA)

	MAS	USO	BOP	PGA
2009	–	–	–	a

KLAPPROTT, Bradley/Brad (USA)

	MAS	USO	BOP	PGA
2001	–	Cut	–	–

KLINCHOCK, Joseph/Joe (USA)

	MAS	USO	BOP	PGA
2002	–	–	–	Cut

KNAPP, JR (Jacob/Jake Richard) [a] (USA)

	MAS	USO	BOP	PGA
2015	–	Cut	–	a

KNOST, Colt (USA)

	MAS	USO	BOP	PGA
2012	–	Cut	–	–
2013-15	–	–	–	–
2016	–	–	Cut	70

KNOX, Russell (SCO)

	MAS	USO	BOP	PGA
2013	–	45	–	–
2014	–	–	–	Cut
2015	–	–	Cut	Cut
2016	Cut	23	30	22

KNUTZON, Jason (USA)

	MAS	USO	BOP	PGA
2003	–	Cut	–	–
2004-10	–	–	–	–
2011	–	–	Cut	–

KOBAYASHI, Masinori (JPN)

	MAS	USO	BOP	PGA
2014	–	–	Cut	–

KOCH, GD (Gary Donald) (USA)

	MAS	USO	BOP	PGA
1973	–	57 (a)	–	a
1974	Cut (a)	Cut (a)	–	a
1975	Cut (a)	–	Cut	–
1976	–	–	–	Cut
1977	42	Cut	–	Cut
1978	–	Cut	–	64
1979	–	–	–	10
1980	–	Cut	–	46
1981	–	Cut	–	–
1982	–	6	–	–
1983	Cut	24	14	Cut
1984	35	34	60	54
1985	16	Cut	11	Cut
1986	16	15	6	66
1987	22	Cut	–	–
1988	25	Cut	4	31
1989	Cut	Cut	30	61
1990-91	–	–	–	–
1992	–	Cut	–	–
1993-94	–	–	–	–
1995	–	Cut	–	–
1996-2000	–	–	–	–
2001	–	Cut	–	–

KODAIRA, Satoshi (JPN)

	MAS	USO	BOP	PGA
2013	–	–	Cut	–
2014-15	–	–	–	–
2016	–	–	Cut	–

KOEPKA, Brooks (USA)

	MAS	USO	BOP	PGA
2012	–	Cut (a)	–	–
2013	–	–	Cut	70
2014	–	4	67	15
2015	33	18	10	5
2016	21	13	Scr/inj	4

KOK, Johan (USA)

	MAS	USO	BOP	PGA
2014-16	–	–	–	Cut

KOKRAK, Jason (USA)

	MAS	USO	BOP	PGA
2007	–	Cut (a)	–	a
2008	–	–	–	a
2009-12	–	–	–	–
2013-14	–	–	–	Cut
2015	–	–	–	–
2016	–	37	–	49

KONDO, Tomohiro (JPN)

	MAS	USO	BOP	PGA
2007	–	–	Cut	–
2008	–	–	–	–
2009	–	–	Cut	–
2010-13	–	–	–	–
2014	–	–	Cut	–

KORTAN, BJ (Brian Joseph) (USA)

	MAS	USO	BOP	PGA
2008	–	Cut	–	–

KOSKINEN, John (USA)

	MAS	USO	BOP	PGA
2006-07	–	Cut	–	–

KRAFT, GT (Gregory/Greg Thomas) (USA)

	MAS	USO	BOP	PGA
1994	–	–	47	47
1995-96	–	–	–	Cut
1997	–	68	–	–
1998	–	–	–	23
1999	–	53	–	61
2000	–	–	–	69
2001-05	–	–	–	–
2006	–	Cut	–	–
2007	–	–	–	–
2008	–	–	–	Cut
2009	–	Cut	–	–

KRAFT, Kelly [a] (USA)

	MAS	USO	BOP	PGA
2012	62 (L)	–	–	a

KRESGE, CT (Clifford/Cliff Terry) (USA)

	MAS	USO	BOP	PGA
2003	–	10	Cut	–
2004	–	62	–	–
2005-07	–	–	–	–
2008	–	–	–	Cut
2009-12	–	–	–	–
2013	–	Cut	–	–

KRIBEL, JP (Joel Phillip) (USA)

	MAS	USO	BOP	PGA
1997	–	Cut (a)	–	a
1998	45	Cut (a)	–	a
1999	–	–	–	a
2000	–	–	–	–
2001	–	Cut	–	–

KRIEGER, KS (Kenneth/Ken) (USA)

	MAS	USO	BOP	PGA
1981	–	Cut	–	–
1982-88	–	–	–	–
1989	–	Cut	–	–
1990-92	–	–	–	–
1993	–	–	–	Cut
1994-99	–	–	–	–
2000	–	Cut	–	–

KRUEGER, Aaron (USA)

	MAS	USO	BOP	PGA
2014	–	–	–	Cut

KRUGER, JB (James Barry: 'Jbe') (RSA)

	MAS	USO	BOP	PGA
2012	–	–	Cut	–

KUBOYA, Kenichi (JPN)

	MAS	USO	BOP	PGA
2002	–	–	59	–
2003-08	–	–	–	–
2009	–	–	27	–
2010	–	–	–	–
2011	–	68	–	–
2012	–	–	–	–
2013	–	–	Cut	–

THE PLAYERS

	MAS	USO	BOP	PGA
KUCHAR, MG (Matthew/Matt Gregory) (USA)				
1998	21 (a)	14 (a)	Cut (a)	a
1999	50 (a)	Cut (a)	–	a
2000	–	–	–	a
2001	–	–	–	a
2002	Cut	Cut	Cut	Cut
2003-04	–	–	–	–
2005-06	–	Cut	–	–
2007	–	–	Cut	–
2008	–	48	Cut	–
2009	–	Cut	Cut	Cut
2010	24	6	27	10
2011	27	14	Cut	19
2012	3	27	9	Cut
2013	8	28	15	22
2014	5	12	54	Scr/inj
2015	46	12	58	7
2016	24	46	46	Cut
KUEHNE, EW (Ernest: 'Trip') [a] (USA)				
1995	Cut	–	–	a
1996	–	79	–	a
1997-02	–	–	–	a
2003	–	57	–	a
2004	–	–	–	a
2005	–	Cut	–	a
2006	–	–	–	a
2007	–	Cut	–	a
2008	Cut	–	–	a
KUEHNE, HA (Henry August: 'Hank') [a] (USA)				
1999	Cut	65	–	a
2000-02	–	–	–	–
2003	–	–	–	Cut
KUEHNE, Trip see KUEHNE, EW				
KULACZ, Rick (AUS)				
2011	–	–	Cut	–
LaBELLE II, DN (Douglas/Doug Norman) (USA)				
2003	–	Cut	–	–
2004-07	–	–	–	–
2008	–	–	51	–
2009-12	–	–	–	–
2013	–	Cut	–	–
LABRITZ, RM (Robert/Rob) (USA)				
2002-03	–	–	–	Cut
2004-09	–	–	–	–
2010	–	–	–	68
2011-12	–	–	–	–
2013	–	–	–	Cut
2014-15	–	–	–	–
2016	–	–	–	Cut
LAFEBER, Maarten (NED)				
2000	–	–	Cut	–
2001-02	–	–	–	–
2003	–	Cut	–	–
2004	–	–	Cut	–
2005	–	–	41	Cut
2006	–	Cut	–	–
2007-10	–	–	–	–
2011	–	–	Cut	–
LAHIRI, Anirban (IND)				
2012	–	–	31	–
2013	–	–	–	–
2014	–	–	Cut	Cut
2015	49	Cut	30	5
2016	42	Cut	68	Cut
LAIRD, Martin (SCO)				
2007	–	Cut	–	–
2008	–	–	–	–
2009	–	Cut	Cut	–
2010	–	–	Cut	48
2011	20	Cut	Cut	Cut
2012	57	Cut	72	42
2013	Cut	21	44	Cut
2014	–	–	–	–
2015	–	–	–	Cut
LAM, C-B (Chih-Bing/C-B) (SIN)				
2007	–	–	Cut	–
2008	–	–	83 (L)	–
2010	–	–	–	–
2011	–	–	Cut	–
LAMB, Bradley/Brad (AUS)				
2008	–	–	Cut	–
LAMELY, Derek (USA)				
2010	–	Cut	–	Cut
LAMIELLE, Joseph (Joe/Joey) (USA)				
2008	–	Cut	–	–
2009-10	–	–	–	–
2011	–	Cut	–	–
LANCASTER, GN (Grady Neal/Neal) (USA)				

	MAS	USO	BOP	PGA
1992	–	–	–	84 (L)
1993	–	–	–	–
1994	–	–	–	44
1995	Cut	4	–	–
1996	Cut	82	–	52
1997	–	–	–	–
1998	–	–	–	Cut
1999-2001	–	–	–	–
2002	–	–	37	34
2003	–	Cut	–	–
LANCASTER, Todd (USA)				
2009	–	–	–	Cut
LANDRY, Andrew (USA)				
2016	–	15	–	–
LANE, BD (Barry Douglas) (ENG)				
1987-89	–	–	Cut	–
1990	–	–	–	–
1991	–	–	17	–
1992	–	–	51	–
1993	–	16	13	71
1994	Cut	47	Cut	25
1995	–	44	20	63
1996	–	Cut	Cut	–
1997	–	–	–	–
1998	–	–	Cut	–
1999-2000	–	–	–	–
2001	–	–	29	–
2002	–	–	50	–
2003	–	–	–	–
2004	–	–	14	–
2005	–	–	–	–
2006	–	–	Cut	–
2007-11	–	–	–	–
2012	–	–	Cut	–
LANGASQUE, Romaine [a] (FRA)				
2015	–	–	65	a
2016	39	–	–	a
LANGER, Bernhard (GER)				
1976	–	–	Cut	–
1977	–	–	–	–
1978	–	–	Cut	–
1979	–	–	–	–
1980	–	–	51	–
1981	–	–	2	–
1982	Cut	Cut	13	–
1983	–	–	56	–
1984	31	–	2	–
1985	W	Cut	3	32
1986	16	8	3	Cut
1987	7	4	17	21
1988	9	Cut	69	Cut
1989	26	59	80 (L)	61
1990	7	Cut	48	Cut
1991	32	Cut	9	Cut
1992	31	23	59	40
1993	W	Cut	3	Cut
1994	25	23	60	25
1995	31	36	24	–
1996	36	Dsq	Wdw	76
1997	7	Cut	38	23
1998	39	Cut	Cut	–
1999	11	–	18	61
2000	28	Cut	11	46
2001	6	40	3	Cut
2002	32	35	28	23
2003	Cut	42	Cut	57
2004	4	–	–	66
2005	20	33	5	47
2006	Cut	–	Cut	Cut
2007-10	–	–	–	–
2011	–	Scr/inj	Cut	–
2012	Cut	–	–	–
2013	25	–	–	–
2014	8	–	–	–
2015	Cut	–	78	–
2016	24	–	–	–
LANGHAM, JF (James Franklin/Frank) (USA)				
2000	–	–	–	7
2001	40	72	–	Cut
2002	–	37	–	–
2003-04	–	–	–	–
2005	–	Cut	–	–
LANGLEY, Scott (USA)				
2010	–	16 (a)	–	a
2011	–	–	–	–
2012	–	29	–	–
2013	–	41	–	–
2014	–	54	–	–

	MAS	USO	BOP	PGA
LANKFORD III, JC (Jeffrey/Jeff) (USA)				
1997-99	–	–	–	Cut
2000	–	–	–	–
2001-04	–	–	–	Cut
LANNER, MA (Mats Ake) (SWE)				
1987	–	–	50	–
1988	–	–	Cut	–
1989-90	–	–	–	–
1991	–	–	Cut	–
1992	–	–	28	–
1993	–	–	–	–
1994	–	–	51	–
LARA, Jose Manuel (ESP)				
2009	–	Cut	–	–
2010	–	–	Cut	–
LARDON, BT (Bradford/Brad Thomas) (USA)				
2002	–	58	–	–
2003	–	–	–	–
2004	–	Cut	–	–
2005-06	–	–	–	–
2007	–	–	–	Cut
2008-10	–	–	–	–
2011	–	–	–	Cut
2012-15	–	–	–	–
2016	–	–	–	Cut
LARRAZABAL, Alejandro: 'Alex' [a] (ESP)				
2002	–	–	Cut	a
2003	Cut	–	–	a
LARRAZABAL, Pablo (ESP)				
2008	–	–	70	Cut
2009	–	–	Cut	–
2010	–	–	–	–
2011	–	–	30	45
2012	–	–	45	Cut
2013	–	–	–	Cut
2014	–	Cut	Cut	Cut
2015	–	–	Cut	Cut
LASKEY, Mark (WAL)				
2011	–	–	Cut	–
LAWRIE, Paul see LAWRIE, PS				
LAWRIE, Peter (IRL)				
2005	–	–	Cut	–
2006-11	–	Cut	–	–
LAWRIE, PS (Paul Stewart) (SCO)				
1992	–	–	22	–
1993	–	–	6	–
1994	–	–	24	–
1995	–	–	58	–
1996	–	–	Cut	–
1997	–	–	–	–
1998	–	–	Cut	–
1999	–	–	W	34
2000	Cut	–	Cut	72
2001	Cut	Cut	42	Cut
2002	Cut	30	59	Cut
2003	15	Cut	Cut	–
2004	37	Cut	Cut	–
2005	–	–	52	–
2006-08	–	–	Cut	–
2009	–	–	47	–
2010	–	–	Cut	–
2011	–	–	66	–
2012	24	Scr	34	48
2013	38	32	26	Cut
2014	–	–	Cut	–
2015	–	–	40	–
2016	–	–	63	–
LAYCOCK, Scott (AUS)				
2002	–	–	Cut	Cut
2003-06	–	–	–	–
2007	–	–	–	Cut
LEANEY, SJ (Stephen John) (AUS)				
1995	–	–	Cut	–
1996-97	–	–	–	–
1998	–	–	Cut	68
1999	–	Cut	Cut	Cut
2000-01	–	–	Cut	–
2002	–	–	37	–
2003	–	2	65	Cut
2004	17	40	Cut	Cut
2005	–	–	–	Cut
2006	–	–	–	–
2007	–	–	–	Cut
LE VESCONTE, Adam (AUS)				
2003-04	–	–	Cut	–
LeBRUN, Steve (USA)				
2012	–	46	–	–
LEE, C-W (Chang-Woo) [a] (KOR)				

	MAS	USO	BOP	PGA
2014	Cut	–	–	–
LEE, Danny see LEE, DJ-M				
LEE, Daren (ENG)				
1992	–	–	68 (a)	a
1993-97	–	–	–	–
1998	–	–	Cut	–
1999-2000	–	–	–	–
2001	–	–	Cut	–
LEE, D-H (Dong-Hwan) (KOR)				
2007	–	–	Cut	–
2008-11	–	–	–	–
2012	–	–	Cut	–
LEE, DJ-M (Danny Jin-Myung) (KOR/NZL)				
2009	Cut (a)	–	–	–
2010-14	–	–	–	–
2015	–	Cut	Cut	43
2016	17	57	Cut	56
LEE, Jeff (USA)				
1991	–	Cut (a)	–	a
1992-99	–	–	–	–
2000	–	Cut	–	–
LEE, K-H (Kyoung-Hoon) (KOR)				
2014	–	Cut	–	–
LEE, RH (Richard H) (USA)				
2015	–	Cut	–	–
LEE, Richard [a] (CAN)				
2007	–	Cut	–	a
LEE, Richard H see LEE, RH				
LEE, S-H (1) (Seung-Ho) (KOR)				
2007	–	–	Cut	–
LEE, S-H (2) (Sang-Hee) (KOR)				
2016	–	–	Cut	–
LEE, S-M (Soo-Min) (KOR)				
2016	–	79	–	Cut
LEE, Won Joon (KOR/AUS)				
2007	–	49	–	–
LEGGATT, ID (Ian Donald) (CAN)				
2002	–	54	–	Cut
2003	–	20	–	–
2004	–	–	–	–
2005	–	Cut	–	–
2006-07	–	–	–	–
2008	–	74	–	–
LEHMAN, TE (Thomas/Tom Edward) (USA)				
1986-87	–	Cut	–	–
1988-89	–	–	–	–
1990	–	Cut	–	–
1991	–	–	–	–
1992	–	6	–	–
1993	3	19	58	Cut
1994	2	33	24	39
1995	40	3	–	Cut
1996	18	2	W	14
1997	12	3	24	10
1998	Cut	5	Cut	29
1999	31	28	Cut	34
2000	6	23	4	Wdw
2001	18	24	Cut	Cut
2002	Cut	45	Cut	29
2003	Cut	–	46	Cut
2004	–	–	Cut	–
2005	13	Cut	23	Cut
2006	Cut	Cut	Cut	Cut
2007	–	–	51	69
2008	–	–	32	42
2009	–	47	60	60
2010	–	Cut	14	55
2011	–	–	22	–
2012	–	–	Cut	–
2013	–	–	58	–
2014	–	–	Scr	–
2015	–	–	Cut	–
LEIBOVICH, RA (Ricardo/Rick) (USA)				
2008	–	–	–	Cut
LEISHMAN, Marc (AUS)				
2010	Cut	Cut	60	48
2011	–	51	–	–
2012	–	–	Cut	27
2013	4	Cut	Cut	12
2014	Cut	–	5	46
2015	Scr/pers	–	2	Cut
2016	Cut	18	53	60
LEMA, AD (Anthony/Tony David) (USA)				
1956	–	50	–	–
1957-61	–	–	–	–
1962	–	Cut	–	Wdw
1963	2	5	–	13
1964	9	20	W	9

	MAS	USO	BOP	PGA
1965	21	8	5	61
1966	22	4	30	34

LEON, Hugo (CHI)

	MAS	USO	BOP	PGA
2010	–	Cut	–	–

LEONARD, JCG (Justin Charles Garrett) (USA)

	MAS	USO	BOP	PGA
1993	Cut (a)	68 (a)	Cut (a)	a
1994	–	–	–	–
1995	–	–	58	8
1996	27	50	Cut	5
1997	7	36	W	2
1998	8	40	57	Cut
1999	18	15	2	Cut
2000	28	16	41	41
2001	27	Cut	Cut	10
2002	20	12	14	4
2003	Cut	20	Cut	Cut
2004	35	Cut	16	2
2005	13	23	52	Cut
2006	39	Cut	–	Cut
2007	–	Cut	Cut	Cut
2008	20	36	16	58
2009	Cut	Cut	8	67
2010	Cut	14	Cut	39
2011-12	–	–	Cut	–
2013	–	–	13	–
2014	–	59	Cut	–
2015-16	–	–	Cut	–

LETZIG, MR (Michael Richard) (USA)

	MAS	USO	BOP	PGA
2008	–	Cut	Cut	–

LEVET, TJR (Thomas Jean Roger) (FRA)

	MAS	USO	BOP	PGA
1998	–	–	Cut	–
1999	–	–	49	–
2000	–	–	–	–
2001	–	–	66	–
2002	–	18	2	71 (L)
2003	Cut	–	22	–
2004	–	Cut	5	Cut
2005	13	52	34	Cut
2006	Cut	–	–	–
2007	–	–	–	–
2008	–	Cut	–	–
2009	–	45	38	51
2010	–	–	Cut	–
2011	–	Cut	Scr/inj	–

LEVIN, Spencer (USA)

	MAS	USO	BOP	PGA
2004	–	13 (a)	–	a
2005	–	Cut	–	–
2006	–	–	–	–
2007	–	–	Cut	–
2008-10	–	–	–	–
2011	–	–	44	26
2012	–	Cut	–	Cut
2013-15	–	–	–	–
2016	–	65	–	–

LEVITT, Jon (USA)

	MAS	USO	BOP	PGA
2000	–	Cut	–	–

LEVY, Alexander (FRA)

	MAS	USO	BOP	PGA
2014	–	–	–	30
2015	–	27	Cut	Cut

LEWIS, JL (John Lee: 'JL') (USA)

	MAS	USO	BOP	PGA
1993-94	–	–	–	Cut
1995	–	–	–	–
1996	–	40	–	–
1997-98	–	–	–	–
1999	–	–	–	21
2000	–	Cut	–	–
2001	–	30	–	–
2002	–	–	–	Cut
2003	–	–	22	34
2004	Cut	Cut	–	24
2005	–	49	–	47

LEWIS, Randal: 'Randy' [a*] (USA)

	MAS	USO	BOP	PGA
2012	Cut	–	–	a

*reinstated as amateur in 1983

LEWIS, Scott [a] (USA)

	MAS	USO	BOP	PGA
2009	–	Cut	–	a

LEWIS, Tom (ENG)

	MAS	USO	BOP	PGA
2011	–	–	30 (a)	a
2012-13	–	–	–	–
2014	–	–	Cut	–

LIANG, W-C (Wen-Chong) (CHN)

	MAS	USO	BOP	PGA
2007	–	–	–	Cut
2008	Cut	–	64	–
2009	–	–	Cut	–
2010	–	–	–	8
2011	–	–	–	Cut
2012-13	–	–	–	–
2014	–	–	Cut	–

	MAS	USO	BOP	PGA
2015	–	Cut	Cut	–

LICKLITER (II), FR (Franklin/Frank Ray) (USA)

	MAS	USO	BOP	PGA
1994	–	Cut	–	–
1995	–	–	–	–
1996	–	67	–	–
1997	–	Cut	–	–
1998	–	18	–	4
1999	Cut	–	–	Cut
2000	–	Cut	–	–
2001	–	52	37	51
2002	Cut	50	Cut	Cut
2003	–	–	–	29
2004	–	–	Cut	Cut
2005	–	57	–	–
2006	–	–	–	–
2007	–	–	–	50

LILE, CA (Craig Alexander) [a] (RSA)

	MAS	USO	BOP	PGA
2000	–	Cut	–	a

LILLY, Simon (ENG)

	MAS	USO	BOP	PGA
2011	–	–	Cut	–

LIMA, Jose-Filipe (formerly Phillipe) (FRA/POR)

	MAS	USO	BOP	PGA
2005	–	–	Cut	–
2006	–	–	–	–
2007	–	–	Cut	–
2008	–	–	70	–

LIN, W-T (Wen-Tang) (TPE)

	MAS	USO	BOP	PGA
2009	Cut	–	–	–

LINDHEIM, Nicholas (USA)

	MAS	USO	BOP	PGA
2014	–	56	–	–

LINGMERTH, David (SWE)

	MAS	USO	BOP	PGA
2013	–	17	–	Cut
2014	–	–	–	–
2015	–	–	74	12
2016	Cut	12	Cut	22

LIPPERT, ES (Eric) (USA)

	MAS	USO	BOP	PGA
2009	–	–	–	Cut

LIPSKY, David (USA)

	MAS	USO	BOP	PGA
2015	–	–	58	–

LIST, Luke (USA)

	MAS	USO	BOP	PGA
2003	–	Cut (a)	–	a
2004	–	–	–	a
2005	–	33 (a)	Cut (a)	a
2006	–	–	–	a
2007	–	Cut	–	–

LITTLE, Euan (SCO)

	MAS	USO	BOP	PGA
2003-04	–	–	Cut	–

LITTLE, Lawson see **LITTLE (Jr), WL**

LITTLE, Sam (ENG)

	MAS	USO	BOP	PGA
2006	–	–	Cut	–

LITTLE, SJ (Stuart James) (ENG)

	MAS	USO	BOP	PGA
2000	–	–	Cut	–

LITTLE (Jr), WL (William Lawson/Lawson) (USA)

	MAS	USO	BOP	PGA
1934	–	25a	–	a
1935	6a	–	4a	a
1936	20	–	–	–
1937	19	–	Cut	–
1938	10	38	–	–
1939	3	42	Cut	–
1940	19	W	–	–
1941	8	17	–	–
1942	7	7*	–	–
1943				
1944-45				
1946	21	10	10	Last 32
1947	14	31	–	Dnq
1948	40	Cut	32	Last 64
1949	23	Cut	–	Last 64
1950	9	Cut	–	Dnq
1951	6	Cut	–	Last 32
1952	Wdw	Cut	–	Last 64
1953	Wdw	45	–	Dnq
1954	38	35	–	–
1955	65	Cut	–	–
1956	72	–	–	–
1957	28	–	–	–

*unofficial championship

LITTLER, GA (Gene Alec) (USA)

	MAS	USO	BOP	PGA
1954	22	2	–	–
1955	22	15	–	–
1956	12	34	–	–
1957	Cut	32	–	Last 64
1958	42	4	–	–
1959	8	11	–	10
1960	Cut	Cut	–	18
1961	15	W	–	5
1962	4	8	Cut	23
1963	24	21	–	34
1964	13	11	–	33

	MAS	USO	BOP	PGA
1965	6	8	–	28
1966	44	48	–	3
1967	26	Cut	–	7
1968	43	–	–	30
1969	8	Cut	–	48
1970	2	12	–	4
1971	4	37	–	76
1972	–	–	–	–
1973	17	18	–	Cut
1974	39	Cut	18	28
1975	22	49	Cut	7
1976	12	50	32	22
1977	8	–	–	2
1978	24	35	–	Cut
1979	10	Cut	–	16
1980	49	38	–	Cut
1981	–	–	–	Cut
1982	–	22	–	49
1983	–	–	–	Cut

LLOYD, Darryn (RSA)

	MAS	USO	BOP	PGA
2013	–	–	Cut	–

LLOYD, Joseph/Joe (ENG/USA)

	MAS	USO	BOP	PGA
1893	–	17	–	–
1894	–	17	–	–
1895	–	–	–	–
1896	–	3	–	–
1897	–	W	20	–
1898	–	4	–	–
1899	–	Wdw	–	–
1900	–	–	–	–
1901	–	20	–	–
1902	–	–	–	–
1903	–	24	–	–
1904	–	–	–	–
1905	–	16	–	–
1906-07	–	–	–	–
1908	–	Wdw	–	–

LOAR (III), JE (James Edward/Edward) (USA)

	MAS	USO	BOP	PGA
2012	–	Cut	–	–
2013	–	32	–	–

LOCKE, AD (Arthur D'Arcy: 'Bobby') (RSA)

	MAS	USO	BOP	PGA
1936	–	–	8 (a)	a
1937	–	–	17 (a)	a
1938	–	–	10	–
1939	–	–	9	–
1940-41	–	–	–	–
1942	–	–	–	–
1943	–	–	–	–
1944-45	–	–	–	–
1946	–	–	2	–
1947	–	14	3	Last 64
1948	–	10	4	–
1949	–	13	4	–
1950	–	–	W	–
1951	–	–	W	–
1952	–	–	3	6	–
1952	21	Wdw	W	–
1953	–	14	8	–
1954	–	5	2	–
1955	–	–	4	–
1956	–	–	Cut	–
1957	–	–	W	–
1958	–	–	16	–
1959	–	–	29	–
1960	–	–	–	–
1961-64	–	–	Cut	–
1965-66	–	–	–	–
1967	–	–	Cut	–
1968-69	–	–	–	–
1970	–	–	Cut	–
1971	–	–	49	–
1972	–	–	Cut	–
1973	–	–	–	–
1974-76	–	–	Cut	–
1977	–	–	Wdw	–
1978	–	–	Cut	–

LOCKE, BG (Brian Gary) (USA)

	MAS	USO	BOP	PGA
2011	–	–	–	–

LOCKERBIE, Gary (ENG)

	MAS	USO	BOP	PGA
2006	–	–	Cut	–

LOEFFLER, WR (William/Bill) (USA)

	MAS	USO	BOP	PGA
1979	–	Cut (a)	–	a
1980-87	–	–	–	a
1988	Cut (a)	–	–	a
1989	–	–	–	a
1990-2000	–	–	–	–
2001	–	–	–	Cut

LOMAS, JAC (Jonathan Anthony Charles) (ENG)

	MAS	USO	BOP	PGA
1994	–	–	11	–
1995	–	–	68	–
1996	–	–	–	–
1997	–	–	33	–
1998-04	–	–	–	–
2005	–	57	–	–
2006-07	–	–	–	–
2008	–	–	64	–

LOMBARD, Zander (RSA)

	MAS	USO	BOP	PGA
2016	–	–	66	–

LONARD, PL (Peter) (AUS)

	MAS	USO	BOP	PGA
1997	–	–	24	Cut
1998	–	–	–	Cut
1999	–	–	49	–
2000	–	–	–	–
2001	–	66	47	–
2002	–	11	14	17
2003	Cut	20	59	29
2004	Cut	31	Cut	Cut
2005	Cut	42	66	Cut
2006	Cut	–	16	Cut
2007	–	–	–	–
2008	Cut	–	–	68

LONG, Adam (USA)

	MAS	USO	BOP	PGA
2011	–	Cut	–	–

LONG, DJ (David) (USA)

	MAS	USO	BOP	PGA
2008	–	–	–	Cut

LONG, TG (Travis) (USA)

	MAS	USO	BOP	PGA
2005	–	–	–	Cut

LOVE III, DM (Davis Milton) (USA)

	MAS	USO	BOP	PGA
1986	–	–	–	47
1987	–	–	Cut	Cut
1988	Cut	Cut	Cut	–
1989	–	33	23	17
1990	–	–	Cut	40
1991	42	11	44	32
1992	25	60	Cut	33
1993	54	33	Cut	31
1994	Cut	28	38	Cut
1995	2	4	98	Cut
1996	7	2	Cut	Cut
1997	7	16	10	W
1998	33	Cut	8	7
1999	2	12	7	49
2000	7	Cut	11	9
2001	Cut	7	21	37
2002	14	24	14	48
2003	15	Cut	4	Cut
2004	6	Cut	5	Cut
2005	Cut	6	Cut	4
2006	22	Cut	Cut	34
2007	27	Cut	Cut	Cut
2008	–	53	19	Cut
2009	–	–	27	Cut
2010	–	6	Cut	55
2011	Cut	11	9	72
2012	–	29	Cut	Cut
2013-15	–	–	–	Cut
2016	42	–	–	Scr/inj

LOVE, SR (Sam Roper) (USA)

	MAS	USO	BOP	PGA
2014	–	Cut	–	–

LOVEMARK, Jamie (USA)

	MAS	USO	BOP	PGA
2015	–	18	–	–
2016	–	–	Cut	Cut

LOWE, Cortland (USA)

	MAS	USO	BOP	PGA
2009	–	Cut	–	–

LOWE, MJ (Mitchell/Mitch) (USA)

	MAS	USO	BOP	PGA
2009-10	–	–	–	–
2011	–	–	–	Cut
2012	–	–	–	–
2013-15	–	–	–	Cut
2016	–	–	–	Cut

LOWERY, SB (Stephen/Steve Brent) (USA)

	MAS	USO	BOP	PGA
1988	–	Cut	–	–
1989-92	–	–	–	–
1993	–	33	–	–
1994	–	16	–	Cut
1995	Cut	56	79	8
1996	41	60	–	Cut
1997	–	–	–	58
1998	–	–	–	44
1999	–	Cut	–	–
2000	–	–	–	51
2001	40	24	–	3
2002	40	Cut	–	10
2003	Cut	42	–	Cut
2004	–	–	36	Cut
2005	–	Cut	–	–
2006	–	Cut	–	60

	MAS	USO	BOP	PGA
2007	–	–	–	–
2008	Cut	–	–	Cut

LOWRY, Shane (IRL)

	MAS	USO	BOP	PGA
2010	–	–	37	Cut
2011	–	Cut	–	–
2012	–	–	–	–
2013	–	–	32	57
2014	–	Cut	9	46
2015	Cut	9	Cut	Cut
2016	39	2	Cut	Cut

LUCAS, Kevin (USA)

	MAS	USO	BOP	PGA
2015	–	Cut	–	–

LUCCHESI, Dino (USA)

	MAS	USO	BOP	PGA
2003	–	–	–	Cut

LUCQUIN, Jean-François (FRA)

	MAS	USO	BOP	PGA
2009	–	54	–	–
2010	–	Cut	–	–

LUDWELL, Nicholas/Nick (ENG)

	MAS	USO	BOP	PGA
2006	–	–	Cut	–

LUITEN, WAM (Willibrordus Adrianus Maria: 'Joost') (NED)

	MAS	USO	BOP	PGA
2011	–	–	63	–
2012	–	–	45	21
2013	–	–	–	Cut
2014	26	Cut	Cut	26
2015	Cut	39	Cut	Cut
2016	–	–	Cut	33

LUNDBERG, Mikael (SWE)

	MAS	USO	BOP	PGA
2016	–	Cut	–	–

LUNDE, William/Bill (USA)

	MAS	USO	BOP	PGA
2003	–	Cut	–	–
2004-09	–	–	–	–
2010	–	–	–	Cut
2011	–	–	–	39
2012	–	Cut	–	–

LYLE, AWB (Alexander Walter Barr: 'Sandy') (SCO)

	MAS	USO	BOP	PGA
1974	–	–	Cut (a)	a
1975-76	–	–	–	a
1977	–	–	Cut (a)	a
1978	–	–	Cut	–
1979	–	–	19	–
1980	48	Cut	12	–
1981	28	Cut	14	Cut
1982	–	–	8	–
1983	Cut	–	Cut	–
1984	–	–	14	–
1985	25	–	W	–
1986	11	45	30	–
1987	17	36	17	–
1988	W	25	7	–
1989	Cut	Cut	46	–
1990	Cut	Cut	16	–
1991	Cut	16	Dsq	16
1992	37	51	12	Cut
1993	21	52	Cut	56
1994	38	–	74	73
1995	Cut	–	79	39
1996	Cut	–	56	–
1997	34	–	Cut	–
1998	Cut	–	19	–
1999	48	–	Cut	–
2000	Cut	–	Cut	–
2001	Cut	–	69 (L)	–
2002	Cut	–	75	–
2003	Cut	–	Cut	–
2004	37	–	73 (L)	–
2005	Cut	–	32	–
2006	Cut	–	Cut	–
2007	43	–	65	–
2008	45 (L)	–	Wdw	–
2009	20	–	Cut	–
2010-12	Cut	–	Cut	–
2013	54	–	84 (L)	–
2014	44	–	Cut	–
2015-16	Cut	–	Cut	–

LYLE, Jarrod (AUS)

	MAS	USO	BOP	PGA
2006	–	–	Cut	–
2007	–	–	–	–
2008	–	48	–	–

LYLE, Sandy see LYLE, AWB

LYNN, DA (David Anthony) (ENG)

	MAS	USO	BOP	PGA
2003	–	–	53	–
2004-11	–	–	–	–
2012	–	–	–	2
2013	46	Scr	Cut	22
2014	Cut	–	–	–

MABREY, Matt (USA)

	MAS	USO	BOP	PGA
2015	–	–	–	Cut

McCALLISTER, Blaine (USA)

	MAS	USO	BOP	PGA
1984	–	Cut	–	–
1985-86	–	–	–	–
1987	–	–	–	Cut
1988	–	Cut	–	25
1989	Cut	–	–	17
1990	Cut	56	57	19
1991	–	46	–	57
1992	48	–	–	62
1993	–	19	–	–
1994	Cut	–	–	36
1995	–	Cut	–	Cut
1996	–	97	–	Cut
1997-99	–	–	–	–
2000	–	–	–	34
2001	–	–	–	–
2002	–	Cut	–	–

McCARRON, SM (Scott Michael) (USA)

	MAS	USO	BOP	PGA
1996	10	82	–	47
1997	30	10	Cut	10
1998	16	40	–	Cut
1999	18	–	–	–
2000	–	–	–	–
2001	–	–	–	70
2002	Cut	30	18	39
2003	23	Cut	34	14
2004	–	–	–	Cut
2005	–	Cut	–	59
2006-07	–	–	–	–
2008	–	–	Cut	–
2009	–	–	–	24

McCARTHY, Dan (USA)

	MAS	USO	BOP	PGA
2010	–	Cut	–	–

McCARTHY, Denny [a] (USA)

	MAS	USO	BOP	PGA
2015	–	42	–	–
2016	–	Cut	–	–

McCARTY, Sean (USA)

	MAS	USO	BOP	PGA
2003	–	Cut	–	–

McCLELLAN, Robert (USA)

	MAS	USO	BOP	PGA
2010-11	–	–	–	Cut

McCLELLAND, DW (Douglas/Doug William) (ENG)

	MAS	USO	BOP	PGA
1970-71	–	–	Cut	–
1972	–	–	23	–
1973	–	–	14	–
1974	–	–	28	–
1975	–	–	–	–
1976	–	–	48	–
1977-78	–	–	Cut	–

McCORMICK, Mark [a] (USA)

	MAS	USO	BOP	PGA
2012	–	Cut	–	a

McCOY, Lee [a] (USA)

	MAS	USO	BOP	PGA
2015	–	Cut	–	a

McCOY, Michael/Mike [a] (USA)

	MAS	USO	BOP	PGA
2014	Cut	–	–	a

McCUMBER, Josh (USA)

	MAS	USO	BOP	PGA
2005	–	Cut	–	–
2006-08	–	–	–	–
2009	–	Cut	–	–

McDERMOTT, JJ (John Joseph/John J/Johnny) (USA)

	MAS	USO	BOP	PGA
1909	–	48	–	–
1910	–	2	–	–
1911	–	W	–	–
1912	–	W	Dnq	–
1913	–	8	5	–
1914	–	9	Scr	–

McDONAGH, Sean (ENG)

	MAS	USO	BOP	PGA
2005	–	–	Cut	–

McDOWELL, Graeme (IRL)

	MAS	USO	BOP	PGA
2004	–	–	Cut	Cut
2005	Cut	80	11	Cut
2006	–	48	61	37
2007	–	30	Cut	–
2008	–	–	19	15
2009	–	17	18	34	10
2010	Cut	W	23	Cut
2011	Cut	14	Cut	Cut
2012	12	2	5	11
2013	Cut	Cut	58	12
2014	Cut	28	9	46
2015	52	Cut	49	Cut
2016	Cut	18	63	Cut

McELHINNEY, Brian [a] (IRL)

	MAS	USO	BOP	PGA
2004-05	–	–	Cut	a
2006	Cut	–	–	a

McELYEA, CM (Cory Matthew) [a] (USA)

	MAS	USO	BOP	PGA
2013	–	Cut	–	a

McEVOY, Richard (ENG)

	MAS	USO	BOP	PGA
2011	–	–	48	–

	MAS	USO	BOP	PGA
2012	–	–	–	–
2013	–	–	Cut	–

MacFARLANE, WA (William/Willie) (SCO/USA)

	MAS	USO	BOP	PGA
1912		18	–	
1913-14		Wdw	–	
1915		35		
1916		–		SF
1917				
1918				
1919		–		–
1920		8	–	Last 32
1921		Dnq		–
1922		Wdw		–
1923		–	–	QF
1924		–	–	Last 16
1925		W	–	–
1926		20	–	–
1927		18	–	–
1928		14	–	Last 16
1929		26	–	–
1930		43	–	–
1931		–	–	Last 16
1932		Cut	–	–
1934	6	–	–	–
1935	31	47	–	–
1936	–	–	–	–
1937	19	47	–	–
1938	38	32	–	Last 32
1939	–	–	–	–
1940-41	–	–		–
1942	–			–
1943				
1944-45				
1946		Wdw		–

McGINLEY, PN (Paul Noel) (IRL)

	MAS	USO	BOP	PGA
1992-94	–	–	Cut	–
1995	–	–	–	–
1996	–	–	14	–
1997	–	Cut	66	–
1998-99	–	–	Cut	–
2000	–	–	20	Cut
2001	–	–	54	22
2002	18	Cut	Cut	Cut
2003	–	–	28	Cut
2004	–	–	57	6
2005	–	42	41	23
2006	Cut	Cut	Cut	–
2007	–	–	19	60
2008	–	–	–	–
2009	–	–	43	–
2010-12	–	–	–	–
2013	–	–	–	Cut
2014	–	–	–	Scr/inj

McGIRT, William (USA)

	MAS	USO	BOP	PGA
2012	–	–	–	Cut
2013-15	–	–	–	–
2016	–	Cut	Cut	10

McGOVERN, JD (James/Jim David) (USA)

	MAS	USO	BOP	PGA
1989	–	Cut	–	–
1990	–	–	–	–
1991-92	–	Cut	–	–
1993	–	–	Cut	22
1994	5	13	Cut	Cut
1995	Cut	45	–	Cut
1996	–	–	–	Cut
1997	–	Cut	–	–
1998	–	–	–	–
1999-2000	–	Cut	–	–
2001	–	78	–	–
2002	–	Cut	–	–
2003-13	–	–	–	–
2014	–	–	–	Cut

McGOWAN, RIT (Ross Ian Thomas) (ENG)

	MAS	USO	BOP	PGA
2008	–	77	–	–
2009	–	–	–	–
2010	–	40	Cut	70

McGRANE, Damien (IRL)

	MAS	USO	BOP	PGA
2008-09	–	–	Cut	–

McGRATH, Robert/Bob (USA)

	MAS	USO	BOP	PGA
2007	–	–	–	Cut

McGUIGAN, DG (Douglas/Doug Gordon) (SCO)

	MAS	USO	BOP	PGA
2005	–	–	Cut	–
2006	–	–	–	–
2007-08	–	–	Cut	–

McGUIRE, Jack [a] (USA)

	MAS	USO	BOP	PGA
2015	–	58	–	a

McGUIRK, Francis/Fran (ENG)

	MAS	USO	BOP	PGA
2011	–	–	Cut	–

McILROY, Rory (IRL)

	MAS	USO	BOP	PGA
2007	–	–	42 (a)	a
2008	–	–	–	–
2009	20	10	47	3
2010	Cut	Cut	3	3
2011	15	W	25	64
2012	40	Cut	60	W
2013	25	41	Cut	8
2014	8	23	W	W
2015	4	9	Scr/inj	17
2016	10	Cut	5	Cut

McIVER, Brandon (USA)

	MAS	USO	BOP	PGA
2014	–	Cut	–	–

McKECHNIE, Paul (SCO)

	MAS	USO	BOP	PGA
2014	–	–	Cut	–

MACKENZIE, Brock [a] (USA)

	MAS	USO	BOP	PGA
2004	–	Cut	–	a

MacKENZIE, MJ (Malcolm John) (ENG)

	MAS	USO	BOP	PGA
1984	–	–	55	–
1985	–	–	–	–
1986	–	–	59	–
1987	–	–	Cut	–
1988-89	–	–	–	–
1990	–	–	71	–
1991	–	–	80	–
1992	–	–	5	–
1993	–	–	27	–
1994-95	–	–	–	–
1996	–	–	Cut	–
1997-2001	–	–	–	–
2002-03	–	–	Cut	–

MacKENZIE, WR (William/Will Ruggles) (USA)

	MAS	USO	BOP	PGA
2007	–	–	–	57
2008	–	–	–	–
2009	–	–	–	Cut
2010-13	–	–	–	–
2014	–	–	–	Cut

McLACHLIN, PN (Parker Nicholas) (USA)

	MAS	USO	BOP	PGA
2004	–	Cut	–	–
2005-07	–	–	–	–
2008	–	–	–	Cut

McLARDY, AR (Andrew) (RSA)

	MAS	USO	BOP	PGA
1998	–	–	75	–
1999-2008	–	–	–	–
2009	–	–	54	–

McLEARY, JRE (James/Jamie Robert Ewan) (SCO)

	MAS	USO	BOP	PGA
2014	–	–	58	–

McLEOD, FR (Frederick/Fred/Freddie Robertson) (SCO/USA)

	MAS	USO	BOP	PGA
1903		26		
1904		29		
1905		19		
1906		35		
1907		5		
1908		W		
1909		13		
1910		4		
1911		4		
1912		13		
1913		38		
1914		3	–	
1915		8		
1916		25		
1917		11*		
1918				
1919		8		RU
1920		13		–
1921		2	63	QF
1922		Dnq		–
1923		Dnq	–	QF
1924		40	–	Last 32
1925		–	–	–
1926		Cut	7	Last 32
1927		–	–	–
1928		41	–	–
1929		Cut	–	Dnq
1930		–	–	–
1931		Cut	–	–
1932-33		–	–	–
1934	50	–	–	–
1935	64 (L)	–	–	–
1936	Wdw	–	–	–
1937-39	–	–	–	–
1940	–	–	–	–
1941		Wdw		–
1942		–		–
1943				
1944-45				

	MAS	USO	BOP	PGA
1946		Wdw	–	–
1951-62	Wdw	–	–	–
1963-76	Hon starter	–	–	–
*unofficial championship				

McLUEN, Jedd [a] (USA)

	MAS	USO	BOP	PGA
2000		Cut	–	a

McNABB, DS (David) (USA)

	MAS	USO	BOP	PGA
2013-14	–	–	–	Cut

McNEALY, Maverick [a](USA)

	MAS	USO	BOP	PGA
2014		Cut	–	a

McNEILL (Jr), GW (George William) (USA)

	MAS	USO	BOP	PGA
2002		Cut	–	–
2003-05	–	–	–	–
2006	–	Cut	–	–
2007		63 (L)	–	–
2008	–	–	–	Cut
2009	–	Cut	–	–
2010	–	–	Cut	Cut
2011	–	–	–	–
2012	–	–	–	62
2013	–	–	–	–
2014	–	–	Cut	Cut
2015		Cut	–	Cut

McNULTY, MW (Mark William) (ZIM/IRL)

	MAS	USO	BOP	PGA
1980	–	–	23	–
1981	–	53	23	–
1982	–	Cut	–	54
1983	–	50	45	–
1984	–	Cut	–	–
1985	–	Cut	Cut	70
1986	–	35	59	Cut
1987	–	66	11	Wdw
1988	16	17	28	17
1989	Cut	Cut	11	–
1990	–	–	2	8
1991	35	–	64	27
1992	–	33	28	–
1993	–	–	14	Cut
1994	–	–	11	15
1995	Cut	Cut	40	–
1996	–	–	14	Cut
1997	Cut	28	32	–
1998	–	–	Cut	–
1999	–	–	37	–
2000	–	–	11	–
2001	–	–	Cut	Cut
2002	–	–	–	–
2003	–	–	53	–

MACPHERSON, Bryden (AUS)

	MAS	USO	BOP	PGA
2011	–	–	Cut (a)	a
2012	Cut (a)	–	–	–
2013	–	–	–	–
2014	–	–	Cut	–

McROY (Jr), RL (Robert Lynn: 'Spike') (USA)

	MAS	USO	BOP	PGA
1997		Cut	–	–
1998	–	–	–	–
1999	–	53	–	–
2000-01	–	–	–	–
2002	–	65	–	Cut
2003	–	Cut	–	–
2004	–	40	–	Cut

MADSEN, MO (Morten Orum) (DEN)

	MAS	USO	BOP	PGA
2012	–	–	Cut	–
2013	–	28	–	–

MAGEE, AD (Andrew Donald) (USA)

	MAS	USO	BOP	PGA
1981		Cut (a)	–	a
1982-84	–	–	–	a
1985	–	–	–	–
1986	–	Cut	–	Cut
1987	–	–	–	–
1988	–	Cut	Cut	69
1989	Cut	–	–	Cut
1990	–	Cut	–	45
1991	7	Cut	57	13
1992	19	17	5	56
1993	31	–	39	51
1994	41	–	Cut	47
1995	–	Cut	–	–
1996	–	–	–	–
1997	–	–	36	75
1998	31	Cut	Cut	21
1999	36	Cut	Cut	54
2000	–	Cut	–	Cut

MAGGERT, JA (Jeffrey/Jeff Allen) (USA)

	MAS	USO	BOP	PGA
1986-87	–	Cut	–	–
1988-91	–	–	–	–
1992	–	–	Cut	6
1993	21	52	Cut	51
1994	50 (L)	9	24	Cut
1995	Cut	4	68	3
1996	7	97	5	73
1997	Cut	4	51	3
1998	23	7	Cut	44
1999	Cut	7	30	Cut
2000	Cut	Cut	41	Cut
2001	20	44	Cut	Cut
2002	–	3	47	Cut
2003	5	Cut	–	Cut
2004	Cut	3	–	–
2005	20	78	–	Cut
2006	–	–	Cut	62
2007-13	–	–	–	–
2014	–	Cut	–	–
2015	–	–	–	–
2016	–	Cut	–	–

MAGINNES, JD (John David) (USA)

	MAS	USO	BOP	PGA
1995	–	71	–	–
1996-2000	–	–	–	–
2001	–	Cut	–	–
2002	–	59	–	–
2003	–	28	–	–

MAGUIRE, Matthew/Matt (ENG)

	MAS	USO	BOP	PGA
2001	–	–	Cut	–

MAHAFFEY (Jr), JD (John Drayton) (USA)

	MAS	USO	BOP	PGA
1970	–	36 (a)	–	a
1971	–	–	–	–
1972	–	Cut	–	–
1973	–	29	–	30
1974	Cut	12	44	9
1975	Cut	2	10	28
1976	39	4	–	Wdw
1977	–	–	–	–
1978	–	–	–	W
1979	–	36	–	51
1980	44	28	32	15
1981	8	Cut	–	Cut
1982	Cut	22	–	42
1983	40	34	–	Cut
1984	Cut	30	–	20
1985	14	39	–	23
1986	42	Cut	30	Cut
1987	35	24	–	65
1988	–	–	–	15
1989	–	46	–	Cut
1990	42	Cut	–	40
1991-92	–	–	–	Cut
1993-95	–	Cut	–	Cut
1996	–	–	–	–
1997	–	–	–	Wdw

MAHAN, HM (Hunter Myles) (USA)

	MAS	USO	BOP	PGA
2003	28a	Cut (a)	–	a
2004	–	–	36	–
2005	–	–	–	Cut
2006	–	–	26	–
2007	–	13	6	18
2008	Cut	18	Cut	Cut
2009	10	6	Cut	16
2010	8	Cut	37	39
2011	Cut	Cut	Cut	19
2012	12	38	19	Cut
2013	Cut	4	9	57
2014	26	Cut	32	7
2015	9	Cut	49	43
2016	54	–	–	–

MAHLBERG, BD (Barry) (USA)

	MAS	USO	BOP	PGA
1984-85	–	Cut	–	–
1986-2001	–	–	–	–
2002	–	–	–	Cut

MAIN, Gregor (USA)

	MAS	USO	BOP	PGA
2016	–	Cut	–	–

MALIZIA, Michael/Mike (USA)

	MAS	USO	BOP	PGA
2000	–	Cut	–	–

MALLINGER, JC (John Charles) (USA)

	MAS	USO	BOP	PGA
2005	–	67	–	–
2006	–	Cut	–	–
2007	–	–	–	–
2008	–	65	–	60
2009	–	45	–	60
2010	–	22	–	–

MALNATI, Peter (USA)

	MAS	USO	BOP	PGA
2016	–	–	–	Cut

MAMAT, Mardan (SIN)

	MAS	USO	BOP	PGA
1997	–	–	Cut	–
1998-2004	–	–	–	–
2005	–	–	Cut	–
2006-11	–	–	–	–

	MAS	USO	BOP	PGA
2012	–	–	Dsq	–

MANASSERO, Matteo (ITA)

	MAS	USO	BOP	PGA
2009	–	–	13 (a)	a
2010	36 (a)	–	–	–
2011	–	54	Cut	37
2012	–	46	–	Cut
2013	Cut	Cut	Cut	72
2014	Cut	–	19	Cut
2015	–	–	Cut	–
2016	–	46	Cut	–

MANERO, AT (Anthony/Tony) (USA)

	MAS	USO	BOP	PGA
1927	–	–	–	Last 16
1928	–	41	–	Last 32
1929	–	Cut	–	QF
1930	–	–	–	–
1931	–	19	Cut	–
1932	–	45	–	–
1933	–	29	–	–
1934	Wdw	Cut	–	–
1935	45	40	–	Last 16
1936	–	W	–	QF
1937	13	40	Cut	SF
1938	27	48	–	Last 32
1939	26	56	–	Last 32
1940	29	36	–	–
1941	44	Cut	–	–
1942	–	–	–	–
1943				
1944	–	–	–	Last 16
1945				–
1946	–	Cut	–	–
1947	–	Wdw	–	–
1948	–	Cut	–	–
1949	–	Cut	–	Last 64
1950	–	Cut	–	Dnq
1951	–	Cut	–	–
1952	–	Dsq	–	–
1953	–	–	–	–
1954	–	Cut	–	–
1955-56	Wdw	–	–	–
1957-61	Cut	–	–	–
1962	Wdw	–	–	–

MANGRUM, LE (Lloyd Eugene) (USA)

	MAS	USO	BOP	PGA
1937	–	Cut	–	–
1938	–	–	–	–
1939	–	56	–	–
1940	2	5	–	–
1941	9	10	–	SF
1942	Wdw	9*	–	Last 16
1943				
1944-45				
1946	16	W	–	Last 64
1947	8	23	–	QF
1948	4	21	–	Last 32
1949	2	14	–	SF
1950	6	2	–	QF
1951	3	4	–	Last 16
1952	6	10	–	Last 32
1953	3	3	24	–
1954	4	3	–	–
1955	7	–	–	–
1956	4	–	–	–
1957	28	Cut	–	–
1958	Cut	37	–	–
1959	Cut	–	–	–
1960	43	23	–	–
1961	Cut	–	–	–
1962	33	–	–	–

*unofficial championship

MANNING, Eric (USA)

	MAS	USO	BOP	PGA
2008	–	–	Cut	–

MANTEROLA, JM Olazabal see OLAZABAL (MANTEROLA), JM

MARCHBANK, Brian (SCO)

	MAS	USO	BOP	PGA
1980	–	–	Cut	–
1981	–	–	–	–
1982	–	–	Cut	–
1983	–	–	–	–
1984-85	–	–	Cut	–
1986	–	–	8	–
1987	–	–	44	–
1988	–	–	38	–
1989	–	–	30	–
1990	–	–	–	–
1991	–	–	92	–
1992	–	–	45	–
1993	–	–	–	–
1994	–	–	38	–
1995-99	–	–	–	–

	MAS	USO	BOP	PGA
2000	–	–	Cut	–

MARINO (Jr), SP (Stephen/Steve Paul) (USA)

	MAS	USO	BOP	PGA
2007	–	Cut	–	–
2008	–	Cut	–	60
2009	–	–	38	Cut
2010	14	63	55	Cut
2011	42	–	Cut	Cut
2012	–	Cut	–	–
2013-14	–	–	–	–
2015	–	Cut	–	–

MARITZ, Martin (RSA)

	MAS	USO	BOP	PGA
2011	–	Cut	–	–

MARKSAENG, Prayad (THA)

	MAS	USO	BOP	PGA
1999	–	–	Cut	–
2000-07	–	–	–	–
2008	Wdw	–	Cut	15
2009	Cut	–	Cut	Cut
2010	–	–	–	–
2011-12	–	–	Cut	–

MARR (Jr), DF (David/Dave Francis) (USA)

	MAS	USO	BOP	PGA
1952	–	Cut (a)	–	a
1953	–	Dnq	–	–
1954-55	–	–	–	–
1956-57	–	Cut	–	–
1958	–	–	–	44
1959	–	15	–	–
1960	34	17	–	10
1961	–	Cut	–	22
1962	Cut	–	–	51
1963	–	21	–	Cut
1964	2	–	–	65 (L)
1965	Cut	Cut	–	W
1966	Cut	4	8	18
1967	16	9	–	33
1968	20	32	–	Cut
1969	Cut	10	–	48
1970	Cut	30	41	35
1971	–	Cut	–	–
1972	–	Cut	11	Cut
1973	–	–	Cut	46

MARSH, Kevin [a] (USA)

	MAS	USO	BOP	PGA
2006	Cut	–	–	a

MARSHALL, Andrew/Andy (ENG)

	MAS	USO	BOP	PGA
2005	–	–	Cut	–
2006	–	–	48	–

MARSHALL, Matt (USA)

	MAS	USO	BOP	PGA
2016	–	61	–	–

MARTIN, Alex (USA)

	MAS	USO	BOP	PGA
2010	–	Cut	–	–

MARTIN, Ben (USA)

	MAS	USO	BOP	PGA
2009	–	Cut (a)	–	a
2010	Cut (a)	Cut (a)	–	–
2011-13	–	–	–	–
2014	–	–	26	Cut
2015	–	Cut	64	74	Cut

MARTIN, Bob see MARTIN, RB

MARTIN, Brad(ley) (USA)

	MAS	USO	BOP	PGA
2008	–	–	–	Cut

MARTIN, Casey (USA)

	MAS	USO	BOP	PGA
1998	–	23	–	–
1999-2011	–	–	–	–
2012	–	Cut	–	–

MARTIN, JR (Jeffrey/Jeff) (USA)

	MAS	USO	BOP	PGA
2005	–	–	–	Cut
2006-07	–	–	–	–
2008	–	–	–	Cut

MARTIN, Pablo see MARTIN-(BENAVIDES), Pablo

MARTIN, RB (Robert/Bob Bell) (SCO)

	MAS	USO	BOP	PGA
1873	–	–	9	–
1874	–	–	4	–
1875	–	–	2	–
1876	–	–	W	–
1877	–	–	Wdw	–
1878	–	–	4	–
1879	–	–	17	–
1880	–	–	–	–
1881	–	–	4	–
1882	–	–	3	–
1883-84	–	–	–	–
1885	–	–	W	–
1886	–	–	–	–
1887	–	–	2	–
1888	–	–	15	–
1889-90	–	–	–	–
1891	–	–	34	–
1892-94	–	–	–	–
1895	–	–	Wdw	–

MARTIN-(BENAVIDES), Pablo (ESP)

	MAS	USO	BOP	PGA
2007	–	30 (a)	–	–
2008-09	–	–	–	–
2010	–	82 (L)	–	–

MARUYAMA, Daisuke (JPN)

	MAS	USO	BOP	PGA
2013	–	–	Cut	–

MARUYAMA, Shigeki (JPN)

	MAS	USO	BOP	PGA
1996	–	–	14	–
1997	–	–	10	23
1998	Cut	–	29	65
1999	31	–	Cut	Cut
2000	46	Cut	55	46
2001	Cut	–	Cut	22
2002	14	16	5	43
2003	Cut	Cut	Cut	48
2004	Cut	4	30	Cut
2005	Cut	33	Cut	Cut
2006	–	–	–	Cut

MASON, NA (Nicholas/Nick Adam) (USA)

	MAS	USO	BOP	PGA
2014	–	Cut	–	–

MASSY, AGW (Arnaud George Watson) (FRA)

	MAS	USO	BOP	PGA
1902	–	–	10	–
1903	–	–	37	–
1904	–	–	Wdw	–
1905	–	–	5	–
1906	–	–	6	–
1907	–	–	**W**	–
1908	–	–	9	–
1909	–	–	35	–
1910	–	–	22	–
1911	–	–	2	–
1912	–	–	10	–
1913	–	–	7	–
1914	–	–	10	–
1915	–	–	–	–
1916	–	–	–	–
1917	–	–	–	–
1918	–	–	–	–
1919	–	–	–	–
1920	–	–	29	–
1921	–	–	6	–
1922	–	–	Wdw	–
1923	–	–	–	–
1924-25	–	–	Wdw	–
1926-27	–	–	–	–
1928	–	–	41	–
1929-30	–	–	Cut	–
1931-32	–	–	–	–
1933	–	–	Dnq	–

MASUDA, Nobuhiro (JPN)

	MAS	USO	BOP	PGA
2007	–	Cut	–	–

MATHIS, DH (David Haynes) (USA)

	MAS	USO	BOP	PGA
2012	–	Cut	–	–

MATSUMURA, Michio (JPN)

	MAS	USO	BOP	PGA
2008	–	–	Cut	–

MATSUO, Hiroshi (JPN)

	MAS	USO	BOP	PGA
2003	–	Cut	–	–

MATSUYAMA, Hideki (JPN)

	MAS	USO	BOP	PGA
2011	27 (a)	–	–	a
2012	54 (a)	–	–	a
2013	–	10	6	19
2014	Cut	35	39	35
2015	5	10	18	37
2016	7	Cut	Cut	4

MATTESON, TJ (Troy Jason) (USA)

	MAS	USO	BOP	PGA
2007	Cut	–	–	66
2008-09	–	–	–	–
2010	–	–	–	28
2011	–	–	–	–
2012	–	–	39	–

MATTHEWS, AD (Andrew/Andy David) (USA)

	MAS	USO	BOP	PGA
2007	–	Cut	–	–

MATTHEWS, Llewellyn [a] (WAL)

	MAS	USO	BOP	PGA
2007	–	–	Cut	a

MATTIACE, LE (Leonard/Len Earl) (USA)

	MAS	USO	BOP	PGA
1985	–	58 (a)	–	a
1986-87	–	–	–	a
1988	Cut (a)	–	–	a
1989-90	–	–	–	a
1991-96	–	–	–	–
1997	–	24	–	Cut
1998	–	–	–	Cut
1999	–	42	30	–
2000	–	–	–	–
2001	–	–	–	Cut
2002	–	68	69	48
2003	2	57	65	–
2004	Cut	–	–	–
2005	–	Cut	–	–

MAXON, Joseph/Joey (USA)

	MAS	USO	BOP	PGA
2001	–	Cut	–	–
2002-03	–	–	–	–
2004	–	Cut	–	–

MAY, Bob see MAY, RA

MAY, David (USA)

	MAS	USO	BOP	PGA
2011	–	Cut	–	–

MAY, RA (Robert/Bob Anthony) (USA)

	MAS	USO	BOP	PGA
1998	–	–	74	–
1999	–	–	–	–
2000	–	23	11	2
2001	43	30	Cut	73

MAYBIN, Gareth (IRL)

	MAS	USO	BOP	PGA
2010	–	63	Cut	–
2011-12	–	–	–	–
2013	–	–	Cut	–

MAYER, AR (Alvin Richard/Dick) (USA)

	MAS	USO	BOP	PGA
1948	–	41 (a)	–	a
1949	–	–	–	a
1950	–	12	–	–
1951	25	Cut	–	–
1952	–	28	–	–
1953	16	54	–	–
1954	29	3	–	–
1955	10	Cut	–	–
1956	43	41	–	Last 64
1957	35	**W**	–	QF
1958	Cut	23	–	14
1959	4	Cut	–	Cut
1960	–	–	–	–
1961	19	42	–	–
1962	Cut	–	–	–
1963	15	Cut	–	–
1964	–	–	–	–
1965	Cut	–	–	Cut
1966	Cut	–	–	–
1967	Dsq	–	–	–

MAYFAIR, WF (William/Billy Frederick) (USA)

	MAS	USO	BOP	PGA
1988	Cut (a)	25 (a)	–	a
1989	–	33	–	–
1990	–	Cut	–	5
1991	12	37	–	Cut
1992	42	23	–	Cut
1993	–	–	–	28
1994	Cut	Cut	–	39
1995	–	–	–	23
1996	Cut	32	45	52
1997	–	–	–	53
1998	Cut	–	52	7
1999	Cut	10	Cut	34
2000	–	Cut	–	74
2001	–	–	3	Cut
2002	32	5	Cut	Cut
2003	37	10	–	61
2004	–	66 (L)	–	Cut
2005	–	–	–	Cut
2006	14	Cut	–	37
2007	59	–	–	60
2008	–	–	–	47
2009	Cut	40	52	–

MAYO, PM (Paul Michael) (WAL)

	MAS	USO	BOP	PGA
1987	–	–	57 (a)	a
1988	Cut (a)	–	–	a
1989-90	–	–	Cut	–
1991	–	–	110	–
1992	–	–	74	–
1993-94	–	–	–	–
1995	–	–	Cut	–
1996-2001	–	–	–	–
2002	–	–	Cut	–

MAZZA, JD (John) (USA)

	MAS	USO	BOP	PGA
1989	–	Cut	–	–
1990-96	–	–	–	–
1997	–	Cut	–	Cut
1998-2000	–	–	–	–
2001	–	–	–	Cut

MAZZOLI, Stefano [a] (ITA)

	MAS	USO	BOP	PGA
2016	–	–	Cut	a

MEDIATE, RA (Rocco Anthony) (USA)

	MAS	USO	BOP	PGA
1984	–	Cut (a)	–	a
1985	–	–	–	a
1986-87	–	–	–	–
1988	–	–	–	31
1989	–	–	–	–
1990	–	–	–	69
1991	22	Cut	Cut	16
1992	37	44	45	40
1993	–	25	39	68

	MAS	USO	BOP	PGA		MAS	USO	BOP	PGA
1994	–	Wdw	–	–	1946	12 (a)	–	–	a
1995	–	–	–	–	1947	29	Cut	–	–
1996	–	18	–	36	1948	2	21	–	–
1997	–	–	–	–	1949	23	W	–	–
1998	–	–	–	Cut	1950	7	10	–	–
1999	27	34	Cut	49	1951	12	24	–	–
2000	52	32	52	Wdw	1952	11	24	–	QF
2001	15	4	Wdw	66	1953	27	Wdw	–	Last 32
2002	36	37	47	6	1954	9	11	–	SF
2003	33	Cut	–	18	1955	W	21	–	RU
2004	Cut	–	–	Cut	1956	3	W	–	–
2005	–	6	–	–	1957	Cut	2	14	–
2006	36	Cut	–	–	1958	6	27	–	20
2007	–	–	–	Wdw	1959	2	19	–	8
2008	–	2	19	72	1960	Cut	43	–	29
2009	49 (L)	47	–	–	1961	Cut	Cut	–	11
2010	–	Cut	–	–	1962	29	Cut	–	15
2011	–	–	–	Scr/inj	1963	Cut	Cut	–	–
2012-15	–	–	–	–	1964-65	Cut	–	–	–
2016	–	–	–	Cut	1966	Wdw	Wdw	–	–
MEDNICK, Adam (SWE)					1967-68	Cut	–	–	–
1996	–	–	Cut	–	1969	Wdw	–	–	–
1997-2001	–	–	–	–	1970	Cut	–	–	–
2002	–	–	Cut	–	1971	Wdw	–	–	–
2003	–	–	34	–	**MIELKE, MS (Mark) (USA)**				
MEESAWAT, Prom (THA)					1988	–	Cut	–	–
2011	–	–	Cut	–	1989-92	–	–	–	–
MEICHTRY, Eric (USA)					1993	–	Cut	–	Cut
2005	–	Cut	–	–	1994	–	Cut	–	–
MELTON, BA (Brett) (USA)					1995	–	–	–	Cut
2005	–	–	–	Cut	1996-97	–	–	–	–
MERRICK, JS (John Sampson) (USA)					1998	–	–	–	Cut
2005	–	Cut	–	–	1999	–	Cut	–	–
2006-07	–	–	–	–	2000	–	–	–	–
2008	–	6	–	52	2001	–	–	–	Cut
2009	6	Cut	–	10	2002-04	–	–	–	–
2010	Cut	–	–	Cut	2005	–	–	–	Cut
2011-12	–	–	–	–	**MILES, Michael/Mike (USA)**				
2013	Cut	–	–	47	1987	–	Cut	–	–
MERRITT, Troy (USA)					1988-2008	–	–	–	–
2015	–	–	–	54	2009	–	Cut	–	Cut
2016	42	–	–	Cut	**MILKA SINGH, Jeev see SINGH, JM**				
METH, Byron [a] (USA)					**MILLAR, Anthony (ENG)**				
2015	Cut	–	–	a	2004	–	–	Cut	–
MICHEEL, SC (Shaun Carl) (USA)					**MILLAR, Matthew (AUS)**				
1999	–	Cut	–	–	2011	–	–	63	–
2000	–	–	–	–	**MILLER, Andrew/Andy (USA)**				
2001	–	40	–	–	2002	–	62	–	–
2002	–	–	–	–	**MILLER, Dennis (USA)**				
2003	–	–	–	W	2012	–	Cut	–	–
2004	22	28	47	24	**MILLER, JL (John/Johnny Laurence) (USA)**				
2005	Cut	Cut	Cut	Cut	1966	–	8 (a)	–	a
2006	Cut	Cut	Cut	2	1967	53 (a)	Cut (a)	–	a
2007	Cut	Cut	35	32	1968	–	–	–	a
2008	Cut	–	–	–	1969	–	42	–	–
2009	–	–	–	Cut	1970	–	18	–	12
2010	–	22	–	48	1971	2	5	47	20
2011	–	–	–	74 (L)	1972	Cut	7	15	20
2012-16	–	–	–	Cut	1973	6	W	2	18
MICKELSON, PA (Philip/Phil Alfred) (USA)					1974	15	35	10	39
1990	–	29 (a)	–	a	1975	2	38	3	Cut
1991	46 (a)	55 (a)	73 (a)	a	1976	23	10	W	–
1992	–	Cut	–	–	1977	35	27	9	11
1993	34	Dnq	–	6	1978	32	6	Cut	38
1994	–	47	Cut	3	1979	Cut	Cut	57	–
1995	7	4	40	Cut	1980	38	Cut	Cut	68
1996	3	94	41	8	1981	2	23	39	Cut
1997	Cut	43	24	29	1982	Cut	45	22	32
1998	12	10	79	34	1983	12	Cut	–	30
1999	6	2	Cut	57	1984	Cut	4	31	Wdw
2000	7	16	11	9	1985	25	8	–	Cut
2001	3	7	30	2	1986	28	45	Cut	Wdw
2002	3	2	66	34	1987	42	Cut	–	Wdw
2003	3	55	59	23	1988	–	–	52	–
2004	W	2	3	6	1989	–	–	49	–
2005	10	33	60	W	1990	–	–	–	–
2006	W	2	22	16	1991	–	–	Cut	–
2007	24	Cut	Cut	32	1992-93	–	–	–	–
2008	5	18	19	7	1994	Cut	Cut	–	–
2009	5	2	Scr/pers	73	**MILLER, Mike (USA)**				
2010	W	4	48	12	2016	–	Cut	–	–
2011	27	54	2	19	**MILLS, Corbin [a] (USA)**				
2012	3	65	Cut	36	2012	Cut	–	–	a
2013	54	2	W	72	**MILLS, JD (Jonathan/Jon David) (CAN)**				
2014	Cut	28	23	2	2007	–	Cut	–	–
2015	2	64	20	18	2008	–	36	–	–
2016	Cut	Cut	2	33	2009-10	–	–	–	–
MIDDLECOFF, Dr EC (Emmett Cary/Cary) (USA)					2011	–	Cut	–	–

	MAS	USO	BOP	PGA
MITCHUM, KL (Kelly) (USA)				
1995	–	Cut	–	–
1996-2004	–	–	–	–
2005-07	–	–	–	Cut
2006-11	–	–	–	–
2012	–	–	–	Cut
MIYAMOTO, Katsumasa (JPN)				
2010	–	–	Cut	–
MIYASE, Hirofumi (JPN)				
1997	–	–	Cut	–
1998-99	–	–	–	–
2000	–	–	Cut	–
2001-02	–	–	–	–
2003	–	–	Cut	–
2004-09	–	–	–	–
2010	–	–	68	–
MIYAZATO, Kiyoshi (JPN)				
2002	–	–	Cut	–
2003-13	–	–	–	–
2014	–	Cut	–	–
MIYAZATO, Yusaku (JPN)				
2014	–	–	Cut	–
2015	–	–	–	–
2016	–	23	Cut	–
MIZE, LH (Larry Hogan) (USA)				
1981-82	–	Cut	–	–
1983	–	–	–	47
1984	11	–	Cut	6
1985	47	39	–	23
1986	16	24	46	53
1987	**W**	4	26	Cut
1988	45 (L)	12	Cut	Cut
1989	26	33	19	17
1990	14	14	31	12
1991	17	55	Cut	Cut
1992	6	Cut	Cut	40
1993	21	Cut	27	Cut
1994	3	Cut	11	15
1995	Cut	Cut	Cut	Cut
1996	23	Cut	–	8
1997	30	58	–	58
1998	Cut	–	52	Cut
1999	23	64	–	–
2000	25	37	–	–
2001-02	Cut	–	–	–
2003	Cut	Cut	–	–
2004-05	Cut	–	–	–
2006	42	–	–	–
2007-08	Cut	–	–	–
2009	30	–	–	–
2010-13	Cut	–	–	–
2014	51 (L)	–	–	–
2015	Cut	–	–	–
2016	52	–	–	–
MIZUMAKI, Yoshinori (JPN)				
1993	–	–	27	–
1994-97	–	–	–	–
1998	–	–	Cut	–
1999	–	–	–	–
2000	–	–	Cut	–
MOIR, Richard (AUS)				
2005	–	–	Cut	–
MOLDER, BW (Bryce Wade) (USA)				
1999	–	Cut (a)	–	a
2000	–	–	–	a
2001	–	30 (a)	–	a
2002	–	–	–	–
2003	–	Cut	–	–
2004-08	–	–	–	–
2009	–	–	43	–
2010	–	–	–	12
2011	–	–	–	56
2012	–	–	–	Cut
2013-15	–	–	–	–
2016	–	–	–	Cut
MOLINARI, Edoardo (ITA)				
2005	–	–	60 (a)	a
2006	Cut (a)	Cut (a)	68 (a)	a
2007-09	–	–	–	–
2010	Cut	47	27	33
2011	11	54	66	69
2012	57	–	–	–
2013	–	–	–	–
2014	–	–	7	46
2015	–	–	Cut	–
MOLINARI, Francesco (ITA)				
2007	–	–	Cut	–
2008	–	–	–	–

	MAS	USO	BOP	PGA
2009	–	27	13	10
2010	30	Cut	Cut	33
2011	Cut	Cut	Cut	34
2012	19	29	39	54
2013	Cut	Cut	9	33
2014	50	23	15	58
2015	–	27	40	54
2016	–	–	36	22
MONTGOMERIE, CS (Colin Stuart: 'Monty') (SCO)				
1990	–	–	48	–
1991	–	26	–	–
1992	37	3	Cut	33
1993	52	33	Cut	Cut
1994	Cut	2	8	36
1995	17	28	Cut	2
1996	39	10	Cut	Cut
1997	30	2	24	13
1998	8	18	Cut	44
1999	11	15	15	6
2000	19	46	26	39
2001	Cut	52	13	Dsq
2002	14	Cut	82	Cut
2003	Cut	42	Scr	Cut
2004	Cut	–	25	70
2005	–	42	2	Cut
2006	Cut	2	Cut	Cut
2007	Cut	Cut	Cut	42
2008	–	Cut	58	Cut
2009	–	–	Cut	Cut
2010	–	–	68	Cut
2011-13	–	–	–	–
2014	–	–	–	69
2015	–	64	–	Cut
2016	–	–	78	–
MOODY, (Sgt) OC (Orville Cleve) (USA)				
1962	–	Cut (a)	–	a
1963-67	–	–	–	a
1968	–	–	–	–
1969	–	**W**	16	7
1970	18	Cut	Cut	41
1971	20	27	–	Cut
1972	Cut	15	–	Wdw
1973	Cut	Cut	–	30
1974	44 (L)	Scr/inj	–	–
1975	–	Cut	–	–
1976-77	–	–	–	–
1978	–	–	11	–
1979	–	–	19	Cut
1980	–	–	Cut	–
MOORE, Jonathan (USA)				
2006	–	Cut (a)	–	a
2007-14	–	–	–	–
2015	–	–	Cut	–
MOORE, RD (Ryan David) (USA)				
2002	–	Cut (a)	–	a
2003	45 (a)	–	–	a
2004	–	–	–	a
2005	13 (a)	57 (a)	–	a
2006	–	–	–	9
2007	–	Cut	42	Cut
2008	–	–	–	Cut
2009	–	10	–	–
2010	14	33	Cut	65
2011	35	Cut	28	56
2012	–	–	–	Cut
2013	38	Cut	32	55
2014	Cut	48	12	40
2015	12	Cut	Cut	37
2016	Cut	32	46	70
MORIARTY, Colm (IRL)				
2010	–	–	37	–
MORIN, AR (Alan) (USA)				
1998	–	Cut	–	–
1999-2001	–	–	–	–
2002	–	–	–	Cut
2003	–	Cut	–	Cut
2004	–	–	–	–
2005	–	–	–	Cut
2006-07	–	–	–	–
2008	–	–	–	Cut
2009-11	–	–	–	–
2012	–	–	–	Cut
2013-14	–	–	–	–
2015	–	–	–	Cut
MORLAND IV, DJ (David James) (CAN)				
1995	–	Cut	–	–
1996-2003	–	–	–	–
2004	–	Cut	–	–

	MAS	USO	BOP	PGA
MORRIS Sr, TM (Thomas/Tom Mitchell: 'Old Tom') (SCO)				
1860			2	
1861			W	
1862			W	
1863			2	
1864			W	
1865			5	
1866			4	
1867			W	
1868			2	
1869			6	
1870			4	
1871				
1872			4	
1873			7	
1874			18	
1875			_	
1876			4	
1877			Wdw	
1878			11	
1879			14	
1880			10	
1881			5	
1882			_	
1883			10	
1884			13	
1885			29	
1886			27	
1887			Wdw	
1888			27	
1889-90			Wdw	
1891			58	
1892			50	
1893			52 (L)	
1894			Wdw	
1895		_	49 (L)	
1896			Wdw	
MORRIS Jr, TM (Thomas/Tommy/Tom Mitchell: 'Young Tom') (SCO)				
1865			Wdw	
1866			9	
1867			4	
1868			W	
1869			W	
1870			W	
1871				
1872			W	
1873			3	
1874			2	
MORRIS, Tom (1) see MORRIS Sr, TM				
MORRIS, Tom (2) see MORRIS Jr, TM				
MORRISON, James (ENG)				
2010	_	Cut	_	_
2011	_	_	_	_
2012	_	_	23	_
2013-14	_	_	_	_
2015	_	_	20	77 (L)
2016	_	_	Cut	Cut
MORSE, Andrew/Andy (USA)				
1996	_	67	_	_
1997	_	Cut	_	_
1998-2005	_	_	_	_
2006	_	Cut	_	_
MORTON, Richard/Rick (USA)				
1989	_	_	_	Cut
1990-99	_	_	_	_
2000	_	_	_	Cut
MOSELEY, JJ (Jarrod James) (AUS)				
1999	_	_	Cut	_
2000	_	_	41	_
2001	_	_	_	_
2002	_	_	66	_
2003	_	_	Cut	_
MOSS, RS (Robert/Rob) (USA)				
2005	_	_	_	Cut
2006-09	_	_	_	_
2010-11	_	_	_	Cut
MUEHR, MP (Michael/Mike Paul) (USA)				
1995	_	Cut	_	_
1996-98	_	_	_	_
1999	_	Cut	_	_
2000-01	_	_	_	_
2002	_	Cut	_	_
MUELLER, Jesse (USA)				
2012	_	51	_	_
MUELLER, Kyle [a] (USA)				
2016	_	_	_	a
MULLEN, Jimmy [a] (ENG)				

	MAS	USO	BOP	PGA
2013			73	a
MULLER, GA (Grant Andrew) (RSA)				
2004	_	Cut	_	_
MULROY, GD (Garth David) (RSA)				
2012	_	_	64	_
2013	_	_	_	_
2014	_	40	_	_
2015	_	Cut	_	_
MUNTZ, RFC (Rolf Frederick Cornelis) (NED)				
1990	_	_	Cut (a)	a
1991	Cut (a)	_	Cut (a)	a
1992-93	_	_	_	a
1994-2002	_	_	_	_
2003	_	_	Cut	_
MURAKAMI, Artemio (PHI)				
2008	_	Cut	_	_
MURCHISON (III), WJ (William/Bill) (USA)				
2012	_	_	_	Cut
MURDACA, Anthony [a] (AUS)				
2015	Cut	_	_	_
MURPHY, Gary (IRL)				
1997	_	_	Cut	_
1998-2002	_	_	_	_
2003	_	_	34	_
MURPHY, SP (Sean Patrick) (USA)				
1993	_	Cut	_	_
1994-95	_	_	_	_
1996	_	32	Cut	_
1997	_	Cut	_	_
1998-2002	_	_	_	_
2003	_	Cut	_	_
MURPHY, Trevor (USA)				
2009	_	58	_	_
MURRAY, GC (Grayson Colby) [a] (USA)				
2013	_	Cut	_	a
MURRAY, George (SCO)				
2013	_	_	Cut	_
MURRAY, Grayson see MURRAY, GC				
MUTHIYA, Madalitso (ZAM)				
2006	_	_	_	_
MUTO, Toshinori (JPN)				
2006-07	_	_	Cut	_
2008-11	_	_	_	_
2012	_	_	72	_
MUTTITT, David (ENG/USA)				
2013	_	_	_	Cut
2014-15	_	_	_	_
2016	_	_	_	Cut
NA, KS (Kevin Sangwook) (KOR/USA)				
2005	_	_	_	Cut
2006-08	_	_	_	_
2009	_	_	_	43
2010	Cut	Cut	27	58
2011	Cut	Cut	Cut	10
2012	12	29	Cut	Wdw/inj
2013	59	_	_	_
2014	_	12	54	Cut
2015	12	46	58	Cut
2016	55	7	22	22
NAGLE, KDG (Kelvin/Kel David George) (AUS)				
1951	_	_	19	_
1952-54	_	_	_	_
1955	_	_	19	_
1956-59	_	_	_	_
1960	Cut	_	W	_
1961	Cut	17	5	_
1962	Cut	_	2	_
1963	35	Cut	4	_
1964	21	Cut	45 (L)	_
1965	15	2	5	20
1966	Cut	34	4	Cut
1967	31	9	22	_
1968	30	52	13	_
1969	_	Cut	9	_
1970	_	30	32	_
1971	_	_	11	_
1972	_	_	31	_
1973	_	_	39	_
1974	_	_	Cut	_
1975	_	_	40	_
1976	_	_	Cut	_
1977	_	_	_	_
1978	_	_	Cut	_
1979-83	_	_	_	_
1984	_	_	Cut	_
NAGLE, Patrick (a) (USA)				
2006	_	Cut	_	a
NAGY, Matthew/Matt [a] (USA)				

	MAS	USO	BOP	PGA
2009	–	Cut	–	a
NAKAJIMA, Tsuneyuki: 'Tommy' (JPN)				
1978	Cut	–	17	–
1979	–	–	Cut	–
1980-82	–	–	–	–
1983	16	26	–	Cut
1984	33	Cut	36	10
1985	47	–	–	Cut
1986	8	53	8	47
1987	Cut	9	59	Cut
1988	33	32	–	3
1989	Cut	–	–	–
1990	–	–	–	–
1991	10	–	–	Cut
1992	Cut	–	Cut	21
1993	–	–	–	Cut
1994	–	–	55	61
1995	Cut	–	49	Cut
1996	–	–	–	52
1997-2001	–	–	–	–
2002	–	–	Cut	–
NALLEN, CJ (Christopher/Chris John) (USA)				
2005	–	80	–	–
2006	–	Cut	–	–
NEIL, Bradley [a] (SCO)				
2014	–	–	Cut	a
2015	Cut	Cut	–	a
NELSON, JB (John Byron/Byron) (USA)				
1934	–	Cut	–	Last 32
1935	9	32	–	–
1936	13	Cut	–	Dnq
1937	W	20	5	QF
1938	5	5	–	QF
1939	7	W	–	RU
1940	3	5	–	W
1941	2	17	–	RU
1942	W	4*	–	SF
1943				
1944				RU
1945				W
1946	7	2	–	QF
1947	2	–	–	–
1948	8	–	–	–
1949	8	Cut	–	–
1950	4	–	–	–
1951	8	–	–	–
1952	24	–	–	–
1953	29	–	–	–
1954	12	–	–	–
1955	10	28	32	–
1956	39	–	–	–
1957	16	–	–	–
1958	20	–	–	–
1959	Wdw	–	–	–
1960	Cut	–	–	–
1961	32	–	–	–
1962	33	–	–	–
1963-64	Cut	–	–	–
1965	15	–	–	–
1966	Cut	–	–	–
1967-80	–	–	–	–
1981-82	Hon starter	–	–	–
1983				
1984-2002	Hon starter	–	–	–
*unofficial championship				
NELSON, LG (Larry Gene) (USA)				
1976	–	21	–	34
1977	–	54	–	54
1978	–	Cut	–	12
1979	31	4	–	28
1980	6	60	12	Cut
1981	Cut	20	–	W
1982	7	19	32	Cut
1983	Cut	W	53	36
1984	5	Cut	Cut	Cut
1985	36	39	56	23
1986	36	35	Cut	Cut
1987	Cut	Cut	48	W
1988	33	62	13	38
1989	Cut	13	Cut	46
1990	48	14	–	Cut
1991	55	3	–	Cut
1992	Dsq	Cut	–	28
1993	–	46	–	56
1994	–	Cut	–	Cut
1995	–	–	–	Cut
1996	–	–	–	Wdw
1997	–	Cut	–	71

	MAS	USO	BOP	PGA
1998	–	–	–	–
1999	–	–	–	Cut
2000	–	–	–	–
2001-02	–	–	–	Cut
2003	–	–	–	Scr
2004-05	–	–	–	–
2006	–	–	–	Cut
2007-10	–	–	–	–
2011	–	–	–	Cut
NELSON, Ryan (USA)				
2011	–	Cut	–	–
2012	–	–	–	–
2013	–	–	Wdw	–
NESMITH, Matthew [a] (USA)				
2015	–	Cut	–	a
NEWMAN, John/Jack [a] (USA)				
2009	Cut	–	–	a
NICHOLS, RH (Robert/Bobby Herman) (USA)				
1958	–	52 (a, L)	–	a
1959	–	–	–	a
1960-61	–	–	–	–
1962	–	3	–	6
1963	24	14	–	23
1964	25	14	–	W
1965	35	Cut	–	54
1966	22	7	–	Cut
1967	2	23	–	14
1968	30	4	–	57
1969	29	31	–	44
1970	–	46	–	26
1971	–	9	–	47
1972	31	11	–	62
1973	24	20	–	51
1974	7	49	–	39
1975	4	Cut	–	33
1976	Cut	Cut	–	Cut
1977	–	–	–	51
1978	–	52	–	19
1979	–	25	–	Cut
1980	–	Cut	–	Cut
1981	–	53	–	Cut
1982	–	Cut	–	34
1983	–	Cut	–	36
1984	–	–	–	Cut
1985	–	–	–	40
NICKLAUS, GT (Gary Thomas) (USA)				
1997	–	Cut	–	–
1998-2000	–	–	–	–
2001	–	Cut	–	–
NICKLAUS, JW (Jack William) (USA)				
1957	–	Cut (a)	–	a
1958	–	41 (a)	–	a
1959	Cut (a)	Cut (a)	–	a
1960	13 (a)	2 (a)	–	a
1961	7 (a)	4 (a)	–	a
1962	15	W	34	3
1963	W	Cut	3	W
1964	2	23	2	2
1965	W	32	12	2
1966	W	3	W	22
1967	Cut	W	2	3
1968	5	2	2	Cut
1969	24	25	6	11
1970	8	51	W	6
1971	2	2	5	W
1972	W	W	2	13
1973	3	4	4	W
1974	4	10	3	2
1975	W	7	3	W
1976	3	11	2	4
1977	2	10	2	3
1978	7	6	W	Cut
1979	4	9	2	65
1980	33	W	4	W
1981	2	6	23	4
1982	15	2	10	16
1983	Wdw	43	29	2
1984	18	21	31	25
1985	6	Cut	Cut	32
1986	W	8	46	16
1987	7	46	72	24
1988	21	Cut	25	Cut
1989	18	43	30	27
1990	6	33	63	Cut
1991	35	46	44	23
1992	42	Cut	Cut	Cut
1993	27	72	Cut	Cut
1994	Cut	28	Cut	Cut

	MAS	USO	BOP	PGA
1995	35	Cut	79	67
1996	41	27	45	Cut
1997	39	52	60	Cut
1998	6	43	–	–
1999	–	Cut	–	–
2000	54	Cut	Cut	Cut
2001	Cut	–	–	–
2002	–	–	–	–
2003-04	Cut	–	–	–
2005	Cut	–	Cut	–
2006-09	–	–	–	–
2010-15	Hon starter	–	–	–

NIEBRUGGE, Jordan (USA)

	MAS	USO	BOP	PGA
2014	Cut (a)	–	–	a
2015	Cut (a)	–	6 (a)	a
2016	–	–	Cut	–

NIEPORTE, John (USA)

	MAS	USO	BOP	PGA
2013	–	Cut	–	–

NITTIES, James (AUS)

	MAS	USO	BOP	PGA
2009	–	Cut	–	–

NOBILO, FIJ (Frank Ivan Joseph) (NZL)

	MAS	USO	BOP	PGA
1986	–	–	59	–
1987-89	–	–	–	–
1990	–	–	16	–
1991	–	–	73	–
1992	–	–	–	33
1993	–	–	51	22
1994	–	9	11	47
1995	Cut	10	68	Cut
1996	4	13	27	8
1997	46 (L)	36	10	29
1998	Cut	40	Cut	Cut
1999	–	–	18	–
2000	–	Cut	–	–

NOH, S-Y (Seung-Yul) (KOR)

	MAS	USO	BOP	PGA
2010	–	40	Cut	28
2011	–	30	30	45
2012	–	–	–	21
2013	–	–	–	–
2014	–	52	–	Cut
2015	38	–	–	–
2016	–	–	Cut	–

NOREN, Alex(ander) (SWE)

	MAS	USO	BOP	PGA
2008	–	–	19	–
2009	–	–	–	–
2010	–	–	Cut	–
2011	–	51	Cut	34
2012	–	Cut	9	66
2013	–	–	Wdw	Cut
2014	–	–	–	–
2015	–	Cut	Scr/inj	Scr/inj
2016	–	Cut	46	49

NORLANDER, HA (Henrik Anders) (SWE)

	MAS	USO	BOP	PGA
2014	–	Cut	–	–

NORMAN, Brian (USA)

	MAS	USO	BOP	PGA
2014	–	–	–	Cut

NORMAN, GJ (Gregory/Greg John) (AUS)

	MAS	USO	BOP	PGA
1977	–	–	Cut	–
1978	–	–	29	–
1979	–	48	10	–
1980	–	–	Cut	–
1981	4	33	31	4
1982	36	–	27	5
1983	30	50	19	42
1984	25	2	6	39
1985	47	15	16	Cut
1986	2	12	W	2
1987	2	51	35	70
1988	5	Wdw	–	9
1989	3	33	2	12
1990	Cut	5	6	19
1991	Cut	Wdw	9	32
1992	6	–	18	15
1993	31	Cut	W	2
1994	18	6	11	4
1995	3	2	15	20
1996	2	10	7	17
1997	Cut	Cut	36	13
1998	Cut	–	–	–
1999	3	Cut	6	Cut
2000	11	Cut	–	Cut
2001	Cut	–	–	29
2002	36	59	18	53
2003	–	–	18	Cut
2004	–	–	Cut	–
2005	–	–	60	–
2006-07	–	–	–	–
2008	–	–	3	–

	MAS	USO	BOP	PGA
2009	Cut	–	Cut	–

NORTH, AS (Andrew/Andy Stewart) (USA)

	MAS	USO	BOP	PGA
1974	–	–	–	39
1975	–	12	–	4
1976	37	14	–	49
1977	24	Cut	–	Cut
1978	32	W	–	42
1979	12	11	Cut	Cut
1980	24	8	45	15
1981	Cut	43	–	11
1982	Cut	22	–	70
1983	30	10	–	Cut
1984	41	Cut	–	–
1985	–	W	–	Cut
1986	–	67	–	Cut
1987	Cut	Cut	–	Cut
1988	36	Cut	47	Cut
1989	Cut	Cut	–	58
1990	27	51	39	–
1991	–	37	–	–
1992-95	–	Cut	–	–

NORTHERN, Michael/Mike (USA)

	MAS	USO	BOP	PGA
2001	–	–	–	Cut
2002-03	–	–	–	–
2004	–	–	–	Cut
2005-10	–	–	–	–
2011	–	–	–	Cut

OAKLEY, PH (Peter/Pete) (USA)

	MAS	USO	BOP	PGA
1975	–	Cut	–	–
1976-79	–	–	–	–
1980	–	Cut	–	–
1981-82	–	–	–	–
1983	–	Cut	–	Cut
1984-1985	–	–	–	–
1986-87	–	–	–	Cut
1988-93	–	–	–	–
1994-95	–	–	–	Cut
1996	–	–	–	–
1997	–	–	–	Cut
1998-2004	–	–	–	–
2005	–	–	Cut	–

OBERHOLSER, AM (Arron Matthew) (USA)

	MAS	USO	BOP	PGA
2004	–	–	–	13
2005	–	9	–	28
2006	14	16	Cut	Cut
2007	58	Cut	45	4
2008	25	–	–	–

O'CONNOR Jr, CP (Christy Patrick) (IRL)

	MAS	USO	BOP	PGA
1970	–	–	Cut	–
1971-73	–	–	–	–
1974	–	–	24	–
1975	–	–	47	–
1976	–	–	5	–
1977	Cut	–	52	–
1978	–	–	Cut	–
1979	–	–	–	–
1980	–	–	Cut	–
1981	–	–	–	–
1982	–	–	Cut	–
1983	–	–	8	–
1984	–	–	Cut	–
1985	–	–	3	–
1986	–	–	11	–
1987-88	–	–	Cut	–
1989	–	–	49	–
1990	–	–	25	–
1991	–	–	32	–
1992	–	–	–	–
1993	–	–	39	–
1994	–	–	60	–
1995-99	–	–	–	–
2000	–	–	60	–

ODA, Koumei (JPN)

	MAS	USO	BOP	PGA
2009	–	–	Cut	–
2010	–	–	Cut	Cut
2011	–	–	–	–
2012	–	–	Cut	–
2013	–	–	–	–
2014	–	–	39	40
2015	–	–	Cut	72

ODA, Ryuichi (JPN)

	MAS	USO	BOP	PGA
2010	–	–	Cut	–

ODATE, Toshiaki (JPN)

	MAS	USO	BOP	PGA
2001	–	–	Cut	–

OGDEN, Clay [a] (USA)

	MAS	USO	BOP	PGA
2006	–	Cut	–	a

OGILVIE, NJ (Norman Joseph/Joe) (USA)

	MAS	USO	BOP	PGA
2000	–	–	–	58

	MAS	USO	BOP	PGA
2001	–	–	25	–
2002	–	–	–	–
2003	–	Cut	–	–
2004	–	40	–	49
2005	25	Cut	34	17
2006	Cut	–	–	–
2007	–	–	–	Cut
2008	–	36	–	–
2012	–	72 (L)	–	–
2013-14	–	Cut	–	–

OGILVY, GC (Geoffrey/Geoff Charles) (AUS)

	MAS	USO	BOP	PGA
1999	–	–	Cut	–
2000	–	–	–	–
2001	–	–	Cut	–
2002	–	–	–	–
2003	–	Cut	–	27
2004	–	–	–	24
2005	–	28	5	6
2006	16	W	16	9
2007	24	42	Cut	6
2008	39	9	Cut	31
2009	15	47	Cut	43
2010	26	Cut	Cut	Cut
2011	4	Cut	Cut	Cut
2012	19	Cut	9	11
2013	–	32	44	Cut
2014	–	Cut	–	46
2015	48	18	40	Cut
2016	–	Cut	–	–

OH, David (USA)

	MAS	USO	BOP	PGA
2005-06	–	Cut	–	–
2007-2013	–	–	–	–
2014	–	Cut	–	–

O'HAIR, SM (Sean Marc) (USA)

	MAS	USO	BOP	PGA
2005	–	–	15	59
2006	Cut	26	14	12
2007	–	Cut	67	42
2008	14	–	82	31
2009	10	23	65	75
2010	30	12	7	Cut
2011	Cut	–	Cut	64
2012	32	–	–	Wdw/inj
2013-14	–	–	–	–
2015	–	–	–	72

O'HARA, Steven (SCO)

	MAS	USO	BOP	PGA
2012	–	–	Cut	–

O'HERN, NS (Nicholas/Nick Simon) (AUS)

	MAS	USO	BOP	PGA
2000	–	–	41	–
2001	–	–	–	Cut
2002	–	–	–	–
2003	–	–	Cut	–
2004	–	–	–	31
2005	45	49	15	Cut
2006	19	6	Cut	Cut
2007	Cut	23	Cut	50
2008	Cut	–	32	Cut
2009-10	–	–	–	–
2011	–	Cut	–	–

OHR, Keith (USA)

	MAS	USO	BOP	PGA
2010	–	–	–	Cut

OLANDER, HM (Hans Marten/Marten) (SWE)

	MAS	USO	BOP	PGA
2003	–	–	Cut	–
2004	–	–	66	–

OLAZABAL (MANTEROLA), JM (Jose Maria: 'Ollie') (ESP)

	MAS	USO	BOP	PGA
1984	–	–	Cut (a)	a
1985	Cut (a)	–	25 (a)	a
1986	–	–	16	–
1987	Cut	68	11	Cut
1988	–	–	36	–
1989	8	9	23	Cut
1990	13	8	16	14
1991	2	8	80	Cut
1992	42	Cut	3	Cut
1993	7	Cut	Cut	56
1994	W	Cut	38	7
1995	14	28	31	31
1996	–	–	–	–
1997	12	16	20	Cut
1998	12	18	15	Cut
1999	W	Wdw	Cut	Cut
2000	Cut	12	31	4
2001	15	Cut	54	37
2002	4	50	Cut	69
2003	8	Cut	Cut	51
2004	30	–	–	Cut
2005	Cut	–	3	47
2006	3	21	56	55
2007	44	45	–	Cut

	MAS	USO	BOP	PGA
2008-09	Cut	–	–	–
2010	–	–	–	–
2011-12	Cut	–	–	Cut
2013	50	Cut	–	–
2014	34	–	–	–
2015	Cut	–	–	–
2016	Scr/inj	–	–	–

OLDCORN, AS (Andrew Steven) (SCO)

	MAS	USO	BOP	PGA
1982	–	–	Cut (a)	a
1983	–	–	–	–
1984	–	–	Cut	–
1985	–	–	–	–
1986-87	–	–	Cut	–
1988-89	–	–	–	–
1990	–	–	Cut	–
1991	–	–	64	–
1992-93	–	–	–	–
1994	–	–	Cut	–
1995	–	–	Wdw	–
1996	–	–	Cut	–
1997	–	–	–	–
1998	–	–	80	–
1999	–	–	–	–
2000	–	–	Cut	–
2001	–	–	Cut	44
2002	–	–	Cut	–
2003	–	–	28	–
2004	–	–	42	–
2005	–	–	–	–

O'LEARY, JT (John Terrance) (USA)

	MAS	USO	BOP	PGA
2007	–	–	–	Cut

OLESEN, JT (Jacob Thorbjorn/Thorbjorn) (DEN)

	MAS	USO	BOP	PGA
2011	–	–	Cut	–
2012	–	–	9	27
2013	6	Cut	Cut	40
2014	44	–	64	30
2015	–	–	–	–
2016	–	–	Cut	Cut

OLSEN, Dan (USA)

	MAS	USO	BOP	PGA
2004	–	Cut	–	–
2005-10	–	–	–	–
2011	–	–	–	Cut

OLSON, JT (Jeffrey/Jeff) (USA)

	MAS	USO	BOP	PGA
2015	–	–	–	Cut

OLSON, Leif (USA)

	MAS	USO	BOP	PGA
2004	–	Cut	–	–

O'MALLEY, PA (Peter Anthony) (AUS)

	MAS	USO	BOP	PGA
1991	–	–	38	–
1992	–	–	68	–
1993-94	–	–	–	–
1995	–	–	55	–
1996	–	67	Cut	–
1997	–	–	7	–
1998	–	–	24	–
1999	–	–	24	Cut
2000	–	–	–	Cut
2001	–	–	Cut	–
2002	–	Cut	8	Cut
2003-04	–	–	Cut	–

O'MEARA, MF (Mark Francis) (USA)

	MAS	USO	BOP	PGA
1980	Cut (a)	Cut (a)	–	a
1981	–	Cut	47	70
1982	–	58	–	–
1983	–	–	–	Cut
1984	–	7	–	25
1985	24	15	3	28
1986	48 (L)	41	43	Cut
1987	24	Cut	66	Cut
1988	39	3	27	9
1989	11	Cut	42	Cut
1990	Cut	Cut	48	19
1991	27	Cut	3	Cut
1992	4	Cut	12	Cut
1993	21	Cut	Cut	Cut
1994	15	–	–	–
1995	31	–	49	6
1996	18	16	33	26
1997	30	36	38	13
1998	W	32	W	4
1999	31	Cut	Cut	57
2000	Cut	51	26	46
2001	20	Cut	42	22
2002	Cut	18	22	Cut
2003	8	35	65	Cut
2004	27	–	30	Cut
2005	31	–	Cut	–
2006	Cut	–	63	–
2007	Cut	–	60	–

	MAS	USO	BOP	PGA
2008	Cut	Cut	Cut	—
2009	Cut	—	70	—
2010-11	Cut	—	Cut	—
2012	Scr/inj	—	Scr/inj	—
2013	Cut	—	58	—
2014	Cut	—	Scr/Inj	—
2015	22	—	78	—
2016	Cut	—	63	—

O'NEAL, TA (Timothy/Tim Andrea) (USA)

	MAS	USO	BOP	PGA
2015	—	Cut	—	—

OOSTHUIZEN, LT (Lodewicus Theodorus: 'Louis') (RSA)

	MAS	USO	BOP	PGA
2004	—	—	Cut	—
2005	—	—	—	—
2006	—	—	Cut	—
2007	—	—	—	—
2008	—	—	—	73 (L)
2009	Cut	—	Cut	Cut
2010	Cut	Cut	W	Cut
2011	Cut	9	54	Cut
2012	2	Cut	19	21
2013	Cut	Wdw/inj	Wdw/inj	Scr/inj
2014	25	40	36	15
2015	19	2	2	30
2016	15	23	Cut	22

OPPENHEIM, Rob(ert) (USA)

	MAS	USO	BOP	PGA
2014	—	Cut	—	—
2015	—	—	—	—
2016	—	37	—	—

ORR, GH (Gary Hamish) (SCO)

	MAS	USO	BOP	PGA
1993-94	—	—	Cut	—
1995-96	—	—	—	—
1997-98	—	—	Cut	—
1999	—	—	—	—
2000	—	—	41	Cut
2001	—	74	Cut	Cut
2002-08	—	—	—	—
2009	—	—	Cut	—

ORTIZ, Carlos (MEX)

	MAS	USO	BOP	PGA
2016	—	Cut	—	—

OSBORN, PL (Payton Lee) (USA)

	MAS	USO	BOP	PGA
2004	—	Cut	—	—

OSBORNE, Samuel/Sam (ENG)

	MAS	USO	BOP	PGA
2012	—	Cut	—	—

OTT, BH (Bradley/Brad Howell) (USA)

	MAS	USO	BOP	PGA
2016	—	—	—	Cut

OTTO, HJ (Hendrik/Hennie Johannes) (RSA)

	MAS	USO	BOP	PGA
2003	—	—	10	—
2004	—	—	Cut	—
2005-07	—	—	—	—
2008	—	—	Cut	Cut

OUIMET, F de S (Francis de Sales) [a] (USA)

	MAS	USO	BOP	PGA
1913	—	W	—	a
1914	—	5	56	a
1915	—	35	—	a
1916	—	—	—	a
1917	—	—	—	a
1918	—	—	—	a
1919	—	18	—	a
1920-22	—	—	—	a
1923	—	29	—	a
1924	—	—	—	a
1925	—	3	—	a
1926-33	—	—	—	a
1924-39	—	—	—	a
1940	—	—	—	a
1941	Wdw	—	—	a

OVERTON, JL (Jeffrey/Jeff Laurence) (USA)

	MAS	USO	BOP	PGA
2008	—	—	70	—
2009	—	—	13	32
2010	—	—	11	71 (L)
2011	44	63	38	Cut
2012	—	—	—	Cut

OWEN, GC (Gregory/Greg Clive) (ENG)

	MAS	USO	BOP	PGA
1999	—	—	Cut	—
2000	—	—	55	—
2001	—	—	23	—
2002-03	—	—	Cut	Cut
2004	—	—	—	—
2005	—	—	—	47
2006	—	—	22	Cut
2007-11	—	—	—	—
2012	—	—	54	—
2013-14	—	—	—	—
2015	—	—	20	—

OZAKI, Joe see OZAKI, Naomichi

OZAKI, Masashi: 'Jumbo' (JPN)

	MAS	USO	BOP	PGA
1972	Cut	—	—	—
1973	8	—	—	—
1974	Cut	—	—	—
1975	43	—	—	—
1976	33	—	—	—
1977	—	—	—	—
1978	Cut	—	14	—
1979	Cut	—	10	—
1980	—	—	60	—
1981	—	—	35	Cut
1982-86	—	—	—	—
1987	Cut	17	11	—
1988	—	Cut	—	—
1989	18	6	30	—
1990	23	24	Cut	69
1991	35	Cut	—	—
1992	—	23	Cut	—
1993	45	33	—	—
1994	Cut	28	38	47
1995	29	28	Cut	49
1996	Cut	67	—	Cut
1997	42	Cut	—	—
1998	Cut	Cut	—	Cut
1999	Cut	Cut	—	—
2000	28	—	—	78

OZAKI, Naomichi: 'Joe' (JPN)

	MAS	USO	BOP	PGA
1984	—	—	62 (L)	—
1985	—	—	Cut	—
1986-88	—	—	—	—
1989	—	—	46	Cut
1990	33	—	39	Cut
1991	—	—	—	—
1992	Cut	—	Cut	28
1993	45	25	Cut	44
1994	—	—	—	—
1995	—	—	—	31
1996	—	—	—	Cut
1997	—	—	Wdw	Cut
1998	—	—	38	44
1999	—	—	45	70
2000	Cut	—	Cut	Cut
2001	—	—	Cut	Cut

PADGHAM, AH (Alfred/Alf Harry) (ENG)

	MAS	USO	BOP	PGA
1930	—	—	39	—
1931	—	—	40	—
1932	—	—	4	—
1933	—	—	7	—
1934	—	—	3	—
1935	—	—	2	—
1936	—	—	W	—
1937	—	—	7	—
1938	—	—	4	—
1939	—	—	—	—
1940-41	—	—	—	—
1942	—	—	—	—
1943	—	—	—	—
1944-45	—	—	—	—
1946	—	—	30	—
1947	—	—	13	—
1948	—	—	7	—
1949	—	—	Cut	—
1950	—	—	20	—
1951	—	—	Cut	—
1952	—	—	—	—
1953-54	—	—	Cut	—

PAGUNSAN, Juvic (PHI)

	MAS	USO	BOP	PGA
2012	—	—	72	—
2013	—	—	—	—
2014	—	—	Cut	—

PALMER, AD (Arnold/Arnie Daniel) (USA)

	MAS	USO	BOP	PGA
1953-54	—	Cut (a)	—	a
1955	10	21	—	—
1956	21	7	—	—
1957	7	Cut	—	—
1958	W	23	—	40
1959	3	5	—	14
1960	W	W	2	7
1961	2	14	W	5
1962	W	2	W	17
1963	9	2	26	40
1964	W	5	—	2
1965	2	Cut	16	33
1966	4	2	8	6
1967	4	2	—	14
1968	Cut	59	10	2
1969	27	6	—	Wdw
1970	36	54	12	2
1971	18	24	7	18
1972	33	3	7	16
1973	24	4	14	Cut

THE PLAYERS 323

	MAS	USO	BOP	PGA
1974	11	5	–	28
1975	13	9	16	33
1976	Cut	50	55	15
1977	24	19	7	19
1978	37	Cut	34	Cut
1979	Cut	59	–	Cut
1980	24	63 (L)	Cut	72
1981	–	Cut	23	76
1982	47 (L)	Cut	27	Cut
1983	36	60	56	67
1984	Cut	Dnq	Cut	Cut
1985	Cut	–	–	65
1986	Cut	–	–	Cut
1987	Cut	–	Cut	65
1988	Cut	–	–	Cut
1989	Cut	–	Cut	63
1990	Cut	–	Cut	Cut
1991-93	–	–	–	Cut
1994	Cut	Cut	–	Cut
1995	Cut	–	Cut	–
1996-2004	Cut	–	–	–
2005-06	–	–	–	–
2007-15	Hon starter	–	–	–

PALMER, Jason (ENG)

	MAS	USO	BOP	PGA
2015	–	Cut	–	–

PALMER, RH (Ryan Hunter) (USA)

	MAS	USO	BOP	PGA
1998	–	Cut (a)	–	a
1999-2000	–	–	–	a
2001-04	–	–	–	–
2005	39	–	–	47
2006	–	–	–	49
2007	–	Cut	–	–
2008	–	–	–	–
2009	–	–	–	Cut
2010	Cut	–	–	33
2011	10	21	30	19
2012	Cut	–	–	Cut
2013	–	Cut	–	47
2014	–	Cut	58	5
2015	33	52	30	Cut
2016	–	–	30	42

PAMPLING, Rodney/Rod (AUS)

	MAS	USO	BOP	PGA
1999	–	–	Cut	–
2000-02	–	–	–	–
2003	–	Cut	–	14
2004	–	–	27	55
2005	5	Cut	78	Cut
2006	16	32	35	Cut
2007	37	Cut	27	42
2008	–	14	Cut	Cut
2009	–	Cut	Cut	Cut
2010-11	–	–	–	–
2012	–	70	–	–
2013	–	–	–	–
2014	–	Cut	–	–
2015-16	–	–	Cut	–

PAN, C-T (Cheng-Tsung) (TPE)

	MAS	USO	BOP	PGA
2011	–	Cut (a)	–	a
2012	–	–	–	a
2013	–	45 (a)	–	a
2014	–	–	Cut (a)	a
2015	–	64	–	–

PAPPAS, Brenden (RSA)

	MAS	USO	BOP	PGA
2004	–	–	–	Cut

PAPPAS, Deane (RSA)

	MAS	USO	BOP	PGA
2010	–	Cut	–	–

PARE, Troy (USA)

	MAS	USO	BOP	PGA
2010	–	–	–	Cut

PAREL, SA (Scott Adam) (USA)

	MAS	USO	BOP	PGA
2002	–	Cut	–	–
2003-04	–	–	–	–
2005	–	Cut	–	–

PARK, DH (David Hugh) (WAL)

	MAS	USO	BOP	PGA
1999	–	–	Cut	–
2000-01	–	–	–	–
2002	–	–	79	–

PARK, J-B (Jae-Bum) (KOR)

	MAS	USO	BOP	PGA
2010	–	–	Cut	–
2011	–	–	–	–
2012	–	56	–	–

PARK (Sr), Mungo (SCO)

	MAS	USO	BOP	PGA
1874			W	
1875			3	
1876			4	
1877			7 (L)	
1878			17	
1879			–	
1880			21	
1881			Wdw	
1882			–	
1883			27	
1884			–	
1885			Wdw	
1886			33	

PARK, Unho (KOR/AUS)

	MAS	USO	BOP	PGA
2006	–	–	Cut	–

PARK Sr, William/Willie (SCO)

	MAS	USO	BOP	PGA
1860			W	
1861			2	
1862			2	
1863			W	
1864			4	
1865			2	
1866			W	
1867			2	
1868			4	
1869			–	
1870			6	
1871			–	
1872-73			–	
1874			13	
1875			W	
1876			3	
1877			Wdw	
1878			6	
1879			–	
1880			15	
1881			Wdw	
1882			7	
1883			22	
1884-85			–	
1886			Wdw	

PARK Jr, William/Willie (SCO)

	MAS	USO	BOP	PGA
1880			16	
1881			5	
1882			18	
1883			8	
1884			4	
1885			4	
1886			4	
1887			W	
1888			11	
1889			W	
1890			4	
1891			6	
1892			7	
1893			19	
1894			12	
1895			–	
1896		–	14	
1897		–	22	
1898		–	2	
1899		–	14	
1900		–	6	
1901		–	18	
1902		–	23	
1903		–	15	
1904		–	12	
1905		–	13	
1906		–	–	
1907		–	Wdw	
1908-09		–	–	
1910		–	38	
1911		–	Cut	
1912-13		–	–	
1914		–	Dnq	
1915		–	–	
1916		–	–	
1917		–	–	–
1918		–	–	–
1919		–	Cut	–

PARKER, Chase (USA)

	MAS	USO	BOP	PGA
2016	–	64	–	–

PARKS Jr, SM (Samuel/Sam McLaughlin) (USA)

	MAS	USO	BOP	PGA
1931		Cut (a)	–	a
1932		66 (a)	–	a
1933		Wdw	–	–
1934	46	37	–	–
1935	15	W	–	Last 16
1936	20	Cut	–	Dnq
1937	36	16	–	Last 32
1938	24	Cut	–	Last 64
1939	–	38	–	Last 64
1940	–	29	–	Dnq
1941	19	33	–	–
1942	–	–	–	Last 32

	MAS	USO	BOP	PGA
1943				
1944-45				
1946-47	–	Cut	–	–
1948-50				
1951	–	Cut	–	–
1952		–	–	–
1953	50	Dnq	–	–
1954	72 (L)	–	–	–
1955	61	–	–	–
1956	65	–	–	–
1957-62	Cut	–	–	–

PARNEVIK, JB (Jesper Bo) (SWE)

	MAS	USO	BOP	PGA
1993	–	–	21	–
1994	–	–	2	Cut
1995	–	–	24	20
1996	–	–	45	5
1997	21	49	2	45
1998	31	14	4	Cut
1999	Cut	17	10	10
2000	40	Cut	36	51
2001	20	30	9	13
2002	29	54	28	Cut
2003	–	Cut	Dsq	34
2004	–	–	–	Cut
2005	Cut	–	–	28
2006	–	–	–	Cut
2007	–	–	–	–
2008	–	74	–	–

PARR, Andrew (CAN)

	MAS	USO	BOP	PGA
2009	–	Cut	–	–

PARRIS, Darren (ENG)

	MAS	USO	BOP	PGA
2006	–	–	Cut	–

PARRY, CD (Craig David) (AUS)

	MAS	USO	BOP	PGA
1987-88	–	–	Cut	–
1989				
1990	Cut	46	22	40
1991	–	11	8	43
1992	13	33	28	–
1993	45	3	59	31
1994	30	25	78	19
1995	–	–	Cut	Cut
1996	–	90	Cut	65
1997	–	43	Cut	Cut
1998	–	–	Cut	71
1999	48	34	4	Cut
2000	25	37	36	Cut
2001	–	–	–	–
2002	–	Cut	–	Cut
2003	39	Cut	59	Cut
2004	Cut	60	Cut	55
2005	25	Cut	Cut	Cut
2006-07				
2008	–	Cut	70	–

PARRY, JA (John Anthony) (ENG)

	MAS	USO	BOP	PGA
2013	–	28	–	–
2014	–	–	–	–
2015	–	72	–	–

PARRY, Steven/Steve (ENG)

	MAS	USO	BOP	PGA
2007	–	–	Cut	–

PARSONS, LJK (Lucas John Kendall) (AUS)

	MAS	USO	BOP	PGA
1996	–	40	–	–
1997-99				
2000	–	–	41	–

PATE, JK (Jerome/Jerry Kendrick) (USA)

	MAS	USO	BOP	PGA
1975	37 (a)	18 (a)	–	–
1976	–	W	Cut	4
1977	14	Cut	15	5
1978	18	16	Wdw	2
1979	41	2	26	5
1980	6	Cut	16	10
1981	5	26	19	11
1982	3	Cut	Wdw	9
1983	Wdw	Cut	–	23
1984	–	–	–	Cut
1985	–	Cut	–	–
1986	–	Wdw	–	–
1987-88				
1989	–	Cut	–	–
1990	–	–	–	Cut
1991	–	Cut	–	–
1992-2000				
2001	–	–	–	–
2002-10				
2011	–	–	–	Cut

PATE, SR (Stephen/Steve Robert) (USA)

	MAS	USO	BOP	PGA
1986	–	–	–	53
1987	–	24	–	61
1988	36	3	Cut	62
1989	26	51	13	41
1990	–	33	8	31
1991	3	49	64	7
1992	6	Cut	4	48
1993	Cut	19	Cut	70
1994	–	21	–	–
1995	–	Cut	–	58
1996-97				
1998	–	32	–	Cut
1999	4	34	45	8
2000	49	Cut	20	41
2001	–	–	–	75 (L)
2002	–	Cut	–	–

PATTERSON, BA (Brett Allen) [a] (USA)

	MAS	USO	BOP	PGA
2011	–	Cut	–	a

PAULSON, CA (Carl Albert) (USA)

	MAS	USO	BOP	PGA
1996	–	Cut	–	–
1997-2000				
2001	–	Cut	Cut	Cut
2002	–	–	–	Cut
2003	–	–	–	–
2004	–	Cut	–	–

PAULSON, DJ (Dennis Jay) (USA)

	MAS	USO	BOP	PGA
1999	14	–	58	Cut
2000	–	Cut	11	58
2001	Cut	Cut	Cut	Cut
2002-03				
2004	–	Cut	–	–

PAVAN, Andrea (ITA)

	MAS	USO	BOP	PGA
2014	–	Cut	–	–

PAVIN, CA (Corey Allen) (USA)

	MAS	USO	BOP	PGA
1981	–	Cut (a)	–	a
1982	Cut (a)	60 (a)	–	a
1983	–	Cut	–	–
1984	–	–	22	20
1985	25	9	39	6
1986	11	Cut	Cut	21
1987	27	Wdw	Cut	Cut
1988	42	Cut	38	17
1989	50	–	–	Cut
1990	–	24	8	14
1991	22	8	Cut	32
1992	3	Cut	34	12
1993	11	19	4	Cut
1994	8	Cut	Cut	2
1995	17	W	8	Cut
1996	7	40	27	26
1997	43	Cut	51	–
1998	41	Cut	Cut	Cut
1999	Cut	34	Cut	10
2000	Cut	Cut	Cut	Cut
2001	–	19	Cut	–
2002	–	54	22	–
2003	–	Cut	Cut	–
2004	–	17	–	–
2005	–	11	–	–
2006	–	Cut	–	49
2007	–	–	–	62
2008	–	–	–	63
2009	–	–	–	19
2010	–	–	–	Cut

PAYNE, JR (James/Jim Robert) (ENG)

	MAS	USO	BOP	PGA
1991	–	–	38 (a)	a
1992	–	–	Cut	–
1993-95				
1996	–	–	56	–
1997	–	–	48	–
1998-2005				
2006	–	–	Cut	–

PEFFLEY, Blaine (USA)

	MAS	USO	BOP	PGA
2010	–	Cut	–	–

PEOPLES, DR (David Roy) (USA)

	MAS	USO	BOP	PGA
1990	–	–	–	57
1991	–	–	–	70
1992	54	–	–	69
1993	52	Cut	–	–
1994-2000				
2001	–	66	–	–
2002	–	–	–	Cut

PEPPERELL, Edward/Eddie (ENG)

	MAS	USO	BOP	PGA
2013	–	–	Cut	–
2014	–	–	–	–
2015	–	–	49	Cut

PERCY, Cameron (AUS)

	MAS	USO	BOP	PGA
2003	–	–	Cut	–
2004-09				
2010	–	–	Cut	–

PEREZ, PA (Patrick/Pat) (USA)

	MAS	USO	BOP	PGA
2002	–	Cut	–	70
2003	45	–	–	–
2004	–	40	–	–
2005	–	–	67	6
2006	–	–	–	Cut
2007	–	Cut	20	18
2008	–	36	Cut	58
2009	Cut	–	–	Cut
2010-11	–	–	–	–
2012	–	–	–	21
2013	–	–	–	–
2014	–	–	–	46
2015	–	–	–	Cut

PERKS, CW (Craig William) (NZL)

	MAS	USO	BOP	PGA
2002	Cut	Cut	50	29
2003-4	Cut	–	Cut	–

PERNICE (Jr), TC (Thomas/Tom Charles) (USA)

	MAS	USO	BOP	PGA
1986	–	Cut	–	–
1987-88	–	–	–	–
1989	–	13	–	–
1990	Cut	Cut	–	–
1991-92	–	–	–	–
1993	–	–	66	–
1994-95	–	–	–	–
1996	–	94	–	–
1997-98	–	–	–	–
1999	–	–	–	Cut
2000	–	–	–	27
2001	–	Cut	–	51
2002	24	Cut	–	–
2003	–	–	–	45
2004	–	Cut	–	Cut
2005	–	42	Cut	23
2006	–	21	Cut	Cut
2007	17	36	Cut	Cut
2008	–	–	–	Cut
2009	–	–	–	–
2010	–	–	60	–

PERRY, Alfred/Alf (ENG)

	MAS	USO	BOP	PGA
1929	–	–	45	–
1930	–	–	30	–
1931	–	–	46	–
1932	–	–	17	–
1933	–	–	26	–
1934	–	–	26	–
1935	–	–	W	–
1936	–	–	50	–
1937	–	–	Cut	–
1938	–	–	15	–
1939	–	–	3	–
1940-41	–	–	–	–
1942	–	–	–	–
1943	–	–	–	–
1944-45	–	–	–	–
1946	–	–	25	–
1947	–	–	18	–
1948	–	–	23	–
1949	–	–	Cut	–
1950	–	–	33	–
1951	–	–	–	–
1952	–	–	Cut	–

PERRY, JC (James Christopher/Chris) (USA)

	MAS	USO	BOP	PGA
1982	–	Cut (a)	–	a
1983	–	–	–	a
1984	Cut (a)	–	–	a
1985-86	–	Cut	–	–
1987	–	–	–	28
1988	–	–	–	–
1989	–	54	–	17
1990	–	–	–	26
1991	–	31	–	–
1992-93	–	–	–	–
1994	–	Cut	–	–
1995	–	56	–	–
1996	–	–	–	–
1997	–	43	Wdw	49
1998	–	25	–	74
1999	50	42	–	10
2000	14	32	Cut	34
2001	37	19	Wdw	Cut

PERRY, JK (James Kenneth/Kenny) (USA)

	MAS	USO	BOP	PGA
1988	–	55	–	–
1989	–	–	–	51
1990	–	–	–	49
1991	–	–	Cut	77 (L)
1992	Cut	–	–	–
1993	–	25	–	–
1994	–	–	–	55
1995	12	Cut	–	49
1996	Cut	50	–	2
1997	Cut	Cut	–	23
1998	–	–	–	10
1999	–	–	–	34
2000	–	–	–	30
2001	–	–	–	44
2002	–	Cut	45	29
2003	39	3	8	10
2004	Cut	Cut	16	Cut
2005	29	23	11	23
2006	–	58	Cut	49
2007	–	–	–	23
2008	–	–	–	Wdw
2009	2	44	52	43
2010	26	33	Cut	Cut
2011-13	–	–	–	–
2014	–	28	–	27

PERRY, RJ (Rod) (USA)

	MAS	USO	BOP	PGA
2012-14	–	–	–	Cut
2015	–	–	–	–
2016	–	–	–	Cut

PERSKE, Wayne (AUS)

	MAS	USO	BOP	PGA
2006	–	–	Cut	–

PERSONS, Josh(ua) (USA)

	MAS	USO	BOP	PGA
2015	–	Cut	–	–

PERSSON (ATLEVI), Magnus (SWE)

	MAS	USO	BOP	PGA
1982	–	–	Cut (a)	a
1983-84	–	–	Cut	–
1985	–	–	39	–
1986	–	–	–	–
1987-88	–	–	Cut	–
1989-90	–	–	–	–
1991	–	–	101	–
1992-2001	–	–	–	–
2002	–	–	Cut	–

PESTA, Matt (USA)

	MAS	USO	BOP	PGA
2014	–	–	–	Cut

PETERMAN, Kyle [a] (USA)

	MAS	USO	BOP	PGA
2003	–	Cut	–	a

PETERS, AL (Austin) (USA)

	MAS	USO	BOP	PGA
2015	–	–	–	Cut

PETERSON, JH (John Herring) (USA)

	MAS	USO	BOP	PGA
2012	–	4	–	–
2013	60	67	–	–

PETROVIC, TJ (Timothy/Tim) (USA)

	MAS	USO	BOP	PGA
2001	–	62	–	–
2002	–	–	Cut	–
2003	–	15	–	Cut
2004	41	24	–	Cut
2005	–	–	Cut	Cut
2006	–	–	–	–
2007	–	Cut	–	–
2008	–	–	Cut	–
2009	–	–	–	Cut
2010	–	–	Cut	Cut
2011	–	Wdw/inj	–	–

PETTERSSON, Carl (SWE)

	MAS	USO	BOP	PGA
2002	–	–	43	Cut
2003	–	–	–	Cut
2004	–	–	57	54
2005	–	Cut	–	–
2006	27	Cut	8	Cut
2007	52	17	45	–
2008	–	6	–	47
2009	Cut	36	Cut	Cut
2010	–	–	–	24
2011	Cut	–	–	–
2012	–	Cut	23	3
2013	61 (L)	41	54	Cut
2014	–	–	–	–
2015	–	–	Cut	75

PETTITT Jr, Philip [a] (USA)

	MAS	USO	BOP	PGA
2007	–	Cut	–	a

PHELAN, Kevin [a] (IRL)

	MAS	USO	BOP	PGA
2010	–	Cut	–	a
2011-12	–	–	–	a
2013	–	62	–	a

PHILO Jr, RA (Ronald/Ron) (USA)

	MAS	USO	BOP	PGA
1994	–	–	–	Cut
1995	–	–	–	–
1996-97	–	–	–	Cut
1998	–	–	–	–
1999	–	Cut	–	–
2000-02	–	–	–	–
2003-04	–	–	–	Cut
2005	–	–	–	66
2006	–	–	–	Cut

	MAS	USO	BOP	PGA
PICARD, HG (Henry Gilford) (USA)				
1932		–	–	Last 16
1933		–	–	Last 16
1934		23	47	–
1935	4	6	6	Last 64
1936	9	5	–	Last 16
1937	33	10	15	QF
1938	W	7	–	SF
1939	8	12	–	W
1940	7	12	–	Last 16
1941	–	26	–	Last 64
1942	15	41*	–	–
1943				
1944-45				
1946	25	12	–	–
1947	6	Cut	–	–
1948	25	–	–	–
1949	21	–	–	–
1950	14	12	–	SF
1951	–	24	–	Last 32
1952	52	–	–	–
1953	38	–	–	Dnq
1954	–	–	–	–
1955	41	–	–	–
1956	46	–	–	–
1957	35	–	–	–
1958	Cut	–	–	–
1959	Cut	Cut	–	–
1960	Cut	–	–	32
1961	–	–	–	–
1962	39	–	–	–
1963	Wdw	–	–	–
1964	–	–	–	–
1965	Cut	–	–	Cut
1966-67	Cut	–	–	–
1968	Wdw	–	–	–
1969	Cut	–	–	–
1970	Wdw	–	–	–

*unofficial championship

	MAS	USO	BOP	PGA
PIERCY, LS (Loyd Scott/Scott) (USA)				
2008	–	Cut	–	–
2009-10	–	–	–	–
2011	–	51	–	26
2012	–	Cut	–	48
2013	54	Cut	Cut	5
2014-15	–	–	–	Cut
2016	29	2	Cut	Cut
PIETERS, Thomas (BEL)				
2016	–	–	30	86 (L)
PILKADARIS, TP (Terry Peter) (AUS)				
2007	–	–	Cut	–
2008	–	–	–	–
2009	–	–	Cut	–
2010	–	–	Cut	–
PILKINGTON, Mark (WAL)				
2001	–	–	Cut	–
2002-05	–	–	–	–
2006	–	–	Cut	–
PINCKNEY, Scott (USA)				
2011	–	Cut (a)	–	a
2012	–	–	Cut	–
PINEO, Warren (USA)				
2007	–	Cut	–	–
PLAYER, GJ (Gary Jim) (RSA)				
1956	–	–	4	–
1957	24	–	24	–
1958	Cut	2	7	–
1959	8	15	W	–
1960	6	19	7	–
1961	W	9	Wdw/ill	29
1962	2	6	Cut	W
1963	5	8	7	8
1964	5	23	8	13
1965	2	W	Wdw	33
1966	28	15	4	3
1967	6	12	3	–
1968	7	16	W	–
1969	33	48	23	2
1970	3	44	Cut	12
1971	6	27	7	4
1972	10	15	6	W
1973	Dns/ill	12	14	51
1974	W	8	W	7
1975	30	43	32	33
1976	28	23	28	13
1977	19	10	22	31
1978	W	6	34	26
1979	17	2	19	23

	MAS	USO	BOP	PGA
1980	6	Cut	Cut	26
1981	15	26	Cut	49
1982	15	Cut	42	Cut
1983	Cut	20	Cut	42
1984	21	43	Cut	2
1985	36	–	Cut	Cut
1986	Cut	–	35	–
1987	35	–	66	–
1988	Cut	Cut	60	–
1989	Cut	Cut	Cut	–
1990	24	–	Cut	–
1991	Cut	–	57	–
1992	Cut	–	Cut	–
1993	60	–	Cut	–
1994	Cut	–	Cut	–
1995	Cut	–	68	–
1996-97	Cut	–	Cut	–
1998	46L	–	Cut	–
1999-2001	Cut	–	Cut	–
2002-09	Cut	–	–	–
2010-11	–	–	–	–
2012-15	Hon starter	–	–	–
POINTS, DA (Darren Andrew: 'DA') (USA)				
2008	–	69	–	–
2009	–	–	–	–
2010	–	–	Cut	16
2011	Cut	Cut	–	10
2012	–	Cut	–	Cut
2013	38	Cut	Cut	40
2014	Cut	Cut	32	–
2015	–	58	–	–
POLLAND, BL (Benjamin/Ben) (USA)				
2015-16	–	–	–	Cut
POLZIN, RS (Ryan) (USA)				
2013	–	–	–	Cut
POOLEY (Jr), SG (Sheldon George: 'Don') (USA)				
1977	–	Cut	–	–
1978	–	–	–	Cut
1979	–	–	–	–
1980	–	–	–	46
1981	19	Cut	–	19
1982	Cut	Cut	–	67
1983	–	–	–	23
1984	–	–	–	34
1985	–	15	–	62
1986	41	24	–	16
1987	45	24	–	5
1988	5	Cut	16	58
1989	14	26	19	34
1990	42	Cut	39	8
1991	46	–	–	73
1992	–	44	–	–
1993-94	–	–	–	–
1995	–	–	101	Cut
1996	–	–	–	–
1997	–	–	–	29
1998	–	Cut	–	–
1999	–	–	–	–
2000	–	Cut	–	–
2001-02	–	–	–	–
2003	–	–	Cut	–
POPE, Andy (USA)				
2015	–	70	–	–
2016	–	Cut	–	–
PORTEOUS, Garrick [a] (ENG)				
2013	–	–	Cut	a
2014	Cut	–	–	a
PORTEOUS, Haydn (RSA)				
2016	–	–	30	–
PORTER, Ewan (AUS)				
2007-08	–	–	Cut	–
2009	–	–	–	–
2010	–	–	Cut	–
PORTER, LM (Lee McGhee) (USA)				
1998	–	32	–	–
1999	–	–	–	–
2000	–	32	–	–
PORTER, SA (Scott) (USA)				
2003	–	–	–	Cut
PORTER, WG (William/Bill) (USA)				
1995	–	36	–	–
1996	–	60	–	–
1997	–	Cut	–	–
1998-2001	–	–	–	–
2002	–	–	–	Wdw
PORTIE, Ben (USA)				
2002	–	Cut	–	–
POSE, Martin (ARG)				

	MAS	USO	BOP	PGA
1939	–	–	8	–
1940	37	Cut	–	–
1941	29	–	–	–
1942	–	–	–	–
1943				
1944-45				–
1946-55	–	–	–	–
1956			Wdw	

POSEY, Ryan [a] (USA)

	MAS	USO	BOP	PGA
2006	–	Cut	–	a

POTTER Jr, Ted (USA)

	MAS	USO	BOP	PGA
2012	–	–	60	Cut
2013	Cut	Cut	–	–

POULTER, IJ (Ian James) (ENG)

	MAS	USO	BOP	PGA
2000	–	–	64	–
2001	–	–	–	Cut
2002	–	–	50	–
2003	–	–	46	61
2004	31	Cut	25	37
2005	33	57	11	47
2006	–	12	Cut	9
2007	13	36	27	23
2008	25	Wdw	2	31
2009	20	18	Cut	19
2010	10	47	60	Scr/ill
2011	27	Cut	Cut	39
2012	7	41	9	3
2013	Cut	21	3	61
2014	20	17	Cut	58
2015	6	54	Cut	Cut
2016	49	–	Scr/inj	Scr/inj

PREEO, Jason (USA)

	MAS	USO	BOP	PGA
2010	–	82 (L)	–	–

PRESNELL, Alistair (AUS)

	MAS	USO	BOP	PGA
2012	–	29	–	–
2013	–	67	–	–

PRICE, Aron (AUS)

	MAS	USO	BOP	PGA
2014	–	Cut	–	–
2015	–	–	–	–
2016	–	Cut	–	–

PRICE, JP (John Phillip/Phil) (WAL)

	MAS	USO	BOP	PGA
1992	–	–	Cut	–
1993-97	–	–	–	–
1998	–	–	Cut	–
1999	–	53	58	–
2000	–	–	Cut	–
2001	–	Wdw	30	59
2002	–	–	Cut	Cut
2003	–	–	10	Cut
2004	35	57	Cut	Cut
2005	–	–	–	–
2006	–	–	Cut	–

PRICE, NRL (Nicholas/Nick Raymond Leige) (ZIM)

	MAS	USO	BOP	PGA
1975	–	–	Cut (a)	a
1976	–	–	–	a
1977	–	–	–	–
1978	–	–	39	–
1979	–	–	–	–
1980	–	–	27	–
1981	–	–	23	–
1982	–	–	2	–
1983	–	48	Cut	67
1984	Cut	–	44	54
1985	–	Cut	Cut	5
1986	5	–	–	Cut
1987	22	17	8	10
1988	14	40	2	17
1989	Cut	Cut	Cut	46
1990	–	–	25	63
1991	49	19	44	–
1992	6	4	51	W
1993	Cut	11	6	31
1994	35	Cut	W	W
1995	Cut	13	40	39
1996	18	–	45	8
1997	24	19	Cut	13
1998	Cut	4	29	4
1999	6	23	37	5
2000	11	27	Cut	Cut
2001	Cut	Cut	21	29
2002	20	8	14	Cut
2003	23	5	28	–
2004	6	24	30	–
2005	Cut	9	Cut	–
2006	–	Cut	–	Cut

PRICE, Phillip/Phil see PRICE, JP

PRIDE (III), RF (Richard/Dicky Fletcher) (USA)

	MAS	USO	BOP	PGA
1992	–	Cut (a)	–	a

	MAS	USO	BOP	PGA
1993	–	–	–	–
1994	–	–	–	73
1995	Cut	–	–	–
1996-2000	–	–	–	–
2001	–	Cut	–	–
2002	–	–	–	–
2003	–	28	–	–
2004-15	–	–	–	–
2016	–	Cut	–	–

PROWSE, Dean (USA)

	MAS	USO	BOP	PGA
2001	–	–	–	Cut

PRUGH, Alexander/Alex [a] (USA)

	MAS	USO	BOP	PGA
2007	–	Cut	–	a

PRUGH, Corey (USA)

	MAS	USO	BOP	PGA
2012	–	–	–	Cut

PUGA, Gregory/Greg [a] (USA)

	MAS	USO	BOP	PGA
2001	Cut	–	–	a

PUGH, Rhys [a] (WAL)

	MAS	USO	BOP	PGA
2013	–	–	Cut	a

PURDY, TT (Theodore/Ted Townsend) (USA)

	MAS	USO	BOP	PGA
2004	–	–	–	Cut
2005	Cut	33	74	10
2006	32	26	Cut	Cut
2007	–	–	–	Cut

PUTNAM, Andrew [a] (USA)

	MAS	USO	BOP	PGA
2010	–	Cut	–	a

PUTNAM, MJ (Michael John) (USA)

	MAS	USO	BOP	PGA
2005	–	Cut (a)	–	a
2006	–	–	–	–
2007	–	55	Cut	–
2008-10	–	–	–	–
2011	–	45	–	–
2012-14	–	–	–	–
2015	–	Cut	–	–

PYMAN, ID (Iain David) [a] (ENG)

	MAS	USO	BOP	PGA
1993	–	–	27	a
1994	Cut	–	–	a
1995-2002	–	–	–	–
2003	–	–	Cut	–

QUAGLIANO, Michael [a] (USA)

	MAS	USO	BOP	PGA
2008	–	Cut	–	a

QUE, Angelo (PHI)

	MAS	USO	BOP	PGA
2008	–	–	Cut	–
2009	–	Cut	–	–

QUIGLEY, BC (Brett Cephas) (USA)

	MAS	USO	BOP	PGA
2000	–	Cut	–	–
2001	–	Cut	–	Cut
2002	–	–	–	–
2003	–	28	–	–
2004	–	–	–	37
2005	–	–	–	Cut
2006	–	Cut	Cut	Cut
2007	51	Cut	Cut	62
2008	–	60	–	–
2009	–	–	–	Cut

QUINN (Jr), Fran(cis) (USA)

	MAS	USO	BOP	PGA
1992	–	Cut	–	–
1993	–	–	–	–
1994	–	43	Cut	–
1995	–	–	–	–
1996	–	Cut	–	–
1997-2013	–	–	–	–
2014	–	56	–	–

QUINNEY, JM (Jeffrey/Jeff Michael) (USA)

	MAS	USO	BOP	PGA
2001	Cut (a)	Cut (a)	Cut (a)	a
2002-06	–	–	–	–
2007	–	–	–	Cut
2008	–	29	Cut	Cut

QUIROS (GARCIA), Alvaro (ESP)

	MAS	USO	BOP	PGA
2009	Cut	Cut	Cut	24
2010	–	Cut	11	Cut
2011	27	54	Cut	Cut
2012	Cut	Cut	Cut	Cut
2013	–	–	Cut	–

RABER, Tyler (USA)

	MAS	USO	BOP	PGA
2016	–	Cut	–	–

RAHM (RODRIGUEZ), Jon (ESP)

	MAS	USO	BOP	PGA
2016	–	23 (a)	59	–

RAINAUD, Adam (USA)

	MAS	USO	BOP	PGA
2015	–	–	–	Cut

RAITT, Andrew (SCO)

	MAS	USO	BOP	PGA
1999	–	–	Cut	–
2000-02	–	–	–	–
2003	–	–	Cut	–

RAMSAY, Eric [a] (SCO)

	MAS	USO	BOP	PGA
2005	–	–	23	a

RAMSAY, Richard/Richie (SCO)

	MAS	USO	BOP	PGA
2007	Cut (a)	Cut (a)	Cut (a)	a

	MAS	USO	BOP	PGA
2008	–	–	–	–
2009	–	–	Cut	–
2010-11	–	–	–	–
2012	–	–	Cut	–
2013	–	–	58	Cut
2014	–	–	–	–
2015	–	–	68	Cut
2016	–	–	Cut	–

RANDHAWA, Jyoti (IND)

	MAS	USO	BOP	PGA
2000	–	–	Cut	–
2001-02	–	–	–	–
2003	–	–	Cut	–
2004	–	–	27	–
2005	–	–	–	–
2006	–	Cut	–	–
2007	–	–	–	Wdw
2008	–	–	–	Cut

RANKIN, Graham (SCO)

	MAS	USO	BOP	PGA
2001	–	–	Cut	–

RASHELL, RW (Robert/Rob Wayne) (USA)

	MAS	USO	BOP	PGA
2005	–	42	–	–
2006-07	–	–	–	–
2008	–	–	Cut	–

RASK, Clayton (USA)

	MAS	USO	BOP	PGA
2014	–	63	–	–

RAULERSON (Jr), CR (Charles Ray) (USA)

	MAS	USO	BOP	PGA
1996	–	Wdw	–	–
1997-2000	–	–	–	–
2001-02	–	Cut	–	–

RAWLINS, HT (Horace) (ENG/USA)

	MAS	USO	BOP	PGA
1895	–	W	–	–
1896	–	2	–	–
1897	–	8	–	–
1898	–	Wdw	–	–
1899	–	13	–	–
1900	–	31	–	–
1901	–	17	–	–
1902	–	16	–	–
1903	–	12	–	–
1904	–	14	–	–
1905	–	37	–	–
1906	–	–	–	–
1907	–	26	–	–
1908	–	21	–	–
1909	–	61 (L)	–	–
1910-11	–	–	–	–
1912	–	Cut	–	–

RAY, Conrad (USA)

	MAS	USO	BOP	PGA
2005	–	Cut	–	–

RAY, ERG (Edward/Ted Rivers George) (JER)

	MAS	USO	BOP	PGA
1899	–	–	16	–
1900	–	–	13	–
1901	–	–	12	–
1902	–	–	9	–
1903	–	–	24	–
1904	–	–	12	–
1905	–	–	11	–
1906	–	–	8	–
1907	–	–	5	–
1908	–	–	3	–
1909	–	–	6	–
1910	–	–	5	–
1911	–	–	5	–
1912	–	–	W	–
1913	–	3	2	–
1914	–	–	10	–
1915	–	–	–	–
1916	–	–	–	–
1917	–	–	–	–
1918	–	–	–	–
1919	–	–	–	–
1920	–	W	3	–
1921	–	–	19	–
1922	–	–	47	–
1923	–	–	12	–
1924	–	–	32	–
1925	–	–	2	–
1926	–	–	30	–
1927	–	27	30	–
1928	–	–	33	–
1929	–	–	39	–
1930	–	–	24	–
1931	–	–	Cut	–
1932	–	–	56	–
1933	–	–	–	–
1934	–	–	–	–
1935-36	–	–	Dnq	–
1937	–	–	Cut	–

REAVIE, WC (William Chesney: 'Chez') (USA)

	MAS	USO	BOP	PGA
2002	Cut (a)	–	–	a
2003	–	Cut (a)	–	a
2004	–	62 (a)	–	a
2005-07	–	–	–	–
2008	–	–	–	60
2009	Cut	–	–	–
2010	–	–	–	–
2011	–	45	–	–
2012	Cut	Cut	Cut	62

REED, PN (Patrick Nathaniel) (USA)

	MAS	USO	BOP	PGA
2014	Cut	35	Cut	58
2015	22	14	20	30
2016	49	Cut	12	13

REEVES, JK (James Kenneth: 'Jake') (USA)

	MAS	USO	BOP	PGA
2000	–	Cut	–	–

REID, MD (Michael/Mike Daniel) (USA)

	MAS	USO	BOP	PGA
1975	–	Cut (a)	–	a
1976	–	50 (a)	–	a
1977	–	Cut	–	–
1978	–	–	–	–
1979	–	25	–	Cut
1980	–	6	–	55
1981	Cut	20	–	Wdw
1982	–	Cut	–	42
1983	–	43	–	9
1984	–	52	–	14
1985	–	23	–	70
1986	–	24	–	41
1987	–	Cut	–	47
1988	Cut	Cut	Cut	64
1989	6	Cut	61	2
1990	Cut	33	39	45
1991	–	26	26	–
1992	–	Cut	–	–
1993-95	–	–	–	–
1996	–	–	–	Cut
1997	–	Cut	–	–
1998	–	49	–	–
1999	–	–	–	65
2000-04	–	–	–	–
2005	–	–	–	Cut

REIFERS, Kyle (USA)

	MAS	USO	BOP	PGA
2016	–	–	–	22

REINSBERG, Richard/Rick [a] (USA)

	MAS	USO	BOP	PGA
2003	–	Cut	–	a

REMESY, Jean-Francois: 'Jeff' (FRA)

	MAS	USO	BOP	PGA
1997-98	–	–	Cut	–
1999	–	–	–	–
2000	–	–	Cut	–
2001	–	–	–	–
2002	–	–	Cut	–
2003	–	–	–	–
2004	–	–	Cut	17
2005	–	–	Cut	Cut

RENNER, Clark (USA)

	MAS	USO	BOP	PGA
2000	–	Cut	–	–

RENNER, Jim (USA)

	MAS	USO	BOP	PGA
2014	–	Cut	–	–

REVOLTA, JF (John/Johnny) (USA)

	MAS	USO	BOP	PGA
1928	–	Wdw	–	–
1929-32	–	–	–	–
1933	–	15	–	Last 16
1934	18	8	–	Last 16
1935	13	36	–	W
1936	25	14	–	Last 32
1937	13	28	32	Last 32
1938	18	16	–	Last 32
1939	31	22	–	Last 16
1940	27	16	–	Last 64
1941	–	Wdw	–	–
1942	–	–	–	Dnq
1943	–	–	–	–
1944	–	–	–	–
1945	–	–	–	Last 16
1946	–	–	–	–
1947	42	–	–	Last 64
1948	–	–	–	Dnq
1949	39	–	–	–
1950	–	–	–	–
1951	42	19	–	–
1952	13	40	–	–
1953	58	Cut	–	–
1954	60	29	–	Last 16
1955	49	–	–	–
1956	75	Cut	–	–
1957	Cut	30	–	–
1958-60	Cut	–	–	–

	MAS	USO	BOP	PGA
1961	Cut	Cut	–	Cut
1962	Cut	–	–	–
RHIND, Lee (SCO/USA)				
2013	–	–	–	Cut
RICHARDSON, Matthew/Matt (ENG)				
2005	–	–	80 (a, L)	a
2006-09	–	–	–	–
2010	–	77	–	–
2011	–	Cut	–	–
RIDINGS, TT (Taggart/Tag Twain) (USA)				
2000	–	Cut	–	–
2001-05	–	–	–	–
2006	–	Cut	–	–
RIEGGER, JS (John Stewart) (USA)				
2002	–	–	Cut	–
RILEY, CJ (Chris) (USA)				
1999	–	Cut	–	–
2000	–	–	–	–
2001	–	–	–	51
2002	–	–	22	3
2003	23	Cut	Cut	Cut
2004	44L	48	Cut	4
2005	49	–	67	66
2006	–	–	–	41
RILEY, Davis [a] (USA)				
2015	–	Cut	–	a
RILEY, WG (Wayne Graham) (AUS)				
1984	–	–	Cut	–
1985	–	–	33	–
1986-87	–	–	–	–
1988	–	–	34	–
1989	–	–	Cut	–
1990-91	–	–	–	–
1992	–	–	59	–
1993	–	–	–	–
1994	–	–	72	–
1995	–	–	88	–
1996	–	40	Cut	–
1997	–	–	51	–
1998-2000	–	–	–	–
2001	–	–	Cut	–
RINKER, LC (Lee Cross) (USA)				
1983	–	Cut (a)	–	a
1984	–	–	–	–
1985	–	58	–	–
1986-90	–	–	–	–
1991	–	–	–	Cut
1992	–	–	–	56
1993	–	33	–	–
1994-95	–	–	–	–
1996	–	–	–	52
1997	–	Cut	–	61
1998	–	–	–	29
1999-2004	–	–	–	–
2005	–	Cut	–	–
2006	–	–	–	–
2007-08	–	–	–	Cut
2009	–	–	–	–
RIU, Victor (FRA)				
2014	–	–	Cut	–
ROBERTS, LL (Loren Lloyd) (USA)				
1985	–	34	–	Cut
1986	–	–	–	–
1987	–	Cut	–	–
1988	–	–	–	–
1989	–	Cut	–	34
1990	–	–	–	5
1991	Cut	49	–	27
1992	–	–	–	–
1993	–	11	–	28
1994	5	2	24	9
1995	24	Wdw	Cut	58
1996	23	40	18	Cut
1997	Cut	13	Cut	49
1998	–	18	29	65
1999	Cut	–	–	Cut
2000	3	8	7	58
2001	37	52	13	Cut
2002	–	–	28	43
2003	33	42	–	7
2004	–	–	–	17
2005	–	–	–	Cut
2006	–	–	–	–
2007	–	–	Cut	–
2008-09	–	–	–	–
2010	–	–	Cut	–
ROBERTSON, Dean (SCO)				
1995	–	–	79	–

	MAS	USO	BOP	PGA
1996	–	–	Cut	–
1997	–	–	–	–
1998	–	–	–	–
1999	–	–	49	–
2000	–	–	26	–
ROCHA, Alexandre (BRA)				
2011	–	68	–	–
ROCK, Robert (ENG)				
2005	–	–	67	–
2006	–	–	16	–
2007-08	–	–	–	–
2009	–	–	Cut	–
2010	–	–	7	–
2011	–	23	38	–
2012	–	Cut	Cut	Cut
2013-15	–	–	–	–
2016	–	–	Cut	–
RODGERS, Chris(topher) (ENG)				
2014	–	–	58	–
RODILES, Carlos (ESP)				
2006	–	–	Cut	–
RODRIGUES, Jon Rahm see RAHM (RODRIGUEZ), Jon				
RODRIGUEZ, Miguel (ARG)				
2007	–	Cut	–	–
ROE, MA (Mark Adrian) (ENG)				
1987	–	–	17	–
1988	–	–	Cut	–
1989	–	–	52	–
1990	–	–	16	–
1991-92	–	–	Cut	–
1993	–	–	24	–
1994	–	–	67	–
1995	–	13	Cut	–
1996	Cut	–	–	–
1997	–	–	Cut	–
1998-2000	–	–	–	–
2001	–	–	Cut	–
2002	–	–	–	–
2003	–	–	Dsq	–
ROESCH, David (USA)				
2004	–	31	–	–
ROGERS, Bill see ROGERS, WC				
ROGERS, Jacob: 'Jake' (USA)				
2007	–	Cut	–	–
ROGERS, Patrick (USA)				
2016	–	46	–	–
ROGERS, WC (William/Bill Charles) (USA)				
1971	–	Cut (a)	–	a
1972	–	–	–	a
1973	–	Cut (a)	–	a
1974	–	–	–	–
1975	–	61	–	–
1976	–	–	–	–
1977	–	Cut	–	Cut
1978	29	44	–	42
1979	–	4	–	35
1980	33	16	19	8
1981	37	2	W	27
1982	38	3	22	29
1983	Cut	Cut	8	Cut
1984	Cut	57	Cut	–
1985	Cut	Wdw	Cut	–
1986	Cut	Cut	Cut	–
ROLLINS, JH (John) (USA)				
2002	–	–	–	Cut
2003	47	53	70	Cut
2004	Cut	48	–	–
2005	–	Cut	–	40
2006	–	Cut	–	Cut
2007	20	42	Cut	Cut
2008	Cut	48	70	–
2009	–	–	–	24
2010	Cut	Cut	–	–
2011	–	–	–	51
2012	–	–	–	Cut
ROMAN, KJ (Kevin) (USA)				
1993	–	Cut	–	–
1994-2008	–	–	–	–
2009	–	–	–	Cut
ROMERO, AF (Andres Fabian) (ARG)				
2006	–	–	8	Cut
2007	–	3	–	Cut
2008	8	36	32	7
2009	49 (L)	47	13	Cut
2010	–	–	–	–
2011	–	–	–	45
2012	–	–	83 (L)	–
2013-14	–	–	–	–

	MAS	USO	BOP	PGA
2015	–	14	–	–

ROMERO, EA (Eduardo Alejandro) (ARG)

	MAS	USO	BOP	PGA
1985	–	–	Cut	–
1986-87	–	–	–	–
1988	–	–	13	–
1989	–	–	8	–
1990	–	–	53	Cut
1991	–	–	26	–
1992	–	Cut	Cut	Cut
1993	–	–	Cut	20
1994	–	–	Cut	–
1995	–	51	88	–
1996	–	–	33	–
1997	–	–	7	41
1998	–	25	57	Cut
1999	–	–	–	Cut
2000	–	–	35	Cut
2001	Cut	51	25	Cut
2002	–	–	Cut	Cut
2003	Cut	15	Cut	61
2004	39	Cut	Cut	55
2005-08	–	–	–	–
2009	–	Cut	–	–

ROSBURG, RR (Robert/Bob Reginald) (USA)

	MAS	USO	BOP	PGA
1948	53 (a)	Cut (a)	–	a
1949-52	–	–	–	a
1953	–	21	–	–
1954	6	29	–	–
1955	4	5	–	–
1956	16	45	–	–
1957	Cut	–	–	–
1958	–	5	–	11
1959	30	2	–	W
1960	20	23	–	Cut
1961	15	21	–	19
1962	Dsq	13	–	Wdw
1963	Cut	Cut	–	40
1964	Cut	9	–	56
1965	Cut	38	–	Cut
1966	10	44	–	43
1967	21	–	–	Cut
1968	30	–	–	Cut
1969	–	2	–	Cut
1970	44	64	–	63
1971	–	3	–	9
1972	45	Cut	–	53
1973	–	–	–	66
1974	–	–	–	76

ROSE, JP (Justin Peter) (ENG)

	MAS	USO	BOP	PGA
1995	–	–	Dnq (a)	a
1996-97	–	–	–	a
1998	–	–	4 (a)	a
1999	–	–	Cut	–
2000	–	–	–	–
2001	–	–	30	–
2002	–	–	22	23
2003	39	5	Cut	Cut
2004	22	Cut	–	Cut
2005	–	–	–	–
2006	–	–	–	41
2007	5	10	12	12
2008	36	Cut	70	9
2009	20	Cut	13	Cut
2010	–	–	Cut	Cut
2011	11	Cut	44	Cut
2012	8	21	Cut	3
2013	25	W	Cut	33
2014	14	12	23	24
2015	2	27	6	4
2016	10	Cut	22	22

ROSE, TH (Todd) (USA)

	MAS	USO	BOP	PGA
2002	–	Cut	–	–

ROSS, Alex(ander): 'Alec' (SCO/USA)

	MAS	USO	BOP	PGA
1901	–	Wdw	–	–
1902	–	10	–	–
1903	–	9	–	–
1904	–	15	–	–
1905	–	13	–	–
1906	–	6	–	–
1907	–	W	–	–
1908	–	23	–	–
1909	–	36	–	–
1910	–	22	–	–
1911	–	9	–	–
1912	–	Cut	–	–
1913	–	36	–	–
1914	–	22	–	–
1915	–	Dnq	–	–

	MAS	USO	BOP	PGA
1916	–	15	–	–
1917	–	–	–	–
1918	–	–	–	–
1919	–	16	–	–
1920	–	27	–	–
1921	–	Dnq	–	–
1922-25	–	–	–	–
1926	–	34	–	–

ROSSETTI, CR (Christopher Todd/Todd) (USA)

	MAS	USO	BOP	PGA
2007	–	Cut	–	–

ROTH, JR (Jeffrey/Jeff) (USA)

	MAS	USO	BOP	PGA
1988	–	–	–	Cut
1989-90	–	–	–	–
1991	–	–	–	Cut
1992-93	–	–	–	–
1994	–	–	–	Cut
1995	–	–	–	–
1996	–	–	–	Cut
1997-2003	–	–	–	–
2004	–	–	–	Cut

ROWE, Philip [a] (ENG)

	MAS	USO	BOP	PGA
2000	–	–	Cut	a

ROWELL, Brian (USA)

	MAS	USO	BOP	PGA
2012	–	Cut	–	–

RUDOSKY, MR (Micah) (USA)

	MAS	USO	BOP	PGA
2007	–	–	–	Cut

RUIZ, Marco (PAR)

	MAS	USO	BOP	PGA
2003	–	–	34	–
2004-05	–	–	–	–
2006	–	–	63	–

RUIZ, Michael (USA)

	MAS	USO	BOP	PGA
2005	–	Cut	–	–

RUMFORD, BM (Brett Michael) (AUS)

	MAS	USO	BOP	PGA
2001	–	–	Cut	–
2002-05	–	–	–	–
2006	–	–	16	–
2007-12	–	–	–	–
2013	–	–	Cut	Cut
2014	–	–	Cut	–
2015	–	–	74	–

RUNYAN, PS (Paul Scott) (USA)

	MAS	USO	BOP	PGA
1928	–	63 (L)	–	–
1929-30	–	–	–	–
1931	–	–	–	Last 16
1932	–	12	–	Last 32
1933	–	Dsq	Cut	QF
1934	3	28	–	W
1935	7	10	–	QF
1936	4	8	–	Last 64
1937	19	14	–	Last 16
1938	4	7	–	W
1939	16	9	–	QF
1940	12	49	–	QF
1941	35	5	–	Last 64
1942	3	23*	–	Dnq
1943	–	–	–	–
1944-45	–	–	–	–
1946	–	21	–	–
1947	–	6	–	Dnq
1948	–	53	–	–
1949	–	–	–	–
1950	–	25	–	Last 64
1951	–	6	–	Dnq
1952	–	22	–	–
1953-54	–	Cut	–	–
1955	–	–	–	–
1956	–	Cut	–	–
1957	Cut	–	–	–
1958	35	–	–	–
1959	–	–	–	–
1960	Cut	Cut	–	–
1961	–	–	–	18
1962	–	–	Cut	–
1963-64	–	–	–	–
1965	–	–	–	Wdw
1966-67	–	–	–	–
1968	–	–	–	Cut
1969-72	–	–	–	–
1973	–	–	–	Cut
1974	–	–	–	Wdw

*unofficial championship

RUSSELL, Raymond (SCO)

	MAS	USO	BOP	PGA
1997	–	Cut	38	–
1998	–	–	4	–
1999-2000	–	–	Cut	–
2001	–	–	–	–
2002	–	–	Cut	–

SABBATINI, RMT (Rory Mario Trevor) (RSA)

	MAS	USO	BOP	PGA
2000	–	Cut	–	77
2001	Cut	–	54	Cut
2002	Cut	–	–	Cut
2003	–	Cut	53	68
2004	–	Cut	66	Cut
2005	Cut	71	Cut	74
2006	36	Cut	26	Cut
2007	2	51	Cut	Cut
2008	Cut	58	Cut	39
2009	20	Cut	Cut	67
2010	Cut	Cut	–	Cut
2011	Cut	30	54	74 (L)
2012	Cut	–	–	Cut
2013	–	Cut	–	–
2014-15	–	–	–	Cut

SABO, EV (Edward/Ed) (USA)
1992	–	–	–	Cut
1993-99	–	–	–	–
2000	–	–	–	Cut

SALTMAN, Elliot (SCO)
2009	–	–	Cut	–
2010-11	–	–	–	–
2012	–	–	Cut	–

SALTMAN, Lloyd (SCO)
2005	–	–	15 (a)	a
2006-07	–	–	–	a
2008	–	–	–	–
2009	–	–	Cut	–
2010-12	–	–	–	–
2013	–	–	Cut	–

SANCHEZ, Alberto [a] (USA)
| 2012 | – | Cut | – | a |

SANCHEZ, Javier (USA)
1993-95	–	Cut	–	–
1996	–	90	–	–
1997-99	–	–	–	–
2000	–	Cut	–	–

SANDELIN, JS (Jarmo Sakari) (FIN/SWE)
1995	–	–	79	–
1996-98	–	–	–	–
1999	–	–	65	Cut
2000	–	Cut	31	24
2001	–	Wdw	–	–

SANDERS, Andrew/Andy (USA)
2000	–	Cut (a)	–	a
2001	–	–	–	a
2002	–	Cut	–	–

SANDERS, Curt (USA)
| 2008 | – | – | – | Cut |

SANDERS, Mark (ENG)
| 2001 | – | – | Cut | – |

SAUNDERS, Sam (USA)
| 2011 | – | Cut | – | – |

SARAZEN (formerly SARACENI), Eugenio»Eugene/Gene (USA)
1920	–	30	–	–
1921	–	17	–	QF
1922	–	W	–	W
1923	–	16	Dnq	W
1924	–	17	41	Last 16
1925	–	5	–	Last 32
1926	–	3	–	Last 16
1927	–	3	–	QF
1928	–	6	2	SF
1929	–	3	8	QF
1930	–	28	–	RU
1931	–	4	3	SF
1932	–	W	W	–
1933	–	26	3	W
1934	–	2	21	Last 16
1935	W	6	–	Last 32
1936	3	28	5	Last 64
1937	24	10	Cut	Last 32
1938	13	10	–	QF
1939	5	47	Scr	Last 64
1940	21	2	–	QF
1941	19	7	–	SF
1942	28	29*	–	Dnq
1943	–	–	–	–
1944	–	–	–	–
1945	–	–	–	Last 32
1946	Wdw	Cut	–	–
1947	26	39	–	Last 16
1948	23	Cut	–	Last 16
1949	39	Cut	–	Last 64
1950	10	38	–	–
1951	12	35	–	Last 32
1952	Wdw	33	17	–
1953	38	Cut	–	Last 64
1954	53	Wdw	17	–
1955	Wdw	–	–	Last 32
1956	49	–	Wdw	Last 16
1957	Cut	Cut	–	–
1958	Cut	Cut	16	Cut
1959	Cut	–	–	Wdw
1960	Cut	–	Wdw	–
1961	Cut	–	–	–
1962	Wdw	–	–	–
1963	49L	–	–	–
1964	Wdw	–	–	–
1965-66	Cut	–	–	–
1967	Wdw	–	–	–
1968	–	–	–	–
1969	Cut	–	–	–
1970	Cut	–	Cut	–
1971	Cut	–	–	Cut
1972	Cut	–	–	Wdw
1973	Cut	–	Cut	–
1974-75	–	–	–	–
1976	–	–	Wdw	–
1977-80	–	–	–	–
1981-99	Hon starter	–	–	–

*unofficial championship

SARGENT, GJ (George) (ENG/CAN/USA)
1901	–	–	32	–
1902	–	–	Cut	–
1903-04	–	–	Wdw	–
1905	–	–	Cut	–
1906-07	–	–	–	–
1908	–	Wdw	–	–
1909	–	W	–	–
1910	–	16	–	–
1911	–	7	–	–
1912	–	6	–	–
1913	–	21	–	–
1914	–	3	–	–
1915	–	10	–	–
1916	–	4	–	–
1917	–	–	–	–
1918	–	–	–	–
1919	–	29	–	–
1920	–	38	–	–
1921	–	Wdw	–	–
1922	–	Dnq	–	Last 64
1923	–	29	–	–
1924	–	43	–	–
1925-26	–	–	–	–
1927	–	44	–	–
1928-29	–	–	–	–
1930	–	Wdw	–	–
1931-33	–	–	–	–
1934	50	–	–	–
1935	62	–	–	–
1936-39	Wdw	–	–	–
1940	Wdw	–	–	–
1941	–	Wdw	–	–
1942	–	–	–	–
1943	–	–	–	–
1944-45	–	–	–	–
1946-55	–	–	–	–
1956	Wdw	–	–	–

SATO, Achi (JPN)
| 2007 | – | – | Cut | – |

SATO, Nobuhito (JPN)
1997	–	–	Cut	–
1998-99	–	–	–	–
2000-01	–	–	Cut	–
2002	–	–	–	–
2003	–	–	Cut	–

SAUERS, GC (Gene Craig) (USA)
1984	–	Cut	–	–
1985	–	58	–	–
1986	–	–	–	30
1987	33	58	–	24
1988	–	–	–	Cut
1989	Cut	–	52	58
1990	–	–	–	Cut
1991	–	–	–	63
1992	–	–	–	2
1993	34	–	–	22
1994	–	–	–	–
1995	–	–	88	44
1996-2002	–	–	–	–
2003	–	–	–	Cut

SAUNDERS, Sam (USA)
| 2015 | – | 50 | – | – |

	MAS	USO	BOP	PGA
SAXTON, Reinier [a] (NED)				
2008	–	–	Cut	a
2009	–	Cut	–	a
SCALETTA, Paul (USA)				
2012	–	–	–	Cut
SCHALL, Kenneth/Ken (USA)				
1989	–	Cut	–	–
1990-91	–	–	–	Cut
1992-95	–	–	–	–
1996	–	–	–	Cut
1997	–	Cut	–	–
1998-99	–	–	–	Cut
2000	–	–	–	–
2001	–	–	–	Cut
2002	–	–	–	–
2003	–	–	–	Cut
SCHAUMAN, Wilhelm (SWE)				
2005	–	–	Cut	–
SCHEFFLER, Scottie [a] (USA)				
2016	–	Cut	–	a
SCHEMBECHLER, Richie (USA)				
2016	–	Cut	–	–
SCHERRER, TC (Thomas/Tom Cregg) (USA)				
1999	–	23	–	–
2000	–	–	Cut	Wdw
2001	–	25	–	–
SCHIENE, Martin/Marty (USA)				
1989	–	Cut	–	–
1990-93	–	–	–	–
1994	–	Cut	–	–
1995-96	–	–	–	–
1997	–	Cut	–	–
1998-2000	–	–	–	–
2001	–	Cut	–	–
SCHIETEKAT, Neil (RSA)				
2011	–	–	Cut	–
SCHMITT, Philip/Phil (USA)				
2007	–	–	–	Cut
SCHMITZ, Sammy [a] (USA)				
2016	Cut	–	–	a
SCHMUHL, Jason (USA)				
2010	–	–	–	Cut
SCHNEITER, SD (Stephen/Steve) (USA)				
1996-97	–	–	–	Cut
1998	–	–	–	–
1999	–	–	–	Cut
2000	–	–	–	–
2001-04	–	–	–	Cut
2005	–	–	–	40
2006	–	–	–	Cut
2007-08	–	–	–	–
2009	–	–	–	Cut
2010	–	–	–	–
2011	–	–	–	Cut
2012-13	–	–	–	–
2014	–	–	–	Cut
SCHNIEDERJANS, Oliver [a] (USA)				
2015	–	42	12	a
SCHUCHART, MR (Michael/Mike) (USA)				
1983	–	Cut (a)	–	a
1984-85	–	–	–	a
1986	–	–	–	–
1987	–	–	–	Cut
1988-89	–	–	–	–
1990	–	Cut	–	–
1991	–	–	–	–
1992	–	–	–	Cut
1993-94	–	–	–	–
1995	–	Cut	–	–
1996-2002	–	–	–	–
2003-04	–	–	–	Cut
SCHULLER, RQ (Richard/Rick) (USA)				
1986	–	Cut	–	–
1987	–	–	–	–
1988	–	Cut	–	–
1989-2000	–	–	–	–
2001	–	–	–	44
2002	–	–	–	–
2003	–	–	–	Cut
2004-15	–	–	–	–
2016	–	–	–	Cut
SCHULTE, Alan (USA)				
2004	–	–	–	Cut
2005	–	–	–	–
2006	–	–	–	Cut
SCHUSTER, Tino (GER)				
2005	–	–	60	–
SCHUTTE, Warren (RSA)				

	MAS	USO	BOP	PGA
1992	–	Cut (a)	–	a
1993	Cut (a)	–	–	–
1994-99	–	–	–	–
2000	–	–	51	–
2001-02	–	–	–	–
2003	–	Cut	–	–
SCHWARTZEL, CA (Charl Adriaan) (RSA)				
2003	–	–	Cut	–
2004	–	–	–	–
2005	–	–	Cut	–
2006	–	48	22	Cut
2007	–	30	Cut	Cut
2008	–	–	–	52
2009	–	Cut	Cut	43
2010	30	16	14	18
2011	W	9	16	12
2012	50	38	Cut	59
2013	25	14	15	Cut
2014	Cut	Cut	7	15
2015	38	7	68	37
2016	Cut	23	18	42
SCIORRA, CM (Cary) (USA)				
2003	–	–	–	Cut
SCOTLAND, Zane (ENG)				
1999	–	–	Cut (a)	a
2000-03	–	–	–	a
2004-09	–	–	–	–
2010	–	–	55	–
SCOTT, AD (Adam Derek) (AUS)				
2000	–	–	Cut	–
2001	–	–	47	Cut
2002	9	Cut	Cut	23
2003	23	Cut	Cut	23
2004	Cut	Cut	42	9
2005	33	28	34	40
2006	27	21	8	3
2007	27	Cut	27	12
2008	25	26	16	Cut
2009	Cut	36	Cut	Cut
2010	18	Cut	27	39
2011	2	Cut	25	7
2012	8	15	2	11
2013	W	45	3	5
2014	14	9	5	15
2015	38	4	10	Cut
2016	42	18	43	18
SEITZ, Matthew/Matt (USA)				
2007	–	–	–	Cut
SENDEN, JG (John Gerard) (AUS)				
2002	–	–	Cut	–
2003	–	–	–	–
2004	–	Cut	–	–
2005	–	–	–	–
2006	–	–	35	Cut
2007	–	–	45	4
2008	Cut	–	–	42
2009	–	–	Cut	Cut
2010	Cut	Cut	48	Cut
2011	–	30	–	19
2012	Cut	10	34	32
2013	35	15	Cut	70
2014	8	Cut	58	Cut
2015	38	14	40	Cut
2016	–	–	–	18
SENIOR, Jack (ENG)				
2016	–	–	Cut	–
SENIOR, PAC (Peter Albert Charles) (AUS)				
1979	–	–	Cut	–
1980-83	–	–	–	–
1984	–	–	14	–
1985	–	–	44	–
1986-87	–	–	Cut	–
1988	–	–	6	58
1989	–	–	Cut	–
1990	42	Cut	Cut	62
1991	–	–	17	Cut
1992	–	–	25	48
1993	–	–	4	51
1994	–	–	20	71
1995	–	–	58	44
1996	–	–	Cut	Cut
1997	–	–	51	–
1998	–	–	Cut	–
1999	–	–	–	–
2000	–	–	72 (L)	–
2001-09	–	–	–	–
2010	–	–	60	–
2011-12	–	–	–	–

	MAS	USO	BOP	PGA
2013	–	–	79	–

SEPPANEN, Matthew/Matt (USA)
| 2003 | – | Cut | – | – |

SHACKLADY, David (ENG)
1998	–	–	Cut	–
1999-2006	–	–	–	–
2007	–	–	Cut	–

SHADBOLT, Thomas/Tom (ENG)
| 2011 | – | – | Cut | – |

SHARP, Tommy (USA)
| 2016 | – | – | – | Cut |

SHEEHAN, Butch see SHEEHAN, RR
SHEEHAN, Patrick see SHEEHAN, PJ
SHEEHAN, Paul (AUS)
2004	–	–	Cut	–
2005-06	–	–	–	–
2007	–	–	Cut	–
2008-09	–	–	–	–
2010	–	Cut	–	–

SHEEHAN, PJ (Patrick James) (USA)
2004	–	–	–	49
2005	–	–	–	40
2006-07	–	–	–	–
2008	–	29	–	–

SHEEHAN, RR (Robert Richard: 'Butch') (USA)
| 2007 | – | – | – | Cut |

SHEFTIC, Mark (USA)
2009-10	–	–	–	Cut
2011-12	–	–	–	–
2013	–	–	–	Cut

SHELTON, Robert/Robby [a] (USA)
| 2014 | – | Cut | – | a |

SHERFY, BL (Bradley/Brad) (USA)
1979	–	Cut	–	–
1980-81	–	–	–	–
1982	–	Cut	–	–
1983-89	–	–	–	–
1990	–	Cut	–	–
1991	–	Cut	–	Cut
1992	–	–	–	–
1993-94	–	–	–	Cut
1995-99	–	–	–	–
2000	–	–	–	Cut

SHERREARD, TC (Thomas/Tom Charles) [a] (ENG)
| 2008 | – | – | 19 | a |

SHERWOOD, Nick [a] (USA)
| 2012 | - | Cut | – | a |

SHINKWIN, CR (Callum Ronald) (ENG)
| 2016 | – | – | Cut | – |

SHORT Jr, WE (Wesley/Wes Earl) (USA)
2006	–	–	–	Cut
2007-15	–	–	–	–
2016	–	Cut	–	–

SHUTE, HD (Herman Densmore/Denny) (USA)
1926	–	43 (a)	–	a
1927	–	48 (a)	–	a
1928	–	6	–	–
1929	–	3	–	Last 32
1930	–	25	–	Last 16
1931	–	25	–	RU
1932	–	14	–	Last 32
1933	–	21	W	–
1934	13	43	20	SF
1935	5	4	–	Last 16
1936	11	10	–	W
1937	13	10	14	W
1938	Wdw	11	–	Last 16
1939	15	3	–	Last 16
1940	–	–	–	Wdw/ill
1941	18	2	–	QF
1942	Wdw	44*	–	Last 32
1943	–	–	–	–
1944	–	–	–	–
1945	–	–	–	QF
1946	25	Cut	–	–
1947	20	Cut	–	Dnq
1948	32	–	–	Dnq
1949	45	Cut	–	Last 64
1950	35	31	–	Last 16
1951	47	Cut	–	Last 32
1952	49	–	–	Last 64
1953	55	Cut	–	–
1954	68	Cut	–	–
1955	36	–	–	Dnq
1956	71	–	–	–
1957	Cut	Cut	–	Last 64
1958	Cut	–	–	Cut
1959	Cut	–	–	44
1960-61	Cut	–	–	Cut
1962-63	–	–	–	–
1964-66	–	–	–	Cut
1967-68	–	–	–	–
1969	–	–	–	Cut
1970	–	–	Cut	Cut
1971-72	–	–	–	Cut

*unofficial championship

SIEM, Marcel (GER)
2010	–	–	27	–
2011	–	60	–	–
2012	–	–	Cut	36
2013	–	59	Cut	Cut
2014	–	12	–	–
2015	–	–	Cut	48

SILVA, Kevin (USA)
| 2008-09 | – | Cut | – | – |

SILVERS, Mark (USA)
2010	–	Cut	–	–
2011-14	–	–	–	–
2015	–	54	–	–

SIM, Michael (AUS)
| 2009 | – | 18 | – | 51 |
| 2010 | Scr | Cut | Cut | Cut |

SIMPSON, Jack (SCO)
1883	–	–	17 (a)	a
1884	–	–	W	–
1885	–	–	13	–
1886	–	–	12	–
1887	–	–	12	–
1888-90	–	–	–	–
1891	–	–	41	–
1892	–	–	28	–
1893	–	–	34	–
1894	–	–	39	–

SIMPSON, JFW (James Frederick Webb/Webb) (USA)
2011	–	14	16	Cut
2012	44	W	Scr	Cut
2013	Cut	32	64	25
2014	Cut	45	Cut	Cut
2015	28	46	40	54
2016	29	–	39	13

SIMPSON, SW (Scott William) (USA)
1980	–	45	–	30
1981	Cut	23	–	Cut
1982	–	15	–	32
1983	11	13	–	9
1984	40	25	–	6
1985	41	15	–	12
1986	25	Cut	65	41
1987	27	W	62	47
1988	Cut	6	–	Cut
1989	38	6	26	53
1990	7	14	39	66
1991	22	2	57	Cut
1992	13	64	–	–
1993	11	46	9	6
1994	27	55	Cut	Cut
1995	–	28	Cut	54
1996	29	40	33	Cut
1997	–	Cut	–	–
1998	Cut	58	–	Cut

SIMPSON, Webb see SIMPSON, JFW

SINDELAR, JP (Joseph/Joey Paul) (USA)
1980-81	–	Cut (a)	–	a
1982	–	Cut	–	–
1983	–	–	–	–
1984	–	–	–	62
1985	31	15	–	28
1986	Cut	15	Cut	53
1987	35	51	–	Cut
1988	39	17	–	Cut
1989	Cut	33	–	Cut
1990	–	–	–	–
1991	46	–	–	63
1992	–	6	–	56
1993	27	Cut	–	Wdw
1994-95	–	–	–	–
1996	–	–	–	14
1997	–	–	–	10
1998	–	43	–	40
1999	–	Cut	–	Wdw
2000-01	–	–	–	–
2002	–	Cut	–	64
2003	–	Cut	–	–
2004	–	Cut	–	Cut
2005	–	–	–	–
2006	–	Cut	–	49

	MAS	USO	BOP	PGA
2007	–	Cut	–	–

SINGH, JM (Jeev Milkha) (IND)

	MAS	USO	BOP	PGA
2002	–	62	–	–
2003-05	–	–	–	–
2006	–	59	–	–
2007	37	36	Cut	Cut
2008	25	–	–	9
2009	Cut	Cut	–	67
2010-11	–	–	–	–
2012	–	–	69	Cut
2013-15	–	–	–	–
2016	–	Cut	–	–

SINGH, Vijay (FIJ)

	MAS	USO	BOP	PGA
1989	–	–	23	–
1990	–	–	12	–
1991	–	–	12	–
1992	–	–	51	48
1993	–	Cut	59	4
1994	27	–	20	Cut
1995	Cut	10	6	Cut
1996	39	7	11	5
1997	17	77	38	13
1998	Cut	25	19	W
1999	24	3	Cut	49
2000	W	8	11	Cut
2001	18	7	13	51
2002	7	30	Cut	8
2003	6	20	2	34
2004	6	28	20	W
2005	5	6	5	10
2006	8	6	Cut	Cut
2007	13	20	27	Cut
2008	14	65	Cut	Cut
2009	30	27	38	16
2010	Cut	40	37	39
2011	Cut	–	Scr/inj	Cut
2012	27	Cut	9	36
2013	38	–	Cut	68
2014	37	–	–	35
2015	54	–	–	37
2016	Cut	–	Cut	Cut

SINGLETON, John (ENG)

	MAS	USO	BOP	PGA
2014	–	–	Cut	–

SISK, Geoffrey (USA)

	MAS	USO	BOP	PGA
1995	–	Cut	–	–
1996-98	–	–	–	–
1999	–	30	–	–
2000-02	–	–	–	–
2003	–	Cut	–	–
2004	–	40	–	–
2005-06	–	–	–	–
2007	–	Cut	–	–
2008-10	–	–	–	–
2011	–	Cut	–	–
2012	–	–	–	–
2013	–	Cut	–	–

SJOLAND, Patrik (SWE)

	MAS	USO	BOP	PGA
1998	–	–	38	Cut
1999	Cut	Cut	18	Cut
2000	–	–	Cut	–
2001	–	–	–	–
2002	–	–	Cut	–
2003-04	–	–	–	–
2005	–	–	73	–

SKINNER, HE (Henry: 'Sonny') (USA)

	MAS	USO	BOP	PGA
2008	–	–	–	Cut
2009	–	–	–	–
2010	–	–	–	Cut
2011-12	–	–	–	–
2013	–	–	–	Cut

SLATTERY, LA (Lee Andrew) (ENG)

	MAS	USO	BOP	PGA
2006	–	–	26	–
2007-11	–	–	–	–
2012	–	Cut	64	–
2013-15	–	–	–	–
2016	–	57	–	–

SLAWTER, Mark (USA)

	MAS	USO	BOP	PGA
1999-2000	–	Cut	–	–

SLOCUM, TH (Tyler Heath/Heath) (USA)

	MAS	USO	BOP	PGA
2002	–	Cut	–	22
2003	–	–	–	–
2004	–	–	–	Cut
2005	–	–	–	47
2006	–	–	–	29
2007	–	–	–	23
2008	33	9	32	Cut
2009	–	Cut	–	–
2010	18	Cut	60	33

	MAS	USO	BOP	PGA
2011	Cut	11	–	Cut

SLUMAN, JG (Jeffrey/Jeff George) (USA)

	MAS	USO	BOP	PGA
1980	–	Cut (a)	–	a
1981-85	–	–	–	–
1986	–	62	–	30
1987	–	–	–	14
1988	45 (L)	Cut	–	W
1989	8	Cut	Cut	24
1990	27	14	25	31
1991	29	Cut	101	61
1992	4	2	Cut	12
1993	17	11	Cut	61
1994	25	9	–	25
1995	41	13	–	8
1996	Cut	50	60	41
1997	7	28	–	Cut
1998	Cut	10	–	27
1999	31	Cut	45	54
2000	18	Cut	60	41
2001	–	–	–	Cut
2002	24	24	–	23
2003	44	Cut	Cut	Cut
2004	43	–	–	62
2005	–	–	–	Cut
2006	–	6	41	Cut
2007	49	Cut	–	Cut

SMAIL, David (NZL)

	MAS	USO	BOP	PGA
2001	–	–	68	–
2002	–	–	–	–
2003	–	Cut	Cut	–
2004	–	–	–	–
2005	–	–	67	–
2006	–	–	Cut	–
2007	–	–	–	–
2008	–	–	Cut	–
2009	–	Cut	Cut	67

SMALL, MG (Michael/Mike) (USA)

	MAS	USO	BOP	PGA
1994	–	Cut	–	–
1995-97	–	–	–	–
1998	–	Cut	–	–
1999-2003	–	–	–	–
2004	–	–	–	Cut
2005	–	–	–	76
2006	–	–	–	Cut
2007	–	Cut	–	69
2008	–	–	–	–
2009-10	–	–	–	Cut
2011	–	–	–	69
2012-13	–	–	–	Cut

SMITH, AC (Alex(ander): 'Alec' (SCO/USA)

	MAS	USO	BOP	PGA
1898	–	2	–	–
1899	–	7	–	–
1900	–	13	–	–
1901	–	2	–	–
1902	–	18	–	–
1903	–	4	–	–
1904	–	18	–	–
1905	–	2	16	–
1906	–	W	–	–
1907	–	–	25	–
1908	–	3	–	–
1909	–	3	–	–
1910	–	W	–	–
1911	–	23	–	–
1912	–	3	–	–
1913	–	16	–	–
1914	–	Dnq	–	–
1915	–	22	–	–
1916	–	–	–	Last 16
1917	–	–	–	–
1918	–	–	–	–
1919	–	Wdw	–	–
1920	–	Dnq	–	–
1921	–	5	–	–

SMITH, Andrew/Andy (ENG)

	MAS	USO	BOP	PGA
2011	–	–	Cut	–

SMITH, BA (Bruce) (USA)

	MAS	USO	BOP	PGA
2004	–	–	–	Cut
2005-09	–	–	–	–
2010	–	–	–	Cut

SMITH, Cameron (AUS)

	MAS	USO	BOP	PGA
2015	–	4	–	25
2016	55	59	–	–

SMITH, Christopher/Chris (1) see SMITH, CM

SMITH, Christopher/Chris (2) (ENG)

	MAS	USO	BOP	PGA
2003	–	–	Cut	–

SMITH, CM (Christopher/Chris McClain) (USA)

	MAS	USO	BOP	PGA
1997	–	60	–	–

	MAS	USO	BOP	PGA
1998	–	–	–	–
1999	–	62	–	–
2000	–	–	–	–
2001	–	Cut	–	29
2002	–	–	75	53
2003	–	Cut	71	–
2004	–	Cut	–	–

SMITH, Horton (USA)

	MAS	USO	BOP	PGA
1927		44		
1928		28	–	SF
1929		10	25	Last 32
1930		3	4	QF
1931		27	12	QF
1932		55		Last 32
1933		24	14	Last 32
1934	W	17	–	–
1935	19	6	–	QF
1936	W	22	–	QF
1937	19	36	10	Last 16
1938	22	19	–	QF
1939	26	15	–	QF
1940	47	3		Last 64
1941	19	13		Last 16
1942	5	4*		Dnq
1943				
1944-45				
1946	21	Cut	–	–
1947	22	Wdw	–	–
1948	34	Cut	–	Last 64
1949	23	23	–	Last 32
1950	12	Cut	–	–
1951	32	Cut	–	–
1952	30	15	–	Last 64
1953	45	Cut	–	Dnq
1954	38	–	–	Last 16
1955	59	–	–	–
1956	76	–	–	Scr
1957-63	Cut	–	–	–

*unofficial championship

SMITH, JD (Jerry Dean) (USA)

	MAS	USO	BOP	PGA
1988	–	Cut	–	–
1989-1992	–	–	–	–
1993	–	Cut	–	–
1994-2004	–	–	–	–
2005	–	Cut	–	–
2006-09	–	–	–	–
2010	–	Cut	–	–
2011-13	–	–	–	–
2014	–	–	–	Cut

SMITH, Jesse (USA)

	MAS	USO	BOP	PGA
2013	–	Cut	–	–

SMITH, Mark (ENG)

	MAS	USO	BOP	PGA
2003	–	–	Cut	–

SMITH, NT (Nathan) [a] (USA)

	MAS	USO	BOP	PGA
2004	Cut	Cut	–	a
2005-09	–	–	–	a
2010-11	Cut	–	–	a
2012	–	–	–	a
2013	Cut	–	–	a

SMITH, Scott (USA)

	MAS	USO	BOP	PGA
2012	–	Cut	–	–

SMITH, SL (Stuart) (USA)

	MAS	USO	BOP	PGA
1985	–	Cut	–	–
1986-2010	–	–	–	–
2011	–	–	–	Cut
2012	–	–	–	–
2013	–	–	–	Cut

SMITH, TM (Todd/Todd M) (USA)

	MAS	USO	BOP	PGA
1992	–	–	–	79
1993	–	–	–	Cut
1994	–	–	–	66
1995-97	–	–	–	–
1998	–	–	–	Cut
1999	–	–	–	–
2000	–	–	–	Cut

SMITH, William/Willie (SCO/USA)

	MAS	USO	BOP	PGA
1895		–	Wdw	
1896-98		–	–	
1898		5	–	
1899		W	–	
1900		4	–	
1901		3	–	
1902		4	–	
1903		9	–	
1904		–	–	
1905		13	–	
1906		2	–	
1907		–	–	
1908		2	–	
1909		–	–	
1910		–	5	
1911-12		–	–	
1913		Dnq	–	

SMYTH, DJ (Desmond/Des John) (IRL)

	MAS	USO	BOP	PGA
1975-77	–	–	Cut	–
1978-79	–	–	–	–
1980	–	–	Cut	–
1981	–	–	31	–
1982	–	–	4	–
1983-87	–	–	Cut	–
1988	–	–	–	–
1989-90	–	–	Cut	–
1991	–	–	44	–
1992	–	–	Cut	–
1993	–	–	27	–
1994	–	–	Cut	–
1995	–	–	–	–
1996	–	–	Dsq	–
1997	–	–	–	–
1998	–	–	15	–
1999	–	–	Cut	–
2000	–	–	–	–
2001	–	–	13	–
2002	–	–	28	–

SNEAD, SJ (Samuel/Sam Jackson) (USA)

	MAS	USO	BOP	PGA
1937	18	2	11	Last 16
1938	31	38	–	RU
1939	2	5	Scr	Dnq
1940	7	16	–	RU
1941	6	13	–	QF
1942	7	–	–	W
1943				
1944-45				
1946	7	19	W	Last 32
1947	22	2	–	Last 32
1948	16	5	–	QF
1949	W	2	–	W
1950	3	12	–	Last 32
1951	8	10	–	W
1952	W	10	–	Last 64
1953	16	2	–	Last 32
1954	W	11	–	QF
1955	3	3	–	Last 32
1956	4	24	–	QF
1957	2	8	–	Last 16
1958	13	Cut	–	3
1959	22	8	–	8
1960	11	19	–	3
1961	15	17	–	27
1962	15	38	6	17
1963	3	42	–	27
1964	Cut	34	–	–
1965	Cut	24	Cut	6
1966	42	–	–	6
1967	10	–	–	–
1968	42	9	–	34
1969	Cut	38	–	63
1970	23	Cut	–	12
1971	Cut	–	–	35
1972	27	–	–	4
1973	29	29	–	9
1974	20	Scr/inj	–	J
1975	Wdw	Cut	–	Cut
1976	Cut	–	Cut	Cut
1977	Wdw	Cut	–	54
1978	Cut	–	–	–
1979	Cut	–	–	42
1980-81	Cut	–	–	Wdw
1982-83	Wdw	–	–	–
1984-2002	Hon starter	–	–	–

SNEDEKER, Brandt (USA)

	MAS	USO	BOP	PGA
2004	41 (a)	–	–	a
2005	–	Cut	–	–
2006	–	–	–	–
2007	–	23	–	18
2008	3	9	Cut	24
2009	Cut	Cut	Cut	Cut
2010	–	8	–	39
2011	15	11	Cut	Cut
2012	19	Scr/inj	3	Cut
2013	6	17	11	66
2014	37	9	58	13
2015	Cut	8	Cut	12
2016	10	Cut	22	56

SNYDER, Brent (USA)

	MAS	USO	BOP	PGA
2015	–	–	–	Cut

	MAS	USO	BOP	PGA
SNYDER, Vaughn [a] (USA)				
2009	–	Cut	–	a
SODERBERG, Sebastian (SWE)				
2016	–	Cut	–	–
SOERO, Pierre-Henri [a] (NCL)				
2005	–	Cut	–	a
SOERRIES, Anthony/Tony (USA)				
2002	–	Cut	–	–
SOKOL, Steven (USA)				
2004	–	Cut	–	–
SONG, Y-H (Young-Han) (KOR)				
2016	–	–	–	56
SONODA, Shunsuke (JPN)				
2010	–	–	Cut	–
2011-14	–	–	–	–
2015	–	Cut	–	–
SORDET, Clement (FRA)				
2016	–	–	Cut	–
SORENSON, Jeff (USA)				
2011	–	–	–	Cut
2012	–	–	–	–
2013	–	–	–	Cut
SOTA, S Ballesteros see **BALLESTEROS (SOTA), Severiano**				
SOUTHGATE, Matthew (ENG)				
2014	–	–	Cut	–
2015	–	–	–	–
2016	–	–	12	–
SOWARDS, RK (Robert/Bob) (USA)				
1997	–	–	–	Cut
1998-2000	–	–	–	–
2001	–	–	–	Cut
2002	–	–	–	–
2003-04	–	–	–	Cut
2005-10	–	–	–	–
2011-15	–	–	–	Cut
SPALLONE, Salvatore/Sal (USA)				
2005	–	Cut	–	–
SPEARS, Ryan (USA)				
2009	–	Cut	–	–
SPEIGHT, Josh(ua) A (USA)				
2016	–	–	–	Cut
SPENCE, Craig (AUS)				
1999	–	–	Cut	–
2000	–	Cut	–	–
SPENCE, JS (James/Jamie Stephen) (ENG)				
1990	–	–	22	–
1991	–	–	44	–
1992	–	–	12	–
1993	–	–	63	–
1994	–	–	–	–
1995	–	–	Cut	–
1996	–	–	–	–
1997	–	–	62	–
1998-99	–	–	–	–
2000	–	–	Cut	–
2001	–	–	–	–
2002	–	–	Cut	–
SPENCE, SM (Scott) (USA)				
1982	–	Cut	–	–
1983-87	–	–	–	–
1988	–	Cut	–	–
1989-98	–	–	–	–
1999	–	–	–	Cut
2000-04	–	–	–	–
2005	–	–	–	Cut
SPENCER, Ian (ENG)				
1992	–	–	Cut	–
1993-2003	–	–	–	–
2004	–	–	Cut	–
SPENGLER, David/Dave (USA)				
2003	–	–	–	Cut
SPIERS, Adam (CAN)				
2002	–	Cut	–	–
2003-06	–	–	–	–
2007	–	Cut	–	–
SPIETH, Jordan (USA)				
2012	–	21 (a)	–	a
2013	–	Cut	44	Cut
2014	2	17	36	Cut
2015	W	W	4	2
2016	2	37	30	13
SPOSA, MJ (Michael/Mike) (USA)				
1997	–	–	Cut	–
1998-2000	–	–	–	–
2001	–	–	Cut	–
SPROSTON, Anthony (ENG)				
2003	–	–	Cut	–

	MAS	USO	BOP	PGA
SRIROT, Thammanoon (THA)				
2005	–	–	Cut	–
STACHLER, Ryan [a] (USA)				
2016	–	Cut	–	a
STADLER, CR (Craig Robert: 'The Walrus') (USA)				
1974	Cut (a)	Cut (a)	–	a
1975	Cut (a)	–	Cut (a)	a
1976-77	–	–	–	–
1978	–	–	–	6
1979	7	Cut	–	Cut
1980	26	16	6	55
1981	43	26	Cut	Cut
1982	W	22	35	16
1983	6	10	12	63
1984	35	Wdw	28	18
1985	6	Cut	Cut	18
1986	Cut	15	Wdw	30
1987	17	24	8	28
1988	3	25	60	15
1989	Cut	–	13	7
1990	14	8	Cut	57
1991	12	19	101	7
1992	25	33	64	48
1993	34	33	–	Cut
1994	Cut	Cut	24	19
1995	Cut	–	Cut	8
1996	29	–	45	Cut
1997	26	–	Cut	53
1998	41	–	–	38
1999	38	–	–	Cut
2000	Cut	Cut	–	64
2001	Cut	–	–	–
2002	32	18	–	–
2003	49 (L)	–	–	–
2004	Cut	–	–	–
2005	50 (L)	–	–	–
2006	Cut	–	–	–
2007	49	–	–	–
2008-14	Cut	–	–	–
STADLER, Kevin (USA)				
2004	–	65	–	–
2005	–	–	–	–
2006	–	Cut	–	–
2007	–	–	51	–
2008	–	–	58	–
2009	–	–	–	–
2010	–	–	–	Cut
2011-12	–	–	–	–
2013	–	–	–	Cut
2014	8	63	39	64
2015	Cut	–	–	–
STAL, Gary (FRA)				
2916	–	–	Cut	–
STALLINGS, Scott (USA)				
2011	–	–	–	Cut
2012	27	–	–	Cut
2013	–	53	Cut	55
2014	Cut	–	Cut	Cut
STANKOWSKI, PF (Paul Francis) (USA)				
1994	–	Cut	–	–
1995	–	–	–	Cut
1996	Cut	–	–	47
1997	5	19	Cut	67
1998	39	Cut	–	Cut
1999	–	–	–	–
2000	–	–	–	41
2001	–	–	–	74
2002	–	62	–	–
STANLEY, IE (Ian Edward) (AUS)				
1972-73	–	–	Cut	–
1974	–	–	56	–
1975	–	–	46	–
1976-78	–	–	Cut	–
1979-81	–	–	–	–
1982	–	–	Cut	–
1983-85	–	–	–	–
1986	–	–	30	–
1987-2001	–	–	–	–
2002	–	–	Cut	–
STANLEY, Kyle (USA)				
2008	–	Cut (a)	–	a
2009	–	53 (a)	–	–
2010	–	–	–	–
2011	–	–	44	–
2012	Cut	Cut	39	Cut
2013	–	73 (L)	Cut	Cut
STARKJOHANN, CL (Chris Lee) (USA)				
1993	–	–	–	Cut

THE PLAYERS

	MAS	USO	BOP	PGA
1994-2004	–	–	–	–
2005	–	–	–	Cut
2006-08	–	–	–	–
2009	–	–	–	Cut

STAUFFER, KW (Kent) (USA)

	MAS	USO	BOP	PGA
1988	–	47	–	–
1989	–	–	–	Cut
1990	–	–	–	Cut
1991-97	–	–	–	–
1998	–	–	–	Cut
1999-2001	–	–	–	–
2002	–	–	–	Cut

STEELE, Brendan (USA)

	MAS	USO	BOP	PGA
2011	–	–	–	19
2012	Cut	–	–	–
2013	–	Cut	–	–
2014	–	–	Cut	58
2015	–	–	–	12
2016	–	15	Cut	Cut

STEELE, RD (Robert) [a] (ENG)

	MAS	USO	BOP	PGA
2005	–	–	Cut	a

STEFANI, Shawn (USA)

	MAS	USO	BOP	PGA
2009	–	Cut	–	–
2010-12	–	–	–	–
2013	–	59	–	–
2014	–	–	Cut	68
2015	–	–	–	Cut

STEGMAIER, Brett (USA)

	MAS	USO	BOP	PGA
2014	–	Cut	–	–

STEINMETZ, Richard/Rich (USA)

	MAS	USO	BOP	PGA
2005	–	–	–	Cut
2006-09	–	–	–	–
2010	–	–	–	Cut

STELTEN, RJ (Ronald/Ron) (USA)

	MAS	USO	BOP	PGA
1998-2000	–	–	–	Cut

STENSON, Henrik (SWE)

	MAS	USO	BOP	PGA
2001	–	–	Cut	–
2002-04	–	–	–	–
2005	–	–	34	47
2006	Cut	26	48	14
2007	17	Cut	Cut	Cut
2008	17	Cut	3	4
2009	38	9	13	6
2010	Cut	29	3	Cut
2011	Cut	23	68	–
2012	40	–	–	–
2013	18	21	2	3
2014	14	4	39	3
2015	19	27	40	25
2016	24	Wdw	**W**	7

STERLING, WS (William Scott/Scott)

	MAS	USO	BOP	PGA
2008	–	Cut	–	–

STERNE, Richard (RSA)

	MAS	USO	BOP	PGA
2006	–	–	Cut	–
2007	–	–	Cut	Wdw
2008	25	Cut	Cut	–
2009	Cut	–	34	Wdw
2010-11	–	–	–	–
2012	–	–	39	–
2013	25	Scr	21	Cut
2014	–	Scr/inj	Cut	35
2015	–	–	–	–
2016	–	–	46	–

STEVENS, Craig (USA)

	MAS	USO	BOP	PGA
2001-02	–	–	–	Cut
2003	10	–	–	–
2011	–	–	–	Cut

STEWART, JH (Jon Hunter/Hunter) [a] (USA)

	MAS	USO	BOP	PGA
2014	–	Cut	–	a

STEWART, Payne see STEWART, WP

STEWART, Tim (AUS)

	MAS	USO	BOP	PGA
2009	–	–	Cut	–

STEWART, WP (William Payne/Payne) (USA)

	MAS	USO	BOP	PGA
1981	–	–	58	–
1982	–	–	–	Cut
1983	32	–	–	Cut
1984	21	Cut	Cut	Cut
1985	25	5	2	12
1986	8	6	35	5
1987	42	Cut	4	24
1988	25	10	7	9
1989	24	13	8	**W**
1990	36	Cut	2	8
1991	–	**W**	32	13
1992	Cut	51	34	69
1993	9	2	12	44
1994	Cut	Cut	Cut	66
1995	41	21	11	13
1996	Cut	27	45	69
1997	–	28	59	29
1998	–	2	44	Cut
1999	–	52	**W**	30	57

STILES, DG (Darron Gary) (USA)

	MAS	USO	BOP	PGA
2003	–	48	–	–
2004-06	–	–	–	–
2007	–	Cut	–	–
2008	–	–	–	–
2009	–	Cut	–	–
2010-11	–	–	–	–
2012	–	60	–	–

STIMMEL, Rick (USA)

	MAS	USO	BOP	PGA
2000	–	Cut	–	–

STOCKTON, DK (David/Dave Knapp) (USA)

	MAS	USO	BOP	PGA
1968	–	9	–	17
1969	18	25	–	35
1970	5	–	–	**W**
1971	9	Cut	11	41
1972	10	Cut	31	40
1973	14	39	–	12
1974	2	40	–	26
1975	26	43	–	Cut
1976	–	Cut	–	**W**
1977	39	Cut	–	31
1978	Cut	2	–	19
1979	Cut	36	–	35
1980	26	51	–	Cut
1981	31	Cut	–	43
1982	–	45	–	Cut
1983	–	–	–	Cut
1984	–	–	–	39
1985	–	–	–	59
1986	–	–	–	53
1987	–	–	–	Cut
1988	–	Cut	–	48
1989	–	–	–	68
1990-91	–	–	–	–
1992-96	–	–	–	–
1997	–	Cut	–	–

STOLTZ, AP (Andre Pierre) (AUS)

	MAS	USO	BOP	PGA
2003	–	–	–	Cut

STONE, Brandon (RSA)

	MAS	USO	BOP	PGA
2016	–	–	Cut	Cut

STORM, Graeme (ENG)

	MAS	USO	BOP	PGA
1999	–	–	Cut (a)	a
2000	Cut (a)	–	–	a
2001-04	–	–	–	–
2005	–	–	78	–
2006	–	Cut	–	–
2007	–	–	Cut	62
2008	–	–	39	–
2009	–	–	52	–
2010	–	–	–	–
2011	–	–	Cut	–
2012-13	–	–	–	–
2014	–	–	Cut	–

STOW, Ben [a] (ENG)

	MAS	USO	BOP	PGA
2013	–	–	Cut	a

STRANGE, CN (Curtis Northrup) (USA)

	MAS	USO	BOP	PGA
1975	Cut (a)	–	–	a
1976	15 (a)	–	Cut (a)	a
1977	Cut	Cut	–	–
1978	–	–	–	50
1979	–	–	–	Cut
1980	Cut	16	–	5
1981	19	17	–	27
1982	7	39	15	14
1983	Cut	26	29	86
1984	46 (L)	3	–	Cut
1985	2	31	–	Cut
1986	21	Cut	14	Cut
1987	12	4	–	9
1988	21	**W**	13	31
1989	18	**W**	61	2
1990	7	21	Cut	Cut
1991	42	Cut	38	Wdw
1992	31	23	Cut	Cut
1993	Wdw	25	–	Cut
1994	27	4	–	19
1995	9	36	Cut	17
1996	Cut	27	73	26
1997	–	Cut	44	Cut
1998	–	Cut	19	–
1999	–	Cut	–	–
2000	–	Cut	–	58
2001-02	–	–	–	Cut

STRANGE, Scott (AUS)

	MAS	USO	BOP	PGA
2008	–	–	Cut	Cut
2009-14	–	–	–	–
2015	–	–	Cut	–

STRATH, Andrew (SCO)

	MAS	USO	BOP	PGA
1860			3	
1861-62			–	
1863			4	
1864			2	
1865			W	
1866			6	
1867			3	

STREB, Robert (USA)

	MAS	USO	BOP	PGA
2015	Cut	42	18	10
2016	Cut	Cut	Cut	7

STREELMAN, Kevin (USA)

	MAS	USO	BOP	PGA
2008	–	53	–	–
2009	–	–	–	Cut
2010	–	–	–	–
2011	Cut	67	Cut	62
2012	–	60	–	–
2013	Cut	Cut	79	12
2014	42	Cut	54	Cut
2015	12	–	Cut	54
2016	34	13	–	Cut

STREETER, Paul (ENG)

	MAS	USO	BOP	PGA
2010	–	–	Cut	–

STRICKER, SC (Steven/Steve Charles) (USA)

	MAS	USO	BOP	PGA
1993	–	83	–	–
1994	–	–	–	–
1995	–	13	–	23
1996	Cut	60	22	26
1997	Cut	36	62	Cut
1998	–	5	52	2
1999	38	5	Cut	Cut
2000	19	27	Cut	Cut
2001	10	Cut	42	66
2002	Cut	16	59	Cut
2003	–	–	–	–
2004	–	Cut	–	–
2005	–	–	–	–
2006	–	6	–	7
2007	Cut	13	8	23
2008	Cut	29	7	39
2009	6	23	52	Cut
2010	30	58	55	18
2011	11	19	12	12
2012	47	15	23	7
2013	20	8	Scr/pers	12
2014	31	21	Scr/pers	7
2015	28	Dnq	–	30
2016	–	–	4	42

STROUD, CJ (Christopher/Chris James) (USA)

	MAS	USO	BOP	PGA
2007-09	–	Cut	–	–
2010	–	47	–	–
2011	–	–	–	–
2012-13	–	–	–	Cut
2014	–	–	Cut	64

STRUVER, Sven (GER)

	MAS	USO	BOP	PGA
1998	–	–	35	–
1999	–	32	66	Cut
2000-03	–	–	–	–
2004	–	–	Cut	–

STUARD, Brian (USA)

	MAS	USO	BOP	PGA
2013	–	Cut	–	–
2014	–	Cut	–	Cut
2015	–	–	–	–
2016	–	–	–	79

STURGEON, Grant (USA)

	MAS	USO	BOP	PGA
2009	–	–	–	76
2010-14	–	–	–	–
2015	–	–	–	Cut

SUGAI, Noboru (JPN)

	MAS	USO	BOP	PGA
1993	–	–	Cut	–
1994-2002	–	–	–	–
2003	–	–	Cut	–

SUGRUE, Daniel (IRL)

	MAS	USO	BOP	PGA
2004	–	–	Cut	–

SUH, Justin [a] (USA)

	MAS	USO	BOP	PGA
2016	–	Cut	–	a

SULLIVAN, Andrew/Andy [ENG]

	MAS	USO	BOP	PGA
2015	–	Cut	30	Cut
2016	Cut	23	12	49

SULLIVAN, Chip (USA)

	MAS	USO	BOP	PGA
2003	–	–	–	Cut
2004	–	–	–	31
2005	–	–	–	–
2006-07	–	–	–	–
2008-09	–	–	–	Cut

	MAS	USO	BOP	PGA
2010	–	–	–	Cut
2011-12	–	–	–	–
2013	–	–	–	Cut

SULLIVAN, RN (Ryan Nicholas) (USA)

	MAS	USO	BOP	PGA
2013	–	Cut	–	–

SUMMERHAYS, Daniel (USA)

	MAS	USO	BOP	PGA
2010	–	Cut	–	–
2011-13	–	–	–	–
2014	–	–	–	33
2015	–	27	–	–
2016	–	8	59	3

SUMMERHAYS, JB (Joseph/Joe) (USA)

	MAS	USO	BOP	PGA
2016	–	–	–	Cut

SUMMERS, Anthony (AUS)

	MAS	USO	BOP	PGA
2012	–	–	Cut	–

SURRY, Steve (ENG)

	MAS	USO	BOP	PGA
2009	–	–	Cut	–

SUTHERLAND, DA (David Allan) (USA)

	MAS	USO	BOP	PGA
1998	–	–	–	70
1999	–	–	–	–
2000	–	–	Cut	–

SUTHERLAND, KJW (Kevin John Woodward) (USA)

	MAS	USO	BOP	PGA
1996	–	Cut	–	–
1997	–	–	–	76 (L)
1998	–	Cut	–	44
1999-2000	–	–	–	Cut
2001	–	44	9	Cut
2002	Cut	37	Cut	43
2003	33	28	–	18
2004	–	Cut	–	Cut
2005	–	–	–	77
2006	–	–	–	–
2007	–	58	–	9
2008	–	–	–	63
2009	46	33	60	32
2010	–	–	–	Cut
2011-12	–	–	–	–
2013	–	67	–	–
2014	–	Cut	–	–

SUTTON, HE (Hal Evan) (USA)

	MAS	USO	BOP	PGA
1980	52 (a, L)	Cut (a)	–	a
1981	Cut (a)	Cut (a)	47 (a)	a
1982	–	19	Cut	29
1983	27	6	29	W
1984	Cut	16	Cut	6
1985	31	23	–	65
1986	Cut	4	–	21
1987	Cut	31	11	28
1988	Cut	64	Cut	66
1989	Cut	29	–	Cut
1990	Cut	Cut	–	49
1991	–	Cut	–	7
1992	Cut	–	–	Cut
1993	–	–	–	31
1994	–	–	–	55
1995	Cut	36	–	Cut
1996	Cut	–	–	Cut
1997	–	19	–	Cut
1998	–	–	–	27
1999	Cut	7	10	26
2000	10	23	Cut	Cut
2001	36	24	–	44
2002	–	Cut	Cut	60
2003	–	–	Cut	39
2004	–	–	–	Cut
2005	–	–	–	79 (L)

SUZUKI, Toru (JPN)

	MAS	USO	BOP	PGA
1995	–	–	Cut	–
1996-97	–	–	–	–
1998	–	–	Cut	–
1999-2001	–	–	–	–
2002	–	–	Cut	–

SVOBODA, Andrew (USA)

	MAS	USO	BOP	PGA
2006	–	Cut	–	–
2007	–	–	–	–
2008	–	71	–	–
2009	–	Cut	–	–
2010-12	–	–	–	–
2013	–	Cut	–	–

SWAFFORD, Hudson (USA)

	MAS	USO	BOP	PGA
2010	–	Cut (a)	–	a
2011	–	–	–	a
2012-13	–	–	–	–
2014	–	Cut	–	–

TABUENA, Miguel (PHI)

	MAS	USO	BOP	PGA
2016	–	–	Cut	–

TAKAYAMA, Tadahiro (JPN)

	MAS	USO	BOP	PGA
2005	–	–	23	–

THE PLAYERS

	MAS	USO	BOP	PGA
2006	–	Cut	–	–
2007-10	–	–	–	–
2011	–	–	Cut	–
2012	–	Cut	Cut	–
2013-14	–	–	–	–
2015	–	–	Cut	–

TAMBELLINI, RH (Roger) (USA)

	MAS	USO	BOP	PGA
2004	–	Cut	–	–
2005-12	–	–	–	–
2013	–	Cut	–	–

TAMPION, Andrew (AUS)

	MAS	USO	BOP	PGA
2008	–	–	Cut	–

TANAKA, Hidemichi (JPN)

	MAS	USO	BOP	PGA
1996	–	–	33	–
1997-98	–	–	–	–
1999	–	–	Cut	Cut
2000	–	–	–	79
2001	–	–	Cut	Cut
2002	–	37	–	–
2003	–	15	–	–
2004	–	36	–	55

TANIGUCHI, Toru (JPN)

	MAS	USO	BOP	PGA
1998	–	–	Cut	–
1999-2000	–	–	–	–
2001	–	–	37	Cut
2002	Cut	–	69	Cut
2003	Cut	Cut	Cut	Cut
2004	–	–	–	–
2005	–	Cut	Cut	Cut
2006	–	Cut	–	–
2007	–	Cut	60	Cut
2008	Cut	Cut	–	Cut
2009	–	–	–	–
2010	–	63	60	–
2011	–	–	–	–
2012	–	Cut	Cut	68
2013	–	–	Cut	–
2014	–	67 (L)	–	–
2014-15	–	–	–	–
2016	–	Cut	–	–

TANIHARA, Hideto (JPN)

	MAS	USO	BOP	PGA
2003	–	–	Cut	–
2004-05	–	–	–	–
2006	–	–	5	55
2007	Cut	–	Cut	–
2008	–	–	Cut	–
2009-13	–	–	–	–
2014	–	–	–	Cut
2015	–	–	–	–
2016	–	51	Cut	33

TATAURANGI, PM (Philip/Phil Mikera) (NZL)

	MAS	USO	BOP	PGA
1998	–	Cut	–	–
1999-2001	–	–	–	–
2002	–	Cut	–	–
2003	39	–	–	61
2004-05	–	–	–	–
2006	–	Cut	–	–

TAYLOR Ben(jamin) [a] (ENG)

	MAS	USO	BOP	PGA
2015	–	–	Cut	a

TAYLOR, Brett (ENG)

	MAS	USO	BOP	PGA
2004	–	–	Cut	–

TAYLOR, JH (John Henry; 'JH') (ENG)

	MAS	USO	BOP	PGA
1893			10	
1894			W	
1895			W	
1896		–	2	
1897		–	10	
1898		–	4	
1899		–	4	
1900		2	W	
1901		–	3	
1902		–	6	
1903		–	9	
1904		–	2	
1905		–	2	
1906		–	2	
1907		–	2	
1908		–	7	
1909		–	W	
1910		–	14	
1911		–	5	
1912		–	11	
1913		–	W	
1914		–	2	
1915		–	–	
1916		–	–	
1917		–	–	
1918		–	–	
1919		–	–	
1920		–	12	–
1921		–	26	–
1922		–	6	–
1923		–	44	–
1924		–	5	–
1925		–	6	–
1926		–	11	–
1927		–	49	–
1928		–	Dnq	–
1929		–	Cut	–

TAYLOR, Nick (CAN)

	MAS	USO	BOP	PGA
2008	–	Cut (a)	–	a
2009	–	36 (a)	–	a
2010-14	–	–	–	–
2015	–	–	–	68

TAYLOR, VJ (Vaughn Joseph) (USA)

	MAS	USO	BOP	PGA
1998	–	Cut (a)	–	a
1999	–	–	–	a
2000-04	–	–	–	–
2005	–	–	–	28
2006	–	Cut	66	Cut
2007	10	Cut	Cut	Cut
2008	–	Cut	–	Cut
2009	–	–	–	–
2010	–	–	–	Cut
2011-15	–	–	–	–
2016	–	Cut	–	33

TEATER, Josh (USA)

	MAS	USO	BOP	PGA
2013	–	56	82	47

TENTIS, DM (David/Dave) (USA)

	MAS	USO	BOP	PGA
1984	Cut (a)	Cut (a)	–	a
1985-97	–	–	–	a
1998-2001	–	–	–	–
2002	–	–	–	68
2003-05	–	–	–	Cut
2006-13	–	–	–	–
2014	–	–	–	Cut

TERASA, Edward/Eddie/Ed (USA)

	MAS	USO	BOP	PGA
1989	–	–	–	Cut
1990-93	–	–	–	–
1994	–	–	–	Cut
1995	–	–	–	–
1996	–	–	–	Cut
1997	–	–	–	–
1998	–	–	–	Cut
1999	–	–	–	–
2000	–	–	–	Cut

TESHIMA, Taichi (JPN)

	MAS	USO	BOP	PGA
2001	–	–	Cut	–
2002	–	–	Cut	Cut
2003-14	–	–	–	–
2015	–	–	Cut	–

THATCHER (IV), RC (Roland Churchill) (USA)

	MAS	USO	BOP	PGA
2003	–	–	–	–

THELEN, TR (Timothy/Tim) (USA)

	MAS	USO	BOP	PGA
1999-2003	–	–	–	Cut
2004	–	–	–	–
2005	–	–	–	Cut
2006	–	–	–	–
2007-08	–	–	–	Cut
2009	–	–	–	–
2010	–	–	–	Cut

THOMAS, CW (Craig) (USA)

	MAS	USO	BOP	PGA
2004-06	–	–	–	Cut
2007-08	–	–	–	–
2009	–	–	–	Cut

THOMAS, Justin (USA)

	MAS	USO	BOP	PGA
2014	–	Cut	–	–
2015	–	–	–	18
2016	39	32	53	66

THOMPSON, CD (Chris) (USA)

	MAS	USO	BOP	PGA
2014	–	Cut	–	–

THOMPSON, KR (Kim) (USA)

	MAS	USO	BOP	PGA
1990-91	–	–	–	Cut
1992-98	–	–	–	–
1999	–	–	–	Cut
2000-01	–	–	–	–
2002	–	–	–	Cut

THOMPSON, Kyle (USA)

	MAS	USO	BOP	PGA
2012	–	Cut	–	–

THOMPSON, MH (Michael Hayes) (USA)

	MAS	USO	BOP	PGA
2008	Cut (a)	29 (a)	–	–
2009-11	–	–	–	–
2012	–	2	Cut	Cut
2013	25	Cut	Cut	22

THOMPSON, ND (Nicholas David) (USA)

	MAS	USO	BOP	PGA
2006	–	Cut	–	–

	MAS	USO	BOP	PGA
2007	–	–	–	–
2008	–	–	–	24
2009-11	–	–	–	–
2012	–	51	–	–
2013	–	56	–	–

THOMPSON, RL (Robert/Rob) (USA)

	MAS	USO	BOP	PGA
1981	–	Cut	–	–
1982-83	–	–	–	–
1984	–	Cut	–	–
1985-89	–	–	–	–
1990	–	47	–	–
1991	–	–	–	–
1992	–	Cut	–	–
1993-97	–	–	–	–
1998	–	–	–	Cut
1999-2001	–	–	–	–
2002	–	–	–	Cut
2003	–	–	–	–
2004	–	–	–	Cut

THOMSON, PW (Peter William) (AUS)

	MAS	USO	BOP	PGA
1951	–	–	6	–
1952	–	–	2	–
1953	38	26	2	–
1954	16	Cut	W	–
1955	18	–	W	–
1956	–	4	W	–
1957	5	22	2	–
1958	23	–	W	–
1959	Dsq	–	23	–
1960	–	–	9	–
1961	19	Cut	7	–
1962	–	–	6	–
1963	–	–	5	–
1964	–	–	24	–
1965	–	–	W	–
1966	–	–	8	–
1967	–	–	8	–
1968	–	–	24	–
1969	Cut	–	3	–
1970	–	–	9	–
1971	–	–	9	–
1972	–	–	31	–
1973	–	–	31	–
1974-76	–	–	Cut	–
1977	–	–	13	–
1978	–	–	24	–
1979	–	–	26	–
1980-83	–	–	–	–
1984	–	–	Cut	–

THORP, Marius [a] (NOR)

	MAS	USO	BOP	PGA
2006	–	–	48	a

TIDLAND, CL (Christopher/Chris Lee) (USA)

	MAS	USO	BOP	PGA
1995	–	Cut (a)	–	a
1996-97	–	–	–	–
1998	–	Cut	–	–
1999	–	51	–	–
2000	–	Cut	–	–
2001-10	–	–	–	–
2011	–	–	Cut	–

TILEY, SJ (Steven John) [a] (ENG)

	MAS	USO	BOP	PGA
2004	–	–	Cut (a)	a
2005-07	–	–	–	a
2008-09	–	–	–	–
2010	–	–	68	–
2011	–	–	–	–
2012	–	–	Cut	–
2013	–	–	26	–

TINNING, Steen (DEN)

	MAS	USO	BOP	PGA
1988-89	–	–	Cut	–
1990-93	–	–	–	–
1994	–	–	Cut	–
1995	–	–	–	–
1996	–	–	Cut	–
1997	–	–	–	–
1998	–	–	38	–
1999	–	–	–	–
2000	–	–	Cut	–
2001-02	–	–	–	–
2003	–	–	Cut	–

TIZIANI, MS (Mario Steven) (USA)

	MAS	USO	BOP	PGA
2000	–	Cut	–	–
2001	–	–	–	–
2002	–	Cut	–	–

TOBIASON Jr, Michael (USA)

	MAS	USO	BOP	PGA
2011	–	Cut	–	–

TODD, Brendon (USA)

	MAS	USO	BOP	PGA
2014	–	17	39	72
2015	Cut	Cut	12	Cut

TOLAN, Derek [a] (USA)

	MAS	USO	BOP	PGA
2002	–	Cut	–	a

TOLEDO, EL (Esteban) (MEX)

	MAS	USO	BOP	PGA
1999	–	34	–	–
2000	–	–	–	–
2001	–	Cut	–	–
2002	–	–	43	–

TOMASULO, PJ (Peter Jeffrey) (USA)

	MAS	USO	BOP	PGA
2008-09	–	Cut	–	–

TOMIMURA, Shinji (JPN)

	MAS	USO	BOP	PGA
2015	–	–	Cut	–

TOMORI, Katsuyoshi (JPN)

	MAS	USO	BOP	PGA
1993	–	–	Cut	–
1994	–	–	51	–
1995	–	–	24	–
1996-97	–	–	–	–
1998	–	–	44	–
1999	–	–	49	–
2000	–	–	Cut	–
2001-02	–	–	–	–
2003	–	–	69	–

TOMS, DW (David Wayne) (USA)

	MAS	USO	BOP	PGA
1996	–	Cut	–	–
1997	–	Wdw	–	Cut
1998	6	–	–	Cut
1999	Cut	Cut	–	Cut
2000	49	16	4	41
2001	31	66	Cut	W
2002	36	45	83 (L)	Cut
2003	8	5	Cut	29
2004	Cut	20	30	17
2005	Cut	15	Dsq	10
2006	Cut	Wdw	–	16
2007	9	5	Cut	42
2008	42	60	–	15
2009	–	Cut	Cut	36
2010	14	33	–	33
2011	24	Cut	Scr/inj	4
2012	50	4	–	42
2013	13	Cut	–	7
2014	–	Cut	–	Scr/inj
2015	–	–	–	Cut
2016	–	Cut	–	Cut

TORRANCE, SR (Samuel/Sam Robert) (SCO)

	MAS	USO	BOP	PGA
1972	–	–	46	–
1973-74	–	–	Cut	–
1975	–	–	19	–
1976-79	–	–	Cut	–
1980	–	–	38	–
1981	–	–	5	–
1982	–	–	12	–
1983	–	–	53	–
1984	–	–	9	–
1985	31	–	16	–
1986	–	–	21	–
1987	–	–	50	–
1988	–	–	47	–
1989	–	–	Cut	–
1990	–	–	39	–
1991	–	–	44	Cut
1992	–	–	Cut	–
1993	–	–	51	–
1994	33	21	Cut	30
1995	–	–	11	23
1996	Cut	16	Cut	Cut
1997	39	–	Cut	45
1998	–	–	24	–
1999	–	–	Cut	–
2000	–	–	Cut	Cut

TOWNSEND, Aaron (AUS)

	MAS	USO	BOP	PGA
2012	–	–	Cut	–

TRACY, Ethan (USA)

	MAS	USO	BOP	PGA
2016	–	65	–	–

TRAHAN (Jr), DR (Donald Roland/Don, Jr: 'DJ') (USA)

	MAS	USO	BOP	PGA
2001	Cut (a)	–	–	a
2002-03	–	–	–	a
2004-05	–	–	–	–
2006	–	Cut	–	–
2007	–	–	–	Cut
2008	Cut	4	–	31
2009	44	Cut	Cut	Cut
2010	–	–	–	67
2011	–	–	–	Cut
2012-15	–	–	–	–
2016	–	Cut	–	–

TRAPPEL, Manuel [a] (AUT)

	MAS	USO	BOP	PGA
2012	–	–	Cut	a

TRAVERS, JD (Jerome/Jerry Dunstan) [a] (USA)

THE PLAYERS

	MAS	USO	BOP	PGA
1907		26	–	a
1908		–	–	a
1909		Dsq	–	a
1910-12		–	–	a
1913		28	–	a
1914		–	–	a
1915		W	–	a

TREVINO, LB (Lee Buck) (USA)

	MAS	USO	BOP	PGA
1966	–	54	–	–
1967	–	5	–	–
1968	40	W	–	23
1969	19	Cut	34	48
1970	–	8	3	26
1971	–	W	W	13
1972	33	4	W	11
1973	43	4	10	18
1974	–	Cut	31	W
1975	10	29	40	60
1976	28	–	–	Cut
1977	–	27	4	13
1978	14	12	29	7
1979	12	19	17	35
1980	26	12	2	7
1981	Cut	Cut	11	Dsq
1982	38	Cut	27	–
1983	20	Scr	5	14
1984	43	9	14	W
1985	10	Cut	20	2
1986	47	4	59	11
1987	Cut	Cut	17	–
1988	Cut	40	Cut	Cut
1989	18	Cut	42	Cut
1990	24	–	25	Cut
1991	49	Cut	17	–
1992	–	–	39	–
1993	–	–	–	–
1994-95	–	–	Cut	–
1996-99	–	–	–	–
2000	–	–	Cut	–

TRINGALE, CJ (Cameron Joseph) (USA)

	MAS	USO	BOP	PGA
2009	–	Cut (a)	–	a
2010	–	–	–	–
2011	–	–	–	Cut
2012	–	–	–	72 (L)
2013	–	–	–	–
2014	–	–	Cut	Dsq
2015	38	54	58	Cut
2016	–	–	–	84

TRIPLETT, KA (Kirk Alan) (USA)

	MAS	USO	BOP	PGA
1986-87	–	Cut	–	–
1988-89	–	–	–	–
1990	–	33	–	Cut
1991	–	Cut	–	–
1992	–	66 (L)	–	Cut
1993	–	52	–	–
1994	–	23	Cut	15
1995	–	–	–	13
1996	Cut	40	–	Cut
1997	–	–	–	13
1998	–	Cut	–	Cut
1999	–	Cut	–	49
2000	Cut	50	60	69
2001	6	7	–	10
2002	40	Cut	–	29
2003	Cut	28	–	Wdw
2004	6	20	–	Cut
2005	17	–	–	–
2006	–	–	–	Cut
2007	–	Cut	–	–
2008-10	–	–	–	–
2011	–	Cut	–	–

TROY, Michael/Mike (USA)

	MAS	USO	BOP	PGA
2000	–	Cut	–	–

TRYBA, TN (Ted Nikolas) (USA)

	MAS	USO	BOP	PGA
1994	–	–	–	Cut
1995	–	51	–	Cut
1996	Cut	Cut	–	Cut
1997	–	Cut	–	–
1998	–	–	–	56
1999	–	66	Cut	31
2000	–	37	Cut	Cut

TRYON, WA (William Augustus: 'Ty') (USA)

	MAS	USO	BOP	PGA
2010	–	80	–	–
2011	–	Cut	–	–

TSCHUDIN, Andrew (USA)

	MAS	USO	BOP	PGA
2004	–	Cut	–	–

TSUKADA, Yoshinobu (JPN)

	MAS	USO	BOP	PGA
2004	–	–	Cut	–

	MAS	USO	BOP	PGA
2005-07	–	–	–	–
2008	–	–	Cut	–
2009-12	–	–	–	–
2013	–	Cut	–	–
2014	–	–	Cut	–

TSUKADA, Yosuke (JPN)

	MAS	USO	BOP	PGA
2016	–	–	Cut	–

TUNNICLIFF, MI (Miles Ian) (ENG)

	MAS	USO	BOP	PGA
2004	–	–	Cut	–

TURCOTT, Jonathan/Jon (USA)

	MAS	USO	BOP	PGA
2008	–	Cut	–	–

TURNER, GJ (Gregory/Greg James) (NZL)

	MAS	USO	BOP	PGA
1986	–	–	35	–
1987-89	–	–	–	–
1990-92	–	–	Cut	–
1993	–	–	39	–
1994	–	–	20	–
1995	–	–	–	–
1996	–	–	7	–
1997	–	–	51	–
1998	–	–	15	Cut
1999	–	–	Cut	16
2000	–	–	–	Cut
2001	–	–	Cut	–

TURNESA, JR (James/Jim) (USA)

	MAS	USO	BOP	PGA
1936	–	–	–	Dnq
1937	–	50	–	–
1938	–	Cut	–	–
1939	–	32	–	–
1940	–	Cut	–	–
1941	–	33	–	–
1942	–	44*	–	RU
1943				
1944				
1945	–	–	–	Last 16
1946	37	–	–	QF
1947	44	39	–	Last 16
1948	–	3	–	Last 64
1949	4	4	–	Last 16
1950	46	38	–	–
1951	–	–	–	Last 32
1952	–	–	–	W
1953	27	17	–	Last 32
1954	60	33	5	Last 64
1955	48	–	–	Dnq
1956	22	–	–	Last 16
1957	Cut	Cut	–	Last 128
1958	35	Cut	–	Cut
1959	Cut	–	–	38
1960	39	46	–	32
1961	Cut	Cut	–	Cut
1962	Cut	–	–	Cut
1963	–	–	–	Cut
1964	–	Cut	–	62
1965-66	–	–	–	Cut
1967	–	–	–	–
1968	–	–	–	Cut
1969	–	–	–	76

*unofficial championship

TURNESA, Marc (USA)

	MAS	USO	BOP	PGA
2009	–	–	–	Cut
2010	–	–	–	–
2011	–	Cut	–	–

TWAY, Bob see TWAY, RR

TWAY, Kevin (USA)

	MAS	USO	BOP	PGA
2008	–	Cut (a)	–	a
2009-13	–	–	–	–
2014	–	60	–	–
2015	–	–	–	–
2016	–	Cut	–	–

TWAY (IV), RR (Robert/Bob Raymond) (USA)

	MAS	USO	BOP	PGA
1981	Cut (a)	–	–	a
1982-84	–	–	–	–
1985	–	Scr	–	–
1986	8	8	46	W
1987	Cut	68	35	47
1988	33	25	20	48
1989	Cut	Cut	61	Cut
1990	36	33	Cut	45
1991	Cut	26	5	66
1992	–	–	Cut	56
1993-94	–	–	–	Cut
1995	–	10	Cut	Cut
1996	12	67	Cut	Cut
1997	Cut	5	Cut	13
1998	Cut	3	Cut	13
1999	52	62	Cut	57
2000	Cut	–	Cut	Cut

	MAS	USO	BOP	PGA
2001	–	52	–	29
2002	–	59	50	Cut
2003	–	Cut	–	Cut
2004	27	Cut	70	55
2005	–	78	41	Cut
2006	–	–	–	65
2007	–	–	–	50
2008	–	–	–	Cut
2009	–	–	–	56

TYLER, Nathan/Nate (USA)
| 2009 | – | Cut | – | – |

UEDA, Yui (JPN)
| 2013 | – | Cut | – | – |

UIHLEIN, Peter (USA)
2011	Cut (a)	Cut (a)	48	a
2012	–	–	–	–
2013	–	–	–	Cut
2014	–	–	Cut	–

URESTI, OD (Omar David) (USA)
1995	–	45	–	–
1996	–	101	–	–
1997	–	–	–	–
1998-99	–	Cut	–	–
2000-03	–	–	–	–
2004	–	Cut	–	–
2005	–	75	–	–
2006-14	–	–	–	–
2015-16	–	–	–	Cut

URETA, Martin [a] (CHI)
| 2007 | – | Cut | – | a |

URQUHART, MM (Murray) (SCO)
| 2005 | – | – | Cut | – |

VALE, Simon (ENG)
| 2001 | – | – | Cut | – |

van de VELDE, Jean (FRA)
1991	–	–	Cut	–
1992	–	–	–	–
1993	–	–	34	–
1994	–	–	38	–
1995-96	–	–	–	–
1997	–	–	Cut	–
1998	–	–	–	–
1999	–	–	2	26
2000	19	Cut	31	30
2001	–	–	Cut	–
2002	–	45	–	–
2003-04	–	–	–	–
2005	–	–	Cut	–
2006-07	–	–	–	–
2008	–	–	19	–

van der WALT, ID (Isak Dawid/Dawie) (RSA)
| 2014 | – | – | Cut | – |

van der WALT, TN (Tjaart Nicolaas) (RSA)
2004	–	–	36	–
2005-14	–	–	–	–
2015	–	Cut	–	–

VANHOOTEGEM, Nicolas (BEL)
| 2001 | – | – | 30 | – |

Van ORMAN, WK (William/Bill) (USA)
1985	–	Cut (a)	–	a
1986	–	–	–	a
1987-99	–	–	–	–
2000	–	Cut	–	–

Van PELT, RC (Robert: 'Bo') (USA)
2004	–	31	30	31
2005	Cut	–	52	17
2006	–	40	Cut	–
2007	–	–	–	Cut
2008	–	–	–	–
2009	–	Cut	–	Cut
2010	–	40	44	28
2011	8	14	57	Cut
2012	17	60	Cut	18
2013	20	21	44	Wdw/inj
2014	–	63	–	–
2015	–	Cut	–	–

VAN SICKLE, Mike (USA)
| 2016 | – | Cut | – | – |

van ZYL, JP (Jaco Phillipus) (RSA)
2013	–	–	–	Cut
2014	–	–	–	–
2015	–	–	Cut	–
2016	–	–	Cut	Scr

VARDON, HW (Henry/Harry William) (JER)
1893	–	–	23	–
1894	–	–	5	–
1895	–	–	9	–
1896	–	–	W	–
1897	–	–	6	–
1898	–	–	W	–
1899	–	–	W	–
1900	–	W	2	–
1901	–	–	2	–
1902	–	–	2	–
1903	–	–	W	–
1904	–	–	5	–
1905	–	–	9	–
1906	–	–	3	–
1907	–	–	7	–
1908	–	–	5	–
1909	–	–	26	–
1910	–	–	16	–
1911	–	–	W	–
1912	–	–	2	–
1913	–	2	3	–
1914	–	–	W	–
1915	–	–	–	–
1916	–	–	–	–
1917	–	–	–	–
1918	–	–	–	–
1919	–	–	–	–
1920	–	2	14	–
1921	–	–	23	–
1922	–	–	8	–
1923-24	–	–	–	–
1925	–	–	17	–
1926-27	–	–	Cut	–
1928	–	–	47	–
1929	–	–	Cut	–
1930-31	–	–	Dnq	–

VARNER III, HW (Harold William) (USA)
2013	–	Cut	–	–
2014-15	–	–	–	–
2016	–	–	66	Cut

VAUGHAN, BL (Bruce Lloyd) (USA)
1990	–	Cut	–	–
1991-92	–	–	–	–
1993	–	Cut	–	–
1994	–	–	Cut	–
1995	–	Cut	–	–
1996-2005	–	–	–	–
2006	–	–	Cut	–
2007-08	–	–	–	–
2009	–	–	Cut	–

VAUGHAN, Bradford (RSA)
| 2001 | – | – | Cut | – |

VAUGHAN, Bruce see VAUGHAN, BL

VEENSTRA, Grant (RSA)
| 2012 | – | – | Cut | – |

VEGAS, Jhonattan/Jhonny/Johnny (VEN)
2011	Cut	–	–	51
2012-15	–	–	–	–
2016	–	–	–	22

VENEZIO, Dan(iel) (USA)
| 2015 | – | – | – | Cut |

VENTURI, KP (Kenneth/Ken Paul) (USA)
1953	–	Cut (a)	–	a
1954	16 (a)	–	–	a
1955	–	–	–	a
1956	2 (a)	8 (a)	–	a
1957	13	6	–	–
1958	4	35	–	20
1959	Cut	38	–	5
1960	2	23	–	9
1961	11	–	–	37
1962	9	–	–	51
1963	34	–	–	–
1964	–	W	–	5
1965	Cut	Cut	–	–
1966	16	17	–	15
1967	21	28	–	11
1968	50	Cut	–	48
1969	Cut	Cut	–	–
1970-72	–	–	–	–
1973	–	–	Cut	–
1974	–	Cut	–	–
1975-82	–	–	–	–
1983	Hon starter	–	–	–

VERPLANK, SR (Scott Rachal) (USA)
1985	Cut (a)	34 (a)	–	a
1986	Cut (a)	15 (a)	Cut (a)	a
1987	Cut	Cut	–	–
1988	–	–	Cut	Cut
1989	Cut	–	–	Cut
1990	–	61	–	31
1991-93	–	–	–	–

THE PLAYERS

	MAS	USO	BOP	PGA
1994	–	18	–	–
1995	–	21	–	Cut
1996-97	–	–	–	–
1998	–	49	–	54
1999	Cut	17	15	34
2000	–	46	Cut	Cut
2001	Cut	22	30	7
2002	43	Cut	37	Cut
2003	8	10	Cut	Cut
2004	29	40	7	62
2005	20	Cut	23	34
2006	16	Cut	31	Cut
2007	30	7	57	9
2008	Cut	29	58	Cut
2009	–	–	–	Cut
2010	18	47	76 (L)	Cut
2011	–	–	Scr	4
2012	54	–	–	Wdw/inj

VILLACIEROS, Ignacio Garrido see GARRIDO (VILLACIEROS), Ignacio

VILLEGAS (RESTREPO), Camilo (COL)

	MAS	USO	BOP	PGA
2004	–	Cut	–	–
2005	–	–	–	–
2006	–	59	–	Cut
2007	Cut	26	–	23
2008	Cut	9	39	4
2009	13	33	13	51
2010	38	70	44	8
2011	49 (L)	Cut	Cut	Cut
2012	–	–	–	–
2013	–	–	Cut	–
2014	–	–	–	–
2015	Cut	74	–	Cut

VOGEL, TJ [a] (USA)

	MAS	USO	BOP	PGA
2013	Cut	–	–	a

VOLK, Dustin (USA)

	MAS	USO	BOP	PGA
2014	–	–	–	Cut

WADE, Doug (USA)

	MAS	USO	BOP	PGA
2012	–	–	–	Cut

WADE, Johnathan/John (AUS)

	MAS	USO	BOP	PGA
2005	–	–	Cut	–
2006-12	–	–	–	–
2013	–	–	Cut	–

WADKINS, JL (Jerry Lanston/Lanny) (USA)

	MAS	USO	BOP	PGA
1970	Cut (a)	–	–	a
1971	Cut (a)	13 (a)	–	a
1972	19	25	–	16
1973	29	7	7	3
1974	Cut	26	22	Cut
1975	–	38	Cut	–
1976	–	–	–	Cut
1977	–	–	–	W
1978	18	Cut	Cut	34
1979	7	19	–	70
1980	Cut	Cut	–	30
1981	21	14	–	33
1982	33	6	–	2
1983	8	7	29	Cut
1984	Cut	11	4	2
1985	18	5	Cut	10
1986	31	2	–	11
1987	12	36	29	2
1988	11	12	34	25
1989	26	Cut	26	Cut
1990	3	51	Cut	Cut
1991	3	63 (L)	73	43
1992	48	Cut	45	40
1993	3	–	Cut	14
1994	18	–	–	61
1995	Cut	–	–	63
1996	–	–	–	Cut
1997	–	–	–	58
1998	–	–	–	–
1999	–	–	–	34
2000-01	–	–	–	Cut

WAGNER, MJ (Montford Johnson/Johnson) (USA)

	MAS	USO	BOP	PGA
2004	–	Cut	–	–
2005-06	–	–	–	–
2007	–	Cut	–	–
2008	36	–	–	Cut
2009-10	–	–	–	–
2011	–	–	–	51
2012	Cut	–	Cut	Cut
2013	–	–	58	–

WAITE, GO (Grant Osten) (AUS/NZL/USA)

	MAS	USO	BOP	PGA
1993	–	72	–	Cut
1994	Cut	–	–	–
1995	–	–	–	Cut

	MAS	USO	BOP	PGA
1996	–	Dsq	–	Cut
1997	–	36	–	–
1998	–	Cut	–	Cut
1999-2000	–	–	–	–
2001	Cut	–	–	59
2002	–	–	–	–
2003	–	Cut	–	–

WAKEFIELD, Simon (ENG)

	MAS	USO	BOP	PGA
2003-04	–	–	Cut	–
2005	–	–	–	–
2006	–	–	48	–
2007	–	–	–	–
2008	–	–	19	–

WALDORF, JJ (James Joseph: 'Duffy') (USA)

	MAS	USO	BOP	PGA
1987	–	58	–	–
1988-89	–	Cut	–	–
1990-91	–	–	–	–
1992	–	57	25	9
1993	39	72	39	Cut
1994	–	9	–	–
1995	24	13	–	20
1996	5	Cut	–	Cut
1997	36	60	–	Cut
1998	–	–	–	38
1999	–	–	43	41
2000	Cut	Cut	–	46
2001	31	44	54	Cut
2002	–	–	18	Cut
2003	–	–	34	45
2004	–	Cut	–	49
2005	–	–	67	–
2006	–	Cut	–	–
2007	–	–	Cut	–

WALKER, Cyril (ENG/USA)

	MAS	USO	BOP	PGA
1913	–	Wdw	–	–
1914	–	–	–	–
1915	–	–	–	–
1916	–	–	–	QF
1917	–	10*	–	–
1918	–	–	–	–
1919	–	–	–	–
1920	–	Dnq	–	–
1921	–	13	–	SF
1922	–	40	–	–
1923	–	23	–	Last 16
1924	–	W	–	–
1925	–	47	–	–
1926	–	55	18	–
1927-30	–	–	–	–
1931	–	–	–	QF
1932	–	–	–	–
1933	–	Cut	–	–
1934	61 (L)	–	–	–

*unofficial championship

WALKER, JM (James/Jimmy) (USA)

	MAS	USO	BOP	PGA
2001	–	52	–	–
2002	–	Cut	–	–
2003-09	–	–	–	–
2010	–	–	–	Cut
2011	–	–	–	–
2012	–	–	–	21
2013	–	–	Cut	Cut
2014	8	9	26	7
2015	38	58	30	Cut
2016	29	Cut	Cut	W

WALKER, Samuel/Sam (ENG)

	MAS	USO	BOP	PGA
2007	–	–	Cut	–
2008-11	–	–	–	–
2012	–	–	Cut	–

WALL, AD (Anthony David) (ENG)

	MAS	USO	BOP	PGA
2003	–	–	46	–
2004-05	–	–	–	–
2006	–	–	11	Cut
2007	–	Cut	Cut	Wdw
2008	–	–	51	–
2009	–	–	43	Cut
2010-14	–	–	–	–
2015	–	–	12	–
2016	–	–	Cut	–

WALL (Jr), AJ (Arthur/Art Jonathan) (USA)

	MAS	USO	BOP	PGA
1952	–	47	–	–
1953	–	26	–	–
1954	–	Cut	–	–
1955	–	16	–	–
1956	34	Cut	–	Last 32
1957	Cut	Cut	–	Last 64
1958	6	–	–	11
1959	W	Wdw	–	25

	MAS	USO	BOP	PGA
1960	–	43	–	39
1961	–	–	–	5
1962	Cut	11	–	23
1963	21	40	–	8
1964	Cut	–	–	–
1965	45	–	–	–
1966	Cut	–	–	58
1967	49	9	–	–
1968	22	50	–	–
1969	40	–	–	Cut
1970	Cut	–	–	–
1971	27	Cut	–	–
1972	Cut	–	–	24
1973	37	45	–	–
1974	37	–	–	–
1975	15	–	–	50
1976	28	–	–	Cut
1977	35	–	–	–
1978-79	Cut	–	–	–
1980	51	–	–	–
1981-85	Cut	–	–	–
1986	–	–	–	–
1987-88	Cut	–	–	–

WALL, Chris (USA)

	MAS	USO	BOP	PGA
2001	–	Cut	–	–

WALTERS, Euan (AUS)

	MAS	USO	BOP	PGA
2005	–	Cut	Cut	–

WALTERS, Justin (RSA)

	MAS	USO	BOP	PGA
2014	–	–	Cut	–

WALTON, PJ (Philip Joseph) (IRL)

	MAS	USO	BOP	PGA
1981	–	–	Cut (a)	a
1982-83	–	–	–	a
1984	–	–	–	–
1985-86	–	–	Cut	–
1987	–	–	50	–
1988	–	–	52	–
1989	–	–	13	–
1990-92	–	–	Cut	–
1993-94	–	–	–	–
1995	–	–	Wdw	39
1996	–	97	Cut	Cut
1997	–	–	–	–
1998	–	–	38	–
1999-2007	–	–	–	–
2008	–	–	Cut	–

WANG, J-H (Jeung-Hun) (KOR)

	MAS	USO	BOP	PGA
2016	–	–	Cut	Cut

WARDROP, Daniel (ENG)

	MAS	USO	BOP	PGA
2009	–	–	Cut	–

WARING, Paul (ENG)

	MAS	USO	BOP	PGA
2007	–	–	Cut (a)	a
2008	–	19	–	–

WARREN, CO (Charles Otis) (USA)

	MAS	USO	BOP	PGA
2000	–	37	–	–
2001-05	–	–	–	–
2006	–	–	–	62
2007-09	–	–	–	–
2010	–	Cut	–	–

WARREN, Marc (SCO)

	MAS	USO	BOP	PGA
2012	–	65	–	–
2013	–	–	Cut	12
2014	–	–	39	15
2015	–	27	40	48
2016	–	–	Cut	–

WARRICK, Kevin [a] (USA)

	MAS	USO	BOP	PGA
2002	–	72 (L)	–	a

WATABU, CM (Casey Mitsuru) [a] (USA)

	MAS	USO	BOP	PGA
2007	Cut	–	–	a

WATKINS, Aaron (USA)

	MAS	USO	BOP	PGA
2012	–	15	–	–

WATNEY, NA (Nicholas/Nick Alan) (USA)

	MAS	USO	BOP	PGA
2007	–	Cut	35	Cut
2008	11	60	–	–
2009	19	Cut	27	Cut
2010	7	76	7	18
2011	46	Cut	Cut	12
2012	32	21	23	Cut
2013	13	Cut	Cut	Cut
2014	44	Cut	Cut	33
2015	–	–	–	30

WATSON, 'Bubba' see WATSON, GL

WATSON, DL (Denis Leslie) (ZIM)

	MAS	USO	BOP	PGA
1979	–	–	41	–
1980	–	–	Cut	–
1981	–	–	–	–
1982	–	–	15	Cut
1983	–	–	Wdw	–
1984	–	–	–	33
1985	53	2	47	40
1986	Cut	12	Cut	71
1987	27	36	–	40
1988	–	Cut	–	48
1989-91	–	–	–	–
1992	–	Wdw	–	–
1993-2006	–	–	–	–
2007	–	–	–	Cut

WATSON, GL (Gerry Lester: 'Bubba') (USA)

	MAS	USO	BOP	PGA
2004	–	Cut	–	–
2005-06	–	–	–	–
2007	–	5	–	Cut
2008	20	Cut	–	70
2009	42	18	Cut	Cut
2010	–	–	Cut	2
2011	38	63	30	26
2012	W	Cut	23	11
2013	50	32	32	Cut
2014	W	Cut	Cut	64
2015	38	Cut	Cut	21
2016	37	51	39	60

WATSON, Scott (ENG)

	MAS	USO	BOP	PGA
1999-2000	–	–	Cut	–

WATSON, TS (Thomas/Tom Sturges) (USA)

	MAS	USO	BOP	PGA
1970	Cut (a)	–	–	a
1971	–	–	–	–
1972	–	29	–	–
1973	–	Cut	–	12
1974	–	5	–	11
1975	8	9	W	9
1976	33	7	Cut	15
1977	W	7	W	6
1978	2	6	14	2
1979	2	Cut	26	12
1980	12	3	W	10
1981	W	23	23	Cut
1982	5	W	W	9
1983	4	2	W	47
1984	2	11	2	39
1985	10	Cut	47	6
1986	6	24	35	16
1987	7	2	7	14
1988	9	36	28	31
1989	14	46	4	9
1990	7	Cut	Cut	19
1991	3	16	26	Cut
1992	48	Cut	Cut	62
1993	45	5	Cut	5
1994	13	6	11	9
1995	14	56	31	58
1996	Cut	13	–	17
1997	4	64	10	Cut
1998	Cut	Cut	Cut	Cut
1999	Cut	57	Cut	Cut
2000	Cut	27	55	9
2001	Cut	–	Cut	66
2002	40	–	Cut	48
2003	Cut	28	18	Cut
2004	Cut	–	–	–
2005	Cut	–	41	–
2006	Cut	–	48	–
2007	Cut	–	–	–
2008	Cut	–	Cut	–
2009	Cut	–	2	–
2010	18	29	Cut	–
2011	Cut	–	22	Scr
2012	Cut	–	77	–
2013	Cut	–	Cut	Cut
2014	Cut	–	51	Cut
2015	Cut	–	Cut	–
2016	Cut	–	–	–

WATT, Brady (AUS)

	MAS	USO	BOP	PGA
2014	–	–	Cut	–

WATTEL, Romain (FRA)

	MAS	USO	BOP	PGA
2015	–	–	Cut	–
2016	–	63	–	–

WATTS, BP (Brian Peter) (CAN/USA)

	MAS	USO	BOP	PGA
1986	–	Cut (a)	–	a
1987	–	–	–	a
1988-92	–	–	–	–
1993	–	–	Cut	–
1994	–	–	55	–
1995	–	–	40	Cut
1996	–	–	Cut	47
1997	–	–	Cut	Cut
1998	–	–	2	56
1999	31	23	24	41
2000	Cut	–	–	51

THE PLAYERS

	MAS	USO	BOP	PGA
WEATHERLY, Scott (USA)				
2004	–	Cut	–	–
WEAVER, Drew [a] (USA)				
2007	–	–	Cut	a
2008	Cut	–	–	a
2009	–	40	–	a
WEAVER, MJ (Michael James) [a] (USA)				
2013	Cut	64	–	a
WEBSTER, Steven/Steve (ENG)				
1995	–	–	24 (a)	a
1996-99	–	–	–	–
2000	–	–	Cut	–
2001-04	–	–	–	–
2005	–	–	41	59
2006-07	–	–	–	–
2008	–	–	Cut	Cut
2009	–	–	–	Cut
WEEKLEY, TB (Thomas Brent: 'Boo') (USA)				
2007	–	26	35	9
2008	20	26	Cut	20
2009	Cut	Cut	13	36
2010	Scr/inj	Scr/inj	Scr/inj	Cut
2011-12	–	–	–	–
2013	–	Cut	58	12
2014	Cut	66	Cut	Wdw/inj
2015	–	–	–	37
WEIBRING, MK (Matthew/Matt Kirk) (USA)				
2013	–	62	–	–
WEINHART, TG (Timothy/Tim) (USA)				
2002	–	–	–	Cut
2003-04	–	–	–	–
2005-06	–	–	–	Cut
2007	–	–	–	–
2008-09	–	–	–	Cut
2010-11	–	–	–	–
2012	–	Cut	–	–
WEIR, MR (Michael/Mike Richard) (CAN)				
1999	–	Cut	37	10
2000	28	16	52	30
2001	27	19	Cut	16
2002	24	Cut	69	34
2003	**W**	3	28	7
2004	Cut	4	9	Cut
2005	5	42	Cut	47
2006	11	6	56	6
2007	20	20	8	Cut
2008	17	18	39	42
2009	46	10	Cut	Cut
2010	43	80	Cut	Cut
2011-12	Cut	–	–	–
2013	Cut	28	–	–
2014	44	–	–	–
2015-16	Cut	–	–	–
WEISKOPF, TD (Thomas/Tom Daniel) (USA)				
1965	–	40	–	–
1966	–	–	–	73
1967	–	15	–	–
1968	16	24	–	Cut
1969	2	22	–	44
1970	23	30	22	Cut
1971	6	Cut	40	22
1972	2	8	7	62
1973	34	3	**W**	6
1974	2	15	7	Wdw
1975	2	29	15	3
1976	9	2	17	8
1977	14	3	22	58
1978	11	4	17	4
1979	41	4	Cut	Cut
1980	Cut	37	16	10
1981	–	–	–	27
1982	10	39	Cut	Cut
1983	20	24	45	30
1984	35	–	–	Cut
1985-88	–	–	–	–
1989-90	–	–	Cut	–
1991	–	–	101	–
1992	–	–	Cut	–
1993-94	–	–	–	–
1995	–	–	Cut	–
1996	–	Cut	–	–
1997-2003	–	–	–	–
2004	–	–	Cut	–
WELCH, Michael/Mike (USA)				
2009	–	Cut	–	–
WELLINGTON, Ross (RSA)				
2006	–	–	Cut	–
WESSELINGH, Paul (ENG)				

	MAS	USO	BOP	PGA
1992	–	–	Cut	–
1993-2002	–	–	–	–
2003	–	–	Cut	–
2004	–	–	68	–
WESSELS, RM (Roger Mark) (RSA)				
2002	–	–	77	–
WESTWOOD, LJ (Lee John) (ENG)				
1995	–	–	96	–
1996	–	–	Cut	–
1997	24	19	10	29
1998	44	7	64	Cut
1999	6	Cut	18	16
2000	Cut	5	64	15
2001	–	Cut	47	44
2002	44	–	Cut	Cut
2003	–	–	Cut	Cut
2004	–	36	4	Cut
2005	Cut	33	Cut	17
2006	Cut	–	31	29
2007	30	36	35	32
2008	11	3	67	Cut
2009	43	23	3	3
2010	2	16	2	Dns/inj
2011	11	3	Cut	8
2012	3	10	45	Cut
2013	8	15	3	33
2014	7	Cut	Cut	15
2015	46	50	49	43
2016	2	32	22	85
WETTERICH, BM (Brett Milton) (USA)				
1998	–	Cut	–	–
1999-2005	–	–	–	–
2006	–	–	Cut	Cut
2007	37	Cut	Cut	32
2008	Cut	–	–	–
WHEATCROFT, Steve (USA)				
2010	–	63	–	–
WHIFFIN, Sean (ENG)				
2004	–	–	47	–
WHITCOMBE, RA (Reginald/Reg Arthur) (ENG)				
1925	–	–	20	–
1926	–	–	14	–
1927	–	–	Cut	–
1928	–	–	23	–
1929	–	–	45	–
1930	–	–	13	–
1931	–	–	17	–
1932	–	–	17	–
1933	–	–	7	–
1934	–	–	16	–
1935	–	–	34	–
1936	–	–	8	–
1937	–	–	2	–
1938	–	–	**W**	–
1939	–	–	3	–
1940-41	–	–	–	–
1942	–	–	–	–
1943	–	–	–	–
1944-45	–	–	–	–
1946	–	–	14	–
1947	–	–	13	–
1948	–	–	18	–
1949-51	–	–	Cut	–
WHITE (Jr), John/Jack (SCO)				
1891	–	–	Wdw	–
1892	–	–	11	–
1893	–	–	10	–
1894	–	–	Wdw	–
1895	–	–	21	–
1896-97	–	–	Wdw	–
1898	–	–	13	–
1899	–	–	2	–
1900	–	–	4	–
1901	–	–	6	–
1902	–	–	18	–
1903	–	–	3	–
1904	–	–	**W**	–
1905	–	–	18	–
1906	–	–	Wdw	–
1907-09	–	–	Dnq	–
1910-11	–	–	Wdw	–
1912	–	–	35	–
1913-14	–	–	–	–
1915	–	–	–	–
1916	–	–	–	–
1917	–	–	–	–
1918	–	–	–	–
1919	–	–	–	–

	MAS	USO	BOP	PGA
1920	–	–	–	–
1921	–	–	57	–
1922	–	–	Wdw	–
1923	–	–	–	–
1924	–	–	Scr	–
1925-28	–	–	–	–
1929	–	Wdw	–	–
1930-33	–	–	–	–
1934	–	–	–	–
1935	–	–	Dnq	–
1936	–	–	–	–
1937	–	–	Dnq	–

WHITEFORD, PW (Peter William) (SCO)

| 2011 | – | – | Cut | – |

WHITEHEAD, Michael (USA)

| 2011 | – | Cut | – | – |

WHITEHOUSE, Thomas/Tom (ENG)

2002	–	–	Cut	–
2003-09	–	–	–	–
2010	–	–	Cut	–

WHITMAN, Edward/Ed (USA)

1983	–	–	–	Cut
1984-88	–	–	–	–
1989-90	–	–	–	Cut
1991	–	–	–	–
1992	–	–	–	Cut
1993	–	Cut	–	–
1994-99	–	–	–	–
2000	–	Cut	–	–

WHITNELL, Dale (ENG)

| 2012 | – | – | 60 | – |

WHITSETT, Cory [a] (USA)

| 2014 | – | Cut | – | a |

WI, Charlie (KOR)

2008	–	–	–	9
2009	–	Cut	–	56
2010-11	–	–	–	Cut
2012	–	29	–	Cut

WIEBE, MC (Mark Charles) (USA)

1985	–	Cut	–	Cut
1986	Cut	–	–	47
1987	35	–	–	65
1988	–	25	–	38
1989	Cut	33	–	12
1990	–	Cut	–	19
1991	–	–	–	66
1993	–	77	–	67
1994-95	–	–	–	–
1996	–	104	–	61
1997	–	Cut	Cut	Cut
1998	–	–	–	Cut
1999-2000	–	–	–	–
2001	–	52	Cut	–
2002-13	–	–	–	–
2014	–	–	Cut	–

WIEGELE, Martin (AUT)

| 2008 | – | – | 70 | – |

WIEMERS, CW (Chris) (USA)

| 2005-06 | – | – | – | Cut |

WIESBERGER, Bernd (AUT)

2012	–	–	–	Cut
2013	–	–	64	Cut
2014	–	Cut	Cut	15
2015	22	Cut	68	Cut
2016	34	Cut	Cut	Cut

WILCOX (V), WF (William/Will Ferdinand) (USA)

| 2011 | – | – | – | – |

WILKES-KRIER, Patrick (USA)

| 2016 | – | Cut | – | – |

WILKIN, Rob(ert) (USA)

1988	–	59	–	–
1989-90	–	–	–	–
1991	–	–	–	Cut
1992-96	–	–	–	–
1997	–	–	–	Cut
1998-99	–	–	–	–
2000-01	–	–	–	Cut

WILKINSON, Tim [NZL]

| 2016 | – | 61 | – | – |

WILLETT, DJ (Daniel/Danny John) (ENG)

2010	–	–	–	Cut
2011	–	–	Cut	–
2012	–	–	–	–
2013	–	–	15	40
2014	–	45	Cut	30
2015	38	Cut	6	54
2016	W	37	53	79

WILLEY, Andrew (ENG)

	MAS	USO	BOP	PGA
2004	–	Cut	–	–

WILLIAMS, Chris (USA)

2011	–	Cut (a)	–	a
2012	–	–	–	a
2013	–	Cut (a)	–	–

WILLIAMS, Lee (USA)

2005	–	Cut (a)	–	a
2006	–	40	–	–
2007	–	Cut	–	–

WILLIAMSON, Eric (USA)

| 2014 | – | – | – | Cut |

WILLIAMSON, JA (Justin Arch: 'Jay') (USA)

1999	–	Cut	–	–
2000	–	–	–	–
2001	–	Dsq	–	–
2002	–	–	–	–
2003	–	20	–	–
2004-07	–	–	–	–
2008	–	–	39	–

WILLIS, GM (Garrett Michael) (USA)

1998-99	–	Cut	–	–
2000	–	–	–	–
2001	–	–	–	Cut

WILLMAN, Benjamin/Ben (ENG)

| 2004 | – | – | Cut | – |

WILLMAN, Kyle (USA)

| 2005 | – | Cut | – | – |

WILSON, Cameron (USA)

2012	–	Cut (a)	–	a
2013	–	–	–	a
2014	–	Cut	–	–

WILSON, Chris (USA)

| 2011 | – | Cut | – | – |

WILSON, DH (Dean Hiroshi) (USA)

2001	–	30	Cut	–
2002	–	Cut	Cut	Cut
2003	–	Cut	–	Cut
2004-05	–	–	–	–
2006	–	Cut	–	29
2007	30	51	–	Cut
2008	–	Cut	–	47

WILSON, Jeffrey/Jeff [a*] (USA)

1982	–	Cut (a)	–	a
1983-89	–	–	–	a
1990	–	Cut	–	–
1991-97	–	–	–	–
1998-99	–	–	–	a
2000	–	59 (a)	–	a
2001-07	–	–	–	a
2008	–	Cut (a)	–	a

*turned pro in 1989; reinstated as amateur in 1997

WILSON, MJ (Mark Joseph) (USA)

1998	–	Cut	–	–
1999-2006	–	–	–	–
2007	–	–	–	Cut
2008	–	–	–	–
2009	–	–	–	Cut
2010	–	–	–	–
2011	Cut	Cut	63	26
2012	Cut	Cut	Cut	Cut
2013	–	–	–	–
2014	–	Cut	–	–

WILSON, OJ (Oliver John) (ENG)

2006	–	Cut	–	–
2007	–	–	Cut	–
2008	–	36	Cut	Cut
2009	Cut	23	24	19
2010	–	Cut	Cut	Cut

WILSON, Pat(rick) (USA)

| 2015 | – | Cut | – | – |

WILSON, Steve [a*] (USA)

| 2009 | Cut | – | – | a |

*reinstated as amateur in 2005

WILSON, Stuart [a] (SCO)

2001	–	–	Cut	a
2002-03	–	–	–	a
2004	–	–	63	a
2005	Cut	–	–	a

WIRATCHANT, Thaworn (THA)

2006	–	–	31	–
2007-12	–	–	–	–
2013	Cut	–	Cut	–

WISE, Aaron (USA)

| 2016 | – | Cut | – | – |

WITTENBERG, Casey (USA)

2004	13 (a)	36 (a)	–	a
2005	33	Cut	–	–
2006-07	–	–	–	–

THE PLAYERS

	MAS	USO	BOP	PGA
2008-09	–	Cut	–	–
2010-11	–	–	–	–
2012	–	10	–	–
2013	–	Cut	–	–
2014	–	Cut	–	–

WOLF, EJ (Erik) (USA)
	MAS	USO	BOP	PGA
2007				Cut

WOLSTENHOLME, GP (Gary Peter) [a] (ENG)
	MAS	USO	BOP	PGA
1992	Cut	–	Cut	a
1993-2002	–	–	–	a
2003	–	–	Cut	a
2004	Cut	–	–	a
2005-07	–	–	–	a
2008	–	–	–	a

WOMACK, David/Dave [a] (USA)
	MAS	USO	BOP	PGA
2007	Cut	–	–	a

WOOD, CJ (Christoper/Chris John) (ENG)
	MAS	USO	BOP	PGA
2008	–	–	5 (a)	a
2009	–	–	3	76
2010	Cut	–	Cut	Cut
2011-12	–	–	–	–
2013	–	–	64	Cut
2014	–	–	23	46
2015	–	–	–	Cut
2016	42	23	Wdw/inj	Cut

WOOD, CR (Craig Ralph) (USA)
	MAS	USO	BOP	PGA
1925		51	–	–
1926		–	–	–
1927		Cut	–	–
1928		46	–	–
1929		16	–	QF
1930		9	–	–
1931		–	–	–
1932		14	–	Last 32
1933		3	2	–
1934	2	Dsq	–	RU
1935	2	21	–	–
1936	20	66	–	SF
1937	26	36	–	Last 32
1938	34	–	–	–
1939	6	2	–	–
1940	7	4	–	Last 32
1941	W	W	–	Last 32
1942	23	12*	–	QF
1943				
1944				Last 16
1945				–
1946	Wdw	Cut	–	–
1947	53	Wdw	–	Dnq
1948	43	Cut	–	–
1949	34	27	–	Last 64
1950	–	Cut	–	–
1951		47	–	–
1952	59	–	–	–
1953	62	–	–	–
1954	71	–	–	–
1955	62	–	–	–
1956	70	–	–	–
1957-59	Cut	–	–	–
1960	Wdw	–	–	–
1961	Cut	–	–	–
1962	–	–	–	–
1963-64	Wdw	–	–	–

*unofficial championship

WOOD, Taylor (USA)
	MAS	USO	BOP	PGA
2006			Cut	

WOOD, Timothy/Tim (AUS)
	MAS	USO	BOP	PGA
2009			Cut	–

WOOD, WW (William/Willie West) (USA)
	MAS	USO	BOP	PGA
1980	–	Cut (a)	–	a
1981	–	–	–	a
1982	41 (a)	Cut (a)	–	a
1983-84	–	–	–	–
1985	–	Cut	–	23
1986	–	–	–	Cut
1987-91	–	–	–	–
1992	–	17	–	–
1993	–	Cut	–	–
1994-95	–	–	–	–
1996	–	–	–	65
1997	12	–	–	–
1998	21	Cut	–	–
1999	Cut	–	–	–
2000	–	–	–	–
2001	–	Cut	–	–

WOODARD, SM (Stephen) (USA)
	MAS	USO	BOP	PGA
2006		Cut		

WOODLAND, Gary (USA)
	MAS	USO	BOP	PGA
2009	–	47	–	–
2010	–	Cut	–	–
2011	24	23	30	12
2012	Wdw/inj	Cut	34	42
2013	–	–	–	74
2014	26	52	39	Cut
2015	Cut	Cut	58	Scr/inj
2016	–	–	12	Cut

WOODS, ET (Eldrick Tont: 'Tiger')
	MAS	USO	BOP	PGA
1995	41 (a)	Wdw (a)	68 (a)	a
1996	Cut (a)	82 (a)	22 (a)	a
1997	W	19	24	29
1998	8	18	3	10
1999	18	3	7	W
2000	5	W	W	W
2001	W	12	25	29
2002	W	W	28	2
2003	15	20	4	39
2004	22	17	9	24
2005	W	2	W	4
2006	3	Cut	W	W
2007	2	2	12	W
2008	2	W	Scr/inj	Scr/inj
2009	6	6	Cut	2
2010	4	4	23	28
2011	4	Scr/inj	Scr/inj	Cut
2012	40	21	3	11
2013	4	32	6	40
2014	Scr/inj	Scr/inj	69	Cut
2015	17	Cut	Cut	Cut
2016	Scr/inj	Scr/inj	Scr/inj	Scr/inj

WOODWARD, JM (James/Jim Manson) (USA)
	MAS	USO	BOP	PGA
1987	–	17	–	61
1988-99	–	–	–	–
2000-01	–	–	–	Cut

WOOSNAM, IH (Ian Harold) (WAL)
	MAS	USO	BOP	PGA
1982-84	–	–	Cut	–
1985	–	–	16	–
1986	–	–	3	30
1987	–	–	8	Cut
1988	Cut	–	25	Cut
1989	14	2	49	6
1990	30	21	4	31
1991	W	55	17	48
1992	19	–	5	Cut
1993	17	52	51	22
1994	46	Cut	Cut	9
1995	17	21	49	Cut
1996	29	79	Cut	36
1997	39	Cut	24	Cut
1998	16	Cut	57	29
1999	14	–	24	Cut
2000	40	–	68	Cut
2001	Cut	–	3	51
2002	Cut	–	37	Cut
2003	Cut	–	72 (L)	–
2004	Cut	–	–	Cut
2005	Cut	–	Cut	–
2006	Cut	–	–	–
2007	Scr	–	–	–
2008	44	–	–	–
2009-16	Cut	–	–	–

WOOTTON, Adam (ENG)
	MAS	USO	BOP	PGA
2011			Cut	

WORSHAM, LE (Lewis/Lew Elmer) (USA)
	MAS	USO	BOP	PGA
1938	–	Wdw	–	–
1939	–	–	–	–
1940-41	–	Cut	–	–
1942	–	–	–	–
1943				
1944-45				
1946	–	22	–	Last 32
1947	33	W	–	QF
1948	30	6	–	Last 16
1949	6	27	–	Last 16
1950	42	Cut	–	Last 32
1951	3	14	–	Last 32
1952	7	7	–	Last 64
1953	44	Cut	–	Dnq
1954	12	23	–	QF
1955	49	Cut	–	Last 16
1956	34	Cut	–	–
1957	Cut	38	–	–
1958	Cut	45	–	–
1959	Cut	–	–	–
1960	44	–	–	–
1961	22	Cut	–	37
1962	29	–	–	Cut

	MAS	USO	BOP	PGA
1963	–	–	–	Cut
WORTHINGTON II, Wyatt (USA)				
2016	–	–	–	Cut
WRIGHT, Gareth (WAL)				
2013	–	–	71	–
WRIGHT, Michael (AUS)				
2006	–	–	Cut	–
2007-08	–	–	–	–
2009	–	–	Cut	–
WU, Ashun (CHN)				
2013-14	–	–	Cut	–
WURTZ, Mark (USA)				
1994	–	Cut	–	–
1995-2002	–	–	–	–
2003	–	Cut	–	–
YANCEY, Cameron (USA)				
2009	–	Cut	–	–
YANG, Gunn [a] (KOR)				
2015	Cut	Cut	Cut	a
YANG, Y-E (Yong-Eun: 'Y-E') (KOR)				
2005	–	Cut	Cut	47
2006	–	–	–	–
2007	30	–	Cut	Cut
2008	–	–	–	–
2009	Cut	–	–	W
2010	8	Cut	60	Cut
2011	20	3	16	69
2012	57	Cut	Cut	36
2013	Cut	Cut	32	Cut
2014	Cut	Cut	Cut	Cut
2015	–	–	–	48
2016	–	–	–	Cut
YANO, Azuma (JPN)				
2008	–	–	Cut	–
2009	–	27	Cut	–
2010	–	Cut	–	–
2011-13	–	–	–	–
2014	–	Cut	–	–
YEH, W-T (Wei-Tze) (TPE)				
2000	–	–	Cut	–
YIP, Ryan (CAN)				
2013	–	Cut	–	–
YOKOO, Kaname (JPN)				
1999	–	57	–	–
2000-01	–	–	–	–
2002	–	Cut	–	–
2003-06	–	–	–	–
2007	–	Cut	–	–
2008	–	–	–	–
2009-10	–	Cut	–	–
YONEYAMA, Tsuyosho (JPN)				
1999	–	–	15	–
2000	–	–	41	–
YOUNG, Mark (ENG)				
2015	–	–	Cut	–
YOUNG, Simon [a] (ENG)				
2002	–	–	Cut	a
YOUNG, Steven (SCO)				
2015	–	–	–	Cut
YRENE, DP (Donald/Don) (USA)				
2006	–	–	–	68
2007-08	–	–	–	Cut
YURKIEWICZ, JM (Jeff) (USA)				
2005	–	–	–	Cut
ZABRISKI, BA (Bruce) (USA)				
1986	–	Cut	Cut	–
1987-90	–	–	–	–
1991	–	Cut	–	–
1992-93	–	–	–	–
1994-95	–	–	–	Cut
1996	–	–	–	–
1997	–	–	–	Cut
1998	–	32	–	Cut
1999	–	–	–	68
2000	–	–	–	–
2001-02	–	–	–	Cut
ZAHRINGER (III), George [a] (USA)				
2003	Cut	–	–	a
ZANOTTI, Fabrizio (PAR)				
2014	–	–	–	46
ZERMAN, Manuel/Manny (RSA/USA)				
1991	57 (a, L)	–	–	a
1992	–	59 (a)	–	a
1993-94	–	–	–	a
1995-99	–	–	–	–
2000	–	–	Cut	–
ZHANG, Andy [a] (CHN)				
2012	–	Cut	–	a

	MAS	USO	BOP	PGA
ZHANG, L-W (Lian-Wei) (CHN)				
2004	Cut	–	–	–
ZIONS, Matthew/Matt (AUS)				
2007	–	–	Cut	–
ZOELLER, FU (Frank Urban: 'Fuzzy') (USA)				
1976	–	38	–	–
1977	–	44	–	54
1978	–	Cut	–	10
1979	W	Cut	Cut	54
1980	19	53	Cut	41
1981	43	–	–	2
1982	10	15	8	Cut
1983	20	Cut	14	6
1984	31	W	14	Wdw
1985	Cut	9	11	54
1986	21	15	8	Cut
1987	27	Cut	29	64
1988	16	8	52	Cut
1989	26	Cut	Cut	Cut
1990	20	8	–	14
1991	12	5	80	Cut
1992	19	Cut	–	–
1993	11	68	14	31
1994	35	58	3	19
1995	Cut	21	–	69
1996	Cut	–	Cut	36
1997	34	28	–	Cut
1998	33	Cut	–	–
1999	Cut	Cut	–	–
2000-01	Cut	–	–	–
2002	Cut	–	–	Cut
2003-06	Cut	–	–	–
2007	60 (L)	–	–	–
2008-09	Cut	–	–	–
ZOKOL, RF (Richard Francis) (CAN)				
1984	–	–	–	39
1985	–	Cut	–	–
1986-87	–	–	–	–
1988	–	–	–	17
1989	–	46	–	–
1990-91	–	–	–	–
1992	–	33	–	–
1993	Cut	–	–	14
1994	–	–	–	30
1995-98	–	–	–	–
1999	–	Cut	–	–
2000	–	32	–	–
2001	–	62	–	–
ZORKIC, Zoran (USA)				
2000	–	Cut	–	–
ZWEMKE, Zane (USA)				
2004	–	–	–	Cut

The Top Golfers of Different Generations

In the next two sections, ie this and the Hall of Fame section to follow, the same criteria of points allocation for players' positions in Majors are used. 50 points is awarded for a win; 10 for Runner-up; 5 for a 3rd to 5th finish; 5 for a 6th to 10th finish; and 1 for 11th to 20th. Greater emphasis is placed on a win than previously in the *Golf Majors* series, the difference between winning and losing now much sharper – realistically, more in tune with the importance the players themselves attach to the winning of these Major Championships.

1860-1894

Pos.	Player	Win	R/UP	3-5	6-10	11-20	TOTAL
1	Tom Morris, Sr	4 (200)	3 (30)	6 (30)	3 (9)	4 (4)	273
2	Willie Park, Sr	4 (200)	4 (40)	3 (15)	3 (9)	2 (2)	266
3	Tom Morris, Jr	4 (200)	1 (10)	3 (15)			225
4	Jamie Anderson	3 (150)	2 (20)	2 (10)	2 (6)	2 (2)	188
5	Bob Ferguson	3 (150)	1 (10)	3 (15)	2 (6)		181
6	Bob Martin	2 (100)	2 (20)	4 (20)	1 (3)	1 (1)	144
7	Willie Park, Jr	2 (100)		5 (25)	3 (9)	5 (5)	139
8	Willie Fernie	1 (50)	4 (40)	2 (10)	6 (18)	2 (2)	120
9	Andrew Strath	1 (50)	1 (10)	3 (15)	1 (3)		78
10	Hugh Kirkaldy	1 (50)	1 (10)	1 (5)	2 (6)	3 (3)	74
11=	David Brown	1 (50)		2 (10)	3 (9)	1 (1)	70
	John Ball, Jr (a)	1 (50)	1 (10)	1 (5)	1 (3)	2 (2)	70
13	Mungo Park	1 (50)		2 (10)	1 (3)	3 (3)	66
14	Tom Kidd	1 (50)		1 (5)	1 (3)	1 (1)	59
15	Harold Hilton (a)	1 (50)			2 (6)		56
16=	Jack Simpson	1 (50)				4 (4)	54
	Willie Auchterlonie	1 (50)			1 (3)	1 (1)	54
	Jack Burns	1 (50)			1 (3)	1 (1)	54
19=	Bob Kirk		2 (20)	6 (30)	1 (3)		53
	JH Taylor	1 (50)			1 (3)		53
21	Andrew Kirkaldy		3 (30)	3 (15)	2 (6)	1(1)	52
22	Davie Strath		3 (30)	3 (15)	1 (3)	1 (1)	49
23	Sandy Herd		2 (20)	3 (15)	3 (9)	3 (3)	47
24	Ben Sayers		1 (10)	4 (20)	3 (9)	7 (7)	46
25	Willie Campbell		1 (10)	5 (25)	3 (9)		44
26	Bob Andrew		1 (10)	4 (20)	3 (9)		39
27	Archie Simpson		2 (20)	2 (10)	1 (3)	5 (5)	38
28	William Doleman (a)			2 (10)	6 (18)	3 (3)	31
29	Johnny Laidlay (a)		1 (10)	2 (10)	2 (6)	3 (3)	29
30	David Park		1 (10)	3 (15)	1 (3)		28

1895-1916

Pos.	Player	Win	R/UP	3-5	6-10	11-20	TOTAL
1	Harry Vardon	7 (350)	5 (50)	4 (20)	4 (12)	1 (1)	433
2	James Braid	5 (250)	4 (40)	6 (30)	3 (9)	1 (1)	330
3	JH Taylor	4 (200)	7 (70)	4 (20)	4 (12)	2 (2)	304
4	Willie Anderson	4 (200)	1 (10)	6 (30)		3 (3)	243
5	Alex Smith	2 (100)	3 (30)	4 (20)	1 (3)	5 (5)	158
6	John McDermott	2 (100)	1 (10)	1 (5)	2 (6)		121
7	Sandy Herd	1 (50)	2 (20)	7 (35)	3 (9)	6 (6)	120
8	Willie Smith	1 (50)	3 (30)	5 (25)	1 (3)	1 (1)	109
9	Ted Ray	1 (50)	1 (10)	5 (25)	4 (12)	5 (5)	102
10	Arnaud Massy	1 (50)	1 (10)	1 (5)	6 (18)		83
11	Laurie Auchterlonie	1 (50)		4 (20)	2 (6)	1 (1)	77
12=	Jack White	1 (50)	1 (10)	2 (10)	1 (3)	3 (3)	76
	Fred McLeod	1 (50)		4 (20)	1 (3)	3 (3)	76
14	George Sargent	1 (50)		2 (10)	3 (9)	1 (1)	70
15	Horace Rawlins	1 (50)	1 (10)		1 (3)	6 (6)	69
16=	James Foulis	1 (50)		2 (10)	1 (3)	4 (4)	67
	Jim Barnes	1 (50)		3 (15)		2 (2)	67
18	Walter Hagen	1 (50)		2 (10)	2 (6)		66
19	Harold Hilton (a)	1 (50)		2 (10)	1 (3)	2 (2)	65
20	Alex Ross	1 (50)			4 (12)	2 (2)	64
21	Joe Lloyd	1 (50)		2 (10)		3 (3)	63
22	Charles Evans, Jr (a)	1 (50)	1 (10)			1 (1)	61
23	Francis Ouimet (a)	1 (50)		1 (5)			55
24	Fred Herd	1 (50)				1 (1)	51
25	Jerome Travers (a)	1 (50)					50
26	Gilbert Nicholls		2 (20)	3 (15)	3 (9)	4 (4)	48
27=	Tom Vardon		1 (10)	3 (15)	5 (15)	3 (3)	43
	Tom McNamara		3 (30)	1 (5)	1 (3)	5 (5)	43
29	Jock Hutchison		2 (20)	1 (5)	3 (9)	1 (1)	35
30	Stewart Gardner		1 (10)	3 (15)	3 (9)		34

1919-1930

Pos.	Player	Win	R/UP	3-5	6-10	11-20	TOTAL
1	Walter Hagen	10 (500)	3 (30)	6 (30)	4 (12)	4 (4)	576
2	Bobby Jones (a)	7 (350)	4 (40)		1 (3)	1 (1)	394
3	Gene Sarazen	3 (150)	2 (20)	5 (25)	5 (15)	5 (5)	215
4	Jim Barnes	3 (150)	3 (30)		7 (21)	5 (5)	206
5	Leo Diegel	2 (100)	3 (30)	2 (10)	5 (15)	4 (4)	159
6	Jock Hutchison	2 (100)	1 (10)	3 (15)	4 (12)	2 (2)	139
7	Tommy Armour	2 (100)		1 (5)	4 (12)	3 (3)	120
8	Johnny Farrell	1 (50)	2 (20)	4 (20)	5 (15)	4 (4)	109
9	George Duncan	1 (50)	1 (10)	1 (5)	4 (12)	2 (2)	79
10	Ted Ray	1 (50)	1 (10)	1 (5)		2 (2)	67

Pos.	Player	Win	R/UP	3-5	6-10	11-20	TOTAL
11	Arthur Havers	1 (50)		1 (5)	2 (6)	4 (4)	65
12	Willie MacFarlane	1 (50)			2 (6)	5 (5)	61
13	Cyril Walker	1 (50)		1 (5)		3 (3)	58
14	Bill Mehlhorn		1 (10)	4 (20)	4 (12)	4 (4)	46
15	Al Espinosa		2 (20)	1 (5)	4 (12)	4 (4)	41
16	Macdonald Smith		2 (20)	2 (10)	2 (6)	4 (4)	40
17	Emmett French		1 (10)	3 (15)	3 (9)	2 (2)	36
18	John Golden			4 (20)	3 (9)	5 (5)	34
19	Fred McLeod		2 (20)		4 (12)	1 (1)	33
20	Bobby Cruickshank		1 (10)	3 (15)	1 (3)	4 (4)	32
21=	Abe Mitchell			4 (20)	1 (3)	4 (4)	27
	Joe Turnesa		2 (20)		1 (3)	4 (4)	27
	Al Watrous		1 (10)	1 (5)	2 (6)	6 (6)	27
24=	Mike Brady		1 (10)		3 (9)	7 (7)	26
	Joe Kirkwood, Sr			3 (15)	2 (6)	5 (5)	26
26	Archie Compston		1 (10)	1 (5)	3 (9)	1 (1)	25
27	Fred Robson		1 (10)	2 (10)	1 (3)	1 (1)	24
28	Harry Cooper		1 (10)	2 (10)		2 (2)	22
29=	George MacLean			4 (20)		1 (1)	21
	Horton Smith			3 (15)	2 (6)		21

1931-1942

Pos.	Player	Win	R/UP	3-5	6-10	11-20	TOTAL
1	Gene Sarazen	4 (200)	2 (20)	8 (40)	6 (18)	4 (4)	282
2	Byron Nelson	4 (200)	3 (30)	6 (30)	4 (12)	3 (3)	275
3	Denny Shute	3 (150)	2 (20)	4 (20)	3 (9)	11 (11)	210
4	Ralph Guldahl	3 (150)	3 (30)	2 (10)	3 (9)	4 (4)	203
5	Craig Wood	2 (100)	5 (50)	3 (15)	4 (12)	2 (2)	179
6	Paul Runyan	2 (100)		5 (25)	9 (27)	7 (7)	159
7	Henry Picard	2 (100)		3 (15)	8 (24)	8 (8)	147
8	Horton Smith	2 (100)		2 (10)	7 (21)	11 (11)	142
9	Henry Cotton	2 (100)		2 (10)	4 (12)	1 (1)	123
10	Olin Dutra	2 (100)		1 (5)	3 (9)	4 (4)	118
11	Sam Snead	1 (50)	4 (40)	1 (5)	4 (12)	5 (5)	112
12	Alf Padgham	1 (50)	1 (10)	3 (15)	2 (6)		81
13	Tommy Armour	1 (50)	1 (10)	1 (5)	3 (9)	4 (4)	78
14	Billy Burke	1 (50)		3 (15)	2 (6)	6 (6)	77
15	Lawson Little	1 (50)		2 (10)	4 (12)	4 (4)	76
16	Reg Whitcombe	1 (50)	1 (10)	1 (5)	2 (6)	3 (3)	74
17	Vic Ghezzi	1 (50)			4 (12)	11 (11)	73
18	Harry Cooper		3 (30)	5 (25)	2 (6)	7 (7)	68
19	Ed Dudley			6 (30)	10 (30)	7 (7)	67
20	Johnny Revolta	1 (50)			1 (3)	11 (11)	64
21	Tony Manero	1 (50)		1 (5)	1 (3)	4 (4)	62
22=	Tom Creavy	1 (50)		1 (5)	2 (6)		61
	Jimmy Demaret	1 (50)		1 (5)	1 (3)	3 (3)	61
24	Alf Perry	1 (50)		1 (5)		2 (2)	57
25	Dick Burton	1 (50)		1 (5)		1 (1)	56
26=	Johnny Goodman (a)	1 (50)			1 (3)	2 (2)	55
	Sam Parks, Jr	1 (50)				5 (5)	55
28	Harold McSpaden		1 (10)	1 (5)	5 (15)	12 (12)	42
29	Ben Hogan		1 (10)	3 (15)	5 (15)	1 (1)	41
30	Jimmy Hines			2 (10)	8 (24)	6 (6)	40

1944-1960

Pos.	Player	win	R/UP	3-5	6-10	11-20	TOTAL
1	Ben Hogan	9 (450)	5 (50)	4 (20)	9 (27)	1 (1)	548
2	Sam Snead	6 (300)	4 (40)	7 (35)	10 (30)	9 (9)	414
3	Bobby Locke	4 (200)	2 (20)	6 (30)	3 (9)	4 (4)	263
4	Peter Thomson	4 (200)	3 (30)	2 (10)	2 (6)	2 (2)	248
5	Cary Middlecoff	3 (150)	4 (40)	2 (10)	6 (18)	7 (7)	225
6	Arnold Palmer	3 (150)	1 (10)	2 (10)	4 (12)	1 (1)	183
7	Jimmy Demaret	2 (100)	1 (10)	7 (35)	4 (12)	5 (5)	162
8	Lloyd Mangrum	1 (50)	3 (30)	9 (45)	7 (21)	3 (3)	149
9	Jack Burke, Jr	2 (100)	1 (10)	1 (5)	5 (15)	5 (5)	135
10	Doug Ford	2 (100)	1 (10)	1 (5)	4 (12)	5 (5)	132
11	Julius Boros	1 (50)	1 (10)	8 (40)	3 (9)	3 (3)	112
12	Byron Nelson	1 (50)	3 (30)	1 (5)	6 (18)	3 (3)	106
13	Jim Ferrier	1 (50)	2 (20)	4 (20)	3 (9)	4 (4)	103
14	Walter Burkemo	1 (50)	2 (20)	3 (15)	1 (3)	6 (6)	94
15	Tommy Bolt	1 (50)		6 (30)	2 (6)	4 (4)	90
16	Claude Harmon	1 (50)		4 (20)	3 (9)	10 (10)	89
17	Chick Harbert	1 (50)	1 (10)	2 (10)	4 (12)	5 (5)	87
18=	Fred Daly	1 (50)	1 (10)	3 (15)	1 (3)	3 (3)	81
	Dow Finsterwald	1 (50)	1 (10)	3 (15)	1 (3)	3 (3)	81
	Bob Rosburg	1 (50)	1 (10)	3 (15)	1 (3)	3 (3)	81
21	Gary Player	1 (50)	1 (10)	1 (5)	4 (12)	2 (2)	79
22=	Jay Hebert	1 (50)		1 (5)	6 (18)	5 (5)	78
	Jim Turnesa	1 (50)		4 (20)	1 (3)	5 (5)	78

		Win					
	Lew Worsham	1 (50)		1 (5)	6 (18)	5 (5)	78
25	Henry Cotton	1 (50)		2 (10)	4 (12)	2 (2)	74
26	Ed Furgol	1 (50)		2 (10)	2 (6)	6 (6)	72
27	Billy Casper	1 (50)	1 (10)	1 (5)		6 (6)	71
28	Dick Mayer	1 (50)		2 (10)	2 (6)	3 (3)	69
29=	Max Faulkner	1 (50)		1 (5)	2 (6)	5 (5)	66
	Bob Hamilton	1 (50)		3 (15)		1 (1)	66

1961-1970

Pos.	Player	Win	R/UP	3-5	6-10	11-20	TOTAL
1	Jack Nicklaus	8 (400)	7 (70)	6 (30)	4 (12)	3 (3)	515
2	Arnold Palmer	4 (200)	10 (100)	4 (20)	5 (15)	5 (5)	340
3	Gary Player	4 (200)	3 (30)	6 (30)	8 (24)	5 (5)	289
4	Billy Casper	2 (100)	2 (20)	5 (25)	6 (18)	9 (9)	172
5	Julius Boros	2 (100)		5 (25)		10 (10)	135
6	Tony Jacklin	2 (100)		2 (10)		3 (3)	113
7	Bob Charles	1 (50)	3 (30)	3 (15)	1 (3)	8 (8)	106
8	Gene Littler	1 (50)	1 (10)	4 (20)	5 (15)	4 (4)	99
9	Don January	1 (50)	1 (10)	3 (15)	2 (6)	11 (11)	92
10	Al Geiberger	1 (50)	1 (10)	3 (15)	2 (6)	7 (7)	88
11=	Gay Brewer	1 (50)	1 (10)	2 (10)	4 (12)	4 (4)	86
	Tony Lema	1 (50)	1 (10)	3 (15)	3 (9)	2 (2)	86
13	Roberto de Vicenzo	1 (50)	1 (10)	3 (15)	2 (6)	2 (2)	83
14	Bob Goalby	1 (50)	2 (20)		3 (9)	3 (3)	82
15	Dave Marr	1 (50)	1 (10)	1 (5)	3 (9)	3 (3)	77
16=	Bobby Nichols	1 (50)	1 (10)	2 (10)	1 (3)	3 (3)	76
	Peter Thomson	1 (50)		2 (10)	5 (15)	1 (1)	76
18	Ray Floyd	1 (50)			4 (12)	5 (5)	67
19	Lee Trevino	1 (50)		2 (10)	1 (3)	1 (1)	64
20	Ken Venturi	1 (50)		1 (5)	1 (3)	5 (5)	63
21	George Archer	1 (50)		1 (5)	1 (3)	3 (3)	61
22=	Doug Sanders		3 (30)	2 (10)	3 (9)	11 (11)	60
	Dave Stockton	1 (50)		1 (5)	1 (3)	2 (2)	60
24=	Jerry Barber	1 (50)		1 (5)			55
	Orville Moody	1 (50)			1 (3)	2 (2)	55
26	Bruce Devlin			4 (20)	9 (27)	4 (4)	51
27	Kel Nagle		2 (20)	4 (20)	2 (6)	4 (4)	50
28	Phil Rodgers		1 (10)	3 (15)	1 (3)	3 (3)	31
29	Christy O'Connor, Sr		1 (10)	2 (10)	2 (6)	3 (3)	29
30	Frank Beard			2 (10)	5 (15)	3 (3)	28

1971-1980

Pos.	Player	Win	R/UP	3-5	6-10	11-20	TOTAL
1	Jack Nicklaus	9 (450)	8 (80)	12 (60)	6 (18)	2 (2)	610
2	Tom Watson	4 (200)	3 (30)	2 (10)	8 (24)	6 (6)	270
3	Gary Player	4 (200)	1 (10)	1 (5)	9 (27)	7 (7)	249
4	Lee Trevino	4 (200)	1 (10)	3 (15)	4 (12)	10 (10)	247
5	Johnny Miller	2 (100)	3 (30)	2 (10)	5 (15)	6 (6)	161
6	Hale Irwin	2 (100)		7 (35)	5 (15)	4 (4)	159
7	Tom Weiskopf	1 (50)	4 (40)	6 (30)	8 (24)	7 (7)	151
8	Seve Ballesteros	2 (100)	1 (10)			6 (6)	116
9	Hubert Green	1 (50)	1 (10)	5 (25)	6 (18)	5 (5)	108
10	Ray Floyd	1 (50)	2 (20)	2 (10)	4 (12)	10 (10)	102
11	Jerry Pate	1 (50)	2 (20)	3 (15)	2 (6)	6 (6)	97
12	Dave Stockton	1 (50)	2 (20)		2 (6)	4 (4)	80
13	Lou Graham	1 (50)	1 (10)	1 (5)	3 (9)	3 (3)	77
14	David Graham	1 (50)		2 (10)	4 (12)	2 (2)	74
15=	Charles Coody	1 (50)		3 (15)	1 (3)	2 (2)	70
	John Mahaffey	1 (50)	1 (10)	1 (5)	1 (3)	2 (2)	70
17	Lanny Wadkins	1 (50)		1 (5)	3 (9)	5 (5)	69
18	Ben Crenshaw		4 (40)	2 (10)	5 (15)	3 (3)	68
19	Andy North	1 (50)		1 (5)	1 (3)	5 (5)	63
20	Tommy Aaron	1 (50)	1 (10)				60
21	Fuzzy Zoeller	1 (50)			1 (3)		53
22	Tom Kite		1 (10)	4 (20)	3 (9)	6 (6)	45
23	Bruce Crampton		4 (40)			3 (3)	43
24=	Billy Casper		1 (10)	2 (10)	3 (9)	5 (5)	34
	Don January		1 (10)	1 (5)	5 (15)	4 (4)	34
	Arnold Palmer			3 (15)	3 (9)	10 (10)	34
27	JC Snead		2 (20)	1 (5)	1 (3)	4 (4)	32
28	Peter Oosterhuis		1 (10)	1 (5)	4 (12)	3 (3)	30
29	Gene Littler		1 (10)	1 (5)	3 (9)	4 (4)	28
30	Al Geiberger		1 (10)		3 (9)	6 (6)	25

THE TOP GOLFERS OF DIFFERENT GENERATIONS

1981-1990

Pos.	Player	Win	R/UP	3-5	6-10	11-20	TOTAL
1	Tom Watson	4 (200)	4 (40)	3 (15)	9 (27)	5 (5)	287
2	Nick Faldo	4 (200)	1 (10)	5 (25)	3 (9)	8 (8)	252
3	Seve Ballesteros	3 (150)	2 (20)	7 (35)	4 (12)	4 (4)	221
4	Larry Nelson	3 (150)		1 (5)	1 (3)	5 (5)	163
5	Ray Floyd	2 (100)	2 (20)	2 (10)	3 (9)	12 (12)	151
6	Curtis Strange	2 (100)	2 (20)	2 (10)	3 (9)	8 (8)	147
7	Greg Norman	1 (50)	5 (50)	6 (30)	3 (9)	6 (6)	145
8	Sandy Lyle	2 (100)			2 (6)	6 (6)	112
9	Ben Crenshaw	1 (50)	1 (10)	5 (25)	5 (15)	10 (10)	110
10=	Jack Nicklaus	1 (50)	3 (30)	1 (5)	6 (18)	5 (5)	108
	Payne Stewart	1 (50)	2 (20)	3 (15)	7 (21)	2 (2)	108
12	Bernhard Langer	1 (50)	2 (20)	3 (15)	4 (12)	3 (3)	100
13	Fuzzy Zoeller	1 (50)	1 (10)		7 (21)	8 (8)	89
14	Lee Trevino	1 (50)	1 (10)	2 (10)	2 (6)	9 (9)	85
15	David Graham	1 (50)		1 (5)	7 (21)	7 (7)	83
16	Craig Stadler	1 (50)		1 (5)	6 (18)	9 (9)	82
17	Lanny Wadkins		4 (40)	3 (15)	4 (12)	7 (7)	74
18	Hale Irwin	1 (50)	1 (10)		2 (6)	6 (6)	72
19	Scott Simpson	1 (50)			5 (15)	6 (6)	71
20	Bill Rogers	1 (50)	1 (10)	1 (5)	1 (3)		68
21=	Mark Calcavecchia	1 (50)	1 (10)			6 (6)	66
	Larry Mize	1 (50)		1 (5)	1 (3)	8 (8)	66
23	Hal Sutton	1 (50)		1 (5)	2 (6)	3 (3)	64
24	Tom Kite		2 (20)	4 (20)	5 (15)	8 (8)	63
25	Wayne Grady	1 (50)	1 (10)			1 (1)	61
26=	Hubert Green	1 (50)			1 (3)	4 (4)	57
	Bob Tway	1 (50)			2 (6)	1 (1)	57
28	Fred Couples		1 (10)	5 (25)	6 (18)	2 (2)	55
29=	Andy North	1 (50)			1 (3)	1 (1)	54
	Jeff Sluman	1 (50)			1 (3)	1 (1)	54

1991-2000

Pos.	Player	Win	R/UP	3-5	6-10	11-20	TOTAL
1	Tiger Woods	5 (250)		3 (15)	3 (9)	3 (3)	277
2	Nick Price	3 (150)		4 (20)	4 (12)	5 (5)	187
3	Ernie Els	2 (100)	4 (40)	3 (15)	4 (12)	4 (4)	171
4	Nick Faldo	2 (100)	2 (20)	4 (20)	2 (6)	6 (6)	152
5	Jose Maria Olazabal	2 (100)	1 (10)	2 (10)	3 (9)	8 (8)	137
6	Vijay Singh	2 (100)		3 (15)	4 (12)	7 (7)	134
7	Payne Stewart	2 (100)	2 (20)		1 (3)	3 (3)	126
8	Mark O'Meara	2 (100)		3 (15)	1 (3)	5 (5)	123
9	Greg Norman	1 (50)	3 (30)	3 (15)	6 (18)	9 (9)	122
10	Lee Janzen	2 (100)		1 (5)	2 (6)	5 (5)	116
11	Davis Love III	1 (50)	3 (30)	1 (5)	8 (24)	3 (3)	112
12	John Daly	2 (100)		1 (5)		2 (2)	107
13	Tom Lehman	1 (50)	2 (20)	5 (25)	2 (6)	4 (4)	105
14	Fred Couples	1 (50)	1 (10)	2 (10)	6 (18)	7 (7)	95
15	Corey Pavin	1 (50)	1 (10)	2 (10)	5 (15)	4 (4)	89
16	Justin Leonard	1 (50)	2 (20)	1 (5)	3 (9)	3 (3)	87
17	Tom Kite	1 (50)	1 (10)	2 (10)	3 (9)	3 (3)	82
18	Steve Elkington	1 (50)		4 (20)	2 (6)	4 (4)	80
19	Ian Woosnam	1 (50)		1 (5)	3 (9)	5 (5)	69
20	Mark Brooks	1 (50)		2 (10)		5 (5)	65
21=	Paul Azinger	1 (50)		1 (5)	1 (3)	6 (6)	64
	Bernhard Langer	1 (50)		1 (5)	2 (6)	3 (3)	64
23	Ian Baker-Finch	1 (50)			3 (9)	3 (3)	62
24	Ben Crenshaw	1 (50)		1 (5)	1 (3)	2 (2)	60
25	Colin Montgomerie		3 (30)	1 (5)	4 (12)	7 (7)	54
26	Paul Lawrie	1 (50)			1 (3)		53
27	Steve Jones	1 (50)					50
28	Phil Mickelson		1 (10)	3 (15)	7 (21)	3 (3)	49
29	Jeff Maggert			5 (25)	5 (15)		40
30	John Cook		2 (20)	2 (10)	2 (6)	3 (3)	39
	Tom Watson			4 (20)	4 (12)	6 (6)	38

2001-2010

Pos.	Player	Win	R/UP	3-5	6-10	11-20	TOTAL
1	Tiger Woods	9 (450)	6 (60)	6 (30)	3 (9)	5 (5)	554
2	Phil Mickelson	4 (200)	6 (60)	7 (35)	4 (12)	5 (5)	312
3	Padraig Harrington	3 (150)		4 (20)	4 (12)	2 (2)	184
4	Retief Goosen	2 (100)	2 (20)	4 (20)	4 (12)	8 (8)	160
5	Ernie Els	1 (50)	2 (20)	9 (45)	6 (18)	7 (7)	140
6	Angel Cabrera	2 (100)			6 (18)	4 (4)	122
7	Vijay Singh	1 (50)	1 (10)	2 (10)	9 (27)	8 (8)	105
8	Jim Furyk	1 (50)	2 (20)	3 (15)	4 (12)	4 (4)	101
9	Mike Weir	1 (50)		3 (15)	6 (18)	7 (7)	90
10=	Stuart Cink	1 (50)		2 (10)	3 (9)	8 (8)	77
	Sergio Garcia		2 (20)	6 (30)	8 (24)	4 (4)	77
12=	David Duval	1 (50)	2 (20)		1 (3)	2 (2)	75
	Geoff Ogilvy	1 (50)		2 (10)	4 (12)	3 (3)	75
14	David Toms	1 (50)		3 (15)	1 (3)	6 (6)	74
15	Ben Curtis	1 (50)	1 (10)		2 (6)	1 (1)	67
	Graeme McDowell	1 (50)			5 (15)	1 (1)	66
17	Trevor Immelman	1 (50)		1 (5)	1 (3)	5 (5)	63
18	Zach Johnson	1 (50)		1 (5)	1 (3)	3 (3)	61
19	Shaun Micheel	1 (50)	1 (10)				60
20	Martin Kaymer	1 (50)			3 (9)		59
21	Michael Campbell	1 (50)		1 (5)	1 (3)		58
22	Lucas Glover	1 (50)		1 (5)		1 (1)	56
23	Y-E Yang	1 (50)			1 (3)		53
24	Rich Beem	1 (50)				2 (2)	52
25	Todd Hamilton	1 (50)				1 (1)	51
26	Louis Oosthuizen	1 (50)					50
27=	Chris DiMarco		3 (30)		3 (9)	4 (4)	43
	Lee Westwood		2 (20)	4 (20)		3 (3)	43
29	Davis Love III			3 (15)	4 (12)	4 (4)	31
30	Justin Leonard		1 (10)	1 (5)	2 (6)	9 (9)	30

2012-2016 – The Last 5 Years

2016	2015	Player	Win	R/UP	3-5	6-10	11-20	TOTAL
1	1	Rory McIlroy	3 (150)		2 (10)	4 (12)	1 (1)	173
2	2	Jordan Spieth	2 (100)	3 (30)	1 (5)		2 (2)	137
3	5	Bubba Watson	2 (100)				1 (1)	101
4	4	Jason Day	1 (50)	2 (20)	3 (15)	4 (12)	2 (2)	99
5	6	Phil Mickelson	1 (50)	4 (40)	1 (5)		2 (2)	97
6	3	Adam Scott	1 (50)	1 (10)	4 (20)	3 (9)	6 (6)	95
7	17	Dustin Johnson	1 (50)	1 (10)	2 (10)	5 (15)	2 (2)	87
8=	7	Justin Rose	1 (50)	1 (10)	2 (10)	3 (9)	2 (2)	81
	20	Henrik Stenson	1 (50)	1 (10)	3 (15)	1 (3)	3 (3)	81
10	10	Zach Johnson	1 (50)			5 (15)	1 (1)	66
11	8	Jason Dufner	1 (50)		2 (10)	1 (3)	2 (2)	65
12	12	Ernie Els	1 (50)		1 (5)	2 (6)	1 (1)	62
13	—	Jimmy Walker	1 (50)			3 (9)		59
14	13	Martin Kaymer	1 (50)			1 (3)	3 (3)	56
15	—	Danny Willett	1 (50)			1 (3)	1 (1)	54
16	14	Webb Simpson	1 (50)				1 (1)	51
17	20	Jim Furyk		2 (20)	3 (15)		3 (3)	38
18	16	Rickie Fowler		2 (20)	2 (10)	1 (3)	2 (2)	35
19	18	Louis Oosthuizen		3 (30)			4 (4)	34
20	19	Lee Westwood		1 (10)	2 (10)	3 (9)	2 (2)	31
21	21	Sergio Garcia		1 (10)	2 (10)	2 (6)	3 (3)	29
22=	—	Branden Grace			4 (20)		2 (2)	22
	23	Matt Kuchar			2 (10)	3 (9)	3 (3)	22
	25	Marc Leishman		1 (10)	2 (10)		2 (2)	22
	23	Graeme McDowell		1 (10)	1 (5)	1 (3)	4 (4)	22
	—	Hideki Matsuyama			2 (10)	3 (9)	3 (3)	22
	25	Brandt Snedeker			1 (5)	4 (12)	5 (5)	22
28=	—	Brooks Koepka			3 (15)	1 (3)	3 (3)	21
	25	Ian Poulter			2 (10)	3 (9)	2 (2)	21
30	—	Steve Stricker			1 (5)	3 (9)	3 (3)	17

2014-2016 – The Last 3 Years

2016	2015	Player	Win	R/UP	3-5	6-10	11-20	TOTAL
1	1	Jordan Spieth	2 (100)	3 (30)	1 (5)		2 (2)	137
2	2	Rory McIlroy	2 (100)		2 (10)	3 (9)	1 (1)	120
3	3	Jason Day	1 (50)	1 (10)	2 (10)	3 (9)	2 (2)	81
4	13	Dustin Johnson	1 (50)	1 (10)	2 (10)	3 (9)	1 (1)	80
5	12	Henrik Stenson	1 (50)		2 (10)	1 (3)	2 (2)	65
6	—	Jimmy Walker	1 (50)			3 (9)		59
7	7	Zach Johnson	1 (50)			2 (6)	1 (1)	57
8	9	Martin Kaymer	1 (50)			1 (3)	2 (2)	55
9	—	Danny Willett	1 (50)			1 (3)		53
10	10	Bubba Watson	1 (50)					50
11	4	Phil Mickelson		3 (30)			2 (2)	32
12	11	Rickie Fowler		2 (20)	2 (10)		1 (1)	31
13	17	Sergio Garcia		1 (10)	2 (10)	1 (3)	2 (2)	25
14=	14	Louis Oosthuizen		2 (20)			3 (3)	23
	6	Justin Rose		1 (10)	1 (5)	2 (6)	2 (2)	23
16=	23	Branden Grace			4 (20)		1 (1)	21
	17	Brooks Koepka			3 (15)	1 (3)	3 (3)	21
18	5	Adam Scott			2 (10)	2 (6)	4 (4)	20
19=	15	Marc Leishman		1 (10)	1 (5)		1 (1)	16
	—	Shane Lowry		1 (10)		2 (6)		16
21	19	Hideki Matsuyama			2 (10)	1 (3)	2 (2)	15
22	21	Lee Westwood		1 (10)		1 (3)	1 (1)	14
23=	—	Paul Casey			1 (5)	2 (6)		11
	—	JB Holmes			2 (10)		1 (1)	11
24	21	Brandt Snedeker				3 (9)	2 (2)	11
27=	17	Jonas Blixt		1 (10)				10
	25	Erik Compton		1 (10)				10
	—	Scott Piercy		1 (10)				10
30=	—	Tyrrell Hatton			1 (5)	1 (3)		8
	—	Charl Schwartzel				2 (6)	2 (2)	8
	29	Steve Stricker			1 (5)	1 (3)		8
	—	Daniel Summerhays			1 (5)	1 (3)		8

Golf Majors Hall of Fame

Top 100 Players of All Time

1860-2016

Using the same points criteria as the last section, this is the latest update of the listing that attempts to acclaim the greatest golfers in history through points gathered in Major Championships.

Position 2016	2015	Player	Win 50 pts	R/UP 10 pts	3-5 5 pts	6-10 3 pts	11-20 1 pt	Total pts
1	1	Jack Nicklaus	18 (900)	19 (190)	19 (95)	17 (51)	11 (11)	1247
2	2	Tiger Woods	14 (700)	6 (60)	11 (55)	7 (21)	10 (10)	846
3	3	Walter Hagen	11 (550)	3 (30)	10 (50)	8 (24)	8 (8)	662
4	4	Gary Player	9 (450)	6 (60)	8 (40)	21 (63)	17 (17)	630
5	5	Tom Watson	8 (400)	8 (80)	9 (45)	21 (63)	18 (18)	606
6	6	Ben Hogan	9 (450)	6 (60)	7 (35)	17 (51)	6 (6)	602
7	7	Sam Snead	7 (350)	8 (80)	11 (55)	20 (60)	20 (20)	565
8	8	Arnold Palmer	7 (350)	10 (100)	9 (45)	12 (36)	16 (16)	547
9	9	Gene Sarazen	7 (350)	4 (40)	15 (75)	12 (36)	13 (13)	514
10	11	Phil Mickelson	5 (250)	11 (110)	11 (55)	11 (33)	10 (10)	458
11	10	Harry Vardon	7 (350)	6 (60)	5 (25)	5 (15)	3 (3)	453
12	12	Nick Faldo	6 (300)	3 (30)	10 (50)	7 (21)	18 (18)	419
13	13	Bobby Jones (a)	7 (350)	4 (40)	1 (5)	1 (3)	3 (3)	401
14	14	Lee Trevino	6 (300)	2 (20)	7 (35)	7 (21)	20 (20)	396
15	15	Byron Nelson	5 (250)	6 (60)	7 (35)	10 (30)	7 (7)	382
16=	16=	Ernie Els	4 (200)	6 (60)	13 (65)	12 (36)	12 (12)	373
	16=	JH Taylor	5 (250)	7 (70)	5 (25)	8 (24)	3 (3)	372
18	18	Ray Floyd	4 (200)	5 (50)	4 (20)	15 (45)	32 (32)	347
19	19	Seve Ballesteros	5 (250)	3 (30)	5 (25)	7 (21)	13 (13)	339
20	20	James Braid	5 (250)	4 (40)	6 (30)	4 (12)	3 (3)	335
21	21	Peter Thomson	5 (250)	3 (30)	4 (20)	8 (24)	4 (4)	328
22=	22=	Billy Casper	3 (150)	4 (40)	8 (40)	9 (27)	20 (20)	277
	22=	Greg Norman	2 (100)	8 (80)	10 (50)	10 (30)	17 (17)	277
24	24	Jim Barnes	4 (200)	3 (30)	3 (15)	7 (21)	8 (8)	274
25=	25=	Bobby Locke	4 (200)	2 (20)	6 (30)	6 (18)	5 (5)	273
	25=	Tom Morris, Sr	4 (200)	3 (30)	6 (30)	3 (9)	4 (4)	273
27	27	Willie Park, Sr	4 (200)	4 (40)	3 (15)	3 (9)	2 (2)	266
28	28	Julius Boros	3 (150)	1 (10)	13 (65)	5 (15)	13 (13)	253
29=	29=	Willie Anderson	4 (200)	1 (10)	6 (30)		3 (3)	243
	29=	Ben Crenshaw	2 (100)	5 (50)	9 (45)	11 (33)	15 (15)	243
	34	Rory McIlroy	4 (200)		5 (25)	5 (15)	3 (3)	243
	29=	Nick Price	3 (150)	2 (20)	7 (35)	9 (27)	11 (11)	243
	29=	Vijay Singh	3 (150)	1 (10)	5 (25)	14 (42)	16 (16)	243
34	33	Hale Irwin	3 (150)	1 (10)	7 (35)	9 (27)	16 (16)	238
35	34	Payne Stewart	3 (150)	4 (40)	3 (15)	8 (24)	6 (6)	235
36	35	Jimmy Demaret	3 (150)	1 (10)	9 (45)	5 (15)	8 (8)	228
37	36	Cary Middlecoff	3 (150)	4 (40)	2 (10)	6 (18)	9 (9)	227
38	38	Denny Shute	3 (150)	2 (20)	5 (25)	5 (15)	15 (15)	225
39	39	Tom Morris, Jr	4 (200)	1 (10)	2 (10)	1 (3)		223
40	40	Padraig Harrington	3 (150)		7 (35)	5 (15)	7 (7)	207
41=	41=	Henry Cotton	3 (150)		4 (20)	10 (30)	3 (3)	203
	41=	Ralph Guldahl	3 (150)	3 (30)	2 (10)	3 (9)	4 (4)	203
43	43	Tommy Armour	3 (150)	1 (10)	2 (10)	7 (21)	7 (7)	198
44	44	Tom Kite	1 (50)	4 (40)	11 (55)	11 (33)	17 (17)	195
45	45	Johnny Miller	2 (100)	4 (40)	3 (15)	8 (24)	9 (9)	188
46	46	Bernhard Langer	2 (100)	2 (20)	7 (35)	8 (24)	7 (7)	186
47	47	Craig Wood	2 (100)	5 (50)	3 (15)	5 (15)	4 (4)	184
48	55=	Jim Furyk	1 (50)	4 (40)	11 (55)	7 (21)	13 (13)	179
49=	48=	Leo Diegel	2 (100)	3 (30)	5 (25)	5 (15)	8 (8)	178
	48=	Larry Nelson	3 (150)		3 (15)	2 (6)	7 (7)	178

Position 2016	2015	Player	Win 50 pts	R/UP 10 pts	3-5 5 pts	6-10 3 pts	11-20 1 pt	Total pts
51=	51=	Jock Hutchison	2 (100)	3 (30)	4 (20)	7 (21)	3 (30)	174
52=	51=	Fred Couples	1 (50)	2 (20)	9 (45)	14 (42)	14 (14)	171
	53=	Retief Goosen	2 (100)	2 (20)	4 (20)	7 (21)	10 (10)	171
	51=	Lloyd Mangrum	1 (50)	4 (40)	10 (50)	9 (27)	4 (4)	171
55	53=	Jose Maria Olazabal	2 (100)	1 (10)	5 (25)	7 (21)	14 (14)	170
56=	55=	Ted Ray	2 (100)	2 (20)	6 (30)	4 (12)	7 (7)	169
57	57	Tom Weiskopf	1 (50)	5 (50)	6 (30)	9 (27)	10 (10)	167
58=	58=	Paul Runyan	2 (100)		5 (25)	11 (33)	8 (8)	166
	58=	Horton Smith	2 (100)		5 (25)	9 (27)	14 (14)	166
	58=	Hubert Green	2 (100)	1 (10)	5 (25)	7 (21)	9 (9)	165
	58=	Curtis Strange	2 (100)	2 (20)	4 (20)	4 (12)	13 (13)	165
62	62	Alex Smith	2 (100)	3 (30)	5 (25)	1 (3)	6 (6)	164
63	63	Sandy Herd	1 (50)	4 (40)	8 (40)	7 (21)	10 (10)	161
64	64	David Graham	2 (100)		3 (15)	12 (36)	9 (9)	160
65	65	Fuzzy Zoeller	2 (100)	1 (10)	2 (10)	8 (24)	15 (15)	159
66=	66=	Willie Park, Jr	2 (100)	1 (10)	5 (25)	4 (12)	11 (11)	158
	66=	Henry Picard	2 (100)		4 (20)	9 (27)	11 (11)	158
68	68	Gene Littler	1 (50)	3 (30)	6 (30)	10 (30)	12 (12)	152
69	69	Doug Ford	2 (100)	1 (10)	3 (15)	6 (18)	8 (8)	151
70	70	Davis Love III	1 (50)	3 (30)	4 (20)	13 (39)	10 (10)	149
71	71	Mark O'Meara	2 (100)		5 (25)	4 (12)	10 (10)	147
72	72	Jack Burke, Jr	2 (100)	1 (10)	1 (5)	8 (24)	7 (7)	146
73	73	Bob Martin	2 (100)	2 (20)	4 (20)	1 (3)	2 (2)	145
74=	74=	Angel Cabrera	2 (100)	1 (10)	1 (5)	6 (18)	7 (7)	140
	74=	Dave Stockton	2 (100)	2 (20)	1 (5)	3 (9)	6 (6)	140
	74=	Lanny Wadkins	1 (50)	3 (30)	7 (35)	7 (21)	14 (14)	140
77	77	Willie Fernie	1 (50)	4 (40)	4 (20)	9 (27)	2 (2)	139
78=	78	Don January	1 (50)	2 (20)	5 (25)	8 (24)	18 (18)	137
	79=	Jordan Spieth	2 (100)	2 (20)	1 (5)		1 (1)	137
80	83	Zach Johnson	2 (100)		1 (5)	5 (15)	4 (4)	128
81	79=	Harold Hilton (a)	2 (100)		3 (15)	3 (9)	2 (2)	126
82=	81=	Roberto de Vicenzo	1 (50)	2 (20)	6 (30)	6 (18)	7 (7)	125
	81=	Tony Jacklin	2 (100)		4 (20)		5 (5)	125
	84	Adam Scott	1 (50)	2 (20)	5 (25)	7 (21)	9 (9)	125
85	—	Jason Day	1 (50)	4 (40)	3 (15)	5 (15)	2 (2)	122
86	85	John McDermott	2 (100)	1 (10)	1 (5)	2 (6)		121
87	86	Bob Charles	1 (50)	3 (30)	3 (15)	3 (9)	16 (16)	120
88	87	Sandy Lyle	2 (100)			2 (6)	13 (13)	119
89=	88=	Olin Dutra	2 (100)		1 (5)	3 (9)	4 (4)	118
	100	Sergio Garcia		4 (40)	8 (40)	10 (30)	8 (8)	118
	88=	Bubba Watson	2 (100)	1 (10)	1 (5)		3 (3)	118
92=	90=	Lee Janzen	2 (100)		1 (5)	2 (6)	6 (6)	117
	90=	Justin Leonard	1 (50)	3 (30)	2 (10)	5 (15)	12 (12)	117
	90=	Andy North	2 (100)		1 (5)	2 (6)	6 (6)	117
95	94	Martin Kaymer	2 (100)			4 (12)	4 (4)	116
96	93	Al Geiberger	1 (50)	2 (20)	3 (15)	5 (15)	14 (14)	114
97=	95=	George Duncan	1 (50)	2 (20)	3 (15)	8 (24)	3 (3)	112
	95=	Jim Ferrier	1 (50)	2 (20)	5 (25)	4 (12)	5 (5)	112
	95=	Jerry Pate	1 (50)	2 (20)	5 (25)	3 (9)	8 (8)	112
100	98	David Duval	1 (50)	3 (30)	1 (5)	6 (18)	8 (8)	111

The Records

THE MAJOR CHAMPIONSHIPS
Records

GENERAL RECORDS

Most Wins; Winners of All Four Majors; Winners of Three Different Majors; Most Wins in Individual Majors; Multiple Wins in the Same Year; 'Doubles' in Majors; Best Consecutive Winning Streaks; Best Winning Streaks (Same Major); Best Winning Streaks (All Majors); Chronology of Wire-to-Wire Winners; Most Wire-to-Wire Wins; Single-Time Major Champions; Chronology of Play-Offs; Players' Records in Play-Offs; Majors Venues and Multiple Champions; Nationality/State of all Winners Most Runners- Ups; Most Top 5 Finishes; Most Top 10 Finishes; Most Top 20 Finishes; 'Best' Losers; Spans between First & Last Wins; Longest Gaps between Two Wins; Youngest Champions; Oldest Champions; Youngest Multiple Winners of Different Majors; Youngest Runners-Up; Oldest Runners-Up

SCORING RECORDS

Largest Winning Margins; Chronology of Low Scoring: 72 holes; Lowest Winning Totals against Par; Lowest 72-hole Totals; Chronology of Low Scoring: 18 Holes; Low Score: Any Round; Low Scores: Round One; Low Scores: Round Two; Low Scores: Round Three; Low Scores: Round Four; Low Scores: First 36 Holes; Low Scores: Middle 36 Holes; Low Scores: Last 36 Holes; Low Scores: First 54 Holes; Low Scores: Last 54 Holes; Largest Leads; Greatest Comebacks; Chronology of Sub-70 Rounds; Highest 72-hole Totals; Highest Scores: Rounds; Highest Winning Totals against Par

MAJORS VENUES

Multiple Host Venues; Future Venues; Longest Courses; Shortest Courses

■ MOST WINS (MULTIPLE MAJORS WINNERS)

18	Jack Nicklaus	(BOP 3; USO 4; PGA 5; MAS 6)		Hale Irwin	(USO 3)
14	Tiger Woods	(BOP 3; USO 3; PGA 4; MAS 4)		Payne Stewart	(USO 2; PGA 1)
11	Walter Hagen	(BOP 4; USO 2; PGA 5)		Vijay Singh	(PGA 2; MAS 1)
9	Ben Hogan	(BOP 1; USO 4; PGA 2; MAS 2)		Padraig Harrington	(BOP 2; PGA
	Gary Player	(BOP 3; USO 1; PGA 2; MAS 3)	2	Bob Martin	(BOP 2)
8	Tom Watson	(BOP 5; USO 1; MAS 2)		Willie Park Jr	(BOP 2)
7	Harry Vardon	(BOP 6; USO 1)		Harold Hilton (a)	(BOP 2)
	Gene Sarazen	(BOP 1; USO 2; PGA 3; MAS 1)		Alex Smith	(USO 2)
	Bobby Jones (a)	(BOP 3; USO 4)		John McDermott	(USO 2)
	Sam Snead	(BOP 1; PGA 3; MAS 3)		Ted Ray	(BOP 1; USO 1)
	Arnold Palmer	(BOP 2; USO 1; MAS 4)		Jock Hutchison	(BOP 1; PGA 1)
6	Lee Trevino	(BOP 2; USO 2; PGA 2)		Leo Diegel	(PGA 2)
	Nick Faldo	(BOP 3; MAS 3)		Horton Smith	(MAS 2)
5	James Braid	(BOP 5)		Paul Runyan	(PGA 2)
	JH Taylor	(BOP 5)		Henry Picard	(PGA 1; MAS 1)
	Byron Nelson	(USO 1; PGA 2; MAS 2)		Craig Wood	(USO 1; MAS 1)
	Peter Thomson	(BOP 5)		Jack Burke Jr	(PGA 1; MAS 1)
	Seve Ballesteros	(BOP 3; MAS 2)		Doug Ford	(PGA 1; MAS 1)
	Phil Mickelson	(BOP 1; PGA 1; MAS 3)		Tony Jacklin	(BOP 1; USO 1)
4	Willie Park Sr	(BOP 4)		Johnny Miller	(BOP 1; USO 1)
	Tom Morris Sr	(BOP 4)		Dave Stockton	(PGA 2)
	Tom Morris Jr	(BOP 4)		David Graham	(USO 1; PGA 1)
	Willie Anderson Jr	(USO 4)		Fuzzy Zoeller	(USO 1; MAS 1)
	Jim Barnes	(BOP 1; USO 1: PGA 2)		Sandy Lyle	(BOP 1; MAS 1)
	Bobby Locke	(BOP 4)		Curtis Strange	(USO 2)
	Ray Floyd	(USO 1; PGA 2; MAS 1)		Bernhard Langer	(MAS 2)
	Ernie Els	(BOP 2; USO 2)		Andy North	(USO 2)
	Rory McIlroy	(BOP 1; USO 1; PGA 2)		Ben Crenshaw	(MAS 2)
3	Jamie Anderson	(BOP 3)		Lee Janzen	(USO 2)
	Bob Ferguson	(BOP 3)		Greg Norman	(BOP 2)
	Tommy Armour	(BOP 1; USO 1; PGA 1)		John Daly	(BOP 1; PGA 1)
	Denny Shute	(BOP 1; PGA 2)		Mark O'Meara	(BOP 1; MAS 1)
	Ralph Guldahl	(USO 2: MAS 1)		Jose Maria Olazabal	(MAS 2)
	Henry Cotton	(BOP 3)		Retief Goosen	(USO 2)
	Jimmy Demaret	(MAS 3)		Angel Cabrera	(USO 1; MAS 1)
	Cary Middlecoff	(USO 2; MAS 1)		Bubba Watson	(MAS 2)
	Julius Boros	(USO 2; PGA 1)		Martin Kaymer	(USO 1; PGA 1)
	Billy Casper	(USO 2; MAS 1)		Jordan Spieth	(USO 1; MAS 1)
	Larry Nelson	(USO 1; PGA 2)		Zach Johnson	(BOP 1; MAS 1)
	Nick Price	(BOP 1; PGA 2)			

■ WINNERS OF ALL FOUR MAJORS

Only five players in all history appear on this list, which is again in chronological order. Bobby Jones did collect the pre-WWII 'Grand Slam' of the Amateur and professional Championships of both Britain and the US in 1930; and his particular 'career Slam' at the same time (he only won the British Amateur once), over an eight-year period interrupted by studying and business distractions between 1923 and 1930. Gene Sarazen was the first to collect all four Majors as we know the term today, ie those open to professionals. His effort was achieved through flurries of wins at the beginning of the 1920s and 30s, with nothing in between – but, of course, without the Masters coming on stream until 1934. Ben Hogan missed the entire 1949 season owing to a much-reported car accident. As Jack Nicklaus and Tiger Woods performed the feat on multiple occasions, their subsequent Slams are highlighted by italics. (Although both have won each Major at least three times, Jack actually achieved three stand-alone Slam cycles; Tiger has only two to date.) The number of events shown is the total number potentially playable between players' first and last wins through each span of years.

Gene Sarazen	14 y (1922-35 over 40 events)		Jack Nicklaus	6 y (1967-72 over 20 events)	
Ben Hogan	8 y (1946-53 over 28 events)		Jack Nicklaus	8 y (1972-78 over 26 events)	
Gary Player	7 y (1959-65 over 24 events)		Tiger Woods	4 y (1997-2000 over 15 events)	
Jack Nicklaus	5 y (1962-66 over 18 events)		Tiger Woods	6 y (2000-05 over 20 events)	

■ WINNERS OF THREE DIFFERENT MAJORS

This table shows just 11 players who have achieved three out of the Big Four and which one they haven't won. Hagen, Barnes and Armour all had excuses, being slightly past it by the time the Masters came along. Hagen's pre-Masters dominance may have realized 11 victories in Majors, but he only actually achieved the 'professional Slam' available to him at the time on one occasion – failing to win the US Open again after 1919, just as he was about to begin collecting the British and PGA titles for fun. He was also sidetracked by WWI. Byron Nelson effectively retired at his prime, aged 34, in 1946; and Sam Snead went to war for three years after his initial Majors success in the 1942 PGA Championship. However, under the rules of this list, Sammy, theoretically, 'missed' two Majors while away fighting so these are included in his listing's 'events' figure. With Rory McIlroy's success in the 2014 Open, he joined Jack Nicklaus and Tiger Woods as the only players by the age of 25 to have captured three different Major titles.

Walter Hagen (no MAS)	9 y (1914-22 over 13 events)	Lee Trevino (no MAS)	7 y (1968-74 over 27 events)
Jim Barnes (no MAS)	10 y (1916-25 over 20 events)	Tom Watson (no PGA)	8 y (1975-82 over 28 events)
Tommy Armour (no MAS)	5 y (1927-31 over 13 events)	Ray Floyd (no BOP)	18 y (1969-86 over 67 events)
Byron Nelson (no BOP)	6 y (1937-40 over 15 events)	Phil Mickelson (no USO)	24 y (1990-2013 over 84 events)
Sam Snead (no USO)	8 y (1942-49 over 16 events)	Rory McIlroy (no MAS)	4 y (2011-14 over 14 events)
Arnold Palmer (no PGA)	4 y (1958-61 over 15 events)		

■ MOST WINS IN INDIVIDUAL MAJORS

No Championship was played for in 1871, which thwarted Tommy Morris' attempt to claim five Opens – and all in a row. No player ever did win the PGA Championship in both matchplay (MP) and Strokeplay (SP) formats.

The Open Championship
- 6 Harry Vardon (1896, 1898, 1899, 1903, 1911, 1914)
- 5 James Braid (1901, 1905, 1906, 1908,1910)
     JH Taylor (1894, 1895, 1900, 1909, 1913)
     Peter Thomson (1954, 1955, 1956, 1958, 1965)
     Tom Watson (1975, 1977, 1980, 1982, 1983)
- 4 Walter Hagen (1922, 1924, 1928, 1929)
     Bobby Locke (1949, 1950, 1952, 1957)
     Tom Morris Jr (1868, 1869, 1870, 1872)
     Tom Morris Sr (1861, 1862, 1864, 1867)
     Willie Park Sr (1860, 1863, 1866, 1875)
- 3 Jamie Anderson (1877, 1878, 1879)
     Bob Ferguson (1880, 1881, 1882)
     Bobby Jones (1926, 1927, 1930)
     Henry Cotton (1934, 1937, 1948)
     Gary Player (1959, 1968, 1974)
     Jack Nicklaus (1966, 1970, 1978)
     Seve Ballesteros (1979, 1984, 1988)
     Nick Faldo (1987, 1990, 1992)
     Tiger Woods (2000, 2005, 2006)

The US Open
- 4 Willie Anderson (1901, 1903, 1904, 1905)
     Bobby Jones (1923, 1926, 1929, 1930)
     Ben Hogan (1948, 1950, 1951, 1953)
     Jack Nicklaus (1962, 1967, 1972, 1980)
- 3 Hale Irwin (1974, 1979, 1990)
     Tiger Woods (2000, 2002, 2008)

The PGA Championship
- 5 Walter Hagen (1921, 1924, 1925, 1926, 1927 - all MP)
     Jack Nicklaus (1963, 1971, 1973, 1975, 1980 - all SP)
- 4 Tiger Woods (1999, 2000, 2006, 2007 - all SP)
- 3 Gene Sarazen (1922, 1923, 1933 - all MP)
     Sam Snead (1942, 1949, 1951 - all MP)

The Masters Tournament
- 6 Jack Nicklaus (1963, 1965, 1966, 1972, 1975, 1986)
- 4 Arnold Palmer (1958, 1960, 1962, 1964)
     Tiger Woods (1997, 2001, 2002, 2005)
- 3 Jimmy Demaret (1940, 1947, 1950)
     Sam Snead (1949, 1952, 1954)
     Gary Player (1961, 1974, 1978)
     Nick Faldo (1989, 1990, 1996)
     Phil Mickelson (2004, 2006, 2010)

■ MULTIPLE WINS IN THE SAME YEAR

Jack Nicklaus may head this list, achieving the feat of lifting two Majors in a season on five occasions; but only Ben Hogan (1953) and Tiger Woods (2000) have won three, and in each case the triple was back-to-back. All back-to-back wins are asterisked.

5 times	Jack Nicklaus	1963 (MAS, PGA)		Arnold Palmer	1960 (MAS, USO)*
		1966 (MAS, BOP)			1962 (MAS, BOP)
		1972 (MAS, USO)*		Tom Watson	1977 (MAS, BOP)
		1975 (MAS, PGA)			1982 (USO, BOP)*
		1980 (USO, PGA)	1	Walter Hagen	1924 (BOP, PGA)*
4	Tiger Woods	2000 (USO, BOP, PGA)*		Craig Wood	1941 (MAS, USO)*
		2002 (MAS, USO)*		Sam Snead	1949 (MAS, PGA)*
		2005 (MAS, BOP)		Jack Burke, Jr	1956 (MAS, PGA)
		2006 (BOP, PGA)*		Lee Trevino	1971 (USO, BOP)*
3	Ben Hogan	1948 (PGA, USO)*		Gary Player	1974 (MAS, BOP)
		1951 (MAS, USO)*		Nick Faldo	1990 (MAS, BOP)
		1953 (MAS, USO, BOP)*		Nick Price	1994 (BOP, PGA)*
2	Gene Sarazen	1922 (USO, PGA)*		Mark O'Meara	1998 (MAS, BOP)
		1932 (USO, BOP)*		Padraig Harrington	2008 (BOP, PGA)*
	Bobby Jones	1926 (USO, BOP)*		Rory McIlroy	2014 (BOP, PGA)*
		1930 (USO, BOP)*		Jordan Spieth	2015 (MAS, USO)*

'DOUBLES' IN MAJORS

Which is the hardest 'double' to win in any one year? The US Open and PGA Championship have often followed consecutively over similarly laid-out courses, so it is perhaps surprising that this double has only been achieved four times since 1916. The Masters and PGA Championship pairing has proved equally difficult for players since the former's introduction in 1934, and that is perhaps easier to understand. For most of that time they've appeared at opposite ends of the Majors calendar, which means in order to win both in the same year, a player has to hold supreme form over a four-month period, or else 'peak' twice. This double, too, has been achieved just four times, half of these by Jack Nicklaus. No one has managed doubles involving all four titles. As one would expect, Jack Nicklaus and Tiger Woods have achieved most combinations; Nicklaus has missed out on the BOP-PGA double, and Woods, so far, the PGA-MAS.

British Open/US Open Double in the Same Year
Bobby Jones (2)	1926, 1930
Gene Sarazen	1932
Ben Hogan	1953
Lee Trevino	1971
Tom Watson	1982
Tiger Woods	2000

British Open/Masters Double in the Same Year
Ben Hogan	1953
Arnold Palmer	1962
Jack Nicklaus	1966
Gary Player	1974
Tom Watson	1977
Nick Faldo	1990
Mark O'Meara	1998
Tiger Woods	2005

British Open/PGA Double in the Same Year
Tiger Woods (2)	2000, 2006
Walter Hagen	1924
Nick Price	1994
Padraig Harrington	2008
Rory McIlroy	2014

US Open/Masters Double in the Same Year
Ben Hogan (2)	1951, 1953
Craig Wood	1941
Arnold Palmer	1960
Jack Nicklaus	1972
Tiger Woods	2002
Jordan Spieth	2015

US Open/PGA Double in the Same Year
Gene Sarazen	1922
Ben Hogan	1948
Jack Nicklaus	1980
Tiger Woods	2000

PGA/Masters Double in the Same Year
Jack Nicklaus (2)	1963, 1975
Sam Snead	1949
Jack Burke, Jr	1956

BEST WINNING STREAKS

Jack Nicklaus, although he had a wonderful win ratio in Majors, perhaps surprisingly only ever strung two Major successes together on one occasion. Ben Hogan and Tiger Woods, on the other hand, liked to bunch their Major triumphs together rather more. Tommy Morris' four-timer was rudely interrupted by the 1871 Open Championship no-show, and Hogan, not that he would have played both events in reality, was denied the chance of winning the Grand Slam in 1953 because of the ludicrous scheduling of the The Open and PGA Championships.

4	Tom Morris, Jr	**BOP** 1868, 1869, 1870, 1872
	Tiger Woods	**USO** 2000, **BOP** 2000, **PGA** 2000, **MAS** 2001
3	Jamie Anderson	**BOP** 1877, 1878, 1879
	Bob Ferguson	**BOP** 1880, 1881, 1882
	Ben Hogan	**MAS** 1953, **USO** 1953, **BOP** 1953

BEST WINNING STREAKS (SAME MAJOR)

In this list, we have to allow for the fact that Young Tom didn't win in 1871 through no fault of his own. It's pretty certain, if there had been a Championship that year, who the winner would have been. Jim Barnes' run was interrupted for two years by an inconvenient war. No one has won the same Major three times in more than half a century. Tiger Woods has succeeded in the same Major back-to-back more than any other player (although mention must be made of Walter Hagen's four-timer in the PGA Championship during the 1920s, and then the Open in 1929 – see the next list). In 2000 Woods was the first player in 63 years to achieve the vaunted PGA back-to-back double; he did it again in 2007 for good measure. Repeat performers in italics.

The Open Championship
4	Tom Morris, Jr	BOP 1868, 1869, 1870, 1872
3	Jamie Anderson	BOP 1877, 1878, 1879
	Bob Ferguson	BOP 1880, 1881, 1882
	Peter Thomson	BOP 1954, 1955, 1956
2	Tom Morris, Sr	BOP 1861, 1862
	JH Taylor	BOP 1894, 1895
	Harry Vardon	BOP 1898, 1899
	James Braid	BOP 1905, 1906
	Bobby Jones	BOP 1926, 1927
	Walter Hagen	BOP 1928, 1929
	Bobby Locke	BOP 1949, 1950
	Arnold Palmer	BOP 1961, 1962
	Lee Trevino	BOP 1971, 1972
	Tom Watson	BOP 1982, 1983
	Tiger Woods	BOP 2005, 2006
	Padraig Harrington	BOP 2007, 2008

The US Open
3	Willie Anderson	USO 1903, 1904, 1905
2	John McDermott	USO 1911, 1912
	Bobby Jones	USO 1929, 1930
	Ralph Guldahl	USO 1937, 1938
	Ben Hogan	USO 1950, 1951
	Curtis Strange	USO 1988, 1989

The PGA Championship
4	Walter Hagen	PGA 1924, 1925, 1926, 1927
2	Jim Barnes	PGA 1916, 1919
	Gene Sarazen	PGA 1922, 1923
	Leo Diegel	PGA 1928, 1929
	Denny Shute	PGA 1936, 1937
	Tiger Woods	PGA 1999, 2000
	Tiger Woods	PGA 2006, 2007

The Masters Tournament
2	Jack Nicklaus	MAS 1965, 1966
	Nick Faldo	MAS 1989, 1990
	Tiger Woods	MAS 2001, 2002

MOST CONSECUTIVE WINNING YEARS (ALL MAJORS)

Hagen's six-year stretch produced seven victories; the same number as in Woods' first four-year run. Again, Tom Morris, Jr was denied a five-year streak. Repeat performers in italics.

6 years Walter Hagen (1924-29)
        1924 **BOP**, **PGA**; 1925 **PGA**;
        1926 **PGA**; 1927 **PGA**; 1928 **BOP**;
        1929 **BOP**

4 Tom Morris, Jr (1868-72)
   All **BOP**
  Jack Nicklaus (1970-73)
        1970 **BOP**; 1971 **PGA**; 1972 **MAS**,
        USO; 1973 **PGA**

Tom Watson (1980-83)
        1980 **BOP**; 1981 **MAS**; 1982 **USO**, **BOP**;
        1983 **BOP**
Tiger Woods (1999-2002)
        1999 **PGA**; 2000 **USO**, **BOP**, **PGA**;
        2001 **MAS**; 2002 **MAS**, **USO**
Tiger Woods (2005-08)
        2005 **MAS**, **BOP**; 2006 **BOP**, **PGA**;
        2007 **PGA**; 2008 **USO**

WIRE-TO-WIRE WINNERS (CHRONOLOGY)

It is not always possible, especially when considering the dubious detail of many of the events back in the 19th century, to prove whether a golfer has led from start to finish – ie, every step of the way, hole-after-hole, from one to 72, in any Major. So 'wire-to-wire' in this instance highlights winners who led, or shared part of the lead, after each round – which is often the accepted 'wire-to-wire' understanding anyway. Harry Vardon's effort in the 1899 Open is generally recognized as being the first wire-to-wire win in the modern-day 72-hole strokeplay format. Until then, the Open Championship (before 1892) and the first two years of the US Open, were played over 3 x 12 holes (Prestwick), 2 x 18 holes (St Andrews & Chicago GC) or 4 x nine holes (Musselburgh & Newport GC). During those dim distant days, Bob Ferguson went three consecutive Opens without being headed. Winners after a play-off are asterisked, repeat performers in italics.

1860	Willie Park Sr	BOP, Prestwick	1958	Tommy Bolt	USO, Southern Hills
1862	Tom Morris Sr	BOP, Prestwick	1960	Arnold Palmer	MAS, Augusta National
1866	Willie Park Sr	BOP, Prestwick	1964	Arnold Palmer	MAS, Augusta National
1869	Tom Morris, Jr	BOP, Prestwick		Bobby Nichols	PGA, Columbus CC
1870	Tom Morris Jr	BOP, Prestwick	1969	Ray Floyd	PGA, NCR CC
1873	Tom Kidd	BOP, St Andrews	1970	Tony Jacklin	USO, Hazeltine National
1874	Mungo Park	BOP, Musselburgh	1971	Jack Nicklaus	PGA, PGA National (1)
1876	Bob Martin	BOP, St Andrews		Lee Trevino	BOP, Royal Birkdale
1879	Jamie Anderson	BOP, St Andrews	1972	Jack Nicklaus	MAS, Augusta National
1880	Bob Ferguson	BOP, Musselburgh		Jack Nicklaus	USO, Pebble Beach
1881	Bob Ferguson	BOP, Prestwick	1973	Tom Weiskopf	BOP, Troon
1882	Bob Ferguson	BOP, St Andrews	1974	Gary Player	BOP, Royal Lytham
1883	Willie Fernie*	BOP, Musselburgh	1976	Ray Floyd	MAS, Augusta National
1884	Jack Simpson	BOP, Prestwick	1977	Hubert Green	USO, Southern Hills
1891	Hugh Kirkaldy	BOP, St Andrews	1980	Seve Ballesteros	MAS, Augusta National
1899	Harry Vardon	BOP, St George's		Jack Nicklaus	USO, Baltusrol
1900	JH Taylor	BOP, St Andrews	1982	Ray Floyd	PGA, Southern Hills
1903	Willie Anderson*	USO, Baltusrol	1983	Hal Sutton	PGA, Riviera CC
	Harry Vardon	BOP, Prestwick	1991	Payne Stewart*	USO, Hazeltine National
1906	Alex Smith	USO, Onwentsia	1994	Nick Price	PGA, Southern Hills
1912	Ted Ray	BOP, Muirfield	2000	Tiger Woods	USO, Pebble Beach
1914	Walter Hagen	USO, Midlothian		Tiger Woods*	PGA, Valhalla
1916	Charles Evans Jr	USO, Minikahda Club	2001	Retief Goosen*	USO, Southern Hills
1921	Jim Barnes	USO, Columbia CC	2002	Tiger Woods	USO, Bethpage State Park
1927	Bobby Jones	BOP, St Andrews	2005	Tiger Woods	BOP, St Andrews
1932	Gene Sarazen	BOP, Prince's		Phil Mickelson	PGA, Baltusrol
1934	Horton Smith	MAS, Augusta National	2008	Trevor Immelman	MAS, Augusta National
	Henry Cotton	BOP, Royal St George's	2011	Rory McIlroy	USO, Congressional
1941	Craig Wood	MAS, Augusta National	2014	Martin Kaymer	USO, Pinehurst
1946	Herm Keiser	MAS, Augusta National		*Rory McIlroy*	BOP, Royal Liverpool
1947	Jimmy Demaret	MAS, Augusta National	2015	Jordan Spieth	MAS, Augusta National
1953	Ben Hogan	USO, Oakmont	2016	Jimmy Walker	PGA, Baltusrol

MOST WIRE-TO-WIRE WINS

Almost all the greatest golfers have won a Major by leading from beginning to end – Jack Nicklaus and Tiger Woods inevitably share the spoils here, topping the pile with four such victories. Three of Ray Floyd's four Major titles were achieved after leading all the way. Southern Hills, in five of the seven occasions it has hosted a Major, produced a wire-to-wire winner. There must be something in the Oklahoman air. Winners after a play-off are asterisked, repeat performers in italics.

All Majors
4 Jack Nicklaus (USO 2; PGA 1; MAS 1)
   Tiger Woods (BOP 1; USO 2; PGA 1)
3 Bob Ferguson (BOP 3)
   Ray Floyd (PGA 2; MAS 1)
2 Willie Park, Sr (BOP 2)
   Harry Vardon (BOP 2)
   Arnold Palmer (MAS 2)
   Rory McIlroy (USO 1; BOP 1)

The Open Championship
3 Bob Ferguson (1880,1881,1882)

2 Willie Park, Sr (1860,1866)
   Harry Vardon (1899,1903)

The US Open
2 Jack Nicklaus (1972,1980)
   Tiger Woods (2000,2002)

The PGA Championship
2 Ray Floyd (1969,1981)

The Masters Tournament
2 Arnold Palmer (1960,1964)

SINGLE-TIME MAJOR CHAMPIONS

Often may we ask the question, 'Which Major is the easiest to win and which is the hardest'? But should we be really asking, 'Which Major is the hardest to win again'? Based on the following list, it clearly shows the answer to the first may be also the answer to the last. The PGA Championship has more single-time Champions than the other Majors so it must be easier to win; however, if that is the case, why don't these singletons win again? To help you answer this conundrum, consider the facts. In 98 PGA Championships, there have been 50 Champions (over 50%) who never again lifted the Wanamaker Trophy; 36 of them would never win any Major again. This latter figure represents a 36.8% of non-repeat winners; or, put another way, a maiden PGA Champion who doesn't win any Major again comes around every 2.7 years – which is pretty frequently (and even more so from 1958 onwards). Below is how all the Majors compare (figures are given for all years, and for those since the PGA became strokeplay); and these stats are followed by the complete chronological list of the one-timers themselves.

MAS All Years: 17 in 80/21.3%/every 4.7 years
Since 1958: 15 in 59/25.5%/every 3.9 years
USO All Years: 43 in 116/37.1%/every 2.7 years
Since 1958: 18 in 59/30.5%/every 3.3 years
BOP All Years: 39 in 145/26.9%/every 3.7 years
Since 1958: 18 in 59/30.5%/every 3.3 years
PGA All Years: 36 in 98/36.8%/every 2.7 years
Since 1958: 26 in 59/44.1%/every 2.3 years

1865 BOP: Andrew Strath
1873 BOP: Tom Kidd
1874 BOP: Mungo Park, Sr
1883 BOP: Willie Fernie
1884 BOP: Jack Simpson
1886 BOP: David Brown
1888 BOP: Jack Burns
1890 BOP: John Ball, Jr (a)
1891 BOP: Hugh Kirkaldy
1893 BOP: Willie Auchterlonie
1895 USO: Horace Rawlins
1896 USO: Jim Foulis
1897 USO: Joe Lloyd
1898 USO: Fred Herd
1899 USO: Willie Smith
1902 BOP: Sandy Herd; USO: Laurie Auchterlonie
1904 BOP: Jack White
1907 BOP: Arnaud Massy; USO: Alex Ross
1908 USO: Fred McLeod
1909 USO: George Sargent
1913 USO: Francis Ouimet (a)
1915 USO: Jerome Travers (a)
1916 USO: Charles Evans, Jr (a)
1920 BOP: George Duncan
1923 BOP: Arthur Havers
1924 USO: Cyril Walker
1925 USO: Willie MacFarlane
1928 USO: Johnny Farrell
1931 USO: Billy Burke; PGA: Tom Creavy
1933 USO: Johnny Goodman (a)
1935 USO: Sam Parks, Jr; BOP: Alf Perry; PGA: Johnny Revolta
1936 USO: Tony Manero; BOP: Alf Padgham
1938 BOP: Reg Whitcombe
1939 BOP: Dick Burton
1940 USO: Lawson Little
1941 PGA: Vic Ghezzi
1944 PGA: Bob Hamilton
1946 MAS: Herman Keiser; USO: Lloyd Mangrum
1947 USO: Lew Worsham; PGA: Jim Ferrier; BOP: Fred Daly
1948 MAS: Claude Harmon
1950 PGA: Chandler Harper
1951 BOP: Max Faulkner
1952 PGA: Jim Turnesa
1953 PGA: Walter Burkemo
1954 USO: Ed Furgol; PGA: Chick Harbert
1955 USO: Jack Fleck
1957 USO: Dick Mayer; PGA: Lionel Hebert
1958 USO: Tommy Bolt; PGA: Dow Finsterwald
1959 MAS: Art Wall; PGA: Bob Rosberg
1960 BOP: Kel Nagle; PGA: Jay Hebert
1961 USO: Gene Littler; PGA: Jerry Barber
1963 BOP: Bob Charles
1964 USO: Ken Venturi; BOP: Tony Lema; PGA: Bobby Nichols
1965 PGA: Dave Marr
1966 PGA: Al Geiberger
1967 MAS: Gay Brewer; BOP: Roberto de Vicenzo; PGA: Don January
1968 MAS: Bob Goalby
1969 MAS: George Archer; USO: Orville Moody
1971 MAS: Charles Coody
1973 MAS: Tommy Aaron; BOP: Tom Weiskopf
1975 USO: Lou Graham
1976 USO: Jerry Pate
1977 PGA: Lanny Wadkins
1978 PGA: John Mahaffey
1981 BOP: Bill Rogers
1982 MAS: Craig Stadler
1983 PGA: Hal Sutton
1986 PGA: Bob Tway
1987 MAS: Larry Mize; USO: Scott Simpson
1988 PGA: Jeff Sluman
1989 BOP: Mark Calcavecchia
1990 PGA: Wayne Grady
1991 MAS: Ian Woosnam; BOP: Ian Baker-Finch
1992 MAS: Fred Couples; USO: Tom Kite
1993 PGA: Paul Azinger
1995 USO: Corey Pavin; PGA: Steve Elkington
1996 USO: Steve Jones; BOP: Tom Lehman; PGA: Mark Brooks
1997 BOP: Justin Leonard; PGA: Davis Love III
1999 BOP: Paul Lawrie
2001 BOP: David Duval; PGA: David Toms
2002 PGA: Rich Beem
2003 MAS: Mike Weir; USO: Jim Furyk; BOP: Ben Curtis; PGA: Shaun Micheel
2004 BOP: Todd Hamilton
2005 USO: Michael Campbell
2006 USO: Geoff Ogilvy
2008 MAS: Trevor Immelman
2009 USO: Lucas Glover; BOP: Stewart Cink; PGA: Y-E Yang
2010 USO: Graeme McDowell; BOP: Louis Oosthuizen
2011 MAS: Charl Schwartzel; BOP: Darren Clarke; PGA: Keegan Bradley
2012 USO: Webb Simpson
2013 MAS: Adam Scott; USO: Justin Rose; PGA: Jason Dufner
2015 PGA: Jason Day
2016 MAS: Danny Willett; USO: Dustin Johnson; BOP: Henrik Stenson; PGA: Jimmy Walker

PLAY-OFFS (CHRONOLOGY)

Until 1957 the PGA Championship, as we know, was contested in matchplay format. The 'play-offs' in these cases are the extra holes added to the regulation number of holes played in the finals when both players were then all square. Out of 443 Major Championship events, almost 20% (87) have resulted in ties at the end of the regulation round, which is rather a high proportion of ties after several days of play. Of these, in the 39 PGA matchplay Championships (1916-1957), five went to extra holes in the Final. The Open Championship has provided 20 play-offs in the 139 events to date (a ratio of one play-off every seven years or so); the Masters, 14 out of 84 (one every six years); and the PGA an additional 14 in the 54 occasions (every four to five years) since strokeplay was introduced in 1958. The most play-offs by some margin, however, have been in the US Open, where overtime has been needed in no fewer than 33 of the 111 Championships – almost one year in three (although only two so far this century). Increasing pressure from spectators and the media has resulted, generally, in shortening the length of the play-off as years have gone by. Full play-offs of one, even two, rounds have been played on 'dead' Mondays, almost always with a sense of anti-climax, so the Majors' organizers have gradually adjusted their stances and listened to the people who matter. The Open, for instance has reduced its format from 36 holes to just four; the PGA Championship and Masters from 18 to three and sudden death, respectively. Now these Majors can come to a conclusion on Sundays, when the TV cameras and the fans are still there. Only the US Open has stuck to its original 18-hole template, despite calls from all quarters for the USGA to follow suit. Perhaps they will think differently soon. 's/d' = sudden death.

1876	BOP: Bob Martin* bt Davie Strath (36 holes)
1883	BOP: Willie Fernie bt Bob Ferguson (36 holes)
1889	BOP: Willie Park, Jr bt Andrew Kirkaldy (36 holes)
1896	BOP: Harry Vardon bt JH Taylor (36 holes)
1901	USO: Willie Anderson bt Alex Smith (18 holes)
1903	USO: Willie Anderson bt David Brown (18 holes)
1907	USO: Fred McLeod bt Willie Smith (18 holes)
1910	USO: Alex Smith bt John McDermott, Macdonald Smith (18 holes)
1911	USO: John McDermott bt Mike Brady, George Simpson (18 holes)
	BOP: Harry Vardon bt Arnaud Massy (36** holes)
1913	USO: Francis Ouimet bt Harry Vardon, Ted Ray (18 holes)
1919	USO: Walter Hagen bt Mike Brady (18 holes)
1921	BOP: Jock Hutchison bt Roger Wethered (a) (36 holes)
1923	USO: Bobby Jones (a) bt Bobby Cruickshank (18 holes)
	PGA: Gene Sarazen bt Walter Hagen (after 38 – 2 extra holes)
1925	USO: Willie McFarlane bt Bobby Jones (a) (36 holes x 2)
1927	USO: Tommy Armour bt Harry Cooper (18 holes)
1928	USO: Johnny Farrell bt Bobby Jones (a) (36 holes)
1929	USO: Bobby Jones (a) bt Al Espinosa (36 holes)
1931	USO: Billy Burke bt George Von Elm (36 holes x 2)
1933	BOP: Denny Shute bt Craig Wood (36 holes)
1934	PGA: Paul Runyan bt Craig Wood (after 38 – 2 extra holes)
1935	MAS: Gene Sarazen bt Craig Wood (36 holes)
1937	PGA: Denny Shute bt Harold McSpaden (after 37 – 1 extra hole)
1939	USO: Byron Nelson bt Craig Wood, Denny Shute*** (36 holes x 2)
	PGA: Henry Picard bt Byron Nelson (after 37 – 1 extra hole)
1940	USO: Lawson Little bt Gene Sarazen (18 holes)
1941	PGA: Vic Ghezzi bt Byron Nelson (after 38 – 2 extra holes)
1942	MAS: Byron Nelson bt Ben Hogan (18 holes)
1946	USO: Lloyd Mangrum bt Byron Nelson, Vic Ghezzi (18 holes x 2)
1947	USO: Lew Worsham bt Sam Snead (18 holes)
1949	BOP: Bobby Locke bt Harry Bradshaw (36 holes)
1950	USO: Ben Hogan bt Lloyd Mangrum, George Fazio (18 holes)
1954	MAS: Sam Snead bt Ben Hogan (18 holes)
1955	USO: Jack Fleck bt Ben Hogan (18 holes)
1957	USO: Dick Mayer bt Cary Middlecoff (18 holes)
1958	BOP: Peter Thomson bt Dave Thomas (36 holes)
1961	PGA: Jerry Barber bt Don January (18 holes)
1962	MAS: Arnold Palmer bt Gary Player, Dow Finsterwald (18 holes)
	USO: Jack Nicklaus bt Arnold Palmer (18 holes)
1963	USO: Julius Boros bt Jacky Cupit, Arnold Palmer (18 holes)
	BOP: Bob Charles bt Phil Rodgers (36 holes)
1965	USO: Gary Player bt Kel Nagle (18 holes)
1966	MAS: Jack Nicklaus bt Tommy Jacobs, Gay Brewer (18 holes)
	USO: Billy Casper bt Arnold Palmer (18 holes)
1967	PGA: Don January bt Don Massengale (18 holes)
1970	MAS: Billy Casper bt Gene Littler (18 holes)
	BOP: Jack Nicklaus bt Doug Sanders (18 holes)
1971	USO: Lee Trevino bt Jack Nicklaus (18 holes)
1975	USO: Lou Graham bt John Mahaffey (18 holes)
	BOP: Tom Watson bt Jack Newton (18 holes)
1977	PGA: Lanny Wadkins bt Gene Littler (s/d)
1978	PGA: John Mahaffey bt Jerry Pate, Tom Watson (s/d)
1979	MAS: Fuzzy Zoeller bt Ed Sneed, Tom Watson (s/d)
1979	PGA: David Graham bt Ben Crenshaw (s/d)
1982	MAS: Craig Stadler bt Dan Pohl (s/d)
1984	USO: Fuzzy Zoeller bt Greg Norman (18 holes)
1987	MAS: Larry Mize bt Greg Norman, Seve Ballesteros (s/d)
	PGA: Larry Nelson bt Lanny Wadkins (s/d)
1988	USO: Curtis Strange bt Nick Faldo (18 holes)
1989	MAS: Nick Faldo bt Scott Hoch (s/d)
	BOP: Mark Calcavecchia bt Wayne Grady, Greg Norman**** (4 holes)
1990	MAS: Nick Faldo bt Ray Floyd (s/d)
	USO: Hale Irwin bt Mike Donald (18 holes, then s/d)
1991	USO: Payne Stewart bt Scott Simpson (18 holes)
1993	PGA: Paul Azinger bt Greg Norman (s/d)
1994	USO: Ernie Els bt Loren Roberts, Colin Montgomerie*** (18 holes, then s/d)
1995	BOP: John Daly bt Costantino Rocca (4 holes)
	PGA: Steve Elkington bt Colin Montgomerie (s/d)
1996	PGA: Mark Brooks bt Kenny Perry (s/d)
1998	BOP: Mark O'Meara bt Brian Watts (4 holes)
1999	BOP: Paul Lawrie bt Justin Leonard, Jean Van de Velde (4 holes)
2000	PGA: Tiger Woods bt Bob May (3 holes)
2001	USO: Retief Goosen bt Mark Brooks (18 holes)
2002	BOP: Ernie Els bt Thomas Levet, Stuart Appleby***, Steve Elkington*** (4 holes, then s/d)
2003	MAS: Mike Weir bt Len Mattiace (s/d)
2004	BOP: Todd Hamilton bt Ernie Els (4 holes)
	PGA: Vijay Singh bt Chris DiMarco, Justin Leonard (3 holes)
2005	MAS: Tiger Woods bt Chris DiMarco (s/d)
2007	BOP: Padraig Harrington bt Sergio Garcia (4 holes)
2008	USO: Tiger Woods bt Rocco Mediate (18 holes, then s/d)
2009	MAS: Angel Cabrera bt Kenny Perry, Chad Campbell (s/d)
	BOP: Stewart Cink bt Tom Watson (4 holes)
2010	PGA: Martin Kaymer bt Bubba Watson (3 holes)
2011	PGA: Keegan Bradley bt Jason Dufner (3 holes)
2012	MAS: Bubba Watson bt Louis Oosthuizen (s/d)
2013	MAS: Adam Scott bt Angel Cabrera (s/d)
2015	BOP: Zach Johnson bt Marc Leishman, Louis Oosthuizen (4 holes)

* Martin walked over when Strath refused to play off
** Massy conceded after 35th play-off hole
*** Player(s) eliminated after first phase of play-off
**** Norman conceded on the 4th play-off hole

PLAYERS' RECORDS IN PLAY-OFFS

We know about Greg Norman's propensity to blow up at critical times during Major Championships, so it's hardly surprising he shares the most ignominious win-loss ratio in this list with Craig Wood. In addition, they are the only two players in history to lose out in all four Majors after a play-off. Wood succumbed in play-offs over three consecutive seasons in the early 1930s, which really was careless. It may be surprising to see that the group with a 1-3 profile is comprised of three all-time greats. One of these, Tom Watson, lost two play-offs in successive years, then had to wait another 30 years – easily the record span between any two play-offs featuring one player – to appear, again unsuccessfully, in another. Also from that group, Arnold Palmer in 1962 joined Byron Nelson (1939) in being the only players to have won and lost a Major after extra holes in the same year. Nelson also holds the record for most play-offs (including extra holes in match play PGAs) contested in Majors (five); and Palmer is alone in losing a play-off in the same Major three times. Tiger Woods' three play-off victories have been in three different Majors. He just has the Open Championship to win in extra holes to collect another kind of 'slam'. No one has won the PGA Championship outside of regulation play more than once. Only Nick Faldo and Ben Hogan have appeared in more than one Masters play-off – with diametrically opposite results. '**W**' = win; '**L**' = loss.

All Majors

3-0	Tiger Woods	**W** 2000 PGA; 2005 MAS; 2008 USO
3-1	Jack Nicklaus	**W** 1962 USO; 1966 MAS; 1970 BOP: **L** 1971 USO
2-0	Willie Anderson	**W** 1901 USO; 1903 USO
	Billy Casper	**W** 1966 USO; 1970 MAS
	Fuzzy Zoeller	**W** 1979 MAS; 1984 USO
2-1	Harry Vardon	**W** 1896 BOP; 1911 BOP: **L** 1913 USO
	Gene Sarazen	**W** 1923 PGA; MAS 1935: **L** 1940 USO
	Denny Shute	**W** 1933 BOP; 1937 PGA: **L** 1939 USO
	Nick Faldo	**W** 1990 MAS; 1990 MAS: **L** 1988 USO
	Ernie Els	**W** 1994 USO; 2002 BOP: **L** 2004 BOP
2-2	Bobby Jones	**W** 1923 USO, 1929 USO: **L** 1925 USO; 1928 USO
1-1	Alex Smith	**W** 1910 USO: **L** 1901 USO
	John McDermott	**W** 1911 USO: **L** 1910 USO
	Walter Hagen	**W** 1919 USO: **L** 1923 PGA
	Vic Ghezzi	**W** 1941 PGA: **L** 1946 USO
	Lloyd Mangrum	**W** 1946 USO: **L** 1950 USO
	Sam Snead	**W** 1954 MAS: **L** 1947 USO
	Gary Player	**W** 1965 USO: **L** 1962 MAS
	Don January	**W** 1967 PGA: **L** 1961 PGA
	John Mahaffey	**W** 1978 PGA: **L** 1975 USO
	Lanny Wadkins	**W** 1977 PGA: **L** 1987 PGA
	Mark Brooks	**W** 1996 PGA: **L** 2001 USO
	Steve Elkington	**W** 1995 PGA: **L** 2002 BOP
2-3	Byron Nelson	**W** 1939 USO; 1942 MAS: **L** 1939 PGA; 1941 PGA; 1946 USO
1-3	Ben Hogan	**W** 1950 USO; **L** 1942 MAS; 1954 MAS; 1955 USO
	Arnold Palmer	**W** 1962 MAS; **L** 1962 USO; 1963 USO; 1966 USO
	Tom Watson	**W** 1975 BOP; **L** 1978 PGA; 1979 USO; 2009 BOP
0-2	Mike Brady	**L** 1911 USO; 1919 USO
	Gene Littler	**L** 1970 PGA; 1977 PGA
	Colin Montgomerie	**L** 1994 USO; 1995 PGA
	Justin Leonard	**L** 1999 BOP; 2004 PGA
	Chris DiMarco	**L** 2004 PGA; 2005 MAS
	Kenny Perry	**L** 1996 PGA; 2009 MAS
0-4	Craig Wood	**L** 1933 BOP; 1934 PGA; 1935 MAS; 1939 USO
	Greg Norman	**L** 1984 USO; 1987 MAS; 1989 BOP; 1993 PGA

The Open Championship

2-0 Harry Vardon
1-0 Bob Martin, Willie Fernie, Willie Park, Jr, Jock Hutchison, Denny Shute, Bobby Locke, Peter Thomson, Bob Charles, Jack Nicklaus, Mark Calcavecchia, John Daly, Mark O'Meara, Paul Lawrie, Todd Hamilton, Padraig Harrington, Stewart Cink, Zach Johnson
1-1 Ernie Els, Tom Watson
0-1 Davie Strath, Bob Ferguson, Andrew Kirkaldy, JH Taylor, Arnaud Massy, Roger Wethered (a), Craig Wood, Harry Bradshaw, Dave Thomas, Phil Rodgers, Doug Sanders, Jack Newton, Wayne Grady, Greg Norman, Costantino Rocca, Brian Watts, Justin Leonard, Jean Van de Velde, Thomas Levet, Stuart Appleby, Steve Elkington, Sergio Garcia, Marc Leishman, Louis Oosthuizen

The US Open

2-0 Willie Anderson
1-0 Fred McLeod, Francis Ouimet, Walter Hagen, Willie MacFarlane, Tommy Armour, Johnny Farrell, Billy Burke, Lawson Little, Lew Worsham, Jack Fleck, Dick Mayer, Julius Boros, Gary Player, Billy Casper, Lee Trevino, Lou Graham, Fuzzy Zoeller, Curtis Strange, Hale Irwin, Payne Stewart, Ernie Els, Retief Goosen, Tiger Woods
2-2 Bobby Jones
1-1 Alex Smith, John McDermott, Byron Nelson, Lloyd Mangrum, Ben Hogan, Jack Nicklaus
0-1 David Brown, Willie Smith, Macdonald Smith, George Simpson, Harry Vardon, Ted Ray, Bobby Cruickshank, Harry Cooper, Al Espinosa, George Von Elm, Craig Wood, Denny Shute, Gene Sarazen, Vic Ghezzi, Sam Snead, George Fazio, Cary Middlecoff, Jacky Cupit, Kel Nagle, John Mahaffey, Greg Norman, Nick Faldo, Mike Donald, Scott Simpson, Loren Roberts, Colin Montgomerie, Mark Brooks, Rocco Mediate
0-2 Mike Brady
0-3 Arnold Palmer

The PGA Championship (Extra holes in Matchplay)

1-0 Gene Sarazen, Paul Runyan, Denny Shute, Henry Picard, Vic Ghezzi, Jerry Barber, John Mahaffey, David Graham, Larry Nelson, Paul Azinger, Steve Elkington, Mark Brooks, Tiger Woods, Vijay Singh, Martin Kaymer, Keegan Bradley
1-1 Don January, Lanny Wadkins
0-1 Walter Hagen, Craig Wood, Harold McSpaden, Don Massengale, Gene Littler, Jerry Pate, Tom Watson, Ben Crenshaw, Greg Norman, Colin Montgomerie, Kenny Perry, Bob May, Chris DiMarco, Justin Leonard, Bubba Watson, Jason Dufner
0-2 Byron Nelson

The Masters Tournament

2-0 Nick Faldo
1-0 Gene Sarazen, Byron Nelson, Sam Snead, Arnold Palmer, Jack Nicklaus, Billy Casper, Fuzzy Zoeller, Craig Stadler, Larry Mize, Mike Weir, Tiger Woods, Angel Cabrera, Bubba Watson
0-1 Craig Wood, Gary Player, Dow Finsterwald, Tommy Jacobs, Gay Brewer, Gene Littler, Ed Sneed, Tom Watson, Dan Pohl, Greg Norman, Seve Ballesteros, Scott Hoch, Ray Floyd, Len Mattiace, Chris DiMarco, Kenny Perry, Chad Campbell, Louis Oosthuizen
0-2 Ben Hogan

THE RECORDS

MAJORS VENUES & MULTIPLE CHAMPIONS

In the bad old days there was only Prestwick, so the Morrises and Willie Park, Sr cleaned up. Similarly, for those that have had a penchant for Augusta over the years, there have been Masters aplenty for the taking for those that return to the hallowed swards each year. This table indicates that, apart from these obvious entries, very few players have won a Major again when returning to the scene of their former glory. Reasons for this are various. Primarily, among the peripatetic Majors, the PGA has traditionally (although not so much these days) spread the Championship about a bit. In 1950, after 30 years and more of PGA Championships, Oakmont became the first repeat venue. It would be a difficult feat, even for Tom Watson, to duplicate victories over such an expanse of time. Even in the tightest of rosters, The Open Championship, with only a relative handful of courses to be visited, it's usually about a decade, St Andrews apart, before the competition returns to the same town. Nicklaus at Baltusrol, Peter Thomson at Birkdale and Seve at Lytham overcame such temporal adversity. In the cases of Bob Martin (the Old Course) and Harry Vardon at both Prestwick (between 1903 and 1914) and Sandwich, their wins were punctuated by at least one more visit of the Claret Jug to these courses in the interim. Despite both the USGA and PGA sharing a few common hosts in recent years, no player has ever won both the US Open and PGA Championship over the same course. Ergo, no one has ever won two different Majors held at the same venue. Tiger Woods won the PGA at Southern Hills in 2007: he also won the US Open in 2000 and 2002, but he couldn't win it when it was held at Southern Hills in between, in 2001. The list is in alphabetical order.

Augusta National
MAS
Jack Nicklaus (6)	1963, 1965, 1966, 1972, 1975, 1986
Arnold Palmer (4)	1958, 1960, 1962, 1964
Tiger Woods (4)	1997, 2001, 2002, 2005
Jimmy Demaret (3)	1940, 1947, 1950
Sam Snead (3)	1949, 1952, 1954
Gary Player (3)	1961, 1974, 1978
Nick Faldo (3)	1989, 1990, 1996
Phil Mickelson (3)	2004, 2006, 2010
Horton Smith (2)	1934, 1936
Byron Nelson (2)	1937, 1942
Ben Hogan (2)	1951, 1953
Tom Watson (2)	1977, 1981
Seve Ballesteros (2)	1980, 1983
Ben Crenshaw (2)	1984, 1995
Bernhard Langer (2)	1985, 1993
Jose Maria Olazabal (2)	1994, 1999
Bubba Watson (2)	2012, 2014

Baltusrol (Lower)
USO
Jack Nicklaus (2)	1967, 1980

Medinah (No 3)
PGA
Tiger Woods (2)	1999, 2006

Muirfield
BOP
James Braid (2)	1901, 1906
Nick Faldo (2)	1987, 1992

Myopia Hunt Club
USO
Willie Anderson (2)	1901, 1905

St Andrews (Old Course)
BOP
Bob Martin (2)	1876, 1885
JH Taylor (2)	1895, 1900
James Braid (2)	1905, 1910
Jack Nicklaus (2)	1970, 1978
Tiger Woods (2)	2000, 2005

Prestwick
BOP
Willie Park, Sr (4)	1860, 1863, 1867, 1875
Tom Morris, Sr (4)	1861, 1862, 1864, 1867
Tom Morris, Jr (4)	1868, 1869, 1870, 1872
Harry Vardon (3)	1898, 1903, 1914

Royal Birkdale
BOP
Peter Thomson (2)	1954, 1965

Royal Lytham & St Anne's
BOP
Seve Ballesteros (2)	1979, 1988

(Royal) St George's, Sandwich
BOP
Harry Vardon (2)	1899, 1911

MAJOR CHAMPIONS' COUNTRIES/STATES OF BIRTH

There have been 215 different Major Champions between 1860 and 2016, from Willie Park Sr in the first to Jimmy Walker in the last, and they appear with their countries of birth here alphabetically. In the case of the US, the state of birth is also listed. Despite much emigration around a century ago, from Britain particularly, there have been very few cases of players being born in one country seeking to retain the nationality of a another. The three which appear here are Sandy Lyle and Ian Woosnam, both born in the English county of Shropshire within a month of each other, Lyle to Scottish parents, Woosie to Welsh; and more complex, Nick Price, born in South Africa of Anglo-Welsh parents, but claiming Zimbabwean nationality. Channel Islanders Harry Vardon and Ted Ray have been listed under Jersey for this exercise, not England. Despite England being their main domicile, and workplace for much of their lives, Jersey, like the other Channel Islands and the Isle of Man, are part of the United Kingdom, not England. Otherwise it's rather a WYSIWYG. Asterisked players are those who went to America to live and play golf and became Major Champions there. Some remained and became citizens, others returned home after a while.

AARON, Tommy	Georgia, USA	BURKE, Billy	Connecticut, USA
ANDERSON, Jamie	Scotland	BURKE, Jr, Jack	Texas, USA
ANDERSON, Willie	Scotland*	BURKEMO, Walter	Michigan, USA
ARCHER, George	California, USA	BURNS, Jack	Scotland
ARMOUR, Tommy	Scotland*	BURTON, Dick	England
AUCHTERLONIE, Laurie	Scotland*	CABRERA, Angel	Argentina
AUCHTERLONIE, Willie	Scotland	CALCAVECCHIA, Mark	Nebraska, USA
AZINGER, Paul	Massachusetts, USA	CAMPBELL, Michael	New Zealand
BAKER-FINCH, Ian	Australia	CASPER, Billy	California, USA
BALL, Johnny (a)	England	CHARLES, Bob	New Zealand
BALLESTEROS, Seve	Spain	CINK, Stewart	Alabama, USA
BARBER, Jerry	Illinois, USA	CLARKE, Darren	Northern Ireland
BARNES, Jim	England*	COODY, Charles	Texas, USA
BEEM, Rich	New Mexico, USA	COTTON, Henry	England
BOLT, Tommy	Oklahoma, USA	COUPLES, Fred	Washington, USA
BOROS, Julius	Connecticut, USA	CREAVY, Tom	New York, USA
BRADLEY, Keegan	Vermont, USA	CRENSHAW, Ben	Texas, USA
BRAID, James	Scotland	CURTIS, Ben	Ohio, USA
BREWER, Gay	Ohio, USA	DALY, Fred	Northern Ireland
BROOKS, Mark	Texas, USA	DALY, John	California, USA
BROWN, David	Scotland*	DAY, Jason	Australia

DEMARET, Jimmy	Texas, USA	MASSY, Arnaud	France
DE VICENZO, Roberto	Argentina	MAYER, Dick	Connecticut, USA
DIEGEL, Leo	Michigan, USA	MICHEEL, Shaun	Florida, USA
DUNCAN, George	Scotland	MICKELSON, Phil	California, USA
DUTRA, Olin	California, USA	MIDDLECOFF, Cary	Tennessee, USA
DUVAL, David	Florida, USA	MILLER, Johnny	California, USA
ELKINGTON, Steve	Australia	MIZE, Larry	Georgia, USA
ELS, Ernie	South Africa	MOODY, Orville	Oklahoma, USA
EVANS, Chick (a)	Indiana, USA	MORRIS Sr, Tom	Scotland
FALDO, Nick	England	MORRIS Jr, Tom	Scotland
FARRELL, Johnny	New York, USA	NAGLE, Kel	Australia
FAULKNER, Max	England	NELSON, Byron	Texas, USA
FERGUSON, Bob	Scotland	NELSON, Larry	Alabama, USA
FERNIE, Willie	Scotland	NICHOLS, Bobby	Kentucky, USA
FERRIER, Jim	Australia*	NICKLAUS, Jack	Ohio, USA
FINSTERWALD, Dow	Ohio, USA	NORMAN, Greg	Australia
FLECK, Jack	Iowa, USA	NORTH, Andy	Wisconsin, USA
FLOYD, Ray	North Carolina, USA	OGILVY, Geoff	Australia
FORD, Doug	Connecticut, USA	OLAZABAL, Jose Maria	Spain
FOULIS Jr, Jim	Scotland*	O'MEARA, Mark	North Carolina, USA
FURGOL, Ed	New York, USA	OOSTHUIZEN, Louis	South Africa
FURYK, Jim	Pennsylvania, USA	OUIMET, Francis	Massachusetts, USA
GEIBERGER, Al	California, USA	PADGHAM, Alf	England
GHEZZI, Vic	New Jersey, USA	PALMER, Arnold	Pennsylvania, USA
GOALBY, Bob	Illinois, USA	PARK Sr, Mungo	Scotland
GOODMAN, Johnny (a)	Nebraska, USA	PARK Sr, Willie	Scotland
GOOSEN, Retief	South Africa	PARK Jr, Willie	Scotland
GRADY, Wayne	Australia	PARKS Jr, Sam	Ohio, USA
GRAHAM, David	Australia	PATE, Jerry	Georgia, USA
GRAHAM, Lou	Tennessee, USA	PAVIN, Corey	California, USA
GREEN, Hubert	Alabama, USA	PERRY, Alf	England
GULDAHL, Ralph	Texas, USA	PICARD, Henry	Massachusetts, USA
HAGEN, Walter	New York, USA	PLAYER, Gary	South Africa
HAMILTON, Bob	Indiana, USA	PRICE, Nick	Zimbabwe (born South Africa)
HAMILTON, Todd	Illinois, USA		
HARBERT, Chick	Ohio, USA	RAWLINS, Horace	England*
HARMON, Claude	Georgia, USA	RAY, Ted	Jersey, CI
HARPER, Chandler	Virginia, USA	REVOLTA, Johnny	Missouri, USA
HARRINGTON, Padraig	Rep of Ireland	ROGERS, Bill	Texas, USA
HAVERS, Arthur	England	ROSBURG, Bob	California, USA
HEBERT, Jay	Louisiana, USA	ROSS, Alex	Scotland*
HEBERT, Lionel	Louisiana, USA	RUNYAN, Paul	Arizona, USA
HERD, Fred	Scotland	SARAZEN, Gene	New York, USA
HERD, Sandy	Scotland	SARGENT, George	England*
HILTON, Harold (a)	England	SCHWARTZEL, Charl	South Africa
HOGAN, Ben	Texas, USA	SHUTE, Denny	Ohio, USA
HUTCHISON, Jock	Scotland*	SIMPSON, Jack	Scotland
IMMELMAN, Trevor	South Africa	SIMPSON, Scott	California, USA
IRWIN, Hale	Missouri, USA	SIMPSON, Webb	North Carolina, USA
JACKLIN, Tony	England	SINGH, Vijay	Fiji
JANUARY, Don	Texas, USA	SLUMAN, Jeff	New York, USA
JANZEN, Lee	Minneota, USA	SMITH, Alex	Scotland*
JOHNSON, Dustin	South Carolina, USA	SMITH, Horton	Missouri, USA
JOHNSON, Zach	Iowa, USA	SMITH, Willie	Scotland*
JONES, Bobby (a)	Georgia, USA	SNEAD, Sam	Virginia, USA
JONES, Steve	New Mexico, USA	SPIETH, Jordan	Texas, USA
KAYMER, Martin	Germany	STADLER, Craig	California, USA
KEISER, Herman	Missouri, USA	STENSON, Henrik	Sweden
KIDD, Tom	Scotland	STEWART, Payne	Missouri, USA
KIRKALDY, Hugh	Scotland	STOCKTON, Dave	California, USA
KITE, Tom	Texas, USA	STRANGE, Curtis	Virginia, USA
LANGER, Bernhard	Germany	STRATH, Andrew	Scotland
LAWRIE, Paul	Scotland	SUTTON, Hal	Louisiana, USA
LEHMAN, Tom	Minnesota, USA	TAYLOR, JH	England
LEMA, Tony	California, USA	THOMSON, Peter	Australia
LEONARD, Justin	Texas, USA	TOMS, David	Louisiana, USA
LITTLE, Lawson	Rhode Island, USA	TRAVERS, Jerome (a)	New York, USA
LITTLER, Gene	California, USA	TREVINO, Lee	Texas, USA
LLOYD, Joe	England*	TURNESA, Jim	New York, USA
LOCKE, Bobby	South Africa	TWAY, Bob	Oklahoma, USA
LOVE III, Davis	North Carolina, USA	VARDON, Harry	Jersey, CI
LYLE, Sandy	Scotland (born in England)	VENTURI, Ken	California, USA
		WADKINS, Lanny	Virginia, USA
McDERMOTT, John	Pennsylvania, USA	WALKER, Cyril	England*
McDOWELL, Graeme	Northern Ireland	WALKER, Jimmy	Oklahoma, USA
MacFARLANE, Willie	Scotland*	WALL, Art	Pennsylvania, USA
McILROY, Rory	Northern Ireland	WATSON, Bubba	Florida, USA
McLEOD, Fred	Scotland*	WATSON, Tom	Missouri, USA
MAHAFFEY, John	Texas, USA	WEIR, Mike	Canada
MANERO, Tony	New York, USA	WEISKOPF, Tom	Ohio, USA
MANGRUM, Lloyd	Texas, USA	WHITCOMBE, Reg	England
MARR, Dave	Texas, USA	WHITE, Jack	Scotland
MARTIN, Bob	Scotland	WILLETT, Danny	England

WOOD, Craig — New York, USA
WOODS, Tiger — California, USA
WOOSNAM, Ian — Wales (born in England)
WORSHAM, Lew — Virginia, USA
YANG, Y-E — South Korea
ZOELLER, Fuzzy — Indiana, USA
ZOELLER, Fuzzy — Indiana, USA

COUNTRIES WITH MOST WINS

All Majors (439)
- 259 USA
- 60 Scotland
- 35 England
- 22 South Africa
- 17 Australia
- 9 Jersey, CI
- 7 Northern Ireland
- 7 Spain
- 4 Germany
- 3 Argentina
- 3 Fiji
- 3 Rep of Ireland
- 3 Zimbabwe
- 2 New Zealand
- 1 Canada
- 1 France
- 1 South Korea
- 1 Sweden
- 1 Wales

The Open Championship (145)
- 43 Scotland
- 41 USA
- 22 England
- 10 South Africa
- 9 Australia
- 7 Jersey, CI
- 3 Northern Ireland
- 3 Spain
- 2 Rep of Ireland
- 1 Argentina
- 1 France
- 1 New Zealand
- 1 Sweden
- 1 Zimbabwe

The US Open (116)
- 81 USA
- 14 Scotland
- 7 England
- 5 South Africa
- 2 Australia
- 2 Jersey, CI
- 2 Northern Ireland
- 1 Argentina
- 1 Germany
- 1 New Zealand

The PGA Championship (98)
- 78 USA
- 5 Australia
- 2 England
- 2 Fiji
- 2 Scotland
- 2 South Africa
- 2 Zimbabwe
- 2 Northern Ireland
- 1 Germany
- 1 Rep of Ireland
- 1 South Korea

The Masters Tournament (80)
- 59 USA
- 5 South Africa
- 4 England
- 4 Spain
- 2 Germany
- 1 Argentina
- 1 Australia
- 1 Canada
- 1 Fiji
- 1 Scotland
- 1 Wales

MAJOR CHAMPIONS [AND WINS] BY COUNTRY

This list shows just how many Major Champions countries (and in the case of the US, the individual states) have produced since 1860. Naturally with three of the four Majors played stateside, it is to be expected that such a list is weighted heavily in favour of the Americans – 259 of the 439 Majors played to the end of 2016 have been won by US golfers. The Scottish totals, too, reflect the time between 1860 and 1889 when Scots exclusively won The Open, the only show in town. Asterisks against players indicate they have migrated to the US, at least for a while (many returned home), and picked up either the US Open or PGA Championship between 1895 and the late 1920s. For that reason, Scotland's David Brown, the Open Champion of 1886, who played for nearly a decade in America is not asterisked. His highest US Majors finish was second. If you add these to the US total of 124 homebred winners, the total of US-born and US-naturalized/resident Major Champions increases to 141. The wins for each country/state follow the left-hand totals in brackets (eg USA's win total is [259]) and are detailed in each player's win record.

All Major Champions [& Wins]

123 [259] **USA**
by state:

17 [42] **Texas**
Mark Brooks [1 PGA], Jack Burke Jr [1 PGA; 1 MAS], Charles Coody [1 MAS], Ben Crenshaw [2 MAS], Jimmy Demaret [3 MAS], Ralph Guldahl [2 USO; 1 MAS], Ben Hogan [1 BOP; 4 USO; 2 PGA; 2 MAS], Don January [1 PGA], Tom Kite [1 USO], Justin Leonard [1 BOP], John Mahaffey [1 PGA], Lloyd Mangrum [1 USO], Dave Marr [1 PGA], Byron Nelson [1 USO; 2 PGA; 3 MAS], Bill Rogers [1 BOP], Jordan Spieth [1 USO; 1 MAS]; Lee Trevino [2 BOP; 2 USO; 2 PGA]

16 [39] **California**
George Archer [1 MAS], Billy Casper [2 USO; 1 MAS], John Daly [1 BOP; 1 PGA], Olin Dutra [1 USO; 1 PGA], Al Geiberger [1 PGA], Tony Lema [1 BOP], Gene Littler [1 USO], Phil Mickelson [1 BOP; 1 PGA; 3 MAS], Johnny Miller [1 BOP; 1 USO], Corey Pavin [1 USO], Bob Rosburg [1 PGA], Scott Simpson [1 USO], Craig Stadler [1 MAS], Dave Stockton [2 PGA], Ken Venturi [1 USO], Tiger Woods [3 BOP; 3 USO; 4 PGA; 4 MAS]

10 [27] **New York**
Tom Creavy [1 PGA], Johnny Farrell [1 USO], Ed Furgol [1 USO], Walter Hagen [4 BOP; 2 USO; 5 PGA], Tony Manero [1 USO], Gene Sarazen [1 BOP; 2 USO; 3 PGA; 1 MAS], Jeff Sluman [1 PGA], Jerome Travers (a) [1 USO], Jim Turnesa [1 PGA], Craig Wood [1 USO; 1 MAS]

9 [28] **Ohio**
Gay Brewer [1 MAS], Ben Curtis [1 BOP], Jason Dufner [1 PGA], Dow Finsterwald [1 PGA], Chick Harbert [1 PGA], Jack Nicklaus [3 BOP; 4 USO; 5 PGA; 6 MAS], Sam Parks Jr [1 USO], Denny Shute [1 BOP; 2 PGA], Tom Weiskopf [1 BOP]

6 [18] **Missouri**
Hale Irwin [3 USO], Herman Keiser [1 MAS],

5 [12]	Johnny Revolta [1 PGA], Horton Smith [2 MAS], Payne Stewart [2 USO; 1 PGA], Tom Watson [5 BOP; 1 USO; 2 MAS]	
	Virginia	
5 [11]	Chandler Harper [1 PGA], Sam Snead [1 BOP; 3 PGA; 3 MAS], Curtis Strange [2 USO], Lanny Wadkins [1 PGA], Lew Worsham [1 USO]	
	Georgia	
4 [11]	Tommy Aaron [1 MAS], Claude Harmon [1 MAS], Bobby Jones (a) [3 BOP; 4 USO], Larry Mize [1 MAS], Jerry Pate [1 USO]	
	Pennsylvania	
4 [8]	Jim Furyk [1 USO], John McDermott [2 USO], Arnold Palmer [2 BOP; 1 USO; 4 MAS], Art Wall [1 MAS]	
	North Carolina	
4 [7]	Ray Floyd [1 USO; 2 PGA; 1 MAS], Davis Love III [1 PGA], Mark O'Meara [1 BOP; 1 MAS], Webb Simpson [1 USO]	
	Connecticut	
4 [4]	Julius Boros [2 USO; 1 PGA], Billy Burke [1 USO], Doug Ford [1 PGA; 1 MAS], Dick Mayer [1 USO]	
	Louisiana	
4 [4]	Jay Hebert [1 PGA], Lionel Hebert [1 PGA], Hal Sutton [1 PGA], David Toms [1 PGA]	
	Oklahoma	
	Tommy Bolt [1 USO], Orville Moody [1 USO], Bob Tway [1 PGA], Jimmy Walker [1 PGA]	
3 [6]	**Alabama**	
	Stewart Cink [1 BOP], Hubert Green [1 USO; 1 PGA], Larry Nelson [1 USO; 2 PGA]	
3 [4]	**Florida**	
	David Duval [1 BOP], Shaun Micheel [1 PGA], Bubba Watson [2 MAS]	
3 [4]	**Indiana**	
	Chick Evans (a) [1 USO], Bob Hamilton [1 PGA], Fuzzy Zoeller [1 USO;1 PGA]	
3 [4]	**Massachusetts**	
	Paul Azinger [1 PGA], Francis Ouimet (a) [1 USO], Henry Picard [1 PGA; 1 MAS]	
3 [3]	**Illinois**	
	Jerry Barber [1 PGA], Bob Goalby [1 MAS], Todd Hamilton [1 BOP	
2 [4]	**Tennessee**	
	Lou Graham [1 USO], Cary Middlecoff [2 USO; 1 MAS]	
2 [3]	**Michigan**	
	Walter Burkemo [1 PGA], Leo Diegel [2 PGA]	
2 [3]	**Minnesota**	
	Lee Janzen [2 USO], Tom Lehman [1 BOP]	
2 [3]	**Iowa**	
	Jack Fleck [1 USO], Zack Johnson [1 BOP, 1 MAS]	
2 [2]	**Nebraska**	
	Mark Calcavecchia [1 BOP], Johnny Goodman (a) [1 USO]	
2 [2]	**New Mexico**	
	Rich Beem [1 PGA], Steve Jones [1 USO]	
1 [2]	**Arizona**	
	Paul Runyan [2 PGA]	
1 [2]	**Wisconsin**	
	Andy North [2 USO]	
1 [1]	**Kentucky**	
	Bobby Nichols [1 USO]	
1 [1]	**New Jersey**	
	Vic Ghezzi [1 PGA]	
1 [1]	**Rhode Island**	
	Lawson Little [1 USO]	
1 [1]	**South Carolina**	
	Dustin Johnson [1 USO]	
1 [1]	**Vermont**	
	Keegan Bradley [1 PGA]	
1 [1]	**Washington**	
	Fred Couples [1 MAS]	
33 [60]	**SCOTLAND**	
	Jamie Anderson [3 BOP], Willie Anderson* [4 USO], Tommy Armour* [1 BOP; 1 USO; 1 PGA], Laurie Auchterlonie* [1 USO], Willie Auchterlonie [1 BOP], James Braid [5 BOP], David Brown [1 BOP], Jack Burns [1 BOP], George Duncan [1 BOP], Bob Ferguson [3 BOP], Willie Fernie [1 BOP], Jim Foulis Jr* [1 USO], Fred Herd* [1 USO], Sandy Herd [1 BOP], Jock Hutchison* [1 BOP; 1 PGA], Tom Kidd [1 BOP], Hugh Kirkaldy [1 BOP], Paul Lawrie [1 BOP], Sandy Lyle [1 BOP; 1 MAS], Willie MacFarlane* [1 USO], Fred McLeod* [1 USO], Bob Martin [2 BOP], Tom Morris Sr [4 BOP], Tom Morris Jr [4 BOP], Mungo Park Sr [1 BOP], Willie Park Sr [4 BOP], Willie Park Jr [2 BOP], Alex Ross* [1 USO], Jack Simpson [1 BOP], Alex Smith* [2 USO], Willie Smith*[1 USO], Andrew Strath [1 BOP], Jack White [1 BOP]	
19 [35]	**ENGLAND**	
	Johnny Ball (a) [1 BOP], Jim Barnes* [1 BOP; 1 USO; 2 PGA], Dick Burton [1 BOP], Henry Cotton [3 BOP], Nick Faldo [3 BOP; 3 MAS], Max Faulkner [1 BOP], Arthur Havers [1 BOP], Harold Hilton (a) [2 BOP], Tony Jacklin [1 BOP; 1 USO], Joe Lloyd* [1 USO], Alf Padgham [1 BOP], Alf Perry [1 BOP], Horace Rawlins* [1 USO], Justin Rose [1 USO], George Sargent* [1 USO], JH Taylor [5 BOP], Cyril Walker* [1 USO], Reg Whitcombe [1 BOP], Danny Willett [1 MAS]	
11 [17]	**AUSTRALIA**	
	Ian Baker-Finch [1 BOP], Jason Day [1 PGA]; Steve Elkington [1 PGA], Jim Ferrier* [1 PGA], Wayne Grady [1 PGA], David Graham [1 USO; 1 PGA], Kel Nagle [1 BOP], Greg Norman [2 BOP], Geoff Ogilvy [1 USO], Adam Scott [1 MAS], Peter Thomson [5 BOP]	
7 [22]	**SOUTH AFRICA**	
	Ernie Els [2 BOP; 2 USO], Retief Goosen [2 USO], Trevor Immelman [1 MAS], Bobby Locke [4 BOP], Louis Oosthuizen [1 BOP], Gary Player [3 BOP; 1 USO; 2 PGA; 3 MAS], Charl Schwartzel [1 MAS]	
4 [7]	**NORTHERN IRELAND**	
	Darren Clarke [1 BOP], Fred Daly [1 BOP], Graeme McDowell [1 USO], Rory McIlroy [1 BOP; 1 USO; 2 PGA]	
2 [9]	**JERSEY, CI**	
	Ted Ray [1 BOP; I USO], Harry Vardon [6 BOP; 1 USO]	
2 [7]	**SPAIN**	
	Seve Ballesteros [3 BOP; 2 MAS], Jose Maria Olazabal [2 MAS]	
2 [4]	**GERMANY**	
	Martin Kaymer [1 USO; 1 PGA], Bernhard Langer [2 MAS]	
2 [3]	**ARGENTINA**	
	Angel Cabrera [1 USO; 1 MAS], Roberto de Vicenzo [1BOP]	
2 [2]	**NEW ZEALAND**	
	Michael Campbell [1 USO], Bob Charles [1 BOP]	
1 [3]	**FIJI**	
	Vijay Singh [2 PGA; 1 MAS]	
1 [3]	**REP of IRELAND**	
	Padraig Harrington [2 BOP; 1 PGA]	
1 [3]	**ZIMBABWE**	
	Nick Price [1 BOP; 2 PGA]	
1 [1]	**CANADA**	
	Mike Weir [1 MAS]	
1 [1]	**FRANCE**	
	Arnaud Massy [1 BOP]	

THE RECORDS 373

1 [1]   **SOUTH KOREA**
       Y-E Yang [1 PGA]

1 [1]   **SWEDEN**
       Henrik Stenson [1 BOP]

1 [1]   **WALES**
       Ian Woosnam [1 MAS]

The Open Champions [& Wins]

24 [43]   **SCOTLAND**
Jamie Anderson [3], Tommy Armour* [1], Willie Auchterlonie [1], James Braid [5], David Brown [1], Jack Burns [1], George Duncan [1], Bob Ferguson [3], Willie Fernie [1], Sandy Herd [1], Jock Hutchison* [1], Tom Kidd [1], Hugh Kirkaldy [1], Paul Lawrie [1], Sandy Lyle [1], Bob Martin [2], Tom Morris Sr [4], Tom Morris Jr [4], Mungo Park Sr [1], Willie Park Sr [4], Willie Park Jr [2], Jack Simpson [1], Andrew Strath [1], Jack White [1]

26 [41]   **USA**
by state:

5 [7]   *California*
John Daly [1], Tony Lema [1], Phil Mickelson [1], Johnny Miller [1], Tiger Woods [3]

4 [6]   *Ohio*
Ben Curtis [1], Jack Nicklaus [3], Denny Shute [1], Tom Weiskopf [1]

4 [5]   *Texas*
Ben Hogan [1], Justin Leonard [1], Bill Rogers [1], Lee Trevino [2]

2 [5]   *New York*
Walter Hagen [4], Gene Sarazen [1]

1 [5]   *Missouri*
Tom Watson [5]

1 [3]   *Georgia*
Bobby Jones (a) [3]

1 [2]   *Pennsylvania*
Arnold Palmer [2]

1 [1]   *Alabama*
Stewart Cink [1]

1 [1]   *Florida*
David Duval [1]

1 [1]   *Illinois*
Todd Hamilton [1]

1 [1]   *Iowa*
Zach Johnson [1]

1 [1]   *Minnesota*
Tom Lehman [1]

1 [1]   *Nebraska*
Mark Calcavecchia [1]

1 [1]   *North Carolina*
Mark O'Meara [1]

1 [1]   *Virginia*
Sam Snead [1]

13 [22] **ENGLAND**
John Ball Jr (a) [1], Jim Barnes* [1], Dick Burton [1], Henry Cotton [3], Nick Faldo [3], Max Faulkner [1], Arthur Havers [1], Harold Hilton (a) [2], Tony Jacklin [1], Alf Padgham [1], Alf Perry [1], JH Taylor [5], Reg Whitcombe [1]

4 [10] **SOUTH AFRICA**
Ernie Els [2], Bobby Locke [4], Louis Oosthuizen [1], Gary Player [3]

4 [9]   **AUSTRALIA**
Ian Baker-Finch [1], Kel Nagle [1], Greg Norman [2], Peter Thomson [5]

3 [3]   **NORTHERN IRELAND**
Darren Clarke [1], Fred Daly [1], Rory McIlroy [1]

2 [7]   **JERSEY, CI**
Harry Vardon [6], Ted Ray [1]

1 [3]   **SPAIN**
Seve Ballesteros [3]

1 [2]   **REPUBLIC OF IRELAND**
Padraig Harrington [2]

1 [1]   **ARGENTINA**
Roberto de Vicenzo [1]

1 [1]   **FRANCE**
Arnaud Massy [1]

1 [1]   **NEW ZEALAND**
Bob Charles [1]

1 [1]   **SWEDEN**
Henrik Stenson [1]

1 [1]   **ZIMBABWE**
Nick Price [1]

The US Open Champions [& Wins]

54 [80] **USA**
      by state:

0 [11] *California*
Billy Casper [2], Olin Dutra [1], Gene Littler [1], Johnny Miller [1], Corey Pavin [1], Scott Simpson [1], Ken Venturi [1], Tiger Woods [3]

7 [9]   *New York*
Johnny Farrell [1], Ed Furgol [1], Walter Hagen [2], Tony Manero [1], Gene Sarazen [2], Jerome Travers (a) [1], Craig Wood [1]

7 [13] *Texas*
Ralph Guldahl [2], Ben Hogan [5], Tom Kite [1], Lloyd Mangrum [1], Byron Nelson [1], Jordan Spieth [1]; Lee Trevino [2]

3 [6]   *Missouri*
Hale Irwin [3], Payne Stewart [2], Tom Watson [1]

3 [4]   *Connecticut*
Julius Boros [2], Billy Burke [1], Dick Mayer [1]

3 [4]   *Pennsylvania*
Jim Furyk [1], John McDermott [2], Arnold Palmer [1]

2 [5]   *Georgia*
Bobby Jones (a) [4], Jerry Pate [1]

2 [5]   *Ohio*
Jack Nicklaus [4], Sam Parks Jr [1]

2 [3]   *Tennessee*
Lou Graham [1], Cary Middlecoff [2]

2 [3]   *Virginia*
Curtis Strange [2], Lew Worsham [1]

2 [2]   *Alabama*
Hubert Green [1], Larry Nelson [1]

2 [2]   *Indiana*
Chick Evans (a) [1], Fuzzy Zoeller [1]

2 [2]   *North Carolina*
Ray Floyd [1], Webb Simpson [1]

2 [2]   *Oklahoma*
Tommy Bolt [1], Orville Moody [1]

1 [2]   *Minnesota*
Lee Janzen [2]

1 [2]   *Wisconsin*
Andy North [2]

1 [1]   *Massachusetts*
Francis Ouimet (a) [1]

1 [1]   *Iowa*
Jack Fleck [1]

1 [1]   *Nebraska*
Johnny Goodman (a) [1]

1 [1]	**New Mexico** Steve Jones [1]	2 [2]	**AUSTRALIA** David Graham [1], Geoff Ogilvy [1]
1 [1]	**Rhode Island** Lawson Little [1]	2 [2]	**JERSEY, CI** Ted Ray [1], Harry Vardon [1]
1 [1]	**South Carolina** Dustin Johnson [1]	2 [2]	**NORTHERN IRELAND** Graeme McDowell [1], Rory McIlroy [1]
10 [14]	**SCOTLAND** Willie Anderson* [4], Tommy Armour* [1], Laurie Auchterlonie* [1], Jim Foulis Jr* [1], Fred Herd* [1], Willie MacFarlane* [1], Fred McLeod* [1], Alex Ross* [1], Alex Smith* [2], Willie Smith* [1]	1 [1]	**ARGENTINA** Angel Cabrera [1]
		1 [1]	**GERMANY** Martin Kaymer [1]
7 [7]	**ENGLAND** Jim Barnes* [1]; Tony Jacklin [1]; Joe Lloyd* [1]; Horace Rawlins* [1], Justin Rose [1], George Sargent* [1], Cyril Walker* [1]	1 [1]	**NEW ZEALAND** Michael Campbell [1]
3 [5]	**SOUTH AFRICA** Ernie Els [2], Retief Goosen [2], Gary Player [1]		

The PGA Champions [& Wins]

54 [78]	**USA** by state:	1 [1]	*Indiana* Bob Hamilton [1]
8 [11]	**Texas** Mark Brooks [1], Jack Burke Jr [1], Ben Hogan [2], Don January [1], John Mahaffey [1], Dave Marr [1], Byron Nelson [2], Lee Trevino [2]	1 [1]	*Kentucky* Bobby Nichols [1]
		1 [1]	*New Jersey* Vic Ghezzi [1]
		1 [1]	*New Mexico* Rich Beem [1]
7 [11]	**California** John Daly [1], Olin Dutra [1], Al Geiberger [1], Phil Mickelson [1], Bob Rosburg [1], Dave Stockton [2], Tiger Woods [4]	1 [1]	*Vermont* Keegan Bradley [1]
5 [11]	**New York** Tom Creavy [1], Walter Hagen [5], Gene Sarazen [3], Jeff Sluman [1], Jim Turnesa [1]	5 [5]	**AUSTRALIA** Jason Day [1], Steve Elkington [1], Jim Ferrier* [1], Wayne Grady [1], David Graham [1]
4 [9]	**Ohio** Dow Finsterwald [1], Chick Harbert [1], Jack Nicklaus [5], Denny Shute [2]	2 [2]	**NORTHERN IRELAND** Rory McIlroy [2]
4 [4]	**Louisiana** Jay Hebert [1], Lionel Hebert [1], Hal Sutton [1], David Toms [1]	2 [2]	**SCOTLAND** Tommy Armour* [1], Jock Hutchison* [1]
3 [5]	**Virginia** Chandler Harper [1], Sam Snead [3], Lanny Wadkins [1]	1 [2]	**ENGLAND** Jim Barnes* [2]
2 [3]	**Alabama** Hubert Green [1], Larry Nelson [2]	1 [2]	**FIJI** Vijay Singh [2]
2 [3]	**Michigan** Walter Burkemo [1], Leo Diegel [2]	1 [2]	**SOUTH AFRICA** Gary Player [2]
2 [3]	**North Carolina** Ray Floyd [2], Davis Love III [1]	1 [2]	**ZIMBABWE** Nick Price [2]
2 [2]	**Connecticut** Julius Boros [1], Doug Ford [1]	1 [1]	**GERMANY** Martin Kaymer [1]
2 [2]	**Massachusetts** Paul Azinger [1], Henry Picard [1]	1 [1]	**REPUBLIC OF IRELAND** Padraig Harrington [1]
2 [2]	**Missouri** Johnny Revolta [1], Payne Stewart [1]	1 [1]	**SOUTH KOREA** Y-E Yang [1]
2 [2]	**Oklahoma** Bob Tway [1], Jimmy Walker [1]		
1 [2]	**Arizona** Paul Runyan [2]		
1 [1]	**Florida** Shaun Micheel [1]		
1 [1]	**Illinois** Jerry Barber [1]		

The Masters Tournament Champions [& Wins]

36 [59]	**USA** by state:	3 [5]	*Missouri* Herman Keiser [1], Horton Smith [2], Tom Watson [2]
8 [13]	**Texas** Jack Burke Jr [1], Charles Coody [1], Ben Crenshaw [2], Jimmy Demaret [3], Ralph Guldahl [1], Ben Hogan [2], Byron Nelson [2], Jordan Spieth [1]	2 [7]	*Ohio* Gay Brewer [1], Jack Nicklaus [6]
		2 [5]	*Pennsylvania* Arnold Palmer [4], Art Wall [1]
5 [10]	**California** George Archer [1], Billy Casper [1], Phil Mickelson [3], Craig Stadler [1], Tiger Woods [4]	3 [3]	*Georgia* Tommy Aaron [1], Claude Harmon [1], Larry Mize [1]

2 [2]	**New York** Gene Sarazen [1], Craig Wood [1]		2 [4]	**ENGLAND** Nick Faldo [3], Danny Willett [1]
2 [2]	**North Carolina** Ray Floyd [1], Mark O'Meara [1]		2 [4]	**SPAIN** Seve Ballesteros [2], Jose Maria Olazabal [2]
1 [3]	**Virginia** Sam Snead [3]			
1 [2]	**Florida** Bubba Watson [2]		1 [2]	**GERMANY** Bernhard Langer [2]
1 [1]	**Connecticut** Doug Ford [1]		1 [1]	**ARGENTINA** Angel Cabrera [1]
1 [1]	**Illinois** Bob Goalby [1]			
1 [1]	**Indiana** Fuzzly Zoeller [1]		1 [1]	**CANADA** Mike Weir [1]
1 [1]	**Iowa** Zach Johnson [1]		1 [1]	**FIJI** Vijay Singh [1]
1 [1]	**Massachusetts** Henry Picard [1]			
1 [1]	**Tennessee** Cary Middlecoff [1]		1 [1]	**SCOTLAND** Sandy Lyle [1]
1 [1]	**Washington** Fred Couples [1]		1 [1]	**WALES** Ian Woosnam [1]
3 [5]	**SOUTH AFRICA** Trevor Immelman [1], Gary Player [3], Charl Schwartzel [1]			

■ MOST RUNNER-UP FINISHES

This table shows not just the players with most second places in Majors, but also the ratio of runner-up spots to wins. Thus Jack Nicklaus' figures portray 19 hard luck stories to the 18 times his dreams came true (seen here in brackets). It is to be expected that the very best players will attain a high number of second-place finishes: it is a sign of their appetite for success which forges a consistency in contesting these great championships more frequently and more intensely than mere also-rans. So one would naturally expect a close correlation between the best players' runner-up to win ratios, and the list below affirms it. There are some odd exceptions, most notably Greg Norman, but he was only a play-off away from four more Major titles. If just half of those overtime situations had gone Greg's way, then his stats would have read a very acceptable '6 (4)'. Phil Mickelson's epic, yet unsuccessful, battle with Henrik Stenson at Troon in 2016 resulted in the number of runner's up spots he has recorded in all Majors is now an unenviable 11.

All Majors
- 19 (18)   Jack Nicklaus (BOP 7; USO 4; PGA 4; MAS 4)
- 11 (5)   Phil Mickelson (BOP 2; USO 6; PGA 2; MAS 1)
- 10 (7)   Arnold Palmer (BOP 1; USO 4; PGA 3; MAS 2)
- 8 (7)   Sam Snead (USO 4; PGA 2; MAS 2)
- 8 (2)   Greg Norman (BOP 1; USO 2; PGA 2; MAS 3)
- 8 (8)   Tom Watson (BOP 2; USO 2; PGA 1; MAS 3)

The Open Championship
- 7 (3)   Jack Nicklaus
- 6 (5)   JH Taylor
- 4 (6)   Harry Vardon
- 4 (5)   James Braid
- 4 (4)   Willie Park, Sr
- 4 (1)   Sandy Herd

The US Open
- 5 (0)   Phil Mickelson
- 4 (4)   Bobby Jones
- 4 (4)   Jack Nicklaus
- 4 (1)   Arnold Palmer
- 4 (0)   Sam Snead

The PGA Championship
- 4 (5)   Jack Nicklaus
- 3 (2)   Byron Nelson
- 3 (0)   Arnold Palmer
- 3 (0)   Billy Casper

The Masters Tournament
- 4 (6)   Jack Nicklaus
- 4 (2)   Ben Hogan
- 4 (0)   Tom Weiskopf

■ MOST TOP 5 FINISHES

Here all Top 5 finishes, including wins and runner-up places, count. Whilst the following series of tables rewards consistency over a longish period of time, like Ben Sayers' 1878 to WWI and beyond in the Top 20s list, they can also be interpreted in some ways as a reflection of the times. Harry Vardon was limited to just three US Opens in his long career, which surely would have reaped a bumper harvest of these high finishes in a later era. Having said that, prominent Americans, of the 1950s, particularly, ignored the Open Championship: someone like triple Majors winner Julius Boro, for instance, only paid one visit to the UK. That limited his Top 10s to 22; Top 20s to 35 — and he misses out on the lists. Others missing out on the lists through lack of space are people like Sam Snead and Phil Mickelson who both have seven Top 5 places in the US Open but no wins. In order to include players from the match play days of the PGA Championship, a semi-final finish or better equates to a Top 5 finish for the purposes of the list. Non-winners are asterisked.

All Majors
- 56   Jack Nicklaus (BOP 16; USO 11; PGA 14; MAS 15)
- 31   Tiger Woods (BOP 6; USO 7; PGA 7; MAS 11)
- 27   Phil Mickelson (BOP 4; USO 8; PGA 4; MAS 11)
- 26   Sam Snead (BOP 1; USO 7; PGA 9; MAS 9)
-      Arnold Palmer (BOP 3; USO 10; PGA 4; MAS 9)
- 25   Tom Watson (BOP 8; USO 6; PGA 2; MAS 9)
- 24   Gene Sarazen (BOP 5; USO 9; PGA 7; MAS 3)
-      Walter Hagen (BOP 6; USO 10; PGA 8)
- 23   Gary Player (BOP 6; USO 3; PGA 5; MAS 8)
- 22   Ben Hogan (BOP 1; USO 10; PGA 3; MAS 9)
-      Ernie Els (BOP 9; USO 6; PGA 4; MAS 3)
- 20   Greg Norman (BOP 4; USO 3; PGA 5; MAS 8)

The Open Championship
- 16   JH Taylor
-      Jack Nicklaus
- 15   James Braid
-      Harry Vardon
- 13   Sandy Herd
- 12   Tom Morris, Sr

The US Open
- 11   Willie Anderson
-      Jack Nicklaus
- 10   Alex Smith
-      Walter Hagen

Ben Hogan
Arnold Palmer

The PGA Championship
14   Jack Nicklaus
9   Sam Snead
8   Walter Hagen
7   Gene Sarazen
     Tiger Woods

The Masters Tournament
15   Jack Nicklaus
11   Phil Mickelson
     Tiger Woods
9   Ben Hogan
     Sam Snead
     Arnold Palmer
     Tom Kite*
     Tom Watson

■ MOST TOP 10 FINISHES

In order to include players from the matchplay days of the PGA Championship, a quarter-final finish or better equates to a Top 10 finish for the purposes of the list. Non-winners are asterisked.

All Majors
73   Jack Nicklaus (BOP 18; USO 18; PGA 15; MAS 22)
46   Sam Snead (BOP 2; USO 12; PGA 17; MAS 15)
     Tom Watson (BOP 10; USO 11; PGA 10; MAS 15)
44   Gary Player (BOP 12; USO 9; PGA 8; MAS 15)
39   Ben Hogan (BOP 1; USO 15; PGA 6; MAS 17)
38   Arnold Palmer (BOP 7; USO 13; PGA 6; MAS 12)
     Tiger Woods (BOP 9; USO 8; PGA 8; MAS 13)
37   Phil Mickelson (BOP 4; USO 10; PGA 9; MAS 15)
36   Gene Sarazen (BOP 6; USO 14; PGA 12; MAS 4)
35   Ernie Els (BOP 13; USO 10; PGA 6; MAS 6)
32   Walter Hagen (BOP 7; USO 16; PGA 9)
30   Greg Norman (BOP 10; USO 5; PGA 6; MAS 9)

The Open Championship
23   JH Taylor
20   Harry Vardon
     Sandy Herd
19   James Braid
18   Willie Fernie
     Peter Thomson
     Jack Nicklaus

The US Open
18   Jack Nicklaus
16   Walter Hagen
15   Ben Hogan
14   Gene Sarazen
13   Arnold Palmer
12   Sam Snead*

The PGA Championship
17   Sam Snead
15   Jack Nicklaus
12   Gene Sarazen

The Masters Tournament
22   Jack Nicklaus
17   Ben Hogan
15   Sam Snead
     Gary Player
     Tom Watson
     Phil Mickelson

■ MOST TOP 20 FINISHES

In order to include players from the matchplay days of the PGA Championship, a finish in the Round of the Last 16 or better equates to a Top 20 finish for the purposes of the list. Non-winners are asterisked.

All Majors
84   Jack Nicklaus
66   Sam Snead
65   Tom Watson
61   Gary Player
60   Ray Floyd
54   Arnold Palmer
51   Gene Sarazen

The Open Championship
29   Sandy Herd
27   JH Taylor
25   Ben Sayers*
23   Willie Park, Jr
     Harry Vardon
22   James Braid
21   Tom Morris, Sr
20   Willie Fernie

The US Open
20   Walter Hagen
19   Sam Snead*
     Jack Nicklaus
17   Mike Brady*

     Gene Sarazen
     Ben Hogan
     Gary Player

The PGA Championship
21   Sam Snead
19   Jack Nicklaus
18   Gene Sarazen
     Tom Watson*
17   Ray Floyd
13   Arnold Palmer*
     Phil Mickelson
12   Billy Casper*
     Don January
     Greg Norman*

The Masters Tournament
27   Jack Nicklaus
23   Sam Snead
20   Ray Floyd
     Tom Watson
19   Ben Hogan
     Byron Nelson
     Gary Player

■ 'BEST' LOSERS

The players in this list have all failed to win a Major Championship. There are many players who could have otherwise qualified, most famously Sam Snead in the US Open, but these have been excluded because they have won at least one other Major. So this section is strictly for the bridesmaids. The tables may help to decide the perennial question, 'Who is the best player never to win a Major?', but I doubt it. Over the last few decades, outstanding under-achievers of the modern game like Ben Crenshaw, Tom Kite, Fred Couples, Davis Love and Phil Mickelson eventually did break the stranglehold and blossomed into Major Champions – but these were for a long time confined to maiden status before their breakthroughs came. Some, sadly, never quite get there though – Colin Montgomerie is arguably the finest player of most recent times to have failed to take the extra step and achieve golfing immortality. People like Mac Smith and Harry Cooper, who competed gamely with the likes of Bob Jones, Hagen and Sarazen, and even latterly with Snead and Nelson, are the Montys of the past. And on all four occasions he was runner-up, Bruce Crampton was beaten by Jack Nicklaus! Now that's unfair.

MOST RUNNER-UP FINISHES

All Majors
5   Colin Montgomerie (BOP 1; USO 3; PGA 1)
4   Macdonald Smith (BOP 2; USO 2)
    Harry Cooper (USO 2; MAS 2)
    Doug Sanders (BOP 2; USO 1; PGA 1)
    Bruce Crampton (USO 1; PGA 2; MAS 1)
    Sergio Garcia (BOP 2; PGA 2)

The Open Championship
3   Davie Strath   1870, 1872, 1876
    Andrew Kirkaldy   1879, 1889, 1891
    Dai Rees   1953, 1954, 1961

The US Open
3   Tom McNamara   1909, 1912, 1915
    Colin Montgomerie   1994, 1997, 2006

The PGA Championship
2   Bruce Crampton   1973, 1975
    Andy Bean   1980, 1989
    Sergio Garcia   1999, 2008

The Masters Tournament
2   Harry Cooper   1936, 1938
    Lee Westwood   2010, 2016

MOST TOP 5 FINISHES

All Majors
12 Macdonald Smith
    Sergio Garcia
11 Harry Cooper
    Lee Westwood
9   Jay Haas

The Open Championship
8   Andrew Kirkaldy
7   Bob Kirk
    Macdonald Smith

The US Open
6   Harry Cooper
5   Gilbert Nicholls
    Tom McNamara
    Bill Mehlhorn
    Bobby Cruickshank
    Macdonald Smith

The PGA Championship
3   Harold McSpaden
    Doug Sanders
    Jay Haas
    Sergio Garcia

The Masters Tournament
4   Harry Cooper
    Ed Dudley

MOST TOP 10 FINISHES

All Majors
22 Sergio Garcia
19 Ed Dudley
18 Lee Westwood
16 Bruce Devlin
    Jay Haas
15 Macdonald Smith
    Scott Hoch

The Open Championship
14 Andrew Kirkaldy
12 Ben Sayers
10 Percy Alliss
    Christy O'Connor, Sr
    Sergio Garcia

The US Open
9   Mike Brady
    Macdonald Smith
    Dick Metz

The PGA Championship
6   Ed Dudley
    Doug Sanders
    Jay Haas

The Masters Tournament
7   Ed Dudley
6   Lee Westwood
5   Bruce Devlin

MOST TOP 20 FINISHES

All Majors
31 Ed Dudley
30 Sergio Garcia
28 Jay Haas
27 Lee Westwood
25 Ben Sayers
    Macdonald Smith
    Bruce Devlin
    Steve Stricker
24 Doug Sanders

The Open Championship
25 Ben Sayers
18 Andrew Kirkaldy
16 Archie Simpson
    Christy O'Connor, Sr

The US Open
17 Mike Brady
16 Alex Campbell
15 Macdonald Smith

The PGA Championship
11 Ed Dudley
9   Doug Sanders
    Jay Haas

The Masters Tournament
10 Bruce Devlin
8   Bruce Crampton
    Jay Haas
    Lee Westwood

SPANS BETWEEN FIRST & LAST WINS

Despite the relative longevity of top-flight golfers' playing careers compared to most sports, there are only 18 players since 1860 whose Majors-winning careers (ie, the time between their first and last successes in a Major) spanned 10 years or more. If, as was the case before WW2, the national Amateur Championships were classed as Majors, then John Ball, Jr (1888 to 1912) would topple Nicklaus from his perch, and Harold Hilton (1892 to 1911) and Francis Ouimet (1913 to 1931) would also be in the mix. But if Jack needed to, he could call upon his 1958 US Amateur success, and he would still top the pile; but by the same token, Phil Mickelson (US Amateur Champion in 1990, to 2013) is closing in.

Jack Nicklaus	23 y 9 m 26 d (1962 USO-1986 MAS)	Ray Floyd	16 y 9 m 28 d (1969 PGA-1986 USO)
JH Taylor	19 y 0 m 12 d (1894 BOP-1913 BOP)	Lee Trevino	16 y 2 m 22 d (1968 USO-1984 PGA)
Gary Player	18 y 9 m 6 d (1959 BOP-1978 MAS)	Julius Boros	16 y 1 m 7 d (1952 USO-1968 PGA)
Ernie Els	18 y 1 m 2 d (1994 USO-2012 BOP)	Hale Irwin	16 y 0 m 2 d (1974 USO-1990 USO)
Harry Vardon	18 y 0 m 8 d (1896 BOP-1914 BOP)		

■ LONGEST GAPS BETWEEN TWO WINS

It so happens that the longest gaps between an individual's wins in two Majors are all between the same Majors. As the bottom table here shows, when they occur, gaps between successes by players appear to be shorter between different Majors. There seems to be no logic for this.

All Majors
Julius Boros	11 y 0 m 9 d (1952 USO-1963 USO)		
Henry Cotton	11 y 0 m 4 d (1937 BOP-1948 BOP)		
Hale Irwin	11 y 0 m 1 d (1979 USO-1990 USO)		
Ben Crenshaw	10 y 11 m 24 d (1984 MAS-1995 MAS)		
Lee Trevino	10 y 0 m 8 d (1974 PGA-1984 PGA)		

The PGA Championship
Ray Floyd	12 11 m 22 d (1969-82)
Gary Player	10 y 0 m 15 d (1962-72)
Lee Trevino	10 y 0 m 8 d (1974-84)
Gene Sarazen	9 y 11 m 20 d (1923-33)

The Open Championship
Henry Cotton	11 y 0 m 4 d (1937-1948)
Ernie Els	10 y 0 m 1 d (2002-2012)
Gary Player	9 y 0 m 10 d (1959-1968)
Bob Martin	9 y 0 m 4 d (1876-1885)
JH Taylor	(1900-1909)

The Masters Tournament
Gary Player	13 y 0 m 4 d (1961-74)
Jack Nicklaus	11 y 0 m 0 d (1975-86)
Ben Crenshaw	10 y 11 m 24 d (1984-95)

The US Open
Julius Boros	11 y 0 m 9 d (1952-63)
Hale Irwin	11 y 0 m 1 d (1979-90)
Gene Sarazen	9 y 11 m 20 d (1922-32)
Payne Stewart	8 y 0 m 3 d (1991-99)

Different Majors
Gene Sarazen	8 y 8 m 12 d (1923 PGA-1932 BOP)
Zach Johnson	8 y 3 m 12 d (2007 MAS-2015 BOP)
Hubert Green	8 y 1 m 22 d (1977 USO-1985 PGA)
Ted Ray	8 y 1 m 18 d (1912 BOP-1920 USO

■ YOUNGEST CHAMPIONS

After the 'All Majors' list which appears immediately below, for the individual Majors all winners under the age of 24 are listed, unless in any sub-category that age was not achieved. The date of birth of Joe Lloyd, US Open Champion in 1897, is very unclear. We don't have the luxury of a day or month; and sources vary greatly on even the year of his birth. The range is between 1864 and 1870. If the earliest date is correct, then Joe would have been about 23 in 1897, and should rightly be listed among those in the US Open below. Repeat performers appear in italics.

All Majors
Tom Morris, Jr (BOP, 1868)	17 y 5 m 3 d
Tom Morris Jr (BOP, 1869)	18 y 4 m 26 d
Tom Morris Jr (BOP, 1870)	19 y 4 m 25 d
John McDermott (USO, 1911)	19 y 10 m 12 d
Francis Ouimet (a) (USO, 1913)	20 y 4 m 12 d
Gene Sarazen (USO, 1922)	20 y 4 m 17 d
Gene Sarazen (PGA, 1922)	20 y 5 m 20 d
Tom Creavy (PGA, 1931)	20 y 7 m 11 d
John McDermott (USO, 1912)	20 y 11 m 21 d
Horace Rawlins (USO, 1895)	21 y 1 m 29 d
Tiger Woods (MAS, 1997)	21 y 3 m 15 d
Bobby Jones (a) (USO, 1923)	21 y 3 m 28 d
Tom Morris, Jr (BOP, 1872)	21 y 4 m 23 d
Gene Sarazen (PGA, 1923)	21 y 7 m 2 d
Willie Anderson (USO, 1901)	21 y 7 m 23 d
Walter Hagen (USO, 1914)	21 y 8 m 0 d
Jordan Spieth (MAS, 2015)	21 y 8 m 16 d
Jordan Spieth (USO, 2015)	21 y 10 m 24 d

The Open Championship
Tom Morris, Jr (1868)	17 y 5 m 3 d
Tom Morris Jr (1869)	18 y 4 m 26 d
Tom Morris Jr (1870)	19 y 4 m 25 d
Willie Auchterlonie (1893)	21 y 0 m 24 d
Tom Morris, Jr (1872)	21 y 4 m 23 d
Seve Ballesteros (1979)	22 y 3 m 12 d
Willie Park, Jr (1887)	22 y 7 m 12 d
JH Taylor (1894)	23 y 2 m 24 d
Harold Hilton (a) (1892)	23 y 8 m 11 d
Gary Player (1959)	23 y 9 m 2 d

The US Open
John McDermott (1911)	19 y 10 m 12 d
Francis Ouimet (a) (1913)	20 y 4 m 12 d
Gene Sarazen (1922)	20 y 4 m 17 d
John McDermott (1912)	20 y 11 m 21 d
Horace Rawlins (1895)	21 y 1 m 29 d
Bobby Jones (a) (1923)	21 y 3 m 28 d
Willie Anderson (1901)	21 y 7 m 23 d
Walter Hagen (1914)	21 y 8 m 0 d
Jordan Spieth (2015)	21 y 10 m 24 d
Rory McIlroy (2011)	22 y 1 m 15 d
Jack Nicklaus (1962)	22 y 4 m 26 d
Jerry Pate (1976)	22 y 9 m 4 d
Johnny Goodman (a) (1933)	23 y 5 m 13 d
Willie Anderson (1903)	23 y 8 m 4 d
Fred Herd (1898)	23 y 8 m 26 d

The PGA Championship
Gene Sarazen (1922)	20 y 5 m 20 d
Tom Creavy (1931)	20 y 7 m 11 d
Gene Sarazen (1923)	21 y 7 m 2 d
Rory McIlroy (2012)	23 y 3 m 8 d
Jack Nicklaus (1963)	23 y 6 m 0 d
Tiger Woods (1999)	23 y 7 m 17 d

The Masters Tournament
Tiger Woods (1997)	21 y 3 m 15 d
Jordan Spieth (2015)	21 y 8 m 16 d
Seve Ballesteros (1980)	23 y 0 m 4 d
Jack Nicklaus (1963)	23 y 2 m 17 d

■ OLDEST CHAMPIONS

After the 'All Majors' list which appears immediately below, for the individual Majors all winners over the age of 43 are listed, unless in any sub-category that age was not achieved. Repeat performers in italics.

All Majors
Julius Boros (PGA, 1968)	48 y 4 m 18 d	Jack Nicklaus (MAS, 1986)	46 y 2 m 23 d
Tom Morris, Sr (BOP, 1867)	46 y 3 m 9 d	Jerry Barber (PGA, 1961)	45 y 3 m 6 d
		Hale Irwin (USO, 1990)	45 y 0 m 15 d

Lee Trevino (PGA, 1984)	44 y 8 m 18 d	**The US Open**	
Roberto de Vicenzo (BOP, 1967)	44 y 3 m 1 d	Hale Irwin (1990)	45 y 0 m 15 d
Harry Vardon (BOP, 1914)	44 y 1 m 10 d	Ray Floyd (1986)	43 y 9 m 11 d
Ray Floyd (USO, 1986)	43 y 9 m 11 d	Ted Ray (1920)	43 y 4 m 16 d
Ted Ray (USO, 1920)	43 y 4 m 16 d	Julius Boros (1963)	43 y 3 m 20 d
Julius Boros (USO, 1963)	43 y 3 m 20 d		
Tom Morris, Sr (BOP, 1864)	43 y 3 m 10 d	**The PGA Championship**	
Ben Crenshaw (MAS, 1995)	43 y 2 m 29 d	Julius Boros (1968)	48 y 4 m 18 d
		Jerry Barber (1961)	45 y 3 m 6 d
The Open Championship		Lee Trevino (1984)	44 y 8 m 18 d
Tom Morris, Sr (1867)	46 y 3 m 9 d		
Roberto de Vicenzo (1967)	44 y 3 m 3 d	**The Masters Tournament**	
Harry Vardon (1914)	44 y 1 m 10 d	Jack Nicklaus (1986)	46 y 2 m 23 d
Tom Morris, Sr (1864)	43 y 3 m 10 d	Ben Crenshaw (1995)	43 y 2 m 29 d

■ YOUNGEST MULTIPLE CHAMPIONS OF DIFFERENT MAJORS

This short list is denied to players of olden times as fewer opportunities were around in their day. Poor Young Tom Morris never dreamt of a US Open and the rest of them. The first multiple Champion was, of course, Harry Vardon in 1900, who, when he scooped the US Open to add to the trio of Claret Jugs he had at the time, was already the wrong side of 30. Still unbeaten since 1922, the youngest is Gene Sarazen. From the lists immediately above, it can be gleaned that if we considered all multiple Champions, whether of different Majors or of the same one, the records of Tommy Morris, 1869 (18 y 4 m 26 d) and Johnny McDermott, 1912 (20 y 11 m 21 d) would make a Sarazen sandwich. [Young Tom, 1870, would finish atop any list showing the youngest player to obtain 'any' three Majors – and four, in 1872.] Willie Anderson in the US Open (23 y 8 m 4 d) would be next on an 'any Majors' list below, after Woods.

Gene Sarazen, 1922	20 y 4 m 17 d (USO & PGA)
Jordan Spieth, 2015	21 y 10 m 24 d (MAS & USO)
Seve Ballesteros, 1980	23 y 0 m 4 d (BOP & MAS)
Jack Nicklaus, 1963*	23 y 2 m 17 d (USO & MAS)
Rory McIlroy, 2012***	23 y 3 m 8 d (USO & PGA)
Tiger Woods, 1999**	23 y 7 m 15 d (MAS & PGA)

*Jack would become the youngest winner of three different Majors that year, capturing the PGA title when exactly 23 y 6 m. The career Grand Slam would be achieved in 1966 when he 'belatedly' won the British at the grand old age of 26 y 6 m 20 d.

**Tiger reached his triple in 2000, thanks to the massacre of Pebble Beach, aged 24 y 6 m 20 d, a year older than Nicklaus. But, as we all know, one month later he achieved the Slam at St Andrews aged 24 y 7 m 25 d, almost two years younger than Jack was back in 1966.

***Rory collected his trio with The Open in 2014, aged 25 y 2 m 16 d.

■ YOUNGEST RUNNERS-UP

After the 'All Majors' list which appears immediately below, for the individual Majors all runners-up under the age of 24 are listed, unless in any sub-category that age was not achieved. In several cases, especially in the early days of these Championships, biographical details of many players who didn't win a Major (and even some who did) are scratchy. Repeat performers in italics.

All Majors		**The US Open**	
Willie Anderson (USO, 1897)	17 y 10 m 27 d	Willie Anderson (Chicago, 1897)	17 y 10 m 27 d
John McDermott (USO, 1910)	18 y 10 m 8 d	John McDermott (Philadelphia Cricket, 1910)	
Seve Ballesteros (BOP, 1976)	19 y 2 m 28 d		18 y 10 m 8 d
Sergio Garcia (PGA, 1999)	19 y 7 m 6 d	Bobby Jones (a) (Skokie, 1922)	20 y 3 m 29 d
Andrew Kirkaldy (BOP, 1879)	19 y ?	Jack Nicklaus (Cherry Hills, 1960)	20 y 4 m 26 d
Archie Simpson (BOP, 1885)	19 y ?	Leo Diegel (Inverness, 1920)	21 y 3 m 16 d
Bobby Jones (a) (USO, 1922)	20 y 3 m 29 d	Ralph Guldahl (North Shore, 1933)	21 y 6 m 18 d
Jack Nicklaus (USO, 1960)	20 y 4 m 26 d	Horace Rawlins (Newport, 1896)	21 y 11 m 18 d
Jordan Spieth (MAS, 2014)	20 y 8 m 17 d	Harry Cooper (Oakmont, 1927)	22 y 1 m 17 d
Leo Diegel (USO, 1920)	21 y 3 m 16 d	*Bobby Jones* (a) (Oakland Hills, 1924)	22 y 2 m 20 d
Ralph Guldahl (USO, 1933)	21 y 6 m 18 d	Macdonald Smith (Philadelphia Crick'e, 1910)	
Horace Rawlins (USO, 1896)	21 y 11 m 18 d		22 y 3 m 2 d
Peter Paxton (BOP, 1880)	21 y ?	Jason Day (Congressional, 2011)	23 y 7 m 7 d
		Jordan Spieth (Whistling Straits, 2015)	22 y 0 m 20 d
The Open Championship		Gene Littler (Baltusrol, 1954)	23 y 10 m 29 d
Seve Ballesteros (Royal Birkdale, 1976)	19 y 2 m 28 d		
Andrew Kirkaldy (St Andrews, 1879)	19 y ?	**The PGA Championship**	
Archie Simpson (St Andrews, 1885)	19 y ?	Sergio Garcia (Medinah, 1999)	19 y 7 m 6 d
Peter Paxton (Musselburgh, 1880)	21 y ?	Jordan Spieth (Whistling Straits, 2015)	22 y 0 m 20 d
Roger Wethered (a) (St Andrews, 1921)	22 y 5 m 22 d	Jerry Pate (Oakmont, 1978)	24 y 10 m 21 d
Peter Thomson (Royal Lytham, 1952)	22 y 10 m 19 d		
Dave Thomas (Royal Lytham, 1958)	23 y 10 m 19 d	**The Masters Tournament (all Augusta National)**	
Bernhard Langer (R St George's, 1981)	23 y 10 m 23 d	Jordan Spieth (MAS, 2014)	20 y 8 m 17 d
Tom Morris, Jr (Musselburgh, 1874)	23 y 11 m 20 d	Jason Day (2011)	23 y 4 m 28 d
		Johnny Miller (1971)	23 y 11 m 12 d
		Ben Crenshaw (1976)	24 y 3 m 0 d
		Frank Stranahan (a) (1947)	24 y 7 m 29 d
		Ken Venturi (a) (1956)	24 y 10 m 24 d

OLDEST RUNNERS-UP

After the 'All Majors' list which appears immediately below, for the individual Majors all runner-ups over the age of 43 are listed, unless in any sub-category that age was not achieved. It is thought that John Black, a well-known club maker from Carnoustie in the early days of the century was about 43 when he completely over-performed at Skokie in the US Open of 1922, tying Bobby Jones for second place, just one shot behind Gene Sarazen. Just one behind, too, was Roberto de Vicenzo at Augusta in 1968, pipped to a second Major crown on his 45th birthday. Mac Smith appears in both young and old lists, with two of his four runner-up disappointments occurring 21 years apart. Just comparing the statistic of Tom Watson — comfortably heading the following chart — against all the rest, illustrates very starkly how immense was his achievement at Turnberry in 2009. Just failing to make one of the supplementary lists below was Lee Westwood, who tied second in the 2016 Masters, just two weeks shy of his 43rd birthday.

All Majors
Tom Watson (BOP, 2009)	59 y 10 m 15 d
Sandy Herd (BOP, 1920)	52 y 2 m 9 d
Harry Vardon (USO, 1920)	50 y 3 m 4 d
Ray Floyd (MAS, 1992)	49 y 7 m 8 d
Gary Player (PGA, 1984)	48 y 9 m 18 d
Kenny Perry (MAS, 2009)	48 y 8 m 2 d
Dai Rees (BOP, 1961)	48 y 3 m 14 d
Ted Ray (BOP, 1925)	48 y 2 m 29 d
Ray Floyd (MAS, 1990)	47 y 7 m 4 d
Tom Kite (MAS, 1997)	47 y 5 m 4 d
Gene Littler (PGA, 1977)	47 y 0 m 24 d
Don January (PGA, 1976)	46 y 9 m 26 d
Jim Furyk (USO, 2016)	46 y 1 m 7 d
Phil Mickelson (BOP, 2016)	46 y 1 m 1 d
Lee Trevino (PGA, 1985)	45 y 7 m 10 d
Rocco Mediate (USO, 2008)	45 y 6 m 29 d
Jim Ferrier (PGA, 1960)	45 y 5 m 0 d
Rod Funseth (MAS, 1978)	45 y 0 m 3 d
Roberto de Vicenzo (MAS, 1968)	45 y 0 m 0 d

The Open Championship
Tom Watson (Turnberry, 2009)	59 y 10 m 15 d
Sandy Herd (Deal, 1920)	52 y 2 m 9 d
Dai Rees (Royal Birkdale, 1961)	48 y 3 m 14 d
Ted Ray (Prestwick, 1925)	48 y 2 m 29 d
Phil Mickelson (Royal Troon, 2016)	46 y 1 m 1 d
Mark McCumber (Royal Lytham, 1996)	44 y 9 m 14 d
Flory van Donck (Hoylake, 1956)	44 y 1 m 13 d

The US Open
Harry Vardon (Inverness, 1920)	50 y 3 m 4 d
Jim Furyk (Oakmont, 2016)	46 y 1 m 7 d
Rocco Mediate (Torrey Pines, 2008)	45 y 6 m 29 d
Kel Nagle (Bellerive, 1965)	44 y 6 m 0 d
Ben Hogan (Oak Hill, 1956)	43 y 10 m 3 d
Gary Player (Inverness, 1979)	43 y 7 m 16 d
Harry Vardon (Brookline, 1913)	43 y 4 m 11 d
David Brown (Baltusrol, 1903)	43 ?
John Black (Skokie, 1922)	43 y ?

The PGA Championship
Gary Player (Shoal Creek, 1984)	48 y 9 m 18 d
Gene Littler (Pebble Beach, 1977)	47 y 0 m 24 d
Don January (Congressional, 1976)	46 y 9 m 26 d
Lee Trevino (Cherry Hills, 1985)	45 y 7 m 10 d
Jim Ferrier (Cherry Hills, 1960)	45 y 5 m 0 d
Phil Mickelson (Valhalla, 2014)	44 y 1 m 24 d
Jack Nicklaus (Oakmont, 1983)	43 y 6 m 17 d
Woody Austin (Oakmont, 2007)	43 y 6 m 14 d

The Masters Tournament (all Augusta National)
Ray Floyd (1992)	49 y 7 m 8 d
Kenny Perry (2009)	48 y 8 m 2 d
Ray Floyd (1990)	47 y 7 m 4 d
Tom Kite (1997)	47 y 5 m 4 d
Rod Funseth (1978)	45 y 0 m 3 d
Roberto de Vicenzo (1968)	45 y 0 m 0 d
Phil Mickelson (2015)	44 y 10 m 26 d
Sam Snead (1957)	44 y 10 m 20 d
Angel Cabrera (2013)	43 y 7 m 2 d

LARGEST WINNING MARGINS

In the PGA section, lists are given for both match play and stroke play eras. Repeat performers in italics.

All Majors
15	Tiger Woods	USO, 2000
13	Tom Morris, Sr	BOP, 1862
12	Tom Morris, Jr	BOP, 1870
	Tiger Woods	MAS, 1997
11	Tom Morris, Jr	BOP, 1869
	Willie Smith	USO, 1899
9	Jim Barnes	USO, 1921
	Jack Nicklaus	MAS, 1965
8	JH Taylor	BOP, 1900
	James Braid	BOP, 1908
	JH Taylor	BOP, 1913
	Ray Floyd	MAS, 1976
	Tiger Woods	BOP, 2000
	Rory McIlroy	USO, 2011
	Rory McIlroy	PGA, 2012
	Martin Kaymer	USO, 2014

The Open Championship
13	Tom Morris, Sr	Prestwick, 1862
12	Tom Morris, Jr	Prestwick, 1870
11	*Tom Morris, Jr*	Prestwick, 1869
8	JH Taylor	St Andrews, 1900
	James Braid	Prestwick, 1908
	JH Taylor	Hoylake, 1913
	Tiger Woods	St Andrews, 2000
7	Louis Oosthuizen	St Andrews, 2010
6	Harry Vardon	Prestwick, 1903
	JH Taylor	Deal, 1909
	Bobby Jones (a)	St Andrews, 1927
	Walter Hagen	Muirfield, 1929
	Arnold Palmer	Troon, 1962
	Johnny Miller	Royal Birkdale, 1976

The US Open
15	Tiger Woods	Pebble Beach, 2000
11	Willie Smith	Baltimore, 1899
9	Jim Barnes	Columbia, 1921
8	Rory McIlroy	Congressional, 2011
	Martin Kaymer	Pinehurst, 2014
7	Alex Smith	Onwentsia, 1906
	Fred Herd	Myopia Hunt, 1898
	Tony Jacklin	Hazeltine Nat, 1970
6	Laurie Auchterlonie	Garden City, 1902
	Ralph Guldahl	Cherry Hills, 1938
	Ben Hogan	Oakmont, 1953

The PGA Championship
Match play Finals (1916-1957)
8&7	Paul Runyan bt Sam Snead	Shawnee, 1938
7&6	Ben Hogan bt Mike Turnesa	Norwood Hills, 1948
	Sam Snead bt Walter Burkemo	Oakmont, 1951
6&5	Jim Barnes bt Fred McLeod	Engineers, 1919
	Walter Hagen bt Bill Mehlhorn	Olympia Fields, 1925
	Leo Diegel bt Al Espinosa	Five Farms, 1928
6&4	*Leo Diegel* bt Johnny Farrell	Hillcrest, 1929
	Ben Hogan bt Ed Oliver	Portland, 1946

Stroke play (1958 to date)
8	Rory McIlroy	Kiawah Island, 2012
7	Jack Nicklaus	Oak Hill, 1980
6	Nick Price	Southern Hills, 1994
5	Davis Love III	Winged Foot, 1997
	Tiger Woods	Medinah, 2006

THE RECORDS

	The Masters Tournament (all Augusta National)	
12	Tiger Woods	1997
9	Jack Nicklaus	1965
8	Ray Floyd	1976
7	Cary Middlecoff	1955
6	Arnold Palmer	1964

■ LOW SCORING: 72 HOLES (CHRONOLOGY)

Low tied scores, hence play-offs, are asterisked; repeat performers italicized.

All Majors

305	Harold Hilton (a)	78 81 72 74	BOP, 1892
300	Harry Vardon	73 77 72 78	BOP, 1903
296	Jack White	80 75 72 69	BOP, 1904
295	Alex Smith	73 74 73 75	USO, 1906
291	James Braid	70 72 77 72	BOP, 1908
290	George Sargent	75 72 72 71	USO, 1909
286	Charles Evans, Jr (a)	70 69 74 73	USO, 1916
285	Bobby Jones (a)	68 72 73 72	BOP, 1927
283	Gene Sarazen	70 69 70 74	BOP, 1932
282	*Gene Sarazen*	68 71 73 70	MAS, 1935
281	Ralph Guldahl	71 69 72 69	USO, 1937
279	*Ralph Guldahl*	72 68 70 69	MAS, 1939
276	Ben Hogan	67 72 68 69	USO, 1948
274	*Ben Hogan*	70 69 66 69	MAS, 1953
271	Bobby Nichols	64 71 69 67	PGA, 1964
268	Tom Watson	68 70 65 65	BOP, 1977
267	Greg Norman	66 68 69 64	BOP, 1993
265	David Toms	66 65 65 69	PGA, 2001
264	Henrik Stenson	68 65 68 63	BOP, 2016

The Open Championship

305	Harold Hilton (a)	Muirfield, 1892
300	Harry Vardon	Prestwick, 1903
296	Jack White	Royal St George's, 1904
291	James Braid	Prestwick, 1908
285	Bobby Jones (a)	St Andrews, 1927
283	Gene Sarazen	Prince's, 1932
279	Bobby Locke	Troon, 1950
278*	Peter Thomson/ Dave Thomas	Royal Lytham, 1958
276	Arnold Palmer	Troon, 1962
268	Tom Watson	Turnberry, 1977
267	Greg Norman	Royal St George's, 1993
264	Henrik Stenson	Royal Troon, 2016

The US Open

328	Fred Herd	Myopia Hunt, 1898
315	Willie Smith	Baltimore, 1899
313	Harry Vardon	Chicago, 1900
307	Laurie Auchterlonie	Garden City, 1902
303	Willie Anderson	Glen View, 1904
295	Alex Smith	Onwentsia, 1906
290	George Sargent	Englewood, 1909
286	Charles Evans, Jr (a)	Minikahda, 1916
282	Tony Manero	Baltusrol (Upper), 1936
281	Ralph Guldahl	Oakland Hills, 1937
276	Ben Hogan	Riviera CC, 1948
275	Jack Nicklaus	Baltusrol (Lower), 1967
272	*Jack Nicklaus*	Baltusrol (Lower), 1980
268	Rory McIlroy	Congressional, 2011

The PGA Championship

276	Dow Finsterwald	Llanerch, 1958
271	Bobby Nichols	Columbus CC, 1964
269	Nick Price	Southern Hills, 1994
267*	Steve Elkington/ Colin Montgomerie	Riviera CC, 1995
265	David Toms	Atlanta AC, 2001

The Masters Tournament (all Augusta National)

284	Horton Smith	1934
282	Gene Sarazen	1935
279	Ralph Guldahl	1939
274	Ben Hogan	1953
271	Jack Nicklaus	1965
270	Tiger Woods	1997

■ LOWEST WINNING TOTALS AGAINST PAR

Alex Smith tops this list by dint of a very advantageous par of 82 (328), the first marker 'adopted' by the USGA for the US Open, and which has given us an excuse for another list of stats. It wasn't until 1911 that a special committee of America's governing body came up with a definitive 'par', based on the expected number of atrokes a scratch golfer could expect to make at a hole depending on its yardage. Just a cursory glance at this list shows a preponderance of Masters records. This is partly due to the fact Augusta has hosted far and away the most Major Championships; partly, too, that despite only converting the esteemed golf course to one of the 7000+yard brigade in very recent times, the Augusta men have dogmatically stuck to the classic level-fours 72 scorecard for 66 years, regardless of the effects of time, distance and modern technology. Repeat performers are italicized.

All Majors

-33	(295)*	Alex Smith	USO, 1906
-20	(268)	Jason Day	PGA, 2015
	(264)	Henrik Stenson	BOP, 2016
-19	(269)	Tiger Woods	BOP, 2000
-18	(270)	Nick Faldo	BOP, 1990
	(270)	*Tiger Woods*	MAS, 1997
	(270)	*Tiger Woods*	PGA, 2000
	(270)	*Tiger Woods*	BOP, 2006
	(270)	*Tiger Woods*	PGA, 2006
	(270)	Jordan Spieth	MAS, 2015-17
	(271)	Jack Nicklaus	MAS, 1965
	(271)	Ray Floyd	MAS, 1976
	(267)	Steve Elkington	PGA, 1995
	(271)	Rory McIlroy	BOP, 2014
-16	(272)	*Tiger Woods*	MAS, 2001
	(272)	Phil Mickelson	MAS, 2010
	(272)	Louis Oosthuizen	BOP, 2010
	(268)	Rory McIlroy	USO, 2011
	(268)	*Rory McIlroy*	PGA, 2014
-15	(273)	Lee Trevino	PGA, 1984
	(265)	David Toms	PGA, 2001
	(273)	Zach Johnson	BOP, 2015

The Open Championship

-20	(264)	Henrik Stenson	Royal Troon, 2016
-19	(269)	Tiger Woods	St Andrews, 2000
-18	(270)	Nick Faldo	St Andrews, 1990
	(270)	*Tiger Woods*	Hoylake, 2006
-17	(271)	Rory McIlroy	Hoylake, 2014
-16	(272)	Louis Oosthuizen	St Andrews, 2010
-15	(273)	Zach Johnson	St Andrews, 2015
-14	(278)	Lee Trevino	Royal Birkdale, 1971
-13	(271)	Tom Watson	Muirfield, 1980
	(267)	Greg Norman	R St George's, 1993
	(271)	Tom Lehman	Royal Lytham, 1996
	(276)	Tom Weiskopf	Troon, 1973
-12	(268)	Tom Watson	Turnberry, 1977
	(276)	Seve Ballesteros	St Andrews, 1984
	(272)	Nick Faldo	Muirfield, 1992,
	(268)	Nick Price	Turnberry 1994
	(272)	Justin Leonard	Royal Troon, 1997

The US Open

-33	(295)	Alex Smith	Onwentsia, 1906
-16	(268)	Rory McIlroy	Congressional, 2011
-12	(272)	Tiger Woods	Pebble Beach, 2000

* arbitrarily applied: official 'par' was not defined until 1911

The PGA Championship
-20 (268)	Jason Day	Whistling Straits, 2015	
-18 (270)	Tiger Woods	Valhalla, 2000	
(270)	*Tiger Woods*	Medinah, 2006	
-17 (267)	Steve Elkington	Riviera CC, 1995	
-16 (268)	Rory McIlroy	Valhalla, 2014	
-15 (273)	Lee Trevino	Shoal Creek, 1984	
(265)	David Toms	Atlanta AC, 2001	
-14 (266)	Jimmy Walker	Baltusrol, 2016-13	
-13 (275)	Rory McIlroy	Kiawah Island, 2012	
-12 (276)	Ray Floyd	NCR CC, 1969	
(272)	Jeff Sluman	Oak Tree, 1988	
(276)	Payne Stewart	Kemper Lakes, 1989	
(276)	John Daly	Crooked Stick, 1991	
(272)	Paul Azinger	Inverness, 1993	

The Masters Tournament (All Augusta National)
-18 (270) Tiger Woods 1997

(270)	Jordan Spieth	2015	
-17 (271)	Jack Nicklaus	1965	
(271)	Ray Floyd	1976	
-16 (272)	*Tiger Woods*	2001	
(272)	Phil Mickelson	2010	
-14 (274)	Ben Hogan	1953	
(274)	Ben Crenshaw	1995	
(274)	Charl Schwartzel	2011	
-13 (275)	Seve Ballesteros	1980	
(275)	Fred Couples	1992	
-12 (276)	Arnold Palmer	1964	
(276)	*Jack Nicklaus*	1975	
(276)	Tom Watson	1977	
(276)	Nick Faldo	1996	
(276)	*Tiger Woods*	2002	
(276)	*Tiger Woods*	2005	
(276)	Angel Cabrera	2009	

■ LOWEST 72-HOLE TOTALS

As the introduction of the Masters increased the number of stroke play Majors by 50% during the 1930s, the honours for low scoring in earlier days go to the Augusta National Club. The PGA Championship, having discarded matchplay after 1957, made up for lost time, with venues like Atlanta Athletic Club and the Riviera Country Club awash with record-breaking low scores. Once more the US Open has proved to be the most difficult Major for low scoring, although Rory McIlroy's performance in 2011 shows that even the most demanding layouts, at least in theory, can be tamed. Until Rory's demolition of Congressional, a four-way tie of 272 was the record for the event, some seven shots higher than the record for all Majors. Now the Ulsterman's all-time low has dragged the US Open more into line with the other three. Henrik Stenson's amazing feat in the 2016 Open Championship consigned Phil Mickelson to his third appearance in the main list below over a 16-year period – all as runner-up, and all within five strokes of the lowest 72-hole total ever shot in any Major. Repeat performers in italics. Asterisked players' figures are not winning totals.

All Majors
264	Henrik Stenson	68 65 68 63	BOP, 2016
265	David Toms	66 65 65 69	PGA, 2001
266	Phil Mickelson*	66 66 66 68	PGA, 2001
	Jimmy Walker	65 66 68 67	PGA, 2016
267	Greg Norman	66 68 69 64	BOP, 1993
	Steve Elkington	68 67 68 64	PGA, 1995
	Colin Montgomerie*	68 67 67 65	PGA, 1995
	Phil Mickelson	63 69 70 65	BOP, 2016
	Jason Day	68 65 67 67	PGA, 2016
268	Tom Watson	68 70 65 65	BOP, 1977
	Nick Price	69 66 67 66	BOP, 1994
	Steve Lowery*	67 67 66 68	PGA, 2001
	Rory McIlroy	65 66 68 69	USO, 2011
	Rory McIlroy	66 67 67 68	PGA, 2014
	Jason Day	68 67 66 67	PGA, 2015
269	Jack Nicklaus*	68 70 65 66	BOP, 1977
	Nick Faldo*	69 63 70 67	BOP, 1993
	Jesper Parnevik*	68 66 68 67	BOP, 1994
	Nick Price	67 65 70 67	PGA, 1994
	Ernie Els*	66 65 66 72	PGA, 1995
	Jeff Maggert*	66 69 65 69	PGA, 1995
	Davis Love III	66 71 66 66	PGA, 1997
	Tiger Woods	67 66 67 69	BOP, 2000
	Phil Mickelson*	69 67 67 66	PGA, 2014

The Open Championship
264	Henrik Stenson	Royal Troon, 2016	
267	Greg Norman	Royal St George's, 1993	
	*Phil Mickelson**	Royal Troon, 2016	
268	Tom Watson	Turnberry, 1977	
	Nick Price	Turnberry, 1994	
269	Jack Nicklaus*	Turnberry, 1977	
	Nick Faldo*	Royal St George's, 1993	
	Jesper Parnevik*	Turnberry, 1994	
	Tiger Woods	St Andrews, 2000	
270	Nick Faldo	St Andrews, 1990	
	Bernhard Langer*	Royal St George's, 1993	
	Tiger Woods	Hoylake, 2006	
271	Tom Watson	Muirfield, 1980	
	Fuzzy Zoeller*	Turnberry, 1994	
	Tom Lehman	Royal Lytham, 1996	
	Rory McIlroy	Hoylake, 2014	

The US Open
268	Rory McIlroy	Congressional, 2011	
271	Martin Kaymer	Pinehurst, 2014	
272	Jack Nicklaus	Baltusrol (Lower), 1980	
	Lee Janzen	Baltusrol (Lower), 1993	
	Tiger Woods	Pebble Beach, 2000	
	Jim Furyk	Olympia Fields, 2003	
273	David Graham	Merion, 1981	
275	*Jack Nicklaus*	Baltusrol, 1967	
	Lee Trevino	Oak Hill, 1968	
	Jordan Spieth	Chambers Bay, 2015	
276	Ben Hogan	Riviera CC, 1948	
	Fuzzy Zoeller	Winged Foot, 1984	
	Ernie Els	Congressional, 1997	
	Retief Goosen	Southern Hills, 2001	
	Retief Goosen	Shinnecock Hills, 2004	
	Lucas Glover	Bethpage State Park, 2009	
	Jason Day*	Congressional, 2011	
	Dustin Johnson*	Chambers Bay, 2015	
	Louis Oosthuizen*	Chambers Bay, 2015	

The PGA Championship
265	David Toms	Atlanta AC, 2001	
266	Phil Mickelson*	Atlanta AC, 2001	
	Jimmy Walker	Baltusrol, 2016	
267	Steve Elkington	Riviera CC, 1995	
	Colin Montgomerie*	Riviera CC, 1995	
	*Jason Day**	Baltusrol, 2016	
268	Steve Lowery*	Atlanta AC, 2001	
	Rory McIlroy	Valhalla, 2014	
	Jason Day	Whistling Straits, 2015	
269	Nick Price	Southern Hills, 1994	
	Ernie Els*	Riviera CC, 1995	
	Jeff Maggert*	Riviera CC, 1995	
	Davis Love III	Winged Foot, 1997	
	*Phil Mickelson**	Valhalla GC, 2014	
270	Bob May*	Valhalla GC, 2000	
	Tiger Woods	Valhalla GC, 2000	
	Mark Calcavecchia*	Atlanta AC, 2001	
	Shingo Katayama*	Atlanta AC, 2001	
	Jason Dufner	Oak Hill CC, 2013	
	Rickie Fowler*	Valhalla, 2014	
	Henrik Stenson*	Valhalla, 2014	
	Daniel Summerhays*	Baltusrol, 2016	

The Masters Tournament (all Augusta National)
270	Tiger Woods	1997
	Jordan Spieth	2015
271	Jack Nicklaus	1965
	Ray Floyd	1976
272	*Tiger Woods*	2001
	Phil Mickelson	2010
274	Ben Hogan	1953
	Ben Crenshaw	1995

THE RECORDS

	Charl Schwartzel	2011	275	Seve Ballesteros	1980
	*Phil Mickelson**	2015		Fred Couples	1992
	Justin Rose*	2015			

■ LOW SCORING: 18 HOLES (CHRONOLOGY)

Scores have reduced in fits and starts since the first ever 18 hole-based competition at the Old Course, St Andrews in 1873. Non-winners are asterisked; repeat performers in italics.

All Majors
91	Tom Kidd, R1	BOP, 1873
88	*Tom Kidd*, R2	BOP, 1873
75	Mungo Park, Sr, R1	BOP, 1874
74	Harold Hilton, R1	BOP, 1892
72	Harold Hilton, R3	BOP, 1892
71	James Sherlock*, R2	BOP, 1904
69	James Braid*, R3	BOP, 1904
68	JH Taylor*, R4	BOP, 1904
67	Willie MacFarlane, R2	USO, 1925
66	Gene Sarazen, R4	USO, 1932
65	Henry Cotton, R2	BOP, 1934
64	Lloyd Mangrum, R1	MAS, 1940
63	Johnny Miller, R4	USO, 1973

The Open Championship
91	Tom Kidd, R1	St Andrews, 1873
88	*Tom Kidd*, R2	St Andrews, 1873
75	Mungo Park, Sr, R1	Musselburgh, 1874
72	Harold Hilton, R3	Muirfield, 1892
71	James Sherlock*, R2	R St George's, 1904
69	James Braid*, R3	R St George's, 1904
68	JH Taylor*, R4	R St George's, 1904
67	Walter Hagen, R2	Muirfield, 1929
65	Henry Cotton, R2	R St George's, 1934
63	Mark Hayes*, R1	Turnberry, 1977

The US Open
82	Horace Rawlings, R2	Newport, 1895
76	Joe Lloyd*, R2	Shinnecock Hills, 1896
74	James Foulis, R2	Shinnecock Hills, 1896
73	Gilbert Nicholls, R3	Garden City, 1902
72	Willie Anderson, R4	Glen View, 1904
68	David Hunter*, R1	Englewood, 1909
67	Willie MacFarlane, R2	Worcester, 1925
66	Gene Sarazen, R4	Fresh Meadow, 1932
65	Jimmy McHale*, R3	St Louis, 1947
64	Lee Mackey, Jr*, R1	Merion, 1950
63	Johnny Miller, R4	Oakmont, 1973

The PGA Championship
67	Dow Finsterwald, R1	Llanerch, 1958
66	Walter Burkemo*, R3	Llanerch, 1958
65	Jerry Barber*, R2	Minneapolis, 1959
64	Bobby Nichols, R1	Columbus CC, 1964
63	Bruce Crampton*, R2	Firestone, 1975

The Masters (all Augusta National)
70	Horton Smith, R1	1934
69	Ed Dudley*, R2	1934
67	Henry Picard*, R1	1935
66	Byron Nelson, R1	1937
64	Lloyd Mangrum, R1	1940
63	Nick Price*, R3	1986

■ LOW SCORES: ANY ROUND

One of the most curious statistics about the Golf Majors is how the lowest score ever recorded, ie Johnny Miller's 63 in the 1973 US Open, has not been breached for over 40 years. 29 more instances of the low have been achieved since then, but we still await the first man to shoot 62. There have been eight ten 63s in The Open; four in the US Open; 14 in the PGA; and just two in the Masters. Non-winners (surprisingly perhaps, all but seven on the list) are asterisked; repeat performers (just Greg Norman and Vijay Singh) in italics.

All Majors
63	Johnny Miller	R4, Oakmont, USO 1973
	Bruce Crampton*	R2, Firestone, PGA 1975
	Mark Hayes*	R2, Turnberry, BOP 1977
	Jack Nicklaus	R1, Baltusrol (Lower), USO 1980
	Tom Weiskopf*	R1, Baltusrol (Lower), USO 1980
	Isao Aoki*	R3, Muirfield, BOP 1980
	Ray Floyd	R1, Southern Hills, PGA 1982
	Gary Player*	R2, Shoal Creek, PGA 1984
	Nick Price*	R3, Augusta National, MAS 1986
	Greg Norman	R2, Turnberry, BOP 1986
	Paul Broadhurst*	R3, St Andrews, BOP 1990
	Jodie Mudd*	R4, Royal Birkdale, BOP 1991
	Nick Faldo*	R2, R St George's, BOP 1993
	Payne Stewart*	R4, R St George's, BOP 1993
	Vijay Singh*	R2, Inverness, PGA 1993
	Michael Bradley*	R1, Riviera, PGA 1995
	Brad Faxon*	R4, Riviera, PGA 1995
	*Greg Norman**	R1, Augusta National, MAS 1996
	Jose Maria Olazabal*	R3, Valhalla, PGA 2000
	Mark O'Meara*	R2, Atlanta AC, PGA 2001
	*Vijay Singh**	R2, Olympia Fields, USO 2003
	Thomas Bjorn*	R3, Baltusrol (Lower), PGA 2005
	Tiger Woods	R2, Southern Hills, PGA 2007
	Rory McIlroy*	R1, St Andrews, BOP 2010
	Steve Stricker*	R1, Atlanta AC, PGA 2011
	Jason Dufner	R2, Oak Hill CC, PGA 2013
	Hiroshi Iwata*	R2, Whistling Straits, PGA 2015
	Phil Mickelson*	R1, Royal Troon, BOP 2016
	Henrik Stenson	R4, Royal Troon, BOP 2016
	Robert Streb*	R2, Baltusrol (Lower), PGA 2016

■ LOW SCORES: ROUND ONE

Of the 25 players in the first list below who started a Major Championship campaign with a 63 or 64, only three eventually won. A similar ratio appears throughout Majors history. The odds against someone shooting a 63 or 64, or even a 65 in Round One of a Major and going on to win are very heavily stacked indeed. From these stats, it is approximately 8-1 against. Players asterisked are non-winners. Repeat performers are in italics.

All Majors
63	Jack Nicklaus	USO, 1980
	Tom Weiskopf*	USO, 1980
	Ray Floyd	PGA, 1982
	Michael Bradley*	PGA, 1995
	Greg Norman*	MAS, 1996
	Rory McIlroy*	BOP, 2010
	Steve Stricker*	USO, 2011
	Phil Mickelson*	BOP, 2016
64	Lloyd Mangrum*	MAS, 1940
	Lee Mackey, Jr*	USO, 1950
	Bobby Nichols	PGA, 1964
	Craig Stadler*	BOP, 1983
	C O'Connor, Jr*	BOP, 1985
	Doug Tewell*	PGA, 1985
	Rodger Davis*	BOP, 1987
	Mike Donald*	MAS, 1990
	Ray Floyd*	BOP, 1992

	Steve Pate*	BOP, 1992
	Scott Simpson*	PGA, 1993
	Jim Gallagher, Jr*	PGA, 1995
	Mark O'Meara*	PGA, 1995
	Grant Waite*	PGA, 2001
	Mike Weir*	USO, 2009
	Miguel A Jimenez*	BOP, 2009
	Adam Scott*	BOP, 2012
	Jordan Spieth	MAS, 2015

The Open Championship

63	Rory McIlroy*	St Andrews, 2010
	Phil Mickelson*	Royal Troon, 2016
64	Craig Stadler*	Royal Birkdale, 1983
	Christy O'Connor, Jr*	Royal St George's, 1985
	Rodger Davis*	Muirfield, 1987
	Ray Floyd*	Muirfield, 1992
	Steve Pate*	Muirfield, 1992
	Miguel A Jimenez*	Turnberry, 2009
	Adam Scott*	Royal Lytham, 2012

The US Open

63	Jack Nicklaus	Baltusrol (Lower), 1980
	Tom Weiskopf*	Baltusrol (Lower), 1980
64	Lee Mackey, Jr*	Merion, 1950
	Mike Weir*	Bethpage State Park, 2009

The PGA Championship

63	Ray Floyd	Southern Hills, 1982
	Michael Bradley*	Riviera CC, 1995
64	Bobby Nichols	Columbus CC, 1964
	Doug Tewell*	Cherry Hills, 1985
	Scott Simpson*	Inverness, 1993
	Jim Gallagher, Jr*	Riviera CC, 1995
	Mark O'Meara*	Riviera CC, 1995
	Grant Waite*	Atlanta AC, 2001

The Masters Tournament (all Augusta National)

63	Greg Norman*	1996
64	Lloyd Mangrum*	1940
	Mike Donald*	1990
	Jordan Spieth	2015

■ LOW SCORES: ROUND TWO

Players asterisked are non-winners. Repeat performers are in italics.

All Majors

63	Bruce Crampton*	PGA, 1975
	Mark Hayes*	BOP, 1977
	Gary Player*	PGA, 1984
	Greg Norman	BOP, 1986
	Nick Faldo*	BOP, 1993
	Vijay Singh*	PGA, 1993
	Mark O'Meara*	PGA, 2001
	Vijay Singh	USO, 2003
	Tiger Woods	PGA, 2007
	Jason Dufner	PGA, 2013
	Robert Streb*	PGA, 2016
64	Tommy Jacobs*	USO, 1964
	Gary Player*	PGA, 1964
	Rives McBee*	USO, 1966
	Don Bies*	PGA, 1969
	Miller Barber*	MAS, 1979
	Horacio Carbonetti*	BOP, 1980
	Dave Rummells*	PGA, 1988
	Curtis Strange	USO, 1989
	Craig Stadler*	PGA, 1989
	Nick Faldo	BOP, 1992
	Mark Brooks*	BOP, 1994
	Blaine McCallister*	PGA, 1994
	Jay Haas*	MAS, 1995
	Steve Stricker*	PGA, 1995
	Mark Brooks	USO, 2001
	Shingo Katayama*	PGA, 2001
	Jim Furyk*	PGA, 2001
	Colin Montgomerie*	BOP, 2002
	Woody Austin*	USO, 2003
	Lucas Glover	USO, 2009
	Jason Day*	MAS, 2011
	Keegan Bradley	PGA, 2011
	Brandt Snedeker*	BOP, 2012

The Open Championship

63	Mark Hayes*	Turnberry, 1977
	Greg Norman	Turnberry, 1986
	Nick Faldo*	R St George's, 1993
64	Horacio Carbonetti*	Muirfield, 1980
	Nick Faldo	Muirfield, 1992
	Mark Brooks*	Turnberry, 1994
	Colin Montgomerie*	Muirfield, 2002
	Brandt Snedeker*	Royal Lytham, 2012

The US Open

63	Vijay Singh*	Olympia Fields, 2003
64	Tommy Jacobs*	Congressional, 1964
	Rives McBee*	Olympic, 1966
	Curtis Strange	Oak Hill, 1989
	Mark Brooks*	Southern Hills, 2001
	Woody Austin*	Olympia Fields, 2003
	Lucas Glover	Bethpage SP, 2009

The PGA Championship

63	Bruce Crampton*	Firestone, 1975
	Gary Player*	Shoal Creek, 1984
	Vijay Singh*	Inverness, 1993
	Mark O'Meara*	Atlanta AC, 2001
	Tiger Woods	Southern Hills, 2007
	Steve Stricker*	Atlanta AC, 2011
	Jason Dufner	Oak Hill CC, 2013
	Hiroshi Iwata*	Whistling Straits, 2015
	Robert Streb*	Baltusrol (Lower), 2016
64	Gary Player	Columbus CC, 1964
	Don Bies*	NCR CC, 1969
	Dave Rummells*	Oak Tree, 1988
	Craig Stadler*	Kemper Lakes, 1989
	Blaine McCallister*	Southern Hills, 1994
	Steve Stricker	Riviera CC, 1995
	Shingo Katayama*	Atlanta AC, 2001
	Jim Furyk*	Atlanta AC, 2001
	Keegan Bradley	Atlanta AC, 2011

The Masters Tournament (all Augusta National)

64	Miller Barber*	1979
	Jay Haas*	1995
	Jason Day*	2011

■ LOW SCORES: ROUND THREE

Players asterisked are non-winners. Repeat performers are in italics.

All Majors

63	Isao Aoki*	BOP, 1980
	Nick Price*	MAS, 1986
	Paul Broadhurst*	BOP, 1990
	Jose Maria Olazabal*	PGA, 2000
	Thomas Bjorn*	PGA, 2005
64	Jack Nicklaus	MAS, 1965
	Miller Barber*	PGA, 1969
	Hubert Green*	BOP, 1980
	Tom Watson	BOP, 1980
	Ben Crenshaw*	USO, 1981
	Hal Sutton*	PGA, 1984
	Bob Tway	PGA, 1986
	Keith Clearwater*	USO, 1987
	Ian Baker-Finch*	BOP, 1990
	Ian Baker-Finch	BOP, 1991
	Wayne Grady*	BOP, 1993
	Loren Roberts*	USO, 1994
	Larry Mize*	BOP, 1994
	Fuzzy Zoeller*	BOP, 1994

THE RECORDS

Jay Haas*	PGA, 1995	
Tom Lehman	BOP, 1996	
Tiger Woods*	BOP, 1997	
Steve Stricker*	BOP, 2007	
W-C Liang*	PGA, 2010	
Branden Grace*	PGA, 2015	

The Open Championship
63	Isao Aoki*	Muirfield, 1980
	Paul Broadhurst*	St Andrews, 1990
64	Tom Watson	Muirfield, 1980
	Hubert Green*	Muirfield, 1980
	Ian Baker-Finch*	St Andrews, 1990
	Ian Baker-Finch	Royal Birkdale, 1991
	Wayne Grady*	R St George's, 1993
	Fuzzy Zoeller*	Turnberry, 1994
	Larry Mize*	Turnberry, 1994
	Tom Lehman	Royal Lytham, 1996
	Tiger Woods*	Royal Troon, 1997
	Steve Stricker*	Carnoustie, 2007

The US Open
64	Ben Crenshaw*	Merion, 1981
	Keith Clearwater*	Olympic, 1987
	Loren Roberts*	Oakmont, 1994

The PGA Championship
63	Jose Maria Olazabal*	Valhalla, 2000
	Thomas Bjorn*	Baltusrol (Lower), 2005
64	Miller Barber*	NCR CC, 1969
	Hal Sutton*	Shoal Creek, 1984
	Bob Tway	Inverness, 1986
	Jay Haas*	Riviera CC, 1995
	W-C Liang*	Whistling Straits, 2010
	Branden Grace*	Whistling Straits, 2015

The Masters Tournament (all Augusta National)
63	Nick Price*	1986
64	Jack Nicklaus	1965

■ LOW SCORES: ROUND FOUR

Players asterisked are non-winners. Repeat performers are in italics.

All Majors
63	Johnny Miller	USO, 1973
	Jodie Mudd*	BOP, 1991
	Payne Stewart*	BOP, 1993
	Brad Faxon*	PGA, 1995
	Henrik Stenson	BOP, 2016
64	Jack Nicklaus*	PGA, 1964
	Maurice Bembridge*	MAS, 1974
	Hale Irwin*	MAS, 1975
	Gary Player	MAS, 1978
	Graham Marsh*	BOP, 1983
	Seve Ballesteros*	BOP, 1986
	Greg Norman*	MAS, 1988
	Peter Jacobsen*	USO, 1988
	Greg Norman	BOP, 1989
	Fred Couples*	BOP, 1991
	Greg Norman	BOP, 1993
	Anders Forsbrand*	BOP, 1994
	Nick Faldo*	BOP, 1994
	Steve Elkington	PGA, 1995
	David Toms*	MAS, 1998
	Tom Kite*	USO, 2001
	Vijay Singh*	USO, 2001
	Richard Green*	BOP, 2007
	Simon Dyson*	PGA, 2007
	Bo Van Pelt*	MAS, 2012
	Adam Scott*	USO, 2015

The Open Championship
63	Jodie Mudd*	Royal Birkdale, 1991
	Payne Stewart*	R St George's, 1993
	Henrik Stenson	Royal Troon, 2016
64	Graham Marsh*	Royal Birkdale, 1983
	Seve Ballesteros*	Turnberry, 1986
	Greg Norman*	Royal Troon, 1989
	Fred Couples*	Royal Birkdale, 1991
	Greg Norman	R St George's, 1993
	Nick Faldo*	Turnberry, 1994
	Anders Forsbrand*	Turnberry, 1994
	Richard Green*	Carnoustie, 2007

The US Open
63	Johnny Miller	Oakmont, 1973
64	Peter Jacobsen*	Brookline, 1988
	Tom Kite*	Southern Hills, 2001
	Vijay Singh*	Southern Hills, 2001
	Adam Scott*	Chambers Bay, 2015

The PGA Championship
63	Brad Faxon*	Riviera CC, 1995
64	Jack Nicklaus*	Columbus CC, 1964
	Steve Elkington	Riviera CC, 1995
	Simon Dyson*	Southern Hills, 2007

The Masters Tournament (all Augusta National)
64	Maurice Bembridge*	1974
	Hale Irwin*	1975
	Gary Player	1978
	Greg Norman*	1988
	David Toms*	1998
	Bo Van Pelt*	2012

■ LOW SCORES: FIRST 36 HOLES

Players asterisked are non-winners. Repeat performers are in italics.

All Majors
130	Nick Faldo	BOP, 1992
	Brandt Snedeker*	BOP, 2012
	Martin Kaymer	USO, 2014
	Jordan Spieth	MAS, 2015
131	Ray Floyd	MAS, 1976
	Hal Sutton	PGA, 1983
	Vijay Singh*	PGA, 1993
	Ernie Els*	PGA, 1995
	Mark O'Meara*	PGA, 1995
	Shingo Katayama*	PGA, 2001
	David Toms	PGA, 2001
	Rory McIlroy	USO, 2011
	Adam Scott*	BOP, 2012
	Jason Dufner	PGA, 2013
	Robert Streb*	PGA, 2016
	Jimmy Walker	PGA, 2016
132	Henry Cotton	BOP, 1934
	Ray Floyd	PGA, 1982
	Nick Faldo	BOP, 1990
	Greg Norman*	BOP, 1990
	Nick Faldo*	BOP, 1993
	Nick Price	PGA, 1994
	Greg Norman*	MAS, 1996
	Bob Estes*	PGA, 2001
	Phil Mickelson*	PGA, 2001
	Phil Mickelson	PGA, 2005
	Tiger Woods	BOP, 2006
	Ricky Barnes	USO, 2009
	Louis Oosthuizen	BOP, 2010
	Rory McIlroy	BOP, 2014
	Phil Mickelson	BOP, 2016

The Open Championship
130	Nick Faldo 66 64	Muirfield, 1992
	Brandt Snedeker 66 64*	Royal Lytham, 2012
131	Adam Scott 64 67*	Royal Lytham, 2012
132	Henry Cotton 67 65	R St George's, 1934
	Nick Faldo 67 65	St Andrews, 1990
	Greg Norman 66 66*	St Andrews, 1990

	Nick Faldo 69 63*	R St George's, 1993		Nick Price 67 65	Southern Hills, 1994
	Tiger Woods 67 65	Hoylake, 2006		Bob Estes 67 65*	Atlanta AC, 2001
	Louis Oosthuizen 65 67	St Andrews, 2010		Phil Mickelson 66 66*	Atlanta AC, 2001
	Rory McIlroy 66 66	Hoylake, 2014		*Phil Mickelson* 67 65	Baltusrol (Lower), 2005
	Phil Mickelson 63 69*	Royal Troon, 2016	133	Greg Norman 65 68*	Inverness, 1986
133	Bobby Clampett 67 66*	Royal Troon, 1982		Paul Azinger 67 66*	Oak Tree, 1988
	John Cook 66 67*	Muirfield, 1992		Mike Reid 66 67*	Kemper Lakes, 1989
	Gordon Brand, Jr 65 68*	Muirfield, 1992		Steve Elkington 67 66*	Inverness, 1993
	Bernhard Langer 67 66*	R St George's, 1993		Lanny Wadkins 65 68*	Inverness, 1993
	Tom Watson 68 65*	Turnberry, 1994		Tiger Woods 66 67	Valhalla, 2000
	Darren Clarke 67 66*	Royal Troon, 1997		Jim Furyk 65 68*	Oak Hill CC, 2013
	Tiger Woods 67 66	St Andrews, 2000		Matt Kuchar 67 66*	Oak Hill CC, 2013
	Tiger Woods 66 67	St Andrews, 2005		Adam Scott 65 68*	Oak Hill CC, 2013
	Ernie Els 68 65*	Hoylake, 2006		Rory McIlroy 66 67	Valhalla, 2014
	Henrik Stenson 68 65	Royal Troon, 2016		Matt Jones 68 65*	Whistling Straits, 2015
				Jason Day 68 65*	Baltusrol (Lower), 2016
				Emeliano Grillo 66 67*	Baltusrol (Lower), 2016

The US Open

130	Martin Kaymer 65 65	Pinehurst, 2014
131	Rory McIlroy 65 66	Congressional, 2011
132	Ricky Barnes 67 65*	Bethpage SP, 2009
133	Jim Furyk 67 66	Olympia Fields, 2003
	Vijay Singh 70 63*	Olympia Fields, 2003
	Lucas Glover 69 64	Bethpage SP, 2009
134	Jack Nicklaus 63 71	Baltusrol (Lower), 1980
	T-C Chen 65 69*	Oakland Hills, 1985
	Tiger Woods 65 69	Pebble Beach, 2000
	Shigeki Maruyama 66 68*	Shinnecock Hills, 2004
	Phil Mickelson 68 66*	Shinnecock Hills, 2004
	Mike Weir 64 70*	Bethpage SP, 2009

The Masters Tournament (all Augusta National)

130	Jordan Spieth 64 66	2015
131	Ray Floyd 65 66	1976
132	Greg Norman 63 69*	1996
134	Chris DiMarco 65 69*	2001
	Chris DiMarco 67 67*	2005
	Rory McIlroy 65 69*	2011
135	Henry Picard 67 68*	1935
	Byron Nelson 66 69	1942
	Ken Venturi 66 69*	1956
	Jack Nicklaus 68 67	1975
	Ed Sneed 68 67*	1979
	Craig Stadler 69 66*	1979
	Seve Ballesteros 66 69	1980
	Jack Nicklaus 70 65*	1981
	Mark Lye 69 66*	1984
	Craig Parry 69 66*	1992
	Ian Woosnam 69 66*	1992
	Jay Haas 71 64*	1995
	Vijay Singh 70 65*	2002
	Chad Campbell 65 70*	2009
	Kenny Perry 68 67*	2009
	Charley Hoffman 67 68*	2015

The PGA Championship

131	Hal Sutton 65 66	Riviera CC, 1983
	Vijay Singh 68 63*	Inverness, 1993
	Ernie Els 66 65*	Riviera CC, 1995
	Mark O'Meara 64 67*	Riviera CC, 1995
	Shingo Katayama 67 64*	Atlanta AC, 2001
	David Toms 66 65	Atlanta AC, 2001
	Jason Dufner 68 63	Oak Hill CC, 2013
	Robert Streb*	Baltusrol (Lower), 2016
	Jimmy Walker	Baltusrol (Lower), 2016
132	Ray Floyd 63,69	Southern Hills, 1982

■ LOW SCORES: MIDDLE 36 HOLES

Players asterisked are non-winners. Repeat performers are in italics.

All Majors

130	Fuzzy Zoeller*	BOP, 1994
	David Toms	PGA, 2001
131	Ronan Rafferty*	BOP, 1994
	Ernie Els*	PGA, 1995
	Tom Lehman	BOP, 1996
	Tiger Woods	MAS, 1997
	Jose Maria Olazabal*	PGA, 2000
	Tiger Woods	MAS, 2005
132	Bobby Cole	BOP, 1975
	Larry Nelson	PGA, 1981
	Gary Player*	PGA, 1984
	Dave Rummells*	PGA, 1989
	Paul Broadhurst*	BOP, 1990
	Nick Faldo	BOP, 1990
	Wayne Grady*	BOP, 1993
	Brad Faxon*	BOP, 1994
	Craig Stadler*	PGA, 1995
	Jesper Parnevik*	BOP, 1997
	Bob May*	PGA, 2000
	Phil Mickelson*	PGA, 2001
	Mike Weir*	PGA, 2006
	Tiger Woods	PGA, 2007
	Jordan Spieth	PGA, 2015
	Jason Day*	PGA, 2016

The Open Championship

130	Fuzzy Zoeller 66 64*	Turnberry, 1994
131	Ronan Rafferty 66 65*	Turnberry, 1994
	Tom Lehman 67 64	Royal Lytham, 1996
132	Bobby Cole 66 66*	Carnoustie, 1975
	Paul Broadhurst 69 63*	St Andrews, 1990
	Nick Faldo 65 67	St Andrews, 1990
	Wayne Grady 68 64*	R St George's, 1993
	Brad Faxon 65 67*	Turnberry, 1994
	Jesper Parnevik 66 66*	Royal Troon, 1997

The US Open

132	Louis Oosthuizen 66 66*	Chambers Bay, 2015
133	Loren Roberts 69 64*	Oakmont, 1994
	Jim Furyk 66 67	Olympia Fields, 2003
	Lee Westwood 68 65*	Congressional, 2011
134	Tommy Jacobs 64 70*	Congressional, 1964
	George Burns 66 68*	Merion, 1981
	Payne Stewart 66 68*	Baltusrol (Lower), 1993
	Jeff Maggert 66 68*	Congressional, 1997
	Mark Brooks 64 70*	Southern H's, 2001
	Nick Price 65 69*	Olympia Fields, 2003
	Lucas Glover 64 70	Bethpage SP, 2009
	Rory McIlroy 66 68	Congressional, 2011
	Daniel Summerhays 65 69*	Oakmont, 2016

The PGA Championship

130	David Toms 65 65	Atlanta AC, 2001
131	Ernie Els 65 66*	Riviera CC, 1995
	Jose Maria Olazabal 68 63*	Valhalla, 2000
132	Larry Nelson 66 66	Atlanta AC, 1981
	Gary Player 63 69*	Shoal Creek, 1984
	Dave Rummells 64 68*	Oak Tree, 1989
	Craig Stadler 66 66*	Riviera CC, 1995
	Bob May 66 66*	Valhalla, 2000
	Phil Mickelson 66 66*	Atlanta AC, 2001
	Mike Weir 67 65*	Medinah, 2006
	Tiger Woods 63 69	Southern Hills, 2007
	Jordan Spieth 67 65*	Whistling Straits, 2015
	Jason Day 65 67*	Baltusrol (Lower), 2016

The Masters Tournament (all Augusta National)

131	Tiger Woods 66 65	1997
	Tiger Woods 66 65	2005
132	Nick Price 69 63*	1986
133	Dow Finsterwald 68 65*	1962

	Curtis Strange 65 68*	1985
	Ian Woosnam 66 67	1991
134	Hubert Green 69 65*	1978

	Steve Elkington 67 67*	1995
	Tiger Woods 66 68	2001
	Phil Mickelson 68 66*	2012

■ LOW SCORES: LAST 36 HOLES

Players asterisked are non-winners. Repeat performers are in italics.

All Majors

130	Tom Watson	BOP, 1977
	Ian Baker-Finch	BOP, 1991
	Anders Forsbrand*	BOP, 1994
	Marc Leishman*	BOP, 2015
131	Johnny Miller*	MAS, 1975
	Jack Nicklaus*	BOP, 1977
	Mark Calcavecchia*	PGA, 2001
	Henrik Stenson	BOP, 2016
132	Miller Barber*	PGA, 1969
	Larry Nelson	USO, 1983
	Steve Elkington	PGA, 1995
	Colin Montgomerie*	PGA, 1995
	Davis Love III	PGA, 1997
	Bob May*	PGA, 2000
	Jose Maria Olazabal*	PGA, 2000
	David Duval	BOP, 2001
	Padraig Harrington	PGA, 2008
	David Toms*	PGA, 2011

The Open Championship

130	Tom Watson 65 65	Turnberry, 1977
	Ian Baker-Finch 64 66	Royal Birkdale, 1991
	Anders Forsbrand 66 64*	Turnberry, 1994
	Marc Leishman 64 66*	St Andrews, 2015
131	Jack Nicklaus 65 66*	Turnberry, 1977
	Henrik Stenson 68 63	Royal Troon, 2016
132	David Duval 65 67	Royal Lytham, 2001
133	Tom Watson 64 69	Muirfield, 1980
	Mark McNulty 68 65*	St Andrews, 1990
	Wayne Grady 64 69*	R St George's, 1993
	Greg Norman 69 64	R St George's, 1993
	Payne Stewart 70 63*	R St George's, 1993
	Russell Claydon 68 65*	Turnberry, 1994
	Nick Price 67 66	Turnberry, 1994

The US Open

132	Larry Nelson 65 67	Oakmont, 1983
133	Chip Beck 68 65*	Shinnecock Hills, 1986
	Jason Day 65 68*	Congressional, 2011
	Louis Oosthuizen 66 67*	Chambers Bay, 2015
134	Loren Roberts 64 70*	Oakmont, 1994
135	Jack Nicklaus 67 68*	Shinnecock Hills, 1986
	Ernie Els 68 67*	Baltusrol (Lower), 1993
	Kevin Chappell 69 66*	Congressional, 2011
	Lee Westwood 65 70*	Congressional, 2011
	Charl Schwartzel 69 66*	Chambers Bay, 2015

The PGA Championship

131	Mark Calcavecchia 66 65*	Atlanta AC, 2001
132	Miller Barber 64 68*	NCR CC, 1969
	Steve Elkington 68 64	Riviera CC, 1995
	Colin Montgomerie 67 65*	Riviera CC, 1995
	Davis Love III 66 66	Winged Foot, 1997
	Bob May 66 66*	Valhalla, 2000
	Jose Maria Olazabal 63 69*	Valhalla, 2000
	Padraig Harrington 66 66	Oakland Hills, 2008
	David Toms 65 67*	Congressional, 2011
	Hunter Mahan 65 67*	Valhalla, 2014
133	Gil Morgan 66 67*	Oakmont, 1978
	Peter Jacobsen 68 65*	Riviera CC, 1983
	Hal Sutton 64 69*	Shoal Creek, 1984
	Jeff Sluman 68 65	Oak Tree, 1988
	Nick Price 68 65*	Sahalee CC, 1998
	Tom Watson 65 68*	Valhalla, 2000
	David Toms 65 68	Atlanta AC, 2001
	Tiger Woods 65 68	Medinah, 2006
	Rory McIlroy 67 66	Kiawah Island, 2012
	Ernie Els 68 65*	Valhalla, 2104
	Brooks Koepka 66 67*	Valhalla, 2014
	Phil Mickelson 67 66*	Valhalla, 2014
	Henrik Stenson 67 66*	Valhalla, 2014
	Brandt Snedeker 66 67*	Valhalla, 2014
	Jimmy Walker 68 65*	Valhalla, 2014
	Marc Warren 66 67*	Valhalla, 2014
	Jason Day 66 67	Whistling Straits, 2015
	Jordan Spieth 65 68*	Whistling Straits, 2015
	Branden Grace 64 69*	Whistling Straits, 2015
	Branden Grace 66 67*	Baltusrol (Lower), 2016
	Padraig Harrington 65 68*	Baltusrol (Lower), 2016
	Daniel Summerhays 67 66*	Baltusrol (Lower), 2016

The Masters Tournament (all Augusta National)

131	Johnny Miller 65 66*	1975
133	Jack Nicklaus 64 69	1965
	Gary Player 69 64	1978
134	Sam Snead 67 67	1949
	Dan Pohl 67 67*	1982
	Jack Nicklaus 69 65	1986
	Nick Price 63 71*	1986
	Steve Pate 69 65*	1991
	Tiger Woods 65 69	1997
	Len Mattiace 69 65*	2003
	Phil Mickelson 67 67	2010
	Charl Schwartzel 68 66	2011
	Adam Scott 67 67*	2011
	Rory McIlroy 68 66*	2015
	Ian Poulter 67 67*	2015

■ LOW SCORES: FIRST 54 HOLES

Players asterisked are non-winners. Repeat performers are in italics.

All Majors

196	David Toms	PGA, 2001
197	Ernie Els	PGA, 1995
198	Tom Lehman	BOP, 1996
	Phil Mickelson*	PGA, 2001
199	Nick Faldo	BOP, 1990
	Nick Faldo	BOP, 1992
	Rory McIlroy	USO, 2011
	Adam Scott*	BOP, 2012
	Jimmy Walker	PGA, 2016
200	Ray Floyd	PGA, 1982
	Jeff Maggert*	PGA, 1995
	Mark O'Meara*	PGA, 1995
	Tiger Woods	BOP, 2000
	Shingo Katayama*	PGA, 2001
	Steve Lowery*	PGA, 2001
	Jim Furyk	USO, 2003
	Rory McIlroy	BOP, 2014
	Rory McIlroy	PGA, 2014
	Jordan Spieth	MAS, 2015
	Jason Day*	PGA, 2016

The Open Championship

198	Tom Lehman 67 67 64	Royal Lytham, 1996
199	Nick Faldo 67 65 67	St Andrews, 1990
	Nick Faldo 66 64 69	Muirfield, 1992
	Adam Scott 64 67 68*	Royal Lytham, 2012
200	Tiger Woods 67 66 67	St Andrews, 2000
	Rory McIlroy 66 66 68	Hoylake, 2014
201	Brad Faxon 69 65 67*	Turnberry, 1994
	Fuzzy Zoeller 71 66 64*	Turnberry, 1994
	Louis Oosthuizen 65 67 69	St Andrews, 2010
	Henrik Stenson 68 65 68	Royal Troon, 2016
202	*Tom Watson* 68 70 64	Muirfield, 1980
	Nick Faldo 69 63 70*	R St George's, 1993
	Corey Pavin 68 66 68*	R StGeorge's, 1993

	Jesper Parnevik 70 66 66*	Royal Troon, 1997
	Phil Mickelson 63 69 70*	Royal Troon, 2016
203	Tom Watson 68 70 65	Turnberry, 1977
	Jack Nicklaus 68 70 65*	Turnberry, 1977
	Bernhard Langer 67 66 70*	R St George's, 1993
	Tiger Woods 67 65 71	Hoylake, 2006
	Graeme McDowell 67 69 67*	Royal Lytham, 2012
	Brandt Snedeker 66 64 73*	Royal Lytham, 2012

The US Open

199	Rory McIlroy 65 66 68	Congressional, 2011
200	Jim Furyk 67 66 67	Olympia Fields, 2003
202	Ricky Barnes 67 65 70*	Bethpage SP, 2009
	Martin Kaymer 65 65 72	Pinehurst, 2014
203	George Burns 69 66 68*	Merion, 1981
	T-C Chen 65 69 69*	Oakland Hills, 1985
	Lee Janzen 67 67 69	Baltusrol (Low), 1993
	Stephen Leaney 67 68 68*	Olympia Fields, 2003
	Tiger Woods 67 68 70	Bethpage SP, 2002
	Retief Goosen 70 66 69	Shinnecock H's, 2004
	Shane Lowry 68 70 65*	Oakmont, 2016

The PGA Championship

196	David Toms 66 65 65	Atlanta AC, 2001
197	Ernie Els 66 65 66*	Riviera CC, 1995
198	Phil Mickelson 66 66 66*	Atlanta AC, 2001
199	Jimmy Walker 65 66 68	Baltusrol, 2016
200	Ray Floyd 63 69 68	Southern Hills, 1982
	Shingo Katayama 67 64 69*	Atlanta AC, 2001
	Steve Lowery 67 67 66*	Atlanta AC, 2001
	Jeff Maggert 66 69 65*	Riviera CC, 1995
	Mark O'Meara 64 67 69*	Riviera CC, 1995

	Rory McIlroy 66 67 67	Valhalla, 2014
	Jason Day 68 65 67*	Baltusrol, 2016
201	David Duval 66 68 67*	Atlanta AC, 2001
	Jim Furyk 65 68 68*	Oak Hill CC, 2013
	Bernd Wiesberger 68 68 65*	Valhalla, 2014
	Jason Day 68 67 66	Whistling Straits, 2015
	Brooks Koepka 68 67 66*	Baltusrol, 2016
	Henrik Stenson 67 67 67*	Baltusrol, 2016
202	Ray Floyd 69 66 67	NCR CC, 1969
	Larry Nelson 70 66 66	Atlanta AC, 1981
	Greg Norman 65 68 69*	Inverness, 1986
	Nick Price 67 65 70	Southern Hills, 1994
	Colin Montgomerie 68 67 67*	Riviera CC, 1995
	Luke Donald 68 68 66*	Medinah, 2006
	Tiger Woods 69 68 65	Medinah, 2006
	Jason Dufner 68 63 71	Oak Hill CC, 2013
	Rickie Fowler 69 66 67*	Valhalla, 2014

The Masters Tournament (all Augusta National)

200	Jordan Spieth 64 66 70	2015
201	Ray Floyd 65 66 70	1976
	Tiger Woods 70 66 65	1997
202	Jack Nicklaus 67 71 64	1965
203	Seve Ballesteros 66 69 68	1980
	Greg Norman 63 69 71*	1996
204	Ed Sneed 68 67 69*	1979
	Craig Parry 69 66 69*	1992
	Tiger Woods 70 66 68	2001
	Lee Westwood 67 69 68*	2010
	Rory McIlroy 65 69 70*	2011
	Justin Rose 67 70 67*	2015

■ **LOW SCORES: LAST 54 HOLES**

Players asterisked are non-winners. Repeat performers are in italics.

All Majors

196	Henrik Stenson 65 68 63	BOP, 2016
198	Bob May 66 66 66*	PGA, 2000
199	Mark Calcavecchia 68 66 65*	PGA, 2001
	Steve Elkington 67 68 64	PGA, 1995
	Colin Montgomerie 67 67 65*	PGA, 1995
	Nick Price 66 67 66	BOP, 1994
	David Toms 65 65 69	PGA, 2001
	Louis Oosthuizen 66 66 67*	USO, 2015
	Jason Day 65 67 67*	PGA, 2016
200	Phil Mickelson 66 66 68*	PGA, 2001
	Jose Maria Olazabal 68 63 69*	PGA, 2000
	Tom Watson 70 65 65	BOP, 1977
	Tiger Woods 66 65 69	MAS, 1997
	Phil Mickelson 67 67 66*	PGA, 2014
	Daniel Summerhays 67 67 66*	PGA, 2016
201	Ian Baker-Finch 71 64 66	BOP, 1991
	Brad Faxon 67 71 63*	PGA, 1995
	Steve Lowery 67 66 68*	PGA, 2001
	Mark McNulty 68 68 65*	BOP, 1990
	John Mahaffey 67 68 66	PGA, 1978
	Jack Nicklaus 70 65 66*	BOP, 1977
	Jesper Parnevik 66 68 67*	BOP, 1994
	Vijay Singh 66 67 68	PGA, 1998
	Keegan Bradley 64 69 68	PGA, 2011
	Rickie Fowler 66 67 68*	PGA, 2014
	Brandt Snedeker 68 66 67*	PGA, 2014
	Branden Grace 68 66 67*	PGA, 2016
	Jimmy Walker 66 68 67	PGA, 2016

The Open Championship

196	Henrik Stenson 65 68 63	Royal Troon, 2016
199	Nick Price 66 67 66	Turnberry, 1994
200	Tom Watson 70 65 65	Turnberry, 1977
201	Ian Baker-Finch 71 64 66	Royal Birkdale, 1991
	Mark McNulty 68 68 65*	St Andrews, 1990
	Jack Nicklaus 70 65 66*	Turnberry, 1977
	Jesper Parnevik 66 68 67*	Turnberry, 1994

The US Open

199	Louis Oosthuizen 66 66 67*	Chambers Bay, 2015
202	Kevin Chappell 67 69 66*	Congressional, 2011
203	Loren Roberts 69 64 70*	Oakmont, 1994
	Rory McIlroy 66 68 69	Congressional, 2011
	Lee Westwood 68 65 70*	Congressional, 2011
204	Payne Stewart 66 68 70*	Baltusrol, 1993
	Steve Jones 66 69 69	Oakland Hills, 1996
	Mark Brooks 64 70 70*	Southern Hills, 2001

The PGA Championship

198	Bob May 66 66 66*	Valhalla, 2000
199	Mark Calcavecchia 68 66 65*	Atlanta AC, 2001
	Steve Elkington 67 68 64	Riviera CC, 1995
	Colin Montgomerie 67 67 65*	Riviera CC, 1995
	David Toms 65 65 69	Atlanta AC, 2001
	Jason Day 65 67 67*	Baltusrol, 2016
200	Phil Mickelson 66 66 68*	Atlanta AC, 2001
	Jose Maria Olazabal 68 63 69*	Valhalla, 2000
	Phil Mickelson 67 67 66*	Valhalla, 2014
	Daniel Summerhays 67 67 66*	Baltusrol, 2016
201	John Mahaffey 67 68 66	Oakmont, 1978
	Brad Faxon 67 71 63*	Riviera CC, 1995
	Steve Lowery 67 66 68*	Atlanta AC, 2001
	Vijay Singh 66 67 68	Sahalee, 1998
	Keegan Bradley 64 69 68	Atlanta AC, 2011
	Rickie Fowler 66 67 68*	Valhalla, 2014
	Brandt Snedeker 68 66 67*	Valhalla, 2014
	Branden Grace 68 66 67*	Baltusrol, 2016
	Jimmy Walker 66 68 67	Baltusrol, 2016

The Masters Tournament (all Augusta National)

200	Tiger Woods 66 65 69	1997
202	*Tiger Woods* 66 68 68	2001
	Tiger Woods 66 65 71	2005
203	Luke Donald 65 69 69*	2011
204	Ben Crenshaw 67 69 68	1995
	Greg Norman 68 68 68*	1995
	Jason Day 64 72 68*	2011
	Adam Scott 70 67 67*	2011
	Phil Mickelson 68 67 69*	2015

THE RECORDS

LARGEST LEADS

Although these lists cover Championships which were contested over 18-hole courses (or the remaining 2 x 9 dinosaurs), pre-1892 events statistically didn't qualify anyway. No one hared off to a huge lead, hence there were no situations allowing winners to make big comebacks. They were just a bunch of tightly-packed front-runners or those that aspired to be. Not all those who famously gave away large leads in the last round of Majors are listed here for reasons of space. The comfiest cushion of shots conceded after 54 holes is six, by Greg Norman in the 1996 Masters; then five, which has been given back on four occasions. Repeat performers are italicised and asterisked entries are non-winners.

All Majors
After 18 holes
5	Sandy Herd*	BOP, 1896
	Tommy Armour	USO, 1933

After 36 holes
9	Henry Cotton	BOP, 1934
6	Abe Mitchell*	BOP, 1920
	Herman Keiser	MAS, 1946
	Tiger Woods	USO, 2000
	Rory McIlroy	USO, 2011
	Martin Kaymer	USO, 2014

After 54 holes
10	Henry Cotton	BOP, 1934
	Tiger Woods	USO, 2000
9	Tiger Woods	MAS, 1997

The Open Championship
After 18 holes
5	Sandy Herd*	Muirfield, 1896
4	Harry Vardon*	Hoylake, 1902
	Jim Barnes	Prestwick, 1925
	Bobby Jones	St Andrews, 1927
	Henry Cotton	R St George's, 1934
	Christy O'Connor Jr*	R St George's, 1985

After 36 holes
9	Henry Cotton	R St George's, 1934
6	Abe Mitchell*	Deal, 1920
5	Sandy Herd*	St Andrews, 1895
	James Braid	Prestwick, 1908
	Ted Ray	Muirfield, 1912
	Gary Player	Royal Lytham, 1974
	Louis Oosthuizen	St Andrews, 2010

After 54 holes
10	Henry Cotton	R St George's, 1934
8	Gene Sarazen	Prince's, 1932
7	Harry Vardon	Prestwick, 1903
	Tony Lema	St Andrews, 1964

The US Open
After 18 holes
5	Tommy Armour*	North Shore, 1933
4	Olin Dutra*	Fresh Meadow, 1932

After 36 holes
6	Tiger Woods	Pebble Beach, 2000
	Rory McIlroy	Congressional, 2011
	Martin Kaymer	Pinehurst, 2014
5	Willie Anderson	Baltusrol, 1903
4	Tom McNamara	Engewood, 1909
	Jim Barnes	Columbia CC, 1921

After 54 holes
10	Tiger Woods	Pebble Beach, 2000
8	Rory McIlroy	Congressional, 2011
7	Jim Barnes	Columbia CC, 1921
6	Fred Herd	Myopia Hunt, 1898
	Willie Anderson	Baltusrol, 1903
	Johnny Goodman	North Shore, 1933

The PGA Championship
After 18 holes
3	Bobby Nichols	Columbus CC, 1964
	Ray Floyd	Southern Hills, 1982

After 36 holes
5	Nick Price	Southern Hills, 1994
4	Tommy Aaron*	Columbine, 1967
	Gil Morgan*	Congressional, 1976
	Tom Watson*	Oakmont 1978,
	Greg Norman*	Inverness, 1986

After 54 holes
5	Ray Floyd	NCR CC, 1969
	Tom Watson*	Oakmont, 1978
	Ray Floyd	Southern Hills, 1982

The Masters Tournament (All Augusta National)
After 18 holes
5	Craig Wood	1941

After 36 holes
6	Herman Keiser	1946
5	Jack Nicklaus	1975
	Ray Floyd	1976
	Tiger Woods	1997
	Jordan Spieth	2015

After 54 holes
9	Tiger Woods	1997
8	Ray Floyd	1976
7	Seve Ballesteros	1980
6	Greg Norman*	1996

GREATEST COMEBACKS

This list shows how many strokes some Majors winners were behind at different stages.

All Majors
After 18 holes
11	Harry Vardon	BOP, 1896
9	Jack Fleck	USO, 1955
8	George Duncan	BOP, 1920
	John Mahaffey	PGA, 1978
	Payne Stewart	PGA, 1989
	Keegan Bradley	PGA, 2011

After 36 holes
13	George Duncan	BOP, 1920
11	Lou Graham	USO, 1975
9	Bob Rosburg	PGA, 1959
	Bob Tway	PGA, 1986

After 54 holes
10	Paul Lawrie	BOP, 1999
8	Byron Nelson	USO, 1939
	Jack Burke, Jr	MAS, 1956
7	Arnold Palmer	USO, 1960
	Gary Player	MAS, 1978
	John Mahaffey	PGA, 1978

The Open Championship
After 18 holes
11	Harry Vardon	Muirfield, 1896
8	George Duncan	Deal, 1920
7	Gary Player	Muirfield, 1959
	Mark O'Meara	Royal Birkdale, 1998
6	JH Taylor	St Andrews, 1895
	James Braid	Muirfield, 1905
	Walter Hagen	Muirfield, 1929
	Peter Thomson	Royal Birkdale, 1965

After 36 holes
13	George Duncan	Deal, 1920
8	Gary Player	Muirfield, 1959
7	Tom Watson	Royal Troon, 1982
	David Duval	Royal Lytham, 2001
	Ernie Els	Royal Lytham, 2012
6	Padraig Harrington	Carnoustie, 2007

After 54 holes
10	Paul Lawrie	Carnoustie, 1999
6	Padraig Harrington	Carnoustie, 2007
5	Jim Barnes	Prestwick, 1925
	Tommy Armour	Carnoustie, 1931
	Justin Leonard	Royal Troon, 1997

The US Open
After 18 holes
9	Jack Fleck	Olympic, 1955

7	George Sargent	Englewood, 1909	8	Don January	Columbine, 1967
	Johnny McDermott	Chicago, 1911		Dave Stockton	Congressional, 1976
	Johnny Farrell	Olympia Fields, 1928	7	Payne Stewart	Kemper Lakes, 1989
	Johnny Goodman	North Shore, 1933	**After 54 holes**		
	Lou Graham	Medinah, 1975	7	John Mahaffey	Oakmont, 1978
	Steve Jones	Oakland Hills, 1996	6	Bob Rosburg	Minneapolis, 1959
	Lee Janzen	Olympic, 1998		Lanny Wadkins	Pebble Beach, 1977
After 36 holes				Payne Stewart	Kemper Lakes, 1989
11	Lou Graham	Medinah, 1975		Steve Elkington	Riviera CC, 1995
8	Arnold Palmer	Cherry Hills, 1960			
	Tom Kite	Pebble Beach, 1992	**The Masters Tournament (All Augusta National)**		
7	Johnny Farrell	Olympia Fields, 1928	**After 18 holes**		
6	Fred Herd	Myopia Hunt, 1898	7	Nick Faldo	1990
	Ken Venturi	Congressional, 1964		Tiger Woods	2005
	Corey Pavin	Shinnecock Hills, 1995	6	Jack Burke Jr	1956
	Webb Simpson	Olympic Club, 2012		Gay Brewer	1967
After 54 holes				Nick Faldo	1990
7	Arnold Palmer	Cherry Hills, 1960		Jose Maria Olazabal	1994
6	Johnny Miller	Oakmont, 1973		Nick Faldo	1996
5	Walter Hagen	Brae Burn, 1919	**After 36 holes**		
	Johnny Farrell	Olympia Fields, 1928	8	Jack Burke Jr	1956
	Byron Nelson	Philadelphia CC, 1939	6	Horton Smith	1936
	Lee Janzen	Olympic, 1998		Art Wall	1959
				Fuzzy Zoeller	1979
The PGA Championship				Bernhard Langer	1985
After 18 holes				Jack Nicklaus	1986
8	John Mahaffey	Oakmont, 1978		Tiger Woods	2005
	Payne Stewart	Kemper Lakes, 1989		Charl Schwartzel	2011
	Keegan Bradley	Atlanta, 2011	**After 54 holes**		
7	Bob Tway	Inverness, 1986	8	Jack Burke Jr	1956
6	Tiger Woods	Southern Hills, 2007	7	Gary Player	1978
	Y-E Yang	Hazeltine Nat, 2009	6	Art Wall	1959
After 36 holes				Fuzzy Zoeller	1979
9	Bob Rosburg	Minneapolis, 1959		Nick Faldo	1996
	Bob Tway	Inverness, 1986			

■ SUB-70 ROUND TOTALS (CHRONOLOGY)

It is perhaps surprising that this particular feat, when the world's greatest golfers have been competing against each other for well over 100 years, has only occurred 38 times, and half of these have been since 2000. But the Majors are held over some of the world's toughest golf courses: for instance, no one has achieved the feat at Augusta National in the Masters after 80 concerted attempts involving several thousand players since 1934. Only three have achieved it in the 113 US Opens played over 72 holes to date; only seven in all the Open Championships which set the 72-hole format initially in 1892. The first time a score in the 60s was made was in The Open of 1904 at Sandwich where James Braid's third round 69 was lowered after the final 18 by fellow-triumvir, JH Taylor's 68. To get the full set of four we had to wait until 1964, and who else but Arnold Palmer. Looking at the list below, is it too simplistic to say the PGA have sometimes got it wrong? Historically the Riviera Country Club and Atlanta Athletic Club have been comparative birdie fests in comparison with other Majors, in general. In 2016 the Lower Course at Baltusrol rolled over for the putting contest it most definitely wasn't when it first hosted the PGA in 2005. Then, instead of witnessing five players achieve sub-70 status throughout (with Gregory Bourdy as low as 18th), no one player achieved it, and Phil Mickelson's winning total of 276 was ten more than Jimmy Walker's 11 years on. In all there have been 28 sets of cards submitted without a round in the 70s in PGA Championships, nearly three out of every four made in all Majors. You do the…! Scores which are asterisked are not winning scores: the final positions of players in the event where the scoring feat was made follow in square brackets. Repeat performers are italicized.

Arnold Palmer	68 68 69 69*[2]	Columbus, PGA 1964	David Toms	66 65 65 69	Atlanta AC, PGA 2001
Lee Trevino	69 68 69 69	Oak Hill, USO 1968	Phil Mickelson	66 66 66 68*[2]	Atlanta AC, PGA 2001
Ben Crenshaw	69 67 69 67*[2]	Oakland H's, PGA 1979	*Steve Lowery*	67 67 66 68*[3]	Atlanta AC, PGA 2001
Lee Trevino	69 68 67 69	Shoal Creek, PGA 1985	Ernie Els	69 69 68 68*[2]	Royal Troon, BOP 2004
Lee Janzen	67 67 69 69	Baltusrol (L), USO 1993	*Tiger Woods*	69 68 65 68	Medinah, PGA 2006
Greg Norman	66 68 69 64	R S Georges, BOP 1993	Rory McIlroy	65 66 68 69	Congress'al, USO 2011
Ernie Els	68 69 69 68*[6]	R S Georges, BOP 1993	Rickie Fowler	69 69 68 67*[2]	Hoylake, PGA BOP 2014
Paul Azinger	69 66 69 68	Inverness, PGA 1993	*Rory McIlroy*	66 67 67 68	Valhalla, PGA 2014
Greg Norman	68 68 67 69*[2]	Inverness, PGA 1993	*Phil Mickelson*	69 67 67 66*[2]	Valhalla, PGA 2014
Nick Faldo	68 68 69 68*[3]	Inverness, PGA 1993	*Rickie Fowler*	69 66 67 68*[3]	Valhalla, PGA 2014
Nick Price	69 66 67 66	Turnberry, BOP 1994	Mikko Ilonen	67 68 69 69*[7]	Valhalla, PGA 2014
Jesper Parnevik	68 66 68 67*[2]	Turnberry, BOP 1994	Steve Stricker	69 68 68 68*[7]	Valhalla, PGA 2014
Steve Elkington	68 67 68 64	Riviera, PGA 1995	Jason Day	68 67 66 67	Whist'g St'ts, PGA 2015
Colin Montgomerie	68 67 67 65*[2]	Riviera, PGA 1995	Henrik Stenson	68 65 68 63	Royal Troon, BOP 2016
Jeff Maggert	66 69 65 69*[3]	Riviera, PGA 1995	Jimmy Walker	65 66 68 67	Baltusrol (L), PGA 2016
Bob Estes	69 68 68 68*[6]	Riviera, PGA 1995	*Jason Day*	68 65 67 67*[2]	Baltusrol (L), PGA 2016
Steve Lowery	69 68 68 69*[8]	Riviera, PGA 1995	Hideki Matsuyama	69 67 67 68*[4]	Baltusrol (L), PGA 2016
Steve Elkington	69 69 69 67*[3]	Sahalee, PGA 1998	Paul Casey	69 69 68 67*[10]	Baltusrol (L), PGA 2016
Tiger Woods	67 66 67 69	St Andrews, BOP 2000	Gregory Bourdy	69 68 69 69*[18]	Baltusrol (L), PGA 2016

■ HIGHEST 72-HOLE TOTALS

The Open Championship
All-time Winning Total
326 JH Taylor   St George's, 1894

All-time Completed Total
392 Tom Morris, Sr   St Andrews, 1895

THE RECORDS

The US Open
   All-time Winning Total
     331 Willie Anderson   Myopia Hunt, 1901
   All-time Completed Total
     422 Ormsby McCammon Baltimore, 1899

The PGA Championship
   All-time Winning Total
     287 Larry Nelson   PGA National (2), 1987
   All-time Completed Total
     318 Lon Hinkle   PGA National (2), 1987

The Masters Tournament (All Augusta National)
   All-time Winning Total
     289 Jack Burke, Jr   1956
          Zach Johnson   2007
   All-time Completed Total
     340 Charles Kunkle, Jr 1956

■ HIGHEST SCORES: ROUNDS (18 HOLES)

These lists include scores made over the links at Musselburgh and the demanding Myopia Hunt Club, both of which were nine-hole courses. Scores, however, have been reported historically in rounds of 18 holes, simply by adding together the number of strokes taken to circumnavigate two circuits. The Prestwick course, originally one of 12 holes, became a fully-fledged 18-holer from 1884. Rounds three and four were added to the Open Championship in 1892, and the US Open in 1898. The 'highs' in the Masters are somewhat artificial, with aged ex-Champions up till quite recently allowed through privilege to swish for a few holes. Repeat performers (!) in italics.

All Majors
157	John Tucker	R1, USO 1898
130	John Hughes	R2, BOP 1894
117	Mungo Park, Jr	R2, BOP 1894
	Charles Jensen	R1, USO 1898
116	Ormsby McCammon	R4, USO 1899
115	Logan Whyte	R2, BOP 1882
114	John Hughes	R1, BOP 1894
	C Thompson	R1, USO 1898
	George Parr	R1, USO 1908
113	JE Wells	R1, USO 1905
111	David Ayton, Sr	R1, BOP 1873
	Chris McGrath	R1, USO 1898
	? Crosshead	R1, BOP 1899
110	D Brand	R1, BOP 1873
	Charles Jensen	R2, USO 1898
	Ormsby McCammon	R3, USO 1899

The Open Championship
130	John Hughes	R2, St George's 1894
117	Mungo Park, Jr	R2, St George's 1894
115	Logan Whyte	R2, St Andrews 1882
114	John Hughes	R1, St George's 1894
111	David Ayton, Sr	R1, St Andrews 1873
	? Crosshead	R1, St George's 1899
110	D Brand	R1, St Andrews 1873
109	William Thomson	R2, St Andrews 1873
107	A Jackson	R2, St George's 1894
	Arthur Molesworth	R1, R S George's 1911
106	Alex Brown	R2, Musselburgh 1874
	Charles Whigham	R2, Prestwick 1890
	Ben Campbell	R2, Prestwick 1893

The US Open
157	John Tucker	R1, Myopia Hunt 1898
117	Charles Jensen	R1, Myopia Hunt 1898
116	Ormsby McCammon	R4, Baltimore 1899
114	C Thompson	R1, Myopia Hunt 1898
	George Parr	R1, Myopia Hunt 1908
113	JE Wells	R1, Myopia Hunt 1905
111	Chris McGrath	R1, Myopia Hunt 1898
110	Charles Jensen	R2, Myopia Hunt 1898
109	George Parr	R2, Myopia Hunt 1908
107	Charles Jensen	R3, Myopia Hunt 1898
	Earle Jones	R3, Myopia Hunt 1898

The PGA Championship
94	Gary Campbell	R1, Pebble Beach 1977
93	Doug Wade	R2, Kiawah Island 2012

The Masters Tournament (All Augusta National)
106	Billy Casper*	R1, 2005
95	Charles Kunkle	R4, 1956

Unofficial as Casper withdrew

■ HIGHEST WINNING TOTALS AGAINST PAR

As expected, the US Open dominates these lists, but to such an extent may surprise many. Only as late as 1999, with Paul Lawrie at Carnoustie, then Padraig Harrington at Birkdale in 2008, was there a presence in these lists other than the US Open. Several factors explain why this is so. The 'par' concept had been employed by the USGA much longer than the other Majors, and some earlier venues were set up with the sporty 71 or even 70 as the par marker much more prevalent today.

All Majors
+17 (301)	Walter Hagen	USO, Brae Burn 1919	
+13 (301)	Tommy Armour	USO, Oakmont 1927	
(293)	Olin Dutra	USO, Merion 1934	
+11 (299)	Sam Parks, Jr	USO, Oakmont 1935	
+10 (302)	Alex Ross	USO, Philad Cric't 1907	
(294)	Johnny Farrell	USO, Olympia F 1928	
+9 (289)	Jim Barnes	USO, Columbia 1921	
(293)	Julius Boros	USO, Brookline 1963	
+8 (304)	Francis Ouimet	USO, Brookline 1913	
(288)	Gene Sarazen	USO, Skokie 1922	
(296)	Bobby Jones	USO, Inwood 1923	
(292)	Billy Burke	USO, Inverness 1931	
+7 (287)	Ben Hogan	USO, Merion 1950	
(287)	*Ben Hogan*	USO, Oakland H 1951	
(187)	Jack Fleck	USO, Olympic, 1955	
(287)	Hale Irwin	USO, Winged F 1974	
+6 (290)	Paul Lawrie	BOP, Carn'stie 1999	
+5 (285)	Geoff Ogilvy	USO, Winged F 2006	
(285)	Angel Cabrera	USO, Oakmont 2007	

21st Century
+5 (285)	Geoff Ogilvy	USO, Winged F 2006
(285)	Angel Cabrera	USO, Oakmont 2007

+3 (283)	Padraig Harrington	BOP, R Birkdale 2008
+1 (289)	Zach Johnson	MAS, Augusta N 2007
(281)	Webb Simpson	USO, Olympic, 2012
(281)	Justin Rose	USO, Merion, 2013

The Open Championship
+6 (290)	Paul Lawrie	Carnoustie, 1999
+3 (283)	Padraig Harrington	Royal Birkdale, 2008
+2 (282)	Sandy Lyle	R St George's, 1985
+1 (289)	Gary Player	Carnoustie, 1968

The US Open (see All Majors in this section)

The PGA Championship
+1 (281)	Jay Hebert	Firestone, 1960
(281)	Julius Boros	Pecan Valley, 1968
(281)	Gary Player	Oakland Hills, 1972
(281)	Dave Stockton	Congressional, 1976

The Masters Tournament (all Augusta National)
+1 (289)	Sam Snead	1954
(289)	Jack Burke, Jr	1956
(289)	Zach Johnson	2007

MULTIPLE HOST VENUES

Naturally, having hosted every Masters Tournament since its inception in 1934, Augusta National GC would head any list with 80, so it is perhaps unfair on the other host venues to include it in this list. The Merion listing for 1934 was the ill-fated Merion Cricket Club, which was reborn as a golf club in 1942.

80	Augusta National	**MAS**: 1934-2016, not 1943-45		Pebble Beach	**USO**: 1972, 1982, 1992, 2000, 2010
29	St Andrews	**BOP**: 1873, 1876, 1879, 1882, 1885, 1888, 1891, 1895, 1900, 1905, 1910, 1921, 1927, 1933, 1939, 1946, 1955, 1957, 1960, 1964, 1970, 1978, 1984, 1990, 1995, 2000, 2005, 2010, 2015			**PGA**: 1977
				Oak Hill	**USO**: 1956, 1968, 1989
					PGA: 1980, 2003, 2013
			5	Cherry Hills	**USO**: 1938; 1960; 1978
					PGA: 1941, 1985
24	Prestwick	**BOP**: 1860-70, 1872, 1875, 1878, 1881, 1884, 1887, 1890, 1893, 1898, 1903, 1908, 1914, 1925		Medinah	**USO**: 1949, 1975, 1990
					PGA: 1999, 2006
				Olympic	**USO**: 1955, 1966, 1987, 1998, 2012
16	Muirfield	**BOP**: 1892, 1896, 1901, 1906, 1912, 1929, 1935, 1948, 1959, 1966, 1972, 1980, 1987, 1992, 2002, 2013		Merion	**USO**: 1934, 1950, 1971, 1981, 2013
			4	Shinnecock Hills	**USO**: 1896, 1986, 1995, 2004
14	(Royal) St George's, Sandwich	**BOP**: 1894, 1899, 1904, 1911, 1922, 1928, 1934, 1938, 1949, 1981, 1985, 1993, 2003, 2011		Myopia Hunt	**USO**: 1898, 1901, 1905, 1908
				Olympia Fields	**PGA**: 1925, 1961
					USO: 1928, 2003
12	Royal Liverpool, Hoylake	**BOP**: 1897, 1902, 1907, 1913; 1924; 1930; 1936; 1947; 1956; 1967; 2006; 2014		Congressional CC	**USO**: 1964, 1997, 2011
					PGA: 1976
				Hazeltine National	**USO**: 1970, 1991
	Oakmont	**PGA**: 1922, 1951, 1978 **USO**: 1927, 1935, 1953, 1962, 1973, 1983, 1994, 2007, 2016			**PGA**: 2002, 2009
				Atlanta Athletic Club	**USO**: 1976
					PGA: 1981, 2001, 2011
11	R Lytham & St Anne's	**BOP**: 1926, 1952, 1958, 1963, 1969, 1974, 1979, 1988, 1996, 2001, 2012		Turnberry	**BOP**: 1977, 1986, 1994, 2009
				Pinehurst No 2	**PGA**: 1936
					USO: 1999, 2005; 2014
9	Oakland Hills	**USO**: 1924, 1937, 1951, 1961, 1985, 1996 **PGA**: 1972, 1979, 2008	3	Chicago GC	**USO**: 1897, 1900, 1911
				Country C, Brookline	**USO**: 1913, 1963, 1988
				Canterbury	**USO**: 1940, 1946
	(Royal) Birkdale	**BOP**: 1954, 1961, 1965, 1971, 1976, 1983, 1991, 1998, 2008			**PGA**: 1975
				Riviera CC	**USO**: 1948
	Baltusrol (all courses)	**USO**: 1903 (Orig); 1915 (Orig); 1936 (Upper); 1954 (Lower); 1967 (Lower); 1980 (Lower); 1993 (Lower) **PGA**: 2005 (Lower), 2016 (Lower)			**PGA**: 1983, 1995
				Firestone CC	**PGA**: 1960, 1966, 1975
				Valhalla	**PGA**: 1996, 2000; 2014
				Whistling Straits	**PGA**: 2004, 2010, 2015
			2	R Cinque Ports, Deal	**BOP**: 1909, 1920
				Inwood	**PGA**: 1921
	(Royal) Troon	**BOP**: 1923, 1950, 1962, 1973, 1982, 1989, 1997, 2004, 2016			**USO**: 1923
				Scioto CC	**USO**: 1926
7	Carnoustie	**BOP**: 1931, 1937, 1953, 1968, 1975, 1999, 2007			**PGA**: 1950
				Fresh Meadow	**PGA**: 1930
	Southern Hills	**USO**: 1958, 1977, 2001 **PGA**: 1970, 1982, 1994, 2007			**USO**: 1932
				Bellerive	**USO**: 1965
6	Musselburgh	**BOP**: 1874, 1877, 1880, 1883, 1886, 1889			**PGA**: 1992
				Shoal Creek	**PGA**: 1984, 1990
	Inverness	**USO**: 1920, 1931, 1957, 1959 **PGA**: 1986, 1993		Bethpage State Park (Black Course)	**USO**: 2002, 2009
	Winged Foot	**USO**: 1929, 1959, 1974, 1984, 2006 **PGA**: 1997			

NB: PGA National (1971 & 1987) hosted PGA Championships, but these were over different courses.

FUTURE VENUES

Over the next few years all the nomadic Majors (ie, all but the Masters), as well as visiting favourite tried and trusted venues, are taking the Majors circus to some long lost haunts and a few new, hopefully exciting, golfing horizons. Whereas the US Open and PGA Championships are planning well into the future, for many the usually staid R&A have played the trump card in bringing Royal Portrush back into the fold. So in 2019, The Open leaves Great Britain for a second time to revisit the much-vaunted links classic which last hosted in 1951. With the 150th Open occurring in 2021, it is expected that the Old Course, St Andrews will be host, leaving 2020 to be filled by an English venue, the most obvious of which would be Sandwich, but not yet confirmed. They are marked as 'prov' (provisional) in the list below. The US Open have rediscovered a dinosaur of their own. The LA Country Club has been excavated from the old 1921 template in time for the 2023 Championship, thus ending the snobbishness which once blighted the relationship between this very private club and the USGA. As usual the PGA continues to pioneer fresh acres – triangulating new host sites in North Carolina, California and New Jersey. This is what the future holds at the time of writing (December 2016) for the peripatetic Championships (debut host sites are asterisked):

BOP	2017	Royal Birkdale GC, Southport, Lancashire, England	USO	2017	Erin Hills, Erin, WI*
	2018	Carnoustie, Angus, Scotland		2018	Shinnecock Hills GC, Southampton, NY
	2019	Royal Portrush GC, Co Antrim, N Ireland		2019	Pebble Beach GL, Pebble Beach, CA
	2020	Royal St George's, Sandwich, Kent, England (prov)		2020	Winged Foot GC, Mamaroneck, NY
				2021	Torrey Pines, San Diego, CA
	2021	Royal & Ancient GC, St Andrews, Fife, Scotland (prov)		2022	The Country Club, Brookline, Boston, MA
				2023	Los Angeles Country Club, Los Angeles, CA*
				2024	Pinehurst Resort & CC, Pinehurst, NC
				2025	Oakmont CC, Oakmont, Nr Pittsburgh, PA

	2026	Shinnecock Hills GC, Southampton, NY	2020	TPC Harding Park, San Francisco, CA*
PGA	2017	Quail Hollow Club, Charlotte, NC*	2021	Kiawah Island Resort, Nr Charleston, SC
	2018	Bellerive CC, St Louis, MO	2022	Trump National Bedminster, Bedminster, NJ*
	2019	Bethpage Black, Farmingdale, NY	2023	Oak Hill CC, Pittsford, NY

LONGEST COURSES

Until 2013, when it was at its shortest for 12 years, these lists clearly indicate that the PGA Championships, roughly since the turn of the millennium, have been making a bid to make the Majors the biggest driving competition in golf. Whilst for the best part of 60 years, the ferocious links of Carnoustie was comfortably up with those in the van when it came to yardage records, it is now, despite expanding by nearly a quarter of a mile since 1975, desperately hanging on to the coat-tails of its modern American super-rivals. The Masters has grown its yardage by nearly 10% since 1998, when the classic 6925 yards, which seemed perfectly adequate for the Tournament for the preceding 62 events, was eventually ditched. The USGA has also followed the PGA's suit and even trumped it with its Torrey Pines monster in 2008. But all was well again by 2009, when the PGA played at a Hazeltine National track beefed up by another 320 yards in just eight years since its last visit. Kiawah Island in 2012 trumped it by a sneaky two yards. Surprisingly, in 2013 with the US Open and PGA returning to Merion and Oak Hill, respectively, these super-courses seemed to have been kept in check. Indeed in 2016, the longest course on the Majors roster was Augusta National. But with several monsters courses promised over the next few years, will we see the first 8000-yard Majors track? Repeat venues in italics.

All Majors
- 7695 yards* Chambers Bay, USO 2015
- 7676 yards Kiawah Island, PGA 2012
- 7674 yards Hazeltine National, PGA 2009
- 7643 yards Torrey Pines, USO 2008
- 7574 yards Congressional, USO 2011
- 7562 yards Pinehurst (No 2), USO 2014
- 7561 yards Medinah (No 3), PGA 2006
- 7514 yards Whistling Straits, PGA 2004
- 7507 yards *Whistling Straits*, PGA 2010
- 7501 yards *Whistling Straits*, PGA 2015
- 7467 yards Atlanta Athletic Club, PGA 2011
- 7458 yards Valhalla GC, PGA 2014
- 7445 yards Augusta National, MAS 2006-08
- 7435 yards *Augusta National*, MAS 2009-15
- 7428 yards Baltusrol (Lower Course), PGA 2016
- 7426 yards Bethpage State Park (Black), USO 2009
- 7421 yards Carnoustie, BOP 2007

The Open Championship
- 7421 yards Carnoustie, 2007
- 7312 yards Royal Liverpool, Hoylake, 2014
- 7305 yards *St Andrews* (Old Course), 2010
- 7297 yards *St Andrews* (Old Course), 2015
- 7279 yards St Andrews (Old Course), 2005
- 7258 yards Royal Liverpool, Hoylake, 2006
- 7211 yards Royal St George's, Sandwich, 2011
- 7204 yards Turnberry, 2009
- 7190 yards Royal Troon, 2016

The US Open
- 7695 yards* Chambers Bay, 2015
- 7643 yards Torrey Pines, 2008
- 7574 yards Congressional, 2011
- 7562 yards Pinehurst (No 2), 2014
- 7426 yards Bethpage State Park (Black), 2009
- 7264 yards Winged Foot, 2006
- 7254 yards Oakmont, 2016
- 7230 yards Oakmont, 2007
- 7214 yards Bethpage State Park (Black), 2002
- Pinehurst (No 2), 2005

The PGA Championship
- 7676 yards Kiawah Island (Ocean Course), 2012
- 7674 yards *Hazeltine National*, 2009
- 7561 yards *Medinah (No 3)*, 2006
- 7514 yards Whistling Straits, 2004
- 7507 yards *Whistling Straits*, 2010
- 7501 yards *Whistling Straits*, 2015
- 7467 yards *Atlanta Athletic Club*, 2011
- 7458 yards Valhalla GC, 2014
- 7436 yards Columbine, 1967
- 7428 yards *Baltusrol (Lower Course)*, 2016
- 7401 yards Medinah (No 3), 1999
- 7395 yards Oakland Hills, 2008
- 7392 yards Baltusrol (Lower Course), 2005
- 7355 yards Hazeltine National, 2002
- 7295 yards Crooked Stick, 1991
- 7213 yards Atlanta Athletic Club, 2001

The Masters Tournament (All Augusta National)
- 7445 yards, 2004-08
- 7435 yards, 2009-16
- 7290 yards, 2003-05
- 7270 yards, 2002
- 6985 yards, 1999-2001

*The USGA varied the length of the course for each round. The longest of these, for Round Two, is also the longest layout ever used in a Major.

SHORTEST COURSES

Again, this is restricted to 18-hole courses or the 2 x 9 phenomena that were Musselburgh and Myopia Hunt. The match play PGA Championship venues provide stark evidence here that actual yardage is not so important when players are in face-to-face competition: the number of shorter courses used during that period swamps the lists of earlier eras. When it seemed that everybody's answer to the threat of technological change was to add vast tracts to a course's existing layout, Merion, hamstrung by limited terrain, actually went the other way for a while. In a way a most pleasing regression, the course lost 150 yards between the US Opens of 1950 and 1971, making it comfortably the smallest (but certainly not the most generous) site for a Major Championship in its day. Even in 2013 for the fifth visit of the US Open, the yardage was mercifully below the 7000 yard mark. Repeat venues are italicized.

All Majors
- 4423 yards Shinnecock Hills, USO 1896
- 4700 yards Musselburgh (2 x 9 holes), BOP 1874-89
- 4890 yards Muirfield, BOP 1892, 1896, 1902, 1906
- 5805 yards Prestwick, BOP 1903
- 5932 yards Philadelphia Cricket Club, USO 1907
- 5948 yards Prestwick, BOP 1908
- 5956 yards Philadelphia Cricket Club, USO 1910

Since WW2
- 6440 yards Norwood Hills, PGA 1948
- 6454 yards Manito, PGA 1945
- 6465 yards Birmingham MI, PGA 1953
- 6532 yards St Louis, USO 1947
- 6544 yards Merion, USO, two times, 1971, 1981
- 6583 yards Troon, BOP 1950

21st Century
- 6846 yards Pebble Beach, USO 2000
- 6905 yards Royal Lytham & St Anne's, BOP 2001
- 6973 yards Southern Hills, USO 2001
- 6985 yards Augusta National, MAS 2001
- 6996 yards Shinnecock Hills, USO 2004
- 6996 yards Merion, USO 2013
- 7034 yards Muirfield, BOP 2002
- 7086 yards Royal Lytham & St Anne's, BOP 2012

The Open Championship
- 4700 yards — Musselburgh (2 x 9 holes), 6 times, 1874-89
- 4890 yards — Muirfield, 1892, 1896, 1902, 1906
- 5732 yards — Prestwick, 1898

Since WW2
- 6583 yards — Troon, 1950
- 6635 yards — Royal Lytham & St Anne's, 1958
- 6657 yards — Royal Lytham & St Anne's, 1952

21st Century
- 6905 yards — Royal Lytham & St Anne's, 2001
- 7034 yards — Muirfield, 2002
- 7086 yards — Royal Lytham & St Anne's, 2012

The US Open
- 4423 yards — Shinnecock Hills, 1896
- 5410 yards — Baltimore, 1899
- 5510 yards — Newport, 1895 (2 x 9 holes)

Since WW2
- 6532 yards — St Louis, 1947
- 6544 yards — Merion, 1971 & 1981
- 6694 yards — Merion, 1950

21st Century
- 6846 yards — Pebble Beach, 2000
- 6973 yards — Southern Hills, 2001
- 6996 yards — Shinnecock Hills, 2004
- 6996 yards — Merion, 2013

The PGA Championship
- 6110 yards — Flossmoor, 1920
- 6251 yards — Siwanoy, 1916
- 6262 yards — Engineers, 1919
- 6280 yards — Twin Hills, 1935

Since WW2
- 6440 yards — Norwood Hills, 1948
- 6454 yards — Manito, 1945
- 6465 yards — Birmingham MI, 1953

21st Century
- 7098 yards — Oak Hill, 2003
- 7131 yards — Southern Hills, 2007
- 7163 yards — Oak Hill, 2013
- 7167 yards — Valhalla, 2000

The Masters Tournament (All Augusta National)
- 6925 yards, 1934-98

21st Century
- 6985 yards, 2001

Made in the USA
Middletown, DE
23 July 2017